프로페셔널 안드로이드
제4판

PROFESSIONAL ANDROID 4th edition

프로페셔널 안드로이드 제4판

1쇄 발행 2019년 11월 1일

지은이 리토 마이어, 이안 레이크
옮긴이 현호철
펴낸이 장성두
펴낸곳 주식회사 제이펍

출판신고 2009년 11월 10일 제406-2009-000087호
주소 경기도 파주시 회동길 159 3층 3-B호
전화 070-8201-9010 / **팩스** 02-6280-0405
홈페이지 www.jpub.kr / **원고투고** jeipub@gmail.com

편집팀 이종무, 이민숙, 최병찬, 이 슬, 이주원 / **소통·기획팀** 민지환, 송찬수 / **회계팀** 김유미
진행 이종무 / **교정·교열** 안종군 / **내지디자인** 비앤제이
용지 에스에이치페이퍼 / **인쇄** 한승인쇄 / **제본** 광우제책사

ISBN 979-11-88621-58-3 (93000)
값 39,000원

※ 이 책은 저작권법에 따라 보호를 받는 저작물이므로 무단 전재와 무단 복제를 금지하며,
   이 책 내용의 전부 또는 일부를 이용하려면 반드시 저작권자와 제이펍의 서면동의를 받아야 합니다.
※ 잘못된 책은 구입하신 서점에서 바꾸어 드립니다.

제이펍은 독자 여러분의 아이디어와 원고 투고를 기다리고 있습니다. 책으로 펴내고자 하는 아이디어나 원고가 있는 분께서는
책의 간단한 개요와 차례, 구성과 저(역)자 약력 등을 메일로 보내주세요.   jeipub@gmail.com

제4판

프로페셔널 안드로이드
Professional Android, 4th edition

리토 마이어, 이안 레이크 지음 | 현호철 옮김

크리스에게

– 리토

안드레아와 한나에게

– 이안

차례

CHAPTER **1**   헬로, 안드로이드   1

CHAPTER **2**   시작하기   16

감사의글

우선, 아내인 크리스티에게 감사한다. 아내의 사랑과 지원은 내가 하는 모든 일을 가능하게 한다.

구글의 친구와 동료, 특히 안드로이드팀의 팀원에게 감사한다. 이들이 없었다면 나는 아무것도 하지 못했을 것이다. 그리고 매일같이 나에게 영감을 불어넣어 주는 DR(Developer Relations)팀에게도 감사한다.

대니얼 울러리, 에드 우드워드, 체임 크로스, 무랏 예너, 제임스 하몬, 채드 다비 등 기술 편집자에게도 감사한다. 이들이 없었다면 이 책은 오류투성이였을 것이다. 그래도 남은 오류가 있다면 그것은 전적으로 나의 잘못이다. Wrox팀, 특히 존 슬리바와 짐 미나텔에게 감사한다. 그들의 인내와 지원이 있었기에 이 책이 완성됐고 고려할 만한(non-trivial) 것이 됐다.

특별한 감사를 전할 곳은 믿을 수 없을 정도로 대단한 안드로이드 커뮤니티다. 안드로이드 커뮤니티는 열정과 배려, 성실을 골고루 갖춘 개발자들이 모여 놀라운 앱을 개발하는 것만큼이나 서로를 돕는 데 시간을 아끼지 않는 곳이다. 이들의 노력은 안드로이드를 오늘의 거대한 성공으로 이끈 근원이다.

– 리토 마이어

나의 가족인 안드레아와 한나는 모든 것을 가치 있게 만든다. 두 사람의 지원이 없었다면 나는 할 수 있는 일들이 별로 없었을 것이고, 이 책도 쓰지 못했을 것이다.

이 책에 어떤 형태로든 참여한 모든 사람에게 리토의 감사의 마음을 한 번 더 전한다. 수많은 이야기를 나눈 안드로이드팀과 더 나은 앱을 위해 무한한 열정을 나눠 준 안드로이드 개발자 커뮤니티에도 감사한다.

– 이안 레이크

이 책에 대하여

많은 사람에게 스마트폰은 자기 자신의 확장판이다. 월간 20억 대 이상이 사용되는 안드로이드는 전 세계적으로 가장 보편화된 스마트폰 운영 체제로, 설치된 앱은 사용자당 평균 50여 개에 이르고 플레이 앱 스토어의 앱 다운로드 횟수는 2017년 한 해에만 940억 회를 기록했다.

어디에 가든 항상 잊지 않고 챙기기 마련인 스마트폰은 기술 집약적이면서 개인적이다. 스마트폰을 들고 나오지 않았거나 인터넷 연결이 끊어지거나 배터리가 부족하면 심리적으로 불안해진다는 여러 연구 결과가 이를 입증한다.

안드로이드는 2008년에 첫선을 보인 지 10년 만에 휴대 전화의 영역을 넘어 태블릿, 텔레비전, 워치, 자동차, 사물 인터넷 기기에 이르기까지 1,300여 개가 넘는 브랜드의 2만 4,000여 가지 기기에서의 개발 플랫폼이 됐다. 그리고 같은 기간 동안 28개의 안드로이드 플랫폼 및 SDK가 출시됐다.

이와 같은 혁신은 방대한 생태계 규모와 함께 개발자에게 전 세계 사용자를 대상으로 혁신적인 새로운 애플리케이션을 만들 수 있는 기회 그 자체다.

안드로이드는 모바일 애플리케이션을 개발할 수 있는 공개 플랫폼이다. 인위적인 제한을 고려하지 않는다면 안드로이드 개발자는 믿을 수 없을 정도로 다양한 기기에서 그 성능을 최대한 이끌어 낼 수 있는 앱을 얼마든지 만들 수 있다. 그리고 구글 플레이를 유통 채널로 삼아 전 세계 어느 곳에서든 유·무료 앱을 배포할 수 있다.

이 책은 이른바 핸즈온 가이드로서 모든 안드로이드 기기에서 사용할 수 있는 안드로이드 애플리케이션을 어떻게 만드는지 안내하고 있다. 그리고 안드로이드 SDK 10.0에 기반을 두고 있으며, 사용된 안드로이드 스튜디오의 버전은 3.5이다. 또한, 장마다 제공되는 단계별 샘플 프로젝트를 통해 안드로이드의 장점을 최대한 이끌어낼 수 있는 새로운 기능과 테크닉을 선보였다. 이 책에서는 기본적인 기능을 빠짐없이 다루고, 모바일 개발 경력자들을 위해 안드로이드의 기능을 적극 활용하기 위한 정보 또는 기존 앱을 개선하거나 혁신적인 기능을 새로 추가하기 위한 정보를 다룬다.

안드로이드팀은 메이저 플랫폼을 매년 출시하고, 몇 개월마다 새 안드로이드 스튜디오 버전을 선보인다. 지원 라이브러리나 안드로이드 아키텍처 컴포넌트 등과 같은 젯팩은 1년에도 몇 번씩 수시로 업데이트한다. 이와 같은 신속한 출시 덕분에 안드로이드의 각종 도구와 플랫폼 API, 개발 라이브러리 등은 정기적으로 업데이트되고 있다. 안드로이드팀은 끊임없는 업데이트로 인한 변화의 영향력을 최소화하기 위해 많은 노력을 하고 있다.

하지만 향후 출시되는 버전들은 이 책에서 제공하는 일부 정보와 맞지 않을 수 있으며, 현재 사용 중인 안드로이드 기기 전체가 최신 플랫폼을 고스란히 지원한다고 보장하지는 않는다. 우리는 이와 같은 간극을 메우기 위해 가능한 한 하위 호환성이 유지되는 지원 라이브러리를 사용했고, 세부적으로 어떤 플랫폼에서 지원되는 기능인지를 분명히 밝혔다. 그리고 이전 플랫폼으로 작동하는 기기의 사용자를 지원하기 위해 어떤 대안이 있는지도 밝혔다.

또한 이 책에 제시된 설명과 예시는 현재 SDK를 사용해 매력적인 모바일 앱을 만들기 위한 기반 지식과 향후 개선 사항에 빠르게 적용할 수 있는 유연성을 제공한다.

이 책의 대상

안드로이드 플랫폼용 애플리케이션을 만들고자 하는 독자라면 누구라도 이 책의 대상이 될 수 있다. 이 책에는 안드로이드 개발 경험이 있거나 다른 플랫폼에서 모바일 개발을 경험했더라도 도움이 될 귀중한 정보가 제공된다.

스마트폰, 특히 안드로이드 기기를 사용해본 적이 있다면 여러모로 도움이 되겠지만, 모바일 애플리케이션 개발 경험이 전무하더라도 아무런 상관이 없다.

다만, 소프트웨어 개발을 통해 기본적인 객체지향 패러다임에 익숙한 것이 좋다. 자바 문법도 익숙하면 좋지만, 꼭 그래야만 하는 것은 아니다.

1장과 2장에서는 모바일 개발과 안드로이드 개발 플랫폼을 소개하고 이를 시작하기 위한 몇 가지 지침을 제공한다. 이 책에서 제공하는 내용 이외에는 장들을 순서대로 읽기 위한 선수 지식이 없다. 다만, 3~7장에서 설명하는 핵심 컴포넌트를 깊이 있게 이해하면 이어지는 장들에 한결 쉽게 접근할 수 있을 것이다. 11장에서는 앱의 반응성과 효율성을 높일 수 있는 중요한 내용을 다룬다. 12~14장에서는 어떻게 하면 풍부하고 일관된 사용자 경험을 제공할 수 있는지 설명한다. 이어지는 장들은 애플리케이션에 따라 달리 적용되는 다양한 기능을 다루고 있으므로 어떤 순서로든 읽을 수 있을 것이다.

이 책에서 다루는 내용

1장에서는 안드로이드를 소개한다. 좀 더 구체적으로는 안드로이드가 무엇인지와 어떻게 모바일 개발 생태계에 적용하는지 등을 언급한다. 이와 더불어 개발 플랫폼으로서 안드로이드가 무엇을 제공하는지와 안드로이드가 왜 휴대 전화 애플리케이션을 만들 때 흥미진진한 기회가 되는지도 자세히 들여다본다.

2장에서는 모바일 개발에 적용할 수 있는 몇 가지 모범 사례를 다루고, 안드로이드 스튜디오와 안드로이드 SDK를 다운로드하고 설치하는 과정을 설명한다. 그런 다음 안드로이드 스튜디오에서 제공하는 도구들을 소개하고, 이를 사용해 새 애플리케이션을 만들고 디버깅하는 방법을 설명한다.

3~7장에서는 안드로이드 애플리케이션의 핵심 컴포넌트를 세부적으로 들여다본다. 먼저 안드로이드 애플리케이션을 구성하는 각 컴포넌트부터 살펴보고, 액티비티와 프래그먼트로 시선을 돌려 수명과 수명 주기의 개념을 설명한다.

그런 다음 애플리케이션 매니페스트와 그래들 빌드 시스템을 소개하고, 여러 국가에서 여러 언어로 기기의 크기와 모양과 무관하게 사용하도록 지원하는 외부 리소스 프레임워크에 관해서도 세부적으로 살펴본다.

레이아웃과 뷰, 프래그먼트로 기본적인 사용자 인터페이스를 만드는 과정을 살펴보고, 액션을 수행하거나 애플리케이션 컴포넌트끼리 메시지를 주고받기 위한 인텐트 및 브로드캐스트 리시버 시스템을 소개한다. 그리고 인터넷 리소스에 액세스하는 방법과 데이터 저장소의 검색 및 공유에 대해서도 깊이 있게 다룬다. 환경 설정이 저장되는 방식을 살펴보고 네이티브 데이터베이스에서 데이터에 액세스하는 과정을 비롯해 파일 처리, 데이터베이스, 콘텐트 프로바이더 또한 들여다본다.

앱의 반응성을 어떻게 하면 최상으로 유지할 수 있는지 그리고 앱이 백그라운드에서 실행 중일 때 어떻게 해야 배터리 효율성을 높일 수 있는지 살펴보면서 몇 개의 장으로 이뤄진 긴 설명을 마무리한다. 추가로 스레드 처리용 API와 비동기 실행의 활성화를 소개하고, 백그라운드 작업의 효율적인 스케줄링을 지원하는 메커니즘을 들여다본다.

12~14장은 5장에서 소개한 UI 프레임워크를 바탕으로 전개된다. 머티리얼 디자인 원칙에 따라 사용자 경험을 개선하고 다양한 화면 크기 및 해상도에 애플리케이션을 최적화하는 과정이 이곳에서 펼쳐질 것이다. 그리고 다양한 내비게이션 옵션을 이해하고 애니메이션을 통한 움직임을 추가하거나 툴바나 메뉴를 사용해 사용자 경험을 개선해 본다.

15~19장에서는 고급 주제들을 다룬다. 구글 플레이 서비스를 사용해 상호 반응형 지도를 추가하거나 사용자의 위치를 찾는 방법 및 지오펜스 등을 사용하는 방법을 설명한다. 나침반, 가속도계, 기압계 등 동작 및 환경 센서를 사용해 주위 환경에 대한 애플리케이션의 반응성을 높이는 방법 또한 설명한다.

멀티미디어를 플레이하고 리코딩하는 과정과 카메라로 사진이나 동영상을 찍는 방법을 통해 블루투스나 NFC, 와이파이 다이렉트 등과 같은 안드로이드의 통신 기능을 소개한다. 그런 다음 애플리케이션의 홈 화면에서 동적 위젯, 라이브 배경 화면, 앱 단축키 등을 사용해 사용자와 직접 상호 작용하는 방법을 설명한다.

20장에서는 고급 개발 주제 몇 가지를 다룬다. 좀 더 구체적으로는 지문 센서를 사용한 보안, 엄격 모드 등을 다룬 후 전화 통신 API와 SMS 메시지를 주고받기 위한 API를 살펴본다.

마지막으로 21장에서는 애플리케이션의 배포, 모니터링, 수익 창출 등을 다룬다. 특히 구글 플레이 안에서 애플리케이션을 게시하고 배포하는 과정을 집중적으로 살펴본다.

이 책의 구성

이 책은 서로 다른 개발 백그라운드를 경험한 독자들에게 고급 안드로이드 애플리케이션을 개발하는 과정을 설명하기 위한 논리적인 순서를 따른다. 각 장을 순서대로 읽는 데 필요한 선수 지식은 없다. 다만, 샘플 프로젝트 몇몇은 여러 장에 걸쳐 새로운 기능을 추가하고 개선하는 단계를 밟는다.

안드로이드 스튜디오를 설치해 안드로이드 개발을 경험해 본 모바일 개발 경력자라면 처음 두 장은 건너뛰고 3~7장으로 직행해도 무방하다. 처음 두 장은 모바일 개발의 소개와 개발 환경을 조성하기 위한 안내에 해당한다. 3~7장은 안드로이드 개발의 핵심을 다루고 있으므로 개념을 튼튼하게 다진다는 차원에서 꼼꼼하게 읽는 것이 좋다.

7장 다음으로는 머티리얼 디자인, 지도, 위치 기반 서비스, 백그라운드 애플리케이션과 하드웨어 상호 작용 및 네트워킹 등과 같은 고급 주제가 이어진다.

준비해야 할 것들

이 책에 제시된 샘플 코드를 사용하려면 안드로이드 스튜디오와 안드로이드 SDK를 다운로드한 후에 안드로이드 개발 환경을 조성해야 한다. 물론 다른 IDE를 사용해도 무방하며, 명령행에서 앱을 만들겠다면 그렇게 해도 된다. 하지만 이 책에서는 안드로이드 스튜디오를 사용한다고 가정했다.

안드로이드 개발은 윈도우, 맥OS, 리눅스에서 지원한다. 해당 운영 체제용 안드로이드 스튜디오는 안드로이드 웹사이트에서 다운로드할 수 있다.

안드로이드 기기는 이 책이나 안드로이드 애플리케이션 개발의 필수 준비물이 아니다. 하지만 준비한다면 여러모로, 특히 테스트에 유용하다.

> **참고**
>
> 2장에서는 이들 필수 준비물을 어디에서 다운로드하고, 어떻게 설치하는지 등을 상세하게 소개한다.

표기 규칙

책의 가독성을 높이기 위해 다음과 같은 규칙을 적용했다.

> **참고**
>
> 노트와 팁, 힌트 등 현재 주제에서 참고할 만한 내용은 이렇게 표현했다.

주의

본문의 내용과 직접적으로 연결되며 잊지 말아야 할 중요 정보를 나타낸다.

본문 서체는 다음과 같다.

➤ 파일명, URL, 본문 내 코드: 일반 본문 서체

➤ 그리고 본문 내 등장하는 클래스명은 각 단어가 대문자로 시작하는 일반적인 본문 서체로 표기했다(예: Content Provider //).

➤ 코드는 다음과 같은 두 가지 방식으로 표기했다.

    code font: 일반적인 코드

    code font: 새로 추가되거나 변경된 코드

➤ 일부 코드에는 다음과 같은 곳이 있다.

```
[... 기존 코드 ...]
```

또는

```
[... 여기서 구현하기...]
```

이 부분은 행 전체를 실제 코드로 대체한다는 것을 나타낸다. 이전 조각 코드에서 대체하거나(전자), 자체적으로 구현한다(후자).

➤ 코드를 간결하게 유지하기 위해 package 정의나 import 구문을 모두 싣지는 않았다. 단, 다운로드할 수 있는 샘플 코드에는 해당 구문을 모두 입력했다. 안드로이드 스튜디오에서는 자동 import 기능을 켜도 되고, Ctrl + Space (Command + Space) 등과 같은 키보드 단축키를 눌러 필요한 import 구문을 추가할 수도 있다.

오픈 예제 소스 코드

이 책에 나오는 각종 예제의 안드로이드 스튜디오 프로젝트 파일은 Zip 파일로 제공되며, 다음에서 다운로드할 수 있다. (여기서 제공하는 소스 코드는 wrox 출판사에서 제공하는 예제 소스 코드를 각종 안드로이드 라이브러리와 안드로이드 스튜디오의 최신 버전에 맞춘 것이다. 그러나 wrox 출판사 제공 소스 코드를 다운로드하고 싶다면 http://www.wrox.com/WileyCDA/WroxTitle/Professional-

Android-4th-Edition.productCd-1118949528,descCd-DOWNLOAD.html에 접속하면 된다.)

https://github.com/Jpub/ProfessionalAndroid4

각 장의 파일 이름은 프로젝트명_chNN 또는 프로젝트명_chNN_N으로 되어 있다. 예를 들어, 5장의 경우는 Earthquake_ch5_1, Earthquake_ch5_2, Compass_ch5, Snippets_ch5의 네 개 파일로 되어 있다. 여기서 Earthquake와 Compass는 프로젝트 코드이고, Snippets는 본문 중간에 따로 설명하는 코드 조각들을 모아 놓은 것이다. 그리고 Earthquake_ch5_1, Earthquake_ch5_2와 같이 하나의 프로젝트가 2개의 zip 파일로 된 것은 독자 여러분이 실습하기 좋게 점진적으로 개선된 프로젝트 코드를 별도로 제공한 것이다. 즉, 5장의 앞부분에서 작성한 프로젝트는 Earthquake_ch5_1에 있고, 이 프로젝트 이후에 기능이 추가된 최종 프로젝트는 Earthquake_ch5_2에 있다.

예제 프로젝트 코드를 안드로이드 스튜디오로 로드하는 절차는 다음과 같다. 우선 원하는 프로젝트 Zip 파일의 압축을 풀고 다음 절차를 따른다.

1. Welcome to Android Studio 대화상자에서 Open an existing Android Studio project를 선택하거나 안드로이드 스튜디오 메인 메뉴의 File ➡ Open...을 선택한다.

2. 프로젝트 선택 대화상자가 나오면 열려는 프로젝트 관련 파일이 있는 서브 디렉터리(프로젝트 이름과 동일한 디렉터리)를 선택하고 OK를 클릭한다.

3. 만일 Sync Android SDKs 대화상자가 나오면 OK를 클릭한다(열려는 프로젝트에 지정되어 있는 안드로이드 SDK 설치 디렉터리와 현재 사용 중인 컴퓨터의 안드로이드 SDK 설치 디렉터리가 달라서 이 대화상자가 나오는 것이다).

4. 만일 프로젝트가 로드되면서 'Android Gradle Plugin Update Required' 대화상자가 나타날 때는 반드시 Update 버튼을 클릭해야 한다(프로젝트에 포함되는 그래들 플러그인의 버전이 업데이트되어야 하기 때문이다). 또한 안드로이드 스튜디오 버전 업데이트 대화상자가 나타날 때도 Update 버튼을 클릭해야 한다.

5. 만일 프로젝트가 로드된 후 아무 창도 열려 있지 않으면 Alt 와 1 (맥OS에서는 Command 와 1) 키를 같이 눌러 프로젝트 도구 창을 연 후 필요한 파일을 편집기 창에 열면 된다.

정오표

우리는 본문의 내용이나 코드에 오류가 없게 하려고 최선을 다했다. 하지만 누구도 완벽하지 않으므로 실수는 있을 것이다. 이 책에 있을지 모를 단순한 맞춤법 오류나 심각한 코드 내 결함에 대한 피드백을 받을 수 있다면 더 나은 내용을 제공해 다른 독자들의 스트레스를 해소하는 데 큰 도움이 될 것이다.

정오표 페이지는 제이펍 홈페이지(블로그)의 이 책 소개 페이지에서 찾을 수 있다.

베타리더 후기

🦋 김대정(천재교과서)

공부를 하는 사람의 입장에서 볼 때 흥미로운 주제를 갖고 완성해 가면서 접목된 기술을 챕터별로 서술한 것과 앱의 배포, 배포 후 모니터링까지 전체를 관통하는 내용과 고급 기술, 노하우를 엿볼 수 있어서 참 좋았습니다.

🦋 남원우(창원대학교)

사용자가 안드로이드 앱 개발의 시작부터 출시까지 별 어려움 없이 안정적인 앱을 만드는 방법을 배울 수 있는 책입니다. 다만 입문자보다는 개발의 참맛을 느끼고 자신만의 서비스를 마켓에 올리고자 하는 개발자에게 적합하다고 생각합니다. 입문서를 이제 막 졸업했거나 안드로이드에 대해 깊게 알고 싶은 초보 개발자에게 고급 안드로이드 지식을 습득할 기회를 제공하는 책이라고 생각합니다.

🦋 안명욱(카카오)

안드로이드를 처음 배우는 사람들이 기초를 쌓는 데 많은 도움이 되는 책입니다. 안드로이드 개발자로 일하고 있는 저도 그동안 잊었던 부분들을 되짚어 볼 수 있어서 좋았습니다. 방대한 내용을 담고 있기 때문에 이 책을 마스터하고 최신 변경 사항들을 찾아 공부한다면 더 좋은 안드로이드 개발자가 될 것으로 생각합니다.

🦋 이종우(uvaper)

안드로이드의 기초 서적은 많지만, 이 책은 기초부터 전문적인 부분까지 모두 다루고 있어 참 좋았습니다. 또한, 처음 공부하는 초보 개발자와 베테랑 개발자 모두가 활용할 수 있습니다. 또한 안드로이드에 관한 방대한 지식을 담고 있어서 필요한 부분을 바로 찾아볼 수 있어서 좋았습니다.

🦇 이현수(무스마 기술연구소)

책은 신간으로 나온 것이 좋고, 꾸준히 잘 팔린 책이라면 더 좋습니다. 무엇보다 4판까지 출간된 이 책을 먼저 살펴볼 수 있어서 좋았습니다. 기존 개발자도 안드로이드의 업데이트된 기능에 관한 통찰을 얻을 수 있고, 새로 입문하는 개발자도 깊이 있게 살펴볼 수 있도록 내용이 풍성합니다.

🦇 하동현(힐링페이퍼)

안드로이드를 처음 접한 분들도 쉽게 따라 할 수 있도록 스크린 샷을 통해 단계별로 설명돼 있습니다. 자칫 안드로이드 개발자들이 놓칠 수 있는 부분까지도 잘 서술돼 있기 때문에 좀 더 안정적인 앱을 개발하는 데 도움이 되었습니다. 또한, 현업에서 자주 사용하는 기술을 그림과 다양한 예제들로 구성해 어려운 개념을 이해하는 데 큰 도움이 되었습니다. 안드로이드 전문가가 되기 위한 좋은 참고 서적이 될 것으로 생각합니다.

🦇 황재원

용어 설명과 클래스 관련 레퍼런스가 잘 구성돼 있습니다. 또한 연관된 클래스에 대해 어디서 자세히 설명하는지 '참고'로 설명돼 있고, 해당 챕터 내용에서 중점적으로 다루고 있지 않은 상세한 내용을 찾아볼 수 있도록 구성돼 있습니다. Earthquake 프로젝트를 업데이트하고 실제 해당 챕터의 내용을 적용해 보니 한결 이해하기 쉬웠으며, 챕터 내용을 바로 사용해 볼 수 있어서 좋았습니다.

제이펍은 책에 대한 애정과 기술에 대한 열정이 뜨거운 베타리더들로 하여금
출간되는 모든 서적에 사전 검증을 시행하고 있습니다.

1

헬로, 안드로이드

1.1 안드로이드 애플리케이션 개발

안드로이드는 수십억 명 이상의 안드로이드 기기 사용자들이 애플리케이션을 만들 수 있는 흥미진진한 기회 그 자체다. 이는 경험이 풍부한 모바일 엔지니어, 데스크톱 개발자, 웹 개발자 심지어 프로그래밍에 입문한 프로그래머에게도 부인할 수 없는 사실이다.

안드로이드는 휴대전화에 가장 많이 채용된 소프트웨어로, 이를 낯설게 생각하는 사람은 그리 많지 않을 것이다. 혹시 안드로이드가 낯설게 느껴지거나 아무런 감정도 없고 막을 수도 없는 로봇 군단을 만들어 인류 말살이라는 무자비한 목표를 수행하는 데 도움이 될까 싶어 이 책을 골랐다면 값을 치르기 전에 한 번 더 생각해 보길 권한다(인생에는 다른 선택권도 많다).

앤디 루빈(Andy Rubin)은 안드로이드가 지난 2007년 처음 출시됐을 당시 다음과 같이 말했다.

> 안드로이드는 최초로 개방 및 통합된 모바일 기기 플랫폼이다. 안드로이드에서는 휴대
> 전화를 작동시키는 데 필요한 소프트웨어인 운영 체제와 사용자 인터페이스(UI, User
> Interface), 애플리케이션이 한데 어우러져 있을 뿐 아니라 모바일 혁신에 방해가 됐던 소
> 유권 제약에 따른 걸림돌이 없다.
>
>   - Gphone을 탈피하여 안드로이드로 간다.
>   (http://googleblog.blogspot.com/2007/11/wheres-my-gphone.html)

그 이후로 안드로이드는 휴대전화를 넘어 태블릿, 텔레비전, 시계, 자동차, 사물 인터넷 기기
에 이르기까지 더욱 넓은 범위의 하드웨어에서 플랫폼 역할을 하기 시작했다.

안드로이드는 오픈 소스 소프트웨어 스택으로, 모바일 및 임베디드 기기를 위한 운영 체제뿐
아니라 미들웨어와 주요 모바일 애플리케이션까지 통합했다.

개발자가 바라보는 안드로이드는 풍부한 API 라이브러리를 제공하는 플랫폼이다. 그 덕분에
안드로이드 기기의 시각적 느낌이나 기능까지 손대는 애플리케이션도 쉽게 만들 수 있다.

안드로이드에서는 번들된 시스템이든, 서드파티 애플리케이션이든 모두 동일한 API들로 작성
되고, 동일한 런타임에 실행된다. 이 API들은 하드웨어 접근, 비디오 리코딩, 위치 기반 서비
스, 백그라운드 서비스 지원, 지도, 알림, 센서, 관계형 데이터베이스, 애플리케이션 간 통신,
블루투스, NFC, 2D 및 3D 그래픽 등으로 용도가 세분화돼 제공된다.

이 책에서는 이런 API들을 어떻게 사용해 안드로이드 애플리케이션을 만들 수 있는지에 대해
설명한다. 우선 1장에서는 모바일 및 임베디드 하드웨어 개발에 필요한 가이드라인부터 정리
하고자 한다. 그런 다음 안드로이드 개발자들이 활용할 수 있는 플랫폼의 특징들을 일부 소
개한다.

안드로이드의 API는 매우 강력하다. 사용자 생태계는 다양하고 거대하며, 기술 지원 문서는
탁월하고, 개발자 커뮤니티는 양적·질적으로 크다. 특히 개발이나 배포에 저작권에 관련된 비
용이 들지 않는다. 안드로이드 기기의 생태계가 성장을 거듭하면서 혁신적인 애플리케이션 개
발의 기회는 과거 개발 경험과 상관없이 누구에게나 열려 있다.

1.2 그리 깊지 않은 배경 지식

인스타그램이나 스냅챗, 포켓몬 고가 아직 세상에 존재하지 않았던 시절, 구글은 창립자들의 눈에 여전히 희미한 별빛에 불과했고 구시대 IT 공룡들이 지구를 호령하던 그 시절, 휴대전화는 서류 가방에 들어갈 정도로 크기가 작아진, 글자 그대로 휴대용 전화였으며 최장 서너 시간까지 지속되는 배터리가 주요 특징이었다. 하지만 이 휴대전화는 유선전화에 연결돼 있지 않아도 통화를 할 수 있는 자유를 제공했다.

최초의 안드로이드 기기가 출시된 지 12년이 지난 지금, 스마트폰은 없는 곳이 없고 갖고 있지 않은 사람이 없을 정도가 됐다. 가속도계와 지문 인식 스캐너, 초고해상도 카메라로 대표되는 하드웨어의 진보 덕분에 기기 자체는 더욱 강력해졌고 커졌으며 화면은 밝아졌다.

또한 이와 같은 진보는 안드로이드 기기의 일률적인 폼 팩터(form factor)가 각양각색의 스마트 폰과 태블릿, 시계와 텔레비전 등으로 분화하는 데 밑거름이 됐다.

하드웨어 혁신은 소프트웨어 개발이라는 결실이 맺어질 비옥한 토지와도 같다. 한마디로 혁신 적이고 새로운 애플리케이션을 만들 수 있는 기회의 원천이다.

1.2.1 그리 멀지 않은 과거

휴대전화용 네이티브 애플리케이션 개발의 초창기에는 개발자들이 대개 저수준 C나 C++로 코딩했으며, 코딩의 대상이 되는 특정 하드웨어를 이해해야만 했다. 이 하드웨어는 특정 제조 업체의 단일 기기이거나 복수의 기기군이었다. 이와 같은 접근 방식에 내재된 복잡성은 종종 하드웨어보다 뒤떨어지는 애플리케이션을 의미했다. 하드웨어 기술과 모바일 인터넷 접속이 발 전하면서 이 폐쇄적인 접근 방식은 퇴출됐다.

휴대전화용 애플리케이션 개발의 역사에서 그다음으로 중요한 진보는 자바로 호스팅되는 미 들릿(JAVA-hosted MIDlet)의 도입에서 비롯됐다. 미들릿은 기기의 하드웨어가 추상화된 프로세 스인 자바 가상 머신(JVM, Java Virtual Machine)에서 실행되고, 개발자들은 이를 바탕으로 자 바 런타임이 지원되는 기기에서 실행되는 애플리케이션을 만들 수 있었다.

하지만 이런 편리함은 기기의 하드웨어에 대한 접근이 엄격하게 제한된 대가다. 이와 마찬가지 로 서드파티 애플리케이션들은 휴대전화 제조사가 만든 네이티브 애플리케이션에 적용된 것 과는 다른 하드웨어 접근 및 실행 권한을 부여받는 일도 다반사였다. 한편 미들릿은 그보다도 적은 권한을 부여받았다.

개발자의 고객층은 자바 미들릿의 도입으로 인해 확대됐지만, 모바일 애플리케이션은 대부분 저수준의 하드웨어 접근과 샌드박스에 의한 실행 기능이 부족한 탓에 일반적인 데스크톱 프로그램 및 웹사이트의 작은 화면용 간소화 버전이라는 틀에서 벗어나지 못했고, 핸드헬드 플랫폼의 본질적인 특징인 이동성이라는 장점을 발휘하지도 못했다.

1.2.2 시대를 앞서가는 안드로이드

안드로이드는 출시 당시 현대 모바일 운영 체제의 새로운 물결이었다. 날로 늘어나는 강력한 모바일 하드웨어를 기반으로 애플리케이션 개발을 지원하도록 설계됐기 때문이었다.

안드로이드는 오픈 소스인 리눅스 커널로 빌드된 공개형 개발 플랫폼이다. 애플리케이션은 일련의 API 라이브러리를 통해 하드웨어에 접근할 수 있으며, 애플리케이션 간 상호 작용은 세밀하게 통제되기는 하지만 온전히 지원된다.

안드로이드에서는 모든 애플리케이션이 동일한 지위를 가진다. 다시 말해, 서드파티 애플리케이션이나 네이티브 안드로이드 애플리케이션이 동일한 API로 작성되고, 동일한 런타임에 실행된다. 그리고 사용자는 시스템 애플리케이션, 더 나아가 전화(통화) 애플리케이션이나 홈 화면까지도 서드파티 개발자의 애플리케이션으로 대체할 수 있다.

1.3 안드로이드 생태계

안드로이드 생태계는 다음과 같은 세 가지 요소로 구성된다.

- ➤ 임베디드 기기용 무료 오픈 소스 운영 체제
- ➤ 애플리케이션 제작용 오픈 소스 개발 플랫폼
- ➤ 안드로이드 운영 체제로 구동되는 기기(와 기기용으로 만들어진 애플리케이션)

좀 더 구체적으로 언급하면, 안드로이드는 다음과 같은 필수 종속 요소들로 구성된다.

- ➤ 호환성 정의 문서(CDD, Compatibility Definition Document)와 호환성 테스트 스위트 (CTS, Compatibility Test Suite). 안드로이드 소프트웨어 스택을 지원하기 위한 기기의 요건을 기술한다.
- ➤ 리눅스 운영 체제 커널. 하드웨어 및 메모리 관리와 프로세스를 제어하기 위한 저수준 인터페이스를 모바일 및 임베디드 기기에 최적화해 제공한다.

- ➤ 애플리케이션 개발을 위한 오픈 소스 라이브러리. SQLite, 웹킷, OpenGL, 미디어 매니저 등이 있다.
- ➤ 안드로이드 애플리케이션을 실행하고 호스팅하는 데 사용되는 런타임으로, 안드로이드 전용 기능을 제공하는 코어 라이브러리와 안드로이드 런타임(ART, Android Run Time) 등이 있다. ART는 임베디드 기기에 사용될 수 있도록 작은 크기와 높은 효율성을 목적으로 설계됐다.
- ➤ 애플리케이션 프레임워크. 윈도우 매니저(Window Manager), 위치 매니저(Location Manager), 데이터베이스, 전화 통신(telephony), 센서 등을 비롯한 시스템 서비스를 애플리케이션 계층에 내부 구조를 가린 채 노출한다.
- ➤ UI 프레임워크는 애플리케이션을 호스팅하고 실행하는 데 사용된다.
- ➤ 사전에 설치된 코어 애플리케이션
- ➤ SDK는 애플리케이션을 만드는 데 사용된다. 관련 도구와 IDE, 샘플 코드, 문서 등이 포함된다.

안드로이드가 매력적인 이유는 안드로이드만의 열린 철학 때문이다. 이 덕분에 UI나 네이티브 애플리케이션 디자인의 부족한 부분은 확장 기능이나 대체 기능에 따라 해결할 수 있다. 안드로이드는 개발자들에게 처음 의도했던 시각적 느낌과 기능 그대로 애플리케이션을 만들 수 있는 토대를 제공한다.

안드로이드 운영 체제로 구동되는 기기 사용자가 월간 수십억 명 이상이고, 2019년 한 해에만 구글 플레이로부터 다운로드해 설치한 애플리케이션이나 게임의 수가 1,000억 개에 육박한 안드로이드 생태계는 수십 억 명의 삶에 영향을 미칠 수 있는 애플리케이션을 만들 수 있는 기회라고 할 수 있다.

1.4 사전에 설치된 안드로이드 애플리케이션들

안드로이드 기기는 일반적으로 사용자의 편의를 위해 여러 애플리케이션이 사전에 설치돼 제공된다. 스마트폰에 기본으로 설치되는 애플리케이션들은 대략 다음과 같다.

- ➤ 전화(통화) 애플리케이션
- ➤ SMS 관리 애플리케이션

- ➤ 웹 브라우저
- ➤ 이메일 클라이언트
- ➤ 달력
- ➤ 연락처
- ➤ 음악 플레이어와 사진 갤러리
- ➤ 카메라와 동영상 녹화 애플리케이션
- ➤ 계산기
- ➤ 홈 화면
- ➤ 알람

안드로이드 기기는 대개 다음과 같은 구글 전용 모바일 애플리케이션을 제공한다.

- ➤ **구글 플레이 스토어**는 서드파티 안드로이드 애플리케이션을 다운로드할 수 있다.
- ➤ **구글 지도**에는 스트리트 뷰, 주행 방향 및 턴바이턴 방식의 내비게이션, 위성 사진, 교통 상황 등이 포함된다.
- ➤ 지메일 클라이언트
- ➤ 유튜브 비디오 플레이어
- ➤ 구글 크롬 웹 브라우저
- ➤ 구글 홈 화면과 구글 어시스턴스

서드파티 애플리케이션은 이들 네이티브 애플리케이션에 사용되거나 저장되는 데이터, 예를 들어 연락처 세부 항목 등에도 접근할 수 있다.

안드로이드 기기에서 사용할 수 있는 애플리케이션 내역은 하드웨어 제조사나 이동 통신사, 기기의 종류마다 다르다.

오픈 소스라는 안드로이드의 본질적인 특징은 이동 통신사와 OEM 업체가 안드로이드 기기에 내장되는 UI나 애플리케이션을 커스터마이징(맞춤 조정)할 수 있다는 의미로 이어지기도 한다.

여기서 주목해야 할 점은 안드로이드 호환 기기의 경우, 기본 플랫폼이나 SDK가 OEM 업체나 이동 통신사와 상관없이 일관성을 유지하고 있다는 것이다. 다시 말해, 안드로이드 호환 기기마다 UI의 시각적 느낌은 다를 수 있지만, 애플리케이션들의 기능은 모두 동일하다.

1.5 안드로이드 소프트웨어 개발 키트의 특징

안드로이드의 진정한 매력은 바로 API에 있다.

안드로이드는 애플리케이션 중립적인 플랫폼으로, 갓 개봉한 스마트폰에서 중요한 애플리케이션을 만들 수 있는 기회를 제공한다. 다음 리스트는 가장 주목할 만한 안드로이드의 기능 중 일부를 발췌한 것이다.

- ➤ GSM, EDGE, 3G, 4G, LTE, 5G, 와이파이 네트워크 지원에 따른 전화 통신 및 인터넷 리소스에 대한 접근의 투명성. 데이터를 애플리케이션에서 모바일 및 와이파이 네트워크로 전송하거나 검색할 수 있다.
- ➤ GPS 및 네트워크 기반 위치 감지 등 위치 기반 서비스를 위한 포괄적인 API
- ➤ UI 안에 지도를 통합하는 데 필요한 전적인 지원
- ➤ 완벽한 멀티미디어 하드웨어 제어. 카메라와 마이크를 사용한 재생 및 리코딩이 포함된다.
- ➤ 다양한 형식의 오디오/비디오 및 정지 영상의 재생과 리코딩을 위한 미디어 라이브러리
- ➤ 가속도계와 나침반, 기압계, 지문 센서 등과 같은 센서 하드웨어를 사용하기 위한 API
- ➤ 와이파이, 블루투스, NFC 하드웨어를 사용하기 위한 라이브러리
- ➤ 연락처, 달력, 멀티미디어 등을 위한 공유 데이터 저장소 및 API
- ➤ 백그라운드 서비스와 고급 알림 시스템
- ➤ 통합 웹 브라우저
- ➤ 경로 기반 2D 그래픽 라이브러리와 OpenGL ES 2.0을 사용한 3D 그래픽 지원 등 모바일에 최적화된 하드웨어 가속 그래픽
- ➤ 동적 리소스 프레임워크를 통한 현지화(localization)

1.6 안드로이드 구동 기기

최초의 안드로이드 모바일 단말기인 T-모바일의 G1은 2008년 10월 미국에서 출시됐다. 2019년을 기준으로 전 세계적으로 월간 수십억 대 이상의 안드로이드 기기가 사용되며, 안드로이드는 전 세계에서 가장 흔한 스마트폰 운영 체제가 됐다.

안드로이드는 단일 하드웨어에서 구현할 목적으로 만들어진 모바일 운영 체제가 아니다. 안드로이드는 스마트폰에서 태블릿이나 텔레비전, 시계나 사물 인터넷 기기에 이르기까지 다양한 하드웨어 플랫폼을 지원하도록 설계됐기 때문이다.

안드로이드는 라이선스나 전용 소프트웨어에 들어가는 비용이 없기 때문에 단말기 제조사가 안드로이드 기기를 공급하는 데 드는 비용은 강력한 애플리케이션들로 구성된 광대한 생태계를 감안하지 않더라도 비교적 낮다. 이 덕분에 기기 제조사들은 더욱 다양한 맞춤형 하드웨어를 생산할 수 있게 됐다.

삼성, HTC, 모토로라를 비롯한 수많은 제조사가 안드로이드 기기를 생산하고 있고, 이 기기들은 전 세계 수백 여 개의 이동 통신사를 통해 사용자에게 배포되고 있다.

1.7 모바일 개발에 뛰어들어야 하는 이유

스마트폰의 눈부신 발전과 높은 개인적 친화력 덕분에 많은 사람이 스마트폰을 자기자신과 동일시하고 있다. 여러 연구에 따르면 스마트폰 사용자들은 스마트폰이 손에 없거나 네트워크에 연결되지 않았거나 배터리가 얼마 남지 않았을 때 불안감을 느낀다고 한다.

언제 어디서나 우리 몸에서 떨어지지 않는 스마트폰의 특성상 컴퓨터와는 근본적으로 다른 개발 플랫폼이 필요하다. 마이크와 카메라, 터치스크린, 위치 감지, 환경 센서로 무장한 스마트폰은 우리에게 여섯 번째 또는 일곱 번째 감각기관이 되고 있다.

세계 각국에서 스마트폰 사용자 수가 컴퓨터 사용자 수를 추월했다. 전 세계적으로는 30억 명 이상이 스마트폰을 사용하고 있다. 2009년은 휴대전화를 통한 인터넷 접속자 수가 컴퓨터를 통한 접속자 수를 처음으로 앞선 해였다.

날로 늘어가는 스마트폰의 인기는 초고속 모바일 데이터 및 와이파이 네트워크와 더불어 고급 모바일 애플리케이션에 대한 거대 수요를 만들었다.

스마트폰 애플리케이션은 사람들의 전화 사용 방식도 바꿨다. 그 결과 개발자는 사람들의 삶에서 중요한 일부가 되는, 동적이고 매력적인 새 애플리케이션을 만들 수 있는 유일무이한 기회를 부여받았다.

1.8 안드로이드 개발에 뛰어들어야 하는 이유

안드로이드는 스마트폰 사용자의 최대 생태계에 접근할 수 있다는 것 외에도 현대 모바일 기기가 개발자에 의해, 개발자를 위해 설계되고 있다는 현실을 반영해 애플리케이션 개발을 위한 동적 프레임워크를 제공한다.

단순하면서도 강력한 공개 SDK와 탁월한 문서, 다양한 범위의 기기 및 폼 팩터, 적극적으로 운영되는 개발자 커뮤니티로 대변되고, 라이선스 비용도 들지 않는 안드로이드는 사람들의 삶을 바꿀 수 있는 소프트웨어 개발 기회라 할 수 있다.

안드로이드 개발자가 되기 위해 넘어야 할 진입 장벽은 매우 낮다.

- ➤ 자격증이 필요 없다.
- ➤ 구글 플레이 스토어는 애플리케이션의 배포 및 수익 창출을 위한 유·무료 구매, 애플리케이션 결제, 구독 등을 제공한다.
- ➤ 개발자 자신의 브랜드에 대해 완전한 제어권을 가진다.

상업적인 관점에서 보면, 안드로이드는 가장 보편적인 운영 체제이며, 전 세계의 수많은 안드로이드 기기에 대한 접근성을 제공한다. 자신의 애플리케이션을 전 세계 사용자들이 사용하도록 할 수 있는 비교 불가한 수단인 것이다.

1.9 개발자 프레임워크 소개

안드로이드 애플리케이션은 자바나 코틀린 프로그래밍 언어로 작성하며, ART에 의해 실행된다.

그동안 안드로이드 애플리케이션은 주로 자바 언어로 작성했다. 그러나 이제는 코틀린(kotlin) 언어를 같이 사용할 수 있다. 코틀린은 자바처럼 JVM 언어이며, ART에서 실행될 수 있다. 또한 자바와 코틀린 코드는 100% 상호 운용되므로 같은 애플리케이션에서 함께 사용할 수 있다.

안드로이드 애플리케이션은 애플리케이션마다 분리된 프로세스로 실행된다. 따라서 메모리 및 프로세스 관리 책임은 ART의 몫이다. ART는 리소스를 관리하기 위해 프로세스들을 중지하거나 종료시킬 수 있다.

내부의 각종 서비스와 하드웨어에 접근하는 것은 안드로이드 API가 해주는 반면, ART는 리눅스 커널 위에서 드라이버 및 메모리 관리 등과 같은 저수준 하드웨어의 상호 작용을 처리한다.

1.9.1 함께 제공되는 것들

안드로이드 SDK에는 안드로이드 애플리케이션을 개발하고 테스트하고 디버깅하기 위한 모든 것이 포함돼 있다.

- ▶ **안드로이드 API 라이브러리:** SDK의 핵심은 개발자에게 안드로이드 스택 접근 권한을 제공하는 안드로이드 API 라이브러리다. 이 라이브러리는 구글이 네이티브 안드로이드 애플리케이션을 만들 때 사용한다.

- ▶ **개발 도구:** SDK에는 안드로이드 스튜디오 IDE와 각종 개발 도구가 포함돼 있다. 이 도구들을 이용하면 애플리케이션을 컴파일하고 디버깅해 안드로이드 소스 코드를 실행 가능한 애플리케이션으로 변환할 수 있다. 이들 개발 도구에 관해서는 2장 '시작하기'에서 집중적으로 다룬다.

- ▶ **AVD(Android Virtual Device)와 에뮬레이터:** 안드로이드 에뮬레이터(Android Emulator)는 실제 모바일 기기처럼 동작하는 에뮬레이터다. 그리고 모바일 기기 하드웨어 구성을 시뮬레이션해 주는 AVD에서 실행된다. 따라서 안드로이드 에뮬레이터를 사용하면 실제 장치에서 어떻게 애플리케이션이 실행되고 보이는지 알 수 있으므로 탁월한 개발 환경을 제공한다. 실제로 안드로이드 에뮬레이터는 하드웨어 중립적이므로 더 좋은 독립적 테스트 환경을 제공한다.

- ▶ **완벽한 문서:** SDK에는 각 패키지 및 클래스의 구성과 사용법에 대한 전방위적인 코드 수준의 참고 정보가 포함돼 있다. 이와 더불어 안드로이드의 참고 문서와 개발자 가이드에서는 안드로이드 개발 시작하기, 안드로이드 개발 이면의 세부 내용, 모범 사례, 프레임워크에 대한 깊이 있는 설명을 제공한다.

- ▶ **샘플 코드:** 안드로이드 SDK에는 안드로이드의 여러 가능성을 구체적으로 보여 줄 샘플 애플리케이션들이 선별돼 있다. 그뿐 아니라 개별 API 기능의 사용법을 알려 줄 간단한 프로그램도 함께 제공된다.

- ▶ **온라인 지원:** 안드로이드는 슬랙(Slack) 같은 온라인 소셜 네트워크에서 적극적으로 활동하고 있는 개발자들의 커뮤니티가 매우 많다. 예를 들어, 스택 오버플로(Stack Overflow, www.stackoverflow.com/questions/tagged/android)는 각종 안드로이드 관련 질문들이 모이는 일종의 종착역과 같은 곳이며, 초보자 수준의 대답을 찾기 쉬운 곳이기도 하다. 구글 출신의 안드로이드 엔지니어들은 주로 스택 오버플로와 트위터에서 활동하고 있다.

1.9.2 안드로이드 소프트웨어 스택이란?

안드로이드 소프트웨어 스택은 리눅스 커널과 일련의 C/C++ 라이브러리를 의미한다. C/C++ 라이브러리들은 런타임과 애플리케이션에 서비스를 제공하고, 그 관리까지 책임지는 애플리케이션 프레임워크를 통해 노출된다. 구체적으로는 그림 1-1처럼 나타낼 수 있다.

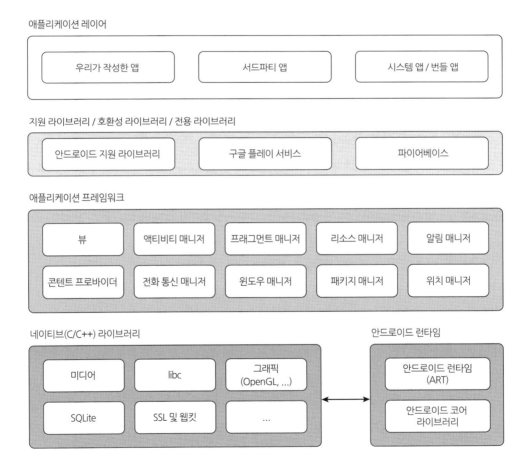

하드웨어 추상 레이어(HAL)

| 오디오 | 자동차 | 블루투스 | 카메라 | DRM |
| 미디어 | 주변기기 | 센서 | 저장소 | 텔레비전 |

리눅스 커널

| 하드웨어 드라이버 | 프로세스 관리 | 메모리 관리 | 바인더(IPC) | 보안 |
| 전력 관리 |

● 그림 1-1

➤ **리눅스 커널**: 코어 서비스들(하드웨어 드라이버, 프로세스 및 메모리 관리, 보안, 네트워크, 전원 관리 포함)은 리눅스 커널이 처리한다(구체적인 커널 버전은 안드로이드 플랫폼 버전과 하드웨어 플랫폼에 따라 다르다).

➤ **하드웨어 애플리케이션 계층**(HAL, Hardware Application Layer): 물리적인 기기 하드웨어와 나머지 스택 사이의 추상화 계층을 제공한다.

➤ **라이브러리**: 안드로이드는 커널과 HAL 위에서 실행되며, libc와 SSL 등을 비롯해 다음과 같은 다양한 C/C++ 코어 라이브러리를 포함하고 있다.

- 오디오와 비디오 미디어의 재생을 위한 미디어 라이브러리
- 디스플레이 관리를 제공하는 서피스 매니저(surface manager)
- 2D 및 3D 그래픽을 위한 SGL과 OpenGL 등의 그래픽 라이브러리
- 네이티브 데이터베이스 지원을 위한 SQLite
- 통합된 웹 브라우저와 인터넷 보안을 위한 SSL 및 웹킷

➤ **ART**: 안드로이드 폰을 리눅스의 모바일 구현이 아닌 안드로이드 폰답게 만든다. ART는 코어 라이브러리들을 비롯해 애플리케이션 프레임워크의 토대를 형성하고, 애플리케이션에 동력을 제공하는 엔진이다.

➤ **코어 라이브러리**: 안드로이드 애플리케이션 개발에 주로 사용되는 언어는 자바나 코틀린이긴 하지만 ART는 자바 VM이 아니다. 안드로이드의 코어 라이브러리는 자바의 코

어 라이브러리를 비롯해 안드로이드 전용 라이브러리에서도 사용할 수 있는 기능을 제공한다.

➤ **애플리케이션 프레임워크:** 안드로이드 애플리케이션을 만들 때 사용하는 클래스들을 제공한다. 또한 하드웨어 접근에 대한 일반 추상화(generic abstraction)를 제공하고, UI와 애플리케이션 리소스를 관리한다.

➤ **애플리케이션 계층:** 애플리케이션 계층: 애플리케이션은 네이티브나 서드파티를 가리지 않고 모두 동일한 API 라이브러리를 사용해서 애플리케이션 계층에 빌드된다. 애플리케이션 계층은 ART 안에서 실행되며, 이때 애플리케이션 프레임워크로부터 사용할 수 있도록 만들어진 클래스와 서비스를 사용한다.

1.9.3 안드로이드 런타임

안드로이드의 핵심 요소 가운데 하나가 바로 ART다. 안드로이드는 여러 인스턴스를 하나의 기기에서 효율적으로 실행할 수 있도록 자바 ME와 같은 기존 자바 VM 대신 자체 맞춤형 런타임을 사용한다.

ART는 기기의 리눅스 커널을 사용해 보안이나 스레드 처리, 프로세스 및 메모리 관리를 비롯한 저수준의 기능들을 처리한다. 그리고 ART에서는 리눅스 운영 체제에 더 가깝게 실행되는 C/C++ 애플리케이션도 작성할 수 있다. 물론 그렇게 할 수 있다는 뜻일 뿐, 그렇게 해야 할 이유는 없다.

안드로이드는 C/C++의 속도나 효율성이 애플리케이션에 필요할 경우에 대비해 네이티브 개발 키트(NDK, Native Development Kit)를 제공한다. NDK는 libc 및 libm 라이브러리 그리고 네이티브 OpenGL 접근을 사용해 C++ 라이브러리를 만들 수 있도록 설계됐다.

> **참고**
>
> 이 책에서는 ART 안에서 실행되는 애플리케이션을 SDK로 만드는 과정에만 집중한다. NDK 개발은 이 책에서 다루는 범위를 벗어난다. NDK 개발에 관심이 있고 안드로이드의 리눅스 커널이나 C/C++의 하부 구조를 살펴보거나 ART를 수정하는 등 더 자세한 내용까지 알아보려면 source.android.com의 안드로이드 오픈 소스 프로젝트를 참고하라.

모든 안드로이드 하드웨어와 시스템 서비스의 접근은 ART가 관리하며 애플리케이션의 실행을 주관하므로 개발자는 특정 하드웨어 구현에 관해 일체 신경 쓰지 않아도 된다.

안드로이드 초기에 구현된 가상 머신 이름인 달빅(Dalvik) 이후에 개명된 ART는 달빅 실행 파일(.dex)을 실행한다. .dex는 메모리 사용을 최소화하도록 최적화된 파일 형식이다. SDK에 제공되는 도구를 사용하면 자바 또는 코틀린 언어로 컴파일된 클래스를 변환하여 .dex 파일로 생성할 수 있다.

 참고

달빅 실행 파일의 생성 방법은 2장 '시작하기'에서 자세하게 소개하고 있다.

1.9.4 안드로이드 애플리케이션 아키텍처

안드로이드의 아키텍처는 컴포넌트를 재사용하기가 쉽기 때문에 액티비티와 서비스, 데이터를 다른 애플리케이션과 공유하기도 쉽다. 이때의 접근 권한은 정의해 둔 보안 조치에 따라 관리된다.

연락처 애플리케이션이나 전화(통화) 애플리케이션의 대체 애플리케이션을 만드는 구조도 이와 같다. 따라서 다른 개발자는 이 구조대로 기존 애플리케이션의 컴포넌트 위에 새 UI를 만들거나 기존 기능을 확장하는 식으로 빌드할 수 있다.

다음 애플리케이션 서비스들은 모든 안드로이드 애플리케이션의 기본 아키텍처로, 소프트웨어 제작에 필요한 프레임워크를 제공한다.

- ➤ **액티비티 매니저(Activity Manager)와 프래그먼트 매니저(Fragment Manager)**: 액티비티와 프래그먼트는 애플리케이션의 UI를 정의하는 데 사용된다. 액티비티 매니저와 프래그먼트 매니저는 3장 '애플리케이션, 액티비티, 프래그먼트, 기타 등등'과 5장 '사용자 인터페이스 빌드하기'에서 설명할 액티비티 스택의 관리를 비롯해 각각 액티비티와 프래그먼트의 수명 주기를 제어한다.
- ➤ **뷰(View)**: 액티비티와 프래그먼트 안에서 UI 컨트롤을 구성하는 데 사용된다. 이와 관련된 내용은 5장 '사용자 인터페이스 빌드하기'에서 설명한다.
- ➤ **알림 매니저(Notification Manager)**: 사용자에게 알림을 전달하기 위해 일관성 있고 간섭되지 않는 메커니즘을 제공한다. 이와 관련된 내용은 11장 '백그라운드에서 작업하기'에서 설명한다.
- ➤ **콘텐트 프로바이더(Content Provider)**: 애플리케이션 간 데이터 공유를 가능하게 한다. 이

와 관련된 내용은 10장 '콘텐트 프로바이더와 검색'에서 설명한다.

➤ 리소스 매니저(Resource Manager): 실행 코드가 아닌 문자열이나 그래픽 등의 리소스를 사용할 수 있게 해준다. 이와 관련된 내용은 4장 '안드로이드 매니페스트, 그래들 빌드 파일 정의하기 및 리소스 외부화하기'에서 설명한다.

➤ 인텐트(Intent): 애플리케이션과 애플리케이션 컴포넌트 간의 데이터 전송 메커니즘을 제공한다. 이와 관련된 내용은 6장 '인텐트와 브로드캐스트 리시버'에서 설명한다.

1.9.5 안드로이드의 라이브러리들

안드로이드는 애플리케이션 개발에 필요한 API를 제공한다. 이 책에서는 그 내역을 전부 싣지 않고 참고할 문서의 주소만 제공한다. developer.android.com/reference/packages.html에서 안드로이드 SDK에 포함된 전체 패키지 내역을 확인할 수 있다.

안드로이드는 광범위한 모바일 하드웨어를 대상으로 설계됐다. 따라서 일부 고급 API나 선택적인 API들의 지속성이나 구현은 호스트 기기에 따라 달라질 수 있다.

CHAPTER

2

시작하기

📑 2장의 주요 내용

➤ 안드로이드 SDK와 안드로이드 스튜디오 개발 환경 설치하기

➤ 프로젝트 생성하기와 디버깅하기

➤ 코틀린으로 안드로이드 애플리케이션 만들기

➤ 안드로이드 지원 라이브러리 사용하기

➤ 모바일 디자인 요건 이해하기

➤ 속도 및 효율성 최적화의 중요성

➤ 작은 화면에서 모바일 데이터를 처리하기 위한 디자인

➤ AVD와 에뮬레이터 소개

➤ 안드로이드 스튜디오의 사용 팁과 빌드 성능 향상 방법

➤ 안드로이드 프로파일러를 사용한 애플리케이션 성능 이해

➤ 그래들 빌드와 애플리케이션 테스트 소개

💾 2장에 사용된 코드의 다운로드용 파일

2장은 다음 2개의 파일로 되어 있다.

2.1 안드로이드 애플리케이션 개발 시작하기

안드로이드 애플리케이션을 만들려면 안드로이드 SDK와 JDK(Java Development Kit)를 준비해야 한다. 그리고 이런저런 불편을 감수하지 않으려면 IDE(Integrated Development Environment)도 필요하다. 여기서는 안드로이드 스튜디오를 추천한다. 안드로이드 스튜디오는 구글의 공식 지원을 받는 안드로이드 애플리케이션 개발 IDE로, JDK와 통합돼 있을 뿐 아니라 안드로이드 SDK 및 관련 도구까지 관리해 주기 때문이다.

안드로이드 스튜디오와 안드로이드 SDK 및 JDK는 윈도우, 맥OS, 리눅스용으로 제공되고 있으므로 어떤 운영 체제에서도 사용할 수 있다. 안드로이드 애플리케이션 자체는 리소스가 제한된 모바일 기기에 최적화된, ART의 관리를 받는 런타임 안에서 실행된다. 따라서 특정 운영 체제에 국한된 개발상 장점은 없다.

안드로이드 코드는 전통적으로 자바 언어로 작성했다. 2017년까지만 해도 안드로이드 애플리케이션 개발에는 자바가 필수 요소였다. 그러나 안드로이드 스튜디오 3.0부터는 자바에 추가하여 코틀린을 완벽하게 지원하고 있다. 따라서 프로그래머는 부분적 또는 전체적으로 코틀린을 사용해 안드로이드 애플리케이션을 작성할 수 있다.

코틀린은 정적 타입의 언어로, 자바 소스 파일 및 ART와 완벽한 상호 운영이 가능하다. 코틀린은 어휘가 풍부하고 간결해 장황하지 않으며, 널 포인터(null-pointer) 안전성, 확장 함수, 중위 표기법(infix notation) 등과 같은 수많은 기능이 개선된 언어다.

> **참고**
>
> 이 책을 쓰고 있는 시점을 기준으로 자바는 여전히 새 프로젝트의 기본 언어이며, 기존 안드로이드 프로젝트들은 전적으로 자바 구문으로 작성됐다. 따라서 이 책에서 예로 든 조각 코드나 샘플 프로젝트에는 자바 구문을 사용했다.
>
> 코틀린은 많은 장점에 힘입어 인기가 높아질 것이다. 안드로이드 애플리케이션을 작성하기 위해서라도 코틀린 언어에 익숙해질 것을 권고한다. 코틀린을 사용한 안드로이드 애플리케이션 개발을 좀 더 깊이 있게 살펴보려면 '코틀린으로 안드로이드 애플리케이션 만들기' 절을 참고하기 바란다.

코어 안드로이드 라이브러리에는 코어 자바 API가 갖고 있는 대부분의 기능과 다양한 안드로이드 전용 API가 제공된다. 자바나 코틀린을 사용하면 이들 라이브러리 전체에 접근할 수 있다.

원한다면 안드로이드 SDK와 JDK를 따로 다운로드해 설치할 수 있지만, 굳이 그럴 이유는 없다. 안드로이드 스튜디오만 설치하면 곧바로 안드로이드 애플리케이션을 만들 수 있다. 안드로이드 스튜디오는 OpenJDK와 통합됐으며, 안드로이드 SDK 매니저를 통해 안드로이드 SDK의 컴포넌트 및 각종 도구를 설치하고 관리한다.

SDK 매니저는 안드로이드 프레임워크 SDK 라이브러리와 선택적인 애드온들(구글 API와 지원 라이브러리 포함)을 다운로드할 때 사용된다. SDK 매니저에는 애플리케이션을 작성하고 디버깅하는 데 필요한 플랫폼과 개발 도구도 함께 제공된다. 대표적인 개발 도구로는 프로젝트를 실행해 주는 안드로이드 에뮬레이터와 CPU, 메모리, 네트워크 사용량 등을 요약해 알려 주는 안드로이드 프로파일러(Android Profiler)를 들 수 있다. 이 도구들은 프로그래머의 편의를 위해 모두 안드로이드 스튜디오에 직접 통합돼 있다.

2장에서는 안드로이드 스튜디오와 안드로이드 SDK 및 그 애드온과 각종 개발 도구를 설치하고, 개발 환경을 설정해 첫 Hello World 애플리케이션을 자바와 코틀린으로 빌드한다. 그리고 AVD 환경에서 DDMS와 에뮬레이터로 첫 애플리케이션을 실행하고 디버깅한다.

모바일 기기 애플리케이션을 개발해 본 적이 있다면 모바일 기기의 작은 폼 팩터나 한정된 배터리 수명, 제한된 프로세싱 파워 및 메모리는 해결해야 할 디자인 숙제라는 사실을 알고 있을 것이다. 일례로 게임 제작에 문외한인 프로그래머라도 항상 접속 상태를 유지하는 인터넷이나 항상 켜져 있는 전원 등 데스크톱이나 웹, 서버에서 당연하게 여기던 것들이 모바일 또는 임베디드 기기 애플리케이션에는 적용될 수 없다는 것을 쉽게 짐작할 수 있다.

사용자 환경 또한 하드웨어 제한과 함께 해결해야 할 숙제다. 많은 안드로이드 기기가 이동 중에 사용되고, 사용자가 시선을 기기가 아닌 다른 곳으로 돌릴 때도 많기 때문에 애플리케이션은 빨라야 하고, 반응성이 높아야 하며, 사용법도 쉽게 알 수 있어야 한다. 설령 태블릿이나 텔레비전처럼 몰입도가 높은 기기용으로 애플리케이션을 만든다고 해도 고품질의 사용자 경험을 전달하기 위해서는 반드시 동일한 디자인 원칙을 적용해야 한다.

2.2 안드로이드 애플리케이션 개발하기

안드로이드 SDK는 매력적이면서도 강력한 모바일 애플리케이션을 만드는 데 필요한 도구들과 API를 제공한다. 안드로이드 애플리케이션을 개발할 때는 새로운 개발 툴킷이 나올 때마다 그 API의 특징과 제약이 무엇인지 확인해 두는 것이 좋다.

안드로이드 스튜디오 3.0 이후로는 안드로이드 애플리케이션을 자바나 코틀린만으로 또는 이 둘을 적당히 섞어 만들 수 있게 됐다. 자바나 코틀린의 구문과 문법은 안드로이드에서 실행 가능한 코드로 컴파일된다. 안드로이드의 위력은 사용되는 언어가 아니라 안드로이드 API에서 비롯된다.

안드로이드 SDK는 무료로 다운로드해 설치할 수 있다. 완성된 애플리케이션을 구글 플레이 스토어에 배포하기 위해 구글은 애플리케이션의 적격 여부를 심사하지 않는다.[1] 단, 애플리케이션 배포를 위한 소정의 일회성 요금이 부과되지만 구글 플레이 스토어를 통하지 않고 애플리케이션을 배포할 수도 있다.

2.2.1 준비해야 할 것들

안드로이드 애플리케이션은 ART 안에서 실행되기 때문에 개발 도구만 지원하면 플랫폼에 구애받지 않고 만들 수 있다. 이 책 전반에 걸쳐 사용할 안드로이드 스튜디오가 지원하는 플랫폼은 다음과 같다.

> ➤ 마이크로소프트 윈도우 7/8/10(32비트와 64비트 모두)
> ➤ 맥OS 10.10 이후
> ➤ GNOME 또는 KDE 리눅스 데스크톱(GNU C 라이브러리 2.19 이후)

안드로이드 스튜디오는 이들 플랫폼에서 최소 3GB의 램(8GB 추천)과 최소 1,280 × 800의 해상도가 필요하다.

---

1 2019년 3월부터는 SMS 또는 통화 기록 액세스 권한을 필요로 하는 경우 추가 승인 절차를 받아야 한다.
https://developers-kr.googleblog.com/2019/01/reminder-smscall-log-policy-changes.html

안드로이드를 개발하기 위해서는 JDK 8 버전을 설치해야 한다. 안드로이드 스튜디오는 버전 2.2부터 최신 버전의 OpenJDK를 통합했다. 안드로이드 스튜디오가 아닌 다른 IDE를 사용하려면 호환되는 JDK를 직접 다운로드해 설치해야 한다.

안드로이드 스튜디오로 개발하기

이 책의 각종 예시와 단계별 가이드는 안드로이드 스튜디오를 사용하는 프로그래머를 대상으로 제시했다. 안드로이드 스튜디오는 인기 있는 자바 개발 IDE인 동시에 안드로이드의 공식 IDE이며, 코틀린을 사용한 안드로이드 개발을 지원하는 IntelliJ IDEA를 기반으로 개발됐다.

안드로이드 스튜디오는 구글의 안드로이드팀에서 고품질의 애플리케이션을 만들고자 하는 프로그래머들을 지원하고자 개발됐다. 따라서 휴대전화와 태블릿, 텔레비전, 웨어러블 기기, 자동차 등 모든 안드로이드 폼 팩터를 지원한다. 그리고 풍부한 코드 편집 기능과 디버깅, 테스트, 프로파일링 등과 같은 안드로이드 프로그래머 맞춤형 도구도 제공한다.

안드로이드 스튜디오의 특징 몇 가지를 정리하면 다음과 같다.

> ➤ 고급 코드 완성 기능과 리팩터링, 코드 분석 등을 갖춘 지능형 코드 편집

> ➤ 깃허브(GitHub) 및 서브버전(Subversion) 등과 통합된 버전 제어

> ➤ 280여 가지 이상의 린트(Lint) 체크와 빠른 수정 기능을 갖춘 치밀한 정적 분석 프레임워크

> ➤ JUnit 4와 함수형 UI 테스트를 비롯한 전방위적인 테스트 도구 및 프레임워크. 기기와 에뮬레이터, 연속적 통합 환경 또는 FTL(Firebase Test Lab)로 테스트할 수 있다.

안드로이드 스튜디오는 이와 같은 IDE 특징 이외에도 안드로이드 개발을 위해 최신 안드로이드 플랫폼 릴리스를 전적으로 지원하고 있다. 그뿐 아니라 안드로이드의 각종 빌드 및 디버깅 도구와 더욱 긴밀하게 통합하는 형태로 몇 가지 중요한 장점을 제공한다.

안드로이드 스튜디오의 특징은 다음과 같다.

> ➤ APW(Android Project Wizard). 새 프로젝트 생성 과정을 단순화하고 몇 가지 애플리케이션 및 액티비티 템플릿을 제공한다.

> ➤ XML 리소스를 생성, 편집, 검증할 수 있는 에디터

- 안드로이드 프로젝트 빌드 자동화, 안드로이드 실행 파일(.dex) 변환, 파일 패키징(.apk), ART로의 패키지 설치(에뮬레이터 또는 실제 기기에서 실행된다)
- AVD 매니저. 특정 하드웨어와 메모리 구성에 맞춰 안드로이드 운영 체제의 특정 릴리스가 실행되는 에뮬레이터를 호스팅하는 가상 기기의 생성 및 관리를 담당한다.
- 안드로이드 에뮬레이터. 에뮬레이터의 시각적 요소 및 네트워크 연결 설정을 제어하고 수신 전화, SMS 메시지, 각종 센서 값 등을 시뮬레이션한다.
- 안드로이드 프로파일러(Android Profiler). CPU와 메모리, 네트워크 성능을 모니터링한다.
- 실제 기기나 에뮬레이터의 파일 시스템에 대한 접근. 폴더 트리를 운행하거나 파일을 전송한다.
- 런타임 디버깅. 중단점(breakpoint)을 설정하고 호출 스택을 관찰한다.
- 모든 안드로이드 로깅 및 콘솔 출력

> **참고**
>
> 안드로이드 스튜디오는 이클립스(Eclipse)의 ADT(Android Development Tools) 플러그인을 대체한다. ADT는 2014년부터 사용이 중지됐으며, 2016년 안드로이드 스튜디오 2.2의 출시로 지원이 종료됐다. 물론 현재까지도 이클립스를 비롯한 여러 IDE에서 ADT를 사용해 안드로이드 애플리케이션을 개발할 수는 있지만 구글은 안드로이드 스튜디오를 강력하게 권장하고 있다.

안드로이드 스튜디오와 안드로이드 SDK 설치하기

안드로이드 스튜디오 최신 버전은 안드로이드 스튜디오 홈페이지인 developer.android.com/studio에서 개발 플랫폼별로 다운로드할 수 있다.

각자의 플랫폼(운영 체제)에 맞는 안드로이드 스튜디오를 다운로드한 후 다음과 같이 설치하면 된다.

- 윈도우: 다운로드한 설치용 실행 파일을 실행한다. 윈도우 인스톨러에는 OpenJDK와 안드로이드 SDK가 포함돼 있다.
- 맥OS: 다운로드한 안드로이드 스튜디오 DMG 파일을 연 후 안드로이드 스튜디오 아이콘을 '응용 프로그램' 폴더로 끌어다 놓는다. 안드로이드 스튜디오를 더블 클릭해 열면, 설치 마법사가 나머지 설치 과정을 안내한다. 이 과정에서 안드로이드 스튜디오 SDK도 함께 다운로드돼 설치된다.

➤ 리눅스: 다운로드한 .zip 파일을 사용자 프로파일용 /usr/local/이나 공유 사용자용 /opt/ 등 적당한 위치에 압축 해제한다. 터미널을 열고 android-studio/bin/ 디렉터리로 이동한 후 studio.sh를 실행한다. 설치 마법사가 나머지 설치 과정을 안내한다. 이 과정에서 안드로이드 스튜디오 SDK도 함께 다운로드돼 설치된다.

오라클 자바 JDK의 오픈 소스 버전인 OpenJDK는 안드로이드 스튜디오 2.2 이후부터 안드로이드 스튜디오와 통합됐다. 따라서 JDK를 별도로 다운로드해 설치할 필요가 없다.

설치 마법사가 완료되면 최신 버전의 안드로이드 플랫폼 SDK, 구체적으로는 SDK와 플랫폼, 빌드 도구와 지원 라이브러리가 다운로드되고 설치된다.

다음 절에서 설명할 SDK 매니저를 사용하면 이전 버전의 안드로이드 플랫폼이나 SDK 컴포넌트 등도 추가로 다운로드할 수 있다.

> **참고**
>
> 안드로이드 스튜디오 SDK 소스는 오픈 소스 플랫폼이기 때문에 source.android.com에서 다운로드해 컴파일할 수 있다.

SDK 매니저를 사용해 안드로이드 SDK의 추가 컴포넌트 설치하기

그림 2-1의 SDK 매니저는 다음 중 한 가지 방법으로 실행할 수 있다.

1. 안드로이드 스튜디오를 실행했을 때 제일 먼저 나타나는 웰컴(Welcome) 대화상자의 밑에 있는 [Configure ➡ SDK Manager]를 선택

2. 웰컴 대화상자에서 새 프로젝트 생성이나 기존 프로젝트를 선택한 후 나타나는 안드로이드 스튜디오 메인 창의 위에 있는 버튼()을 클릭

3. 안드로이드 스튜디오 메인 창의 위에 있는 메뉴에서 [Tools ➡ SDK Manager]를 선택

SDK 매니저에서는 [SDK Platforms], [SDK Tools], [SDK Update Sites]라는 세 가지 탭 메뉴를 사용할 수 있다.

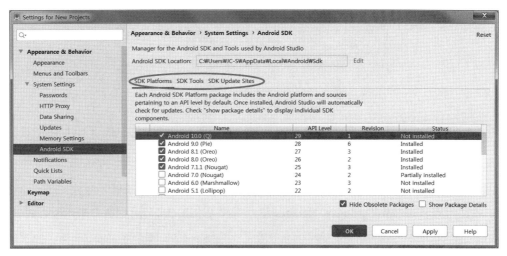

● 그림 2-1

[SDK Platforms] 탭 메뉴에서는 다운로드된 플랫폼 SDK를 표시한다. 기본적으로 최신 안드로이드 플랫폼 SDK가 설치되며, 여기서는 안드로이드 10.0(API 레벨 29)을 확인할 수 있다.

[SDK Tools] 탭 메뉴에서는 SDK와 플랫폼, 빌드 도구를 비롯해 설치된 각종 도구와 지원 라이브러리 그리고 지원 저장소(support repository)를 나타낸다. 지원 저장소는 2장의 뒷부분에서 다룰 안드로이드 지원 라이브러리(ASL, Android Support Library)를 사용할 때 필요하다.

[Show Package Details(패키지 세부 항목 나타내기)]에 체크 표시를 하면 설치된 각 도구의 버전에 관한 세부 내용을 추가로 확인할 수 있다. [Hide Obsolete Packages(구 버전 감추기)]를 체크하면 설치된 것 중에서 구 버전을 보여주지 않는다.

안드로이드 스튜디오와 안드로이드 SDK, 각종 도구들의 업데이트를 다운로드해 설치하기

안드로이드 스튜디오는 안정성을 높이고 새로운 특징을 더하기 위해 업데이트 주기가 짧다. 안드로이드 스튜디오의 새 버전을 다운로드할 수 있게 되면 그림 2-2처럼 이를 알리는 팁이 메인 창 또는 웰컴 대화상자의 오른쪽 밑에 나타나므로 화살표가 가리키는 update 버튼을 클릭하여 업데이트할 수 있다.

● 그림 2-2

이와 비슷하게 안드로이드 SDK나 각종 개발 도구, 지원 라이브러리, 코틀린, 기타 SDK 패키지 등의 새 리비전을 사용할 수 있을 때도 알림 팁이 나타난다.

안드로이드 스튜디오의 새 버전을 직접 확인하고 업데이트할 수 있는 방법도 있다. 그림 2–3처럼 메인 창의 메뉴에서 [Settings ➡ Updates]를 선택한 후 [Check Now] 버튼을 클릭해도 되고, 또는 메뉴의 [Help ➡ Check For Updates] 항목을 선택해도 된다. (웰컴(Welcome) 대화상자에서도 [Configure ➡ Check for Updates]를 선택하면 된다.)

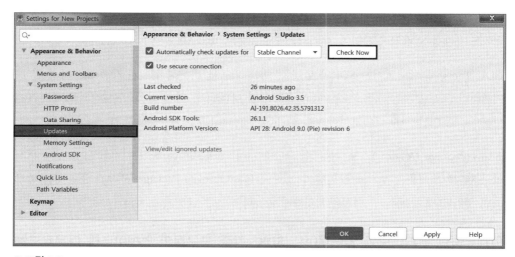

● 그림 2-3

> **참고**
>
> 구글의 안드로이드 스튜디오팀은 안드로이드 개발자 웹사이트를 통해 '안정적인' 공식 릴리스를 제공하는 것 외에도 향후 발표될 버전의 프리뷰 릴리스를 개발자들에게 배포하고 있다. 그림 2–3의 [Updates] 화면에서 드롭다운 메뉴를 클릭하고 [Canary]나 [Dev] 또는 [Beta] 채널을 선택하면 개발 중인 새 버전을 먼저 사용해 볼 수 있다. 그러나 결함이 있을 수 있으므로 실제 프로젝트에서는 [Stable] 채널의 안정적인 버전을 사용하는 것이 좋다.
>
> Canary와 Dev는 개발이 진행 중인 최신 버전을 의미하며, 대략 주 단위로 배포된다. 주로 개발 과정

에서 실질적인 피드백을 얻기 위해 배포되는 초기 프리뷰 버전이라 할 수 있다.

베타 버전은 안정적인 Canary 빌드가 기반이 된 정식 릴리스 후보를 의미하며, 안정적인 릴리스에 앞서 피드백을 얻기 위해 배포되고 업데이트된다.

안드로이드 스튜디오는 서로 다른 버전을 함께 설치하여 사용할 수 있다. 이런 방법을 비롯해 각 릴리스 채널에 대한 세부 내용은 develo-per.android.com/studio/preview에서 찾을 수 있다.

2.2.2 첫 안드로이드 애플리케이션 만들기

안드로이드 스튜디오와 SDK가 다운로드됐다면 안드로이드 애플리케이션 개발 준비는 일단락 된 것이다. 이제 새 안드로이드 프로젝트를 시작해 보자. 우선 안드로이드 에뮬레이터를 설정 하고 안드로이드 스튜디오의 run과 debug 설정을 맞춰야 한다. 이에 대해서는 이어지는 절들 에서 설명한다.

새 안드로이드 프로젝트 만들기

새 안드로이드 프로젝트는 안드로이드 스튜디오의 [New Project Wizard]를 통해 만들 수 있 으며, 구체적인 과정은 다음과 같다.

1. 안드로이드 스튜디오를 처음 실행하면 그림 2-4와 같은 웰컴 대화상자가 나타난다. 이 대화상자에서 [Start a new Android Studio project(새 안드로이드 스튜디오 프로젝트 시작 하기)] 옵션을 선택한다.

◑ 그림 2-4

2. 그 다음에 앱과 액티비티 유형을 선택하는 대화상자가 나타난다. 스마트폰과 태블릿에서 실행되는 앱을 나타내는 [Phone and Tablet]과 [Empty Activity]가 기본으로 선택되어 있을 것이다. (안드로이드 앱은 액티비티(Activity)로 실행되며, [Empty Activity]를 선택하면 액티비티에 필요한 기본 코드를 안드로이드 스튜디오가 자동 생성해 준다.) [Next] 버튼을 클릭하면 프로젝트 정보를 입력하는 대화상자가 나타난다(그림 2-5).

'Name'은 프로젝트 이름이면서 동시에 앱의 이름이 된다. HelloWorld를 입력하면 'Package name'이 com.example.helloworld로 변경될 것이다.

안드로이드 애플리케이션은 고유한 패키지 이름을 가져야 한다. 따라서 이름 충돌 가능성을 미연에 방지하기 위해 각자의 인터넷 도메인 이름을 사용하는 것이 좋다. 그렇다고 해서 도메인을 반드시 소유하고 있어야 하는 것은 아니다. 어떤 값을 입력하든 고유한 패키지 이름이 될 수 있으면 된다.

'Save location'은 프로젝트의 모든 파일이 저장되는 위치를 나타낸다. 오른쪽의 폴더 아이콘(📁)을 클릭하면 위치를 지정할 수 있는 대화상자가 나타나며, 원하는 디렉터리를 선택한 후 [OK] 버튼을 클릭하면 해당 디렉터리 밑에 프로젝트의 모든 파일이 저장된다. 각자 원하는 디렉터리를 선택한다.

'Language'는 개발에 사용할 기본 프로그래밍 언어를 나타낸다. 여기서는 Java를 선택하자.

'Minimum API level'은 앱이 실행될 수 있는 최소한의 안드로이드 버전을 나타낸다. 따라서 API 레벨을 낮은 것으로 지정하면 더 많은 안드로이드 기기에서 앱을 실행할 수 있다는 장점이 있다(전세계의 안드로이드 기기 중 몇 %에서 사용 가능한지를 바로 다음에서 보여준다). 그러나 가장 최신 안드로이드 버전의 일부 기능은 사용하지 못할 수 있다는 단점도 있다. 각자 원하는 것을 지정하면 되며, 테스트할 실제 기기의 안드로이드 버전(기기의 [설정] ➡ [디바이스 정보] ➡ [소프트웨어 정보]를 선택하면 확인 가능)에 맞게 선택하는 것이 좋다.

◑ 그림 2-5

그림 2-5처럼 'Use androidx.＊ artifacts'는 기본적으로 선택되어 있지만 일단 여기서는
체크를 해제하자. (androidx는 모든 안드로이드 지원 라이브러리를 통합 관리하기 위해 2018년부
터 새로 도입된 네임스페이스(namespace)다. 자세한 내용은 '2.2.5 androidx와 지원 라이브러리'에
서 알아본다.)

[Finish] 버튼을 클릭하면 안드로이드 스튜디오가 새 프로젝트를 생성해 준다. 이 프로
젝트에는 'Hello World'라는 문자열을 화면에 출력하는데 필요한 기본 코드가 자동 생
성되어 포함된다.

새 프로젝트가 생성되면 그림 2-6과 같이 메인 창이 열린다.

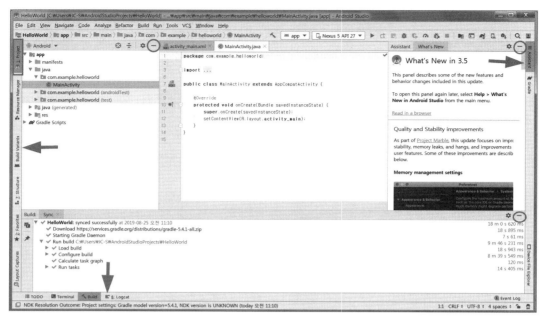

● 그림 2-6

메인 창에는 메뉴 바와 도구 버튼은 물론이고 기능 별로 여러 가지 종류의 도구 창이 포함된다. 각 창을 닫을 때는 동그라미로 표시된 오른쪽 위의 숨김 아이콘(➖)을 클릭하며, 열고자 할 때는 화살표가 가리키는 왼쪽/오른쪽/아래쪽의 해당 도구 창 바를 클릭하면 된다. 예를 들어, 메인 창 왼쪽 위에 있는 프로젝트 도구 창의 숨김 아이콘을 클릭하면 프로젝트 도구 창이 사라지며, 메인 창의 왼쪽 위 테두리에 있는 [1: Project] 도구 창 바를 클릭하면 다시 나타난다. 또는 메인 창 위의 메뉴 바에서 [View ➡ Tool Windows ➡ Project]를 선택하여 열 수도 있다.

메인 창 왼쪽 위의 프로젝트 도구 창에서는 프로젝트의 모든 폴더(서브 디렉터리)와 파일을 볼 수 있다. 그리고 각 폴더 왼쪽의 화살표(▶)를 클릭하면 그 밑의 폴더와 파일을 볼 수 있고 다시 클릭하면 안 보이게 된다. 애플리케이션의 실행 코드를 갖는 액티비티(activity)는 프로젝트를 생성할 때 우리가 지정했던 패키지 밑에 생성된다. 애플리케이션이 실행될 때 최초로 실행되는 액티비티의 이름은 MainActivity이며, 우리가 선택한 액티비티의 유형(템플릿)에 따라 안드로이드 스튜디오가 자동으로 생성해 준다. 프로젝트 도구 창에서 현재 선택된 파일의 전체 경로는 그림 2-7과 같이 메뉴 바의 바로 밑에 보여 준다.

HelloWorld > app > src > main > java > com > example > helloworld > MainActivity

◑ 그림 2-7

그림 2-7에 있듯이, MainActivity.java 파일은 HelloWorld/app/src/main/java/com/example/helloworld 디렉터리 밑에 위치한다. 그림 2-8과 같이 프로젝트 도구 창 위의 드롭다운에서 [Project]를 선택하면 프로젝트의 모든 디렉터리와 파일을 실제 위치와 동일하게 볼 수 있다. 그러나 기본적으로는 [Android]를 선택하는 것이 좋다. 애플리케이션을 개발할 때 주로 참조 및 사용하는 폴더나 파일만 알기 쉽게 볼 수 있기 때문이다.

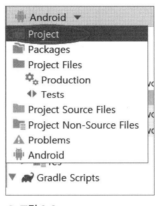

◑ 그림 2-8

메인 창의 중앙에는 기본적으로 편집기 창이 열린다. 이 창에서는 소스 코드의 작성은 물론이고 그래픽 모드와 텍스트 모드로 사용자 인터페이스도 생성할 수 있다.

프로젝트 도구 창에서 원하는 파일을 더블 클릭하면 편집기 창에 열리며, 위쪽에 해당 파일 이름을 탭으로 보여준다. 그리고 선택된 탭의 오른쪽 아이콘(✕)을 클릭하면 해당 파일이 닫힌다.

AVD 생성하기

AVD는 물리적인 안드로이드 기기의 하드웨어와 소프트웨어 구성을 시뮬레이션하는 데 사용된다. 안드로이드 에뮬레이터는 AVD 안에서 실행되며, 이를 통해 다양한 하드웨어 및 소프트웨어 플랫폼에서 애플리케이션을 테스트할 수 있다.

안드로이드 스튜디오나 안드로이드 SDK에는 사전 빌드된 AVD가 없다. 따라서 물리적인 기기가 준비돼 있지 않다면 애플리케이션을 실행하고 디버깅하기 위해 다음 과정에 따라 적어도 하나는 만들어야 한다.

1. 메뉴 바의 [Tools ➡ AVD Manager]를 선택한다. 메인 창 오른쪽 위에 있는 AVD 매니저 아이콘(📱)을 클릭해도 된다.

2. AVD 대화상자에서 [+ Create Virtual Device...] 버튼을 클릭한다. 그림 2-9처럼 기기 정의 선택 대화상자가 나타나면 기본으로 지정된 Phone과 Pixel 2를 선택하고 [Next] 버튼을 누른다. 해상도(Resolution)와 픽셀 밀도(Density)가 너무 큰 것을 선택하면 실행 성능에 부담이 될 수 있다.

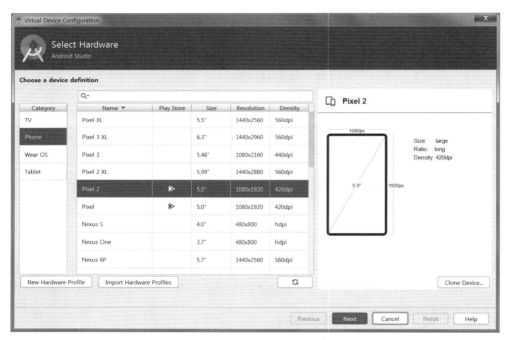

● 그림 2-9

3. 그림 2-10처럼 '안드로이드 8.1 (Google Play)' 시스템 이미지를 선택한다. 시스템 이미지는 가장 안정된 최신 버전이면서 구글 플레이와 호환되는 것을 선택하는 것이 좋다. 만약 Release Name에 Download가 나타나 있다면 클릭하여 해당 시스템 이미지를 다운로드한다.

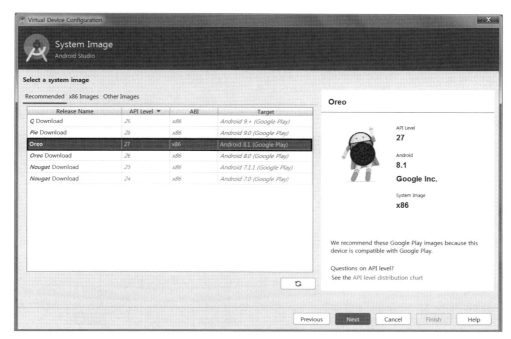

◑ 그림 2-10

시스템 이미지는 위의 Recommended 탭이 보여 주는 것 중에서 선택하는 것이 좋다. 그러나 ABI(Application Binary Interface) 즉, CPU 아키텍처가 다른 시스템 이미지를 선택할 수도 있다. 일반적으로는 x86과 ARM 중에서 하나를 선택한다. 에뮬레이터의 성능을 최대한으로 끌어올리기 위해서는 사용 중인 컴퓨터와 같은 CPU 아키텍처의 시스템 이미지를 선택하는 것이 좋다.

Target에 (Google Play)로 표시된 것은 구글 API가 포함된 시스템 이미지를 나타낸다. 이는 지도나 위치 기반 서비스 등의 구글 플레이 서비스(Google Play Service) 기능을 애플리케이션에서 사용할 때 필요하다. 자세한 내용은 15장 '위치, 상황 인지, 지도'에서 다룬다.

4. 그림 2-11처럼 AVD 이름을 기본값 그대로 두거나 또는 변경한 후 [Finish] 버튼을 클릭하면 새 AVD가 생성된다. 아래쪽의 [Show Advanced Settings]를 클릭하면 웹캠을 기기의 전면 또는 후면 카메라로 배정하거나, 에뮬레이션되는 네트워크의 속도를 조정하고, 에뮬레이션에 사용되는 코어의 수나 시스템 메모리 및 저장소의 크기를 변경할 수 있는 추가 옵션이 나타난다. 그러나 대개의 경우 기본값을 그대로 사용하는 것이 좋다.

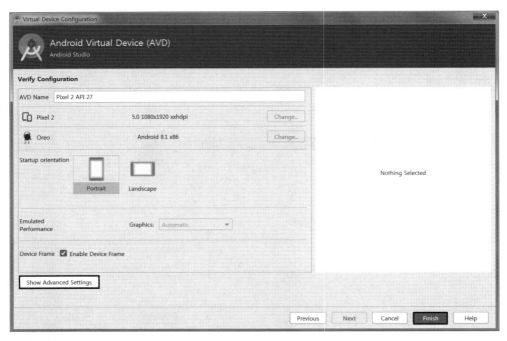

● 그림 2-11

5. AVD가 생성되면 그 내역을 대화상자로 보여준다. 에뮬레이터를 최초 시작할 때는 시
   간이 걸릴 수 있다. 따라서 애플리케이션을 실제 기기가 아닌 에뮬레이터로 테스트하
   고자 한다면 생성된 AVD의 오른쪽에 있는 시작 아이콘(▶)을 클릭하여 미리 실행시
   켜 두자. 사용 중인 컴퓨터에 따라 실행되는 시간이 달라질 수 있다. 참고로, AVD 수
   정 아이콘(✎)을 클릭하면 그림 2-11과 동일한 대화상자가 나타나므로 AVD의 설정을
   변경할 수 있다. 또한 제일 오른쪽의 아이콘(▼)을 클릭하고 [Delete]를 선택하면 해당
   AVD를 삭제할 수 있다.

실제 기기에서 테스트하고 디버깅하기

안드로이드 애플리케이션은 실제 기기에서 테스트하는 것이 가장 좋다. 그러나 실제 기기에서 테스트하려면 사전에 확인하고 설정할 것이 있다.

1. 우선, 기기에서 [설정]을 클릭한 후, 그림 2-12와 같이 [개발자 옵션]이 보이는지 확인한다.

◑ 그림 2-12

만일 보이면 아래의 3번으로 건너뛰고 안 보이면 다음과 같이 한다. [설정]에서 [시스템➡ 디바이스 정보] 또는 [디바이스 정보]를 찾아 터치한다. 그러면 빌드 번호(Build Number)가 보일 것이다.

2. 빌드 번호를 일곱 번 두드린다. 그다음에 [설정]을 다시 보면 [개발자 옵션]을 볼 수 있다.

3. [개발자 옵션]을 선택한 후, 다음에 있는 [USB 디버깅]을 찾는다(그림 2-13).

● 그림 2-13

4. [USB 디버깅]을 켠다. 그림 2-14와 같은 대화상자가 나타나서 [USB 디버깅]을 허용하겠느냐는 메시지가 나타나면 [확인]을 터치한다.

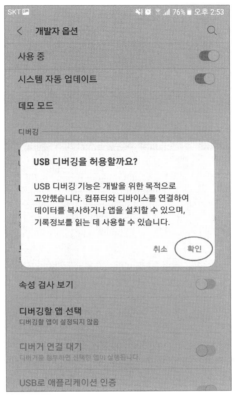

◐ 그림 2-14

5. 사용 중인 컴퓨터와 기기를 USB 케이블로 연결한다. 만일 그림 2-14의 대화상자가 다시 나타나면 [확인]을 터치한다.

6. 연결이 정상적으로 끝나면 이 기기는 안드로이드 스튜디오 안에서 실행 및 디버깅 목적으로 애플리케이션을 실행할 때 target(대상 기기)으로 사용될 수 있다.

안드로이드 애플리케이션 실행하기와 디버깅하기

지금까지 첫 프로젝트를 만들고 애플리케이션을 실행해 줄 AVD를 생성했다(그리고 실제 기기를 연결하는 방법도 알아보았다). 이제부터 HelloWorld 프로젝트를 실행하고 디버깅해 보자.

안드로이드 스튜디오 메인 창의 [Run] 메뉴에서 [Run app(또는 Debug app)]을 선택하면 그림 2-15와 같은 대화상자가 나타난다. 이 대화상자에서는 연결된 기기나 실행 중인 AVD, 또는 생성만 하고 아직 실행 중이지 않은 AVD 중에서 하나를 선택하여 애플리케이션을 실행할 수 있다.

원하는 실제 기기나 AVD 중에서 하나를 선택하고 [OK] 버튼을 누르면 HelloWorld 애플리케이션이 전송 및 설치된 후 실행된다. (실행 중이 아닌 AVD를 선택하면 자동으로 AVD가 먼저 실행된 후 애플리케이션이 실행된다.)

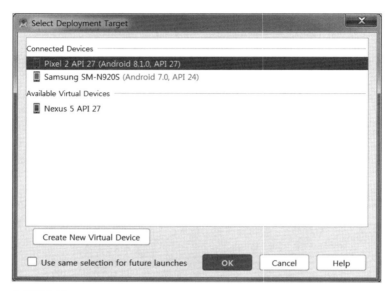

◑ 그림 2-15

그림 2-15에서는 연결된 실제 기기 하나와 실행 중인 AVD 한 개, 그리고 생성은 되었지만 현재 실행 중이지 않은 AVD 하나를 보여준다.

애플리케이션을 실행하거나 디버깅하면 내부적으로 다음과 같은 과정이 진행된다.

➤ 현재 프로젝트의 소스 코드가 바이트 코드로 컴파일된다. 컴파일된 바이트 코드는 안드로이드 실행 파일(.dex)로 변환된다.

➤ 이 실행 파일과 프로젝트의 리소스 및 매니페스트가 안드로이드 패키지(.apk)로 패키징된다.

➤ 실제 기기가 아닌 AVD를 대상 기기로 선택한 경우는 AVD 에뮬레이터가 시작된다 (AVD는 생성되었지만 아직 실행 상태가 아닐 때).

➤ APK가 대상 기기로 배포되고 설치된다.

➤ 애플리케이션이 시작된다.

디버깅 시에는 안드로이드 스튜디오 디버거가 추가 실행돼 중단점 설정이나 코드 디버깅이 가능해진다.

지금까지의 과정에 아무런 문제가 없다면, 우리 애플리케이션의 새 액티비티가 실행되는 모습을 확인할 수 있다. 그림 2-16에서는 Pixel 2 AVD 에뮬레이터에서 애플리케이션이 실행되는 것을 보여준다. (화살표가 가리키는 것은 애플리케이션 이름이다.)

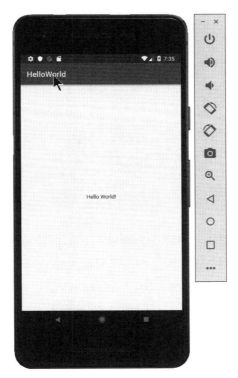

◗ 그림 2-16

Hello World 이해하기

이제 잠시 숨을 돌리면서 첫 안드로이드 애플리케이션의 소스 코드를 살펴보자. 출발점은 MainActivity.java 파일이다.

안드로이드에서 Activity는 애플리케이션의 코드를 실행하면서 사용자 인터페이스(화면)를 처리하는 기본 클래스다. 자세한 내용은 3장 '애플리케이션, 액티비티, 프래그먼트, 기타 등등'에서 설명한다.

AppCompatActivity는 안드로이드 지원 라이브러리의 지원을 받는 Activity 클래스의 서브 클래스로, 하위 안드로이드 버전과의 호환성을 제공한다. 따라서 더 상위 클래스인 Activity 대신 AppCompatActivity를 사용한다.

코드 2-1은 안드로이드 스튜디오가 생성해 준 기본적인 액티비티 코드를 나타낸다. 우리 액티비티(MainActivity)가 AppCompatActivity의 서브 클래스가 되었으며, 상속받는 onCreate 메서드를 오버라이딩(overriding)하고 있다.

코드 2-1　Hello World

```
package com.example.helloworld;

import android.support.v7.app.AppCompatActivity;
import android.os.Bundle;

public class MainActivity extends AppCompatActivity {

  @Override
  protected void onCreate(Bundle savedInstanceState) {
    super.onCreate(savedInstanceState);
    setContentView(R.layout.activity_main);
  }
}
```

액티비티의 시각적 컴포넌트를 가리켜 뷰(View)라고 한다. 뷰는 전통적인 데스크톱 및 웹 개발에서 컨트롤 또는 위젯과 비슷하다. 자동 생성된 MainActivity 코드에서는 onCreate 메서드를 오버라이딩하여 setContentView를 호출한다. setContentView는 레이아웃 리소스를 인플레이팅(inflating, 실제 동작하는 객체로 생성)하여 UI 레이아웃을 구성한다. 다음에서 볼드체에 해당하는 코드다.

```
@Override
protected void onCreate(Bundle savedInstanceState) {
  super.onCreate(savedInstanceState);
  setContentView(R.layout.activity_main);
}
```

안드로이드 프로젝트의 리소스(resource)는 프로젝트 디렉터리의 res 폴더에 저장된다. res 폴더에는 layout, values, drawable, mipmap 등과 같은 하위 폴더가 있다. 안드로이드 스튜디오는 리소스를 해석하고, R이라는 변수를 통해 이 리소스를 사용할 수 있게 해준다. 이 내용은 4장 '안드로이드 매니페스트, 그래들 빌드 파일 정의하기 및 리소스 외부화하기'에서 다룬다.

코드 2-2는 activity_main.xml 파일에 정의된 UI 레이아웃을 나타낸다. 이 xml 파일은 안드로이드 프로젝트 템플릿에서 자동 생성된 것으로, res/layout 폴더에 저장돼 있다.

코드 2-2   HellowWorld 레이아웃 리소스

```xml
<?xml version="1.0" encoding="utf-8"?>
<android.support.constraint.ConstraintLayout
  xmlns:android="http://schemas.android.com/apk/res/android"
  xmlns:app="http://schemas.android.com/apk/res-auto"
  xmlns:tools="http://schemas.android.com/tools"
  android:layout_width="match_parent"
  android:layout_height="match_parent"
  tools:context=".MainActivity">
  <TextView
    android:layout_width="wrap_content"
    android:layout_height="wrap_content"
    android:text="Hello World!"
    app:layout_constraintBottom_toBottomOf="parent"
    app:layout_constraintLeft_toLeftOf="parent"
    app:layout_constraintRight_toRightOf="parent"
    app:layout_constraintTop_toTopOf="parent"/>
</android.support.constraint.ConstraintLayout>
```

> **참고**
>
> 안드로이드 프로젝트 마법사(Android Project Wizard)가 생성해 주는 레이아웃은 언제든지 바뀔 수 있다. 따라서 자동 생성된 XML은 안드로이드 스튜디오 버전에 따라 조금씩 다를 수 있고, 그에 따라 생성되는 UI의 모습 또한 다를 수 있다.

XML로 UI를 정의하고 이를 인플레이트하는 방법은 UI를 구현할 때 많이 사용된다. 애플리케이션 로직과 UI 디자인을 깔끔하게 분리할 수 있기 때문이다.

UI 요소를 코드에서 사용하려면 다음과 같이 XML 정의에 식별자 속성을 추가한다.

```xml
<TextView
  android:id="@+id/myTextView"
  android:layout_width="wrap_content"
  android:layout_height="wrap_content"
  android:text="Hello World!"
  app:layout_constraintBottom_toBottomOf="parent"
  app:layout_constraintLeft_toLeftOf="parent"
  app:layout_constraintRight_toRightOf="parent"
  app:layout_constraintTop_toTopOf="parent"/>
```

그리고 findViewById 메서드를 사용해 다음과 같이 해당 UI 요소 객체의 참조를 얻은 후 변수에 저장한다.

```
TextView myTextView = findViewById(R.id.myTextView);
```

코드 2-3처럼 레이아웃을 코드로 직접 만드는 방법도 생각해 볼 수 있지만 별로 권장되지는 않는다.

코드 2-3 코드로 레이아웃 만들기

```
public void onCreate(Bundle savedInstanceState) {
    super.onCreate(savedInstanceState);
    RelativeLayout.LayoutParams lp;
    lp =
      new RelativeLayout.LayoutParams(LinearLayout.LayoutParams.MATCH_PARENT,
                                      LinearLayout.LayoutParams.MATCH_PARENT);
    RelativeLayout.LayoutParams textViewLP;
    textViewLP = new RelativeLayout.LayoutParams(
      RelativeLayout.LayoutParams.WRAP_CONTENT,
      RelativeLayout.LayoutParams.WRAP_CONTENT);

    Resources res = getResources();
    int hpad = res.getDimensionPixelSize(R.dimen.activity_horizontal_margin);
    int vpad = res.getDimensionPixelSize(R.dimen.activity_vertical_margin);

    RelativeLayout rl = new RelativeLayout(this);
    rl.setPadding(hpad, vpad, hpad, vpad);

    TextView myTextView = new TextView(this);
    myTextView.setText("Hello World!");

    rl.addView(myTextView, textViewLP);

    addContentView(rl, lp);
}
```

코드에서 사용할 수 있는 모든 프로퍼티가 XML 레이아웃에서도 속성으로 설정될 수 있다는 점에 유의해야 한다.

더 일반적으로 말해서, 시각적 디자인을 애플리케이션 코드에서 분리하면 코드를 간결하게 유지할 수 있다. 안드로이드는 화면 크기가 무척 다양한 수백 종류의 각기 다른 기기에서 작동하고 있으므로 레이아웃을 XML 리소스로 정의하면 여러 화면에 여러 레이아웃을 최적화하기가 수월해진다.

UI를 빌드하는 방법에 대해서는 5장 '사용자 인터페이스 빌드하기'에서 실제로 레이아웃을 만들고 뷰를 직접 빌드하는 과정을 통해 자세하게 알아본다.

안드로이드 샘플 프로젝트 열기

안드로이드에는 높은 품질로 문서화된 샘플 프로젝트가 상당수 포함돼 있다. 이들은 온전히 작동하는 안드로이드 애플리케이션 샘플로, 뛰어난 소스라 할 수 있다. 개발 환경을 모두 설정했다면 몇몇 샘플을 열어 보는 것이 좋다.

안드로이드 샘플 프로젝트는 깃허브에 저장돼 있으며, 안드로이드 스튜디오에서 복제(clone)하는 방법을 제공한다.

1. 안드로이드 스튜디오 메뉴 바에서 [File ➡ New ➡ Import Sample…]을 선택하면 샘플 프로젝트의 내역을 보여주는 대화상자가 나타난다(그림 2-17). 현재 열려 있는 프로젝트가 없을 때 나타나는 웰컴 대화상자에서 [Import an Android code sample]을 선택해도 된다.

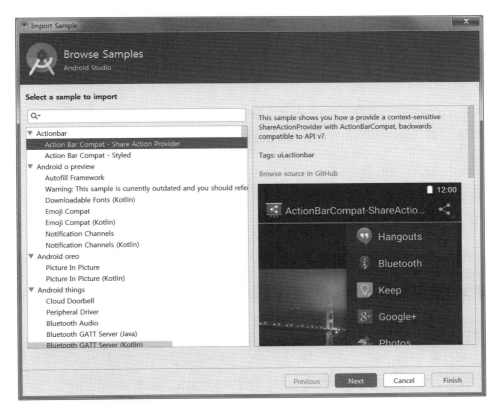

◑ 그림 2-17

2. 가져오려는 샘플을 선택한 후 [Next] 버튼을 클릭한다.

3. 그 다음 대화상자에서 애플리케이션 이름과 샘플 프로젝트를 저장할 위치를 지정한 후 [Finish] 버튼을 클릭하면 샘플이 다운로드되어 열린다.

선택된 샘플 프로젝트는 깃허브에서 복제된 것이며, 안드로이드 스튜디오에는 새 프로젝트로 열린다.

참고

안드로이드 샘플 코드의 전체 리스트는 깃허브의 구글 샘플 페이지인 github.com/googlesam ples/에서 찾아볼 수 있다.

2.2.3 코틀린으로 안드로이드 애플리케이션 만들기

2017년까지는 자바 언어가 안드로이드 애플리케이션의 공식 개발 언어였다. 그러나 안드로이드 스튜디오 3.0부터는 코틀린을 공식 개발 언어로 추가하고 지원하게 됐다.

코틀린은 정적 타입의 언어로, 안드로이드에 사용된 기존 자바 구문 및 런타임과 상호 운용이 가능하다. 코틀린은 어휘가 풍부하고 간결하며, 널 포인터 안전성, 확장 함수, 중위 표기법 등을 비롯해 많은 개선 사항이 적용된 언어다.

하지만 기존 안드로이드 프로젝트들은 거의 모두 자바 코드로 작성됐다. 물론 자바 코드는 코틀린 소스 파일로 붙여넣기하면 코틀린으로 쉽게 변환될 수 있다.

코틀린의 개선된 개발 시간 및 코드 가독성이라는 장점을 생각해 보면 코틀린 위주로 작성된 애플리케이션의 비율은 빠르게 증가할 것이라 예상할 수 있으므로 코틀린 언어를 사용한 안드로이드 애플리케이션 개발에 익숙해질 것을 강력하게 권고한다.

앞으로 만들 안드로이드 프로젝트들은 처음부터 코틀린을 사용하거나 상호 운용이 가능한 코틀린과 자바 소스 파일을 함께 포함할 수도 있다. 경우에 따라서는 개발 과정에서 자바 소스 파일을 코틀린으로 변환할 수도 있다.

코틀린으로 새 프로젝트를 시작할 때는 자바의 경우와 동일하게 [File ➡ New ➡ New Project...] 메뉴 항목을 선택한 후, 그 다음 대화상자에서 액티비티 유형을 선택한다. 그리고 그 다음의 프로젝트 구성 대화상자(그림 2-18)에서 사용 언어(Language)를 코틀린으로 선택하면 된다.

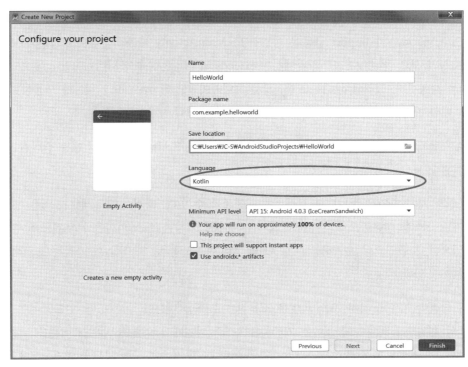

● 그림 2-18

이후 과정은 자바의 경우와 동일하게 해주면 된다. 프로젝트 생성이 끝나면 액티비티 파일이 MainActivity.kt로 생성된다. (자바 파일은 확장자가 .java인 반면 코틀린은 .kt이다.) 코틀린 파일은 자바 파일과 동일하게 app/src/main/java 밑의 패키지 디렉터리에 저장된다. MainActivity.kt 파일의 내용은 다음과 같다.

```kotlin
package com.example.helloworld

import android.support.v7.app.AppCompatActivity
import android.os.Bundle

class MainActivity : AppCompatActivity() {

  override fun onCreate(savedInstanceState: Bundle?) {
    super.onCreate(savedInstanceState)
    setContentView(R.layout.activity_main)
  }
}
```

코틀린 코드는 자바보다 훨씬 간결하며, 현재 시점에서 구문의 변화는 최소한으로 반영되어 있다. package와 import 구문은 동일하며, MainActivity 클래스는 여전히 AppCompatActivity의 서브 클래스다. 단, 자바에서는 extends 키워드로 상속을 나타내지만, 코틀린은 콜론(:)을 사용한다. 그리고 onCreate 메서드를 오버라이딩할 때 override 키워드를 사용하며, 메서드 대신 함수의 의미를 나타내는 fun 키워드를 사용한다.

프로젝트에 새 코틀린 파일을 추가하려면 [File ➡ New ➡ Kotlin File/Class] 메뉴 항목을 선택하면 된다.

코틀린과 자바 파일은 하나의 프로젝트에서 공존할 수 있다. 따라서 프로젝트를 처음 생성할 때 개발 언어를 코틀린으로 선택하지 않아도 이후에 코틀린 소스 파일을 프로젝트에 추가할 수 있으며, 코틀린으로 선택하고 프로젝트를 생성한 경우에도 자바 소스 파일을 프로젝트에 추가할 수 있다.

이와 더불어 기존의 자바 소스 파일을 코틀린으로 자동 변환할 수도 있다. 안드로이드 스튜디오의 프로젝트 도구창에 보이는 기존 자바 소스 파일에서 오른쪽 마우스 버튼을 누른 후 [Convert Java File to Kotlin File]을 선택하면 된다. 또한 기존의 자바 코드를 클립보드에 복사한 후(Ctrl+C) 코틀린 파일에 붙여넣기 하면(Ctrl+V), 붙여넣을 자바 코드를 코틀린으로 변환하겠냐고 묻는 대화상자가 나타난다(그림 2-19). 그리고 [Yes]를 클릭하면 자바 코드가 코틀린 코드로 변환되어 붙여넣기된다.

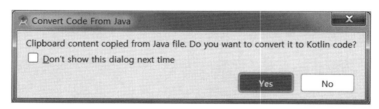

◗ 그림 2-19

단, 자동 변환되는 코드는 코틀린 언어의 장점이 충분히 반영되지 않을 수 있다.

2.2.4 안드로이드 지원 라이브러리 패키지 사용하기

안드로이드 지원 라이브러리(ASL, Android Support Library) 패키지(호환성 라이브러리 또는 AppCompat이라고도 한다)는 안드로이드 프레임워크의 일부분으로 포함되지 않고 별도 제공되는 API 코드(예 뷰 페이저), 또는 구 버전의 안드로이드 플랫폼에서 사용할 수 없는 유용한 API(예 프래그먼트)를 사용할 수 있도록 개발된 일련의 라이브러리를 말한다.

ASL을 사용하면 예전 플랫폼 버전으로 작동하는 기기에서도 최신 안드로이드 플랫폼 릴리스에 도입된 프레임워크 API 기능들을 적용할 수 있다. 따라서 오래된 플랫폼 버전을 지원해야 하는 부담을 줄이면서도 새로운 기능들을 적용할 수 있어 사용자 경험의 일관성을 유지하는 데나 개발 프로세스를 간소화하는 데 큰 도움이 된다.

> **참고**
>
> 구 버전의 안드로이드 플랫폼 릴리스로 작동하는 기기를 지원하려면 안드로이드 프레임워크에 포함된 API보다 ASL을 사용하는 것이 좋다. 물론 필요한 기능을 모두 ASL이 제공한다면 당연히 ASL을 사용하는 것이 좋다. 이 책에 사용된 예제 코드들은 안드로이드 8.1(API 레벨 27)을 기준으로 하며, 우선적으로 ASL의 API를 사용한다. 그리고 ASL이 적합하지 않아 프레임워크의 API를 사용할 경우는 따로 알려준다.

ASL 패키지는 몇 가지 개별 라이브러리로 나뉘며, 각각은 해당 안드로이드 플랫폼의 버전과 기능을 지원한다.

구체적인 라이브러리들은 이어지는 장들에서 소개한다. 우선 v7 호환성 라이브러리부터 살펴보자. 이 라이브러리가 안드로이드 2.3 진저브레드(API 레벨 9)까지 광범위하게 지원하는 데다 각종 추천 UI 패턴에 필요한 API를 제공하기 때문이다.

앞서 만든 HelloWorld 애플리케이션 코드를 비롯해 안드로이드 스튜디오가 제공하는 애플리케이션 템플릿에는 v7 호환성 라이브러리의 종속 파일들이 기본으로 포함돼 있다.

ASL 패키지를 프로젝트에 포함시키려면 다음과 같이 해주어야 한다.

1. SDK 매니저에서 Android Support Repository를 다운로드했는지 확인한다.
2. 다음 두 가지 방법 중 하나를 사용해서 그래들(Gradle) 빌드 파일의 의존성(dependency)에 우리가 필요한 ASL 라이브러리를 추가한다.

   2.1 안드로이드 스튜디오 프로젝트 도구 창에서 Gradle Scripts 밑에 있는 build.gradle (Module: app) 파일을 더블 클릭하여 편집기 창에 연 후 해당 ASL 라이브러리 이름과 버전에 관한 참조를 우리가 직접 의존성에 추가한다. 예를 들면 다음과 같다.

```
dependencies {
    [... 기존 의존성 ...]
    implementation 'com.android.support:appcompat-v7:28.0.0'
}
```

2.2 안드로이드 스튜디오 메뉴에서 [File ➡ Project Structure...]를 선택하면 그림 2-20 의 대화상자가 나타난다.

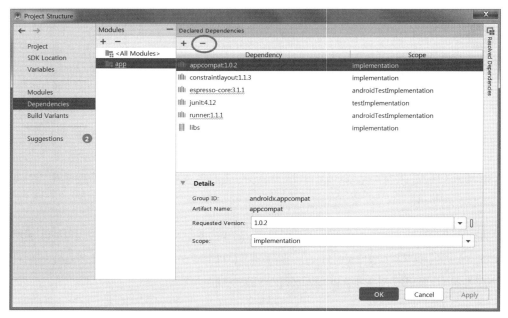

◗ 그림 2-20

제일 왼쪽 패널에서 Depencies를 선택하고 오른쪽 패널에서 ASL 라이브러리를 추가할 모듈을 선택한다. (안드로이드 스튜디오는 기본적으로 app이라는 이름의 모듈을 프로젝트에 생성한다.) 예를 들어, app을 선택한다. 그러면 선택된 모듈에 이미 지정된 의존성 라이브러리 내역을 제일 오른쪽 패널에 보여준다.

의존성 라이브러리를 새로 추가할 때는 원으로 표시된 + 버튼을 누르고 Library Dependency를 선택한다. 그리고 그 다음 대화상자의 Step 1 필드에 ASL 라이브러리의 패키지 경로인 com.android.support를 입력하고 오른쪽의 [Search] 버튼을 클릭하면 이 ASL 라이브러리의 내역을 보여준다. 우리가 원하는 라이브러리와 우측의 버전을 선택하고 Step2의 필드는 기본값인 implementation을 그대로 둔다. 그리고 [OK] 버튼을 클릭하면 선택한 라이브러리가 build.gradle(Module: app) 파일의 의존성으로 추가된다. (2.1에서 우리가 직접 추가한 것과 동일하다. 그러나 라이브러리 내역과 버전을 조회한 후 선택할 수 있다는 장점이 있다.)

이미 보았듯이, 지원 라이브러리의 특정 버전이 의존성 라이브러리에 추가된다. ASL 패키지는 안드로이드 프레임워크 SDK보다 더 자주 업데이트된다. 따라서 ASL의 새 버전을 다운로드하고 최신 릴리스를 참조하도록 의존성을 업데이트하면 결함 수정과 각종 개선 사항을 지속적으로 애플리케이션에 반영할 수 있다.

> **참고**
>
> 지금은 대부분의 ASL 클래스 이름에 compat이 접미사로 붙는다(예 NotificationCompat). 그러나 예전에는 ASL 클래스들의 이름이 같은 기능을 수행하는 프레임워크의 클래스 이름과 동일했다. 그 결과 (안드로이드 스튜디오를 비롯한 여러 IDE의) 코드 자동 완성 및 가져오기 기능에서 엉뚱한 라이브러리 이름이 선택될 수 있는 위험성이 있다. 특히, 이는 최신 SDK로 애플리케이션을 빌드할 때 더욱 심각하다. 따라서 지원하려는 안드로이드 플랫폼 버전을 최소한으로 낮춰 프로젝트 빌드 대상을 지정하고 지원 라이브러리를 사용하는 것이 좋다.

2.2.5 androidx와 지원 라이브러리

안드로이드에서는 과거 버전과의 호환성을 유지하기 위해 지원(support) 라이브러리를 별도로 유지 관리하였다. 그러나 지원 라이브러리의 종류가 많고 서로 다른 네임스페이스를 갖고 있어서 라이브러리의 유지 관리와 사용에 불편한 점이 많았다. 따라서 기존의 모든 지원 라이브러리를 androidx라는 네임 스페이스로 통합하게 되었다(2018년에 최초 발표 후 2019년부터 정식 사용됨). 그리고 androidx 네임 스페이스를 갖는 모든 라이브러리를 젯팩(Jetpack)이라고 한다.

그러므로 앞으로는 androidx라는 최상위 네임스페이스로 시작하는 지원 라이브러리를 사용해야 한다(안드로이드 Q(10.0)부터는 종전의 지원 라이브러리들을 더 이상 지원하지 않는다). 그러나 라이브러리 내부의 모듈이나 클래스 등의 이름은 동일하므로 종전과 동일하게 사용하면 된다. 따라서 안드로이드 애플리케이션을 개발하는 개발자 입장에서 달라지는 것은 없다. 단, import 문에서는 androidx로 시작하는 패키지 경로를 지정해야 하며, 앱(app) 모듈의 그래들 빌드 파일에도 androidx로 시작하는 라이브러리 경로를 의존성에 지정해야 한다. 예를 들어, AppCompatActivity 클래스는 android.support.v7.app.AppCompatActivity에서 androidx. appcompat.app.AppCompatActivity로 변경된다.

그렇다면 이미 개발되어 사용 중인 애플리케이션은 어떻게 될까? 문제없이 사용 가능하다. 그러나 기존 경로의 라이브러리는 더 이상 업그레이드 지원이 안 되므로 향후 개선 및 추가된 기능은 사용할 수 없게 된다.

따라서 안드로이드 스튜디오에서는 기존 경로의 지원 라이브러리 참조를 androidx 라이브러리 참조로 자동 변환해 주는 기능을 제공한다(메뉴의 Refactor ➡ Migrate to AndroidX를 선택). 단, androidx로 자동 변환된 라이브러리의 버전이 최신 버전이 아닐 수도 있으므로 이때는 앱(app) 모듈의 그래들 빌드 파일에 의존성으로 지정된 라이브러리의 버전을 우리가 직접 변경해야 한다. 기존의 지원 라이브러리를 androidx의 라이브러리로 매핑하는 데 필요한 자세한 내용은 다음을 참고한다. https://developer.android.com/jetpack/androidx/migrate

이 책의 프로젝트 예제에서는 기존의 지원 라이브러리 참조를 사용한다. 그리고 androidx 네임스페이스의 라이브러리 사용은 15장의 'WhereAmI' 프로젝트에서 할 것이다.

안드로이드 스튜디오에서 프로젝트를 새로 생성할 때 'Use androidx.* artifacts'(그림 2-5)를 선택(체크)된 상태로 생성하면 import 문과 그래들 빌드 파일의 의존성에서 androidx의 지원 라이브러리를 사용하도록 코드를 생성해 준다.

2.3 모바일 및 임베디드 기기 애플리케이션 개발하기

안드로이드는 모바일 기기나 임베디드 기기의 소프트웨어 개발 과정을 간소화하고자 여러 기능을 지원하고 있지만, 고품질의 애플리케이션을 빌드하기 위해서는 이런 편리함의 이면을 이해하는 것이 좋다. 모바일 및 임베디드 기기 애플리케이션을 만들 때, 특히 안드로이드 애플리케이션을 개발할 때는 다음과 같은 몇 가지 요소를 고려해야 한다.

> **참고**
>
> 2장에서는 효율적인 안드로이드 코드를 작성하기 위해 알아야 할 기법과 모범 사례를 언급한다. 특히, 2장의 후반부에서는 안드로이드의 새로운 개념이나 기능을 소개하면서 명료나 간결과 어떻게 타협하는지 모범 사례를 예로 들어 설명한다. "그래도 당신은 이렇게 하라(Do as I say, not as I do)."라는 전통에 따라 몇 가지 예는 비록 현장에서 꼭 최선이 아니더라도 이렇게 해야 한다는 가장 단순한(또는 가장 이해하기 쉬운) 방법이 될 것이다.

2.3.1 하드웨어에서 비롯된 디자인 고려 사항

작고 휴대하기 간편한 모바일 기기는 흥미진진한 소프트웨어 개발 기회를 제공한다. 하지만 한정된 화면 크기와 메모리, 저장소, 프로세서 파워 등은 그런 흥미진진함과 거리가 멀고 다른 개발 환경에서 찾아볼 수 없는 독특한 도전 과제를 선사할 뿐이다.

모바일 기기는 데스크톱이나 랩톱 컴퓨터에 비해 많은 제약을 갖는다.

- ➤ 낮은 프로세싱 파워
- ➤ 한정된 램
- ➤ 한정된 저장 용량
- ➤ 작은 화면
- ➤ 데이터 전송과 관련된 높은 비용
- ➤ 간헐적인 연결 상태, 느린 데이터 전송 비율, 높은 레이턴시
- ➤ 한정된 배터리 수명

이와 같은 제약은 새로운 세대의 기기가 등장할 때마다 상당수 개선됐지만, 기기 생태계 또한 광범위한 가격대로 분화됐고, 그 결과 하드웨어 성능의 다변화도 큰 폭으로 확대됐다. 이런 현상은 특히 가격에 매우 민감한 신흥 시장의 스마트폰 유통량이 거대한 성장을 보인 탓에 증폭됐고, 이로 인해 낮은 사양의 하드웨어가 장착된 새 기기가 대량으로 유통됐다.

안드로이드가 태블릿, 텔레비전, 자동차 헤드 유닛, 웨어러블 기기 등 다양한 폼 팩터로 확장하면서 애플리케이션이 실행될 기기의 범위도 넓어졌다.

경우에 따라서는 생각보다 훨씬 더 강력한 하드웨어에서 애플리케이션이 실행될 수도 있지만, 항상 최악의 시나리오를 염두에 두고 디자인해 모든 사용자에게 그 하드웨어 플랫폼과 상관없이 뛰어난 사용자 경험을 보장하는 것이 바람직하다.

성능이 가장 중요하다

임베디드 기기, 특히 모바일 기기의 제조사들은 프로세서 속도의 대폭적인 향상보다 얇은 폼 팩터와 더 큰(그리고 해상도가 더 높은) 화면에 가치를 두는 경우가 많다. 이는 전통적으로 무어의 법칙(2년마다 프로세서에 집적되는 트랜지스터의 수가 두 배로 늘어난다는 법칙) 덕분에 가능했던 유리함이 이제 사라졌다는 것을 의미한다. 무어의 법칙은 데스크톱이나 서버 하드웨어에서 프로세서 성능의 직접적인 향상을 의미한다. 반면, 모바일 기기의 경우에는 더 밝고 더 높은 해

상도의 화면이 장착된 더 얇은 기기를 의미한다. 프로세서 파워의 향상이 뒷전으로 밀려난 것이다.

이는 언제나 코드 최적화에 심혈을 기울어야 한다는 현실을 방증한다. 소프트웨어에 비해 하드웨어가 개선되는 속도가 빨라도 이점이 거의 없는 현실에서 애플리케이션이 빠르게 그리고 민첩하게 반응해야 하기 때문이다.

코드 효율성은 소프트웨어 공학 분야의 큰 주제다. 따라서 여기에 이런저런 설명을 늘어 놓지는 않을 것이다. 2장의 뒷부분에서 안드로이드에 한정된 몇 가지 팁을 제시하겠지만, 지금은 리소스가 한정된 플랫폼에서는 효율성이 더 중요하다는 사실만 언급한다.

한정된 저장소 용량을 감안하라

플래시 메모리와 SSD의 비약적인 발전 덕분에 모바일 기기의 저장소 용량 또한 급격히 증가했다. 하지만 64GB나 128GB 또는 256GB의 저장 공간을 갖춘 기기가 흔해졌다고 해도 인기가 높은 보급형 기기들은 여전히 충분치 않은 저장 공간을 갖고 있다. 모바일 기기의 저장 공간은 대부분 사진이나 음악, 영화 등을 저장하는 데 할애되기 때문에 사용자들은 자신의 판단에 따라 불필요할 정도로 많은 공간을 차지하는 애플리케이션들을 여지없이 삭제하기도 한다.

따라서 애플리케이션의 설치 용량 또한 중요한 고려 사항이며, 더 나아가 애플리케이션 자체가 시스템 리소스를 '겸손하게' 사용해야 하는 것은 물론이고, 애플리케이션 데이터를 저장하는 방식도 세심하게 고려해야 한다.

9장 '데이터베이스 만들기와 사용하기'에서 소개한 대로 안드로이드의 데이터베이스를 사용해 대량의 데이터를 저장하고 재사용하고 공유하는 것이 개발자의 삶이 편리해지는 길이다. 안드로이드는 파일이나 각종 설정 파일, 상태 정보 등을 위해 최적화된 프레임워크를 제공한다. 이에 관해서는 8장 '파일, 상태 저장, 사용자 환경 설정'에서 설명한다.

사용했던 리소스를 지우는 것도 중요하다. 캐싱, 프리페칭, 지연 로딩(필요할 때 객체를 생성) 등과 같은 기법은 반복적인 네트워크 사용을 제한하고 애플리케이션의 반응성을 향상하는 데 유용하다. 그러나 더 이상 필요 없을 때는 파일 시스템에 파일을 남기거나 데이터베이스에 레코드를 남기지 말아야 한다.

여러 화면과 폼 팩터를 염두에 두고 디자인하라

모바일 기기의 작은 화면과 간편한 휴대성은 좋은 인터페이스를 만들기 위해 해결해야 하는 과제다. 특히, 사용자들이 현란하고 사실에 가까운 그래픽 사용자 경험을 요구하고 있는 현실을 감안하면 더더욱 어려운 과제다.

여기에 화면 크기가 제각각인 안드로이드 생태계의 특성을 덧붙이면 일관적이고 직관적이며 즐거운 UI를 만든다는 것은 중대한 도전이 될 수 있다.

사용자는 화면을 겨우 힐끗 쳐다볼 뿐이라는 사실을 염두에 두고 애플리케이션을 작성하라. 컨트롤 수를 줄이고 가장 중요한 정보를 전면의 중앙에 내세워 직관적이고 사용하기 쉬운 애플리케이션을 작성하라.

5장 '사용자 인터페이스 빌드하기'에서 만들 이런 종류의 그래픽 컨트롤들은 이해하기 쉽게 많은 정보를 전달할 수 있는 탁월한 방법이다. 화면을 온갖 요란한 버튼과 텍스트 입력란이 난무하는 텍스트로 채우기보다 적절한 색상, 도형 등과 같은 그래픽을 사용해 정보를 전달하라.

현재 안드로이드 기기들의 화면 크기, 해상도, 입력 메커니즘은 전부 제각각이다. 게다가 안드로이드 7.0부터 지원하는 다중 윈도우를 감안하면 애플리케이션이 지원해야 할 화면의 크기는 한 기기에서도 여러 가지로 다양해진다.

애플리케이션이 모든 가능한 호스트 기기에서 동일한 시각적 느낌을 표출하고 올바른 작동을 보장하기 위해서는 반응형 디자인을 만들고 애플리케이션을 실제로 다양한 크기의 화면에서 테스트해 UI의 비율을 맞추면서도 작은 화면과 태블릿에 최적화해야 한다.

여러 화면 크기에 대해 UI를 최적화하는 기법은 4장 '안드로이드 매니페스트, 그래들 빌드 파일 정의하기 및 리소스 외부화하기'와 5장 '사용자 인터페이스 빌드하기'에서 다룬다.

낮은 속도와 높은 레이턴시를 감안하라

스마트폰이 '스마트'한 데는 인터넷 연결 능력이 큰 비중을 차지한다. 스마트폰을 언제 어디서든 사용할 수 있는 것도 바로 이 때문이라 할 수 있다. 하지만 모바일의 인터넷 연결은 생각하는 것만큼 빠르지도 않고 신뢰할 만하지도 않으며, 비용이 적게 들거나 언제 어디서든 사용할 수 있는 것도 아니다. 이와 마찬가지로 인터넷 기반 애플리케이션을 개발할 때는 네트워크 연결을 느리고 간헐적이며, 비용이 많이 들고 신뢰할 수 없다고 가정하는 것이 최선이다.

상대적인 데이터 통신 비용이 현저하게 높은 신흥 시장에서는 이런 가정이 더욱 빛을 발한다. 최악의 경우에 대비해 디자인하면 언제나 고품질의 사용자 경험을 제공할 수 있을 것이다. 바꿔 말하면, 애플리케이션에서 데이터 연결을 잃거나 아예 찾지 못하는 경우도 처리할 수 있어야 한다는 의미이기도 하다.

안드로이드 에뮬레이터에서는 네트워크 연결의 속도나 레이턴시를 제어할 수 있다. 그림 2-21
은 에뮬레이터의 네트워크 연결 속도 및 신호 강도를 나타낸다.

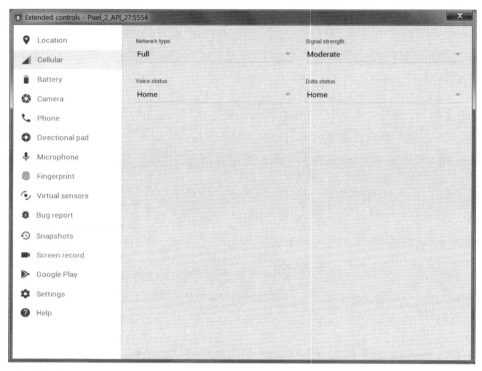

◑ 그림 2-21

네트워크 접근의 속도, 레이턴시, 가용성 등과 무관하게 균일함과 반응성을 보장하라. 이를
위해서는 가용 네트워크 대역폭이 제한된 데이터 전송 능력만을 지원할 때 네트워크 조회를
줄이거나 애플리케이션의 기능을 제한하는 등의 기법을 생각해 볼 수 있다.

7장 '인터넷 리소스 사용하기'에서는 애플리케이션에서 인터넷 리소스를 어떻게 사용하는지
설명한다.

배터리를 절약하라

기기에 설치된 애플리케이션들을 더 많이 사용할수록 기기의 사용 시간 또한 늘어난다. 따라
서 배터리가 그만큼 더 빨리 소진된다. 여기에 크기는 더 커지고 해상도는 더 높아졌으며 두께

는 더 얇아진 현재 기기들의 폼 팩터까지 고려하면 배터리 수명은 기기 소유자들에게 가장 심각한 문제라 할 수 있다.

사용자의 입장에서는 배터리가 빠르게 줄어들도록 내버려 두느니 아예 애플리케이션을 삭제해 버리는 선택을 할 수도 있다. 따라서 애플리케이션을 만들 때는 배터리 수명에 미치는 영향을 최소화해야 한다.

애플리케이션이 배터리 수명에 지대한 영향을 미치는 경우 중 하나는 바로 네트워크 데이터 전송이다. 특히 애플리케이션이 포어그라운드에 있지 않을 때는 배터리에 미치는 영향이 더욱 크다. 애플리케이션을 기기의 훌륭한 일원으로 만들려면 '왜' 그리고 '언제' 데이터 전송을 수행해야 하는지를 세심하게 고려해야 한다.

안드로이드는 배터리 수명에 미치는 영향력을 최소화하기 위한 수많은 API를 제공하고 있다. Doze나 App Standby, Job Scheduler 등이 그 대표적인 예다. 이들은 애플리케이션이 네트워크 전송을 수행하고 백그라운드에서 작동할 때 배터리 수명에 미치는 영향을 최소화할 수 있도록 설계됐다.

이와 관련된 세부 내용은 11장 '백그라운드에서 작업하기'에서 찾아볼 수 있다.

2.3.2 사용자의 환경 고려하기

안타깝게도 사용자가 여러분의 애플리케이션을 자신의 기기에서 가장 중요한 요소로 손꼽을 것이라고 가정할 수는 없다.

통상적으로 스마트폰에서 가장 중요한 제1 역할은 통신 기기이고, 그다음은 카메라, 음악 및 비디오 플레이어, 게임 플랫폼 순이다. 여러분의 애플리케이션은 아마도 다섯 번째 카테고리인 '유용한 애플리케이션들'에 속할 가능성이 높다.

이것이 잘못됐다는 의미는 아니다. 여러분의 애플리케이션이 구글 맵스(Google Maps)나 웹 브라우저 등과 함께 잘 작동할 수도 있다. 그렇기는 하지만 사용자마다 구체적인 활용도는 다르다. 전화 통신을 지원하지 않는 기기도 있다. 심지어 카메라가 장착되지 않은 기기도 있고, 하지만 언제 어디서나 없어서는 안 될 모바일 기기의 본질적인 멀티태스킹 원칙은 사용성 디자인에서 중요한 필수 고려 사항이다.

사용자가 언제 그리고 어떻게 애플리케이션을 사용하는지도 중요하다. 사람들은 시도 때도 없이 모바일 기기를 사용한다. 지하철 안에서는 물론 길거리에서나 심지어 운전 중에도 사용한다. 우리는 사람들에게 올바른 휴대전화 사용법을 강제할 수 없다. 하지만 필요 이상으로 주변에 대한 주의를 빼앗기지 않도록 할 수는 있다.

이는 소프트웨어 디자인 관점에서 어떤 것을 의미할까? 애플리케이션은 다음과 같은 특징을 지녀야 한다.

➤ **예측 가능해야 하며, 올바르게 작동해야 한다**

즐거운 순간과 불쾌한 순간은 종이 한 장 차이다. 어떤 사용자 상호 작용이든 그 결과는 예측할 수 있어야 하며 필요시 되돌릴 수 있어야 한다. 그래야만 새로운 사용자들에게 작업 수행 방법을 쉽게 이해시킬 수 있고 혹시 모를 불편함을 최소화할 수 있다.

➤ **백그라운드에서 포어그라운드로 매끄럽게 전환돼야 한다**

모바일 기기의 본질인 멀티태스킹을 고려하면 애플리케이션은 백그라운드를 규칙적으로 드나들 수 있어야 한다. 이때 중요한 것은 애플리케이션의 '부활'이 빠르고 매끄러워야 한다는 점이다. 사용자는 자신이 분명하게 애플리케이션을 닫지 않았다면 애플리케이션의 재시작과 재개가 다른 줄도 몰라야 한다. 다시 말해, 백그라운드와 포어그라운드 전환은 매끄러워야 하며, 사용자는 마지막으로 봤던 UI와 애플리케이션 상태 그대로를 다시 볼 수 있어야 한다.

➤ **공손해야 한다**

사용자의 현재 액티비티를 방해해서도 안 되고 현재 포커스를 뺏어도 안 된다. 애플리케이션이 포어그라운드에 없을 때 사용자의 주의를 끌려면 (11장 '백그라운드에서 작업하기'에서 자세히 다룬다) 알림을 사용하라.

➤ **매력적이고 직관적인 UI를 제공해야 한다**

기능이 뛰어난 만큼 시각적인 요소도 매력적인 UI를 만드는 데 시간과 리소스를 할애하라. 그리고 사용자에게 애플리케이션을 열 때마다 사용법을 분석해 다시 배우도록 강요해서는 안 된다. 애플리케이션은 단순하고 쉽게 직관적으로 사용할 수 있어야 하며, 사용하는 동안 즐거워야 한다.

➤ **반응성이 높아야 한다**

반응성(responsiveness)은 모바일 기기의 디자인 고려 사항 가운데 가장 핵심적이라 할 만하다. 누구나 '얼어 버린' 소프트웨어가 아무런 반응을 보이지 않는 경우를 겪었을 것이다. 모바일 기기의 본질적인 다기능 내지 다재다능함은 이런 상황에서 더 큰 짜증을 유발할 수도 있다. 느리거나 신뢰하지 못하는 데이터 연결 탓에 지연이 생길 수 있다면 애플리케이션의 반응성을 유지하는 일이 매우 중요하다.

2.3.3 안드로이드 애플리케이션 개발하기

지금까지 언급한 일반적인 가이드라인 외에도 안드로이드의 디자인 철학은 고품질의 애플리케이션 디자인 요건으로 다음 사항들을 요구하고 있다.

- ➤ 성능
- ➤ 반응성
- ➤ 신선도(내지 최신성)
- ➤ 보안
- ➤ 연결 완전성
- ➤ 접근성

뛰어난 성능 발휘하기

안드로이드 코드를 효율적으로 작성하기 위한 비결 중 하나는 데스크톱 및 서버 환경에서 얻은 가정을 임베디드 기기에 반영하지 않는 것이다. 효율적인 코드 작성에 관해 이미 알려진 것들을 안드로이드에 적용할 수는 있지만, 임베디드 시스템의 각종 한계나 ART의 특성상 그럴 수는 없다.

효율적인 코드를 작성하기 위한 기본 규칙은 다음과 같다.

- ➤ 필요 없는 일은 하지 말 것
- ➤ 메모리 할당은 최소한으로 줄일 것

시스템 메모리는 한정된 리소스다. 따라서 시스템 메모리를 효율적으로 사용하려면 세심한 주의가 필요하다. 다시 말해, 스택과 힙의 사용법을 고민해야 하고 객체 생성을 제한해야 하며 변수의 사용 가능 범위가 메모리 사용에 어떤 영향을 미치는지 알아야 한다.

구글의 안드로이드팀에서는 안드로이드에서 코드를 효율적으로 작성하기 위한 구체적이고도 자세한 지침을 알려주고 있다. 자세한 내용은 https://developer.android.com/training/articles/perf-tips.html을 참고하자.

반응성 유지하기

일반적으로 100밀리초에서 200밀리초까지가 사용자 인내심의 한계다. 이 시간이 넘어가면 사용자는 지연을 감지하고 뭔가 다른 방법을 찾는다. 따라서 항상 이 시간 안에 사용자 입력에 반응해야 한다.

안드로이드 액티비티 매니저(Android Activity Manager)와 윈도우 매니저도 애플리케이션이 반응하지 않는다는 판단 기준을 위해 시간 제한을 두고 사용자에게 강제 종료의 기회를 제공하고 있다. 두 매니저 중 어느 하나라도 애플리케이션의 무반응(예를 들어, 버튼을 터치했는데 아무 응답이 없음)을 감지하면 그림 2-22처럼 애플리케이션이 응답하지 않음(ANR, application isn't responding)이라는 메시지를 보여주는 [ANR] 대화상자가 나타난다.

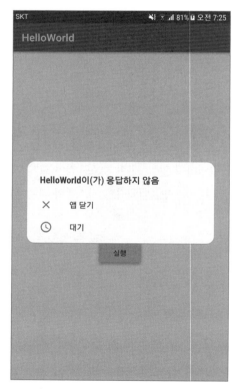

◑ 그림 2-22

안드로이드는 반응성을 결정하기 위해 두 가지 조건을 주시한다.

➤ 애플리케이션은 키 누름이나 화면 터치 등 어떤 사용자 동작에든 5초 안에 반응해야 한다.

➤ 브로드캐스트 리시버(Broadcast Receiver)는 10초 이내에 **onReceive** 핸들러에서 복귀해야 한다.

[ANR] 대화상자는 사용성의 최후 보루다. 5초 제한은 최악의 시나리오이지 목표가 아니다. 애플리케이션을 만들 때는 [ANR] 대화상자가 출력되지 않도록 해야 한다. 반응성을 최대한 끌어내는 방법들은 이외에도 많다. 그중 몇 가지는 다음과 같다.

➤ 네트워크 조회나 데이터베이스 조회 등과 같이 시간이 오래 걸리는 태스크나 게임에 출력되는 각종 움직임 등과 같은 복잡한 처리 그리고 파일 I/O는 메인 UI 스레드와 분리해 비동기로 실행한다.

➤ 어떤 태스크가 백그라운드에서 오랜 시간 동안 실행돼야 한다면 UI 안에 진행 상황을 출력한다.

➤ 애플리케이션의 초기 설치 과정에 소요되는 시간이 길면 메인 뷰를 가능한 한 빠르게 렌더링하고, 로딩이 진행 중임을 알린다. 그리고 관련 정보를 비동기로 표시한다. 스플래시 화면을 보여 주는 것도 한 가지 방법이다. 하지만 어느 경우든 진행 상황을 표시해야 애플리케이션이 얼어붙었다는 감지를 피할 수 있다.

데이터 신선도 유지하기

사용성의 관점에서 보면, 애플리케이션을 업데이트해야 할 적절한 시점은 사용자가 애플리케이션을 열어 보기 바로 직전이다. 실제로는 배터리 수명이나 데이터 사용량에 미치는 영향을 고려해 업데이트 간격을 저울질해야 한다.

애플리케이션 데이터를 얼마나 자주 업데이트해야 하는지는 매우 중요한 디자인 요소다. 사용자가 새로 고침이나 업데이트를 기다리는 시간은 최소한으로 줄여야 하고, 배터리 수명에 미치는 백그라운드 업데이트의 영향은 제한해야 한다. 애플리케이션을 백그라운드에서 업데이트할 수 있는 작업 스케줄러는 11장 '백그라운드에서 작업하기'에서 살펴본다.

안전한 애플리케이션 개발하기

안드로이드의 애플리케이션은 네트워크와 하드웨어에 접근할 수 있고, 독립적으로 배포돼 열린 소통이 특징인 오픈 소스 플랫폼에 빌드될 수 있다. 따라서 보안이 중대한 고려 사항이라는 사실에 놀랄 이유는 없을 것이다.

안드로이드의 보안 구조는 애플리케이션마다 활동 영역을 따로 만들고 서비스나 기능에 대한 접근을 제한하는 샌드박스 모델이다. 따라서 애플리케이션들은 필요한 권한을 요청해야 하며,

사용자는 이 요청을 수락하거나 거부할 수 있다.

프레임워크에는 메모리 관리 오류와 연관된 위험을 완화할 목적으로 ASLR, NX, ProPolice, safe_iop, OpenBSD dlmalloc, OpenBSD calloc, 리눅스 mmap_mm_addr 등의 기술과 함께 암호화 및 보안 IPC 등과 같은 보안 관련 기능이 치밀하게 구현됐다.

이 기능들 때문에 모든 위험이 사라지는 것은 아니다. 애플리케이션 자체가 안전하다는 인식을 심어 줘야 할 뿐 아니라 기기나 사용자 데이터를 위태롭게 할 수 있는 권한이나 데이터, 하드웨어 접근 등에 '허점'이 있어서도 안 된다. 기기의 안전을 도모하기 위해 몇 가지 기법을 사용할 수 있으며, 이와 관련된 세부 내용은 적당한 곳에서 차근차근 살펴본다.

> ➤ 데이터를 저장하거나 전송할 때는 보안을 염두에 두도록 하라.
>
> 내부 저장소에 생성되는 파일은 기본적으로 해당 애플리케이션에서만 접근할 수 있다. 하지만 공유 서비스나 콘텐트 프로바이더, 브로드캐스트 인텐트 등을 통해 파일이나 데이터를 다른 애플리케이션과 공유할 때는 특별히 조심해야 한다. 만일 사용자 데이터에 대한 접근 권한을 갖고 있는 상태에서 정보의 저장이나 전송을 피할 수 있다면 그렇게 하는 것이 좋다. 개인 식별 정보(PII, Personal Identifiable Information)나 위치 데이터 등과 같이 민감한 정보는 공유하거나 전송하지 않는다는 확신을 사용자에게 심어 줘야 한다.

> ➤ 항상 입력 검증을 수행하라.
>
> 입력 검증을 충분하게 수행하지 않으면 애플리케이션이 어떤 플랫폼에서 실행되든 보안 문제가 애플리케이션에 영향을 미칠 수 있다. 애플리케이션에서 인터넷, 블루투스, NFC, SMS 메시지, IM(Instant Message) 등과 같은 외부 소스 또는 직접적인 사용자 입력으로부터 입력을 받을 때는 세심하게 주의해야 한다.

> ➤ 애플리케이션에서 저수준 하드웨어에 대한 접근 권한을 서드파티 애플리케이션에 노출할 때 주의하라.

> ➤ 애플리케이션에서 사용하는 데이터와 요청하는 권한을 최소화하라.

참고

안드로이드의 보안 모델에 대해서는 20장 '고급 안드로이드 개발'과 developer.android.com/training/articles/security-tips.html에서 찾아볼 수 있다.

매끄러운 사용자 경험 구현하기

매끄러운 사용자 경험(seamless user experience)은 다소 모호하기는 하지만 매우 중요한 개념이다. 여기서 '매끄럽다'는 것은 무엇을 의미할까? 정의야 어떻든 그 목적은 애플리케이션의 시작, 중지, 상태 전환이 즉각적으로 그리고 거슬리지 않게 이뤄지는 일관된 사용자 경험이다.

모바일 기기의 속도와 반응성은 사용 시간이 길어진다고 해서 낮아지면 곤란하다. 안드로이드의 프로세스 관리는 백그라운드 애플리케이션을 종료해 필요한 만큼 리소스를 확보하는 일종의 침묵의 암살자와도 같다. 따라서 애플리케이션은 항상 일관된 인터페이스를 제공해야 한다.

액티비티들이 포어그라운드에 없을 때 올바르게 중지되도록 하라. 안드로이드는 액티비티가 중지되고 재개될 때 이벤트 핸들러를 가동한다. 따라서 애플리케이션이 포어그라운드에 보이지 않을 때 UI 업데이트와 네트워크 조회를 중지할 수 있다. 물론 애플리케이션이 다시 보일 때 재개할 수 있다.

세션 사이에 데이터를 저장해 두고 애플리케이션이 보이지 않을 때 프로세서나 네트워크, 배터리가 사용되는 태스크를 중지하라.

애플리케이션이 다시 포어그라운드로 복귀할 때, 즉 재시작할 때는 이전 상태로 돌아가야 한다. 사용자의 입장에서는 애플리케이션이 눈 깜짝할 사이에 이전 상태로 다시 등장해야 하는 것이다.

일관되고 직관적인 방법으로 사용성에 접근하라. 독창적이고 혁신적인 애플리케이션이라고 해도 안드로이드 환경과 통합되지 않으면 독창성과 혁신의 의미는 퇴색한다.

디자인 언어를 일관되게 사용하라. 이상적으로는 12장 '안드로이드 디자인 철학 구현하기'와 material.io/guidelines/에서 논의되는 디자인 원칙을 따르는 것이 좋다.

사용자 경험을 매끄럽게 구현하기 위한 방법은 많다. 이 가운데 일부는 이어지는 장들에서 경험하게 될 것이다.

접근성 제공하기

애플리케이션을 디자인할 때나 개발할 때는 모든 사용자가 전부 같을 것으로 가정해서는 안 된다. 이는 국제화(internationalization)나 사용성 때문이 아니다. 안드로이드 기기와 상호 작용해야 하는 장애인에게 접근 가능한 지원을 이와 다른 방식으로 제공해야 하기 때문이다.

안드로이드는 이런 사용자들에게 TTS(text-to-speech), 햅틱, 트랙볼, D 패드 등과 같은 기기를 편리하게 사용할 수 있는 방법을 제공한다.

신체 장애 때문에 기기를 온전히 사용할 수 없거나 화면 자체를 터치할 수 없는 사용자를 포함한 모든 사람에게 뛰어난 사용자 경험을 제공하기 위해 개발자는 안드로이드의 접근성 기능을 적극적으로 활용해야 한다.

> **참고**
> 애플리케이션의 접근성을 강화하기 위한 모범 사례는 14장 '사용자 인터페이스의 고급 구성'에서 다룬다.

한 가지 더 제시하면, 장애인에게 유용한 터치스크린 애플리케이션을 만드는 단계를 그대로 적용해 텔레비전과 같은 비터치스크린 기기에서 더욱 쉽게 사용할 수 있는 애플리케이션도 만들 수 있다.

2.4 안드로이드 개발 도구

안드로이드 SDK에는 프로젝트의 생성, 테스트, 디버깅 등을 지원하는 몇 가지 도구도 함께 제공된다. 개발 도구 하나하나에 대한 세부적인 내용은 이 책에서 다루지 않지만, 안드로이드 애플리케이션 개발에 필요한 내용은 이제부터 차근차근 설명한다. 우선 어떤 도구들을 사용할 수 있는지 간단하게 살펴보자. 자세한 내용은 developer.android.com/studio의 안드로이드 스튜디오 문서에서 다룬다.

앞서도 언급한 것처럼 안드로이드 스튜디오에는 편의를 위해 이런 도구가 통합돼 있으며, 구체적인 예를 들면 다음과 같다.

➤ **AVD 매니저와 에뮬레이터**: AVD 매니저는 안드로이드의 특정 빌드를 실행하는 에뮬레이터가 호스팅되는 가상 하드웨어인 AVD를 생성하고 관리한다. AVD마다 특정 화면의 크기와 해상도, 메모리 및 저장소 공간, 터치스크린, GPS 등의 하드웨어 기능이 지정된다. 안드로이드 에뮬레이터는 호스트 컴퓨터의 AVD 안에서 실행되도록 설계된 ART가 구현된 결과물이다.

➤ **안드로이드 SDK 매니저**: 안드로이드 플랫폼 SDK와 지원 라이브러리, 구글 플레이 서비스 SDK를 비롯한 SDK 패키지를 다운로드한다.

➤ **안드로이드 프로파일러(Android Profiler)**: 애플리케이션의 성능과 작동을 시각화한다. 또

한 메모리와 CPU 사용량을 실시간으로 추적하고 네트워크 트래픽을 분석한다.

➤ **린트(Lint)**: 애플리케이션과 그 리소스를 분석해 개선 사항과 최적화 정보를 제시하는 정적 분석 도구다.

➤ **그래들(Gradle)**: 애플리케이션의 컴파일, 패키징, 배포를 관리하는 고급 빌드 시스템이자 툴킷이다.

➤ **VAS(Vector Asset Studio)**: 안드로이드의 벡터 관련 포맷을 지원하지 않는 이전 버전의 안드로이드를 지원하기 위해 각 화면 해상도에 해당하는 비트맵 파일을 생성한다.

➤ **APK 애널라이저(Analyzer)**: 빌드된 APK 파일의 구성을 분석한다.

다음 도구들도 사용할 수 있다.

➤ **ADB(Android Debug Bridge)**: 호스트 컴퓨터와 가상 및 실제 안드로이드 기기 간 연결을 담당하는 클라이언트–서버 애플리케이션이다. 파일을 복사하거나 컴파일된 애플리케이션 패키지(.apk)를 설치하고 셸 명령을 실행한다.

➤ **로그캣(Logcat)**: 안드로이드 로깅 시스템의 출력 결과를 확인하거나 필터링하는 데 사용된다.

➤ **AAPT(Android Asset Packaging Tool)**: 배포 가능한 안드로이드 패키지 파일(.apk)을 구성한다.

➤ **SQLite3**: 안드로이드에서 생성된 SQLite 데이터베이스 파일에 접근하는 데 사용되는 데이터베이스 도구다.

➤ **Hprof-conv**: HPROF 프로파일링 출력 파일을 각종 프로파일링 도구로 확인할 수 있도록 표준 포맷으로 변환하는 도구다.

➤ **Dx**: 자바의 .class 바이트코드를 안드로이드의 .dex 바이트코드로 변환한다.

➤ **Draw9patch**: 위지위그(WYSIWYG) 에디터를 사용해 나인패치 그래픽을 간편하게 생성할 수 있는 유틸리티다.

➤ **몽키(Monkey) 및 몽키 러너(Monkey Runner)**: 몽키는 ART 안에서 실행되면서 무작위로 모의의 사용자 및 시스템 이벤트를 생성한다. 몽키 러너는 애플리케이션 외부에서 VM을 제어하는 데 필요한 API를 제공한다.

➤ **프로가드(ProGuard)**: 코드 내 클래스와 변수, 메서드 이름을 무의미한 다른 이름으로 대체해 코드를 축소하거나 알아보기 어렵게 만든다. 이 과정은 코드가 리버스 엔지니어에게 노출되는 가능성을 줄일 수 있어 유용하다.

2.4.1 안드로이드 스튜디오

안드로이드 스튜디오는 개발자가 대부분의 시간을 보내는 곳이다. 따라서 그 면면을 속속들이 이해해 두는 것이 좋다. 이어지는 절들에서는 빌드 시간을 줄일 수 있는 몇 가지 팁을 소개한다. 좀 더 구체적으로 말하면 Instant Run 기능에 대해 언급한다. 그리고 코드를 작성하고 디버깅할 때 사용할 수 있는 단축키와 고급 기능도 다룬다.

빌드 성능 향상하기

빌드 성능을 향상시킬 수 있는 가장 간단한 방법은 빌드 프로세스에 충분한 램을 할당하는 것이다. 빌드 시스템(그래들 데몬 VM)에 할당되는 램 용량은 프로젝트 안에서 gradle.properties 파일을 편집해 수정할 수 있다.

성능을 높이기 위해서는 최소 2GB의 램을 할당해야 하며, 다음과 같이 org.gradle.jvmargs 프로퍼티를 사용하면 된다.

```
org.gradle.jvmargs=-Xmx2048m
```

이상적인 용량은 하드웨어 구성에 따라 다르다. 따라서 경험에 따라 최적 용량을 지정하는 것이 좋다.

윈도우 사용자의 경우, 윈도우 디펜더의 실시간 보호 기능은 빌드 성능의 저하를 가져올 수 있으므로 윈도우 디펜더의 예외 목록에 프로젝트 폴더를 추가해 두는 것이 좋다.

Instant Run 사용하기

Instant Run은 코딩, 테스트, 디버깅 과정 동안 코드가 지속적으로 변경될 때 빌드 및 배포 시간을 획기적으로 줄여 주는 기능이다.

애플리케이션을 처음 실행하면, 그래들 빌드 시스템은 소스 코드를 바이트코드로 컴파일하고 안드로이드의 .dex 파일로 변환한다. 변환된 파일은 애플리케이션의 매니페스트 및 각종 리소스와 결합돼 APK가 되며, 이 APK가 대상 기기에 배포돼 설치되고 실행된다.

Instant Run이 활성화되면, 빌드 프로세스는 Instant Run을 지원하기 위해 몇 가지 추가 도구와 애플리케이션 서버를 디버그 APK에 주입한다.

이후에는 안드로이드 스튜디오 메뉴 바 밑의 도구 버튼에 있는 작은 노란색 번개 아이콘(⚡)이 활성화된다. 이 아이콘은 Instant Run의 활성 상태를 나타낸다. Instant Run이 활성화된 상태에서 코드가 변경되고 다시 실행될 때는 안드로이드 스튜디오가 애플리케이션 전체를 다시 빌드하지 않는다. 대신에 코드와 리소스의 변경된 부분만을 현재 실행 중인 애플리케이션 프로세스에 '교체'한 후 다시 실행시켜 주므로 애플리케이션 테스트 시간을 단축시켜 준다. 이것을 스왑 레벨(swap level)이라고 한다.

Instant Run의 스왑 레벨에는 다음 세 가지가 있다.

➤ 핫 스왑(Hot Swap): 애플리케이션이 재시작되지 않고도, 특히 현재 액티비티가 재시작되지 않고도 코드의 점진적인 변경이 적용되고 반영된다. 대개 메서드 내부 코드의 간단한 변경이 생겼을 때 수행된다.

➤ 웜 스왑(Warm Swap): 변경 내용이 적용되기 위해서는 액티비티가 재시작돼야 한다. 애플리케이션의 기존 리소스가 변경 또는 삭제될 때 수행된다. 예를 들어, 레이아웃이나 문자열 리소스가 변경될 때다.

➤ 콜드 스왑(Cold Swap): 애플리케이션이 재시작돼야 한다(재설치될 필요는 없다). 클래스 간의 상속이나 메서드 시그니처 등의 구조적인 변경이 생길 때 수행된다.

Instant Run은 기본적으로 활성화되며 안드로이드 스튜디오가 제어한다.

안드로이드 스튜디오 사용 팁
안드로이드 스튜디오를 더욱 빠르고 생산적으로 사용할 수 있는 팁은 많이 있다.

▦ 신속한 검색
안드로이드 스튜디오에서 기억해야 할 가장 유용한 단축키는 검색용 Ctrl + Shift + A (맥의 경우, Command + Shift + A)다. 이 단축키를 누르고 키워드를 입력하면 해당 단어가 포함된 옵션 또는 사용할 수 있는 액션이 나타난다.

프로젝트 내 파일을 구체적으로 검색할 때는 [Search Everywhere] 대화상자를 열어 주는 Shift 를 두 번 누른다.

▦ 탭을 사용한 자동 완성
뭔가를 입력하는 도중 (Enter 를 누르는 대신) 탭을 누르면 새로운 입력 내용 대신 기존 메서드나 값들로 대체된다.

▦ 후위 표기식 코드 완성
후위 표기식 코드 완성은 이미 입력된 간단한 값이나 수식을 더욱 복잡한 형태로 변환한다.

예를 들어 리스트 변수에 for 루프를 적용할 때 .fori를 변수명 다음에 입력할 수도 있고, 불리언 수식을 if 구문에 넣을 때 .if(또는 .else)를 후위 표기법에 따라 붙일 수 있다. 어떤 콘텍스트에서 어떤 후위 표기법을 사용할 수 있는지는 Ctrl + J (맥의 경우 Command + J)를 눌러 확인할 수 있다.

▪▪ 라이브 템플릿

라이브 템플릿(Live Template)은 코드 자동 완성과 비슷한 개념으로, 템플릿 형식의 조각 코드를 삽입할 수 있는 일종의 단축키다.

현재는 로그 관련 단축 코드 등과 같은 수십여 가지 범용 및 안드로이드 전용 라이브 템플릿을 사용할 수 있다. 프로그래머도 직접 자신만의 패턴이나 코드를 만들어 기존 코드에 끼워넣을 수 있다. 안드로이드 스튜디오 메뉴에서 [File] ➡ [Settings…]를 선택하여 나타나는 설정 대화상자에서 [Editor ➡ Live Templates]를 선택하면 기존 라이브 템플릿이나 자신이 직접 만든 템플릿 코드를 찾을 수 있다.

2.4.2 AVD 매니저

AVD는 각종 물리적 기기의 하드웨어 구성을 시뮬레이션하는 데 사용되는 가상 기기다. 그리고 AVD 매니저는 AVD를 생성 및 관리하는 데 사용된다. 이로써 프로그래머는 여러 종류의 휴대전화를 구입하지 않아도 다양한 하드웨어 플랫폼에서 애플리케이션을 테스트할 수 있다.

> 안드로이드 SDK에는 사전 빌드된 AVD가 포함돼 있지 않다. 따라서 하나 이상의 AVD를 생성해야 에뮬레이터를 사용해서 애플리케이션을 실행할 수 있다.

AVD는 그 이름과 물리적 기기의 종류, 안드로이드 시스템 이미지, 화면 크기 및 해상도, ABI/CPU, 메모리 및 저장 용량, 카메라나 네트워크 속도 등과 같은 각종 하드웨어 기능으로 구성된다.

하드웨어 설정 및 화면 해상도가 제각각이므로 그에 따른 UI 스킨도 다양하게 제공된다. 따라서 휴대전화나 태블릿뿐 아니라 텔레비전 및 기타 안드로이드 웨어러블 기기도 시뮬레이션이 가능하다.

2.4.3 안드로이드 에뮬레이터

에뮬레이터는 AVD 안에서 실행되며, 물리적 기기 대신 애플리케이션의 테스트 및 디버깅 용도로 사용된다.

에뮬레이터에는 ART가 구현되어 있다. 따라서 안드로이드 애플리케이션을 실행할 수 있는 유효한 플랫폼이며, 여느 안드로이드 폰과 별반 다르지 않다. 그리고 특정 하드웨어와 별개이므로 애플리케이션을 테스트하기 좋다.

애플리케이션을 디버깅할 때는 온전한 네트워크 연결 기능과 더불어 인터넷 연결 속도 및 레이턴시를 세밀하게 조정할 수 있는 기능도 제공된다. 이에 덧붙여 음성 통화 및 SMS 메시지 송·수신도 시뮬레이션이 가능하다.

안드로이드 스튜디오에는 에뮬레이터가 통합되어 있으므로 프로젝트를 실행하거나 디버깅할 때 우리가 지정한 AVD에서 자동으로 실행된다.

에뮬레이터가 실행되면 그림 2-23과 같이 오른쪽에 도구 바가 있으며, 여러 가지 기능을 수행할 수 있는 버튼들이 있다.

◗ 그림 2-23

그리고 제일 밑의 확장 컨트롤 버튼(…)을 클릭하면 그림 2-24의 대화상자가 나타나며, 다음과 같은 일을 할 수 있다.

➤ 현재 GPS 위치를 설정하고 GPS 추적 재생을 시뮬레이션한다.

➤ 시뮬레이션된 셀룰러 네트워크 연결 기능을 수정한다. 예를 들어, 신호의 강도, 속도, 데이터 연결 종류 등을 수정할 수 있다.

➤ 배터리 상태나 잔량, 충전 상태 등을 설정한다.

➤ 수신 통화 및 SMS 메시지를 시뮬레이션한다.

➤ 지문 센서를 시뮬레이션한다.

➤ 가속도계나 주변 온도, 자기장 등의 모형 센서 데이터를 제공한다.

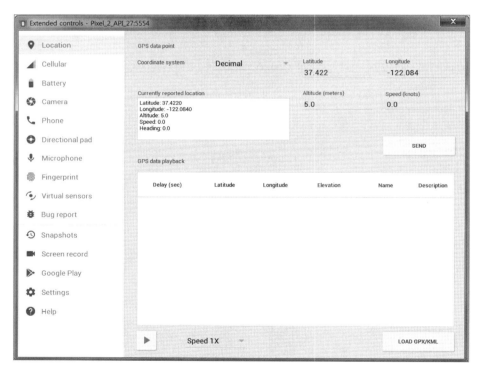

◗ 그림 2-24

2.4.4 안드로이드 프로파일러

에뮬레이터는 애플리케이션이 어떻게 보이고, 어떻게 작동하며, 어떻게 상호 작용하는지를 보여 주지만, 애플리케이션의 내부에서 일어나는 일을 알려 주지는 않는다. 이 일은 안드로이드 프로파일러(Android Profiler)의 몫이다.

안드로이드 프로파일러는 애플리케이션과 관련된 CPU 및 메모리, 네트워크 활동 등의 실시간 프로파일링 데이터를 보여준다. 안드로이드 프로파일러를 사용하면 샘플링 기반 방식을 사용해 코드의 실행을 추적하거나 힙 덤프(heap dump)를 확인할 수 있고, 메모리 할당 현황을 조회하거나 네트워크로 전송되는 파일의 세부 정보를 조사할 수 있다.

앞에서 작성한 HelloWorld 애플리케이션을 실행시키자. 그리고 다음과 같이 안드로이드 프로파일러를 열자. 안드로이드 스튜디오 메인 창 위의 프로파일러 아이콘( )을 클릭하거나, 메뉴에서 [View➡Tool Windows➡Android Profiler]를 선택한다. 그러면 그림 2-25와 같이 메인 창 아래쪽에 프로파일러 창이 열리고 실행될 것이다.

프로파일러 창에서는 CPU, 메모리, 네트워크 사용량의 실시간 그래프를 확인할 수 있다. 그리고 액티비티 상태나 사용자 입력, 화면 회전 등의 변화를 나타내는 이벤트 타임라인도 볼 수 있다.

CPU나 메모리, 네트워크 사용량의 각 그래프를 클릭하면 해당 세부 프로파일링 도구에 접근할 수 있다. 세부 뷰에서는 어느 리소스를 확인하느냐에 따라 다음과 같은 일들을 할 수 있다.

➤ CPU 활동 및 메서드 추적을 조사한다.
➤ 자바 힙 및 메모리 할당을 조사한다.
➤ 네트워크의 송·수신 트래픽을 조사한다.

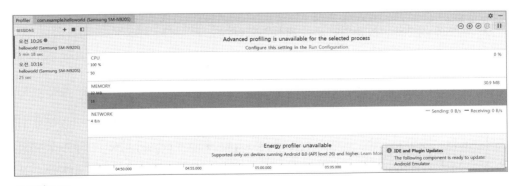

◐ 그림 2-25

2.4.5 ADB

ADB는 클라이언트-서비스 애플리케이션으로, (가상 및 실제) 안드로이드 기기로 연결하는 기능을 제공한다. ADB를 구성하는 세 가지 요소는 다음과 같다.

> ➤ 기기 또는 에뮬레이터에 실행되는 데몬
>
> ➤ 개발용 컴퓨터에서 실행되는 서비스
>
> ➤ 서비스를 통해 데몬과 통신하는 클라이언트 애플리케이션

개발용 컴퓨터와 안드로이드 기기/에뮬레이터를 서로 잇는 통신 선로로, ADB는 대상 기기에서 애플리케이션의 설치와 파일의 푸시 및 풀, 셸 명령의 실행을 담당한다.

안드로이드 스튜디오는 ADB와 통상적으로 이뤄지는 여러 상호 작용을 자동화하고 단순화한다. 애플리케이션 설치와 업데이트, 파일 로깅, 디버깅 등이 대표적인 예다.

> **참고** ADB로 어떤 일을 할 수 있는지에 대한 자세한 내용은 developer.android.com/studio/command-line/adb.html 문서에서 다룬다.

2.4.6 APK 애널라이저

APK 애널라이저(APK Analyzer)는 다음과 같은 일들을 할 수 있는 인터페이스를 제공해 APK 파일의 구성을 분석한다.

> ➤ APK에 저장된 파일들(.dex 및 리소스 파일 포함)의 절대 및 상대 크기를 확인한다.
>
> ➤ APK에 저장된 .dex 파일의 최종 버전을 확인한다.
>
> ➤ AndroidManifest.xml 파일의 최종 버전을 확인한다.
>
> ➤ 두 APK 파일의 일대일 비교를 수행한다.

APK 애널라이저를 실행하여 APK를 분석하려면 다음과 같이 한다. 프로젝트 도구 창에서 위쪽의 [Android]를 [Project]로 변경한 후 [build ➡ outputs ➡ apk ➡ debug] 디렉터리의 APK 파일을 찾아 더블 클릭하거나 또는 메뉴에서 [Build ➡ Analyze APK...]를 선택한 후 APK를 더블 클릭한다. 그러면 APK 애널라이저가 편집기 창에 열린다.

그러면 그림 2-26의 APK 애널라이저에서는 APK에 저장된 파일 및 폴더들을 확인할 수 있으

며, 특정 폴더로 이동하거나 파일의 세부 정보를 살펴볼 수도 있다.

Raw File Size 열은 각 항목의 압축되지 않은 크기, Download Size는 구글 플레이에서 배포될 때의 예상 압축 크기를 나타낸다.

File 열에서 애플리케이션 매니페스트(AndroidManifest.xml) 파일을 선택하면 APK에 패키징된 최종 매니페스트 파일의 XML 폼을 확인할 수 있다.

APK 애널라이저 사용법에 대한 자세한 내용은 developer.android.com/studio/build/apk-analyzer.html을 참조하기 바란다.

File	Raw File Size	Download Size	% of Total Download size
classes.dex	953.5 KB	878.3 KB	77.7%
▶ res	138.2 KB	135.9 KB	12%
resources.arsc	219.4 KB	52.2 KB	4.6%
classes2.dex	46.4 KB	43.9 KB	3.9%
▶ META-INF	20.7 KB	19.4 KB	1.7%
AndroidManifest.xml	824 B	824 B	0.1%

com.example.helloworld (version 1.0)
APK size: 1.5 MB, Download Size: 1.2 MB
Compare with previous APK...

◑ 그림 2-26

2.4.7 린트 도구

안드로이드 스튜디오는 린트라는 정적 코드 분석 도구를 제공한다. 린트는 애플리케이션을 직접 실행하거나 구체적인 테스트를 수행하지 않고도 코드 내 구조적 품질 문제를 파악하고 수정할 수 있다.

애플리케이션이 빌드될 때마다 린트와 IDE 조사가 자동으로 실행돼 소스 코드와 리소스 파일에 있을지 모를 버그를 조사하고 수정, 보안, 성능, 사용성, 접근성, 국제화 등과 같은 최적화를 수행한다.

만일 잠재적인 문제가 발견되면 안드로이드 스튜디오에서 그 설명과 보안 수준 및 권장되는 해결책을 강조 표시해 보여준다.

린트를 사용해 코드 내 잠재적인 구조 문제를 파악해 수정하면 코드의 가독성과 신뢰성, 효율성을 제고할 수 있다. 따라서 린트가 출력하는 모든 경고를 개발 과정의 하나로 처리하는 것이 좋다.

2.4.8 몽키, 몽키 러너, 에스프레소 UI 테스트

UI 테스트는 사용자가 애플리케이션과 상호 작용할 때 예기치 못한 결과가 나타나지 않도록 하는 데 도움이 된다. 안드로이드 스튜디오는 UI 및 사용자 상호 작용 테스트를 만들 수 있도록 지원하는 각종 도구도 함께 한다.

몽키(Monkey)는 ADB 셸 안에서 작동하며, 애플리케이션에 일련의 반복 가능한 시스템 및 UI(사용자 인터페이스) 이벤트를 모의로 제공한다. 몽키는 UI가 우리 예상대로 사용되지 않는 극단적인 경우를 조사하기 위해 애플리케이션의 스트레스를 테스트할 때 특히 유용하다.

몽키 이외에 몽키 러너(Monkey Runner)도 있다. 몽키 러너는 파이썬 스크립트 처리용 API로서 애플리케이션 외부에서 에뮬레이터나 기기를 제어할 수 있는 구체적인 UI 명령을 수행한다. 몽키 러너는 예측 가능하고 반복 가능한 방법으로 UI 테스트나 기능 테스트, 단위 테스트를 수행하는 데 특히 유용하다.

에스프레소(Espresso) 테스트 프레임워크는 안드로이드 테스팅 지원 라이브러리(Android Testing Support Library)를 통해 사용할 수 있으며, 특정 애플리케이션의 특정 사용자 상호 작용을 시뮬레이션하기 위해 UI 테스트를 작성할 수 있는 API를 제공한다. 에스프레소는 메인 스레드가 대기 중일 때를 감지하고 적절한 시간에 테스트 명령을 실행해 테스트의 신뢰성을 향상시킨다. 이와 함께 일정 시간 대기하는 코드를 테스트 코드에 추가하지 않아도 되게 해준다.

에스프레소 테스트에 대한 세부 내용은 developer.android.com/training/testing/espresso에서 찾아볼 수 있다.

2.4.9 그래들

그래들은 안드로이드 스튜디오에 통합된 고급 빌드 시스템이자 툴킷으로, 프로그래머가 애플리케이션의 소스 파일을 수정하지 않고도 커스텀 빌드 설정을 수행할 수 있도록 해 준다.

안드로이드의 빌드 시스템으로 그래들을 사용하면 빌드 프로세스를 더욱 쉽게 구성할 수 있고 확장하거나 커스터마이즈할 수도 있으며, 코드 및 리소스의 재사용을 단순화하고 애플리케이션을 여러 종류로 간편하게 빌드할 수도 있다.

그래들은 플러그인 기반이다. 따라서 안드로이드 스튜디오와의 통합은 안드로이드의 그래들 플러그인을 통해 관리되며, 안드로이드 애플리케이션의 빌드 및 테스트 관련 프로세스와 설정에 해당하는 UI를 안드로이드 스튜디오에 제공하기 위해 빌드 툴킷과 연동된다.

그래들 자체와 안드로이드 플러그인은 안드로이드 스튜디오와 통합됐지만, 궁극적으로는 독립적으로 작동한다. 그 결과 안드로이드 스튜디오 안에서나 개발 컴퓨터의 명령행 또는 안드로이드 스튜디오가 설치되지 않은 컴퓨터에서도 안드로이드 애플리케이션을 빌드할 수 있다. 빌드의 출력 결과는 명령행이든, 원격 컴퓨터든, 안드로이드 스튜디오를 사용하든 모두 동일하다.

이 책에서는 빌드 시스템의 상호 작용을 관리할 목적으로 안드로이드 스튜디오 안에서 안드로이드의 그래들 플러그인을 사용해 애플리케이션을 빌드한다. 그래들과 커스텀 빌드, 그래들 빌드 스크립트를 온전하게 다루는 것은 이 책의 범위를 벗어난다. 이와 관련된 내용은 developer.android.com/studio/build/에서 찾아볼 수 있다.

> **참고**
>
> 그래들과 안드로이드의 그래들 플러그인은 안드로이드 스튜디오와 별개이므로 안드로이드 스튜디오와는 별도로 빌드 도구를 업데이트하라는 알림을 받을 것이다. 이는 SDK 업데이트가 수행되는 과정과 비슷하다.

3

애플리케이션, 액티비티, 프래그먼트, 기타 등등

📑 3장의 주요 내용

➤ 안드로이드 애플리케이션 소개하기

➤ 안드로이드 애플리케이션의 수명 주기 이해하기

➤ 애플리케이션의 우선순위 이해하기

➤ 새 액티비티 만들기

➤ 액티비티의 상태 전환과 수명 주기 이해하기

➤ 시스템 메모리 압박 대처하기

➤ 프래그먼트 만들기와 사용하기

📥 3장에 사용된 코드의 다운로드용 파일

3장은 다음 2개의 파일로 되어 있다.

⊙ Snippets_ch3.zip

⊙ Earthquake_ch3.zip

3.1 애플리케이션, 액티비티, 프래그먼트

흔히 '앱'으로 줄여 부르는 안드로이드의 애플리케이션은 안드로이드 기기에 네이티브로 설치되고 실행되는 소프트웨어 프로그램을 말한다. 고품질의 애플리케이션을 만들기 위해서는 애플리케이션을 구성하는 컴포넌트들에는 무엇이 있고, 이들이 어떻게 어우러지는지 이해하는 것이 좋다. 3장에서는 애플리케이션의 시각적인 컴포넌트인 액티비티와 프래그먼트를 중심으로 각 컴포넌트를 소개하고자 한다.

2장 '시작하기'에서는 안드로이드 애플리케이션이 ART 인스턴스에서 별도의 프로세스로 실행된다고 언급했지만 3장에서는 ART가 애플리케이션을 관리하는 방식과 그에 따라 애플리케이션이 수명 주기에 미치는 영향에 대해 설명한다. 애플리케이션의 상태는 그 우선순위를 결정하며, 우선순위에 따라 시스템에 더 많은 리소스가 필요해질 때 중단 가능성이 결정된다. 이와 더불어 액티비티와 프래그먼트의 상태, 상태 전환, 이벤트 핸들러에 대해서도 다룬다.

Activity 클래스는 모든 UI(사용자 인터페이스) 화면의 기반이다. 여기서는 액티비티를 어떻게 생성하는지 배우고, 액티비티의 수명 주기를 이해하며, 또한 액티비티가 애플리케이션의 수명과 우선순위에 어떻게 영향을 미치는지 살펴볼 것이다.

기기의 화면 크기나 해상도가 다양해지면서 사용할 수 있는 안드로이드 기기의 범위 또한 넓어졌다. 프래그먼트 API는 태블릿과 스마트폰을 비롯한 모든 안드로이드 기기에 최적화될 수 있는 동적 레이아웃을 지원한다.

여기서는 프래그먼트를 사용해 UI 컴포넌트 안에서 상태 데이터의 캡슐화 방법과 다양한 기기 종류 및 화면 크기, 해상도 등을 수용할 수 있는 레이아웃 생성 방법을 살펴본다.

3.2 안드로이드 애플리케이션의 컴포넌트들

안드로이드 애플리케이션을 구성하는 컴포넌트들은 느슨하게 결합돼 있다. 이 결합은 각 컴포넌트와 그 상호 작용 방식을 기술하는 애플리케이션 매니페스트의 몫이다. 다음 컴포넌트들은 모든 안드로이드 애플리케이션의 빌딩 블록을 구성한다.

> ➤ 액티비티: 애플리케이션의 표현 계층이다. 애플리케이션의 UI는 하나 이상의 Activity 클래스를 확장해 빌드된다. 액티비티는 프래그먼트와 뷰를 사용해 정보를 화면에 표현하고 사용자 동작에 응답한다. 데스크톱 개발이라면 폼이라 생각할 수 있다. 자세한

내용은 3장의 뒷부분에서 다룬다.

➤ 서비스: 서비스 컴포넌트는 UI 없이 실행돼 데이터 소스를 업데이트하고 알림을 만들어 내며, 인텐트를 브로드캐스트한다. 서비스 컴포넌트는 지속 실행 태스크(long-running task), 즉 사용자 상호 작용이 필요하지 않은 태스크(애플리케이션의 액티비티가 활성 상태가 아닐 때도 계속돼야 하는 태스크)를 수행하는 데 사용된다. 이와 관련된 내용은 11장 '백그라운드에서 작업하기'에서 다룬다.

➤ 인텐트: 강력한 애플리케이션 간 메시지 전달 프레임워크다. 인텐트는 안드로이드에서 광범위하게 사용된다. 인텐트로 액티비티와 서비스를 시작하거나 정지할 수 있으며, 시스템 차원의 메시지를 브로드캐스트하거나 특정 액티비티 또는 서비스, 브로드캐스트 리시버(Broadcast Receiver)로 메시지를 브로드캐스트할 수 있다. 그리고 특정 데이터에 수행될 작업을 요청할 수 있다. 명시적 인텐트, 암시적 인텐트, 브로드캐스트 인텐트 등과 관련된 내용은 6장 '인텐트와 브로드캐스트 리시버'에서 다룬다.

➤ 브로드캐스트 리시버: 단순히 '리시버'라고도 부르는 브로드캐스트 리시버는 특정 영역의 인텐트를 주시하도록 지정된 애플리케이션에서 브로드캐스트 인텐트를 수신하는 데 사용된다. 브로드캐스트 리시버는 수신된 인텐트를 애플리케이션에서 응답하도록 하므로 이벤트 구동 방식의 애플리케이션을 만드는 데는 완벽한 도구인 셈이다. 브로드캐스트 리시버는 6장 '인텐트와 브로드캐스트 리시버'에서 인텐트와 함께 설명한다.

➤ 콘텐트 프로바이더: 콘텐트 프로바이더(Content Provider)는 애플리케이션끼리 데이터를 공유하기 위한 방법이다. 다른 애플리케이션에서 접근할 수 있도록 설정하면 해당 애플리케이션이 노출한 콘텐트 프로바이더에도 접근할 수 있다. 안드로이드 기기에는 몇 가지 네이티브 콘텐트 프로바이더가 함께 제공되며, 이들은 미디어 저장소나 연락처와 같은 활용도 높은 데이터베이스를 노출해 준다. 콘텐트 프로바이더를 만들거나 사용하는 방법은 10장 '콘텐트 프로바이더와 검색'에서 다룬다.

➤ 알림: 알림(Notification)은 현재 액티비티를 방해하거나 포커스를 가져오지 않으면서도 사용자에게 애플리케이션의 이벤트들을 알리는 방법이다. 특히 애플리케이션이 보이지 않을 때, 즉 활성 상태가 아닐 때 사용자의 주의를 환기시킬 수 있는 효율적인 방법으로, 일반적으로 서비스나 브로드캐스트 리시버 안에서부터 시작된다. 예를 들어 지메일(Gmail) 애플리케이션은 기기가 텍스트 메시지나 이메일을 받았을 때 사용자에게 알림을 통해 알린다. 애플리케이션에서 알림을 만드는 방법은 11장 '백그라운드에서

작업하기'에서 설명한다.

애플리케이션 컴포넌트들 간의 의존성을 제거하면 개별 콘텐트 프로바이더나 서비스를 비롯해 액티비티까지도 다른 애플리케이션이나 서드파티 애플리케이션에서 공유하거나 사용할 수 있다.

3.3 안드로이드 애플리케이션의 수명 주기, 우선순위, 프로세스 상태

안드로이드는 다른 전통적인 애플리케이션 플랫폼과 달리, 앱의 수명 주기를 안드로이드 플랫폼이 제어한다. 그 대신 애플리케이션의 컴포넌트들은 애플리케이션 상태의 변화를 주시하다가 변화를 감지하면 즉각 반응해야 하며, 예기치 않은 중단에 대처할 수 있도록 철저하게 준비돼 있어야 한다.

안드로이드 애플리케이션은 자체 프로세스로 실행되는 것이 기본이며, 프로세스마다 ART의 개별 인스턴스를 실행한다. 메모리 및 프로세스 관리는 런타임이 전담한다.

> **참고**
>
> 앱의 매니페스트 파일(AndroidManifest.xml)의 서비스 요소(<service>로 정의됨)에 android:process 속성을 지정하면 한 애플리케이션의 컴포넌트들이 여러 프로세스로 실행되도록 할 수 있으며, 여러 애플리케이션이 하나의 프로세스를 공유하도록 할 수도 있다.

안드로이드가 리소스를 관리하는 방식은 사뭇 공격적이다. 부드럽고 안정적인 사용자 경험을 제공하기 위해 필요한 것이면 뭐든지 한다. 실제로 이 원칙은 일부이기는 하지만 경고도 없이 프로세스, 즉 애플리케이션을 종료해 우선순위가 더 높은 애플리케이션이 필요로 하는 만큼 리소스를 확보하는 방식으로 이어진다.

프로세스를 종료해 리소스를 확보하는 순서는 프로세스를 호스팅한 애플리케이션의 우선순위에 따라 결정된다. 그리고 애플리케이션의 우선순위는 가장 높은 우선순위를 갖는 컴포넌트의 우선순위를 따른다.

두 애플리케이션의 우선순위가 같다면 그 우선순위로 더 오래 지속된 프로세스를 으레 먼저 종료시킨다. 프로세스의 우선순위는 프로세스 간의 의존성에도 영향을 받는다. 다시 말해, 어떤 애플리케이션이 다른 애플리케이션의 서비스나 콘텐트 프로바이더에 대한 의존성을 가진다면 다른 애플리케이션은 자신이 지원하는 처음 애플리케이션의 우선순위를 최소한으로 지정받게 된다.

애플리케이션의 우선순위와 그 우선순위에 따른 작업이 서로 부합하도록 애플리케이션을 구조화하는 일이 매우 중요하다. 애플리케이션이 구조화되지 않으면 뭔가 중요한 일을 하는 도중에 종료될 수도 있고, 리소스가 확보돼 부드러운 사용자 경험이 유지되도록 안전하게 정지될 수 있는데도 여전히 실행 중인 상태가 이어질 수도 있다.

그림 3-1은 애플리케이션의 정지 순서가 결정되는 기준인 우선순위 트리다.

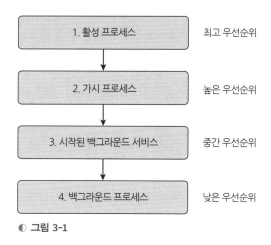

● 그림 3-1

이제 그림 3-1로 나타낸 애플리케이션 상태의 세부 내용을 비롯해 애플리케이션 상태가 그 컴포넌트에 따라 어떻게 결정되는지 알아보자.

➤ **활성 프로세스**(최고 우선순위): 활성(포어그라운드) 프로세스는 사용자가 상호 작용하는 애플리케이션 컴포넌트를 가진다. 이들은 안드로이드가 다른 애플리케이션으로부터 확보한 리소스를 바탕으로 부드럽고 적절한 반응성을 보장받아 실행되는 프로세스들이다. 활성 프로세스에는 하나 이상의 다음과 같은 컴포넌트가 포함된다.

- 활성 상태의 액티비티, 즉 사용자 이벤트에 반응하는 포어그라운드 액티비티
- 6장 '인텐트와 브로드캐스트 리시버'에서 설명할 이벤트 핸들러인 onReceiver를 실행하는 브로드캐스트 리시버

- 11장 '백그라운드에서 작업하기'에서 설명할 이벤트 핸들러인 onStart, onCreate, onDestroy를 실행하는 서비스

➤ **가시 프로세스(높은 우선순위):** 보이기는 하지만 비활성 상태인(visible but inactive) 프로세스들은 '보이는' 액티비티 또는 포어그라운드 서비스를 호스팅한다. 보이는 액티비티는 이름에서 알 수 있는 것처럼 화면에 보이지만 포어그라운드에는 없으며, 사용자 입력에 반응하지 않는다. 이는 액티비티가 (전체 화면으로 표시되지 않는 투명한 액티비티에 의해) 일부분만 가려질 때, 다시 말해 멀티윈도우 환경에서 활성 상태가 아닌 윈도우가 될 때를 가리킨다. 일반적으로 가시 프로세스는 많지 않으며, 오직 극단적인 상황에서만 종료돼 활성 프로세스의 지속적 실행을 가능하게 한다. 안드로이드 6.0 마시멜로(API 레벨 23)부터는 포어그라운드에서 실행되도록 지정된 실행 중 서비스의 우선순위는 활성 프로세스보다 낮다. 이에 따라 흔한 일은 아니지만 상당한 메모리를 요구하며 계속 실행되려는 활성 액티비티를 허용하기 위해 포어그라운드 서비스를 종료시키기도 한다.

➤ **시작된 백그라운드 서비스 프로세스(중간 우선순위):** 시작된 백그라운드 서비스를 호스팅하는 프로세스다. 이런 서비스들은 사용자와 직접적으로 상호 작용하지 않기 때문에 활성 액티비티나 포어그라운드 서비스보다 우선순위가 낮다. 자세한 내용은 11장 '백그라운드에서 작업하기'에서 다룬다.

➤ **백그라운드 프로세스(낮은 우선순위):** 화면에 보이지 않는 액티비티나 실행 중인 서비스를 갖지 않는 액티비티를 호스팅하는 프로세스다. 안드로이드 기기의 홈 버튼이나 '최근 앱' 버튼을 눌러서 앱들을 전환하면 직전에 동작하던 애플리케이션이 백그라운드로 들어간다. 대개의 경우 기기에서 실행되는 백그라운드 앱은 많이 있으며, 안드로이드는 마지막으로 보였던 것을 먼저 종료시키는 패턴을 사용해서 백그라운드 앱을 종료시킨다. 이때 포어그라운드 프로세스에 필요한 리소스를 확보하기 위해 더 많은 메모리를 소비하는 애플리케이션의 종료를 우선적으로 고려한다.

3.4 안드로이드의 Application 클래스

애플리케이션의 Application 객체는 애플리케이션이 실행될 때마다 인스턴스로 생성되어 남아 있게 된다. 그러나 액티비티와 달리 안드로이드 기기의 구성 변경(예를 들어, 기기를 가로나 세로로 회전할 때)이 생겨도 다시 시작되지 않는다.

Application 클래스의 서브 클래스를 구현하면 ART가 브로드캐스트하는 애플리케이션 수준의 이벤트(예 메모리 부족 상태)에 응답할 수 있다.

그리고 우리가 구현한 Application 서브 클래스가 매니페스트 파일에 등록되면 애플리케이션 프로세스가 생성될 때 해당 클래스의 인스턴스도 생성된다. 따라서 커스텀 Application 클래스의 서브 클래스는 하나의 인스턴스만 생성되는 싱글톤(singleton)으로 구현되어야 한다.

3.5 안드로이드 액티비티 자세히 살펴보기

액티비티 1개는 애플리케이션이 사용자에게 제시하는 화면 1개를 나타낸다. 애플리케이션이 복잡해질수록 필요한 화면도 많아질 것이다.

일반적으로 1차 인터페이스 화면이라고 할 수 있는 '메인 액티비티'는 애플리케이션의 메인 UI를 담당하므로 반드시 포함된다. 이 1차 인터페이스는 일반적으로 여러 2차 액티비티의 지원을 받는다. 다른 화면으로 전환하려면 새 액티비티를 시작해야 한다(또는 기존 액티비티에서 복귀해야 한다).

3.5.1 액티비티 생성하기

새 액티비티를 만들 때는 Activity 클래스 또는 이것의 서브 클래스 중 1개(대개는 3.5.2 'App CompatActivity 사용하기' 절에서 설명할 AppCompatActivity)로부터 상속받는 서브 클래스를 생성한다. UI 지정과 기능 구현은 새 클래스에서 하면 된다. 코드 3-1은 새 Activity 기본 코드다.

코드 3-1 Activity 기본 코드

```
package com.professionalandroid.apps.helloworld;

import android.app.Activity;
import android.os.Bundle;

public class MyActivity extends Activity {

  /** 액티비티 인스턴스가 최초 생성될 때 호출된다. */
  @Override
  public void onCreate(Bundle savedInstanceState) {
    super.onCreate(savedInstanceState);
  }
}
```

기본 Activity 클래스는 빈 화면을 나타내며, 창(window)을 보여주는 처리를 하는 코드를 갖는다. 빈 Activity는 그리 유용하지 않다. 따라서 우선 프래그먼트와 레이아웃, 뷰를 사용해 UI를 만들어야 한다.

뷰는 데이터를 표시하고 사용자 상호 작용을 제공하는 UI 위젯/컨트롤이다. 안드로이드는 몇 가지 레이아웃 클래스를 제공한다. 이들을 묶어 뷰 그룹(View Group)이라고 하며, UI를 배치하는 데 유용한 여러 뷰를 제공한다. 3장의 뒷부분에서 다룰 프래그먼트도 UI의 각 세그먼트를 캡슐화하는 데 사용할 수 있다. 세그먼트를 캡슐화하면 여러 화면 크기나 방향에 맞춰 최적화된 레이아웃으로 재배치할 수 있는 동적 인터페이스를 간단하게 만들 수 있다.

> **참고**
>
> 뷰와 뷰 그룹, 레이아웃에 대해 사용할 수 있는 종류와 그 사용 방법, 생성 방법 등과 같은 세부적인 내용은 5장 '사용자 인터페이스 빌드하기'에서 다룬다.

UI를 액티비티에 지정하려면 onCreate 메서드에서 setContentView를 호출해야 한다. 다음은 TextView의 인스턴스가 액티비티의 UI로 사용되는 조각 코드다.

```java
@Override
public void onCreate(Bundle savedInstanceState) {
  super.onCreate(savedInstanceState);
  TextView textView = new TextView(this);
  setContentView(textView);
}
```

이제 살짝 복잡한 UI 디자인을 적용해 보자. 레이아웃 뷰 그룹을 사용하면 코드상으로도 레이아웃을 만들 수 있다. 물론 다음 조각 코드처럼 외부 리소스에서 정의된 레이아웃의 리소스 ID를 넘겨 주는 안드로이드 표준 방식을 사용할 수도 있다.

```java
@Override
public void onCreate(Bundle savedInstanceState) {
  super.onCreate(savedInstanceState);
  setContentView(R.layout.main);
}
```

애플리케이션에서 액티비티를 사용하려면 매니페스트에 등록해야 한다. 새 activity 태그를 매니페스트의 application 노드 안에 추가한다. activity 태그는 Activity가 사용하는 레이블, 아이콘, 요구 권한, 테마 등과 같은 메타데이터 속성들도 포함한다.

```
<activity android:label="@string/app_name"
          android:name=".MyActivity">
</activity>
```

activity 태그가 없는 액티비티는 사용될 수 없다. 그런 액티비티를 시작하려고 하면 런타임 예외가 발생한다.

activity 태그 안에 intent-filter 노드를 추가할 수도 있다. 이 노드는 액티비티를 시작하는 데 사용될 수 있는 인텐트를 지정할 때 필요하다. 인텐트 필터는 Activity가 지원하는 하나 이상의 액션과 카테고리를 정의한다. 인텐트와 인텐트 필터는 6장 '인텐트와 브로드캐스트 리시버'에서 자세히 다룰 예정이지만, 애플리케이션 론처로부터 Activity를 사용할 수 있게 하려면 코드 3-2처럼 MAIN 액션과 LAUNCHER 카테고리가 지정된 인텐트 필터를 포함해야 한다는 것을 기억하자.

코드 3-2 메인 애플리케이션 액티비티 정의
```
<activity android:label="@string/app_name"
          android:name=".MyActivity">
  <intent-filter>
    <action android:name="android.intent.action.MAIN" />
    <category android:name="android.intent.category.LAUNCHER" />
  </intent-filter>
</activity>
```

3.5.2 AppCompatActivity 사용하기

2장 '시작하기'에서 언급한 대로 AppCompatActivity 클래스는 안드로이드 지원 라이브러리에서 사용할 수 있는 Activity의 서브 클래스다. 이 클래스는 최신 안드로이드 버전의 Activity 클래스에 새로 추가된 기능들을 구 버전의 안드로이드에서 사용할 수 있게 하위 호환성을 제공한다.

이런 이유에서 Activity 대신 AppCompatActivity를 우선 사용하는 것이 바람직하며, 이 책에서도 그렇게 할 것이다. 앞으로 액티비티라고 언급하면 AppCompatActivity의 서브 클래스를 의미하는 것으로 이해하기 바란다.

코드 3-3에서는 코드 3-1의 Activity 대신 AppCompatActivity를 기본 액티비티 클래스로 사용하도록 변경하였다.

```
package com.professionalandroid.apps.helloworld;

import android.support.v7.app.AppCompatActivity;
import android.os.Bundle;

public class MyActivity extends AppCompatActivity {

  /** 액티비티 인스턴스가 최초 생성될 때 호출된다. */
  @Override
  public void onCreate(Bundle savedInstanceState) {
    super.onCreate(savedInstanceState);
  }
}
```

3.5.3 액티비티의 수명 주기

애플리케이션에서 매끄러운 사용자 경험을 제공하고, 자신의 리소스를 적절하게 관리하려면 액티비티 수명 주기를 잘 알아야 한다.

앞서 언급한 대로 안드로이드 애플리케이션은 자신의 프로세스 수명을 제어하지 않는다. 각 애플리케이션의 프로세스와 그 안의 각 액티비티를 ART가 관리하기 때문이다.

ART는 액티비티의 프로세스에 대한 종료와 관리를 처리한다. 그러나 액티비티의 상태는 자신이 속한 애플리케이션의 우선순위를 결정하게 된다. 그리고 애플리케이션의 우선순위를 기준으로 ART는 해당 애플리케이션과 그 내부에서 실행되는 액티비티들을 종료시킨다.

액티비티의 상태와 LRU 리스트

액티비티의 상태는 액티비티 스택(또는 '백 스택') 내의 위치에 따라 결정된다. 스택은 현재 실행 중인 모든 액티비티가 LIFO 구조에 따라 모인 집합체를 말한다. 새 액티비티가 시작하면 활성 상태가 되고 스택에서 맨 위로 옮겨진다. 사용자가 뒤로 가기 버튼을 눌러 뒤로 이동하거나 포어그라운드 액티비티가 다른 이유로 닫히면 스택에서 아래쪽에 있던 순서상 그다음 액티비티가 위로 옮겨지고 활성 상태가 된다. 이 과정을 그림 3-2에 나타냈다.

3장의 앞부분에서 언급한 대로 애플리케이션의 우선순위는 자신의 액티비티 가운데 우선순위가 더 높은 것의 영향을 받는다. 안드로이드의 메모리 관리자가 메모리를 확보하기 위해 종료시킬 애플리케이션을 결정할 때는 이 액티비티 스택을 기준으로 애플리케이션들의 우선순위를 결정한다.

애플리케이션의 어떤 액티비티도 보이는 상태가 아닐 때는 애플리케이션 자체가 LRU(Least Recently Used) 리스트에 오른다. LRU 리스트는 리소스를 확보하기 위해 중단할 애플리케이션들의 순서를 결정하는 데 사용된다.

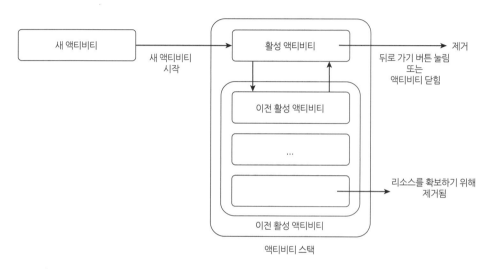

● **그림 3-2**

액티비티의 상태

애플리케이션의 수명 주기 내내 이 액티비티들은 그림 3-2처럼 액티비티 스택의 위와 아래를 오르내린다. 이 과정에서 다음 네 가지 상태로 전환된다.

➤ **활성(active)**: 스택에서 맨 위에 있는 액티비티는 가시적이고 포커스를 가진 포어그라운드 액티비티로, 사용자의 입력을 받는다. 안드로이드는 어떻게든 이 액티비티가 살아서 동작하게 해준다. 사용자와 상호 작용하고 있는 것이기 때문이다. 이를 테면, 이 액티비티가 필요한 리소스를 가질 수 있도록 스택의 훨씬 밑에 있는 액티비티를 갖는 애플리케이션을 종료시킨다. 그리고 이 액티비티는 다른 액티비티가 활성 상태가 되면 일시 정지 상태가 되고, 더 이상 보이지 않을 때 정지된다.

➤ **일시 정지(paused)**: 경우에 따라서는 액티비티가 보이기만 할 뿐 포커스를 갖지는 않는데, 이 상태를 '일시 정지'라고 한다. 일시 정지 상태는 멀티윈도우 환경의 애플리케이션

에 흔하다. 멀티윈도우 환경에서는 보이는 애플리케이션이 여러 개일 수 있지만, 오직 하나의 액티비티만이 사용자와 상호 작용하며 활성 상태를 유지한다. 이와 비슷하게 액티비티가 투명한 액티비티나 전체 화면을 차지하지 않는 액티비티를 가지면 일시 정지 상태가 된다. 액티비티는 일시 정지되면 활성 상태인 것처럼 취급되지만, 사용자 입력 이벤트는 받지 못한다. 그리고 액티비티가 화면에서 완전히 가려지면 중단된다. 다시 말해, 모든 액티비티는 일시 정지 상태를 거쳐 완전한 정지 상태로 전환된다.

➤ 정지(stopped): 액티비티는 보이지 않을 때 '멈춘다.' 이때 메모리에 그대로 남아 모든 상태 정보를 유지하지만 시스템에서 메모리를 확보할 때 중단될 유력한 후보가 된다. 액티비티가 정지 상태로 전환될 때는 데이터와 현재 UI 상태 정보를 저장하고 모든 처리를 멈추어야 한다. 액티비티가 종료되거나 닫히면 비활성 상태가 된다.

➤ 비활성(inactive): 액티비티가 실행된 적이 있지만 종료되었다면 비활성 상태가 된다. 비활성 액티비티는 액티비티 스택에서 제거되며, 다시 화면에 나타나서 사용할 수 있게 하려면 재시작돼야 한다.

상태 전환은 사용자와 시스템의 액션에 따라 진행된다. 즉 상태 전환이 생기는 것을 애플리케이션이 제어하지 않는다는 의미다. 이와 유사하게 애플리케이션 중단은 안드로이드 메모리 관리자에 의해 처리된다. 메모리 관리자는 비활성 액티비티가 포함된 애플리케이션을 닫는다. 극단적인 경우에는 일시 정지된 애플리케이션까지도 제거한다.

> **참고**
>
> 매끄러운 사용자 경험을 보장하려면 상태 전환이 사용자에게 드러나지 말아야 한다. 일지 정지된 액티비티와 완전히 정지된 액티비티 그리고 비활성 상태의 액티비티가 다시 활성 상태로 옮겨가는 과정이 매끄러워야 한다는 것이다. 따라서 액티비티가 정지될 때는 모든 UI 상태와 현재 데이터를 저장하는 일이 매우 중요하다.
>
> 액티비티가 (onPause 안에서) 일시 정지 상태로 전환하는 것이 아니라 (3장의 뒷부분에서 설명할 onStop 핸들러 안에서) 정지 상태로 전환될 때는 데이터베이스 트랜잭션이나 네트워크 전송 등과 같이 시간이 많이 소요되는 상태 지속적 연산을 수행하는 것이 바람직하다.
>
> 액티비티의 활성 상태와 일시 정지 상태 간의 전환은 자주 그리고 빠르게 이루어진다. 특히 다중 윈도우 환경에서 사용될 때 그렇다. 따라서 상태가 전환될 때 우리가 필요한 작업을 신속하게 처리하는 것이 중요하다. 그리고 액티비티가 활성 상태가 되면 저장됐던 값들을 복구해야 한다.
>
> 액티비티의 우선순위 변화와 별개로, 활성 상태와 일시 정지 상태 그리고 정지 상태 사이의 전환은 액티비티 자체에 직접적인 영향을 주지 않는다. 상태 전환에 따른 액티비티의 일시 정지와 중단을 감지하고 언제든 종료되는 것을 대비하여 데이터 보존과 같은 처리를 하는 것은 우리의 몫이다.

액티비티의 수명 이해하기

안드로이드는 액티비티가 상태 변화에 반응할 수 있도록 일련의 이벤트 핸들러를 제공하고 있다. 이벤트 핸들러는 액티비티가 전체 수명(full lifetime), 가시 수명(visible lifetime), 활성 수명(active lifetime)으로 전환될 때 자동 호출되어 실행된다. 그림 3-3은 액티비티의 상태 관점에서 수명을 정리한 것이다.

액티비티는 전체 수명 동안, 즉 생성과 소멸 사이에서 활성 수명과 가시 수명을 한 번 이상 반복하게 된다. 각 수명 간의 전환이 발생하면 앞서 언급한 메서드 핸들러가 실행된다. 이어지는 절에서는 각 수명과 이벤트를 더 자세히 살펴본다.

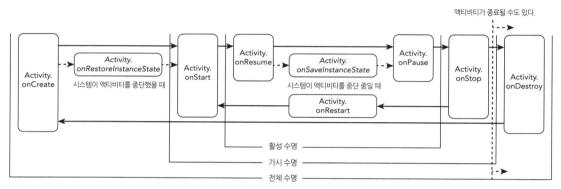

◐ **그림 3-3**

▪▪ 전체 수명

액티비티의 전체 수명은 onCreate가 처음 호출될 때부터 소멸할 때까지다. 단, 액티비티의 프로세스가 onDestroy 핸들러의 호출 없이 중단되는 경우도 있다.

액티비티의 초기화는 onCreate 메서드에서 한다. 구체적으로는 UI를 전개하고, 프래그먼트의 참조를 가져오고, 이 참조를 클래스 변수에 지정하고, 데이터를 컨트롤에 바인딩하고 서비스를 시작한다. 만일 액티비티가 런타임에 의해 예기치 않게 중단되면 onSaveInstanceState의 마지막 호출 때 저장된 상태 데이터가 담긴 Bundle 객체가 onCreate 메서드에 전달된다. onCreate나 onRestoreInstanceState 메서드에서는 Bundle 객체를 사용하여 UI를 이전 상태로 복구해야 한다.

onCreate로 생성된 리소스를 클린업하고 네트워크 또는 데이터베이스 링크와 같은 외부 연결이 모두 닫혔는지 확인하기 위해 onDestroy를 오버라이드한다.

효율적인 코드를 작성하기 위한 안드로이드 가이드라인에 따라 잠시 사용할 객체를 반복해 생성하지 않는 것이 좋다. 객체를 생성하고 소멸시키는 일이 잦으면 사용자 경험에 직접적인 악영향을 미칠 수 있는 가비지 컬렉션(garbage collection)이 발생하게 된다. 액티비티가 정해진 객체들을 생성한다면 onCreate 메서드에서 하는 것이 좋다. 액티비티의 수명에서 딱 한 번만 호출되기 때문이다.

가시 수명

액티비티의 가시 수명은 onStart에서 onStop 호출까지다. 이 두 호출 사이에 액티비티는 사용자에게 보이게 된다. 단, 이는 포커스의 유무와 무관하며, 액티비티가 부분적으로 가려질 수도 있다. 액티비티는 그 전체 수명 동안 포어그라운드와 백그라운드를 넘나들며 몇 번의 가시 수명을 반복한다. 안드로이드 3.0 허니콤(API 레벨 11) 이후부터는 onStop이 애플리케이션 프로세스가 중단되기 이전에 호출된다고 생각하면 된다.

onStop 메서드는 애니메이션이나 스레드, 센서 리스너, GPS 조회, 타이머, 서비스 등 UI를 업데이트할 때만 사용되는 프로세스들을 일시 정지 또는 정지하는 데 사용돼야 한다. UI가 화면에 보이지 않을 때 메모리나 CPU 또는 네트워크 등의 리소스를 사용하는 프로세스의 정지는 onStop에서 하지 않는다. 그리고 정지된 프로세스의 재시작은 onStart 메서드를 사용한다.

onRestart 메서드는 onStart의 최초 호출을 제외한 모든 경우에 앞서 호출된다. 액티비티가 전체 수명 안에서 재시작될 때만 수행되는 특별한 처리를 구현할 때 onRestart 메서드를 사용한다.

onStart/onStop 메서드는 오직 UI 업데이트에만 사용되는 브로드캐스트 리시버를 등록하거나 등록 해제할 때도 사용된다.

 브로드캐스트 리시버에 대해서는 6장 '인텐트와 브로드캐스트 리시버'에서 설명한다.

활성 수명

활성 수명은 onResume 호출에서 onPause 호출까지다.

활성 액티비티는 포어그라운드에 있으며, 사용자 입력 이벤트를 받는다. 액티비티는 소멸하기까지 활성 수명을 여러 번 거친다. 왜냐하면 새로운 액티비티가 화면에 나타나거나, 기기가 대기 상태가 되거나 해당 액티비티가 포커스를 잃을 때 액티비티의 활성 수명이 끝나기 때문이다. 포어그라운드를 드나들 때 애플리케이션의 반응성을 좋게 유지하도록 onPause와 onResume 메서드의 코드를 빠르고 간단하게 작성하자. 활성 수명 동안에는 프로세스가 중단 되기 전에 onPause가 호출된다고 생각하면 된다.

> **참고**
>
> 현재 액티비티의 상태를 재개해야 한다고 안드로이드 시스템이 판단하면, onPause 바로 직전에 onSave InstanceState 메서드가 자동 호출된다. onSaveInstanceState는 액티비티의 UI 상태를 Bundle 객체에 저장한다. 그리고 향후에 액티비티가 활성화되면 Bundle 객체가 onCreate와 onRestore InstanceState 메서드로 전달될 수 있다.
>
> 액티비티가 다시 활성 상태가 될 때 동일한 UI를 보여줄 수 있도록 onSaveInstanceState를 사용해 UI 상태를 저장하자. 그러나 현재 상태를 보존할 필요가 없다고 안드로이드 시스템이 판단했을 때는(예를 들어, 사용자가 기기의 뒤로 가기 버튼을 눌러서 액티비티가 닫혔을 때) onSaveInstance State가 호출되지 않는다.

안드로이드 3.0 허니콤(API 레벨 11)부터 그 이후로는 onStop 메서드의 실행이 끝나야만 액티비 티가 예고 없이 종료될 수 있다. 따라서 액티비티 상태 데이터의 저장에 필요한 모든 시간 소 요 작업을 onStop에서 하면 된다. 이에 따라 onPause 메서드에서는 간단한 작업을 수행하면 되며, 또한 액티비티가 활성 상태가 아닐 동안 메모리나 CPU를 많이 사용하는 작업을 중지할 수 있다. 이런 작업은 애플리케이션 아키텍처에 따라 다를 수 있지만, 액티비티가 포어그라운 드에 없을 동안 대기 중인 스레드, 프로세스, 브로드캐스트 리시버가 포함될 수 있다.

onResume 메서드도 간단한 작업만 수행해야 한다. 그러나 UI 상태 데이터를 다시 로드할 필 요는 없다. UI 상태 데이터는 onCreate와 onRestoreInstanceState 메서드에서 처리되어야 하기 때문이다. onResume은 onPause 안에서 수행된 작업을 역으로 처리하는 데 사용한다. 예를 들어, 해지된 리소스의 할당, 제거되거나 등록되지 않은 컴포넌트의 초기화 또는 등록, 중지된 작업의 재개 등이다.

상태 변화 모니터링하기

코드 3-4의 코드는 앞 절에서 언급한 액티비티에서 사용할 수 있는 상태 변화 처리 메서드의 기본 코드다. 각 코드에 작성한 주석은 상태 변화 이벤트마다 처리할 일을 나타낸다.

코드 3-4 액티비티의 상태 이벤트 처리 메서드들

```
public class StateChangeMonitoringActivity extends AppCompatActivity {
```

```
// 전체 수명이 시작될 때 호출된다.
@Override
public void onCreate(Bundle savedInstanceState) {
 super.onCreate(savedInstanceState);
// 액티비티를 초기화하고, UI를 인플레이팅한다.
}


// 액티비티 프로세스의 다음 번 가시 수명 이전에 호출된다.
// 즉, 액티비티가 화면에서 감추어졌다가 볼 수 있게 되기 전이다.
@Override
public void onRestart() {
  super.onRestart();

    // 이 프로세스 안에서 액티비티가 가시 상태가 됐다면 변경 사항을 로드한다.
}
// 가시 수명이 시작될 때 호출된다.
@Override
public void onStart() {
  super.onStart();
    // 액티비티가 보이므로 필요한 UI 변경을 적용한다.
    // 여기는 UI가 적절하게 배치되고 업데이트되는 데 필요한 프로세스가 시작하는 전형적인 곳이다.
}
// 사용자나 프로그램 코드(예를 들어, 사용자가 뒤로 가기 버튼을 누르거나
// 앱에서 finsh() 메서드를 호출함)가 아닌 안드로이드 런타임에 의해 소멸된 후
// 액티비티가 시작되는 경우에는 onStart의 실행이 끝나면 호출된다.
@Override
public void onRestoreInstanceState(Bundle savedInstanceState) {
  super.onRestoreInstanceState(savedInstanceState);

    // UI 상태를 savedInstanceState로부터 복구한다.
    // 이 Bundle 객체는 onCreate에도 전달된다.
    // 액티비티가 마지막 가시 상태 이후 시스템에 의해 종료될 때만 호출된다.
}
// 활성 수명이 시작될 때 호출된다.
@Override
public void onResume() {
  super.onResume();

    // 액티비티에 필요하지만 비활성 상태여서 정지된 UI 업데이트나 스레드, 프로세스가 있다면 이를 재개한다.
    // 이 단계에서는 액티비티가 활성 상태로서 사용자 액션으로부터 입력받는다.
}
// 활성 수명이 끝날 때 호출된다.
@Override
public void onPause() {
  super.onPause();
    // 액티비티가 활성화된 포어그라운드 액티비티가 아닐 때는 변경될 필요 없는
    // UI와 스레드 및 CPU 과다 사용 프로세스를 중지한다.
    // 단, 다중 윈도우 모드에서는 일시 정지된 액티비티들이 여전히 보일 수 있으므로
    // 이때 필요한 UI 업데이트는 계속 수행되어야 한다.
}
```

```
// 활성 수명 주기가 끝날 때 UI 상태 변화를 저장하기 위해 호출된다.
@Override
public void onSaveInstanceState(Bundle savedInstanceState) {
  super.onSaveInstanceState(savedInstanceState);

  // UI 상태 변화를 savedInstanceState에 저장한다.
  // 런타임에 의해 프로세스가 종료되었다가 다시 시작되면 이 Bundle 객체는
  // onCreate와 onRestoreInstanceState에도 전달된다.
  // 단, 액티비티가 '영구히' 중단되었다고 런타임이 판단하면 이 메서드가 호출되지 않을 수도 있다.
}
// 가시 수명이 끝날 때 호출된다.
@Override
public void onStop() {
  super.onStop();
  // 액티비티가 보이지 않을 때 필요 없는 UI 업데이트, 스레드, 프로세스를 중지한다.
  // onStop의 실행이 끝난 후에는 액티비티가 언제라도 종료될 수 있으므로
  // 모든 수정 데이터나 상태 변경 데이터를 저장한다.
}
// 전체 수명이 끝날 때 호출되는 경우가 있다.
@Override
public void onDestroy() {
  super.onDestroy();

  // 종료 스레드를 비롯해 모든 리소스를 클린업하고 데이터베이스 연결 등을 닫는다.
}
```

앞의 코드에서 볼 수 있듯이, 각 메서드에서는 오버라이딩된 슈퍼 클래스의 메서드를 반드시 호출해 주어야 한다(예를 들어, super.onDestroy()).

3.5.4 메모리 압박에 대응하기

안드로이드 시스템은 실행 중이거나 보이는 애플리케이션에 필요한 리소스를 확보하기 위해 경고도 하지 않고 다른 애플리케이션을 중단하기도 한다.

최상의 사용자 경험을 제공하기 위해 안드로이드는 애플리케이션을 종료해 리소스를 확보함으로써 반응성이 뛰어난 시스템을 제공하는 일과 백그라운드 애플리케이션을 적절하게 유지해 애플리케이션 간 전환 경험을 향상하는 일 사이에서 최적의 균형을 찾아야 한다.

메모리 사용을 줄이라는 시스템 요청에 응답하기 위해 onTrimMemory 핸들러를 오버라이딩할 수 있다. 애플리케이션 프로세스를 종료시킬 때 시스템은 빈 프로세스부터 시작해 백그라운드 애플리케이션으로 그 대상을 확대한다. 여기서 빈 프로세스란 화면에 보이지 않고 또한 실행 중인 서비스도 갖지 않는 액티비티를 호스팅하는 프로세스다. 극단적인 경우에는 활성

액티비티를 호스팅하는 애플리케이션의 리소스를 확보하기 위해 화면에 보이는 액티비티를 갖는 애플리케이션이나 심지어는 포어그라운드 서비스조차도 중단될 수 있다.

애플리케이션이 중단되는 순서는 일반적으로 LRU 리스트에 따라 결정된다. 즉 가장 오랫동안 사용되지 않은 애플리케이션이 먼저 종료된다. 하지만 런타임은 각 애플리케이션을 종료해 확보할 수 있는 메모리 양도 고려하여 가장 많은 메모리를 얻을 수 있는 애플리케이션을 종료한다. 따라서 사용하는 메모리가 적을수록 애플리케이션이 중단될 가능성은 줄어들고 전반적인 시스템 성능도 향상된다.

onTrimMemory 핸들러는 각 애플리케이션의 액티비티와 서비스를 비롯한 컴포넌트에서 사용할 수 있다. 그리고 리소스가 부족한 상태에서 시스템이 실행될 때 애플리케이션들이 메모리를 자진 반납하여 도와줄 수 있는 기회를 제공한다.

onTrimMemory는 현재 시스템의 제약을 기준하여 점진적으로 메모리를 반납하도록 구현해야 한다. 이때 해당 시스템 요청의 의미를 나타내는 수준 매개변수가 사용된다. onTrimMemory에 전달되는 수준 매개변수는 정수 값으로 전달되지만, 단순한 수치 이상의 의미를 갖는다. 즉 전체적인 시스템 메모리 압박을 줄이는 가장 좋은 방법을 결정하는 데 도움을 줄 수 있다.

TRIM_MEMORY_RUNNING_MODERATE: 애플리케이션이 실행 중이며, 중단 대상으로 간주되지 않는다. 하지만 시스템은 메모리 압박을 느끼기 시작한다.

TRIM_MEMORY_RUNNING_LOW: 애플리케이션이 실행 중이며 중단 대상으로 간주되지 않는다. 하지만 시스템은 심각한 메모리 부족을 겪기 시작한다. 지금 메모리를 해제하면 시스템 성능이 향상되고, 이에 따라 애플리케이션의 성능도 좋아진다.

TRIM_MEMORY_RUNNING_CRITICAL: 애플리케이션이 실행 중이며 중단 대상으로 간주되지 않는다. 하지만 시스템은 치명적인 메모리 부족 상태를 겪는다. 이제 시스템은 애플리케이션들이 리소스를 내 주지 않으면 백그라운드 프로세스를 종료시키기 시작한다. 따라서 비필수 리소스를 해제하면 성능 저하를 막을 수 있고, 다른 애플리케이션들이 중단될 가능성을 줄일 수 있다.

TRIM_MEMORY_UI_HIDDEN: 애플리케이션이 UI를 화면에 보여주지 않고 있다. 지금이 UI에서만 사용되는 대량의 리소스를 해제할 절호의 기회. 이 작업은 onStop 메서드보다는 여기서(onTrimMemory) 하는 것이 낫다. UI가 안 보이는 상태에서 보이는 상태로 빠르게 전환되는 시점에서 UI 리소스를 제거/재로드하지 않아도 되기 때문이다.

TRIM_MEMORY_BACKGROUND: 애플리케이션이 더 이상 보이지 않고, LRU 리스트에 등록됐다. 따라서 중단 대상이 될 위험은 낮다. 하지만 시스템은 부족한 메모리로 작동하며, 이미 LRU 리스트의 다른 애플리케이션들을 종료시키고 있을 수도 있다. 쉽게 복원할 수 있는 리소스부터 해제해 시스템 압박을 줄이고 애플리케이션의 중단 가능성을 줄이는 것이 좋다.

TRIM_MEMORY_MODERATE: 애플리케이션이 LRU 리스트에 있으며, 시스템은 메모리 부족 상태로 실행 중이다. 시스템이 메모리 제약을 더 강하게 받게 된다면 우리 프로세스가 종료될 것이다.

TRIM_MEMORY_COMPLETE: 시스템이 즉시 메모리를 회복하지 않으면 우리 애플리케이션은 종료될 가능성이 가장 큰 것 중 하나가 된다. 애플리케이션 실행을 재개하는 데 꼭 필요한 리소스가 아니면 모두 해제해야 한다.

onTrimMemory에 전달되는 값을 지금까지 설명한 수준 매개변수 값과 단순 비교하지 말고 코드 3-5처럼 크거나 같은 지 확인해야 한다. 그 다음의 연관된 상태를 계속 확인할 필요가 있기 때문이다.

코드 3-5 메모리 트림(정리) 요청 이벤트 핸들러들

```java
@Override
public void onTrimMemory(int level) {
  super.onTrimMemory(level);

  // 애플리케이션이 중단 대상이다.
  if (level >= TRIM_MEMORY_COMPLETE) {
    // 가능한 모든 리소스를 해제해 즉각적인 중단을 막는다.
  } else if (level >= TRIM_MEMORY_MODERATE) {
    // 지금 리소스를 해제하면 앱의 중단 가능성이 줄어든다.
  } else if (level >= TRIM_MEMORY_BACKGROUND) {
    // 지금 쉽게 복구할 수 있는 리소스를 해제한다.
  }
  // 애플리케이션에 더 이상 보이는 UI가 없다.
  else if (level >= TRIM_MEMORY_UI_HIDDEN) {
    // 애플리케이션에 더 이상 가시 UI가 없다.
    // UI 유지 관련 리소스가 있다면 전부 해제한다.
  }

  // 애플리케이션이 실행되고 있으며, 중단 대상이 아니다.
  else if (level >= TRIM_MEMORY_RUNNING_CRITICAL) {
    // 시스템이 현재 백그라운드 프로세스를 종료시키고 있다.
```

```
    // 중요하지 않은 리소스를 지금 해제해 성능 저하를 막고, 다른 앱의 중단 가능성을 줄인다.
  } else if (level >= TRIM_MEMORY_RUNNING_MODERATE) {
    // 여기서 리소스를 해제해 시스템 메모리 압박을 덜고 전체적인 시스템 성능을 개선한다.
  } else if (level >= TRIM_MEMORY_RUNNING_LOW) {
    // 시스템이 메모리 압박을 받기 시작한다.
  }
}
```

> **참고**
>
> 애플리케이션 프로세스의 메모리 수준은 ActivityManager의 getMyMemoryState 메서드를
> 사용해 언제라도 조회할 수 있다. 이 메서드는 RunningAppProcessInfo 매개변수의 값을 받아
> 결과를 반환한다. 그리고 API 레벨 14 이하에서는 TRIM_MEMORY_COMPLETE와 거의 같은
> 수준에 대한 대비책의 일환으로 onLowMemory 핸들러를 사용할 수 있다.

3.6 프래그먼트 소개

프래그먼트는 완벽하게 캡슐화된, 재사용할 수 있는 컴포넌트들로 액티비티를 분할해 준다.
각 프래그먼트는 수명 주기와 상태를 따로 갖는다.

각 프래그먼트는 독립적인 모듈로, 자신이 추가된 액티비티와 느슨하게 결합되지만 강하게 종
속된다. 프래그먼트는 UI를 포함하거나 또는 포함하지 않을 수 있으며, 여러 액티비티 안에서
사용될 수 있다. UI가 캡슐화된 프래그먼트는 다양하게 조합돼 여러 패널을 갖는 UI에 적합
하도록 배치될 수 있으며, 실행 중인 액티비티 안에 추가, 제거 또는 교환돼 동적인 UI를 빌드
하는 데 사용될 수도 있다.

액티비티를 (그리고 액티비티의 레이아웃을) 프래그먼트로 나눌 필요가 없더라도 그렇게 하면 UI
의 유연성이 현저하게 높아지며, 사용자 경험을 새 기기 구성에 더 쉽게 적용할 수 있다.

> **참고**
>
> 프래그먼트는 안드로이드 3.0 허니콤(API 레벨 11) 릴리스에 처음 도입됐다. 지금은 AppCompat
> Activity를 비롯해 안드로이드 지원 라이브러리의 일부분으로도 사용할 수 있다. 만일 호환성 라이
> 브러리를 사용한다면 모든 프래그먼트 관련 import와 클래스 참조에서 지원 라이브러리 클래스만
> 사용해야 한다. 네이티브 라이브러리(각 안드로이드 버전의 라이브러리)와 지원 라이브러리의 프래
> 그먼트 패키지는 서로 밀접하게 연관돼 있지만, 클래스는 상호 교체 사용할 수 없다.

3.6.1 새 프래그먼트 만들기

새 프래그먼트는 Fragment 클래스의 서브 클래스로 생성하며, 필요하다면 UI를 정의한다. 그리고 추가로 기능을 구현한다.

대부분의 경우 프래그먼트에 UI를 지정할 것이다. 그러나 UI를 포함하지 않는 대신 액티비티의 백그라운드 기능을 수행하는 프래그먼트를 만들 수도 있다. 이와 관련된 내용은 이번 장의 후반부에서 더 자세히 알아본다.

만일 프래그먼트에서 UI가 꼭 필요하다면 코드 3-6에 있듯이, onCreateView 메서드를 오버라이딩하여 뷰 계층에 속한 컴포넌트들을 인플레이트하고 반환한다.

코드 3-6 프래그먼트의 기본 코드

```
import android.content.Context;
import android.net.Uri;
import android.os.Bundle;
import android.support.v4.app.Fragment;
import android.view.LayoutInflater;
import android.view.View;
import android.view.ViewGroup;

public class MySkeletonFragment extends Fragment

  public MySkeletonFragment() {
    // 빈 public 생성자가 필요하다.
  }

@Override
public View onCreateView(LayoutInflater inflater, ViewGroup container,
                         Bundle savedInstanceState)
  // 이 프래그먼트의 레이아웃을 인플레이트한다.
  return inflater.inflate(R.layout.my_skeleton_fragment_layout,
                          container, false);
  }
}
```

레이아웃 뷰 그룹을 사용하면 코드에서 레이아웃을 생성할 수 있다. 하지만 액티비티의 경우와 마찬가지로 XML 리소스를 인플레이트하도록 프래그먼트 UI 레이아웃을 디자인하는 것이 좋다.

프래그먼트는 액티비티와 달리 매니페스트(AndroidManifest.xml)에 등록하지 않아도 된다. 왜냐하면 프래그먼트는 액티비티에 내장될 때만 존재할 수 있기 때문이다. 이때 프래그먼트의 수명 주기는 자신이 추가된 액티비티의 수명 주기에 종속된다.

3.6.2 프래그먼트의 수명 주기

프래그먼트의 수명 주기 이벤트는 자신의 부모 액티비티 수명 주기를 따른다. 그러나 부모 액티비티가 활성 상태가 된 이후에 프래그먼트를 추가 또는 삭제하는 것은 프래그먼트의 수명 주기에만 영향을 준다.

Activity 클래스의 이벤트 핸들러(상태 메서드)를 따라 동작하는 이벤트 핸들러들이 프래그먼트에도 있다. 이 이벤트 핸들러들은 프래그먼트의 생성, 시작, 재개, 일시 정지, 정지, 소멸에 맞춰 자동 실행된다. 프래그먼트는 또한 많은 콜백 메서드를 포함하고 있다. 이 메서드들은 프래그먼트의 부모 컨텍스트에 대한 연결 및 분리, 프래그먼트의 뷰 계층 구조 생성(및 소멸), 부모 액티비티의 생성 완료가 생길 때 자동 호출된다.

그림 3-4는 프래그먼트의 수명 주기를 간단히 정리한 것이다.

코드 3-7로 제시한 기본 코드는 프래그먼트에서 사용할 수 있는 수명 주기 핸들러의 스텁 코드다. 각 스텁 코드에 작성한 주석은 상태 변화 이벤트마다 취해야 할 조치다.

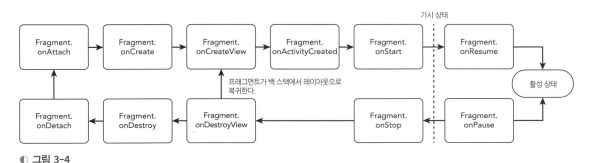

◐ 그림 3-4

> **참고**
>
> 이벤트 핸들러들을 오버라이딩할 때는 오버라이딩된 슈퍼 클래스의 메서드를 먼저 호출해 주어야 한다.

코드 3-7 **프래그먼트의 수명 주기 이벤트 핸들러들**

```
public class MySkeletonFragment extends Fragment {
```

```java
// 빈 public 생성자가 필요하다.
public MySkeletonFragment() {}

// 프래그먼트가 그 부모 액티비티에 연결될 때 호출된다.
@Override
public void onAttach(Context context) {
  super.onAttach(context);
  // 부모 컴포넌트를 나타내는 Context 참조를 얻는다.
}

// 프래그먼트가 처음 생성될 때 호출된다.
@Override
public void onCreate(Bundle savedInstanceState) {
  super.onCreate(savedInstanceState);
  // 프래그먼트를 초기화한다.
}

// 프래그먼트가 생성되면 자신의 사용자 인터페이스를 생성하기 위해 호출된다.
@Override
public View onCreateView(LayoutInflater inflater,
                         ViewGroup container,
                         Bundle savedInstanceState) {
  // 프래그먼트 UI를 생성 및 인플레이트한 후 반환한다.
  // 이 프래그먼트에 UI가 없으면 null을 반환한다.
  return inflater.inflate(R.layout.my_skeleton_fragment_layout,
                          container, false);
}

// 부모 액티비티와 프래그먼트의 UI가 생성되면 호출된다.
@Override
public void onActivityCreated(Bundle savedInstanceState) {
  super.onActivityCreated(savedInstanceState);

  // 프래그먼트를 초기화한다.
  // 특히 부모 액티비티의 초기화 또는 프래그먼트 뷰가 인플레이트되는데 필요한 작업을 수행한다.

}

// 가시 수명이 시작될 때 호출된다.
@Override
public void onStart() {
  super.onStart();

  // 프래그먼트가 보이게 되는 시점에 필요한 UI 변경을 처리한다.
}

// 활성 수명이 시작될 때 호출된다.
@Override
public void onResume() {
  super.onResume();
```

```
      // 프래그먼트에 필요하지만 프래그먼트가 비활성 상태가 되어 정지되었던
      // UI 업데이트, 스레드, 프로세스를 재개한다.
   }

   // 활성 수명이 끝날 때 호출된다.
   @Override
   public void onPause() {
      super.onPause();

      // 액티비티가 활성 포어그라운드 액티비티가 아닐 때 업데이트될 필요가 없는 UI, 스레드,
      // CPU 사용 프로세스를 중지한다.
      // 이번 호출 이후 프로세스가 종료될 수 있으므로 모든 변경 데이터나 상태 변화를 저장한다.
   }

   // 활성 수명 주기가 끝날 때 UI 상태 변화를 저장하기 위해 호출된다.
   @Override
   public void onSaveInstanceState(Bundle savedInstanceState) {
      super.onSaveInstanceState(savedInstanceState);

      // UI 상태 변화 데이터를 savedInstanceState에 저장한다.
      // Bundle 객체는 부모 액티비티가 종료되고 재시작되면 onCreateView 그리고 onActivityCreated에도 전달된다.
   }

   // 가시 수명이 끝날 때 호출된다.
   @Override
   public void onStop() {
      super.onStop();

      // 프래그먼트가 보이지 않을 때 필요하지 않은 UI 업데이트, 스레드, 프로세스의 나머지 실행을 중지한다.
   }

   // 프래그먼트의 뷰가 분리되면 호출된다.
   @Override
   public void onDestroyView() {
      super.onDestroyView();

      // 뷰 관련 리소스를 클린업한다.
   }

   // 전체 수명이 끝날 때 호출된다.
   @Override
   public void onDestroy() {
      super.onDestroy();

      // 종료 스레드를 비롯해 리소스를 모두 클린업하고 데이터베이스 연결 등을 닫는다.
   }

   // 프래그먼트가 부모 액티비티로부터 분리되면 호출된다.
   @Override
   public void onDetach() {
      super.onDetach();
```

```
        // 뷰 및 클래스 등의 부모 액티비티 관련 참조를 전부 클린업한다.
        // 대개는 null로 설정한다.
    }
}
```

프래그먼트 전용 수명 주기 이벤트들

프래그먼트의 수명 주기 이벤트들은 대부분 Activity 클래스의 해당 이벤트와 짝을 이룬다. 이 내용은 3장의 앞부분에서 다뤘다. 여기서는 프래그먼트에만 제공되는 이벤트와 그것이 부모 액티비티에 추가되는 방식에 대해 언급한다.

▪▪ 부모 콘텍스트에서 프래그먼트 연결하기와 분리하기

프래그먼트의 전체 수명은 부모 컨텍스트에 바인딩될 때부터 분리될 때까지다. 이 두 이벤트는 각각 onAttach와 onDetach의 호출로 표현된다.

onAttach 이벤트는 프래그먼트의 UI가 생성되기 전, 그리고 프래그먼트 자체 또는 그 부모의 초기화가 완료되기 전에 발생된다. 일반적으로 onAttach 이벤트는 향후의 초기화 작업을 대비하여 부모 컴포넌트의 컨텍스트 참조를 얻기 위해 사용된다.

onDetach 핸들러는 프래그먼트를 부모로부터 제거할 때와 프래그먼트가 포함된 컴포넌트가 소멸될 때 호출된다. 프래그먼트/액티비티가 일시 정지된 이후에 호출되는 여느 핸들러처럼 onDetach 또한 부모 컴포넌트의 프로세스가 전체 수명 주기를 완료하지 않은 채 중단된다면 호출되지 않는다.

▪▪ 프래그먼트 생성하기와 소멸시키기

프래그먼트의 수명은 onCreate가 처음 호출된 때부터 onDestroy가 마지막으로 호출될 때까지다. 액티비티의 프로세스가 중단될 때 프래그먼트의 onDestroy 메서드가 호출되지 않는 경우도 많다. 따라서 프래그먼트를 클린업하는 작업을 onDestroy에 의존하면 안 된다.

액티비티처럼 프래그먼트의 초기화는 onCreate 메서드에서 한다. 그리고 프래그먼트 클래스에서만 사용되는 객체들은 프래그먼트의 수명 동안에 한 번만 생성되도록 하는 것이 좋다.

프래그먼트 UI는 액티비티와 달리, onCreate에서 인플레이트되지 않는다는 것에 유의하자.

▪▪ UI 생성하기와 소멸시키기

프래그먼트의 UI는 onCreateView에서 초기화되고 onDestroyView에서 소멸된다.

프래그먼트를 초기화할 때는 onCreateView 메서드를 사용한다. 좀 더 구체적으로는 UI를 인플레이트하고 UI에 포함된 모든 뷰의 참조를 얻고 데이터를 지정한다.

그리고 끝으로 UI의 뷰 계층 구조를 나타내는 프래그먼트 레이아웃을 인플레이트하고 반환해야 한다.

```
return inflater.inflate(R.layout.my_skeleton_fragment_layout,
                        container, false);
```

만일 프래그먼트가 부모 액티비티의 UI와 상호 작용(예를 들어, UI에 포함된 뷰들을 프래그먼트에서 참조 및 사용)하는 것이 있다면 onActivityCreated에서 처리한다. 해당 프래그먼트를 포함하는 액티비티가 초기화 및 자신의 UI 생성을 완료했을 때 onActivityCreated가 호출되기 때문이다.

프래그먼트의 상태들

프래그먼트는 자신이 속한 컴포넌트와 불가분한 관계로 결합되어 있다. 따라서 프래그먼트의 상태 전환은 해당 액티비티의 상태 전환과 밀접하게 관련돼 있다.

프래그먼트는 액티비티처럼 포어그라운드에서 포커스를 받고 있는 액티비티에 속할 때 '활성' 상태가 된다. 액티비티가 (일시) 정지되면 자신에게 포함된 프래그먼트 또한 (일시) 정지되며, 비활성 액티비티에 포함된 프래그먼트도 비활성 상태가 된다. 액티비티가 최종적으로 소멸할 때 자신에 포함된 각 프래그먼트도 소멸된다.

안드로이드의 메모리 매니저가 규칙적으로 애플리케이션을 닫아 리소스를 확보할 때 해당 액티비티 안의 프래그먼트들도 같이 소멸된다.

액티비티와 프래그먼트는 강하게 결합되어 있지만 프래그먼트를 사용하면 장점이 있다. 즉 액티비티에 동적으로 프래그먼트를 추가 또는 삭제하여 유연하게 액티비티 UI를 구성할 수 있다는 것이다. 따라서 각 프래그먼트는 자신의 수명 주기(전체, 가시, 활성)를 부모 액티비티의 활성 수명 동안 여러 번 거칠 수 있다.

프래그먼트가 수명 주기 동안 어떤 상태 전환이 생기더라도 매끄러운 사용자 경험을 보장하기 위해 그것을 관리하는 것은 중요하다. 프래그먼트가 분리, 일시 정지, 정지, 비활성 중 어떤 상태로부터 활성 상태로 전환되더라도 특별한 차이점은 없다. 따라서 일시 정지나 정지 상태가 될 때 모든 UI 상태 데이터를 보존하고(예를 들어, Bundle 객체에) 그 밖의 데이터를 저장(예를 들어, 데이터베이스에)하는 것이 중요하다. 그리고 액티비티처럼, 프래그먼트가 다시 활성 상태가 되면 보존된 상태 데이터를 복구해야 한다.

3.6.3 프래그먼트 매니저 소개

액티비티는 자신이 포함하는 프래그먼트를 관리하기 위해 프래그먼트 매니저를 갖는다. 여기서는 지원 라이브러리를 사용하고 있으므로 getSupportFragmentManager 메서드를 사용해서 프래그먼트 매니저의 참조를 얻는다.

```
FragmentManager fragmentManager = getSupportFragmentManager();
```

액티비티에 추가된 프래그먼트에 접근하고, 프래그먼트의 추가, 제거, 교체를 하기 위해 프래그먼트 트랜잭션(Fragment Transaction)을 수행하는 데 사용되는 메서드들을 프래그먼트 매니저가 제공한다.

3.6.4 액티비티에 프래그먼트 추가하기

액티비티에 프래그먼트를 추가할 때는 fragment 태그를 사용해 액티비티의 레이아웃 안에 프래그먼트를 포함하는 방법을 사용한다. 코드 3-8은 이를 나타낸 것이다.

코드 3-8   XML 레이아웃을 사용해 액티비티에 프래그먼트 추가하기

```xml
<?xml version="1.0" encoding="utf-8"?>
<LinearLayout xmlns:android="http://schemas.android.com/apk/res/android"
  android:orientation="horizontal"
  android:layout_width="match_parent"
  android:layout_height="match_parent">
  <fragment android:name="com.professionalandroid.apps.MyListFragment"
    android:id="@+id/my_list_fragment"
    android:layout_width="wrap_content"
    android:layout_height="match_parent"
    android:layout_weight="1"
  />
  <fragment android:name="com.professionalandroid.apps.DetailFragment"
    android:id="@+id/details_fragment"
    android:layout_width="wrap_content"
    android:layout_height="match_parent"
    android:layout_weight="3"
  />
</LinearLayout>
```

일단 프래그먼트가 인플레이트되면 뷰 계층 구조의 뷰 그룹이 되며, 액티비티 내부에서 UI가 배치 및 관리된다.

다양한 화면 크기에 맞는 여러 가지 정적인 레이아웃을 정의하기 위해 프래그먼트를 사용할 때는 이 방법이 좋다. 그러나 런타임 시에 프래그먼트를 추가, 제거, 교체하여 레이아웃을 동적으로 변경하고자 할 때는 프래그먼트가 들어갈 컨테이너 뷰를 포함하는 레이아웃을 생성하는 것이 더 좋은 방법이다.

코드 3-9는 이 방법을 지원하기 위해 사용할 수 있는 조각 코드다.

코드 3-9 컨테이너 뷰를 사용해 프래그먼트 레이아웃 지정하기

```xml
<?xml version="1.0" encoding="utf-8"?>
<LinearLayout xmlns:android="http://schemas.android.com/apk/res/android"
  android:orientation="horizontal"
  android:layout_width="match_parent"
  android:layout_height="match_parent">
  <FrameLayout
    android:id="@+id/list_container"
    android:layout_width="wrap_content"
    android:layout_height="match_parent"
    android:layout_weight="1"
  />
  <FrameLayout
    android:id="@+id/details_container"
    android:layout_width="wrap_content"
    android:layout_height="match_parent"
    android:layout_weight="3"
  />
</LinearLayout>
```

다음은 액티비티 내부에서 프래그먼트를 생성하고 부모 컨테이너에 추가해야 한다. 이때 바로 다음에 설명할 프래그먼트 트랜잭션을 사용한다.

프래그먼트 트랜잭션 사용하기

프래그먼트 트랜잭션은 런타임 시에 액티비티 안에서 프래그먼트를 추가, 제거, 교체할 때 사용된 다. 프래그먼트 트랜잭션을 사용하면 동적인 레이아웃을 만들 수 있다. 동적인 레이아웃은 사용자와의 상호 작용과 애플리케이션 상태에 적응해 변경된다.

각 프래그먼트 트랜잭션은 프래그먼트의 추가, 제거, 교체 등의 액션을 어떤 형태로든 조합하여 포함할 수 있다. 또한 변경된 프래그먼트를 화면에 보여줄 수 있고, 트랜잭션을 백 스택에 추가할 수도 있다.

새 프래그먼트 트랜잭션을 생성할 때는 프래그먼트 매니저의 beginTransaction 메서드를 호출한다. 그 다음에 add, remove, replace 메서드를 사용해서 원하는 대로 레이아웃을 변경한 후 프래그먼트를 화면에 보여주거나 백 스택에 추가한다. 그리고 마지막으로 commit을 호출해 트랜잭션이 비동기적으로 실행되도록 UI 큐에 추가하거나, 또는 commitNow를 호출해 트랜잭션이 실행되어 완료될 때까지 다른 작업에 의해 방해받지 않게 한다.

```
FragmentTransaction fragmentTransaction = fragmentManager.beginTransaction();

// 프래그먼트를 추가하거나 제거, 교체한다.
// 프래그먼트를 화면에 보여준다.
// 필요시 백 스택에 추가한다.
fragmentTransaction.commitNow();
```

commitNow가 많이 사용되지만 commitNow는 현재 트랜잭션이 백 스택에 추가되어 있지 않을 때만 사용할 수 있다. 각 트랜잭션 타입 및 관련 옵션과 함께 이 내용은 이어지는 절들에서 자세히 알아본다.

프래그먼트 추가, 제거, 교체하기

새 UI 프래그먼트를 추가하려면 우선 프래그먼트부터 새로 만들고 이 프래그먼트가 놓이게 될 컨테이너 뷰와 함께 프래그먼트 트랜잭션의 add 메서드에 전달해야 한다. 그리고 선택적이지만 다음과 같이 태그를 지정하면 나중에 findFragmentByTag 메서드를 호출하여 프래그먼트를 찾는 데 사용할 수 있다.

```
final static String MY_FRAGMENT_TAG = "detail_fragment";
```

태그가 정의되면 add 메서드를 다음처럼 사용할 수 있다.

```
FragmentTransaction fragmentTransaction = fragmentManager.beginTransaction();
fragmentTransaction.add(R.id.details_container, new DetailFragment(),
                        MY_FRAGMENT_TAG);
fragmentTransaction.commitNow();
```

프래그먼트를 제거할 때는 그 참조부터 찾아야 한다. 이때 프래그먼트 매니저의 findFragmentById 메서드나 findFragmentByTag 메서드를 사용한다. 그 다음에 찾은 프래그먼트 인스턴스를 프래그먼트 트랜잭션의 remove 메서드 매개변수로 전달한다.

```
FragmentTransaction fragmentTransaction = fragmentManager.beginTransaction();
Fragment fragment = fragmentManager.findFragmentByTag(MY_FRAGMENT_TAG);
fragmentTransaction.remove(fragment);
fragmentTransaction.commitNow();
```

한 프래그먼트를 다른 것으로 교체할 수도 있다. 이때는 replace 메서드를 사용하며, 교체될 프래그먼트가 포함된 컨테이너 ID와 교체되는 새 프래그먼트, 새로 삽입되는 프래그먼트를 식별하는 태그(만일 있다면)를 replace 메서드의 인자로 전달한다.

```
FragmentTransaction fragmentTransaction = fragmentManager.beginTransaction();
fragmentTransaction.replace(R.id.details_container,
                            new DetailFragment(selected_index),
                            MY_FRAGMENT_TAG);
fragmentTransaction.commitNow();
```

프래그먼트와 구성 변경

안드로이드 기기의 구성이 변경될 때 변함없는 UI 상태를 유지하기 위해서는 화면의 방향 변경이나 예기치 않은 액티비티 중단으로 인해 액티비티 인스턴스가 다시 생성될 때 UI에 추가된 모든 프래그먼트가 자동으로 복구돼야 한다.

이는 onCreate에서 액티비티 레이아웃에 프래그먼트를 추가하는 경우에 특히 중요하다.

이때는 같은 프래그먼트 인스턴스가 여러 개 추가되지 않도록 해당 프래그먼트가 이미 추가되었는지 반드시 확인해야 한다.

이 과정을 처리하는 방법은 두 가지가 있다. 하나는 프래그먼트를 추가하기 전에 확인하는 방법이고, 다른 하나는 savedInstanceState가 null인지 검사하여 액티비티가 다시 시작된 것인지 확인하는 방법이다.

```
protected void onCreate(Bundle savedInstanceState)
  super.onCreate(savedInstanceState);
  setContentView(R.layout.activity_main);

  if (savedInstanceState == null)
    // 프래그먼트를 생성하고 추가한다.
  } else {
    // 이미 복구된 프래그먼트 참조를 얻는다.
  }
}
```

프래그먼트 매니저를 사용해 프래그먼트 찾기

액티비티 안에서 프래그먼트를 찾을 때는 프래그먼트 매니저의 findFragmentById 메서드를 사용한다. 만일 액티비티 레이아웃 XML에 정적으로 프래그먼트를 추가했다면, 다음처럼 해당 프래그먼트의 리소스 식별자(id)를 사용할 수 있다.

```
MyFragment myFragment =
    (MyFragment)fragmentManager.findFragmentById(R.id.MyFragment);
```

그렇지 않고 프래그먼트 트랜잭션을 사용해 동적으로 프래그먼트를 추가했다면, 찾으려는 프래그먼트가 추가된 컨테이너 뷰의 리소스 식별자를 지정하면 된다.

```
DetailFragment detailFragment =
    (DetailFragment)fragmentManager.findFragmentById(R.id.details_container);
```

다른 방법도 있다. 프래그먼트 트랜잭션에 지정한 태그를 사용해서 findFragmentByTag 메서드를 호출하여 프래그먼트를 찾는 방법이다.

```
DetailFragment detailFragment =
    (DetailFragment)fragmentManager.findFragmentByTag(MY_FRAGMENT_TAG);
```

이번 장 더 뒤에서는 UI를 포함하지 않는 프래그먼트를 소개한다. findFragmentByTag 메서드는 이런 프래그먼트와 상호 작용하는 데 있어 반드시 필요하다. UI가 없는 프래그먼트는 액티비티의 뷰 계층 구조에 속하지 않으므로 findFragmentById 메서드에 전달되어야 하는 프래그먼트 리소스 식별자나 컨테이너 리소스 식별자가 없기 때문이다.

동적 액티비티 레이아웃에 프래그먼트 넣기

프래그먼트의 구성과 레이아웃을 런타임 시에 동적으로 변경하려면 XML 레이아웃에 부모 컨테이너만을 정의하고 프래그먼트 트랜잭션을 사용해 해당 컨테이너에 프래그먼트를 넣는 것이 좋다. 이렇게 하면 화면 방향의 회전과 같은 기기의 구성 변경으로 인해 UI가 다시 생성될 때 일관성을 보장할 수 있다.

코드 3-10은 런타임 시에 액티비티 레이아웃에 프래그먼트를 넣는 데 사용되는 기본 코드다. 여기서는 프래그먼트를 새로 생성하고 추가하기 전에 해당 프래그먼트가 이미 존재하는지 검사한다.

```java
public void onCreate(Bundle savedInstanceState)
  super.onCreate(savedInstanceState);

  // 프래그먼트 컨테이너를 포함하는 레이아웃을 인플레이트한다.
  setContentView(R.layout.fragment_container_layout);

  FragmentManager fragmentManager = getSupportFragmentManager();
  // 프래그먼트 컨테이너에 프래그먼트 인스턴스가 들어 있는지 확인한다.
  // 만일 없다면 레이아웃을 생성하고 넣는다.
  DetailFragment detailsFragment =
    (DetailFragment) fragmentManager.findFragmentById(R.id.details_container);

  if (detailsFragment == null)
    FragmentTransaction ft = fragmentManager.beginTransaction();
    ft.add(R.id.details_container, new DetailFragment());
    ft.add(R.id.list_container, new MyListFragment());
    ft.commitNow();
  }
}
```

안드로이드는 일관된 사용자 경험을 보장하기 위해 기기의 구성 변경으로 인해 액티비티가 다시 시작될 때 프래그먼트 레이아웃 및 이와 연관된 백 스택을 자동 저장한다.

같은 이유로 런타임 시의 기기 구성 변경에 사용될 대체 레이아웃을 생성할 때 프래그먼트 트랜잭션에 연루되는 모든 뷰 컨테이너를 모든 변경 레이아웃에 포함하는 것이 좋다. 이렇게 하지 않으면 프래그먼트 매니저가 새로운 레이아웃에 없는 컨테이너에 프래그먼트를 복구하려고 하기 때문이다.

해당 기기 화면 방향의 레이아웃에 있는 프래그먼트 컨테이너를 제거할 때는 코드 3-11처럼 레이아웃에 정의된 visibility 속성을 gone으로 지정하면 된다.

코드 3-11　레이아웃에 있는 프래그먼트 감추기

```xml
<?xml version="1.0" encoding="utf-8"?>
<LinearLayout xmlns:android="http://schemas.android.com/apk/res/android"
  android:orientation="horizontal"
  android:layout_width="match_parent"
  android:layout_height="match_parent">
  <FrameLayout
    android:id="@+id/list_container"
    android:layout_width="wrap_content"
    android:layout_height="match_parent"
    android:layout_weight="1"
  />
```

```
<FrameLayout
    android:id="@+id/details_container"
    android:layout_width="wrap_content"
    android:layout_height="match_parent"
    android:layout_weight="3"
    android:visibility="gone"
  />
</LinearLayout>
```

프래그먼트와 백 스택

이번 장 앞에서는 액티비티 스택의 개념을 알아보았다. 액티비티 스택은 화면에 더 이상 보이지 않는 액티비티들이 논리적으로 겹겹이 포개진 것이며, 사용자가 뒤로 가기 버튼을 눌러 이전 화면으로 되돌아갈 수 있게 해준다.

프래그먼트를 사용하면 UI의 중요한 변화를 나타내기 위해 변경될 수 있는 동적인 액티비티 레이아웃을 생성할 수 있다. 경우에 따라 이런 변경은 새로운 화면이 될 수도 있다. 사용자는 이전 레이아웃으로 돌아가기 위해 뒤로 가기 버튼을 누르려고 할 것이다. 따라서 이전에 실행된 프래그먼트 트랜잭션을 거슬러서 실행해야 한다.

안드로이드는 이를 위해 편리한 방법을 제공한다. 프래그먼트 트랜잭션을 백 스택에 추가하려면 프래그먼트 트랜잭션에서 commit을 호출하기 전에 addToBackStack을 호출해야 한다. 그러나 이처럼 백 스택에 추가된 프래그먼트 트랜잭션에는 commitNow를 사용할 수 없다는 것에 유의하자.

다음 코드의 프래그먼트 트랜잭션에서는 리스트 뷰(예를 들어, 상품 목록을 보여줌) 또는 디테일 뷰(상품 목록의 각 상품에 관한 상세 정보를 보여줌) 중 하나를 같은 레이아웃에 보여준다. 여기서는 리스트 뷰를 보여주는 프래그먼트를 제거하고 디테일 뷰를 보여주는 프래그먼트를 레이아웃에 추가한다. (이 경우 상품 목록에서 특정 상품을 선택하면 해당 상품의 상세 정보를 보여줄 수 있다.) 그리고 이 트랜잭션들을 백 스택에 추가한다.

```
FragmentTransaction fragmentTransaction = fragmentManager.beginTransaction();

// 리스트 프래그먼트를 찾아 제거한다.
Fragment fragment = fragmentManager.findFragmentById(R.id.ui_container);
fragmentTransaction.remove(fragment);

// 디테일 프래그먼트를 생성하고 추가한다.
fragmentTransaction.add(R.id.ui_container, new DetailFragment());
```

```
// 프래그먼트 트랜잭션을 백 스택에 추가하고 commit 한다.
fragmentTransaction.addToBackStack(BACKSTACK_TAG);
fragmentTransaction.commit();
```

기기의 뒤로 가기 버튼을 누르면 이전 프래그먼트 트랜잭션이 백 스택에서 꺼내어지고 이전 레이아웃의 UI가 화면에 나타난다.

여기서는 이전 프래그먼트 트랜잭션이 commit될 때 리스트 프래그먼트가 소멸되는 것이 아니라 정지 및 분리 상태가 되어 백 스택으로 이동된다. 따라서 트랜잭션이 역으로 실행되면 디테일 프래그먼트는 소멸되고 리스트 프래그먼트가 다시 시작되어 액티비티에 결합된다.

프래그먼트 트랜잭션 실행에 따른 화면 전환을 애니메이션하기

기본 전환 애니메이션을 적용하려면 프래그먼트 트랜잭션의 setTransition 메서드를 사용해야 한다. 이때 다음처럼 FragmentTransaction.TRANSIT_FRAGMENT_* 상수 중 하나를 전달한다.

```
fragmentTransaction.setTransition(FragmentTransaction.TRANSIT_FRAGMENT_OPEN);
```

다음과 같이 setCustomAnimations 메서드를 사용하면 프래그먼트 트랜잭션에 커스텀 애니메이션을 적용할 수도 있다. 단, 이 메서드는 프래그먼트 트랜잭션의 add나 remove 메서드보다 먼저 호출해야 한다.

setCustomAnimations 메서드는 두 개의 객체 애니메이터(Object Animator) XML 리소스를 인자로 받는다. 하나는 레이아웃에 추가되는 프래그먼트에 관한 것이고, 다른 하나는 제거되는 프래그먼트에 관한 것이다.

```
fragmentTransaction.setCustomAnimations(android.R.anim.fade_in,
                                        android.R.anim.fade_out);
```

이는 레이아웃에서 프래그먼트를 교체하면서 동적으로 매끄러운 전환을 추가할 때 특히 유용한 방법이다. 커스텀 애니메이터와 애니메이션 리소스의 생성에 관한 내용은 14장 '사용자 인터페이스의 고급 구성'에서 자세히 다룬다.

3.6.5 프래그먼트와 액티비티 간 소통하기

프래그먼트에서 자신을 호스팅하는 액티비티와 이벤트(예를 들어, UI 선택)를 공유해야 할 때는 호스팅 액티비티가 반드시 구현해야 하는 콜백 인터페이스를 프래그먼트에 생성하는 것이 좋다.

코드 3-12는 public 이벤트 리스너 인터페이스를 정의하는 Fragment 클래스의 코드다. onAttach 핸들러는 호스팅 액티비티의 참조를 얻기 위해 오버라이딩되었으며, 이때 필요한 인터페이스를 구현한다. onDetach 핸들러는 참조를 null로 설정한다. 그리고 onButtonPressed 메서드는 부모 액티비티의 인터페이스 메서드를 호출하는 플레이스 홀더로 사용된다.

코드 3-12 프래그먼트 이벤트 콜백 인터페이스 정의하기

```java
public class MySkeletonFragment extends Fragment {

  public interface OnFragmentInteractionListener {
    // 'TODO' 인자 타입과 이름을 업데이트한다.
    void onFragmentInteraction(Uri uri);
  }

  private OnFragmentInteractionListener mListener;

  public MySkeletonFragment() {}

  @Override
  public View onCreateView(LayoutInflater inflater, ViewGroup container,
                           Bundle savedInstanceState) {
    // 이 프래그먼트의 레이아웃을 인플레이트한다.
    return inflater.inflate(R.layout.my_skeleton_fragment_layout,
                            container, false);
  }

  @Override
  public void onAttach(Context context) {
    super.onAttach(context);
    if (context instanceof OnFragmentInteractionListener) {
      mListener = (OnFragmentInteractionListener) context;
    } else {
      throw new RuntimeException(context.toString()
                  + " must implement OnFragmentInteractionListener");
    }
  }
  @Override
  public void onDetach() {
    super.onDetach();
    mListener = null;
  }
```

```
public void onButtonPressed(Uri uri) {
  if (mListener != null) {
    mListener.onFragmentInteraction(uri);
  }
}
}
```

또한 프래그먼트는 자신이 포함된 컴포넌트의 컨텍스트 참조를 반환하기 위해 getContext 메서드를 사용할 수 있다.

호스트 액티비티의 프래그먼트 매니저를 사용하면 프래그먼트 상호 간의 직접 소통이 가능하다. 그러나 액티비티를 중개자로 사용하는 것이 더 좋다. 이렇게 하면 프래그먼트들이 최대한 독립적으로 느슨하게 결합될 수 있기 때문이다. 이 경우 한 프래그먼트의 이벤트가 UI 전체에 어떻게 영향을 주는지 결정하는 책임은 호스트 액티비티에게 있다.

3.6.6 UI가 없는 프래그먼트

대부분의 경우에 프래그먼트는 모듈화된 UI 컴포넌트를 캡슐화하기 위해 사용된다. 그러나 기기의 구성 변경으로 인해 액티비티가 다시 시작될 때 지속적으로 실행되는 백그라운드 작업을 처리하기 위해 UI가 없는 프래그먼트를 생성할 수도 있다.

프래그먼트의 부모 액티비티가 다시 생성될 때 활성 프래그먼트가 자신의 현재 인스턴스를 유지하도록 setRetainInstance 메서드를 사용할 수 있다. 이 메서드가 호출된 후에는 프래그먼트의 수명 주기가 변경된다.

따라서 부모 액티비티와 함께 소멸 및 재생성되지 않고 액티비티가 다시 시작되더라도 동일한 프래그먼트 인스턴스가 유지된다. 그리고 부모 액티비티가 소멸될 때는 onDetach 이벤트를 받으며, 그 다음에 새로운 부모 액티비티의 인스턴스가 생성될 때 onAttach, onCreateView, onActivityCreated 이벤트를 받는다.

다음은 UI가 없는 프래그먼트의 조각 코드다.

```
public class WorkerFragment extends Fragment {

  public final static String MY_FRAGMENT_TAG = "my_fragment";

  @Override
  public void onAttach(Context context) {
    super.onAttach(context);
```

```
    // 타입에 안전한 부모 컨텍스트의 참조를 얻는다.
  }

  @Override
  public void onCreate(Bundle savedInstanceState) {
    super.onCreate(savedInstanceState);

    // 스레드와 태스크를 생성한다.
  }
  @Override
  public void onActivityCreated(Bundle savedInstanceState) {
    super.onActivityCreated(savedInstanceState);

    // 작업 스레드와 태스크를 초기화한다.
  }
}
```

이 프래그먼트를 액티비티에 추가하려면 식별에 사용할 태그를 지정하는 새 프래그먼트 트랜
잭션을 생성해야 한다. 이 프래그먼트에는 UI가 없으므로 컨테이너 뷰와 연동돼서는 안 되며,
백 스택에 추가돼서도 안 된다.

```
FragmentTransaction fragmentTransaction = fragmentManager.beginTransaction();

fragmentTransaction.add(new WorkerFragment(), WorkerFragment.MY_FRAGMENT_TAG);

fragmentTransaction.commitNow();
```

나중에 해당 프래그먼트의 참조를 얻으려면 프래그먼트 매니저의 findFragmentByTag를 사용
한다.

```
WorkerFragment workerFragment
  = (WorkerFragment)fragmentManager
      .findFragmentByTag(WorkerFragment.MY_FRAGMENT_TAG);
```

3.7 지진 정보 조회 애플리케이션 만들기

이제 미국 지질 조사국의 지진 데이터 피드를 사용해 최근 발생한 지진들의 리스트를 (더 나아
가 지도까지) 화면에 보여주는 앱을 만들 것이다.

우선 액티비티와 레이아웃, 프래그먼트를 사용해 이 애플리케이션의 액티비티 UI부터 만든다.

그리고 이어지는 여러 장에서 지진 애플리케이션에 더 많은 기능을 추가할 것이다.

그림 3-5는 이 애플리케이션의 기본 아키텍처를 나타내며, 각 단계에 따라 아키텍처를 구성한다.

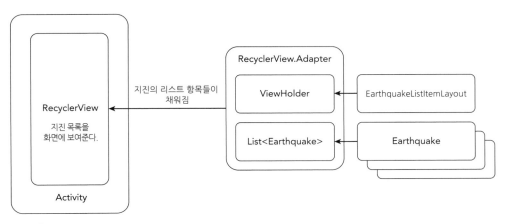

◑ 그림 3-5

> **참고**
>
> 코드를 알아보기 쉽게 여기서는 import 문을 생략한다. 안드로이드 스튜디오 메뉴의 File ➡ Settings
> 에서 [Editor ➡ General ➡ Auto Import]를 선택하면 그림 3-6과 같은 대화상자가 나타난다. 여기서
> [Add unambiguous imports on the fly(import 즉시 자동 추가)] 옵션을 켜면, 입력 중인 코드에
> 사용되는 클래스의 import 문이 자동으로 추가된다. 이 방법 외에 에러가 표시된 클래스 이름에서
> Alt + Enter 를 눌러도 해당 클래스의 import 문이 자동으로 추가된다.

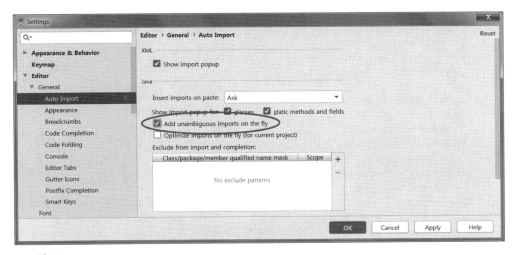

◑ 그림 3-6

1. 우선 새 프로젝트부터 만든다. 첫 번째 대화상자에서 프로젝트 유형은 Phone and Tablet의 Empty Activity를 선택한다. 두 번째 대화상자에서 프로젝트 이름은 Earthquake로 하며, 패키지 이름은 com.professionalandroid.apps.earthquake로 입력한다. 사용 언어는 Java로 선택하고 Minimum API Level은 API 16: Android 4.1 (Jelly Bean)으로 선택한다. 기본으로 선택된 'Use androidx.* artifacts'의 체크를 해제하자(androidx의 자세한 내용은 '2.2.5 androidx와 지원 라이브러리' 참고). [Finish] 버튼을 누르면 프로젝트가 생성된다. 그 다음에 자동으로 생성된 액티비티인 MainActivity의 이름을 EarthquakeMainActivity로 변경하자(프로젝트 도구 창의 app/java 밑의 com.professionalandroid.apps.earthquake 패키지에 있는 MainActivity에서 오른쪽 마우스 버튼을 누르고 Refactor ➡ Rename…을 선택한 후 파일 이름에 EarthquakeMainActivity를 입력하고 [Refactor] 버튼을 누른다. 만일 아래쪽에 MainActivity를 사용하는 곳을 보여주고 확인받는 Refactoring Preview 창이 열리면 [Do Refactor] 버튼을 누른다).

2. 새 public 클래스인 Earthquake를 생성한다(안드로이드 스튜디오 프로젝트 도구 창의 app/java 밑의 com.professionalandroid.apps.earthquake 패키지에서 오른쪽 마우스 버튼을 누르고 File ➡ New ➡ Java Class를 선택한 후 파일 이름에 Earthquake를 입력). 이 클래스는 지진의 세부 정보(id, 날짜, 내역, 위치, 진도, 링크)를 저장하는 데 사용된다. 지진 리스트에 각 지진 내역을 보여주고 사용될 문자열을 제공하기 위해 toString 메서드를 오버라이드한다.

```java
package com.professionalandroid.apps.earthquake;

import java.util.Date;
import java.text.SimpleDateFormat;
import java.util.Locale;

import android.location.Location;

public class Earthquake {
  private String mId;
  private Date mDate;
  private String mDetails;
  private Location mLocation;
  private double mMagnitude;
  private String mLink;

  public String getId() { return mId; }
  public Date getDate() { return mDate; }
  public String getDetails() { return mDetails; }
```

```java
public Location getLocation() { return mLocation; }
public double getMagnitude() { return mMagnitude; }
public String getLink() { return mLink; }

public Earthquake(String id, Date date, String details,
                  Location location,
                  double magnitude, String link) {
  mId = id;
  mDate = date;
  mDetails = details;
  mLocation = location;
  mMagnitude = magnitude;
  mLink = link;
}
@Override
public String toString() {
  SimpleDateFormat sdf = new SimpleDateFormat("HH.mm", Locale.US);
  String dateString = sdf.format(mDate);
  return dateString + ": " + mMagnitude + " " + mDetails;
}
@Override
  public boolean equals(Object obj) {
    if (obj instanceof Earthquake)
      return (((Earthquake)obj).getId().contentEquals(mId));
    else
      return false;
  }
}
```

3. 여백 등의 크기 값을 저장하는 새 dimens.xml XML 리소스 파일을 res/values 폴더에 생성한다(안드로이드 스튜디오 프로젝트 도구 창의 res/values에서 오른쪽 마우스 버튼을 누르고 New ➡ XML ➡ Values XML File을 선택한 후 파일 이름에 dimens 입력). 그리고 화면 여백을 나타내는 새 크기 값을 안드로이드 디자인 가이드라인에 따라 16dp로 지정한다.

```xml
<?xml version="1.0" encoding="utf-8"?>
<resources>
  <!-- Default screen margins, per the Android Design guidelines. -->
  <dimen name="activity_horizontal_margin">16dp</dimen>
  <dimen name="activity_vertical_margin">16dp</dimen>
  <dimen name="text_margin">16dp</dimen>
</resources>
```

4. 이제 새 list_item_earthquake.xml 레이아웃 리소스를 res/layout 폴더에 생성한다(안드로이드 스튜디오 프로젝트 도구 창의 res/layout에서 오른쪽 마우스 버튼을 누르고 New ➡

XML ➡ Layout XML File을 선택한 후 파일 이름에 list_item_earthquake를 입력하고 루트 태그에는 FrameLayout을 입력). 편집기 창에 열린 list_item_earthquake.xml의 제일 아래쪽에 있는 Text 탭을 클릭하여 XML 모드로 전환한다. 그리고 다음의 코드로 모두 교체한다. 이것은 리스트의 항목으로 각 지진을 보여주는 데 사용된다. 그리고 일단 지금은 3번에서 지정한 여백을 사용하여 한 줄의 텍스트로 보여주되, 안드로이드 프레임워크의 리스트 항목 텍스트 형태로 된 단순 TextView를 사용한다. 5장에서는 이 레이아웃을 더 풍부하고 더 복잡한 것으로 만들 것이다.

```xml
<?xml version="1.0" encoding="utf-8"?>
<FrameLayout xmlns:android="http://schemas.android.com/apk/res/android"
  android:layout_width="match_parent"
  android:layout_height="wrap_content">
  <TextView
    android:id="@+id/list_item_earthquake_details"
    android:layout_width="match_parent"
    android:layout_height="wrap_content"
    android:layout_margin="@dimen/text_margin"
    android:textAppearance="?attr/textAppearanceListItem"/>
</FrameLayout>
```

5. Fragment의 서브 클래스면서 지진 배열을 저장하는 EarthquakeListFragment 클래스를 생성한다(안드로이드 스튜디오 프로젝트 도구 창의 app/java 밑의 com.professionalandroid.apps.earthquake 패키지에서 오른쪽 마우스 버튼을 누르고 File ➡ New ➡ Java Class를 선택한 후 파일 이름에 EarthquakeListFragment를 입력). 그리고 다음 코드와 같이 변경한다.

```java
package com.professionalandroid.apps.earthquake;
...

public class EarthquakeListFragment extends Fragment {

  private ArrayList<Earthquake> mEarthquakes =
    new ArrayList<Earthquake>();

  public EarthquakeListFragment() {
  }

  @Override
  public void onCreate(Bundle savedInstanceState) {
    super.onCreate(savedInstanceState);
  }
}
```

6. 지진 리스트는 5번에서 생성한 프래그먼트에서 RecyclerView를 사용해 화면에 보여줄 것이다. RecyclerView는 시각적 컴포넌트로서 스크롤이 가능한 리스트를 보여준다. RecyclerView의 자세한 내용은 5장에서 알아본다. RecyclerView 라이브러리와 Fragment 라이브러리를 app 모듈 build.gradle 파일에 추가한다(안드로이드 스튜디오 프로젝트 도구 창에서 Gradle Scripts 밑에 있는 build.gradle(Module: app) 파일을 더블 클릭하여 편집기 창에 연 후 아래의 진한 글씨 코드 추가).

```
dependencies {
    [... 기존에 지정된 다른 의존성 요소 ...]
    implementation 'com.android.support:recyclerview-v7:28.0.0'
    implementation 'com.android.support:support-v4:28.0.0'
}
```

build.gradle 파일이 변경되면 'Gradle files have changed since last project sync. A project sync may be necessary for the IDE to work properly'라는 메시지가 안드로이드 스튜디오 메인 창 위에 나타날 것이다. 이 메시지의 오른쪽에 있는 [Sync Now]를 클릭하여 RecyclerView 라이브러리와 Fragment 라이브러리가 프로젝트에 추가되도록 한다.

7. 이제 새 fragment_earthquake_list.xml 레이아웃 파일을 res/layout 폴더에 생성한다(안드로이드 스튜디오 프로젝트 도구 창의 res/layout에서 오른쪽 마우스 버튼을 누르고 New ➡ XML ➡ Layout XML File을 선택한 후 파일 이름에 fragment_earthquake_list를 입력). 편집기 창에 열린 fragment_earthquake_list.xml의 제일 아래쪽에 있는 Text 탭을 클릭하여 XML 모드로 전환한다. 그리고 다음의 코드로 모두 교체한다. 이 레이아웃 파일은 5번에서 생성한 프래그먼트 클래스의 레이아웃을 정의하며, 하나의 RecyclerView 요소만 포함한다.

```xml
<?xml version="1.0" encoding="utf-8"?>
<android.support.v7.widget.RecyclerView
    xmlns:android="http://schemas.android.com/apk/res/android"
    xmlns:app="http://schemas.android.com/apk/res-auto"
    android:id="@+id/list"
    android:layout_width="match_parent"
    android:layout_height="match_parent"
    android:layout_marginLeft="16dp"
    android:layout_marginRight="16dp"
    app:layoutManager="LinearLayoutManager"
/>
```

8. 5번에서 생성한 EarthquakeListFragment 클래스에 onCreateView 메서드를 추가한다. 이 메서드에서는 7번의 레이아웃을 인플레이트한다.

```
@Override
public View onCreateView(LayoutInflater inflater, ViewGroup container,
                         Bundle savedInstanceState) {

    View view = inflater.inflate(R.layout.fragment_earthquake_list,
                                 container, false);

    return view;
}
```

9. 다음은 프로젝트를 생성할 때 자동으로 생성된 activity_main.xml의 이름을 activity_earthquake_main.xml로 변경하고 아래의 코드로 모두 교체한다(프로젝트 도구 창의 res/layout 밑에 있는 activity_main.xml에서 오른쪽 마우스 버튼을 누르고 Refactor ➡ Rename… 을 선택한 후 파일 이름에 activity_earthquake_main을 입력하고 [Refactor] 버튼을 누른다. 만일 아래쪽에 activity_main을 사용하는 곳을 보여주고 확인받는 Refactoring Preview 창이 열리면 [Do Refactor] 버튼을 누른다). 이 레이아웃은 5번에서 생성한 프래그먼트의 컨테이너로 사용된다. 그리고 액티비티 코드에서 참조할 수 있도록 ID를 지정한다.

```
<?xml version="1.0" encoding="utf-8"?>
<FrameLayout xmlns:android="http://schemas.android.com/apk/res/android"
  android:layout_width="match_parent"
  android:layout_height="match_parent"
  android:id="@+id/main_activity_frame">
</FrameLayout>
```

10. 안드로이드 스튜디오 편집기 창에 자동으로 열린 Earthquake의 메인 액티비티 (EarthquakeMainActivity.java)에 있는 onCreate 메서드를 다음과 같이 변경한다. 즉, 프래그먼트 매니저를 사용하여 5번의 EarthquakeListFragment를 9번의 FrameLayout에 추가한다. 만일 기기의 구성 변경으로 인해 액티비티가 다시 생성되면 프래그먼트 매니저를 사용해 추가한 모든 프래그먼트가 자동으로 다시 추가될 것이다. 따라서 기기 구성 변경으로 인한 재시작이 아닐 때만 새 프래그먼트를 추가하며, 그렇지 않으면 태그를 사용해서 프래그먼트를 찾을 수 있다.

```
private static final String TAG_LIST_FRAGMENT = "TAG_LIST_FRAGMENT";
```

```
EarthquakeListFragment mEarthquakeListFragment;

@Override
protected void onCreate(Bundle savedInstanceState) {
  super.onCreate(savedInstanceState);
  setContentView(R.layout.activity_earthquake_main);

  FragmentManager fm = getSupportFragmentManager();

  // 구성 변경이 생긴 후에 안드로이드는 이전에 추가된 프래그먼트를 자동으로 추가한다.
  // 따라서 자동으로 다시 시작된 경우가 아닐 때만 우리가 추가해야 한다.
  if (savedInstanceState == null) {
    FragmentTransaction ft = fm.beginTransaction();

    mEarthquakeListFragment = new EarthquakeListFragment();
    ft.add(R.id.main_activity_frame,
        mEarthquakeListFragment, TAG_LIST_FRAGMENT);
    ft.commitNow();
  } else {
    mEarthquakeListFragment =
      (EarthquakeListFragment)fm.findFragmentByTag(TAG_LIST_FRAGMENT);
  }
}
```

11. 이제 RecyclerView.Adapter의 서브 클래스로 새로운 EarthquakeRecyclerViewAdapter
클래스를 생성한다(안드로이드 스튜디오 프로젝트 도구 창의 app/java 밑의 com.professional
android.apps.earthquake 패키지에서 오른쪽 마우스 버튼을 누르고 File ➡ New ➡ Java Class를
선택한 후 파일 이름에 EarthquakeRecyclerViewAdapter를 입력). 그리고 이 클래스 내부에
RecyclerView.ViewHolder의 서브 클래스인 ViewHolder 클래스를 생성한다. 이 클래
스는 4번에서 생성된 지진 항목 레이아웃 정의로부터 각 뷰 참조를 저장하는 데 사용
된다. 저장하는 시점은 EarthquakeRecyclerViewAdapter의 onBindViewHolder 메서드
에서 4번의 레이아웃으로 지진 값들이 바인딩될 때이다.

뷰 레이아웃에 채워지는 지진 내역을 제공하는 것이 EarthquakeRecyclerViewAdapter
의 역할이다. RecyclerView와 이것의 어댑터는 5장에서 자세히 알아본다.

```
package com.professionalandroid.apps.earthquake;
...

public class EarthquakeRecyclerViewAdapter extends
    RecyclerView.Adapter<EarthquakeRecyclerViewAdapter.ViewHolder> {

    private final List<Earthquake> mEarthquakes;
```

```
    public EarthquakeRecyclerViewAdapter(List<Earthquake> earthquakes ) {
        mEarthquakes = earthquakes;
    }

    @Override
    public ViewHolder onCreateViewHolder(ViewGroup parent, int viewType) {
        View view = LayoutInflater.from(parent.getContext())
                        .inflate(R.layout.list_item_earthquake,
                            parent, false);
        return new ViewHolder(view);
    }

    @Override
    public void onBindViewHolder(final ViewHolder holder, int position) {
        holder.earthquake = mEarthquakes.get(position);
        holder.detailsView.setText(mEarthquakes.get(position).toString());
    }

    @Override
    public int getItemCount() {
        return mEarthquakes.size();
    }

public class ViewHolder extends RecyclerView.ViewHolder {
    public final View parentView;
    public final TextView detailsView;
    public Earthquake earthquake;

        public ViewHolder(View view) {
            super(view);
            parentView = view;
            detailsView = (TextView)
                        view.findViewById(R.id.list_item_earthquake_details);
        }

        @Override
        public String toString() {
            return super.toString() + " '" + detailsView.getText() + "'";
        }
    }
  }
}
```

12. 리사이클러 뷰의 참조를 얻기 위해 편집기 창에 열린 EarthquakeListFragment의 on
   CreateView를 변경한다. 그리고 11번의 EarthquakeRecyclerViewAdapter를 Recycler
   View에 지정하도록 onViewCreated 메서드를 오버라이드 및 추가한다.

```
private RecyclerView mRecyclerView;
private EarthquakeRecyclerViewAdapter mEarthquakeAdapter =
  new EarthquakeRecyclerViewAdapter(mEarthquakes);

@Override
public View onCreateView(LayoutInflater inflater, ViewGroup container,
                         Bundle savedInstanceState) {
  View view = inflater.inflate(R.layout.fragment_earthquake_list,
                               container, false);

  mRecyclerView = (RecyclerView) view.findViewById(R.id.list);

  return view;
}

@Override
public void onViewCreated(View view, Bundle savedInstanceState) {
  super.onViewCreated(view, savedInstanceState);

  // 리사이클러 뷰 어댑터를 설정한다.
  Context context = view.getContext();
  mRecyclerView.setLayoutManager(new LinearLayoutManager(context));
  mRecyclerView.setAdapter(mEarthquakeAdapter);
}
```

13. 다음과 같이 계속해서 EarthquakeListFragment를 변경한다. 우선 지진 내역을 저장한 List를 인자로 받는 setEarthquakes 메서드를 추가하고 현재의 지진 데이터(Earthquake 객체)가 해당 List에 있는지 검사한다. 만일 없다면 현재의 지진 데이터를 해당 List에 추가한다. 이때 새 항목이 추가되었다는 것을 EarthquakeRecyclerViewAdapter에 알려 주어야 한다.

```
public void setEarthquakes(List<Earthquake> earthquakes) {
  for (Earthquake earthquake: earthquakes) {
    if (!mEarthquakes.contains(earthquake)) {
      mEarthquakes.add(earthquake);
      mEarthquakeAdapter
        .notifyItemInserted(mEarthquakes.indexOf(earthquake));
    }
  }
}
```

14. 7장에서는 미국 지질조사국의 지진 관련 피드를 다운로드해 파싱하는 방법을 배운다. 그러므로 일단 지금은 실제가 아닌 모의 지진 데이터(Earthquake 객체)를 사용해

서 우리 애플리케이션이 정상적으로 작동하는지 확인할 것이다. Earthquake 메인 액티비티(EarthquakeMainActivity.java)의 onCreate 메서드에서 모의 지진 데이터를 생성하도록 변경하자. 이때 날짜/시간 메서드를 사용하기 위해 java.util.Date와 java.util. Calendar 라이브러리를 import해야 한다. (Date와 Calendar 클래스가 빨간색으로 에러 표시될 것이다. 같은 이름의 클래스가 여러 패키지에 있어서 자동으로 import문을 생성할 수 없기 때문이다. 이때는 빨간색의 Date와 Calendar를 각각 클릭한 후 Alt + Enter(맥에서는 Command + Return) 키를 누르고 java.util 패키지의 Date와 Calendar를 선택하면 된다.) 모의 지진 데이터가 생성되면 EarthquakeListFragment의 setEarthquakes 메서드를 사용하여 EarthquakeListFragment로 전달해야 한다.

```java
@Override
protected void onCreate(Bundle savedInstanceState) {
    super.onCreate(savedInstanceState);
    setContentView(R.layout.activity_earthquake_main);
FragmentManager fm = getSupportFragmentManager();
if (savedInstanceState == null) {
    FragmentTransaction ft = fm.beginTransaction();
    mEarthquakeListFragment = new EarthquakeListFragment();
    ft.add(R.id.main_activity_frame, mEarthquakeListFragment,
            TAG_LIST_FRAGMENT);
    ft.commitNow();
  } else {
    mEarthquakeListFragment =
        (EarthquakeListFragment)fm.findFragmentByTag(TAG_LIST_FRAGMENT);
  }

  Date now = Calendar.getInstance().getTime();
  List<Earthquake> dummyQuakes = new ArrayList<Earthquake>(0);
  dummyQuakes.add(new Earthquake("0", now, "San Jose", null, 7.3, null));
  dummyQuakes.add(new Earthquake("1", now, "LA", null, 6.5, null));

  mEarthquakeListFragment.setEarthquakes(dummyQuakes);
}
```

15. AVD 에뮬레이터나 실제 안드로이드 기기에서 애플리케이션을 실행하면 그림 3-7과 같이 모의 지진 데이터로 채워진 RecyclerView를 화면에서 볼 수 있을 것이다.

● 그림 3-7

안드로이드 매니페스트,
그래들 빌드 파일 정의하기 및
리소스 외부화하기

📑 4장의 주요 내용

➤ 애플리케이션의 매니페스트 이해하기

➤ 애플리케이션의 빌드 파일 구성하기

➤ 외부화 리소스 만들기

➤ 코드 형태로 리소스 사용하기와 다른 리소스 안에서 참조하기

➤ 시스템 정의 리소스 사용하기

➤ 리소스를 사용해 국제화 및 각기 다른 기기 구성에 동적 지원 제공하기

➤ 런타임 구성 변경 처리하기

📥 4장에 사용된 코드의 다운로드용 파일

4장은 다음 1개의 파일로 되어 있다.

⬇ Snippets_ch4.zip

4.1 매니페스트, 빌드 파일, 리소스

안드로이드 프로젝트에는 애플리케이션의 구조 및 메타데이터와 애플리케이션의 컴포넌트 및 요건을 정의하는 매니페스트 파일이 포함된다.

4장에서는 애플리케이션 매니페스트의 설정 방법을 소개하고, 이와 더불어 그래들 빌드 구성 파일의 수정 방법도 다룬다. 그래들 빌드 파일은 애플리케이션에서 사용하는 외부 모듈이나 라이브러리를 의존성(dependency)으로 정의하는 데 사용된다. 또한 애플리케이션을 컴파일하고 빌드할 때 필요한 매개변수들을 정의한다.

개발자는 사용자가 어느 나라에 있더라도 또는 다양한 안드로이드 기기 중 어느 종류나 폼 팩터, 화면 크기를 사용하더라도 항상 최상의 경험을 제공해야 한다. 4장에서는 리소스를 외부화하는 방법을 다룬다. 그리고 리소스 프레임워크를 사용해 최적의 리소스를 제공하는 방법도 다룬다. 그에 따라 애플리케이션은 각기 다른 하드웨어(특히 각기 다른 화면 해상도나 픽셀 밀도)에서나 각기 다른 국가에서 여러 언어를 지원하며 매끄럽게 실행될 수 있다.

4.2 안드로이드 매니페스트 소개하기

안드로이드 프로젝트에는 매니페스트 파일인 AndroidManifest.xml이 반드시 포함된다. 안드로이드 스튜디오에서는 그림 4-1처럼 app/manifests 폴더에서 애플리케이션 매니페스트에 접근할 수 있다.

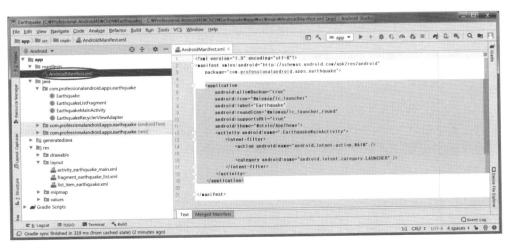

● 그림 4-1

매니페스트는 애플리케이션의 구조 및 메타데이터와 애플리케이션의 컴포넌트 및 요건을 정의한다.

구체적으로는 애플리케이션을 구성하는 액티비티, 서비스, 콘텐트 프로바이더, 브로드캐스트 리시버에 관련된 노드가 포함되며, 인텐트 필터와 권한을 지정하여 각 노드들이 상호 간에 그리고 다른 애플리케이션과 상호 작용하는 방법을 결정한다.

매니페스트는 루트 태그인 manifest와 그 속성인 package로 구성된다. package 속성에는 프로젝트의 고유 패키지 이름이 지정된다. manifest의 또 다른 속성인 xmlns:android는 매니페스트 파일에 필요한 시스템 속성 몇 가지를 제공한다.

다음은 전형적인 매니페스트 루트 노드를 나타내는 XML 조각 코드다.

```
<manifest xmlns:android="http://schemas.android.com/apk/res/android"
          package="com.professionalandroid.apps.helloworld" >
    [ ... 매니페스트 노드 지정 ... ]
</manifest>
```

애플리케이션의 메타데이터(◘ 아이콘과 테마)는 매니페스트의 최상위 노드인 application 안에 지정된다. 필요 권한이나 단위 테스트가 지정되는 최상위 노드도 있고, 하드웨어나 화면, 플랫폼 요건(다음 절에서 설명)이 정의되는 최상위 노드도 있다.

몇 가지 사용할 수 있는 manifest 서브 노드 태그를 요약하면 다음과 같다. 각 태그의 사용법을 보여 주는 XML 조각 코드도 함께 실었다.

➤ uses-feature: 안드로이드는 다양한 하드웨어 플랫폼에서 사용할 수 있다. uses-feature 노드는 애플리케이션이 올바로 작동하기 위한 하드웨어 및 소프트웨어 특징을 지정할 때 사용된다.

따라서 지정된 하드웨어가 포함되지 않은 기기에는 애플리케이션이 설치되지 않는다. 예를 들어, 다음 조각 코드에는 NFC 하드웨어가 지정됐으므로 NFC가 없는 기기에는 설치가 금지된다.

```
<uses-feature android:name="android.hardware.nfc" />
```

하드웨어를 지정해 두고 해당 기기에만 애플리케이션을 설치하게 하려면 이 노드가 필요하다. 현재 지원되는 하드웨어는 다음 범주로 나뉜다.

- 오디오: 레이턴시가 낮거나 프로 수준의 오디오 파이프라인 또는 마이크 입력이 필요한 애플리케이션

- 블루투스: 블루투스 또는 BTLE 라디오가 필요한 곳

- 카메라: 카메라가 필요한 애플리케이션. 전면 카메라 또는 후면 카메라, 자동 포커스, 수동 후처리, 수동 센서, 플래시, RAW 지원 등이 필요하거나 선택 사항으로 설정되는 곳

- 기기 하드웨어 UI: 특정 기기. 이를 테면 자동차 또는 시계의 UI를 목적으로 애플리케이션을 디자인한 곳

- 지문: 지문을 읽을 수 있는 생체 측정 하드웨어가 필요한 곳

- 게임 패드: 기기 자체로든 연결된 게임 패드로든 게임 컨트롤러 입력이 필요한 게임 (또는 애플리케이션)

- 적외선: 적외선(IR) 기능이 필요한 곳(일반적으로는 소비자용 IR 기기와 통신하는 용도)

- 위치: 위치 기반 서비스가 필요한 곳. 네트워크 지원 또는 GPS 지원을 분명하게 지정할 수도 있다.

- NFC: NFC(Near-Field Communication) 지원이 필요한 곳

- OpenGL ES 하드웨어: OpenGL ES 안드로이드 확장 팩이 기기에 설치돼야 하는 애플리케이션

- 센서: 가속도계나 기압계, 나침반, 자이로스코프 또는 주변 온도나 심장 박동 수, 빛, 근접 위치, 습도, 보행을 감지할 수 있는 센서 등을 사용할 가능성이 있는 하드웨어를 지정할 수 있다.

- 전화 통신: 일반적인 전화 통신 또는 구체적인 전화 통신용 무선망(GSM 또는 CDMA)이 필요한 곳

- 터치스크린: 애플리케이션에 필요한 터치스크린을 지정한다. 감지 및 추적이 가능한 터치 입력의 개수도 함께 지정한다.

- USB: USB 호스트 또는 액세서리 모드 지원이 필요한 애플리케이션

- 와이파이: 와이파이 네트워크 지원이 필요한 곳

- 통신 소프트웨어: SIP(Session Initiation Protocol) 서비스 또는 VoIP(Voice Internet Protocol) 서비스 지원이 필요한 애플리케이션

- 기기 관리 소프트웨어: 선택 사항인 이 소프트웨어 기능을 사용하면 백업 서비스, 기기 정책 시행, 관리되는 사용자, 사용자 제거, 인증 부트 등 애플리케이션에 필요한 기기 지원 관리를 지정할 수 있다.
- 미디어 소프트웨어: MIDI 지원, 프린팅, '편안한 자세'용(TV) UI, 라이브 텔레비전, 홈스크린 위젯 등이 필요한 애플리케이션

안드로이드를 사용할 수 있는 플랫폼이 다양해지면서 하드웨어와 소프트웨어의 선택권도 다양해졌다. uses-feature 하드웨어의 전체 리스트는 developer.android.com/guide/topics/manifest/uses-feature-element.html#features-reference에서 찾아볼 수 있다.

호환성을 보장하기 위해 일부 권한 요건을 지정하는 것은 그와 관련된 기능이 필요하다는 것을 의미한다. 특히 블루투스나 카메라, 위치 서비스, 음성 녹음, 와이파이, 전화 통신 등에 접근할 수 있는 권한을 요청한다는 것은 해당 하드웨어 기능이 필요하다는 뜻이다. 이 경우 required 속성을 추가하고 false로 설정해 해당 요건을 무시할 수 있다. 예를 들어 음성 녹음을 지원하는(필수는 아닌) 메모 애플리케이션에서는 마이크 하드웨어를 선택적인 요건으로 지정할 수 있다.

```
<uses-feature android:name="android.hardware.microphone"
              android:required="false" />
```

카메라 하드웨어 또한 특별한 경우에 해당한다. 호환성을 이유로 카메라 사용 권한을 요청하는 것, 다시 말해 카메라가 필요하다는 uses-feature 노드를 추가하는 것은 카메라의 자동 초점 기능에 대한 요건을 의미한다. 이는 다음처럼 선택적으로 지정할 수 있다.

```
<uses-feature android:name="android.hardware.camera" />
<uses-feature android:name="android.hardware.camera.autofocus"
              android:required="false" />
<uses-feature android:name="android.hardware.camera.flash"
              android:required="false" />
```

➤ supports-screens: 화면 크기와 해상도, 밀도가 수백 여 가지로 분화하고 멀티윈도우 모드가 도입되면서 모든 사용자에게 멋진 경험을 제공하는 애플리케이션을 만들려면 반응형 UI 디자인이 필수적이다. 기술적으로는 supports-screens 노드를 사용해 애플리케이션에서 사용할 수 있는 화면 해상도를 제한하는 것이 가능하지만, 실제로는 이 방법을 적용하지 않는 것이 좋다.

➤ **supports-gl-texture**: GL 텍스처 압축 형식으로 압축된 텍스처 애셋을 제공하겠다고 선언한다. 만일 여러 압축 형식을 지원하려면 supports-gl-texture 요소를 그만큼 선언해야 한다. 현재 지원 가능한 GL 텍스처 압축 형식 값은 developer.android.com/guide/topics/manifest/supports-gl-texture-element.html에서 찾아볼 수 있다.

```
<supports-gl-texture android:name="GL_OES_compressed_ETC1_RGB8_texture" />
```

➤ **uses-permission**: 보안 모델의 일부분인 uses-permission 태그는 애플리케이션에 필요한 사용자 권한을 선언한다. 이 태그로 지정하는 각 권한은 애플리케이션이 설치되기 전(안드로이드 5.1 이하) 또는 애플리케이션이 실행될 때(안드로이드 6.0 이상) 안드로이드 시스템에서 사용자에게 보여주고 허가를 받는다. 많은 API와 메서드 호출에는 권한이 필요한데, 일반적으로 이런 권한들은 비용이나 보안과 관련된다(⚎ 전화 통신, SMS 수신, 위치 기반 서비스 사용). 이들 내용에 대해서는 앞으로 필요할 때마다 소개한다.

```
<uses-permission android:name="android.permission.ACCESS_FINE_LOCATION"/>
```

➤ **permission**: 애플리케이션에서 공유되는 컴포넌트들은 지정된 권한에 따라 애플리케이션 내 다른 컴포넌트들에 접근할 수 있다. 기존 플랫폼 권한도 이런 목적으로 사용하거나 필요한 권한을 매니페스트에 직접 정의해 둘 수도 있다. 권한 정의를 만들기 위해서는 permission 태그가 필요하다.

이 태그에는 권한이 허용하는 접근 수준(normal, dangerous, signature, signatureOrSystem)과 레이블 그리고 지정된 권한을 허용함으로써 감수할 위험을 설명하는 외부 리소스가 지정된다. 권한을 만들고 직접 사용하는 방법에 대해서는 20장 '고급 안드로이드 개발'에서 자세히 다룬다.

```
<permission android:name="com.professionalandroid.perm.DETONATE_DEVICE"
            android:protectionLevel="dangerous"
            android:label="Self Destruct"
            android:description="@string/detonate_description">
</permission>
```

➤ **application**: 매니페스트에는 application 노드가 하나만 포함될 수 있다. 이 노드에는 애플리케이션의 이름, 아이콘, 테마에 관련된 메타데이터가 속성의 형태로 지정된다. 그리고 안드로이드 자동 백업(8장 참조)을 사용한 데이터 자동 백업 여부와 오른쪽에서 왼쪽으로 처리되는 UI 레이아웃의 지원 여부도 지정될 수 있다.

커스텀 애플리케이션 클래스를 사용한다면 android:name 속성을 사용해 여기서 지정해야 한다.

application 노드에는 애플리케이션의 컴포넌트들을 지정하는 액티비티, 서비스, 콘텐트 프로바이더, 브로드캐스트 리시버 노드들이 포함된다.

```
<application
  android:label="@string/app_name"
  android:icon="@mipmap/ic_launcher"
  android:theme="@style/AppTheme"
  android:allowBackup="true"
  android:supportsRtl="true"
  android:name=".MyApplicationClass">
  [ ... application component nodes ... ]
</application>
```

- activity: activity 태그는 애플리케이션 안에서 액티비티마다 하나씩 있어야 한다. 액티비티 클래스 이름을 나타낼 때는 android:name 속성을 사용한다. 이때 제일 처음 실행되는 메인 론칭 액티비티는 물론이고 화면에 보일 수 있는 모든 액티비티를 반드시 포함해야 한다. 매니페스트에 포함되지 않은 액티비티를 시작하려고 하면 런타임 예외가 발생한다. activity 노드는 intent-filter라는 자식 태그를 지원한다. 이 태그에는 액티비티가 시작될 때 사용될 수 있는 인텐트를 정의한다.

  액티비티의 클래스 이름을 지정할 때는 애플리케이션 패키지 이름의 줄임꼴로 점(.)을 사용한다는 점에 유의해야 한다.

```
<activity android:name=".MyActivity">
  <intent-filter>
    <action android:name="android.intent.action.MAIN" />
    <category android:name="android.intent.category.LAUNCHER" />
  </intent-filter>
</activity>
```

- service: activity 태그처럼 Service 클래스(11장 '백그라운드에서 작업하기' 참조)에 해당하는 service 태그도 추가한다.

```
<service android:name=".MyService"/>
```

- provider: 이 태그는 애플리케이션의 콘텐트 프로바이더를 지정한다. 콘텐트 프로바이더는 데이터베이스 접근 및 공유를 관리한다. 이에 대해서는 10장에서 다룬다.

- **receiver**: receiver 태그를 추가하면 애플리케이션이 시작되지 않아도 브로드캐스트 리시버를 등록할 수 있다. 6장에서 살펴보겠지만 브로드캐스트 리시버는 글로벌 이벤트 리스너와 같기 때문에 등록되면 자신이 리스닝하는 것과 일치하는 인텐트가 시스템에서 브로드캐스트될 때마다 실행된다. 특히 receiver 태그로 브로드캐스트 리시버를 매니페스트에 지정하면 등록과 실행 모두 자동으로 처리된다.

```
<receiver android:name=".MyIntentReceiver">
</receiver>
```

> **참고**
>
> 매니페스트와 각 노드에 관한 세부 내용은 developer.android.com/guide/topics/manifest/manifestintro.html에서 찾아볼 수 있다.

안드로이드 스튜디오의 새 프로젝트 마법사는 프로젝트를 생성할 때 새 매니페스트 파일을 자동으로 만들어 준다. 앞으로 애플리케이션 컴포넌트를 소개하고 살펴볼 때마다 매니페스트를 다시 거론할 것이다.

4.3 그래들 빌드 설정하기

프로젝트에는 빌드 구성 정보를 정의하기 위한 일련의 그래들 빌드 파일이 포함된다. 구체적으로는 다음 파일들로 구성된다.

> ➤ 프로젝트 영역의 settings.gradle 파일. 애플리케이션을 빌드할 때 포함될 모듈들을 정의한다.

> ➤ 프로젝트 영역의 build.gradle 파일. 그래들 자체의 저장소 및 의존성을 지정한다. 그리고 모듈들에 공통되는 저장소 및 의존성도 함께 지정한다.

> ➤ 모듈 차원의 build.gradle 파일(들). 애플리케이션의 빌드 설정을 구성한다. 여기에는 의존성, 최소 및 대상 플랫폼 버전, 애플리케이션의 버전 정보, 빌드 유형 및 제품 버전 등도 포함된다.

대부분의 경우 애플리케이션의 기본 설정이나 프로젝트 영역의 빌드 그래들 파일들은 변경하지 않아도 된다. 기본 설정 파일에서는 하나의 모듈(즉, 애플리케이션)을 지정한다. 최상위 그래들 빌드 파일에서는 JCenter와 구글을 그래들의 저장소로 포함해 의존성 검색용으로 이용하며, 그래들용 안드로이드 플러그인을 프로젝트의 의존성으로 포함한다.

이와는 달리 모듈 차원의 그래들 빌드 파일은 지속적인 변경이 필요하다. 이 파일에서는 애플리케이션에 적용될 하나 이상의 빌드 구성 정보를 정의한다. 좀 더 구체적으로는 새 지원 라이브러리에 대한 의존성과 버전 번호의 변경, 지원할 플랫폼 및 SDK 등이 정의된다.

4.3.1 그래들 설정 파일

settings.gradle 파일은 프로젝트의 루트 폴더에 있으며, 애플리케이션을 빌드할 때 어떤 모듈을 포함해야 하는지 그래들에 알려 주는 데 사용된다. 기본적으로는 하나의 애플리케이션 모듈이 다음처럼 포함된다.

```
include ':app'
```

프로젝트가 여러 개의 모듈을 포함하도록 커지면 관련 모듈을 여기에 추가해야 한다.

4.3.2 프로젝트 그래들 빌드 파일

최상위 프로젝트 차원의 build.gradle 파일은 프로젝트의 루트 디렉터리에 있다. 이 파일은 프로젝트 및 그 모듈 전체에 적용할 의존성 그리고 이 의존성에 관련된 모듈이나 라이브러리를 검색해 다운로드할 목적으로 그래들에 사용될 저장소를 지정한다.

buildscript 노드는 애플리케이션이 아니라 그래들이 사용하는 저장소와 의존성을 지정한다.

예를 들어 기본 dependencies 블록에는 그래들에서 안드로이드 애플리케이션의 모듈들을 빌드하는 데 필수인 그래들용 안드로이드 플러그인이 포함되고, repositories 블록에는 그래들이 이를 찾기 위해 이용하는 저장소로 JCenter와 구글의 예비 설정이 포함된다.

```
buildscript {
  repositories {
    google()
    jcenter()
  }
  dependencies {
    classpath 'com.android.tools.build:gradle:3.4.1'
  }
}
```

이때 주의할 점은 이곳에서 애플리케이션의 의존성을 지정하지 않는다는 사실이다. 애플리케이션의 의존성은 애플리케이션 모듈을 나타내는 모듈인 build.gradle 파일에서 지정해야 한다. 이에 대해서는 4.3.3 '모듈 그래들 빌드 파일'에서 설명한다.

프로젝트의 모든 모듈이 사용할 저장소와 의존성을 지정할 때는 allprojects 블록을 사용한다. 단, 모듈이 하나인 프로젝트의 경우에는 그 의존성을 모듈 차원의 build.gradle 파일에 포함하는 것이 일반적이다.

새 프로젝트에는 안드로이드 스튜디오가 JCenter와 구글을 기본 저장소로 추가해 준다.

```
allprojects {
  repositories {
    google()
    jcenter()
  }
}
```

그리고 새 프로젝트 태스크인 clean을 정의해 준다. clean은 프로젝트의 빌드 폴더에 담긴 내용물을 삭제한다.

```
task clean(type: Delete) {
  delete rootProject.buildDir
}
```

4.3.3 모듈 그래들 빌드 파일

모듈 차원의 build.gradle 파일은 프로젝트의 모듈 디렉터리에 있으며, 모듈의 빌드 설정을 구성하는 데 사용된다. 여기에는 필수 의존성, 최소 및 대상 플랫폼 버전, 애플리케이션의 버전 정보, 다양한 빌드 유형(디버그 또는 릴리즈) 및 제품 플레이버(flavor, 변형 버전을 말하며 예를 들어, 스마트폰 버전과 태블릿 버전)가 포함된다.

빌드 설정의 첫 행은 그래들용 안드로이드 플러그인을 이 빌드에 적용한다. 그 결과 android 블록에서 안드로이드 전용 빌드 옵션을 지정할 수 있다.

```
apply plugin: 'com.android.application'
```

android 블록의 최상위 레벨에는 안드로이드 애플리케이션 구성 옵션, 예를 들어 애플리케이션을 컴파일할 SDK 버전 등을 지정한다. 이 값은 새 SDK 릴리스를 다운로드하여 사용할 때 업데이트해야 한다.

```
android {
  compileSdkVersion 27

  defaultConfig {...}
  buildTypes {...}
  productFlavors {...}
  splits {...}
}
```

기본 구성

android 블록 안에 있는 defaultConfig 블록에서는 모든 제품 플레이버에 공유되는 기본 설정을 지정한다.

```
defaultConfig {
  applicationId 'com.professionalandroid.apps.helloworld'

  minSdkVersion 16
  targetSdkVersion 28

  versionCode 1
  versionName "1.0"
}
```

이 코드에 나타낸 바와 같이 지정할 것들을 구체적으로 정리하면 다음과 같다.

➤ applicationId: 발행 및 배포용으로 빌드된 APK를 식별하기 위한 고유 '패키지 이름'을 제공한다. 기본적으로는 그리고 필요에 의해 매니페스트 안에 정의된 패키지 이름과 같은 이름을 사용해야 한다.

➤ minSdkVersion: 애플리케이션과 호환되는 안드로이드 플랫폼의 최소 버전(API 레벨)을 설정한다. 다시 말해, 애플리케이션이 설치 및 실행될 가장 낮은 안드로이드 플랫폼 버전을 나타낸다. 만일 애플리케이션을 설치하고 실행하는 기기의 안드로이드 버전이 이 값보다 낮으면 애플리케이션의 설치가 허용되지 않는다. 최소 버전을 지정하지 않았을 때는 기본값인 1이 적용돼 모든 기기에서 애플리케이션의 설치 및 실행이 가능해진다.

그러나 사용할 수 없는 API가 호출될 경우, 애플리케이션 실행이 중단된다.

➤ targetSdkVersion: 애플리케이션 개발 및 테스트에 사용하는 안드로이드 플랫폼 버전 (API 레벨)을 지정한다. 최신 버전일수록 여러 측면에서, 특히 UI가 많이 개선되므로 이 것은 가장 최신 안드로이드 버전을 지정하는 것이 좋다. 이에 맞춰 안드로이드 SDK도 최신 버전으로 업데이트 해주자. 위의 예와 같이 minSdkVersion의 API 레벨을 16(4.1 젤리빈), targetSdkVersion은 28(9.0 파이)로 지정하면 4.1부터 9.0까지의 안드로이드가 실 행되는 기기에서 애플리케이션이 설치 및 실행될 수 있다는 것을 의미한다. 그러나 애 플리케이션을 배포하기 전에 가장 최신 버전의 기능이 우리가 기대한 대로 잘 되는지 확인해야 한다.

➤ versionCode: 현재 애플리케이션의 버전을 정수로 정의한다. 이 정수는 애플리케이션 을 릴리즈할 때마다 증가된다.

➤ versionName: 사용자에게 보여줄 버전 식별자를 지정한다.

➤ testInstrumentationRunner: 애플리케이션 테스트에 사용할 테스트 러너를 지정한다. 기본적으로는 안드로이드 지원 라이브러리의 AndroidJUnitRunner가 제공된다. 따라 서 JUnit3과 JUnit4 테스트를 실행하여 애플리케이션을 테스트할 수 있다.

참고

빌드 구성 값들 중 일부는 안드로이드 매니페스트에도 지정할 수 있다. 애플리케이션이 빌드될 때 그래 들은 이 값들을 매니페스트의 값과 병합한다. 이때 그래들 빌드 구성 값이 우선적으로 사용된다. 그러나 혼동을 피하기 위해 그래들 빌드 파일에만 빌드 구성 값을 지정하는 것이 좋다.

한 가지 특별한 경우가 있는데, 바로 애플리케이션의 패키지 이름이다. 패키지 이름은 매니페스트 파일의 루트 요소인 package 속성에 지정해야 한다. 그리고 이 이름이 애플리케이션의 클래스들과 R 리소스 클래스에서 사용된다.

나중에 알게 되겠지만 그래들은 애플리케이션의 여러 변형 버전(플레이버)을 쉽게 빌드하게 해준다. 예를 들어, '무료', '프로', '알파', '베타', '릴리스' 등과 같이 특성에 따라 플레이버를 빌드하거나 또는 '스마 트폰'이나 '태블릿' 등과 같이 대상 기기에 맞는 플레이버를 빌드할 수도 있다. 이 경우 모듈 그래들 빌드 파일에 정의하는 각 플레이버의 applicationId 속성에 서로 다른 패키지 이름을 지정해야 한다.

요약하면, 매니페스트의 package 속성에 지정된 패키지 이름은 R 클래스에서 사용되며, 또한 애플리 케이션 내부에서 클래스 이름의 모호함을 해결하기 위해서도 사용된다. 그러나 그래들 빌드 파일의 applicationId 속성에 지정된 패키지 이름은 각 플레이버의 APK를 빌드할 때 사용된다.

buildTypes

buildTypes 블록은 각기 다른 여러 빌드 유형, 일반적으로는 디버그와 릴리스 등을 정의할 때 사용된다. 새 모듈을 만들면 안드로이드 스튜디오가 자동으로 릴리스 빌드 유형을 만들어 주고, 대개는 이대로 사용된다.

디버그 빌드 유형은 그래들 빌드 파일에 명시적으로 포함될 필요가 없다. 하지만 기본적으로 안드로이드 스튜디오는 debuggable 속성을 true로 지정하여 디버그 빌드를 구성해 준다. 따라서 이렇게 빌드된 애플리케이션이 디버그 키스토어를 사용해서 서명되므로 안드로이드 기기에서 디버깅할 수 있다.

바로 다음 코드에 있듯이, 기본으로 지정된 릴리스 빌드 유형에서는 컴파일된 코드를 압축하고 알아보기 어렵게 하기 위해 역컴파일을 방지하기 위한 프로가드(Proguard) 설정을 적용한다. 그리고 기본 서명 키를 사용하지 않는다.

```
buildTypes {
  release {
    minifyEnabled true
    proguardFiles getDefaultProguardFile('proguard-android.txt'),
                                         'proguard-rules.pro'
  }
}
```

productFlavors와 flavorDimensions

flavorDimensions와 productFlavors는 기본으로 포함되지 않고 선택적으로 지정하는 블록이다. 이 블록들을 사용하면 defaultConfig 블록에 정의된 값들을 오버라이드하여 같은 소스 코드를 사용하는 애플리케이션의 서로 다른 버전(플레이버)을 지원할 수 있다. 독립적인 배포와 설치를 할 수 있도록 각 플레이버에는 자신의 고유한 applicationId를 지정해야 한다.

```
productFlavors {
  freeversion {
    applicationId 'com.professionalandroid.apps.helloworld.free'
    versionName "1.0 Free"
  }

  paidversion {
    applicationId 'com.professionalandroid.apps.helloworld.paid'
    versionName "1.0 Full"
  }
}
```

flavorDimensions는 최종 빌드 변형 버전을 생성하기 위해 결합될 수 있는 플레이버의 그룹을 만들 수 있다. 따라서 여러 디멘션(dimension, 관점)에 따른 빌드 변경을 지정할 수 있다. 예를 들어, 무료 빌드나 유료 빌드를 기준으로 하는 변경, 최소 API 레벨을 기준으로 하는 변경 등이다.

```
flavorDimensions "apilevel", "paylevel"

productFlavors {
    freeversion {
      applicationId 'com.professionalandroid.apps.helloworld.free'
      versionName "1.0 Free"
      dimension "paylevel"
    }
    paidversion {
applicationId 'com.professionalandroid.apps.helloworld.paid'
    versionName "1.0 Full"
    dimension "paylevel"
  }

  minApi24 {
    dimension "apilevel"
    minSdkVersion 24
    versionCode 24000 + android.defaultConfig.versionCode
    versionNameSuffix "-minApi24"
  }
  minApi23 {
    dimension "apilevel"
    minSdkVersion 16
    versionCode 16000 + android.defaultConfig.versionCode
    versionNameSuffix "-minApi23"
  }
 }
}
```

애플리케이션을 빌드할 때 그래들은 각 디멘션과 빌드 유형 구성에 따라 제품 플레이버를 결합하여 최종 빌드 변형 버전을 생성한다. 이때 그래들은 같은 플레이버 디멘션에 속하는 제품 플레이버는 결합하지 않는다.

여기서 유의해야 할 점이 있다. 그래들은 플레이버 디멘션이 지정된 순서대로 우선순위를 결정한다는 것이다. 따라서 첫 번째 디멘션에 지정된 값이 두 번째 디멘션의 지정 값보다 우선적으로 선택되며 이후도 마찬가지다.

그래들 3.0부터 그 이후로는 플레이버를 정의하기 위해 최소 하나의 디멘션을 정의해야 한다. 그리고 각 플레이버는 자신과 연관된 제품 디멘션을 가져야 한다. 따라서 하나의 디멘션만 정의되어 있더라도 각 플레이버에서 사용된다.

현재의 제품 플레이버를 런타임 시에 알 수 있으므로 다음과 같은 조각 코드를 사용해서 제품 플레이버에 따른 처리를 다르게 할 수 있다.

```
if (BuildConfig.FLAVOR == "orangesherbert") {
  // 이런저런 일을 한다.
} else {
  // 유료 기능을 켠다.
}
```

다른 방법도 있다. 애플리케이션에 기본적으로 지정된 'main' 소스 경로(app/src/main)와 같은 수준의 디렉터리를 만들고(예를 들어, app/src/freeversion, app/src/paidversion 등) 각 플레이버에 사용할 새 소스셋(source-set), 즉 클래스와 리소스들을 해당 디렉터리에 생성하는 것이다.

클래스의 경우, 우리가 직접 폴더를 생성해야 한다. 반면, 그림 4-2의 [New Resource File] 대화상자처럼 리소스의 경우에는 새 리소스가 속하게 될 소스셋을 선택할 수 있다.

◑ 그림 4-2

안드로이드 스튜디오의 [Build ➡ Select Build Variant…] 메뉴를 선택하면 메인 창 왼쪽 밑에 Build Variants 창이 열린다. 그리고 오른쪽의 Build Variant 드롭다운에서 원하는 빌드를 선택한 후 메뉴의 [Run ➡ Run 'app'] 또는 Run 'app' 도구 버튼(▶)을 클릭하면 해당 빌드를 실행할 수 있다.

splits

안드로이드에서 지원되는 화면 밀도나 ABI 각각에 대해 코드와 리소스만 포함하는 서로 다른 APK 빌드를 구성하기 위해 splits 블록을 사용할 수 있다(선택 사항이다).

일반적으로는 단일 APK를 생성하고 배포해 모든 대상 기기를 지원하는 것이 최선이지만, 경우에 따라서는(특히 게임에서는) 지나치게 큰 APK가 생성될 수도 있다.

APK의 분할 생성 및 배포는 이 책에서 다룰 내용이 아니지만 APK 분할 구성에 대한 세부 정보는 developer.android.com/studio/build/configure-apk-splits.html에서 찾아볼 수 있다.

dependencies

dependencies 블록에는 애플리케이션을 빌드하는 데 필요한 의존성을 지정한다.

기본적으로 새 프로젝트에는 로컬 바이너리 의존성이 포함된다. apps/libs 폴더에 있는 모든 JAR 파일 그리고 안드로이드 지원 라이브러리와 JUnit의 원격 바이너리 의존성, 안드로이드 에스프레소 테스팅 라이브러리의 의존성을 포함시키라고 그래들에게 알려주는 것이 로컬 바이너리 의존성이다.

```
dependencies {
  implementation fileTree(dir: 'libs', include: ['*.jar'])
  implementation 'com.android.support:appcompat-v7:27.1.1'
  implementation 'com.android.support.constraint:constraint-layout:1.1.2'
  testImplementation 'junit:junit:4.12'
  androidTestImplementation 'com.android.support.test:runner:1.0.2'
  androidTestImplementation 'com.android.support.test.espresso:espresso-core:3.0.2'
}
```

의존성 블록은 이 책 전체에 걸쳐 새 라이브러리 의존성 지정이 필요할 때 다시 살펴볼 것이다.

4.4 리소스 외부화하기

코드 이외의 리소스, 예를 들어 이미지나 문자열 상수 등은 코드 외부에 유지하는 것이 좋다. 안드로이드는 이와 같은 리소스의 외부화를 문자열이나 색상과 같은 단순한 값에서 이미지나 애니메이션, 테마, UI 레이아웃 등 좀 더 복잡한 리소스에까지 지원하고 있다.

리소스를 외부화하면 리소스의 유지와 업데이트 등 관리가 한결 수월해진다. 그리고 국제화를 지원하기 위한 대체 리소스 값을 만들 수 있으며, 화면 크기나 해상도가 다른 여러 하드웨어를 지원하기 위한 각기 다른 리소스를 포함할 수도 있다.

애플리케이션이 시작되면 안드로이드는 입력된 코드 한 줄 없어도 사용할 수 있는 대체 리소스 중에서 자동으로 적합한 것을 선택한다. 잠시 후에 대체 하드웨어 구성, 언어, 위치 등의 각종 값들이 포함되는 리소스 트리에서 안드로이드가 리소스를 동적으로 선택하는 방식을 살펴본다.

리소스의 동적인 선택으로 무엇보다 화면 크기나 방향에 따른 레이아웃의 변경과 화면 밀도에 따른 이미지 변경, 사용자의 언어와 국가에 따른 텍스트의 맞춤 변환 등이 가능해진다.

4.4.1 리소스 생성하기

애플리케이션의 리소스는 프로젝트 계층 구조에서 res 폴더에 저장된다. 사용할 수 있는 리소스는 타입에 따라 해당 하위 폴더에 구분 저장된다.

안드로이드 스튜디오에서 새 프로젝트를 생성하면 res 폴더가 자동으로 생성된다. 이 폴더 안에 values, mipmap, layout 리소스에 해당하는 하위 폴더가 생성되며, 각 하위 폴더에 그림 4-3처럼 문자열, 크기 값, 색상, 스타일 리소스 등 해당 기본 값과 애플리케이션 아이콘, 기본 레이아웃 등이 저장된다.

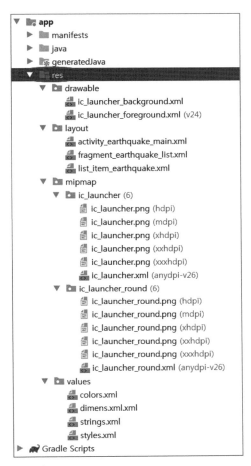

● 그림 4-3

> **참고**
>
> mipmap 리소스 폴더에는 화면 밀도마다 다른 5개의 애플리케이션 아이콘이 저장된다는 점에
> 유의해야 한다. 각기 다른 하드웨어에 리소스를 달리 제공하는 방법에 대해서는 4장의 뒷부분에서
> 다룬다.

애플리케이션이 빌드되면 이 리소스들은 압축돼 APK에 패키징된다.

빌드 과정에서 R 클래스 파일도 생성된다. 이 파일에는 프로젝트에 포함된 각 리소스의 참조
가 포함되며, 그럼으로써 코드에서 리소스를 참조하여 사용할 수 있고 디자인 시점에 구문을
검사할 수 있는 장점이 있다.

이어지는 절들에서는 사용할 수 있는 구체적인 리소스 타입들과 그 생성 방법을 설명한다.

어떤 경우든 리소스 파일 이름은 영문 소문자와 숫자, 점(.) 또는 밑줄(_)로만 구성돼야 한다.

단순 값

지원되는 단순 값에는 문자열, 색상, 크기 값, 스타일, 불리언 값, 정숫값, 문자열 배열, 입력 배열 등이 있다. 모든 단순 값은 res/values 폴더에 XML 파일로 저장된다.

각각의 값 XML 파일에서는 여러 리소스를 나타낼 수 있다. 저장되는 값의 종류는 코드 4-1 의 샘플 XML 파일에서처럼 태그로 구분된다.

코드 4-1 단순 값 XML

```xml
<?xml version="1.0" encoding="utf-8"?>
<resources>
  <string name="app_name">To Do List</string>
  <plurals name="androidPlural">
    <item quantity="one">One android</item>
    <item quantity="other">%d androids</item>
  </plurals>
  <color name="app_background">#FF0000FF</color>
  <dimen name="default_border">5px</dimen>
  <integer name="book_ignition_temp">451</integer>
  <bool name="is_a_trap">true</bool>
  <string-array name="string_array">
    <item>Item 1</item>
    <item>Item 2</item>
    <item>Item 3</item>
  </string-array>
  <integer-array name="integer_array">
    <item>3</item>
    <item>2</item>
    <item>1</item>
  </integer-array>
  <array name="color_typed_array">
    <item>#FF0000FF</item>
    <item>#00FFFF00</item>
    <item>#FF00FF00</item>
  </array>
  <style name="AppTheme" parent="Theme.AppCompat.Light.DarkActionBar">
    <item name="colorPrimary">@color/colorPrimary</item>
  </style>
</resources>
```

이 샘플에는 여러 단순 값이 포함됐다. 관례에 따라 그리고 명확성과 가독성을 높이기 위해 리소스는 일반적으로 타입마다 파일 하나로 저장된다. 예를 들어 res/values/strings.xml은 문자열 리소스만을 저장한다.

▍문자열

문자열을 외부화하면 애플리케이션 안에서 일관성을 유지하는 데 도움이 되고, 문자열의 국제화도 한결 수월해진다.

문자열 리소스는 다음 XML 조각 코드처럼 string 태그로 지정된다.

```
<string name="stop_message">Stop.</string>
```

작은따옴표(')와 큰따옴표("), 백슬래시(\)는 다음처럼 백슬래시로 이스케이프 처리해야 한다.

```
<string name="quoting_myself">
Escape \"Apostrophes (\') and double-quotes (\") with a backslash (\\)\"
</string>
```

안드로이드는 단순 텍스트 스타일링을 지원한다. 따라서 ⟨b⟩, ⟨i⟩, ⟨u⟩ HTML 태그를 사용해 다음처럼 텍스트 문자열에 각각 볼드, 이탤릭, 밑줄을 적용할 수 있다.

```
<string name="stop_message"><b>Stop.</b></string>
```

리소스 문자열은 String.format 메서드의 입력 매개변수로 사용할 수도 있다. 다만, String.format은 앞서 언급한 텍스트 스타일링을 지원하지 않는다. 포맷 문자열에 스타일링을 적용하려면 리소스를 생성할 때 다음 조각 코드처럼 HTML 태그를 이스케이프 처리해야 한다.

```
<string name="stop_message">&lt;b>Stop&lt;/b>. %1$s</string>
```

코드 안에서 Html.fromHtml 메서드를 사용하면 다음처럼 이를 다시 스타일링된 문자들의 열로 전환할 수 있다.

```
String rString = getString(R.string.stop_message);
String fString = String.format(rString, "Collaborate and listen.");
CharSequence styledString = Html.fromHtml(fString, FROM_HTML_MODE_LEGACY);
```

앞의 Html.fromHtml 메서드는 안드로이드 6.0 누가(API 레벨 24)에 도입됐다. 이 메서드는 블록 수준의 요소가 분리되는 방식을 결정할 목적으로 플래그를 지정한다. 이전 버전의 안드로이드를 지원하는 애플리케이션이라면 지원이 중단된 예전 Html.fromHtml 메서드를 계속 사용할 수 있다. 새 메서드는 FROM_HTML_MODE_LEGACY 플래그를 사용하며, 예전 메서드와 동일하게 작동한다.

한편, 문자열의 대체 복수 형태를 정의할 수도 있다. 다시 말해, 가리키는 항목의 개수에 따라 다른 문자열을 정의할 수도 있다. 영어로 예를 들면 'seven Androids'나 'one Android'처럼 사용할 수 있다는 뜻이다.

복수형 리소스를 생성함으로써 0이나 1, 다수, 몇 개 등 다른 수량에 대해서도 대체 문자열을 지정할 수 있다. 영어에서는 단수형이 특별한 경우이지만, 다른 언어에서는 더 세부적인 분화가 일어나고, 또 다른 언어에서는 단수형이 아예 사용되지 않는다.

```
<plurals name="unicorn_count">
  <item quantity="one">One unicorn</item>
  <item quantity="other">%d unicorns</item>
</plurals>
```

코드상에서 올바른 복수형에 접근하려면 애플리케이션의 Resources 객체에 getQuantityString 메서드를 사용한다. 이때 복수형 리소스의 리소스 ID를 전달하고 기술하려는 객체의 개수를 지정한다.

```
Resources resources = getResources();
String unicornStr = resources.getQuantityString(
  R.plurals.unicorn_count, unicornCount, unicornCount);
```

여기서 객체의 개수는 두 번 전달된다는 점에 유의해야 한다. 한 번은 올바른 복수형 문자열을 리턴하기 위해 전달되고, 또 한 번은 문장을 완성하기 위한 입력 매개변수로 전달된다.

∷ 색상

color 태그를 사용하면 새 색상 리소스를 정의할 수 있다. 색상 값을 지정할 때는 # 기호 다음에 순서대로 알파 채널(옵션임), 빨강, 초록, 파랑에 해당하는 값을 지정한다. 이때 다음 표기법에 따라 한 자리 또는 두 자리의 16진수를 사용한다.

- ➤ #RGB
- ➤ #RRGGBB
- ➤ #ARGB
- ➤ #AARRGGBB

다음은 android_green과 transparent_blue를 지정하는 예다.

```
<color name="android_green">#A4C639</color>
<color name="transparent_blue">#770000FF</color>
```

∷ 크기 값

크기 값은 스타일과 레이아웃 리소스 안에서 가장 흔하게 참조되는 단순 값이다. 테두리나 서체 높이 등 레이아웃 값을 정의할 때 유용하다.

크기 값 리소스를 지정하려면 dimen 태그를 사용한다. 이때 다음 단위를 나타내는 식별자를 함께 지정한다.

- ➤ dp(밀도 독립적인 픽셀)
- ➤ sp(크기 비례 픽셀)
- ➤ px(화면 픽셀)
- ➤ in(인치)
- ➤ pt(포인트)
- ➤ mm(밀리미터)

이 단위 중 어느 것을 사용해서도 크기 값을 정의할 수 있지만, dp나 sp를 사용하는 것이 가장 좋다. 이 두 가지는 서로 다른 화면 밀도나 해상도에 따라 다양한 크기의 하드웨어에서 상대적인 크기 값을 정의할 수 있다.

크기 비례 픽셀은 특히 서체 크기를 정의할 때 적합하다. 사용자가 서체의 크기를 변경할 때 자동으로 크기가 맞춰지기 때문이다.

다음은 큰 서체와 표준 테두리에 크기 값을 지정하는 XML 조각 코드다.

```
<dimen name="large_font_size">16sp</dimen>
<dimen name="activity_horizontal_margin">16dp</dimen>
```

스타일과 테마

스타일 리소스는 애플리케이션에서 뷰가 사용하는 속성 값을 지정함으로써 일관된 시각적 느낌을 유지하게 한다. 일반적으로 색상, 테두리, 서체 크기 등을 지정할 수 있다.

스타일을 생성하려면 style 태그를 사용한다. 이 태그에 name 속성을 지정하며, 하나 또는 그 이상의 item 태그를 함께 사용하기도 한다. 각 item 태그에는 name 속성을 또 지정해 서체 크기나 색상 등을 지정할 수 있다. item 태그 자체에는 다음 기본 코드처럼 숫자를 지정한다.

```
<style name="base_text">
  <item name="android:textSize">14sp</item>
  <item name="android:textColor">#111</item>
</style>
```

스타일은 style 태그에 parent 속성을 사용해 상속을 지원한다. 사용법은 다음과 같다.

```
<style name="AppTheme" parent="Theme.AppCompat.Light.DarkActionBar">
  <item name="colorPrimary">@color/colorPrimary</item>
  <item name="colorPrimaryDark">@color/colorPrimaryDark</item>
  <item name="colorAccent">@color/colorAccent</item>
</style>
```

13장에서는 안드로이드 지원 라이브러리가 제공하는 테마와 스타일을 더욱 자세하게 알아보고, 어떻게 하면 안드로이드 플랫폼 및 머티리얼 디자인(Material Design) 철학과 일관되는 애플리케이션을 만들 수 있는지 살펴본다.

드로어블

드로어블 리소스는 비트맵, 나인 패치(확장 가능한 PNG 이미지), 크기 비례 벡터 드로어블 등을 나타낸다. 이뿐 아니라 XML로 정의하는 LevelListDrawables나 StateListDrawables 같은 복잡한 복합 드로어블도 포함한다.

 참고

나인 패치 드로어블과 벡터 드로어블, 복잡한 복합 리소스는 5장에서 자세히 알아본다.

모든 드로어블은 res/drawable 폴더에 파일별로 저장된다. 이때 비트맵 이미지 애셋은 적절한 drawable-ldpi, -mdpi, -hdpi, -xhdpi 폴더에 저장하는 것이 좋다. 이에 대해서는 잠시 후에 살펴본다. 드로어블 리소스의 리소스 식별자의 파일 이름은 확장명 없는 소문자다.

참고

> 드로어블 비트맵 리소스의 선호되는 형식은 PNG다. 물론 JPG나 GIF도 지원된다.

MipMap

애플리케이션의 아이콘 이미지는 MipMap 폴더 그룹에 저장하는 것이 좋다. 각 이미지는 최대 xxxhdpi 크기까지 해상도별로 저장된다.

기기마다 다른 홈 화면 론처 애플리케이션은 다양한 해상도의 애플리케이션 론처 아이콘을 나타내며, 일부 기기에서는 론처 아이콘이 25% 정도 확대된다. 애플리케이션 리소스 최적화 기법에 따라 사용되지 않는 화면 밀도에 해당하는 드로어블 리소스를 제거할 수 있지만, MipMap 리소스는 전부 보존된다. 따라서 론처 애플리케이션은 해상도에 최적화된 아이콘을 고를 수 있다.

mipmap-xxxhdpi 한정자는 일반적으로 xxxhdpi 기기에서 고해상도 론처 아이콘을 사용할 수 있을 때만 제공된다. 다시 말해, xxxhdpi 애셋을 나머지 드로어블 리소스에 제공할 필요가 없다.

레이아웃

레이아웃 리소스는 코드로보다 XML로 UI 레이아웃을 디자인함으로써 표현 계층과 비즈니스 로직을 분리해 준다.

레이아웃을 사용하면 액티비티나 프래그먼트, 위젯 등 시각적 컴포넌트에 UI를 정의할 수 있다. XML에 정의된 레이아웃은 UI로 '인플레이트(뷰 객체로 생성)'돼야 한다. 액티비티 안에서는 setContentView 메서드(대개 onCreate 메서드 안에 있다)를 사용하면 되며, 프래그먼트는 프래그먼트의 onCreateView 핸들러로 전달되는 Inflator 객체의 inflate 메서드를 사용해 전개한다.

액티비티와 프래그먼트에서 레이아웃을 생성하고 사용하기 위한 세부 내용은 5장 '사용자 인터페이스 빌드하기'에서 찾아볼 수 있다.

안드로이드에서는 레이아웃을 사용해 XML로 화면을 구성하는 것이 가장 좋다. 코드에서 레이아웃을 분리하면 각기 다른 다양한 화면 크기나 방향, 키보드나 터치스크린의 유무에 따른 하드웨어 구성에 최적화된 레이아웃을 생성할 수 있다. 자세한 내용은 잠시 후에 다룬다.

각 레이아웃 정의는 res/layout 폴더에 XML 파일 형태로 저장된다. 이때 파일 이름은 리소스 식별자가 된다.

레이아웃 컨테이너와 뷰 요소에 대한 심층적인 내용은 5장에서 다룬다. 다만, 새 프로젝트 마법사를 통해 만들어진 레이아웃을 코드 4-2로 나타냈다. 여기서는 Constraint Layout에 따라 'Hello World' 인사에 해당하는 텍스트 뷰가 생성됐다.

코드 4-2   Hello World 레이아웃

```xml
<?xml version="1.0" encoding="utf-8"?>
<android.support.constraint.ConstraintLayout
  xmlns:android="http://schemas.android.com/apk/res/android"
  xmlns:app="http://schemas.android.com/apk/res-auto"
  android:layout_width="match_parent"
  android:layout_height="match_parent">
  <TextView
    android:layout_width="wrap_content"
    android:layout_height="wrap_content"
    android:text="Hello World!"
    app:layout_constraintBottom_toBottomOf="parent"
    app:layout_constraintLeft_toLeftOf="parent"
    app:layout_constraintRight_toRightOf="parent"
    app:layout_constraintTop_toTopOf="parent"/>
</android.support.constraint.ConstraintLayout>
```

애니메이션

안드로이드는 세 종류의 애니메이션 리소스를 지원한다. 애니메이션 리소스는 뷰나 액티비티에 적용될 수 있으며, XML로 정의된다.

- ➤ 프로퍼티 애니메이션: Animator 객체가 갖는 시간 간격 동안 대상 객체의 프로퍼티(속성) 값을 변경하는 애니메이션. 뷰의 색상이나 투명도의 변경에서 페이드 인 또는 페이드 아웃, 서체 크기의 변경 등에 이르기까지 다양하게 사용될 수 있다.

- ➤ 뷰 애니메이션: 연속적으로 이어지는 뷰의 변형(예를 들어, 회전, 이동, 페이드인/아웃, 확대)으로 수행되는 애니메이션. 변형 간에 애니메이션이 처리되므로 트윈(Tween) 애니메이션이라고 한다.

➤ 프레임 애니메이션: 일련의 드로어블 이미지들을 차례대로 보여주는 프레임 전환 애니메이션이며, AnimationDrawable 객체로 생성된다.

안드로이드는 또한 장면 전환 프레임워크도 제공한다. 이를 통해 런타임 시에 한 레이아웃에서 다른 레이아웃으로 전환하여 애니메이션을 만들 수 있다. 이때 각 레이아웃 계층 구조에서 뷰의 프로퍼티 값들을 끼워 넣거나 수정하게 된다.

> **참고**
>
> 애니메이션과 장면 전환의 생성, 사용, 적용 등과 같은 포괄적인 내용은 14장 '사용자 인터페이스의 고급 구성'에서 다룬다.

프로퍼티, 뷰, 프레임 애니메이션을 외부 리소스로 정의하면 같은 애니메이션 순서를 여러 곳에서 재사용할 수 있으며, 기기 하드웨어나 방향에 따라 서로 다른 애니메이션을 제공할 수도 있다.

▪▪ 프로퍼티 애니메이션 정의하기

프로퍼티 애니메이터는 거의 모든 값과 프로퍼티에 애니메이션 경로를 만들 수 있는 강력한 프레임워크다.

프로퍼티 애니메이션은 XML 파일 형태로 프로젝트의 res/animator 폴더에 하나씩 저장된다. 레이아웃이나 드로어블 리소스처럼 애니메이션의 파일 이름은 리소스 식별자로 사용된다.

프로퍼티 애니메이터를 사용하면 대상 객체에 대부분의 숫자형 프로퍼티 애니메이션을 적용할 수 있다. 이때 특정 프로퍼티에 연결된 애니메이터들을 정의할 수 있다. 또는 어떤 프로퍼티나 객체에 할당된 일반 값 애니메이터를 적용할 수도 있다.

다음은 1초 동안 0과 1 사이에서 값을 조금씩 늘려가며 setAlpha 메서드를 호출해(또는 alpha 프로퍼티를 수정해) 대상 객체의 투명도를 변경하는 프로퍼티 애니메이터의 XML 조각 코드다.

```xml
<?xml version="1.0" encoding="utf-8"?>
<objectAnimator xmlns:android="http://schemas.android.com/apk/res/android"
    android:propertyName="alpha"
    android:duration="1000"
    android:valueFrom="0f"
    android:valueTo="1f"
/>
```

set 태그를 중첩하면 여러 프로퍼티 값을 수정하는 더 복잡한 애니메이션을 만들 수 있다. 그리고 각 프로퍼티 애니메이터 안에서 여러 애니메이션을 묶어 동시에(기본값임) 또는 다음처럼 ordering 태그를 사용해 순차적으로 실행하도록 할 수도 있다.

```xml
<?xml version="1.0" encoding="utf-8"?>
<set xmlns:android="http://schemas.android.com/apk/res/android"
     android:ordering="sequentially">
  <set>
    <objectAnimator
      android:propertyName="x"
      android:duration="200"
      android:valueTo="0"
      android:valueType="intType"/>
    <objectAnimator
      android:propertyName="y"
      android:duration="200"
      android:valueTo="0"
      android:valueType="intType"/>
  </set>
    <objectAnimator
      android:propertyName="alpha"
      android:duration="1000"
      android:valueTo="1f"/>
</set>
```

단, 프로퍼티 애니메이션은 대상 객체의 프로퍼티들을 실제로 변경한다는 점과 수정된 값은 저장된다는 점에 주의해야 한다.

▪▪ 뷰 애니메이션 정의하기

뷰 애니메이션은 XML 파일 형태로 res/anim 폴더에 하나씩 저장된다. 레이아웃이나 드로어블 리소스처럼 애니메이션의 파일 이름도 리소스 식별자로 사용된다.

애니메이션은 alpha(투명도), scale(크기 비례), translate(이동), rotate(회전)의 변화로 정의된다.

> 뷰 애니메이션은 유용할 때가 있지만 앞서 설명한 새 프로퍼티 애니메이터에 비해 심각한 제한을 일부 갖고 있다. 그 결과 가능하다면 프로퍼티 애니메이터를 사용하는 것이 좋다.

표 4-1에 각 애니메이션 타입이 지원하는 유효한 속성과 속성 값을 나타냈다.

애니메이션 타입	속성	유효한 값
투명도	fromAlpha/toAlpha	0에서 1까지 float
크기 비례	fromXScale/toXScale	0에서 1까지 float
	fromYScale/toYScale	0에서 1까지 float
	pivotX/pivotY	0%에서 100%까지 그래픽 너비/높이의 비율 문자열
이동	fromXDelta/toXDelta	정상 위치 대비 픽셀의 개수를 나타내는 float 또는 요소 너비 대비 비율(% 접미어 필요) 또는 부모 너비 대비 비율(%p 접미어 필요)
	fromYDelta/toYDelta	정상 위치 대비 픽셀의 개수를 나타내는 float 또는 요소 너비 대비 비율(% 접미어 필요) 또는 부모 너비 대비 비율(%p 접미어 필요)
회전	fromDegrees/toDegrees	0에서 360까지 float
	pivotX/pivotY	0%에서 100%까지 그래픽 너비/높이의 비율 문자열 객체의 왼쪽 가장자리 대비 픽셀 단위의 X 및 Y 좌표 문자열 또는 객체의 왼쪽 가장자리 대비 비율(% 사용) 또는 부모 컨테이너의 왼쪽 가장자리 대비 비율(%p 사용)

여러 애니메이션을 조합해 적용하려면 set 태그를 사용해야 한다. 흔히 복합 애니메이션이라고 부르는 애니메이션셋은 하나 이상의 애니메이션 변환을 표현하며, 이에 따라 셋에 포함된 각 애니메이션이 실행되는 시점이나 방식을 맞춤 구성하기 위한 각종 태그와 속성을 추가로 지원한다.

사용할 수 있는 set 태그들은 다음과 같다.

> ➤ duration: 전체 애니메이션이 실행되는 밀리초 단위의 지속 시간
> ➤ startOffset: 애니메이션이 시작하기까지 대기하는 밀리초 단위의 지연 시간
> ➤ fillBefore: 애니메이션 변환을 애니메이션보다 먼저 적용한다.
> ➤ fillAfter: 애니메이션 변환을 애니메이션보다 나중에 적용한다.
> ➤ interpolator: 시간에 따른 애니메이션 효과의 속도 변화를 설정한다. 14장에서는 사용할 수 있는 인터폴레이터를 살펴본다. 인터폴레이터를 지정할 때는 android:anim/interpolatorName에 있는 시스템 애니메이션 리소스를 참조한다.

다음은 대상이 360도 회전하면서 크기가 줄어들다가 결국 사라지는 애니메이션셋의 예다.

```xml
<?xml version="1.0" encoding="utf-8"?>
<set xmlns:android="http://schemas.android.com/apk/res/android"
    android:interpolator="@android:anim/accelerate_interpolator">
  <rotate
    android:fromDegrees="0"
    android:toDegrees="360"
    android:pivotX="50%"
    android:pivotY="50%"
    android:startOffset="500"
    android:duration="1000" />
  <scale
    android:fromXScale="1.0"
    android:toXScale="0.0"
    android:fromYScale="1.0"
    android:toYScale="0.0"
    android:pivotX="50%"
    android:pivotY="50%"
    android:startOffset="500"
    android:duration="500" />
  <alpha
    android:fromAlpha="1.0"
    android:toAlpha="0.0"
    android:startOffset="500"
    android:duration="500" />
</set>
```

▓▓ 프레임 전환 애니메이션 정의하기

프레임 전환 애니메이션은 일련의 드로어블을 순차적으로 보여주며, 각 드로어블은 지정된 시간 동안 보이게 된다.

프레임 전환 애니메이션은 애니메이션이 수행되는 드로어블을 나타내므로 res/drawable 폴더에 저장되며, 그 파일 이름이 (.xml 확장자 없이) 자신의 리소스 ID로 사용된다.

다음 XML 조각 코드는 일련의 비트맵 리소스를 0.5초씩 순서대로 반복 표시하는 단순한 애니메이션이다. 이 코드를 사용하려면 android1과 android2라는 새 이미지 리소스를 만들어야 한다.

```
<animation-list
  xmlns:android="http://schemas.android.com/apk/res/android"
  android:oneshot="false">
  <item android:drawable="@drawable/android1" android:duration="500" />
  <item android:drawable="@drawable/android2" android:duration="500" />
  <item android:drawable="@drawable/android3" android:duration="500" />
</animation-list>
```

단, 대부분의 경우 애니메이션 리스트에서 사용되는 드로어블들의 서로 다른 해상도를 수용해야 한다는 점에 유의한다.

애니메이션을 재생하려면 리소스를 호스트 뷰에 지정한 후 애니메이션 드로어블 객체의 참조를 가져와 시작해야 한다.

```
ImageView androidIV = findViewById(R.id.iv_android);
androidIV.setBackgroundResource(R.drawable.android_anim);

AnimationDrawable androidAnimation =
  (AnimationDrawable)androidIV.getBackground();

androidAnimation.start();
```

일반적으로는 이 과정이 두 단계로 진행된다. 우선 리소스를 onCreate 핸들러 안에서 백그라운드에 지정한다.

이 핸들러 안에서는 애니메이션이 액티비티 창에 완전히 연결되지 않아 애니메이션이 시작될 수 없다. 그 대신 (버튼 누르기 등의) 사용자 액션이 생겼을 때 처리되거나 또는 onWindowFocusChanged 핸들러에서 처리되는 것이 일반적이다.

4.4.2 리소스 사용하기

프로그래머가 만드는 리소스 외에도 안드로이드 플랫폼은 애플리케이션에 활용할 수 있는 몇 가지 시스템 차원의 리소스를 제공한다. 모든 리소스는 애플리케이션 코드 안에서 사용되거나 다른 리소스 안에서 참조된다. 예를 들어, 크기 값이나 문자열 리소스는 레이아웃 정의에서 참조된다.

잠시 후에 서로 다른 언어나 위치, 하드웨어에 적용하기 위한 대체 리소스 값을 정의하는 방법에 대해 설명한다. 리소스를 사용할 때는 특정 대체 값을 선택해서 사용하지 않아야 한다. 안드로이드가 현재 하드웨어나 기기, 언어 구성 등에 따라 해당 리소스 식별자에 적합한 값을 자동으로 선택하기 때문이다.

코드에서 리소스 사용하기

애플리케이션 안에서는 정적 클래스 R을 사용해 코드에서 리소스에 접근할 수 있다. R은 프로젝트가 빌드될 때 자동으로 생성되는 클래스로, 프로젝트에 포함된 모든 리소스를 참조하여 디자인 시점에 구문 검사를 제공한다.

R 클래스에는 사용할 수 있는 각 리소스에 해당하는 정적 서브 클래스, 예를 들어, R.string과 R.drawable이 포함된다.

> **참고**
>
> 안드로이드 스튜디오에서는 외부 리소스 파일이나 폴더를 변경한 이후 애플리케이션을 빌드하면 R 클래스가 자동으로 생성된다. R은 프로젝트 빌드 시 생성되는 클래스다. 따라서 인위적으로 수정해서는 안 된다. 설사 수정을 하더라도 재생성되면 수정 내용이 사라지기 때문이다.

R에 있는 각 서브 클래스는 자신과 연동되는 리소스를 변수 형태로 노출한다. 이때 변수 이름은 리소스 식별자가 된다. 예를 들면 R.string.app_name이나 R.mipmap.ic_launcher 식이다.

이 변숫값은 정수로, 리소스 자체의 인스턴스가 아니라 각 리소스의 리소스 테이블 내 위치를 나타낸다.

setContentView와 같은 생성자 또는 메서드가 리소스 식별자를 받으면 다음 조각 코드처럼 리소스 변수를 전달할 수 있다.

```
// 레이아웃 리소스를 인플레이트한다.
setContentView(R.layout.main);
// 애플리케이션 이름 문자열 리소스를 보여 주는 투명 대화상자를 표시한다.
Toast.makeText(this, R.string.app_name, Toast.LENGTH_LONG).show();
```

리소스 자체의 인스턴스가 필요할 때는 도우미 메서드를 사용해 리소스 테이블에서 해당 인스턴스를 추출해야 한다. 리소스 테이블은 애플리케이션 안에서 Resources 클래스의 인스턴스로 표현된다.

이 메서드들은 애플리케이션의 현재 리소스 테이블을 조회한다. 따라서 정적일 수 없다. 애플리케이션 콘텍스트에는 다음 조각 코드처럼 getResources 메서드를 사용해 애플리케이션의 Resources 인스턴스에 접근할 수 있다.

```
Resources myRes = getResources();
```

Resources 클래스는 사용할 수 있는 각 리소스 타입의 게터를 포함하며, 우리가 인스턴스를 생성하려는 리소스의 ID를 전달해 준다.

안드로이드 지원 라이브러리에는 ResourcesCompat 클래스도 포함되어 있다. 이 클래스는 안드로이드 구버전과 호환되는 게터 메서드(예를 들어, getDrawable)를 제공한다.

다음 조각 코드는 도우미 메서드를 사용해 리소스 값을 선택하는 예다.

```
CharSequence styledText = myRes.getText(R.string.stop_message);

float borderWidth = myRes.getDimension(R.dimen.standard_border);

Animation tranOut;
tranOut = AnimationUtils.loadAnimation(this, R.anim.spin_shrink_fade);

ObjectAnimator animator =
  (ObjectAnimator)AnimatorInflater.loadAnimator(this,
  R.animator.my_animator);

String[] stringArray;
stringArray = myRes.getStringArray(R.array.string_array);

int[] intArray = myRes.getIntArray(R.array.integer_array);
```

안드로이드 5.0 롤리팝(API 레벨 21)에서는 드로어블 테마 지원을 추가했다. 따라서 다음과 같이 ResourcesCompat 라이브러리를 사용해야 Drawable 및 Color 리소스에 접근할 수 있다. 두 메서드 모두 테마 인자로 null 값을 받는다는 점에 유의해야 한다.

```
Drawable img = ResourcesCompat.getDrawable(myRes, R.drawable.an_image, myTheme);
int opaqueBlue = ResourcesCompat.getColor(myRes, R.color.opaque_blue, myTheme);
```

프레임 전환 애니메이션 리소스는 AnimationDrawable 객체로 생성되어 참조된다. 따라서 다음 코드에 있듯이, getDrawable을 호출한 후 반환 객체의 타입을 AnimationDrawable로 변환해야 한다.

```
AnimationDrawable androidAnimation;
androidAnimation =
  (AnimationDrawable)ResourcesCompat.getDrawable(R.myRes, drawable.frame_by_frame,
                                                 myTheme);
```

리소스 안에서 리소스 참조하기

리소스 참조를 다른 XML 리소스에서 속성 값으로 사용할 수도 있다.

이는 특히 레이아웃과 스타일에 유용하다. 테마와 현지화된 문자열 및 이미지 애셋을 전문화해 만들 수 있기 때문이다. 그리고 서로 다른 화면 크기와 해상도마다 최적화하기 위해 하나의 레이아웃에 서로 다른 이미지와 공간 배치를 지원하는 방법도 유용하다.

한 리소스에서 다른 리소스를 참조하려면 다음 조각 코드처럼 @ 표기법을 적용한다.

```
attribute="@[packagename:]resourcetype/resourceidentifier"
```

> **참고**
>
> 안드로이드는 동일한 패키지의 리소스가 사용된다고 가정한다. 따라서 다른 패키지의 리소스를 사용하려면 그 패키지 이름을 온전하게 지정해야 한다.

코드 4-3은 크기 값, 색상, 문자열 등의 리소스를 사용하는 레이아웃이다.

코드 4-3 레이아웃에서 리소스 사용하기

```
<?xml version="1.0" encoding="utf-8"?>
<RelativeLayout xmlns:android="http://schemas.android.com/apk/res/android"
  xmlns:tools="http://schemas.android.com/tools"
  android:id="@+id/activity_main"
  android:layout_width="match_parent"
  android:layout_height="match_parent"
  android:paddingBottom="@dimen/activity_vertical_margin"
  android:paddingLeft="@dimen/activity_horizontal_margin"
  android:paddingRight="@dimen/activity_horizontal_margin"
  android:paddingTop="@dimen/activity_vertical_margin"
  tools:context="com.professionalandroid.apps.helloworld.MainActivity">
```

```
  <TextView
    android:id="@+id/myTextView"
    android:layout_width="wrap_content"
    android:layout_height="wrap_content"
    android:textColor="@color/colorAccent"
    android:text="@string/hello"
  />
</RelativeLayout>
```

시스템 리소스 사용하기

안드로이드 프레임워크는 각종 문자열, 이미지, 애니메이션, 스타일, 레이아웃 등 애플리케이션에서 사용할 수 있는 네이티브 리소스를 상당수 제공한다.

시스템 리소스에 코드로 접근하는 방법은 일반 리소스를 사용할 때와 비슷하다. 다른 점이 있다면, 네이티브 안드로이드 리소스 클래스들은 애플리케이션 전용 R 클래스가 아닌 android.R에서 사용할 수 있다는 사실이다. 다음은 애플리케이션 콘텍스트에서 사용할 수 있는 getString 메서드를 사용해 시스템 리소스에서 사용할 수 있는 오류 메시지를 조회하는 조각 코드다.

```
CharSequence httpError = getString(android.R.string.httpErrorBadUrl);
```

시스템 리소스에 XML로 접근할 때는 다음 XML 조각 코드처럼 안드로이드를 패키지 이름으로 지정한다.

```
<EditText
  android:id="@+id/myEditText"
  android:layout_width="match_parent"
  android:layout_height="wrap_content"
  android:text="@android:string/httpErrorBadUrl"
  android:textColor="@android:color/darker_gray"
/>
```

사용할 수 있는 전체 안드로이드 리소스는 developer.android.com/reference/android/R.html 에서 찾아볼 수 있다.

현재 테마에서 스타일 참조하기

테마는 애플리케이션 UI의 일관성을 유지할 수 있는 뛰어난 방법이다. 안드로이드는 스타일마다 일일이 정의하지 않고 현재 적용된 테마의 스타일을 사용할 수 있는 지름길을 제공한다.

방법은 간단하다. 사용하려는 리소스의 접두어로 @ 대신 ?android:를 사용하면 된다. 다음은 바로 앞 코드에 시스템 리소스 대신 현재 테마의 텍스트 색상을 사용하도록 수정한 조각 코드다.

```
<EditText
  android:id="@+id/myEditText"
  android:layout_width="match_parent"
  android:layout_height="wrap_content"
  android:text="@android:string/httpErrorBadUrl"
  android:textColor="?android:textColor"
/>
```

이 방법을 적용하면 현재 테마가 변경될 때 개별 스타일 리소스를 수정하지 않고도 함께 변경되는 스타일을 만들 수 있다. 단, textColor 리소스 값이 현재 테마에서 정의돼야 한다는 데 주의해야 한다. 테마와 스타일에 대해서는 13장 '현대적인 안드로이드 사용자 인터페이스 구현하기'에서 자세히 다룬다.

4.4.3 각기 다른 언어 및 하드웨어 맞춤용 리소스 만들기

res 폴더 안에 병렬 디렉터리 구조를 적용하면 특정 언어나 위치, 하드웨어 구성에 적합하도록 각기 다른 리소스 값을 생성할 수 있다.

이때 대체 리소스를 제공하기 위한 조건을 지정해 주는 한정자들은 하이픈(-)으로 구분한다. 안드로이드는 이렇게 지정된 값 중에서 적합한 값을 동적 리소스 선별 메커니즘에 따라 런타임에 동적으로 선택한다.

다음은 기본 문자열 값을 표시하는 폴더의 계층 구조 예로, 프랑스어와 캐나다 지역을 나타내고 있다.

```
Project/
  res/
    values/
      strings.xml
    values-fr/
      strings.xml
```

```
values-fr-rCA/
    strings.xml
```

안드로이드 스튜디오에서는 이와 같은 병렬 폴더가 그림 4-4처럼 나타난다. 여기서 폴더 이름은 각 버전에 해당하는 파일의 이름 그대로 표시되며, 이때 한정자가 괄호로 나타난다.

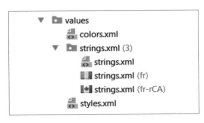

◑ **그림 4-4**

이와 같은 폴더는 수동으로 구성할 수 있으며, 안드로이드 스튜디오에서 폴더에 담길 대체 리소스를 생성할 때 새 폴더들을 만들 수도 있다.

이를 위해 두 가지 방법이 준비돼 있다. 안드로이드 스튜디오의 프로젝트 도구 창에서 부모 폴더(⌘ res/values)를 마우스 오른쪽 버튼으로 클릭한 후 [New ➡ Values resource file]을 클릭해도 되고, 부모 폴더를 선택한 후 안드로이드 스튜디오 메뉴의 [File ➡ New ➡ Values resource file]을 선택해도 된다. 어느 방법을 사용해도 그림 4-5와 같은 [New Resource File] 대화상자가 나타난다. 폴더를 만들고 그 안에 새 파일을 넣기 전에 이 대화상자에서 사용할 수 있는 모든 한정자 범주와 각종 옵션을 지정할 수 있다. 단, 안드로이드 스튜디오 대화상자로 모든 한정자를 지정할 수는 없다. 따라서 대화상자에 없는 한정자 관련 폴더는 우리가 직접 생성해야 한다.

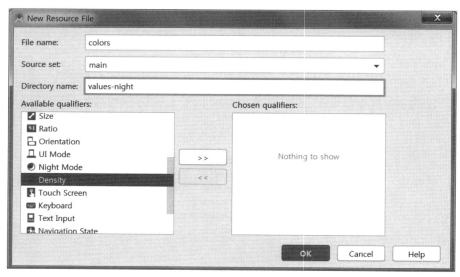

● 그림 4-5

다음은 리소스 값을 맞춤 구성하기 위한 한정자들이다.

➤ MCC/MNC(Mobile Country Code and Mobile Network Code): 국가와 선택 사항인 네트워크는 기기에서 현재 사용되는 SIM과 연동된다. MCC는 mcc 다음에 세 자리 국가 코드를 붙여 지정된다. mnc와 두 자리 또는 세 자리의 네트워크 코드를 사용해(📧 mcc234-mnc20 또는 mcc310) MNC를 추가할 수도 있다(선택 사항이다). MCC/MNC 코드 리스트는 위키백과 페이지인 en.wikipedia.org/wiki/Mobile_country_code에서 확인할 수 있다.

➤ 언어와 지역: 소문자 두 문자인 ISO 639-1 언어 코드로 지정되는 언어와 소문자 r 다음에 대문자 두 문자인 ISO 3166-1-alpha-2 언어 코드를 붙여 지정되는 지역(선택 사항임)을 이어 표현한다(📧 en, en-rUS, en-rGB). 안드로이드 스튜디오의 [New Resource File] 대화상자의 [locale] 항목에서 지정할 수 있다.

➤ 레이아웃 방향: UI의 레이아웃 방향은 ldrtl이 오른쪽에서 왼쪽 방향, ldltr이 왼쪽에서 오른쪽 방향(기본값)을 나타낸다. 이 한정자는 오른쪽에서 왼쪽으로 적는 언어를 효과적으로 지원하기 위해 각기 다른 레이아웃(또는 다른 리소스)을 제공할 때 사용한다.

➤ 최소 화면 너비: 기기의 최소 화면 크기 값(높이와 너비 등)은 sw⟨Dimension value⟩dp의

형태로 지정된다(⑩ sw600dp, sw320dp 또는 sw720dp). 일반적으로 여러 레이아웃을 제공할 때 사용된다. 여기서 지정되는 값은 레이아웃이 올바로 렌더링되기 위한 화면의 최소 너비여야 한다. 여러 방향에 대해 서로 다른 화면 너비 한정자를 제공하면 안드로이드 스튜디오는 이 중에서 기기에서 사용할 수 있는 가장 작은 크기를 넘지 않는 가장 큰 값을 선택한다.

➤ 사용할 수 있는 화면 너비: 포함된 리소스를 사용하기 위한 최소 화면 너비는 w〈Dimension value〉dp의 형태로 지정된다(⑩ w600dp, w320dp, w720dp). 사용할 수 있는 화면 너비는 여러 대체 레이아웃을 제공하기 위해서도 사용되지만, 최소 화면 너비와 달리 기기의 방향이 바뀔 때 현재 화면 너비를 반영하도록 변경된다. 안드로이드는 현재 사용할 수 있는 화면 너비를 넘지 않는 가장 큰 값을 선택한다.

➤ 사용할 수 있는 화면 높이: 포함된 리소스를 사용하기 위한 최소 화면 높이는 h〈Dimension value〉dp의 형태로 지정된다(⑩ h720dp, h480dp, h1280dp). 사용할 수 있는 화면 높이는 사용할 수 있는 화면 너비와 마찬가지로 기기의 방향이 바뀔 때 현재 화면 높이를 반영하도록 변경된다. 안드로이드는 현재 사용할 수 있는 화면 높이를 넘지 않는 가장 큰 값을 선택한다.

➤ 화면 크기: small(HVGA보다 작음), normal(적어도 HVGA이며, 일반적으로 VGA보다 작음), large(VGA 이상), xlarge(HVGA보다 훨씬 큼) 중 하나이다. 화면 크기마다 현격하게 다른 기기를 포함하기 때문에 가능하다면 더 구체적인 최소 화면 크기와 사용할 수 있는 화면 너비 및 높이를 사용하는 것이 좋다. 이 값들이 화면 크기보다 우선하기 때문이다. 만일 둘 다 지정됐을 때는 더 구체적인 한정자가 사용된다(지원이 가능하다면).

➤ 화면 비율: 리소스의 와이드 화면 지원 여부에 따라 long이나 notlong을 지정한다(예를 들어, WVGA는 long, QVGA는 notlong이다).

➤ 화면 모양: 시계 같은 둥근 화면용 리소스인지 휴대전화나 태블릿과 같은 직사각형 화면용 리소스인지에 따라 round나 notround를 지정한다.

➤ 화면 색 재현율: Display P3나 AdobeRGB 등 높은 색 재현율을 지원하는 디스플레이 장치용 리소스에는 widecg, RGB처럼 낮은 색 재현율을 지원하는 디스플레이용으로는 nowidecg를 지정한다.

➤ 화면 다이내믹 레인지: HDR을 지원하는 디스플레이에는 highdr, 지원하지 않는 디스플레이에는 lowdr을 지정한다.

➤ **화면 방향**: 세로 방향일 때는 port, 가로 방향일 때는 land를 지정한다.

➤ **UI 모드**: 자동차용으로는 car, 책상용으로는 desk, 3미터 거리에서 뒤로 기대고 보는 용도로는 television, 시각적인 UI 없을 때는 appliance, 손목 장착용으로는 watch, 가 상현실 헤드셋용으로는 vrheadset이 지정되는 리소스다. 대개는 레이아웃을 나타낸다.

➤ **방해 금지 모드**: 방해 금지 모드로 night, 일반 모드로 notnight를 지정한다. UI 모드 한정자와 조합해 사용되며, 이를 통해 애플리케이션의 테마나 색상을 방해 금지 모드 에 맞춰 더 쉽게 변경할 수 있다.

➤ **화면 밀도**: dpi 단위로 나타내는 화면의 밀도다. ldpi, mdpi, hdpi, xhdpi, xxhdpi 드 로어블 리소스를 모두 제공하기 위한 120dpi, 160dpi, 240dpi, 320dpi, 480dpi의 밀도 애셋 전부를 포함함으로써 모든 기기를 지원하는 것이 최선이다. 론처 아이콘의 경우 에는 xxxhdpi 리소스를 제공해 더 큰 아이콘이 사용될 수 있도록 하는 것이 좋다. 반 면, 정확한 화면 밀도를 지원하기 위해서는 크기 비례를 염두에 두지 않고 비트맵 리 소스용으로 nodpi를 지정할 수도 있다. 그리고 크기 비례 벡터 그래픽용으로는 anydpi 가 어울린다. 안드로이드로 작동하는 텔레비전이 대상인 애플리케이션을 더 효율적으 로 지원하기 위해서는 대략 213dpi인 애셋에 tvdpi 한정자를 사용할 수도 있다. 이 한 정자는 대부분의 애플리케이션에 쓸모가 없다. 중해상도 및 고해상도 애셋으로도 뛰어 난 사용자 경험을 제공하기에 충분하기 때문이다. 하지만 여기서는 안드로이드가 정확 한 리소스 타입을 선택하지 않는다. 적절한 폴더를 선택할 때 가장 적합한 화면 밀도 를 선택하고 기기에 맞춰 크기에 비례해 드로어블을 사용하기 때문이다.

➤ **터치스크린 타입**: 터치스크린 입력 여부에 따라 다르게 최적화된 notouch 또는 finger가 지정된다.

➤ **키보드 사용**: keysexposed, keyshidden, keyssoft 중에서 하나가 지정돼 각각 현재 사용 할 수 있는 하드웨어 키보드와 사용할 수 없는 하드웨어 키보드, 소프트웨어 키보드(보 이든 보이지 않든 상관없다)를 나타낸다.

➤ **키보드 입력 타입**: nokeys, qwerty, 12key 중에서 하나가 지정돼 각각 물리적 키보드 없 음, 풀 쿼티 키보드, 물리적 12키 키보드를 각각 나타내며, 이때 각 키보드 사용 유무 와는 상관없이 지정된다.

➤ **이동 키**: navexposed나 navhidden으로 지정된다.

➤ **UI 이동 키**: nonav, dpad, trackball, wheel 중 하나가 지정된다.

➤ 플랫폼 버전: 대상 API 레벨이 v⟨API Level⟩의 형태로 지정된다(예 v7). 지정된 API 레벨 이상에서 작동하는 기기로 한정되는 리소스에 사용된다.

어떤 리소스 타입이든 한정자를 한꺼번에 여럿 지정할 수 있다. 이때 각 한정자는 하이픈(-)으로 구분한다. 한정자의 조합에는 제한이 없지만, 지정된 순서대로 사용되므로 한정자당 하나의 값만 지정해야 한다.

다음은 대체 레이아웃 리소스에 적용할 유효한 디렉터리 이름과 유효하지 않은 디렉터리 이름의 예다.

유효한 이름
```
layout-large-land
layout-xlarge-port-keyshidden
layout-long-land-notouch-nokeys
```

유효하지 않은 이름
```
values-rUS-en  (한정자의 순서가 바뀜. 언어를 나타내는 en이 먼저 나와야 함)
values-rUS-rUK  (하나의 한정자에 값이 여러 개임)
```

안드로이드가 런타임에 리소스를 조회할 때는 사용할 수 있는 대체 리소스 중에서 가장 적합한 것을 찾는다. 필요한 값이 존재하는 폴더 전체를 조회해 해당 한정자가 가장 많은 폴더 하나를 선택한다. 만일 두 폴더에 해당 한정자가 똑같이 있다면 리스트에 지정된 한정자의 순서에 따라 최종적으로 하나가 결정된다.

> **주의**
> 일치하는 리소스가 해당 기기에서 발견되지 않으면 지정된 리소스에 애플리케이션이 접근을 시도할 때 예외가 발생한다. 이를 피하려면 한정자가 없는 폴더에서 각 리소스에 기본값을 지정해 둬야 한다.

4.4.4 런타임 구성 변경

안드로이드는 활성 액티비티를 중단했다가 다시 시작시켜서 언어나 위치, 하드웨어의 런타임 변경을 처리한다. 이 과정에서 액티비티의 리소스 해상도가 다시 검토되어야 하고, 새 구성에 가장 적합한 리소스 값이 선택되어야 한다.

일부 특별한 경우, 이러한 기본 처리는 편리하지 않다. 특히 화면 방향의 변경에 맞춰 UI를 변경하고 싶지 않은 애플리케이션에서 그렇다. 이때는 애플리케이션에서 이런 변경을 직접 감지하여 거기에 맞게 응답할 수 있다.

런타임 시에 발생하는 구성 변경을 액티비티에서 리스닝하려면 처리하고자 하는 구성 변경을 android:configChanges 속성에 지정하여 매니페스트의 해당 액티비티 노드에 추가하면 된다.

다음은 지정할 수 있는 몇 가지 구성 변경의 예다.

➤ mcc와 mnc: SIM이 감지돼 모바일 국가 코드 또는 모바일 네트워크 코드가 변경됐다.

➤ locale: 사용자가 기기의 언어 설정을 변경했다.

➤ keyboardHidden: 키보드, D 패드 등 입력 메커니즘이 노출되거나 숨겨졌다.

➤ keyboard: 키보드 종류가 변경됐다. 예를 들어 휴대전화에는 12키 키패드가 풀 키보드로 전환될 수도 있고, 외부 키보드가 연결될 수도 있다.

➤ fontScale: 사용자가 선호하는 서체 크기를 변경했다.

➤ uiMode: 글로벌 UI 모드가 변경됐다. 이것은 일반적으로 자동차 모드나 나이트 모드 등으로 전환될 때 생긴다.

➤ orientation: 화면이 세로나 가로로 회전됐다.

➤ screenLayout: 화면 레이아웃이 변경됐다. 일반적으로 다른 화면이 작동할 때 변경된다.

➤ screenSize: 사용할 수 있는 화면 크기가 변경됐다. 예를 들어, 가로와 세로 간 방향 전환 또는 다중 윈도우 모드로 변경된다.

➤ smallestScreenSize: 물리적 화면 크기가 변경됐다. 예를 들어, 외부 디스플레이에 연결될 때 변경된다.

➤ layoutDirecion: 화면/텍스트 레이아웃 방향이 변경됐다. 예를 들어, 왼쪽에서 오른쪽 쓰기와 오른쪽에서 왼쪽(RTL) 쓰기로 전환될 때 변경된다.

일부 환경에서는 복수의 이벤트가 동시에 발생한다. 예를 들어, 사용자가 키보드를 옆으로 밀면 대부분의 기기는 keyboardHidden 이벤트와 orientation 이벤트를 발생시키고, 외부 디스플레이에 연결되면 orientation, screenLayout, screenSize, smallestScreenSize 등의 이벤트를 발생시킨다.

복수의 이벤트에서 처리할 것을 직접 고를 수 있다. 이때 코드 4-4처럼 각 값들을 파이프(|)로 구분한다. 코드 4-4에서는 화면 크기와 방향의 변경 및 물리적 키보드 사용을 처리하겠다고 선언한 액티비티 노드를 보여준다.

코드 4-4 동적 리소스 변경을 처리하는 액티비티 정의

```
<activity
  android:name=".MyActivity"
  android:label="@string/app_name"
  android:configChanges="screenSize|orientation|keyboardHidden">
  <intent-filter >
    <action android:name="android.intent.action.MAIN" />
    <category android:name="android.intent.category.LAUNCHER" />
  </intent-filter>
</activity>
```

android:configChanges 속성을 추가하면 이 속성에 지정된 구성 변경이 생기더라도 액티비티가 다시 시작되지 않는다. 그 대신 이 속성이 지정된 액티비티의 onConfigurationChanged 메서드가 호출된다. 따라서 그런 구성 변경을 처리하려면 onConfigurationChanged를 오버라이드하고 인자로 전달된 Configuration 객체를 사용해 새 구성 값을 확인하면 된다(코드 4-5). 이때 슈퍼클래스의 onConfigurationChanged를 호출해야 하며, 액티비티가 사용하는 리소스 값이 변경되었다면 다시 로드해야 한다.

코드 4-5 코드로 구성 변경 처리하기

```
@Override
public void onConfigurationChanged(Configuration newConfig) {
  super.onConfigurationChanged(newConfig);

  // [ ... 리소스 값에 따라 UI 업데이트하기 ... ]

  if (newConfig.orientation == Configuration.ORIENTATION_LANDSCAPE) {
    // [ ... 기기의 방향이 달라졌을 때 응답하기 ... ]
  }

  if (newConfig.keyboardHidden == Configuration.KEYBOARDHIDDEN_NO) {
    // [ ... 변경된 키보드 상태에 응답하기 ... ]
  }
}
```

onConfigurationChanged가 호출될 때는 액티비티의 리소스 변수는 이미 새 값으로 변경되어 있다. 따라서 안전하게 사용할 수 있다.

애플리케이션에서 처리되도록 명시적으로 지정되지 않은, 달리 말해 android:configChanges 속성에 지정되지 않은 구성 변경이 생길 때는 onConfigurationChanged가 호출되지 않고 액티비티가 다시 시작된다.

5

사용자 인터페이스 빌드하기

📑 5장의 주요 내용

➤ 밀도 독립적인 사용자 인터페이스 디자인

➤ 뷰와 레이아웃 사용하기

➤ 레이아웃 최적화하기

➤ 리스트와 그리드 다루기

➤ 리사이클러 뷰와 어댑터 사용하기

➤ 데이터 바인딩 구현하기

➤ 뷰 확장하기, 그룹화하기, 생성하기, 사용하기

📥 5장에 사용된 코드의 다운로드용 파일

5장은 다음 4개의 파일로 되어 있다.

📥 Snippets_ch5.zip

📥 Earthquake_ch5_1.zip

📥 Earthquake_ch5_2.zip

📥 Compass_ch5.zip

5.1 안드로이드 디자인의 토대

스마트폰 초창기 시절, 스티븐 프라이(Stephen Fry)는 디지털 기기의 디자인에서 스타일과 본질의 상호 작용을 다음처럼 묘사했다.

> "스타일이 전혀 없는 기기도 기능할 수 있는 것처럼. 근사하게 기능하지 않는 기기도 스타일리시하다고 말할 수 있는 것처럼. …(중략)… 그렇다. 아름다움이 중요하다. 진짜로 정말로 중요하다. 아름다움은 겉모습이 아니다. 아름다움은 부가적인 것도 아니다. 아름다움은 아름다움 그 자체다."

프라이가 묘사한 것은 기기 자체의 스타일이었지만 기기에서 작동하는 애플리케이션에 대해서도 똑같은 말을 할 수 있을 것이다.

이 생각은 이후 널리 회자됐고, 디자인과 사용자 경험은 스마트 기기들의 성공에 힘입어 점점 더 중요해지면서 안드로이드 애플리케이션 개발자들에게 중대한 관심사가 됐다.

더 커지고, 더 밝아지고, 해상도도 더 높아진 디스플레이는 애플리케이션을 점점 더 시각적으로 바뀌게 했다. 전화라는 것이 순전히 기능적인 기기에서 진화를 거듭하면서 그리고 안드로이드 기기가 전화라는 폼 팩터를 넘어서면서 애플리케이션이 제공하는 사용자 경험은 지극히 중요해졌다.

안드로이드 애플리케이션의 경우, 디자인과 사용자 경험에 대한 이와 같은 주목은 다시 다루게 될 머티리얼 디자인(Material Design) 철학의 탄생과 채택으로 분명해졌다.

5장에서는 UI를 만들 수 있는 안드로이드 컴포넌트들에 초점을 맞출 것이다. 우선 액티비티와 프래그먼트 안에서 직관적인 기능성 UI를 만들기 위한 뷰 사용법을 소개한다.

안드로이드 UI의 개별 요소들은 뷰 그룹 클래스에서 파생된 다양한 레이아웃 매니저를 통해 화면에 배치된다. 5장에서는 몇 가지 네이티브 레이아웃 클래스들과 그 사용법을 소개하고 레이아웃을 효율적으로 사용할 수 있는 기법을 다룬다.

이 과정에서 안드로이드의 데이터 바인딩 프레임워크를 살펴보고, 레이아웃에 맞춰 UI에 데이터를 동적으로 바인딩할 때 이 프레임워크를 어떻게 사용하는지 소개한다. 많은 UI가 콘텐트 리스트를 기준으로 하고 있으므로 메인 데이터 소스에 연결된 리스트를 효율적으로 표시하기 위한 리사이클러 뷰(RecyclerView) 사용법도 소개한다.

안드로이드는 사용할 수 있는 뷰와 뷰 그룹을 확장하고, 맞춤 구성도 할 수 있는 방법을 제공한다. 여기서는 뷰를 결합해 서브컨트롤과 상호 작용하며 재사용할 수 있는 원자적 UI 요소들을 만들 것이다. 그리고 뷰를 직접 만들어 데이터를 표시하고, 창의적인 방법으로 사용자와 상호 작용한다.

5.2 밀도 독립적인 디자인

UI 디자인과 사용자 경험(UX, User eXperience), 인간-컴퓨터 상호 작용(HCI, Human Computer Interaction)과 사용성(Userbility)은 여기서 알아보는 깊이로는 감당할 수 없는 거대한 주제다. 그럼에도 불구하고 사용자가 이해하고 즐기게 될 UI를 만들어야 한다는 것의 중요성은 과장할 수 없을 것이다.

안드로이드 기기들은 실로 다양하며, 그 화면 크기나 폼 팩터가 제각각이다. UI 관점에서 보면, 이는 애플리케이션에 사용할 수 있는 픽셀의 개수와 디스플레이 하드웨어의 기본 밀도가 기기마다 크게 다르다는 사실을 이해해야 한다는 뜻이다.

서로 다른 기기 밀도의 영향력에서 벗어나 화면을 추상화하려면 항상 밀도 독립적인 픽셀(dp) 관점에서 생각하는 것이 좋다. 밀도 독립적인 픽셀은 '물리적인' 크기를 나타낸다. 따라서 dp 단위로 동일한 크기의 두 UI 요소는 저밀도 기기나 최신 초고밀도 기기에서 화면상 동일한 크기로 보인다. 사용자는 (손가락으로 시각적 요소를 터치하는 식으로) UI와 물리적으로 상호 작용하기 때문에 이 추상화의 중요성과 유용성은 분명해진다. 탭하지 못할 정도로 작은 버튼보다 더 짜증을 유발하는 것도 별로 없을 것이다.

서체 크기에는 크기 비례 픽셀(sp)을 사용한다. sp는 dp와 같은 기본 밀도 독립성을 공유하지만, 서체 크기는 사용자가 선호하는 텍스트의 크기에 따라 독립적으로 정해지기도 한다. 이는 접근성에서 중요한 고려 사항이며, 이 덕분에 사용자는 기기에 설치된 모든 애플리케이션에서 서체의 크기를 늘릴 수 있다.

안드로이드 5.0 롤리팝(API 레벨 21)에는 기기 독립적인 벡터 드로어블(Vector Drawable)이 도입됐다. 벡터 드로어블은 XML 형식으로 정의되며, 크기 비례에 따라 어떤 화면 밀도도 지원한다. 안드로이드 리소스 시스템은 이와 별개로 벡터 그래픽으로 나타낼 수 없는 애셋의 경우 그래픽을 자동으로 다운 스케일, 즉 축소한다. 4장 '안드로이드 매니페스트, 그래들 빌드 파일 정의하기 및 리소스 외부화하기'에서 설명한 대로 각기 다른 리소스 폴더에 여러 리소스를 제

공하는 방법도 생각해 볼 수 있다

디자인 밀도의 독립성을 유지하면 각기 다른 화면 크기용으로 디자인을 최적화하고 적용하는 데 집중할 수 있다. 이 책에서 사용되는 UI 요소들은 밀도 독립적인 픽셀(dp)의 관점, 텍스트 크기는 크기 비례 픽셀(sp)의 관점에서 작성된 것들이라는 점에 유의해야 한다.

5.3 안드로이드 사용자 인터페이스의 토대

안드로이드의 모든 시각적 컴포넌트의 뿌리는 View 클래스이며, 그런 이유에서 뷰라고 총칭한다. 뷰는 컨트롤이나 위젯(19장 '홈 화면 공략하기'에서 설명하는 홈 화면 애플리케이션 위젯과 혼동하지 말 것)으로 통용되기도 한다. 다른 플랫폼에서 GUI 개발을 경험했다면 컨트롤이나 위젯은 이미 친숙한 용어일 것이다.

ViewGroup 클래스는 뷰의 확장판으로서 자식 뷰의 추가를 지원한다. 뷰 그룹은 자식 뷰의 크기와 위치를 결정한다. 자식 뷰의 배치를 주로 담당하는 뷰 그룹을 가리켜 '레이아웃'이라고 한다.

뷰 그룹은 뷰다. 따라서 여느 뷰처럼 뷰 그룹도 커스텀 UI를 그릴 수 있고, 사용자 상호 작용도 처리할 수 있다.

안드로이드 SDK에 포함된 뷰와 뷰 그룹은 효율적이고 접근 가능한 UI를 빌드할 때 필요한 컴포넌트들을 제공한다. UI 안에서 뷰를 만들고 배치하는 일은 코드상에서도 가능하지만, XML 레이아웃 리소스를 사용해 UI를 빌드하고 구성하는 방법이 강력하게 권장된다. 이 접근법에 따라 서로 다른 하드웨어 구성, 특히 다양한 화면 크기에 맞춰 서로 다른 레이아웃을 최적화할 수 있다. 이때 (화면 방향의 변경 등) 하드웨어 변경에 따라 런타임에 레이아웃을 수정까지 할 수 있다.

뷰마다 일련의 XML 속성이 포함된다. 이 속성은 레이아웃 리소스로부터 뷰의 초기 상태를 설정할 때 필요하다. 예를 들어, TextView에 텍스트를 설정하려면 android:text 속성을 설정해야 한다.

이어지는 절들에서는 점점 더 복잡해지는 UI를 어떻게 구성할 수 있는지 설명한다. 그리고 프래그먼트에 도입되기 이전 SDK에서 사용할 수 있는 뷰를 확장하는 방법, 복합 컨트롤을 직접 만들어 빌드하는 방법, 맨 처음부터 새로 커스텀 뷰를 직접 만드는 방법 등을 다룬다.

5.3.1 액티비티에 사용자 인터페이스 배치하기

새 액티비티는 시선을 잡아끄는 빈 화면으로 시작하며, 새 UI들은 그 위에 배치된다. UI를 배치할 때는 setContentView를 호출한다. 이때 뷰 인스턴스, 즉 표시할 레이아웃 리소스를 전달해야 한다.

빈 화면은 요즘의 상식적인 사용자들이 요구하는 어떤 본능적인 호소력이 부족하다. 따라서 onCreate 핸들러를 오버라이드할 때는 액티비티의 UI를 배치하기 위해 거의 항상 setContentView를 사용한다. setContentView 메서드는 뷰 계층 구조의 루트에서 레이아웃의 리소스 ID나 하나의 뷰 인스턴스 중 어느 하나를 받기 때문에 배치할 UI는 코드상에서 또는 최적화된 방법으로 외부 레이아웃 리소스를 사용해 정의할 수 있다.

```java
@Override
public void onCreate(Bundle savedInstanceState) {
  super.onCreate(savedInstanceState);
  setContentView(R.layout.main);
}
```

레이아웃 리소스를 사용하면 애플리케이션 로직에서 표현 계층을 분리해 낼 수 있다. 이에 따라 코드를 변경하지 않아도 표현 방식을 변경할 수 있는 유연성이 확보된다. 결과적으로 각기 다른 하드웨어 구성에 최적화된 각기 다른 레이아웃을 지정하는 것이 가능해진다. 이때 (화면 방향의 변경 등) 하드웨어 변경에 따라 런타임에 레이아웃을 수정까지 할 수 있다.

레이아웃이 설정되면 다음과 같이 findViewById 메서드를 사용해 그 안에서 뷰의 참조를 가져올 수 있다.

```java
TextView myTextView = findViewById(R.id.myTextView);
```

프래그먼트를 사용해 액티비티의 UI 부분을 캡슐화할 때는 액티비티의 onCreate 핸들러 안에서 설정된 뷰가 각 프래그먼트(또는 그 컨테이너)의 상대적 위치를 나타내는 레이아웃이 된다. 그리고 각 프래그먼트에 사용된 UI는 자신의 레이아웃에서 정의되고 프래그먼트 자체에서 인플레이트되며, 거의 모든 경우 해당 프래그먼트에서만 처리돼야 한다.

5.4 레이아웃

대부분의 경우에 UI를 빌드하면 많은 뷰들이 포함되는데, 이 뷰들은 하나 이상의 중첩된 레이아웃(ViewGroup 클래스의 서브 클래스)에 포함된다. 서로 다른 레이아웃과 뷰를 결합하면 훨씬 복잡한 UI를 만들 수 있다.

안드로이드 SDK는 수많은 레이아웃 클래스를 함께 제공한다. 이들을 직접 사용하거나 수정한 후에 사용할 수 있고, 작성할 뷰나 프래그먼트, 액티비티에 적합한 UI 레이아웃을 직접 만들 수도 있다. 미학적으로 아름답고, 사용하기 쉬우며, 효율적으로 표시할 수 있는 UI를 만들기 위해 적합한 레이아웃을 찾는 도전은 독자 여러분의 몫이다. 단, 그 전에 이 도전을 받아들일 용의가 있어야 한다.

이제 안드로이드 SDK에서 흔히 사용되는 레이아웃 클래스들 가운데 일부를 소개하고자 한다. 그림 5-1은 이를 시각적으로 표현한 것이다.

> ▶ 프레임 레이아웃(FrameLayout): 레이아웃 매니저의 가장 단순한 형태인 프레임 레이아웃은 그 프레임 안에 자식 뷰 하나하나를 고정한다. 기본 위치는 왼쪽 상단이다. 단, 이 위치는 자식 뷰에서 layout_gravity 속성으로 변경할 수 있다. 자식 뷰를 여럿 추가하면 새 자식 뷰가 이전 뷰 위에 표시되므로 이전 뷰를 일부 가릴 수도 있다.

> ▶ 선형 레이아웃(LinearLayout): 선형 레이아웃은 자식 뷰들을 수직이나 수평으로 정렬한다. 수직 레이아웃은 뷰가 몇 개의 열로 표시되는 반면, 수평 레이아웃은 몇 행으로 표시된다. 선형 레이아웃은 사용할 수 있는 공간 안에서 자식 뷰의 상대적 크기를 제어할 수 있는 layout_weight 속성을 지원한다.

> ▶ 상대적 레이아웃(RelativeLayout): 네이티브 레이아웃 가운데 가장 유연하다고 할 수 있지만 렌더링이 부담되는 상대적 레이아웃은 자식 뷰들의 상대적인 위치나 레이아웃 경계를 기준으로 한 자식 뷰의 위치를 정의한다.

> ▶ 제약 레이아웃(ConstraintLayout): 최신 레이아웃이자 가장 권장되는 레이아웃인 제약 레이아웃은 복잡하고 큰 레이아웃을 중첩시키지 않고 배치하기 위해 고안됐다. 제약 레이아웃은 상대적 레이아웃과 유사하지만 그보다는 유연성과 효율성이 더 크다. 제약 레이아웃은 자식 뷰들을 일련의 제약에 따라 배치한다. 한마디로 자식 뷰들을 그 경계나 다른 자식 뷰 또는 커스텀 가이드라인에 맞춰 늘어놓는 것이다. 제약 레이아웃은 자체 비주얼 레이아웃 에디터를 제공한다. 이 에디터는 각 컨트롤의 위치를 결정하고

제약을 정의한다. XML을 수동으로 편집하는 과정을 거치지 않는 것이다. 제약 레이아웃은 안드로이드 지원 라이브러리의 제약 레이아웃 패키지를 통해 사용할 수 있으며, 하위 호환성이 지원된다.

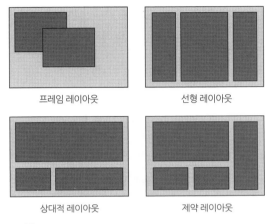

프레임 레이아웃   선형 레이아웃

상대적 레이아웃   제약 레이아웃

◑ **그림 5-1**

이 레이아웃들은 호스트 기기의 화면 크기에 맞춰 크기가 비례적으로 적용된다. 미리 결정된 픽셀 값이나 절대 위치가 사용되지 않는 것이다. 따라서 다양한 안드로이드 하드웨어에서 무리 없이 작동하는 애플리케이션을 디자인할 때 특히 유용하다.

레이아웃은 그 루트 노드에 지정된 다양한 속성(예 선형 레이아웃의 android:orientation 속성)을 사용해 모든 자식 노드가 배치되는 방식을 변경한다.

```
<LinearLayout xmlns:android="http://schemas.android.com/apk/res/android"
  android:layout_width="match_parent"
  android:layout_height="match_parent"
  android:orientation="vertical">
  [... Child Views ...]
</LinearLayout>
```

특정 자식 뷰의 크기나 위치를 변경할 때는 자식 노드 안에서 layout_ 속성들을 직접 사용한다. 이 속성들은 부모 뷰 그룹에 배치 방식을 알리는 데 사용된다.

```
<LinearLayout xmlns:android="http://schemas.android.com/apk/res/android"
  android:layout_width="match_parent"
  android:layout_height="match_parent"
  android:orientation="vertical">
```

```
    <TextView
      android:layout_width="match_parent"
      android:layout_height="wrap_content"/>
</LinearLayout>
```

흔히 사용되는 layout_ 속성은 모든 뷰에 반드시 필요한 layout_width와 layout_height다. 하지만 대부분의 속성들은 커스텀 자식 뷰 속성에 따라 레이아웃 전용 기능을 제공한다.

공식 안드로이드 문서에서는 각 레이아웃 클래스의 특징과 프로퍼티를 세부적으로 설명하고 있다. 따라서 여기서는 중복을 피하고자 해당 문서의 주소인 developer.android.com/guide/topics/ui/declaring-layout.html#CommonLayouts만을 제공한다.

> **참고**
>
> 레이아웃 속성 관련 문서를 살펴볼 때는 LayoutParams 클래스 항목부터 읽는 것이 좋다. 예를 들어, 부모 레이아웃이 FrameLayout이라면, layout_gravity 속성에 해당하는 문서는 Frame Layout.LayoutParams 클래스에서 찾을 수 있다.

이 책에서는 각 레이아웃이 소개될 때마다 그 사용법에 대한 실용적인 예시들을 제공하고 있다. 5장의 뒷부분에서는 이들 레이아웃 클래스를 여러 가지 형태로 확장해 복합 컨트롤을 만드는 방법을 다룬다.

5.4.1 레이아웃 정의하기

레이아웃을 정의할 때는 XML 형태의 외부 리소스를 사용하는 방법이 주로 사용된다. 이때에는 직접 XML을 작성해도 되고, 비주얼 레이아웃 에디터를 사용해도 된다.

레이아웃 XML은 반드시 하나의 루트 요소를 포함해야 하며, 필요한 만큼 레이아웃과 뷰를 중첩해 복잡한 UI를 구성할 수도 있다.

다음은 간단한 레이아웃의 예다. 화면 전체를 차지하는 수직 선형 레이아웃을 사용해 EditText 컨트롤 위쪽에 TextView를 위치시킨 레이아웃이다.

```
<?xml version="1.0" encoding="utf-8"?>
<LinearLayout xmlns:android="http://schemas.android.com/apk/res/android"
  android:layout_width="match_parent"
  android:layout_height="match_parent"
  android:orientation="vertical">
```

```
  <TextView
    android:layout_width="match_parent"
    android:layout_height="wrap_content"
    android:text="Enter Text Below" />
  <EditText
    android:layout_width="match_parent"
    android:layout_height="wrap_content"
    android:text="Text Goes Here!" />
</LinearLayout>
```

레이아웃 요소마다 정확한 높이와 너비를 픽셀 단위(dp)로 지정하는 대신 wrap_content 및 match_parent 상수를 사용했다. 이 두 상수는 크기 비례에 따른 레이아웃(뎨 선형 레이아웃, 상대적 레이아웃, 제약 레이아웃)과 결합돼 화면 크기 및 해상도와 독립적인 레이아웃을 만들 수 있는 가장 단순한(그리고 가장 강력한) 방법이다.

wrap_content 상수는 뷰의 크기를 뷰 자신이 표시할 콘텐츠가 담길 수 있는 최소 크기(뎨 텍스트 문자열을 다음 행으로 넘겨 표시할 수 있는 높이)로 설정한다. match_parent 상수는 부모 뷰나 프래그먼트, 액티비티 안에서 사용할 수 있는 공간으로 뷰를 맞추기 위해 확대한다.

5장의 뒷부분에서는 컨트롤을 직접 만드는 과정에서 이 두 상수를 어떻게 사용하는지 자세하게 알아본다. 그리고 해상도 독립성에 대해서도 효과적인 예를 들 것이다.

레이아웃을 XML로 구현하면 뷰나 프래그먼트, 액티비티의 컨트롤러 코드와 비즈니스 로직에서 표현 계층이 분리된다. 그리고 코드 변경 없이 동적으로 로드되는 특정 하드웨어 구성을 만들 수 있다.

개인적인 취향이나 필요에 따라 코드에서 레이아웃을 구현할 수도 있다. 코드에서 레이아웃에 뷰를 지정할 때는 setLayoutParams 메서드를 사용하거나, 또는 addView 메서드의 인자로 뷰를 전달하여 LayoutParameters를 적용하는 것이 중요하다.

```
LinearLayout ll = new LinearLayout(this);
ll.setOrientation(LinearLayout.VERTICAL);

TextView myTextView = new TextView(this);
EditText myEditText = new EditText(this);

myTextView.setText("Enter Text Below");
myEditText.setText("Text Goes Here!");

int lHeight = LinearLayout.LayoutParams.MATCH_PARENT;
```

```
int lWidth = LinearLayout.LayoutParams.WRAP_CONTENT;

ll.addView(myTextView, new LinearLayout.LayoutParams(lWidth, lHeight));
ll.addView(myEditText, new LinearLayout.LayoutParams(lWidth, lHeight));

setContentView(ll);
```

5.4.2 레이아웃을 사용해 기기 독립적인 사용자 인터페이스 만들기

레이아웃 클래스의 결정적인 특징은 다양한 화면 크기와 해상도, 방향에 맞춰 적절하게 적용할 수 있는 능력이라 할 수 있다.

안드로이드 기기의 다양성은 안드로이드 성공의 핵심 요소다. 하지만 애플리케이션 개발자에게는 사용자가 어떤 안드로이드 기기를 소유하고 있든, 그들에게 최상의 경험을 제공할 수 있는 UI를 디자인해야 한다는 점에서 일종의 도전 과제인 셈이다.

선형 레이아웃 사용하기

선형 레이아웃은 가장 단순한 레이아웃 클래스라 할 수 있다. 선형 레이아웃을 통해 일련의 자식 뷰를 수직 방향이나 수평 방향으로 정렬하는 단순 UI(또는 UI 요소)를 만들 수 있다.

선형 레이아웃의 단순함은 사용하기 쉽다는 근거가 되지만, 유연성이 제한받는 근거도 된다. 보통은 다른 레이아웃 안에서, 예를 들어 선형 레이아웃은 상대적 레이아웃이나 제약 레이아웃 안에서 중첩되는 UI 요소들을 구성할 때 사용한다.

코드 5-1은 두 개의 중첩된 선형 레이아웃을 보여준다. 즉, 수직 선형 레이아웃 안에 같은 크기의 버튼 두 개를 갖는 수평 선형 레이아웃이 있으며, 이 레이아웃들은 리사이클러 뷰(RecyclerView)의 위쪽에 위치된다.

코드 5-1 선형 레이아웃 사용하기

```xml
<?xml version="1.0" encoding="utf-8"?>
<LinearLayout
  xmlns:android="http://schemas.android.com/apk/res/android"
  android:layout_width="match_parent"
  android:layout_height="match_parent"
  android:orientation="vertical">
  <LinearLayout
    android:layout_width="match_parent"
    android:layout_height="wrap_content"
    android:layout_marginLeft="5dp"
```

```
        android:layout_marginRight="5dp"
        android:layout_marginTop="5dp"
        android:orientation="horizontal">
        <Button
          android:id="@+id/cancel_button"
          android:layout_width="match_parent"
          android:layout_height="wrap_content"
          android:layout_weight="1"
          android:text="@string/cancel_button_text" />
        <Button
          android:id="@+id/ok_button"
          android:layout_width="match_parent"
          android:layout_height="wrap_content"
          android:layout_weight="1"
          android:text="@string/ok_button_text" />
      </LinearLayout>
      <android.support.v7.widget.RecyclerView
        android:layout_width="match_parent"
        android:layout_height="match_parent"
        android:paddingBottom="5dp"
        android:clipToPadding="false" />
    </LinearLayout>
```

만일 선형 레이아웃을 반복해 중첩하다가 복잡해지면 유연성이 더 좋은 제약 레이아웃과 같은 레이아웃 매니저를 사용하는 것이 좋다.

상대적 레이아웃 사용하기

높은 유연성을 제공하는 상대적 레이아웃에서는 레이아웃의 각 요소 위치를 그 부모나 다른 뷰를 기준으로 정의할 수 있다.

코드 5-2는 코드 5-1의 레이아웃을 수정해 버튼들을 리사이클러 뷰 아래로 옮겼다.

코드 5-2   상대적 레이아웃 사용하기

```
<?xml version="1.0" encoding="utf-8"?>
<RelativeLayout
  xmlns:android="http://schemas.android.com/apk/res/android"
  android:layout_width="match_parent"
  android:layout_height="match_parent">
  <LinearLayout
    android:id="@+id/button_bar"
    android:layout_alignParentBottom="true"
    android:layout_width="match_parent"
    android:layout_height="wrap_content"
    android:layout_marginLeft="5dp"
    android:layout_marginRight="5dp"
```

```
      android:layout_marginBottom="5dp"
      android:orientation="horizontal">
    <Button
      android:id="@+id/cancel_button"
      android:layout_width="match_parent"
      android:layout_height="wrap_content"
      android:layout_weight="1"
      android:text="@string/cancel_button_text" />
    <Button
      android:id="@+id/ok_button"
      android:layout_width="match_parent"
      android:layout_height="wrap_content"
      android:layout_weight="1"
      android:text="@string/ok_button_text" />
  </LinearLayout>
  <android.support.v7.widget.RecyclerView
      android:layout_above="@id/button_bar"
      android:layout_alignParentLeft="true"
      android:layout_width="match_parent"
      android:layout_height="match_parent"
      android:paddingTop="5dp"
      android:clipToPadding="false" />
</RelativeLayout>
```

제약 레이아웃 사용하기

레이아웃 매니저 가운데 가장 큰 유연성을 제공하는 제약 레이아웃에서는 비주얼 레이아웃 에디터의 장점과 이전 예시에서 살펴본 바와 같이 중첩이 없는 평평한(flat) 뷰 계층 구조의 장점을 두루 제공한다.

제약 레이아웃은 안드로이드 지원 라이브러리를 통해 사용할 수 있으며, 프로젝트의 모듈 수준 build.gradle 파일에 의존성으로 지정돼야 한다.

```
dependencies {
  [... 기존에 지정된 다른 의존성  ...]
  implementation 'com.android.support.constraint:constraint-layout:1.1.3'
}
```

이름에서 짐작할 수 있는 것처럼 제약 레이아웃은 뷰, 요소(예 경계), 다른 뷰, 커스텀 가이드라인 등의 관계를 정의하는 제약의 구체적인 내용을 통해 자식 뷰들의 위치를 정한다.

제약 조건을 XML 형태로도 직접 정의할 수 있기는 하지만, 비주얼 레이아웃 에디터를 사용하는 것이 훨씬 더 간단하다(그리고 오류 가능성도 현저히 줄어든다). 그림 5-2는 제약 레이아웃을 사용한 이전 예시와 같은 UI를 만든 결과다.

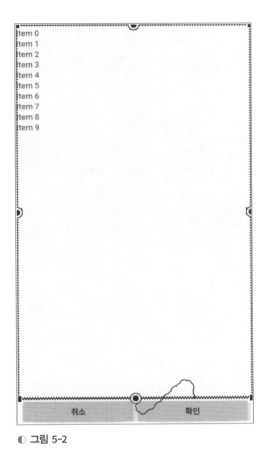

◐ 그림 5-2

비주얼 레이아웃 에디터에서 디자인된 레이아웃(그림 5-2)으로 자동 생성된 XML은 코드 5-3
과 같다.

코드 5-3   제약 레이아웃 사용하기

```
<?xml version="1.0" encoding="utf-8"?>
<android.support.constraint.ConstraintLayout
  xmlns:android="http://schemas.android.com/apk/res/android"
  xmlns:app="http://schemas.android.com/apk/res-auto"
  android:layout_width="match_parent"
  android:layout_height="match_parent">
  <Button
    android:id="@+id/cancel_button"
    android:layout_width="0dp"
    android:layout_height="wrap_content"
```

```xml
    android:layout_marginStart="5dp"
    android:layout_marginBottom="5dp"
    app:layout_constraintStart_toStartOf="parent"
    app:layout_constraintEnd_toStartOf="@+id/ok_button"
    app:layout_constraintTop_toBottomOf="@+id/recyclerView"
    app:layout_constraintBottom_toBottomOf="parent"
    android:text="@string/cancel_button_text" />
  <Button
    android:id="@+id/ok_button"
    android:layout_width="0dp"
    android:layout_height="wrap_content"
    android:layout_marginEnd="5dp"
    android:layout_marginBottom="5dp"
    app:layout_constraintStart_toEndOf="@id/cancel_button"
    app:layout_constraintEnd_toEndOf="parent"
    app:layout_constraintTop_toBottomOf="@id/recyclerView"
    app:layout_constraintBottom_toBottomOf="parent"
    android:text="@string/ok_button_text" />
  <android.support.v7.widget.RecyclerView
    android:id="@+id/recyclerView"
    android:layout_width="0dp"
    android:layout_height="0dp"
    app:layout_constraintStart_toStartOf="parent"
    app:layout_constraintEnd_toEndOf="parent"
    app:layout_constraintTop_toTopOf="parent"
    app:layout_constraintBottom_toTopOf="@id/ok_button"
    android:paddingTop="5dp"
    android:clipToPadding="false" />
</android.support.constraint.ConstraintLayout>
```

뷰를 화면에 렌더링할 때는 측정 단계(measure pass), 레이아웃 단계(layout pass), 그리기 단계 (draw pass)의 순서로 진행된다. 우선 측정 단계에서는 뷰 그룹(레이아웃)에 포함된 자식 뷰들의 계층 구조를 상하로 따라가면서 각 뷰 그룹과 자식 뷰들의 크기를 측정한다. 그 다음 레이아웃 단계에서는 또 다시 뷰 계층 구조를 상하로 따라가면서 측정 단계에서 결정된 각 뷰의 크기를 사용하여 각 뷰 그룹에 배치할 자식 뷰들의 위치를 결정한다. 마지막으로 그리기 단계에서는 또 다시 뷰 계층 구조를 상하로 따라가면서 각 뷰 객체에 대한 그리기 명령들을 GPU(그래픽 처리 장치)로 전송하기 위해 Canvas 객체를 생성한다. 이때 각 명령에는 이전의 두 단계에서 시스템이 결정했던 뷰 그룹과 자식 뷰 객체들의 크기와 위치가 포함된다.

제약 레이아웃은 부모 레이아웃 안에 또 다른 레이아웃을 중첩시킬 필요가 없어서 평면적인 뷰 계층 구조가 된다. 따라서 레이아웃을 화면에 렌더링할 때 필요한 측정 단계와 레이아웃 단계의 처리 횟수가 감소하므로 더 효율적이다.

5.4.3 레이아웃 최적화하기

레이아웃의 인플레이트는 부담이 큰 작업이다. 각각의 중첩되는 레이아웃과 레이아웃에 포함되는 뷰가 애플리케이션의 성능과 반응성에 직접적인 영향을 미치기 때문이다. 뷰 계층 구조를 평면적으로 만드는 제약 레이아웃이 강력하게 권장되는 이유 중 하나가 바로 그 때문이다.

애플리케이션이 매끄럽고 반응성이 좋게 하려면 레이아웃을 최대한 단순하게 유지하는 것이 중요하다. 그리고 비교적 크지 않은 UI 변경 때문에 새로운 레이아웃을 추가하는 것은 피해야 한다.

불필요한 레이아웃 컨테이너는 낭비

프레임 레이아웃에 선형 레이아웃(둘 다 MATCH_PARENT로 설정)을 중첩시키면 인플레이트하는 시간만 늘어난다. 불필요한 레이아웃을 찾아라. 기존 레이아웃을 대폭 변경하거나 기존 레이아웃에 자식 레이아웃을 추가할 때가 특히 그렇다.

레이아웃은 얼마든지 중첩될 수 있으므로 복잡하고 여러 레벨로 중첩된 계층 구조가 되기 쉽다. 중첩 레벨의 제한은 없지만 10 레벨 미만으로 중첩을 제한하는 것이 좋다.

다음 조각 코드에 있듯이 불필요한 중첩의 흔한 예를 들면, 레이아웃에 필요한 단일 루트 노드를 생성하기 위해 프레임 레이아웃을 사용하는 경우다.

```xml
<?xml version="1.0" encoding="utf-8"?>
<FrameLayout
  xmlns:android="http://schemas.android.com/apk/res/android"
  android:layout_width="match_parent"
  android:layout_height="match_parent">
  <ImageView
    android:id="@+id/myImageView"
    android:layout_width="match_parent"
    android:layout_height="match_parent"
    android:src="@drawable/myimage"
  />
  <TextView
    android:id="@+id/myTextView"
    android:layout_width="match_parent"
    android:layout_height="wrap_content"
    android:text="@string/hello"
    android:gravity="center_horizontal"
    android:layout_gravity="bottom"
  />
</FrameLayout>
```

여기서는 프레임 레이아웃이 부모에 추가됐는데, 이것은 불필요하다. 이보다는 merge 태그를 사용하는 것이 더 좋은 방법이다.

```xml
<?xml version="1.0" encoding="utf-8"?>
<merge
  xmlns:android="http://schemas.android.com/apk/res/android">
  <ImageView
    android:id="@+id/myImageView"
    android:layout_width="match_parent"
    android:layout_height="match_parent"
    android:src="@drawable/myimage"
  />
  <TextView
    android:id="@+id/myTextView"
    android:layout_width="match_parent"
    android:layout_height="wrap_content"
    android:text="@string/hello"
    android:gravity="center_horizontal"
    android:layout_gravity="bottom"
  />
</merge>
```

merge 태그가 포함된 레이아웃이 다른 레이아웃에 추가될 때는 merge 노드가 제거되고, 이 노드의 자식 뷰들이 새 부모 레이아웃에 직접 추가된다.

merge 태그는 include 태그와 함께 사용될 때 특히 유용하다. include 태그는 한 레이아웃의 내용을 다른 레이아웃에 삽입할 때 사용된다.

```xml
<?xml version="1.0" encoding="utf-8"?>
<LinearLayout
  xmlns:android="http://schemas.android.com/apk/res/android"
  android:orientation="vertical"
  android:layout_width="match_parent"
  android:layout_height="match_parent">
  <include android:id="@+id/my_action_bar"
              layout="@layout/actionbar"/>
  <include android:id="@+id/my_image_text_layout"
              layout="@layout/image_text_layout"/>
</LinearLayout>
```

merge 태그가 포함된 앞의 레이아웃을 image_text_layout.xml로 저장한 후 이 코드처럼 include 태그에 layout="@layout/image_text_layout"을 지정하면, image_text_layout이 이 위치에 포함된다.

merge와 include 태그를 결합하면 깊게 중첩된 레이아웃 계층 구조를 만들지 않으면서도 유연하고 재사용할 수 있는 레이아웃 정의를 생성할 수 있다. 이번 장의 뒷부분에서는 간단하면서 재사용할 수 있는 레이아웃을 생성하고 사용하는 방법을 배운다.

뷰를 너무 많이 사용하지 않는다

뷰를 추가할 때마다 인플레이트하는 시간과 리소스가 소요된다. 애플리케이션의 실행 속도와 반응성을 극대화하기 위해서는 80개 이상의 뷰를 포함하는 레이아웃이 없어야 한다. 이 한도를 초과하면 레이아웃을 인플레이트할 때 걸리는 시간이 크게 증가한다.

복잡한 레이아웃 안에서 인플레이트되는 뷰의 개수를 최소화할 때는 뷰 스텁(ViewStub)을 사용할 수 있다. (뷰 스텁은 ViewStub 태그로 XML에 정의하며, 코드에서는 ViewStub 클래스 인스턴스로 사용한다.)

스텁은 부모 레이아웃에 지정된 자식 뷰를 나타내며, 뷰 스텁은 늦게 처리되는 include 태그처럼 생각하면 된다. 즉, 런타임 시에 인플레이트되는 레이아웃 리소스다. 따라서 뷰 스텁은 inflate 메서드가 호출될 때 또는 보일 수 있게 될 때만 인플레이트된다.

```
// 뷰 스텁을 찾는다.
View stub = findViewById(R.id.download_progress_panel_stub);
// 보일 수 있게 만든다. 이때 자식 레이아웃이 인플레이트된다.
stub.setVisibility(View.VISIBLE);
// 인플레이트된 스텁 레이아웃의 루트 노드를 찾는다.
View downloadProgressPanel = findViewById(R.id.download_progress_panel);
```

결국 자식 레이아웃에 포함된 뷰들은 필요할 때만 생성되므로 복잡한 UI를 인플레이트하는데 필요한 시간과 리소스를 최소화할 수 있다.

레이아웃에 뷰 스텁을 추가할 때는 뷰 스텁이 나타내는 레이아웃의 루트 뷰 매개변수인 id와 layout을 오버라이드할 수 있다.

```xml
<?xml version="1.0" encoding="utf-8"?>
<FrameLayout "xmlns:android=http://schemas.android.com/apk/res/android"
  android:layout_width="match_parent"
  android:layout_height="match_parent">
  <ListView
  android:id="@+id/myListView"
  android:layout_width="match_parent"
  android:layout_height="match_parent"
```

```
  />
  <ViewStub
    android:id="@+id/download_progress_panel_stub"
    android:layout="@layout/progress_overlay_panel"
    android:inflatedId="@+id/download_progress_panel"
    android:layout_width="match_parent"
    android:layout_height="wrap_content"
    android:layout_gravity="bottom"
  />
</FrameLayout>
```

여기서는 가져온 레이아웃의 너비, 높이, 가중치(gravity)를 부모 레이아웃의 요건에 맞게 변경한다. 이러한 유연성으로 인해 동일한 자식 레이아웃들을 일반화하여 생성하고 재사용할 수 있다.

뷰 스텁과 뷰 그룹 모두의 id 속성에 지정된 ID는 레이아웃 리소스를 인플레이트할 때 사용된다.

> **참고**
>
> 뷰 스텁(앞 코드에서는 progress_overlay_panel)이 인플레이트되면 뷰 계층 구조(부모 레이아웃)에서 제거되고 인플레이트된 뷰는 뷰 스텁이 삽입된 뷰의 루트 노드로 교체된다. 그리고 뷰 스텁으로 정의된 뷰를 사용하려면 inflate 호출로 반환된 루트 노드 참조를 사용하거나, 또는 해당 뷰 스텁의 inflatedId 속성에 지정된 id(앞 코드에서는 download_progress_panel)를 인자로 전달하여 findViewById를 호출해야 한다.

린트를 사용해 레이아웃을 분석

안드로이드 SDK에는 레이아웃 계층 구조를 최적화할 때 활용할 목적으로 lint라는 강력한 도구가 함께 제공된다. 린트를 사용하면 레이아웃 성능 이슈들을 비롯해 애플리케이션 내 여러 문제를 감지할 수 있다.

린트는 안드로이드 스튜디오에서 그림 5-3과 같은 [Analyze] 메뉴의 [Inspect Code] 옵션을 통해 사용할 수 있다.

린트를 사용해 감지할 수 있는 것은 방금 언급한 최적화 이슈뿐만이 아니다. 번역 누락, 사용되지 않는 리소스, 배열 크기의 불일치, 접근성과 국제화 문제, 누락되거나 중복된 이미지 애셋, 사용성 문제, 매니페스트 오류 등도 감지할 수 있다.

린트는 그 규칙들이 정기적으로 추가되는, 끊임없이 진화하고 있는 현재 진행형 도구다. 린트로 수행하는 테스트의 전체 리스트는 http://tools.android.com/tips/lint-checks에서 찾아볼 수 있다.

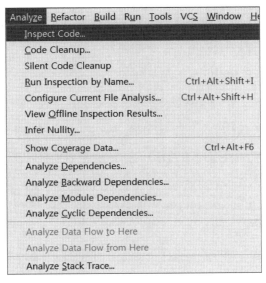

◗ 그림 5-3

5.5 안드로이드 위젯 툴박스

안드로이드는 표준 뷰들에 사용할 툴박스를 제공해 UI 생성을 지원하고 있다. 툴박스의 컨트롤을 사용하면(그리고 필요에 따라 변경하거나 확장하면), 개발을 쉽게 할 수 있고, 애플리케이션 간에 그리고 안드로이드 시스템 UI 사용에 일관성을 유지할 수 있다.

익숙한 컨트롤 몇 가지를 예로 들면 다음과 같다.

➤ TextView: 여러 줄 표시와 문자열 포매팅, 자동 단어 래핑(줄바꿈)을 지원하는 표준 읽기 전용 텍스트 레이블

➤ EditText: 여러 줄 입력, 워드 래핑(줄바꿈), 힌트 텍스트를 지원하는 편집 가능한 텍스트 입력 상자

➤ ImageView: 하나의 이미지를 보여주는 뷰

- ➤ **Toolbar**: 제목과 공통 액션을 보여주는 뷰. 흔히 액티비티 위에서 메인 앱 바(app bar)로 사용된다.

- ➤ **ProgressBar**: 원 또는 수평 막대 형태로 작업 진행률을 보여주는 뷰

- ➤ **RecyclerView**: 스크롤이 가능한 컨테이너에 많은 수의 뷰를 담아 보여주는 뷰 그룹. 포함되는 각 뷰를 수직 및 수평 리스트 형태나 그리드 형태로 배치할 수 있는 다양한 레이아웃 매니저를 지원한다.

- ➤ **Button**: 상호 작용 방식의 표준 푸시 버튼

- ➤ **ImageButton**: 커스텀 배경 이미지를 지정할 수 있는 푸시 버튼

- ➤ **CheckBox**: 체크 표시의 유무를 나타내는 두 가지 상태 표시용 버튼

- ➤ **RadioButton**: 두 가지 상태 표시용 버튼 그룹. 한 번에 하나만 선택할 수 있는 여러 개의 옵션을 사용자에게 보여준다.

- ➤ **VideoView**: 액티비티에서 비디오를 더 쉽게 재생할 수 있도록 모든 상태 관리와 화면 구성을 처리한다.

- ➤ **ViewPager**: 뷰의 수평적인 스크롤 처리를 구현한다. 사용자가 왼쪽이나 오른쪽으로 뷰를 밀거나 끌어서 서로 다른 뷰를 전환할 수 있게 해준다.

지금 소개한 것은 사용할 수 있는 위젯 가운데 일부일 뿐이다. 안드로이드는 날짜/시간 선택기나 자동-완성 입력 상자 등과 같은 고급 뷰의 구현도 지원한다.

> **참고**
>
> 12장 '안드로이드 디자인 철학 구현하기'와 13장 '현대적인 안드로이드 사용자 인터페이스 구현하기'에서는 디자인 라이브러리와 그 안에 포함된 탭, 플로팅 액션 버튼, 하단 이동 바 등 몇 가지 새로운 머티리얼 디자인 컴포넌트들을 소개한다. 이런 기본적인 UI 요소와 더불어 머티리얼 디자인 컴포넌트들은 매우 빠르게 진화하고 있다.

5.6 리스트와 그리드 사용하기

데이터셋의 많은 데이터를 UI에 보여주어야 할 때 수백 개의 뷰를 UI에 추가하려고 할 수도 있을 것이다. 하지만 이는 잘못된 방법이다. 따라서 안드로이드 지원 라이브러리에 있는 리사이클러 뷰(RecyclerView 클래스)는 스크롤이 가능한 뷰 그룹을 제공한다. 이것은 특히 많은 수

의 항목을 효율적으로 보여주고 스크롤하도록 설계되었다.

리사이클러 뷰는 android:orientation 속성에 지정된 값에 따라 수직 또는 수평 방향으로 사용될 수 있다.

```
<android.support.v7.widget.RecyclerView
  xmlns:android="http://schemas.android.com/apk/res/android"
  xmlns:app="http://schemas.android.com/apk/res-auto"
  android:id="@+id/recycler_view"
  android:layout_width="match_parent"
  android:layout_height="match_parent"
  android:orientation="vertical"
  [... Layout Manager Attributes ...]
/>
```

수직 방향에서는 항목들이 위에서 아래로 배치되고, 리사이클러 뷰는 각 항목을 세로로 스크롤해 준다. 반면, 수평 방향일 때는 항목들이 왼쪽에서 오른쪽 방향으로 배치되며, 리사이클러 뷰는 각 항목을 가로로 스크롤해 준다.

5.6.1 리사이클러 뷰와 레이아웃 매니저

리사이클러 뷰 자체는 각 항목을 화면에 보여주는 방법을 제어하지 않는다. 이 일은 각 항목과 관련된 RecyclerView.LayoutManager의 책임이다. 이와 같은 임무의 구분은 애플리케이션의 다른 부분에 영향을 미치지 않고 레이아웃 매니저 클래스들을 대체할 수 있게 한다.

리사이클러 뷰의 항목에는 여러 레이아웃 매니저를 사용할 수 있다. 그림 5-4는 이를 나타낸 것이며, 간단히 정리하면 다음과 같다.

➤ LinearLayoutManager: 항목들을 하나의 수직 또는 수평 리스트로 배치한다.

➤ GridLayoutManager: 선형 레이아웃 매니저와 비슷하지만 리스트 대신 그리드로 배치한다. 수직으로 배치될 때는 행마다 여러 항목을 포함할 수 있다. 이때 각 항목의 높이는 같다. 수평 방향의 경우에는 열에 포함된 각 항목의 너비가 같아야 한다.

➤ StaggeredGridLayoutManager: 그리드 레이아웃 매니저와 비슷하지만 '편차가 있는' 그리드 형태로 배치된다. 그리드 셀마다 높이와 너비가 제각각이므로 공백을 없애기 위해 셀들이 편차를 두고 쌓인다.

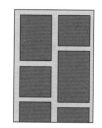

| LinearLayoutManager | GridLayoutManager | StaggeredGridLayoutManager |

● 그림 5-4

레이아웃 매니저는 표준 레이아웃과 똑같은 방식으로 작동한다. 따라서 데이터셋의 각 항목을 나타내는 뷰들의 배치는 레이아웃 매니저의 몫이다.

리사이클러 뷰는 지원하는 스크롤 방식 때문에 이런 이름이 붙었다. 앞으로 나와야 하는 항목이 있을 때마다 뷰를 새로 만들거나 스크롤해서 보이게 될 때 끊임없이 새로 만드는 대신, 리사이클러 뷰는 더 이상 보이지 않는 기존 뷰를 리사이클(재활용)한다. 그 콘텐츠와 위치를 변경해 새로 보이는 항목을 나타내는 것이다.

레이아웃 매니저는 이런 작동을 지원하기 위해 뷰가 언제 안전하게 재활용될 수 있는지를 결정하는 책임도 갖고 있다. 대부분의 경우, 리사이클러 뷰는 이에 따라 하나의 화면을 채울 때 필요한 만큼만 뷰를 만들면서도 거의 무한대에 가까운 리스트 항목(2의 26제곱)을 지원할 수 있다.

리사이클러 뷰에 사용되는 레이아웃 매니저는 XML 또는 코드에서 설정할 수 있다.

예를 들어, 다음 조각 코드의 리사이클러 뷰에서는 두 열을 갖는 그리드 레이아웃 매니저를 수직 방향으로 배치한다.

```
<android.support.v7.widget.RecyclerView
  xmlns:android:"http://schemas.android.com/apk/res/android"
  xmlns:app="http://schemas.android.com/apk/res-auto"
  android:id="@+id/recycler_view"
  android:layout_width="match_parent"
  android:layout_height="match_parent"
  android:orientation="vertical"
  app:layoutManager="GridLayoutManager"
  app:spanCount="2"
/>
```

이것과 같은 그리드 레이아웃 매니저를 코드에서 리사이클러 뷰에 지정할 때는 다음 조각 코드를 사용하면 된다.

```
RecyclerView recyclerView = findViewById(R.id.recycler_view);
GridLayoutManager gridLayoutManager = new GridLayoutManager(2);
recyclerView.setLayoutManager(gridLayoutManager);
```

5.6.2 어댑터

레이아웃 매니저는 표시할 데이터가 생길 때까지는 그렇게 유용한 것이 아니다. 이 데이터는 RecyclerView.Adapter가 제공한다. 이 어댑터의 역할은 크게 두 가지로 나뉜다.

➤ 보여줄 뷰를 최초 생성하기(적합한 레이아웃을 인플레이트하는 것까지 포함한다).
➤ 뷰 요소들을 기본 데이터 소스에 바인딩할 때 사용될 뷰 홀더 만들기

뷰 홀더는 보여줄 뷰를 저장한다. 그리고 또한 데이터 바인딩을 쉽게 하기 위해 메타데이터와 뷰 참조를 어댑터가 저장할 수 있도록 한다(이에 대해서는 잠시 후에 소개한다). 이때 항목 레이아웃에 포함된 자식 뷰의 참조를 찾는다(이 작업은 한 번만 수행된다).

항목의 레이아웃 매니저가 재사용할 미사용 뷰를 갖고 있지 않으면 즉, 한 화면만 채울만큼의 적은 수의 뷰를 가질 경우는 언제든지 어댑터의 onCreateViewHolder 메서드가 호출되어 새 RecyclerView.ViewHolder 인스턴스를 받는다.

코드 5-4에서는 문자열 배열에 저장된 데이터를 보여주기 위해 하나의 텍스트 뷰를 사용하는 간단한 어댑터 구현을 보여준다.

코드 5-4 리사이클러 뷰 어댑터 만들기

```
public class SimpleAdapter
  extends RecyclerView.Adapter<SimpleAdapter.ViewHolder> {

  // 보여줄 기본 데이터
  private String[] mData;

  // 생성자로 초기 데이터를 설정한다.
  public SimpleAdapter(String[] data) {
    mData = data;
  }

  // 데이터의 항목 개수를 레이아웃 매니저에게 알린다.
```

```
@Override
public int getItemCount() {
  return mData == null ? 0 : mData.length;
}

public static class ViewHolder extends RecyclerView.ViewHolder {
  public TextView textView;

  public ViewHolder(View v) {
    super(v);
    // findViewById를 한 번만 실행한다.
    textView = v.findViewById(R.id.text);
  }
}

@Override
public SimpleAdapter.ViewHolder onCreateViewHolder(
    ViewGroup parent, int viewType) {
  // 새 뷰를 생성한다.
  View v = LayoutInflater.from(parent.getContext())
              .inflate(R.layout.simple_text, parent, false);
  return new ViewHolder(v);
}
```

뷰 홀더 자체는 자신이 포함한 뷰에 기본 데이터의 값을 지정하지 않는다. 뷰 홀더의 역할은 뷰의 레이아웃 안에 있는 요소들을 어댑터가 데이터 바인딩에 사용할 수 있도록 하는 것이다.

항목을 보여주어야 할 때마다 레이아웃 매니저는 어댑터의 onBindViewHolder 메서드를 호출한다. 이때 이미 생성된 ViewHolder 및 데이터셋 내부의 데이터 위치를 인자로 전달한다. 이 바인딩 단계는 항목 리스트를 스크롤할 때 매우 빈번하게 수행되므로 최대한 부담되지 않는 코드가 실행되게 해야 한다.

```
@Override
public void onBindViewHolder(ViewHolder holder, int position) {
  holder.textView.setText(mData[position]);
}
```

참고

이전에 이미 설정되었을 수 있는 뷰 요소는 새 데이터 요소를 바인딩할 때 다시 초기화하는 것이 중요하다. 뷰 홀더(와 그 뷰 요소들)는 끊임없이 재사용되기 때문에 이전 onBindViewHolder 호출로부터 설정된 데이터가 남아있기 때문이다.

어댑터를 리사이클러 뷰에 지정할 때는 setAdapter 메서드를 사용한다.

```
RecyclerView recyclerView = findViewById(R.id.recycler_view);
SimpleAdapter adapter =
  new SimpleAdapter(new String[] {"Sample", "Sample 2"});

recyclerView.setAdapter(adapter);
```

이 예와 같이 데이터 변동이 없는 정적 데이터셋은 흥미롭지만, 실제로 이렇게 사용되는 경우는 거의 없다. 사용자가 해당 항목 데이터를 추가 또는 삭제하거나 심지어 데이터의 순서가 바뀌면 새로운 데이터가 서버에서 로드될 때 리사이클러 뷰에 보여줄 데이터가 변경되는 경우가 대부분이다.

어댑터를 새 데이터 또는 변경된 데이터로 업데이트할 때는 어댑터의 notify 메서드들 중 하나를 호출해 레이아웃 매니저에 뭔가 변경됐다는 사실을 알려야 한다. 그 다음에 RecyclerView에서는 이전 상태에서 변경 상태로 전환되는 것을 애니메이션 효과로 보여주어야 한다(변경된 항목을 페이드인/아웃으로 표시한다. 삭제된 항목이 사라지는 것을 보여준다. 새 항목이 나타나는 것을 보여준다).

각 상태 변화에 사용될 애니메이션을 맞춤 구성할 수 있다. 이때 setItemAnimator 메서드로 RecyclerView.ItemAnimator를 지정하면 된다.

하나 또는 여러 항목의 변경이나 삽입, 이동, 삭제를 알려주는 메서드는 몇 가지가 있다. DiffUtil 클래스를 사용하면 한 데이터셋에서 다른 데이터셋으로 전환할 때 두 데이터셋 간에 달라지는 데이터가 무엇인지 알 수 있다. 예를 들면 코드 5-5와 같다.

코드 5-5 데이터셋 간 전환 계산하기

```
public class SimpleAdapter
  extends RecyclerView.Adapter<SimpleAdapter.ViewHolder> {

  [... 기존의 SimpleAdapter 구현 코드 ...]

  public void setData(final String[] newData) {
    // 이전 데이터의 복사본을 저장한다.
    final String[] previousData = mData;

    // 새 데이터를 적용한다.
    mData = newData;
```

```
    // 이전 데이터와 새 데이터의 차이점을 알아낸다.
    DiffUtil.calculateDiff(new DiffUtil.Callback() {
      @Override
      public int getOldListSize() {
        return previousData != null ? previousData.length : 0;
      }

    @Override
        public int getNewListSize() {
            return newData != null ? previousData.length : 0;
    }

    @Override
    public boolean areItemsTheSame(int oldItemPosition,
                                     int newItemPosition) {
      // 이 메서드는 항목의 고유 식별자를 비교한다.
      // true가 반환되면 이전 항목이 새 항목으로 교체돼야 한다.
      // 여기서는 식별자가 없다.
      // 따라서 문자열 값을 비교한다.
      return TextUtils.equals(previousData[oldItemPosition],
                            newData[newItemPosition]);
    }

    @Override
    public boolean areContentsTheSame(int oldItemPosition,
                                        int newItemPosition) {
      // 이 메서드에서는 항목들의 보여줄 데이터가 같은 지
      // 판단하기 위해 자세하게 비교해야 한다.
      // 만일 같다면 애니메이션이 필요 없다.
      // 이 예에서는 같다고 간주한다.
      return true;
    }
  }).dispatchUpdatesTo(this);
  }
}
```

5.6.3 지진 정보 조회 애플리케이션 다시 살펴보기

새롭게 이해한 레이아웃 및 뷰에 관한 지식을 바탕으로 3장 '애플리케이션, 액티비티, 프래그먼트, 기타 등등'의 지진 정보 뷰어를 개선해 보자. 여기서는 Earthquake 클래스의 데이터를 더 좋게 보여주는 복잡한 레이아웃으로 기존의 단순 TextView를 교체한다.

1. 기존 list_item_earthquake.xml 레이아웃의 모든 내용을 다음의 새 레이아웃으로 교체한다. 이 레이아웃에서는 제약 레이아웃을 사용해 개별적인 텍스트 뷰로 지진의 진도와 날짜 및 설명을 보여준다. (프로젝트 도구 창에서 res/layout에 있는 list_item_earthquake.

xml을 더블 클릭하여 편집기 창에 연다. 그리고 list_item_earthquake.xml의 제일 아래쪽에 있는
Text 탭을 클릭하여 XML 모드로 전환한 후 교체한다.)

```xml
<?xml version="1.0" encoding="utf-8"?>
<android.support.constraint.ConstraintLayout
  xmlns:android="http://schemas.android.com/apk/res/android"
  xmlns:app="http://schemas.android.com/apk/res-auto"
  android:layout_width="match_parent"
  android:layout_height="wrap_content"
  android:paddingLeft="@dimen/activity_vertical_margin"
  android:paddingRight="@dimen/activity_vertical_margin">
  <TextView
    android:id="@+id/magnitude"
    android:layout_width="wrap_content"
    android:layout_height="0dp"
    android:gravity="center_vertical"
    app:layout_constraintRight_toRightOf="parent"
    app:layout_constraintTop_toTopOf="parent"
    app:layout_constraintBottom_toBottomOf="parent"
    android:textAppearance="?attr/textAppearanceListItem"/>
  <TextView
    android:id="@+id/date"
    android:layout_width="0dp"
    android:layout_height="wrap_content"
    android:layout_marginTop="@dimen/text_margin"
    app:layout_constraintLeft_toLeftOf="parent"
    app:layout_constraintTop_toTopOf="parent"
    app:layout_constraintRight_toLeftOf="@id/magnitude"/>
  <TextView
    android:id="@+id/details"
    android:layout_width="0dp"
    android:layout_height="wrap_content"
    android:layout_marginBottom="@dimen/text_margin"
    app:layout_constraintLeft_toLeftOf="parent"
    app:layout_constraintBottom_toBottomOf="parent"
    app:layout_constraintRight_toLeftOf="@id/magnitude"
    app:layout_constraintTop_toBottomOf="@id/date"/>
</android.support.constraint.ConstraintLayout>
```

2. 뷰 홀더 생성자에서 1번 단계의 새 뷰 요소들을 캐싱하도록 EarthquakeRecyclerView
   Adapter를 변경한다. 그리고 onBindViewHolder에서 java.text.SimpleDateFormat을 사
   용해 새 뷰들을 각 Earthquake 항목에 바인딩한다. (안드로이드 스튜디오에서 Earthquake
   RecyclerViewAdapter.java를 편집기 창에 열고 코드를 수정하자. 진한 글씨는 새로 추가할 코드이
   고 중간에 삭제선이 있는 것은 삭제할 코드다.)

```
...
public class EarthquakeRecyclerViewAdapter extends
        RecyclerView.Adapter<EarthquakeRecyclerViewAdapter.ViewHolder> {

    private final List<Earthquake> mEarthquakes;

    private static final SimpleDateFormat TIME_FORMAT =
        new SimpleDateFormat("HH:mm", Locale.US);
    private static final NumberFormat MAGNITUDE_FORMAT =
        new DecimalFormat("0.0");


    ...

    public static class ViewHolder extends RecyclerView.ViewHolder {
        public final TextView date;
        public final TextView details;
        public final TextView magnitude;

        public final View parentView;
        public final TextView detailsView;
        public Earthquake earthquake;

        public ViewHolder(View view) {
            super(view);
            parentView = view;
            detailsView = (TextView)
                    view.findViewById(R.id.list_item_earthquake_details);

            date = (TextView) view.findViewById(R.id.date);
            details = (TextView) view.findViewById(R.id.details);
            magnitude = (TextView) view.findViewById(R.id.magnitude);
        }

        @Override
        public String toString() {
            return super.toString() + " '" + detailsView.getText() + "'";
            return super.toString() + " '" + details.getText() + "'";
        }
    }

    @Override
    public void onBindViewHolder(ViewHolder holder, int position) {
        holder.earthquake = mEarthquakes.get(position);
        holder.detailsView.setText(mEarthquakes.get(position).toString());

        Earthquake earthquake = mEarthquakes.get(position);
        holder.date.setText(TIME_FORMAT.format(earthquake.getDate()));
        holder.details.setText(earthquake.getDetails());
        holder.magnitude.setText(
            MAGNITUDE_FORMAT.format(earthquake.getMagnitude()));
```

```
        }
    }
```

SimpleDateFormat과 NumberFormat 및 DecimalFormat 클래스가 빨간색으로 에러 표시
될 것이다. 같은 이름의 클래스가 여러 패키지에 있어서 자동으로 import문을 생성할 수 없
기 때문이다. 이때는 빨간색의 SimpleDateFormat과 NumberFormat 및 DecimalFormat
을 각각 클릭한 후 Alt+Enter(맥에서는 Command+Return) 키를 누르고 java.text 패키지의
SimpleDateFormat과 NumberFormat 및 DecimalFormat을 선택하면 된다.

AVD 에뮬레이터나 실제 안드로이드 기기에서 애플리케이션을 실행하면 그림 5-5와 같이 모
의 지진 데이터로 채워진 RecyclerView를 화면에서 볼 수 있을 것이다. 여기서는 각 항목이 제
약 레이아웃(ConstraintLayout)에 나타난다.

◐ 그림 5-5

5.7 데이터 바인딩

데이터 바인딩 라이브러리는 뷰 요소를 기본 데이터 소스에 바인딩할 때 필요한 글루 코드 (glue code)를 최소화하는 선언적 레이아웃을 지원한다. 이때 필요한 글루 코드는 컴파일 타임에 자동으로 생성된다.

> **참고**
>
> 데이터 바인딩은 이 책의 범위를 벗어나는 복잡한 주제다. 여기서는 기본적인 내용을 알려줄 것이다. 자세한 내용은 developer.android.com/topic/libraries/data-binding의 안드로이드 개발자 문서를 참고할 것을 권한다.

5.7.1 데이터 바인딩 활성화하기

데이터 바인딩은 선택적으로 사용하는 라이브러리다. 따라서 애플리케이션 모듈의 build. gradle 파일에서 활성화해야만 데이터 바인딩 라이브러리를 사용할 수 있다. (안드로이드 스튜디오 프로젝트 도구 창에서 Gradle Scripts 밑에 있는 build.gradle(Module: app) 파일을 더블 클릭하여 편집기 창에 연 후 아래의 진한 글씨 코드 추가).

```
android {
  [... 기존에 지정된 안드로이드 노드 ...]
  dataBinding.enabled = true
}

dependencies {
  [... 기존에 지정된 다른 의존성 요소 ...]
  implementation 'com.android.support:support-v4:28.0.0'
}
```

일단 활성화되면 데이터 바인딩을 어떤 레이아웃에도 적용할 수 있다. 코드 5-6처럼 레이아웃 파일의 요소들을 새 〈layout〉 요소 안에 포함시키면 된다.

코드 5-6 레이아웃에서 데이터 바인딩 라이브러리 활성화하기

```
<?xml version="1.0" encoding="utf-8"?>
<layout
  xmlns:android="http://schemas.android.com/apk/res/android">
  <LinearLayout
    android:layout_width="match_parent"
    android:layout_height="wrap_content"
```

```
    android:orientation="vertical">
    <TextView
      android:id="@+id/user_name"
      android:layout_width="match_parent"
      android:layout_height="wrap_content" />
  <TextView
      android:id="@+id/email"
      android:layout_width="match_parent"
      android:layout_height="wrap_content" />
  </LinearLayout>
</layout>
```

이렇게 하면 〈layout〉 요소가 추가된 레이아웃 파일의 이름을 사용하여 바인딩 클래스가 자동 생성된다(파스칼 표기법을 사용해서 레이아웃 파일 이름 다음에 Binding을 붙인 것이 바인딩 클래스 이름이 된다). 예를 들어, 코드 5-6의 레이아웃 파일 이름이 profile_activity.xml이라면 생성된 바인딩 클래스의 이름은 ProfileActivityBinding이 된다.

바인딩 클래스의 인스턴스는 DataBindingUtil을 사용해 생성하고 사용한다. 이때 액티비티의 setContentView 대신, 바인딩 클래스의 setContentView 메서드를 사용한다.

```
ProfileActivityBinding binding =
    DataBindingUtil.setContentView(this, R.layout.profile_activity);
```

프래그먼트나 리사이클러 뷰 항목과 연관된 뷰를 인플레이트할 때는 바인딩 클래스의 inflate 메서드를 사용한다.

```
ProfileActivityBinding binding =
    ProfileActivityBinding.inflate(layoutInflater, viewGroup, false);
```

또는, 기존 뷰에서 데이터 바인딩 클래스 인스턴스를 생성할 수 있다.

```
ProfileActivityBinding binding =
    (ProfileActivityBinding) DataBindingUtil.bind(view);
```

바인딩 클래스는 바인딩되는 레이아웃에 포함된 각 뷰의 ID를 사용해서 findViewById를 자동으로 호출한다. 따라서 바인딩 클래스 인스턴스를 사용해서 바인딩되는 레이아웃의 모든 뷰를 참조할 수 있다. (바인딩되는 레이아웃에 포함된 모든 뷰의 참조를 따로 유지하지 않아도 되고 findViewById를 우리가 호출하지 않아도 된다.)

```
binding.userName.setText("professionalandroid");
binding.email.setText("example@example.com");
```

5.7.2 데이터 바인딩 변수

데이터를 레이아웃에 바인딩하는 과정을 간단하게 할 수 있다는 것이 데이터 바인딩의 강점이다. 이때 코드 5-7에 있듯이 다음과 같이 하면 된다. 레이아웃에 〈data〉 요소를 추가하고 이요소 내부에 바인딩 변수를 선언한다(이 변수는 데이터를 갖는 클래스의 인스턴스를 참조한다). 그리고 레이아웃에 포함된 각 뷰의 필드 속성에는 @{name.classvariable} 표현식을 지정한다. 여기서 name은 바인딩 변수 이름이고, classvariable은 데이터를 갖는 클래스의 필드 이름이다.

코드 5-7 레이아웃에 데이터 바인딩 변수들 적용하기

```xml
<?xml version="1.0" encoding="utf-8"?>
<layout
  xmlns:android="http://schemas.android.com/apk/res/android">
  <data>
    <variable name="user" type="com.professionalandroid.databinding.User" />
  </data>
  <LinearLayout
    android:layout_width="match_parent"
    android:layout_height="wrap_content"
    android:orientation="vertical">
    <TextView
      android:layout_width="match_parent"
      android:layout_height="wrap_content"
      android:text="@{user.userName}" />
    <TextView
      android:layout_width="match_parent"
      android:layout_height="wrap_content"
      android:text="@{user.email}" />
  </LinearLayout>
</layout>
```

여기서는 데이터를 갖는 클래스인 User의 바인딩 변수 이름을 user로 선언하였다. 따라서 바인딩 클래스에는 setUser라는 이름의 메서드가 생성된다.

이 메서드를 호출하면 @{ } 표현식을 사용하는 뷰의 모든 속성이 데이터 클래스(여기서는 User) 인스턴스를 참조하도록 설정된다. 따라서 데이터 클래스의 public 변수 또는 get〈Variable〉이나 is〈Variable〉 형태의 게터(getter) 메서드(예 getMail 또는 isValid)를 데이터 바인딩에서 찾아 사용할 수 있게 된다.

```
User user = new User("professionalandroid", "example@example.com");
binding.setUser(user);
```

이에 따라 뷰를 전담 처리하는 모든 로직을 레이아웃 자체에 유지할 수 있으므로, 코드에서는 적합한 데이터를 바인딩 클래스에 제공하는 것에만 초점을 둘 수 있다.

앞의 예에서는 레이아웃의 각 뷰(TextView)에 지정되었던 android:id 속성이 삭제되었다는 것에 주목하자. 바인딩 변수가 포함된 @{ } 표현식을 처리할 때 데이터 바인딩에서는 각 뷰의 ID가 필요 없기 때문이다.

@{ } 표현식에는 바인딩 변수 외에도 거의 모든 자바 언어 구문을 사용할 수 있다. 예를 들어, 단순 3항 표현식을 단축시킨 null 복합 연산자인 ??를 사용할 수 있다.

```
android:text='@{user.email ?? "No email"}'
```

기본적으로 변수의 바인딩은 다음 프레임이 다시 화면에 그려진 후에 수행된다. 따라서 리사이클러 뷰와 같은 스크롤이 가능한 뷰가 사용될 때 화면 깜박거림이 보일 수 있다. 이때는 변수를 설정한 후 executePendingBindings를 호출하여 바인딩이 즉시 수행되게 하면 된다.

```
User user = userList.get(position);
binding.setUser(user);
binding.executePendingBindings();
```

5.7.3 지진 정보 뷰어 애플리케이션에 데이터 바인딩 적용하기

데이터 바인딩을 사용하면 지진 정보 뷰어 애플리케이션의 RecyclerView.Adapter를 간단하게 만들 수 있다. 이때 지진 데이터를 갖는 각 Earthquake 객체를 리사이클러 뷰의 각 행 레이아웃에 바인딩하면 된다.

1. 데이터 바인딩을 활성화하도록 모듈 그래들 파일인 build.gradle (Module: app)을 변경한다.

```
android {
    [... 기존에 지정된 안드로이드 노드 ...]
    dataBinding.enabled = true
}
```

```
dependencies {
  [... 기존에 지정된 다른 의존성 요소 ...]
    implementation 'com.android.support:support-v4:28.0.0'
}
```

build.gradle 파일이 변경되면 'Gradle files have changed since last project sync. A project sync may be necessary for the IDE to work properly'라는 메시지가 안드로이드 스튜디오 메인 창 위에 나타날 것이다. 이 메시지의 오른쪽에 있는 [Sync Now]를 클릭하여 데이터 바인딩 라이브러리가 프로젝트에 추가되도록 한다.

2. 데이터 바인딩을 사용하기 위해 list_item_earthquake.xml 레이아웃 리소스를 변경한다. (〈data〉 태그 내부의 earthquake 변수에 지정된 type에는 데이터를 제공하는 클래스를 지정한다. 이 클래스의 패키지 이름인 com.professionalandroid.apps.earthquake는 3장에서 Earthquake 프로젝트를 생성할 때 지정했었다.)

```
<?xml version="1.0" encoding="utf-8"?>
<layout
  xmlns:android="http://schemas.android.com/apk/res/android"
  xmlns:app="http://schemas.android.com/apk/res-auto">
  <data>
    <variable name="timeformat" type="java.text.DateFormat" />
    <variable name="magnitudeformat" type="java.text.NumberFormat" />
    <variable name="earthquake"
      type="com.professionalandroid.apps.earthquake.Earthquake" />
  </data>
  <android.support.constraint.ConstraintLayout
    xmlns:android="http://schemas.android.com/apk/res/android"
    xmlns:app="http://schemas.android.com/apk/res-auto"
    android:layout_width="match_parent"
    android:layout_height="wrap_content"
    android:paddingLeft="@dimen/activity_vertical_margin"
    android:paddingRight="@dimen/activity_vertical_margin">
    <TextView
      android:id="@+id/magnitude"
      android:layout_width="wrap_content"
      android:layout_height="0dp"
      android:gravity="center_vertical"
      app:layout_constraintRight_toRightOf="parent"
      app:layout_constraintTop_toTopOf="parent"
      app:layout_constraintBottom_toBottomOf="parent"
      android:textAppearance="?attr/textAppearanceListItem"
      android:text="@{magnitudeformat.format(earthquake.magnitude)}"/>
    <TextView
      android:id="@+id/date"
      android:layout_width="0dp"
```

```
        android:layout_height="wrap_content"
        android:layout_marginTop="@dimen/text_margin"
        app:layout_constraintLeft_toLeftOf="parent"
        app:layout_constraintTop_toTopOf="parent"
        app:layout_constraintRight_toLeftOf="@id/magnitude"
        android:text="@{timeformat.format(earthquake.date)}"/>
      <TextView
        android:layout_width="0dp"
        android:layout_height="wrap_content"
        android:layout_marginBottom="@dimen/text_margin"
        app:layout_constraintLeft_toLeftOf="parent"
        app:layout_constraintBottom_toBottomOf="parent"
        app:layout_constraintRight_toLeftOf="@id/magnitude"
        app:layout_constraintTop_toBottomOf="@id/date"
        android:text="@{earthquake.details}"/>
    </android.support.constraint.ConstraintLayout>
</layout>
```

3. 바인딩 클래스를 생성하기 위해 안드로이드 스튜디오 메인 메뉴의 [Build ➡ Make Project] 또는 [Build ➡ Rebuild Project]를 선택하여 프로젝트를 다시 빌드한다. 이렇게 하면 바인딩 클래스가 자동 생성된다. (2번의 레이아웃을 에러 없이 변경했는데, 빌드 에러가 생기면서 바인딩 클래스를 생성하지 못하는 경우에는 메뉴의 [Build ➡ Clean Project]를 선택한 후 [Build ➡ Rebuild Project]를 다시 수행한다. 안드로이드 스튜디오 자체에서 유지하는 캐시 등에 문제가 생겨서 그럴 수 있기 때문이다.)

4. EarthquakeRecyclerViewAdapter.java를 편집기 창에 열고 내부 클래스로 정의된 ViewHolder의 기존 코드를 삭제한 후 다음 코드로 교체한다. ViewHolder의 생성자에서 바인딩 클래스 인스턴스를 인자로 받아 지진 발생 시간 및 진도의 형식 변수를 한 번 초기화하도록 하기 위함이다.

```
public static class ViewHolder extends RecyclerView.ViewHolder {
  public final ListItemEarthquakeBinding binding;

  public ViewHolder(ListItemEarthquakeBinding binding) {
    super(binding.getRoot());
    this.binding = binding;
    binding.setTimeformat(TIME_FORMAT);
    binding.setMagnitudeformat(MAGNITUDE_FORMAT);
  }
}
```

5. 또한 onCreateViewHolder와 onBindViewHolder 메서드의 기존 코드를 삭제하고 다음 코드로 교체한다. onCreateViewHolder에서는 바인딩 클래스 인스턴스를 생성하며,

onBindViewHolder에서는 바인딩을 수행한다.

```
@Override
public ViewHolder onCreateViewHolder(ViewGroup parent, int viewType) {
  ListItemEarthquakeBinding binding = ListItemEarthquakeBinding.inflate(
    LayoutInflater.from(parent.getContext()), parent, false);
  return new ViewHolder(binding);
}
@Override
public void onBindViewHolder(ViewHolder holder, int position) {
  Earthquake earthquake = mEarthquakes.get(position);
  holder.binding.setEarthquake(earthquake);
  holder.binding.executePendingBindings();
}
```

AVD 에뮬레이터나 실제 안드로이드 기기에서 애플리케이션을 실행하면 그림 5-5와 동일한 화면을 볼 수 있을 것이다. 그러나 내부적으로는 데이터 바인딩을 사용했다는 것이 다르다.

5.8 새 뷰 만들기

창의적인 개발자 입장에서는 언제든 내장된 컨트롤에 만족하지 못하는 상황에 직면할 수 있다.

기존 뷰를 확장, 즉 서브 클래스를 생성하고, 복합 컨트롤을 조합하여 고유한 뷰를 새로 생성하는 능력이 있다면 애플리케이션 작업 처리에 최적화된 멋진 UI를 구현할 수 있게 된다. 안드로이드에서는 기존 뷰의 서브 클래스를 생성하거나 우리 나름의 뷰 컨트롤을 구현할 수 있다. 따라서 사용자 경험에 최적화되도록 자유자재로 UI를 조정할 수 있다.

> **참고**
>
> UI를 디자인할 때는 시각적인 미려함과 사용성의 균형을 맞추는 일이 중요하다. 커스텀 컨트롤을 만들수 있다는 생각이 아예 컨트롤들을 맨 바닥부터 만들고 싶은 유혹으로 이어지기도 한다. 이 충동을 억눌러야 한다. 표준 뷰가 사용자에게 더 친숙하며, 새로운 안드로이드 출시에 따라 업데이트도 부드럽다. 작은 화면에서 사용자가 제한된 관심을 보이는 실정을 감안하면 컨트롤의 시각적인 미려함보다는 친숙함이 더 나은 사용성을 제공한다.

새 뷰를 만들 때 적용할 수 있는 최적의 접근법은 개발자가 무엇을 얻고자 하는지에 따라 다르다.

➤ 기본적인 기능을 제공할 때는 기존 뷰의 시각적 느낌이나 작동 방식을 또는 그 둘 다를

수정하고 확장한다. 이벤트 핸들러나 onDraw를 또는 그 둘 다를 오버라이드하되, 슈퍼클래스의 메서드를 그대로 호출하는 방식으로 뷰의 기능을 다시 구현하지 않고 맞춤 구성을 할 수 있다. 예를 들어, 십진수를 표시하도록 TextView를 맞춤 구성할 수 있다.

➤ 서로 연결되는 몇 가지 뷰를 조합해 재사용할 수 있는 원자적 컨트롤을 만든다. 예를 들어 클릭으로 카운터가 리셋되는 초시계를 만들기 위해 TextView와 Button을 조합해 사용할 수도 있다.

➤ 기존 컨트롤을 변경하거나 조합해서는 얻을 수 없는, 완전히 새로운 인터페이스가 필요할 때 완전히 새로운 컨트롤을 만든다.

5.8.1 기존 뷰 수정하기

안드로이드 위젯 툴박스에는 흔히 사용되는 각종 UI에 해당하는 뷰도 함께 제공한다. 기본 뷰를 맞춤 구성하면 애플리케이션의 요건에 맞춰 UI와 기능을 세밀하게 다듬으면서도 기존 작동 방식을 재구현하지 않아도 된다.

기존 컨트롤을 바탕으로 새 뷰를 만들려면 기존 컨트롤의 새로운 서브 클래스를 생성한다. 코드 5-8에서는 TextView의 서브 클래스를 보여준다. 이 예에서는 텍스트 뷰를 확장해 그 형태와 동작을 맞춤 구성한다.

코드 5-8 텍스트 뷰 확장하기

```
import android.content.Context;
import android.graphics.Canvas;
import android.util.AttributeSet;
import android.view.KeyEvent;
import android.widget.TextView;

public class MyTextView extends TextView {

  // 코드에서 뷰를 생성할 때 사용되는 생성자
  public MyTextView (Context context) {
    this(context, null);
  }

  // XML에서 뷰를 인플레이트할 때 사용되는 생성자
  public MyTextView (Context context, AttributeSet attrs) {
    this(context, attrs, 0);
  }

  // 스타일 속성이 있는 뷰를 XML에서 인플레이트할 때 사용되는 생성자
  public MyTextView(Context context, AttributeSet attrs, int defStyleAttr) {
```

```
      super(context, attrs, defStyleAttr);

      // 커스텀 초기화할 것이 있다면 여기서 한다.
   }
}
```

재사용할 수 있는 뷰를 만들고자 한다면 앞의 세 가지 생성자를 모두 오버라이드할 것을 권한다. 그리고 이때 안드로이드 SDK에 포함된 여타 뷰처럼, 해당 뷰는 코드에서 생성되고 XML 파일에 인플레이트될 수 있게 해야 한다.

그리고 새로운 뷰의 형태나 동작을 변경할 때는 해당 동작과 연관된 이벤트 핸들러를 오버라이드하여 변경한다.

코드 5-8을 확장한 다음 코드에서는 뷰의 형태를 변경하기 위해 onDraw 메서드가 오버라이드됐다. 그리고 누른 키를 처리할 수 있도록 onKeyDown 핸들러가 오버라이드됐다.

```
public class MyTextView extends TextView {

  public MyTextView(Context context) {
    this(context, null);
  }

  public MyTextView(Context context, AttributeSet attrs) {
    this(context, attrs, 0);
  }

  public MyTextView(Context context, AttributeSet attrs, int defStyleAttr) {
    super(context, attrs, defStyleAttr);
  }

  @Override
  public void onDraw(Canvas canvas) {
    [ ... 캔버스의 내용을 텍스트 배경에 그린다. ... ]

    // TextView 기본 클래스를 사용해 평상시처럼 텍스트를 렌더링한다.
    super.onDraw(canvas);

    [ ... 캔버스의 내용을 텍스트 전면에 그린다. ... ]
  }

  @Override
  public boolean onKeyDown(int keyCode, KeyEvent keyEvent) {
    [ ... 누른 키를 기준으로 ... ]
    [ ... 특정 처리를 수행한다. ... ]
```

```
    // 기본 클래스에 구현된 기존 기능을 사용해서
    // 키 이벤트에 응답한다.
    return super.onKeyDown(keyCode, keyEvent);
  }
}
```

뷰 안에서 사용할 수 있는 이벤트 핸들러는 5장의 뒷부분에서 자세하게 알아본다.

커스텀 속성 정의하기

앞 절에서 언급한 바와 같이 뷰의 생성자에는 크게 세 가지가 있다. 이들은 뷰를 코드상에서
뿐 아니라 XML 파일의 일부분으로도 만들 수 있도록 지원한다. 한편 뷰에 추가하려는 기능
에도 코드상과 XML이라는 이중성이 적용된다. 다시 말해, 코드상으로도, XML로도 부가 기
능을 변경할 수 있다.

기능을 코드상에서 추가하는 것은 뷰나 다른 클래스 입장에서 보면 다른 점이 전혀 없으며,
일반적으로는 set 및 get 메서드의 추가 과정이 포함된다.

```
public class PriceTextView extends TextView {
  private static NumberFormat CURRENCY_FORMAT =
    NumberFormat.getCurrencyInstance();

  private float mPrice;
  // 이 세 생성자는 모든 View에 필요하다.
  public PriceTextView(Context context) {
    this(context, null);
  }

public PriceTextView(Context context, AttributeSet attrs) {
    this(context, attrs, 0);
}

  // XML에서 스타일 속성을 갖는 View를 인플레이트할 때
  // 사용되는 생성자
  public MyTextView(Context context, AttributeSet attrs, int defStyleAttr) {
    super(context, attrs, defStyleAttr);
  }
  public void setPrice(float price) {
    mPrice = price;
    setText(CURRENCY_FORMAT.format(price));
  }
  public float getPrice() {
    return mPrice;
  }
}
```

하지만 이 방법으로는 코드상으로 가격(price)을 변경할 수 있을 뿐이다. 표시 가격을 XML 파일의 일부분으로 설정하려면 커스텀 속성을 만들어야 한다. 이때 만들 위치는 하나 이상의 〈declare-styleable〉 요소가 포함되는 res/values/attrs.xml이 일반적이다.

```
<resources>
  <declare-styleable name="PriceTextView">
    <attr name="price" format="reference|float" />
  </declare-styleable>
</resources>
```

〈declare-styleable〉 이름은 해당 속성을 사용하는 클래스의 이름과 일치시키는 것이 관례다. 다만, 엄격한 규칙은 아니다.

사용되는 이름들이 글로벌(전역)이라는 데 유의해야 한다. 애플리케이션은 같은 이름의 속성이 여러 번 선언되면(예를 들어 애플리케이션과 라이브러리에서) 컴파일되지 않는다. 속성 이름이 충돌할 것 같다면 접미어를 추가하는 것도 좋은 방법이다.

속성에 사용할 수 있는 기본 형식에는 color, boolean, dimension, float, integer, string, fraction, enum, flag가 포함된다. 특히 중요한 형식에는 reference가 있다. 이 형식으로 커스텀 속성(回 @string/app_name)을 사용할 다른 리소스를 참조할 수 있다. 형식은 여럿 조합할 수도 있으며, 이때 각 형식은 | 문자로 구분한다.

이제 애플리케이션에서 선언한 모든 속성과 연동되는 네임스페이스 선언을 추가해 뷰 XML에서 커스텀 속성을 참조할 수 있다. 이때 일반적으로 xmlns:app이 사용된다(여기서 app은 다른 식별자로 대체될 수 있다).

```
<PriceTextView
    xmlns:android:"http://schemas.android.com/apk/res/android"
    xmlns:app="http://schemas.android.com/apk/res-auto"
    android:layout_width="wrap_content"
    android:layout_height="wrap_content"
    app:price="1999.99" />
```

이제 클래스에서 obtainStyledAttributes 메서드를 사용해 커스텀 속성을 읽을 수 있다.

```
// 스타일 속성을 갖는 View를 XML에서 인플레이트할 때
// 사용되는 생성자
```

```
public MyTextView(Context context, AttributeSet attrs, int defStyleAttr) {
  super(context, attrs, defStyleAttr);

  final TypedArray a = context.obtainStyledAttributes(attrs,
    R.styleable.PriceTextView, // <declare-styleable> 이름
    defStyleAttr,
    0); // 기본값에 사용할 R.style(옵션임)
  if (a.hasValue(R.styleable.PriceTextView_price)) {
    setPrice(a.getFloat(R.styleable.PriceTextView_price,
    0)); // 기본값
  }
  a.recycle();
}
```

> **참고**
>
> TypedArray에서 값을 읽은 후에는 매번 recycle을 호출해야 한다.

5.8.2 복합 컨트롤 만들기

복합 컨트롤은 원자적인, 다시 말해 상대적인 위치에 따라 배치되고 연결되는 복수의 자식 뷰가 포함되는 독립적인 뷰 그룹이다.

복합 컨트롤은 레이아웃과 형태, 뷰의 상호 작용을 정의하고 뷰 그룹(보통은 레이아웃)을 확장해 만든다. 새 복합 컨트롤을 만들 때는 자식 컨트롤을 배치하는 데 가장 적합한 레이아웃 클래스의 서브 클래스를 생성한다.

```
public class MyCompoundView extends LinearLayout {
  public MyCompoundView(Context context) {
    this(context, null);
  }

  public MyCompoundView(Context context, AttributeSet attrs) {
    this(context, attrs, 0);
  }

  public MyCompoundView(Context context, AttributeSet attrs,
                        int defStyleAttr) {
    super(context, attrs, defStyleAttr);
  }
}
```

액티비티에서처럼 외부 리소스를 사용해 복합 뷰 UI 레이아웃을 디자인하는 방법이 선호된다.

코드 5-9는 텍스트 입력용 Edit Text로 구성되는 단순 복합 컨트롤의 XML 레이아웃 정의를 나타낸다. 이때에는 '지우기'용 버튼(Button)을 함께 제공한다.

```xml
<?xml version="1.0" encoding="utf-8"?>
<LinearLayout xmlns:android="http://schemas.android.com/apk/res/android"
  android:orientation="vertical"
  android:layout_width="match_parent"
  android:layout_height="wrap_content">
  <EditText
    android:id="@+id/editText"
    android:layout_width="match_parent"
    android:layout_height="wrap_content"
  />
  <Button
    android:id="@+id/clearButton"
    android:layout_width="match_parent"
    android:layout_height="wrap_content"
    android:text="Clear"
  />
</LinearLayout>
```

이 레이아웃을 새 복합 뷰에 사용하려면 레이아웃 리소스를 인플레이트하도록 생성자를 오버라이드 해야 한다. 이때 LayoutInflate 시스템 서비스의 inflate 메서드를 사용한다. inflate 메서드는 레이아웃 리소스를 인자로 받아 인플레이트된 뷰를 반환한다.

코드 5-10은 ClearableEditText 클래스를 사용해 이 과정을 나타낸다. 이 클래스의 생성자에서는 리스트 5-9의 레이아웃 리소스를 인플레이트한 다음 레이아웃에 포함된 EditText와 Button 뷰의 참조를 찾는다. 그리고 또한 EditText의 데이터를 지우는 hookupButton 메서드(코드 5-11)를 호출한다. 이 메서드는 Button을 누를 때 EditText의 데이터를 지운다.

```java
public class ClearableEditText extends LinearLayout {

    EditText editText;
    Button clearButton;

    public ClearableEditText(Context context) {
```

```java
    this(context, null);
  }

  public ClearableEditText(Context context, AttributeSet attrs) {
    this(context, attrs, 0);
  }

  public ClearableEditText(Context context, AttributeSet attrs,
                           int defStyleAttr) {
    super(context, attrs, defStyleAttr);

    // 레이아웃 리소스의 뷰를 인플레이트한다.
    String infService = Context.LAYOUT_INFLATER_SERVICE;
    LayoutInflater li;
    li = (LayoutInflater)getContext().getSystemService(infService);
    li.inflate(R.layout.clearable_edit_text, this, true);

    // 자식 컨트롤의 참조를 얻는다.
    editText = (EditText)findViewById(R.id.editText);
    clearButton = (Button)findViewById(R.id.clearButton);

    // Button을 누를 때 EditText의 데이터를 지운다.
    hookupButton();
  }
}
```

XML이 아닌 코드에서 레이아웃을 구성할 수도 있다.

```java
public ClearableEditText(Context context, AttributeSet attrs,
                         int defStyleAttr) {
  super(context, attrs, defStyleAttr);

  // 레이아웃의 방향을 세로로 설정한다.
  setOrientation(LinearLayout.VERTICAL);

  // 자식 컨트롤을 생성한다.
  editText = new EditText(getContext());
  clearButton = new Button(getContext());
  clearButton.setText("Clear");

  // 복합 컨트롤에 배치한다.
  int lHeight = LinearLayout.LayoutParams.WRAP_CONTENT;
  int lWidth = LinearLayout.LayoutParams.MATCH_PARENT;

  addView(editText, new LinearLayout.LayoutParams(lWidth, lHeight));
  addView(clearButton, new LinearLayout.LayoutParams(lWidth, lHeight));

  // Button을 누를 때 EditText의 데이터를 지운다.
```

```
    hookupButton();
}
```

뷰 레이아웃을 구성한 후에는 우리가 필요한 기능을 제공하기 위해 각 자식 컨트롤의 이벤트 핸들러를 연결할 수 있다. 코드 5-11의 hookupButton 메서드에서는 Button을 누를 때 EditText의 데이터를 지운다.

코드 5-11 '지우기' 버튼 구현하기

```
private void hookupButton() {
  clearButton.setOnClickListener(new Button.OnClickListener() {
    public void onClick(View v) {
      editText.setText("");
    }
  });
}
```

5.8.3 레이아웃으로 단순 복합 컨트롤 만들기

재사용을 원하는 UI 패턴을 포함한 XML 리소스를 생성하면 재사용 가능한 레이아웃을 생성할 수 있다. 그 다음에 액티비티나 프래그먼트의 UI를 생성할 때 해당 XML 리소스를 포함시키면 된다. 이때 액티비티나 프래그먼트의 레이아웃 리소스에 include 태그를 사용한다.

```
<include layout="@layout/clearable_edit_text"/>
```

또한 include 태그에서는 포함되는 레이아웃의 루트 노드 id와 layout 매개변수를 오버라이드할 수도 있다.

```
<include
  layout="@layout/clearable_edit_text"
  android:id="@+id/add_new_entry_input"
  android:layout_width="match_parent"
  android:layout_height="wrap_content"
  android:layout_gravity="top"
/>
```

5.8.4 커스텀 뷰 만들기

새 뷰를 만들면 애플리케이션의 룩앤필(look and feel)을 만들 수 있다. 더불어 우리 나름의 컨트롤을 만들면 요구에 딱 들어맞는 UI를 생성할 수 있다.

빈 캔버스에서 새 컨트롤을 만들 때는 View 클래스나 SurfaceView 클래스를 확장(서브 클래스를 생성)한다. View 클래스는 일련의 draw 메서드와 Paint 클래스를 갖는 Canvas 객체를 제공한다. 이들을 사용하면 비트맵과 래스터 그래픽으로 구성되는 시각적 인터페이스를 만들고 사용자 이벤트(예를 들어, 화면 터치나 키 누름)를 오버라이드할 수 있다.

매우 빠르게 다시 그리거나 3D 그래픽이 필요한 경우가 아니라면 View 기본 클래스를 사용해도 충분하다.

반면에 SurfaceView 클래스는 Surface 객체를 제공한다. 이 객체는 백그라운드 스레드에서 그리기를 지원하며, 선택적이지만 OpenGL을 사용한 그래픽 구현도 지원한다. 따라서 실시간 동영상처럼 화면 갱신이 빈번하거나 또는 복잡한 그래픽 정보(특히, 게임이나 3D 시각화)를 보여주는 그래픽 위주의 컨트롤에 사용하면 아주 좋다.

 이 절에서는 View 클래스를 바탕으로 컨트롤을 만드는 과정에 초점을 맞춘다. SurfaceView 클래스를 비롯한 안드로이드의 고급 캔버스 그리기 기능은 14장 '사용자 인터페이스의 고급 구성'에서 다룬다.

새 시각적 인터페이스 만들기

기본 View 클래스는 완전히 빈 100픽셀 × 100픽셀짜리 정사각형을 나타낸다. 이 컨트롤의 크기를 변경해 더 매력적인 시각적 인터페이스를 보여주려면 onMeasure 메서드와 onDraw 메서드를 오버라이드해야 한다.

onMeasure 메서드에서는 지정된 경계 구역을 차지하는 뷰의 높이와 너비를 결정하며, onDraw 메서드에서는 캔버스에 뷰를 그린다.

코드 5-12는 새 View 클래스의 기본 코드를 보여준다. 이 내용은 이어지는 절에서 더 자세하게 알아본다.

코드 5-12 새 View 만들기

```
public class MyView extends View {

    public MyView(Context context) {
      this(context, null);
    }
```

```java
  public MyView (Context context, AttributeSet attrs) {
    this(context, attrs, 0);
  }

    public MyView(Context context, AttributeSet attrs, int defStyleAttr) {
      super(context, attrs, defStyleAttr);
    }

  @Override
  protected void onMeasure(int wMeasureSpec, int hMeasureSpec) {
    int measuredHeight = measureHeight(hMeasureSpec);
    int measuredWidth = measureWidth(wMeasureSpec);

    // setMeasuredDimension을 반드시 호출해야 한다.
    // 호출하지 않으면 컨트롤이 배치될 때
    // 런타임 예외가 발생한다.
    setMeasuredDimension(measuredHeight, measuredWidth);
  }

  private int measureHeight(int measureSpec) {
    int specMode = MeasureSpec.getMode(measureSpec);
    int specSize = MeasureSpec.getSize(measureSpec);

      [ ... 뷰의 높이를 산출한다. ... ]

      return specSize;
}
private int measureWidth(int measureSpec) {
  int specMode = MeasureSpec.getMode(measureSpec);
  int specSize = MeasureSpec.getSize(measureSpec);

    [ ... 뷰의 너비를 산출한다. ... ]

    return specSize;
  }

  @Override
  protected void onDraw(Canvas canvas) {
    [ ... 시각적 인터페이스를 그린다. ... ]
  }
}
```

> **참고**
>
> onMeasure 메서드는 setMeasuredDimension을 호출한다. 이 메서드는 오버라이드된 onMeasure
> 메서드에서 항상 호출해야 한다. 호출하지 않으면 부모 컨테이너가 해당 뷰를 배치하려고 할 때 예외
> 가 발생된다.

▪▪ 컨트롤 그리기

onDraw 메서드는 마법이 일어나는 곳이다. 새 위젯을 맨 바닥부터 만든다면 그것은 완전히 새로운 시각적 인터페이스를 만들고 싶기 때문일 것이다. onDraw 메서드의 캔버스 매개변수는 창의력에 활기를 불어넣는 데 사용할 화폭과 같다.

안드로이드 캔버스는 이른바 '화가 알고리즘(painter's algorithm)'을 사용한다. 다시 말해, 캔버스에 뭔가를 그릴 때마다 같은 영역에서 이전에 그렸던 모든 것을 처리한다.

그리기 API는 다양한 도구를 제공해 디자인을 캔버스에 그릴 수 있도록 지원한다. 이때 다양한 Paint 객체가 사용된다. Canvas 클래스는 원과 선, 직사각형, 텍스트, 드로어블(이미지) 등을 비롯한 기본적인 2D 객체들을 그리는 도우미 메서드들을 함께 제공한다. 그리고 그리는 동안 캔버스의 회전, 이동, 크기 조절 등을 가능하게 하는 각종 변환도 지원한다.

다양한 채우기와 펜을 제공하는 Paint 클래스와 여러 Drawable 클래스들이 그리기 API의 여러 도구와 함께 사용되면, 어떤 복잡하고 상세한 그래픽도 그릴 수 있다. 오로지 하드웨어 관점, 즉 화면 크기와 그래픽 프로세서(GPU)의 처리 능력에 의해서만 제한될 뿐이다.

> **주의**
>
> 안드로이드에서 효율적인 코드를 작성하기 위한 가장 중요한 방법 중 하나는 객체의 반복적인 생성과 소멸을 피하는 것이다. onDraw 메서드로 생성된 모든 객체는 화면이 새로 변경될 때마다 생성 및 소멸된다. 따라서 이런 객체(특히 Paint와 Drawable의 인스턴스)의 대부분을 클래스 범위의 객체로 만들되(해당 클래스 인스턴스가 소멸되면 같이 소멸되도록), 생성은 생성자에서 함으로써(가급적 한 번만 생성하도록) 효율성을 높여야 한다.

코드 5-13에서는 뷰의 중앙에 간단한 텍스트 문자열을 보여주기 위해 onDraw 메서드를 오버라이드하는 방법을 보여준다.

코드 5-13 커스텀 뷰 그리기

```
@Override
protected void onDraw(Canvas canvas) {
    // 가장 최근에 호출된 onMeasure에서 알아낸 컨트롤의 크기를 얻는다.
    int height = getMeasuredHeight();
    int width = getMeasuredWidth();

// 중심을 찾는다.
    int px = width/2;
    int py = height/2;
```

```
    // 새 페인트 브러시를 만든다.
    // NOTE: 효율성 제고를 위해
    // 이 과정은 뷰의 생성자에서 진행돼야 한다.
    Paint mTextPaint = new Paint(Paint.ANTI_ALIAS_FLAG);
    mTextPaint.setColor(Color.WHITE);

    // 문자열을 정의한다.
    String displayText = "Hello View!";

    // 텍스트 문자열의 너비를 측정한다.
    float textWidth = mTextPaint.measureText(displayText);

    // 텍스트 문자열을 컨트롤의 중심에 그린다.
    canvas.drawText(displayText, px-textWidth/2, py, mTextPaint);
}
```

현재 주제에서 벗어나지 않기 위해 Canvas 및 Paint 클래스에 대한 더 자세한 설명을 비롯해 더 복잡한 시각적 인터페이스를 그릴 때 사용할 수 있는 방법 등은 14장 '사용자 인터페이스의 고급 구성'에서 다룬다.

> **참고**
>
> 캔버스의 어떤 요소를 변경하기 위해서는 캔버스 전체를 다시 그려야 한다. 반면, 브러시 색상을 수정하기 위해서는 컨트롤을 무효화하고 다시 그릴 때까지 뷰의 표시를 변경하지 않아도 된다. OpenGL을 사용해 그래픽을 렌더링할 수도 있다. 이에 대한 자세한 내용은 17장 '오디오, 비디오 그리고 카메라 사용하기'의 SurfaceView 관련 내용에서 알아본다.

∷ 컨트롤의 크기 조절하기

언제나 공간을 100픽셀만큼 차지하는 컨트롤이 필요하다면 모를까 그렇지 않다면 onMeasure를 오버라이드할 일이 더 많다.

onMeasure 메서드는 컨트롤의 부모가 자식 컨트롤을 배치할 때 호출된다. 이 메서드는 '공간이 얼마나 필요하지?'라고 물으면서 widthMeasureSpec과 heightMeasureSpec이라는 두 매개변수를 전달한다. 이 두 매개변수는 컨트롤과 일부 메타데이터가 차지할 공간을 지정한다.

onMeasure 메서드에서는 결과를 반환하는 대신, 해당 뷰의 높이와 너비를 setMeasured Dimension 메서드의 인자로 전달하여 호출한다.

다음 조각 코드는 onMeasure를 오버라이드하는 방법을 보여준다. 인자로 전달된 widthHeight Spec과 heightMeasureSpec의 값을 사용하여 원하는 높이와 너비를 계산하기 위해 measure

Height와 measureWidth를 호출한다.

```
@Override
protected void onMeasure(int widthMeasureSpec, int heightMeasureSpec) {

  int measuredHeight = measureHeight(heightMeasureSpec);
  int measuredWidth = measureWidth(widthMeasureSpec);

  setMeasuredDimension(measuredHeight, measuredWidth);
}

private int measureHeight(int measureSpec) {
  // 측정된 위젯 높이를 반환한다.
}

private int measureWidth(int measureSpec) {
  // 측정된 위젯 너비를 반환한다.
}
```

경계 매개변수인 widthMeasureSpec과 heightMeasureSpec은 효율성 때문에 정수로 전달된다. 이 두 가지가 사용되려면 디코딩이 우선돼야 하며, 이때 MeasureSpec 클래스의 static 메서드인 getMode와 getSize가 사용된다.

```
int specMode = MeasureSpec.getMode(measureSpec);
int specSize = MeasureSpec.getSize(measureSpec);
```

'모드'의 값에 따라 '크기'는 컨트롤이 사용할 수 있는 최대 공간(AT_MOST) 또는 컨트롤이 차지할 정확한 공간(EXACTLY)을 나타낸다. UNSPECIFIED는 크기를 나타내는 것에 대한 일체의 참조를 컨트롤이 갖고 있지 않다는 뜻이다.

측정 크기가 EXACTLY로 설정되면 뷰는 지정된 정확한 크기의 영역에 배치돼야 한다. AT_MOST 모드는 지정된 상한에 맞춰 뷰가 차지할 공간의 크기를 나타낸다. 대부분의 경우 반환되는 값은 보여주기 원하는 UI 크기와 같거나 UI를 포함하는 데 필요한 크기가 된다.

어느 경우든 이런 제한을 반드시 지켜야 한다. 경우에 따라서는 제한을 벗어나는 측정값을 반환하는 것이 적합할 수 있다. 이때는 큰 뷰를 처리하는 방법(자르기나 스크롤링 등)을 부모 뷰가 선택하게 할 수 있다.

코드 5-14는 뷰 크기를 처리하는 전형적인 구현 방법을 나타낸다.

```java
@Override
protected void onMeasure(int widthMeasureSpec, int heightMeasureSpec) {
  int measuredHeight = measureHeight(heightMeasureSpec);
  int measuredWidth = measureWidth(widthMeasureSpec);

  setMeasuredDimension(measuredHeight, measuredWidth);
}

private int measureHeight(int measureSpec) {
  int specMode = MeasureSpec.getMode(measureSpec);
  int specSize = MeasureSpec.getSize(measureSpec);

  // 픽셀 단위의 기본 크기
  int result = 500;

  if (specMode == MeasureSpec.AT_MOST) {
    // 최대 크기 범위 내에서
    // 컨트롤의 이상적인 크기를 계산한다.
    // 컨트롤이 가용 공간을 전부 채우면
    // 바깥 경계가 반환된다.
    result = specSize;
  } else if (specMode == MeasureSpec.EXACTLY) {
    // 컨트롤이 이 경계 안에 들어맞으면 그 값을 반환한다.
    result = specSize;
  }
  return result;
}

private int measureWidth(int measureSpec) {
  int specMode = MeasureSpec.getMode(measureSpec);
  int specSize = MeasureSpec.getSize(measureSpec);

  // 픽셀 단위의 기본 크기
  int result = 500;

  if (specMode == MeasureSpec.AT_MOST) {
    // 최대 크기 범위 내에서
    // 컨트롤의 이상적인 크기를 계산한다.
    // 컨트롤이 가용 공간을 전부 채우면
    // 바깥 경계가 반환된다.
    result = specSize;
  } else if (specMode == MeasureSpec.EXACTLY) {
    // 컨트롤이 이 경계 안에 들어맞으면 그 값을 반환한다.
    result = specSize;
  }
  return result;
}
```

사용자 상호 작용 이벤트 처리하기

새 뷰가 사용자와 상호 작용하려면 키 눌림, 화면 터치, 버튼 클릭과 같은 사용자 이벤트에 응답할 수 있어야 한다. 안드로이드는 몇 가지 가상 이벤트 핸들러를 제공함으로써 사용자 입력에 반응할 수 있도록 지원하고 있다.

➤ onKeyDown: D 패드나 키보드 버튼, 전화 걸기나 전화 끊기 버튼, 뒤로 가기 버튼, 카메라 버튼 등 어떤 버튼이라도 눌리면 호출된다.

➤ onKeyUp: 사용자가 키를 눌렀다 뗄 때 호출된다.

➤ onTouchEvent: 터치스크린을 누르거나 뗄 때 또는 움직임이 감지될 때 호출된다.

코드 5-15는 뷰에서 각 사용자 상호 작용 핸들러를 오버라이드하는 기본 클래스를 나타낸다.

코드 5-15 뷰의 입력 이벤트 처리

```
@Override
public boolean onKeyDown(int keyCode, KeyEvent keyEvent) {
    // 이벤트가 처리되면 true가 반환된다.
    return true;
}
@Override
public boolean onKeyUp(int keyCode, KeyEvent keyEvent) {
    // 이벤트가 처리되면 true가 반환된다.
    return true;
}

@Override
public boolean onTouchEvent(MotionEvent event) {
    // 이 이벤트가 나타내는 액션의 종류를 가져온다.
    int actionPerformed = event.getAction();
    // 이벤트가 처리되면 true가 반환된다.
    return true;
}
```

각 메서드가 받은 매개변수나 멀티터치 이벤트에 대한 세부적인 내용을 비롯해 이 이벤트 핸들러의 자세한 사용법은 14장에서 알아본다.

커스텀 뷰에서 접근성 지원하기

멋진 인터페이스의 커스텀 뷰를 만드는 것만이 능사는 아니다. 다른 방법으로 기기와 상호작용해야 하는 장애인들이 사용할 수 있는 컨트롤을 생성하는 것도 중요하다.

접근성 API는 시각을 비롯한 신체적인 장애 또는 연령 관련 장애를 겪고 있어 터치스크린과 온전하게 상호 작용하기 어려운 사용자들을 위한 대안이 될 수 있는 메서드들을 제공한다.

우선 앞 절에서 설명한 대로 커스텀 뷰에 D 패드 이벤트를 사용해 접근과 이동이 가능하도록 해야 한다. 이때 레이아웃 정의 안에서 콘텐츠 설명 속성을 사용해 입력 위젯을 설명하는 것이 중요하다(이는 14장 '사용자 인터페이스의 고급 구성'에서 다룬다.)

접근 가능한 커스텀 뷰를 만들기 위해서는 AccessibilityEventSource 인터페이스를 구현하고 sendAccessibilityEvent 메서드를 사용해 AccessibilityEvents를 브로드캐스트해야 한다.

View 클래스에는 이미 접근성 이벤트 소스 인터페이스가 구현돼 있으므로 커스텀 뷰에 도입한 기능에 맞춰 작동 방식을 구성하기만 하면 된다. 이때 발생한 이벤트의 종류, 대개 클릭이나 긴 클릭, 선택 변경, 포커스 변경, 텍스트/콘텐츠 변경 중 하나를 sendAccessibilityEvent 메서드에 전달해야 한다. 완전히 새로운 UI를 구현하는 커스텀 뷰의 경우, 화면에 보이는 콘텐츠가 변경될 때마다 하나의 브로드캐스트를 전송한다. 예를 들면 코드 5-16과 같다.

코드 5-16 접근성 이벤트 브로드캐스트하기

```
public void setSeason(Season season) {
  mSeason = season;
  sendAccessibilityEvent(AccessibilityEvent.TYPE_VIEW_TEXT_CHANGED);
}
```

클릭과 긴 클릭, 포커스나 선택의 변경은 기본 뷰 구현을 통해 브로드캐스트된다. 하지만 기본 뷰 클래스에 파악되지 않은 추가 이벤트는 무엇이 됐든 직접 브로드캐스트해야 한다.

브로드캐스트 접근성 이벤트에는 사용자 경험을 증대시키기 위해 접근성 서비스가 사용하는 각종 프로퍼티가 포함된다. 이 중에서 뷰의 클래스 이름과 이벤트의 타임스탬프를 비롯한 일부 프로퍼티들은 변경될 필요가 없다. 그러나 dispatchPopulateAccessibilityEvent 핸들러를 오버라이드하면 뷰 콘텐츠의 텍스트 표현과 뷰의 확인 및 선택 상태와 같은 세부적인 것을 맞춤 구성할 수 있다. 예를 들면 코드 5-17과 같다.

코드 5-17 접근성 이벤트 프로퍼티 맞춤 구성하기

```
@Override
public boolean dispatchPopulateAccessibilityEvent(
                final AccessibilityEvent event) {

super.dispatchPopulateAccessibilityEvent(event);
```

```
if (isShown()) {
  String seasonStr = Season.valueOf(season);
  if (seasonStr.length() > AccessibilityEvent.MAX_TEXT_LENGTH)
    seasonStr =
      seasonStr.substring(0, AccessibilityEvent.MAX_TEXT_LENGTH-1);

  event.getText().add(seasonStr);
  return true;
}
else
  return false;
}
```

나침반 뷰 만들기 실습

다음 예에서는 View 클래스의 서브 클래스로 새 나침반 뷰인 CompassView를 생성한다. 이 뷰는 방위를 나타내는 전통적인 나침반을 보여준다. 그림 5-6은 완성된 모습이다.

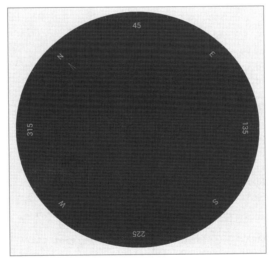

◐ 그림 5-6

나침반은 SDK 툴박스에서 사용할 수 있는 텍스트 뷰와 버튼과는 사뭇 다른 시각적 요소를 표현하는 UI 컨트롤의 예다. 따라서 맨 바닥부터 새로 만들어야 하는 좋은 재료이기도 하다.

> **참고**
>
> 14장 '사용자 인터페이스의 고급 구성'에서는 시각적 느낌을 현저하게 개선할 수 있는 고급 캔버스 그리기 기법을 설명한다. 그리고 16장 '하드웨어 센서'에서는 기기에 내장된 가속도계와 이 나침반 뷰를 사용해 사용자의 현재 방위를 표시한다.

우선 CompassView를 포함할 새 프로젝트를 생성한다(자세한 생성 방법은 3장의 Earthquake 프로젝트 생성을 참고). 프로젝트 이름은 Compass로 하며, 패키지 이름이 com.professionalandroid. apps.compass로 되었는지 확인한다. 사용 언어는 Java로 선택하고 Minimum API Level은 API 16: Android 4.1 (Jelly Bean)으로 선택한다. 기본으로 선택된 'Use androidx.* artifacts'의 체크를 해제하자(androidx의 자세한 내용은 '2.2.5 androidx와 지원 라이브러리' 참고). [Finish] 버튼을 누르면 프로젝트가 생성된다. 그 다음에 자동으로 생성된 액티비티인 MainActivity의 이름을 CompassActivity로 변경하자.

1. View의 서브 클래스인 새 CompassView 클래스를 생성한다. 그리고 이 뷰 클래스의 인스턴스가 생성될 수 있도록 생성자를 추가한다(이 뷰의 인스턴스 생성은 코드에서 하거나 또는 레이아웃 리소스의 인플레이트를 통해 할 수 있다). 사용자가 D-패드를 사용해서 나침반을 선택하여 포커싱할 수 있도록 오버로딩된 마지막 생성자에 setFocusable(true)를 추가한다(이렇게 하면 이 뷰로부터 접근성 이벤트들을 받을 수 있다).

```
package com.professionalandroid.apps.compass;

import android.content.Context;
import android.util.AttributeSet;
import android.view.View;

public class CompassView extends View {
  public CompassView(Context context) {
    this(context, null);
  }

  public CompassView(Context context, AttributeSet attrs) {
    this(context, attrs, 0);
  }

  public CompassView(Context context, AttributeSet attrs, int defStyleAttr) {
    super(context, attrs, defStyleAttr);
    setFocusable(true);
  }
}
```

2. 나침반 뷰는 다음 제한 설정에서 허용하는 캔버스의 가능한 많은 공간을 차지하는 완벽한 원이어야 한다. 즉, 가장 짧은 쪽의 길이를 계산하기 위해 onMeasure 메서드를 오버라이드한다. 그리고 계산된 값을 사용하여 높이와 너비를 설정하기 위해 setMeasuredDimension을 호출한다.

```java
@Override
protected void onMeasure(int widthMeasureSpec, int heightMeasureSpec) {
  // 나침반은 가능한 많은 공간을 차지하는 원이다.
  // 최단 경계와 높이, 너비를 기준으로
  // 측정된 수치를 설정한다.
  int measuredWidth = measure(widthMeasureSpec);
  int measuredHeight = measure(heightMeasureSpec);

  int d = Math.min(measuredWidth, measuredHeight);

  setMeasuredDimension(d, d);
}

private int measure(int measureSpec) {
  int result = 0;

  // 측정 수치를 디코딩한다.
  int specMode = MeasureSpec.getMode(measureSpec);
  int specSize = MeasureSpec.getSize(measureSpec);

  if (specMode == MeasureSpec.UNSPECIFIED) {
    // 기본 크기를 200으로 반환한다.
    result = 200;
  } else {
    // 사용 가능한 공간을 채우고자 할 때는
    // 항상 전체 가용 범위를 반환한다.
    result = specSize;
  }
  return result;
}
```

3. 프로젝트를 생성할 때 자동으로 생성된 activity_main.xml의 이름을 activity_compass. xml로 변경하고 아래의 코드로 모두 교체한다. 여기서는 새로 생성한 CompassView 를 포함하는 프레임 레이아웃을 사용한다.

```xml
<?xml version="1.0" encoding="utf-8"?>
<FrameLayout xmlns:android="http://schemas.android.com/apk/res/android"
  android:orientation="vertical"
  android:layout_width="match_parent"
  android:layout_height="match_parent">
  <com.professionalandroid.apps.compass.CompassView
    android:id="@+id/compassView"
    android:layout_width="match_parent"
    android:layout_height="match_parent"
  />
</FrameLayout>
```

4. 나침반을 그리는 데 사용할 색상과 텍스트 문자열을 저장하기 위해 리소스 파일을 사용한다.

   4.1 res/values/strings.xml 파일에 진한 글씨 코드의 텍스트 문자열 리소스를 추가한다.

```
<resources>
  <string name="app_name">Compass</string>
  <string name="cardinal_north">N</string>
  <string name="cardinal_east">E</string>
  <string name="cardinal_south">S</string>
  <string name="cardinal_west">W</string>
</resources>
```

   4.2 다음 색상 리소스를 res/values/colors.xml에 추가한다.

```
<?xml version="1.0" encoding="utf-8"?>
<resources>
  <color name="colorPrimary">#008577</color>
  <color name="colorPrimaryDark">#00574B</color>
  <color name="colorAccent">#D81B60</color>

  <color name="background_color">#F555</color>
  <color name="marker_color">#AFFF</color>
  <color name="text_color">#AFFF</color>
</resources>
```

5. 앞의 1번 단계에서 생성했던 CompassView 클래스를 다음과 같이 변경한다. 화면에 보여줄 방위(bearing)를 저장할 새 프로퍼티를 추가하고, 이 프로퍼티의 get 메서드와 set 메서드도 추가한다. 또한 방위가 변할 때 이 뷰(CompassView)가 다시 그려지도록 set 메서드에서 invalidate를 호출한다.

```
...
public class CompassView extends View {
  private float mBearing;
  ...

  public void setBearing(float bearing) {
    mBearing = bearing;
    invalidate();
  }

  public float getBearing() {
    return mBearing;
```

```
  }
}
```

6. 방위를 설정하기 위한 커스텀 속성을 XML로 생성한다.

   6.1 res/values/attrs.xml 파일을 생성하고 커스텀 속성을 추가한다(안드로이드 스튜디오 프로젝트 도구 창의 res/values에서 오른쪽 마우스 버튼을 누르고 New ➡ XML ➡ Values XML File을 선택한 후 파일 이름에 attrs 입력).

```xml
<?xml version="1.0" encoding="utf-8"?>
<resources>
  <declare-styleable name="CompassView">
    <attr name="bearing" format="reference|float" />
  </declare-styleable>
</resources>
```

   6.2 XML 속성으로부터 방위를 읽을 수 있도록 CompassView 클래스의 생성자를 변경한다.

```java
public CompassView(Context context, AttributeSet attrs,
                   int defStyleAttr) {
  super(context, attrs, defStyleAttr);
  setFocusable(true);
  final TypedArray a = context.obtainStyledAttributes(attrs,
    R.styleable.CompassView, defStyleAttr, 0);
  if (a.hasValue(R.styleable.CompassView_bearing)) {
    setBearing(a.getFloat(R.styleable.CompassView_bearing, 0));
  }
  a.recycle();
}
```

7. 또한 6번 단계의 생성자에서는 앞의 4번 단계에서 생성한 각 리소스의 참조를 얻는다. 그리고 문자열 리소스 값을 인스턴스 변수로 저장한다. 또한 색상 리소스 값을 사용해 클래스 범위에서만 사용되는 새로운 Paint 객체들을 생성한다. 이 객체들은 다음 단계에서 나침반을 그리는데 사용할 것이다.

```java
private Paint markerPaint;
private Paint textPaint;
private Paint circlePaint;
private String northString;
private String eastString;
private String southString;
private String westString;
```

```
private int textHeight;

public CompassView(Context context, AttributeSet attrs, int defStyleAttr) {
  super(context, attrs, defStyleAttr);

  setFocusable(true);
  final TypedArray a = context.obtainStyledAttributes(attrs,
    R.styleable.CompassView, defStyleAttr, 0);
  if (a.hasValue(R.styleable.CompassView_bearing)) {
    setBearing(a.getFloat(R.styleable.CompassView_bearing, 0));
  }
  a.recycle();

  Context c = this.getContext();
  Resources r = this.getResources();
  circlePaint = new Paint(Paint.ANTI_ALIAS_FLAG);
  circlePaint.setColor(ContextCompat.getColor(c, R.color.background_color));
  circlePaint.setStrokeWidth(1);
  circlePaint.setStyle(Paint.Style.FILL_AND_STROKE);
  northString = r.getString(R.string.cardinal_north);
  eastString = r.getString(R.string.cardinal_east);
  southString = r.getString(R.string.cardinal_south);
  westString = r.getString(R.string.cardinal_west);
  textPaint = new Paint(Paint.ANTI_ALIAS_FLAG);
  textPaint.setColor(ContextCompat.getColor(c, R.color.text_color));
  textHeight = (int)textPaint.measureText("yY");
  markerPaint = new Paint(Paint.ANTI_ALIAS_FLAG);
  markerPaint.setColor(ContextCompat.getColor(c, R.color.marker_color));
}
```

8. 이제 7번 단계에서 생성한 String 객체와 Paint 객체를 사용해 나침반을 그린다. 다음 조각 코드는 onDraw 메서드의 코드이며 주석을 최소로 줄였다. 캔버스에서 그리기나 고급 페인트 효과에 대한 자세한 내용은 14장 '사용자 인터페이스의 고급 구성'에서 다룬다.

   8.1 우선 CompassView 클래스에서 onDraw 메서드를 오버라이드한다.

```
@Override
protected void onDraw(Canvas canvas) {
```

   8.2 컨트롤의 중심을 찾는다. 그리고 가장 작은 쪽의 길이를 나침반의 반지름으로 저장한다.

```
int mMeasuredWidth = getMeasuredWidth();
int mMeasuredHeight = getMeasuredHeight();
```

```
int px = mMeasuredWidth / 2;
int py = mMeasuredHeight / 2 ;

int radius = Math.min(px, py);
```

8.3 바깥쪽 테두리를 그린다. 그리고 drawCircle 메서드를 사용해 나침반 앞면의 배경을 칠한다. 7단계에서 만든 circlePaint 객체를 사용한다.

```
    // 배경을 그린다.
canvas.drawCircle(px, py, radius, circlePaint);
```

8.4 이 나침반은 앞면을 회전시켜 현재 방향을 표시한다. 따라서 현재 방향은 항상 기기의 위쪽을 가리켜야 한다. 이를 구현하려면 캔버스를 현재 방향과 반대 방향으로 회전시켜야 한다.

```
// '위쪽'이 현재 방위를 나타낼 수 있도록
// 시각을 회전시킨다.
canvas.save();
canvas.rotate(-mBearing, px, py);
```

8.5 이제 남은 일은 각종 표지를 그리는 것이다. 캔버스를 한 바퀴 회전시키면서 15도마다 표지 하나씩 그리고 45도마다 방향 표시를 위한 줄인 문자열을 그린다.

```
int textWidth = (int)textPaint.measureText("W");
int cardinalX = px-textWidth/2;
int cardinalY = py-radius+textHeight;

// 15도마다 마커. 45도마다 텍스트를 그린다.
for (int i = 0; i < 24; i++) {
  // 마커를 그린다.
  canvas.drawLine(px, py-radius, px, py-radius+10, markerPaint);

  canvas.save();
  canvas.translate(0, textHeight);

  // 점을 그린다.
  if (i % 6 == 0) {
    String dirString = "";
    switch (i) {
      case(0) : {
                dirString = northString;
                int arrowY = 2*textHeight;
                canvas.drawLine(px, arrowY, px-5, 3*textHeight,
```

```
                                        markerPaint);
                    canvas.drawLine(px, arrowY, px+5, 3*textHeight,
                                        markerPaint);
                    break;
                }
            case(6) : dirString = eastString; break;
            case(12) : dirString = southString; break;
            case(18) : dirString = westString; break;
        }
        canvas.drawText(dirString, cardinalX, cardinalY, textPaint);
    }

    else if (i % 3 == 0) {
        // 45도마다 텍스트를 그린다.
        String angle = String.valueOf(i*15);
        float angleTextWidth = textPaint.measureText(angle);

        int angleTextX = (int)(px-angleTextWidth/2);
        int angleTextY = py-radius+textHeight;
        canvas.drawText(angle, angleTextX, angleTextY, textPaint);
    }
    canvas.restore();

    canvas.rotate(15, px, py);
    }
    canvas.restore();
}
```

9. 이제 접근성 지원을 추가한다. 나침반 뷰는 방위를 시각적으로 제공한다. 따라서 방위
    가 변경될 때 해당 '텍스트'가 변경됐다는 사실을 알리는 접근성 이벤트를 브로드캐스
    트해야 한다. 이를 위해 setBearing 메서드를 수정한다.

```
public void setBearing(float bearing) {
    mBearing = bearing;
    invalidate();
    sendAccessibilityEvent(AccessibilityEvent.TYPE_VIEW_TEXT_CHANGED);
}
```

10. 현재 방위를 접근성 이벤트에 사용될 콘텐츠 값으로 사용하기 위해 dispatchPopulateA
    ccessibilityEvent를 오버라이드한다. CompassView 클래스 내부의 제일 끝에 이 메서드
    를 추가한다.

```
@Override
public boolean dispatchPopulateAccessibilityEvent(
                final AccessibilityEvent event) {
```

```
  super.dispatchPopulateAccessibilityEvent(event);
  if (isShown()) {
    String bearingStr = String.valueOf(mBearing);
    event.getText().add(bearingStr);
    return true;
  }
  else
    return false;
}
```

AVD 에뮬레이터나 실제 안드로이드 기기에서 애플리케이션을 실행하면 CompassView가 화면에 나타난다. CompassView를 실제 기기의 나침반 센서에 바인딩하는 방법은 16장 '하드웨어 센서'에서 알아볼 것이다.

5.8.5 커스텀 컨트롤 사용하기

지금까지 커스텀 뷰를 직접 만들었다. 이제 이 뷰를 여느 뷰처럼 코드와 레이아웃 안에서 사용할 수 있다. 단, 새 뷰에 해당하는 노드를 레이아웃 정의에 추가할 때는 패키지 이름을 포함하는 전체 경로가 지정된 클래스 이름을 사용해야 한다는 점에 유의해야 한다.

```
<com.professionalandroid.apps.compass.CompassView
  android:id="@+id/compassView"
  android:layout_width="match_parent"
  android:layout_height="match_parent"
  app:bearing="45" />
```

이제 늘 하던 대로 다음 코드를 사용해 레이아웃을 인플레이트하고 CompassView의 참조를 얻을 수 있다.

```
@Override
public void onCreate(Bundle savedInstanceState) {
  super.onCreate(savedInstanceState);
  setContentView(R.layout.main);
  CompassView cv = findViewById(R.id.compassView);
  // 필요할 때 setBearing을 호출해 방위를 변경한다.
}
```

새 뷰를 코드상에서 레이아웃에 추가할 수도 있다.

```
@Override
public void onCreate(Bundle savedInstanceState) {
  super.onCreate(savedInstanceState);
  CompassView cv = new CompassView(this);
  setContentView(cv);
  cv.setBearing(45);
}
```

커스텀 뷰는 차별화된 기능을 애플리케이션에 제공할 수 있는 강력한 방법이다. 한 번 만들어
두면 여느 안드로이드 프레임워크 뷰와 같은 방법으로 사용할 수 있다.

6

인텐트와 브로드캐스트 리시버

📑 6장의 주요 내용

- ➤ 인텐트와 펜딩 인텐트
- ➤ 암시적 인텐트와 명시적 인텐트를 사용해 액티비티와 서비스 시작하기
- ➤ 서브액티비티의 결과 리턴하기
- ➤ 인텐트의 리졸브 방식 이해하기
- ➤ 인텐트 필터를 사용해 애플리케이션의 기능 확장하기
- ➤ Linkify로 텍스트 필드에 링크 추가하기
- ➤ 브로드캐스트 인텐트로 기기의 상태 변화 모니터링하기
- ➤ 애플리케이션 안에서 로컬 브로드캐스트 매니저로 브로드캐스트 인텐트 보내기

📥 6장에 사용된 코드의 다운로드용 파일

6장은 다음 2개의 파일로 되어 있다.

- ⬇ Snippets_ch6.zip
- ⬇ StarSignPicker_ch6.zip

6.1 인텐트와 브로드캐스트 리시버 사용하기

인텐트는 애플리케이션 안에서 그리고 애플리케이션 간이나 시스템과 애플리케이션 간에 사용할 수 있는 메시지 전달 메커니즘이다. 인텐트는 다음 일들을 할 때 사용된다.

- ➤ 특정 서비스, 브로드캐스트 리시버, 액티비티, 서브액티비티를 그 클래스 이름으로 명시적으로 시작할 때
- ➤ 특정 데이터를 사용하는 액션을 수행하기 위해 액티비티, 서브액티비티, 서비스를 시작할 때
- ➤ 서브액티비티에서 정보를 반환할 때
- ➤ 이벤트가 발생했다는 것을 브로드캐스트할 때

인텐트는 안드로이드 운영 체제의 핵심이면서 안드로이드의 고유 개념이다. 이런 이유에서 정복하기가 만만치 않은 개념이기도 하다.

애플리케이션의 일부가 아니더라도 인텐트는 안드로이드 장치에 설치된 모든 애플리케이션 컴포넌트 간에 정보를 전달하는 데 사용될 수 있다. 따라서 독립적인 컴포넌트들을 모아 놓은 플랫폼으로부터 단일의 상호 연결된 시스템으로 안드로이드 장치를 변모시킨다. 또는 보안 향상이나 효율성을 목적으로 로컬 브로드캐스트 매니저를 사용하여 애플리케이션 내부의 컴포넌트에만 인텐트를 전송할 수도 있다.

가장 일반적인 인텐트의 용도 중 하나는 명시적(로드할 클래스 이름을 지정하여) 또는 암시적(특정 데이터에 대해 수행될 명세를 요청하는 액션 인텐트를 생성하여)으로 액티비티를 론칭(또는 '시작')시키는 것이다. 후자의 경우, 인텐트 호출 애플리케이션 내부의 액티비티에서 해당 액션을 반드시 수행해야 하는 것은 아니다.

애플리케이션 컴포넌트를 론칭하기 위해 클래스를 직접 로드하는 대신 인텐트를 사용하는 것이 안드로이드 디자인의 핵심 원리이다.

또한 인텐트를 사용해서 시스템 전체에 걸쳐 메시지를 브로드캐스트할 수 있다. 이것을 브로드캐스트 인텐트라고 한다. 그리고 애플리케이션은 브로드캐스트 리시버를 등록하여 해당 브로드캐스트 인텐트를 리스닝하고 반응할 수 있다. 따라서 내부 또는 시스템 이벤트를 기반으로 작동하는 이벤트 중심의 애플리케이션을 만들 수 있다.

안드로이드 시스템은 브로드캐스트 인텐트를 사용해 인터넷 연결의 변경이나 배터리 충전 상태와 같은 시스템 이벤트를 공지할 수 있다. 전화 송수신이나 SMS 매니저와 같은 네이티브 안드로이드 애플리케이션들은 특정 브로드캐스트 인텐트를 리스닝하는 컴포넌트를 등록해 해당 상황에 맞게 반응한다. 따라서 동일한 인텐트를 리스닝하는 브로드캐스트 리시버를 등록해 네이티브 애플리케이션을 상당수 대체할 수 있다.

6.2 인텐트를 사용해 액티비티 시작하기

인텐트의 가장 일반적인 용도는 애플리케이션 컴포넌트들을 서로 연결해 소통하도록 하는 일이다. 예를 들어 새 액티비티를 시작시키기 위해 액티비티에서 인텐트가 사용된다. 이 경우 여러 화면으로 구성되는 처리 흐름을 만들 수 있다.

> **참고**
>
> 이 절에서는 새 액티비티의 시작에 관해 설명한다. 하지만 같은 방법을 서비스에도 적용할 수 있다. 서비스를 시작하고 생성하는 것에 관한 자세한 내용은 11장 '백그라운드에서 작업하기'에서 알아본다.

액티비티를 생성하고 보여주려면 다음과 같이 startActivity를 호출하면서 인텐트를 전달해야 한다.

```
startActivity(myIntent);
```

startActivity 메서드는 전달된 인텐트와 일치하는 액티비티 하나를 찾아 시작시킨다.

인텐트는 두 가지 방법 중 하나로 구성할 수 있다. 시작될 특정 액티비티 클래스를 명시적으로 지정하거나, 또는 대상 액티비티가 수행해야 하는 액션을 포함하는 방법이다. 후자의 경우, 인텐트 레졸루션(resolution)을 통해 런타임이 동적으로 액티비티를 선택한다.

startActivity를 사용할 때는 이 메서드로 시작된 액티비티(서브액티비티)가 끝날 때 어떤 결과 데이터도 애플리케이션에 반환되지 않는다. 따라서 서브액티비티로부터 결과 데이터를 받으려면 startActivityForResult를 사용해야 한다. 이에 대해서는 이번 장의 뒷부분에서 설명한다.

6.2.1 명시적으로 새 액티비티 시작하기

3장, '애플리케이션, 액티비티, 프래그먼트 기타 등등'에서 설명한 바와 같이 애플리케이션은 서로 연관된 화면, 즉 액티비티들로 구성되며 이들은 애플리케이션 매니페스트에 포함돼야 한다.

액티비티 사이를 전환할 때는 새 인텐트를 생성하여 시작될 액티비티를 명시적으로 나타낼 수 있다. 이때 해당 인텐트에는 현재 액티비티의 컨텍스트와 시작시킬 액티비티 클래스를 지정한다. 그리고 정의된 인텐트를 startActivity에 전달하면 새 액티비티가 시작된다.

코드 6-1　명시적으로 특정 액티비티 시작시키기

```
Intent intent = new Intent(MyActivity.this, MyOtherActivity.class);
startActivity(intent);
```

startActivity가 호출되면, 새 액티비티(여기서는 MyOtherActivity)가 생성 및 시작되고 실행된다. 이에 따라 액티비티 스택의 맨 위에 있는 MyActivity를 대체하게 된다.

그리고 새 액티비티에서 finish를 호출하거나 안드로이드 기기의 뒤로 가기 버튼이 눌리면 새 액티비티는 닫히고 액티비티 스택에서 제거된다. 또는 새 액티비티에서 startActivity를 사용해 또 다른 액티비티를 계속 실행할 수도 있다.

startActivity를 호출할 때마다 새 액티비티가 스택에 추가된다는 점에 유의해야 한다. 뒤로 가기 버튼을 누르면(또는 finish를 호출하면) 이들 액티비티가 순서대로 제거된다. 그러나 이런 방식으로 닫히지 않는 액티비티가 있으면 애플리케이션이 실행 중인 동안 스택에 남게 된다. 결국 같은 액티비티의 여러 인스턴스가 액티비티 스택에 존재하는 상황이 생길 수 있다.

6.2.2 암시적 인텐트와 늦은 런타임 바인딩

암시적 인텐트는 특정 액션을 수행할 수 있는 액티비티를 찾아 시작시키도록 시스템에 요청할 때 사용한다. 이 경우 어떤 애플리케이션이나 액티비티가 시작될지는 정확하게 알 수 없다.

예를 들어 애플리케이션에서 사용자가 전화 통화를 할 수 있게 하려면 통화 기능을 새로 구현할 수도 있고, 또는 (스스로를 미워하지 않는다면), 전화번호(URI로 표현됨)로 수행될 액션(전화 걸기)을 요청하는 암시적 인텐트를 사용할 수도 있다.

```
if (somethingWeird && itDontLookGood) {
  Intent intent =
```

```
    new Intent(Intent.ACTION_DIAL, Uri.parse("tel:555-2368"));
  startActivity(intent);
}
```

안드로이드는 전화번호 URI에 전화 걸기 액션을 수행할 수 있는 액티비티를 찾아 시작시킴으로써 해당 인텐트를 해결한다. 이때는 기기에 번들로 설치된 전화 애플리케이션이 선택된다.

새 암시적 인텐트를 구성할 때는 수행될 액션 및 처리될 데이터의 URI를 지정한다. 이때 엑스트라(extra)를 인텐트에 추가하여 대상 액티비티에 데이터를 전달할 수 있다.

엑스트라는 기본 타입의 값을 인텐트에 첨부할 때 사용되는 메커니즘이다. 인텐트의 오버로드된 putExtra 메서드를 사용하면 이름과 값이 한 쌍으로 된 엑스트라 데이터를 인텐트에 첨부할 수 있다.

```
intent.putExtra("STRING_EXTRA", "Beverly Hills");
intent.putExtra("INT_EXTRA", 90210);
```

엑스트라는 Bundle 객체로 인텐트에 저장되며, 시작된 액티비티에서 getExtra 메서드를 호출하여 사용할 수 있다. getExtra 메서드는 Bundle 객체에 저장된 데이터 타입마다 별도로 있으며(예를 들어, int 타입일 때는 getIntExtra), 해당 데이터 타입의 getExtra를 사용하여 인텐트의 엑스트라 값을 바로 추출할 수 있다.

```
Intent intent = getIntent();
String myStringExtra = intent.getStringExtra("STRING_EXTRA");
int myIntExtra = intent.getIntExtra("INT_EXTRA", DEFAULT_INT_VALUE);
```

암시적 인텐트를 사용해 액티비티를 시작하면 안드로이드는 지정된 데이터 타입에 요청된 액션을 가장 잘 수행할 수 있는 Activity 클래스로 해당 인텐트 처리를 맡긴다(컴파일 시점이 아닌 런타임 시점에). 따라서 우리가 원하는 기능을 어떤 애플리케이션이 제공하는지 사전에 알 수 없어도 다른 애플리케이션의 기능을 사용하는 프로젝트를 생성할 수 있다.

해당 액션을 다수의 액티비티가 수행할 수 있는 경우에는 해당 액티비티들을 화면에 보여주고 사용자가 선택하게 해준다. 그리고 어떤 액티비티가 암시적 인텐트로 실행될 것인지는 액티비티의 매니페스트에 지정되는 인텐트 필터에 의해 결정된다. 이 내용은 이번 장의 뒷부분에서 자세하게 알아본다.

다양한 네이티브 애플리케이션들이 특정 데이터를 대상으로 액션을 수행할 수 있는 액티비티를 제공한다. 새로운 액션을 지원하거나 네이티브 액션을 대체하여 제공하기 위해 우리 애플리케이션을 포함한 서드파티 애플리케이션도 등록될 수 있다. 이번 장 뒤에서는 몇 가지 네이티브 액션을 소개하며, 또한 해당 액션들을 지원할 액티비티를 생성하고 등록하는 방법도 알아본다.

6.2.3 인텐트의 레졸루션 여부 결정하기

서드파티 애플리케이션의 액티비티나 서비스를 우리가 만들 애플리케이션에 통합하면 믿을 수 없을 정도로 강력한 힘을 발휘할 수 있다. 하지만 특정 애플리케이션이 기기에 설치된다는 보장은 물론 없다. 더욱이 특정 애플리케이션이 설치됐다 하더라도 요청을 처리할 수 있는지는 별개의 문제다.

따라서 암시적 인텐트가 액티비티로 리졸브될 수 있는지, 달리 말해 해당 인텐트를 수행할 수 있는 액티비티가 있는지 확인한 후에 해당 인텐트를 startActivity로 전달하는 것이 바람직하다.

어떤 액티비티가 특정 인텐트에 응답해 시작될 수 있는지 조회할 때는 패키지 매니저를 사용한다. 이때 인텐트 객체의 resolveActivity를 호출하며, 호출 시 패키지 매니저를 전달한다. 코드 6-2는 이를 나타낸 것이다.

특정 인텐트에 응답해 시작될 수 있는 액티비티가 있는지 조회할 때는 패키지 매니저를 사용한다. 그리고 패키지 매니저를 인자로 전달하여 인텐트 객체의 resolveActivity 메서드를 호출한다(코드 6-2).

코드 6-2   액티비티를 암시적으로 시작하기

```
if (somethingWeird && itDontLookGood) {
  // 암시적 인텐트를 만들어 새 액티비티를 시작한다.
  Intent intent =
    new Intent(Intent.ACTION_DIAL, Uri.parse("tel:555-2368"));

  // 액티비티의 존재 유무를 확인해 액션을 수행한다.
  PackageManager pm = getPackageManager();
  ComponentName cn = intent.resolveActivity(pm);
  if (cn == null) {
    // 액션을 수행할 액티비티가 없다.
    // 에러를 로그에 수록하고 앱의 처리를 변경한다.
    // 사용자가 이 액션을 시도할 수 있게 해주는
```

```
    // UI 요소를 비활성화하는 경우가 대부분이다.
    Log.e(TAG, "Intent could not resolve to an Activity.");
  }
  else
    startActivity(intent);
}
```

만일 적당한 액티비티가 발견되지 않으면, 관련 기능(그리고 연동되는 UI 컨트롤)을 비활성화하거나 사용자에게 구글 플레이 스토어의 적당한 애플리케이션을 안내할 수도 있다. 단, 구글 플레이 스토어를 모든 기기에서 사용할 수 있는 것은 아니므로 이 또한 함께 확인하는 것이 바람직하다.

6.2.4 액티비티의 결과 반환하기

startActivity를 통해 시작된 액티비티는 호출하는 액티비티와 별개다. 따라서 실행이 끝날 때 호출(또는 부모) 액티비티에게 결과를 반환하지 않는다.

결과를 반환받아야 한다면 서브액티비티로 시작시키면 된다. 서브액티비티는 부모에게 돌려줄 결과를 전달할 수 있다. 서브 액티비티는 실행되는 방법만 다를 뿐 여느 액티비티와 동일하다. 따라서 다른 액티비티와 같은 방법으로 애플리케이션 매니페스트에 등록돼야 한다.

매니페스트에 등록된 액티비티는 전부 서브액티비티로 실행될 수 있다. 시스템 애플리케이션이나 서드파티 애플리케이션이 제공하는 액티비티도 예외는 아니다.

서브액티비티의 실행이 끝나면 호출하는 부모 액티비티의 onActivityResult 이벤트 핸들러가 호출된다. 서브액티비티는 특히 한 액티비티가 다른 액티비티에 데이터 입력을 제공할 때 유용하다. 예를 들어, 사용자가 폼의 필드에 데이터를 입력하거나 리스트에서 항목을 선택하는 경우다.

서브액티비티 시작하기

startActivityForResult 메서드는 startActivity 메서드와 작동 방식이 꽤 흡사하다. 다만 한 가지 다른 점은 어느 액티비티를 시작할지 결정할 때 사용하는 명시적 또는 암시적 인텐트 뿐 아니라 요청 코드도 전달해야 한다는 점이다. 요청 코드는 결과를 반환한 서브액티비티를 식별하는 데 사용된다.

코드 6-3은 서브액티비티를 명시적으로 시작하는 기본 코드를 나타낸다.

```
private static final int SHOW_SUBACTIVITY = 1;

private void startSubActivity() {
  Intent intent = new Intent(this, MyOtherActivity.class);
  startActivityForResult(intent, SHOW_SUBACTIVITY);
}
```

서브액티비티도 여느 액티비티처럼 명시적이거나 암시적으로 시작시킬 수 있다. 코드 6-4에서는 연락처 기능을 수행할 수 있는 새 서브액티비티를 시작시키기 위해 암시적 인텐트를 사용한다.

```
private static final int PICK_CONTACT_SUBACTIVITY = 2;

private void startSubActivityImplicitly() {
  // 연락처 기능을 수행할 수 있는 서브액티비티를 요청하는 인텐트를 생성한다.
  // 만일 여러 개일 때는 사용자가 선택할 수 있게 해준다.
  Uri uri = Uri.parse("content://contacts/people");
  Intent intent = new Intent(Intent.ACTION_PICK, uri);
  startActivityForResult(intent, PICK_CONTACT_SUBACTIVITY);
}
```

서브액티비티 결과 반환하기

서브 액티비티에서는 실행이 끝날 때 finish를 호출한다. 그러나 호출한 액티비티에게 결과를 반환할 때는 finish보다 먼저 setResult를 호출해야 한다.

setResult 메서드는 결과 코드와 결과 데이터를 매개변수로 받는다. 결과 데이터는 인텐트로 나타낸다.

결과 코드는 서브액티비티의 실행 성공 여부를 나타내며, 일반적으로 Activity.RESULT_OK 아니면 Activity.RESULT_CANCELED가 된다. OK와 CANCELED만으로는 불충분해서 실행 결과를 정확하게 나타내야 하는 경우에는 애플리케이션 나름의 응답 코드를 사용하면 된다. 응답 코드는 정숫값이다.

결과 데이터 인텐트에는 주로 콘텐츠(에 선택된 연락처, 전화번호, 미디어 파일)를 가리키는 데이터 URI나 추가 정보를 반환하는 데 사용되는 엑스트라 데이터가 포함된다.

코드 6-5는 서브액티비티의 onCreate 메서드에서 발췌한 코드이며, 여기서는 OK와 Cancel 버튼이 서로 다른 결과를 호출 액티비티에게 반환하는 방법을 보여준다.

코드 6-5 서브액티비티에서 결과 반환하기

```
Button okButton = findViewById(R.id.ok_button);
okButton.setOnClickListener(new View.OnClickListener() {
  public void onClick(View view) {
    // 현재 선택된 항목을 가리키는 URI를 만든다.
    Uri selectedHorse = Uri.parse("content://horses/" +
                                  selected_horse_id);
    Intent result = new Intent(Intent.ACTION_PICK, selectedHorse);

    setResult(RESULT_OK, result);
    finish();
  }
});

Button cancelButton = findViewById(R.id.cancel_button);
cancelButton.setOnClickListener(new View.OnClickListener() {
  public void onClick(View view) {
    setResult(RESULT_CANCELED);
    finish();
  }
});
```

사용자가 기기의 뒤로 가기 버튼을 눌러 액티비티가 종료되었거나 setResult가 먼저 호출되지 않고 finish가 호출되면 결과 코드는 RESULT_CANCELED로 설정되며, 결과 데이터 인텐트는 null로 설정된다.

서브액티비티 결과 처리하기

서브액티비티가 종료되면 호출 액티비티의 onActivityResult 이벤트 핸들러가 실행된다. 따라서 이 메서드를 오버라이드하여 서브액티비티의 반환 결과를 처리할 수 있다.

onActivityResult 핸들러는 여러 매개변수를 받는다.

> ➤ 요청 코드: 결과를 반환하는 서브액티비티를 실행할 때 사용되었던 요청 코드

> ➤ 결과 코드: 서브액티비티가 자신의 실행 결과를 나타내기 위해 설정한다. 어떤 정숫값도 될 수 있지만, 일반적으로는 Activity.RESULT_OK나 Activity.RESULT_CANCELED 중 하나다.

> ➤ 데이터: 반환되는 데이터를 보존하기 위해 사용되는 인텐트다. 서브티비티의 목적에 따라 다를 수 있지만, 선택된 콘텐츠를 나타내는 URI를 포함하거나 또는 이 인텐트의

엑스트라로 반환 데이터를 포함할 수 있다.

> **참고**
>
> 서브액티비티가 비정상적으로 종료되거나 결과 코드를 지정하지 않은 채 종료되면 결과 코드는
> Activity.RESULT_CANCELED가 된다.

코드 6-6은 onActivityResult 이벤트 핸들러를 액티비티에서 구현한 기본 코드를 나타낸다.

코드 6-6 onActivityResult 핸들러 구현하기

```java
private static final int SELECT_HORSE = 1;
private static final int SELECT_GUN = 2;

Uri selectedHorse = null;
Uri selectedGun = null;

@Override
public void onActivityResult(int requestCode,
                             int resultCode,
                             Intent data) {

  super.onActivityResult(requestCode, resultCode, data);

  switch(requestCode) {
    case (SELECT_HORSE):
      if (resultCode == Activity.RESULT_OK)
        selectedHorse = data.getData();
      break;

    case (SELECT_GUN):
      if (resultCode == Activity.RESULT_OK)
        selectedGun = data.getData();
      break;

    default: break;
  }
}
```

6.2.5 안드로이드 네이티브 액션을 사용해 액티비티 시작시키기

안드로이드 플랫폼의 일부분으로 배포되는 애플리케이션들도 인텐트를 사용해 액티비티와 서브액티비티를 시작시킨다.

Intent 클래스의 정적 문자열 상수들로 사용할 수 있는 네이티브 액션들의 일부 내역은 다음

과 같다. 암시적 인텐트를 생성할 때 이른바 액티비티 인텐트라고 부르는 이런 액션을 사용해 애플리케이션에서 액티비티와 서브액티비티를 시작시킬 수 있다.

> **참고** 잠시 후에 인텐트 필터를 소개하고 이들 액션의 핸들러로 액티비티를 등록하는 방법을 설명한다.

- ➤ ACTION_DELETE: 인텐트의 데이터 URI에 지정된 데이터를 삭제할 수 있는 액티비티를 시작시킨다.
- ➤ ACTION_DIAL: 인텐트의 데이터 URI에 사전 지정된 번호로 전화를 걸도록 전화 애플리케이션이 시작된다. 기본적으로 이것은 네이티브 안드로이드 전화 애플리케이션에 의해 처리된다. 전화 애플리케이션은 대부분의 전화번호 형식을 지원할 수 있다. 예를 들어, tel: 555-1234와 tel: (212) 555 1212는 모두 적합한 번호다.
- ➤ ACTION_EDIT: 인텐트의 데이터 URI에서 데이터를 편집할 수 있는 액티비티를 요청한다.
- ➤ ACTION_INSERT: 인텐트의 데이터 URI에 지정된 커서(Cursor)로 새 항목들을 삽입할 수 있는 액티비티를 시작시킨다. 해당 액티비티가 서브액티비티로 호출될 때는 새로 삽입된 항목에 대한 URI가 반환돼야 한다.
- ➤ ACTION_PICK: 인텐트의 데이터 URI로 지정된 콘텐트 프로바이더로부터 한 항목을 선택할 수 있게 해주는 서브액티비티를 시작시킨다. 해당 서브액티비티가 종료될 때는 선택된 항목에 대한 URI를 반환해야 한다. 실행되는 액티비티는 선택되는 데이터에 따라 달라진다. 예를 들어, URI로 content://contacts/people을 전달하면 네이티브 연락처 리스트가 실행된다.
- ➤ ACTION_SEARCH: 특정 검색 액티비티를 시작시킬 때 사용된다. 특정 검색 액티비티가 없는데 이 액션이 처리되면 검색을 지원하는 모든 애플리케이션을 보여주고 그 중에서 하나를 사용자가 선택하게 된다. 검색 용어는 인텐트의 엑스트라에 문자열로 제공하며, 이것의 키로는 SearchManager.QUERY를 사용한다.
- ➤ ACTION_SENDTO: 인텐트의 데이터 URI에 지정된 연락처에 데이터를 전송하는 액티비티를 시작시킨다.
- ➤ ACTION_SEND: 인텐트에 지정된 데이터를 전송하는 액티비티를 시작시킨다. 수신자는 이 액션으로 시작되는 액티비티에서 선택되어야 한다. 전송되는 데이터의 MIME 타

입은 setType을 사용해서 설정한다. 전송되는 데이터는 MIME 타입에 따라 EXTRA_TEXT나 EXTRA_STREAM을 키로 갖는 엑스트라로 저장되어야 한다. 이메일의 경우, 네이티브 안드로이드 애플리케이션에는 EXTRA_EMAIL, EXTRA_CC, EXTRA_BCC, EXTRA_SUBJECT를 키로 갖는 엑스트라도 사용할 수 있다. ACTION_SEND 액션은 원격 수신자(해당 기기의 다른 애플리케이션이 아닌)에게 데이터를 보낼 때만 사용한다.

➤ ACTION_VIEW: 가장 널리 사용되는 포괄적인 액션이며, 인텐트의 데이터 URI에 제공되는 데이터를 가장 적합한 방법으로 보여주어야 한다는 것을 의미하는 뷰 요청이다. 이 경우 제공된 데이터의 URI 형식에 따라 서로 다른 애플리케이션이 뷰 요청을 처리한다. 예를 들어, http: 주소는 웹 브라우저에서 열리고, tel: 주소는 해당 번호로 전화를 걸도록 전화 애플리케이션을 연다. 그리고 geo: 주소는 구글 지도 애플리케이션에서 보여주며, 연락처 내역은 연락처 매니저에서 보여주게 된다.

➤ ACTION_WEB_SEARCH: SearchManager.QUERY 키로 제공된 쿼리 데이터를 기준으로 웹 검색을 수행하기 위해 웹 브라우저를 실행시킨다.

> **참고**
>
> 지금까지 언급한 액티비티 액션 외에도 안드로이드에는 많은 수의 브로드캐스트 액션이 포함되어 있으며, 이 액션들은 시스템 이벤트를 알리기 위해 브로드캐스트되는 인텐트를 생성하는 데 사용된다. 이 브로드캐스트 액션들은 이번 장 뒤에서 알아본다.

6.3 암시적 인텐트를 수신하는 인텐트 필터 만들기

액티비티 인텐트는 일련의 데이터에 수행될 액션을 요청하는 것이다. 반면에 인텐트 필터는 액티비티가 해당 데이터 타입에 대한 액션을 수행할 수 있다는 것을 선언한다.

잠시 후에 살펴보겠지만, 인텐트 필터는 브로드캐스트 액션을 나타내기 위해 브로드캐스트 리시버에도 사용된다.

6.3.1 인텐트 필터 정의하기

인텐트 필터를 사용하면 액티비티가 지원할 수 있는 액션과 데이터를 선언할 수 있다.

인텐트를 처리할 수 있는 액티비티로 등록하려면 intent-filter 태그를 해당 액티비티의 매니페스트에 등록하면 된다. 이때 다음 태그(와 관련 속성)를 intent-filter에 정의한다.

➤ action: android:name 속성을 사용해서 수행할 수 있는 액션의 이름을 지정한다. 인텐트 필터마다 적어도 하나의 액션이 포함돼야 하며, 액션은 알기 쉬운 고유 문자열이어야 한다. 액션은 우리 나름대로 정의할 수 있고(이때는 자바 패키지 작명 규칙에 따르는 것이 가장 좋다) 또는 안드로이드에서 제공하는 시스템 액션을 사용할 수도 있다.

➤ category: android:name 속성을 사용해서 액션이 수행될 수 있는 상황을 지정한다. 인텐트 필터 태그마다 여러 개의 카테고리 태그를 포함할 수 있다. 우리 나름의 카테고리를 지정하거나 또는 안드로이드에서 제공하는 표준값 중 하나를 사용할 수 있다.

➤ data: 데이터 태그에는 우리 컴포넌트가 수행될 수 있는 데이터 타입을 지정할 수 있으며, 다수의 데이터 태그를 포함할 수 있다. 그리고 다음 속성을 조합해 우리 컴포넌트가 지원하는 데이터를 지정할 수 있다.

- android:host: 유효한 호스트 이름을 지정한다(예 google.com).

- android:mimetype: 컴포넌트가 처리할 수 있는 데이터 타입을 지정한다. 예를 들어 vnd.android.cursor.dir/*는 모든 안드로이드 커서와 일치한다.

- android:path: 유효한 URI 경로 값을 지정한다(예 /transport/boats/).

- android:port: 지정된 호스트의 유효한 포트를 지정한다.

- android:scheme: 특정 스키마를 지정한다(예 content 또는 http).

다음 조각 코드는 SHOW_MESSAGE 액션을 수행할 수 있는 액티비티의 인텐트 필터를 나타낸다.

```
<intent-filter>
  <action
    android:name="com.paad.earthquake.intent.action.SHOW_DAMAGE"/>
  <category
    android:name="android.intent.category.DEFAULT"/>
  <category
    android:name="android.intent.category.SELECTED_ALTERNATIVE"/>
  <data android:mimeType=
    "vnd.android.cursor.item/vnd.com.professionalandroid.provider.earthquake"
  />
</intent-filter>
```

안드로이드 기기에서 유튜브 동영상이나 구글 지도상 위치에 대한 링크를 클릭하면 웹 브라우저 대신 유튜브나 구글 지도를 사용할 것인지 확인을 받는다. 이를 구현하려면 데이터 스키마, 호스트, 경로 속성을 인텐트 필터의 데이터 태그에 지정하면 된다. 코드 6-7은 이를 나타낸 것이다. 이 예에서는 http://blog.radioactiveyak.com으로 시작하는 모든 폼 링크를 이 액티비티에서 지원할 수 있다는 것을 보여준다.

코드 6-7   인텐트 필터를 사용해 특정 웹사이트의 콘텐츠를 보기 위한 인텐트 리시버로 액티비티 등록하기

```
<activity android:name=".MyBlogViewerActivity">
  <intent-filter>
    <action android:name="android.intent.action.VIEW" />
    <category android:name="android.intent.category.DEFAULT" />
    <category android:name="android.intent.category.BROWSABLE" />
    <data android:scheme="http"
          android:host="blog.radioactiveyak.com"/>
  </intent-filter>
</activity>
```

웹 브라우저에서 클릭된 링크가 코드 6-7의 액티비티를 시작시킬 수 있도록 browsable 카테고리를 포함해야 한다는 것에 유의하자.

안드로이드가 인텐트 필터를 사용해 인텐트를 시작시키는 방법

암시적 인텐트가 startActivity로 전달될 때 어떤 액티비티를 시작시킬지 결정하는 과정을 인텐트 레졸루션(Intent resolution)이라고 한다. 한마디로 인텐트 레졸루션은 다음 과정에 따라 가장 잘 일치하는 인텐트 필터를 찾는 것이다.

1. 안드로이드는 설치된 패키지들로부터 사용할 수 있는 모든 인텐트 필터 정보를 수집하여 리스트를 생성한다.

2. 리졸브되는 인텐트와 관련된 액션이나 카테고리와 일치하지 않는 인텐트 필터들이 리스트에서 제거된다.

   - 액션 일치는 지정된 액션을 인텐트 필터가 포함할 때만 이루어진다. 인텐트 필터의 어떤 액션도 인텐트에 지정된 것과 일치하지 않으면 해당 인텐트 필터가 액션 일치에 실패한 것으로 간주된다.

   - 카테고리 일치 검사의 경우, 인텐트 필터는 리졸브하는 인텐트에 정의된 모든 카테고리를 포함해야 한다. 하지만 인텐트에 포함되지 않은 카테고리를 추가로 가질 수 있다. 지정된 카테고리가 없는 인텐트 필터는 카테고리가 없는 인텐트만 일치되는

것으로 처리된다.

3. 인텐트의 데이터 URI의 각 부분이 인텐트 필터의 **data** 태그와 비교된다. 인텐트 필터에 스키마, 호스트/권한, 경로, MIME 타입이 지정되어 있으면 이 값들이 인텐트의 URI와 비교된다. 그리고 불일치되는 인텐트 필터는 리스트에서 모두 제거된다. 인텐트 필터에 데이터 값이 지정되어 있지 않으면 모든 인텐트 데이터 값과 일치되는 것으로 간주된다.

   - MIME 타입은 일치되어야 하는 데이터의 데이터 타입이다. 데이터 타입을 일치시킬 때는 와일드카드를 사용해 서브타입을 일치시킬 수 있다. 인텐트 필터에 데이터 타입을 지정했을 때는 인텐트와 일치해야 한다. 그러나 데이터 타입을 지정하지 않으면 모든 데이터 타입과 일치하는 것으로 처리된다.

   - 스키마는 URI의 '프로토콜' 부분이다(**예** http:, mailto:, tel:).

   - 호스트 이름 또는 데이터 사용 권한은 스키마와 경로 사이에 포함된 URI 부분이다 (**예** developer.android.com). 호스트 이름이 일치되려면 인텐트 필터의 스키마도 일치돼야 한다. 스키마가 지정되지 않으면 호스트 이름은 무시된다.

   - 데이터 경로는 사용 권한 다음에 지정된다(**예** /training). 데이터 태그의 스키마와 호스트 이름 부분이 일치하는 경우에만 경로가 일치된 것으로 간주된다.

4. 액티비티를 암시적으로 시작시킬 때 만일 두 개 이상의 컴포넌트가 3번까지의 인텐트 레졸루션 과정에서 일치되면 그 내역을 사용자에게 보여주고 원하는 컴포넌트를 선택하게 해준다.

네이티브 안드로이드 애플리케이션 컴포넌트들은 서드파티 애플리케이션과 똑같은 인텐트 레졸루션 과정을 거친다. 우선순위가 더 높지 않으며, 동일한 액션을 서비스하는 인텐트 필터가 선언된 새 액티비티로 완전히 교체될 수 있다.

따라서 애플리케이션에서 URL 링크를 볼 수 있음을 나타내는 인텐트 필터를 정의하면 애플리케이션과 더불어 웹 브라우저가 여전히 제공된다.

액티비티에서 인텐트 찾아 사용하기

액티비티가 암시적 인텐트를 통해 시작될 때는 수행을 요청받은 액션과 이 액션을 수행하는 데 필요한 데이터를 찾아야 한다.

액티비티를 시작시키는데 사용되는 인텐트를 찾으려면 getIntent를 호출해야 한다. 코드 6-8은 이를 나타낸 것이다.

코드 6-8 액티비티의 시작 인텐트 찾기

```
@Override
public void onCreate(Bundle savedInstanceState) {
  super.onCreate(savedInstanceState);
  setContentView(R.layout.main);

  Intent intent = getIntent();
  String action = intent.getAction();
  Uri data = intent.getData();
}
```

인텐트의 데이터와 액션을 찾을 때는 각각 getData와 getAction을 사용한다. 그리고 인텐트의 엑스트라 Bundle 객체에 저장된 추가 정보를 추출할 때는 타입에 안전한 get⟨type⟩Extra 메서드들을 사용한다.

getIntent 메서드는 항상 액티비티 생성에 사용되는 최초 인텐트를 반환한다. 그러나 어떤 경우에는 액티비티가 시작된 후에도 계속 인텐트를 수신하는 일이 생길 수 있다.

예를 들어, 애플리케이션이 백그라운드로 이동되는 경우 사용자가 알림을 클릭하여 해당 애플리케이션을 포어그라운드로 돌아오게 할 수 있다. 이로 인해 해당 액티비티에 새로운 인텐트가 전달된다. 만일 액티비티가 다시 시작될 때 그렇게 되도록 구성된다면, 새 인스턴스가 생성되는 대신 기존 액티비티 인스턴스가 액티비티 스택의 맨 위로 이동된다. 따라서 onNewIntent 핸들러를 통해 새 인텐트가 전달된다.

그리고 이때 setIntent를 호출하면 getIntent를 호출할 때 반환되는 인텐트를 새로 전달된 인텐트로 변경할 수 있다.

```
@Override
public void onNewIntent(Intent newIntent) {
  // TODO 새 인텐트 처리
  setIntent(newIntent);
  super.onNewIntent(newIntent);
}
```

별자리 선택하기 예시

이번 예에서는 ACTION_PICK을 사용해 별자리를 선택하는 새 액티비티를 생성한다. 이 애플리케이션에서는 별자리 목록을 보여주고 사용자에게 한 가지를 선택하도록 한 후 선택된 별자리를 호출 액티비티에 반환한다.

> **참고**
>
> 이전 예와 마찬가지로 코드를 알아보기 쉽게 여기서는 import 문을 생략한다. 안드로이드 스튜디오 메뉴의 File ➡ Settings에서 [Editor ➡ General ➡ Auto Import]를 선택한 후 대화상자에서 [Add unambiguous imports on the fly(import 즉시 자동 추가)] 옵션을 켜면, 입력 중인 코드에 사용되는 클래스의 import 문이 자동으로 추가된다. 이 방법 외에 에러가 표시된 클래스 이름에서 Alt + Enter (맥에서는 Command + Return) 키를 눌러도 해당 클래스의 import 문이 자동으로 추가된다.

1. 우선 새 프로젝트를 생성한다(자세한 생성 방법은 3장의 Earthquake 프로젝트 생성을 참고). 첫 번째 대화상자에서 Empty Activity 템플릿을 선택하고 다음 대화상자에서는 프로젝트 이름을 StarSignPicker로 변경한다. 또한 패키지 이름이 com.professionalandroid. apps.starsignpicker로 되었는지 확인한다. 사용 언어는 Java로 선택하고 Minimum API Level은 API 16: Android 4.1 (Jelly Bean)으로 선택한다. 기본으로 선택된 'Use androidx.* artifacts'의 체크를 해제하자(androidx의 자세한 내용은 '2.2.5 androidx와 지원 라이브러리' 참고). [Finish] 버튼을 누르면 프로젝트가 생성된다. 그 다음에 자동으로 생성된 액티비티인 MainActivity의 이름을 StarSignPicker로 변경한다. 또한 자동 생성된 레이아웃 파일인 activity_main.xml의 이름을 activity_star_sign_picker.xml로 변경한다. 그리고 편집기 창에 열린 StarSignPicker 액티비티에 EXTRA_SIGN_NAME 문자열 상수를 추가한다. 이 상수는 사용자가 선택한 별자리를 나타내기 위해 반환되는 인텐트의 엑스트라 저장에 사용된다.

```
package com.professionalandroid.apps.starsignpicker;
...
public class StarSignPicker extends AppCompatActivity {
    public static final String EXTRA_SIGN_NAME = "SIGN_NAME";

    @Override
    protected void onCreate(Bundle savedInstanceState) {
        super.onCreate(savedInstanceState);
        setContentView(R.layout.activity_star_sign_picker);
    }
}
```

2. 하나의 RecyclerView 컨트롤을 포함하도록 activity_star_sign_picker.xml 레이아웃 리소스를 다음의 XML로 교체한다. 이 컨트롤은 연락처를 보여주는 데 사용된다. (편집기 창에 열린 activity_star_sign_picker.xml을 선택하고 제일 아래쪽에 있는 Text 탭을 클릭하여 XML 모드로 전환한 후 교체한다.)

```xml
<?xml version="1.0" encoding="utf-8"?>
<android.support.v7.widget.RecyclerView
  xmlns:android="http://schemas.android.com/apk/res/android"
  xmlns:app="http://schemas.android.com/apk/res-auto"
  android:id="@+id/recycler_view"
  android:layout_width="match_parent"
  android:layout_height="match_parent"
  android:orientation="vertical"
  app:layoutManager="android.support.v7.widget.LinearLayoutManager"
/>
```

3. 하나의 TextView 컨트롤을 포함하는 FrameLayout을 갖는 list_item_layout.xml 레이아웃 리소스를 새로 생성한다. 이 레이아웃은 리사이클러 뷰에 각 별자리를 보여주는 데 사용된다. (안드로이드 스튜디오 프로젝트 도구 창의 res/layout에서 오른쪽 마우스 버튼을 누르고 New ➡ XML ➡ Layout XML File을 선택한 후 파일 이름에 list_item_layout을 입력하고 루트 태그에는 FrameLayout을 입력). 그리고 진한 글씨로 된 부분을 변경 및 추가한다.

```xml
<?xml version="1.0" encoding="utf-8"?>
<FrameLayout xmlns:android="http://schemas.android.com/apk/res/android"
    android:layout_width="match_parent"
    android:layout_height="wrap_content">
    <TextView
        android:id="@+id/itemTextView"
        android:layout_width="match_parent"
        android:layout_height="wrap_content"
        android:layout_margin="8dp"
        android:textAppearance="?attr/textAppearanceListItem"/>
</FrameLayout>
```

4. 리사이클러 뷰 라이브러리를 애플리케이션 모듈(app)의 그래들 빌드 파일에 추가한다.

```
dependencies {
    [... 기존에 지정된 다른 의존성 요소 ...]
    implementation 'com.android.support:recyclerview-v7:28.0.0'
}
```

build.gradle 파일이 변경되면 'Gradle files have changed since last project sync. A project sync may be necessary for the IDE to work properly'라는 메시지가 안드로이드 스튜디오 메인 창 위에 나타날 것이다. 이 메시지의 오른쪽에 있는 [Sync Now]를 클릭하여 리사이클러 뷰 라이브러리가 프로젝트에 추가되도록 한다.

5. RecyclerView.Adapter의 서브 클래스로 새로운 StarSignPickerAdapter 클래스를 생성한다(안드로이드 스튜디오 프로젝트 도구 창의 app/java 밑의 com.professionalandroid.apps.starsignpicker 패키지에서 오른쪽 마우스 버튼을 누르고 File ➡ New ➡ Java Class를 선택한 후 파일 이름에 StarSignPickerAdapter를 입력). 그리고 별자리 문자열을 저장한 배열과 이 배열의 별자리 개수를 알려주는 메서드를 추가한다.

```
package com.professionalandroid.apps.starsignpicker;

public class StarSignPickerAdapter
    extends RecyclerView.Adapter<StarSignPickerAdapter.ViewHolder> {

  private String[] mStarSigns = {"Aries", "Taurus", "Gemini", "Cancer",
                                 "Leo", "Virgo", "Libra", "Scorpio",
                                 "Sagittarius", "Capricorn", "Aquarius",
                                 "Pisces" };

  public StarSignPickerAdapter() {
  }

  @Override
  public int getItemCount() {
    return mStarSigns == null ? 0 : mStarSigns.length;
  }
}
```

5.1 앞의 5번 단계에서 생성된 StarSignPickerAdapter 클래스 내부에 새로운 ViewHolder 클래스를 추가한다. 이 클래스는 RecyclerView.ViewHolder의 서브 클래스이며, OnClickListener를 구현한다.

```
...
  public class StarSignPickerAdapter
      extends RecyclerView.Adapter<StarSignPickerAdapter.ViewHolder> {

    ...

    public static class ViewHolder extends RecyclerView.ViewHolder
            implements View.OnClickListener {
      public TextView textView;
      public View.OnClickListener mListener;
```

```
    public ViewHolder(View v, View.OnClickListener listener) {
        super(v);
        mListener = listener;
        textView = v.findViewById(R.id.itemTextView);
        v.setOnClickListener(this);
    }

    @Override
    public void onClick(View v) {
        if (mListener != null)
        mListener.onClick(v);
    }
  }
}
```

5.2 오버라이드된 onCreateViewHolder 메서드를 StarSignPickerAdapter 클래스 내부에 추가한다. 이 메서드에서는 5.1번 단계에서 추가한 ViewHolder 내부 클래스를 사용하며, 3번 단계의 list_item_layout.xml을 인플레이트한다.

```
...
public class StarSignPickerAdapter
    extends RecyclerView.Adapter<StarSignPickerAdapter.ViewHolder> {

  ...

  @Override
  public StarSignPickerAdapter.ViewHolder
      onCreateViewHolder(ViewGroup parent, int viewType) {
    // 새 뷰를 생성한다.
    View v = LayoutInflater.from(parent.getContext())
              .inflate(R.layout.list_item_layout, parent, false);
    return new ViewHolder(v, null);
  }
}
```

5.3 문자열 인자를 받는 onItemClicked 메서드를 포함하는 IAdapterItemClick 인터페이스를 StarSignPickerAdapter 클래스 내부에 추가한다. 또한 이 인터페이스의 참조를 저장하기 위해 mAdapterItemClickListener 변수와 setOnAdapterItemClick 메서드도 추가한다. 어떤 리스트 항목이 선택됐는지 부모 액티비티에 알리기 위해 이 인터페이스를 사용할 것이다.

```
...
public class StarSignPickerAdapter
```

```
    extends RecyclerView.Adapter<StarSignPickerAdapter.ViewHolder> {
  ...
  IAdapterItemClick mAdapterItemClickListener;
  ...

  public interface IAdapterItemClick {
    void onItemClicked(String selectedItem);
  }

  public void setOnAdapterItemClick(
    IAdapterItemClick adapterItemClickHandler) {
    mAdapterItemClickListener = adapterItemClickHandler;
  }

}
```

5.4 뷰 홀더에서 정의된 텍스트 뷰어에 별자리를 지정하도록 리사이클러 뷰 어댑터
의 onBindViewHolder 메서드를 오버라이드한다. 이 메서드에서는 각 뷰 홀더
의 onClickListener를 구현하며, 이 onClickListener에서는 리스트의 항목이 클릭
될 때 5.3번 단계의 IAdapterItemClick 핸들러를 호출한다. 다음 코드를 StarSign
PickerAdapter 클래스 내부의 제일 끝에 추가하자.

```
@Override
public void onBindViewHolder(ViewHolder holder, final int position) {
  holder.textView.setText(mStarSigns[position]);

  holder.mListener = new View.OnClickListener() {
    @Override
    public void onClick(View v) {
      if (mAdapterItemClickListener != null)
        mAdapterItemClickListener.onItemClicked(mStarSigns[position]);
    }
  };
}
```

6. 편집기 창에 열린 StarSignPicker.java를 선택한다. 이 액티비티의 onCreate 메서드는 현
재 다음과 같이 되어 있다. 이하 6.1번 단계부터 6.3번 단계까지는 이 메서드를 변경할
것이다.

```
@Override
protected void onCreate(Bundle savedInstanceState) {
  super.onCreate(savedInstanceState);
  setContentView(R.layout.activity_star_sign_picker);
}
```

6.1 5번 단계에서 생성한 StarSignPickerAdapter의 인스턴스를 생성한다.

```
@Override
protected void onCreate(Bundle savedInstanceState) {
  super.onCreate(savedInstanceState);
  setContentView(R.layout.activity_star_sign_picker);

  StarSignPickerAdapter adapter = new StarSignPickerAdapter();
}
```

6.2 IAdapterItemClick 핸들러의 인스턴스를 생성하고 setOnAdapterItemClick 메서드를 사용해 어댑터(StarSignPickerAdapter 인스턴스)에 지정한다. 리사이클러 뷰의 항목이 클릭되면 결과를 반환할 새 인텐트를 생성한다. 그리고 EXTRA_SIGN_NAME 문자열을 키로 사용하고 선택된 별자리를 데이터 값으로 갖는 엑스트라를 해당 인텐트에 저장한다. setResult를 사용해서 해당 인텐트를 현재 액티비티의 결과로 지정한 후 finish를 호출하여 현재 액티비티를 종료하고 호출 액티비티로 복귀한다.

```
@Override
protected void onCreate(Bundle savedInstanceState) {
  ...
  StarSignPickerAdapter adapter = new StarSignPickerAdapter();

  adapter.setOnAdapterItemClick(
    new StarSignPickerAdapter.IAdapterItemClick() {
      @Override
      public void onItemClicked(String selectedItem) {
        // 결과로 반환할 URI를 구성한다.
        Intent outData = new Intent();
        outData.putExtra(EXTRA_SIGN_NAME, selectedItem);
        setResult(Activity.RESULT_OK, outData);
        finish();
      }
    });
}
```

6.3 setAdapter를 사용해 어댑터(StarSignPickerAdapter 인스턴스)를 리사이클러 뷰에 지정한다.

```
@Override
protected void onCreate(Bundle savedInstanceState) {
  ...
```

```
        adapter.setOnAdapterItemClick(
           ...
        });

        RecyclerView rv = findViewById(R.id.recycler_view);
        rv.setAdapter(adapter);
    }
```

7. 별자리 데이터에 대한 ACTION_PICK 액션을 지원하기 위해 애플리케이션 매니페스트에서 StarSignPicker 액티비티의 intent-filter 태그를 변경한다. 안드로이드 스튜디오의 프로젝트 도구창에서 app ➡ manifests 밑의 Manifest.xml 파일을 열고 변경하자.

```xml
<activity android:name=".StarSignPicker">
    <intent-filter>
        <action android:name="android.intent.action.MAIN" />
        <category android:name="android.intent.category.LAUNCHER" />
        <action android:name="android.intent.action.PICK" />
        <category android:name="android.intent.category.DEFAULT"/>
        <data android:scheme="starsigns" />
    </intent-filter>
</activity>
```

8. 7번 단계까지 완료되었으면 서브액티비티인 StarSignPicker가 완성된 것이다. 이 액티비티를 테스트하기 위해 새 론처 액티비티인 StarSignPickerTester를 생성한다. 이 액티비티는 activity_star_sign_picker_tester.xml 레이아웃 파일을 사용해서 StarSignPicker를 테스트한다. 안드로이드 스튜디오 프로젝트 도구 창의 app/java 밑의 com.professionalandroid.apps.starsignpicker 패키지에서 오른쪽 마우스 버튼을 누르고 File ➡ New ➡ Activity ➡ Empty Activity를 선택한 후 액티비티 이름에 StarSignPickerTester를 입력하고 [Finish] 버튼을 누르면 StarSignPickerTester 액티비티가 생성되고 편집기 창에 열린다. activity_star_sign_picker_tester.xml 레이아웃 파일도 자동 생성되고 편집기 창에 열렸을 것이다. 이 레이아웃 파일을 선택하고 밑의 Text 탭을 클릭하여 XML 모드로 전환한 후 XML 코드로 모두 교체하자. 여기서는 리사이클러 뷰에서 선택된 별자리 데이터를 보여주기 위해 TextView가 레이아웃에 포함되었으며, 서브액티비티를 시작시키는 Button도 추가되어 있다.

```xml
<?xml version="1.0" encoding="utf-8"?>
<LinearLayout xmlns:android="http://schemas.android.com/apk/res/android"
    android:orientation="vertical"
    android:layout_width="match_parent"
```

```
      android:layout_height="match_parent">
      <TextView
        android:id="@+id/selected_starsign_textview"
        android:layout_width="match_parent"
        android:layout_height="wrap_content"
        android:textAppearance="?attr/textAppearanceListItem"
        android:layout_margin="8dp"
      />
      <Button
        android:id="@+id/pick_starsign_button"
        android:layout_width="match_parent"
        android:layout_height="wrap_content"
        android:text="Pick Star Sign"
      />
</LinearLayout>
```

9. StarSignPickerTester의 onCreate 메서드를 변경한다. 버튼에 클릭 리스너를 추가하여 새 서브액티비티를 암시적으로 시작시키기 위해서다. 이때 암시적 인텐트의 액션으로 ACTION_PICK을 지정하고 데이터 스키마로는 starsign을 지정한다.

```
public class StarSignPickerTester extends AppCompatActivity {

  public static final int PICK_STARSIGN = 1;

  @Override
  public void onCreate(Bundle savedInstanceState) {
    super.onCreate(savedInstanceState);
    setContentView(R.layout.activity_star_sign_picker_tester);
    Button button = findViewById(R.id.pick_starsign_button);

    button.setOnClickListener(new View.OnClickListener() {
      @Override
      public void onClick(View _view) {
        Intent intent = new Intent(Intent.ACTION_PICK,
                                   Uri.parse("starsigns://"));
        startActivityForResult(intent, PICK_STARSIGN);
      }
    });
  }
}
```

10. 서브액티비티가 종료된 후에는 반환된 결과의 선택된 별자리를 텍스트 뷰에 넣는다. 다음의 onActivityResult 메서드를 StarSignPickerTester 클래스 내부에 추가하자.

```
package com.professionalandroid.apps.starsignpicker;
...
```

```java
public class StarSignPickerTester extends AppCompatActivity {
    public static final int PICK_STARSIGN = 1;

    @Override
    protected void onCreate(Bundle savedInstanceState) {

        ...
    }

    @Override
    public void onActivityResult(int reqCode, int resCode, Intent data) {
        super.onActivityResult(reqCode, resCode, data);
        switch(reqCode) {
            case (PICK_STARSIGN) : {
                if (resCode == Activity.RESULT_OK) {
                    String selectedSign =
                            data.getStringExtra(StarSignPicker.EXTRA_SIGN_
                            NAME);
                    TextView tv = findViewById(R.id.selected_starsign_
                    textview);
                    tv.setText(selectedSign);
                }
                break;
            }
            default: break;
        }
    }
}
```

11. 우리 애플리케이션에는 StarSignPicker와 StarSignPickerTester의 두 개 액티비티가 있다. StarSignPicker는 서브액티비티이며, 별자리 데이터를 리사이클러 뷰의 각 항목으로 보여주고 사용자가 특정 항목(별자리)을 선택하면 이 항목의 데이터를 호출 액티비티로 반환한다. 반면에 StarSignPickerTester는 암시적 인텐트로 StarSignPicker를 시작시킨 후 반환된 별자리 데이터를 텍스트 뷰로 보여준다. 그러나 이렇게 하려면 애플리케이션이 시작될 때 최초 실행되는 액티비티를 StarSignPickerTester로 설정해야 한다. 매니페스트 파일에서 StarSignPickerTester 액티비티의 인텐트 필터를 다음과 같이 추가한다.

```xml
<activity android:name=".StarSignPickerTester">
    <intent-filter>
        <action android:name="android.intent.action.MAIN"/>

        <category android:name="android.intent.category.LAUNCHER"/>
    </intent-filter>
</activity>
```

AVD 에뮬레이터나 실제 안드로이드 기기에서 애플리케이션을 실행하면 StarSign PickerTester 액티비티가 시작되고 3번 단계에서 생성한 list_item_layout.xml 레이아웃 이 화면에 나타난다. [PICK STAR SIGN] 버튼을 누르면 별자리를 보여주고 선택할 수 있게 해주는 StarSignPicker가 서브액티비티로 시작되면서 그림 6-1의 화면이 나타날 것 이다.

그리고 별자리를 하나 클릭(터치)하면 StarSignPicker가 종료되고 부모 액티비티인 StarSignPickerTester가 포어그라운드로 복귀되면서 StarSignPicker가 반환한 선택 별자 리를 텍스트 뷰에 보여준다(그림 6-2).

● 그림 6-1

● 그림 6-2

6.3.2 플러그인과 확장성을 위해 인텐트 필터 사용하기

지금까지는 여러 데이터 타입에 수행될 수 있는 액티비티의 액션을 선언하기 위해 인텐트 필 터를 사용했다. 당연하지만 애플리케이션에서는 특정 데이터에 수행될 수 있는 액션을 검색할 수도 있다.

안드로이드는 플러그인 모델을 제공한다. 따라서 우리가 익명으로 제공하거나 또는 아직 고려해 본적이 없는 서드파티 애플리케이션 컴포넌트에서 제공하는 각종 기능을 애플리케이션에서 이용할 수 있다.

애플리케이션에 익명 액션 제공하기

이 메커니즘을 사용해서 우리 액티비티 액션을 기존 애플리케이션에서 익명으로 사용할 수 있게 하려면, 앞서 설명한대로 매니페스트에 있는 액티비티 노드의 intent-filter 태그에 해당 액션을 지정하면 된다.

인텐트 필터는 자신이 수행하는 액션과 이 액션이 수행될 수 있는 데이터를 나타낸다. 후자인 데이터는 해당 액션이 언제 사용 가능한지 결정하기 위해 인텐트 레졸루션 과정에서 사용된다. category 태그는 ALTERNATIVE나 SELECTED_ALTERNATIVE 중 하나이거나 또는 둘 다이어야 한다. android:label 속성은 액션을 설명하며, 사람이 읽을 수 있는 라벨이어야 한다.

> **참고**
>
> ALTERNATIVE 카테고리는 지정된 액션이 사용자가 현재 보고 있는 데이터에 대한 대체 액션임을 나타내기 위해 사용된다. 이 경우 사용자가 할 수 있는 대체 액션으로 화면에 보이도록 하기 위해 주로 옵션 메뉴의 일부분으로 표시된다(예를 들어, 해당 데이터의 편집이나 삭제 등). SELECTED_ALTERNATIVE 카테고리는 ALTERNATIVE 카테고리와 비슷하지만, 리스트 내부에 보이는 항목 중 선택된 항목에 수행되는 액션을 나타낸다.

코드 6-9는 달 궤도에서 달 기지를 핵 공격할 수 있는 액티비티임을 알리는 데 사용되는 인텐트 필터의 예다.

코드 6-9   지원되는 액티비티 액션 알리기

```
<activity android:name=".NostromoController">
  <intent-filter
    android:label="Nuke From Orbit">
    <action
      android:name="com.professionalandroid.nostromo.NUKE_FROM_ORBIT"/>
    <data android:mimeType=
      "vnd.android.cursor.item/vnd.com.professionalandroid.provider.moonbase"
    />
    <category android:name="android.intent.category.ALTERNATIVE"/>
    <category
      android:name="android.intent.category.SELECTED_ALTERNATIVE"
    />
  </intent-filter>
</activity>
```

서드파티 인텐트 리시버에서 새 액션 찾기

패키지 매니저를 사용하면 데이터의 타입과 액션의 카테고리를 지정하는 인텐트를 생성할 수 있으며, 해당 데이터에 액션을 수행할 수 있는 액티비티들의 내역을 시스템이 반환하게 할 수 있다.

이 개념은 예를 들어 설명하면 알기 쉽다. 만일 액티비티가 보여주는 데이터가 장소들이 포함된 리스트라면, 해당 데이터를 지도 상에 보여주는 기능이나 각 장소에 대한 '경로 안내' 기능을 포함할 수 있다. 몇 달이 지나 자동차에 접속되는 애플리케이션을 개발하였다. 이것은 자율 주행을 하기 위해 스마트폰에 목적지를 설정할 수 있는 애플리케이션이다. 그리고 매니페스트에서 DRIVE_CAR 액션이 지정된 새 인텐트 필터를 새 액티비티 노드에 포함시키면 안드로이드는 새로 지정된 액션을 리졸브하고 이전 애플리케이션에서 사용할 수 있게 해준다. 런타임 시에 이전 애플리케이션의 메뉴에 새 액션이 나타나기 때문이다.

이에 따라 지정된 데이터의 타입에 액션을 수행할 수 있는 새 컴포넌트를 만들 때 애플리케이션의 변경 없이 새 컴포넌트의 기능을 사용할 수 있다.

이렇게 하려면 다음과 같이 해야 한다. 즉, 인텐트는 지정된 데이터에 대한 액션을 제공할 수 있는 인텐트 필터를 갖는 최적의 컴포넌트를 찾는 데 사용된다. 따라서 인텐트에는 액션이 수행될 데이터만 지정해야 한다. 또한 액션 카테고리도 CATEGORY_ALTERNATIVE나 CATEGORY_SELECTED_ALTERNATIVE를 지정해야 한다.

예를 들어, 다음은 메뉴에 나타날 액션을 리졸브하는데 사용되는 인텐트를 생성하는 기본 코드다.

```
Intent intent = new Intent();
intent.setData(MyProvider.CONTENT_URI);
intent.addCategory(Intent.CATEGORY_ALTERNATIVE);
```

그리고 이 인텐트를 패키지 매니저 메서드인 queryIntentActivityOptions에 전달하면 된다. 이때 옵션 플래그를 지정할 수 있다.

코드 6-10에서는 애플리케이션에서 사용할 수 있게 액션 리스트를 생성하는 방법을 보여준다.

```
PackageManager packageManager = getPackageManager();

// 메뉴에 나타나야 하는 액션을
// 리졸브하는 데 사용되는 인텐트를 생성한다.
Intent intent = new Intent();
intent.setType(
  "vnd.android.cursor.item/vnd.com.professionalandroid.provider.moonbase");
intent.addCategory(Intent.CATEGORY_SELECTED_ALTERNATIVE);

// 플래그를 지정한다. 여기서는 모든 일치 결과를 반환한다.
int flags = PackageManager.MATCH_ALL;

// 리스트를 생성한다.
List<ResolveInfo> actions;
actions = packageManager.queryIntentActivities(intent, flags);

// 액션 이름 리스트를 추출한다.
ArrayList<CharSequence> labels = new ArrayList<CharSequence>();
Resources r = getResources();
for (ResolveInfo action : actions)
  labels.add(action.nonLocalizedLabel);
```

메뉴 항목에 익명 액션 포함시키기

서드파티 애플리케이션의 액션을 통합할 때는 일반적으로 앱 바(App Bar)의 메뉴 항목(Menu Items) 안에 액션을 포함시킨다. 메뉴와 앱 바는 13장 '현대적인 안드로이드 사용자 인터페이스 구현하기'에서 자세하게 설명한다.

Menu 클래스에서 사용할 수 있는 addIntentOptions 메서드는 앞서 설명한 대로 액티비티 안에서 처리될 데이터를 나타내는 인텐트를 지정한다. 하지만 단순히 가능한 액션들의 내역을 반환하는 대신, 각 액션에 대한 새 메뉴 항목을 생성한다. 이때 액션과 일치하는 인텐트 필터의 라벨에 지정된 텍스트를 사용한다.

메뉴 항목을 런타임 시에 동적으로 메뉴에 추가하려면 해당 Menu 객체에 addIntentOptions 메서드를 사용해야 한다. 이때 액션을 제공하고자 하는 데이터를 지정하는 인텐트를 전달한다. 이 과정은 일반적으로 액티비티나 프래그먼트의 onCreateOptionsMenu 핸들러 안에서 처리된다.

앞 절에서 설명한 것처럼 인텐트는 지정된 데이터에 대한 액션을 제공하는 인텐트 필터를 갖는 최적의 컴포넌트를 찾는 데 사용된다. 따라서 인텐트에는 액션이 수행될 데이터만 지정해야 한다. 또한 액션 카테고리도 CATEGORY_ALTERNATIVE나 CATEGORY_SELECTED_ ALTERNATIVE를 지정해야 한다.

메뉴에 액션을 제공하는 인텐트를 생성하는 기본 코드는 다음과 같다.

```
Intent intent = new Intent();
intent.setData(MyProvider.CONTENT_URI);
intent.addCategory(Intent.CATEGORY_ALTERNATIVE);
```

그리고 액션을 넣고자 하는 메뉴의 **addIntentOptions** 메서드 인자로 이 인텐트를 전달한다. 이와 함께 옵션 플래그와 호출 클래스의 이름, 사용할 메뉴 그룹, 메뉴 ID 값도 인자로 전달한다. 또한 추가할 메뉴 항목을 생성하기 위해 사용하려는 인텐트를 저장한 배열을 지정할 수도 있다.

코드 6-11은 액티비티 메뉴를 동적으로 채우는 방법을 보여준다.

코드 6-11　알린 액션으로부터 동적 메뉴 배치하기

```
@Override
public boolean onCreateOptionsMenu(Menu menu) {
  super.onCreateOptionsMenu(menu);

  // 메뉴에 나타나야 하는 액션을
  // 리졸브하는 데 사용되는 인텐트를 생성한다.
  Intent intent = new Intent();
  intent.setType(
    "vnd.android.cursor.item/vnd.com.professionalandroid.provider.moonbase");
  intent.addCategory(Intent.CATEGORY_SELECTED_ALTERNATIVE);
  // 추가하려는 메뉴 항목의 그룹과 ID 값을
  // 설정하기 위한 메뉴 옵션
  int menuGroup = 0;
  int menuItemId = 0;
  int menuItemOrder = Menu.NONE;
  // 액션을 호출하는 컴포넌트의 이름을 제공한다.
  // 일반적으로 현재 액티비티다.
  ComponentName caller = getComponentName();

  // 먼저 추가될 인텐트를 정의한다.
  Intent[] specificIntents = null;
  // 앞의 인텐트로 생성된 메뉴 항목들이
  // 이 배열에 채워진다.
  MenuItem[] outSpecificItems = null;

  // 옵션 플래그를 설정한다.
  int flags = Menu.FLAG_APPEND_TO_GROUP;
```

```
    // 메뉴에 채운다.
    menu.addIntentOptions(menuGroup,
                          menuItemId,
                          menuItemOrder,
                          caller,
                          specificIntents,
                          intent,
                          flags,
                          outSpecificItems);

    return true;
}
```

6.4 링키파이

링키파이(Linkify)는 텍스트 뷰(와 텍스트 뷰에서 파생된) 클래스 안에서 RegEx 패턴 매칭 방식으로 하이퍼링크를 만드는 도우미 클래스다. 하이퍼링크는 클릭될 때 새 인텐트를 생성하여 새 액티비티를 시작시킨다.

지정된 RegEx 패턴과 일치하는 텍스트는 클릭 가능한 하이퍼링크로 변환되며, 이때 하이퍼링크는 일치된 텍스트를 대상 URI로 사용해서 암시적 인텐트로 startActivity(new Intent(Intent. ACTION_VIEW, uri))를 실행한다.

어떤 문자열 패턴이든 클릭 가능한 링크로 처리되도록 지정할 수 있으며, 편의를 위해 Linkify 클래스는 흔히 사용되는 콘텐츠 유형의 프리셋을 제공한다.

6.4.1 네이티브 링키파이 링크 유형

Linkify 클래스는 웹 URL이나 이메일 주소, 지도 주소, 전화번호 등을 파악해 링크로 만들어 주는(링크화하는) 프리셋을 제공한다. 프리셋을 적용하려면 static 메서드인 Linkify.addLinks 를 사용한다. 그리고 링크를 보여줄 뷰와 Linkify 클래스 상수를 이 메서드의 인자로 전달한다. Linkify 클래스 상수에는 WEB_URLS, EMAIL_ADDRESSES, PHONE_NUMBERS, MAP_ADDRESSES, ALL이 있으며, 하나 이상의 상수를 비트마스크로 결합하여 사용할 수 있다.

```
TextView textView = findViewById(R.id.myTextView);
Linkify.addLinks(textView, Linkify.WEB_URLS|Linkify.EMAIL_ADDRESSES);
```

android:autoLink 속성을 사용해 레이아웃 안에서 뷰를 직접 링크화할 수도 있다. 이 속성값으로는 none, web, email, phone, map, all을 하나 이상 지정할 수 있다.

```
<TextView
  android:layout_width="match_parent"
  android:layout_height="match_parent"
  android:text="@string/linkify_me"
  android:autoLink="phone|email"
/>
```

6.4.2 커스텀 링크 문자열 만들기

커스텀 데이터를 링크화하려면 링크화 문자열을 직접 정의해야 한다. 이때는 하이퍼링크로 보여주기 원하는 텍스트와 일치하는 새 RegEx 패턴을 만들면 된다.

네이티브 유형에서처럼 Linkify.addLinks를 호출하면 대상 텍스트 뷰를 링크화할 수 있다. 단, 프리셋 상수 중 하나 대신 RegEx 패턴을 인자로 전달한다. 또한 링크가 클릭될 때 대상 URI 앞부분에 붙는 접두어도 인자로 전달할 수 있다.

코드 6-12는 안드로이드 콘텐트 프로바이더가 제공하는 지진 데이터를 지원하기 위해 링크화된 뷰를 보여준다. 여기서는 'quake'로 시작하고 바로 다음에 숫자가 붙으며, 'quake'와 숫자 사이에 화이트스페이스도 사용 가능한 텍스트일 경우에 RegEx와 일치된다. 그리고 인텐트 실행에 앞서 전체 스키마가 URI 앞부분에 추가된다.

코드 6-12 링키파이로 커스텀 링크 문자열 만들기

```
// 기본 URI를 정의한다.
String baseUri = "content://com.paad.earthquake/earthquakes/";
// 링키파이 콘텐트를 볼 수 있는 액티비티가 있는지
// 테스트할 수 있는 인텐트를 구성한다.
// 패키지 매니저를 사용해서 테스트를 수행한다.
PackageManager pm = getPackageManager();
Intent testIntent = new Intent(Intent.ACTION_VIEW, Uri.parse(baseUri));
boolean activityExists = testIntent.resolveActivity(pm) != null;
// 콘텐트를 볼 수 있는 액티비티가 있으면
// 텍스트를 링크화한다.
if (activityExists) {
  int flags = Pattern.CASE_INSENSITIVE;
  Pattern p = Pattern.compile("\\bquake[\\s]?[0-9]+\\b", flags);
  Linkify.addLinks(myTextView, p, baseUri);
}
```

이 예에서 'quake'와 숫자 사이의 화이트스페이스가 포함되는 경우 일치는 된다. 하지만 결과로 생성된 URI는 유효하지 않다. 이 문제는 TransformFilter와 MatchFilter 인터페이스 중 하나 또는 둘 다를 구현하고 지정하여 해결할 수 있다. 다음 절에서 상세하게 알아보겠지만, 이 두 인터페이스는 대상 URI 구조의 제어 및 일치되는 문자열의 정의를 제공한다. 사용 예는 다음과 같다.

```
Linkify.addLinks(myTextView, p, baseUri,
                 new MyMatchFilter(), new MyTransformFilter());
```

6.4.3 매치 필터

RegEx 패턴 매치에 추가 조건을 지정하려면 MatchFilter 인터페이스의 acceptMatch 메서드를 우리 클래스에서 구현해야 한다. 그리고 패턴과 일치되는 텍스트가 발견되면 acceptMatch가 호출되며, 이때 검색되는 전체 텍스트와 함께 일치 문자열의 시작과 끝 인덱스가 매개변수로 전달된다.

코드 6-13은 바로 앞에 느낌표가 있는 일치 텍스트는 취소하도록 MatchFilter를 구현한 결과다.

코드 6-13 링키파이 매치 필터 사용하기

```
class MyMatchFilter implements MatchFilter {
  public boolean acceptMatch(CharSequence s, int start, int end) {
    return (start == 0 || s.charAt(start-1) != '!');
  }
}
```

6.4.4 변환 필터 사용하기

변환 필터를 사용하면 일치되는 링크 텍스트로 생성된 암시적 URI를 변경할 수 있다. 그리고 링크 텍스트를 대상 URI에서 분리함으로써 데이터 문자열을 사용자에게 보여줄 때 편리하다.

변환 필터를 사용하려면 TransformFilter 인터페이스의 transformUrl 메서드를 우리 클래스에서 구현해야 한다. 일치되는 텍스트를 찾을 때 링키파이는 transformUrl을 호출한다. 이때 검색에 사용된 RegEx 패턴과 일치된 텍스트 문자열(기본 URI가 앞에 붙지 않은)이 인자로 전달된다. 그리고 일치된 문자열이 뷰 인텐트의 데이터로 기본 문자열에 추가될 수 있도록

transformUrl 메서드에서 해당 문자열을 수정하고 반환할 수 있다.

코드 6-14의 TransformFilter 구현 클래스에서는 일치된 텍스트를 영문 소문자 URI로 변환하며, 화이트스페이스 문자들도 모두 제거한다.

코드 6-14 링키파이 변환 필터 사용하기

```java
class MyTransformFilter implements TransformFilter {
  public String transformUrl(Matcher match, String url) {
    return url.toLowerCase().replace(" ", "");
  }
}
```

6.5 브로드캐스트 이벤트에 인텐트 사용하기

지금까지는 새 애플리케이션 컴포넌트를 시작시키는 데 인텐트를 사용했다. 하지만 컴포넌트 간에 메시지를 브로드캐스트할 때도 인텐트를 사용할 수 있다. 이때 필요한 메서드가 sendBroadcast다.

시스템 차원의 메시지 전달 메커니즘인 인텐트는 구조화된 메시지를 모든 프로세스에 걸쳐 전송할 수 있다. 따라서 다른 애플리케이션이나 시스템의 브로드캐스트는 물론이고, 우리 나름의 브로드캐스트도 브로드캐스트 인텐트로 전송할 수 있다. 그리고 브로드캐스트 인텐트를 리스닝하고 응답하는 브로드캐스트 리시버를 우리 애플리케이션에 구현할 수 있다.

안드로이드는 광범위하게 인텐트를 브로드캐스트한다. 네트워크 연결의 변경이나 도킹 상태, 전화 수신 등과 같은 시스템 이벤트를 공지하기 위해서다.

6.5.1 인텐트로 이벤트를 브로드캐스트하기

애플리케이션에서는 브로드캐스트하려는 인텐트를 구성하고 sendBroadcast 메서드를 사용해 해당 인텐트를 전송한다.

인텐트를 사용해 액티비티를 시작시킬 때처럼, 명시적이나 암시적으로 인텐트를 브로드캐스트할 수 있다. 명시적 인텐트는 시작시키고자 하는 브로드캐스트 리시버의 클래스를 나타낸다. 반면에 암시적 인텐트는 인텐트의 액션과 데이터, 카테고리를 지정하며, 이를 통해 실행될 브로드캐스트 리시버가 결정된다.

암시적 인텐트 브로드캐스트는 이의 주요 대상이 되는 브로드캐스트 리시버가 여럿일 때 특히 유용하다.

암시적 인텐트의 경우, 액션 문자열은 브로드캐스트되는 이벤트의 유형을 식별하는 데 사용된다. 따라서 이 문자열은 이벤트 유형을 식별할 수 있는 고유한 문자열이어야 한다. 관례에 따라 액션 문자열은 자바 패키지 이름과 같은 형태를 사용해서 구성한다.

```
public static final String NEW_LIFEFORM_ACTION =
  "com.professionalandroid.alien.action.NEW_LIFEFORM_ACTION";
```

인텐트에 데이터를 포함할 때는 해당 인텐트의 **data** 프로퍼티를 사용해 URI를 지정하면 된다. 또한 기본 데이터 타입의 값을 추가로 엑스트라에 포함시킬 수도 있다. 이벤트 중심 패러다임의 관점으로 볼 때 엑스트라는 이벤트 핸들러에 전달되는 선택적인 매개변수와 동일하다.

코드 6-15는 명시적 및 암시적 브로드캐스트 인텐트의 기본 생성 방법을 보여준다. 암시적 인텐트의 경우에는 바로 앞에서 정의된 액션인 NEW_LIFEFORM_ACTION을 사용하며, 엑스트라에 저장되는 데이터는 명시적 인텐트와 같다.

코드 6-15   인텐트 브로드캐스트하기

```
Intent explicitIntent = new Intent(this, MyBroadcastReceiver.class);
intent.putExtra(LifeformDetectedReceiver.EXTRA_LIFEFORM_NAME,
                detectedLifeform);
intent.putExtra(LifeformDetectedReceiver.EXTRA_LATITUDE,
                mLatitude);
intent.putExtra(LifeformDetectedReceiver.EXTRA_LONGITUDE,
                mLongitude);

sendBroadcast(explicitIntent);

Intent intent = new Intent(LifeformDetectedReceiver.NEW_LIFEFORM_ACTION);
intent.putExtra(LifeformDetectedReceiver.EXTRA_LIFEFORM_NAME,
                detectedLifeform);
intent.putExtra(LifeformDetectedReceiver.EXTRA_LATITUDE,
                mLatitude);
intent.putExtra(LifeformDetectedReceiver.EXTRA_LONGITUDE,
                mLongitude);

sendBroadcast(intent);
```

명시적 인텐트는 MyBroadcastReceiver 클래스에서만 받는 반면, 암시적 인텐트는 여러 리시버가 받을 수 있다.

6.5.2 브로드캐스트 리시버로 브로드캐스트 인텐트 리스닝하기

흔히 리시버라고만 줄여 표현하는 브로드캐스트 리시버는 브로드캐스트 인텐트를 리스닝하는 데 사용된다. 리시버가 브로드캐스트를 받기 위해서는 반드시 등록되어야 한다. 이때 등록은 코드에서 하거나 또는 애플리케이션 매니페스트에 할 수 있다. 후자의 경우를 따로 매니페스트 리시버라고 한다.

새 브로드캐스트 리시버를 생성하려면 BroadcastReceiver 클래스의 서브 클래스를 생성하고 onReceive 이벤트 핸들러를 오버라이드해야 한다.

```java
import android.content.BroadcastReceiver;
import android.content.Context;
import android.content.Intent;

public class MyBroadcastReceiver extends BroadcastReceiver {
  @Override
  public void onReceive(Context context, Intent intent) {
    //TODO: 받은 인텐트에 응답한다.
  }
}
```

브로드캐스트 인텐트가 시작되면 onReceive 메서드가 메인 애플리케이션 스레드에서 실행된다. 따라서 부담이 큰 모든 작업(예를 들어, 시간이 오래 걸림)은 goAsync를 호출한 후에 비동기적으로 수행되어야 한다. 이에 대해서는 11장 '백그라운드에서 작업하기'에서 설명한다.

어느 경우든 브로드캐스트 리시버 내부의 모든 처리는 10초 이내에 완료돼야 한다. 그러지 않으면 시스템은 무반응 상태로 인식해 중단시킨다.

이를 피하기 위해 브로드캐스트 리시버에서는 실행 시간이 오래 걸리는 작업을 백그라운드 작업으로 예약하여 시작시키거나 또는 바운드 서비스로 시작시킨다. 브로드캐스트 리시버는 또한 자신을 포함하는 부모 액티비티의 UI를 변경하거나 변경 사항을 사용자에게 알림으로 전송할 수도 있다.

코드 6-16은 브로드캐스트 리시버를 구현하는 방법을 보여준다. 이 브로드캐스트 리시버에서는 브로드캐스트 인텐트의 엑스트라 데이터를 추출하고 이 데이터를 사용해서 알림을 전송한다. 이어지는 절에서는 코드 또는 애플리케이션 매니페스트에 브로드캐스트 리시버를 등록하는 방법을 배운다.

```java
public class LifeformDetectedReceiver
  extends BroadcastReceiver {

  public static final String NEW_LIFEFORM_ACTION
    = "com.professionalandroid.alien.action.NEW_LIFEFORM_ACTION";
  public static final String EXTRA_LIFEFORM_NAME
    = "EXTRA_LIFEFORM_NAME";
  public static final String EXTRA_LATITUDE = "EXTRA_LATITUDE";
  public static final String EXTRA_LONGITUDE = "EXTRA_LONGITUDE";
  public static final String FACE_HUGGER = "facehugger";

  private static final int NOTIFICATION_ID = 1;

  @Override
  public void onReceive(Context context, Intent intent) {
    // 인텐트로부터 세부 생명체 정보를 가져온다.
    String type = intent.getStringExtra(EXTRA_LIFEFORM_NAME);
    double lat = intent.getDoubleExtra(EXTRA_LATITUDE, Double.NaN);
    double lng = intent.getDoubleExtra(EXTRA_LONGITUDE, Double.NaN);

    if (type.equals(FACE_HUGGER)) {
      NotificationManagerCompat notificationManager =
        NotificationManagerCompat.from(context);

      NotificationCompat.Builder builder =
        new NotificationCompat.Builder(context);

      builder.setSmallIcon(R.drawable.ic_alien)
             .setContentTitle("Face Hugger Detected")
             .setContentText(Double.isNaN(lat) || Double.isNaN(lng) ?
                             "Location Unknown" :
                             "Located at " + lat + "," + lng);
      notificationManager.notify(NOTIFICATION_ID, builder.build());
    }
  }
}
```

6.5.3 코드에서 브로드캐스트 리시버 등록하기

애플리케이션에서 보낸 브로드캐스트에 응답하는 브로드캐스트 리시버 그리고 액티비티의 UI를 변경하는 브로드캐스트 리시버는 일반적으로 코드에서 동적으로 등록한다. 이런 리시버는 자신이 등록된 애플리케이션 컴포넌트가 실행 중일 때만 브로드캐스트 인텐트에 응답할 수 있다.

이는 리시버가 특정 컴포넌트와 긴밀하게 결합되어 실행될 때 유용하다. 액티비티의 UI 요소를 변경하는 경우가 단적인 예다. 이 경우에는 액티비티의 onStart 핸들러 내부에서 리시버를 등록하고 onStop 핸들러에서 등록을 해지하는 것이 좋다.

코드 6-17은 브로드캐스트 리시버를 코드에서 등록 및 해지하는 방법을 나타낸다. 이때에는 리시버가 응답해야 할 암시적 브로드캐스트 인텐트와 연관된 액션을 정의하는 IntentFilter를 사용한다.

코드 6-17   코드에서 브로드캐스트 리시버 등록과 해지하기

```
private IntentFilter filter =
  new IntentFilter(LifeformDetectedReceiver.NEW_LIFEFORM_ACTION);

private LifeformDetectedReceiver receiver =
  new LifeformDetectedReceiver();

@Override
public void onStart() {
  super.onStart();


  // 브로드캐스트 리시버를 등록한다.
  registerReceiver(receiver, filter);
}

@Override
public void onStop() {
  // 리시버를 등록 해지한다.
  unregisterReceiver(receiver);

  super.onStop();
}
```

6.5.4 애플리케이션 매니페스트에서 브로드캐스트 리시버 등록하기

애플리케이션 매니페스트에 정적으로 등록된 브로드캐스트 리시버는 항상 활성 상태가 된다. 따라서 애플리케이션이 중단되었거나 또는 아직 시작되지 않았을 때도 브로드캐스트 인텐트를 받는다. 그러므로 일치하는 인텐트가 브로드캐스트되면 애플리케이션이 자동으로 시작된다.

브로드캐스트 리시버를 애플리케이션 매니페스트에 포함시키려면 application 노드에 receiver 태그를 추가해야 한다. 이때 등록할 브로드캐스트 리시버의 클래스 이름을 지정한다.

```
<receiver android:name=".LifeformDetectedReceiver"/>
```

안드로이드 8.0 오레오(API 레벨 26) 이전에는 매니페스트 리시버가 인텐트 필터 태그를 포함할 수 있었다. 그리고 인텐트 필터 태그에는 암시적 브로드캐스트의 리스닝을 지원하기 위해 액션을 지정하였다.

```
<receiver android:name=".LifeformDetectedReceiver">
  <intent-filter>
    <action android:name=
      "com.professionalandroid.alien.action.NEW_LIFEFORM_ACTION"
    />
  </intent-filter>
</receiver>
```

매니페스트 리시버는 이벤트 중심의 애플리케이션을 생성하게 해준다. 따라서 리시버로 등록된 애플리케이션이 종료나 중단된 후에도 브로드캐스트 이벤트(특히 시스템 이벤트)에 응답하게 된다. 이 경우 해당 애플리케이션과 연관된 리소스가 소비되는 위험을 초래할 수 있다. 예를 들어, 리시버가 수신 가능한 브로드캐스트 인텐트가 자주 브로드캐스트되면 해당 리시버 애플리케이션을 되풀이하여 깨우게 되므로 심각한 배터리 방전을 초래할 수 있다. 이와 같은 리시버 애플리케이션이 많을수록 더욱 심각하게 된다. 그리고 이런 일은 암시적 브로드캐스트 리시버(암시적 브로드캐스트 인텐트를 수신하는) 애플리케이션에서 발생한다.

따라서 이와 같은 위험을 최소화하기 위해 안드로이드 8.0부터는 암시적 브로드캐스트 리시버를 매니페스트에 등록할 수 없다(명시적 브로드캐스트 리시버는 등록 가능하다).

런타임 시에는 명시적이나 암시적 브로드캐스트 리시버 모두 등록할 수 있다. 단, 한정된 수의 브로드캐스트 시스템 액션들만이 암시적 인텐트를 매니페스트에 등록하는 데 사용될 수 있다. 이 액션들은 6.5.7 '브로드캐스트 인텐트를 통해 기기의 상태 변화 모니터링하기'에서 설명한다.

6.5.6 런타임 시에 매니페스트 리시버 관리하기

패키지 매니저를 사용하면 애플리케이션의 매니페스트 리시버(매니페스트에 등록된 리시버)를 런타임 시에 활성화/비활성화할 수 있다. 이때 setComponentEnabledSetting 메서드를 사용한다. 이 방법은 모든 애플리케이션 컴포넌트(액티비티와 서비스 포함)의 활성화/비활성화에 사용할 수 있지만, 매니페스트 리시버에 특히 유용하다.

애플리케이션으로 인해 발생되는 심각한 배터리 방전을 최소화하기 위해서는 애플리케이션이 시스템 이벤트에 응답할 필요가 없을 때 해당 시스템 이벤트를 수신하는 매니페스트 리시버를 비활성화하는 것이 좋다.

코드 6-18은 매니페스트 리시버를 런타임 시에 활성화/비활성화하는 방법을 보여준다.

코드 6-18 동적으로 매니페스트 리시버 상태 전환하기

```
ComponentName myReceiverName =
  new ComponentName(this,LifeformDetectedReceiver.class);
PackageManager pm = getPackageManager();

// 매니페스트 리시버를 활성화한다.
pm.setComponentEnabledSetting(myReceiverName,
  PackageManager.COMPONENT_ENABLED_STATE_ENABLED,
  PackageManager.DONT_KILL_APP);

// 매니페스트 리시버를 비활성화한다.
pm.setComponentEnabledSetting(myReceiverName,
  PackageManager.COMPONENT_ENABLED_STATE_DISABLED,
  PackageManager.DONT_KILL_APP);
```

6.5.7 브로드캐스트 인텐트를 통해 기기의 상태 변화 모니터링하기

시스템 서비스들은 대부분 기기의 상태 변화를 알리기 위해 인텐트를 브로드캐스트한다. 따라서 기기의 부팅 완료, 시간대 변경, 독 상태의 변경, 배터리 상태와 같은 이벤트를 기반으로 수행되는 기능을 프로젝트에 추가하기 위해 그런 브로드캐스트를 모니터링할 수 있다.

안드로이드에 사용되고 전송되는 네이티브 브로드캐스트 액션의 전체 내역은 developer. android.com/reference/android/content/Intent.html에서 볼 수 있다. 안드로이드 8.0에 도입된 암시적 브로드캐스트 리시버의 매니페스트 등록 제한 때문에 시스템 브로드캐스트 인텐트 중 일부만이 매니페스트에 등록될 수 있다. 제한이 면제되는 암시적 브로드캐스트 내역은 developer.android.com/guide/components/broadcast-exceptions.html에서 볼 수 있다.

이어지는 절에서는 일부 시스템 이벤트에 응답할 수 있는 브로드캐스트 리시버를 등록하기 위해 인텐트 필터를 생성하는 방법을 알아본다. 그 다음에 기기의 상태 정보를 추출하는 방법도 알아볼 것이다.

도킹 변화 리스닝하기

일부 안드로이드 기기는 카 독(car dock)이나 데스크 독(desk dock) 방식으로 도킹이 가능하며, 데스크 독의 종류에는 아날로그(로우엔드)와 디지털(하이엔드)이 있다.

Intent.ACTION_DOCK_EVENT(android.intent.action.ACTION_DOCK_EVENT)를 리스닝하기 위한 리시버를 등록하면 독을 지원하는 기기의 도킹 상태와 독 유형을 알 수 있다.

```
<action android:name="android.intent.action.ACTION_DOCK_EVENT"/>
```

독 이벤트 브로드캐스트 인텐트는 스티키(sticky)하다. 다시 말해, 지정된 리시버가 없어도 registerReciver를 호출하면 현재 독 상태를 받을 수 있다. 코드 6-19는 registerReciver를 호출해 반환된 인텐트에서 현재의 도킹 상태를 추출하는 방법을 나타낸다. 이때 Intent.ACTION_DOCK_EVENT 인텐트를 사용한다. 만일 기기가 도킹을 지원하지 않으면 registerReciver 호출 시 null이 반환된다.

코드 6-19 도킹 상태 파악하기

```
boolean isDocked = false;
boolean isCar = false;
boolean isDesk = false;

IntentFilter dockIntentFilter =
  new IntentFilter(Intent.ACTION_DOCK_EVENT);
Intent dock = registerReceiver(null, dockIntentFilter);

if (dock != null) {
  int dockState = dock.getIntExtra(Intent.EXTRA_DOCK_STATE,
                  Intent.EXTRA_DOCK_STATE_UNDOCKED);

  isDocked = dockState != Intent.EXTRA_DOCK_STATE_UNDOCKED;
  isCar  = dockState == Intent.EXTRA_DOCK_STATE_CAR;
  isDesk = dockState == Intent.EXTRA_DOCK_STATE_DESK ||
          dockState == Intent.EXTRA_DOCK_STATE_LE_DESK ||
          dockState == Intent.EXTRA_DOCK_STATE_HE_DESK;
}
```

배터리 상태와 데이터 연결 상태 리스닝하기

작업 스케줄러가 도입되기 이전에 배터리 상태와 데이터 연결 상태의 변화를 리스닝하는 가장 흔한 이유는 다음과 같았다. 즉, 적절한 데이터 네트워크나 충전기에 기기가 연결될 때까지 대용량 다운로드 또는 이와 유사하게 시간 소요가 많은 그리고 배터리가 많이 소모되는 프로세스를 지연시키는 것이었다.

11장 '백그라운드에서 작업하기'에서는 작업을 스케줄링하기 위해 작업 스케줄러와 파이어베이스 작업 디스패처(Firebase Job Dispatcher)를 사용하는 방법에 대해 설명한다. 이때 네트워크 연결과 배터리 충전 상태와 같은 기준을 사용한다. 작업 스케줄러와 파이어베이스 작업 디스패처는 상태 변화를 우리가 직접 모니터링하는 것보다 더 효율적이고 종합적인 해결책이다.

배터리 충전 수준과 상태의 변화를 액티비티에서 모니터링하려면 Intent.ACTION_BATTERY _CHANGED를 리스닝하는 인텐트 필터를 갖는 리시버를 등록해야 한다. 이 인텐트는 배터리 매니저가 브로드캐스트한다.

코드 6-20은 배터리 상태 변화 인텐트로부터 현재의 배터리 충전 수준과 상태를 추출하는 방법을 보여준다.

코드 6-20   배터리 충전 수준과 상태 정보 파악하기

```
IntentFilter batIntentFilter = new IntentFilter(Intent.ACTION_BATTERY_CHANGED);
Intent battery = context.registerReceiver(null, batIntentFilter);
int status = battery.getIntExtra(BatteryManager.EXTRA_STATUS, -1);
boolean isCharging =
  status == BatteryManager.BATTERY_STATUS_CHARGING ||
  status == BatteryManager.BATTERY_STATUS_FULL;
```

배터리 충전 액션(Intent.ACTION_BATTERY_CHANGED)을 리스닝하는 리시버는 매니페스트에 등록할 수 없다. 그러나 다음의 액션 문자열들을 사용해서 전원의 연결 및 분리 또는 낮은 배터리 충전 수준을 모니터링할 수 있다. 각 문자열 앞에는 android.intent.action이 접두어로 붙는다.

➤ ACTION_BATTERY_LOW

➤ ACTION_BATTERY_OKAY

➤ ACTION_POWER_CONNECTED

➤ ACTION_POWER_DISCONNECTED

배터리 충전 수준이나 상태는 주기적으로 변한다. 따라서 애플리케이션에서 배터리 상태 변화와 관련하여 특별한 기능을 제공하지 않는다면 이런 브로드캐스트를 리스닝하는 리시버는 등록하지 않는 것이 바람직하다.

네트워크 연결 상태의 변경을 모니터링하려면 ConnectivityManager.CONNECTIVITY_ ACTION을 리스닝하는 브로드캐스트 리시버를 애플리케이션에 등록해야 한다(안드로이드 7.0 누가(API 레벨 24) 이상을 대상으로 한 애플리케이션의 경우 매니페스트에 등록된 리시버는 이 브로드캐스트를 수신하지 못한다).

연결 상태 변경 관련 브로드캐스트는 스티키 인텐트가 아니다. 그리고 해당 변경과 관련된 어떤 추가 정보도 포함하지 않는다. 따라서 현재 연결 상태의 세부 정보를 추출하려면 코드 6-21에서처럼 커넥티비티 매니저(Connectivity Manager)를 사용해야 한다.

코드 6-21 연결 상태 정보 파악하기

```
String svcName = Context.CONNECTIVITY_SERVICE;
ConnectivityManager cm =
  (ConnectivityManager)context.getSystemService(svcName);

NetworkInfo activeNetwork = cm.getActiveNetworkInfo();
boolean isConnected = activeNetwork.isConnectedOrConnecting();
boolean isMobile = activeNetwork.getType() ==
                     ConnectivityManager.TYPE_MOBILE;
```

6.6 로컬 브로드캐스트 매니저

로컬 브로드캐스트 매니저는 애플리케이션 내부의 컴포넌트 간에만 브로드캐스트 인텐트를 전송, 수신하기 위해 안드로이드 지원 라이브러리에 도입되었다.

브로드캐스트의 사용 범위가 축소되었으므로, 로컬 브로드캐스트 매니저를 사용하는 것이 글로벌 브로드캐스트를 전송하는 것보다 더 효율적이다. 또한 브로드캐스트하는 인텐트를 다른 애플리케이션이 수신할 수 없게 해주므로 개인 정보나 민감한 데이터가 외부로 유출될 위험이 없다.

이와 마찬가지로 다른 애플리케이션이 우리 리시버로 브로드캐스트를 전송할 수 없다. 따라서 우리 리시버가 보안 악용의 매개체가 되는 것을 막아준다.

로컬 브로드캐스트 매니저의 인스턴스는 LocalBroadcastManager.getInstance 메서드를 사용해서 생성한다.

```
LocalBroadcastManager lbm = LocalBroadcastManager.getInstance(this);
```

로컬 브로드캐스트 리시버를 등록하려면 글로벌 리시버를 등록할 때와 마찬가지로 로컬 브로드캐스트 매니저의 registerReceiver 메서드를 사용해야 한다. 이때 브로드캐스트 리시버와 인텐트 필터를 인자로 전달한다(코드 6-22).

코드 6-22 로컬 브로드캐스트 리시버 등록과 해지하기

```java
@Override
public void onResume() {
  super.onResume();

  // 브로드캐스트 리시버를 등록한다.
  LocalBroadcastManager lbm = LocalBroadcastManager.getInstance(this);
  lbm.registerReceiver(receiver, filter);
}

@Override
public void onPause() {
  // 리시버를 등록 해제한다.
  LocalBroadcastManager lbm = LocalBroadcastManager.getInstance(this);
  lbm.unregisterReceiver(receiver);

  super.onPause();
}
```

로컬 브로드캐스트 인텐트를 전송할 때는 로컬 브로드캐스트 매니저의 sendBroadcast 메서드를 사용한다. 이때 브로드캐스트할 인텐트를 전달한다.

```java
lbm.sendBroadcast(new Intent(LOCAL_ACTION));
```

로컬 브로드캐스트 매니저는 sendBroadcastSync 메서드도 제공한다. 이 메서드는 등록된 각리시버가 브로드캐스트 인텐트를 처리할 때까지 기다리는 동기 방식으로 작동한다.

6.7 펜딩 인텐트

PendingIntent 클래스는 애플리케이션을 대신해 시스템 또는 다른 애플리케이션에서 나중에 실행될 수 있는 인텐트를 생성하는 메커니즘을 제공한다.

펜딩 인텐트는 향후에 발생할 이벤트(예를 들어, 사용자가 알림을 터치할 때)에 대한 응답으로 실행될 수 있는 인텐트를 패키징할 때 흔히 사용된다.

PendingIntent 클래스는 펜딩 인텐트를 구성하는 static 메서드들을 제공한다. 이 메서드들은 액티비티를 시작시키거나 백그라운드/포어그라운드 서비스를 시작시키며, 또는 암시적/명시적 인텐트를 브로드캐스트하는 데 사용된다.

```java
int requestCode = 0;
int flags = 0;

// 액티비티를 시작한다.
Intent startActivityIntent = new Intent(this, MyActivity.class);
PendingIntent.getActivity(this, requestCode,
                          startActivityIntent, flags);

// 서비스를 시작한다.
Intent startServiceIntent = new Intent(this, MyService.class);
PendingIntent.getService(this, requestCode,
                          startServiceIntent, flags);

// 포어그라운드 서비스를 시작한다(API 레벨 26 이상).
Intent startForegroundServiceIntent = new Intent(this, MyFGService.class);
PendingIntent.getForegroundService(this, requestCode,
                                   startForegroundServiceIntent flags);

// 명시적 브로드캐스트 리시버로 인텐트를 브로드캐스트한다.
Intent broadcastExplicitIntent = new Intent(this, MyReceiver.class);
PendingIntent.getBroadcast(this, requestCode,
                          broadcastExplicitIntent, flags);

// 암시적 인텐트를 브로드캐스트한다(API 레벨 25 이하).
Intent broadcastImplicitIntent = new Intent(NEW_LIFEFORM_ACTION);
PendingIntent.getBroadcast(this, requestCode,
                          broadcastImplicitIntent, flags);
```

PendingIntent 클래스는 정적 상수도 제공한다. 이 상수들은 지정된 액션과 일치하는 기존 펜딩 인텐트를 변경 또는 취소하는 플래그를 지정하는 데 사용될 수 있다. 또한 해당 인텐트가 한번만 실행됨을 지정할 때도 사용될 수 있다. 이 내용은 11장에서 더 자세히 알아본다.

펜딩 인텐트는 애플리케이션의 범위 밖에서 실행되므로 펜딩 인텐트가 실행될 시점의 사용자 컨텍스트를 고려하는 것이 중요하다. 즉, 새 액티비티를 시작시키는 펜딩 인텐트는 알림을 선택하는 것과 같은 사용자 액션에 직접 응답할 때만 사용되어야 한다.

안드로이드 8.0 오레오(API 레벨 26)에서는 배터리 수명을 늘리기 위해 펜딩 인텐트에 영향을 미치는 애플리케이션의 백그라운드 실행을 엄격하게 제한하였다.

안드로이드 8.0부터는 애플리케이션 자체가 백그라운드에 대기 중일 때 새로운 백그라운드 서비스를 시작시킬 수 없다. 따라서 startService 메서드로 생성된 펜딩 인텐트는 새 서비스를 시작시킬 수 없다. 단, 해당 서비스가 실행될 때 애플리케이션이 백그라운드에 있는 경우다. 이런 이유로 startForegroundService 메서드가 안드로이드 8.0에 도입됐다. 이 메서드로 생성된 펜딩 인텐트는 새 서비스를 시작시킬 수 있다. 그리고 해당 서비스가 일단 시작되면 startForeground 호출을 통해 5초 동안 포어그라운드 서비스로 실행되며, 5초가 지나도 실행이 끝나지 않으면 중단되고 애플리케이션이 응답하지 않는다는 메시지가 화면에 보이게 된다.

앞서 언급한 대로 안드로이드 8.0은 매니페스트에서 암시적 인텐트 브로드캐스트의 등록을 지원하지 않는다. 주로 펜딩 인텐트는 애플리케이션이 실행 중이지 않을 때 실행되므로 대상 리시버가 확실하게 실행되게 하려면 명시적 인텐트를 사용해야 한다.

7

인터넷 리소스 사용하기

📑 7장의 주요 내용

> 인터넷 리소스에 연결하기

> 비동기 태스크를 사용해 백그라운드 스레드로 인터넷 리소스 다운로드하기 및 처리하기

> 뷰 모델과 라이브 데이터를 사용해 데이터 저장하기 및 관찰하기

> XML 리소스 파싱하기

> JSON 피드 파싱하기

> 다운로드 매니저를 사용해 파일 다운로드하기

> 데이터 전송 시 배터리 광탈 최소화기

📥 7장에 사용된 코드의 다운로드용 파일

7장은 다음 2개의 파일로 되어 있다.

📥 Snippets_ch7.zip

📥 Earthquake_ch7.zip

7.1 인터넷에 연결하기

현대 스마트 기기의 가장 강력한 기능은 바로 인터넷 서비스 연결일 것이다. 스마트 기기는 인터넷에 연결됨으로써 네이티브 애플리케이션 안에서 정보(또는 서비스)를 사용자에게 보여 줄 수 있다.

7장에서는 데이터를 효율적으로 다운로드하고 파싱할 수 있는 안드로이드의 인터넷 연결 모델 및 테크닉을 소개한다. 그리고 인터넷 리소스에 연결하는 방법과 SAX Parser, XML Pull Parser, JSON Reader 등을 사용해 데이터 피드를 파싱하는 방법을 설명한다. 안드로이드에서는 모든 네트워크 태스크를 백그라운드 스레드로 수행해야 한다. 따라서 이 과정을 효율적으로 진행하기 위해 뷰 모델, 라이브 데이터, 비동기 태스크를 결합해 사용하는 방법도 설명한다.

그리고 앞서 시작했던 지진 모니터링 예시 애플리케이션에 지금까지 언급한 기능들을 결합해 확장하는 과정을 선보일 것이다.

7장에서는 또한 다운로드 매니저를 소개하고, 긴 시간 실행되는 공유 다운로드를 어떻게 스케줄링하고 관리할 수 있는지 설명한다. 이와 더불어 작업 스케줄러도 소개하고, 다운로드 과정이 빠르고 효율적이면서도 배터리를 빠르게 소모하지 않도록 하는 모범 사례도 다룬다.

마지막으로 인기가 많은 몇 가지 클라우드 서비스를 소개하고, 클라우드 기반 기능을 안드로이드 애플리케이션에 추가하는 방법을 설명한다.

7.2 인터넷 리소스 연결, 다운로드, 파싱하기

안드로이드의 네트워크 API를 사용하면 원격 서버의 엔드포인트에 연결하거나 HTTP 요청을 수행하고 서버 결과 및 데이터 피드를 처리할 수 있다. 이 과정에서 SAX Parser, XML Pull Parser, JSON Reader 등과 같은 파서(parser)를 사용해 데이터를 추출하고 처리할 수도 있다.

현대 모바일 기기는 인터넷에 접근할 수 있는 다양한 방법을 제공한다. 크게 보면 안드로이드는 두 가지 연결 방식을 지원하며, 각각은 애플리케이션 계층에서 자동으로 제공된다. 다시 말해, 어떤 방식을 통해 인터넷에 연결하는지 일일이 명시할 필요는 없다.

- ➤ 모바일 인터넷: GRPS, EDGE, 3G, 4G, LTE 인터넷 접근은 모바일 데이터를 제공하는 통신사를 통해 이용할 수 있다.
- ➤ 와이파이: 사설 또는 공공 와이파이 AP(Access Point)

애플리케이션에서 인터넷 리소스를 사용하고자 할때 사용자의 데이터 연결 방식은 그들이 어떤 통신 기술을 이용하는지에 따라 달라진다는 점을 기억해야 한다. EDGE나 GSM 방식은 대역폭이 낮은 것으로 악명 높다. 반면 와이파이 연결 방식은 모바일 환경에서 신뢰도가 떨어질 수 있다.

따라서 전송되는 데이터를 최소한으로 줄임으로써 사용자 경험을 최적화하고, 애플리케이션에서 네트워크 접속 불량이나 대역폭/레이턴시 제한 등을 해결할 수 있을 만큼 구조적으로 탄탄하게 유지하는 것이 매우 중요하다.

7.2.1 왜 네이티브 인터넷 애플리케이션을 만들어야 할까?

대부분의 스마트 기기에서 웹 브라우저를 사용할 수 있다는 것을 고려할 때, 웹 기반 애플리케이션 대신 군이 인터넷 기반 네이티브 애플리케이션을 만들어야 할 이유가 있는지 궁금할 수 있을 것이다.

모바일 웹 브라우저가 점점 더 강력해지고는 있지만, 온전히 웹 기반인 애플리케이션 대신 씬클라이언트(thin-client) 및 씩 클라이언트(thick-client) 네이티브 애플리케이션을 만듦으로써 누릴 수 있는 장점은 여전히 수없이 많다.

- ▶ **대역폭**: 이미지나 레이아웃, 소리 등 정적 리소스는 대역폭이 제한된 기기에서 부담이 크다. 네이티브 애플리케이션을 만들면 변경되는 데이터로만 대역폭을 제한할 수 있다.

- ▶ **오프라인 사용**: 웹 브라우저 기반 솔루션에서는 인터넷 연결이 불안정해질 경우, 애플리케이션도 매끄럽게 작동하지 않는다. 네이티브 애플리케이션은 데이터와 사용자 액션을 캐싱함으로써 연결이 끊어지더라도 가능한 한 매끄러운 작동을 제공할 수 있으며, 나중에 다시 연결됐을 때 클라우드를 통해 동기화할 수 있다.

- ▶ **레이턴시와 UX**: 네이티브 애플리케이션에서는 더 낮은 사용자 상호 작용 레이턴시의 장점을 누릴 수 있으며, 그뿐 아니라 사용자 경험을 운영 체제 및 다른 애플리케이션과 일관되게 유지할 수 있다.

- ▶ **배터리 소모 줄이기**: 애플리케이션이 서버에 연결될 때마다 무선 기능이 켜진다(또는 계속 작동된다). 네이티브 애플리케이션은 개통되는 무선 연결 수를 최소화하면서 모든 연결을 유지할 수 있다. 네트워크 요청 간격이 길어질수록 무선 통신은 더 오래 중단되고 배터리 수명에 미치는 영향도 줄어든다.

➤ 네이티브 기능: 안드로이드 기기는 웹 브라우저가 실행되는 단순 플랫폼 그 이상이다. 안드로이드 기기에는 위치 기반 서비스, 알림, 위젯, 카메라 블루투스, 라디오, 백그라운드 서비스, 하드웨어 센서가 함께 제공된다. 네이티브 애플리케이션은 온라인으로 사용할 수 있는 데이터와 기기에서 사용할 수 있는 하드에어 기능을 결합함으로써 더욱 풍부한 사용자 경험을 제공한다.

7.2.2 인터넷 리소스에 연결하기

인터넷 리소스에 접근하려면 가장 먼저 다음 XML 조각 코드처럼 애플리케이션 매니페스트에 INTERNET uses-permission부터 추가해야 한다.

```
<uses-permission android:name="android.permission.INTERNET"/>
```

코드 7-1은 인터넷 데이터 연결을 열고 데이터 피드로부터 데이터 스트림을 수신하기 위한 기본 패턴을 나타낸다.

코드 7-1   인터넷 데이터 스트림 열기

```
try {
  URL url = new URL(myFeed);

  // 새 HTTP URL 연결을 생성한다.
  URLConnection connection = url.openConnection();
  HttpURLConnection httpConnection = (HttpURLConnection) connection;
  int responseCode = httpConnection.getResponseCode();
  if (responseCode == HttpURLConnection.HTTP_OK) {
    InputStream in = httpConnection.getInputStream();
    processStream(in);
  }
  httpConnection.disconnect();
} catch (MalformedURLException e) {
  Log.e(TAG, "Malformed URL Exception.", e);
} catch (IOException e) {
  Log.e(TAG, "IO Exception.", e);
}
```

주의

안드로이드에서는 메인 UI 스레드에서 네트워크 작업의 수행을 시도하면 NetworkOnMainThread Exception이 발생한다. 인터넷 리소스에 연결하기 위해서는 이 과정을 백그라운드 스레드에서 해야 한다. 다음 절에서는 뷰 모델, 라이브 데이터, 비동기 태스크를 결합해 네트워크 작업을 백그라운드 스레드로 옮기기 위한 가장 바람직한 방법을 소개한다.

안드로이드는 네트워크 통신 처리를 지원하는 몇 가지 클래스를 함께 제공한다. 이 클래스들은 java.net.* 패키지와 android.net.* 패키지로부터 사용할 수 있다.

7.2.3 뷰 모델, 라이브 데이터, 비동기 태스크를 사용해 백그라운드 스레드에 네트워크 작업 수행하기

네트워크 작업처럼 시간이 많이 걸릴 수도 있는 태스크는 백그라운드 스레드로 수행하는 것이 바람직하다. 그렇게 하면 UI 스레드를 방해하지 않으므로 애플리케이션의 질이 떨어지거나 응답하지 않는 일은 일어나지 않는다. 그리고 이런 바람직한 처리가 될 수 있도록 안드로이드에는 NetworkOnMainThreadException이 있다. 이 예외는 네트워크 작업이 메인 UI 스레드로 시도될 때마다 발생한다.

> **참고**
>
> 11장 '백그라운드에서 작업하기'에서는 백그라운드 스레드로 작업을 옮길 수 있는 다양한 방법을 소개한다. 그리고 작업 스케줄러를 비롯해 백그라운드 네트워크 작업을 효율적으로 스케줄링할 수 있도록 디자인된 API도 소개한다.

액티비티에서는 다음 코드처럼 새 스레드를 생성하고 실행할 수 있다. 네트워크 작업이 끝나고 그 결과를 UI 스레드로 처리할 준비가 되면 runOnUiThread를 호출하여 다른 UI 스레드(Runnable 객체)를 생성한 후 UI 변경을 적용하게 한다.

```
Thread t = new Thread(new Runnable() {
  public void run() {
    // 네트워크 작업을 수행한다.
    final MyDataClass result = loadInBackground();
    // UI 스레드로 UI 변경을 적용한다.
    runOnUiThread(new Runnable() {
      @Override
      public void run() {
        deliverResult(result);
      }
    });
  }
});
t.start();
```

이 과정을 AsyncTask 클래스를 사용하여 비동기 태스크로 처리할 수도 있다. 이 클래스를 사용하면 백그라운드에서 수행될 작업을 정의할 수 있으며, 이벤트 핸들러 메서드를 제공하므로 진행 상황을 모니터링하고 GUI 스레드로 결과를 반영할 수 있다.

AsyncTask는 스레드 생성, 관리, 동기화를 전부 처리함으로써 백그라운드에서 수행되는 각종 처리로 구성되는 비동기 태스크를 생성할 수 있게 해주며, 처리를 하는 동안 그리고 처리가 완료된 후 UI 업데이트가 수행되도록 한다.

새 비동기 태스크를 만들려면 AsyncTask의 서브 클래스를 생성해야 하며, 이때 사용할 매개변수 타입을 지정해야 한다. 이를 기본 코드로 나타내면 다음과 같다.

```java
private class MyAsyncTask extends AsyncTask<String, Integer, String> {
  @Override
  protected String doInBackground(String... parameter) {
    // 백그라운드 스레드로 이동된다.
    String result = "";
    int myProgress = 0;
    int inputLength = parameter[0].length();
    // 백그라운드 처리 태스크를 수행하면서 myProgress를 변경한다.
    for (int i = 1; i <= inputLength; i++) {
      myProgress = i;
      result = result + parameter[0].charAt(inputLength-i);
      try {
        Thread.sleep(100);
      } catch (InterruptedException e) { }
      // 진행 상황을 onProgressUpdate 핸들러에 보낸다.
      publishProgress(myProgress);
    }
    // onPostExecute로 전달될 값을 반환한다.
    return result;
  }
  @Override
  protected void onProgressUpdate(Integer... progress) {
    // UI 스레드로 동기화된다.
    // 프로그레스 바, 알림, 기타 UI 요소를 업데이트한다.
  }
  @Override
  protected void onPostExecute(String result) {
    // UI 스레드로 동기화된다.
    // UI 변경이나 대화상자 또는 알림을 통해 결과를 알려준다.
  }
}
```

비동기 태스크를 구현했으면 새 인스턴스를 생성하고 execute를 호출해 실행시킨다. 이때 필요한 매개변수가 있으면 인자로 전달한다.

```
String input = "redrum ... redrum";
new MyAsyncTask().execute(input);
```

각 비동기 태스크 인스턴스는 단 한 번만 실행된다. execute를 다시 호출하려고 하면 예외가 발생한다.

이와 같은 접근은 3장 '애플리케이션, 액티비티, 프래그먼트, 기타 등등'에서 설명한 액티비티의 수명 주기에서 비롯되는 몇 가지 심각한 한계를 나타낸다. 앞서 설명한 대로 액티비티와 프래그먼트는 기기의 구성이 변경될 때마다 소멸했다가 재생성된다. 따라서 사용자가 화면을 다른 방향으로 돌리면 실행 중이던 스레드나 비동기 태스크는 방해를 받는다. 결국 부모 액티비티와 함께 소멸한다.

사용자 액션을 통해 시작된 스레드의 경우에는 실제로 작업이 취소된다. 그러나 액티비티의 수명 주기 핸들러(圖 onCreate 또는 onStart)에서 시작된 스레드의 경우에는 액티비티가 재생성될 때 다시 생성되어 실행되므로 동일한 네트워크 작업을 여러 번 실행할 수 있다. 따라서 중복 데이터 전송과 배터리 수명 단축을 초래한다.

이를 해결하기 위한 더 나은 방법이 있다. 안드로이드 아키텍처 컴포넌트의 일부분으로 제공되는 ViewModel 클래스와 LiveData 클래스를 사용하면 된다. 액티비티나 프래그먼트와 연동되는 뷰 모델은 저장하고 있는 데이터를 효율적으로 캐싱함으로써 구성 변경에도 유지될 수 있도록 디자인됐다. 대개 뷰 모델 안의 데이터는 LiveData 객체로 반환된다.

LiveData는 수명 주기 인식(lifecycle-awareness) 클래스이며, 애플리케이션 데이터를 저장할 때 그리고 식별 가능한 변경 데이터를 제공하기 위해 사용된다. 수명 주기 인식이라는 것은 활성 수명 주기 상태인 애플리케이션 컴포넌트의 옵저버(Observer)에게만 LiveData가 변경 데이터를 전송한다는 의미다.

ViewModel과 LiveData를 사용하려면 우선 안드로이드 아키텍처 컴포넌트를 애플리케이션 모듈의 그래들 빌드 파일에 추가해야 한다.

```
dependencies {
    [... 기존에 지정된 다른 의존성 노드 ...]
    implementation 'android.arch.lifecycle:extensions:1.1.1'
}
```

코드 7-2에서는 표준 MutableLiveData 클래스를 사용하는 단순 뷰 모델의 구현 예를 보여준다. 여기서는 AsyncTask 인스턴스를 사용해 백그라운드에서 인터넷 리소스를 다운로드하고 파싱한다. 그리고 그 결과를 문자열 List를 나타내는 LiveData 객체로 반환한다.

코드 7-2 뷰 모델을 사용해 AsyncTask 백그라운드 스레드에서 다운로드하기

```java
public class MyViewModel extends AndroidViewModel {
  private static final String TAG = "MyViewModel";

  private final MutableLiveData<List<String>> data;

  public MyViewModel(Application application) {
    super(application);
  }

  public LiveData<List<String>> getData() {
    if (data == null)
      data = new MutableLiveData<List<String>>();
      loadData();
    }
    return data;
  }

private void loadData() {
  new AsyncTask<Void, Void, List<String>>() {
    @Override
    protected List<String> doInBackground(Void... voids) {
      ArrayList<String> result = new ArrayList<>(0);

      String myFeed = getApplication().getString(R.string.my_feed);
      try {
        URL url = new URL(myFeed);

        // 새 HTTP URL 연결을 생성한다.
        URLConnection connection = url.openConnection();
        HttpURLConnection httpConnection = (HttpURLConnection) connection;

        int responseCode = httpConnection.getResponseCode();
        if (responseCode == HttpURLConnection.HTTP_OK) {
          InputStream in = httpConnection.getInputStream();
          // 입력 스트림을 처리해 결과 List를 생성한다.
          result = processStream(in);
        }
        httpConnection.disconnect();
      } catch (MalformedURLException e) {
        Log.e(TAG, "Malformed URL Exception.", e);
      } catch (IOException e) {
        Log.e(TAG, "IO Exception.", e);
      }
```

```
    return result;
  }

  @Override
  protected void onPostExecute(List<String> data) {
    // LiveData의 데이터 값을 변경한다.
    data.setValue(data);
  }
}.execute();
  }
}
```

애플리케이션 안에서 뷰 모델을 사용하려면 우선 라이브 데이터(LiveData 클래스 인스턴스)를 관찰하게 될 액티비티나 프래그먼트에서 뷰 모델의 새 인스턴스를 생성해야 한다(또는 기존 인스턴스를 반환한다).

사용할 수 있는 뷰 모델을 가져올 때는 ViewModelProviders 클래스의 static 메서드인 of를 사용한다. 이때 현재의 애플리케이션 컴포넌트를 인자로 전달한다. 그리고 get 메서드를 호출해서 사용하려는 뷰 모델을 지정한다.

```
MyViewModel myViewModel = ViewModelProviders.of(this)
                                    .get(MyViewModel.class);
```

뷰 모델의 참조를 갖게 되면 뷰 모델에 포함된 라이브 데이터를 받기 위해 Observer 인스턴스를 추가해야 한다. 이것은 다음과 같이 코드로 구현한다. 우선 뷰 모델에 getData를 호출한다. 그리고 근원 데이터가 변경될 때마다 호출되는 onChanged 핸들러를 구현한 Observer 인스턴스를 observe 메서드로 추가한다.

```
myViewModel.getData()
            .observe(this, new Observer<List<String>>() {
  @Override
  public void onChanged(@Nullable List<String> data) {
    // 새 뷰 모델 데이터를 받을 때 UI를 변경한다.
  }
});
```

액티비티에 필요한 뷰 모델을 얻고 라이브 데이터를 요청하여 변경되었는지 관찰하는 전체 과정은 코드 7-3과 같다.

코드 7-3 액티비티의 라이브 데이터와 뷰 모델 사용하기

```java
@Override
protected void onCreate(Bundle savedInstanceState) {
  super.onCreate(savedInstanceState);
  setContentView(R.layout.activity_main);

  // 뷰 모델의 인스턴스를 얻는다(생성한다).
  MyViewModel myViewModel = ViewModelProviders.of(this)
                                          .get(MyViewModel.class);
  // 현재 데이터를 가져와 변경 내용이 있는지 관찰한다.
  myViewModel.getData()
              .observe(this, new Observer<List<String>>() {
    @Override
    public void onChanged(@Nullable List<String> data) {
      // 로드된 데이터로 UI를 변경한다.
      // 구성이 변경된 후 캐싱 데이터를 자동으로 반환한다.
      // 그리고 근원 라이브 데이터 객체가 변경되면 다시 실행된다.
    }
  });
}
```

뷰 모델 수명 주기의 기준은 (부모 액티비티나 프래그먼트가 아닌) 애플리케이션이기 때문에 뷰 모델의 라이브 데이터의 로딩 함수는 기기 구성의 변경에 방해를 받지 않는다.

마찬가지로 처리 결과는 기기 구성이 변경되는 사이에 암시적으로 캐싱된다. 기기의 방향이 바뀐 후 해당 뷰 모델의 데이터에 대해 observe가 호출되면 observe는 onChanged 핸들러를 통해 설정된 마지막 결과를 즉시 반환한다. 이때 뷰 모델의 loadData 메서드는 호출되지 않는다. 그 결과 중복되는 네트워크 다운로드와 관련 처리가 배제되어 시간과 배터리가 크게 절약된다.

11장 '백그라운드에서 작업하기'에서는 백그라운드 네트워크 작업을 스케줄링하는 더 강력한 API를 소개한다. 이 API에서는 네트워크 전송 효율을 개선하기 위한 시점 선택과 기기 상태를 고려한다.

7.2.4 XML 풀 파서를 사용해 XML 파싱하기

XML을 파싱하고 특정 웹 서비스와 상호 작용하는 세부 단계는 이 책의 범위를 벗어나지만 사용할 수 있는 기술들을 이해하는 것은 매우 중요한 과정이라 할 수 있다.

이 절에서는 XML 풀 파서(Pull Parser)를 개략적으로 살펴보고, 이어지는 절들에서는 DOM 파

서와 JSON 리더(Reader)를 사용해 미국 지질조사국(USGS)이 제공하는 세부 지진 정보를 어떻게 조회하는지 구체적으로 살펴본다.

XML 풀 파서 API는 다음 라이브러리들로부터 사용할 수 있다.

```
org.xmlpull.v1.XmlPullParser;
org.xmlpull.v1.XmlPullParserException;
org.xmlpull.v1.XmlPullParserFactory;
```

이 API를 통해 XML 문서를 단일 패스(pass)로 파싱할 수 있다. XML 풀 파서는 문서의 요소들을 순차적인 이벤트 및 태그 시리즈로 나타낸다는 점에서 DOM 파서와 다르다.

문서 내 현재 위치는 현재 이벤트로 표현된다. 현재 이벤트는 getEventType을 호출해 파악할 수 있다. 각 문서의 시작은 START_DOCUMENT 이벤트, 끝은 END_DOCUMENT 이벤트다.

태그를 하나씩 진행하려면 next만 호출하면 된다. next는 START_TAG 이벤트와 END_TAG 이벤트를 하나씩 진행하도록 한다. 각 태그의 이름을 추출할 때는 getName, 태그 사이의 텍스트를 추출할 때는 getNextText를 호출한다.

코드 7-4는 구글 Places API가 반환한 관심 지점 내역으로부터 세부 정보를 추출하기 위해 XML 풀 파서를 어떻게 사용하는지 나타낸다.

코드 7-4   XML 풀 파서를 사용해 XML 파싱하기

```
private void processStream(InputStream inputStream) {
  // 새 XML Pull Parser를 생성한다.
  XmlPullParserFactory factory;
  try {
    factory = XmlPullParserFactory.newInstance();
    factory.setNamespaceAware(true);
    XmlPullParser xpp = factory.newPullParser();

    // 새 입력 스트림을 지정한다.
    xpp.setInput(inputStream, null);
    int eventType = xpp.getEventType();

    // 추출한 이름 태그에 변수를 지정한다.
    String name;

    // 문서 끝에 도달할 때까지 계속 진행한다.
    while (eventType != XmlPullParser.END_DOCUMENT) {
      // 결과 태그의 시작 태그를 확인한다.
```

```
        if (eventType == XmlPullParser.START_TAG &&
            xpp.getName().equals("result")) {
          eventType = xpp.next();
          // 결과 태그의 각 결과 데이터를 처리한다.
      while (!(eventType == XmlPullParser.END_TAG &&
            xpp.getName().equals("result"))) {
        // 결과 태그 안에서 이름 태그를 확인한다.
        if (eventType == XmlPullParser.START_TAG &&
            xpp.getName().equals("name")) {
          // POI 이름을 추출한다.
          name = xpp.nextText();
          doSomethingWithName(name);
        }
        // 다음 태그로 이동한다.
        eventType = xpp.next();
      }
      // 다음 결과 태그로 이동한다.
      eventType = xpp.next();
    }
  } catch (XmlPullParserException e) {
    Log.e("PULLPARSER", "XML Pull Parser Exception", e);
  } catch (IOException e) {
    Log.e("PULLPARSER", "IO Exception", e);
  }
}
```

7.2.5 지진 정보 뷰어를 인터넷에 연결하기

이번 예에서는 지난 3장 '애플리케이션, 액티비티, 프래그먼트, 기타 등등'에서 시작하고 5장
'사용자 인터페이스 빌드하기'에서 개선한 지진 정보 뷰어 애플리케이션의 기능을 확장한다.
우선 ArrayList에 저장했던 모의 지진 데이터(Earthquake 객체)를 실제 지진 데이터로 바꿀 것
이다. 이 데이터는 지진 피드(데이터 제공 사이트)에 연결하고 다운로드한 후 리스트 프래그먼트
에 보여줄 수 있도록 파싱한 것을 사용한다.

지진 피드 데이터는 XML로 제공되며, 여기서는 지진 피드 XML을 DOM 파서로 파싱한다.
파싱 방법은 여러 가지가 있다. 앞의 7.2.4 'XML 풀 파서를 사용해 XML 파싱하기'에서 설명
한 XML 풀 파서도 한 가지 방법이고, JsonReader 클래스를 사용해 JSON 피드를 파싱할 수
도 있다. JSON 피드 파싱은 7.2.6 'JSON 파서를 사용해 JSON 파싱하기'에서 다룬다.

1. 이번 예에서 사용되는 피드는 리히터 규모로 2.5를 초과하는 지진의 하루치 USGS(미
   국 지질조사국) 아톰(Atom) 피드다(아톰은 데이터 형식 중 하나다). 안드로이드 스튜디오 프

로젝트 도구창에서 res/values 폴더의 strings.xml 리소스 파일에 외부 문자열 리소스로 피드 위치를 추가한다. 이렇게 하면 사용자의 로케일에 따라 다른 피드를 지정할 수 있다.

```
<resources>
  <string name="app_name">Earthquake</string>
  <string name="earthquake_feed">
  https://earthquake.usgs.gov/earthquakes/feed/v1.0/summary/2.5_day.atom
  </string>
</resources>
```

2. 이 피드에 접근하려면 우선 애플리케이션에서 인터넷 접근 권한을 요청해야 한다. 프로젝트 도구창의 app/manifests에 있는 매니페스트 파일(AndroidManifest.xml)의 앞에 Internet uses-permission을 추가한다.

```
<?xml version="1.0" encoding="utf-8"?>
<manifest xmlns:android="http://schemas.android.com/apk/res/android"
          package="com.professionalandroid.apps.earthquake">
          <uses-permission android:name="android.permission.INTERNET"/>

          [... 애플리케이션 노드 ...]
      </manifest>
```

3. 인터넷 접근 및 가져온 데이터는 백그라운드 스레드로 처리해야 한다. 이때 뷰 모델과 라이브 데이터를 사용한다. 따라서 안드로이드 아키텍처 컴포넌트 수명 주기 익스텐션 라이브러리를 애플리케이션 모듈 그래들 파일의 의존성에 추가해야 한다. 프로젝트 도구창의 Gradle Scripts에 있는 build.gradle (Module: app)에 다음과 같이 추가한다.

```
dependencies {
   [... 기존에 지정된 다른 의존성 노드 ...]
   implementation 'android.arch.lifecycle:extensions:1.1.1'
}
```

build.gradle 파일이 변경되면 'Gradle files have changed since last project sync. A project sync may be necessary for the IDE to work properly'라는 메시지가 안드로이드 스튜디오 메인 창 위에 나타날 것이다. 이 메시지의 오른쪽에 있는 [Sync Now]를 클릭하여 안드로이드 아키텍처 컴포넌트 수명 주기 익스텐션 라이브러리가 프로젝트에 추가되도록 한다.

4. 우리 패키지(여기서는 java/com.professionalandroid.apps.earthquake)에 새 자바 클래스인 EarthquakeViewModel을 생성한다. 이 뷰 모델 클래스는 AndroidViewModel의 서브 클래스이며, 지진 데이터가 저장된 List를 참조하는 MutableLiveData 변수를 포함한다. 이 뷰 모델의 데이터는 캐싱되어 기기 구성 변경이 생기더라도 계속 유지된다. 그리고 getEarthquakes 메서드를 추가한다. 이 메서드에서는 지진 라이브 데이터가 List에 이미 채워졌는지 확인하고 만일 채워지지 않았다면 USGS 피드에서 지진 데이터를 가져와서 로드한다.

```java
public class EarthquakeViewModel extends AndroidViewModel {
  private static final String TAG = "EarthquakeUpdate";

  private MutableLiveData<List<Earthquake>> earthquakes;

  public EarthquakeViewModel(Application application) {
    super(application);
  }

  public LiveData<List<Earthquake>> getEarthquakes() {
    if (earthquakes == null) {
      earthquakes = new MutableLiveData<List<Earthquake>>();
      loadEarthquakes();
    }
    return earthquakes;
  }

  // 피드로부터 지진 데이터를 가져와서 비동기로 로드한다.
  public void loadEarthquakes() {
  }
}
```

5. 지진 피드 데이터를 다운로드하고 파싱하도록 4번 단계에서 추가된 loadEarthquakes 메서드를 변경한다. 이 작업은 백그라운드 스레드로 수행돼야 한다. 따라서 이 작업을 쉽게 할 수 있도록 AyncTask를 구현한다. 백그라운드에서 각 지진 데이터를 추출하고 ID, 날짜, 진도, 링크, 위치를 얻기 위해 해당 데이터를 파싱한다. 피드 데이터가 파싱된 후에는 지진 List를 나타내는 수정 가능한 라이브 데이터(MutableLiveData 클래스 인스턴스)의 값을 설정하도록 onPostExecute 핸들러를 변경한다. 라이브 데이터의 값이 설정되면 변경된 지진 데이터 List가 전달되면서 등록된 모든 옵저버가 실행될 것이다.

(다음 코드를 추가한 후에는 SimpleDateFormat, ParseException, Date, GregorianCalendar 클래스들의 이름이 빨간색으로 표시되면서 에러로 나타날 것이다. 같은 이름의 클래스가 여러 패키지

에 있기 때문이다. 각 클래스를 클릭한 후 Alt + Enter (맥에서는 Command + Return) 키를 눌러 적합한 것을 선택한다. SimpleDateFormat과 ParseException은 java.text 패키지의 것을 선택하고 Date와 GregorianCalendar는 java.util 패키지의 것을 선택한다.)

```java
public void loadEarthquakes() {
  new AsyncTask<Void, Void, List<Earthquake>>() {
    @Override
protected List<Earthquake> doInBackground(Void... voids) {
  // 파싱된 지진 데이터를 저장하는 ArrayList
  ArrayList<Earthquake> earthquakes = new ArrayList<>(0);

// XML을 가져온다.
URL url;
try {
  String quakeFeed =
    getApplication().getString(R.string.earthquake_feed);
  url = new URL(quakeFeed);

  URLConnection connection;
  connection = url.openConnection();

  HttpURLConnection httpConnection = (HttpURLConnection)connection;
  int responseCode = httpConnection.getResponseCode();

  if (responseCode == HttpURLConnection.HTTP_OK) {
    InputStream in = httpConnection.getInputStream();

    DocumentBuilderFactory dbf =
      DocumentBuilderFactory.newInstance();
    DocumentBuilder db = dbf.newDocumentBuilder();

    // 지진 피드 데이터를 파싱한다.
    Document dom = db.parse(in);
    Element docEle = dom.getDocumentElement();

    // 각 지진 항목의 내역을 가져온다.
    NodeList nl = docEle.getElementsByTagName("entry");
    if (nl != null && nl.getLength() > 0) {
      for (int i = 0 ; i < nl.getLength(); i++) {
        // 로딩이 취소됐는지 확인한다.
        // 취소된 경우, 지금까지 갖고 있는 것을 반환한다.
        if (isCancelled()) {
          Log.d(TAG, "Loading Cancelled");
          return earthquakes;
        }
        Element entry =
          (Element)nl.item(i);
        Element id =
```

```
                 (Element)entry.getElementsByTagName("id").item(0);
    Element title =
                 (Element)entry.getElementsByTagName("title").item(0);
    Element g =
                 (Element)entry.getElementsByTagName("georss:point")
                          .item(0);
    Element when =
                 (Element)entry.getElementsByTagName("updated").item(0);
    Element link =
                 (Element)entry.getElementsByTagName("link").item(0);

    String idString = id.getFirstChild().getNodeValue();
    String details = title.getFirstChild().getNodeValue();
    String hostname = "http://earthquake.usgs.gov";
    String linkString = hostname + link.getAttribute("href");
    String point = g.getFirstChild().getNodeValue();
    String dt = when.getFirstChild().getNodeValue();
    SimpleDateFormat sdf =
                 new SimpleDateFormat("yyyy-MM-dd'T'hh:mm:ss.SSS'Z'");
    Date qdate = new GregorianCalendar(0,0,0).getTime();
    try {
      qdate = sdf.parse(dt);
    } catch (ParseException e) {
      Log.e(TAG, "Date parsing exception.", e);
    }

    String[] location = point.split(" ");
    Location l = new Location("dummyGPS");
    l.setLatitude(Double.parseDouble(location[0]));
    l.setLongitude(Double.parseDouble(location[1]));

    String magnitudeString = details.split(" ")[1];
    int end = magnitudeString.length()-1;
    double magnitude =
      Double.parseDouble(magnitudeString.substring(0, end));

    if (details.contains("-"))
      details = details.split("-")[1].trim();
    else
      details = "";

    final Earthquake earthquake = new Earthquake(idString,
                                                 qdate,
                                                 details, l,
                                                 magnitude,
                                                 linkString);

      // 새 지진 데이터를 결과 배열에 추가한다.
      earthquakes.add(earthquake);
    }
  }
```

```
        }
        httpConnection.disconnect();
      } catch (MalformedURLException e) {
        Log.e(TAG, "MalformedURLException", e);
      } catch (IOException e) {
        Log.e(TAG, "IOException", e);
      } catch (ParserConfigurationException e) {
        Log.e(TAG, "Parser Configuration Exception", e);
      } catch (SAXException e) {
        Log.e(TAG, "SAX Exception", e);
      }
      // 결과 배열을 반환한다.
      return earthquakes;
    }

    @Override
    protected void onPostExecute(List<Earthquake> data) {
      // 라이브 데이터를 새 List로 변경한다.
      earthquakes.setValue(data);
    }
  }.execute();
}
```

6. Earthquake의 메인 액티비티인 EarthquakeMainActivity.java를 편집기 창에 열고 모의 지진 데이터를 삭제하도록 변경한다(6.1 단계). 그리고 지진 리스트 프래그먼트인 Earth quakeListFragment.java를 편집기 창에 열고 새 EarthquakeViewModel을 사용하도록 변경한다(6.2 단계).

6.1 메인 액티비티의 onCreate 핸들러를 변경한다. 그리고 모의 지진 데이터도 삭제한다.

```
EarthquakeViewModel earthquakeViewModel;

@Override
protected void onCreate(Bundle savedInstanceState) {
    super.onCreate(savedInstanceState);
    setContentView(R.layout.activity_earthquake_main);

    FragmentManager fm = getSupportFragmentManager();

    // 구성 변경이 생긴 후 안드로이드는 이전에 추가된 프래그먼트를 다시 자동으로 추가한다.
    // 따라서 자동으로 다시 시작된 경우가 아닐 때만 우리가 추가해야 한다.
    if (savedInstanceState == null) {
        FragmentTransaction ft = fm.beginTransaction();
        mEarthquakeListFragment = new EarthquakeListFragment();
        ft.add(R.id.main_activity_frame,
                mEarthquakeListFragment, TAG_LIST_FRAGMENT);
        ft.commitNow();
```

```
    } else {
        mEarthquakeListFragment =
                (EarthquakeListFragment)fm.findFragmentByTag(TAG_LIST_
                FRAGMENT);
    }

    Date now = Calendar.getInstance().getTime();
    List<Earthquake> dummyQuakes = new ArrayList<Earthquake>(0);
    dummyQuakes.add(new Earthquake("0", now, "San Jose", null, 7.3, null));
    dummyQuakes.add(new Earthquake("1", now, "LA", null, 6.5, null));
    mEarthquakeListFragment.setEarthquakes(dummyQuakes);

    // 이 액티비티의 지진 뷰 모델을 가져온다.
    earthquakeViewModel = ViewModelProviders.of(this)
                                        .get(EarthquakeViewModel.
                                        class);

}
```

6.2 지진 리스트 프래그먼트(EarthquakeListFragment.java)에 onActivityCreated 핸들러
를 추가한다. 이 메서드에서는 뷰 모델 프로바이더(ViewModelProviders 클래스)의
static 메서드인 of를 사용해 지진 뷰 모델(EarthquakeViewModel)의 현재 인스턴스
를 가져온다. 또한 뷰 모델에서 반환된 라이브 데이터에 옵저버를 추가한다. 이 옵
저버는 액티비티가 생성될 때 그리고 파싱된 지진 데이터 List가 변경될 때마다 지
진 리스트 프래그먼트의 지진 List를 설정한다.

```
protected EarthquakeViewModel earthquakeViewModel;

@Override
public void onActivityCreated(@Nullable Bundle savedInstanceState) {
    super.onActivityCreated(savedInstanceState);

    // 부모 액티비티의 지진 뷰 모델을 가져온다.
    earthquakeViewModel = ViewModelProviders.of(getActivity())
            .get(EarthquakeViewModel.class);

    // 뷰 모델의 데이터를 가져온다. 그리고 변경 내용이 있는지 관찰한다.
    earthquakeViewModel.getEarthquakes()
            .observe(this, new Observer<List<Earthquake>>() {
                @Override
                public void onChanged(@Nullable List<Earthquake>
                earthquakes) {
                    // 뷰 모델이 변경되면 지진 List를 변경한다.
                    if (earthquakes != null)
                        setEarthquakes(earthquakes);
                }
```

```
                    });
        }
```

7. 애플리케이션을 실행하면 지난 24시간 동안 발생한 진도 2.5 이상의 지진 데이터를 리사이클러 뷰에서 확인할 수 있다(그림 7-1).

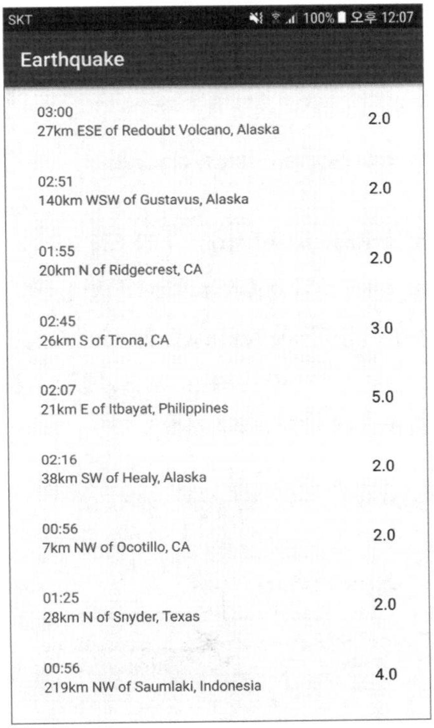

● 그림 7-1

8. 지진 데이터는 뷰 모델에 의해 캐싱된다. 따라서 기기 구성 변경이 생겨도 계속 유지되며, 애플리케이션이 다시 시작될 때만 새로 갱신된다. 사용자가 '끌어서 새로 고침(pull-to-refresh)' 기능을 사용해서 지진 List의 데이터를 갱신할 수 있도록 애플리케이션을 변경하자(pull-to-refresh는 swipe-to-refresh라고도 한다). 이렇게 하려면 RecyclerView의 부모로 SwipeRefreshLayout을 포함하도록 fragment_earthquake_list.xml 레이아웃 리소스를 변경해야 한다.

```xml
<?xml version="1.0" encoding="utf-8"?>
<android.support.v4.widget.SwipeRefreshLayout
  xmlns:android="http://schemas.android.com/apk/res/android"
```

```
  android:id="@+id/swiperefresh"
  android:layout_width="match_parent"
  android:layout_height="match_parent">
  <android.support.v7.widget.RecyclerView
    xmlns:android="http://schemas.android.com/apk/res/android"
    xmlns:app="http://schemas.android.com/apk/res-auto"
    android:id="@+id/list"
    android:layout_width="match_parent"
    android:layout_height="match_parent"
    android:layout_marginLeft="16dp"
    android:layout_marginRight="16dp"
    app:layoutManager="LinearLayoutManager"
  />
</android.support.v4.widget.SwipeRefreshLayout>
```

9. 8번 단계에서 추가한 SwipeRefreshLayout의 참조를 가져오도록 지진 리스트 프래그먼
트(EarthquakeListFragment.java)의 onCreateView를 변경한다. 그리고 리프레시 리스너를
SwipeRefreshLayout에 지정하도록 onViewCreated를 변경한다. 또한 지진 데이터를 보
여주는 리사이클러 뷰를 사용자가 '끌어서 새로고침'할 때 리프레시 리스너가 호출하
는 새 updateEarthquakes 메서드를 추가한다.

```
private SwipeRefreshLayout mSwipeToRefreshView;

@Override
public View onCreateView(LayoutInflater inflater, ViewGroup container,
                         Bundle savedInstanceState) {
  View view = inflater.inflate(R.layout.fragment_earthquake_list,
                               container, false);

  mRecyclerView = (RecyclerView) view.findViewById(R.id.list);
  mSwipeToRefreshView = view.findViewById(R.id.swiperefresh);
  return view;
}

@Override
public void onViewCreated(View view, Bundle savedInstanceState) {
  super.onViewCreated(view, savedInstanceState);

  // 리사이클러 뷰 어댑터를 설정한다.
  Context context = view.getContext();
  mRecyclerView.setLayoutManager(new LinearLayoutManager(context));
  mRecyclerView.setAdapter(mEarthquakeAdapter);

  // 리프레시 리스너를 설정한다.
  mSwipeToRefreshView.setOnRefreshListener(new
    SwipeRefreshLayout.OnRefreshListener() {
```

```
    @Override
    public void onRefresh() {
      updateEarthquakes();
    }
  });
}


protected void updateEarthquakes() {
}
```

10. 리사이클러 뷰의 데이터가 변경되었으므로 '새로고침' 표시가 나타나지 않게 지진 리스트 프래그먼트(EarthquakeListFragment.java)의 setEarthquakes 메서드를 변경한다.

```
public void setEarthquakes(List<Earthquake> earthquakes) {
  mEarthquakes.clear();
  mEarthquakeAdapter.notifyDataSetChanged();
  for (Earthquake earthquake: earthquakes) {
    if (!mEarthquakes.contains(earthquake)) {
      mEarthquakes.add(earthquake);
      mEarthquakeAdapter.notifyItemInserted(
      mEarthquakes.indexOf(earthquake));
    }
  }
  mSwipeToRefreshView.setRefreshing(false);
}
```

11. 실제 업데이트는 부모 액티비티를 통해 소통하는 지진 뷰 모델(EarthquakeViewModel)이 수행한다. 지진 리스트 프래그먼트(EarthquakeListFragment.java)에 새로운 리스너인 OnListFragmentInteractionListener를 정의한다. 이 리스너에는 onListFragmentRefreshRequested 메서드가 포함되어야 하며, 이 메서드는 9번 단계에서 추가한 updateEarthquakes 메서드를 통해 지진 데이터 갱신을 요청할 때 호출된다.

```
public interface OnListFragmentInteractionListener {
  void onListFragmentRefreshRequested();
}


private OnListFragmentInteractionListener mListener;


@Override
public void onAttach(Context context) {
  super.onAttach(context);
  mListener = (OnListFragmentInteractionListener) context;
}
```

```
@Override
public void onDetach() {
  super.onDetach();
  mListener = null;
}

protected void updateEarthquakes() {
  if (mListener != null)
    mListener.onListFragmentRefreshRequested();
}
```

12. Earthquake 메인 액티비티(EarthquakeMainActivity.java)에 11번 단계에서 정의한 인터페이스를 구현한다. 그리고 갱신 요청이 있을 때 지진 데이터를 갱신하도록 지진 뷰 모델을 사용한다.

```
public class EarthquakeMainActivity extends AppCompatActivity
  implements EarthquakeListFragment.OnListFragmentInteractionListener {

  @Override
  public void onListFragmentRefreshRequested() {
    updateEarthquakes();
  }

  private void updateEarthquakes() {
  // USGS 피드로부터 가져온 지진 데이터로 뷰 모델을 변경하도록 요청한다.
  earthquakeViewModel.loadEarthquakes();
  }

  [... 클래스에 정의된 기존의 다른 코드 ...]
}
```

13. 애플리케이션을 실행한 후 '끌어서 새로고침' 제스처를 해보자. 즉, 화면에 보이는 리사이클러 뷰 위쪽을 터치한 채로 천천히 아래로 끌다가 손가락을 떼보자(에뮬레이터에서는 마우스를 클릭한 후 끌다가 놓음). 그러면 그림 7-2와 같이 데이터 갱신이 진행되는 것을 보여주는 이미지가 나타났다가 갱신이 끝나는 즉시 사라질 것이다. 이 경우 데이터 피드의 데이터가 변경되면 리사이클러 뷰에서 갱신된 데이터를 보여준다.

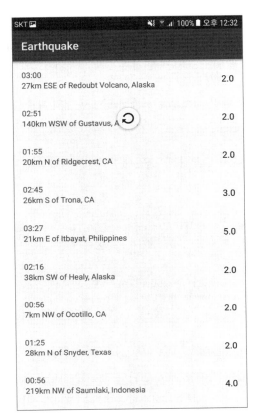

● 그림 7-2

14. '끌어서 새로고침' 제스처를 할 수 없는 사용자(예를 들어, 접근성 문제가 있는 장애인 사용
자들은 키보드나 D 패드와 같은 외부 기기를 사용해 액션 바를 작동시킬 수 있다)를 지원하려
면 '새로고침' 기능을 메뉴 항목이나 액션 바에 추가해야 한다. 이 방법은 13장 '현대적
인 안드로이드 사용자 인터페이스 구현하기'에서 다룬다.

7.2.6 JSON 파서를 사용해 JSON 파싱하기

이번에는 JSON 파서를 사용해 미국 지질조사국(USGS)의 JSON 피드로부터 가져온 지진 세
부 정보를 어떻게 파싱하는지 간략하게 살펴본다. 이 JSON 피드는 earthquake.usgs.gov/
earthquakes/feed/v1.0/summary/2.5_day.geojson에서 확인할 수 있다(브라우저에서 이 주소로
접속하면 JSON 형식의 지진 데이터를 볼 수 있다).

7.2.5 '지진 정보 뷰어를 인터넷에 연결하기'에서 다룬 XML 파싱과 마찬가지로 세부적인 JSON 파싱 과정은 이 책의 범위를 벗어난다. 하지만 많은 API가 현재 JSON 피드를 제공하고 있으므로 관련 개념을 소개하는 것만으로도 큰 의미가 있을 것이다.

JSON 파서도 풀 파서처럼 단일 패스로 문서를 파싱해 문서의 요소들을 순차적으로 이어진 객체, 배열, 값으로 나타내 준다.

재귀적 파서를 만들려면 입력 스트림을 받아 새 JSON 리더를 생성하는 메서드부터 만들어야 한다.

```
private List<Earthquake> parseJson(InputStream in) throws IOException {

  // 입력 데이터를 파싱하기 위해 새 Json Reader를 생성한다.
  JsonReader reader =
    new JsonReader(new InputStreamReader(in, "UTF-8"));
    // TODO: 입력 스트림(InputStream)을 파싱한다.
}
```

JSON 피드의 각 데이터는 이름과 값으로 저장되며, 객체와 배열을 사용한 구조로 되어 있다. 이와 유사하게 JSON 객체는 의미상 서로 연관된 값들을 하나로 묶는 객체를 코드화하기 위해 사용된다. 또한 JSON은 여러 값이나 객체를 모아두는 배열도 지원한다.

예를 들어, USGS 피드에는 타입 값, 루트 수준의 메타데이터와 바운딩 박스 객체, 각 지진을 나타내는 다수의 특성 객체가 저장된 배열이 포함된다. 또한 각 특성 객체에는 타입 및 ID의 값, 지진의 속성과 세부 기하학적 도형 정보를 하나로 묶은 객체가 포함된다. 그리고 도형 객체에는 도형 타입의 값, 그리고 각 지진의 위도와 경도 및 깊이를 나타내는 값을 저장한 배열이 포함된다. 그림 7-3은 이 구조를 나타낸 것이다.

지진 데이터 JSON 피드

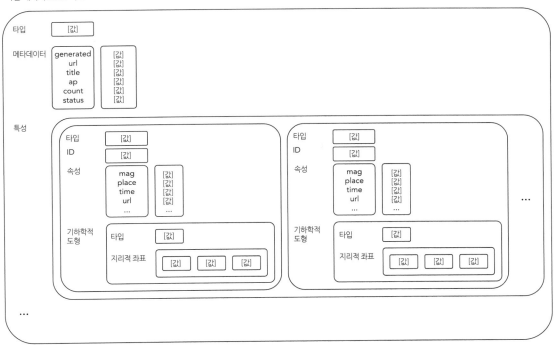

◐ 그림 7-3

이 구조를 파싱하려면 JSON 텍스트에 포함된 각 객체와 배열을 파싱하는 핸들러 메서드를 생성해야 한다.

객체 구조를 처리하는 핸들러 메서드의 경우, 우선 JSON 리더(JsonReader 클래스) 객체의 beginObject 메서드를 호출해 현재 객체의 시작을 나타내는 여는 중괄호를 찾는다. 그 다음에 while 루프에서 hasNext 메서드를 호출하여 현재 객체의 값이나 추가로 포함된 객체들(또는 배열들)을 반복적으로 읽어서 값을 추출한다. 그리고 hasNext 메서드에서 더 이상 읽을 것이 없으면 현재 객체의 모든 처리가 끝난 것이므로 while 루프가 종료된다. 끝으로 endObject 메서드를 호출하여 현재 객체의 끝을 나타내는 닫는 중괄호를 찾는다.

```
private MyObject readMyObject(JsonReader reader) throws IOException {
    // 반환 값을 저장할 변수를 생성한다.
    String myValue = null;

    // 현재 객체의 시작(여는 중괄호)을 찾는다.
    reader.beginObject();
```

```
    // 현재 객체에 포함된 값, 객체, 배열을 하나씩 읽는다.
    while (reader.hasNext()) {
      // 다음 이름을 찾는다.
      String name = reader.nextName();

      // 각 값을 그 이름에 맞춰 추출한다.
      if (name.equals("my_value")) {
        myValue = reader.nextString();

      // 예기치 못한 값(또는 의도적으로 무시한 값)은 건너뛴다.
      } else {
        reader.skipValue();
      }
    }

    // 현재 객체의 끝(닫는 중괄호)을 찾는다.
    reader.endObject();

    // 파싱된 객체를 반환한다.
    return new MyObject(myValue);
}
```

배열의 처리 방식도 비슷하다. beginArray와 endArray 메서드를 사용해 각각 여는 대괄호(시작을 나타냄)와 닫는 대괄호(끝을 나타냄)를 찾는다. 배열에 저장된 값은 데이터 타입이 모두 같으므로 각 값을 쉽게 List에 추가할 수 있다.

```
public List<Double> readDoublesArray(JsonReader reader)
  throws IOException {
  List<Double> doubles = new ArrayList<Double>();

  reader.beginArray();

  while (reader.hasNext()) {
    doubles.add(reader.nextDouble());
  }

  reader.endArray();
  return doubles;
}
```

각 객체나 배열을 반복해서 읽고 처리하면서, 중첩된 JSON 리더 객체(객체나 배열)가 발견될 때는 이것을 파싱하는 메서드로 전달하면 된다.

알 수 없는 이름이 발견되면 skipValue를 호출해 이 값의 중첩된 토큰들을 반복해서 건너뛸
수 있다.

코드 7-5는 지난 1일 동안 진도 2.5를 초과하는 지진의 세부 정보를 JSON 피드에서 추출하기
위해 JSON 파서를 사용하는 방법을 보여준다.

코드 7-5 JSON 파서를 사용해 JSON 파싱하기

```java
private List<Earthquake> parseJson(InputStream in) throws IOException {

  // 새 Json 리더 객체를 생성하여 입력 데이터를 파싱한다.
  JsonReader reader =
    new JsonReader(new InputStreamReader(in, "UTF-8"));

  try {
    // 지진 데이터를 저장하는 빈 List를 생성한다.
    List<Earthquake> earthquakes = null;

    // 지진 JSON 피드의 루트 노드는 반드시 파싱해야 하는 객체다.
    reader.beginObject();
    while (reader.hasNext()) {
      String name = reader.nextName();
      // 여기서는 features라는 이름의 지진 데이터 저장 배열에만 관심을 둔다.
      if (name.equals("features")) {
        earthquakes = readEarthquakeArray(reader);
      } else {
        // 다른 루트 레벨 값 및 객체들을 무시한다.
        reader.skipValue();
      }
    }
    reader.endObject();

    return earthquakes;

  } finally {
    reader.close();
  }
}

// 지진 데이터가 저장된 배열을 반복 처리한다.
private List<Earthquake> readEarthquakeArray(JsonReader reader)
  throws IOException {

  List<Earthquake> earthquakes = new ArrayList<Earthquake>();

  // 지진 세부 정보는 배열에 저장된다.
  reader.beginArray();
  while (reader.hasNext()) {
```

```
    // 배열에 저장된 각 지진 데이터를 파싱한다.
    earthquakes.add(readEarthquake(reader));
  }
  reader.endArray();

  return earthquakes;
}

// 배열에 저장된 각 지진 객체를 파싱한다.
public Earthquake readEarthquake(JsonReader reader) throws IOException {
  String id = null;
  Location location = null;
  Earthquake earthquakeProperties = null;

  reader.beginObject();
  while (reader.hasNext()) {
    String name = reader.nextName();
    if (name.equals("id")) {
      // ID는 값으로 저장된다.
      id = reader.nextString();
    } else if (name.equals("geometry")) {
      // 위치는 반드시 파싱해야 할 geometry 객체로 저장된다.
      location = readLocation(reader);
    } else if (name.equals("properties")) {
      // 지진 세부 정보 대부분은 반드시 파싱해야 할 속성 객체로 저장된다.
      earthquakeProperties = readEarthquakeProperties(reader);
    } else {
      reader.skipValue();
    }
  }
}
reader.endObject();

// 파싱된 세부 정보를 바탕으로 새 Earthquake 객체를 생성한다.
return new Earthquake(id,
                      earthquakeProperties.getDate(),
                      earthquakeProperties.getDetails(),
                      location,
                      earthquakeProperties.getMagnitude(),
                      earthquakeProperties.getLink());
}
// 배열에 저장된 각 지진 객체의 속성을 파싱한다.
public Earthquake readEarthquakeProperties(JsonReader reader) throws IOException {
  Date date = null;
  String details = null;
  double magnitude = -1;
  String link = null;

  reader.beginObject();
  while (reader.hasNext()) {
    String name = reader.nextName();
```

```java
      if (name.equals("time")) {
        long time = reader.nextLong();
        date = new Date(time);
      } else if (name.equals("place")) {
        details = reader.nextString();
      } else if (name.equals("url")) {
        link = reader.nextString();
      } else if (name.equals("mag")) {
        magnitude = reader.nextDouble();
      } else {
        reader.skipValue();
      }
    }
  }
  reader.endObject();
  return new Earthquake(null, date, details, null, magnitude, link);
}


// coordinates 객체를 파싱해 위치를 얻는다.
private Location readLocation(JsonReader reader) throws IOException {
  Location location = null;

  reader.beginObject();
  while (reader.hasNext()) {
    String name = reader.nextName();
    if (name.equals("coordinates")) {
      // 위치 좌표(coordinates)는 double 타입 배열에 저장된다.
      List<Double> coords = readDoublesArray(reader);
      location = new Location("dummy");
      location.setLatitude(coords.get(0));
      location.setLongitude(coords.get(1));
    } else {
      reader.skipValue();
    }
  }
}
reader.endObject();
return location;
}


// double 타입의 배열을 파싱한다.
public List<Double> readDoublesArray(JsonReader reader) throws IOException {
  List<Double> doubles = new ArrayList<Double>();
  reader.beginArray();
  while (reader.hasNext()) {
    doubles.add(reader.nextDouble());
  }
  reader.endArray();
  return doubles;
}
```

7.3 다운로드 매니저 사용하기

다운로드 매니저(Download Manager)는 시간이 오래 걸리는 다운로드 처리를 최적화하기 위해 설계된 서비스로, HTTP 연결을 관리하고 연결 상태 변경이나 시스템 재시동을 모니터링해 각 다운로드가 성공적으로 완료될 수 있게 해준다.

다운로드 매니저가 관리하는 다운로드는 어디에서든 접근 가능한 위치에 저장된다. 따라서 프라이버시에 민감한 데이터의 다운로드에는 적합하지 않다.

다운로드 매니저는 다운로드하는 데이터가 대용량일 때(따라서 사용자 세션 간에 백그라운드에서 계속되어야 할 때), 다운로드의 성공적인 완료가 중요할 때, 다운로드되는 파일이 다른 애플리케이션과 공유될 때(이미지나 PDF 등) 사용하는 것이 좋다.

> **참고**
>
> 다운로드 매니저가 다운로드하는 파일은 기본적으로 공유 다운로드 캐시 디렉터리에 저장된다(Environment.getDownloadCacheDirectory). 이 말은 다운로드한 파일을 다른 애플리케이션에서도 사용할 수 있으며, 시스템에서 공간이 필요해서 삭제할 수도 있다는 뜻이다. 이와 비슷하게 다운로드된 파일은 다운로드 애플리케이션을 통해 관리된다. 이 말은 다운로드된 파일을 사용자가 삭제할 수도 있다는 뜻이다. 이 절의 뒷부분에서 설명하겠지만 이런 처리는 우리가 변경할 수 있다.

다운로드 매니저를 사용하려면 getSystemService 메서드를 사용해 DOWNLOAD_SERVICE 를 요청해야 한다.

```
DownloadManager downloadManager =
  (DownloadManager)getSystemService(Context.DOWNLOAD_SERVICE);
```

다운로드 매니저는 인터넷을 사용하기 때문에 애플리케이션에서는 다운로드 매니저를 사용하기 위한 INTERNET 권한을 매니페스트(AndroidManifest.xml)에 지정해야 한다.

```
<uses-permission android:name="android.permission.INTERNET"/>
```

7.3.1 파일 다운로드하기

다운로드를 요청하려면 새 DownloadManager.Request 객체를 생성한다. 이때 다운로드할 파일의 URI를 지정하고 이를 다운로드 매니저의 ensure 메서드로 전달한다. 코드 7-6은 이를 나타낸 것이다.

코드 7-6 다운로드 매니저를 사용해 파일 다운로드하기

```
DownloadManager downloadManager =
  (DownloadManager)getSystemService(Context.DOWNLOAD_SERVICE);
Uri uri = Uri.parse(
  "http://developer.android.com/shareables/icon_templates-v4.0.zip");

DownloadManager.Request request = new DownloadManager.Request(uri);
long reference = downloadManager.enqueue(request);
```

반환된 참조 값을 사용해 다운로드의 상태 확인이나 취소, 이후의 액션 수행, 다운로드 조회를 할 수 있다.

다운로드 요청에는 HTTP 헤더를 추가하거나 서버가 반환한 MIME 타입을 오버라이드할 수 있다. 이때 Request 객체에 각각 addRequestHeader와 setMimeType을 호출한다.

또한 다운로드를 실행하기 위한 연결 조건을 지정할 수도 있다. setAllowedNetworkTypes 메서드는 다운로드를 와이파이나 모바일 네트워크로만 제한한다. setAllowedOverRoaming 메서드와 setAllowedOverMetered 메서드는 전화가 로밍 중이거나 유료 연결 중일 때 다운로 드를 막을 수 있게 해준다.

다음 조각 코드는 와이파이에 연결된 상태에서만 대용량 파일을 다운로드하는 방법을 보여준다.

```
request.setAllowedNetworkTypes(Request.NETWORK_WIFI);
```

enqueue가 호출되면 적합한 연결 상태가 되는 즉시 다운로드가 시작된다.

> **참고**
> 안드로이드 가상 기기(AVD, Android Virtual Device)는 와이파이 하드웨어의 가상화를 지원하지 않는다. 따라서 와이파이로만 제한된 다운로드는 큐에 들어가기는 해도 실제로 시작되지 않는다.

진행 중이거나 완료된 다운로드는 기본적으로 알림을 통해 결과가 표시된다. 따라서 ACTION_NOTIFICATION_CLICKED 액션을 리스닝하는 브로드캐스트 리시버를 생성해야 한다. 이 액션은 사용자가 알림 트레이나 다운로드 애플리케이션에서 다운로드를 선택할 때마다 브로드캐스트된다. 이 브로드캐스트 인텐트에는 선택된 다운로드의 참조 ID를 갖는 EXTRA_NOTIFICATION_CLICK_DOWNLOAD_IDS 엑스트라가 포함된다.

다운로드가 완료되면 다운로드 매니저는 ACTION_DOWNLOAD_COMPLETE 액션을 브로드캐스트한다. 이 브로드캐스트 인텐트에는 다운로드가 완료된 파일의 참조 ID를 나타내는 EXTRA_DOWNLOAD_ID 엑스트라가 포함된다. 코드 7-7은 이를 나타낸 것이다.

코드 7-7 다운로드 매니저의 브로드캐스트를 처리하기 위한 브로드캐스트 리시버 구현하기

```
public class DownloadsReceiver extends BroadcastReceiver {
  @Override
  public void onReceive(Context context, Intent intent) {
    String extraNotificationFileIds =
      DownloadManager.EXTRA_NOTIFICATION_CLICK_DOWNLOAD_IDS;
    String extraFileId = DownloadManager.EXTRA_DOWNLOAD_ID;
    String action = intent.getAction();

    if (DownloadManager.ACTION_DOWNLOAD_COMPLETE.equals(action)) {
      long reference = intent.getLongExtra(extraFileId,-1);
      if (myDownloadReference == reference) {
        // 다운로드한 파일로 뭔가를 한다.
      }
    }
    else if (DownloadManager.ACTION_NOTIFICATION_CLICKED.equals(action)) {
      long[] references = intent.getLongArrayExtra(extraNotificationFileIds);
      for (long reference : references)
        if (myDownloadReference == reference) {
          // 사용자가 파일 다운로드 알림을 선택한 것에 응답한다.
        }
    }
  }
}
```

다운로드 매니저는 애플리케이션의 사용자 세션 간이나 시스템 재시동 후에도 파일 다운로드를 계속 진행한다. 따라서 애플리케이션에서 이를 기억할 수 있도록 다운로드 참조 횟수를 저장하는 것이 중요하다.

같은 이유로 알림 클릭이나 다운로드 완료를 리스닝하기 위한 브로드캐스트 리시버를 매니페스트에 등록해야 한다. 사용자가 다운로드 알림을 선택하거나 다운로드가 완료될 때 해당 애플리케이션이 실행 중일 것이라는 보장이 없기 때문이다. 코드 7-8은 이를 나타낸 것이다.

```xml
<receiver
  android:name="com.professionalandroid.apps.MyApp.DownloadsReceiver">
  <intent-filter>
    <action
      android:name="android.intent.action.DOWNLOAD_NOTIFICATION_CLICKED" />
    <action
      android:name="android.intent.action.DOWNLOAD_COMPLETE" />
  </intent-filter>
</receiver>
```

다운로드가 완료되면 다운로드 매니저의 openDownloadedFile 메서드를 사용해 파일의 PFD (Parcel File Descriptor)를 받거나 ID로 다운로드 매니저에 조회를 요청해서 세부 메타데이터 정보를 가져올 수 있다.

파일 처리의 자세한 내용은 8장 '파일, 상태 저장, 사용자 환경 설정'에서 다룬다.

7.3.2 다운로드 매니저 알림 맞춤 구성하기

기본적으로 전송되는 알림은 다운로드 매니저가 다운로드하는 각 파일마다 화면에 나타난다. 그리고 각 알림에서는 현재의 다운로드 진행 정도와 파일 이름을 보여준다(그림 7-4).

다운로드 매니저는 각 다운로드 요청마다 화면에 보여줄 알림을 맞춤 구성할 수 있게 해준다. 여기에는 완전히 숨기는 옵션도 포함된다. 다음 조각 코드에서는 setTitle 메서드와 setDescription 메서드를 사용해 파일 다운로드 알림에 보여주는 텍스트를 맞춤 구성하는 방법을 보여준다.

```java
request.setTitle("Hive Husks");
request.setDescription("Downloading Splines for Reticulation");
```

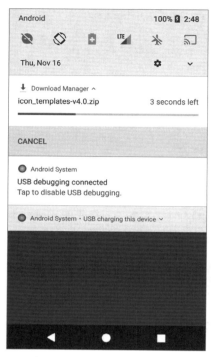

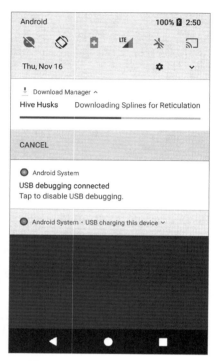

◗ 그림 7-4   ◗ 그림 7-5

setNotificationVisibility 메서드를 사용할 때는 다음 플래그 중 한 가지를 지정하여 다운로드의 알림이 표시돼야 하는지 그리고 표시돼야 한다면 언제 표시되는지 제어할 수 있다.

➤ Request.VISIBILITY_VISIBLE: 진행 중인 알림이 다운로드되는 동안 화면에 보이며, 다운로드가 완료되면 삭제된다. 기본 옵션이다.

➤ Request.VISIBILITY_VISIBLE_NOTIFY_COMPLETED: 진행 중인 알림이 다운로드되는 동안 화면에 보이며, 다운로드가 완료된 후에도 사용자가 선택하거나 취소하지 않는 이상 그대로 나타난다.

➤ Request.VISIBILITY_VISIBLE_NOTIFY_ONLY_COMPLETION: 이미 다운로드된 파일을 다운로드 데이터베이스 시스템에 추가하기 위해 addCompletedDownload를 호출할 때만 사용할 수 있다. 이 플래그를 사용하면 다운로드된 파일이 추가된 후에 알림이 화면에 나타난다.

➤ Request.VISIBILITY_HIDDEN: 다운로드 알림이 화면에 나타나지 않는다. 이 플래그를 설정하려면 애플리케이션의 매니페스트에 DOWNLOAD_WITHOUT_NOTIFI

CATION 권한이 지정돼 있어야 한다.

```
<uses-permission
  android:name="android.permission.DOWNLOAD_WITHOUT_NOTIFICATION"/>
```

 참고

커스텀 알림을 만드는 방법은 11장 '백그라운드에서 작업하기'에서 자세하게 알아본다.

7.3.3 다운로드 위치 지정하기

기본적으로 다운로드 매니저의 모든 다운로드는 시스템에서 생성한 파일 이름을 사용해서 공유 다운로드 캐시로 저장된다. 저장된 다운로드 파일은 시스템에서 자동으로 삭제하거나 사용자가 직접 삭제할 수도 있다.

또는 다운로드 요청에 특정 다운로드 위치의 URI를 지정할 수 있다. 이 경우 다운로드 위치는 외부 저장소여야 하며 이에 따라 애플리케이션의 매니페스트에는 WRITE_EXTERNAL_STORAGE 권한을 지정해야 한다.

```
<uses-permission android:name="android.permission.WRITE_EXTERNAL_STORAGE"/>
```

다음 조각 코드는 외부 저장소의 경로를 지정하는 방법이다.

```
request.setDestinationUri(Uri.fromFile(f));
```

다운로드 파일을 특정 애플리케이션에서만 사용한다면 이 애플리케이션의 외부 저장소 폴더에 저장할 수도 있다. 이 경우 접근 제어는 해당 폴더에 적용되지 않으며, 다른 애플리케이션도 접근할 수 있다. 그리고 애플리케이션이 제거되면 해당 폴더에 저장된 파일들도 삭제된다.

다음 조각 코드에서는 애플리케이션의 외부 다운로드 폴더에 파일을 저장한다는 것을 지정한다.

```
request.setDestinationInExternalFilesDir(this,
  Environment.DIRECTORY_DOWNLOADS, "bugdroid.png");
```

다른 애플리케이션과 공유될 수 있거나 공유돼야 하는 파일들, 특히 미디어 스캐너로 스캔하기 원하는 파일의 경우에는 외부 저장소의 공용 폴더 내부에 위치를 지정할 수 있다. 다음 조각 코드는 공용 음악 폴더에 저장되는 파일을 요청하는 방법이다.

```
request.setDestinationInExternalPublicDir(Environment.DIRECTORY_MUSIC,
    "android_anthem.mp3");
```

> **참고**
>
> 외부 저장소와 외부 저장소 안에서 폴더를 지정할 때 사용할 수 있는 정적 변수인 Environment의 자세한 내용은 8장 '파일, 상태 저장, 사용자 환경 설정'에서 다룬다.

기본적으로 다운로드 매니저가 다운로드하는 파일들은 미디어 스캐너로 스캔되지 않는다는 점에 유의해야 한다. 따라서 이런 파일들은 사진 갤러리나 음악 플레이어와 같은 애플리케이션에 나타나지 않을 수 있다.

다운로드된 파일을 스캔 가능한 상태로 만들려면 이 파일을 다운로드 매니저가 큐에 넣기 전에 Request 객체의 allowScanningByMediaScanner를 호출해야 한다.

```
request.allowScanningByMediaScanner();
```

기본적으로 파일은 시스템의 다운로드 애플리케이션으로 볼 수 있고 관리될 수 있다. 이를 원하지 않으면 false를 인자로 전달하여 setVisibleInDownloadsUi를 호출하면 된다.

```
request.setVisibleInDownloadsUi(false);
```

7.3.4 다운로드 취소와 삭제하기

다운로드 매니저의 remove 메서드는 예정된 다운로드 취소, 진행 중인 다운로드 중단, 완료된 다운로드 삭제를 해준다.

다음 조각 코드에 나타낸 대로, remove 메서드는 다운로드 ID를 인자로 받는다. 이때 취소할 하나 이상의 다운로드를 지정한다.

```
downloadManager.remove(fileRef1, fileRef2, fileRef3);
```

이 메서드는 성공적으로 취소된 다운로드 개수를 반환한다. 다운로드가 취소되면 관련된 파일들의 일부 또는 전부가 모두 삭제된다.

7.3.5 다운로드 매니저에 쿼리하기

다운로드 매니저에 문의하여 다운로드 요청의 상태와 진행 정도 및 세부 정보를 알 수 있다. 이때 다운로드 내역의 커서(Cursor 인스턴스)를 반환하는 query 메서드를 사용한다.

> **참고**
>
> Cursor 클래스는 데이터를 반환하기 위해 안드로이드에서 사용하는 데이터 구성체(data construct)를 나타내며, 대개 콘텐트 프로바이더나 SQL 데이터베이스에 저장된다. 콘텐트 프로바이더와 커서 그리고 이들에 저장된 데이터를 찾는 방법 등은 10장, '콘텐트 프로바이더와 검색'에서 자세하게 알아본다.

query 메서드에는 DownloadManager.Query 객체를 매개변수로 전달하며, 전달에 앞서 다음과 같이 Query 객체를 설정한다. Query 객체의 setFilterById 메서드를 사용해 다운로드 참조 ID들을 지정하거나 또는 setFilterByStatus 메서드를 사용해 필터링할 다운로드 상태를 지정한다. 다운로드 상태로는 실행 중, 일시 중지, 실패, 성공을 나타내는 DownloadManager. STATUS_* 상수들 중 하나를 사용한다.

다운로드 매니저는 결과 커서를 쿼리하는 데 사용할 수 있는 정적 문자열 상수인 COLUMN_을 여러 개 포함한다. 그리고 이 상수를 사용하여 각 다운로드의 세부 정보를 알아낼 수 있다. 세부 정보는 다음과 같다. 다운로드 상태, 파일 크기, 현재까지 다운로드된 바이트(byte), 제목, 설명, 미디어 타입, 미디어 프로바이더 다운로드 URI다.

이와 더불어 다운로드 매니저는 getUriForDownloadedFile 메서드와 openDownloadedFile 메서드도 제공한다. 코드 7-9는 코드 7-7의 확장판으로, 다운로드 완료를 리스닝하기 위해 등록한 브로드캐스트 리시버에서 완료된 다운로드의 Uri 또는 PFD(Parcel File Descriptor)를 알아내는 방법을 보여준다.

```java
@Override
public void onReceive(Context context, Intent intent) {

  DownloadManager downloadManager =
    (DownloadManager)getSystemService(Context.DOWNLOAD_SERVICE);

  String extraNotificationFileIds =
    DownloadManager.EXTRA_NOTIFICATION_CLICK_DOWNLOAD_IDS;
  String extraFileId = DownloadManager.EXTRA_DOWNLOAD_ID;
  String action = intent.getAction();
  if (DownloadManager.ACTION_DOWNLOAD_COMPLETE.equals(action)) {
    long reference = intent.getLongExtra(extraFileId,-1);
    if (myDownloadReference == reference) {
      DownloadManager.Query myDownloadQuery = new DownloadManager.Query();
      myDownloadQuery.setFilterById(reference);

      Cursor myDownload = downloadManager.query(myDownloadQuery);
      if (myDownload.moveToFirst()) {
        int fileIdIdx =
          myDownload.getColumnIndex(DownloadManager.COLUMN_ID);

        long fileId = myDownload.getLong(fileIdIdx);

        Uri fileUri = downloadManager.getUriForDownloadedFile(fileId);
        // 다운로드된 파일을 처리하는 코드
      }
      myDownload.close();
    }
  }
  else if (DownloadManager.ACTION_NOTIFICATION_CLICKED.equals(action)) {
    long[] references = intent.getLongArrayExtra(extraNotificationFileIds);
    for (long reference : references)
      if (myDownloadReference == reference) {
        // 파일 다운로드 알림을 선택하는 사용자에게 응답한다.
        try {
          ParcelFileDescriptor fileDescriptor =
            downloadManager.openDownloadedFile(reference);
        } catch (FileNotFoundException e) {
          Log.e(TAG, "Downloaded file open error.", e);
        }
      }
  }
}
```

일시 중지됐거나 실패한 다운로드의 경우에는 COLUMN_REASON 열을 쿼리하여 정수로
표현된 원인을 찾을 수 있다.

STATUS_PAUSED 다운로드의 경우에는 DownloadManager.PAUSED_ 정적 상수 중 하나를 사용하여 원인 코드를 분석할 수 있다. 네트워크 연결이나 와이파이 연결 또는 미해결된 재시도를 기다리는 동안 다운로드가 일시 중지됐는지 판단하기 위해서다.

STATUS_FAILED 다운로드의 경우에는 DownloadManager.ERROR_ 코드를 사용해 실패 원인을 판단할 수 있다. 오류 코드에는 저장 장치의 공간 부족, 파일 이름의 중복, HTTP 오류가 포함된다.

코드 7-10은 현재 일시 중지된 다운로드 내역을 알아내어 다운로드가 일시 중지된 원인과 해당 파일의 이름, 제목, 현재 진행 상태를 추출하는 방법을 보여준다.

코드 7-10 일시 중지된 다운로드의 세부 정보 찾기

```
// 다운로드 매니저 서비스 인스턴스를 얻는다.
String serviceString = Context.DOWNLOAD_SERVICE;
DownloadManager downloadManager;
downloadManager = (DownloadManager)getSystemService(serviceString);

// 일시 중지된 다운로드의 쿼리를 생성한다.
DownloadManager.Query pausedDownloadQuery = new DownloadManager.Query();
pausedDownloadQuery.setFilterByStatus(DownloadManager.STATUS_PAUSED);

// 일시 중지된 다운로드의 쿼리를 다운로드 매니저에게 요청한다.
Cursor pausedDownloads = downloadManager.query(pausedDownloadQuery);

// 필요한 데이터의 열 인덱스를 찾는다.
int reasonIdx = pausedDownloads.getColumnIndex(DownloadManager.COLUMN_REASON);
int titleIdx = pausedDownloads.getColumnIndex(DownloadManager.COLUMN_TITLE);
int fileSizeIdx = pausedDownloads.getColumnIndex(
                  DownloadManager.COLUMN_TOTAL_SIZE_BYTES);
int bytesDLIdx = pausedDownloads.getColumnIndex(
                  DownloadManager.COLUMN_BYTES_DOWNLOADED_SO_FAR);

// 결과 커서를 반복 처리한다.
while (pausedDownloads.moveToNext()) {
  // 필요한 데이터를 커서로부터 추출한다.
  String title = pausedDownloads.getString(titleIdx);
  int fileSize = pausedDownloads.getInt(fileSizeIdx);
  int bytesDL = pausedDownloads.getInt(bytesDLIdx);

  // 일시 중지 원인을 사람이 읽을 수 있는 텍스트 형태로 변환한다.
  int reason = pausedDownloads.getInt(reasonIdx);
  String reasonString = "Unknown";
  switch (reason) {
    case DownloadManager.PAUSED_QUEUED_FOR_WIFI :
      reasonString = "Waiting for WiFi."; break;
```

```
    case DownloadManager.PAUSED_WAITING_FOR_NETWORK :
      reasonString = "Waiting for connectivity."; break;
    case DownloadManager.PAUSED_WAITING_TO_RETRY :
      reasonString = "Waiting to retry."; break;
    default : break;
  }

  // 상태 요약을 만든다.
  StringBuilder sb = new StringBuilder();
  sb.append(title).append("\n");
  sb.append(reasonString).append("\n");
  sb.append("Downloaded ").append(bytesDL).append(" / " ).append(fileSize);

  // 상태를 보여준다.
  Log.d("DOWNLOAD", sb.toString());
}

  // 결과 커서를 닫는다.
  pausedDownloads.close();
```

7.4 배터리를 적게 소모하면서 데이터를 다운로드하는 최선의 방법

무선 데이터 전송은 배터리 광탈의 직접적인 원인이다. 모바일 및 와이파이는 많은 전력을 소비한다. 전력이 데이터 전송에만 필요한 것이 아니라 네트워크 데이터 연결을 켜거나 유지하는 데도 필요하기 때문이다.

데이터 다운로드에 사용하는 시간과 방법은 배터리에 심각한 영향을 미칠 수 있다. 따라서 네트워크 활동과 연관된 배터리 소모를 최소화하기 위해서는 연결 모델이 무선 하드웨어에 어떻게 영향을 미치는지 이해하는 것이 매우 중요하다.

> **참고**
>
> 네트워크 연결과 데이터 전송의 영향력을 줄이는 방법에 관한 자세한 내용은 developer.android.com/training/performance/battery/network의 'Reducing Network Battery Drain'을 참고한다.

셀룰러 무선 데이터 송수신은 상당한 전력을 소비한다. 이와 동시에 연결을 하기 위해 전원을 켤 때는 레이턴시(지연)도 발생한다. 그 결과 전력 소모를 줄이면서 레이턴시를 최소화하기 위해 다른 출력 모드로 전환되는 사이에도 무선 신호를 주고받아야 한다.

전형적인 3G 네트워크 무선 신호의 경우에는 다음 세 가지 에너지 상태가 포함된다.

- ➤ **최대 출력**: 연결되어 데이터 전송을 할 때 사용된다.
- ➤ **저출력**: 전송이 끝난 후 짧은 시간(최대 5초) 동안 활성화된다. 최대 출력의 50% 정도 전원이 사용되지만 대기 모드에 비해 시작 레이턴시가 개선됐다.
- ➤ **대기**: 최소 전력 소비 상태로, 네트워크 트래픽이 발생하지 않는 합리적인 시간(최대 15초) 경과 후 활성화된다.

새 연결을 생성하거나 추가 데이터를 다운로드할 때마다 대기 모드에서 무선 기능을 깨우는 위험을 감수해야 하며, 이와 동시에 최대 출력과 저출력 모드에서 소요되는 시간이 더 길어지게 된다.

이와 반대의 예로, 적은 양의 데이터를 다운로드하면서 빈번하고 짧은 시간 동안만 사용되는 연결을 생성하면 배터리에 매우 나쁜 영향을 줄 수 있다. 15초마다 데이터를 전송하면 네트워크 무선이 계속 최대 출력으로 유지되기 때문이다(15초 후에 대기 모드로 전환되어야 좋은데 그렇지 못하다).

결국 데이터 전송의 빈도와 크기를 줄이는 것이 해결책이다. 이 경우 다음 기법을 사용해 애플리케이션의 배터리 소모 영향력을 최소화할 수 있다.

- ➤ **데이터 캐시와 압축**: 로컬로 데이터를 저장하거나 캐싱해 필요 이상으로 데이터를 다운로드하지 않게 한다. 데이터를 기기로 전송하기 전에 서버에서 효율적으로 압축해 전송 소요 시간을 최소화한다.
- ➤ **모바일 네트워크보다는 와이파이를 고려**: 무선 와이파이는 모바일 셀룰러 네트워크보다 배터리 소모가 현저하게 적을 수 있다. 따라서 큰 파일의 경우 또는 지금 당장 다운로드 하지 않아도 되는 경우에는 기기가 와이파이 네트워크에 연결될 때까지 전송을 연기하는 것을 고려한다.
- ➤ **적극적인 다운로드**: 단일 연결로 다운로드하는 데이터가 많을수록 더 많은 데이터를 다운로드하기 위해 무선 기능을 켜는 빈도는 줄어든다. 단, 사용되지 않을 데이터를 너무 많이 다운로드하지 않도록 해야 한다.

➤ **연결과 다운로드 묶기**: 분석 데이터처럼 시간에 민감하지 않은 데이터는 연결이 될 때마다 전송하지 않는다. 대신에 해당 데이터를 모았다가 다른 연결에서(예를 들어, 콘텐츠를 갱신하거나 데이터를 미리 가져올 때) 전송하도록 스케줄링한다. 단, 연결이 새로 시작될 때는 무선 기능을 새로 켤 가능성이 있다는 것에 유의한다.

➤ **새 연결 생성보다는 기존 연결을 재사용**: 전송할 때마다 새 연결을 시작하는 대신 기존 연결을 사용하면 네트워크 성능을 현저하게 향상시키고, 레이턴시를 줄이며, 네트워크 체증 및 관련 이슈에 현명하게 대처할 수 있다.

➤ **주기적 다운로드보다 서버 주도의 업데이트 기능을 사용**: 연결을 시작할 때마다 무선 기능을 켜는 부담이 따른다. 이는 새 데이터를 다운로드하는 것이 아닐 때도 마찬가지다. 따라서 다운로드할 새 데이터가 있는지 정기적으로 폴링(polling)하는 대신, 서버에서 각 클라이언트에 알리도록 한다. 이때 11장 '백 그라운드에서 작업하기'에서 알아볼 FCM(Firebase Cloud Messaging)을 사용한다.

➤ **주기적 다운로드의 빈도를 최소화**: 주기적인 데이터 갱신이 필요할 때는 기본 갱신 빈도를 최대한 낮게 설정하는 것이 좋다. 그리고 더 잦은 데이터 갱신을 요구하는 사용자의 경우는 배터리 소모가 많더라도 데이터 갱신을 할 수 있는 선택 기능을 제공한다.

안드로이드는 데이터 전송을 효율적으로 수행하는 데 지원할 API들을 상당수 제공하고 있다. 안드로이드 프레임워크의 작업 스케줄러가 대표적인 예다.

작업 스케줄러 API는 애플리케이션 프로세스에서 백그라운드 데이터 전송을 지능적으로 스케줄링하는 기능을 제공한다. 전반적인 배터리 소모 영향력을 최소화하기 위해 글로벌 서비스인 이 API를 사용하면 복수의 애플리케이션에서 배치(batch) 전송과 지연(defer) 전송을 할 수 있다.

작업 스케줄러 API가 제공하는 기능은 다음과 같다.

➤ 일회성 및 주기적 다운로드의 스케줄링

➤ 백오프(back-off) 및 실패 시 자동 재시도

➤ 기기 재시동 후에도 예정된 전송 유지

➤ 네트워크 연결 유형과 기기 충전 상태에 따른 스케줄링

이 API는 11장 '백그라운드에서 작업하기'에서 자세하게 알아본다.

7.5 인터넷 서비스와 클라우드 컴퓨팅

서비스로서의 소프트웨어(SaaS)와 클라우드 컴퓨팅은 기업들이 하드웨어의 설치, 업그레이드, 유지 보수와 관련해 원가를 절감하려는 노력에 힘입어 그 인기가 날로 커지고 있다. 그 결과 모바일 애플리케이션을 빌드하고 개선할 수 있는 풍부한 인터넷 서비스와 클라우드 리소스가 다양하게 등장하고 있다.

사실 미들 티어(middle tier)를 사용해 클라이언트의 부담을 줄이려는 생각은 새삼스럽지 않다. 그리고 필요한 수준의 서비스를 애플리케이션에 제공하는 인터넷 기반 옵션들이 많이 있다.

사용할 수 있는 많은 수의 인터넷 서비스들을 (그 세부 내용까지는 차치하더라도) 여기서 일일이 나열하는 것은 무리다. 하지만 이미 성숙 단계로 접어들어 현재 널리 사용되는 몇 가지 인터넷 서비스들을 정리하면 다음과 같다. 안드로이드는 구글이 주축이 돼 개발되기 때문에 구글의 클라우드 플랫폼에서 제공하는 서비스들이 지원 측면에서 유리하며 요약하면 다음과 같다.

➤ **구글 클라우드 플랫폼 컴퓨트 서비스**: 클라우드 기반 서버를 실행할 수 있는 다양한 서비스다. 이에는 VM(virtual machine)에서 대규모 작업을 실행할 수 있는 컴퓨트 엔진(Compute Engine)이나 확장성 있는 모바일 백 엔드를 빌드할 수 있는 앱 엔진(App Engine), 컨테이너를 실행할 수 있는 쿠버네티스 엔진(Kubernetes Engine) 등이 있다.

➤ **구글 클라우드 플랫폼 스토리지와 빅쿼리**: 데이터를 클라우드에 저장하는 다양한 제품이다. 이에는 글로벌 에지 캐싱(edge-caching) 기능을 갖는 객체 저장소를 위한 클라우드 스토리지(Cloud Storage), SQL 쿼리를 지원하는 관계형 데이터베이스용 클라우드 스패너(Cloud Spanner) 및 클라우드 SQL, 대규모 확장성이 좋은 NoSQL 데이터베이스를 위한 클라우드 빅테이블(Cloud Bigtable), 스키마가 없는 NoSQL 데이터베이스를 위한 클라우드 데이터스토어(Cloud Datastore, 비관계형 데이터 저장용) 등이 있다. 그리고 데이터 분석을 위해 완벽하게 관리되고 페타바이트 규모이면서 저비용 기업 데이터 웨어하우스인 빅쿼리(BigQuery)도 제공한다.

➤ **구글 기계 학습 API**: 구글은 자사의 기계 학습 능력을 바탕으로 만든 기계 지능 관련 API를 상당수 제공하고 있다. 이에는 이미지를 이해할 수 있는 시각(Vision) API와 고급 음성 인식 기술인 음성(Speech) API, 비구조적 텍스트를 이해할 수 있는 자연어(Natural Language) API, 텍스트를 프로그래밍으로 실시간 번역할 수 있는 번역(Translate) API 등이 있다.

➤ **아마존 웹 서비스**: 아마존은 클라우드 컴퓨팅 및 스토리지 서비스와 유사한 클라우드 기반 서비스를 상당수 제공하고 있다. 이에는 분산 스토리지 솔루션(S3)과 EC2(Elastic Compute Cloud)가 있다.

이 제품들의 자세한 설명은 이 책의 범위를 벗어난다. 하지만 클라이언트 측의 폴링(polling)을 서버 중심의 데이터 갱신으로 교체하기 위한 FCM(Firebase Cloud Messaging) 사용법에 관해서는 11장 '백그라운드에서 작업하기'에서 몇 가지 세부 내용을 다룬다.

CHAPTER 8

파일, 상태 저장, 사용자 프레퍼런스

🔖 8장의 주요 내용

➢ 공유 프레퍼런스(shared preference)를 사용해 애플리케이션 데이터 저장하기

➢ 애플리케이션 설정 관리하기와 프레퍼런스 화면 빌드하기

➢ 세션 간 액티비티 인스턴스 데이터 저장하기

➢ 뷰 모델과 라이브 데이터 사용하기

➢ 외부 리소스로 정적 파일 포함하기

➢ 파일 저장하기와 로드하기, 로컬 파일 시스템 관리하기

➢ 애플리케이션 파일 캐시 사용하기

➢ 공용 디렉터리에 파일 저장하기

➢ 애플리케이션 간 파일 공유하기

➢ 다른 애플리케이션에서 파일에 접근하기

⬇️ 8장에 사용된 코드의 다운로드용 파일

8장은 다음 2개의 파일로 되어 있다.

⬇️ Snippets_ch8.zip

⬇️ Earthquake_ch8.zip

8.1 파일, 상태, 프레퍼런스 저장하기

8장에서는 안드로이드에서 가장 간단하고 다용도로 사용 가능한 데이터 저장과 파일 공유 기법 중 몇 가지를 소개한다. 구체적으로는 공유 프레퍼런스, 인스턴스 상태 저장용 Bundle 객체, 로컬 파일, 저장소 사용 프레임워크 등을 다룬다.

액티비티는 비활성 상태가 되기 전에 UI(사용자 인터페이스)의 상태를 저장해야 한다. 액티비티가 다시 시작될 때 같은 UI가 화면에 보일 수 있도록 하기 위해서다. 또한 사용자 프레퍼런스와 UI 선택 내역도 저장해야 할 경우도 있다.

안드로이드에서는 액티비티 및 애플리케이션 수명 동안 UI 상태와 애플리케이션 데이터를 지속적으로 유지하는 것이 특히 중요하다. 애플리케이션 프로세스가 포어그라운드로 돌아와서 실행되기 전에 중단 상태에서 재시작(이때 새 액티비티 인스턴스가 생성됨)될 수 있기 때문이다.

복잡하고 구조적인 데이터를 저장하는 방법은 9장 '데이터베이스 만들기와 사용하기'와 10장 '콘텐트 프로바이더와 검색'에서 다루겠지만, 단순 값이나 파일을 애플리케이션 안에 저장하는 방법은 안드로이드가 몇 가지 제공하고 있다. 각 방법은 특정 요구를 충족시키기 위해 최적화돼 있다.

➤ **애플리케이션 UI 상태 저장**: 액티비티와 프래그먼트는 특화된 이벤트 핸들러를 포함해 애플리케이션이 백그라운드로 이동될 때 현재 UI 상태를 기록한다.

➤ **공유 프레퍼런스**: UI 상태나 사용자 프레퍼런스, 애플리케이션 설정을 저장할 때는 정해진 값들을 저장할 수 있는 가벼운 메커니즘이 필요하다. 공유 프레퍼런스는 이름/값의 쌍으로 된 기본 타입의 데이터를 이름이 있는 프레퍼런스로 저장할 수 있게 해 준다.

➤ **파일**: 경우에 따라서는, 특히 이미지나 오디오, 비디오 등 바이너리 데이터를 저장할 때는 파일에 쓰고 읽는 것이 유일한 방법이다. 안드로이드에서는 기기의 내부 또는 외부 미디어에 파일을 생성하고, 로드하고 공유할 수 있다. 그뿐 아니라 임시 캐시도 지원한다. 또한 파일 프로바이더(File Provider)와 저장소 사용 프레임워크(Storage Access Framework)는 다른 애플리케이션과 파일을 공유하고 사용할 수 있는 기능도 제공한다.

8.2 수명 주기 핸들러를 사용해 액티비티 및 프래그먼트 인스턴스의 상태 저장하기와 복원하기

액티비티와 프래그먼트에 있는 인스턴스 변수의 상태(데이터)나 UI 상태 관련 데이터를 저장하기 위해 안드로이드는 onSaveInstanceState 핸들러(메서드)를 제공한다.

android:id가 지정된 뷰의 상태는 프레임워크가 자동으로 저장하고 복원해 준다. 그러나 UI를 재생성하거나 복원하는 데 필요한 다른 인스턴스 변수들의 저장과 복원은 우리가 해야 한다.

onSaveInstanceState는 액티비티가 하나의 사용자 세션에서 런타임에 의해 중단되는 경우에 UI 상태를 보존할 수 있게 특별히 설계되었다. 포어그라운드 애플리케이션의 리소스를 해제하거나 하드웨어 구성 변경으로 인한 액티비티의 재시작에 대비할 수 있게 하기 위해서다.

액티비티의 onSaveInstanceState 이벤트 핸들러를 오버라이드할 때는 put 메서드를 사용해서 UI에 관련된 인스턴스 변수들의 값을 onSaveInstanceState의 Bundle 매개변수에 저장한다. put 메서드는 저장하는 데이터 타입에 따라 여러 종류가 있다. onSaveInstanceState 핸들러 내부에서는 기본 상태 데이터를 저장하기 위해 제일 먼저 슈퍼 클래스의 onSaveInstanceState를 호출(super. onSaveInstanceState())해야 한다.

```
private static final String SEEN_WARNING_KEY = "SEEN_WARNING_KEY";

// Bundle 매개변수에 저장할 인스턴스 변수
private boolean mSeenWarning = false;

@Override
public void onSaveInstanceState(Bundle saveInstanceState) {
  super.onSaveInstanceState(saveInstanceState);
  // UI와 관련된 상태 데이터를 저장한다.
  saveInstanceState.putBoolean(SEEN_WARNING_KEY,
                               mSeenWarning);
}
```

onSaveInstanceState 핸들러는 액티비티가 자신의 활성 수명 주기를 완료할 때마다 호출된다 (단, 액티비티가 finish를 호출하여 종료될 때는 호출되지 않는다). 따라서 하나의 사용자 세션에서 액티비티의 활성 수명 주기가 바뀔 때 액티비티 상태 데이터를 지속적으로 유지할 수 있다.

액티비티가 다시 시작되면 저장된 Bundle 객체가 onRestoreInstanceState 메서드와 onCreate 메서드로 전달된다.

```
@Override
public void onCreate(Bundle savedInstanceState) {
  super.onCreate(savedInstanceState);
  setContentView(R.layout.main);
  if (savedInstanceState != null &&
    savedInstanceState.containsKey(SEEN_WARNING_KEY)) {
  mSeenWarning = savedInstanceState.getBoolean(SEEN_WARNING_KEY);
  }
}
```

사용자가 뒤로 가기 버튼을 눌러 화면에 보이는 액티비티를 닫거나 또는 코드에서 finish를 호출해 닫으면, 인스턴스 상태 데이터가 저장된 Bundle 객체는 다음번에 해당 액티비티 인스턴스가 생성될 때 onCreate나 onRestoreInstanceState로 전달되지 않는다. 따라서 여러 사용자 세션에 걸쳐 보존되어야 하는 데이터는 다음 절에서 설명하는 공유 프레퍼런스를 사용해 저장해야 한다.

UI를 프래그먼트에서 처리하는 애플리케이션도 많이 있다. 그러므로 프래그먼트에도 onSaveInstanceState 핸들러가 포함되어 있으며, 액티비티의 onSaveInstanceState와 같은 방법으로 작동된다.

이 경우 Bundle 객체에 저장된 인스턴스 상태 데이터는 프래그먼트의 onCreate, onCreateView, onActivityCreated 핸들러 매개변수로 전달된다.

UI 컴포넌트를 갖는 프래그먼트의 경우는 액티비티 상태를 저장하는 데 사용된 것과 같은 방법이 적용된다. 즉, 화면 방향 변경과 같은 하드웨어 구성 변경을 처리하기 위해 액티비티가 소멸되었다가 다시 시작되면 프래그먼트에서도 자신의 UI 상태 데이터를 복원해야 한다. 안드로이드에서는 프래그먼트가 자동으로 재생성된다. 따라서 액티비티의 onCreate에서 우리가 프래그먼트를 추가할 때에는 프래그먼트가 중복되지 않도록 savedInstanceState 매개변수 값이 null일 때만 추가해야 한다. 코드 8-1은 이를 나타낸 것이다.

코드 8-1 코드상에서 onCreate에 프래그먼트 추가하기

```
@Override
public void onCreate(Bundle savedInstanceState) {
  super.onCreate(savedInstanceState);
  setContentView(R.layout.main);

  if (savedInstanceState == null) {
    FragmentTransaction ft = getSupportFragmentManager().beginTransaction();
    ft.add(R.id.fragment_container, new MainFragment());
```

```
    ft.commit();
  }
}
```

8.3 헤드리스 프래그먼트와 뷰 모델의 인스턴스 상태 유지하기

액티비티와 프래그먼트는 UI 데이터를 화면에 보여주고 사용자 상호 작용에 응답하도록 설계됐다. 다시 말해 기기의 구성이 변경될 때마다(화면의 방향이 바뀌는 경우가 단적인 예) 소멸되었다가 재생성 된다.

따라서 이들 UI 컴포넌트에 데이터를 저장하면(또는 많은 시간이 소요되는 비동기 작업을 수행하면) 사용자가 화면 방향을 바꿀 때 저장된 데이터가 소멸되고 진행 중이던 프로세스를 멈추게 된다.

이는 작업의 중복, 레이턴시의 증가, 불필요한 처리 추가로 이어진다. 그러므로 애플리케이션 데이터와 처리를 액티비티 밖으로 옮기고, 기기의 구성 변경으로 액티비티가 다시 시작될 때 보존되는 클래스로 넣는 것이 바람직하다.

뷰 모델과 헤드리스(headless) 프래그먼트(UI가 필요 없는 프래그먼트)는 두 가지 메커니즘을 제공한다. 즉, 기기의 구성 변경에 걸쳐 데이터가 유지되게 해주며, 액티비티나 프래그먼트의 UI가 메모리 누수의 위험 없이 변경될 수 있게 해준다.

8.3.1 뷰 모델과 라이브 데이터

7장 '인터넷 리소스 사용하기'에서는 백그라운드 스레드로 네트워크 작업을 수행하는 방법으로 뷰 모델과 라이브 데이터를 소개했었다. 뷰 모델과 라이브 데이터는 기기의 구성 변경에 걸쳐 상태를 유지하는데 권장되는 모범 기법이다.

뷰 모델은 특히 UI 관련 데이터가 구성 변경에 걸쳐 유지되도록 저장 및 관리하기 위해 설계됐다. 뷰 모델은 화면에 보이는 데이터를 프래그먼트나 액티비티의 UI 컨트롤러 로직과 분리하는 간단한 방법을 제공한다. 따라서 모든 데이터와 비즈니스 로직 그리고 UI 요소와 직접 관련이 없는 코드를 액티비티나 프래그먼트로부터 뷰 모델로 옮기는 것이 좋다.

뷰 모델은 구성 변경 동안에도 유지되기 때문에 뷰 모델에 담긴 데이터는 새로 재생성된 액티비티나 프래그먼트 인스턴스에 바로 사용할 수 있다.

뷰 모델 인스턴스에 저장된 데이터는 대개 LiveData 객체로 반환된다. LiveData는 뷰 모델의 각 데이터 필드를 저장하기 위해 특별히 설계된 클래스다.

라이브 데이터는 수명 주기 인식 클래스로, 애플리케이션 데이터의 관찰 가능한 변경 내역을 제공하는 데 사용된다. 수명 주기 인식이라는 것은 활성 수명 주기 상태의 애플리케이션 컴포넌트에서만 라이브 데이터가 변경 내역을 옵저버에 전달한다는 것을 의미한다. 때로는 우리 나름의 라이브 데이터 클래스를 생성하는 것이 유용하다. 하지만 보통은 MutableLiveData 클래스를 사용해도 충분하다.

각 MutableLiveData 인스턴스는 특정 데이터 타입을 나타내기 위해 선언될 수 있다.

```
private final MutableLiveData<List<String>> data;
```

뷰 모델에서는 라이브 데이터에 저장된 값을 변경할 수 있다. 메인 UI 스레드에서 setValue 메서드를 사용하면 된다.

```
data.setValue(data);
```

또한 postValue를 사용해 백그라운드 스레드에서 UI를 변경할 수도 있다. 이때는 태스크가 메인 스레드로 이양되어 업데이트가 수행된다.

라이브 데이터 객체의 값은 변경될 때마다 실행 중인 모든 옵저버(Observer)에 새 값으로 전달된다. 자세한 내용은 잠시 후에 설명한다.

액티비티나 프래그먼트에서 추가된 옵저버는 연관된 액티비티나 프래그먼트가 소멸될 때 자동으로 제거된다. 메모리 누수를 걱정하지 않고 라이브 데이터를 안전하게 관찰할 수 있게 하기 위해서다.

ViewModel 클래스 및 이와 관련된 LiveData 클래스는 안드로이드 아키텍처 컴포넌트 라이브러리의 일부로 사용할 수 있다. 따라서 이들을 사용하려면 우선 애플리케이션 모듈의 그래들 빌드 파일에 의존성을 추가해야 한다.

```
dependencies {
  [... 기존에 지정된 다른 의존성 노드 ...]
  implementation 'android.arch.lifecycle:extensions:1.1.1'
}
```

다음 조각 코드에서는 MutableLiveData 객체를 사용해 UI 관련 데이터를 저장하는 간단한
뷰 모델 구현 클래스의 기본 코드를 보여준다. 이 클래스에서는 또한 관련 데이터를 로드하는
데 필요한 백그라운드 스레드 작업을 처리하기 위해 AsyncTask를 사용한다.

```java
public class MyViewModel extends AndroidViewModel {
  private static final String TAG = "MyViewModel";

  private MutableLiveData<List<String>> data = null;

  public MyViewModel(Application application) {
    super(application);
  }

  public LiveData<List<String>> getData() {
    if (data == null) {
      data = new MutableLiveData<List<String>>();
      loadData();
    }
    return data;
  }

  // 라이브 데이터 객체로 나타낸 데이터를
  // 비동기적으로 로드/변경한다.
  public void loadData() {
    new AsyncTask<Void, Void, List<String>>() {
      @Override
      protected List<String> doInBackground(Void... voids) {
        ArrayList<String> result = new ArrayList<>(0);
        // TODO 이 백그라운드 스레드에서 데이터를 로드한다.
        return result;
      }

      @Override
      protected void onPostExecute(List<String> resultData) {
        // Live Data 데이터 값을 변경한다.
        data.setValue(resultData);
      }
    }.execute();
  }
}
```

이제 정의된 뷰 모델을 애플리케이션에서 사용하려면 우선 뷰 모델의 새 인스턴스를 액티비티나 프래그먼트에서 생성해야 한다(또는 기존 인스턴스를 반환받음).

ViewModelProviders 클래스는 static 메서드인 of를 포함하며, 이 메서드는 지정된 컨텍스트와 연관된 모든 뷰 모델을 조회할 때 사용할 수 있다.

```
ViewModelProvider providers = ViewModelProviders.of(this);
```

이제 get 메서드를 사용해 뷰 모델을 지정한다.

```
MyViewModel myViewModel = providers.get(MyViewModel.class);
```

뷰 모델의 참조를 얻은 다음에는 라이브 데이터 필드를 가져온 후 근원 데이터가 변경될 때마다 onChanged 핸들러를 통해 이 데이터를 받을 옵저버(Observer 객체)를 observe 메서드로 추가한다. 이런 처리는 대개 액티비티나 프래그먼트의 onCreate 핸들러에서 수행된다.

```
myViewModel.getData().observe(this,
    new Observer<List<String>>() {
    @Override
    public void onChanged(@Nullable List<String> data) {
        // TODO 새 뷰 모델 데이터를 받으면 UI를 변경한다.
    }
  }
);
```

뷰 모델 수명 주기는 관련 액티비티나 프래그먼트가 아니라 애플리케이션을 기준으로 하기 때문에 뷰 모델의 로딩 함수는 기기의 구성 변경에 방해받지 않는다.

이와 마찬가지로 뷰 모델의 결과는 기기의 구성 변경 시 암시적으로 캐싱된다. 따라서 화면 회전 후 뷰 모델의 데이터에 대해 observe 메서드가 호출되면 onChanged 핸들러를 통해 설정된 마지막 결과가 곧바로 반환된다. 이때 뷰 모델의 loadData 메서드는 호출되지 않는다.

8.3.2 헤드리스 프래그먼트

안드로이드 아키텍처 컴포넌트를 통해 뷰 모델을 사용할 수 있기 전에는 기기 구성 변경 시 인스턴스 상태를 유지할 수 있는 헤드리스 프래그먼트가 유용한 메커니즘이었다.

헤드리스 프래그먼트는 UI를 필요로 하지 않는 프래그먼트를 말하며, 프래그먼트의 onCreate View 메서드에서 null을 반환하여 생성할 수 있다(이것이 기본 구현이다). 액티비티의 재시작에도 유지되는 헤드리스 프래그먼트는 프래그먼트 자체적으로 모두 처리할 수 있는 작업을 캡슐화하는데 사용될 수 있다. 즉, 수명 주기 메서드를 사용하는 작업이나 기기 구성 변경 이후에 액티비티를 따라서 중단과 재시작되면 안되는 작업들이다.

> **참고**
>
> 기기 구성 변경 시 상태 정보를 유지하는 헤드리스 프래그먼트는 뷰 모델과 라이브 데이터의 도입으로 더 이상 사용되지 않게 되었다. 그러나 안드로이드 아키텍처 컴포넌트의 도입 이전에 설계된 애플리케이션에서 헤드리스 프래그먼트를 접할 수 있으므로 여기서는 참고용으로 포함시킨 것이다.

프래그먼트의 onCreate 핸들러 안에서 setRetainInstance를 호출하면 기기 구성 변경 시 프래그먼트 인스턴스가 유지되도록 요청할 수 있다. 이 경우 프래그먼트 인스턴스의 재 생성 수명 주기는 그 부모 액티비티에서 분리된다. 다시 말해, 부모 액티비티를 따라 종료되거나 재시작되지 않는다.

```
@Override
public void onCreate(Bundle savedInstanceState) {
    super.onCreate(savedInstanceState);

    // 기기의 구성 변경 시 이 프래그먼트가 유지된다.
    setRetainInstance(true);
}

@Override
public View onCreateView (LayoutInflater inflater,
                          ViewGroup container,
                          Bundle savedInstanceState){
  return null;
}
```

따라서 기기 구성이 변경되어 연결된 액티비티가 소멸 및 재생성되더라도 유지된 프래그먼트의 onDestroy 및 onCreate 핸들러는 호출되지 않는다. 그러므로 대부분의 객체 생성을 프래그먼트의 onCreate 핸들러로 옮기면 효율성이 크게 향상될 수 있다.

단, onAttach, onCreateView, onActivityCreated, onStart, onResume 그리고 이들과 연동하는 소멸 관련 핸들러를 비롯해 프래그먼트의 나머지 수명 주기 핸들러들은 여전히 부모 액티비티의 수명 주기를 기준으로 호출된다는 점에 유의해야 한다.

헤드리스 프래그먼트는 자신과 연동되는 뷰를 갖지 않기 때문에 레이아웃에 〈fragment〉 태그를 추가하는 방법으로는 만들 수 없고, 반드시 코드에서 생성해야 한다.

프래그먼트 인스턴스는 활성 상태일 때만 유지된다. 다시 말해, 백 스택에 없는 프래그먼트에만 사용될 수 있다.

> **참고**
>
> 인스턴스가 유지되는 헤드리스 프래그먼트를 사용할 때는 호스트 액티비티의 레퍼런스를 저장하지 말아야 한다는 점을 기억해야 한다. 액티비티의 레퍼런스가 포함되는 객체(예 레이아웃 안의 뷰)도 저장하면 안 된다. 이는 액티비티가 소멸했지만 그 레퍼런스를 유지하는 프래그먼트 때문에 가비지가 수집될 수 없어 메모리 누수가 야기되기 때문이다.

8.4 공유 프레퍼런스 생성하기와 저장하기

SharedPreferences 클래스를 사용하면 키와 값의 쌍으로 데이터를 저장하는 이름 있는 Map을 생성할 수 있다. 그리고 이 Map은 여러 세션에 걸쳐 유지될 수 있으며, 같은 애플리케이션에서 실행 중인 컴포넌트 간에 공유될 수도 있다. 그러나 다른 애플리케이션에서는 사용할 수 없다.

공유 프레퍼런스(SharedPreferences 객체)를 생성하거나 변경하려면 현재 컨텍스트에 getSharedPreferences를 호출해야 한다. 이때 변경할 공유 프레퍼런스 이름을 인자로 전달한다.

```
SharedPreferences prefs = getSharedPreferences(MY_PREFS,
                                    Context.MODE_PRIVATE);
```

대부분의 경우에 프레퍼런스 매니저의 getDefaultSharedPreferences라는 static 메서드를 호출하여 기본 공유 프레퍼런스를 사용할 수 있다.

```
Context context = getApplicationContext();
SharedPreferences prefs =
  PreferenceManager.getDefaultSharedPreferences(context);
```

공유 프레퍼런스를 변경할 때는 SharedPreferences.Editor 클래스를 사용한다. 이때 변경하려는 공유 프레퍼런스에 edit를 호출해 Editor 객체를 얻는다.

```
SharedPreferences.Editor editor = prefs.edit();
```

그리고 지정된 이름(키)과 연관된 값을 추가나 변경하기 위해 put⟨type⟩ 메서드를 사용한다.

```
// 기본 타입의 값들을 공유 프레퍼런스 객체에 저장한다.
editor.putBoolean("isTrue", true);
editor.putFloat("lastFloat", 1f);
editor.putInt("wholeNumber", 2);
editor.putLong("aNumber", 3l);
editor.putString("textEntryValue", "Not Empty");
```

변경한 내용을 저장하려면 Editor 객체에 apply나 commit을 호출해야 한다. apply는 비동기적으로 실행되며 commit은 동기적으로 실행된다.

```
// 변경 내용을 저장한다.
editor.apply();
```

> **참고**
>
> 변경 내용을 공유 프레퍼런스에 저장할 때는 디스크 I/O가 발생하므로 메인 스레드에서 실행되지 않아야 한다. 그리고 apply 메서드는 공유 프레퍼런스 에디터(Editor 객체)가 별도 스레드에서 안전한 비동기 쓰기를 수행하므로 공유 프레퍼런스에 데이터 저장 시 선호되는 방법이다. 그러나 쓰기 성공 여부를 확인해야 한다면 commit 메서드를 호출할 수 있다. 이 메서드는 동기적으로 실행되므로 이 메서드의 실행이 끝날 때까지 호출 스레드에서 기다리게 된다. 쓰기가 성공적으로 완료되면 commit 메서드는 true를 반환하며 그렇지 않으면 false를 반환한다.

안드로이드 6.0 마시멜로(API 레벨 23)에서는 클라우드 백업 기능을 새로 도입했다. 클라우드 백업은 기본적으로(사용자 권한은 지정돼야 함) 공유 프레퍼런스 파일을 비롯해 애플리케이션에서 생성된 거의 모든 데이터를 클라우드로 백업한다. 그리고 사용자가 애플리케이션을 새 기기에 설치할 때마다 시스템은 해당 애플리케이션의 백업 데이터를 자동으로 복원한다.

기기에만 둘 필요가 있는 공유 프레퍼런스 값들은 안드로이드의 자동 백업(Auto Backup)으로 백업되면 안될 것이다. 이때는 해당 공유 프레퍼런스 값들을 별도의 파일에 저장해야 한다. 그리고 res/xml 폴더에 저장된 백업 스키마 정의 XML 파일을 사용해서 자동 백업에서 제외시킬 수 있다. 이때 공유 프레퍼런스의 전체 파일 이름(.xml 확장자를 포함)을 지정해야 한다.

```xml
<?xml version="1.0" encoding="utf-8"?>
<full-backup-content>
  <exclude domain="sharedpref" path="supersecretlaunchcodes.xml"/>
</full-backup-content>
```

그 다음에 위의 백업 스키마 정의 XML 파일을 애플리케이션에 지정하면 된다. 이때 매니페스트의 애플리케이션 노드에 android:fullBackupContent 속성을 사용한다.

```xml
<application ...
  android:fullBackupContent="@xml/appbackupscheme">
</application>
```

자동 백업의 세부 내용, 이를 테면 백업할 파일의 선택이나 자동 백업의 비활성화 방법 등은 이번 장의 뒷부분에서 다룬다.

8.5 공유 프레퍼런스 데이터 읽기

공유 프레퍼런스를 사용(값을 읽거나 변경 또는 저장)하려면 우선 getSharedPreferences 메서드를 사용하여 공유 프레퍼런스 인스턴스 참조를 얻어야 한다.

그리고 해당 참조를 사용해서 get⟨type⟩ 메서드를 호출하면 저장된 값을 그 타입에 맞게 추출할 수(읽을 수) 있다. 이 메서드는 저장된 데이터의 키와 기본값(이 키로 저장된 값이 없을 때 반환할 값)을 인자로 받는다. 다음 코드에서는 prefs가 공유 프레퍼런스 인스턴스의 참조 변수다.

```java
// 저장된 값을 읽는다.
boolean isTrue = prefs.getBoolean("isTrue", false);
float lastFloat = prefs.getFloat("lastFloat", 0f);
int wholeNumber = prefs.getInt("wholeNumber", 1);
long aNumber = prefs.getLong("aNumber", 0);
String stringPreference = prefs.getString("textEntryValue", "");
```

getAll을 호출하면 공유 프레퍼런스의 모든 키와 값을 저장한 Map을 반환받을 수 있다. 또한 contains 메서드를 호출하면 특정 키가 공유 프레퍼런스에 존재하는지 확인할 수 있다.

```
Map<String, ?> allPreferences = prefs.getAll();
boolean containsLastFloat = prefs.contains("lastFloat");
```

8.6 공유 프레퍼런스 변경 리스너

공유 프레퍼런스의 특정 값이 추가, 삭제, 수정이 될 때마다 콜백이 호출되도록 onShared
PreferenceChangeListener를 구현할 수 있다.

이는 공유 프레퍼런스 프레임워크를 사용해 애플리케이션 프레퍼런스를 설정하는 액티비티와
서 비스에 특히 유용하다. 이 리스너를 사용하면 애플리케이션 컴포넌트가 사용자 프레퍼런스
의 변경을 리스닝하여 컴포넌트 자신의 UI나 동작을 변경할 수 있다.

이 경우 모니터링하려는 공유 프레퍼런스 참조를 사용해 onSharedPreferenceChangeListener
를 등록하면 된다.

```
public class MyActivity extends Activity implements
  OnSharedPreferenceChangeListener {

  @Override
  public void onCreate(Bundle savedInstanceState) {
    super.onCreate(savedInstanceState);

    // SharedPreferences 인스턴스 참조를 사용해서
    // OnSharedPreferenceChangeListener를 등록한다.
    SharedPreferences prefs =
      PreferenceManager.getDefaultSharedPreferences(this);
    prefs.registerOnSharedPreferenceChangeListener(this);
}

public void onSharedPreferenceChanged(SharedPreferences prefs,
                                      String key) {
    // TODO 공유 환경 설정과 키 매개변수를 확인하고
    // UI와 동작을 변경한다.
  }
}
```

8.7 애플리케이션 파일과 공유 프레퍼런스의 자동 백업 구성하기

안드로이드 6.0 마시멜로(API 레벨 23)에 도입된 자동 백업은 애플리케이션에서 생성된 파일과

데이터베이스, 공유 프레퍼런스를 최대 25MB까지 자동으로 백업한다. 이때 백업 데이터는 암호화를 거쳐 해당 사용자의 구글 드라이브 계정으로 업로드되며, 해당 애플리케이션이 새 기기에 또는 기기 초기화 후에 설치되면 자동으로 복원된다.

자동 백업은 기기가 와이파이에 연결되고 충전 중이면서 대기 중일 때 24시간마다 한번씩 수행된다.

참고

자동 백업이 기기에서 활성화되기 위해서는 구글 서비스를 사용할 수 있는 상태여야 하며, 사용자가 구글 계정에 로그인된 상태여야 한다. 데이터 저장에 소요되는 비용은 없다. 그리고 저장된 백업 데이터는 사용자의 구글 드라이브 할당량을 차지하지 않는다.

애플리케이션이 같은 사용자의 이름으로 새 기기에 설치되거나 기존 기기에 재설치되면 시스템은 마지막 백업 스냅샷을 사용해서 해당 애플리케이션 데이터로 복원한다.

기본적으로 거의 모든 애플리케이션 데이터 파일이 백업된다. 다만, 다음 위치에 저장된 파일은 예외다.

> getCacheDir 또는 getCodeCacheDir에서 반환된 임시 캐시 디렉터리

> 외부 저장소. 단, getExternalFilesDir에서 반환된 디렉터리의 데이터는 제외된다.

> getNoBackupFilesDir에서 반환된 디렉터리

또한 자동 백업에 포함 또는 제외시킬 특정 파일을 정의하는 full-backup-content 태그를 사용해서 백업 스키마 XML을 정의할 수도 있다. 만일 명시적으로 include 노드를 지정하면 이 노드에 포함되지 '않은' 파일은 예외 없이 백업 대상에서 제외된다.

```xml
<?xml version="1.0" encoding="utf-8"?><full-backup-content>
  <include domain=["file" | "database" | "sharedpref" | "external" | "root"]
          path="[relative file path string]" />
<exclude domain=["file" | "database" | "sharedpref" | "external" | "root"]
          path="[relative file path string]" />
</full-backup-content>
```

코드로 나타낸 바와 같이 include나 exclude 태그에는 domain 속성이 지정돼야 한다. 이 속성은 해당 도메인의 파일이 있는 루트 디렉터리와 이를 기준으로 한 이 파일의 상대 경로(파일 확

장자 포함)를 가리킨다. 구체적인 내용을 정리하면 다음과 같다.

> ➤ root는 애플리케이션의 루트 디렉터리다.

> ➤ file은 getFilesDir 메서드에서 반환되는 디렉터리다.

> ➤ database는 getDatabasePath에서 반환되는 SQL 데이터베이스의 기본 위치다.

> ➤ sharedpref는 getSharedPreferences에서 반환되는 공유 프레퍼런스 XML 파일을 나타 낸다.

> ➤ external은 getExternalFilesDir에서 반환되는 디렉터리 내 파일이다.

예를 들면 다음 조각 코드는 자동 백업에서 특정 데이터베이스 파일을 제외한다.

```xml
<?xml version="1.0" encoding="utf-8"?>
<full-backup-content>
  <exclude domain="database" path="top_secret_launch_codes.db"/>
</full-backup-content>
```

백업 스키마를 정의한 다음에는 이를 res/xml 폴더에 저장한다. 그리고 매니페스트의 애플리 케이션 노드에 android:fullBackupContent 속성을 지정하여 애플리케이션과 연관시킨다.

```xml
<application ...
  android:fullBackupContent="@xml/mybackupscheme">
</application>
```

이와 반대로 자동 애플리케이션 데이터 백업을 비활성화하려면 매니페스트의 애플리케이션 노드에서 android:allowBackup 속성을 false로 설정한다.

```xml
<application ...
  android:allowBackup="false">
</application>
```

이처럼 자동 백업을 비활성화 시킬 수 있지만 권장하지 않는다. 사용자가 기기를 변경할 때 불편하기 때문이다. 사용자들은 대부분 새 기기에 같은 애플리케이션을 설치할 때 기존 설정이 그대로 복원되길 기대한다. 따라서 allowBackup의 기본값은 true다. 그러나 안드로이드의 내장 데이터 백업을 비활성화한다면 다른 백업 메커니즘(예를 들어 커스텀 로그인 시스템과 연동되는)을 반드시 설정하자.

8.8 프레퍼런스 UI 빌드하기

안드로이드는 애플리케이션에 시스템 스타일의 사용자 설정 화면을 만들 수 있도록 XML 기반 프레임워크를 제공하고 있다. 이 프레임워크를 사용하면 네이티브 애플리케이션 및 서드파티 애플리케이션에 사용되는 UI와 일관성 있는 사용자 프레퍼런스 UI를 생성할 수 있다.

여기에는 두 가지 분명한 장점이 있다.

> ➤ 사용자가 설정 화면의 레이아웃과 사용법에 익숙해지게 된다.
> ➤ 다른 애플리케이션의 설정(위치 설정 등 시스템 설정 포함)을 우리 애플리케이션의 프레퍼런스에 통합할 수 있다.

프레퍼런스 프레임워크는 다음 두 요소로 구성된다.

> ➤ 프레퍼런스 화면 레이아웃: 프레퍼런스 화면에 나타나는 항목들의 계층 구조를 정의하는 XML 파일. 화면에 보여줄 텍스트와 관련 컨트롤, 허용된 값, 각 컨트롤에 사용할 공유 프레퍼런스 키를 지정한다.
> ➤ 프레퍼런스 프래그먼트: 프레퍼런스 화면은 PreferenceFragment나 PreferenceFragmentCompat 안에서 호스팅된다. 프레퍼런스 프래그먼트는 프레퍼런스 화면 XML 파일을 인플레이트하고 프레퍼런스 대화상자를 관리하며 다른 프레퍼런스 화면으로 이동을 처리한다.

8.8.1 프레퍼런스 지원 라이브러리

안드로이드 프레임워크의 PreferenceFragment 클래스는 PreferenceActivity에 추가돼야 한다. 이 말은 AppCompatActivity와 같은 Activity 클래스를 사용할 수 없다는 뜻이다. 따라서 프레퍼런스 지원 라이브러리의 PreferenceFragmentCompat 클래스를 사용하는 것이 최선이다. 이 클래스는 어떤 액티비티에도 지원 라이브러리의 프레퍼런스 프래그먼트를 추가할 수 있다. 이번 장의 나머지 부분에서도 이 클래스를 사용할 것이다.

2장 '시작하기'에서 설명한 대로 이미 안드로이드 지원 라이브러리를 다운로드한 경우, 프레퍼런스 지원 라이브러리의 그래들 의존성만 추가하면 관련 기능을 사용할 수 있다.

애플리케이션 모듈(app)의 build.gradle 파일을 열고 프레퍼런스 프래그먼트 지원 라이브러리를 의존성에 추가하면 된다.

```
dependencies {
    [... 기존에 지정된 다른 의존성 노드 ...]
    implementation 'com.android.support:preference-v14:28.0.0'
}
```

8.8.2 XML로 프레퍼런스 화면 레이아웃 정의하기

프레퍼런스 정의는 표준 UI 레이아웃과 달리 res/xml 리소스 폴더에 저장된다.

프레퍼런스 화면 레이아웃은 5장 '사용자 인터페이스 빌드하기'에서 설명한 UI 레이아웃 리소스와 개념적으로 유사하지만 프레퍼런스 화면에 특화된 UI 컨트롤을 사용한다는 점이 다르다. 이 네이티브 프레퍼런스 컨트롤들은 다음 절에서 설명한다.

프레퍼런스 레이아웃은 계층 구조로 정의되며, PreferenceScreen 요소로 시작한다.

```
<?xml version="1.0" encoding="utf-8"?>
<PreferenceScreen
  xmlns:android="http://schemas.android.com/apk/res/android">
</PreferenceScreen>
```

PreferenceScreen 요소들은 중첩될 수 있으며, 이때 중첩된 각 PreferenceScreen 요소는 탭할 때 새 화면을 보여주는 선택형 요소로 나타난다.

각 프레퍼런스 화면은 PreferenceCategory와 Preference 요소를 조합해 구성할 수 있다.

다음 조각 코드에 있듯이, PreferenceCategory 요소는 프레퍼런스 화면을 하위 카테고리로 세분화하는 데 사용되며, 이때 타이틀 바(title bar)가 사용된다.

```
<PreferenceCategory
  android:title="My Preference Category"/>
```

예를 들어 그림 8-1은 구글 설정 프레퍼런스 화면에 사용되는 내 계정(My Account)과 서비스(Services)의 PreferenceCategory를 나타낸다.

◑ 그림 8-1

프레퍼런스 요소들은 프레퍼런스 자체를 설정하고 표시하는 데 사용된다. 각 프레퍼런스 요소에 사용되는 속성들은 다양하지만 각 요소는 최소한 다음 속성들을 포함해야 한다.

➤ android:key: 선택된 값이 저장될 공유 프레퍼런스의 키

➤ android:title: 프레퍼런스를 나타내기 위해 보여주는 제목 텍스트

➤ android:summary: 제목 텍스트 아래에 더 작은 서체로 보여주는 더 긴 텍스트의 설명

➤ android:defaultValue: 공유 프레퍼런스의 키로 지정된 프레퍼런스 값이 없을 때 보여주는(그리고 선택되는) 기본값

코드 8-2는 프레퍼런스 카테고리와 스위치 프레퍼런스를 포함하는 프레퍼런스 화면 샘플이다.

코드 8-2 간단한 프레퍼런스 화면 레이아웃

```xml
<?xml version="1.0" encoding="utf-8"?>
<PreferenceScreen
  xmlns:android="http://schemas.android.com/apk/res/android">
  <PreferenceCategory
```

```
    android:title="My Preference Category">
    <SwitchPreference
      android:key="PREF_BOOLEAN"
      android:title="Switch Preference"
      android:summary="Switch Preference Description"
      android:defaultValue="true"
    />
  </PreferenceCategory>
</PreferenceScreen>
```

이 프레퍼런스 화면은 그림 8-2와 같이 나타난다. 프레퍼런스 화면을 보여주는 방법은 이번 장 뒤에서 배운다.

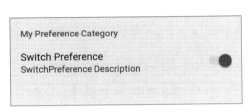

◑ 그림 8-2

네이티브 프레퍼런스 요소 타입

안드로이드는 프레퍼런스 화면 구성에 사용할 수 있는 몇 가지 프레퍼런스 요소를 제공한다.

➤ CheckBoxPreference: 프레퍼런스를 ture나 false로 설정하는 데 사용되는 표준 프레퍼런스 체크 상자 컨트롤

➤ SwitchPreference: 프레퍼런스를 ture나 false로 설정하기 위해 온/오프 스위치 형태로 나타나는 불리언(Boolean) 토글이며, 두 가지 상태를 갖는다.

➤ EditTextPreference: 프레퍼런스 값으로 문자열을 입력할 수 있다. 런타임에 프레퍼런스 텍스트를 선택하면 텍스트 입력 대화상자를 보여준다.

➤ ListPreference: 프레퍼런스 컨트롤로 구현된 스피너(spinner)다. 이것을 선택하면 선택할 값 리스트가 포함된 대화상자를 보여준다. 화면에 보이는 텍스트와 이것이 선택될 때 내정된 값을 서로 다른 배열에 지정할 수 있다.

➤ MultiSelectListPreference: 프레퍼런스 컨트롤로 구현된 체크 상자 리스트다. 사용자가 리스트의 여러 항목을 선택할 수 있다.

➤ RingtonePreference: 사용자가 선택하도록 신호음 리스트를 보여주는 리스트 프레퍼런스다. 알림 설정을 구성하는 화면을 만들 때 특히 유용하다.

각 프레퍼런스 요소를 조합해 프레퍼런스 화면 계층 구조를 구성할 수 있다. 또한 Preference 클래스(또는 위의 Preference 서브 클래스)의 서브 클래스를 생성하면 우리 나름의 특화된 프레퍼런스 요소를 만들 수 있다.

> 프레퍼런스 요소의 세부 내용은 developer.android.com/reference/android/support/v7/ preference/Preference.html에서 찾아볼 수 있다.

인텐트를 사용해 프레퍼런스 화면에 시스템 설정 추가하기

우리 나름의 프레퍼런스 화면을 포함하는 것에 추가하여, 프레퍼런스 화면 계층 구조에 다른 애플리케이션의 프레퍼런스 화면(특히 시스템 프레퍼런스)을 포함시킬 수 있다.

인텐트를 사용하면 프레퍼런스 화면에서 어떤 액티비티도 실행할 수 있다. 인텐트 요소를 프레퍼런스 화면 정의에 추가하면 시스템은 이를 특정 액션을 사용하는 startActivity 호출 요청으로 간주한다. 다음 XML 조각 코드는 시스템의 디스플레이 설정에 대한 링크를 추가한다.

```xml
<?xml version="1.0" encoding="utf-8"?>
<PreferenceScreen
  xmlns:android="http://schemas.android.com/apk/res/android">
  <PreferenceCategory
      android:title="My Preference Category">
    <Preference
      android:title="Intent preference"
      android:summary="System preference imported using an intent">
      <intent android:action="android.settings.DISPLAY_SETTINGS"/>
    </Preference>
  </PreferenceCategory>
</PreferenceScreen>
```

android.provider.Settings 클래스는 상당수의 android.settings.* 상수를 포함한다. 이 상수들은 블루투스나 위치, 네트워크 연결 등 시스템 설정 화면을 실행하는 데 사용된다. 사용할 수 있는 전체 인텐트 액션은 d.android.com/reference/android/provider/Settings.html에서 찾아볼 수 있다.

프레퍼런스 화면을 시스템에 사용할 수 있도록 만들기

인텐트를 사용해서 우리 나름의 프레퍼런스 화면이 실행될 수 있게 하려면 호스트 프레퍼런스 액티비티의 매니페스트 항목에 인텐트 필터를 추가하면 된다(다음 절에서 자세히 설명한다).

```
<activity android:name=".UserPreferences" android:label="My User Preferences">
  <intent-filter>
    <action android:name="com.paad.myapp.ACTION_USER_PREFERENCE" />
    <category android:name="android.intent.category.DEFAULT" />
  </intent-filter>
</activity>
```

이 방법은 네트워크 사용량을 관리하는 데 흔히 사용된다. 안드로이드 4.0 아이스크림 샌드위치(API 레벨 14) 이후로는 시스템 설정에서 사용자가 애플리케이션마다 백그라운드 데이터를 비활성화할 수 있다. 이때 ACTION_MANAGE_NETWORK_USAGE의 인텐트 필터를 추가하면 이 액션의 설정이 선택될 때 화면에 나타나는 프레퍼런스 액티비티를 지정할 수 있다.

```
<activity android:name=".DataPreferences" android:label="Data Preferences">
  <intent-filter>
    <action android:name="android.intent.action.MANAGE_NETWORK_USAGE" />
    <category android:name="android.intent.category.DEFAULT" />
  </intent-filter>
</activity>
```

이 액션과 연관된 프레퍼런스 액티비티는 애플리케이션의 설정을 제공해야 한다. 특히 백그라운드에서 애플리케이션 데이터 사용의 세밀한 제어를 제공하는 설정의 경우가 그렇다. 그리고 이 경우 사용자들이 백그라운드 데이터를 완전히 비활성화하기보다 데이터 사용량을 변경할 가능성이 더 높다.

프레퍼런스 액티비티의 전형적인 설정에는 변경 빈도, 충족되지 않는 (와이파이) 연결 요건, 충전 상태 등이 포함된다. 11장 '백그라운드에서 작업하기'에서는 작업 스케줄러를 사용해 이런 설정들을 백그라운드 변경에 적용하는 방법을 살펴본다.

8.8.3 프레퍼런스 프래그먼트

PreferenceFragment 클래스는 앞서 정의한 프레퍼런스 화면을 처리하는 데 사용된다. 새 프레퍼런스 프래그먼트를 생성하려면 PreferenceFragment 클래스의 서브 클래스를 생성해야 한다. 이때 지원 라이브러리의 프레퍼런스 프래그먼트 클래스인 PreferenceFragmentCompat을 사용하여 서브 클래스를 생성하는 것이 가장 좋다.

```
public class MyPreferenceFragment extends PreferenceFragmentCompat
```

프레퍼런스 화면을 인플레이트하려면 onCreatePreferences를 오버라이드하고 setPreferences FromResource를 호출해야 한다. 코드 8-3은 이를 나타낸 것이다.

코드 8-3   프레퍼런스 프래그먼트 만들기

```
import android.os.Bundle;
import android.support.v7.preference.PreferenceFragmentCompat;

public class MyPreferenceFragment extends PreferenceFragmentCompat {

  @Override
  public void onCreatePreferences(Bundle savedInstanceState, String rootKey) {
    setPreferencesFromResource(R.xml.preferences, rootkey);
  }
}
```

프레퍼런스 프래그먼트는 애플리케이션에 여럿 넣을 수 있다. 다른 보통 프래그먼트처럼 어떤 액티비티에도 넣을 수 있으며 런타임에 추가, 제거, 교체될 수 있다.

프레퍼런스 프래그먼트를 액티비티에 추가하려면 액티비티의 스타일에 preferenceTheme 요소부터 넣어야 한다. 다음은 프레퍼런스 지원 라이브러리의 PreferenceThemeOverlay.v14. Material 스타일을 사용하는 예다.

```
<style name="AppTheme" parent="@style/Theme.AppCompat">
  <item name="colorPrimary">@color/primary</item>
  <item name="colorPrimaryDark">@color/primaryDark</item>
  <item name="colorAccent">@color/colorAccent</item>

  <item
    name="preferenceTheme">@style/PreferenceThemeOverlay.v14.Material
  </item>
</style>
```

참고

앞선 조각 코드로 나타낸 프레퍼런스 테마(theme)는 최소 안드로이드 4.0 아이스크림 샌드위치(API 레벨 14) 이상이 실행 중인 기기를 필요로 한다. 만일 애플리케이션에서 이보다 이전 안드로이드 플랫폼이 실행되는 기기를 지원해야 한다면 preference Theme 속성 값으로 @style/Preference ThemeOverlay가 지정된 별도의 스타일 정의를 만들어야 한다.

8.9 지진 정보 조회 애플리케이션에 설정 액티비티 만들기

다음은 지금까지 다듬고 있는 지진 정보 조회 애플리케이션에 사용자 프레퍼런스를 설정하도록 설정 액티비티를 만드는 예다. 이 액티비티는 사용자 경험을 좀 더 개인화할 수 있는 각종 설정들을 구성할 수 있게 해준다. 자동 업데이트를 켜거나 끄는 토글 옵션과 업데이트 주기를 제어하는 옵션, 화면에 보이는 최소 지진 진도를 필터링하는 옵션 설정을 제공한다.

1. 7장 '인터넷 리소스 사용하기'에서 마지막으로 수정한 Earthquake 프로젝트를 연다. 그리고 프레퍼런스 지원 라이브러리 API를 애플리케이션 모듈(app)의 build.gradle 파일에 추가한다. Earthquake 프로젝트의 최소 SDK는 16이다(3장에서 최초 생성 시에 지정했었다). 따라서 프레퍼런스 지원 라이브러리의 v14 버전을 사용할 수 있다.

```
dependencies {
  [... 기존에 지정된 다른 의존성 노드 ...]
  implementation 'com.android.support:preference-v14:28.0.0'
}
```

2. 프레퍼런스 화면에 보여줄 라벨의 새 문자열 리소스를 res/values/string.xml 파일에 추가한다. 또한 새 메뉴 항목(Menu Item)에 사용할 문자열도 추가한다. 메뉴 항목은 사용자가 프레퍼런스 화면을 열 수 있게 해준다.

```
<resources>
  <string name="app_name">Earthquake</string>
  <string name="earthquake_feed">
https://earthquake.usgs.gov/earthquakes/feed/v1.0/summary/2.5_day.atom
  </string>
  <string name="menu_update">Refresh Earthquakes</string>
  <string name="auto_update_prompt">Auto refresh?</string>
  <string name="update_freq_prompt">Refresh Frequency</string>
  <string name="min_quake_mag_prompt">Minimum Quake Magnitude</string>
  <string name="menu_settings">Settings</string>
</resources>
```

3. 배열 리소스를 생성할 arrays.xml 파일을 생성한다(안드로이드 스튜디오 프로젝트 도구 창의 res/values에서 오른쪽 마우스 버튼을 누르고 New ➡ XML ➡ Values XML File을 선택한 후 파일 이름에 arrays를 입력). 그리고 이 파일에 배열 리소스 4개를 추가한다. 이들은 업데이트 주기와 최소 진도 스피너에 사용할 값들을 제공한다.

```
<?xml version="1.0" encoding="utf-8"?>
<resources>
```

```xml
<string-array name="update_freq_options">
    <item>Every Minute</item>
    <item>5 minutes</item>
    <item>10 minutes</item>
    <item>15 minutes</item>
    <item>Every Hour</item>
</string-array>
<string-array name="update_freq_values">
    <item>1</item>
    <item>5</item>
    <item>10</item>
    <item>15</item>
    <item>60</item>
</string-array>
<string-array name="magnitude_options">
    <item>All Magnitudes</item>
    <item>Magnitude 3</item>
    <item>Magnitude 5</item>
    <item>Magnitude 6</item>
    <item>Magnitude 7</item>
    <item>Magnitude 8</item>
</string-array>
<string-array name="magnitude_values">
    <item>0</item>
    <item>3</item>
    <item>5</item>
    <item>6</item>
    <item>7</item>
    <item>8</item>
</string-array>
</resources>
```

4. res 폴더 밑에 새 XML 리소스 폴더인 xml을 생성한다(res에서 오른쪽 마우스 버튼을 누르고 New ➡ Directory를 선택한 후 디렉터리 이름에 xml을 입력). 그리고 이 폴더에 새 user preferences.xml 파일을 생성한다(res/xml에서 오른쪽 마우스 버튼을 누르고 New ➡ XML resource file을 선택한 후 파일 이름에 userpreferences를 입력). 그리고 편집기 창 밑의 Text 탭을 클릭하여 XML 모드로 변경한 후 3개의 프레퍼런스를 추가한다. user preferences. xml 파일에는 지진 정보 조회 애플리케이션 설정을 하기 위한 설정 UI를 정의하며, 다음 내용이 포함된다. '자동 새로 고침'을 켜거나 끄는 토글을 나타내는 스위치 프레퍼런스, 그리고 변경 주기와 최소 진도 값을 선택하는 리스트 프레퍼런스다. 각 프레퍼런스의 키 값을 지정한다는 것에 유의하자.

```xml
<?xml version="1.0" encoding="utf-8"?>
<PreferenceScreen
```

```
xmlns:android="http://schemas.android.com/apk/res/android">
<SwitchPreference
  android:key="PREF_AUTO_UPDATE"
  android:title="@string/auto_update_prompt"
  android:summary="Select to turn on automatic updating"
  android:defaultValue="true"
/>
<ListPreference
  android:key="PREF_UPDATE_FREQ"
  android:title="@string/update_freq_prompt"
  android:summary="Frequency at which to refresh earthquake list"
  android:entries="@array/update_freq_options"
  android:entryValues="@array/update_freq_values"
  android:dialogTitle="Refresh frequency"
  android:defaultValue="60"
/>
<ListPreference
  android:key="PREF_MIN_MAG"
  android:title="@string/min_quake_mag_prompt"
  android:summary="Select the minimum magnitude earthquake to display"
  android:entries="@array/magnitude_options"
  android:entryValues="@array/magnitude_values"
  android:dialogTitle="Magnitude"
  android:defaultValue="3"
/>
</PreferenceScreen>
```

5. res/layout 폴더에 새 preferences.xml 레이아웃 리소스를 생성한다(res/layout에서 오른쪽 마우스 버튼을 누르고 New ➡ Layout resource file을 선택한 후 파일 이름에 preferences를 입력). 그리고 편집기 창 밑의 Text 탭을 클릭하여 XML 모드로 변경한 후 아래 코드로 일괄 교체한다. 이 레이아웃은 다음 단계에서 생성할 프레퍼런스 액티비티(PreferencesActivty)에 내부 클래스로 정의된 프레퍼런스 프래그먼트(PrefFragment)를 화면에 보여주기 위해 사용된다. 따라서 〈fragment〉 요소가 지정되어 있어야 한다.

```
<?xml version="1.0" encoding="utf-8"?>
<FrameLayout
  xmlns:android="http://schemas.android.com/apk/res/android"
  android:layout_width="match_parent"
  android:layout_height="match_parent">
  <fragment
    android:id="@+id/preferences_fragment"
    android:layout_width="match_parent"
    android:layout_height="match_parent"
    android:name=
    "com.professionalandroid.apps.earthquake.PreferencesActivity$PrefFragment"
    />
</FrameLayout>
```

(이 레이아웃의 작성이 끝나면 끝에 지정된 PreferencesActivity$PrefFragment에 빨간색의 에러 표시가 나타날 것이다. 그러나 이후 단계에서 프레퍼런스 액티비티와 프래그먼트를 생성하면 자동으로 해결되니 염려하지 말자.)

6. AppCompatActivity의 서브 클래스로 PreferencesActivity를 생성한다(app/java 밑의 com.professionalandroid.apps.earthquake 패키지에서 오른쪽 마우스 버튼을 누르고 File ➡ New ➡ Activity ➡ Empty Activity를 선택한 후 액티비티 이름에 PreferencesActivity를 입력하고 Generate Layout File의 체크를 지운 후 [Finish] 버튼을 누름). 그리고 5단계에서 생성한 레이아웃을 인플레이트하도록 onCreate 메서드를 변경한다. 또한 PreferenceFragmentCompat의 서브 클래스로 정적 내부 클래스인 PrefFragment를 생성한다. PrefFragment는 프레퍼런스 화면을 포함할 것이다.

```
package com.professionalandroid.apps.earthquake;

import android.os.Bundle;
import android.support.v7.app.AppCompatActivity;
import android.support.v7.preference.PreferenceFragmentCompat;

public class PreferencesActivity extends AppCompatActivity {
  @Override
  public void onCreate(Bundle savedInstanceState) {
    super.onCreate(savedInstanceState);
    setContentView(R.layout.preferences);
  }

  public static class PrefFragment extends PreferenceFragmentCompat {
  }
}
```

7. 6번 단계의 PrefFragment 클래스에 onCreatePreferences 메서드를 오버라이드하여 4번 단계에서 생성한 userpreferences.xml 파일을 인플레이트한다.

```
public static class PrefFragment extends PreferenceFragmentCompat {
  @Override
  public void onCreatePreferences(Bundle savedInstanceState,
                                  String rootKey) {
    setPreferencesFromResource(R.xml.userpreferences, null);
  }
}
```

8. PreferencesActivity에서 public static 문자열 값을 추가한다. 이 값은 4번 단계에 정의

된 각 프레퍼런스의 키 값이며, 각 프레퍼런스 값을 공유 프레퍼런스에 저장하고 읽을 때 사용된다.

```java
public class PreferencesActivity extends AppCompatActivity {

  public static final String PREF_AUTO_UPDATE = "PREF_AUTO_UPDATE";
  public static final String USER_PREFERENCE = "USER_PREFERENCE";
  public static final String PREF_MIN_MAG = "PREF_MIN_MAG";
  public static final String PREF_UPDATE_FREQ = "PREF_UPDATE_FREQ";

  @Override
  public void onCreate(Bundle savedInstanceState) {
    super.onCreate(savedInstanceState);
    setContentView(R.layout.preferences);
  }
}
```

9. res/values/styles.xml 파일을 편집기 창에 열자. 그리고 v14 머티리얼 디자인 프레퍼런스 테마 오버레이를 사용하기 위해 preferenceTheme을 정의하는 새 항목을 추가한다.

```xml
<resources>

  <!-- Base application theme. -->
  <style name="AppTheme" parent="Theme.AppCompat.Light.DarkActionBar">
    <!-- Customize your theme here. -->
    <item name="colorPrimary">@color/colorPrimary</item>
    <item name="colorPrimaryDark">@color/colorPrimaryDark</item>
    <item name="colorAccent">@color/colorAccent</item>
    <item
      name="preferenceTheme">@style/PreferenceThemeOverlay.v14.Material
    </item>
  </style>

</style>
```

10. 이제 프레퍼런스 액티비티가 마무리됐다. 애플리케이션 매니페스트(AndroidManifest. xml)를 열고 PreferencesActivity의 〈activity〉 태그에 인텐트 필터를 추가한다. 시스템 프레퍼런스의 애플리케이션 백그라운드 데이터 설정을 사용자가 변경하면 인텐트가 수행되도록 하기 위해서다.

```xml
<activity android:name=".PreferencesActivity">
  <intent-filter>
    <action android:name="android.intent.action.MANAGE_NETWORK_USAGE" />
    <category android:name="android.intent.category.DEFAULT" />
```

```
    </intent-filter>
</activity>
```

11. 이제는 EarthquakeMainActivity를 변경하는 일만 남았다. 여기서는 프레퍼런스 액티비티에서 선택된 프레퍼런스의 사용을 지원하는 기능을 추가할 것이다. 우선 프레퍼런스 액티비티를 화면에 보여줄 메뉴 항목부터 추가한다. 그리고 프레퍼런스 액티비티를 여는 새 항목을 포함시키기 위해 EarthquakeMainActivity의 onCreateOptionsMenu 메서드를 오버라이드한다.

```
...
public class PreferencesActivity extends AppCompatActivity {
  private static final int MENU_PREFERENCES = Menu.FIRST+1;

  ...

  @Override
  public boolean onCreateOptionsMenu(Menu menu) {
    super.onCreateOptionsMenu(menu);
    menu.add(0, MENU_PREFERENCES, Menu.NONE, R.string.menu_settings);
    return true;
  }
}
```

12. 11번 단계에서 만든 새 항목이 선택될 때 PreferencesActivity를 화면에 보여주도록 onOptionsItemSelected 메서드를 오버라이드한다. 그리고 프레퍼런스 화면 액티비티를 시작시키기 위해 명시적 인텐트를 생성하여 startActivityForResult 메서드에 전달한다. 따라서 프레퍼런스 화면 액티비티가 실행된 후 종료되면 onActivityResult 핸들러(지금은 이 핸들러가 없지만 필요할 때 추가하면 된다)를 통해 결과를 받을 수 있다.

```
...
public class PreferencesActivity extends AppCompatActivity {
  private static final int SHOW_PREFERENCES = 1;

  ...

  public boolean onOptionsItemSelected(MenuItem item){
    super.onOptionsItemSelected(item);
    switch (item.getItemId()) {
      case MENU_PREFERENCES:
        Intent intent = new Intent(this, PreferencesActivity.class);
        startActivityForResult(intent, SHOW_PREFERENCES);
        return true;
    }
```

```
        return false;
    }
}
```

13. 실제 기기나 에뮬레이터에서 애플리케이션을 시작시키자. 그리고 오른쪽 제일 위의 액티비티 메뉴(⋮)를 터치(클릭)하면 'Settings' 메뉴 항목이 나타난다. 계속해서 이 메뉴 항목을 터치하면 그림 8-3과 같이 프레퍼런스 액티비티가 화면에 보일 것이다.

◗ 그림 8-3

14. 이제는 프레퍼런스를 지진 정보 조회 애플리케이션에 적용하는 것만 남았다. 자동 업데이트는 이를 구현하기 위한 작업 스케줄러의 사용법을 배울 11장 '백그라운드에서 작업하기'로 미룰 것이다. 일단 지금은 진도 필터를 적용한다. 즉, 사용자가 설정에서 지진의 진도를 선택하면 이 진도 값 이상의 지진 데이터만 리사이클러 뷰에 보여준다. 우선 공유 프레퍼런스에 저장된 최소 진도 값을 읽는 새 updateFromPreferences 메서드를 EarthquakeListFragment에 추가한다.

```
...
public class EarthquakeListFragment extends Fragment {
  private int mMinimumMagnitude = 0;

  ...

  private void updateFromPreferences() {
    SharedPreferences prefs =
      PreferenceManager.getDefaultSharedPreferences(getContext());
    mMinimumMagnitude = Integer.parseInt(
      prefs.getString(PreferencesActivity.PREF_MIN_MAG, "3"));
  }
}
```

(이 코드를 작성한 후 PreferenceManager 클래스에 빨간색 에러 표시가 나타날 것이다. 같은 이름의 클래스가 두 개의 라이브러리에 있기 때문이다. PreferenceManager를 클릭한 후 Alt + Enter (맥에 서는 Command + Return) 키를 누른 후 android.support.v7.preference 패키지의 PreferenceManager 를 선택한다.)

15. EarthquakeListFragment의 setEarthquakes 메서드를 다음과 같이 변경한다. 우선 각 지진의 진도를 확인하고 지진 List에 추가하도록 한다. 또한 지진의 진도 필터를 적용해 서 최소 진도 프레퍼런스를 변경하게 한다.

```
public void setEarthquakes(List<Earthquake> earthquakes) {
  updateFromPreferences();

  for (Earthquake earthquake: earthquakes) {
    if (earthquake.getMagnitude() >= mMinimumMagnitude) {
      if (!mEarthquakes.contains(earthquake)) {
        mEarthquakes.add(earthquake);
        mEarthquakeAdapter.notifyItemInserted(
          mEarthquakes.indexOf(earthquake));
      }
    }
  }

  if (mEarthquakes != null && mEarthquakes.size() > 0)
    for (int i = mEarthquakes.size() - 1; i >= 0; i--) {
      if (mEarthquakes.get(i).getMagnitude() < mMinimumMagnitude) {
        mEarthquakes.remove(i);
        mEarthquakeAdapter.notifyItemRemoved(i);
      }
    }

  mSwipeToRefreshView.setRefreshing(false);
}
```

16. 마지막으로, 지진 리스트에 지진 데이터를 채우는 새 OnSharedPreferenceChange
Listener를 EarthquakeListFragment에 추가한다. 이때 사용자가 선택한 새 진도 설정
값을 기준으로 해당 지진 데이터만 채운다.

```
@Override
protected void onActivityCreated(Bundle savedInstanceState) {

    [... 기존 onActivityCreated 메서드 부분 ...]

    // OnSharedPreferenceChangeListener를 등록한다.
    SharedPreferences prefs =
      PreferenceManager.getDefaultSharedPreferences(getContext());
    prefs.registerOnSharedPreferenceChangeListener(mPrefListener);
}

private SharedPreferences.OnSharedPreferenceChangeListener
  mPrefListener
    = new SharedPreferences.OnSharedPreferenceChangeListener() {

    @Override
    public void onSharedPreferenceChanged(SharedPreferences
                                          sharedPreferences,
                                          String key) {
      if (PreferencesActivity.PREF_MIN_MAG.equals(key)) {
        List<Earthquake> earthquakes
            = earthquakeViewModel.getEarthquakes().getValue();
        if (earthquakes != null)
          setEarthquakes(earthquakes);
      }
    }
  };
```

17. 실제 기기나 에뮬레이터에서 애플리케이션을 시작시키자. 그리고 오른쪽 제일 위의
액티비티 메뉴(▤)를 터치(클릭)하면 'Settings' 메뉴 항목이 나타난다. 계속해서 이 메
뉴 항목을 터치하면 앞의 그림 8-3처럼 프레퍼런스 액티비티가 화면에 보일 것이다.
Minimum Quake Magnitude(최소 지진 진도)를 터치하면 그림 8-4처럼 진도를 선택할
수 있다. 예를 들어, 'Magnitude 3'가 선택되어 있는 그림 8-4에서 'Magnitude 5'를 선
택하면 다시 그림 8-3의 프레퍼런스 액티비티로 돌아간다. 그리고 '뒤로 가기(Back)' 버
튼을 누르면 그림 8-5처럼 진도 5 이상의 지진 데이터만 보이게 된다.

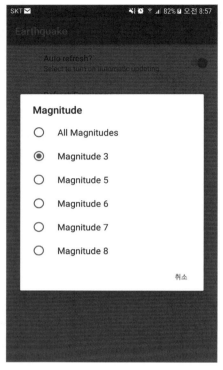

◑ 그림 8-4

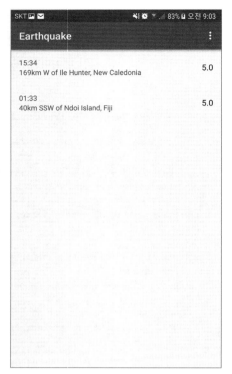

◑ 그림 8-5

8.10 정적 파일을 리소스로 포함하기

애플리케이션에 읽기 전용의 외부 파일 리소스가 필요하다면 이 리소스를 배포 패키지에 포함해야 한다. 이를 위해서는 리소스를 프로젝트 리소스 계층 구조의 res/raw 폴더에 넣으면 된다.

그리고 해당 파일 리소스를 사용하려면 애플리케이션 Resource 객체의 openRawResource 메서드를 호출한다. 이 메서드는 지정된 파일을 기준으로 InputStream을 받는다. 이 메서드를 호출할 때는 확장자를 뺀 파일 이름을 R.raw 클래스의 변수 이름으로 전달한다. 예를 들면 다음과 같다.

```
Resources myResources = getResources();
InputStream myFile = myResources.openRawResource(R.raw.myfilename);
```

안드로이드의 데이터베이스로 변환하는 것이 바람직하지 않은 대용량의 기존 데이터 소스㎝

디렉터리)의 경우에는 이처럼 원시 파일을 리소스 계층 구조에 추가하는 것이 아주 좋은 방법이다.

안드로이드의 리소스 메커니즘에서는 여러 언어나 위치, 하드웨어 구성에 필요한 대체 리소스 파일을 지정할 수 있다. 예를 들어 사용자의 언어 설정에 따라 각기 다른 딕셔너리 리소스를 로드하는 애플리케이션을 생성할 수 있다.

8.11 파일 시스템 사용하기

공유 프레퍼런스나 데이터베이스(9장 '데이터베이스 생성하고 사용하기' 참고)를 사용해 애플리케이션 데이터를 저장하는 방법도 바람직하지만, 경우에 따라서는 안드로이드가 관리하는 메커니즘에 의존하기보다 파일을 직접 사용할 경우가 생길 수 있다. 특히 바이너리 파일을 사용할 때가 그렇다.

8.11.1 파일 관리 도구

안드로이드는 몇 가지 기본 파일 관리 도구를 제공해 파일 시스템 처리를 지원한다. 이들 유틸리티 중 상당수는 java.io.File 패키지에 있다.

자바 파일 관리 유틸리티의 모든 것을 다루는 것은 이 책의 범위를 벗어난다. 그러나 안드로이드는 파일 관리에 특화된 유틸리티들을 제공하며, 이 유틸리티들은 애플리케이션 컨텍스트에서 사용할 수 있다.

> ➤ deleteFile: 현재 애플리케이션에서 생성한 파일들을 삭제할 수 있다.
> ➤ fileList: 현재 애플리케이션에서 생성한 모든 파일이 포함된 문자열 배열을 반환한다.

애플리케이션이 예기치 않게 종료되어 남게 된 임시 파일을 제거하는데 이 메서드들이 특히 유용하다.

8.11.2 애플리케이션 전용 내부 저장소에 파일 생성하기

애플리케이션마다 내부 저장소에 데이터 디렉터리가 제공돼 다른 애플리케이션에서는 사용할 수 없고 현재의 애플리케이션에서만 사용되는 파일을 그곳에 저장할 수 있다. 이 데이터 디렉터리와 그 안의 모든 파일은 해당 애플리케이션이 제거되면 자동으로 삭제된다.

이 데이터 디렉터리에 있는 기본 서브 디렉터리 2개는 파일 디렉터리와 캐시 디렉터리이며, 컨텍스트의 getFilesDir과 getCacheDir 메서드를 통해 사용할 수 있다.

> **주의**
>
> 이 메서드들로부터 반환되는 파일 및 캐시 디렉터리들의 경로는 지속적으로 변할 수 있다. 따라서 상대 경로를 사용해서 해당 디렉터리에 파일을 저장해야 한다.

getFilesDir 메서드에서 반환되는 위치는 영구적이면서 애플리케이션 전용인 파일을 저장하기에 적합한 곳이며, 애플리케이션에서 삭제하지 않는 한 계속 사용할 수 있다.

이와 반대로 getCacheDir 메서드에서 반환되는 위치에 저장된 캐시 파일들은 가용 저장 공간이 부족할 때 시스템이 삭제할 가능성이 크므로 이 위치는 임시 저장 공간으로 고려되어야 한다. 이에 따라 해당 캐시 파일들은 자동 백업으로 백업되지 않으며, 없거나 삭제되어도 사용자 데이터가 유실되지 않는다. 그리고 애플리케이션에서는 언제든지 해당 파일들이 삭제된다는 것에 대비해야 한다. 시스템뿐만 아니라 사용자도 해당 임시 캐시 파일들을 직접 삭제할 수 있다. 이때는 애플리케이션의 시스템 설정에서 'Clear Cache'를 선택하면 된다.

8.11.3 애플리케이션 전용 외부 저장소에 파일 생성하기

내부 저장소의 데이터 디렉터리 외에도 애플리케이션은 외부 저장소의 애플리케이션 전용 디렉터리를 사용할 수 있다. 앞서 언급한 내부 저장소의 디렉터리처럼 애플리케이션 전용 외부 저장소의 디렉터리에 생성된 파일들도 애플리케이션이 제거될 때 함께 삭제된다.

'외부' 저장소라는 말은 모든 애플리케이션이 사용할 수 있는 공유/미디어 저장소를 의미하며, 기기가 USB를 통해 컴퓨터에 연결될 때 컴퓨터 파일 시스템에 마운트될 수 있다. 기기에 따라 다르지만 이 경우 내부 저장소나 SD 카드의 별개 파티션이 될 수 있다. 내부 저장소와 외부 저장소를 같은 저장 장치로 지원할 때는 Environment.isExternalStorageEmulated 메서드에서 true를 반환한다. (예를 들어, SD 카드 장치가 없는 스마트폰의 경우 내부 메모리에 SD 카드 데이터를 저장한다.)

한 가지 기억해야 할 중요한 사실은 외부 저장소에 파일을 저장할 때는 파일에 대한 보안 처리가 되지 않는다는 점이다. 따라서 외부 저장소에 저장된 파일은 어떤 애플리케이션도 사용할 수 있고 덮어쓰거나 삭제할 수 있다.

외부 저장소에 저장된 파일들이 언제든 사용할 수 있는 상태가 아니라는 점을 기억해야 한다. SD 카드를 제거한 상태이거나 기기를 컴퓨터에 마운트해 사용하는 경우에는 애플리케이션에서 외부 저장소의 파일들을 읽거나 생성할 수 없게 된다.

Context 클래스의 메서드인 getExternalFilesDir은 getFileDir 메서드와 같은 기능을 수행하며 외부 저장소에 사용한다는 점이 다르다. getExternalFilesDir은 파일이 저장될 서브 디렉터리를 지정하기 위한 문자열 매개변수를 받는다. 이 문자열로는 Environment 클래스에 포함된 DIRECTORY_ [Category] 문자열 상수를 사용할 수 있으며, 각 문자열 상수는 이미지, 동영상, 음악 등의 파일이 저장되는 서로 다른 표준 디렉터리를 나타낸다.

내부 저장소에서처럼 getExternalCacheDir 메서드는 외부 저장소에 임시 파일을 저장한다. 안드로이드가 외부 저장소의 가용 공간을 항시 모니터링하는 것이 아니기 때문에 애플리케이션에서 직접 캐시 파일의 크기나 생성 시점을 모니터링하고 관리해야 한다. 이때 최대 캐시 크기를 초과한 파일들을 삭제한다.

외부 저장소의 에뮬레이션, 별도의 SD 카드 등과 같이 사용할 수 있는 외부 디렉터리를 여러 개 갖는 기기를 위해 안드로이드 4.4 킷캣(API 레벨 19)부터는 getExternalFilesDirs 메서드와 getExternalCacheDirs 메서드를 추가했다. 이 메서드들은 외부 디렉터리 경로를 저장한 배열을 반환하며, 애플리케이션에서 각 외부 저장 장치의 애플리케이션 전용 디렉터리들을 읽거나 쓸 수 있게 해준다. 이 메서드들이 반환하는 배열의 첫번째 요소는 내부 저장소의 디렉터리 경로를 나타내며(두번째 요소는 외부 저장소인 SD 카드의 디렉터리 경로이다), 이것은 getExternalFilesDir이나 getExternalCacheDir 메서드가 반환하는 디렉터리 경로와 일치한다.

안드로이드 4.4 킷캣(API 레벨 19) 이전에는 애플리케이션이 READ_EXTERNAL_STORAGE 및 WRITE_EXTERNAL_STORAGE 권한을 가져야 외부 저장소의 폴더를 읽거나 쓸 수 있었다(이 권한들은 '위험(dangerous)' 부류에 속하는 권한들이다). 따라서 이 권한들이 지정된 <uses-permission> 요소에 android:maxSdkVersion="18"(여기서 18은 API 레벨)을 추가하면 안드로이드 4.4 킷캣(API 레벨 19) 이전 플랫폼 릴리스가 실행되는 기기에서만 이 '위험' 권한들을 요청하게 된다.

이미지나 오디오, 비디오 등 미디어 라이브러리에 추가돼야 하는 파일을 애플리케이션이 다운로드하거나 생성할 때는 안드로이드 6.0 마시멜로(API 레벨 21)에 추가된 getExternalMediaDirs

메서드가 반환한 위치에 해당 파일을 저장해야 한다. 그래야만 미디어 스캐너(MediaScanner 클래스)가 자동으로 찾아준다.

> getExternalMediaDirs 메서드는 안드로이드 6.0 마시멜로(API 레벨 21)에 도입됐다. 따라서 이전 플랫폼 릴리스를 지원하기 위해서는 MediaScannerConnection.scanFile을 사용해 외부 저장소에 저장된 파일을 모두 미디어 데이터베이스에 명시적으로 추가해야 한다.

8.12 SDA로 공용 디렉터리 사용하기

앞서 언급한 대로 내부 및 외부 저장소의 애플리케이션 전용 디렉터리에 저장된 파일들은 애플리케이션이 제거될 때 함께 삭제된다. 하지만 애플리케이션에서는 공유되는 공용 디렉터리에도 파일을 저장할 수 있다. 이 파일들은 애플리케이션이 제거된 이후에도 삭제되지 않고 남는다.

그러나 이들 공용 디렉터리는 공유된다는 본질로 인해 이곳에 있는 파일을 읽거나 쓰기 위해서는 반드시 사용자의 허락을 받아야 한다(그림 8-6처럼 대화상자가 나타남). 안드로이드 7.0 누가(API 레벨 24)에 도입된 SDA(Scoped Directory Access)는 지정된 저장소 볼륨에 있는 공유되는 공용 디렉터리로의 사용을 요청할 수 있는 절차다.

1차 저장소 볼륨은 앞서 언급한 애플리케이션 전용 외부 저장소 디렉터리와 동일한 저장 장치다. 그리고 2차 저장소 볼륨은 SD 카드일 수도 있고 USB로 연결된 장치와 같은 임시로 연결된 저장 장치일 수도 있다.

특정 StorageVolume 객체는 다음 조각 코드에서처럼 StorageManager를 사용해 가져올 수 있다. 여기서는 getPrimaryStorageVolume 메서드를 사용해 1차 저장소 볼륨 객체를 가져온다.

```
StorageManager sm =
  (StorageManager)getSystemService(Context.STORAGE_SERVICE);
StorageVolume volume = sm.getPrimaryStorageVolume();
```

특정 공용 디렉터리를 사용하려면 createAccessIntent를 호출해야 한다. 이때 Environment.DIRECTORY_ static 상수 중 하나를 사용해서 필요한 디렉터리를 지정한 매개변수를 전달한다.

```
Intent intent =
  volume.createAccessIntent(Environment.DIRECTORY_PICTURES);
```

사용하려는 공용 디렉터리를 지정할 수 있는 static 문자열 상수는 Environment 클래스에 포함되어 있다. 구체적으로는 다음과 같다.

➤ DIRECTORY_ALARMS: 사용자가 알람 소리로 선택할 수 있는 오디오 파일

➤ DIRECTORY_DCIM: 기기에서 생성 또는 받은 사진이나 동영상

➤ DIRECTORY_DOCUMENTS: 사용자가 만든 문서

➤ DIRECTORY_DOWNLOADS: 사용자가 다운로드한 파일

➤ DIRECTORY_MOVIES: 동영상이 수록된 비디오 파일

➤ DIRECTORY_MUSIC: 음악이 수록된 오디오 파일

➤ DIRECTORY_NOTIFICATIONS: 사용자가 알림 소리로 선택할 수 있는 오디오 파일

➤ DIRECTORY_PICTURES: 사진이 수록된 이미지 파일

➤ DIRECTORY_PODCASTS: 팟캐스트가 수록된 오디오 파일

➤ DIRECTORY_RINGTONES: 사용자가 벨소리로 선택할 수 있는 오디오 파일

> **참고**
>
> 2차 저장소 볼륨을 사용할 때 디렉터리 값으로 null을 전달하면 전체 저장소 볼륨에 접근할 수 있다. 이 옵션은 1차 저장소 볼륨에 사용할 수 없다. 1차 저장소의 루트에 접근하는 일은 사용자의 개인 파일에 보안 문제를 야기할 수도 있기 때문에 강력하게 금지된다.
>
> 하지만 Environment.getExternalStorageDirectory가 반환하는 1차 저장소 볼륨의 어떤 디렉터리도 읽거나 쓰기 위해 READ_EXTERNAL_STORAGE 권한과 WRITE_EXTERNAL_STORAGE 권한을 요청할 수 있다.

createAccessIntent로부터 인텐트가 반환되면 코드 8-4처럼 이 인텐트를 startActivityFor Result로 전달한다.

코드 8-4 SDA로 저장소 볼륨 사용 요청하기

```
StorageManager sm =
(StorageManager)getSystemService(Context.STORAGE_SERVICE);
StorageVolume volume = sm.getPrimaryStorageVolume();

Intent intent =
```

```
    volume.createAccessIntent(Environment.DIRECTORY_PICTURES);

startActivityForResult(intent, PICTURE_REQUEST_CODE);
```

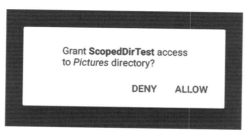

◑ 그림 8-6

사용자는 그림 8-6과 같은 대화상자를 볼 수 있다. 이 대화상자에서는 지정된 저장소 볼륨의
지정된 디렉터리(및 그 서브 디렉터리)에 애플리케이션이 접근할 수 있는 권한을 사용자가 부여
할 수 있다. 사용자가 이전에 이 요청을 거부한 적이 있다면 [Don't ask again] 체크 상자가 나
타나고, 사용자가 체크 표시를 할 경우, 같은 위치에 대해서는 더 이상 요청하지 않고 자동으
로 거부된다.

사용자가 요청을 수락하면 콜백으로 호출되는 onActivityResult에 RESULT_OK라는 결과 코
드가 전달되며, 이 메서드에서 호출된 getData에서는 새로 사용할 수 있게 된 디렉터리의 문서
트리 URI를 반환한다. 코드 8-5는 이를 나타낸 것이다.

코드 8-5 SDA를 통해 디렉터리 사용하기

```
@Override
public void onActivityResult(int requestCode, int resultCode, Intent data) {
  if (requestCode == PICTURE_REQUEST_CODE && resultCode == RESULT_OK) {
    Uri documentTreeUri = data.getData();
    // 반환된 URI를 사용해 디렉터리 내 파일들을 사용한다.
    handleDocumentTreeUri(documentTreeUri);
  }
}
```

전통적인 java.io.File과 달리 문서 URI는 DocumentContract 클래스의 메서드들을 통해 파일
을 접근하고 ContentResolver를 사용해 파일의 메타데이터를 알아낸다. 그리고 각 문서의 콘
텐츠를 사용하려면 openInputStream을 호출해야 한다. 코드 8-6은 이를 나타낸 것이다.

```java
private void handleDocumentTreeUri(Uri documentTreeUri) {
  Uri childrenUri = DocumentsContract.buildChildDocumentsUriUsingTree(
    documentTreeUri, DocumentsContract.getDocumentId(documentTreeUri));
  try (Cursor children = getContentResolver().query(childrenUri,
    new String[] { DocumentsContract.Document.COLUMN_DOCUMENT_ID,
    DocumentsContract.Document.COLUMN_MIME_TYPE },
    null /* selection */,
    null /* selectionArgs */,
    null /* sortOrder */)) {
      if (children == null) {
        return;
      }

      while (children.moveToNext()) {
        String documentId = children.getString(0);
        String mimeType = children.getString(1);
        Uri childUri = DocumentsContract.buildDocumentUriUsingTree(
          documentTreeUri, documentId);
        if (DocumentsContract.Document.MIME_TYPE_DIR.equals(mimeType)) {
          handleDocumentTreeUri(childUri);
        } else {
          try (InputStream in =
            getContentResolver().openInputStream(childUri)) {
            // TODO 파일을 읽는다.
          } catch (FileNotFoundException e) {
            Log.e(TAG, e.getMessage(), e);
          } catch (IOException e) {
            Log.e(TAG, e.getMessage(), e);
          }
        }
      }
    }
}
```

지원 라이브러리에는 도우미 클래스인 DocumentFile도 제공된다. 이 클래스는 추가적인 오버헤드를 감수하고 File API를 에뮬레이션한다. 코드 8-7은 이를 나타낸 것이다.

```java
private void handleDocumentTreeUri(Uri documentTreeUri) {
  DocumentFile directory = DocumentFile.fromTreeUri(
    this, // 현재의 컨텍스트
    documentTreeUri);

  DocumentFile[] files = directory.listFiles();

  for (DocumentFile file : files) {
```

```
    if (file.isDirectory()) {
      handleDocumentTreeUri(file.getUri());
    } else {
      try (InputStream in =
          getContentResolver().openInputStream(file.getUri())) {
        // TODO 파일을 읽는다.
      } catch (FileNotFoundException e) {
        Log.e(TAG, e.getMessage(), e);
      } catch (IOException e) {
        Log.e(TAG, e.getMessage(), e);
      }
    }
  }
}
```

문서 URI의 사용법이나 DocumentContract의 사용법은 8.14 '다른 애플리케이션에서 저장소 접근 프레임워크를 사용해 파일에 접근하기'에서 더욱 자세하게 알아본다.

기본적으로 SDA에 하는 요청은 현재 세션에서만 유지된다. 요청된 디렉터리에 애플리케이션이 지속적으로 접근해야 한다면 ContentResolver.takePersistableUriPermission을 호출해야 한다. 이때 받은 문서 트리 URI 그리고 FLAG_GRANT_READ_URI_PERMISSION이나 FLAG_GRANT_WRITE_URI_PERMISSION 중 하나(또는 둘 다)를 전달해 지속적인 읽기/쓰기 권한을 각각 요청한다.

사용자가 권한을 승인하면 이후의 접근 요청은 자동으로 성공 처리되며 사용자와의 상호 작용이나 대화상자가 나타나지 않는다. 따라서 애플리케이션에서는 여러 세션에 걸쳐 해당 디렉터리를 계속 사용할 수 있다. 기기가 다시 부팅되어도 마찬가지다.

```
@Override
public void onActivityResult(int requestCode, int resultCode, Intent data) {
  if (requestCode == PICTURE_REQUEST_CODE && resultCode == RESULT_OK) {
    Uri documentTreeUri = data.getData();

    // 디렉터리 접근 권한을 유지하므로 여러 번 접근할 수 있다.
    getContentResolver().takePersistableUriPermission(documentTreeUri,
      Intent.FLAG_GRANT_READ_URI_PERMISSION);

    // 반환받은 URI를 사용해 디렉터리 내 파일에 접근한다.
    handleDocumentTreeUri(documentTreeUri);
  }
}
```

8.13 파일 프로바이더를 사용해 파일 공유하기

안드로이드 지원 라이브러리에는 애플리케이션 전용 디렉터리에 있는 파일들을 콘텐트 URI로 변환할 목적으로 FileProvider라는 클래스가 제공된다. 콘텐트 URI로 변환하면 다른 애플리케이션들과 파일 공유가 가능해진다.

8.13.1 파일 프로바이더 만들기

반드시 서브 클래스를 생성하여 구현해야 하는 서비스나 액티비티와 달리, 파일 프로바이더는 provider 노드를 사용해 매니페스트에 직접 추가한다.

```
<provider
  android:name="android.support.v4.content.FileProvider"
  android:authorities="${applicationId}.files"
  android:grantUriPermissions="true"
  android:exported="false">
  <meta-data
    android:name="android.support.FILE_PROVIDER_PATHS"
    android:resource="@xml/filepaths"
  />
</provider>
```

android:authorities 속성은 고유 문자열이어야 한다. 대개 애플리케이션의 applicationId 또는 패키지 이름을 접두어로 붙여 지정한다. 그래들은 애플리케이션 ID를 삽입하기 위해 사용할 수 있는 플레이스홀더로 ${applicationId}를 제공한다.

각 파일 프로바이더는 XML 경로에 지정한 디렉터리의 공유를 허용한다. 이 XML 경로는 android.support.FILE_PROVIDER_PATHS 메타데이터 노드의 android:resource 속성에 지정한다. 그리고 이것이 지정된 XML 파일에는 애플리케이션의 내부 및 외부 파일과 캐시에 관련된 경로들을 지정할 수 있다. 예를 들면 다음과 같다.

```
<paths>
  <!-- Any number of paths can be declared here -->
  <files-path name="my_images" path="images/" />
  <cache-path name="internal_image_cache" path="imagecache/" />
  <external-files-path name="external_audio" path="audio/" />
  <external-cache-path name="external_image_cache" path="imagecache/" />
</paths>
```

경로 노드마다 해당 디렉터리를 가리키는 고유 이름과 그 상대 경로가 필요하다.

8.13.2 파일 프로바이더를 사용해 파일 공유하기

FileProvider로 파일을 공유하려면 해당 파일을 가리키는 콘텐트 URI부터 생성해야 한다. 이
때 FileProvider.getUriForFile을 사용하며, 컨텍스트, 매니페스트에 추가한 권한, 파일 자체를
이 메서드의 인자로 전달하면 된다.

```
File photosDirectory = new File(context.getFilesDir(), "images");
File imageToShare = new File(photosDirectory, "shared_image.png");

Uri contentUri = FileProvider.getUriForFile(context,
  BuildConfig.APPLICATION_ID + ".files", imageToShare);
```

그 다음에 콘텐트 URI를 다른 애플리케이션과 공유하기 위해 ACTION_SEND 인텐트
에 첨부할 수 있다. 안드로이드 지원 라이브러리에는 이 과정을 간단하게 수행할 수 있는
ShareCompat 클래스가 제공된다.

```
ShareCompat.IntentBuilder.from(activity)
  .setType("image/png")
  .setStream(contentUri)
  .startChooser();
```

> **참고**
>
> 안드로이드 4.1 젤리빈(API 레벨 16) 이전에는 인텐트에 setData(contentUri)와 addFlags(Intent.FL
> AG_GRANT_READ_URI_PERMISSION)를 호출해야 했다. 인텐트를 수신하는 애플리케이션이 해당
> 콘텐트 URI를 읽을 권한을 갖도록 하기 위해서다. 관련 내용은 8.15 'URI 기반 권한 사용하기'에서
> 다룬다. API 16 이후부터는 ACTION_SEND의 경우, 이 과정이 자동으로 진행된다.

8.13.3 파일 프로바이더로부터 파일받기

공유 파일을 받을 때는 ContentResolver.openInputStream을 사용해 해당 파일의 데이터를 사용할 수 있다. 예를 들어 받은 콘텐트 URI로부터 비트맵을 추출하는 방법은 다음과 같다.

```
Uri uri = ShareCompat.IntentReader.from(activity).getStream();
Bitmap bitmap;
try (InputStream in = getContentResolver().openInputStream(uri)) {
  bitmap = BitmapFactory.decodeStream(in);
} catch (IOException e) {
  Log.e(TAG, e.getMessage(), e);
}
```

8.14 저장소 접근 프레임워크를 사용해 다른 애플리케이션의 파일 사용하기

저장소 접근 프레임워크(SAF, Storage Access Framework)는 시스템 차원의 표준 UI를 제공한다. 이 UI는 외부 공용 저장소 디렉터리로부터 사용자가 파일을 선택하는 데 사용될 수 있다. 또는 문서 프로바이더(Document Provider)를 노출해 파일을 제공하는 애플리케이션에서 사용자가 파일을 선택할 때도 사용될 수 있다.

이 기능은 이메일 작성이나 텍스트 메시지 전송 또는 소셜 미디어에 글을 게시하는 등의 일을 할 때 해당 애플리케이션에서 생성되고 저장되는 파일, 특히 이미지 파일을 포함할 수 있는 애플리케이션에 유용하다.

안드로이드는 내장 문서 프로바이더를 상당수 제공한다. 이 프로바이더들은 기기의 이미지나 동영상, 오디오 파일을 사용하게 해준다. 또한 SD 카드나 이외의 다른 외부 저장 장치에 그런 파일들을 포함하는 모든 외부 공용 디렉터리도 사용하게 해준다.

> **참고**
>
> 문서 프로바이더를 사용하면 구글 드라이브나 구글 포토와 같은 원격 저장소에 저장된 파일도 사용할 수 있다. 우리 애플리케이션에서 원격으로 저장한 파일을 다른 애플리케이션에서 사용할 수 있도록 할 때는 우리 나름의 DocumentsProvider를 생성하면 된다. 문서 프로바이더를 생성하는 방법은 이 책의 범위를 벗어난다. 자세한 내용은 d.android.com/guide/topics/providers/create-documentprovider.html#custom에서 알 수 있다.

SAF를 통해 사용되는 문서 프로바이더는 전통적인 '파일'이 아닌 '문서'를 사용할 수 있게 해 준다.

문서는 경로와 파일 이름 대신 URI로 그 위치를 나타낸다는 점에서 파일과 다르다. 문서는 클 라우드 기반 파일에 투명하게 접근할 수 있도록 통상적인 파일 API보다 더 높은 추상화 수 준 을 제공한다.

따라서 문서로 작업할 때는 java.io API를 사용할 수 없다. 그 대신 문서 URI를 받는 메서드 들이 포함된 DocumentsContract 클래스를 사용한다.

> **참고**
>
> SAF는 안드로이드 4.4 킷캣(API 레벨 19)에 추가됐다. 하지만 다음에 설명할 ACTION_GET_ CONTENT는 모든 버전의 안드로이드에서 사용할 수 있다. 단, 애플리케이션에서 android.intent.acti on.GET_CONTENT용 인텐트 필터를 갖는 액티비티를 제공해야 사용 가능하다.

8.14.1 파일의 일시적 사용 요청하기

파일을 소셜 미디어에 게시하는 등 일회성 작업을 수행할 때는 관련 파일을 일시적으로 사용 하면 된다. 이때 인텐트에서 ACTION_GET_CONTENT 액션을 사용하면 사용자가 하나 이 상의 파일을 선택하게 할 수 있다.

```
Intent intent = new Intent(Intent.ACTION_GET_CONTENT);
intent.setType("image/*");
intent.addCategory(Intent.CATEGORY_OPENABLE);
intent.putExtra(Intent.EXTRA_ALLOW_MULTIPLE, true);
startActivityForResult(intent, REQUEST_IMAGES_CODE);
```

startActivityForResult를 사용해 이 인텐트를 전달하면 SAF UI가 시작된다. SAF UI는 setType으로 인텐트에 지정된 MIME 유형을 기준으로 사용할 수 있는 파일들을 필터링한다.

안드로이드는 열 수 있는(openable) 파일과 가상 파일을 둘 다 지원한다. 열 수 있는 파일은 openInputStream으로 사용할 수 있는 실제 파일(바이트로 나타낸)이며, 가상 파일은 실제 파일 이 아니다. CATEGORY_OPENABLE을 인자로 전달하여 addCategory를 호출하면 열 수 있 는 파일만 선택할 수 있다.

EXTRA_ALLOW_MULTIPLE 엑스트라는 선택적으로 사용하며, 사용자가 여러 파일을 선택할 수 있다는 것을 나타낸다. 그리고 SAF UI의 실행이 끝난 후에는 애플리케이션에서 getClipData를 사용해 결과 인텐트가 반환될 때 선택된 URI 리스트를 가져올 수 있다. 선택된 첫 번째 URI는 항상 getData를 호출해 사용할 수 있다.

> **참고**
>
> ACTION_GET_CONTENT는 SAF보다 새 버전의 안드로이드에 도입되었으므로 구 버전의 안드로이드 애플리케이션에서는 여전히 SAF UI로 나타날 것이다. 단, API 레벨 19 이후에는 ACTION_ GET_CONTENT로 반환된 파일들이 문서 URI가 된다. 하지만 구 버전의 안드로이드 애플리케이션은 그냥 파일을 반환한다. 따라서 반환된 모든 URI가 문서 URI일 것이라고 단정할 수 없다. 그러므로 문서 URI를 받았는지, 그리고 DocumentsContract API를 사용할 수 있는지 판단하기 위해 DocumentsContract.isDocumentUri를 사용해야한다.

8.14.2 파일의 지속적 사용 요청하기

선택된 파일들에 대한 지속적인 사용을 요청하려면 ACTION_GET_CONTENT 대신, ACTION_OPEN_DOCUMENT를 사용해야 한다. 그래야만 해당 파일을 제공한 프로바이더에서 파일이 변경되면 우리 애플리케이션에서 변경된 것을 받을 수 있기 때문이다.

ACTION_OPEN_DOCUMENT를 사용할 때 반환된 모든 URI는 문서 URI가 된다. 따라서 파일의 메타데이터(파일의 이름과 요약 설명을 비롯해)를 가져오는 기능이 포함된 고급 기능은 물론이고 선택적 기능(섬네일을 가져오는 등의)도 사용할 수 있다.

그리고 복사, 삭제, 이동, 제거, 이름 변경 등 연산을 사용해 파일을 관리할 수도 있다. 문서 URI를 받으면 각 URI에 ContentResolver.takePersistableUriPermission을 호출해야 세션 간 그리고 기기 재시동 시 URI에 접근하는 권한을 가져올 수 있다.

또한 복사, 삭제, 이동, 이름 변경 등 작업을 사용해 파일을 관리할 수도 있다. 이때는 문서 URI를 받은 다음에 각 URI에 ContentResolver.takePersistableUriPermission을 호출해야만 세션 간에 또는 기기 재시동 시에 해당 URI를 지속적으로 사용할 수 있는 권한을 가져올 수 있다.

8.14.3 디렉터리 사용 요청하기

파일을 지속적으로 사용할 때는 클라이언트 애플리케이션이 문서 프로바이더 애플리케이션과 동기화될 수 있다. 하지만 새 파일 또는 새 서브 디렉터리가 추가되는 것과 같은 구조적 변경은 동기화되지 않는다. 이 문제는 ACTION_OPEN_DOCUMENT_TREE로 해결된다. ACTION_OPEN_DOCUMENT_TREE는 사용자가 디렉터리를 선택할 수 있게 해주며, 디렉터리 트리 전체를 애플리케이션이 지속적으로 사용할 수 있게 해준다. 코드 8-8은 이를 나타낸 것이다.

코드 8-8   SAF로 디렉터리 사용 요청하기

```
Intent intent = new Intent(Intent.ACTION_OPEN_DOCUMENT_TREE);
startActivityForResult(intent, REQUEST_DIRECTORY_CODE);
```

디렉터리가 선택되면 문서 트리 URI가 반환되므로 이 디렉터리에 있는 모든 파일을 알아 낼 수 있다. 코드 8-6과 8-7에서 SDA로 사용된 것과 같은 코드를 ACTION_OPEN_DOCUMENT_TREE의 결과를 파싱하는 데 사용할 수 있다.

8.14.4 새 파일 생성하기

ACTION_CREATE_DOCUMENT 액션을 사용하는 인텐트를 생성하면 문서 내용을 저장할 위치를 사용자가 선택할 수 있다. 이 위치는 로컬일 수도 있고, SAF를 통해 제공되는 클라우드 기반의 문서 프로바이더일 수도 있다. 이때 필요한 필드는 MIME 유형이며 setType을 사용해 설정한다. 하지만 EXTRA_TITLE 엑스트라를 포함시키면 사전 지정된 초기 이름을 제공할 수 있다. 또한 CATEGORY_OPENABLE을 지정하면 새 파일의 바이트 값을 쓸 수 있다.

```
Intent intent = new Intent(Intent.ACTION_CREATE_DOCUMENT);
intent.setType("image/png");
intent.addCategory(Intent.CATEGORY_OPENABLE);
intent.putExtra(Intent.EXTRA_TITLE, "YourImage.png");
startActivityForResult(intent, REQUEST_CREATE_IMAGE_CODE);
```

사용자가 새 파일(같은 MIME 유형의 기존 파일을 덮어쓰기 위해 선택하거나 또는 새 파일 이름을 선택하여)의 위치를 선택하면, 문서 URI가 반환되고 이 파일의 내용은 ContentResolver.openOutputStream을 사용해 쓸 수 있다. 그리고 새로 생성된 파일을 사용하기 위한 지속적인 권한을 유지할 수 있다. 이때 이번 장의 앞부분에서 설명한 ContentResolver.takePersistableUriPermission에 해당 URI를 전달한다.

8.15 URI 기반 권한 사용하기

안드로이드 애플리케이션은 애플리케이션 전용 디렉터리에만 파일을 저장할 수 있다. 다른 모든 애플리케이션으로부터 효율적으로 파일을 분리하기 위해서다. 이런 보안 특성으로 인해 애플리케이션끼리 데이터를 공유하지 못하게 된다. 하지만 안드로이드는 URI 기반 권한을 사용하는 다양한 방법을 제공하고 있다. 이 방법을 사용하면 애플리케이션에서 해당 파일의 일시적 또는 지속적인 사용 권한을 다른 애플리케이션에 부여할 수 있다.

URI 기반 권한은 단일 URI에 적용된다. 여기서 URI는 특정 파일이나 디렉터리를 나타낸다. 따라서 파일 권한보다 훨씬 더 세밀해진 보안 모델을 허용한다.

URI 기반 권한은 이번 장 앞부분에서 설명한 SDA나 파일 프로바이더 또는 SAF를 활성화하기 위해 안드로이드 내부에서 사용된다. 따라서 이들의 작동 방식을 이해하면 유용할 것이다.

URI 기반 권한을 사용하면 애플리케이션에서 샌드박스 내 특정 파일이나 디렉터리의 사용 권한을 다른 애플리케이션에 부여할 수 있다. 이때는 파일을 사용하려는 애플리케이션에 전달되는 인텐트에 FLAG_GRANT_READ_URI_PERMISSION이나 FLAG_GRANT_WRITE_ URI_PERMISSION을 포함시키면 된다.

```
Intent sendIntent = new Intent();
sendIntent.setAction(Intent.ACTION_VIEW);
sendIntent.setType("image/png");
sendIntent.setData(contentUri);
sendIntent.addFlags(Intent.FLAG_GRANT_READ_URI_PERMISSION);
startActivity(sendIntent);
```

> **참고**
>
> 안드로이드 4.2 젤리빈(API 레벨 17) 이상 기기에서 FLAG_GRANT_READ_URI_PERMISSION은 ACTION_SEND 인텐트의 EXTRA_STREAM에 포함된 모든 URI에 자동으로 추가된다. 이와 마찬가지로 FLAG_GRANT_READ_URI_PERMISSION과 FLAG_GRANT_WRITE_URI_PERMISSI ON은 ACTION_IMAGE_CAPTURE 및 ACTION_VIDEO_CAPTURE 인텐트의 EXTRA_OUTPUT에 자동으로 추가된다.

특정 접두어가 붙은 모든 URI에 대한 사용을 승인하기 위해 FLAG_GRANT_PREFIX_ URI_PERMISSION은 읽기 또는 쓰기 URI 권한과 결합되어 사용될 수 있다.

URI 기반 권한은 생명력이 짧다. 즉, URI 권한 플래그가 지정된 인텐트를 받은 컴포넌트가 소멸되는 즉시 해당 URI의 사용 권한이 취소된다. 하지만 받는 쪽 컴포넌트에서 처리 서비스에 대한 플래그를 포함하는 인텐트를 전달하면 두 컴포넌트 모두 소멸될 때까지 해당 권한은 유효하게 된다.

뿐만 아니라 보내는 쪽 애플리케이션이 FLAG_GRANT_PERSISTABLE_URI_PERMISSION 을 인텐트에 포함하면 해당 권한은 ContentResolver.takePersistableUriPermission과 함께 지속되며, 받는 쪽 애플리케이션이 releasePersistableUriPermission을 호출하거나 또는 보내는 쪽 애플리케이션이 Context.revokeUriPermission을 호출할 때까지 유지된다.

다른 애플리케이션에 대해 리소스 사용 권한을 부여하기 위해 보내는 쪽 애플리케이션이 세밀한 제어를 할 수 있기 때문에 애플리케이션 간의 파일 공유를 위한 URI 기반 권한을 이상적으로 만들어 준다.

9

데이터베이스 생성하기와 사용하기

📕 9장의 주요 내용

➢ Room 퍼시스턴스 라이브러리로 앱 데이터 유지하기

➢ Room을 사용해 저장 데이터 추가, 변경, 삭제하기

➢ Room 데이터베이스 쿼리하기와 라이브 데이터를 사용해 쿼리 결과 변경 관찰하기

➢ SQLite 라이브러리를 사용해 데이터베이스 생성하기

➢ SQLiteOpenHelper를 사용해 SQLite 데이터베이스 사용하기

➢ 데이터베이스 입력 검증하기

➢ ContentValues를 사용해 데이터베이스 레코드 추가, 수정, 삭제하기

➢ 데이터베이스 레코드 쿼리하고 커서 관리하기

➢ Firebase 데이터베이스 안에서 데이터 추가, 변경, 삭제하기

➢ Firebase 데이터베이스의 변화를 쿼리하고 관찰하기

📥 9장에 사용된 코드의 다운로드용 파일

9장은 다음 2개의 파일로 되어 있다.

9.1 안드로이드의 구조적 데이터 저장소

이번 장에서는 안드로이드의 구조적 데이터 저장소를 소개한다. 우선 Room이라는 퍼시스턴스 라이브러리를 다루고 뒤이어 SQLite 관계형 데이터베이스와 Firebase Realtime NoSQL 데이터 베이스를 살펴본다.

Room은 강력한 SQLite 데이터베이스를 사용해 앱(애플리케이션의 줄임말) 데이터를 유지하는 상위의 추상화 계층을 제공한다. 따라서 데이터베이스 자체를 관리하는 복잡함을 덜어낼 수 있다.

여기서는 Room 데이터베이스를 정의하는 방법과 DAO(Data Access Object)를 사용해 Room 데이터베이스를 쿼리하고 트랜잭션을 수행하는 방법을 배운다. 또한 근원 데이터가 변경될 때 앱의 데이터 계층에서 라이브 데이터를 사용해 쿼리 결과의 변경을 추적하는 방법도 배운다.

이번 장에서는 또한 Room 내부의 SQLite 데이터베이스 API도 살펴본다. SQLite를 사용하면 앱의 완벽히 캡슐화된 관계형 데이터베이스를 생성할 수 있으며, 복잡하고 구조화된 앱 데이터를 저장하고 관리하는 데 사용할 수 있다.

모든 애플리케이션은 자신의 SQLite 데이터베이스를 생성할 수 있고 완전한 제어권을 갖는다. 또한 모든 SQLite 데이터베이스는 생성했던 앱에서만 사용할 수 있다.

SQLite 관계형 데이터베이스 라이브러리 외에도 Firebase Realtime 데이터베이스를 사용해 클라우드 호스팅 NoSQL 데이터베이스를 생성하고 사용할 수 있다.

이번 장 뒤에서는 클라우드 기반 Firebase 데이터베이스를 통합하고 사용하는 방법을 살펴본다. 이 데이터베이스는 데이터를 JSON 트리로 각 기기에 저장하며, 클라우드 호스트와 모든 연결 클라이언트에 실시간으로 동기화한다.

9.2 Room 퍼시스턴스 라이브러리를 사용해 데이터 저장하기

Room은 구조화된 SQL 데이터베이스를 앱에 추가하는 과정을 단순화해 주는 퍼시스턴스 라이브러리다. Room은 SQLite 백엔드의 상위 추상화 계층을 제공한다. 따라서 SQLite의 모든 성능을 그대로 제공하면서 앱의 구조화된 데이터를 더 쉽게 데이터베이스로 정의하고 사용할 수 있다.

관계형 데이터베이스를 앱에 추가할 때 고려할 것 중 하나가 ORM(Object-Relational Mapping, 객체-관계 매핑)의 생성과 유지다. 앱 데이터는 클래스로 정의된 객체의 변수로 저장되는 반면, 관계형 데이터베이스는 테이블의 열(column)을 사용해 행(row) 단위로 데이터를 저장하기 때문에 ORM은 필수라 할 수 있다.

즉, SQLite 테이블에 데이터를 저장할 때마다 각 객체의 변수로 저장된 데이터를 먼저 추출한 다음에 이를 테이블의 열에 맞게 변환해야 한다(이때 ContentValues 클래스 사용). 마찬가지로 테이블에서 데이터를 추출할 때는 하나 이상의 행 데이터를 (커서로) 받으며, 각 행의 열 값은 하나 이상의 객체로 변환돼야 한다. 그림 9-1은 객체를 테이블의 행으로 매핑하는 것을 보여준다.

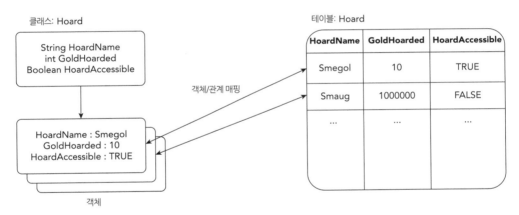

◐ **그림 9-1**

앱의 클래스 기반 데이터 모델과 관계형 데이터베이스의 테이블 및 열 간의 변환에 필요한 ORM 코드를 생성하고 유지하는 것은 에러가 생길 가능성이 크고 시간이 걸리는 일 중 하나다.

Room은 클래스 정의에서 어노테이션(annotation) 사용을 허용함으로써 이 과정을 단순화해 준다. 어노테이션은 클래스 변수를 테이블 열로, 그리고 메서드는 SQL 문으로 연관시켜 준다. 따라서 테이블 및 열의 이름을 별도로 유지할 필요가 없으며, 추가, 삭제, 변경, 쿼리를 하는 SQL 문도 별도로 유지하지 않아도 된다.

SQLite의 모든 성능을 제공하는 쿼리 어노테이션은 SQL을 사용하며, 컴파일러가 각 쿼리를 컴파일 시점에 검사할 수 있게 해준다. 따라서 쿼리에 유효하지 않은 필드/열 이름이 있으면 런타임 시점이 아닌 컴파일 시점에 에러를 찾을 수 있다.

9.2.1 Room 퍼시스턴스 라이브러리 추가하기

Room 퍼시스턴스 라이브러리는 구글의 메이븐 저장소(Maven repository)에서 가져올 수 있는 안드로이드 아키텍처 컴포넌트 라이브러리의 일부분이다.

Room 라이브러리를 앱에 추가하려면 우선 프로젝트 build.gradle 파일에서 allprojects의 repositories 노드에 구글 메이븐 저장소 url을 포함시켜야 한다.

```
allprojects {
  repositories {
    jcenter()
    maven { url 'https://maven.google.com' }
  }
}
```

그 다음에 앱 모듈(app) build.gradle 파일을 열고 다음 Room 라이브러리 의존성을 dependencies 노드에 추가한다(늘 그렇듯이 사용할 수 있는 최신 버전을 지정한다).

```
dependencies {
  [... 기존에 지정된 다른 의존성 노드 ...]

  implementation "android.arch.lifecycle:extensions:1.1.1"
  implementation "android.arch.persistence.room:runtime:1.1.1"
  annotationProcessor "android.arch.persistence.room:compiler:1.1.1"
  testImplementation "android.arch.persistence.room:testing:1.1.1"
}
```

9.2.2 Room 데이터베이스 정의하기

Room 퍼시스턴스 모델을 사용하려면 다음 세 가지 컴포넌트를 정의해야 한다.

➤ 엔터티: 하나 이상의 클래스이며, @Entity 어노테이션으로 지정한다. 이 어노테이션은 클래스의 인스턴스를 저장하는 데 사용될 데이터베이스 테이블의 구조를 정의한다.

➤ 데이터 접근 객체: @Dao 어노테이션이 지정된 클래스이며, 이 어노테이션은 데이터베이

스를 변경하거나 쿼리하는 데 사용될 메서드를 정의한다.

➤ Room 데이터베이스: @Database 어노테이션이 지정된 추상 클래스이며, RoomDatabase 의 서브 클래스를 정의한다. 이 클래스는 SQLite 연결의 주 접속점이며, DAO 클래스 및 데이터베이스에 포함될 엔터티 내역을 반환하는 추상 메서드를 정의해야 한다.

그림 9-2는 Room 퍼시스턴스 모델과 데이터베이스 및 앱 사이의 관계를 나타낸다.

@Entity 어노테이션이 지정된 클래스는 데이터베이스의 테이블을 정의하는 데 사용된다. 각 엔터티는 @PrimaryKey를 사용해서 기본 키로 지정된 null 불가능 필드 하나를 포함해야 한 다. 다음 조각 코드에서는 비축물 이름(HoardName), 비축된 금의 양(GoldHoarded), 비축물 접 근 허용 여부(HoardAccessible)의 3개 열을 포함하는 테이블을 생성한다. 여기서는 HoardName 이 기본 키다.

```
@Entity
public class Hoard {
  @NonNull
  @PrimaryKey
  public String HoardName;
  public int GoldHoarded;
  public boolean HoardAccessible;
}
```

모든 public 필드는 기본적으로 테이블 정의에 포함된다. 그러나 @Ignore 어노테이션을 지정 하면 테이블에 저장하지 않는 필드를 나타낼 수 있다.

public 변수가 아닌 게터와 세터로 사용되는 필드를 저장할 때는 private 변수로 지정하고 JavaBeans 표기법을 사용하는 게터와 세터를 지정하면 된다(코드 9-1). 예를 들어, private 변수 인 foo의 게터 메서드는 getFoo, 세터 메서드는 setFoo다. 불리언 변수의 경우는 isFoo처럼 get 대신 is를 접두어로 사용한다.

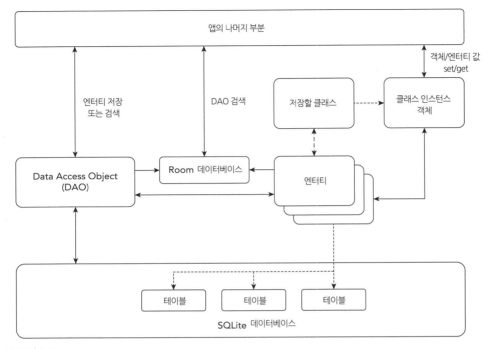

앱의 나머지 부분

엔터티 저장 또는 검색

DAO 검색

저장할 클래스

객체/엔터티 값 set/get

클래스 인스턴스 객체

Data Access Object (DAO)

Room 데이터베이스

엔터티

테이블

테이블

테이블

SQLite 데이터베이스

◑ 그림 9-2

코드 9-1   Room 엔터티 정의하기

```
@Entity
public class Hoard {
  @NonNull
  @PrimaryKey
  private String hoardName;
  private int goldHoarded;
  private boolean hoardAccessible;

  public String getHoardName() {
    return hoardName;
  }
  public void setHoardName(String hoardName) {
    this.hoardName = hoardName;
  }

  public int getGoldHoarded() {
    return goldHoarded;
}

  public void setGoldHoarded(int goldHoarded) {
    this.goldHoarded = goldHoarded;
  }
```

```
public boolean getHoardAccessible() {
  return hoardAccessible;
}

public void setHoardAccessible(boolean hoardAccessible) {
  this.hoardAccessible = hoardAccessible;
}

public Hoard(String hoardName, int goldHoarded, boolean hoardAccessible) {
  this.hoardName = hoardName;
  this.goldHoarded = goldHoarded;
  this.hoardAccessible = hoardAccessible;
}
}
```

이 클래스 생성자의 매개변수는 코드 9-1처럼 엔터티 필드와 일치하는 이름과 타입을 포함해야 한다. 매개변수가 없거나 일부만 갖는 생성자도 지원된다.

엔터티를 정의한 다음에는 RoomDatabase의 서브 클래스로 새 추상 클래스를 생성하고 @Database 어노테이션을 추가한다. 이 어노테이션에는 코드 9-2와 같이 각 엔터티 클래스 이름과 현재 버전이 포함된다.

코드 9-2 Room 데이터베이스 정의하기

```
@Database(entities = {Hoard.class}, version = 1)
public abstract class HoardDatabase extends RoomDatabase{
}
```

그리고 데이터베이스를 사용하려면 DAO 클래스부터 생성해야 한다. 이 클래스는 9.2.4 'DAO를 사용해 Room 데이터베이스 상호 작용 정의하기'에 있듯이 Room 데이터베이스에서 반환된다.

9.2.3 타입 컨버터를 사용해 복잡한 객체 유지하기

Room은 테이블의 열과 대응되도록 각 필드를 할당한다. 그러나 데이터 타입은 SQLite에서 지원되는 기본 타입인 Boolean, String, integer, long, double만 사용할 수 있다.

클래스의 객체를 저장하는 public 필드의 경우에는 데이터베이스에 저장하면 안 되는 필드를 나타내기 위해 @Ignore 어노테이션을 사용할 수 있다.

```
@Entity
public class Album {
  @NonNull
  @PrimaryKey
  public String albumName;
  public String artistName;
  @Ignore
  public Bitmap albumArt;
}
```

또한 객체의 값을 Room 데이터베이스에 저장하려면, @TypeConverter 어노테이션이 지정된 한 쌍의 타입 컨버터 메서드를 정의해야 한다. 이 메서드들은 필드에 저장된 객체와 단일 기본 데이터 타입의 값을 상호 변환하는데 사용된다.

다음 조각 코드에서는 타임스탬프를 나타내는 Date 타입의 객체와 long 타입의 값을 상호 변환하는 간단한 한 쌍의 타입 컨버터를 보여준다.

```
public class MyTypeConverters {
  @TypeConverter
  public static Date dateFromTimestamp(Long value) {
    return value == null ? null : new Date(value);
  }

  @TypeConverter
  public static Long dateToTimestamp(Date date) {
    return date == null ? null : date.getTime();
  }
}
```

타입 컨버터 클래스는 상호 변환할 타입에 따라 하나 이상을 정의할 수 있다. 그리고 타입 컨버터를 클래스로 정의한 후에는 @TypeConverters 어노테이션을 사용해 해당 타입 컨버터를 적용할 수 있다. 이때 다음 조각 코드처럼 각 타입 컨버터 클래스를 배열의 값으로 지정한다.

```
@TypeConverters({MyTypeConverters.class})
```

대개 @TypeConverters 어노테이션은 다음 조각 코드처럼 Room 데이터베이스 정의에 적용한다.

```
@Database(entities = {Album.class}, version = 1)
@TypeConverters({MyTypeConverters.class})
```

```
public abstract class AlbumDatabase extends RoomDatabase{
}
```

이렇게 하면 지정된 클래스 내부의 타입 컨버터(메서드)들이 데이터베이스의 모든 엔터티 및 DAO에 적용된다.

또한 지정된 클래스 내부의 타입 컨버터 사용 범위를 하나 이상의 특정 엔터티, DAO, 특정 엔터티 필드, DAO 메서드, 개별 DAO 메서드 매개변수로 제한할 수 있다.

따라서 동일한 객체와 기본 데이터 타입을 상호 변환하는 타입 컨버터를 여러 개 생성하여 Room 데이터베이스 내부의 서로 다른 요소에 적용할 수 있다.

Room이 왜 자동으로 저장소나 객체 참조를 지원하지 않는지에 대한 세부적인 정보는 d.android.com/training/data-storage/room/referencing-data.html의 Room 문서에서 찾을 수 있다.

9.2.4 DAO를 사용해 Room 데이터베이스 상호 작용 정의하기

DAO는 Room 데이터베이스 상호 작용을 정의하는 데 사용되는 클래스들이다. 이 클래스들은 데이터베이스의 데이터 추가, 변경, 쿼리에 사용되는 메서드를 포함한다. 데이터베이스에 포함된 테이블이 여럿일 때는 테이블당 하나씩 DAO 클래스를 두는 것이 가장 좋다.

코드 9-3처럼 DAO는 @Dao 어노테이션이 지정된 인터페이스나 추상 클래스로 정의된다.

코드 9-3   Room DAO 정의하기

```
@Dao
public interface HoardDAO {
}
```

DAO를 정의한 다음에는 새 DAO를 반환하는 public 추상 메서드를 Room 데이터베이스 클래스에 추가해 앱에서 사용할 수 있게 한다. 코드 9-4는 코드 9-2에 이 메서드를 추가한 것이다.

코드 9-4   Room 데이터베이스에서 DAO 반환하기

```
@Database(entities = {Hoard.class}, version = 1)
public abstract class HoardDatabase extends RoomDatabase{
```

```
    public abstract HoardDAO hoardDAO();
}
```

그리고 DAO 내부에 각 데이터베이스 상호 작용을 지원할 새 메서드를 생성한다. 이때 @Insert, @Update, @Delete, @Query 어노테이션을 사용한다.

엔터티 추가하기

새 객체/엔터티 인스턴스를 데이터베이스로 추가하는 데 사용될 메서드에 @Insert 어노테이션을 지정한다. 각 추가 메서드는 이 DAO로 나타내는 하나 이상의 타입/엔터티 매개변수(컬렉션 포함)를 인자로 받는다.

코드 9-5에 있듯이 여러 개의 추가 메서드를 포함할 수 있다. 그리고 onConflict 어노테이션 매개변수를 사용해 충돌 처리 전략을 나타낼 수도 있다. 충돌은 추가되는 객체가 기존에 저장된 객체와 동일한 기본 키 값을 가질 때 발생한다.

코드 9-5 DOA 내부에 Room 데이터베이스의 추가 메서드 정의하기

```
@Dao
public interface HoardDAO {
    // 비축물 List를 추가하고, 같은 이름을
    // 사용해서 기존의 저장된 비축물을 교체한다.
    @Insert(onConflict = OnConflictStrategy.REPLACE)
    public void insertHoards(List<Hoard> hoards);
    // 새 비축물을 추가한다.
    @Insert
    public void insertHoard(Hoard hoard);
}
```

충돌 해결책으로 코드 9-5에서 보여준 교체 전략 외에 다음 방법도 생각해 볼 수 있다.

> ➤ ABORT: 진행 중인 트랜잭션을 취소한다.

> ➤ FAIL: 현재 트랜잭션을 실패로 만든다.

> ➤ IGNORE: 충돌하는 새 데이터를 무시하고 트랜잭션을 계속 처리한다.

> ➤ REPLACE: 새로 제공된 값으로 기존 값을 덮어쓰기하고 트랜잭션을 계속 처리한다.

> ➤ ROLLBACK: 이전의 변경 내역을 되돌려서 현재 트랜잭션을 롤백한다.

엔터티 변경하기

데이터베이스에 저장된 객체를 변경하는 메서드를 생성할 수 있다. 이때 코드 9-6처럼 @Updata 어노테이션을 사용한다.

추가 메서드처럼 변경 메서드도 하나 이상의 엔터티 매개변수를 받을 수 있다(컬렉션 포함). 그리고 전달된 각 객체 매개변수는 기존 데이터베이스 엔터티의 기본 키와 대조돼 그에 따라 변경된다.

코드 9-6   DOA 내부에 Room 데이터베이스 변경 메서드 정의하기

```
@Update
public void updateHoards(Hoard... hoard);

@Update
public void updateHoard(Hoard hoard);
```

엔터티 삭제하기

데이터베이스에서 객체를 삭제하는 메서드를 정의하려면 코드 9-7처럼 @Delete 어노테이션을 사용해야 한다. Room은 각 매개변수의 기본 키를 사용해 데이터베이스의 엔터티를 찾아 삭제한다.

코드 9-7   DOA 내부에 Room 데이터베이스 삭제 메서드 정의하기

```
@Delete
public void deleteHoard(Hoard hoard);

@Delete
public void deleteTwoHoards(Hoard hoard1, Hoard hoard2);
```

지정된 테이블에 저장된 모든 엔터티를 삭제하려면 지정된 테이블에서 모든 항목을 삭제하는 @Query 어노테이션을 사용해야 한다.

```
@Query("DELETE FROM hoard")
public void deleteAllHoards();
```

쿼리 어노테이션은 Room 데이터베이스를 상대로 임의의 SQL 연산을 수행하는 데 사용된다. 이 내용은 바로 이어서 알아본다.

Room 데이터베이스 쿼리하기

DAO 클래스 안에서 사용할 수 있는 가장 강력한 어노테이션은 @Query다. @Query 어노테이션을 사용하면 SELECT, UPDATE, DELETE SQL 문을 사용하여 데이터베이스에 읽기/쓰기 연산을 수행할 수 있다. 이때 SQL 문은 다음 조각 코드처럼 어노테이션 값으로 정의되며, 관련 메서드가 호출될 때 실행된다.

```
@Query("SELECT * FROM hoard")
public List<Hoard> loadAllHoards();
```

@Query SQL 구문은 컴파일 시에 검증된다. 따라서 쿼리에 문제가 있다면 런타임 에러 대신 컴파일 에러가 발생한다.

SQL 쿼리문 내부에 메서드 매개변수를 사용할 때는 코드 9-8처럼 매개변수 이름 앞에 콜론(:)을 붙여 참조할 수 있다. 코드 9-8에서는 두 개의 SELECT 문을 보여준다. 하나는 데이터베이스 테이블 항목을 반환하고 다른 하나는 기본 키 값에 따라 선택된 행을 반환한다.

코드 9-8 Room 데이터베이스 쿼리하기

```
// 모든 비축물을 반환한다.
@Query("SELECT * FROM hoard")
public List<Hoard> loadAllHoards();

// 이름이 있는 비축물을 반환한다.
@Query("SELECT * FROM hoard WHERE hoardName = :hoardName")
public Hoard loadHoardByName(String hoardName);
```

테이블에서 하나 이상의 엔터티를 반환하는 SELECT 쿼리의 경우, 메서드에 지정된 반환 타입으로 쿼리 결과를 변환하는 코드를 Room이 자동 생성한다.

또한 값이 저장된 배열이나 List를 포함하는 메서드 매개변수를 사용할 수도 있다.

코드 9-9 Room 데이터베이스를 쿼리할 때 List 매개변수 사용하기

```
@Query("SELECT * FROM Hoard WHERE hoardName IN(:hoardNames)")
public List<Hoard> findByNames(String[] hoardNames);
```

Room은 배열이나 List의 각 요소를 바인딩하는 쿼리를 구성한다. 예를 들어 코드 9-9의 hoardName 매개변수가 요소 3개짜리 배열이면 Room은 다음과 같이 쿼리를 수행한다.

```
SELECT * FROM Hoard WHERE hoardName IN(?, ?, ?)
```

효율성 면에서 Room 데이터베이스 필드/열의 일부분만을 반환하거나 또는 다음 조각 코드처럼 단일 산출 값을 반환하는 것이 바람직할 때가 많다.

```
@Query("SELECT SUM(goldHoarded) FROM hoard")
public int totalGoldHoarded();
```

열/필드 중 일부만 반환할 때는 반환되는 열과 일치하는 public 필드를 포함하는 새 클래스를 생성한다.

```
public class AnonymousHoard {
  public int goldHoarded;
  public boolean hoardAccessible;
}
```

그 다음에 반환할 열을 나타내는 SELECT 문을 정의한다. 그리고 반환되는 열 이름과 일치하는 public 필드가 포함된 클래스를 메서드의 반환 타입으로 설정한다.

코드 9-10 데이터베이스 쿼리로부터 일부 열을 반환하기
```
@Query("SELECT goldHoarded, hoardAccessible FROM hoard")
public List<AnonymousHoard> getAnonymousAmounts();

@Query("SELECT AVG(goldHoarded) FROM hoard")
public int averageGoldHoarded();
```

하나의 행이 반환될 때는 반환 타입이 어떤 호환 타입도 될 수 있다. 그러나 여러 값을 반환하는 쿼리의 경우는 호환 가능한 타입의 값을 저장하는 List나 배열을 사용한다. 또한 커서(Cursor)를 반환할 수도 있고 또는 LiveData 객체에 래핑된 결과를 가질 수도 있다. 이 내용은 더 뒤의 절에서 알아본다.

Room은 SELECT 쿼리의 반환 결과를 검증한다. 따라서 메서드의 반환 타입에 지정된 필드가 쿼리 응답에 있는 열 이름과 일치하지 않으면, 경고(일부 필드 이름만 일치하는 경우) 또는 에러(일치되는 필드 이름이 없는 경우)가 발생된다.

9.2.5 Room 데이터베이스 상호 작용 수행하기

Room 데이터베이스에 사용할 엔터티, DAO, Room 데이터베이스 클래스를 정의한 후에는 Room의 databaseBuilder 메서드를 사용해 데이터베이스와 상호 작용이 가능해진다. 이때 애플리케이션 컨텍스트, Room 데이터베이스, 데이터베이스에 사용된 파일 이름을 databaseBuilder 메서드의 인자로 전달한다.

Room 데이터베이스 인스턴스를 생성하고 유지하는 데는 많은 리소스가 소모된다. 따라서 코드 9-11처럼 인스턴스 사용을 제어하는 싱글톤(singleton) 패턴을 사용하는 것이 가장 좋다.

코드 9-11 Room 데이터베이스 사용 싱글톤 생성하기

```java
public class HoardDatabaseAccessor {

  private static HoardDatabase HoardDatabaseInstance;
  private static final String HOARD_DB_NAME = "hoard_db";

  private HoardDatabaseAccessor() {}

  public static HoardDatabase getInstance(Context context) {
    if (HoardDatabaseInstance == null) {
      // SQLite 데이터베이스를 새로 생성하거나 연다.
      // 그리고 Room 데이터베이스 인스턴스로 반환한다.
      HoardDatabaseInstance = Room.databaseBuilder(context,
        HoardDatabase.class, HOARD_DB_NAME).build();
    }

    return HoardDatabaseInstance;
  }
}
```

이제 데이터베이스에 추가, 삭제, 변경, 쿼리 연산을 수행하는 DAO 클래스를 사용하여 코드의 어디서든 Room 데이터베이스를 사용할 수 있다. 코드 9-12는 이를 나타낸 것이다.

코드 9-12 Room 데이터베이스 상호 작용 수행하기

```java
// Hoard 데이터베이스 인스턴스를 얻는다.
HoardDatabase hoardDb =
  HoardDatabaseAccessor.getInstance(getApplicationContext());

// 새 비축물을 데이터베이스에 추가한다.
hoardDb.hoardDAO().insertHoard(new Hoard("Smegol", 1, true));
hoardDb.hoardDAO().insertHoard(new Hoard("Smaug", 200000, false));

// 데이터베이스를 쿼리한다.
```

```
int totalGold = hoardDb.hoardDAO().totalGoldHoarded();
List<Hoard> allHoards = hoardDb.hoardDAO().loadAllHoards();
```

> **주의**
>
> 인터넷 리소스를 사용할 때와 마찬가지로 Room은 데이터베이스 상호 작용이 메인 UI 스레드에서
> 생기도록 허용하지 않는다. 11장 '백그라운드에서 작업하기'에서는 데이터베이스 상호 작용을
> 백그라운드 스레드로 안전하게 옮기기 위한 각종 옵션을 알려준다.

9.2.6 라이브 데이터로 쿼리 결과 변경 모니터링하기

LiveData API를 사용하면 데이터베이스의 데이터가 변경되어 쿼리 결과에 변동이 생길 때 변경 내역을 받을 수 있다.

라이브 데이터는 관찰 가능한 데이터 홀더로, 액티비티와 프래그먼트의 수명 주기를 따라 동작한다. 따라서 관찰되는 라이브 데이터는 활성 상태의 수명 주기에 있는 옵저버만 변경한다.

라이브 데이터를 사용하려면 우선 안드로이드 아키텍처 컴포넌트의 수명 주기 확장 라이브러리를 프로젝트에 추가해야 한다. 이때 다음 의존성을 포함하도록 앱 모듈의 build.gradle 파일을 변경하면 된다.

```
implementation "android.arch.lifecycle:extensions:1.1.1"
```

Room 쿼리의 결과가 변경되는지 관찰하려면 그 반환 타입을 LiveData로 설정하여 해당 타입이 관찰되고 있음을 나타내면 된다. 예를 들면 코드 9-13과 같다.

코드 9-13 LiveData로 관찰 가능한 쿼리 생성하기

```
@Query("SELECT * FROM hoard")
public LiveData<List<Hoard>> monitorAllHoards()
```

라이브 데이터를 모니터링하려면 새 Observer를 적합한 타입으로 구현해야 한다. 이때 on Changed 핸들러를 오버라이드한다. 그리고 데이터베이스의 DAO를 사용해 라이브 데이터 쿼리의 결과 인스턴스를 반환하고 이 인스턴스의 observer 메서드를 호출한다. 이때 수명 주기 해당자(변경된 쿼리 결과에 의해 자신의 UI가 영향을 받는 액티비티나 프래그먼트)와 옵저버 구현 객체를 인자로 전달한다. 예를 들면 코드 9-14와 같다.

코드 9-14 **Room 쿼리의 라이브 데이터 결과 관찰하기**

```java
@Override
protected void onCreate(Bundle savedInstanceState) {
  super.onCreate(savedInstanceState);
  setContentView(R.layout.activity_main);

  // 옵저버이며, 라이브 데이터가 변경되면 onChanged 메서드가 호출된다.
  final Observer<List<Hoard>> hoardObserver = new Observer<List<Hoard>>() {
    @Override
    public void onChanged(@Nullable final List<Hoard> updatedHoard) {
    // 변경된 데이터베이스 결과로 UI를 변경한다.
    }
  };

  // LiveData를 관찰한다.
  LiveData hoardLiveData =
    HoardDatabaseAccessor.getInstance(getApplicationContext())
                         .hoardDAO().monitorAllHoards();
  hoardLiveData.observe(this, hoardObserver);
}
```

observe 메서드를 호출하면 옵저버의 onChanged 핸들러가 곧바로 호출되며, 이후 근원 테이블의 어떤 데이터가 변경되더라도 다시 호출된다.

자동으로 액티비티와 프래그먼트의 수명 주기 변동을 대처하면서 라이브 데이터는 활성 상태의 옵저버에게만 변경을 알린다. 중단된 액티비티로 인한 크래시 발생을 막고 기기 구성 변경을 안전하게 처리하기 위해서다.

수명 주기 라이브러리와 다른 안드로이드 아키텍처 컴포넌트의 세부적인 내용은 안드로이드 개발자 사이트인 developer.android.com/topic/libraries/architecture에서 찾아볼 수 있다.

9.3 지진 데이터를 Room 데이터베이스에 저장하기

Room 데이터베이스를 생성하여 사용자의 각 세션 간에 지진 데이터를 저장하도록 그동안 개발하던 지진 정보 뷰어를 변경한다.

1. 우선 프로젝트 build.gradle 파일에서 allprojects의 repositories 노드에 구글 메이븐 저장소 url을 포함시킨다. (Room 라이브러리는 메이븐 저장소에 있기 때문이다.)

```
allprojects {
  repositories {
```

```
    jcenter()
    maven { url 'https://maven.google.com' }
  }
}
```

2. 그 다음에 앱 모듈(app) build.gradle 파일을 열고 안드로이드 아키텍처 컴포넌트의 Room 및 라이브 데이터 라이브러리 의존성을 dependencies 노드에 추가한다

```
dependencies {
    [... 기존에 지정된 다른 의존성 노드 ...]

    implementation "android.arch.lifecycle:extensions:1.1.1"
    implementation "android.arch.persistence.room:runtime:1.1.1"
    annotationProcessor "android.arch.persistence.room:compiler:1.1.1"
    testImplementation "android.arch.persistence.room:testing:1.1.1"
}
```

build.gradle 파일이 변경되면 'Gradle files have changed since last project sync. A project sync may be necessary for the IDE to work properly'라는 메시지가 안드로이드 스튜디오 메인 창 위에 나타날 것이다. 이 메시지의 오른쪽에 있는 [Sync Now]를 클릭하여 의존성에 지정한 라이브러리가 프로젝트에 추가되도록 한다.

3. Earthquake 클래스의 인스턴스를 Room 데이터베이스에 저장할 것이므로 Earthquake.java를 편집기에 열고 @Entity 어노테이션을 추가한다. 그리고 mId 필드가 null 값을 갖지 않는 기본 키가 되도록 관련 어노테이션도 추가한다.

```
...
@Entity
public class Earthquake {
    @NonNull
    @PrimaryKey
    private String mId;
    private Date mDate;
    private String mDetails;
    private Location mLocation;
    private double mMagnitude;
    private String mLink;
    ...
}
```

4. Earthquake 클래스의 필드에는 복잡한 Date 및 Location 객체가 포함된다. Date 객체와 Long 값, Location 객체와 String 값 사이를 상호 변환하는 static 메서드를 갖는 새

EarthquakeTypeConverters 클래스를 생성한다. 각 메서드에는 @TypeConverter 어노테이션을 지정해야 한다. (다음 코드를 추가한 후에는 Date 클래스 이름이 빨간색으로 표시되면서 에러로 나타날 것이다. 같은 이름의 클래스가 여러 패키지에 있기 때문이다. Date 클래스를 클릭한 후 Alt + Enter (맥에서는 Command + Return) 키를 눌러 java.util 패키지의 것을 선택한다.)

```java
public class EarthquakeTypeConverters {
  @TypeConverter
  public static Date dateFromTimestamp(Long value) {
    return value == null ? null : new Date(value);
  }

  @TypeConverter
  public static Long dateToTimestamp(Date date) {
    return date == null ? null : date.getTime();
  }

  @TypeConverter
  public static String locationToString(Location location) {
    return location == null ?
            null : location.getLatitude() + "," +
                    location.getLongitude();
  }

  @TypeConverter
  public static Location locationFromString(String location) {
    if (location != null && (location.contains(","))) {
      Location result = new Location("Generated");
      String[] locationStrings = location.split(",");
      if (locationStrings.length == 2) {
        result.setLatitude(Double.parseDouble(locationStrings[0]));
        result.setLongitude(Double.parseDouble(locationStrings[1]));
        return result;
      }
      else return null;
    }
    else
      return null;
  }
}
```

5. 새 EarthquakeDAO 인터페이스 정의를 생성한다. 이 인터페이스는 @Dao 어노테이션이 지정되어야 하며, earthquake 테이블 DAO로 동작할 것이다. 그리고 @Insert 어노테이션이 지정된 메서드를 이 인터페이스에 추가한다. 이 메서드는 한 개의 Earthquake 객체 또는 이 객체를 저장한 List를 데이터베이스에 추가하며, 만일 같은 데이터베이스

항목이 있을 때는 기존 항목을 교체한다. 또한 모든 Earthquake 객체가 저장된 List를 포함하는 라이브 데이터를 반환하는 쿼리 메서드도 정의한다. 그리고 earthquake 테이블의 모든 행을 쿼리하는 이 메서드의 SQL 문에 @Query 어노테이션을 지정한다. (안드로이드 스튜디오 프로젝트 도구 창의 java/com.professionalandroid.apps.earthquake 패키지에서 오른쪽 마우스 버튼을 누른 후 New ➡ Java Class를 선택한다. 대화상자에서 Name 필드에 EarthquakeDAO를 입력하고 Kind 드롭다운에서 Interface를 선택한 후 [OK] 버튼을 누른다. 그리고 다음 코드를 추가한다.)

```
package com.professionalandroid.apps.earthquake;

@Dao
public interface EarthquakeDAO {
  @Insert(onConflict = OnConflictStrategy.REPLACE)
  public void insertEarthquakes(List<Earthquake> earthquakes);

  @Insert(onConflict = OnConflictStrategy.REPLACE)
  public void insertEarthquake(Earthquake earthquake);

  @Delete
  public void deleteEarthquake(Earthquake earthquake);

  @Query("SELECT * FROM earthquake ORDER BY mDate DESC")
  public LiveData<List<Earthquake>> loadAllEarthquakes();
}
```

6. RoomDatabase의 서브 클래스로 새 추상 클래스인 EarthquakeDatabase를 생성하여 데이터베이스 설정을 완료한다. 이 클래스에는 @Database 어노테이션을 지정해야 한다. 이때 엔터티인 Earthquake 클래스 및 데이터베이스 스키마 버전 번호를 지정한 값을 이 어노테이션에 전달한다. 또한 4번 단계의 Earthquake 타입 컨버터를 사용하도록 @TypeConverters 어노테이션을 지정한다. 그리고 5번 단계의 EarthquakeDAO를 반환하는 추상 메서드를 EarthquakeDatabase 클래스에 추가한다. (java/com.professional android.apps.earthquake 패키지에서 오른쪽 마우스 버튼을 누른 후 New ➡ Java Class를 선택한다. 대화상자에서 Name 필드에 EarthquakeDAO를 입력하고 Modifiers에서 Abstract를 선택한 후 [OK] 버튼을 누른다. 그리고 다음 코드를 추가한다.)

```
package com.professionalandroid.apps.earthquake;

@Database(entities = {Earthquake.class}, version = 1)
```

```
@TypeConverters({EarthquakeTypeConverters.class})
public abstract class EarthquakeDatabase extends RoomDatabase {
  public abstract EarthquakeDAO earthquakeDAO();
}
```

7. 새 데이터베이스와 상호 작용하기 위해 EarthquakeDatabaseAccessor 클래스를 생성한다. 이 클래스는 싱글톤 패턴을 사용해 6번 단계의 EarthquakeDatabase 인스턴스를 반환한다.

```
public class EarthquakeDatabaseAccessor {

  private static EarthquakeDatabase EarthquakeDatabaseInstance;
  private static final String EARTHQUAKE_DB_NAME = "earthquake_db";

  private EarthquakeDatabaseAccessor() {}

  public static EarthquakeDatabase getInstance(Context context) {
    if (EarthquakeDatabaseInstance == null) {
      // SQLite 데이터베이스를 생성하거나 연다.
      // 그리고 해당 Room 데이터베이스 인스턴스를 반환한다.
      EarthquakeDatabaseInstance = Room.databaseBuilder(context,
      EarthquakeDatabase.class, EARTHQUAKE_DB_NAME).build();
    }

    return EarthquakeDatabaseInstance;
  }
}
```

8. 7번 단계의 EarthquakeDatabaseAccessor를 사용해서 새로 파싱된 지진 List를 데이터베이스로 저장하기 위해 EarthquakeViewModel의 비동기 태스크에 있는 doInBackground 메서드를 변경한다. 5번 단계에서 정의한 DAO 추가 메서드에서는 중복되는 항목의 경우 기존 행을 교체한다는 점에 유의한다.

```
public class EarthquakeViewModel extends AndroidViewModel {

  ...

  public void loadEarthquakes() {
        new AsyncTask<Void, Void, List<Earthquake>>() {

    @Override
    protected List<Earthquake> doInBackground(Void... voids) {
      // 파싱된 지진 데이터를 저장하는 ArrayList
      ArrayList<Earthquake> earthquakes = new ArrayList<>(0);
```

```
    ...

    // 새로 파싱된 Earthquakes 배열을 추가한다.
    EarthquakeDatabaseAccessor
      .getInstance(getApplication())
      .earthquakeDAO()
      .insertEarthquakes(earthquakes);

    // 결과 배열을 반환한다.
    return earthquakes;
  }
...
```

9. 계속해서 EarthquakeViewModel의 onPostExecute 핸들러를 변경한다. loadEarth
quakes 메서드에서는 파싱된 지진 List를 라이브 데이터 필드에 직접 적용하지 않고 대
신에 데이터베이스 쿼리를 갖는 MutableLiveData로 교체할 것이다. onPostExecute의
earthquakes.setValue(data);를 삭제한다.

```
@Override
protected void onPostExecute(List<Earthquake> data) {
  // 라이브 데이터를 새 List로 변경한다.
  earthquakes.setValue(data);

}
```

10. EarthquakeViewModel의 earthquakes 클래스 변수가 LiveData 타입이 되도록 변경한
다. 그리고 Room 데이터베이스를 쿼리하도록 getEarthquakes 메서드를 변경한다. 이
경우 Room 데이터베이스의 지진 데이터가 변경될 때마다 이 데이터를 지진 List에 채
우는 EarthquakeListFragment의 코드(onActivityCreated의 옵저버에 정의된 onChanged 메
서드)는 변경하지 않아도 된다. getEarthquakes 메서드의 변경에 의해 LiveData 타입을
처리하게 되었기 때문이다.

```
public class EarthquakeViewModel extends AndroidViewModel {

  ...

  private LiveData<List<Earthquake>> earthquakes;

  public LiveData<List<Earthquake>> getEarthquakes() {
    if (earthquakes == null) {
      earthquakes = new MutableLiveData<List<Earthquake>>();
      earthquakes =
        EarthquakeDatabaseAccessor
```

```
                    .getInstance(getApplication())
                    .earthquakeDAO()
                    .loadAllEarthquakes();

            loadEarthquakes();
        }
        return earthquakes;
    }

    ...
}
```

11. 실제 기기나 에뮬레이터에서 애플리케이션을 시작시키면 종전과 동일하게 지진 데이터를 보여줄 것이다. 그러나 내부적으로는 다르다. 종전에는 실시간 지진 데이터를 List에 저장했지만 지금은 Room 데이터베이스에 저장한다.

9.4 SQLite 데이터베이스로 작업하기

SQLite API는 SQLite 데이터베이스 라이브러리를 저수준으로 사용할 수 있게 해준다. 강력하기는 하지만 SQLite를 사용하려면 꽤 많은 양의 보일러플레이트 코드를 작성해야 하며, 또한 컴파일 시에 검사가 되지 않으므로 런타임 에러가 생길 위험이 커진다.

앞서 언급한 대로 애플리케이션 데이터를 SQLite 데이터베이스에 저장하는 과정을 단순화하기 위해 안드로이드에서는 Room 퍼시스턴스 라이브러리를 도입했다. Room은 SQLite에 추상화 계층을 제공하므로 애플리케이션의 정보를 저장하고 쿼리하는 가장 좋은 방법이 되었다.

그렇기는 하지만 SQLite 데이터베이스를 우리가 직접 생성하거나 사용해야 하는 경우가 많을 수 있다. 여러분이 기본적인 SQLite 데이터베이스 사용법에 익숙하다는 전제하에 이 절에서는 SQLite 데이터베이스에 대해 알고 있는 지식을 안드로이드에 구체적으로 적용하는 것을 목표로 한다.

SQLite는 인지도가 높은 SQL 기반 관계형 데이터베이스 관리 시스템(RDBMS)이며, 다음과 같은 특징을 갖는다.

> ➤ 오픈 소스
> ➤ 표준 준수, 대부분의 SQL 표준을 구현함
> ➤ 경량

- 싱글 티어

- ACID 준수

SQLite는 안드로이드 소프트웨어 스택의 일부분으로 포함된 작은 C 라이브러리로 구현되었다.

SQLite는 별개의 프로세스로 실행되는 대신 라이브러리로 구현됐기 때문에 각 SQLite 데이터베이스는 애플리케이션의 일부분으로 통합된다. 따라서 외부 의존성을 줄이고 대기 시간을 최소화하며 트랜잭션 잠금이나 동기화가 쉽다.

가볍고 강력한 SQLite는 각 열의 타입이 엄격하지 않다는 점에서 기존의 여러 SQL 데이터베이스 엔진과 다르다. 다시 말해, 열의 값이 단일 타입을 따르지 않아도 된다는 것이다. 대신에 각 값의 타입은 각 행에서 따로 지정된다. 따라서 행의 각 열 값을 지정하거나 추출할 때 타입 검사가 필요 없다.

안드로이드 데이터베이스는 기기(또는 에뮬레이터)의 **/data/data/〈패키지이름〉/databases** 폴더에 저장된다.

 참고 SQLite의 강점 및 제약을 포함해서 더 많은 내용은 공식 사이트인 www.sqlite.org에서 찾아볼 수 있다.

관계형 데이터베이스 설계는 너무 광범위한 주제이므로 이 책에서는 다루지 않는다. 그러나 표준 데이터베이스 모범 사례는 안드로이드에서도 여전히 강조할 만하다. 실제로 모바일 폰과 같이 리소스가 한정된 기기의 데이터베이스를 생성할 때는 중복을 최소화하기 위해 데이터를 정규화하는 것이 중요하다.

이번 장에서 설명하는 SQLite 데이터베이스는 구조화된 데이터를 애플리케이션에서 저장할 수 있는 선택 가능한 많은 데이터베이스 중 하나일 뿐이다. 또한 사용 가능한 데이터베이스 기술 전체를 다루는 것은 이 책의 범위를 벗어난다.

9.4.1 입력 검증과 SQL 주입

기반이 되는 플랫폼이나 데이터베이스 구현과는 무관하게 사용자 입력의 부실한 검증은 애플리케이션의 가장 흔히 발생하는 보안 위험 중 하나다. 이 위험을 최소화하기 위해 안드로이드는 입력 검증 문제의 잠재적 영향력을 줄이는 플랫폼 차원의 여러 기능을 제공하고 있다.

SQL과 같은 문자열 기반의 동적 언어는 이스케이프 문자 지원이나 스크립트 주입 가능성 때문에 입력 검증 문제에 특히 취약하다.

SQLite 데이터베이스(또는 콘텐트 프로바이더)에 제출된 쿼리나 트랜잭션의 문자열 안에 사용자 데이터가 포함된다면 SQL 주입이 문제가 될 수 있다. 다음 절에서 설명하겠지만, 사용자 문자열을 전달할 때는 항상 매개변수화된 쿼리 메서드인 query, insert, update, delete를 사용하는 것이 가장 좋은 방법이다. 이렇게 하면 신뢰할 수 없는 소스로부터의 SQL 주입 가능성을 최소화할 수 있기 때문이다.

그러나 매개변수화된 메서드로 전달되기 전에 사용자 데이터를 결합하여 selection 인자가 생성된다면 매개변수화된 메서드로는 충분하지 않다. 이때는 ?를 사용해 사용자 제공 변수를 나타내야 하며, 그 다음에 selectionargs 매개 변수를 사용하여 문자열 배열을 전달해야 한다. 이렇게 하면 selection 인자가 문자열과 바인딩되므로 이스케이프 문자나 SQL 주입의 위험이 무력화되기 때문이다.

SQL 주입 및 이와 관련된 위험을 줄이는 방법은 www.owasp.org/index.php/SQL_Injection에서 찾아볼 수 있다.

9.4.2 커서와 콘텐트 밸류

SQLite 데이터베이스와 콘텐트 프로바이더의 쿼리 결과는 Cursor 객체로 반환된다. 결괏값의 복사본을 추출하거나 반환하는 대신, 커서는 근원 데이터의 결과셋을 가리키는 포인터다. 커서는 쿼리 결과셋에서 위치, 즉 행을 제어하는 관리 방법을 제공한다.

Cursor 클래스는 다음을 비롯해 다양한 이동 및 상호 작용 메서드들을 제공한다.

> ➤ moveToFirst: 커서를 쿼리 결과의 첫 번째 행으로 이동시킨다.
> ➤ moveToNext: 커서를 다음 행으로 이동시킨다.
> ➤ moveToPrevious: 커서를 이전 행으로 이동시킨다.
> ➤ getCount: 결과셋의 행 개수를 반환한다.
> ➤ getColumnIndexOrThrow: 지정된 열의 인덱스(0부터 시작한다)를 반환한다(해당 이름의 열이 존재하지 않으면 예외가 발생한다).

- ➤ getColumnName: 지정된 인덱스의 열 이름을 반환한다.
- ➤ getColumnNames: 현재 커서의 모든 열 이름이 저장된 문자열 배열을 반환한다.
- ➤ moveToPosition: 지정된 행으로 커서를 이동시킨다.
- ➤ getPosition: 현재 커서의 행 위치를 반환한다.

콘텐트 밸류(ContentValues 클래스)는 행을 삽입하거나 변경하기 위해 사용된다. 각 Content Values 객체는 열 이름과 값으로 구성되는 Map으로 하나의 테이블 행을 나타낸다.

9.4.3 데이터베이스 컨트랙트 정의하기

근원이 되는 데이터베이스는 캡슐화하여 데이터와 상호 작용하는데 필요한 public 메서드와 상수만 노출시키는 것이 좋다. 이때 컨트랙트(contract) 클래스 또는 헬퍼(helper) 클래스라는 것을 사용한다. 이 클래스는 데이터베이스 상수, 특히 데이터베이스에 데이터를 저장하고 쿼리 하는데 필요한 열 이름을 노출해야 한다. 코드 9-15는 이를 나타낸 것이다.

코드 9-15 컨트랙트 클래스 상수의 기본 코드

```java
public static class HoardContract {
  // where절에서 사용될 수 있는 인덱스(키) 열 이름
  public static final String KEY_ID = "_id";

  // 데이터베이스의 각 열의 이름과 열 인덱스
  // 직관적인 이름이어야 한다.
  public static final String KEY_GOLD_HOARD_NAME_COLUMN =
    "GOLD_HOARD_NAME_COLUMN";
  public static final String KEY_GOLD_HOARD_ACCESSIBLE_COLUMN =
    "OLD_HOARD_ACCESSIBLE_COLUMN";
  public static final String KEY_GOLD_HOARDED_COLUMN =
    "GOLD_HOARDED_COLUMN";
}
```

9.4.4 SQLiteOpenHelper

SQLiteOpenHelper는 추상 클래스로, 데이터베이스의 생성, 열기, 업그레이드를 하기 위한 최선의 패턴을 구현하는 데 사용된다.

SQLiteOpenHelper를 구현하면 데이터베이스를 열기 전에 생성이나 업그레이드를 해야 하는지 판단하고 각 작업을 효율적으로 완료하는 데 사용되는 로직을 캡슐화하여 감출 수 있다.

데이터베이스는 필요할 때만 생성하거나 여는 것이 좋다. SQLiteOpenHelper는 이런 패턴을 이용한다. 즉, 데이터베이스가 성공적으로 열린 후에 데이터베이스 인스턴스를 캐싱한다. 따라서 데이터베이스를 여는 요청을 하는 즉시 쿼리나 트랜잭션을 수행할 수 있다. 같은 이유로 액티비티가 완료될 때 까지는 수동으로 데이터베이스를 닫을 필요가 없다.

코드 9-16은 SQLiteOpenHelper의 서브 클래스를 생성하는 방법을 나타낸다. 여기서는 새 데이터베이스의 생성 및 새 버전으로의 업그레이드를 처리하기 위해 생성자, onCreate, onUpgrade 메서드를 오버라이드한다.

코드 9-16 SQLiteOpenHelper 구현하기

```java
public static class HoardDBOpenHelper extends SQLiteOpenHelper {

  public static final String DATABASE_NAME = "myDatabase.db";
  public static final String DATABASE_TABLE = "GoldHoards";
  public static final int DATABASE_VERSION = 1;

  // 새 데이터베이스 생성 SQL 문
  private static final String DATABASE_CREATE =
      "create table " + DATABASE_TABLE + " (" + HoardContract.KEY_ID +
      "integer primary key autoincrement, " +
      HoardContract.KEY_GOLD_HOARD_NAME_COLUMN + " text not null, " +
      HoardContract.KEY_GOLD_HOARDED_COLUMN + " float, " +
      HoardContract.KEY_GOLD_HOARD_ACCESSIBLE_COLUMN + " integer);";

  public HoardDBOpenHelper(Context context, String name,
                           SQLiteDatabase.CursorFactory factory, int version)
  {
    super(context, name, factory, version);
  }

  // 디스크에 데이터베이스가 존재하지 않을 때 호출된다.
  // 헬퍼 클래스에서 데이터베이스를 새로 생성한다.
  @Override
  public void onCreate(SQLiteDatabase db) {
    db.execSQL(DATABASE_CREATE);
  }

  // 데이터베이스 버전이 일치하지 않을 때 호출된다.
  // 디스크의 데이터베이스 버전을 현재 버전으로
  // 업그레이드해야 한다.
  @Override
  public void onUpgrade(SQLiteDatabase db, int oldVersion,
                        int newVersion) {
    // 버전 업그레이드 내역을 로그에 수록한다.
    Log.w("TaskDBAdapter", "Upgrading from version " +
```

```
                              oldVersion + " to " +
                              newVersion +
                              ", which will destroy all old data");

    // 기존 데이터베이스를 새 버전이 되도록 업그레이드한다.
    // oldVersion과 newVersion 값을 비교하면 이전 버전을 처리할 수 있다.

    // 이전 버전의 테이블을 삭제하고 새 테이블을 생성하는 것이 가장 간단하다.
    db.execSQL("DROP TABLE IF EXISTS " + DATABASE_TABLE);
    // 새 데이터베이스를 생성한다.
    onCreate(db);
  }
}
```

> **참고**
>
> 여기서 onUpgrade는 단순히 기존 테이블을 삭제하고 새 테이블로 교체한다. 이 방법이 가장
> 간단하고 실용적이다. 하지만 온라인 서비스와 동기화되지 않거나 다시 가져오기 어려운 중요한
> 데이터의 경우에는 기존 데이터를 새 테이블에 옮기는 것이 더 나은 방법일 수 있다.

코드 9-16의 DATABASE_CREATE 변수에 정의된 데이터베이스 생성 SQL 문자열은 자동 증가 키가 포함되는 새 테이블을 만든다. 반드시 그래야 하는 것은 아니지만, 각 행의 고유 식별자를 지정하기 위해 자동 증가 키를 모든 테이블에 포함시키는 것이 좋다.

콘텐트 프로바이더를 사용해 테이블을 공유하려면(10장 '콘텐트 프로바이더와 검색'에서 설명한다) 고유 ID 필드가 필요하다.

9.4.5 SQLiteOpenHelper로 데이터베이스 열기

SQLiteOpenHelper로 데이터베이스를 사용하려면 getWritableDatabase나 getReadableDatabase를 호출해 데이터베이스의 인스턴스를 얻어야 한다.

만일 해당 데이터베이스가 존재하지 않으면 내부적으로 헬퍼(SQLiteOpenHelper 인스턴스)는 onCreate 핸들러를 실행하며, 데이터베이스 버전이 변경되었다면 onUpgrade 핸들러가 호출된다. 어떤 경우든 getWritableDatabase나 getReadableDatabase를 호출하면, 캐싱된 데이터베이스, 새로 열린 데이터베이스, 새로 생성된 데이터베이스, 또는 업그레이드된 데이터베이스가 상황에 맞게 반환된다.

데이터베이스가 존재하고 이미 열린 상황이라면, getWritableDatabase와 getReadableDatabase 메서드 모두 다 캐싱되어 쓰기 가능한 데이터베이스 인스턴스를 반환한다.

데이터베이스를 생성하거나 업그레이드하려면 쓰기 가능한 형태로 열려야 한다. 따라서 항상 쓰기 가능한 데이터베이스로 여는 것이 좋은 방법이다. 하지만 디스크 공간이나 권한 문제로 getWritableDatabase 호출이 실패할 수 있다. 따라서 이때는 쿼리를 하기 위한 getReadableDatabase 메서드로 데이터베이스를 열면 된다(코드 9-17).

코드 9-17 SQLiteOpenHelper를 사용해 데이터베이스 열기

```
HoardDBOpenHelper hoardDBOpenHelper = new HoardDBOpenHelper(context,
                                         HoardDBOpenHelper.DATABASE_NAME, null,
                                         HoardDBOpenHelper.DATABASE_VERSION);

SQLiteDatabase db;
try {
  db = hoardDBOpenHelper.getWritableDatabase();
} catch (SQLiteException ex) {
  db = hoardDBOpenHelper.getReadableDatabase();
}
```

데이터베이스가 성공적으로 열리면 SQLiteOpenHelper는 이를 캐싱한다. 따라서 데이터베이스를 쿼리하거나 트랜잭션을 수행할 때마다 getWritableDatabase와 getReadableDatabase 메서드를 사용할 수 있다.

9.4.6 SQLiteOpenHelper 없이 데이터베이스 열거나 생성하기

데이터베이스의 생성과 열기, 버전 제어 등을 SQLiteOpenHelper 없이 직접 관리하고자 할 때는 애플리케이션 컨텍스트의 openOrCreateDatabase 메서드를 사용해 데이터베이스 자체를 생성할 수 있다.

```
SQLiteDatabase db = context.openOrCreateDatabase(DATABASE_NAME,
                                     Context.MODE_PRIVATE,
                                     null);
```

이 방법은 데이터베이스의 존재 유무나 버전을 확인하지 않는다. 따라서 생성 및 업그레이드 로직을 우리가 직접 처리해야 한다. 일반적으로는 데이터베이스의 execSQL 메서드를 사용해 필요한대로 테이블을 생성하거나 삭제한다.

9.4.7 행 추가, 변경, 삭제하기

SQLiteDatabase 클래스는 insert, delete, update 메서드를 제공한다. 이 메서드들은 해당 액션의 수행에 필요한 SQL 문을 캡슐화한다. 이에 추가하여 execSQL 메서드는 데이터베이스 테이블에 대해 우리가 원하는 어떤 적합한 SQL 문도 실행시켜 준다.

 참고

데이터베이스 작업은 항상 백그라운드 스레드로 수행돼야 한다. 그래야만 UI를 방해하지 않는다. 이 내용은 11장 '백그라운드에서 작업하기'에서 자세하게 알아볼 것이다. 그리고 데이터베이스 상호 작용(데이터를 읽거나 쓰기)은 액티비티나 프래그먼트에서 직접 처리하지 않는 것이 가장 좋다. 따라서 데이터베이스의 결과를 저장하고 상호 작용을 처리하기 위한 메커니즘으로 특별히 뷰 모델이 설계됐다. 기기 구성 변경이 생기더라도 데이터베이스 작업이 방해를 받지 않게 하기 위해서다.

행 추가하기

새 행을 만들려면 우선 ContentValues 객체를 구성하고 그 put 메서드를 사용해 열의 이름과 관련 값을 나타내는 한 쌍의 이름/값 데이터를 추가한다.

그 다음에 대상 데이터베이스에 호출되는 insert 메서드로 ContentValues 객체와 테이블 이름을 전달하여 새 행을 테이블에 추가한다. 코드 9-18은 이를 나타낸 것이다.

코드 9-18 SQLite 데이터베이스에 새 행 추가하기

```
// 추가할 값의 새 행을 만든다.
ContentValues newValues = new ContentValues();

// 각 행의 값을 지정한다.
newValues.put(HoardContract.KEY_GOLD_HOARD_NAME_COLUMN, newHoardName);
newValues.put(HoardContract.KEY_GOLD_HOARDED_COLUMN, newHoardValue);
newValues.put(HoardContract.KEY_GOLD_HOARD_ACCESSIBLE_COLUMN,
                            newHoardAccessible);

// [ ... 각 열과 값의 지정을 반복한다. ... ]

// 행을 테이블에 추가한다.
SQLiteDatabase db = hoardDBOpenHelper.getWritableDatabase();
db.insert(HoardDBOpenHelper.DATABASE_TABLE, null, newValues);
```

코드 9-18에서 insert 메서드의 두 번째 매개변수는 'null 열 hack'이라고 한다.

빈 ContentValues 객체를 전달해 SQLite 데이터베이스에 새 행을 추가할 때는 값이 null로 설정된 열의 이름도 전달해야 한다.

SQLite 데이터베이스에 새 행을 추가할 때는 적어도 하나의 열과 그 값을 명시적으로 지정해야 한다. 이때 값은 null이어도 된다. 만일 코드 9-18처럼 null column hack 매개변수를 null로 설정하면, 빈 ContentValues 객체를 추가할 때 SQLite가 예외를 발생시킨다.

행 변경하기

ContentValues를 사용해 행을 변경할 수도 있다. 이때는 우선 ContentValues 객체를 생성한 후 put 메서드를 사용해 변경하려는 각 열에 새 값을 지정한다. 그 다음에 테이블 이름, 변경된 ContentValues 객체, 그리고 변경할 행을 지정하는 where절을 인자로 전달하여 update 메서드를 호출한다(코드 9-19).

코드 9-19　데이터베이스 행 변경하기

```
// 변경되는 행의 ContentValues 객체를 생성한다.
ContentValues updatedValues = new ContentValues();

// 각 행의 값을 지정한다.
updatedValues.put(HoardContract.KEY_GOLD_HOARDED_COLUMN, newHoardValue);
// [ ... 변경할 각 열의 put 호출을 반복한다. ... ]

// 어느 열이 변경돼야 하는지 정의하는 where 절을 지정한다.
// 필요 시 where 절의 인수를 지정한다.
String where = HoardContract.KEY_ID + "=?";
String whereArgs[] = {hoardId};

// 지정된 인덱스의 행에 새 값을 변경한다.
SQLiteDatabase db = hoardDBOpenHelper.getWritableDatabase();
db.update(HoardDBOpenHelper.DATABASE_TABLE, updatedValues,
        where, whereArgs);
```

행 삭제하기

행을 삭제하는 방법은 간단하다. delete 메서드만 데이터베이스에 호출하면 된다. 이때 삭제할 행을 결정하는 where절과 테이블 이름을 지정한다(코드 9-20).

```
코드 9-20    데이터베이스 행 삭제하기
```
```
// 삭제할 행을 결정하는 where절을 지정한다.
// 필요시 인수를 지정한다.
String where = HoardContract.KEY_ID + "=?";
String whereArgs[] = {hoardId};

// where절에 해당하는 행을 삭제한다.
SQLiteDatabase db = hoardDBOpenHelper.getWritableDatabase();
db.delete(HoardDBOpenHelper.DATABASE_TABLE, where, whereArgs);
```

9.4.8 데이터베이스에 쿼리 수행하기

SQLite의 Database 객체에 쿼리를 수행하려면 그 query 메서드를 사용해야 한다. 이때 다음을 전달한다.

➤ 결과셋에 고윳값만 존재하는지를 나타내는 Boolean 값(필수는 아니다)

➤ 쿼리할 테이블 이름

➤ 프로젝션. 결과셋에 포함될 열들의 이름을 갖는 문자열 배열을 의미한다.

➤ 반환되는 행을 제한하기 위한 검색 기준을 정의하는 where 절. 선택 인자 매개변수를 통해 전달되는 값으로 교체될 ? 와일드카드를 포함할 수 있다.

➤ where 절의 ? 와일드카드를 교체할 선택 인수 문자열 배열

➤ 결과 행을 그룹화하는 방법을 정의하는 group by 절

➤ group by 절을 지정했을 때, 포함시킬 행 그룹을 정의하는 having 절

➤ 반환된 행의 순서를 나타내는 문자열

➤ 결과셋에 포함될 행의 최대 개수를 제한하는 문자열

각 데이터베이스 쿼리는 Cursor 객체로 반환된다. 이에 따라 안드로이드에서는 필요에 따라 행과 열의 값을 가져오거나 제공해 더 효율적으로 리소스를 관리할 수 있다.

> **참고**
>
> 앞서 언급한 대로 데이터베이스 작업은 항상 백그라운드로 수행돼야 한다. 이 내용은 11장 '백그라운드에서 작업하기'에서 다룬다. 그리고 데이터베이스의 결과 및 상호 작용은 뷰 모델로 캡슐화돼야 한다. 이 내용은 8장 '파일, 상태 저장, 사용자 환경 설정'에서 다뤘다.

코드 9-21은 SQLite 데이터베이스에서 선택한 행을 반환하는 방법을 보여준다.

코드 9-21 데이터베이스 쿼리하기

```
HoardDBOpenHelper hoardDBOpenHelper =
  new HoardDBOpenHelper(context,
                        HoardDBOpenHelper.DATABASE_NAME, null,
                        HoardDBOpenHelper.DATABASE_VERSION);

// 결과셋에 포함시킬 열을 지정한다.
String[] result_columns = new String[] {
  HoardContract.KEY_ID,
  HoardContract.KEY_GOLD_HOARD_ACCESSIBLE_COLUMN,
  HoardContract.KEY_GOLD_HOARDED_COLUMN };

// 결과를 제한할 where절을 지정한다.
String where = HoardContract.KEY_GOLD_HOARD_ACCESSIBLE_COLUMN + "=?";
String whereArgs[] = {"1"};

// 필요에 따라 다음 변수 값을 유효한 SQL 구문으로 교체한다.
String groupBy = null;
String having = null;

// 비축된 금을 오름차순으로 반환할 order by절을 지정한다.
String order = HoardContract.KEY_GOLD_HOARDED_COLUMN + " ASC";

SQLiteDatabase db = hoardDBOpenHelper.getWritableDatabase();

Cursor cursor = db.query(HoardDBOpenHelper.DATABASE_TABLE,
  result_columns, where, whereArgs, groupBy, having, order);
```

> **참고**
>
> 데이터베이스에 쿼리나 트랜잭션을 수행할 때마다 데이터베이스 인스턴스를 요청하는 것이 좋다.
> 효율성을 고려해서 더 이상 필요 없다고 확신할 수 있을 때만 데이터베이스 인스턴스를 닫아야 한다.
> 대개 액티비티의 사용이 중단될 경우가 해당된다.

9.4.9 커서에서 값 추출하기

커서(Cursor 객체)에서 값을 추출하려면 우선 moveTo⟨location⟩ 메서드를 사용해 원하는 행으로 이동해야 한다. 그런 다음, 타입에 안전한 get⟨type⟩ 메서드를 사용해(열 인덱스를 전달한다) 현재 행에 저장된 지정된 열의 값을 반환한다.

프로젝션을 사용한다는 것은 쿼리된 테이블에서 사용할 수 있는 전체 열의 일부만 결과 커서에 포함될 수 있다는 뜻이다. 따라서 결과 커서가 다르면 각 열의 인덱스가 달라질 수 있다. 각 결과 커서에서 특정 열의 현재 인덱스를 알아낼 때는 getColumnIndexOrThrow 메서드와 getColumnIndex 메서드를 사용한다.

열이 존재할 것으로 예상한다면 getColumnIndexOrThrow 메서드를 사용하는 것이 좋다.

```
try {
  int columnIndex =
    cursor.getColumnIndexOrThrow(HoardContract.KEY_GOLD_HOARDED_COLUMN);
  String columnValue = cursor.getString(columnIndex);
  // 열의 값으로 뭔가를 한다.
}
catch (IllegalArgumentException ex) {
  Log.e(TAG, ex.getLocalizedMessage());
}
```

특정 열이 항상 존재하지 않을 수 있다고 생각될 때는 예외로 처리하는 것보다 효율적인 방법이 있다. getColumnIndex 메서드를 사용해 결과가 -1인지 확인하는 것이다. 다음 조각 코드는 이를 나타낸 것이다.

```
int columnIndex =
  cursor.getColumnIndex(HoardContract.KEY_GOLD_HOARDED_COLUMN);
if (columnIndex > -1) {
  String columnValue = cursor.getString(columnIndex);
  // 열의 값으로 뭔가를 한다.
}
else {
  // 열이 존재하지 않을 때 뭔가를 한다.
}
```

열의 인덱스는 해당 결과 커서 안에서 변하지 않는다는 점에 유의해야 한다. 따라서 효율성을 고려하여, 열의 인덱스를 결정한 다음에 커서를 반복 처리하여 결과를 추출해야 한다. 코드 9-22는 이를 나타낸 것이다.

> **참고** 커서에서 결과를 추출하는 처리를 단순화하기 위해 데이터베이스 구현 코드에는 열의 이름을 제공하는 정적 상수들이 필요하다. 이 정적 상수들은 일반적으로 데이터베이스 컨트랙트 클래스에 정의한다.

코드 9-22는 결과 커서를 반복 처리하여 float 값의 열을 추출하고 평균을 내는 방법을 보여준다.

코드 9-22 커서에서 값 추출하기

```
float totalHoard = 0f;
float averageHoard = 0f;

// 사용되는 열(들)의 인덱스를 찾는다.
int GOLD_HOARDED_COLUMN_INDEX =
  cursor.getColumnIndexOrThrow(HoardContract.KEY_GOLD_HOARDED_COLUMN);

// 행의 전체 개수를 찾는다.
int cursorCount = cursor.getCount();

// 커서가 가리키는 행을 반복 처리한다.
// 커서는 첫 번째 행의 앞을 가리키도록 초기화된다.
// 따라서 '다음' 행이 있는지 확인할 수 있다.
// 만일 결과 커서가 비었다면 false가 반환된다.
while (cursor.moveToNext())
  totalHoard += cursor.getFloat(GOLD_HOARDED_COLUMN_INDEX);

// 평균을 계산한다. 0으로 나누기 오류를 확인한다.
averageHoard = cursor.getCount() > 0 ?
                    (totalHoard / cursorCount) : Float.NaN;

// 커서를 닫는다.
cursor.close();
```

SQLite 데이터베이스는 열의 타입이 엄격하지 않으므로 개별 값을 유효한 타입으로 변환할 수 있다. 예를 들어 float로 저장된 값을 문자열로 다시 읽을 수 있다.

결과 커서의 사용이 끝났을 때는 메모리 누수를 막고 애플리케이션의 리소스 부담을 줄이기 위해 해당 커서를 닫는 것이 중요하다.

```
cursor.close();
```

9.5 파이어베이스 리얼타임 데이터베이스

파이어베이스 리얼타임 데이터베이스(Firebase Realtime Database)는 클라우드에 호스팅된 NoSQL 데이터베이스다. 이 데이터베이스의 데이터는 모든 클라이언트에서 실시간으로 동기화돼 인터 넷에 접속할 수 없어도 기기에서 쿼리나 트랜잭션을 수행할 수 있다.

이런 방식은 앞서 소개한 SQLite 데이터베이스와 크게 다르다. SQLite 데이터베이스는 로컬에서 생성되고 저장된다. 따라서 데이터의 클라우드 복사본을 유지하기 위해서나 여러 기기 간 데이터를 공유하기 위해 클라우드 기반 데이터 소스와 동기화돼야 한다.

SQLite 데이터베이스는 관계형이며, 여러 테이블의 데이터를 결합하는 조인(join)과 같은 기능을 갖는 쿼리와 트랜잭션을 수행하기 위해 SQL 문을 사용한다. 반면에 파이어베이스 데이터베이스는 이와 다르게 작동한다. NoSQL 데이터베이스인 파이어베이스 데이터베이스는 관계형이 아니며 SQL 문을 사용하지 않는다. 그리고 각 기기에 JSON 파일로 저장되며, 실시간으로 클라우드 호스트 및 모든 접속 클라이언트와 동기화된다.

파이어베이스 리얼타임 데이터베이스는 응답성과 실시간 업데이트에 최적화됐으며, 사용자가 자주 저장하거나 변경하는 데이터, 그리고 모바일과 웹 클라이언트를 비롯해 기기 간의 끊임없는 동기화가 필요한 데이터에 이상적이다.

파이어베이스 리얼타임 데이터베이스에서 사용할 수 있는 모든 옵션을 알아보는 것은 이 책의 범위에서 벗어난다. 그러나 이후 절에서는 이 데이터베이스를 안드로이드 프로젝트에 추가하고 사용하는 간단한 사례를 알아볼 것이다.

9.5.1 앱에 파이어베이스 추가하기

파이어베이스 리얼타임 데이터베이스를 앱에 추가하려면 안드로이드 4.0 아이스크림 샌드위치(API 레벨 14) 이상 버전의 안드로이드 SDK와 구글 플레이 서비스(Google Play services)가 설치되어 있어야 한다.

안드로이드 스튜디오는 파이어베이스 컴포넌트를 앱에 쉽게 추가할 수 있는 파이어베이스 어시스턴트를 제공한다. 메뉴의 [Tools ➡ Firebase]를 선택하면 그림 9-3과 같은 어시스턴트 윈도우가 화면에 나타난다.

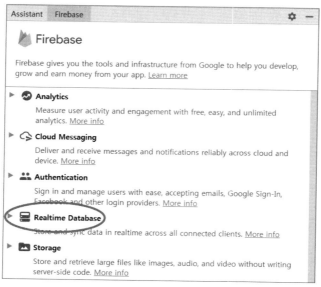

◐ 그림 9-3

타원으로 표시된 Realtime Database 항목을 확장하고 하이퍼링크로 표시된 [Save and retrieve data]를 선택하면 그림 9-4와 같은 파이어베이스 리얼타임 데이터베이스 어시스턴트가 나타난다.

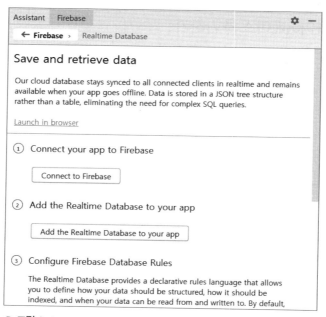

◐ 그림 9-4

[Connect to Firebase]를 선택하면 웹 브라우저가 열리고 연결할 구글 계정을 선택하라는 화면이 나타난다. 원하는 구글 계정을 선택하고 로그인되면 그림 9-5와 같은 권한 승인 화면이 나타난다. [허용(ALLOW)]을 클릭하여 승인한다.

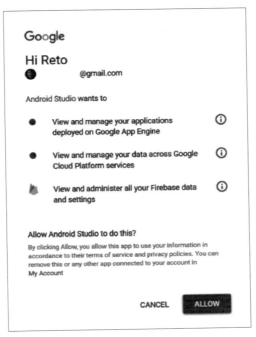

◐ 그림 9-5

이제는 안드로이드 스튜디오에서 파이어베이스에 로그인된 것이다. 안드로이드 스튜디오로 돌아가면 그림 9-6과 같은 대화상자가 보일 것이다. 이 대화상자에서 새 파이어베이스 프로젝트를 생성하거나 기존 프로젝트를 선택해 앱에서 사용할 수 있다.

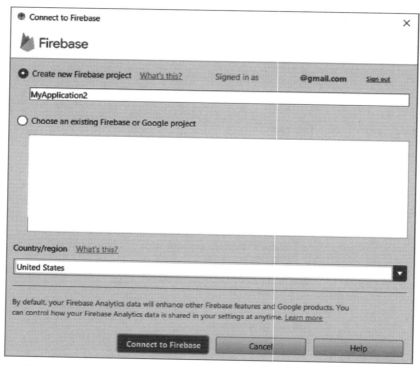

◑ 그림 9-6

[Connect to Firebase] 버튼을 클릭하면 파이어베이스 프로젝트가 생성되고 app 모듈에 로컬로 연결되었다는 메시지가 오른쪽 아래에 나타날 것이다.

이제는 앱에 연결되었으므로 그림 9-4의 파이어베이스 리얼타임 데이터베이스 어시스턴트에서 [Add the Realtime Database to Your App]을 클릭한다. 그러면 파이어베이스 그래들 빌드 스크립트 의존성이 프로젝트 수준의 build.gradle 파일에 추가되며, 그래들용 파이어베이스 플러그인, 파이어베이스 데이터베이스 라이브러리의 의존성이 app 모듈의 build.gradle 파일에 추가된다.

9.5.2 파이어베이스 데이터베이스 및 사용 규칙 정의하기

파이어베이스 데이터베이스는 SQLite 데이터베이스와 달리 클라우드에 호스팅된다. 따라서 파이어베이스 콘솔을 사용해 데이터 구조와 사용 규칙을 정의한다.

웹 브라우저에서 console.firebase.google.com으로 접속한다. 그리고 바로 앞에서 생성했던 파이어베이스 프로젝트를 선택한다.

왼쪽 메뉴 바에서 [개발(DEVELOP)] 항목과 [Database] 옵션을 차례대로 선택하면 파이어베이스 리얼타임 데이터베이스의 구성 콘솔이 나타난다. 화면을 조금 밑으로 내려서 Realtime Database에 있는 [데이터베이스 만들기]를 클릭한다. [실시간 데이터베이스 보안 규칙] 대화상자가 나타나면 [테스트 모드로 시작]을 선택하고 [사용 설정]을 클릭한다. 그러면 그림 9-7과 같은 설정 화면이 나타날 것이다.

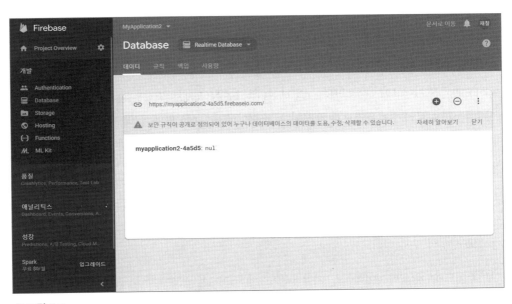

◐ 그림 9-7

파이어베이스 리얼타임 데이터베이스에서는 선언적 규칙 언어를 사용해 데이터 사용 방법을 정의한다.

기본적으로 파이어베이스 데이터베이스는 파이어베이스 인증(Firebase Authentication)을 요구하며, 인증받은 모든 사용자에게 완전한 읽기 및 쓰기 권한을 부여한다. 개발 시에는 인증이 필요 없는 전체 사용 권한을 허용하는 것이 유용하다. 이렇게 하면 데이터베이스를 개발한 후에 인증 처리를 완료하면 되기 때문이다.

접근 규칙을 공용(또는 공개)으로 설정하려면 그림 9-7의 [규칙(rules)] 탭을 클릭한 후 읽기 및 쓰기 요소를 true로 설정하면 된다.

```
{
  "rules": {
```

```
    ".read": true,
    ".write": true
  }
}
```

설정이 끝난 뒤에도 필요에 따라 규칙을 맞춤 설정할 수 있다. 따라서 앱을 론칭하기 전에 더 보안이 강화된 적절한 규칙을 구성할 수 있다.

9.5.3 파이어베이스 리얼타임 데이터베이스에서 데이터 추가, 변경, 삭제 및 쿼리하기

파이어베이스 리얼타임 데이터베이스의 데이터는 JSON 객체로 저장된다. 이때 클라우드에 호스팅된 JSON 트리가 효율적으로 생성된다. 파이어베이스 데이터베이스 콘솔의 [데이터(DATA)] 탭에서는 데이터베이스에 저장되는 데이터를 나타내는 JSON 트리의 현재 상태를 보여준다.

파이어베이스 데이터베이스에는 앞서 소개한 SQLite 데이터베이스와 달리 테이블이나 레코드가 없다. 새 데이터를 추가하면 이 데이터는 JSON 트리의 요소가 되며 연관된 키로 사용할 수 있다. 한편, 키는 고유 사용자 ID처럼 우리가 직접 정의할 수 있고 또는 파이어베이스에서 자동으로 생성할 수도 있다.

안드로이드 앱에서 파이어베이스 데이터베이스에 데이터를 쓰려면 우선 static 메서드인 getInstance를 사용해 데이터베이스의 인스턴스부터 받아야 한다.

```
FirebaseDatabase database = FirebaseDatabase.getInstance();
```

루트 수준의 노드를 찾을 때는 getReference 메서드를 사용한다. 그리고 트리 아래쪽으로 내려갈 때는 child 메서드를 사용한다. 또한 지정된 노드의 값을 설정할 때는 setValue 메서드를 사용하며, 노드나 리프(leaf) 요소에 값을 설정하면 모든 부모 노드가 자동으로 생성된다.

다음 조각 코드에서는 파이어베이스 테이블에 새 항목을 추가하는 방법을 보여준다. 여기서는 이전 SQLite 예시 코드와 비슷한 정보를 저장하는 간단한 데이터 구조를 사용한다.

```
// 데이터베이스에 메시지를 쓴다.
FirebaseDatabase database = FirebaseDatabase.getInstance();

// 비축물 리스트의 루트 노드를 가져온다.
DatabaseReference listRootRef = database.getReference("hoards");
```

```
// 현재 비축물의 노드를 가져온다.
DatabaseReference itemRootRef = listRootRef.child(hoard.getHoardName());

// 비축물의 프로퍼티에 값을 설정한다.
itemRootRef.child("hoardName").setValue(hoard.getHoardName());
itemRootRef.child("goldHoarded").setValue(hoard.getGoldHoarded());
itemRootRef.child("hoardAccessible").setValue(hoard.getHoardAccessible());
```

그림 9-8은 파이어베이스 콘솔에서 데이터가 JSON 트리로 표현되는 방식을 나타낸다.

◐ 그림 9-8

setValue 메서드에는 기본 데이터 타입은 물론이고 객체도 전달할 수 있다. 객체를 전달할 때는 해당 객체의 모든 게터의 결과가 저장 대상 노드의 자식들로 저장된다. 다음 조각 코드는 방금 전 코드와 같다. 단, 개별 값을 전달하지 않고 객체를 사용한다.

```
// 데이터베이스에 메시지를 쓴다.
FirebaseDatabase database = FirebaseDatabase.getInstance();

// 비축물 리스트의 루트 노드를 가져온다.
DatabaseReference listRootRef = database.getReference("hoards");

// 비축물의 프로퍼티에 값을 설정한다.
listRootRef.child(hoard.getHoardName()).setValue(hoard);
```

데이터 구조를 구성할 때는 데이터 중첩을 피하고, 구조를 단순화하고, 크기 조정이 가능한 데이터를 생성하는 등의 몇 가지 모범 사례를 유념하는 것이 중요하다. 파이어베이스와 같은 NoSQL 데이터베이스에 데이터를 구조화하는 방법에 관해 더 알고 싶으면 firebase.google.com/docs/database/android/structure-data의 'Structure Your Database(데이터베이스 구조화하기)' 파이어베이스 가이드를 참고하기 바란다.

항목을 변경하려면 새 항목을 만들 때처럼 setValue를 사용한다. 이때 이전 값을 새 값으로 덮어쓰게 된다.

항목을 삭제할 때는 해당 노드나 요소에 removeValue를 호출한다.

```java
DatabaseReference listRootRef = database.getReference("hoards");
listRootRef.child(hoard.getHoardName()).removeValue();
```

파이어베이스 데이터베이스의 데이터를 쿼리할 때는(변경되는 경우도 포함해서) Database Reference 객체에 ValueEventListener를 추가하고 onDataChange 핸들러를 오버라이드하면 된다.

```java
FirebaseDatabase database = FirebaseDatabase.getInstance();
DatabaseReference listRootRef = database.getReference("hoards");

// 데이터베이스에서 읽는다.
listRootRef.addValueEventListener(new ValueEventListener() {
  @Override
  public void onDataChange(DataSnapshot dataSnapshot) {
    // 이 메서드는 초깃값으로 한 번 호출되며,
    // 이 위치의 데이터가 변경될 때마다 다시 호출된다.
    String key = dataSnapshot.getKey();
    String value = dataSnapshot.getValue().toString();
    Log.d(TAG, "Key is: " + key);
    Log.d(TAG, "Value is: " + value);
  }

  @Override
  public void onCancelled(DatabaseError error) {
    // 값 읽기 실패
    Log.w(TAG, "Failed to read value.", error.toException());
  }
});
```

onDataChange 핸들러는 리스너가 연결되는 즉시 호출된다. 그리고 해당 데이터(와 그 자식들 중 어느 것이라도)가 변경될 때마다 다시 호출된다. 따라서 앱이나 외부 소스(예를 들어, 서버나 다른 클라이언트)로부터 데이터베이스가 변경될 때마다 실시간으로 변경 데이터를 받게 된다.

파이어베이스 데이터베이스를 안드로이드 UI 요소에 바인딩하려면 데이터베이스 트리의 로컬 복사본을 반드시 저장해야 하며, ValueEventListener를 사용해 변경 데이터를 관찰하고 적용해야 한다.

이 과정을 단순화하기 위해 파이어베이스팀은 안드로이드용 파이어베이스 UI 오픈 소스 라이브러리를 개발했다. 이 라이브러리를 사용하면 리사이클러 뷰와 같이 흔히 사용하는 UI 요소를 파이어베이스 API(예를 들어, 리얼타임 데이터베이스나 파이어베이스 인증(Firebase Authentication))에 신속하게 연결할 수 있다. 파이어베이스 UI 라이브러리는 github.com/firebase/firebaseui-android에서 사용할 수 있다.

파이어베이스 리얼타임 데이터베이스의 자세한 내용은 firebase.google.com/docs/database/에서 찾아볼 수 있다.

구글은 클라우드 파이어스토어(Cloud Firestore)라는 새 데이터베이스 시스템을 출시했다. 파이어스토어는 확장성이 높은 NoSQL 클라우드 데이터베이스이며, 파이어베이스 리얼타임 데이터베이스처럼 여러 서버와 클라이언트 앱에 걸쳐 애플리케이션 데이터를 실시간으로 동기화하는데 사용될 수 있다.

파이어스토어는 특히 확장성이 높으면서 더 우수한 표현력과 효율적인 쿼리를 지원하도록 설계됐다. 컬렉션의 전체 데이터를 읽지 않아도 되는 쿼리, 그리고 정렬, 필터링, 쿼리 반환 결과 제한 등의 지원을 포함한다. 파이어스토어는 또한 다른 파이어베이스 및 구글 클라우드 플랫폼 제품들(에 Cloud Functions)과 매끄러운 통합을 제공한다.

파이어스토어 API는 안드로이드와 웹, iOS SDK뿐 아니라 Node.js, 자바, 파이썬, 고(Go) 등에서도 사용할 수 있다.

파이어스토어의 자세한 설명은 이 책의 범위에서 벗어난다. 이와 관련된 내용은 firebase.google.com/docs/firestore/에서 찾아볼 수 있다.

CHAPTER 10

콘텐트 프로바이더와 검색

📑 10장의 주요 내용

➢ 콘텐트 프로바이더 만들기

➢ 콘텐트 프로바이더를 사용해 애플리케이션 데이터 공유하기

➢ 권한을 사용해 공유 데이터 사용 제한하기

➢ 콘텐트 프로바이더를 사용해 데이터베이스 쿼리와 트랜잭션 수행하기

➢ 콘텐트 리졸버를 사용해 데이터베이스에 저장된 데이터 쿼리 수행, 추가, 변경, 삭제하기

➢ 커서 로더를 사용해 콘텐트 프로바이더에 비동기로 쿼리 수행하기

➢ 네이티브 호출 로그, 미디어 스토어, 연락처, 캘린더 콘텐트 프로바이더 사용하기

➢ 애플리케이션에 검색 기능 추가하기

➢ 검색 뷰에 검색 제안 제공하기

📥 10장에 사용된 코드의 다운로드용 파일

10장은 다음 2개의 파일로 되어 있다.

📥 Snippets_ch10.zip

📥 Earthquake_ch10.zip

10.1 콘텐트 프로바이더

10장에서는 일관된 공유 수단으로서 콘텐트 프로바이더를 만들고 사용하는 방법을 소개한다. 또한 데이터 저장소의 추상화를 통해 애플리케이션에서 데이터를 소비하는 방법도 소개한다.

커서 로더를 사용해 콘텐트 프로바이더에 쿼리를 비동기로 수행함으로써 사용자가 데이터를 조회하는 동안에도 애플리케이션의 반응성을 보장하는 방법을 다룬다.

안드로이드에서 데이터베이스 접근은 데이터베이스를 만든 애플리케이션으로 제한된다. 따라서 콘텐트 프로바이더는 각종 네이티브 데이터베이스를 비롯해 애플리케이션 간에 데이터를 공유하고 소비하기 위한 표준 인터페이스를 제공한다.

콘텐트 프로바이더는 안드로이드 프레임워크에서 광범위하게 사용된다. 이에 따라 연락처나 캘린더, 미디어 스토어 등 네이티브 콘텐트 프로바이더를 통해 애플리케이션을 개선할 수 있다. 지금 언급한 몇 가지 코어 안드로이드 콘텐트 프로바이더에 데이터를 저장하고 조회하는 방법에 따라 사용자에게 더 풍부하고 일관된 통합 사용자 경험을 제공할 수 있다.

마지막으로 콘텐트 프로바이더를 사용해 검색 뷰에 의한 실시간 검색 제안을 제공하는 방법 등 풍부한 검색 옵션을 어떻게 제공하는지도 소개한다.

10.2 왜 콘텐트 프로바이더를 사용해야 할까?

콘텐트 프로바이더를 사용해야 할 가장 큰 이유는 애플리케이션 간 데이터 공유가 원활하기 때문이다. 콘텐트 프로바이더는 한 애플리케이션에서 다른 애플리케이션의 데이터로 안전하게 접근하거나 데이터를 수정할 수 있도록 세밀한 데이터 접근 제한을 정의한다.

어떤 애플리케이션도 적절한 권한을 가졌다면 다른 애플리케이션에서 콘텐트 프로바이더를 통해 제공한 데이터에 쿼리를 수행할 수 있고, 직접 데이터를 추가, 삭제, 변경할 수 있다. 이때 콘텐트 프로바이더에는 안드로이드의 네이티브 콘텐트 프로바이더도 포함된다.

콘텐트 프로바이더를 직접 만들어 사용할 수도 있다. 더욱이 다른 애플리케이션의 데이터를 통합하거나 확장할 수도 있다. 그리고 콘텐트 프로바이더는 검색 뷰에 검색 결과를 제공하거나 실시간 검색 제안을 생성하는 데도 사용된다.

또한 콘텐트 프로바이더는 데이터베이스를 캡슐화하고 추상화해 데이터 계층에서 애플리케이션 계층을 분리해 내는 방법으로도 유용하다. 이 방식은 애플리케이션에서 데이터 소스를 신경 쓸 필요가 없다는 점에서, 다시 말해 데이터 저장소 메커니즘이 애플리케이션 계층에 영향을 미치지 않고 수정되거나 교체될 수 있다는 점에서 유용하다.

애플리케이션에서 데이터를 공유할 계획이 없다면 콘텐트 프로바이더를 사용해야 할 이유는 없다. 하지만 수많은 개발자는 자신의 데이터베이스 위에 콘텐트 프로바이더를 만들고 있다. 일관된 추상화 계층의 장점을 얻기 위해서다. 콘텐트 프로바이더는 데이터 접근에 사용할 몇 가지 편의 클래스를 제공하고 있다. 이 가운데 10장의 뒷부분에서 살펴볼 커서 로더가 대표적인 예다.

연락처, 미디어 스토어, 캘린더를 비롯해 몇 가지 네이티브 콘텐트 프로바이더들은 서드파티 애플리케이션에서도 접근할 수 있다. 이와 관련 내용은 10장의 뒷부분에서 다룬다.

10.3 콘텐트 프로바이더 만들기

콘텐트 프로바이더는 데이터 소스에 대한 추상화 계층으로, 콘텐트 리졸버(Content Resolver)를 통해 프로세스 경계 밖에서도 소비되는 데이터를 제공하기 위한 인터페이스를 제공한다. 콘텐트 프로바이더는 content:// 스키마가 사용된 단순 URI 주소 지정 모델에 따른 데이터를 제공하고 소비하기 위한 인터페이스를 사용한다.

콘텐트 프로바이더는 데이터를 소비하는 애플리케이션 컴포넌트를 그 데이터 소스에서 분리해 낼 수 있다. 이에 따라 애플리케이션이 데이터를 공유하거나 다른 애플리케이션에서 제공하는 데이터를 소비하기 위한 메커니즘이 제공된다.

그리고 애플리케이션 프로세스 경계 밖에서 데이터 접근 공유와 세밀한 데이터 접근 제한 지원이 가능해진다. 그 결과 다른 애플리케이션에서도 보안 문제를 일으키지 않고 애플리케이션 데이터에 접근하거나 수정할 수 있다.

새 콘텐트 프로바이더를 만들려면 코드 10-1처럼 ContentProvider 추상 클래스를 확장해야 한다.

코드 10-1 새 콘텐트 프로바이더 만들기

```
public class MyHoardContentProvider extends ContentProvider {
```

```java
@Override
public boolean onCreate() {
  return false;
}
@Nullable
@Override
public Cursor query(@NonNull Uri uri,
                    @Nullable String[] projection,
                    @Nullable String selection,
                    @Nullable String[] selectionArgs,
                    @Nullable String sortOrder) {
  // TODO: 쿼리를 수행하고 커서를 반환한다.
  return null;
}
@Nullable
@Override
public String getType(@NonNull Uri uri) {
  // TODO: 쿼리의 MIME 유형을 반환한다.
  return null;
}
@Nullable
@Override
public Uri insert(@NonNull Uri uri, @Nullable ContentValues values) {
  // TODO: Content Values를 추가하고 URI를 레코드에 반환한다.
  return null;
}
@Override
public int delete(@NonNull Uri uri,
                  @Nullable String selection,
                  @Nullable String[] selectionArgs) {
  // TODO: 일치하는 레코드를 삭제하고
  // 삭제된 레코드의 개수를 반환한다.
  return 0;
}

@Override
public int update(@NonNull Uri uri,
                  @Nullable ContentValues values,
                  @Nullable String selection,
                  @Nullable String[] selectionArgs) {
  // TODO: 일치하는 레코드를 ContentValues로 변경하고
  // 변경된 레코드의 개수를 반환한다.
  return 0;
}
}
```

이어지는 절들에서는 데이터 소스를 초기화하도록 onCreate 핸들러를 구현하는 방법과 콘텐트 리졸버가 데이터와 상호 작용하기 위해 사용하는 인터페이스를 구현하도록 query, getType, insert, update, delete 메서드를 업데이트하는 방법을 다룬다.

10.3.1 콘텐트 프로바이더의 데이터베이스 만들기

콘텐트 프로바이더를 통해 접근하려는 데이터 소스를 초기화하려면 onCreate 메서드를 코드
10-2처럼 오버라이드해야 한다. SQLite 데이터베이스를 사용한다면 이 과정은 9장 '데이터베
이스 만들기와 사용하기'에서 설명한 대로 SQLiteOpenHelper 구현에 따라 처리될 수 있다.

코드 10-2 콘텐트 프로바이더의 데이터베이스 만들기

```
private HoardDB.HoardDBOpenHelper mHoardDBOpenHelper;

@Override
public boolean onCreate() {
    // 데이터베이스를 구성한다.
    // 쿼리나 트랜잭션을 수행해야 할 때까지
    // 기다렸다 데이터베이스를 연다.
    mHoardDBOpenHelper =
      new HoardDB.HoardDBOpenHelper(getContext(),
                                    HoardDB.HoardDBOpenHelper.DATABASE_NAME,
                                    null,
                                    HoardDB.HoardDBOpenHelper.DATABASE_VERSION);
    return true;
}
```

10장에서만큼은 데이터베이스의 모든 예에 SQLite 데이터베이스를 계속 사용한다. 하지만 구
현할 데이터베이스는 어떤 것도 선택 가능하다는 것을 알아 두자. 다시 말해, 클라우드 기반
데이터베이스, 인메모리(in-memory) 데이터베이스, SQL 또는 비SQL 데이터베이스 라이브러리
를 사용할 수 있다. 10장의 뒷부분에서는 Room 데이터베이스를 대상으로 콘텐트 프로바이더
를 만들어 현재 계속 진행 중인 지진 정보 뷰어에 검색 기능을 구현한다. 관련 내용은 9장 '데
이터베이스 만들기와 사용하기'를 참고할 수 있다.

10.3.2 콘텐트 프로바이더 등록하기

액티비티나 서비스처럼 콘텐트 프로바이더도 콘텐트 리졸버가 발견해 사용하기 위해 애플리케
이션 매니페스트에 등록해야 하는 애플리케이션 컴포넌트다. 등록하려면 name 속성이 포함되
는 provider 태그를 사용해야 한다. name 속성은 프로바이더의 클래스 이름과 authorities 태
그를 사용해야 한다.

authorities 태그는 프로바이더의 기본 URI를 정의할 때 필요하다. authorities 속성의 값은 콘텐트 리졸버가 상호 작용할 데이터베이스의 위치로 사용된다.

이 값은 고유해야 하며, 따라서 패키지 이름에 URI 경로를 기준으로 정하는 것이 좋다. 일반적으로는 다음과 같이 정의한다.

```
com.<회사명>.provider.<애플리케이션이름>
```

완성된 provider 태그는 코드 10-3과 같은 형식을 따른다.

코드 10-3 새 콘텐트 프로바이더를 애플리케이션 매니페스트에 등록하기

```
<provider android:name=".MyHoardContentProvider"
          android:authorities="com.professionalandroid.provider.hoarder"/>
```

10.3.3 콘텐트 프로바이더의 URI 주소 제공하기

콘텐트 프로바이더는 public static 프로퍼티인 CONTENT_URI를 사용해 주소를 노출한다. 이 프로퍼티에는 기본 콘텐트의 데이터 경로가 포함된다. 코드 10-4는 이를 나타낸 것이다.

코드 10-4 콘텐트 프로바이더 URI 지정하기

```
public static final Uri CONTENT_URI =
  Uri.parse("content://com.professionalandroid.provider.hoarder/lairs");
```

이 콘텐트 URI는 콘텐트 리졸버에서 콘텐트 프로바이더에 접근할 때 사용된다. 이 내용은 이어지는 절들에서 다룬다. 이 형식에 따른 쿼리는 모든 행에 요청된다. 반면, 다음 조각 코드에서처럼 뒤에 /⟨rownumber⟩를 붙이면 하나의 특정 레코드에 대한 요청이 된다.

```
content://com.professionalandroid.provider.hoarder/lairs/5
```

이 두 가지 형식으로 프로바이더에 접근하도록 지원하는 것이 좋다. 가장 간단하게는 UriMatcher를 콘텐트 프로바이더 구현에 추가해 URI를 파싱하고 그 형식을 결정해 세부 사항을 추출하면 된다.

UriMatcher는 URI의 형식을 분석해 URI가 구체적으로 데이터 전체에 대한 요청인지, 행 하나에 대한 요청인지 판단한다. 코드 10-5는 UriMatcher를 정의하기 위한 구현 패턴을 나타낸다.

```
// URI 요청이 서로 어떻게 다른지 판단할 때
// 사용할 상수를 만든다.
private static final int ALLROWS = 1;
private static final int SINGLE_ROW = 2;

private static final UriMatcher uriMatcher;

// UriMatcher 객체를 배치한다.
// 'elements'로 끝나는 URI는 모든 항목에 대한 요청에 해당한다.
// 'elements/[rowID]'는 행 하나를 나타낸다.
static {
  uriMatcher = new UriMatcher(UriMatcher.NO_MATCH);
  uriMatcher.addURI("com.professionalandroid.provider.hoarder",
    "lairs", ALLROWS);
  uriMatcher.addURI("com.professionalandroid.provider.hoarder",
    "lairs/#", SINGLE_ROW);
}
```

이 방법을 사용하면 데이터베이스의 서로 다른 데이터 부분 집합 또는 서로 다른 테이블을 나타내는 동일한 콘텐트 프로바이더 안에서 대체 URI를 노출할 수도 있다.

10.3.4 콘텐트 프로바이더 쿼리 구현하기

콘텐트 프로바이더의 쿼리를 지원하려면 query 메서드와 getType 메서드를 오버라이드해야 한다. 콘텐트 리졸버는 이 메서드들을 사용해 데이터에 접근한다. 이때 그 구조나 구현에 대해 모르더라도 상관없다. 애플리케이션은 이 데이터 소스의 구체적인 인터페이스를 제공할 필요 없이 두 메서드를 통해 애플리케이션 경계 밖으로 데이터를 공유할 수 있다.

10장에서는 콘텐트 프로바이더를 사용해 SQLite 데이터베이스에 접근하는 방법을 소개한다. 하지만 이 두 메서드로도 (Room이나 파일, 애플리케이션 인스턴스 변수, 클라우드 기반 데이터베이스를 비롯해) 어떤 데이터 소스에 접근할 수 있다.

UriMatcher를 사용해 전체 테이블 및 단일 행 쿼리를 구별하면 쿼리 요청을 세밀하게 다듬을 수 있으며, SQLiteQueryBuilder 클래스를 사용해 쿼리의 선택 조건을 추가로 적용하기도 쉬워진다.

안드로이드 4.1 젤리빈(API 레벨 16)부터는 query 메서드를 확장해 CancellationSignal 매개변수를 지원한다.

```
CancellationSignal mCancellationSignal = new CancellationSignal();
```

CancellationSignal 객체를 사용하면 현재 실행 중인 쿼리를 취소하겠다고 콘텐트 프로바이더에 알릴 수 있다. 이때 필요한 메서드는 CancellationSignal 클래스의 cancel이다.

```
mCancellationSignal.cancel();
```

하위 호환성을 위해 안드로이드에서는 CancellationSignal의 매개변수가 지원되지 않는 query 메서드를 구현하도록 요구하고 있다. 코드 10-6는 이를 나타낸 것이다.

코드 10-6은 콘텐트 프로바이더 안에서 쿼리를 구현할 때 SQLite 데이터베이스를 사용하는 기본 코드다. 이때 SQLite 쿼리 빌더를 사용해 쿼리 매개변수와 CancellationSignal 객체를 SQLite 데이터베이스에 수행되는 쿼리로 전달한다.

코드 10-6 콘텐트 프로바이더 안에서 쿼리 구현하기

```
@Nullable
@Override
public Cursor query(@NonNull Uri uri,
                    @Nullable String[] projection,
                    @Nullable String selection,
                    @Nullable String[] selectionArgs,
                    @Nullable String sortOrder) {
  return query(uri, projection, selection, selectionArgs, sortOrder, null);
}


@Nullable
@Override
public Cursor query(@NonNull Uri uri,
                    @Nullable String[] projection,
                    @Nullable String selection,
                    @Nullable String[] selectionArgs,
                    @Nullable String sortOrder,
                    @Nullable CancellationSignal cancellationSignal) {
  // 데이터베이스를 연다.
  SQLiteDatabase db;
  try {
    db = mHoardDBOpenHelper.getWritableDatabase();
  } catch (SQLiteException ex) {
    db = mHoardDBOpenHelper.getReadableDatabase();
  }
```

```
    // 필요시 유효한 SQL 구문으로 교체한다.
    String groupBy = null;
    String having = null;

    // SQLiteQueryBuilder를 사용해
    // 데이터베이스 쿼리를 쉽게 구성한다.
    SQLiteQueryBuilder queryBuilder = new SQLiteQueryBuilder();

    // 하나의 행을 쿼리하는 경우는 결과셋을 제한한다.
    switch (uriMatcher.match(uri)) {
      case SINGLE_ROW :
        String rowID = uri.getLastPathSegment();
        queryBuilder.appendWhere(HoardDB.HoardContract.KEY_ID + "=" + rowID);
      default: break;
    }

    // 쿼리를 수행할 테이블을 지정한다.
    // 특정 테이블이 될 수도 있고, 필요에 따라 조인(join)할 수도 있다.
    queryBuilder.setTables(HoardDB.HoardDBOpenHelper.DATABASE_TABLE);

    // 반환된 결과의 개수를 제한한다.
    String limit = null;

    // 쿼리를 실행한다.
    Cursor cursor = queryBuilder.query(db, projection, selection,
      selectionArgs, groupBy, having, sortOrder, limit, cancellationSignal);

    // 결과 커서를 반환한다.
    return cursor;
}
```

실행 중인 쿼리가 취소되면 SQLite는 OperationCanceledException을 발생시킨다. 콘텐트 프로바이더가 SQLite 데이터베이스를 사용하지 않는 경우 onCancelListener 핸들러를 사용해 취소되었는지 리스닝하고 직접 처리해야 한다.

```
cancellationSignal.setOnCancelListener(
  new CancellationSignal.OnCancelListener() {
    @Override
    public void onCancel() {
      // TODO 쿼리가 취소될 때 응답한다.
    }
  }
);
```

이제 리턴되는 데이터의 '타입'에 해당하는 MIME 유형을 지정해야 한다. 데이터 타입에 해당

하는 문자열을 반환하도록 getType 메서드를 오버라이드한다.

반환되는 타입은 두 가지 형식을 포함해야 한다. 하나는 단일 항목일 때고, 다른 하나는 모든 항목일 때다.

➤ 단일 항목

```
vnd.android.cursor.item/vnd.<회사명>.<콘텐트타입>
```

➤ 모든 항목

```
vnd.android.cursor.dir/vnd.<회사명>.<콘텐트타입>
```

코드 10-7은 전달받은 URI에 따라 올바른 MIME 유형을 반환하도록 getType 메서드를 오버라이드하는 방법이다.

코드 10-7 콘텐트 프로바이더의 MIME 유형 반환하기

```java
@Nullable
@Override
public String getType(@NonNull Uri uri) {
  // 콘텐트 프로바이더 URI에 따라
  // MIME 유형에 해당하는 문자열을 반환한다.
  switch (uriMatcher.match(uri)) {
    case ALLROWS:
      return "vnd.android.cursor.dir/vnd.professionalandroid.lairs";
    case SINGLE_ROW:
      return "vnd.android.cursor.item/vnd.professionalandroid.lairs";
    default:
      throw new IllegalArgumentException("Unsupported URI: " + uri);
  }
}
```

10.3.5 콘텐트 프로바이더 트랜잭션

콘텐트 프로바이더 트랜잭션의 삭제, 추가, 변경을 지원하려면 이에 해당하는 delete, insert, update 메서드를 오버라이드해야 한다.

이 메서드들도 query처럼 콘텐트 리졸버가 사용해 그 구체적인 구현 구조를 몰라도 데이터에 트랜잭션을 수행한다.

데이터가 저장된 데이터셋을 변경하는 트랜잭션을 수행할 때는 콘텐트 리졸버의 notifyChange 메서드를 호출하는 것이 바람직하다. 이 메서드는 Cursor.registerContentObserver 메서드를 통해 커서에 등록된 콘텐트 옵저버(Content Observer)에 테이블(또는 특정 행)이 삭제, 추가, 변경 됐다는 것을 알린다.

코드 10-8은 SQLite 데이터베이스에서 콘텐트 프로바이더의 트랜잭션을 구현한 기본 코드다.

코드 10-8 콘텐트 프로바이더의 추가, 변경, 삭제 구현

```java
@Override
public int delete(@NonNull Uri uri,
                  @Nullable String selection,
                  @Nullable String[] selectionArgs) {

    // 트랜잭션 처리를 위해 read/write 데이터베이스를 연다.
    SQLiteDatabase db = mHoardDBOpenHelper.getWritableDatabase();

    // 하나의 행에 대한 URL이면 지정된 행에 삭제를 한정한다.
    switch (uriMatcher.match(uri)) {
      case SINGLE_ROW :
        String rowID = uri.getLastPathSegment();
        selection = KEY_ID + "=" + rowID
                      + (!TextUtils.isEmpty(selection) ?
                            " AND (" + selection + ')' : "");
      default: break;
    }

    // 삭제된 항목의 개수를 반환하려면 where절을 지정해야 한다.
    // 모든 행을 삭제하고 값을 전달하려면 '1'을 전달해야 한다.
    if (selection == null)
        selection = "1";

    // 삭제를 수행한다.
    int deleteCount = db.delete(HoardDB.HoardDBOpenHelper.DATABASE_TABLE,
                                selection, selectionArgs);

    // 데이터셋의 변화를 리스닝하는 모든 옵저버에게 알린다.
    getContext().getContentResolver().notifyChange(uri, null);

    // 삭제된 항목의 개수를 반환한다.
    return deleteCount;
}

@Nullable
@Override
public Uri insert(@NonNull Uri uri, @Nullable ContentValues values) {

    // 트랜잭션 처리를 위해 read/write 데이터베이스를 연다.
```

```java
SQLiteDatabase db = mHoardDBOpenHelper.getWritableDatabase();

// 빈 ContentValues 객체를 전달하는 방식으로
// 데이터베이스에 빈 행들을 전달하려면
// null column hack 매개변수를 사용해
// null을 명시적으로 설정할 수 있는 열의 이름을 지정해야 한다.
String nullColumnHack = null;

// 테이블에 값들을 추가한다.
long id = db.insert(HoardDB.HoardDBOpenHelper.DATABASE_TABLE,
                    nullColumnHack, values);

if (id > -1) {
    // 새로 추가한 행의 URI를 구성하고 반환한다.
    Uri insertedId = ContentUris.withAppendedId(CONTENT_URI, id);

    // 데이터셋의 변화를 리스닝하는 모든 옵저버에게 알린다.
    getContext().getContentResolver().notifyChange(insertedId, null);

    return insertedId;
}
else
    return null;
}

@Override
public int update(@NonNull Uri uri,
                  @Nullable ContentValues values,
                  @Nullable String selection,
                  @Nullable String[] selectionArgs) {

    // 트랜잭션 처리를 위해 read/write 데이터베이스를 연다.
    SQLiteDatabase db = mHoardDBOpenHelper.getWritableDatabase();
    // 하나의 행에 대한 URI이면, 지정된 행으로 삭제를 한정한다.
    switch (uriMatcher.match(uri)) {
        case SINGLE_ROW :
            String rowID = uri.getLastPathSegment();
            selection = KEY_ID + "=" + rowID
                        + (!TextUtils.isEmpty(selection) ?
                            " AND (" + selection + ')' : "");

        default: break;
    }

    // 데이터를 변경한다.
    int updateCount = db.update(HoardDB.HoardDBOpenHelper.DATABASE_TABLE,
                                values, selection, selectionArgs);

    // 데이터셋의 변화를 리스닝하는 모든 옵저버에게 알린다.
    getContext().getContentResolver().notifyChange(uri, null);

    return updateCount;
```

```
}
```

10.3.6 콘텐트 프로바이더를 사용해 파일 공유하기

큰 파일은 콘텐트 프로바이더의 데이터베이스에 저장하는 대신 파일 시스템에 저장해 두고 해당 파일의 전체 경로 URI를 테이블에 나타내는 것이 좋다.

테이블 안에 파일을 포함하려면 _data 레이블이 붙은 열을 포함해야 한다. 여기서 _data 레이블에는 해당 레코드로 표현되는 파일의 경로가 붙는다. 그런데 이 열은 클라이언트 애플리케이션에서 직접 사용되지 않아야 하며, openFile 핸들러를 목적에 맞게 오버라이드해야 한다. 여기서는 레코드와 연결된 파일을 그 URI로 콘텐트 리졸버가 요청할 때 콘텐트 프로바이더 안에서 ParcelFileDescriptor를 제공하도록 오버라이드한다.

이 과정을 단순화하기 위해 안드로이드에는 openFileHelper 메서드가 제공된다. 이 메서드는 _data 열에 저장된 파일 경로를 콘텐트 프로바이더에 조회하고 PFD(Parcel FileDescriptor)를 만들어 반환한다. 코드 10-9는 이를 나타낸 것이다.

코드 10-9 콘텐트 프로바이더의 파일 반환하기

```
@Nullable
@Override
public ParcelFileDescriptor openFile(@NonNull Uri uri, @NonNull String mode)
  throws FileNotFoundException {

  return openFileHelper(uri, mode);
}
```

애플리케이션끼리 파일을 공유할 수 있는 더 나은 접근법으로 안드로이드 4.4 킷캣(API 레벨 19)에 도입된 SAF를 생각해 볼 수 있다. 이 프레임워크는 8장 '파일, 상태 저장, 사용자 환경 설정'에서 자세하게 알아보았다.

10.3.7 콘텐트 프로바이더에 권한 요건 추가하기

콘텐트 프로바이더의 주목적은 다른 애플리케이션과 데이터를 공유하는 것이다. 기본적으로는 올바른 URI를 알고 있는 애플리케이션이 콘텐트 리졸버를 사용해 콘텐트 프로바이더에 접근하고 그 데이터를 조회하거나 트랜잭션을 수행할 수 있다.

콘텐트 프로바이더에서 다른 애플리케이션에 접근하도록 할 생각이 없다면 android:exported 속성을 false로 설정해 현재 애플리케이션에서만 접근할 수 있도록 한정한다.

```
<provider
  android:name=".MyHoardContentProvider"
  android:authorities="com.professionalandroid.provider.hoarder"
  android:exported="false">
</provider>
```

콘텐트 프로바이더에 대한 읽기나 쓰기 또는 이 둘의 접근을 권한에 따라 한정하는 방법도 생각해 볼 수 있다.

예를 들어 세부 연락처 정보나 통화 기록 등 민감한 정보가 담긴 네이티브 안드로이드 콘텐트 프로바이더는 그 콘텐트에 접근하거나 수정하기 위한 읽기 및 쓰기 정보를 각각 요구한다(네이티브 콘텐트 프로바이더의 세부 내용은 10.4.6 '네이티브 안드로이드 콘텐트 프로바이더 사용하기'에서 다룬다).

권한을 사용하면 악성 애플리케이션이 데이터를 변조하거나 민감한 정보에 접근하고 하드웨어 리소스나 외부 통신 채널을 과도하게(또는 인증받지 않고) 사용하는 행위를 막을 수 있다.

콘텐트 프로바이더에 권한을 적용할 때 가장 먼저 생각해 볼 수 있는 사례는 동일한 서명의 애플리케이션에만 접근을 허용하도록 한정하는 것이다. 이에 따라 서명이 같은 다른 애플리케이션과 함께 작업할 수 있다.

이 경우, 우선 새 권한을 소비자와 콘텐트 프로바이더 앱 양쪽의 애플리케이션의 매니페스트 안에서 정의부터 해야 하며, 서명(signature)이라는 보호 수준을 지정해야 한다.

```
<permission
  android:name="com.professionalandroid.provider.hoarder.ACCESS_PERMISSION"
  android:protectionLevel="signature">
</permission>
```

그리고 해당 uses-permission 항목을 각 매니페스트에 추가한다.

```
<uses-permission
  android:name="com.professionalandroid.provider.hoarder.ACCESS_PERMISSION"
/>
```

동일한 서명의 애플리케이션에만 접근을 한정하는 서명 보호 수준에는 추가로 권한을 정의해 정상(normal) 또는 위험(dangerous) 보호 수준으로 지정할 수도 있다. 정상 권한은 안드로이드 기기에 애플리케이션을 설치할 때 보여주고 사용자 승인을 받는다. 반면, 위험 권한은 애플리케이션을 실행할 때 사용자 승인이 필요하다.

권한을 직접 만들고 사용하기 위한 세부적인 내용은 20장 '고급 안드로이드 개발'에서 찾아볼 수 있다.

권한을 정의했으면 이를 적용해야 한다. 콘텐트 프로바이더 매니페스트 항목을 수정해 콘텐트 프로바이더를 읽거나 쓰는 데 필요한 권한을 가리키면 된다. 물론 읽기 권한과 쓰기 권한을 상황에 따라 별개로 지정할 수도 있다.

```
<provider
  android:name=".MyHoardContentProvider"
  android:authorities="com.professionalandroid.provider.hoarder"
  android:writePermission=
    "com.professionalandroid.provider.hoarder.ACCESS_PERMISSION"
/>
```

앱에 임시 권한을 부여하고 인텐트를 사용해 특정 레코드에만 접근하거나 수정할 수 있도록 하는 방법도 가능하다. 이를 위해서는 권한을 요청하는 앱에서 콘텐트 프로바이더 호스트 애플리케이션에 인텐트를 보내야 한다. 그에 따라 콘텐트 프로바이더 호스트 애플리케이션은 특정 URI에 대한 올바른 권한이 포함된 인텐트를 반환한다. 단, 이 URI는 호출하는 액티비티가 완료될 때까지만 유효하다.

임시 권한을 지원하려면 우선 콘텐트 프로바이더의 해당 매니페스트 항목에서 android:grant

UriPermissions 속성을 true로 설정해야 한다.

```
<provider
  android:name=".MyHoardContentProvider"
  android:authorities="com.professionalandroid.provider.hoarder"
  android:writePermission=
    "com.professionalandroid.provider.hoarder.ACCESS_PERMISSION"
  android:grantUriPermissions="true"
/>
```

이제 콘텐트 프로바이더에 접근하는 데 사용될 URI에 대한 임시 권한이 부여된다. provider 노드 안에서 grant-uri-permission 자식 노드를 사용해 특정 경로 패턴이나 접두어를 정의할 수도 있다.

그 다음에 애플리케이션에서는 다른 애플리케이션의 인텐트를 리스닝하는 기능을 제공하면 된다(6장 '인텐트와 브로드캐스트 리시버' 참고). 그리고 해당 인텐트를 받으면 요청된 액션을 지원할 UI를 보여주고 UI에서 선택된 레코드에 대한 URI를 갖는 인텐트를 반환한다. 이 때 FLAG_GRANT_READ_URI_PERMISSION 플래그나 FLAG_GRANT_WRITE_URI_PERMISSION 플래그 중 하나를 설정한다.

```
protected void returnSelectedRecord(int rowId) {
  Uri selectedUri =
    ContentUris.withAppendedId(MyHoardContentProvider.CONTENT_URI,
                               rowId);

  Intent result = new Intent(Intent.ACTION_PICK, selectedUri);
  result.addFlags(FLAG_GRANT_READ_URI_PERMISSION);

  setResult(RESULT_OK, result);
  finish();
}
```

이 접근법에 따라 애플리케이션은 사용자와 서드파티 애플리케이션 또는 사용자와 콘텐트 프로바이더 사이에서 중재 역할을 담당한다. 예를 들어 사용자에게 레코드를 선택 또는 수정하도록 하는 UI를 제공할 수 있다.

그리고 접근하는 데이터양을 한정하고 앱, 더 나아가 사용자에 이르기까지 부적절한 접근 또는 변경을 취소하는 방식으로 데이터 유출이나 손상의 위험을 제한할 수 있다. 그 결과, 요청하는 애플리케이션은 데이터에 쿼리를 수행하거나 수정할 목적으로 인텐트를 사용할 때 어떤 특별한 권한을 요청할 필요가 없다.

인텐트를 사용해 임시 권한을 부여한다는 접근법은 네이티브 콘텐트 프로바이더에 대한 접근 권한을 제공하기 위해 광범위하게 사용된다. 이 내용은 10.4.6 '네이티브 안드로이드 콘텐트 프로바이더 사용하기'에서 설명한다.

10.4 콘텐트 리졸버로 콘텐트 프로바이더에 접근하기

애플리케이션마다 ContentResolver 인스턴스가 포함돼 다음과 같이 getContentResolver 메서드를 사용해 접근할 수 있다.

```
ContentResolver cr = getContentResolver();
```

콘텐트 리졸버는 콘텐트 프로바이더에 쿼리를 수행하고 트랜잭션을 수행하는 데 사용되며, 이를 위한 메서드들을 제공한다. 이 메서드들은 상호 작용할 콘텐트 프로바이더를 가리키는 URI를 받는다.

콘텐트 프로바이더의 URI는 매니페스트의 authorities 항목에 지정된 것이며, 일반적으로 콘텐트 프로바이더 구현 시 정적 상수로 제공된다.

앞 절에서 설명한 대로 콘텐트 프로바이더는 대개 두 가지 형식의 URI를 받는다. 하나는 모든 데이터를 요청하기 위한 것이고, 다른 하나는 한 행만 지정하기 위한 것이다. 한 행만 지정하는 URI 형식은 행의 식별자(/〈rowID〉 형태)를 기본 URI의 끝에 붙여 표시한다.

10.4.1 콘텐트 프로바이더에 쿼리 수행하기

콘텐트 프로바이더의 쿼리는 SQLite 데이터베이스의 쿼리와 매우 비슷한 형식을 갖는다. 쿼리의 결과는 결과셋(그리고 추출된 값들)에 대한 커서로, SQLite 데이터베이스에서 설명한 방식에 따라 반환된다.

ContentResolver 객체에 query 메서드를 사용할 때는 다음을 전달한다.

> ➤ 쿼리를 수행할 콘텐트 프로바이더의 콘텐트를 가리키는 URI
> ➤ 결과셋에 포함하려는 열의 내역

- ▶ 반환될 행을 정의하는 where절. 선택 인자(selection argument) 매개변수로 전달되는 값들로 교체될 자리에는 ? 와일드카드를 포함해야 한다.
- ▶ where절에서 ? 와일드카드를 교체할 선택 인자 문자열들의 배열
- ▶ 반환된 행들의 순서를 나타내는 문자열

코드 10-10은 콘텐트 프로바이더에 쿼리를 적용하기 위한 콘텐트 리졸버 사용법이다.

코드 10-10 콘텐트 리졸버로 콘텐트 프로바이더에 쿼리 수행하기

```java
// 콘텐트 리졸버 객체를 얻는다.
ContentResolver cr = getContentResolver();

// 결과로 가져올 열을 지정한다.
// 요건을 만족하는 최소 열셋을 반환한다.
String[] result_columns = new String[] {
  HoardDB.HoardContract.KEY_ID,
  HoardDB.HoardContract.KEY_GOLD_HOARD_ACCESSIBLE_COLUMN,
  HoardDB.HoardContract.KEY_GOLD_HOARDED_COLUMN };

// 결과를 제한하는 where절을 지정한다.
String where = HoardDB.HoardContract.KEY_GOLD_HOARD_ACCESSIBLE_COLUMN
                    + "=?";
String[] whereArgs = {"1"};

// 필요시 유효한 SQL 구문으로 교체한다.
String order = null;

// 지정된 행을 반환한다.
Cursor resultCursor = cr.query(MyHoardContentProvider.CONTENT_URI,
                            result_columns, where, whereArgs, order);
```

여기서 쿼리는 HoardContract 클래스의 정적 상수와 MyHoardContentProvider 클래스의 CONTENT_URI로 제공되는 열 이름으로 수행된다. 하지만 해당 콘텐트 URI와 열 이름을 알고 있고 적합한 권한을 갖고 있다면, 서드파티 애플리케이션도 같은 쿼리를 수행할 수 있다는 것을 알아 두자.

대부분의 콘텐트 프로바이더는 URI 패턴의 줄임꼴을 함께 제공한다. 이에 따라 행 ID를 콘텐트 URI에 붙여 특정 행의 주소로 표시할 수 있다. ContentUris 클래스의 static 메서드인 withAppendedId를 사용해 이 과정을 단순화할 수 있다. 코드 10-11은 이를 나타낸 것이다.

코드 10-11 콘텐트 프로바이더에 특정 행 쿼리하기

```
private Cursor queryRow(int rowId) {
  // 콘텐트 리졸버를 가져온다.
  ContentResolver cr = getContentResolver();

  // 결과로 가져올 열을 지정한다.
  // 요건을 만족하는 최소 열셋을 반환한다.
  String[] result_columns = new String[] {
    HoardDB.HoardContract.KEY_ID,
    HoardDB.HoardContract.KEY_GOLD_HOARD_NAME_COLUMN,
    HoardDB.HoardContract.KEY_GOLD_HOARDED_COLUMN };

  // 행 ID를 URI에 붙여 특정 행의 주소를 만든다.
  Uri rowAddress =
    ContentUris.withAppendedId(MyHoardContentProvider.CONTENT_URI,
                               rowId);

  // 하나의 행을 요청하는 것이므로 다음 변수들은 null로 지정한다.
  String where = null;
  String[] whereArgs = null;
  String order = null;

  // 지정된 행을 반환한다.
  return cr.query(rowAddress, result_columns, where, whereArgs, order);
}
```

결과 커서에서 값을 추출하려면 9장 '데이터베이스 만들기와 사용하기'에서 설명한 방법대로 get⟨type⟩ 메서드와 moveTo⟨location⟩ 메서드를 함께 사용해야 한다.

코드 10-12는 코드 10-11이 확장된 것이다. 결과 커서를 반복 실행해 비축량이 가장 많은 비축물의 이름을 표시한다.

코드 10-12 콘텐트 프로바이더의 결과 커서에서 값 추출하기

```
float largestHoard = 0f;
String largestHoardName = "No Hoards";

// 사용되는 열(들)의 인덱스를 찾는다.
int GOLD_HOARDED_COLUMN_INDEX = resultCursor.getColumnIndexOrThrow(
  HoardDB.HoardContract.KEY_GOLD_HOARDED_COLUMN);
int HOARD_NAME_COLUMN_INDEX = resultCursor.getColumnIndexOrThrow(
  HoardDB.HoardContract.KEY_GOLD_HOARD_NAME_COLUMN);

// 커서 행을 반복 처리한다.
// 커서는 첫 행 전에 초기화된다.
// 따라서 순서상 사용할 수 있는 '다음' 행이 있는지 확인할 수 있다.
// 결과 커서가 비었으면 false가 리턴된다.
```

```
while (resultCursor.moveToNext()) {
  float hoard = resultCursor.getFloat(GOLD_HOARDED_COLUMN_INDEX);
  if (hoard > largestHoard) {
    largestHoard = hoard;
    largestHoardName = resultCursor.getString(HOARD_NAME_COLUMN_INDEX);
  }
}

// 완료 시 커서를 닫는다.
resultCursor.close();
```

결과 커서를 모두 사용했으면 반드시 닫아야 한다. 그래야만 메모리 누수를 피하고 애플리케이션의 리소스 로드를 줄일 수 있다.

```
resultCursor.close();
```

10.4.6 '네이티브 안드로이드 콘텐트 프로바이더 사용하기'에서 네이티브 안드로이드 콘텐트 프로바이더를 소개할 때 몇 가지 예를 더 살펴볼 것이다.

> **주의**
>
> 데이터베이스 쿼리는 실행되는 데 상당한 시간이 소요된다. 기본적으로 콘텐트 리졸버는 쿼리를 (다른 트랜잭션도 포함해) 메인 애플리케이션 스레드에서 실행한다.
>
> 애플리케이션이 부드럽고 뛰어난 반응성을 유지하려면 모든 쿼리를 비동기로 실행해야 한다. 이와 관련된 내용은 10장의 뒷부분에서 설명한다.

10.4.2 쿼리 취소하기

안드로이드 4.1 젤리빈(API 레벨 16)부터는 콘텐트 리졸버의 query 메서드를 확장해 CancellationSignal 매개변수를 지원하기 시작했다.

```
CancellationSignal mCancellationSignal = new CancellationSignal();
```

안드로이드 지원 라이브러리는 하위 호환성을 염두에 둔 쿼리 취소를 지원하기 위해 ContentResolverCompat 클래스를 제공한다.

```
Cursor resultCursor = ContentResolverCompat.query(cr,
                      MyHoardContentProvider.CONTENT_URI,
```

```
                    result_columns, where, whereArgs, order,
                    mCancellationSignal);
```

쿼리를 취소할 때는 CancellationSignal 클래스의 cancel 메서드를 사용하여 콘텐트 프로바이더에 알린다.

```
mCancellationSignal.cancel();
```

쿼리가 실행 중에 취소되면 OperationCanceledException이 발생한다.

10.4.3 커서 로더로 콘텐트에 비동기 쿼리 수행하기

데이터베이스 작업은 시간이 많이 소요된다. 따라서 어떤 데이터베이스나 콘텐트 프로바이더의 쿼리 또는 트랜잭션도 메인 애플리케이션 스레드로 수행되지 않는다는 사실은 매우 중요하다.

UI 스레드와 올바르게 동기화하고 모든 쿼리를 백그라운드 스레드에서 실행되도록 하면서 커서의 관리 프로세스를 단순화하기 위해 안드로이드는 Loader 클래스를 제공한다.

로더와 로더 매니저는 비동기 백그라운드 데이터 로딩을 단순화할 때 사용된다. 로더는 백그라운드 스레드를 만들고, 이 안에서 데이터베이스 쿼리와 트랜잭션이 수행되고, 이에 따라 UI 스레드와 동기화되며 처리된 데이터가 콜백 핸들러를 통해 반환된다.

로더 매니저는 단순 캐싱을 지원한다. 따라서 기기의 구성 변경에 의한 액티비티 재시작 때문에 로더가 방해받는 일은 없으며, 로더는 액티비티와 프래그먼트의 수명 주기 이벤트를 파악하게 된다. 따라서 로더는 부모 액티비티나 프래그먼트가 영구적으로 소멸할 때 제거된다.

AsyncTaskLoader 클래스는 어떤 데이터 소스로부터도 모든 종류의 데이터를 로드하도록 서브 클래스로 생성될 수 있다. AsyncTaskLoader의 서브 클래스 중에서 특히 중요한 것은 CursorLoader 클래스다. 이 클래스는 콘텐트 프로바이더에 비동기 쿼리를 전문으로 지원하도록 설계돼 있어 콘텐트 프로바이더의 변경 알림이나 결과 커서를 반환한다.

> **참고**
>
> 간결하고 캡슐화된 코드를 유지하기 위해 10장의 모든 예시 코드가 커서 로더의 사용법을 명시적으로 나타내고 있지는 않다. 이는 분명 잘못이고 우리도 물론 유감이라고 생각한다. 여러분의 애플리케이션에는 콘텐트 프로바이더나 데이터베이스에 쿼리 또는 트랜잭션을 수행할 때 항상 커서 로더를 (또는 다른 백그라운드 스레딩 테크닉을) 사용하는 것이 좋다.

커서 로더는 액티비티가 중단됐을 때 커서가 닫히도록 하기 위한 커서의 수명 주기 관리를 비롯해 이런저런 관리를 담당한다.

그리고 커서 로더는 쿼리의 변화를 관찰한다. 따라서 콘텐트 옵저버를 직접 구현하지 않아도 된다.

커서 로더의 콜백 구현하기

커서 로더를 사용하려면 LoaderManager.LoaderCallbacks 인터페이스를 구현하는 클래스를 생성해야 한다. LoaderCallbacks는 제네릭 매개변수를 사용한다. 따라서 명시적인 타입(여기서는 Cursor)을 지정해야 한다.

```
LoaderManager.LoaderCallbacks<Cursor> loaderCallback
  = new LoaderManager.LoaderCallbacks<Cursor>() {

  @Override
  public Loader<Cursor> onCreateLoader(int id, Bundle args) {
    return null;
  }

  @Override
  public void onLoadFinished(Loader<Cursor> loader, Cursor data) {}

  @Override
  public void onLoaderReset(Loader<Cursor> loader) {}
};
```

프래그먼트나 액티비티에서 하나의 로더만 구현할 필요가 있다면 해당 컴포넌트가 LoaderCallbacks 인터페이스를 구현하면 된다.

```
public class MyActivity extends AppCompatActivity
                implements LoaderManager.LoaderCallbacks<Cursor>
```

로더 콜백은 다음 세 가지 핸들러로 구성된다.

> ➤ onCreateLoader: 로더가 초기화될 때 호출된다. 이 핸들러는 새 커서 로더 객체를 만들어 반환해야 한다. 커서 로더 생성자의 인자들을 보면 콘텐트 리졸버를 사용해 쿼리를 수행하는 데 있어 무엇이 필요한지 알 수 있다. 이에 따라 이 핸들러가 실행되면 지정한 쿼리의 매개변수들은 콘텐트 리졸버를 사용해 쿼리를 수행하는 데 사용된다. 단,

CancellationSignal 객체로 취소 신호를 할 필요가 없다(또는 지원되지 않는다). 그 대신 cancelLoad를 호출하면 실행되는 CancellationSignal 객체를 커서 로더가 생성한다.

➤ **onLoadFinished**: 로더 매니저가 비동기 쿼리를 완료하면 호출된다. 이때 결과 커서가 매개변수로 전달된다. 이 커서를 사용해 어댑터와 다른 UI 요소들을 변경한다.

➤ **onLoaderReset**: 로더 매니저가 커서 로더를 재설정하면 호출된다. 이 핸들러에서는 쿼리에서 반환된 데이터의 참조를 해제하고 UI를 재설정해야 한다. 커서는 로더 매니저가 닫아 주므로 직접 닫을 필요는 없다.

코드 10-13은 커서 로더의 콜백을 구현한 기본 코드다.

코드 10-13 로더 콜백 구현하기

```java
public Loader<Cursor> onCreateLoader(int id, Bundle args) {
    // 새 쿼리를 커서 로더의 형식으로 구성한다.
    // id 매개변수를 사용해 다른 로더를 구성하고 리턴한다.
    String[] projection = null;
    String where = null;
    String[] whereArgs = null;
    String sortOrder = null;

    // 쿼리 URI
    Uri queryUri = MyHoardContentProvider.CONTENT_URI;

    // 새 커서 로더를 만든다.
    return new CursorLoader(this, queryUri, projection,
                            where, whereArgs, sortOrder);
}

public void onLoadFinished(Loader<Cursor> loader, Cursor cursor) {
    // 현재 UI 스레드에 있다. 로드된 데이터로 UI를 업데이트한다.
    // initLoader가 구성 변경 이후 호출되면
    // 캐싱된 데이터를 자동으로 반환한다.
}

public void onLoaderReset(Loader<Cursor> loader) {
    // Loader (또는 그 부모)가 완전히 소멸하면(또 애플리케이션이 중단하는 경우)
    // 필요한 정리를 수행한다.
    // 단, 커서 로더가 결과 커서를 닫으므로
    // 직접 닫을 필요는 없다.
}
```

커서 로더 초기화와 재시작 및 취소

새 로더를 초기화하려면 로더 매니저의 initLoader 메서드를 호출해야 한다. 이때 로더 콜백을 구현한 클래스 인스턴스의 참조와 옵션 인자인 Bundle 객체, 로더 식별자를 전달한다. 이 책 전체에서 그렇듯이, 여기서는 안드로이드 하위 버전과의 호환성을 보장하도록 로더 매니저의 지원 라이브러리 버전을 사용한다. 그리고 다음 조각 코드에서는 액티비티에서 직접 로더 콜백을 구현한다.

```
Bundle args = null;
// 로더를 초기화한다. "this"는 콜백을 구현하는 바깥쪽(enclosing) 액티비티다.
getSupportLoaderManager().initLoader(LOADER_ID, args, this);
```

이 과정은 일반적으로 호스트 액티비티의 onCreate 메서드 안에서(프래그먼트일 때는 onActivity Created 안에서) 이뤄진다.

사용된 식별자에 해당하는 로더가 존재하지 않으면 연결된 로더 콜백의 onCreateLoader 핸들러 안에서 만들어진다. 이 내용은 앞 절에서 다뤘다.

대개 필요한 과정은 이것이 전부다. 이에 따라 로더 매니저는 초기화되는 어떤 로더든 그 수명주기와 쿼리, 결과 커서 그리고 쿼리 결과의 변경을 처리한다.

로더가 기기의 구성이 변경되는 동안 완료되면 결과 커서는 큐로 들어가고, 부모 액티비티나 프래그먼트가 다시 만들어져야 onLoadFinished를 통해 결과 커서를 받게 된다.

로더가 만들어진 이후에는 기기의 구성 변경 시 결과가 캐싱된다. initLoader를 반복 호출하면 onLoadFinished 핸들러를 통해 마지막 결과셋이 곧바로 반환된다. 이때 로더의 onStart Loading 메서드는 호출되지 않는다. 이에 따라 데이터베이스 중복 읽기 및 관련 처리를 제거할 수 있어 상당한 시간 및 배터리가 절약된다.

이전 로더를 버리고 다시 만들려면 restartLoader 메서드를 사용해야 한다.

```
getSupportLoaderManager().restartLoader(LOADER_ID, args, this);
```

이 과정은 쿼리의 매개변수, 이를 테면 검색 쿼리나 정렬 순서, 필터 조건 등이 변경될 때만 필요하다.

커서 로더가 실행 중인데도 취소하려면 그 cancelLoad 메서드를 호출해야 한다.

```
getSupportLoaderManager().getLoader(LOADER_ID).cancelLoad();
```

이렇게 하면 CancellationSignal 객체가 커서 로더에서 생성되어 연관된 콘텐트 프로바이더로 전달된다.

10.4.4 콘텐트 추가, 삭제, 변경하기

콘텐트 프로바이더에 트랜잭션을 수행할 때는 콘텐트 리졸버에 insert, delete, update 메서드를 사용한다. 콘텐트 프로바이더의 트랜잭션은 시간 소요가 많은 작업이므로 쿼리처럼 백그라운드 작업 스레드에서 처리해야만 UI 스레드가 차단되는 것을 막을 수 있다.

콘텐트 추가하기

콘텐트 리졸버는 새 레코드를 콘텐트 프로바이더에 추가하기 위한 insert와 bulkInsert 메서드를 제공한다. 두 메서드 모두 추가 대상인 콘텐트 프로바이더의 URI를 받는다. 그러나 insert 메서드는 하나의 ContentValues 객체로 받고, bulkInsert 메서드는 이 객체가 저장된 배열을 받는다는 점이 다르다.

insert 메서드는 새로 추가된 레코드 URI를 반환하는 반면, bulkInsert 메서드는 추가가 완료된 행들의 개수를 반환한다.

코드 10-14는 insert 메서드를 사용해 콘텐트 프로바이더에 새 행을 추가하는 방법이다.

코드 10-14 콘텐트 프로바이더에 새 행 추가하기

```
// 값을 추가할 새 행을 생성한다.
ContentValues newValues = new ContentValues();

// 각 행의 값을 지정한다.
newValues.put(HoardDB.HoardContract.KEY_GOLD_HOARD_NAME_COLUMN,
  newHoardName);
newValues.put(HoardDB.HoardContract.KEY_GOLD_HOARDED_COLUMN,
  newHoardValue);
newValues.put(HoardDB.HoardContract.KEY_GOLD_HOARD_ACCESSIBLE_COLUMN,
  newHoardAccessible);

// 콘텐트 리졸버 객체를 얻는다.
ContentResolver cr = getContentResolver();

// 행을 테이블에 추가한다.
Uri newRowUri = cr.insert(MyHoardContentProvider.CONTENT_URI,
                          newValues);
```

콘텐트 삭제하기

레코드 하나를 삭제하려면 콘텐트 리졸버에 delete 메서드를 호출한다. 이때 삭제하려는 행의 URI를 전달한다. where절을 지정해 여러 행을 삭제할 수도 있다. delete를 호출하면 삭제된 행의 개수가 반환된다. 코드 10-15는 특정 조건과 일치하는 행들을 삭제하는 방법이다.

코드 10-15 컴포넌트에서 행 삭제하기

```
// 삭제할 행(들)이 표시된 where절을 지정한다.
// 필요한 대로 where의 인수들을 지정한다.
String where = HoardDB.HoardContract.KEY_GOLD_HOARDED_COLUMN +
                "=?";
String[] whereArgs = {"0"};

// 콘텐트 리졸버 객체를 얻는다.
ContentResolver cr = getContentResolver();

// 일치하는 행들을 삭제한다.
int deletedRowCount =
  cr.delete(MyHoardContentProvider.CONTENT_URI, where, whereArgs);
```

콘텐트 변경하기

콘텐트 리졸버의 update 메서드를 사용해 행을 변경할 수 있다. update 메서드는 대상 콘텐트 프로바이더인 ContentValues 객체의 URI와 where 절을 받는다. ContentValues 객체에서는 변경되는 값들과 열 이름을 매핑하고, where 절에서는 변경할 행을 나타낸다.

update 메서드가 실행되면 where 절에서 일치되는 모든 행이 ContentValues에 따라 변경되며 변경된 개수가 반환된다.

고유 URI를 지정해 특정 행을 변경하도록 선택할 수도 있다. 코드 10-16은 이 과정을 나타낸다.

코드 10-16 콘텐트 프로바이더의 레코드 변경하기

```
// 특정 행의 주소인 URI를 만든다.
Uri rowURI =
  ContentUris.withAppendedId(MyHoardContentProvider.CONTENT_URI,
                             hoardId);

// 각 행의 값을 지정하여 변경되는 행의 콘텐트를 생성한다.
ContentValues updatedValues = new ContentValues();
updatedValues.put(HoardDB.HoardContract.KEY_GOLD_HOARDED_COLUMN,
                  newHoardValue);
```

```
// [ ... 변경할 각 열에 반복한다. ... ]

// 특정 행을 지정한다면 행을 선택할 필요 없다.
String where = null;
String[] whereArgs = null;

// 콘텐트 리졸버 객체를 얻는다.
ContentResolver cr = getContentResolver();
// 지정된 행을 변경한다.
int updatedRowCount =
  cr.update(rowURI, updatedValues, where, whereArgs);
```

10.4.5 콘텐트 프로바이더에 저장된 파일 사용하기

앞 절에서 콘텐트 프로바이더 안에 파일을 어떻게 저장하는지 설명했다. 한편, 그 안에 저장된 파일을 사용하거나 그 안에 새 파일을 추가하려면 콘텐트 리졸버의 openOutputStream 메서드나 openInputStream 메서드를 사용해야 한다.

필요한 파일이 포함된 콘텐트 프로바이더의 행에 URI를 전달한다. 그러면 콘텐트 프로바이더는 openFile을 사용해 요청을 해석하고 요청된 파일에 입력 스트림이나 출력 스트림을 반환한다. 코드 10-17은 이 과정을 나타낸 것이다.

코드 10-17 콘텐트 프로바이더에서 파일 읽기와 콘텐트 프로바이더에 파일 쓰기

```
public void addNewHoardWithImage(int rowId, Bitmap hoardImage) {
  // 특정 행의 주소인 URI를 만든다.
  Uri rowURI =
    ContentUris.withAppendedId(MyHoardContentProvider.CONTENT_URI, rowId);

  // 콘텐트 리졸버 객체를 얻는다.
  ContentResolver cr = getContentResolver();

  try {
    // 행의 URI를 사용해 출력 스트림을 연다.
    OutputStream outStream = cr.openOutputStream(rowURI);
    // 비트맵을 압축하고 프로바이더에 저장한다.
    hoardImage.compress(Bitmap.CompressFormat.JPEG, 80, outStream);
  }
  catch (FileNotFoundException e) {
    Log.d(TAG, "No file found for this record.");
  }
}

public Bitmap getHoardImage(long rowId) {
```

```
Uri myRowUri =
  ContentUris.withAppendedId(MyHoardContentProvider.CONTENT_URI, rowId);

try {
  // 새 행의 URI를 사용해 입력 스트림을 연다.
  InputStream inStream =
    getContentResolver().openInputStream(myRowUri);

  // 비트맵의 복사본을 만든다.
  Bitmap bitmap = BitmapFactory.decodeStream(inStream);
  return bitmap;
}
catch (FileNotFoundException e) {
  Log.d(TAG, "No file found for this record.");
}
return null;
}
```

10.4.6 권한으로 제한되는 콘텐트 프로바이더에 접근하기

콘텐트 프로바이더들은 대부분 읽기나 쓰기용으로 구체적인 권한을 요구한다. 예를 들어 세부 연락처 내용이나 통화 기록과 같은 민감한 정보가 담긴 네이티브 콘텐트 프로바이더들은 읽기 및 쓰기 접근을 권한으로 보호하고 있다. 이와 관련된 세부 내용은 10.5 '네이티브 안드로이드 콘텐트 프로바이더 사용하기'에서 설명한다.

권한 요건을 갖춰야 하는 콘텐트 프로바이더에 쿼리를 수행하거나 수정하려면 그에 해당하는 uses-permission을 매니페스트에서 선언해야 한다.

```
<uses-permission android:name="android.permission.READ_CONTACTS"/>
<uses-permission android:name="android.permission.WRITE_CALL_LOG"/>
```

매니페스트 권한은 애플리케이션을 설치할 때 사용자가 부여한다. 하지만 안드로이드 6.0 마시멜로(API 레벨 23)에서는 민감할 수 있는 정보의 접근을 원천적으로 차단하는 '위험' 권한의 추가 요건을 도입했다.

위험 권한은 애플리케이션을 최초 실행할 때 런타임 권한 요청에 따라 사용자의 허용이 필요하다.

위험 권한으로 보호되는 콘텐트 프로바이더에 접근할 때마다 ActivityCompat.checkSelfPermission 메서드를 사용해야 한다. 이때 콘텐트 프로바이더에 접근할 수 있는지를 나타내는 적절한 권한 상수를 전달한다. 이 메서드는 사용자가 권한을 허용하면 PERMISSION_GRANTED, 사용자가 거부하거나 아직 허용하기 전이라면 PERMISSION_DENIED를 반환한다.

```
int permission = ActivityCompat.checkSelfPermission(this,
                    Manifest.permission.READ_CONTACTS);

if (permission==PERMISSION_GRANTED) {
    // 콘텐트 프로바이더에 접근한다.
} else {
    // 권한을 요청한다.
    // 또는 관련 기능을 사용할 수 없다는 안내 대화상자를 표시한다.
}
```

권한이 허용되지 않았다면 ActivityCompat 클래스의 shouldShowRequestPermissionRationale 메서드를 사용해 현재 애플리케이션이 사용자에게 해당 권한을 처음으로 요청했는지(이 경우 결과는 false다), 사용자가 이전에 이미 거부했는지를 판단한다. 이미 거부했다면 왜 이 권한이 필요한지 추가 설명을 하고 권한 요청 대화상자를 다시 제시하는 것이 좋다.

```
if (ActivityCompat.shouldShowRequestPermissionRationale(
    this, Manifest.permission.READ_CALL_LOG)) {
    // TODO: 요청 권한에 필요한 추가 안내를 표시한다.
}
```

시스템 차원의 런타임 권한 요청 대화상자를 표시하려면 ActivityCompat.requestPermission 메서드를 호출한다. 이때 요청할 권한을 지정해야 한다.

```
ActivityCompat.requestPermissions(this,
    new String[]{Manifest.permission.READ_CONTACTS},
    CONTACTS_PERMISSION_REQUEST);
```

이 메서드는 비동기로 실행돼, 우리가 맞춤 설정할 수 없는 표준 안드로이드 대화상자를 표시한다. 사용자가 이 대화상자를 통해 권한을 허용하거나 거부하면 해당 콜백이 반환된다. 이 과정에 따라 onRequestPermissionsResult 핸들러를 오버라이드하면 다음과 같다.

```
@Override
public void onRequestPermissionsResult(int requestCode,
                                @NonNull String[] permissions,
```

```
                                      @NonNull int[] grantResults) {
    super.onRequestPermissionsResult(requestCode, permissions, grantResults);
    // TODO 권한의 허용/거부에 맞춰 응답한다.
}
```

이 콜백을 리스닝하다가 권한이 허용되면 권한 제한으로 보호되던 기능을 실행하는 것이 일반적인 처리 흐름이다. 그 결과, 요청된 액션이 완료되기 전에 권한 대화상자가 사용자에게 표시된다. 이 과정에서 액션을 처음부터 다시 요청하지 않아도 되기 때문에 대개 이렇게 하지만, 요청-거부-요청이라는 루프에 빠질 수 있으므로 주의해야 한다.

10.5 네이티브 안드로이드 콘텐트 프로바이더 사용하기

안드로이드는 10장의 앞부분에서 설명한 기법을 직접 사용해 접근할 수 있는 몇 가지 네이티브 콘텐트 프로바이더를 제공한다. 구체적으로는 각종 유용한 콘텐트 프로바이더를 제공하는 android.provider 패키지가 있으며 몇 가지 예를 들면 다음과 같다.

> ➤ 웹 브라우저: 웹 브라우저 검색 이력을 읽거나 수정한다.
> ➤ 캘린더: 새 이벤트를 추가하고, 기존 캘린더 항목을 삭제하거나 변경 또는 읽는다. 이 과정에는 참석자 리스트나 설정 미리 알림을 수정하는 것도 포함된다.
> ➤ 통화 기록 및 차단 번호: 통화 기록(Call Log) 프로바이더는 수신 및 발신 전화, 부재 중 전화, 발신자 ID 및 통화 시간을 포함한 전화 세부 내용을 비롯해 통화 이력을 저장한다. 차단 번호는 차단된 전화번호와 이메일 주소가 포함된 테이블을 제공한다.
> ➤ 연락처: 연락처 세부 정보를 조회, 변경, 저장한다.
> ➤ 미디어 스토어: 오디오, 비디오, 이미지를 비롯해 기기의 멀티미디어에 대한 중앙 관리형 접근을 제공한다. 멀티미디어를 직접 미디어 스토어에 저장하고 기기 전체에서 사용하게 할 수도 있다. 이와 관련된 내용은 17장 '오디오, 비디오 그리고 카메라 사용하기'에서 설명한다.

네이티브 콘텐트 프로바이더를 사용하는 네이티브 앱을 대체하려는 앱을 빌드한다면 그때마다 콘텐트 프로바이더를 중복해서 만들지 말고 가능한 한 네이티브 콘텐트 프로바이더를 사용하는 것이 좋다.

10.5.1 통화 기록에 접근하기

안드로이드 통화 기록에는 발신 및 수신 전화가 함께 제공된다. 통화 기록 접근은 READ_CALL_LOG라는 매니페스트 uses-permission에 의해 보호된다.

```
<uses-permission android:name="android.permission.READ_CALL_LOG"/>
```

안드로이드 6.0 마시멜로(API 레벨 23) 이상이 실행 중인 안드로이드 기기에는 다음 런타임 권한도 추가로 요청해야 한다.

```
int permission = ActivityCompat.checkSelfPermission(this,
                    Manifest.permission.READ_CALL_LOG);
```

콘텐트 리졸버를 사용해 통화 기록 테이블에 쿼리를 수행한다. 이때 CONTENT_URI 정적 상수인 CallLog.Calls.CONTENT_URI가 필요하다.

통화 기록은 수신 및 발신 전화의 세부 정보 전체를 저장하는 데 사용된다. 이를 테면 통화 날짜/시각이나 전화번호, 통화 시간 그리고 발신자의 이름이나 URI, 사진 등 발신자 세부 정보의 캐싱된 값을 저장한다. 코드 10-18에서는 발신 전화 전체를 대상으로 통화 기록을 조회해 이름과 전화번호, 통화 시간을 표시한다.

코드 10-18 통화 기록 콘텐트 프로바이더에 접근하기

```
// 요청된 열로 결과 커서를 제한하는
// 프로젝션을 만든다.
String[] projection = {
  CallLog.Calls.DURATION,
  CallLog.Calls.NUMBER,
  CallLog.Calls.CACHED_NAME,
  CallLog.Calls.TYPE
};

// 발신 전화 데이터만 반환한다.
String where = CallLog.Calls.TYPE + "=?";
String[] whereArgs = {String.valueOf(CallLog.Calls.OUTGOING_TYPE)};

// Call Log Calls Provider에 대한 커서를 가져온다.
Cursor cursor =
  getContentResolver().query(CallLog.Calls.CONTENT_URI,
    projection, where, whereArgs, null);

// 열의 인덱스를 가져온다.
```

```
int durIdx = cursor.getColumnIndexOrThrow(CallLog.Calls.DURATION);
int numberIdx = cursor.getColumnIndexOrThrow(CallLog.Calls.NUMBER);
int nameIdx = cursor.getColumnIndexOrThrow(CallLog.Calls.CACHED_NAME);
// 결과셋을 초기화한다.
String[] result = new String[cursor.getCount()];

// 결과 커서에 반복해 적용한다.
while (cursor.moveToNext()) {
  String durStr = cursor.getString(durIdx);
  String numberStr = cursor.getString(numberIdx);
  String nameStr = cursor.getString(nameIdx);

  result[cursor.getPosition()] = numberStr + " for " + durStr + "sec" +
                                 ((null == nameStr) ?
                                 "" : " (" + nameStr + ")");
  Log.d(TAG, result[cursor.getPosition()]);
}

// 커서를 닫는다.
cursor.close();
```

10.5.2 미디어 스토어 콘텐트 프로바이더 사용하기

안드로이드 미디어 스토어는 오디오, 비디오, 이미지 파일의 관리형 저장소다.

멀티미디어 파일을 파일 시스템에 추가할 때는 미디어 스토어에도 추가해야 한다(17장 '오디오, 비디오 그리고 카메라 사용하기' 참고). 그래야만 다른 애플리케이션에 노출된다. 대개 미디어 스토어 콘텐트 프로바이더의 내용물을 직접 수정할 필요는 없다(권장되지도 않는다).

MediaStore 클래스에는 미디어 스토어에서 사용할 수 있는 미디어에 접근하기 위해 Audio, Video, Images 서브 클래스가 제공되며, 여기에는 해당 미디어 프로바이더에 사용할 열 이름과 콘텐트 URI를 제공하는 데 사용되는 서브 클래스가 포함된다.

미디어 스토어는 호스트 기기의 내부 및 외부 볼륨에 보관된 미디어를 구분해 인식한다. 각 미디어 스토어 서브 클래스는 다음 형식에 따라 내부 또는 외부에 저장된 미디어의 URI를 제공한다.

> ➤ MediaStore.⟨mediatype⟩.Media.EXTERNAL_CONTENT_URI

> ➤ MediaStore.⟨mediatype⟩.Media.INTERNAL_CONTENT_URI

코드 10-19는 내부 볼륨에 저장된 오디오의 곡명과 앨범명을 찾는 조각 코드다.

코드 10-19 미디어 스토어 콘텐트 프로바이더 사용하기

```
// 내부 볼륨의 오디오에 대한 커서를 가져오고,
// 곡명과 앨범명을 추출한다.
String[] projection = new String[] {
  MediaStore.Audio.AudioColumns.ALBUM,
  MediaStore.Audio.AudioColumns.TITLE
};

Uri contentUri = MediaStore.Audio.Media.INTERNAL_CONTENT_URI;

Cursor cursor =
  getContentResolver().query(contentUri, projection,
                             null, null, null);

// 필요한 열의 이름을 가져온다.
int albumIdx =
  cursor.getColumnIndexOrThrow(MediaStore.Audio.AudioColumns.ALBUM);
int titleIdx =
  cursor.getColumnIndexOrThrow(MediaStore.Audio.AudioColumns.TITLE);

// 결과셋을 저장할 배열을 만든다.
String[] result = new String[cursor.getCount()];

// Cursor에 앨범명과 곡명 추출을 반복 수행한다.
while (cursor.moveToNext()) {
  // 곡명을 추출한다.
  String title = cursor.getString(titleIdx);
  // 앨범명을 추출한다.
  String album = cursor.getString(albumIdx);

  result[cursor.getPosition()] = title + " (" + album + ")";
}

// 커서를 닫는다.
cursor.close();
```

> **참고**
>
> 17장 '오디오, 비디오 그리고 카메라 사용하기'에서는 미디어 스토어에 저장된 오디오 및 비디오 리소스를 그 URI로 지정해 재생하는 방법을 다룬다. 또한 미디어 스토어에 미디어를 올바로 추가하는 방법도 소개한다.

10.5.3 연락처 콘텐트 프로바이더 사용하기

안드로이드는 READ_CONTACTS 권한을 받은 애플리케이션이면 예외 없이 연락처 정보 데

이터베이스를 사용할 수 있도록 하고 있다.

ContactsContract 프로바이더는 연락처 관련 정보로 구성된 확장 가능한 데이터베이스를 제공한다. 따라서 사용자는 자신의 연락처 정보에 필요한 여러 소스를 사용해 서로 합칠 수 있다. 그리고 개발자는 각 연락처에 저장된 데이터를 임의로 확장할 수 있고, 심지어 연락처 및 연락처 세부 정보의 대체 프로바이더가 될 수도 있다.

ContactsContract 프로바이더는 연락처의 세부 열들로 정의된 하나의 테이블을 제공하지 않고 삼중 티어 데이터 모델에 따라 데이터를 저장하고 연락처에 연결한다. 그리고 다음 서브 클래스를 사용해 한 사람으로 합친다.

> **Data:** 테이블의 각 행은 개인 데이터(例 전화번호, 이메일 주소)를 정의한다. 이 데이터는 MIME 유형으로 구분된다. 사용할 수 있는 개인 데이터 유형에 따라 미리 정의된 열 이름(그리고 ContactsContract.CommonDataKinds에서 서브 클래스의 적절한 MIME 유형)이 있지만, 이 테이블은 '모든' 값을 저장하는 데 사용된다.

  특정 행에 저장된 데이터의 종류는 이 행에 지정된 MIME 유형에 따라 결정된다. 이에 따라 최대 15개의 데이터 조각이 일련의 포괄적인(generic) 열에 저장된다.

  새 데이터를 Data 테이블에 추가할 때는 일련의 데이터가 연결되는 원시 연락처(Raw Contact)를 지정한다.

> **RawContacts:** 사용자는 이를 테면 여러 지메일 계정을 추가한 경우 복수의 연락처 계정 프로바이더를 자신의 기기에 추가할 수 있다. 원시 연락처 테이블의 각 행은 Data 값이 연결되는 계정을 정의한다.

> **Contacts:** 안드로이드의 연락처 앱은 기기의 각 계정마다 모든 연락처를 서로 구분하고 하나의 리스트로 제공한다. 동일한 사람이 여러 계정의 연락처에 포함되는 경우도 있을 수 있다. 예를 들어 중요한 어떤 항목이 개인용 지메일 계정과 업무용 지메일 계정 둘 다에 등장할 수도 있다. 연락처 테이블은 원시 연락처에서 동일한 사람을 설명하는 여러 행을 종합한 결과다. 따라서 안드로이드의 연락처 앱에서는 하나의 항목으로 보인다.

이 테이블의 내용물은 그림 10-1처럼 종합적으로 표현할 수 있다.

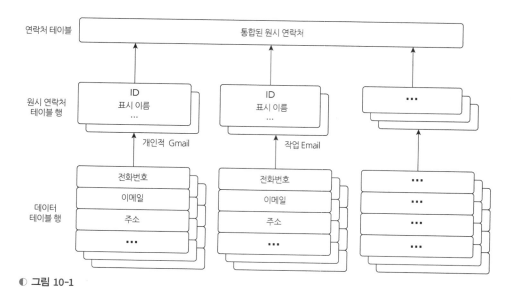

연락처 테이블 통합된 원시 연락처

원시 연락처 테이블 행 ID 표시 이름 ... / ID 표시 이름 ... / ...

개인적 Gmail / 작업 Email

데이터 테이블 행 전화번호 이메일 주소 ... / 전화번호 이메일 주소 ... / ... ...

◑ **그림 10-1**

일반적으로는 기존 연락처 계정을 대상으로 저장된 데이터의 추가, 삭제, 수정에는 Data 테이블, 계정의 생성과 관리에는 원시 연락처를 사용한다. 그리고 연락처 세부 정보를 추출하기 위해 데이터베이스에 쿼리를 수행할 때는 연락처와 Data 테이블 둘 다를 사용한다.

연락처 세부 정보 읽기

ContactsContract 프로바이더에 접근하기 위해서는 애플리케이션 매니페스트에 READ_CONTACTS uses-permission을 포함해야 한다.

```
<uses-permission android:name="android.permission.READ_CONTACTS"/>
```

안드로이드 6.0 마시멜로(API 레벨 23) 이상이 실행 중인 안드로이드 기기에는 다음 런타임 권한도 추가로 요청해야 한다.

```
int permission = ActivityCompat.checkSelfPermission(this,
                Manifest.permission.READ_CONTACTS);
```

앞서 설명한 CONTENT_URI 정적 상수들을 사용해 각 ContactsContract 프로바이더에 쿼리를 수행할 때는 콘텐트 리졸버를 사용한다. 각 클래스에는 해당 열 이름이 정적 프로퍼티로 포함된다.

코드 10-20에서는 주소록에 등재된 사람들에 대한 커서를 연락처 테이블에 조회하고, 각 연락처의 이름과 고유 ID가 담긴 문자열 배열을 만든다.

코드 10-20 ContactsContract 프로바이더에 접근하기

```java
// 요청된 열로 결과 커서를 제한하는
// 프로젝션을 만든다.
String[] projection = {
    ContactsContract.Contacts._ID,
    ContactsContract.Contacts.DISPLAY_NAME
};

// 콘텐트 프로바이더에 대한 커서를 가져온다.
Cursor cursor =
  getContentResolver().query(ContactsContract.Contacts.CONTENT_URI,
                             projection, null, null, null);

// 열의 인덱스를 가져온다.
int nameIdx =
  cursor.getColumnIndexOrThrow(ContactsContract.Contacts.DISPLAY_NAME);
int idIdx =
  cursor.getColumnIndexOrThrow(ContactsContract.Contacts._ID);

// 결과셋을 초기화한다.
String[] result = new String[cursor.getCount()];

// 결과 커서에 반복해 적용한다.
while(cursor.moveToNext()) {
  // 이름을 추출한다.
  String name = cursor.getString(nameIdx);
  // 고유 ID를 추출한다.
  String id = cursor.getString(idIdx);

  result[cursor.getPosition()] = name + " (" + id + ")";
}

// 커서를 닫는다.
cursor.close();
```

ContactsContract.Data 콘텐트 프로바이더는 주소나 전화번호, 이메일 주소와 같은 연락처 세부 정보를 저장하는 데 사용된다. 대개 일부 또는 전체 연락처 이름을 기준으로 연락처 세부 정부를 조회하게 된다.

이 검색 과정을 단순화하기 위해 안드로이드는 ContactsContract.Contacts.CONTENT_FILTER_URI 쿼리 URI를 제공하고 있다. 일반적으로 이름 전체 또는 일부분을 추가 경로 부분으로 URI

에 붙인다. 연결된 연락처 세부 정보를 추출하려면 반환된 커서에서 _ID 값을 찾아 Data 테이블에 쿼리를 만들 때 사용해야 한다.

Data 테이블의 행이 포함된 각 열의 콘텐트는 그 행에 지정된 MIME 유형에 따라 달라진다. 그 결과 Data 테이블의 쿼리는 적절한 데이터를 추출하기 위해 MIME 유형에 따라 행들을 필터링해야 한다.

코드 10-21은 CommonDataKinds 서브 클래스에서 사용할 수 있는 연락처 세부 정보인 열 이름을 사용해 Data 테이블에서 특정 연락처의 이름과 전화번호를 추출하는 방법이다.

코드 10-21 연락처 이름으로 세부 정보 찾기

```
ContentResolver cr = getContentResolver();
String[] result = null;

// 이름의 부분 일치를 적용해 연락처를 찾는다.
String searchName = "john";
Uri lookupUri =
  Uri.withAppendedPath(ContactsContract.Contacts.CONTENT_FILTER_URI,
                       searchName);

// 요청된 열 이름의 프로젝션을 만든다.
String[] projection = new String[] {
  ContactsContract.Contacts._ID
};

// 일치하는 이름의 ID를 반환하는 커서를 가져온다.
Cursor idCursor = cr.query(lookupUri,
  projection, null, null, null);

// (존재하면) 처음 일치하는 ID를 추출한다.
String id = null;
if (idCursor.moveToFirst()) {
  int idIdx =
    idCursor.getColumnIndexOrThrow(ContactsContract.Contacts._ID);
  id = idCursor.getString(idIdx);
}

// 커서를 닫는다.
idCursor.close();

// 반환된 연락처 ID와 연결된 데이터를 검색하는
// 커서를 만든다.
if (id != null) {
  // 연락처의 PHONE 데이터를 리턴한다.
  String where = ContactsContract.Data.CONTACT_ID +
```

```
     " = " + id + " AND " +
     ContactsContract.Data.MIMETYPE + " = '" +
     ContactsContract.CommonDataKinds.Phone.CONTENT_ITEM_TYPE +
     "'";

  projection = new String[] {
    ContactsContract.Data.DISPLAY_NAME,
    ContactsContract.CommonDataKinds.Phone.NUMBER
  };

  Cursor dataCursor =
    getContentResolver().query(ContactsContract.Data.CONTENT_URI,
      projection, where, null, null);

  // 요청된 열의 인덱스를 가져온다.
  int nameIdx =
    dataCursor.getColumnIndexOrThrow(ContactsContract.Data.DISPLAY_NAME);
  int phoneIdx =
    dataCursor.getColumnIndexOrThrow(
      ContactsContract.CommonDataKinds.Phone.NUMBER);

    result = new String[dataCursor.getCount()];

    while(dataCursor.moveToNext()) {
      // 이름을 추출한다.
      String name = dataCursor.getString(nameIdx);
      // 전화번호를 추출한다.
      String number = dataCursor.getString(phoneIdx);

      result[dataCursor.getPosition()] = name + " (" + number + ")";
    }

  dataCursor.close();
}
```

Contacts 서브 클래스는 특정 전화번호와 연결된 연락처를 찾을 수 있는 전화번호 검색 URI 도 제공한다. 이 쿼리는 발신자 ID 알림 결과를 빠르게 반환하도록 최적화됐다.

그리고 ContactsContract.PhoneLookup.CONTENT_FILTER_URI를 사용한다. 이때 검색할 전화번호를 추가 경로 부분으로 붙인다. 코드 10-22는 이 과정을 나타낸다.

코드 10-22 발신자 ID 검색 수행하기

```
String incomingNumber = "(555) 123-4567";
String result = "Not Found";

Uri lookupUri =
```

```
Uri.withAppendedPath(ContactsContract.PhoneLookup.CONTENT_FILTER_URI,
                     incomingNumber);

String[] projection = new String[] {
  ContactsContract.Contacts.DISPLAY_NAME
};

Cursor cursor = getContentResolver().query(lookupUri,
  projection, null, null, null);

if (cursor.moveToFirst()) {
  int nameIdx =
    cursor.getColumnIndexOrThrow(ContactsContract.Contacts.DISPLAY_NAME);

  result = cursor.getString(nameIdx);
}

cursor.close();
```

연락처 콘텐트 프로바이더에 인텐트 API 사용하기

ContactsContract 콘텐트 프로바이더에는 인텐트 기반 메커니즘이 제공돼 기존 연락처 애플리케이션(대개 네이티브 연락처 앱)을 사용해 연락처를 보거나 추가하고, 선택할 수 있다.

이 방법이 가장 좋은 방법이다. 그리고 같은 작업을 수행할 때 일관된 인터페이스를 사용자에게 보여주고, 모호함을 피하고, 전체적인 사용자 경험을 향상시키는 장점이 있다.

인텐트를 사용해 연락처에 접근하기

사용자가 선택한 연락처 리스트를 보여주려면 Intent.ACTION_PICK 액션을 사용해야 한다. 그리고 setType 메서드를 사용해 해당 연락처 데이터의 MIME 유형을 나타낼 수 있다. 코드 10-23은 전화번호로 연락처를 선택하는 요청이다.

코드 10-23 연락처 선택하기

```
private static int PICK_CONTACT = 0;

private void pickContact() {
  Intent intent = new Intent(Intent.ACTION_PICK);
  intent.setType(ContactsContract.CommonDataKinds.Phone.CONTENT_TYPE);
  startActivityForResult(intent, PICK_CONTACT);
}
```

이 경우 사용할 수 있는 연락처의 리스트 뷰가 보이게 된다(그림 10-2).

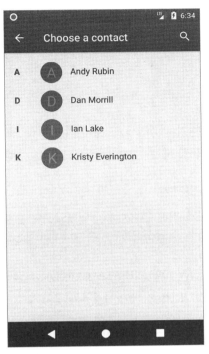

● 그림 10-2

사용자가 연락처를 선택하면 이 연락처는 반환되는 인텐트의 데이터 프로퍼티에 검색 URI로 반환된다. 구체적인 연락처 세부 정보를 조회하려면 콘텐트 리졸버를 사용해 쿼리를 수행해야 한다. 이때 검색 URI가 필요하다. 그리고 다음 코드처럼 필요한 세부 정보를 추출한다. 이 코드는 코드 10-23을 확장한 것이다.

```
@Override
protected void onActivityResult(int requestCode, int resultCode, Intent data) {
  super.onActivityResult(requestCode, resultCode, data);
  if ((requestCode == PICK_CONTACT) && (resultCode == RESULT_OK)) {
    Uri selectedContact = data.getData();
      Cursor cursor = getContentResolver().query(selectedContact,
        null, null, null, null);
      // 반환된 커서가 유효하면 전화번호를 가져온다.
      if (cursor != null && cursor.moveToFirst()) {
        int numberIndex = cursor.getColumnIndex(
          ContactsContract.CommonDataKinds.Phone.NUMBER);
        String number = cursor.getString(numberIndex);

        int nameIndex = cursor.getColumnIndex(
          ContactsContract.CommonDataKinds.Identity.DISPLAY_NAME);
```

```
        String name = cursor.getString(nameIndex);

        // TODO: 선택된 이름과 전화번호로 뭔가를 한다.
      }
    }
}
```

연락처 앱은 액티비티가 소멸하기 전까지 읽기 및 쓰기 권한을 이 콘텐트 URI에 위임한다. 다시 말해, 연결된 데이터에 접근할 때는 특별한 권한이 없어도 콘텐트 URI를 사용하면 된다.

인텐트로 연락처 추가, 수정하기

이번에는 새 연락처를 추가하기 위해 전화번호나 이메일 주소를 지정하는 인텐트 및 새 연락처 양식을 구성하는 엑스트라를 사용한다.

ContactsContract.Intents.SHOW_OR_CREATE_CONTACT 액션은 연락처 프로바이더에서 특정 이메일 주소나 전화번호 URI를 검색해 지정된 연락처 주소가 존재하지 않을 때만 새 항목을 추가한다. 존재하는 연락처는 그냥 보여주면 된다.

ContactsContract.Intents.Insert 클래스의 상수들을 사용해 인텐트 엑스트라를 포함시킨다. 이 인텐트 엑스트라는 연락처 세부 정보를 미리 채우는데 사용된다. 연락처 세부 정보에는 새 연락처의 이름, 회사, 이메일, 전화번호, 메모, 우편번호 등이 포함된다. 코드 10-24는 이를 나타낸 것이다.

코드 10-24 인텐트로 새 연락처 삽입하기

```
Intent intent =
  new Intent(ContactsContract.Intents.SHOW_OR_CREATE_CONTACT,
             ContactsContract.Contacts.CONTENT_URI);
intent.setData(Uri.parse("tel:(650)253-0000"));

intent.putExtra(ContactsContract.Intents.Insert.COMPANY, "Google");
intent.putExtra(ContactsContract.Intents.Insert.POSTAL,
  "1600 Amphitheatre Parkway, Mountain View, California");

startActivity(intent);
```

10.5.4 캘린더 콘텐트 프로바이더 사용하기

안드로이드 4.0(API 레벨 14)에서는 캘린더 콘텐트 프로바이더에 접근할 수 있는 지원용 API를 도입했다. 캘린더 API를 사용하면 캘린더 데이터베이스 데이터의 추가, 조회, 편집을 할 수 있으며, 일정, 이벤트, 참석자를 사용할 수 있다.

ContactsContract 콘텐트 프로바이더처럼 캘린더 콘텐트 프로바이더도 복수의 계정 동기화를 지원하도록 설계됐다. 따라서 기존 캘린더 애플리케이션과 계정의 읽기나 쓰기를 지원하며, 캘린더 싱크 어댑터(Sync Adapter)를 만들어 대체 캘린더 프로바이더를 개발하거나 대체 캘린더 애플리케이션을 만들 수 있다.

캘린더에 쿼리 수행하기

캘린더 프로바이더를 사용하려면 애플리케이션 매니페스트에 READ_CALENDAR uses-permission을 포함해야 한다.

```
<uses-permission android:name="android.permission.READ_CALENDAR"/>
```

안드로이드 6.0 마시멜로(API 레벨 23) 이상이 실행 중인 안드로이드 기기에는 다음 런타임 권한도 추가로 요청해야 한다.

```
int permission = ActivityCompat.checkSelfPermission(this,
                    Manifest.permission.READ_CALENDAR);
```

콘텐트 리졸버를 사용하면 캘린더 프로바이더 테이블에 쿼리를 수행할 수 있다. 이때 CONTENT_URI 정적 상수가 필요하다. 각 테이블은 CalendarContract 클래스 안에서 표현되며 구체적으로는 다음 테이블들이 제공된다.

- ➤ Calendars: 캘린더 애플리케이션은 여러 계정과 연결되는 캘린더를 여럿 표시할 수 있다. 이 테이블에는 표시될 캘린더뿐 아니라 표시 이름이나 시간대, 색상 등 세부 정보가 담긴다.
- ➤ Events: 이 테이블에는 일정 항목이 담긴다. 구체적으로는 이름, 설명, 위치, 시작/종료 시간 등이 포함된다.
- ➤ Instances: 이벤트는 하나 이상의 인스턴스로 구성된다(반복 이벤트일 경우에 인스턴스가 여럿이 된다). Instances 테이블에는 Events 테이블의 내용물에 따라 만들어진 항목들과 해당 인스턴스를 생성한 이벤트의 참조가 포함된다.

➤ Attendees: Attendees(참석자) 테이블의 항목은 해당 이벤트와 관련된 사람을 나타낸다. 각 참석자에는 이름, 이메일 주소, 참석 상태 등이 포함되며, 참석이 선택 사항인지, 의무인지가 지정된다.

➤ Reminders: 이벤트의 미리 알림으로서 Reminders 테이블에 나타낸다. 이때 행 하나가 특정 이벤트의 미리 알림 하나를 나타낸다.

각 클래스에는 그 열 이름이 정적 프로퍼티로 제공된다.

코드 10-25에서는 Events 테이블에 모든 이벤트를 조회해 각 이벤트의 이름과 고유 ID로 구성되는 문자열 배열을 만든다.

코드 10-25 Events 테이블에 쿼리 수행하기

```
// 요청된 열로 결과 커서를 제한하는
// 프로젝션을 만든다.
String[] projection = {
    CalendarContract.Events._ID,
    CalendarContract.Events.TITLE
};

// 이벤트 프로바이더(Events Provider)에 대한 커서를 가져온다.
Cursor cursor =
  getContentResolver().query(CalendarContract.Events.CONTENT_URI,
                             projection, null, null, null);

// 열의 인덱스를 가져온다.
int nameIdx =
  cursor.getColumnIndexOrThrow(CalendarContract.Events.TITLE);
int idIdx = cursor.getColumnIndexOrThrow(CalendarContract.Events._ID);

// 결과셋을 초기화한다.
String[] result = new String[cursor.getCount()];

// 결과 커서에 반복 적용한다.
while(cursor.moveToNext()) {
    // 이름을 추출한다.
    String name = cursor.getString(nameIdx);
    // 고유 ID를 추출한다.
    String id = cursor.getString(idIdx);

    result[cursor.getPosition()] = name + " (" + id + ")";
}

// 커서를 닫는다.
cursor.close();
```

인텐트를 사용해 캘린더 항목 만들기

캘린더 콘텐트 프로바이더는 캘린더 애플리케이션 UI에 따라 특별한 권한을 허용할 필요 없이 공통 액션을 수행할 수 있는 인텐트 기반 메커니즘을 제공한다. 인텐트를 사용하면 캘린더 애플리케이션을 특정 시간에 맞춰 열고 이벤트 세부 정보를 조회하거나 새 이벤트를 삽입할 수 있다.

> **참고**
>
> 이 책을 쓰고 있는 시점을 기준으로 안드로이드 문서에 따르면 인텐트를 사용한 캘린더 항목의 편집이 지원된다. 하지만 실제로는 올바르게 작동하지 않는다. 캘린더 항목을 편집하려면 콘텐트 프로바이더와 직접 상호 작용하거나 표시된 이벤트를 사용자에게 직접 변경하도록 해야 한다.

연락처 API처럼 인텐트 사용은 캘린더 항목을 조작할 수 있는 최선의 접근법이다. 따라서 인텐트를 사용할 수 없을 때 테이블을 직접 조작하는 것이 좋다.

Intent.ACTION_INSERT 액션을 사용해 CalendarContract.Events.CONTENT_URI를 지정하면 새 이벤트를 기존 캘린더에 특별한 권한이 없어도 추가할 수 있다.

인텐트는 이벤트 속성들, 이를 테면 제목, 시작 및 종료 시간, 위치, 설명 등을 정의하는 엑스트라를 포함할 수 있으며, 코드 10-26에서 이를 나타냈다. 인텐트가 시작되면 캘린더 애플리케이션에서 받아 제공된 데이터로 구성된 새 항목이 만들어진다.

코드 10-26 인텐트를 사용해 새 캘린더 이벤트 추가하기

```
// 추가용 인텐트를 생성한다.
Intent intent = new Intent(Intent.ACTION_INSERT,
                      CalendarContract.Events.CONTENT_URI);


// 캘린더 이벤트 세부 정보를 추가한다.
intent.putExtra(CalendarContract.Events.TITLE, "Book Launch!");
intent.putExtra(CalendarContract.Events.DESCRIPTION,
             "Professional Android Release!");
intent.putExtra(CalendarContract.Events.EVENT_LOCATION, "Wrox.com");

Calendar startTime = Calendar.getInstance();
startTime.set(2018, 6, 19, 0, 30);
intent.putExtra(CalendarContract.EXTRA_EVENT_BEGIN_TIME,
             startTime.getTimeInMillis());

intent.putExtra(CalendarContract.EXTRA_EVENT_ALL_DAY, true);
```

```
// Calendar 앱을 사용해 새 이벤트를 추가한다.
startActivity(intent);
```

캘린더 이벤트를 조회하려면 우선 그 행 ID를 알아야 한다. 앞서 설명한 대로 Events 콘텐트
프로바이더에 쿼리를 수행하면 이 행 ID를 알 수 있다.

보여주려는 이벤트의 ID가 파악되면 Intent.ACTION_VIEW 액션을 사용해 새 인텐트를 만든
다. 그리고 코드 10-27처럼 Events 테이블의 CONTENT_URI의 끝부분에 해당 이벤트의 행
ID를 붙여 URI를 만든다.

코드 10-27 인텐트를 사용해 캘린더 이벤트 조회하기

```
// 행  ID로 특정 이벤트에 해당하는 URI를 만든다.
// 이를 사용해 새 편집 인텐트를 만든다.
long rowID = 760;
Uri uri = ContentUris.withAppendedId(
  CalendarContract.Events.CONTENT_URI, rowID);

Intent intent = new Intent(Intent.ACTION_VIEW, uri);

// 캘린더 앱을 사용해 캘린더 항목을 조회한다.
startActivity(intent);
```

특정 날짜와 시간을 조회하려면 URI의 형식은 코드 10-28에 나타낸 것처럼 content://com.
android.calendar/time/[milliseconds since epoch]이어야 한다.

코드 10-28 인텐트를 사용해 캘린더에 시간 표시하기

```
// 조회할 특정 시간을 지정하는  URI를 만든다.
Calendar startTime = Calendar.getInstance();
startTime.set(2012, 2, 13, 0, 30);

Uri uri = Uri.parse("content://com.android.calendar/time/" +
  String.valueOf(startTime.getTimeInMillis()));
Intent intent = new Intent(Intent.ACTION_VIEW, uri);

// Calendar 앱을 사용해 시간을 조회한다.
startActivity(intent);
```

10.6 애플리케이션에 검색 기능 추가하기

애플리케이션이 사용자에게 노출되는 가능성을 높이고 애플리케이션의 사용자 참여도를 높

이는 간단하면서도 강력한 방법은 바로 애플리케이션에 검색 기능을 갖추는 것이다. 모바일 기기에서 속도는 모든 것을 좌우한다. 한편 검색은 앱 안에서 필요한 내용을 빠르게 찾기 위한 필수불가결한 도구다.

안드로이드는 앱 안에서 시스템 및 다른 애플리케이션과 일관된 검색 경험을 구현하기 위한 프레임워크를 제공하고 있다.

애플리케이션에 검색 기능을 추가하는 방법은 많지만 최선의 솔루션은 검색 뷰(Search View)다. 검색 뷰는 앱 바에서 액션으로 제공되며, 그림 10-3은 그 확장된 형태의 예다.

◑ 그림 10-3

검색 뷰는 액티비티 레이아웃 어느 곳에나 추가할 수 있다. 하지만 절대적으로 가장 많이 애용되는 위치는 앱 바다.

검색 뷰는 입력 시 검색 제안을 표시하도록 구성할 수 있으며 이는 애플리케이션의 반응성을 향상시키는 강력한 메커니즘이 될 수 있다.

애플리케이션에 검색 뷰를 가능하게 하려면 우선 무엇이 검색돼야 하는지 그리고 검색 결과는 어떻게 표시돼야 하는지부터 정의해야 한다.

10.6.1 검색 메타데이터 정의하기

시스템 검색 기능을 활용하기 위한 첫 번째 단계는 바로 서처블(Searchable) XML 파일을 만드는 과정이다. 이 XML 파일에서는 검색 뷰에 사용될 각종 설정을 정의한다.

서처블 XML 리소스는 프로젝트의 res/xml 폴더에 만든다. 코드 10-29에서처럼 android:label 속성(일반적으로는 애플리케이션 이름)과 android:hint 속성을 지정해야 한다. 이 두 속성은 사용자에게 검색 방법을 이해시키는 데 필요하다. 힌트(hint 속성)의 일반적인 형식은 '[콘텐트 유형 또는 제품 이름]의 검색'이다. 단, 힌트에는 문자열 리소스의 참조를 지정해야 한다. 문자열 상수를 직접 지정하면 화면에 나타나지 않는다.

```xml
<?xml version="1.0" encoding="utf-8"?>
<searchable
  xmlns:android="http://schemas.android.com/apk/res/android"
  android:label="@string/app_name"
  android:hint="@string/search_hint">
</searchable>
```

10.6.5 '콘텐트 프로바이더를 사용해 검색 제안 제공하기'에서는 애플리케이션의 검색 프레임워크 안에서 입력 시 검색 제안 기능을 제공하기 위해 서처블 구성을 어떻게 수정하는지 살펴본다.

10.6.2 검색 결과 액티비티 만들기

검색 뷰를 통해 검색이 실행되면 이와 관련된 검색 결과 액티비티가 시작된다. 이 액티비티는 인텐트로 검색 쿼리를 받는다. 이에 따라 검색 결과 액티비티는 인텐트에서 검색 쿼리를 추출하고 검색을 수행한 후 결과를 제시한다.

검색 결과 액티비티는 어떤 UI도 사용할 수 있지만 가장 흔한 형태는 단순 리스트다. 단순 리스트는 대개 리사이클러 뷰를 사용해 구현한다. 검색 결과 액티비티는 'singleTop'으로 설정하는 것이 좋다. 그래야만 검색할 때마다 새 인스턴스가 만들어져 검색 결과가 백 스택에 쌓이는 것을 피하고 동일한 인스턴스를 반복해 사용할 수 있다.

액티비티가 검색 결과를 제공하도록 사용된다는 것을 가리키기 위해서는 인텐트 필터를 SEARH 액션에 등록해야 한다.

```xml
<intent-filter>
  <action android:name="android.intent.action.SEARCH" />
</intent-filter>
```

그리고 android.app.searchable을 지정하는 name 속성과 서처블 XML 리소스를 지정하는 resource 속성을 갖는 meta-data 태그도 포함해야 한다.

코드 10-30은 검색 액티비티의 애플리케이션 매니페스트 항목을 나타낸다.

코드 10-30 검색 결과 액티비티 등록하기

```xml
<activity
  android:name=".MySearchActivity"
```

```
  android:label="Hoard Search"
  android:launchMode="singleTop">
  <intent-filter>
    <action android:name="android.intent.action.SEARCH" />
</intent-filter>
  <meta-data
  android:name="android.app.searchable"
  android:resource="@xml/hoard_search"
  />
</activity>
```

검색이 시작되면 검색 결과 액티비티도 시작되고 검색 쿼리는 시작 인텐트 안에서 사용할 수 있게 된다. 그리고 코드 10-31에 나타낸 것처럼 SearchManager.QUERY 엑스트라를 통해 사용할 수 있다.

코드 10-31 검색 쿼리 추출하기

```java
@Override
public void onCreate(Bundle savedInstanceState) {
  super.onCreate(savedInstanceState);
  setContentView(R.layout.activity_my_search);

  // 시작 인텐트를 파싱해 검색을 수행한다.
  // 그리고 결과를 표시한다.
  parseIntent();
}

@Override
protected void onNewIntent(Intent intent) {
  super.onNewIntent(intent);

  // 검색 액티비티가 존재하고, 다른 검색이 수행 중이면
  // 시작 인텐트를 새로 받은 검색 인텐트로 설정하고
  // 새 검색을 수행한다.
  setIntent(intent);
  parseIntent();
}

private void parseIntent() {
  Intent searchIntent = getIntent();
  // 검색 요청에 따라 액티비티가 시작되면
  // 검색 쿼리를 추출한다.
  if (Intent.ACTION_SEARCH.equals(searchIntent.getAction())) {
    String searchQuery = searchIntent.getStringExtra(SearchManager.QUERY);
    // 검색을 수행한다.
    performSearch(searchQuery);
  }
}
```

```
private void performSearch(String searchQuery) {
    // TODO: 검색을 수행하고 결과를 보여주도록 UI를 변경한다.
}
```

검색 액티비티가 새 검색 쿼리를 받으면 검색이 실행돼 결과가 액티비티 안에서 표시된다. 검색 쿼리를 어떻게 구현하고, 그 결과를 어떻게 표시할지는 애플리케이션마다 그리고 무엇을 검색하고 검색할 수 있는 콘텐트가 어디에 저장되는지에 따라 달라진다.

10.6.3 콘텐트 프로바이더 검색하기

콘텐트 프로바이더를 사용해 검색할 수 있도록 만든 데이터를 노출하면 갖가지 장점을 누릴 수 있다. 그중에서 실시간 검색 제안이 가장 강력하다고 할 수 있다. 이와 관련된 내용은 잠시 후에 다룬다.

콘텐트 프로바이더의 결과를 제공할 때는 커서 로더를 사용해 쿼리를 실행하고 그 결과를 UI에 바인딩하는 것이 좋다. 애플리케이션에 검색 기능을 제공할 때는 사용자에게 검색 결과를 선택하도록 해 앱의 적당한 곳으로 찾아가도록 상호 작용하는 것이 일반적이다.

코드 10-32에서는 검색 결과 액티비티를 만들어 콘텐트 프로바이더를 검색하고 그 결과 커서를 리사이클러 뷰로 표시한 후 사용자가 검색 결과를 선택할 수 있도록 지원하는 데 필요한 클릭 리스너(Click Listener)를 추가한다. 지면을 절약하기 위해 액티비티의 레이아웃 리소스와 검색 결과 항목들은 생략했다.

코드 10-32 검색 수행하기와 결과 보여주기

```
public class MySearchActivity extends AppCompatActivity
                        implements LoaderManager.LoaderCallbacks<Cursor>
{
    private static final String QUERY_EXTRA_KEY = "QUERY_EXTRA_KEY";

    private MySearchResultRecyclerViewAdapter mAdapter;

    @Override
    public void onCreate(Bundle savedInstanceState) {
        super.onCreate(savedInstanceState);
        setContentView(R.layout.searchresult_list);

        // 어댑터를 설정한다.
        mAdapter = new MySearchResultRecyclerViewAdapter(null, mListener);
```

```java
    // RecyclerView를 변경한다.
    RecyclerView resultsRecyclerView = findViewById(R.id.list);
    resultsRecyclerView.setLayoutManager(new LinearLayoutManager(this));
    resultsRecyclerView.setAdapter(mAdapter);

    // 커서 로더를 초기화한다.
    getSupportLoaderManager().initLoader(0, null, this);
  }

  @Override
  protected void onNewIntent(Intent intent) {
  super.onNewIntent(intent);
  // 검색 액티비티가 존재하고 다른 검색이 수행 중이면
  // 시작 인텐트를 새로 받은 검색 인텐트로 설정하고
  // 새 검색을 수행한다.
  setIntent(intent);

  getSupportLoaderManager().restartLoader(0, null, this);
}

public Loader<Cursor> onCreateLoader(int id, Bundle args) {
  // 인텐트에서 검색 쿼리를 추출한다.
  String query = getIntent().getStringExtra(SearchManager.QUERY);

// 새 쿼리를 커서 로더의 형태로 구성한다.
String[] projection = {
  HoardDB.HoardContract.KEY_ID,
  HoardDB.HoardContract.KEY_GOLD_HOARD_NAME_COLUMN,
  HoardDB.HoardContract.KEY_GOLD_HOARDED_COLUMN
};

String where = HoardDB.HoardContract.KEY_GOLD_HOARD_NAME_COLUMN
                + " LIKE ?";

String[] whereArgs = {"%" + query + "%"};

String sortOrder = HoardDB.HoardContract.KEY_GOLD_HOARD_NAME_COLUMN +
                  " COLLATE LOCALIZED ASC";

// 새 커서 로더를 생성한다.
return new CursorLoader(this, MyHoardContentProvider.CONTENT_URI,
                      projection, where, whereArgs, sortOrder);
}

public void onLoadFinished(Loader<Cursor> loader, Cursor cursor) {
  // 커서 어댑터에 의해 나타났던 결과 커서를
  // 새 결과셋으로 교체한다.
  mAdapter.setCursor(cursor);
}
```

```java
public void onLoaderReset(Loader<Cursor> loader) {
  // 기존 결과 커서를 리스트 어댑터에서 제거한다.
  mAdapter.setCursor(null);
}


private OnListItemInteractionListener mListener =
  new OnListItemInteractionListener() {
  @Override
  public void onListItemClick(Uri selectedContent) {
    // TODO 항목이 클릭되면 액티비티를 열고
    // 세부 정보를 추가로 나타낸다.
  }
};
public class MySearchResultRecyclerViewAdapter
  extends RecyclerView.Adapter<MySearchResultRecyclerViewAdapter.ViewHolder>
{
  private Cursor mValues;
  private OnListItemInteractionListener mClickListener;

  private int mHoardIdIndex = -1;
  private int mHoardNameIndex = -1;
  private int mHoardAmountIndex = -1;

  public MySearchResultRecyclerViewAdapter(Cursor items,
    OnListItemInteractionListener clickListener) {

    mValues = items;
    mClickListener = clickListener;
  }

  public void setCursor(Cursor items) {
    mValues = items;

    if (items != null) {
      mHoardIdIndex =
        items.getColumnIndex(HoardDB.HoardContract.KEY_ID);
      mHoardNameIndex =
        items.getColumnIndex(
          HoardDB.HoardContract.KEY_GOLD_HOARD_NAME_COLUMN);
      mHoardAmountIndex =
        items.getColumnIndex(
          HoardDB.HoardContract.KEY_GOLD_HOARDED_COLUMN);
    }

    notifyDataSetChanged();
  }

  @Override
  public ViewHolder onCreateViewHolder(ViewGroup parent, int viewType) {
      View view = LayoutInflater.from(parent.getContext())
                    .inflate(R.layout.searchresult_item, parent, false);
```

```java
        return new ViewHolder(view);
    }

    @Override
    public void onBindViewHolder(final ViewHolder holder, int position) {
        if (mValues != null) {
            // 커서를 올바른 위치로 이동한다.
            // 검색 결괏값을 추출한다.
            // 이 값을 각 검색 결과의 UI에 지정한다.
            mValues.moveToPosition(position);
            holder.mNameView.setText(mValues.getString(mHoardNameIndex));
            holder.mAmountView.setText(mValues.getString(mHoardAmountIndex));

            // 이 검색 결과 항목을 가리키는 URI를 만든다.
            int rowId = mValues.getInt(mHoardIdIndex);
            final Uri rowAddress =
                ContentUris.withAppendedId(MyHoardContentProvider.CONTENT_URI,
                    rowId);

            // 클릭되면 이 검색 결과 항목의 URI를 반환한다.
            holder.mView.setOnClickListener(new View.OnClickListener() {
                @Override
                public void onClick(View v) {
                    mClickListener.onListItemClick(rowAddress);
                }
            });
        }
    }

    @Override
    public int getItemCount() {
        if (mValues != null)
            return mValues.getCount();
        else
            return 0;
    }

    // 뷰 홀더는 각 검색 결과 항목의 UI를
    // 캡슐화하기 위한 템플릿으로 사용된다.
    public class ViewHolder extends RecyclerView.ViewHolder {
        public final View mView;
        public final TextView mNameView;
        public final TextView mAmountView;

        public ViewHolder(View view) {
            super(view);
            mView = view;
            mNameView = view.findViewById(R.id.id);
            mAmountView = view.findViewById(R.id.content);
        }
```

```
    }
  }

  // 사용자가 검색 결과 항목을 클릭할 때 수행될 과정을
  // 캡슐화하는 데 사용되는 인터페이스
  public interface OnListItemInteractionListener {
    void onListItemClick(Uri selectedContent);
  }
}
```

10.6.4 검색 뷰 위젯 사용하기

검색 뷰 위젯은 EditText 뷰와 시각적으로나 기능적으로 똑같다. 다만, 검색 제안을 제공하고 애플리케이션 안에서 검색 쿼리를 시작하도록 설계됐다.

검색 뷰는 뷰 계층 구조 어느 곳에도 추가될 수 있다. 어느 곳에 추가되더라도 설정 방법이 달라지는 것은 아니다. 하지만 앱 바 안에 액션 뷰 형태로 추가하는 것이 최선이다. 코드 10-33은 이를 나타낸 것이다.

코드 10-33 앱 바에 검색 뷰 추가하기

```xml
<menu xmlns:android="http://schemas.android.com/apk/res/android"
      xmlns:app="http://schemas.android.com/apk/res-auto"
      xmlns:tools="http://schemas.android.com/tools"
      tools:context=
          "com.professionalandroid.apps.databasechaptersnippets.MainActivity">
  <item android:id="@+id/search_view"
        android:title="@string/search_label"
        app:showAsAction="collapseActionView|ifRoom"
        app:actionViewClass="android.support.v7.widget.SearchView" />
</menu>
```

◑ 그림 10-4

그림 10-4는 축소된 형태의 검색 뷰를 나타낸다. 여기서는 돋보기 아이콘이 앱 바 안에 표시됐다. 앱 바는 12장 '안드로이드 디자인 철학 구현하기'에서 자세하게 알아본다.

검색 결과 액티비티를 보여주도록 검색 뷰를 구성하려면 우선 검색 뷰가 호스팅되는 액티비티

의 매니페스트 항목에 새 메타데이터 태그를 추가해야 한다. 이때 코드 10-34처럼 android. app.default_searchable 값을 검색 액티비티에 설정한다.

코드 10-34 서처블 액티비티에 검색 뷰 바인딩하기

```xml
<activity
  android:name=".MainActivity"
  android:label="@string/app_name">
  <intent-filter>
    <action android:name="android.intent.action.MAIN"/>
    <category android:name="android.intent.category.LAUNCHER"/>
  </intent-filter>
  <meta-data
    android:name="android.app.default_searchable"
    android:value=".MySearchActivity" />
</activity>
```

검색 매니저의 getSearchableInfo 메서드를 사용해 SearchableInfo의 참조를 추출한다. 그리고 검색 뷰의 setSearchableInfo 메서드를 사용해 이 객체를 검색 뷰에 바인딩한다. 코드 10-35는 이 과정을 나타낸 것이다.

코드 10-35 서처블 액티비티에 검색 뷰 바인딩하기

```java
@Override
public boolean onCreateOptionsMenu(Menu menu) {
  // XML의 옵션 메뉴를 인플레이트한다.
  MenuInflater inflater = getMenuInflater();
  inflater.inflate(R.menu.menu_main, menu);
  // 검색 매니저를 사용해 이 액티비티와 관련된
  // SearchableInfo를 찾는다.
  SearchManager searchManager =
    (SearchManager) getSystemService(Context.SEARCH_SERVICE);
  SearchableInfo searchableInfo =
    searchManager.getSearchableInfo(getComponentName());

  SearchView searchView =
    menu.findItem(R.id.search_view).getActionView();
  searchView.setSearchableInfo(searchableInfo);
  searchView.setIconifiedByDefault(false);

  return true;
}
```

연결되면 검색 뷰는 입력된 검색 쿼리를 검색 액티비티에 보내 실행하고 결과를 보여준다.

기본적으로 검색 뷰는 아이콘 형태로 표시된다. 따라서 사용자가 터치해야 검색어 편집 상자로 확장된다. 그러나 setIconifiedByDefault 메서드를 사용하면 항상 편집 상자로 보이게 할 수 있다.

```
searchView.setIconifiedByDefault(false);
```

기본적으로 검색 뷰 쿼리는 사용자가 Enter 를 눌러야 시작된다. setSubmitButtonEnabled 메서드를 사용하면 검색어를 제출하기 위한 버튼을 표시할 수도 있다.

```
searchView.setSubmitButtonEnabled(true);
```

10.6.5 콘텐트 프로바이더를 사용해 검색 제안 제공하기

검색 기능에서 가장 매력적인 혁신은 사용자가 쿼리를 입력할 때 그와 동시에 검색 제안을 실시간으로 제공한다는 점일 것이다.

◑ 그림 10-5

검색 제안은 사용자가 쿼리를 입력할 때 검색 뷰 바로 아래에 가능성 높은 검색 쿼리 리스트를 표시하는 방식이다. 그림 10-5는 이를 단적으로 나타낸 것이다.

사용자는 리스트에서 한 가지 제안을 선택할 수 있다. 이에 따라 앞 절에서 설명한 대로 가능성 있는 검색 결과들의 리스트를 표시하지 않고 해당 경우만을 직접 처리할 수 있다. 검색 제안 선택은 검색 결과 액티비티가 처리해야 하지만 검색 액티비티가 표시되지 않아도 새 액티비티를 시작할 가능성도 있다.

검색 제안을 제공하려면 검색 쿼리를 받고 예상 검색어를 찾는 프로젝션 메서드를 사용해 제안을 반환하도록 콘텐트 프로바이더를 만들어야(또는 수정해야) 한다. 실시간 검색 결과에서 중요한 역할을 하는 것은 속도다. 일반적으로 제안을 저장하고 제공하기 위한 테이블을 구체적으로 구분해 만드는 것이 좋다.

검색 제안을 지원하려면 특정 URI 경로를 검색 쿼리 형태로 인식하도록 콘텐트 프로바이더를 구성해야 한다. 코드 10-36은 요청된 URI와 이미 알고 있는 검색 쿼리 경로 값을 콘텐트 프로바이더 안에서 비교할 때 사용되는 UriMatcher를 나타낸다.

코드 10-36 콘텐트 프로바이더에서 검색 제안 요청 검출하기

```
private static final UriMatcher uriMatcher;

// 여러 URI 요청을 구분할 때 사용되는
// 상수들을 만든다.
private static final int ALLROWS = 1;
private static final int SINGLE_ROW = 2;
private static final int SEARCH = 3;

static {
  uriMatcher = new UriMatcher(UriMatcher.NO_MATCH);
  uriMatcher.addURI("com.professionalandroid.provider.hoarder",
    "lairs", ALLROWS);
  uriMatcher.addURI("com.professionalandroid.provider.hoarder",
    "lairs/#", SINGLE_ROW);

  uriMatcher.addURI("com.professionalandroid.provider.hoarder",
    SearchManager.SUGGEST_URI_PATH_QUERY, SEARCH);
  uriMatcher.addURI("com.professionalandroid.provider.hoarder",
    SearchManager.SUGGEST_URI_PATH_QUERY + "/*", SEARCH);
  uriMatcher.addURI("com.professionalandroid.provider.hoarder",
    SearchManager.SUGGEST_URI_PATH_SHORTCUT, SEARCH);
  uriMatcher.addURI("com.professionalandroid.provider.hoarder",
    SearchManager.SUGGEST_URI_PATH_SHORTCUT + "/*", SEARCH);
}
```

UriMatcher를 사용해 검색 쿼리의 검색 제안 MIME 유형을 반환한다. 이때 코드 10-37처럼 getType 핸들러가 사용된다.

코드 10-37 검색 결과의 올바른 MIME 유형 반환하기

```
@Nullable
@Override
public String getType(@NonNull Uri uri) {
  // 콘텐트 프로바이더 URI에 따라
  // MIME 유형을 식별하는 문자열을 반환한다.
  switch (uriMatcher.match(uri)) {
    case ALLROWS:
      return "vnd.android.cursor.dir/vnd.professionalandroid.lairs";
    case SINGLE_ROW:
      return "vnd.android.cursor.item/vnd.professionalandroid.lairs";
    case SEARCH :
```

```
        return SearchManager.SUGGEST_MIME_TYPE;
    default:
        throw new IllegalArgumentException("Unsupported URI: " + uri);
    }
}
```

검색 매니저는 콘텐트 프로바이더에 쿼리를 시작하고 현재 검색어를 URI 경로의 마지막 요소로 전달해 검색 제안을 요청한다. 이에 따라 사용자가 계속 입력하는 대로 새 쿼리가 된다. 제안을 반환하려면 콘텐트 프로바이더에서 미리 정의된 열들이 포함된 커서를 반환해야 한다.

이 과정에서 2개의 열이 필요하다. 하나는 검색 결과 텍스트를 표시하는 SUGGEST_COLUMN _TEXT_1, 다른 하나는 고유 행 ID를 가리키는 _id다. 그리고 텍스트가 포함된 다른 열과 텍스트 결과 왼쪽이나 오른쪽에 표시되는 아이콘을 제공할 수도 있다.

코드 10-38은 검색 제안에 적합한 커서를 반환하는 프로젝션을 만드는 방법이다.

코드 10-38 검색 제안을 반환하는 프로젝션 만들기

```
private static final HashMap<String, String> SEARCH_SUGGEST_PROJECTION_MAP;
static {
    SEARCH_SUGGEST_PROJECTION_MAP = new HashMap<String, String>();

    // ID 열을 '_id'에 매핑한다.
    SEARCH_SUGGEST_PROJECTION_MAP.put("_id",
        HoardDB.HoardContract.KEY_ID + " AS " + "_id");

    // 검색 필드를 제안의 첫 번째 텍스트 필드에 매핑한다.
    SEARCH_SUGGEST_PROJECTION_MAP.put(
        SearchManager.SUGGEST_COLUMN_TEXT_1,
        HoardDB.HoardContract.KEY_GOLD_HOARD_NAME_COLUMN +
          " AS " + SearchManager.SUGGEST_COLUMN_TEXT_1);
}
```

검색 제안을 제공할 쿼리가 수행되려면 UriMatcher를 query 구현 안에서 사용해야 한다. 이에 따라 앞서 정의한 양식의 프로젝션 맵이 적용된다. 여기까지가 코드 10-39다.

코드 10-39 쿼리에 해당하는 검색 제안 반환하기

```
@Nullable
@Override
public Cursor query(Uri uri, String[] projection, String selection,
                    String[] selectionArgs, String sortOrder) {

    // 데이터베이스를 연다.
```

```
SQLiteDatabase db = null;
try {
  db = mHoardDBOpenHelper.getWritableDatabase();
} catch (SQLiteException ex) {
  db = mHoardDBOpenHelper.getReadableDatabase();
}

// 필요시 이를 유효한 SQL 구문으로 교체한다.
String groupBy = null;
String having = null;
// SQLiteQueryBuilder를 사용해
// 데이터베이스 쿼리를 쉽게 구성한다.
SQLiteQueryBuilder queryBuilder = new SQLiteQueryBuilder();

// 하나의 행을 쿼리하는 경우는 결과셋을 제한한다.
switch (uriMatcher.match(uri)) {
  case SINGLE_ROW :
    String rowID = uri.getLastPathSegment();
    queryBuilder.appendWhere(HoardDB.HoardContract.KEY_ID + "=" + rowID);
  case SEARCH :
    String query = uri.getLastPathSegment();
    queryBuilder.appendWhere(
      HoardDB.HoardContract.KEY_GOLD_HOARD_NAME_COLUMN +
      " LIKE \"%" + query + "%\"");
    queryBuilder.setProjectionMap(SEARCH_SUGGEST_PROJECTION_MAP);
    break;
  default: break;
}

// 쿼리가 수행될 테이블을 지정한다.
// 특정 테이블이 될 수도 있고, 필요에 따라 조인(join)할 수도 있다.
queryBuilder.setTables(HoardDB.HoardDBOpenHelper.DATABASE_TABLE);

// 쿼리를 실행한다.
Cursor cursor = queryBuilder.query(db, projection, selection,
  selectionArgs, groupBy, having, sortOrder);

// 결과 커서를 반환한다.
return cursor;
}
```

최종 단계는 서처블 XML 리소스를 코드 10-40처럼 변경하는 과정이다. 우선 검색 제안을 검색 뷰에 제공하는 데 사용되는 콘텐트 프로바이더의 URI를 지정해야 한다. 이 콘텐트 프로바이더는 정상 검색을 실행하는 데 사용되는 그 콘텐트 프로바이더일 수도 있고, 전혀 다른 것일 수도 있다.

그리고 searchSuggestIntentAction 속성과 searchSuggestIntentData 속성도 지정해야 한다. 이 두 속성은 사용자가 검색 제안을 선택하면 시작되는 인텐트를 만들 때 사용되며 인터넷 액션 그리고 인텐트의 데이터 값에 사용될 기본 URI를 가리킨다.

코드 10-40 검색 제안을 위한 서처블 리소스 구성하기

```xml
<?xml version="1.0" encoding="utf-8"?>
<searchable
  xmlns:android="http://schemas.android.com/apk/res/android"
  android:label="@string/app_name"
  android:hint="@string/search_hint"

  android:searchSuggestAuthority=
    "com.professionalandroid.provider.hoarder"
  android:searchSuggestIntentAction="android.intent.action.VIEW"
  android:searchSuggestIntentData=
    "content://com.professionalandroid.provider.hoarder/lairs">
</searchable>
```

인텐트 액션과 기본 URI를 서처블 리소스에 지정할 때는 SearchManager.SUGGEST_COLUMN_INTENT_DATA_ID라는 이름의 열을 포함하도록 프로젝션을 변경해야 한다. 이 열은 기본 URI 뒤에 붙는 행 ID를 포함한다. 코드 10-41은 이 과정을 나타낸 것이다.

코드 10-41 인텐트 데이터를 포함하도록 검색 제안 프로젝션 변경하기

```java
private static final HashMap<String, String> SEARCH_SUGGEST_PROJECTION_MAP;
static {
  SEARCH_SUGGEST_PROJECTION_MAP = new HashMap<String, String>();

  // ID 열을 '_id'에 매핑한다.
  SEARCH_SUGGEST_PROJECTION_MAP.put("_id",
    HoardDB.HoardContract.KEY_ID + " AS " + "_id");

  // 검색 필드를 제안의 첫 번째 텍스트 필드에 매핑한다.
  SEARCH_SUGGEST_PROJECTION_MAP.put(
    SearchManager.SUGGEST_COLUMN_TEXT_1,
    HoardDB.HoardContract.KEY_GOLD_HOARD_NAME_COLUMN +
      " AS " + SearchManager.SUGGEST_COLUMN_TEXT_1);

  // ID 열을 제안의 데이터 ID에 매핑한다.
  // 이 결과가 Searchable 정의에 지정된 기본 URI에 결합돼
  // 선택 인텐트에 데이터 값이 제공된다.
  SEARCH_SUGGEST_PROJECTION_MAP.put(
    SearchManager.SUGGEST_COLUMN_INTENT_DATA_ID,
    KEY_ID + " AS " + SearchManager.SUGGEST_COLUMN_INTENT_DATA_ID);
}
```

각 검색 제안에 대해 고유 액션과 데이터 URI를 지정하는 방법도 가능하다. 이때 검색 매니저의 SUGGEST_COLUMN_INTENT_ACTION 상수와 SUGGEST_COLUMN_INTENT_DATA 상수가 각각 사용된다.

10.6.6 지진 정보 데이터베이스 검색하기

이어지는 예에서는 검색 기능을 지진 정보 뷰어 프로젝트에 추가한다. 이 과정에서 검색 제안을 지원하는 검색 뷰를 액션 바에 추가하는 방법을 알 수 있을 것이다.

1. 우선 Earthquake 프로젝트를 열고, ContentProvider의 서브 클래스인 Earthquake SearchProvider를 생성한다. 이 클래스는 검색 뷰의 검색 제안을 생성하는 데 사용할 콘텐트 프로바이더다. 그리고 추상 메서드인 onCreate, getType, query, insert, delete, update를 오버라이드한다.

```java
public class EarthquakeSearchProvider extends ContentProvider {
  @Override
  public boolean onCreate() {
    return false;
  }

  @Nullable
  @Override
  public Cursor query(@NonNull Uri uri, @Nullable String[] projection,
                      @Nullable String selection,
                      @Nullable String[] selectionArgs,
                      @Nullable String sortOrder) {
    return null;
  }

  @Nullable
  @Override
  public String getType(@NonNull Uri uri) {
    return null;
  }

  @Nullable
  @Override
  public Uri insert(@NonNull Uri uri, @Nullable ContentValues values) {
    return null;
  }

  @Override
  public int delete(@NonNull Uri uri, @Nullable String selection,
                    @Nullable String[] selectionArgs) {
```

```
      return 0;
  }

  @Override
  public int update(@NonNull Uri uri, @Nullable ContentValues values,
                     @Nullable String selection,
                     @Nullable String[] selectionArgs) {
    return 0;
  }
}
```

2. 서로 다른 URI 패턴이 사용된 요청을 처리하기 위해 UriMatcher 메서드를 Earthquake
SearchProvider 클래스에 추가한다. 검색 제안에 이 콘텐트 프로바이더만 사용할 것이
므로 그 쿼리의 종류와 일치하는 것만 포함하면 된다.

```
private static final int SEARCH_SUGGESTIONS = 1;

// UriMatcher 객체를 할당한다. 검색 요청을 파악한다.
private static final UriMatcher uriMatcher;
static {
  uriMatcher = new UriMatcher(UriMatcher.NO_MATCH);
  uriMatcher.addURI("com.professionalandroid.provider.earthquake",
    SearchManager.SUGGEST_URI_PATH_QUERY, SEARCH_SUGGESTIONS);
  uriMatcher.addURI("com.professionalandroid.provider.earthquake",
    SearchManager.SUGGEST_URI_PATH_QUERY + "/*", SEARCH_SUGGESTIONS);
  uriMatcher.addURI("com.professionalandroid.provider.earthquake",
    SearchManager.SUGGEST_URI_PATH_SHORTCUT, SEARCH_SUGGESTIONS);
  uriMatcher.addURI("com.professionalandroid.provider.earthquake",
    SearchManager.SUGGEST_URI_PATH_SHORTCUT + "/*", SEARCH_SUGGESTIONS);
}
```

3. 1번 단계에서 오버라이드한 getType 메서드를 변경하여 검색 제안의 MIME 유형을 반
환하게 한다.

```
@Nullable
@Override
public String getType(@NonNull Uri uri) {
  switch (uriMatcher.match(uri)) {
    case SEARCH_SUGGESTIONS :
      return SearchManager.SUGGEST_MIME_TYPE;
    default:
      throw new IllegalArgumentException("Unsupported URI: " + uri);
  }
}
```

4. SQLite 데이터베이스를 직접 사용하지 않고 9장 '데이터베이스 만들기와 사용하기'에서
   생성한 Room 데이터베이스를 사용해 검색을 수행한다. Room 데이터베이스를 사용할
   수 있도록 onCreate 핸들러에서 이 데이터베이스의 인스턴스를 얻는다. 그리고 true를
   반환한다. EarthquakeSearchProvider 클래스의 onCreate 메서드를 변경하자.

```java
@Override
public boolean onCreate() {
  EarthquakeDatabaseAccessor
    .getInstance(getContext().getApplicationContext());
  return true;
}
```

5. EarthquakeDAO.java를 열고, 매개변수로 전달받은 부분 쿼리를 기반으로 하는 검색
   제안 커서를 반환하는 새 쿼리 메서드를 추가한다. 검색 제안 열에는 구체적인 이름이
   필요하지만 안타깝게도 지금은 열의 별칭을 정의할 때 static 상수나 전달받은 매개변
   수를 사용할 수 없다. 그 대신 (바람직하지 않지만) 필요한 문자열 상수를 직접 하드코딩
   해야 한다.

```java
@Query("SELECT mId as _id, " +
             "mDetails as suggest_text_1, " +
             "mId as suggest_intent_data_id " +
       "FROM earthquake " +
       "WHERE mDetails LIKE :query " +
       "ORDER BY mdate DESC")
public Cursor generateSearchSuggestions(String query);
```

6. EarthquakeDAO에 쿼리 문자열 매개변수를 포함하는 또 다른 쿼리 메서드를 추가한
   다. 이 메서드는 검색 결과 전체를 라이브 데이터 객체로 반환하며, 이 객체는 쿼리와
   일치하는 지진 List를 포함한다.

```java
@Query("SELECT * " +
       "FROM earthquake " +
       "WHERE mDetails LIKE :query " +
       "ORDER BY mdate DESC")
public LiveData<List<Earthquake>> searchEarthquakes(String query);
```

7. 콘텐트 프로바이더인 EarthquakeSearchProvider 클래스의 query 메서드를 변경한다.
   즉, 받은 URI가 검색 제안의 요청 형태인지 확인한 후 만일 그렇다면 현재의 부분 쿼
   리를 사용해 Room 데이터베이스를 쿼리한다.

```java
@Nullable
@Override
public Cursor query(@NonNull Uri uri, @Nullable String[] projection,
                    @Nullable String selection,
                    @Nullable String[] selectionArgs,
                    @Nullable String sortOrder) {

  if (uriMatcher.match(uri) == SEARCH_SUGGESTIONS) {
    String searchQuery = "%" + uri.getLastPathSegment() + "%";

    EarthquakeDAO earthquakeDAO
      = EarthquakeDatabaseAccessor
        .getInstance(getContext().getApplicationContext())
        .earthquakeDAO();

    Cursor c = earthquakeDAO.generateSearchSuggestions(searchQuery);

    // 검색 제안의 커서를 반환한다.
    return c;
  }
  return null;
}
```

8. 다음은 EarthquakeSearchProvider를 매니페스트(AndroidManifest.xml)에 추가한다. 이 콘텐트 프로바이더가 하는 일은 매우 제한되어 있다. 레코드의 추가, 삭제, 변경 기능이 없다. 그리고 검색 제안을 제공하는 것 외에는 아무것도 지원하지 않는다.

```xml
...
<application
  ...
  <provider
    android:name=".EarthquakeSearchProvider"
    android:authorities="com.professionalandroid.provider.earthquake"/>
</application>
...
```

9. res/values에 있는 string.xml 리소스 파일을 열고 Earthquake 검색 라벨과 텍스트 입력 힌트의 문자열 리소스를 추가한다.

```xml
<resources>
  [... 기존의 문자열 리소스 ...]
  <string name="search_label">Search</string>
  <string name="search_hint">Search for earthquakes...</string>
</resources>
```

10. res/xml 폴더에 searchable.xml 파일을 생성한다. 그리고 아래의 코드로 모두 교체한다. 이 파일에는 EarthquakeSearchProvider에 필요한 메타데이터를 정의한다. 이때 9번 단계의 search_hint 문자열을 hint 속성 값으로 사용하고, app_name 문자열 리소스를 label 속성 값으로 사용한다. label 속성 값은 '반드시' 매니페스트에 지정된 애플리케이션의 label 속성 값과 같아야 한다. 그리고 검색 제안 생성에 사용할 URI(searchSuggestAuthority 속성)를 EarthquakeSearchProvider의 URI(authorities 속성)와 같은 값으로 설정하고 searchSuggestIntentAction 속성과 searchSuggestIntentData 속성도 지정한다.

```xml
<?xml version="1.0" encoding="utf-8"?>
<searchable
  xmlns:android="http://schemas.android.com/apk/res/android"
  android:label="@string/app_name"
  android:hint="@string/search_hint"
  android:searchSuggestAuthority=
    "com.professionalandroid.provider.earthquake"
  android:searchSuggestIntentAction="android.intent.action.VIEW"
  android:searchSuggestIntentData=
    "content://com.professionalandroid.provider.earthquake/earthquakes">
</searchable>
```

11. 이제 AppCompatActivity의 서브 클래스인 EarthquakeSearchResultActivity를 새로 생성한다. 그러면 다음과 같이 코드가 생성되었을 것이다. 또한 레이아웃 리소스 파일인 activity_earthquake_search_result.xml도 자동 생성된다. (app/java 밑의 com.professionalandroid.apps.earthquake 패키지에서 오른쪽 마우스 버튼을 누르고 File ➡ New ➡ Activity ➡ Empty Activity를 선택한 후 액티비티 이름에 EarthquakeSearchResultActivity를 입력하고 [Finish] 버튼을 누름).

```java
public class EarthquakeSearchResultActivity
            extends AppCompatActivity {

  @Override
  protected void onCreate(Bundle savedInstanceState) {
    super.onCreate(savedInstanceState);
    setContentView(R.layout.activity_earthquake_search_result);
  }
}
```

12. 지진 검색 결과 리스트는 기존 지진 리스트 항목 레이아웃과 리사이클러 뷰 어댑터를 사용하는 리사이클러 뷰를 사용해 화면에 보여줄 것이다. 11번 단계에서 자동 생성된

레이아웃인 activity_earthquake_search_result.xml에서 리사이클러 뷰를 포함하도록 변경한다. 이 레이아웃 파일은 편집기 창에 이미 열려 있을 것이다. 아래쪽의 Text 탭을 클릭한 후 다음 코드로 모두 교체한다.

```xml
<?xml version="1.0" encoding="utf-8"?>
<android.support.v7.widget.RecyclerView
  xmlns:android="http://schemas.android.com/apk/res/android"
  xmlns:app="http://schemas.android.com/apk/res-auto"
  android:id="@+id/search_result_list"
  android:layout_width="match_parent"
  android:layout_height="match_parent"
  android:layout_marginLeft="16dp"
  android:layout_marginRight="16dp"
  app:layoutManager="LinearLayoutManager"
/>
```

13. EarthquakeSearchResultActivity를 다음과 같이 변경한다. 우선, 검색 결과를 보여줄 리사이클러 뷰에 지진 리사이클러 뷰 어댑터를 적용하도록 onCreate 핸들러를 변경한다.

```java
...
public class EarthquakeSearchResultActivity
            extends AppCompatActivity {

  private ArrayList<Earthquake> mEarthquakes = new ArrayList< >();
  private EarthquakeRecyclerViewAdapter mEarthquakeAdapter
            = new EarthquakeRecyclerViewAdapter(mEarthquakes);

  @Override
  protected void onCreate(Bundle savedInstanceState) {
    super.onCreate(savedInstanceState);
    setContentView(R.layout.activity_earthquake_search_result);

    RecyclerView recyclerView = findViewById(R.id.search_result_list);
    recyclerView.setAdapter(mEarthquakeAdapter);
  }
}
```

14. 이어지는 일부 단계에서는 람다 함수가 필요하다. 따라서 현재 프로젝트가 자바 1.8을 대상으로 하는지 확인한다. 앱 모듈(app) build.gradle 파일을 열고 android 노드의 컴파일 옵션에서 자바 호환성 버전이 모두 1.8로 지정됐는지 확인한다. 지정되어 있지 않으면 compileOptions 노드를 추가한다.

```
android {
  [... 기존의 안드로이드 노드 값 ...]

  compileOptions {
    targetCompatibility 1.8
    sourceCompatibility 1.8
  }
}
```

15. EarthquakeSearchResultActivity에 새 라이브 데이터 옵저버(Observer)를 추가한다. 이 옵저버는 리사이클러 뷰가 보여주는 지진 List를 변경한다. 그리고 현재 검색 쿼리를 저장하는 새 MutableLiveData를 생성하고 해당 쿼리를 변경하는 setSearchQuery 메서드도 추가한다.

```
MutableLiveData<String> searchQuery;

private void setSearchQuery(String query) {
  searchQuery.setValue(query);
}

private final Observer<List<Earthquake>> searchQueryResultObserver
  = updatedEarthquakes -> {
    // 변경된 검색 쿼리 결과로 UI를 변경한다..
    mEarthquakes.clear();
    if (updatedEarthquakes != null)
      mEarthquakes.addAll(updatedEarthquakes);
    mEarthquakeAdapter.notifyDataSetChanged();
  };
```

16. 변경된 검색어 처리를 단순화하기 위해 Transformations.switchMap을 사용할 수 있다. 이 메서드는 다른 라이브 데이터의 변경에 따라 현재 라이브 데이터의 데이터를 자동으로 수정한다. searchQuery 라이브 데이터를 모니터링하는 스위치 맵을 적용하고, 변경 시 searchResults 라이브 데이터 변수를 변경한다. 이때 변경된 검색어를 사용해 데이터베이스에 쿼리를 수행한다. 그 다음에 15번 단계에서 생성한 옵저버를 사용해 searchResults 라이브 데이터의 변경 내용을 관찰한다. 마지막으로 액티비티를 시작시킨 인텐트에서 검색 쿼리를 추출하고, 이를 setSearchQuery 메서드로 전달한다. 다음과 같이 EarthquakeSearchResultActivity의 onCreate 메서드를 변경한다.

```
LiveData<List<Earthquake>> searchResults;

@Override
```

```java
protected void onCreate(Bundle savedInstanceState) {
  super.onCreate(savedInstanceState);
  setContentView(R.layout.activity_earthquake_search_result);
  RecyclerView recyclerView = findViewById(R.id.search_result_list);
  recyclerView.setLayoutManager(new LinearLayoutManager(this));
  recyclerView.setAdapter(mEarthquakeAdapter);

  // 검색 쿼리 라이브 데이터를 초기화한다.
  searchQuery = new MutableLiveData<>();
  searchQuery.setValue(null);

  // 검색 쿼리 라이브 데이터를 검색 결과 라이브 데이터에 연결한다.
  // 검색 쿼리가 변경되면 데이터베이스에 쿼리를 수행해
  // 검색 결과가 변경되도록 변환 Map을 구성한다.
  searchResults = Transformations.switchMap(searchQuery,
    query -> EarthquakeDatabaseAccessor
                .getInstance(getApplicationContext())
                .earthquakeDAO()
                .searchEarthquakes("%" + query + "%"));

  // 검색 결과 라이브 데이터의 변경 내용을 관찰한다.
  searchResults.observe(EarthquakeSearchResultActivity.this,
                searchQueryResultObserver);

  // 검색어를 추출하고
  // 검색 쿼리 라이브 데이터를 변경한다.
  String query = getIntent().getStringExtra(SearchManager.QUERY);
  setSearchQuery(query);
}
```

17. 새 검색 요청 인텐트를 받으면 검색 쿼리를 변경하도록 EarthquakeSearchResultActivity
의 onNewIntent 핸들러도 오버라이드 및 추가한다.

```java
@Override
protected void onNewIntent(Intent intent) {
  super.onNewIntent(intent);

  // 검색 액티비티가 존재하고, 다른 검색이 수행 중이면
  // 시작 인텐트를 새로 받은 검색 인텐트로 설정하고
  // 새 검색을 수행한다.
  setIntent(intent);

  // 검색 쿼리를 추출하고 searchQuery 라이브 데이터를 변경한다.
  String query = getIntent().getStringExtra(SearchManager.QUERY);
  setSearchQuery(query);
}
```

18. 애플리케이션 매니페스트를 열고 시작 모드가 singleTop이 되도록, 그리고 SEARCH 액션의 인텐트 필터가 추가되도록 EarthquakeSearchResultActivity 요소를 변경한다. 또한 10번 단계에서 생성한 searchable XML 리소스를 지정하는 meta-data 태그도 추가해야 한다.

```xml
<activity
  android:name=".EarthquakeSearchResultActivity"
  android:launchMode="singleTop">
  <intent-filter>
    <action android:name="android.intent.action.SEARCH" />
  </intent-filter>
  <meta-data
    android:name="android.app.searchable"
    android:resource="@xml/searchable"
  />
</activity>
```

19. 매니페스트에서 새 meta-data 태그를 EarthquakeMainActivity에 추가하고 EarthquakeSearchResultActivity를 기본 검색 프로바이더로 지정한다.

```xml
<activity android:name=".EarthquakeMainActivity">
  <intent-filter>
    <action android:name="android.intent.action.MAIN"/>
    <category android:name="android.intent.category.LAUNCHER"/>
  </intent-filter>
  <meta-data
    android:name="android.app.default_searchable"
    android:value=".EarthquakeSearchResultActivity"
  />
</activity>
```

20. 새 options_menu.xml 리소스를 res/menu 폴더에 생성한다. 그리고 아래와 같이 새 검색 뷰(SearchView)를 EarthquakeMainActivity의 앱 바에 액션 버튼으로 추가한다. options_menu.xml 리소스에는 새 검색 뷰뿐 아니라 설정 메뉴 항목도 포함된다. (res 폴더에서 오른쪽 마우스 버튼을 누르고 New ➡ Android Resource Directory를 선택한 후 디렉터리 이름에 menu를 입력하고 Resource type을 menu로 선택한 후 [OK] 버튼을 눌러서 menu 폴더를 먼저 생성한다. 그리고 res/menu에서 오른쪽 마우스 버튼을 누르고 New ➡ Menu resource file을 선택한 후 파일 이름에 options_menu를 입력하고 [OK] 버튼을 눌러서 options_menu.xml을 생성한다. 편집기 창에 열린 options_menu.xml의 아래쪽에 있는 Text 탭을 클릭한 후 다음의 XML로 모두 교체한다.)

```
<?xml version="1.0" encoding="utf-8"?>
<menu xmlns:app="http://schemas.android.com/apk/res-auto"
      xmlns:android="http://schemas.android.com/apk/res/android">
  <item android:id="@+id/settings_menu_item"
      android:title="Settings" />
  <item android:id="@+id/search_view"
      android:title="@string/search_label"
      app:showAsAction="collapseActionView|ifRoom"
      app:actionViewClass="android.support.v7.widget.SearchView" />
</menu>
```

21. EarthquakeMainActivity의 onCreateOptionsMenu 핸들러를 변경한다. 우선 20번 단계에서 생성한 새 XML 메뉴를 인플레이트한다. 그리고 검색 뷰(SearchView)를 서처블 정의에 연결한다. (다음 코드를 추가하면 SearchView가 빨간색으로 에러 표시될 것이다. SearchView를 클릭한 후 [Alt]+[Enter](맥에서는 [Command]+[Return])를 누른 후 android.support. v7.widget의 SearchView를 선택한다.)

```
@Override
public boolean onCreateOptionsMenu(Menu menu) {
  super.onCreateOptionsMenu(menu);

  // XML에서 옵션 메뉴를 인플레이트한다.
  MenuInflater inflater = getMenuInflater();
  inflater.inflate(R.menu.options_menu, menu);

  // SearchManager를 사용해
  // SearchResultActivity와 연결된 SearchableInfo를 찾는다.
  SearchManager searchManager =
    (SearchManager) getSystemService(Context.SEARCH_SERVICE);

  SearchableInfo searchableInfo = searchManager.getSearchableInfo(
    new ComponentName(getApplicationContext(),
                      EarthquakeSearchResultActivity.class));
  SearchView searchView =
    (SearchView)menu.findItem(R.id.search_view).getActionView();
  searchView.setSearchableInfo(searchableInfo);
  searchView.setIconifiedByDefault(false);

  return true;
}
```

22. 20번 단계에서 생성한 XML의 메뉴 항목 식별자를 사용하도록 EarthquakeMainActivity 의 onOptionsItemSelected 핸들러를 수정한다.

```
public boolean onOptionsItemSelected(MenuItem item) {
  super.onOptionsItemSelected(item);
  switch (item.getItemId()) {
    case R.id.settings_menu_item:
      Intent intent = new Intent(this, PreferencesActivity.class);
      startActivityForResult(intent, SHOW_PREFERENCES);
      return true;
  }
  return false;
}
```

23. 이제는 'Search' 액션 바 버튼을 누르고 쿼리를 입력해 검색을 시작할 수 있다. 이제 최종 단계로서 사용자가 검색 제안을 선택하는 것을 처리하기 위해 검색 결과 쿼리를 수정한다. 지금은 사용자가 검색 문자열 전체를 입력한 것처럼 검색 결과를 보여줄 것이다. 우선 EarthquakeDAO 인터페이스에 새 getEarthquake 쿼리 메서드를 추가한다. 이 메서드는 지진(Earthquake)의 고유 ID를 받아 이것과 일치되는 지진이 포함된 라이브 데이터를 반환한다.

```
@Query("SELECT * " +
       "FROM earthquake " +
       "WHERE mId = :id " +
       "LIMIT 1")
public LiveData<Earthquake> getEarthquake(String id);
```

24. 다음은 EarthquakeSearchResultActivity에 MutableLiveData 객체를 참조하는 selectedSearchSuggestionId 변수를 추가한다. 이 변수는 선택된 검색 제안의 ID를 라이브 데이터에 저장하기 위해 사용된다. 그리고 setSelectedSearchSuggestion 메서드를 추가한다. 이 메서드는 콘텐트 프로바이더 URI에서 추출된 지진 ID를 기준으로 selectedSearchSuggestionId 라이브 데이터를 수정한다. 또한 선택된 검색 제안에서 추출된 세부 정보를 사용해 검색어를 설정할 옵저버를 생성한다.

```
MutableLiveData<String> selectedSearchSuggestionId;

private void setSelectedSearchSuggestion(Uri dataString) {
  String id = dataString.getPathSegments().get(1);
  selectedSearchSuggestionId.setValue(id);
}

final Observer<Earthquake> selectedSearchSuggestionObserver
  = selectedSearchSuggestion -> {
    // 선택된 검색 제안에 일치되도록 검색 쿼리를 변경한다.
```

```
      if (selectedSearchSuggestion != null) {
        setSearchQuery(selectedSearchSuggestion.getDetails());
      }
  };
```

25. 선택된 검색 제안 ID의 라이브 데이터를 초기화하고 스위치 맵을 적용하기 위해 16번
단계의 처리를 반복하도록 EarthquakeSearchResultActivity의 onCreate 핸들러를 변경
한다. 이때 selectedSearchSuggestionId 라이브 데이터를 모니터링해야 하며, 선택된 제
안의 ID를 사용해 데이터베이스를 쿼리하여 selectedSearchSuggestion 라이브 데이터
변수를 업데이트해야 한다. 또한 제안된 검색 결과가 선택될 때 전송되는 뷰 액션도 확
인한다. 이 경우 24번 단계의 옵저버를 selectedSearchSuggestion 라이브 데이터에 적
용하고, 선택된 검색 제안 ID를 추출 및 설정하기 위해 setSelectedSearchSuggestion을
사용한다.

```
LiveData<Earthquake> selectedSearchSuggestion;

@Override
protected void onCreate(Bundle savedInstanceState) {
  super.onCreate(savedInstanceState);
  setContentView(R.layout.activity_earthquake_search_result);

  RecyclerView recyclerView = findViewById(R.id.search_result_list);
  recyclerView.setLayoutManager(new LinearLayoutManager(this));
  recyclerView.setAdapter(mEarthquakeAdapter);

  // 검색 쿼리 라이브 데이터를 초기화한다.
  searchQuery = new MutableLiveData<>();
  searchQuery.setValue(null);

  // 검색 쿼리 라이브 데이터를 검색 결과 라이브 데이터에 연결한다.
  // 검색 쿼리가 변경되면 데이터베이스에 쿼리를 수행해
  // 검색 결과가 변경되도록 변환 Map을 구성한다.
  searchResults = Transformations.switchMap(searchQuery,
    query -> EarthquakeDatabaseAccessor
               .getInstance(getApplicationContext())
               .earthquakeDAO()
               .searchEarthquakes("%" + query + "%"));

// 검색 결과 라이브 데이터의 변경 내용을 관찰한다.
searchResults.observe(EarthquakeSearchResultActivity.this,
                    searchQueryResultObserver);

// 선택된 검색 제안 Id 라이브 데이터를 초기화한다.
selectedSearchSuggestionId = new MutableLiveData<>();
selectedSearchSuggestionId.setValue(null);
```

```
// 선택된 검색 제안 ID 라이브 데이터를
// 선택된 검색 제안 라이브 데이터에 연결한다.
// 선택된 검색 제안의 ID가 변경되면 데이터베이스에 쿼리를 수행해
// 해당 지진 데이터를 반환하는 라이브 데이터를 변경하도록
// 변환 Map을 구성한다.
selectedSearchSuggestion =
  Transformations.switchMap(selectedSearchSuggestionId,
    id -> EarthquakeDatabaseAccessor
            .getInstance(getApplicationContext())
            .earthquakeDAO()
            .getEarthquake(id));


// 액티비티가 검색 제안에 따라 시작되면
if (Intent.ACTION_VIEW.equals(getIntent().getAction())) {
  selectedSearchSuggestion.observe(this,
                          selectedSearchSuggestionObserver);
  setSelectedSearchSuggestion(getIntent().getData());
}
else {
  // 액티비티가 검색 쿼리로부터 시작되면
  String query = getIntent().getStringExtra(SearchManager.QUERY);
  setSearchQuery(query);
}
}
```

26. 이제 최종 단계다. EarthquakeSearchResultActivity의 onNewIntent 핸들러도 변경한다. 선택된 검색 제안이나 검색 쿼리를 뷰 액션에 맞게 변경하도록 하기 위함이다.

```
@Override
protected void onNewIntent(Intent intent) {
  super.onNewIntent(intent);

  // 검색 액티비티가 존재하고 다른 검색이 수행되면,
  // 시작 인텐트를 새로 받은 검색 인텐트로 설정하고
  // 새 검색을 수행한다.
  setIntent(intent);

  if (Intent.ACTION_VIEW.equals(getIntent().getAction())) {
    // 선택된 검색 제안 Id를 변경한다.
    setSelectedSearchSuggestion(getIntent().getData());
  }
  else {
    // 검색 쿼리를 추출하고 searchQuery 라이브 데이터를 변경한다.
    String query = getIntent().getStringExtra(SearchManager.QUERY);
    setSearchQuery(query);
  }
}
```

27. 실제 기기나 에뮬레이터에서 애플리케이션을 시작시키면 그림 10-6과 같이 지진 데이터가 리사이클러 뷰에 나타날 것이다.

제일 오른쪽 위의 SEARCH를 터치(클릭)하면 중앙에 검색 필드가 나타난다. 예를 들어, 영문자 **gu**를 입력하면 그림 10-7처럼 검색 제안 내역을 바로 밑에 보여준다.

그리고 제안 내역에서 하나를 선택하면 그림 10-8과 같이 해당 지진의 상세 정보를 보여준다.

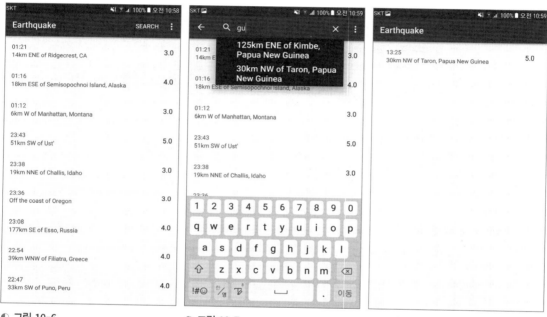

◑ 그림 10-6   ◑ 그림 10-7   ◑ 그림 10-8

이제는 지진 데이터의 검색을 할 수 있게 되었다. 이후의 다른 장에서는 계속해서 지진 정보 뷰어 앱의 새로운 기능을 추가할 것이다.

백그라운드에서 작업하기

📑 11장의 주요 내용

➢ 비동기 태스크를 사용해 백그라운드 태스크 실행하기

➢ 백그라운드 스레드 만들기와 핸들러를 사용해 GUI 스레드와 동기화하기

➢ 작업 스케줄러와 파이어베이스 작업 디스패처로 백그라운드 작업 스케줄링하기

➢ 작업 매니저로 백그라운드 작업 스케줄링하기

➢ 알림 표시하기 그리고 알림 우선순위 설정하기

➢ 파이어베이스 알림 사용하기

➢ 알람을 사용해 애플리케이션 이벤트 스케줄링하기

➢ 바인딩되는 포어그라운드 서비스 만들기

📥 11장에 사용된 코드의 다운로드용 파일

11장은 다음 3개의 파일로 되어 있다.

⬇ Snippets_ch11.zip

⬇ Earthquake_ch11_part1.zip

⬇ Earthquake_ch11_part2.zip

11.1 백그라운드로 작업하기

안드로이드는 빈번하고 레이턴시가 낮은 앱 데이터 변경과 긴 배터리 수명 사이에서 득실을 저울질하기 위해 배터리 수명에 미치는 태스크의 영향을 최소화하며, 백그라운드에서 실행할 수 있도록 다양한 API와 최선이라고 할 수 있는 디자인 패턴을 제공하고 있다.

기본적으로 모든 액티비티와 서비스, 브로드캐스트 리시버는 메인 애플리케이션 UI 스레드에서 실행된다. 지속 실행 태스크를 수행하면서도 애플리케이션의 반응성을 유지하기 위해 11장에서는 UI를 업데이트하는 것과 직접적으로 관계 없는 미미하지 않은 태스크를 HandlerThread 클래스와 AsyncTask 클래스의 지원을 받아 백그라운드 스레드로 어떻게 옮기는지 설명한다.

화면이 꺼졌을 때는 앱이 실행되지 않는 것이 논리에 맞다. 데이터가 전송되지도 않아야 한다. 하지만 실제로는 그렇게 극단적으로 접근해 봐야 시간에 민감한 업데이트나 작동 흐름을 지연시킴으로써 형편없는 사용자 경험밖에 제공하지 못한다. 배터리 수명의 연장과 낮은 레이턴시의 업데이트 사이에서 균형을 맞추는 것은 모바일 기기 개발에서 가장 큰 도전 과제일 것이다.

우리는 전화부터 SMS 메시지나 인스턴트 메시지에 이르기까지 모든 것을 수신하는 즉시 안내받고(그리고 그 알림을 받고) 싶어 한다. 우리는 아침마다 알람 소리를 듣고 싶어 하며, 이메일이 도착했다고 곧바로 알고 싶어 하며, 화면이 꺼져 있거나 기기 자체가 주머니에 있어도 중단되지 않고 음악이 흘러나오길 바란다.

백그라운드 태스크의 실행과 관련된 배터리 급감을 최소화하기 위해 안드로이드 5.0 롤리팝 (API 레벨 21)에서는 JobScheduler를 도입했다. 여기서는 이 작업 스케줄러를 사용해 전체 시스템에서 여러 앱에 스케줄링되는 백그라운드 태스크(또는 '작업')를 어떻게 배치(batch) 처리하는지 설명한다. 네트워크 연결 환경이나 배터리 충전 상태와 같은 제약을 고려함으로써 배터리 급감을 최소화하도록 설계되는 작업 스케줄러는 작업들을 수시로 그리고 순서에 따라 실행한다.

여기서는 안드로이드 4.0 아이스크림 샌드위치(API 레벨 14) 이상이 실행 중인 기기의 하위 호환성을 지원하기 위해 파이어베이스 JobDispatcher를 사용한다. 이 작업 디스패처는 구글 플레이 서비스가 포함된 기기에서 사용할 수 있다. 안드로이드 아키텍처 컴포넌트의 일부분으로 사용할 수 있는 WorkManager도 소개한다. 이 작업 매니저는 백그라운드 태스크를 실행할 때 가장 적합한 방법을 동적으로 선택한다. 앱 상태나 플랫폼 API 레벨을 비롯한 각종 요인을 기준으로 스레드, 작업 스케줄러, 파이어베이스 작업 디스패처, 알람 매니저 중에서 한 가지가 선택된다.

애플리케이션이 백그라운드 태스크를 수행할 때는 사용자 피드백을 제공할 수 있는 UI가 보이지 않기도 한다. 11장에서는 알림을 사용해 앱이 백그라운드에 있을 때도 사용자에게 어떻게 정보를 표시할 수 있는지 설명한다. 그리고 해당 정보와 관련된 사용자 액션을 선택적으로 제공하는 방법도 설명한다.

원격 서버에서 앱을 업데이트하는 것과 관련된 백그라운드 태스크를 가장 효율적으로 수행할 수 있는 방법은 서버 자체에 의존해 정보나 메시지를 각 기기에 직접 푸시하는 것이다. 파이어베이스 클라우드 메시징(Firebase Cloud Messaging)과 파이어베이스 알림(Firebase Notifications)을 대체 클라이언트사이드 폴링으로 사용해 이 과정을 구현한다.

11장에서는 알람 매니저도 소개한다. 이 매니저는 애플리케이션의 수명 주기의 영역 밖에서 정해진 시간마다 인텐트를 만드는 메커니즘이다. 알람은 그 소유주 애플리케이션이 닫힌 이후에도 가동돼 기기를 잠자기 상태에서 깨울 수 있다. 이에 따라 특정 시간이나 시간 간격에 맞춰 액션이 일어나도록 하는 알람 사용법을 설명한다.

음악 재생이나 파일 업로드처럼 사용자와 직접적으로 상호 작용하는 현재 진행형 프로세스에는 포어그라운드 서비스가 필요하다. 따라서 필요한 알림이 포함되는 포어그라운드 서비스를 사용한다. 사용자는 이 알림을 통해 지속 실행 백그라운드 작업의 진행 상태를 멈추거나 제어하고 관찰할 수 있다.

11.2 백그라운드 스레드 사용하기

모든 안드로이드 애플리케이션 컴포넌트(액티비티, 서비스, 브로드캐스트 리시버를 비롯해)는 메인 애플리케이션 스레드로 실행된다. 따라서 어떤 컴포넌트든 처리하는 시간이 많이 소요되면 실행 중인 서비스와 가시 액티비티를 비롯해 다른 컴포넌트를 전부 차단할 수 있다.

입력 이벤트(예 화면 터치)에 5초 이내에 응답하지 않는 액티비티들과 10초 이내에 onReceive 핸들러를 완료하지 못한 브로드캐스트 리시버들은 '응답 없음'으로 간주된다.

이런 상황은 피해야 할 뿐 아니라 이와 비슷한 일이 벌어지지 않도록 해야 한다. 실제 사용자들은 입력 지연이나 UI 일시 멈춤 현상이 100분의 몇 밀리초 동안이라도 발생하면 금방 눈치챈다.

뛰어난 응답성은 안드로이드 애플리케이션에 우수한 사용자 경험을 제공하기 위한 가장 중요한 속성이라고 할 수 있다. 어떤 사용자 상호 작용이나 시스템 이벤트에도 빠르게 응답하려면 UI와 직접 상호 작용하지 않으면서 미미하지 않은 모든 프로세스 처리에는 백그라운드 스레드를 사용하는 수밖에 없다. 특히 파일 I/O나 네트워크 조회, 데이터베이스 트랜잭션, 복잡한 계산 등 지속 실행 작업은 반드시 백그라운드 스레드로 실행돼야 한다.

비동기 태스크로 실행되는 AsyncTask는 표준 자바 스레드를 감싸는 래퍼(wrapper) 클래스다. 다시 말해, 자식 스레드로 백그라운드 작업을 실행하고 UI 스레드와 동기화해 최종 결과를 이끌어내는 가장 공통된 패턴을 캡슐화한다. 비동기 태스크를 사용하면 백그라운드 태스크들을 순서대로나 병렬 또는 자체 스레드 풀(Thread Pool)을 통해 실행할 수 있다.

만일 더 많은 스레드 통제권이 필요하거나 작업이 완료됐을 때 UI 스레드와 동기화될 필요가 없다면 컴포넌트로부터 Handler 클래스를 통해 작업을 받는 스레드가 필요하며 이 스레드는 HandlerThread 클래스를 사용해 만들 수 있다.

11.2.1 비동기 태스크를 사용해 비동기로 태스크 실행하기

AsyncTask 클래스는 장시간 연산을 백그라운드 스레드로 옮기고 UI 스레드와 동기화해 업데이트를 보고한 후 프로세스 처리가 완료될 때 다시 보고하는 최선의 패턴이다.

단, 비동기 태스크는 컴포넌트의 수명 주기를 파악하지 못한다는 점에 유의해야 한다. 액티비티에서 비동기 태스크를 만든다면 메모리 누수를 피하기 위해 정적인 태스크로 정의해야 한다 (그리고 비동기 태스크와 연관된 액티비티나 뷰를 직접 참조하지 않게 즉, 밀접하게 결합되지 않도록 해야 한다).

새 비동기 태스크 만들기

비동기 태스크를 구현할 때는 입력 매개변수와 진행 상태 보고 값 또는 반환된 결괏값에 사용될 매개변수 타입을 지정할 수 있다. 입력 매개변수를 받거나 진행 상태를 업데이트하고 최종 결과를 보고하는 일이 필요 없다면 Void를 타입으로 지정한다.

새 비동기 태스크를 만들려면 제네릭 매개변수 타입을 지정하여 AsyncTask의 서브 클래스를 생성해야 한다. 코드 11-1은 이를 나타낸 것이다.

코드 11-1 비동기 태스크 정의

```java
// AsyncTask로부터 업데이트할 UI의 Views
private ProgressBar asyncProgress;
private TextView asyncTextView;

private class MyAsyncTask extends AsyncTask<String, Integer, String> {
    @Override
    protected String doInBackground(String... parameter) {
        // 백그라운드 스레드로 옮겨진다.
        String result = "";
        int myProgress = 0;

        int inputLength = parameter[0].length();

        // 백그라운드 프로세싱 태스크를 수행하고, myProgress를 업데이트한다.
        for (int i = 1; i <= inputLength; i++) {
            myProgress = i;
            result = result + parameter[0].charAt(inputLength-i);
            try {
                Thread.sleep(100);
            } catch (InterruptedException e) { }
            publishProgress(myProgress);
        }

        // onPostExecute로 전달될 값을 반환한다.
        return result;
    }

    @Override
    protected void onPreExecute() {
        // UI 스레드와 동기화된다.
        // 백그라운드 로딩이 진행 중임을 알리도록 UI를 업데이트한다.
        asyncProgress.setVisibility(View.VISIBLE);
    }

    @Override
    protected void onProgressUpdate(Integer... progress) {
        // UI 스레드와 동기화된다.
        // 프로그레스바, 알림 등 UI 요소들을 업데이트한다.
        asyncProgress.setProgress(progress[0]);
    }

    @Override
    protected void onPostExecute(String result) {
        // UI 스레드와 동기화된다.
```

```
    // UI 업데이트나 대화상자, 알림을 통해 값을 보고한다.
    asyncProgress.setVisibility(View.GONE);
    asyncTextView.setText(result);
  }
}
```

AsyncTask의 서브 클래스에서는 다음 이벤트 핸들러들을 오버라이드해야 한다.

➤ **doInBackground:** 이 메서드는 백그라운드 스레드로 실행된다. 따라서 지속 실행 코드는 여기에 둔다. 그리고 이 핸들러의 UI 객체와 상호 작용하려고 해서는 안 된다. 이 메서드는 클래스 구현에서 정의한 타입의 매개변수들을 받는다.

이 메서드가 호출되기 바로 직전에 onPreExecute 메서드가 호출된다. 호출된 이후에는 이 핸들러의 publishProgress 메서드를 사용해 매개변숫값들을 onProgressUpdate 핸들러에 전달한다. 백그라운드 태스크가 완료되면 최종 값을 반환한다. 이 값은 onPostExecute 핸들러에 매개변수로 전달된다. 이에 따라 UI가 업데이트된다.

➤ **onPreExecute:** doInBackground가 실행되기 바로 전에 UI를 업데이트하도록 오버라이드한다.

이 핸들러는 실행 시점에 UI 스레드와 동기화된다. 따라서 UI 요소를 안전하게 수정할 수 있다.

➤ **onProgressUpdate:** 중간 진행 상태를 업데이트하도록 오버라이드한다. 이 핸들러는 publishProgress(일반적으로는 doInBackground 핸들러로부터)에 전달된 매개변수들을 받는다.

이 핸들러는 실행 시점에 UI 스레드와 동기화된다. 따라서 UI 요소를 안전하게 수정할 수 있다.

➤ **onPostExecute:** doInBackground가 완료되면 그 반환 값이 이 핸들러에 전달된다.

이 핸들러는 실행 시점에 UI 스레드와 동기화된다. 따라서 UI 요소를 안전하게 사용해 비동기 태스크가 완료되면 어떤 UI 컴포넌트도 업데이트할 수 있다.

비동기 태스크 실행하기

구현한 비동기 태스크를 실행하려면 새 인스턴스를 만들고 execute를 호출해야 한다. 이때 전달하는 매개변수가 여럿인데, 모두 구현 시 지정한 타입이다. 코드 11-2는 이를 나타낸 것이다.

코드 11-2 비동기 태스크 실행하기

```
String input = "redrum ... redrum";
new MyAsyncTask().execute(input);
```

 참고 각 AsyncTask 인스턴스는 한 번만 실행될 수 있다. execute를 한 번 더 실행하려고 하면 예외가 발생한다.

기본적으로 비동기 태스크는 AsyncTask.SERIAL_EXECUTOR를 사용해 실행한다. 따라서 애플리케이션의 모든 비동기 태스크는 동일한 백그라운드 스레드로 순서에 따라 실행된다. 이 작동 흐름을 수정하려면 execute 대신 executeOnExecutor 메서드를 사용해야 한다. 이 메서드는 대체 실행하기를 지정한다.

코드 11-3에서처럼 AsyncTask.THREAD_POOL_EXECUTOR를 지정하면 새 스레드 풀이 기기에서 사용할 수 있는 CPU 개수에 맞춰 만들어지고 비동기 태스크가 병렬로 실행된다.

코드 11-3 병렬로 비동기 태스크 실행하기

```
String input = "redrum ... redrum";
new MyAsyncTask().executeOnExecutor(AsyncTask.THREAD_POOL_EXECUTOR, input);
```

직접 구현한 Executor를 전달할 수도 있고 Executors 클래스에 제공되는 newFixedThread Pool과 같은 static 메서드를 사용해 새 실행기를 만들 수도 있다. 이 경우에는 정해진 개수의 스레드를 재사용한다.

브로드캐스트 리시버에서 비동기 태스크 사용하기

6장 '인텐트와 브로드캐스트 리시버'에서 설명한 대로 브로드캐스트 리시버는 다른 애플리케이션으로부터 콜백을 받아 백그라운드에서 일부 작업을 처리할 수 있다.

어떤 컴포넌트든 그 onReceive 메서드는 메인 애플리케이션 UI 스레드에서 실행된다. onReceive 안에서 goAsync를 실행해 작업을 백그라운드 스레드로 옮길 수 있다. 이때 최대 10초 동안 응답하지 않으면 애플리케이션이 중단된다.

코드 11-4는 이런 상황에서 비동기 태스크가 얼마나 유용한지 보여 준다. doInBackground 안에서 백그라운드 작업을 전체적으로 통제할 수 있는 간단한 방법을 제공하는 코드 11-4에서는 onPostExecute 핸들러를 사용해 BroadcastReceiver.PendingResult에 finish 메서드를 호출한다. 이에 따라 비동기 백그라운드 작업이 완료됐다는 것을 나타낼 수 있다.

코드 11-4 AsyncTask를 사용해 브로드캐스트 리시버 안에서 비동기 처리하기

```java
public class BackgroundBroadcastReceiver extends BroadcastReceiver {

  @Override
  public void onReceive(Context context, final Intent intent) {
    final PendingResult result = goAsync();
    new AsyncTask<Void, Void, Boolean>() {
      @Override
      protected Boolean doInBackground(Void... voids) {
        // 백그라운드 작업을 한다. 인텐트를 처리한다.
        return true;
      }

      @Override
      protected void onPostExecute(Boolean success) {
        result.finish();
      }
    }.executeOnExecutor(AsyncTask.THREAD_POOL_EXECUTOR);
  }
}
```

11.2.2 핸들러 스레드를 사용해 수동 스레드 만들기

비동기 태스크는 일회성 태스크를 실행하는 지름길이지만, 백그라운드 프로세싱을 수행하기 위해서는 스레드를 직접 만들고 관리할 필요도 있다. 이런 필요성은 지속 실행 스레드나 상호 연관 스레드처럼 비동기 태스크를 사용하는 수준보다 더 미묘하거나 복잡한 관리를 해야 할 때 두드러진다.

스레드 그 자체는 Runnable 객체 하나를 실행하고 멈춘다는 점에서 비동기 태스크인 Async Task와 유사하다. 백그라운드 태스크의 큐로 사용될 수 있는 지속적인 스레드를 제공하기 위해 안드로이드는 HandlerThread라는 특별한 서브 클래스를 제공한다.

HandlerThread는 스레드로 들어오는 작업으로 구성된 큐를 관리하는 클래스인 Looper가 담당한다. 작업은 작업 큐에 Runnable 객체로 추가되고, Handler로 전달된다. 코드 11-5는 이 과정을 나타낸 것이다.

```java
private HandlerThread mWorkerThread;
private Handler mHandler;

@Override
public void onCreate(Bundle savedInstanceState) {
  super.onCreate(savedInstanceState);
  mWorkerThread = new HandlerThread("WorkerThread");
  mWorkerThread.start();
  mHandler = new Handler(mWorkerThread.getLooper());
}

// 이 메서드는 메인 스레드로 호출된다.
private void doBackgroundExecution() {
  mHandler.post(new Runnable() {
    public void run() {
      // [ ... 장시간 작업 ... ]
    }
  });
}

@Override
public void onDestroy() {
  super.onDestroy();
  mWorkerThread.quitSafely();
}
```

한 핸들러 스레드가 Runnable을 여럿 받으면 이들은 순서대로 실행된다. 모든 스레드의 리소스가 올바로 정리됐는지 확인하려면 quit(현재 Runnable이 완료되면 스레드를 멈추고 큐에 있는 모든 Runnable을 중단한다) 또는 quitSafely(큐에 있는 모든 Runnable이 완료되도록 허용한다)를 호출해 스레드의 리소스를 정리해야 한다.

핸들러는 Message 클래스를 사용해 스레드에 정보를 보낸다. 이 메시지는 핸들러의 obtain Message 메서드(메시지 풀을 사용해 불필요한 객체 생성을 막는다) 또는 헬퍼 메서드인 sendEmpty Message를 사용해 구성한다.

빈 메시지에는 그 what 필드에 정수 코드가 들어가고, 받은 메시지 인스턴스에는 그 setData 메서드를 통해 설정된 정보가 포함될 수 있다. 이는 핸들러 간에 정보를 전달하는 유용한 메커니즘이다.

새 메시지를 핸들러에 보내면 핸들러에 연결된 스레드에 handleMessage 메서드가 실행된다. 코드 11-6은 이를 나타낸 것이다.

```java
private static final int BACKGROUND_WORK = 1;

private HandlerThread mWorkerThread;
private Handler mHandler;

@Override
public void onCreate(Bundle savedInstanceState) {
  super.onCreate(savedInstanceState);
  mWorkerThread = new HandlerThread("WorkerThread");
  mWorkerThread.start();
  mHandler = new Handler(mWorkerThread.getLooper(),
    new Handler.Callback() {
      @Override
      public void handleMessage(Message msg) {
        if (msg.what == BACKGROUND_WORK) {
          // [ ... 장시간 작업 ... ]
        }
        // 또는 다른 타입의 메시지를 처리한다.
      }
    });
}

// 이 메서드는 메인 스레드에 호출된다.
private void backgroundExecution() {
  mHandler.sendEmptyMessage(BACKGROUND_WORK);
}

@Override
public void onDestroy() {
  super.onDestroy();
  mWorkerThread.quitSafely();
}
```

뷰와 같은 UI 스레드에서 생성된 객체와 직접 상호 작용하는 작업 또는 토스트(Toast)와 같이 메시지를 보여주는 작업은 항상 메인 스레드에서 실행돼야 한다. 다음 조각 코드처럼 액티비티에서는 runOnUiThread 메서드를 사용해 Runnable이 액티비티 UI와 동일한 스레드에 실행되게 할 수 있다.

```java
runOnUiThread(new Runnable() {
  public void run() {
    // 뷰나 다른 액티비티 UI 요소를 업데이트한다.
  }
});
```

UI 스레드는 핸들러 스레드처럼 연관된 루퍼(Looper.getMainLooper)를 갖고 있다. 이를 사용하면 핸들러를 생성하여 UI 스레드에서 작업이 실행되게 할 수 있다.

또한 Handler 클래스는 스레드의 실행을 지연시키거나 특정 시간에 실행되게 할 수 있다. 이때 사용되는 메서드가 각각 postDelayed와 postAtTime이다.

```
// 1초 지연 후에 작업을 시작한다.
handler.postDelayed(aRunnable, 1000);

// 5분 동안 기기가 사용된 후 작업을 시작한다.
int upTime = 1000*60*5;
handler.postAtTime(aRunnable, SystemClock.uptimeMillis()+upTime);
```

11.3 백그라운드 작업 스케줄링하기

애플리케이션에서 백그라운드로 작업을 수행하는 기능은 안드로이드에서 가장 강력한 기능이라고 할 수 있다. 하지만 이 기능은 심각한 배터리 소모로 이어질 수 있다. 여러 애플리케이션이 실행 중이고 기기가 깨어 있는 상태라면 배터리 수명이 심각하게 줄어들 수도 있다.

안드로이드 5.0 롤리팝(API 레벨 21)에 도입된 JobScheduler API는 기기의 애플리케이션들에서 요청된 모든 백그라운드 작업의 조정자 역할을 수행한다. 여러 애플리케이션의 백그라운드 작업을 효율적으로 배치(batch) 처리함으로써 배터리와 메모리 사용이라는 두 마리 토끼를 잡는다. 결 국 개별 백그라운드 작업의 전반적인 영향을 줄이는 것이다.

최근에는 안드로이드 아키텍처 컴포넌트에 작업 매니저가 도입됐다. 작업 매니저는 작업 스케줄러와 같은 기능을 제공하면서도 이전 플랫폼을 지원하기 위해 하위 호환성이라는 장점도 겸비하고 있다.

7장 '인터넷 리소스 사용하기'에서 설명한 대로 셀룰러 네트워크를 통해 이뤄진 모든 네트워크 요청은 무선 신호를 일정 시간 동안 고전력 상태에서 사용하게 된다. 그 결과 스케줄링 없이 여러 앱에서 이뤄지는 데이터 전송 때문에 고전력 상태가 유지될 수도 있다.

작업 스케줄러는 여러 앱의 네트워크 데이터 전송을 동일한 시간 간격 동안 진행되도록 배치(batch) 처리한다. 따라서 무선 신호가 반복적으로 켜져 유지됨으로써 비롯되는 전력 소모를 막는다. 그리고 백그라운드 작업 처리를 캡슐화하고 웨이크 록(Wake Lock)을 사용해 작업의 완료를 보장하며 네트워크 연결 상태를 확인하고(그리고 모니터링하고) 문제가 있을 때 작업을 지연하거나 재시도한다.

이와 비슷하게 기기가 와이파이에 연결될 때 또는 기기가 충전될 때 한 번만 실행되도록 작업을 스케줄링할 수도 있다. 관련 내용은 잠시 후에 다룬다.

작업 스케줄러는 전반적인 시스템 메모리 사용량도 줄인다. 3장 '애플리케이션, 액티비티, 프래그먼트, 기타 등등'에서 설명한 대로 안드로이드는 우선순위가 더 높은 프로세스를 지원하기 위해 메모리가 충분해질 때까지 애플리케이션 프로세스들을 계속 종료시키는 방식으로 시스템 메모리를 관리한다. 안드로이드 7.0 누가(API 레벨 24)로 작동하는 기기에서 작업 스케줄러는 백그라운드 작업을 최적화한다. 즉, 백그라운드 태스크들이 종료되는(특히 여러 백그라운드 태스크를 동시에 실행하려고 할 때 그럴 가능성이 농후한) 위험을 효과적으로 최소화하면서 사용할 수 있는 메모리에 따라 작업들을 순차적으로 실행한다.

11.3.1 작업 스케줄러의 작업 서비스 만들기

작업 스케줄러를 사용하려면 onStartJob 핸들러를 오버라이드하는 작업 서비스(JobService의 서브 클래스)가 애플리케이션에 있어야 한다. 그리고 실행될 백그라운드 작업을 구현하는 코드를 onStartJob 핸들러에 포함시켜야 한다. 작업 서비스 자체는 작업을 스케줄링하고 실행하는 시스템 작업 스케줄러에서 사용된다.

앱에 여러 작업 서비스를 포함할 수도 있다. 따라서 앱에서 필요한 작업 형태마다 별도의 작업 서비스를 생성하는 것이 좋다.

코드 11-7은 간단한 작업 서비스의 구현을 보여준다. 여기서 작업 스케줄러는 작업이 시작되어야 한다고 판단될 때 메인 UI 스레드에 onStartJob을 호출한다.

코드 11-7 간단한 작업 서비스 클래스

```
import android.app.job.JobParameters;
import android.app.job.JobService;

public class SimpleJobService extends JobService {
  @Override
  public boolean onStartJob(JobParameters params) {
    // 메인 스레드에 직접 작업을 한다.

    // 백그라운드 스레드에 장시간 작업이 모두 완료되면
```

```
    // false를 반환한다 .
    return false;

    // 스레드를 시작하고 true를 반환한다.
  }

  @Override
  public Boolean onStopJob(JobParameters params) {
    // 작업을 다시 스케줄링할 필요가 없으면 false를 반환한다.
    return false;
  }
}
```

백그라운드 작업이 빠르게 그리고 안전하게 메인 스레드에서 완료되면 onStartJob으로부터 false
를 반환한다. 이는 더 이상 수행할 작업이 없다는 뜻이다. 이제 onStartJob은 호출되지 않는다.

그러나 인터넷 데이터에 접근할 때나 데이터베이스 작업 또는 파일 I/O를 수행할 때와 같이
대부분의 경우에는 작업이 비동기로 실행돼야 한다. 이때는 이번 장 앞부분에서 설명한 방법
에 따라 onStartJob 안에서 새 스레드를 생성하고 시작하면 된다. 단, onStartJob으로부터 true
를 반환해 추가 작업이 아직 완료 중에 있음을 나타내야 한다.

백그라운드 스레드의 작업이 완료되면 작업 서비스의 jobFinished 메서드를 호출해야 한다.
이 때 완료된 작업과 연관된 JobParameters와 작업이 올바로 완료됐는지 또는 다시 스케줄링
돼야 하는 지를 나타내는 불리언 값을 전달한다.

코드 11-8은 onStartJob 안에서 생성하고 시작한 AsyncTask를 사용해 비동기 처리 방법을 어
떻게 구현할 수 있는지 보여준다. 즉, 작업 처리를 백그라운드 스레드로 넘기고, 성공 또는 실
패를 나타낼 편리한 콜백을 제공한다. 만일 실패일 때는 onStopJob에서 AsyncTask의 cancel
메서드를 호출하면 된다.

코드 11-8 비동기 태스크를 사용한 작업 서비스

```
import android.app.job.JobParameters;
import android.app.job.JobService;

public class BackgroundJobService extends JobService {
  private AsyncTask<Void, Void, Boolean> mJobTask = null;

  @Override
  public boolean onStartJob(final JobParameters params) {
    // TODO 메인 스레드에 직접 작업을 수행한다.
```

```
      // 추가 작업을 백그라운드 스레드 안에서 실행한다.
      mJobTask = new AsyncTask<Void, Void, Boolean>() {
        @Override
        protected Boolean doInBackground(Void... voids) {
          // TODO 백그라운드 작업을 수행한다.

          // 작업이 성공하면 true를,
          // 일시적인 오류로 다시 스케줄링되어야 하면 false를 반환한다.
          return true;
        }

        @Override
        protected void onPostExecute(Boolean success) {
          // 작업이 실패하면 다시 스케줄링한다.
          jobFinished(params, !success);
        }
      };

      mJobTask.executeOnExecutor(AsyncTask.THREAD_POOL_EXECUTOR);

      // 백그라운드에서 작업을 수행하고 있다는 것을 알리려면
      // true를 반환해야 한다.
      return true;
    }

    @Override
    Public boolean onStopJob(JobParameters params) {
      if (mJobTask != null) {
        mJobTask.cancel(true);
      }
      // 작업을 다시 스케줄링한다.
      return true;
    }
}
```

jobFinished를 호출해 작업 스케줄러에 백그라운드 작업이 완료됐다고 알린다. 이에 따라 웨이크 록이 해제되고 기기는 대기 상태로 복귀한다.

작업 서비스가 단일 작업에만 책임을 진다면 단일 비동기 태스크만으로도 충분하다. 그러나 하나의 작업 서비스에서 여러 작업이 실행된다면 비동기 태스크들을 맵에 저장하고 처리해야 한다.

onStartJob으로부터 true를 반환하고 jobFinished를 호출하는 사이에 시스템은 onStopJob을 호출할 수 있다. 작업을 스케줄링할 때 우리가 지정했던 요구사항이 더 이상 충족되지 않아 시스템에 변동이 생겼다는 것을 나타내기 위해서다. 예를 들어, 충전 중이던 기기의 충전 단자

가 분리되거나, 사용 요금이 부과되지 않는 와이파이로 연결 중에 와이파이 신호가 끊어지는 경우다.

onStopJob의 반환 값을 false로 지정하면 해당 작업을 완전히 종료하겠다는 것을 나타내며, true로 지정하면 작업 생성 시에 지정했던 재시도 조건에 따라 해당 작업을 다시 스케줄링하겠다는 것을 나타낸다. 그러나 onStopJob 핸들러가 호출되면 반환 값이 무엇이든 진행 중이던 작업을 중단해야 한다.

작업 서비스(JobService 클래스)는 Service 애플리케이션 컴포넌트의 서브 클래스다. 따라서 모든 Service 서브 클래스처럼 각 작업 서비스도 애플리케이션 매니페스트에 등록해야 한다(코드 11-9).

코드 11-9 애플리케이션 매니페스트에 작업 서비스 추가하기

```
<service
  android:name=".SimpleJobService"
  android:permission="android.permission.BIND_JOB_SERVICE"
  android:exported="true"/>
<service
  android:name=".BackgroundJobService"
  android:permission="android.permission.BIND_JOB_SERVICE"
  android:exported="true"/>
```

11.3.2 작업 스케줄러로 작업 스케줄링하기

JobService를 구현해 작업을 정의했으면, JobScheduler를 사용해 어떤 환경에서 언제 실행돼야 하는지 스케줄링해야 한다.

작업 스케줄러는 시스템 서비스로, getSystemService 메서드를 사용해 접근할 수 있다. 이때 Context.JOB_SCHEDULER_SERVICE를 전달한다.

```
JobScheduler jobScheduler
  = (JobScheduler) context.getSystemService(Context.JOB_SCHEDULER_SERVICE);
```

작업을 스케줄링하려면 작업 스케줄러의 schedule 메서드를 사용해야 한다. 이때 작업이 시작돼야 하는 타임프레임과 조건을 지정하는 데 사용하는 JobInfo 객체를 전달한다.

JobInfo 객체를 만들려면 JobInfo.Builder를 사용해야 한다. JobInfo.Builder는 두 가지 필수 매개변수를 가진다. 하나는 작업 ID를 나타내는 정수이고, 다른 하나는 작업 서비스 구현에 필요한 ComponentName이다. 작업을 스케줄링하는 로직은 작업 서비스 구현 클래스(JobService의 서브 클래스)의 static 메서드에 둔다. 코드 11-10은 이를 나타낸 것이다.

코드 11-10 사용 요금이 부과되지 않는 네트워크와 기기 충전을 요구하는 작업 스케줄링하기

```java
// 어떤 정수도 될 수 있지만 앱 전체에서 고유한 값이어야 한다.
private static final int BACKGROUND_UPLOAD_JOB_ID = 13;

public static void scheduleBackgroundUpload(Context context) {
  // 작업 스케줄러 객체를 얻는다.
  JobScheduler jobScheduler = (JobScheduler)
    context.getSystemService(Context.JOB_SCHEDULER_SERVICE);

  // 작업 서비스 구현 클래스의 참조를 얻는다.
  ComponentName jobServiceName = new ComponentName(
    context, BackgroundJobService.class);

// 작업 서비스를 실행할 JobInfo를 생성한다.
jobScheduler.schedule(
    new JobInfo.Builder(BACKGROUND_UPLOAD_JOB_ID, jobServiceName)
            .setRequiredNetworkType(JobInfo.NETWORK_TYPE_UNMETERED)
            .setRequiresCharging(true)
            // 네트워크 제약이 풀릴 때까지 최대 하루를 대기한다.
            .setOverrideDeadline(TimeUnit.DAYS.toMillis(1))
            .build());
}
```

맨 앞에 상수로 지정된 작업 ID는 특정 작업의 고유 식별자다. 따라서 이 작업 ID로 새 작업을 스케줄링하면 이것과 같은 작업 ID로 이 전에 스케줄링된 모든 작업은 무시된다. 또한 이 작업 ID를 작업 스케줄러의 cancel 메서드로 전달해 이 작업 ID로 스케줄링된 작업을 취소할 수 있다.

> **참고**
>
> 단, 동일한 작업 서비스로 여러 작업을 스케줄링할 수도 있다. 이때 서로 다른 작업 ID로 JobInfo 객체를 여럿 만든다. 전달된 작업 매개변수(Job Parameter)로부터 getJobId 메서드를 사용하면 작업 서비스 안에서 작업을 스케줄링할 때 사용되는 작업 ID를 가져올 수도 있다.

JobInfo를 구성할 때 사용하는 빌더는 여러 가지 제한 조건 옵션을 지원한다. 이 옵션들을 통해 작업이 실행돼야 하는 시간이나 조건을 지정한다. 구체적으로 살펴보면 다음과 같다.

- ➤ setRequiredNetworkType: 작업에 필요한 필수 네트워크의 종류를 정의한다. 다음 중 하나여야 한다.

  - NETWORK_TYPE_NONE: 기본 옵션. 네트워크 연결이 필요 없다.

  - NETWORK_TYPE_ANY: 네트워크 연결을 요구한다. 하지만 그 종류는 상관없다.

  - NETWORK_TYPE_UNMETERED: 사용 요금이 부과되지 않는 네트워크를 요구한다. 데이터 트래픽에 따로 청구되는 요금이 없다고 가정된 연결을 의미한다(일반적으로 와이파이).

  - NETWORK_TYPE_NOT_ROAMING: 와이파이 또는 셀룰러 네트워크 연결을 요구한다. 로밍되지 않아야 한다(안드로이드 7.0 누가(API 레벨 24) 이상).

  - NETWORK_TYPE_METERED: 사용 요금이 부과되는 네트워크 연결을 요구한다(일반적으로 셀룰러 네트워크). 안드로이드 8.0 오레오(API 레벨 26) 이상에서만 지원된다.

- ➤ setRequiresCharging: 기기가 전원에 연결돼 있고, 충전 중일 때만 작업이 실행되도록 한정한다.

- ➤ setRequiresDeviceIdle: 기기가 현재 사용 중이지 않고 일정 시간 동안 사용되지 않을 때만 작업이 실행되도록 한정한다.

- ➤ addTriggerContentUri: 특정 content:// URI가 변경될 때(일반적으로 데이터베이스가 변경될 때) 작업이 시작되도록 한다. 안드로이드 7.0 누가(API 레벨 24) 이상에서만 지원된다.

- ➤ setPeriodic: 지정된 기간을 넘지 않는 범위에서 작업이 일정 횟수만큼 반복 시작되도록 스케줄링한다.

- ➤ setMinimumLatency: 지정된 시간이 지나면 곧바로 작업이 실행되도록 한다. setPeriodic으로 설정된 기간형 작업과 함께 사용될 수 없다.

- ➤ setOverrideDeadline: 작업이 실행돼야 하는 경과 시간을 나타낸다. 단, 다른 제한 조건의 충족 여부와 상관없이 적용된다. 작업 매개변수의 isOverrideDeadlineExpired 값을 확인해 작업 서비스 안에서 이 옵션이 적용됐는지 확인할 수 있다.

코드 11-10은 사용 요금이 부과되지 않는 네트워크 연결과 기기 충전 중임을 요구하는 작업의 스케줄링을 나타낸다. 이런 작업은 시간에 민감하지 않은 정보의 일회성 업로드에 적합하다.

만일 사용자들이 와이파이나 셀룰러 네트워크에 연결되지 않을 수 있어서 이런 네트워크의 접속을 필요로 하는 조건을 설정한다면 항상 setOverrideDeadline을 사용하도록 하자. 그리고 이 옵션으로 지정된 경과 시간이 되어 네트워크 접속이 되면 작업을 다시 스케줄링할 것을 고려한다.

작업 정보 빌더(JobInfo.Builder 메서드)를 사용하면 작업이 실행될 시간 조건을 설정하는 것 외에도 작업이 실패했다든가 작업 실행 전 기기가 재시동됐을 때 적당한 작동 방식을 나타낼 수도 있다.

코드 11-11에 나타낸 대로 setBackoffCriteria를 사용하면 처음 백오프(back-off)의 길이와 선형 백오프 또는 지수 백오프 전략을 정의해 백오프/재시도 정책을 맞춤 설정할 수 있다. 기본적으로 작업 스케줄러는 30초의 초깃값을 선형 백오프에 사용한다. setPersisted를 사용해 작업이 기기의 재시동에도 유지되는지 나타낼 수도 있다.

코드 11-11 맞춤 설정한 백오프 기준으로 작업 스케줄링하기

```
jobScheduler.schedule(
    new JobInfo.Builder(BACKGROUND_UPLOAD_JOB_ID, jobServiceName)
        // 네트워크의 연결을 요구한다.
        .setRequiredNetworkType(JobInfo.NETWORK_TYPE_ANY)
        // 기기가 대기 상태일 것을 요구한다.
        .setRequiresDeviceIdle(true)
        // 1일 후에 작업이 실행되게 한다.
        .setOverrideDeadline(TimeUnit.DAYS.toMillis(1)
        // 선형 백오프로 30초 이후 작업을 재시도한다.
        .setBackoffCriteria(30000, JobInfo.BACKOFF_POLICY_LINEAR)
        // 기기가 재시동되면 다시 스케줄링한다.
        .setPersisted(true)
        .build());
```

JobInfo에 추가 데이터를 전달할 수 있도록 작업 정보 빌더는 setExtras 메서드도 제공한다.

11.3.3 파이어베이스 작업 디스패처로 작업 스케줄링하기

작업 스케줄러는 안드로이드 5.0 롤리팝(API 레벨 21)에 도입됐다. 반면에 파이어베이스 작업 디스패처(Job Dispatcher)는 안드로이드 4.0 아이스크림 샌드위치(API 레벨 14) 이상으로 작동하는 기기를 지원하기 위해 만들어졌다.

안드로이드 7.0 누가(API 레벨 24) 이상의 기기에서는 파이어베이스 작업 디스패처가 작업 스케줄링 책임을 작업 스케줄러에 넘긴다. 이전 플랫폼 버전과 하위 호환성을 유지하면서 동시에 시스템 차원의 백그라운드 최적화와 향후 호환성을 보장하기 위해서다.

 참고

작업 디스패처는 구글 플레이 서비스를 바탕으로 작동한다. 파이어베이스 작업 디스패처의 세부적인 내용은 github.com/firebase/firebase-jobdispatcher-android에서 찾아볼 수 있다.

파이어베이스 작업 디스패처를 프로젝트에 포함하려면 앱 모듈 Build.gradle 파일에 의존성을 추가해야 한다.

```
dependencies {
  implementation 'com.firebase:firebase-jobdispatcher:0.8.5'
}
```

파이어베이스 작업 디스패처는 JobService 클래스를 com.firebase.jobdispatcher 패키지의 일부분으로 제공한다(프레임워크의 com.android.job 패키지가 아니다). 작업 디스패처는 작업 스케줄러처럼 오버라이드 대상인 onStartJob 메서드와 onStopJob 메서드를 제공한다.

작업 디스패처는 한 번에 작업 하나만 백그라운드 스레드로 실행해야 하는 상황에 대비해 onStartJob 메서드와 onStopJob 메서드를 구현한 SimpleJobService를 제공한다. 따라서 백그라운드 스레드로 호출되는 onRunJob만 오버라이드하면 된다. 코드 11-12는 이를 나타낸 것이다.

코드 11-12 단순 작업 서비스 구현하기

```
import com.firebase.jobdispatcher.JobParameters;
import com.firebase.jobdispatcher.SimpleJobService;

public class FirebaseJobService extends SimpleJobService {
  @Override
  public int onRunJob(final JobParameters job) {
    // TODO 백그라운드 작업을 수행한다.
    // 백오프를 하기 위해 RESULT_FAIL_RETRY를 반환한다.
    // 또는 작업 수행을 포기하기 위해 RESULT_FAIL_NORETRY를 반환한다.
    return RESULT_SUCCESS;
  }
}
```

작업 디스패처 작업 서비스를 만들었으면 코드 11-13처럼 애플리케이션 매니페스트에 추가한다.

코드 11-13 애플리케이션 매니페스트에 파이어베이스 작업 디스패처 작업 서비스 추가하기

```
<service
  android:name=".FirebaseJobService"
  android:exported="false">
  <intent-filter>
    <action android:name="com.firebase.jobdispatcher.ACTION_EXECUTE"/>
  </intent-filter>
</service>
```

작업 디스패처에서는 newJobBuilder 메서드를 사용해 작업 스케줄러와 동일하게 여러 제한 조건을 정의할 수 있다. 코드 11-14는 이를 나타낸 것이다(코드 11-10에서 작업 스케줄러를 사용해 정의한 것과 동일한 작업을 작업 디스패처로 다시 생성한다).

코드 11-14 사용 요금이 부과되지 않는 네트워크 연결과 기기 충전 중임을 요구하는 작업 스케줄링하기(파이어베이스 작업 디스패처 버전)

```
// 어떤 문자열도 될 수 있다.
private static final String BACKGROUND_UPLOAD_JOB_TAG = "background_upload";

public static void scheduleBackgroundUpload(Context context) {
  FirebaseJobDispatcher jobDispatcher =
      new FirebaseJobDispatcher(new GooglePlayDriver(context));
  jobDispatcher.mustSchedule(
      jobDispatcher.newJobBuilder()
          .setTag(BACKGROUND_UPLOAD_JOB_TAG)
          .setService(FirebaseJobService.class)
          .setConstraints(
              Constraint.ON_UNMETERED_NETWORK,
              Constraint.DEVICE_CHARGING)
          .setTrigger(Trigger.executionWindow(
              0, // 즉시 시작 가능
              (int) TimeUnit.DAYS.toSeconds(1))) // 1일까지 대기
          .build());
}
```

작업 스케줄러와 대등하면서도 하위 호환성까지 갖춘 파이어베이스 작업 디스패처에서는 구글 플레이 서비스를 바탕으로 모든 기기에서 작동하는 백그라운드 작업을 하나의 시스템에서 처리할 수 있도록 작성할 수 있다.

11.3.4 작업 매니저로 작업 스케줄링하기

작업 매니저(Work Manager)는 다양한 기능을 갖추고 하위 호환성을 제공해 작업 스케줄러의 기능들을 사용할 수 있는 안드로이드 아키텍처 컴포넌트다.

작업 매니저는 작업 스케줄러처럼 앱이 닫히더라도 완료돼야 하는 작업을 위해 설계됐다. 앱이 런타임에 따라 닫히거나 중단될 때 포기 가능성이 있는 백그라운드 작업은 핸들러나 스레드, 스레드 풀을 사용해 처리해야 한다. 이 내용은 11장에서 앞서 언급했다.

작업이 스케줄링되면 작업 매니저는 이 작업을 실행할 수 있는 최선의 방법을 결정한다. 이에 따라 최신 플랫폼에 제공된 작업 스케줄러나 파이어베이스 작업 디스패처, 알람 매니저 등이 선택된다. 스케줄링된 작업은 앱이 중단되거나 기기 자체가 재시동되더라도 실행을 보장받는다.

> **주의**
> 이 책을 쓰고 있는 시점을 기준으로 작업 매니저는 알파 릴리스다. 이 때문에 API와 그 기능은 변경될 가능성이 크다.

작업 매니저를 사용하려면 안드로이드 아키텍처 컴포넌트 작업 매니저 라이브러리 의존성과 작업 매니저 파이어베이스 작업 디스패처 라이브러리 의존성을 앱 모듈(app)의 그래들 빌드 파일에 추가한다. (작업 매니저 파이어베이스 작업 디스패처 라이브러리는 필요할 때만 추가한다.)

```
dependencies {
    implementation "android.arch.work:work-runtime:1.0.0-alpha03"
    implementation "android.arch.work:work-firebase:1.0.0-alpha03"
    androidTestImplementation "android.arch.work:work-testing:1.0.0-alpha03"
}
```

작업 매니저 API는 작업 스케줄러나 파이어베이스 작업 디스패처와 비슷하다. Worker 클래스의 서브 클래스를 생성하고 doWork 핸들러를 오버라이드해 백그라운드 작업이 실행되도록 구현한다. 백그라운드 작업이 올바르게 완료되면 Worker.Result.SUCCESS를 반환한다. 실패 시에는 재시도 금지일 때 FAILURE, 재시도일 때는 RETRY를 반환한다.

```
public class MyBackgroundWorker extends Worker {

    @Override
```

```
public Worker.Result doWork() {
    // TODO 백그라운드 작업을 수행한다.

    // 백그라운드 작업이 올바르게 완료되면 SUCCESS를 반환한다.
    return Result.SUCCESS;

    // 작업을 다시 스케줄링하려면 RETRY를 반환해야 한다.
    // 작업을 다시 스케줄링하지 않으려면 FAILURE를 반환해야 한다.
  }
}
```

워커(Worker)를 정의했으면 워커가 실행되도록 작업 매니저의 인스턴스를 요청한다. 이때 OneTimeWorkRequest나 PeriodicWorkRequest를 사용해 각각 일회성 또는 반복성 요청을 스케줄링한다.

```
// 백그라운드 작업의 일회성 실행을 스케줄링한다.
OneTimeWorkRequest myOneTimeWork =
  new OneTimeWorkRequest.Builder(MyBackgroundWorker.class)
    .build();

// 12시간마다 반복하도록 백그라운드 워커를 스케줄링한다.
PeriodicWorkRequest myPeriodicWork =
  new PeriodicWorkRequest.Builder(MyBackgroundWorker.class,
                                  12, TimeUnit.HOURS)
    .build();

// 작업 요청을 큐에 넣는다.
WorkManager.getInstance().enqueue(myOneTimeWork);
WorkManager.getInstance().enqueue(myPeriodicWork);
```

작업 요청이 큐에 들어가면 작업 매니저는 지정된 워커가 사용할 수 있는 시스템 리소스에 따라 실행되도록 스케줄링한다. 이때 어떤 제한 조건도 지정하지 않는다.

제한 조건이 지정되지 않으면(이전 조각 코드에서처럼) 작업 매니저는 워커를 곧바로 실행한다. Constraint.Builder를 사용해 Constraint를 구성하고(Constraint는 배터리나 저장 수준, 충전 상태, 대기 상태, 네트워크 연결 종류 등 요건을 지정하는 데 사용된다) 이를 작업 요청(Work Request)에 지정한다. 이때 사용되는 메서드가 setConstraints다.

```
Constraints myConstraints = new Constraints.Builder()
  .setRequiresDeviceIdle(true)
  .setRequiresCharging(true)
  .build();
```

```
OneTimeWorkRequest myWork =
  new OneTimeWorkRequest.Builder(MyBackgroundWorker.class)
  .setConstraints(myConstraints)
  .build();

WorkManager.getInstance().enqueue(myWork);
```

작업 매니저는 워커 체이닝(Worker chaining)을 지원하기도 한다. 그리고 라이브 데이터를 사용해 작업 상태 및 관련 출력값을 관찰할 수도 있다.

체이닝은 각 작업 요청 간의 종속 관계를 생성하여 작업 요청을 순차적으로 스케줄링할 수 있게 해준다.

체이닝된 시퀀스(chained sequence)를 새로 생성하려면 실행할 첫 번째 작업 요청을 인자로 전달하여 작업 매니저의 beginWith 메서드를 호출해야 한다. 이때 WorkContinuation 객체가 반환되며, 이 객체의 then 메서드를 호출하면 또 다시 WorkContinuation 객체가 반환되므로 then 메서드를 연속 호출하여 다음 작업 요청을 계속 추가할 수 있다. 그리고 제일 마지막에 WorkContinuation 객체의 enqueue를 호출하면 된다.

```
WorkManager.getInstance()
  .beginWith(myWork)
  .then(mySecondWork)
  .then(myFinalWork)
  .enqueue();
```

beginWith 메서드와 then 메서드는 여러 작업 요청 객체를 받을 수 있다. 이 객체들은 병렬로 실행되고 순서상 다음 워커(또는 워커 그룹)의 실행 이전에 완료돼야 한다. WorkContinuation 객체의 combine 메서드를 사용해 여러 체인을 결합하는 방식으로 훨씬 더 복잡한 체인드 시퀀스를 만들 수도 있다.

어느 경우든 워커는 지정된 제한 조건에 영향을 받는다. 그리고 체인의 어떤 워커든 그 실패는 전체 시퀀스의 중단으로 이어진다.

큐에 들어간 어떤 작업 요청이든 그 현재 상태를 보고하려면 라이브 데이터 객체의 WorkStatus 를 사용해야 한다. 그리고 관찰할 때는 작업 매니저 인스턴스에 getStatusById 메서드를 호출한다. 이때 모니터링할 작업 요청의 고유 ID를 전달한다.

```
WorkManager.getInstance().getStatusById(myWork.getId())
  .observe(lifecycleOwner, workStatus -> {
    if (workStatus != null) {
     // TODO 현재 상태로 뭔가를 한다.
    }
});
```

작업 요청이 완료되면 워커 구현에서 지정된 어떤 출력 데이터든 추출할 수 있다.

```
@Override
public Worker.Result doWork() {
  // TODO 백그라운드 작업을 수행한다.

  Data outputData = new Data.Builder()
                          .putInt(KEY_RESULT, result)
                          .build();
  setOutputData(outputData);

  return Result.SUCCESS;
}
```

출력 데이터를 추출하려면 작업 상태의 getOutputData 메서드를 사용해 원하는 키를 지정해야 한다.

```
if (workStatus != null && workStatus.getState().isFinished()) {
  int myResult = workStatus.getOutputData()
                          .getInt(KEY_RESULT, defaultValue));
}
```

큐에 들어간 작업 요청을 취소하려면 그 UUID를 작업 매니저의 cancelWorkById 메서드에 전달해야 한다.

```
UUID myWorkId = myWork.getId();
WorkManager.getInstance().cancelWorkById(myWorkId);
```

11.3.5 지진 모니터링 작업 서비스 예시

이번에는 지진 정보 뷰어 애플리케이션의 지진 데이터 변경 및 처리 기능을 자체 SimpleJob Service 컴포넌트로 옮겨 보기로 한다. (10장까지 작성된 EarthQuake 프로젝트를 안드로이드 스튜디오에서 열고 작업한다.)

이 책을 쓰는 시점을 기준으로 안드로이드 아키텍처 컴포넌트의 작업 매니저는 앞서 언급한 대로 알파 버전 상태다. 따라서 여기서는 파이어베이스 작업 디스패처를 사용한다. 나중에 연습 과정의 일환으로 작업 매니저를 사용하도록 업그레이드해 보는 것도 좋을 것이다.

1. 파이어베이스 작업 디스패처의 의존성을 앱 모듈(app)의 build.gradle 파일에 추가한다.

```
dependencies {
    [... 기존에 지정된 다른 의존성 노드 ...]

    implementation "com.firebase:firebase-jobdispatcher:0.8.5"
}
```

2. 좀 더 현실적인 데이터 변경 주기 옵션을 사용하도록 res/values/arrays.xml을 변경한다 (15분보다 더 자주 로드할 때는 이번 장 뒤에서 설명할 메시지 푸시의 응답 시에만 해야 한다).

```xml
<string-array name="update_freq_options">
  <item>Every 15 minutes</item>
  <item>Every hour</item>
  <item>Every 4 hours</item>
  <item>Every 12 hours</item>
  <item>Every 24 hours</item>
</string-array>
<string-array name="update_freq_values">
  <item>15</item>
  <item>60</item>
  <item>240</item>
  <item>720</item>
  <item>1440</item>
</string-array>
```

3. SimpleJobService의 서브 클래스인 EarthquakeUpdateJobService를 새로 생성하고 실행될 작업의 네트워크 연결을 요구한다.

```java
package com.professionalandroid.apps.earthquake;

import com.firebase.jobdispatcher.Constraint;
import com.firebase.jobdispatcher.FirebaseJobDispatcher;
import com.firebase.jobdispatcher.GooglePlayDriver;
import com.firebase.jobdispatcher.JobParameters;
import com.firebase.jobdispatcher.SimpleJobService;
```

```
public class EarthquakeUpdateJobService extends SimpleJobService {
  private static final String TAG = "EarthquakeUpdateJob ";
  private static final String UPDATE_JOB_TAG = "update_job";
  private static final String PERIODIC_JOB_TAG = "periodic_job";

  public static void scheduleUpdateJob(Context context) {
    FirebaseJobDispatcher jobDispatcher =
      new FirebaseJobDispatcher(new GooglePlayDriver(context));

    jobDispatcher.schedule(jobDispatcher.newJobBuilder()
      .setTag(UPDATE_JOB_TAG)
      .setService(EarthquakeUpdateJobService.class)
      .setConstraints(Constraint.ON_ANY_NETWORK)
      .build());
  }

  @Override
  public int onRunJob(final JobParameters job) {
    return RESULT_SUCCESS;
  }
}
```

4. 이 새 서비스를 매니페스트에 추가한다. application 노드 안에 service 태그를 추가하
   면 된다.

```
<service android:name=".EarthquakeUpdateJobService"
  android:exported="true">
  <intent-filter>
    <action
      android:name="com.firebase.jobdispatcher.ACTION_EXECUTE">
    </action>
  </intent-filter>
</service>
```

5. EarthquakeViewModel의 loadEarthquakes 메서드에 정의된 AsyncTask의 doInBack
   ground 핸들러에 있는 XML 파싱 코드를 EarthquakeUpdateJobService의 onRunJob
   메서드로 옮기고 원래 있던 return 문은 삭제한다. 그리고 scheduleNextUpdate 메서드
   도 추가한다. 이 메서드는 파싱된 지진 데이터가 데이터베이스에 추가된 이후에 호출돼
   야 한다.

```
...
public class EarthquakeUpdateJobService extends SimpleJobService {

  ...
```

```java
@Override
public int onRunJob(final JobParameters job) {

    return RESULT_SUCCESS;

    // 파싱된 지진 데이터를 저장한 결과 ArrayList
    ArrayList<Earthquake> earthquakes = new ArrayList<>();

    // XML을 가져온다.
    URL url;
    try {
        String quakeFeed = getApplication().getString(R.string.earthquake_feed);

        url = new URL(quakeFeed);

        URLConnection connection;
        connection = url.openConnection();
        HttpURLConnection httpConnection = (HttpURLConnection) connection;

        int responseCode = httpConnection.getResponseCode();
        if (responseCode == HttpURLConnection.HTTP_OK) {
            InputStream in = httpConnection.getInputStream();
            DocumentBuilderFactory dbf =
                DocumentBuilderFactory.newInstance();
            DocumentBuilder db = dbf.newDocumentBuilder();

            // 지진 피드 데이터를 파싱한다.
            Document dom = db.parse(in);
            Element docEle = dom.getDocumentElement();

            // 각 지진 항목의 내역을 가져온다.
            NodeList nl = docEle.getElementsByTagName("entry");
            if (nl != null && nl.getLength() > 0) {
                for (int i = 0; i < nl.getLength(); i++) {
                    Element entry =
                        (Element) nl.item(i);
                    Element id =
                        (Element) entry.getElementsByTagName("id").item(0);
                    Element title =
                        (Element) entry.getElementsByTagName("title").item(0);
                    Element g =
                        (Element) entry.getElementsByTagName("georss:point")
                                    .item(0);
                    Element when =
                        (Element) entry.getElementsByTagName("updated").item(0);
                    Element link =
                        (Element) entry.getElementsByTagName("link").item(0);

                    String idString = id.getFirstChild().getNodeValue();
                    String details = title.getFirstChild().getNodeValue();
```

```
                 String hostname = "http://earthquake.usgs.gov";
                 String linkString = hostname + link.getAttribute("href");
                 String point = g.getFirstChild().getNodeValue();
                 String dt = when.getFirstChild().getNodeValue();

                 SimpleDateFormat sdf =
                   new SimpleDateFormat("yyyy-MM-dd'T'hh:mm:ss.SSS'Z'");
                 Date qdate = new GregorianCalendar(0, 0, 0).getTime();

                 try {
                   qdate = sdf.parse(dt);
                 } catch (ParseException e) {
                   Log.e(TAG, "Date parsing exception.", e);
                 }

                 String[] location = point.split(" ");
                 Location l = new Location("dummyGPS");
                 l.setLatitude(Double.parseDouble(location[0]));
                 l.setLongitude(Double.parseDouble(location[1]));

                 String magnitudeString = details.split(" ")[1];
                 int end = magnitudeString.length() - 1;
                 double magnitude =
                   Double.parseDouble(magnitudeString.substring(0, end));

                 if (details.contains("-"))
                   details = details.split("-")[1].trim();
                 else
                   details = "";

                 final Earthquake earthquake = new Earthquake(idString,
                   qdate,
                   details, l,
                   magnitude,
                   linkString);

                 // 새로운 지진 데이터를 결과 배열에 추가한다.
                 earthquakes.add(earthquake);
               }
             }
           }
         httpConnection.disconnect();

         // 새로 파싱된 지진 데이터 배열을 추가한다.
         EarthquakeDatabaseAccessor
           .getInstance(getApplication())
           .earthquakeDAO()
           .insertEarthquakes(earthquakes);

         scheduleNextUpdate(this, job);
```

```
        return RESULT_SUCCESS;
    } catch (MalformedURLException e) {
        Log.e(TAG, "Malformed URL Exception", e);
        return RESULT_FAIL_NORETRY;
    } catch (IOException e) {
        Log.e(TAG, "IO Exception", e);
        return RESULT_FAIL_RETRY;
    } catch (ParserConfigurationException e) {
        Log.e(TAG, "Parser Configuration Exception", e);
        return RESULT_FAIL_NORETRY;
    } catch (SAXException e) {
        Log.e(TAG, "SAX Exception", e);
        return RESULT_FAIL_NORETRY;
    }
}

private void scheduleNextUpdate(Context context, JobParameters job) {
}
}
```

(이 코드를 추가한 후에는 SimpleDateFormat, ParseException, Date, GregorianCalendar 클래스들의 이름이 빨간색으로 표시되면서 에러로 나타날 것이다. 같은 이름의 클래스가 여러 패키지에 있기 때문이다. 각 클래스를 클릭한 후 Alt + Enter (맥에서는 Command + Return) 키를 눌러 적합한 것을 선택한다. SimpleDateFormat과 ParseException은 java.text 패키지의 것을 선택하고 Date와 GregorianCalendar는 java.util 패키지의 것을 선택한다.)

6. EarthquakeViewModel의 loadEarthquakes 메서드를 다음과 같이 변경한다. 즉, Async Task를 삭제하고 대신에 EarthquakeUpdateJobService의 static 메서드인 schedule UpdateJob을 호출해 실행될 작업을 스케줄링한다.

```
...
public class EarthquakeViewModel extends AndroidViewModel {

    ...

    public void loadEarthquakes() {

        // 여기있던 AsyncTask의 doInBackground 핸들러에 있는 XML 파싱 코드는
        // EarthquakeUpdateJobService의 onRunJob 메서드로 옮겼다.

        EarthquakeUpdateJobService.scheduleUpdateJob(getApplication());
    }
    ...
}
```

7. 5번 단계에서 추가한 EarthquakeUpdateJobService의 scheduleNextUpdate 메서드를 변경한다. 지진 데이터가 정기적으로 자동 변경되도록 사용자가 프레퍼런스를 설정한 경우 사용될 새 주기 작업을 생성하기 위함이다.

```
private void scheduleNextUpdate(Context context, JobParameters job) {
    if (job.getTag().equals(UPDATE_JOB_TAG)) {
        SharedPreferences prefs =
            PreferenceManager.getDefaultSharedPreferences(this);
        int updateFreq = Integer.parseInt(
            prefs.getString(PreferencesActivity.PREF_UPDATE_FREQ, "60"));
        boolean autoUpdateChecked =
            prefs.getBoolean(PreferencesActivity.PREF_AUTO_UPDATE, false);

        if (autoUpdateChecked) {
            FirebaseJobDispatcher jobDispatcher =
                new FirebaseJobDispatcher(new GooglePlayDriver(context));

            jobDispatcher.schedule(jobDispatcher.newJobBuilder()
                .setTag(PERIODIC_JOB_TAG)
                .setService(EarthquakeUpdateJobService.class)
                .setConstraints(Constraint.ON_ANY_NETWORK)
                .setReplaceCurrent(true)
                .setRecurring(true)
                .setTrigger(Trigger.executionWindow(
                            updateFreq*60 / 2,
                            updateFreq*60))
                .setLifetime(Lifetime.FOREVER)
                .build());
        }
    }
}
```

(이 코드를 작성한 후 PreferenceManager 클래스에 빨간색 에러 표시가 나타날 것이다. 같은 이름의 클래스가 두 개의 라이브러리에 있기 때문이다. PreferenceManager를 클릭한 후 Alt + Enter (맥에서는 Command + Return) 키를 누른 후 android.support.v7.preference 패키지의 Preference Manager를 선택한다.)

실제 기기나 에뮬레이터에서 애플리케이션을 시작시키면 종전처럼 지진 데이터가 리사이클러 뷰에 나타날 것이다. 그러나 내부적으로는 지진 데이터 변경 작업 서비스가 시작되어 백그라운드에서 데이터베이스를 변경하는 작업의 스케줄링이 계속된다. 심지어는 액티비티가 중지되거나 닫혀도 계속 진행된다.

지진 리스트 프래그먼트가 데이터베이스를 관찰하고 있으므로 새 지진 데이터는 자동으로 리스트에 추가된다. (지금까지 완성된 Earthquake 프로젝트는 다운로드받은 파일의 Earthquake_ch11_Part1.zip에 있다.)

11.4 알림을 사용해 사용자에게 알리기

그림 11-1과 같은 알림은 애플리케이션에서 자신의 액티비티들이 가시 상태에 있지 않더라도 중요하면서도 시간에 민감한 정보를 사용자와 주고받을 수 있도록 하는 중요한 메커니즘이다.

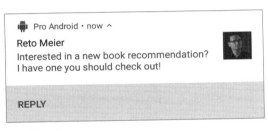

◐ 그림 11-1

사용자들이 스마트폰을 항상 갖고 다닌다 하더라도 언제나 스마트폰 또는 특정 앱에 관심을 기울인다고 보장할 수는 없다. 일반적으로 사용자들은 백그라운드에 몇 가지 애플리케이션을 실행해 두지만 어느 것에도 주의를 기울이지는 않는다.

우선순위에 따라 알림은 활성 액티비티 위에 시각적으로 표시될 수 있다. 이때 소리나 LED, 상태바 아이콘을 단독으로 또는 섞어서 알림을 나타낼 수 있다. 또는 아예 표시되지 않도록 할 수도 있다. 다시 말해, 알림 트레이가 열렸을 때만 표시된다는 뜻이다.

알림의 시각적 느낌이나 상호 작동 방식을 획기적으로 변경할 수도 있다. 이때 변경 내용은 개별 알림에만 적용할 수도 있고 알림 그룹 전체에 적용할 수도 있으며 알림 스타일과 액션이 사용된다. 액션은 상호 반응형 컨트롤을 알림 UI에 추가하며 이에 따라 사용자는 앱을 열지 않고도 알림에 응답할 수 있다.

알림은 보이지 않는 애플리케이션 컴포넌트(특히 작업 서비스)가 사용자에게 시의적절한 주의를 기울여야 하는 어떤 이벤트가 발생했다고 알릴 수 있는 메커니즘으로서 선호도가 높다. 알림은 또한 포어그라운드 우선순위의 실행 중 서비스를 나타낼 때도 필요하다. 이와 관련한 내용은 잠시 후에 다룬다.

11.4.1 알림 매니저

NotificationManager는 알림을 관리할 수 있는 시스템 서비스다. API 레벨과 무관하게 일관된 경험을 제공하기 위해 지원 라이브러리는 NotificationManagerCompat 클래스를 제공하고 있다. 알림을 전달할 때는 프레임워크의 알림 매니저 대신, 이 클래스를 사용하는 것이 좋다.

지원 라이브러리의 알림 매니저는 코드 11-5처럼 접근한다.

코드 11-15 알림 매니저 사용하기

```
NotificationManagerCompat notificationManager =
    NotificationManagerCompat.from(context);
```

알림 매니저를 사용하면 새 알림을 시작할 수 있으며 기존 알림을 수정하거나 더 이상 필요하지 않은 알림을 취소할 수도 있다.

각 알림은 그 고유 정수 ID로 식별된다. 그리고 옵션인 문자열 태그는 새 알림을 만들어야 하는지 또는 기존 알림을 업데이트해야 하는지를 결정할 때 사용된다. 그리고 어느 알림을 취소할지 결정할 때도 사용된다.

11.4.2 알림 채널 작업하기

안드로이드 8.0 오레오(API 레벨 26)부터 모든 알림은 반드시 알림 채널(Notification Channel)과 연동돼야 한다. 일단 각 알림 채널은 고유 ID와 사용자가 알 수 있는 이름을 갖지만 자신에게로 전달된 모든 알림에 기본 우선순위와 소리, LED, 진동 등을 정의할 수도 있다.

알림 채널을 만들고 이 채널로 알림을 전달하면 사용자는 이 채널의 설정을 수정할 수 있다. 이를 테면 향후 해당 채널로 전달되는 모든 알림의 우선순위를 높이거나 낮출 수 있다.

따라서 알림 채널마다 적절한 개별성을 적용해 사용자 예상에 부합하도록 기본값을 세밀하게 다듬는 것이 매우 중요하다. 예를 들어, 다른 사용자에게서 메시지를 받을 때 적용할 알림은 서비스 업데이트 관련 알림과는 별도의 그리고 그보다 우선순위가 더 높은 알림 채널과 연동돼야 한다.

동일한 알림 채널에서 서로 다른 알림 유형을 조합하면 사용자가 해당 채널의 우선순위를 끄거나 내릴 확률은 훨씬 더 커진다. 이는 사용자가 받는 가장 낮은 우선순위의 알림과 비슷하다.

대개의 경우, 앱의 알림 채널 개수는 정해져 있으며, 각 채널은 정적 문자열 ID가 지정된다. 코드 11-16에서는 이런 종류의 알림 채널을 나타내고 있다. 여기서 주의할 점은 안드로이드 8.0 이후로 작동하는 기기에서만 시스템 알림 매니저를 사용해 자체 알림 채널을 만들어야 한다는 사실이다.

코드 11-16 알림 채널 만들기

```
private static final String MESSAGES_CHANNEL = "messages";

public void createMessagesNotificationChannel(Context context) {
  if (Build.VERSION.SDK_INT >= Build.VERSION_CODES.O) {
    CharSequence name = context
      .getString(R.string.messages_channel_name);

    NotificationChannel channel = new NotificationChannel(
      MESSAGES_CHANNEL,
      name,
      NotificationManager.IMPORTANCE_HIGH);

    NotificationManager notificationManager =
      context.getSystemService(NotificationManager.class);
    notificationManager.createNotificationChannel(channel);
  }
}
```

이 메서드는 해당 알림 채널이 생성될 수 있도록 모든 알림에 앞서 호출되어야 한다.

안드로이드 시스템 UI에서는 사용자가 각 알림 채널의 설정을 직접 조정할 수 있게 해주므로 안드로이드 8.0 이상의 기기에서는 알림을 설정하는 별도의 UI를 앱에서 제공할 필요가 없다. 그러나 이전 버전의 안드로이드 사용자를 위해 앱에서의 알림 설정을 고려할 수 있다.

안드로이드 8.0 이상의 기기에서 사용자가 시스템 알림 설정을 할 수 있게 해주는 방법은 다음과 같다.

```
Intent intent = new Intent(Settings.ACTION_CHANNEL_NOTIFICATION_SETTINGS);
intent.putExtra(Settings.EXTRA_APP_PACKAGE, context.getPackageName());
startActivity(intent);
```

11.4.3 알림 만들기

모든 알림은 알림 채널 말고도 세 가지 주요 요소, 즉 작은 아이콘, 제목, 설명 텍스트를 제공해야 한다.

작은 아이콘은 상태바에 표시되며, 앱을 곧바로 알아볼 수 있는 형태여야 한다. 작은 아이콘은 24 × 24dp의 크기로 투명 배경에 흰색이어야 한다.

> **참고**
>
> 안드로이드 5.0 롤리팝(API 레벨 21) 이상의 기기에서는 시스템이 크기를 조정할 수 있도록 작은 아이콘으로 벡터 드로어블의 사용을 고려해야 한다. 벡터 드로어블은 12장 '안드로이드 디자인 철학 구현하기'에서 자세히 설명한다.

작은 아이콘은 일반적으로 앱 론처 아이콘의 간소화 버전이며 사용자가 상태바에서 쉽게 알아볼 수 있도록 앱에 사용된 아이콘과 같은 디자인이어야 한다.

🌓 그림 11-2

알림의 주내용은 그림 11-2처럼 두 행에 걸쳐 표시된다.

첫 행은 제목이며, 그다음 행은 일종의 본문이다.

이에 따라 NotificationCompat.Builder를 사용해 간단한 알림을 빌드하고, notify를 사용해 알림을 전달할 수 있다. 코드 11-17은 이를 나타낸 것이다.

코드 11-17 알림 만들기와 전달하기

```
final int NEW_MESSAGE_ID = 0;

createMessagesNotificationChannel(context);
NotificationCompat.Builder builder = new NotificationCompat.Builder(
  Context, MESSAGES_CHANNEL);
  // 실제 앱에 어울리는 내용으로 채운다.
  String title = "Reto Meier";
  String text = "Interested in a new book recommendation?" +
                " I have one you should check out!";

  builder.setSmallIcon(R.drawable.ic_notification)
        .setContentTitle(title)
        .setContentText(text);

notificationManager.notify(NEW_MESSAGE_ID, builder.build());
```

제목에는 각 알림의 중요성을 사용자에게 이해시키는 데 필요한 정보를 담아야 한다. 제목은 항상 한 행으로 표시되기 때문에 제목의 길이를 30문자 이하로 줄이는 것이 좋다.

예를 들어 다른 사람에게서 받은 메시지를 가리키는 알림은 발신자의 이름을 제목 행에 표시해야 한다. 따라서 앱 이름을 제목 행에 담으면 안 된다. 안드로이드 7.0 누가(API 레벨 24) 이상의 기기에서는 앱 이름이 헤더에 표시되므로 제목 행에 표시되는 앱 이름은 중복이다.

텍스트는 세부 정보를 제공한다. 지금 언급한 메시지 예에서라면 텍스트는 수신한 최신 메시지일 것이다. 어떤 경우든 텍스트는 제목의 정보와 중복돼서는 안 된다.

setColor 메서드를 사용해 알림에 색을 지정하는 것도 좋다. 이때 적용할 색은 앱과 어울려야 한다.

```
builder.setColor(ContextCompat.getColor(context, R.color.colorPrimary));
```

안드로이드 5.0 롤리팝(API 레벨 21)에서 안드로이드 6.0 마시멜로(API 레벨 23)까지는 이 색이 알림의 작은 아이콘을 에워싸는 배경색으로 사용된다. 안드로이드 7.0 누가(API 레벨 24)부터는 이렇게 지정된 색이 작은 아이콘과 앱 이름, 액션에 사용된다.

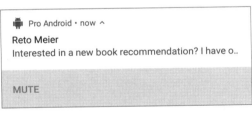

◗ 그림 11-3

어찌 됐든, 선택한 색은 알림 트레이에 사용된 배경색과 대비돼 표시된다.

알림은 또한 큰 아이콘도 지원한다. 큰 아이콘은 알림이 열렸을 때 사용되며, 그림 11-4처럼 제목이나 텍스트와 함께 세부 내용을 표시한다.

큰 아이콘은 빌더의 setLargeIcon 메서드로 전달되는 비트맵을 사용해 설정할 수 있다.

```
builder.setLargeIcon(profilePicture);
```

● 그림 11-4

알림 탭 처리하기

거의 모든 경우, 알림은 사용자의 탭에 응답해야 한다. 해당 애플리케이션을 열 때도 있고 사용자가 세부 정보를 얻거나 필요한 응답을 받을 수 있도록 올바른 위치로 이동할 때도 있다.

탭을 지원하기 위해 알림은 콘텐트 인텐트라는 것을 포함할 수 있다. 콘텐트 인텐트는 알림 빌더의 setContentIntent 메서드를 사용해 지정하며 이 메서드는 적절한 액티비티를 시작하기 위해 PendingIntent를 받는다.

대개 알림 탭은 애플리케이션 내 특정 액티비티로 연결된다. 예를 들어 읽을 이메일이나 볼 이미지가 최종 목적지인 셈이다. 여기서는 올바른 백 스택을 구성해 사용자가 뒤로 가기 버튼을 누를 때 이동 위치를 예상할 수 있도록 하는 것이 중요하다.

이를 위해서는 코드 11-18처럼 TaskStackBuilder 클래스를 사용해야 한다.

코드 11-18 콘텐트 인텐트를 추가해 액티비티 시작하기

```
// 어떤 인텐트도 될 수 있다. 여기서는
// 앱의 론처 액티비티를 단순 예로 사용한다.
Intent launchIntent = context.getPackageManager()
  .getLaunchIntentForPackage(context.getPackageName());

PendingIntent contentIntent = TaskStackBuilder.create(context,
  .addNextIntentWithParentStack(launchIntent)
  .getPendingIntent(0, PendingIntent.FLAG_UPDATE_CURRENT);
builder.setContentIntent(contentIntent);
```

기본적으로 액티비티는 부모 액티비티를 선언하지 않는다. 다시 말해, 알림을 탭해도 추가 백 스택이 만들어지지는 않는다. 이 구조가 론처 액티비티에는 적합하지만 앱의 다른 모든 액티비티에는 부모 액티비티가 설정돼야 한다. 부모 액티비티를 설정하는 프로세스는 12장 '안드로이드 디자인 철학 구현하기'에서 설명한다.

사용자가 알림을 탭하면 알림 자체는 사라져야 한다. 알림이 자동으로 취소되도록 설정하기 위해서는 setAutoCancel을 사용해야 한다.

```
builder.setAutoCancel(true);
```

사용자가 삭제한 알림 처리하기

사용자는 알림마다 일일이 한쪽으로 밀거나 모두 지우기와 같은 기능을 선택해 알림을 버릴
수 있다. 빌더의 setDeleteIntent 메서드를 사용해 삭제 인텐트를 지정하면 이 인텐트는 사용자
가 알림을 버릴 때 (탭하거나 취소하지 않고) 앱으로 전달된다.

이 과정은 여러 기기에 걸쳐 알림 삭제를 동기화할 때 또는 앱의 내부 상태를 변경할 때 유용
하다. 여기에 지정하는 펜딩 인텐트(PendingIntent 객체)는 항상 브로드캐스트 리시버(백그라운드
에서 알림을 처리하거나 백그라운드 작업을 시작시키는 일을 수행하는)를 가리킨다.

```
Intent intent = new Intent(context, DeleteReceiver.class);

// 이 알림을 정의하는 엑스트라나 데이터 URI를 추가한다.
PendingIntent deleteIntent = PendingIntent.getBroadcast(context, 0,
  intent, PendingIntent.FLAG_UPDATE_CURRENT);

builder.setDeleteIntent(deleteIntent);
```

확장 알림 스타일 사용하기

안드로이드 4.1 젤리빈(API 레벨 16)에서는 추가 정보를 나타내고 사용자 액션을 포함하도록 확
장할 수 있는 알림 기능을 도입했다. 안드로이드는 다음처럼 확장 알림 스타일들을 제공한다.

> ➤ BigTextStyle: 여러 행으로 구성된 텍스트를 표시한다.

> ➤ BigPictureStyle: 확장 알림 안에 큰 이미지를 표시한다.

> ➤ MessagingStyle: 대화의 일부분으로 받은 메시지를 표시한다.

> ➤ MediaStyle: 미디어 재생 정보를 표시하고 미디어 재생을 제어하기 위한 최대 5개까지
의 액션을 표시한다.

> ➤ InboxStyle: 여러 알림을 묶은 요약 알림을 표시한다.

알림 스타일마다 다른 UI와 기능들을 제공한다. 단적인 예가 그림 11-5이며, 관련 설명이 계
속 이어질 것이다.

Pro Android · now ︿

Reto Meier
Interested in a new book recommendation?
I have one you should check out!

◑ **그림 11-5**

가장 흔히 사용되는 스타일은 BigTextStyle로, 빅 텍스트 스타일의 bigText 메서드를 사용해 여러 행의 텍스트를 표시한다. 표준(스타일이 적용되지 않은) 알림으로 표시되는 한 행짜리 텍스트와는 모습이 다소 다르다.

코드 11-19는 알림 빌더의 setStyle 메서드를 사용해 빅 텍스트 스타일을 적용하는 방법이다.

코드 11-19 알림에 빅 텍스트 스타일 적용하기

```
builder.setSmallIcon(R.drawable.ic_notification)
  .setContentTitle(title)
  .setContentText(text)
  .setLargeIcon(profilePicture)
  .setStyle(new NotificationCompat.BigTextStyle().bigText(text));
```

순전히 시각적인 느낌만 따진다면 큰 이미지를 지정하는 BigPictureStyle을 적용할 수 있다. 이때는 bigPicture 메서드를 사용한다. 코드 11-20에서처럼 알림이 확장되면 큰 이미지가 나타난다.

코드 11-20 알림에 빅 픽처 스타일 적용하기

```
builder.setSmallIcon(R.drawable.ic_notification)
  .setContentTitle(title)
  .setContentText(text)
  .setLargeIcon(profilePicture)
  .setStyle(new NotificationCompat.BigPictureStyle()
                            .bigPicture(aBigBitmap));
```

메시징 앱, 특히 여러 사람과 대화하는 것이 주요 기능인 앱이 만든 알림에는 MessagingStyle을 적용할 수 있다.

이 스타일을 사용할 때는 userDisplayName 문자열을 사용해 현재 사용자, addMessage 메서드를 사용해 메시지들을 나타낸다. 코드 11-21은 이 과정을 나타낸 것이다.

코드 11-21 메시징 스타일 알림 만들기

```
builder
  .setShowWhen(true) // 알림이 게시된 시간을 표시한다.
  .setStyle(new NotificationCompat.MessagingStyle(userDisplayName)
    .addMessage("Hi Reto!", message1TimeInMillis, "Ian Lake")
    .addMessage("How's it going?", message2TimeInMillis, "Ian Lake")
    .addMessage("Very well indeed. And you?", message3TimeInMillis, null));
```

추가되는 메시지마다 3개의 프로퍼티가 지정돼 있다. 수신 메시지의 텍스트와 메시지를 보낸 시간(밀리초 단위), 발신자 이름이다. 발신자가 null이면 호스트 기기가 메시지를 호스트 기기가 메시지를 보냈다는 뜻이다. 단체 대화인 경우에는 대화의 제목을 setConversationTitle로 설정한다.

미디어 재생 앱의 경우, MediaStyle 알림은 최대 5개의 액션(재생/일시 멈춤, 다음/이전 트랙 등)을 지원한다. 이 스타일은 17장 '오디오와 비디오 그리고 카메라 사용하기'에서 다룬다.

InboxStyle 알림은 특히 알림 요약 기능에 유용하다. 관련 내용은 11.4.7 '알림 그룹 만들기'에서 설명한다.

11.4.4 알림의 우선순위 설정하기

알림에 지정된 우선순위는 그 상대적인 중요도와 사용자의 '방해 금지' 설정 수준을 나타낸다.

우선순위가 가장 낮은 알림(날씨 예보 등)은 알림 트레이가 확장될 때만 표시되는 반면, 우선순위가 가장 높은 알림(수신 전화 등)은 소리나 LED, 진동을 유발시키며, 사용자의 '방해 금지' 설정을 무시할 수도 있다.

알림 채널의 중요도 설정하기

안드로이드 8.0 오레오(API 레벨 26) 이상의 기기에서는 알림의 우선순위가 알림 채널의 중요도에 따라 설정된다.

```
channel.setImportance(NotificationManager.IMPORTANCE_HIGH);
```

기본 중요도인 IMPORTANCE_DEFAULT는 알림이 상태바에서 아이콘으로 안내된다. 기본적으로 이 중요도에는 기본 소리가 사용되지만, 다른 소리나 진동, LED 패턴도 지정할 수 있다.

채팅 서비스의 수신 메시지처럼 시간에 민감한 알림은 IMPORTANCE_HIGH 채널을 사용하는 것이 좋다. 이 중요도 이상의 채널에서 만든 알림은 그림 11-6처럼 사용자의 화면 '위에' 나타난다(켜져 있을 경우).

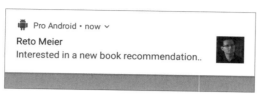

◑ 그림 11-6

IMPORTANCE_LOW는 시간에 민감하지 않은 정보에 적당하다. 상태바 아이콘은 그대로 표시되지만 소리나 진동, LED는 활용되지 않는다.

사용자를 전혀 방해하지 않는 이른바 '알면 좋은' 정보의 경우, IMPORTANCE_MIN이 사용된다. 이런 알림은 상태바에 아이콘으로 표시되지 않는다. 알림 트레이가 확장되면 트레이 아랫부분에 알림 내용만 표시된다.

알림 우선순위 체계 이해하기

안드로이드 8.0 이전에는 알림의 우선순위를 알림 빌더의 setPriority 메서드를 사용해 설정했다.

```
builder.setPriority(NotificationCompat.PRIORITY_HIGH);
```

여기서 우선순위는 알림 채널의 중요도와 일치하지만 PRIORITY_MAX도 사용할 수 있다는 점이 다르다. 일반적으로 PRIORITY_MAX는 수신 전화처럼 즉시 처리해야 하는 급박하고 시간에 민감한 알림 이외에는 사용하지 말아야 한다.

> ➤ PRIORITY_HIGH: IMPORTANCE_HIGH와 같다.
>
> ➤ PRIORITY_DEFAULT: IMPORTANCE_DEFAULT와 같다.
>
> ➤ PRIORITY_LOW: IMPORTANCE_LOW와 같다.
>
> ➤ PRIORITY_MIN : IMPORTANCE_MIN과 같다.

알림에 소리나 진동, LED 추가하기

IMPORTANCE_DEFAULT 이상의 알림 채널은 사용자에게 소리나 진동, LED로 알림을 제공한다.

기본적으로는 기본 알림 벨소리가 사용된다. 기본 진동이나 LED 패턴은 알림 채널을 구성할 때 적당한 메서드를 호출해 추가할 수 있다.

```
channel.enableVibration(true);
channel.enableLights(true);
```

안드로이드 8.0 이전에는 알림에 소리나 LED, 진동을 추가할 수 있는 가장 단순하고 가장 일관된 방법이 기본 설정을 사용하는 것이었다. 알림 빌더에 setDefaults 메서드를 사용하면 다음 상수들을 조합할 수 있다.

- ➤ NotificationCompat.DEFAULT_SOUND
- ➤ NotificationCompat.DEFAULT_VIBRATE
- ➤ NotificationCompat.DEFAULT_LIGHTS

예를 들어, 다음 조각 코드에서는 기본 소리와 진동 설정을 알림에 지정한다.

```
builder.setDefaults(NotificationCompat.DEFAULT_SOUND |
NotificationCompat.DEFAULT_VIBRATE);
```

기본값을 전부 사용하려면 NotificationCompat.DEFAULT_ALL 상수를 사용해야 한다.

소리와 진동 패턴, LED의 색과 점멸 간격 등은 알림 채널에 각각 setSound, setVibrationPattern, setLightColor 메서드를 사용해 기본값에서 맞춤 설정할 수 있다.

일반적으로 소리는 RingtoneManager 클래스에서 선택하며 사용자의 설정을 따른다. 커스텀 진동 패턴은 밀리초 단위로 켜고 끄는 것을 반복하는 long 타입의 배열을 사용해 지정한다.

LED의 색은 여러 가지로 설정할 수 있으며, 안드로이드 8.0 이전에는 LED 점멸 간격을 정수 2개로 설정할 수도 있다. LED가 켜져 있는 시간과 꺼져 있는 시간을 밀리초 단위로 지정하면 된다.

코드 11-22는 RingtoneManager를 사용해 적당한 소리를 내고 5초에 걸쳐 총 세 번 진동하며, 적색 LED를 빠르게 깜빡이는 알림을 나타낸다.

코드 11-22 커스텀 알림 만들기

```
// 안드로이드 8.0 이상의 기기
channel.setSound(
  RingtoneManager.getDefaultUri(RingtoneManager.TYPE_NOTIFICATION));
channel.setVibrationPattern(new long[] { 1000, 1000, 1000, 1000, 1000});
channel.setLightColor(Color.RED);

// 안드로이드 7.1 이하의 기기
builder.setPriority(NotificationCompat.PRIORITY_HIGH)
       .setSound(
         RingtoneManager.getDefaultUri(RingtoneManager.TYPE_NOTIFICATION))
       .setVibrate(new long[] { 1000, 1000, 1000, 1000, 1000 })
       .setLights(Color.RED, 0, 1);
```

> **참고**
>
> 기기마다 LED 제어 관련 제한이 제각각이다. 지정한 색이 사용될 수 없을 때는 가장 가까운 색으로 대체된다. LED를 사용해 정보를 사용자에게 전달할 때는 이와 같은 제한 내용을 염두에 두고 정보 전달 방법을 유연성 있게 적용해야 한다.

알림이 매번 변경될 때가 아닌 처음 전달될 때만 소리를 내거나 진동하게 하려면 true를 인자로 전달하여 setOnlyAlertOnce를 호출하면 된다.

```
builder.setOnlyAlertOnce(true);
```

'방해 금지' 요청 따르기

안드로이드 5.0 롤리팝(API 레벨 21) 이후부터는 사용자들이 '방해 금지(Do Not Disturb)' 모드에서도 알림에 소리와 진동, LED를 적용할 수 있다.

알림 매니저는 방해 금지 모드에도 알림 메커니즘을 허용하기 위해 두 가지 메타데이터를 사용한다. 하나는 알림 카테고리이고, 다른 하나는 알림을 만든 액션의 주인공이다.

알림의 카테고리는 setCategory 메서드를 사용해 설정한다.

```
builder.setCategory(NotificationCompat.CATEGORY_EVENT);
```

Notification 클래스는 CATEGORY_ALARM, CATEGORY_REMINDER, CATEGORY_EVENT, CATEGORY_MESSAGE, CATEGORY_CALL을 비롯해 다양한 카테고리 상수를 제공한다. 이런 카테고리 상수로 카테고리를 설정하면 특정 카테고리를 켜거나 끄는 사용자의 시스템 설정이 방해 금지 모드에서도 적용된다.

일부 알림 카테고리, 특히 메시지나 통화의 경우, 사용자는 특정 사람에게서만(예를 들어, 즐겨찾기에 등록된 사람에게서만) 알림을 받을 수 있다.

알림에 특정 사람을 연결하려면 addPerson을 사용해 다음 세 가지 URI 중 하나를 전달해야 한다. 코드 11-23은 이를 나타낸 것이다.

➤ 사용자의 연락처 콘텐트 프로바이더에 존재하는 개별 연락처에 대한 CONTENT_LOOKUP_URI

➤ ContactsContract.PhoneLookup을 사용해 해당 사용자를 검색하는 전화번호용 tel: 스키마

➤ 이메일 주소용 mailto: 스키마

코드 11-23 알림 카테고리와 발신자 설정하기
```
builder.setCategory(NotificationCompat.CATEGORY_CALL)
        .addPerson("tel:5558675309");
```

11.4.5 알림 액션 추가하기

확장 알림은 알림 자체를 탭하는 것 외에도 사용자에게 최대 세 가지 액션을 제공한다. 예를 들어 이메일 알림은 이메일을 보관하거나 삭제할 수 있는 액션을 포함할 수 있다.

알림에 추가되는 액션은 어떤 것이든 알림을 탭했을 때 수행되는 액션과 중복되지 않는 고유 기능을 제공해야 한다. 그리고 이 액션들은 알림이 확장됐을 때만 사용할 수 있다. 따라서 확장된 알림에서 사용 가능한 모든 액션은 사용자가 알림을 탭했을 때 시작되는 액티비티에서도 사용할 수 있게 하는 것이 가장 좋다.

알림 액션마다 제목과 아이콘(크기가 32 × 32dp인 투명한 배경의 흰색 아이콘), PendingIntent를 지정한다. 안드로이드 7.0 누가(API 레벨 24) 이상의 기기에서는 이 아이콘이 확장 알림에 표시되지 않지만, 웨어 운영 체제(Wear OS)나 이전 버전의 안드로이드 기기에서는 나타난다.

새 액션을 알림에 추가할 때는 코드 11-24처럼 알림 빌더에 addAction 메서드를 사용한다.

코드 11-24 알림 액션 추가하기

```
Intent deleteAction = new Intent(context, DeleteBroadcastReceiver.class);
deleteAction.setData(emailUri);

PendingIntent deleteIntent = PendingIntent.getBroadcast(context, 0,
  deleteAction, PendingIntent.FLAG_UPDATE_CURRENT);

builder.addAction(
  new NotificationCompat.Action.Builder(
    R.drawable.delete,
    context.getString(R.string.delete_action),
    deleteIntent).build());
```

> **참고**
>
> 액션이 시작되면 알림을 취소할 수 있는 주체는 액션을 받는 컴포넌트가 된다. setAutoCancel 메커니즘은 사용자가 알림 자체를 탭해 콘텐트 인텐트가 시작될 때만 적용된다.

알림 빌더는 Action.WearableExtender 클래스를 통해 안드로이드 웨어 운영 체제의 액션도 지원한다. 이 클래스의 setHintDisplayActionInline 메서드를 사용하면 안드로이드 Wear 기기의 기본 액션을 빠르게 사용할 수 있다.

```
builder.addAction(
  new NotificationCompat.Action.Builder(
    R.drawable.archive,
    context.getString(R.string.archive_action),
    archiveIntent)
    .extend(new NotificationCompat.Action.WearableExtender()
      .setHintDisplayActionInline(true))
    .build());
```

또한 WearableExtender 클래스는 웨어 운영 체제의 전환 애니메이션을 개선하는 데 사용될 수도 있다. 이때는 '전화에서 열기' 애니메이션을 동작시키는 setHintLaunchesActivity(true)를 사용한다.

11.4.6 직접 회신 액션 추가하기

앞 절에서 설명한 액션들은 액션이 선택되면 미리 정의된 인텐트를 시작하는 것으로 제한된다. 안드로이드 7.0 누가(API 레벨 24) 및 웨어 운영 체제에서는 '직접 회신 액션'을 도입해 이 기능을 확장했다. 이에 따라 사용자는 그림 11-7처럼 알림 자체에 직접 텍스트를 입력해 알림에 응답할 수 있다.

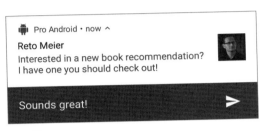

◑ **그림 11-7**

직접 회신 액션은 수신 메시지에 간단하게 회신을 보내 알림에 응답하는 상황에서 특히 유용하다. 그런 이유에서 MessagingStyle과 함께 사용하는 것이 일반적이다.

직접 회신 액션을 알림에 추가하려면 코드 11-25에서처럼 액션에 RemoteInput 객체를 추가해야 한다.

코드 11-25 직접 회신 액션 추가하기

```java
// 회신을 검색할 수 있는 키
final String KEY_TEXT_REPLY = "KEY_TEXT_REPLY";

Intent replyAction = new Intent(context, ReplyBroadcastReceiver.class);
replyAction.setData(chatThreadUri);
PendingIntent replyIntent = PendingIntent.getBroadcast(context, 0,
  replyAction, PendingIntent.FLAG_UPDATE_CURRENT);

// RemoteInput을 구성한다.
RemoteInput remoteInput = new RemoteInput.Builder(KEY_TEXT_REPLY)
  .setLabel(context.getString(R.string.reply_hint_text))
  .build();

builder.addAction(
  new NotificationCompat.Action.Builder(
    R.drawable.reply,
    context.getString(R.string.reply_action),
    replyIntent)
      .addRemoteInput(remoteInput)
      .setAllowGeneratedReplies(true)
```

```
    .extend(new NotificationCompat.Action.WearableExtender()
        .setHintDisplayActionInline(true))
    .build());
```

안드로이드 웨어 기기에서는 자동으로 작성되는 회신을 적용하는 간단한 방법으로도 사용자 경험을 개선할 수 있다. 예상되는 사용자의 응답들을 자동 생성하면 사용자는 직접 입력하지 않아도 그중에서 적당한 것을 고를 수 있다.

사용자가 회신을 직접 입력할 때는 이 회신이 펜딩 인텐트에 포함돼 RemoteInput이 구성된다. 앱에서는 이 텍스트를 추출하면 된다. 이때 사용자의 입력 텍스트를 추출할 수 있는 Bundle 객체를 가져오기 위해 static 메서드인 RemoteInput.getResultsFromIntent를 사용한다.

```
Bundle remoteInput = RemoteInput.getResultsFromIntent(intent);
CharSequence message = remoteInput != null
  ? remoteInput.getCharSequence(KEY_TEXT_REPLY)
  : null;
```

사용자가 회신 내용을 입력하면 안드로이드는 그 즉시 이 회신이 처리 중임을 나타내기 위해 비결정형 진행 스피너(indeterminate progress spinner)를 추가한다. 사용자 입력을 받아 처리하는 대로 그 입력을 반영하고 진행 스피너를 제거하면 알림을 업데이트해야 한다.

MessagingStyle을 사용하는 경우에는 addMessage를 사용해 새 메시지를 추가한다. 다른 알림 스타일에는 setRemoteInputHistory를 사용한다.

```
// 회신이 여럿일 때는 최신 회신이
// 배열의 첫 번째 요소가 돼야 한다.
builder.setRemoteInputHistory(new CharSequence[] { lastReply });
```

11.4.7 알림 그룹 만들기

개별 알림을 여러 번 보내는 것(이메일 하나당 하나의 알림)보다 여러 알림을 하나의 그룹으로 묶는 것이 일반적으로 더 나은 사용자 경험이다. 하나로 묶으면 사용자 입장에서는 알림 트레이가 하나의 앱이 보낸 여러 알림으로 넘쳐나지 않아 깔끔해진다.

우선 한 가지 방법을 생각해 볼 수 있다. 하나의 알림이 업데이트되며 여러 항목을 반영하도록 하는 것이다. 하지만 이 방법은 표시할 수 있는 정보가 좁은 공간에 다 들어갈 수 없는 한계가 있다.

더 나은 방법으로 한 앱에서 만든 개별 알림들을 하나로 묶는 방식도 생각해 볼 만하다. 그룹으로 묶인 알림들은 그림 11-8처럼 하나의 알림과 같은 크기로 표시된다. 하지만 확장되면 사용자는 그룹 내 개별 알림들을 확인하고 상호 작용할 수 있다.

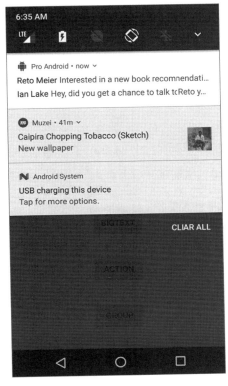
◐ 그림 11-8

알림을 그룹으로 묶으려면 setGroup을 빌더에 호출해야 한다. 이때 각 그룹을 나타내는 고유키 문자열을 전달한다.

```
String accountName = "reto@example.com";
builder.setGroup(accountName);
```

> **참고** 안드로이드 7.0 누가(API 레벨 24) 이상의 기기에서는 알림 그룹 기능이 강화돼 개별 알림을 4개 이상 만드는 모든 앱에 자동으로 적용된다.

그룹마다 일종의 그룹 요약 알림을 만들 수 있다. 그룹 요약 알림은 코드 11-26에서처럼 setGroup을 똑같이 호출하고 setGroupSummary(true)도 호출한다.

코드 11-26 InboxStyle 그룹 요약 알림 빌드하기

```
InboxStyle inboxStyle = new NotificationCompat.InboxStyle();
for (String emailSubject : emailSubjects)
  inboxStyle.addLine(emailSubject);

builder.setSubText(accountName)
  .setGroup(accountName)
  .setGroupSummary(true)
  .setStyle(inboxStyle);
```

안드로이드 7.0 누가(API 레벨 24) 이상의 기기에서 이 요약 알림은 콘텐트 인텐트와 삭제 인텐트 그리고 서브 텍스트(알림들이 접힐 때 보이는)에 덧붙일 때만 사용된다.

하지만 안드로이드 6.0 마시멜로(API 레벨 23) 이하의 기기에서는 여러 알림을 묶는 것이 지원되지 않기 때문에 요약 번들만 표시된다. 따라서 InboxStyle을 사용하는 것이 가장 좋다. 사용자가 요약 알림을 클릭할 때 접근할 수 있는 각 알림의 한 줄 요약을 제공하기 때문이다.

따라서 요약 알림은 자식 알림이 없을 때도 유용할 수 있는 충분한 정보를 담아야 한다. 그리고 그룹에서 알림이 생성, 변경, 삭제될 때마다 요약 알림도 현재 요약 상태를 반영하도록 변경돼야 한다.

11.4.8 지진 정보 뷰어에 알림 추가하기

이번 장 앞에서 개선했던 Earthquake 프로젝트에 이어서 이번에는 가장 최신 지진 데이터의 발생 알림 기능을 EarthquakeUpdateJobService에 추가한다. 여기서 추가하는 알림에서는 최신 지진 데이터의 진도와 위치를 알림 트레이에 보여주고 해당 알림을 선택하면 지진 액티비티를 열 것이다.

1. 우선 earthquake_channel_name 문자열을 res/values/strings.xml 파일에 추가한다.

```
<string name="earthquake_channel_name">New earthquake!</string>
```

2. 각 알림을 구성하는 데 사용할 새 상수들을 EarthquakeUpdateJobService 클래스에 추가한다.

```
private static final String NOTIFICATION_CHANNEL = "earthquake";
public static final int NOTIFICATION_ID = 1;
```

3. 계속해서 EarthquakeUpdateJobService 클래스에 createNotificationChannel 메서드를 추가한다. 이 메서드에서는 새 지진 데이터와 같이 높은 우선순위의 알림에 적합한 진동과 LED를 갖는 중요도 높은 채널을 정의한다.

```
private void createNotificationChannel() {
  if (Build.VERSION.SDK_INT >= Build.VERSION_CODES.O) {
    CharSequence name = getString(R.string.earthquake_channel_name);

    NotificationChannel channel = new NotificationChannel(
      NOTIFICATION_CHANNEL,
      name,
      NotificationManager.IMPORTANCE_HIGH);
    channel.enableVibration(true);
    channel.enableLights(true);

    NotificationManager notificationManager =
      getSystemService(NotificationManager.class);
    notificationManager.createNotificationChannel(channel);
  }
}
```

4. /res/drawable 폴더에 다음과 같이 notification_icon이라는 이름의 알림 아이콘을 만든다. 안드로이드 스튜디오 프로젝트 도구창의 /res/drawable 폴더에서 오른쪽 마우스 버튼을 누른 후 [New ➡ Vector Asset]을 선택한다. Asset Studio 대화상자에서 Name에 notification_icon을 입력한다. 그리고 Clip Art의 버튼을 클릭한 후 그 다음 대화상자 왼쪽의 Notification을 클릭하고 오른쪽의 vibration을 선택한 후 [OK] 버튼을 클릭한다. 다시 Asset Studio 대화상자에서 Size는 기본값인 24 × 24dp(알림 아이콘에 맞는 크기)를 그대로 둔다. 그리고 Color 필드를 클릭하여 나타나는 대화상자에서 오른쪽 위의 필드에 FFF(흰색)를 입력하고 [Choose] 버튼을 누른다. 다시 Asset Studio 대화상자에서 Next 버튼을 누른 후 그 다음 대화상자에서 [Finish] 버튼을 눌러 아이콘 생성을 끝낸다.

/res/drawable 폴더에 생성된 notification_icon.xml 파일을 편집기에 열면 다음과 같이 XML이 생성된 것을 알 수 있다.

```
<vector
    xmlns:android="http://schemas.android.com/apk/res/android"
```

```
    android:height="24dp"
    android:width="24dp"
    android:tint="#FFFFFF"
    android:viewportHeight="24.0"
    android:viewportWidth="24.0">
    <path
        android:fillColor="#FF000000"
        android:pathData="M0,15h2L2,9L0,9v6zM3,17h2L5,7L3,
        7v10zM22,9v6h2L24,9h-2zM19,17h2L21,7h-2v10zM16.5,
        3h-9C6.67,3 6,3.67 6,4.5v15c0,0.83 0.67,1.5 1.5,1.5h9c0.83,0 1.5,
        -0.67 1.5,-1.5v-15c0,-0.83 -0.67,-1.5 -1.5,-1.5zM16,19L8,19L8,5h8v1
        4z"/>
</vector>
```

5. 계속해서 EarthquakeUpdateJobService 클래스에 broadcastNotification 메서드를 추가
한다. 이 메서드에서는 createNotificationChannel을 호출하고 Earthquake 객체를 사
용해 알림 빌더(NotificationCompat.Builder) 인스턴스를 생성한다.

```
private void broadcastNotification(Earthquake earthquake) {
  createNotificationChannel();

  Intent startActivityIntent = new Intent(this,
    EarthquakeMainActivity.class);

  PendingIntent launchIntent = PendingIntent.getActivity(this, 0,
    startActivityIntent, PendingIntent.FLAG_UPDATE_CURRENT);

  final NotificationCompat.Builder earthquakeNotificationBuilder
    = new NotificationCompat.Builder(this, NOTIFICATION_CHANNEL);

  earthquakeNotificationBuilder
    .setSmallIcon(R.drawable.notification_icon)
    .setColor(ContextCompat.getColor(this, R.color.colorPrimary))
    .setDefaults(NotificationCompat.DEFAULT_ALL)
    .setVisibility(NotificationCompat.VISIBILITY_PUBLIC)
    .setContentIntent(launchIntent)
    .setAutoCancel(true)
    .setShowWhen(true);

  earthquakeNotificationBuilder
    .setWhen(earthquake.getDate().getTime())
    .setContentTitle("M:" + earthquake.getMagnitude())
    .setContentText(earthquake.getDetails())
    .setStyle(new NotificationCompat.BigTextStyle()
    .bigText(earthquake.getDetails()));

  NotificationManagerCompat notificationManager
    = NotificationManagerCompat.from(this);
```

```
notificationManager.notify(NOTIFICATION_ID,
    earthquakeNotificationBuilder.build());
}
```

6. 이미 받은 지진 데이터를 다시 알림으로 보내 사용자를 방해하지 않도록 새로 파싱된 지진 데이터와 이미 데이터베이스에 저장된 지진 데이터를 비교해야 한다.

   6.1 EarthquakeDAO 클래스에 loadAllEarthquakesBlocking 메서드를 추가한다. 이 메서드는 onRunJob이 실행되는 백그라운드 스레드로부터 호출될 때 동기식으로 모든 지진 데이터를 반환하는 데 사용된다.

   ```
   @Query("SELECT * FROM earthquake ORDER BY mDate DESC")
   List<Earthquake> loadAllEarthquakesBlocking();
   ```

   6.2 EarthquakeUpdateJobService 클래스에 findLargestNewEarthquake 메서드를 추가한다. 이 메서드에서는 지진 데이터가 저장된 두 개의 List를 비교한다.

   ```
   private Earthquake findLargestNewEarthquake(
     List<Earthquake> newEarthquakes) {

     List<Earthquake> earthquakes = EarthquakeDatabaseAccessor
       .getInstance(getApplicationContext())
       .earthquakeDAO()
       .loadAllEarthquakesBlocking();

     Earthquake largestNewEarthquake = null;

     for (Earthquake earthquake : newEarthquakes) {
       if (earthquakes.contains(earthquake)) {
        continue;
       }

       if (largestNewEarthquake == null
        || earthquake.getMagnitude() >
        largestNewEarthquake.getMagnitude()) {
        largestNewEarthquake = earthquake;
       }
     }
     return largestNewEarthquake;
   }
   ```

7. 사용자가 지정한 최소 진도보다 더 큰 '새' 지진 데이터를 주기적으로 실행되는 작업에서 발견하면 새 알림을 브로드캐스트하도록 EarthquakeUpdateJobService 클래스의

onRunJob 메서드를 변경한다. 즉, 새 지진 데이터를 데이터베이스에 추가하기 바로 전에 broadcastNotification을 호출하게 한다.

```java
public int onRunJob(final JobParameters job) {
  ...

  httpConnection.disconnect();

  if (job.getTag().equals(PERIODIC_JOB_TAG)) {
    Earthquake largestNewEarthquake
      = findLargestNewEarthquake(earthquakes);

    SharedPreferences prefs =
      PreferenceManager.getDefaultSharedPreferences(this);
    int minimumMagnitude = Integer.parseInt(
      prefs.getString(PreferencesActivity.PREF_MIN_MAG, "3"));

    if (largestNewEarthquake != null
      && largestNewEarthquake.getMagnitude() >= minimumMagnitude) {
      // 알림을 발생시킨다.
      broadcastNotification(largestNewEarthquake);
    }
  }

EarthquakeDatabaseAccessor
  .getInstance(getApplication())
  .earthquakeDAO()
  .insertEarthquakes(earthquakes);
  ...
}
```

(지금까지 완성된 Earthquake 프로젝트는 다운로드받은 파일의 Earthquake_ch11_Part2.zip에 있다.)

실제 기기나 에뮬레이터에서 애플리케이션을 시작시키면 종전처럼 지진 데이터가 리사이클러 뷰에 나타난다. 그러나 이제부터는 새로운 지진 데이터가 지진 피드에 등록될 때(지구 상에 새 지진이 발생하고 미국 지질 조사국에 해당 지진 데이터가 추가되어야 하므로 정확한 시기는 알 수 없지만) 알림이 전송될 것이다. Earthquake 애플리케이션의 오른쪽 위에서 Settings 메뉴를 선택하고 최소 지진 진도(Minimum Quake Magnitude)를 모든 진도(All Magnitudes)로 선택하면 예상보다 빠른 시간 내에 알림을 받고 지구 상에 이렇게 지진이 많이 발생하는지 깜짝 놀라게 될 것이다. 실제로 알림을 받은 예를 보면 다음과 같다.

● 그림 11-9

알림에는 지진 발생 시간과 진도 및 발생지가 나타나며, 해당 알림을 선택하면 리사이클러 뷰에 해당 지진이 추가되어 보이게 된다.

11.5 파이어베이스 클라우드 메시징 사용하기

FCM(Firebase Cloud Messaging)은 알림이나 데이터 메시지를 '푸시'할 때 사용된다. 이때 클라우드에서 직접 푸시할 수도 있고, 서버로 또는 여러 기기에서 실행 중인 앱으로 푸시할 수도 있다. FCM을 사용하면 단순 알림을 원격에서 전달하거나 서버에 있는 업데이트 데이터를 앱에 알리고 앱으로 데이터를 직접 보낼 수도 있다.

FCM은 새 이메일을 받거나 캘린더 일정이 변경되는 경우처럼 앱의 업데이트를 동기화할 때 미치는 배터리 영향을 현저하게 낮추는 데도 도움이 된다. 이는 앱에서 서버 업데이트를 확인하기 위해 기기를 깨우는, 이른바 클라이언트사이드 폴링의 대안이 되기도 한다. 푸시 방식의 업데이트를 사용하면 앱은 업데이트가 사용 가능한 상태일 때만 기기를 깨우게 된다.

이 방법은 또한 새 대화 메시지처럼 기기에 곧바로 표시돼야 하는, 시간에 민감한 서버사이드 메시지를 제때에 전달하는 데도 도움이 된다.

앱에서는 실행 중이지 않아도 FCM을 받을 수 있다. 그리고 기기가 잠자기 상태인 동안에도 FCM 메시지는 알림을 직접 표시하거나 앱을 원격으로 깨울 수 있다. 이에 따라 앱은 직접 알림을 표시하거나 받은 메시지 데이터를 기준으로 UI를 업데이트하고 업데이트된 서버 데이터와 백그라운드 동기화를 수행하는 방식으로 응답할 수 있다.

FCM을 사용하려면 우선 앱 모듈(app) build.gradle 파일에 의존성으로 추가해야 한다. 단, 다음 조각 코드의 버전 번호는 FCM 최신 버전으로 교체하는 것이 좋다.

```
dependencies {
  implementation 'com.google.firebase:firebase-messaging:19.0.1'
}
```

11.5.1 파이어베이스 알림으로 원격 알림 시작하기

FCM의 가장 강력한 기능은 파이어베이스 알림(Firebase Notifications) API일 것이다.

FCM 위에 빌드되는 파이어베이스 알림은 console.firebase.google.com에서 파이어베이스 콘솔로부터 앱으로 직접 전달될 수 있다(그림 11-10 참고). 이때 서버사이드 또는 클라이언트사이드 코드를 작성하지 않아도 된다.

◐ 그림 11-10

콘솔에서 특정 사용자의 앱 버전이나 개별 기기(또는 기기들)와 같은 프로퍼티를 기준으로 한 부분 집합이라 할 수 있는 파이어베이스 알림을 앱 사용자 전체에게 보낼 수 있다.

파이어베이스 알림을 만들 때는 알림의 콘텐트 제목으로 표시되는 메시지 텍스트 그리고 이 알림 제목 필드를 사용하는 콘텐트 텍스트, 전달 시간을 그림 11-11처럼 지정할 수 있다.

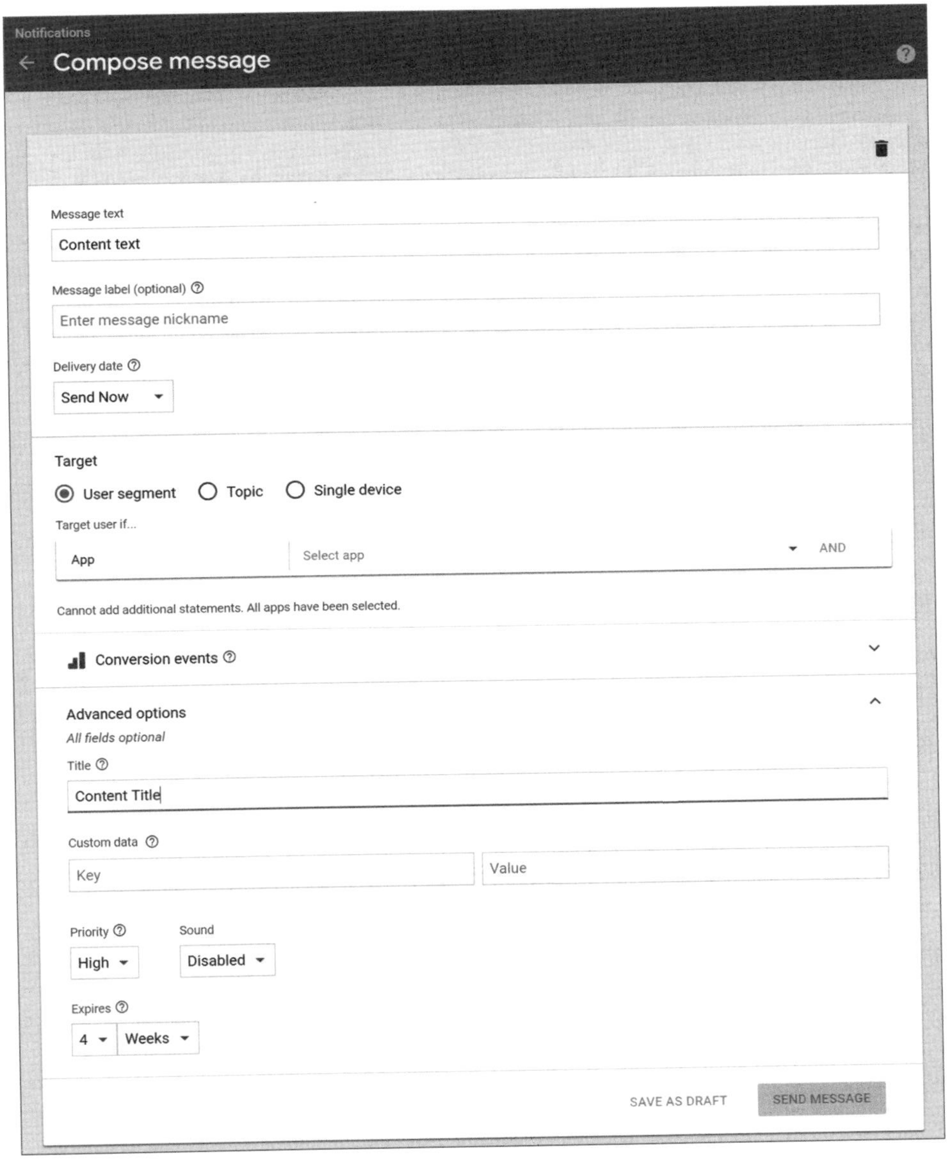

● 그림 11-11

코드 11-27에서는 meta-data 프로퍼티를 나타낸다. 이 프로퍼티는 받은 파이어베이스 알림을 표시하는 데 사용할 작은 아이콘, 알림 색, 알림 채널을 나타내도록 애플리케이션 매니페스트에 추가된다.

```
<meta-data
  android:name="com.google.firebase.messaging.default_notification_icon"
  android:value="@drawable/ic_notification" />
<meta-data
  android:name="com.google.firebase.messaging.default_notification_color"
  android:value="@color/colorPrimary" />
<meta-data
  android:name="com.google.firebase.messaging.default_notification_channel_id"
  android:value="@string/default_notification_channel" />
```

사용자가 알림을 탭하면 시작되는 콘텐트 인텐트는 항상 메인 론처 액티비티로 설정된다.

콘솔에서 파이어베이스 알림을 보낼 때 소리를 부가적으로 지정할 수 있다. 이에 따라 기본 알림 벨소리가 알림에 추가된다. 파이어베이스 알림의 기본 우선순위는 '높음'이다. 따라서 시간에 민감하지 않은 메시지는 우선순위를 '보통'으로 낮춰도 될 것이다.

토픽에 파이어베이스 알림 보내기

파이어베이스 알림은 특정 토픽을 구독하는 기기로 전달될 수도 있다. 이런 토픽은 앱 안에서 정의할 수 있으며 이에 따라 임의의 비즈니스 로직, 앱 상태, 사용자의 명시적인 선택에 따라 사용자들을 분류할 수 있다.

애플리케이션 안에서 특정 토픽을 구독하려면 subscribeToTopic 메서드를 사용해야 한다. 이때 토픽 이름에 해당하는 문자열을 FirebaseMessaging 클래스의 인스턴스에 전달한다.

```
FirebaseMessaging.getInstance()
  .subscribeToTopic("imminent_missile_attack");
```

토픽의 구독 해지도 이와 비슷한 과정을 거친다. unsubscribeFromTopic 메서드를 사용하면 된다.

```
FirebaseMessaging.getInstance()
  .unsubscribeFromTopic("imminent_missile_attack");
```

애플리케이션에서 새 토픽을 구독하면 파이어베이스 콘솔에서 새 파이어베이스 알림의 대상으로 사용될 수 있다.

포어그라운드에서 파이어베이스 알림 받기

파이어베이스 알림은 알림을 표시하도록 설계됐으며 11장의 앞부분에서 설명한 알림처럼 앱의 액티비티가 활성 상태가 아닐 때만 표시된다.

앱이 포어그라운드에 있을 때도 파이어베이스 알림을 받으려면 FirebaseMessagingService의 새로운 서브 클래스를 생성하고 onMessageReceived 핸들러를 오버라이드해야 한다. 코드 11-28은 이를 나타낸 것이다.

코드 11-28 파이어베이스 알림 콜백 처리하기

```
public class MyFirebaseMessagingService
  extends FirebaseMessagingService {

  @Override
  public void onMessageReceived(RemoteMessage message) {
    RemoteMessage.Notification notification = message.getNotification();

    if (notification != null) {
      String title = notification.getTitle();
      String body = notification.getBody();

      // NotificationCompat.Builder를 사용해 자체 알림을 보낸다.
      // 또는 UI에 정보를 보낸다.
    }
  }
}
```

이 콜백 안에서 알림 세부 정보를 추출하고 알림을 만들거나 현재 액티비티를 업데이트해 메시지를 인라인으로 표시할 수 있다.

그리고 새 서비스를 매니페스트에 등록해야 한다. 이때 코드 11-29에 나타낸 대로 com.google.firebase.MESSAGING_EVENT의 인텐트 필터를 포함한다.

코드 11-29 FirebaseMessagingService 등록하기

```
<service android:name=".MyFirebaseMessagingService>
  <intent-filter>
    <action android:name="com.google.firebase.MESSAGING_EVENT" />
  </intent-filter>
</service>
```

11.5.2 FCM으로 데이터 받기

앞선 절들에서 설명한 알림에 덧붙여 FCM은 앱 데이터를 키/값 형식으로 보낼 때도 사용된다.

가장 간단한 예로, 커스텀 데이터를 파이어베이스 알림에 연결하면 사용자가 이 알림을 선택할 때 콘텐트 인텐트의 엑스트라에서 받게 된다. 코드 11-30은 이를 나타낸 것이다.

코드 11-30 파이어베이스 알림으로부터 데이터 받기

```
Intent intent = getIntent();
if (intent != null) {
  String value = intent.getStringExtra("your_key");
  // 받은 값에 따라 필요한 일을 수행한다.
  // 예를 들어, 관련 액티비티를 시작시킨다.
}
```

같은 데이터를 파이어베이스 메시징 서비스의 onMessageReceived 콜백에서도 사용할 수 있다. 단, 코드 11-31처럼 getData 메서드를 사용해 구현한다.

코드 11-31 파이어베이스 메시징 서비스를 사용해 데이터 받기

```
@Override
public void onMessageReceived(RemoteMessage message) {
  Map<String,String> data = message.getData();

  if (data != null) {
    String value = data.get("your_key");

    // NotificationCompat.Builder를 사용해 자체 알림을 보낸다.
    // 또는 UI에 정보를 보낸다.
  }
}
```

자체 서버를 빌드하거나 파이어베이스 관리자 API를 사용하면 알림이 없이 데이터만 포함된 메시지를 보낼 수도 있다. 이 경우, 모든 메시지는 앱이 포어그라운드에 있든, 백그라운드에 있든 onMessageReceived 콜백으로 이어진다. 따라서 앱의 작동 흐름에 대해 전권을 갖게 돼 알림 API 전체를 사용할 수도 있고 추가 백그라운드 프로세싱을 시작할 수도 있다.

> **참고**
>
> FCM 서버를 빌드하기 위한 세부적인 정보는 firebase.google.com/docs/cloud-messaging/server에서 찾아볼 수 있다. 그리고 파이어베이스 관리자 API의 세부 정보는 firebase.google.com/docs/cloud-messaging/admin에서 찾아볼 수 있다.

11.6 알람 사용하기

알람은 미리 정해진 시간에 맞춰 인텐트를 만들 수 있는 방법이다. 알람은 핸들러와 달리 애플리케이션 영역 밖에서 처리된다. 따라서 애플리케이션이 닫힌 상태에서도 이벤트나 액션을 시작할 수도 있다.

알람은 작업 스케줄러나 파이어베이스 작업 디스패처, 작업 매니저와 달리 정확한 시간에 시작하도록 설정될 수 있다. 따라서 캘린더 이벤트나 알람시계에 제격이다.

> **참고**
>
> 애플리케이션의 일생 동안에만 수행되는 시간 관련 작업의 경우에는 Handler 클래스와 post Delayed. 스레드를 조합해 사용하는 것이 알람을 사용하는 것보다 더 나은 방법이다. 안드로이드가 시스템 리소스를 더 치밀하게 제어할 수 있기 때문이다. 알람은 스케줄링된 이벤트를 애플리케이션의 제어 범위 밖으로 옮겨 애플리케이션의 실행 시간을 줄일 수 있는 메커니즘을 제공한다.

알람은 앱의 프로세스가 종료됐을 때도 활성 상태를 유지한다. 하지만 기기가 재시동되면 모든 알람은 취소되므로 다시 생성해야 한다.

알람 작업은 다음과 같이 getSystemService를 통해 접근되는 시스템 서비스인 AlarmManager로 처리된다.

```
AlarmManager alarmManager =
    (AlarmManager) getSystemService(Context.ALARM_SERVICE);
```

11.6.1 알람 만들기, 설정하기, 취소하기

특정 시간에 시작하는 새 알람을 만들려면 setExactAndAllowWhileIdle 메서드를 사용해야 하고, RTC_WAKEUP의 알람 종류, 시작 시간, 펜딩 인텐트를 지정해야 한다. 시작 시간이 현재 시간보다 과거라면 알람은 즉시 시작된다.

코드 11-32는 알람 생성 과정을 나타낸다.

코드 11-32 정시마다 시작되는 알람 만들기

```
// AlarmManager 인스턴스의 참조를 가져온다.
AlarmManager alarmManager =
    (AlarmManager)getSystemService(Context.ALARM_SERVICE);
```

```
// 시작 시간을 찾는다.
Calendar calendar = Calendar.getInstance();
calendar.set(Calendar.MINUTE, 0);
calendar.set(Calendar.SECOND, 0);
calendar.set(Calendar.MILLISECOND, 0);
calendar.add(Calendar.HOUR, 1);
long time = calendar.getTimeInMillis();

// Pending Intent를 만든다.
String ALARM_ACTION = "ALARM_ACTION";
Intent intentToFire = new Intent(ALARM_ACTION);
PendingIntent alarmIntent = PendingIntent.getBroadcast(this, 0,
  intentToFire, 0);

// 알람을 설정한다.
alarmManager.setExactAndAllowWhileIdle(AlarmManager.RTC_WAKEUP,
  time, alarmIntent);
```

알람이 시작하면 지정된 펜딩 인텐트가 브로드캐스트된다. 같은 펜딩 인텐트로 알람을 다시 설정하면 이전 알람이 대체된다.

알람을 취소하려면 알람 매니저에 cancel을 호출해야 한다. 이때 더 이상 시작할 필요가 없는 펜딩 인텐트를 전달한다. 코드 11-33은 이를 나타낸 것이다.

코드 11-33 알람 취소하기

```
alarmManager.cancel(alarmIntent);
```

앱에 알람이 여럿일 때는(아직 시작하지 않은 알람이 여럿일 때는) 시간상 그다음 알람만을 스케줄링하는 것이 최선이다. 브로드캐스트 리시버는 시작된 알람에 순서대로 응답해야 하기 때문이다. 이에 따라 시스템은 어느 때라도 알람의 개수를 최소한으로 관리할 수 있다.

11.6.2 알람시계 설정하기

알람은 그 이름과 달리 사용자에게 보이지 않는다. 코드 11-34처럼 오직 setAlarmClock을 통해 설정된 알람만이 일반적으로는 시계 앱 안에서 사용자에게 보이게 된다.

코드 11-34 알람시계 설정하기

```
// 사용자가 알람시계를 탭했을 때
// 알람시계를 표시하고 편집하는 데 사용되는 Pending Intent를 만든다.
Intent alarmClockDetails = new Intent(this, AlarmClockActivity.class);
```

```
PendingIntent showIntent = PendingIntent.getActivity(this, 0,
  alarmClockDetails, 0);

// 알람시계를 설정한다. 이에 따라 설정된 시간에 알람 인텐트가 시작된다.
alarmManager.setAlarmClock(
  new AlarmManager.AlarmClockInfo(time, showIntent),
  alarmIntent);
```

알람 매니저의 getNextAlarmClock 메서드를 사용하면 시간상 그다음 알람시계를 조회할 수 있다.

시스템은 알람시계가 울리기 몇 분 전에 저전력 모드에서 빠져나온다. 사용자가 기기를 확인하기 전에 앱에서 최신 데이터를 가져올 수 있도록 하기 위해서다.

11.7 서비스

많지 않은 백그라운드 작업은 브로드캐스트 리시버가 충분히 감당할 수 있고, 백그라운드 작업의 배치 처리는 작업 서비스(또는 작업 매니저)의 몫이다. 한편 앱의 입장에서는 특정 액티비티의 수명 주기 바깥에서도 잘 실행될 필요도 있다. 백그라운드에서 수행되는 이런 종류의 장시간 작업이 서비스의 핵심이다.

대부분의 서비스는 그 수명 주기가 다른 컴포넌트와 묶여 있다. 이를 가리켜 '바운드 서비스'라고 부른다. 이 책에서 소개한 서비스들은 대부분 바운드 서비스의 확장판이다. 11장의 앞서소개한 JobService가 단적인 예다. 이 작업 서비스는 시스템에 묶여 있고 작업의 프로세싱이 종료되면 다시 풀려(unbound) 중단이 가능해진다.

언바운드 수명 주기를 가진 서비스들은 액티비티가 보이지 않아도 활성 상태가 유지될 수 있다. 이를 가리켜 '시작된 서비스'라고 부른다. 이런 종류의 서비스는 포어그라운드 서비스로 시작돼야 한다. 포어그라운드 서비스는 시스템으로부터 높은 우선순위를 받으며(부족한 메모리로 인해 중단되지 않도록), 사용자는 필요한 알림을 통해 백그라운드 작업을 알 수 있다.

> **주의**
> 안드로이드 8.0 오레오(API 레벨 26) 이전에는 시작된 서비스가 아이들/백그라운드 앱으로부터 호출될 수 있었다(이에 따라 무한정 실행될 수 있었다). 안드로이드 8.0에서는 시작된 서비스에 대한 새로운 제한을 도입했다. 구체적으로는 서비스 시작을 포어그라운드 앱과 포어그라운드 서비스로만 제한했다. 그리고 앱이 백그라운드로 옮겨가거나, 높은 우선순위의 FCM 메시지를 받거나, 알림으로

부터 브로드캐스트를 받거나, 펜딩 인텐트를 실행하고 몇 분 후의 한정된 범위로만 제한했다.

대개의 경우, 대안이 존재한다면 서비스를 사용하지 않는 것이 좋다. 특히 앱이 백그라운드에 있는 동안 수행돼야 할 스케줄링 작업에 작업 스케줄러가 최선의 대안으로 여겨질 때는 더더욱 서비스를 멀리해야 한다.

11.7.1 바운드 서비스 사용하기

서비스는 다른 컴포넌트에 바운드될 수 있다. 이때 다른 컴포넌트들은 바운드된 서비스의 참조를 유지하고 있어야 한다. 그래야만 인스턴스가 만들어진 클래스에 하듯이 실행 중인 서비스에도 메서드 호출이 가능해진다.

바인딩은 서비스 간 세부적인 인터페이스를 활용하는 컴포넌트에 유용하다. 그리고 서비스의 일생이 직접적으로 그 클라이언트 컴포넌트 또는 컴포넌트들과 묶여 있는 곳에도 유용하다. 이런 강한 커플링은 JobService처럼 2개의 바운드 컴포넌트 사이에서 가능한 직접 통신을 활용하는 높은 수준의 API에 토대로 사용되는 경우가 많다. 이 기능은 앱 안에서 서비스와 액티비티처럼 두 컴포넌트 간 세부 인터페이스를 제공할 때 사용될 수 있다.

바운드 서비스의 수명 주기는 본질적으로 1개 이상의 ServiceConnection 객체에 연결돼 있다. 이 객체는 자신이 묶인 애플리케이션 컴포넌트를 나타낸다. 바운드 서비스는 그 모든 클라이언트가 언바운드될 때까지 존속한다.

서비스에 바인딩을 지원하려면 onBind 메서드를 구현한다. 이 메서드는 바운드 서비스의 현재 인스턴스를 반환한다. 코드 11-35는 이를 나타낸 것이다.

코드 11-35 바운드 서비스 구현하기

```
public class MyBoundService extends Service {
    private final IBinder binder = new MyBinder();

    @Override
    public IBinder onBind(Intent intent) {
        return binder;
    }

  public class MyBinder extends Binder {
    MyBoundService getService() {
      return MyBoundService.this;
```

```
      }
    }
  }
```

서비스와 다른 컴포넌트 간 연결은 새 ServiceConnection으로 표현된다.

서비스를 다른 애플리케이션 컴포넌트에 바인딩하려면 새 ServiceConnection을 구현해야 한다. 이때 연결이 수립되고 서비스 인스턴스의 참조를 가져오기 위해 onServiceConnected 메서드와 onServiceDisconnected 메서드를 오버라이드한다. 코드 11-36은 이 과정을 나타낸 것이다.

코드 11-36 서비스 바인딩을 위해 서비스 연결 만들기

```java
// 서비스의 참조
private MyBoundService serviceRef;

// 서비스와 액티비티 간 연결을 처리한다.
private ServiceConnection mConnection = new ServiceConnection() {
  public void onServiceConnected(ComponentName className,
                                 IBinder service) {

    // 연결이 이뤄지면 호출된다.
    serviceRef = ((MyBoundService.MyBinder)service).getService();
  }

  public void onServiceDisconnected(ComponentName className) {
  // 서비스가 예기치 않게 끊어지면 받게 된다.
  serviceRef = null;
  }
};
```

바인딩을 수행하려면 액티비티 안에서 bindService를 호출한다. 이때 바인딩할 서비스를 선택하는 명시적 인텐트를 전달한다. 그리고 ServiceConnection의 인스턴스도 전달한다.

코드 11-37에서처럼 바인딩 플래그들도 지정할 수 있다. 여기서는 바인딩이 시작될 때 대상 서비스가 만들어져야 하는지를 지정한다. 일반적으로 액티비티의 onCreate에서 이 과정을 진행하고 onDestroy에서 그에 상응하는 unbindService를 진행한다.

코드 11-37 서비스 바인딩하기

```java
// 서비스를 바인딩한다.
Intent bindIntent = new Intent(MyActivity.this, MyBoundService.class);
bindService(bindIntent, mConnection, Context.BIND_AUTO_CREATE);
```

bindService의 마지막 매개변수는 서비스를 애플리케이션에 바인딩할 때 사용할 수 있는 플래그다.

> **BIND_ADJUST_WITH_ACTIVITY**: 서비스의 우선순위가 액티비티의 상대적 중요도에 따라 조정된다. 그 결과 런타임에서 액티비티가 포어그라운드에 있지 않을 때 서비스의 우선순위가 높아진다.

> **BIND_ABOVE_CLIENT와 BIND_IMPORTANT**: 바운드 서비스가 바인딩 클라이언트에 중요하다는 것을 나타낸다. 이에 따라 바운드 서비스는 클라이언트가 포어그라운드에 있을 때 포어그라운드 프로세스가 된다. BIND_ABOVE_CLIENT가 지정되면 런타임에서 메모리가 부족해질 때 바운드 서비스보다 먼저 액티비티를 중단해야 한다.

> **BIND_NOT_FOREGROUND**: 바운드 서비스가 포어그라운드 우선순위를 받지 않는다. 기본적으로 서비스를 바인딩하면 그 상대적 우선순위는 높아진다.

> **BIND_WAIVE_PRIORITY**: 지정된 서비스의 바인딩이 그 우선순위를 변경해서는 안 된다는 뜻이다.

서비스가 바인딩되면 그 모든 공용 메서드와 프로퍼티는 onServiceConnected 핸들러로부터 가져온 serviceBinder 객체를 통해 사용할 수 있게 된다.

안드로이드 애플리케이션은 (대개) 메모리를 공유하지 않는다. 하지만 경우에 따라서는 앱에서 다른 애플리케이션 프로세스로 실행 중인 서비스와 상호 작용해야 할(다른 서비스에 바인딩해야 할) 때도 있다.

다른 프로세스로 실행 중인 서비스와 통신하려면 안드로이드 인터페이스 정의 언어(AIDL, Android Interface Definition Language)를 사용한다. AIDL은 서비스의 인터페이스를 운영 체제 수준에서 정의해 안드로이드에서 프로세스 경계를 넘어 객체를 주고받을 수 있게 한다. AIDL 정의는 developer.android.com/guide/components/aidl.html에서 찾아볼 수 있다.

11.7.2 시작된 서비스 만들기

시작된 서비스는 다른 애플리케이션 컴포넌트와 별개로 시작되고 중지될 수 있다. 바운드 서비스의 수명 주기가 바인딩된 컴포넌트에 묶여 있는 동안, 시작된 서비스의 수명 주기는 명시적으로 관리돼야 한다.

시작된 서비스는 활성 작업이 진행 중이지 않더라도 아무런 개입을 받지 않고 몇 분에 걸쳐 시스템 리소스를 차지하게 된다. 그리고 그 높은 우선순위는 시스템의 중단 시도에 영향을 미친다.

> **참고**
>
> 안드로이드 8.0 오레오(API 레벨 26) 이전에는 서비스가 백그라운드에서 무한정 실행되며 기기의 리소스를 소비하는 등 형편없는 사용자 경험을 제공하기도 했다. 안드로이드 8.0에서는 이 작동 방식을 수정해 앱이 백그라운드로 들어가고 몇 분 지나면 실행 중이던 서비스를 중지할 수 있다. 이 새로운 작동 방식은 형편없이 관리되는 서비스의 영향을 완화했다. 한편 대상 플랫폼과 상관없이 여러 조치를 취해 서비스는 올바르게 관리해야 한다.

시작된 서비스는 될 수 있으면 사용하지 않는 것이 좋다. 하지만 보이는 UI 없이도 일어나는 사용자 상호 작용을 제공하기 위해서는 사용되는 것이 일반적이다. 사용자가 앱의 액티비티를 백그라운드로 옮겨 버린 후에도 사용자 상호 작용이 계속 실행 중이어야 하는 경우가 단적인 예다. 그런 경우, 바운드 서비스를 사용하는 높은 수준의 API(예; 작업 스케줄러, FCM)를 사용하는 것이 최선이다. 바운드 서비스는 수동으로 서비스의 수명 주기를 관리할 필요 없이 서비스 아키텍처를 활용하기 때문이다.

시작된 서비스를 직접 만들려면 포어그라운드 서비스를 만든다. 포어그라운드 서비스는 활성 포어그라운드 액티비티와 같은 우선순위로 실행된다. 이에 따라 메모리가 부족하다는 이유로 제거되지는 않는다. 이는 UI 없이 사용자와 상호 작용하는 애플리케이션을 만들 때 유용하다. 음악 플레이어나 내비게이션 등이 단적인 예다.

안드로이드에서는 바인딩되고 시작된 서비스를 구성할 수도 있다. 오디오 재생이 대표적인 사례이며, 이 내용은 17장 '오디오, 비디오 그리고 카메라 사용하기'에서 살펴본다.

서비스 만들기

모든 Service 클래스는 코드 11-38에서처럼 onBind 메서드를 구현해야 한다. 시작된 서비스의 경우 이 메서드는 null을 반환할 수 있으며, 이는 어떤 호출 코드에서도 서비스에 바인딩할 수 없다는 것을 나타낸다.

코드 11-38 서비스 클래스의 기본 코드

```
import android.app.Service;
import android.content.Intent;
```

```
import android.os.IBinder;

public class MyService extends Service {
  @Override
  public IBinder onBind(Intent intent) {
    return null;
  }
}
```

서비스가 오직 애플리케이션으로만 시작되고 중지되려면 애플리케이션 매니페스트의 Service 노드에 permission 속성을 추가해야 한다.

```
<service android:enabled="true"
         android:name=".MyService"
         android:permission="com.paad.MY_SERVICE_PERMISSION"/>
```

이때 서드파티 애플리케이션에는 그 매니페스트에 uses-permission을 포함해야 이 서비스에 접근할 수 있다. 권한을 만들고 사용하는 내용은 20장 '고급 안드로이드 개발'에서 살펴본다.

서비스 시작하기와 중지하기

서비스를 시작하려면 startService를 호출해야 한다. 서비스를 사용하려면 시작할 클래스를 포함해야 하고 명시적 인텐트를 사용해야 한다. 서비스가 애플리케이션에 없는 권한을 요구할 때 startService를 호출하면 SecurityException이 발생한다.

> **주의**
>
> 안드로이드 8.0 오레오(API 레벨 26) 이상의 기기에서는 앱이 백그라운드에 있는 동안 (흔히 브로드 캐스트 리시버나 펜딩 인텐트로부터) startService를 호출하면 IllegalStateException이 발생한다. 따라서 startForegroundService를 대신 사용하고 서비스 안에서 5초가 되기 전에 startForeground를 호출해야 앱이 백그라운드에 있을 때도 포어그라운드 서비스를 시작할 수 있다. 포어그라운드 서비스의 세부 내용은 '포어그라운드 서비스 만들기'에서 다룬다.

코드 11-39에서처럼 인텐트에 추가된 모든 정보는 서비스의 onStartCommand 메서드에서 사용할 수 있다.

코드 11-39 서비스 시작하기

```
// 명시적으로 MyService를 시작한다.
Intent intent = new Intent(this, MyService.class);
```

```
intent.setAction("Upload");
intent.putExtra("TRACK_NAME", "Best of Chet Haase");
startService(intent);
```

서비스를 중지하려면 stopService를 호출한다. 이때 중지할 서비스를 정의하는 인텐트를 사용한다(시작할 서비스를 지정하는 방식과 같다). 코드 11-40은 이를 나타낸 것이다.

코드 11-40 서비스 중지하기

```
// 서비스를 명시적으로 중지한다.
stopService(new Intent(this, MyService.class));
```

startService 호출은 중첩해서는 안 된다. 따라서 startService를 몇 번이나 호출했는지와는 상관없이 stopService를 한 번 호출하면 현재 실행 중인 해당 서비스가 중지된다.

안드로이드 8.0 이후부터 포어그라운드에 없는 시작된 서비스는 앱이 백그라운드로 들어가고 몇 분 지나면 시스템에 의해 stopService가 호출된 것처럼 자동으로 중지된다. 이는 사용자가 앱을 백그라운드로 밀어 넣고 한참 후에 서비스가 시스템 성능에 불리한 영향을 미치지 않도록 하는 것이 목적이다. 액티비티가 백그라운드에 있을 때도 서비스가 계속 실행돼야 한다면 잠시 후에 설명하는 바와 같이 포어그라운드 서비스를 시작하는 것이 좋다.

서비스 재시작 방식 제어하기

onStartCommand 핸들러는 서비스가 startService에 따라 시작될 때마다 호출된다. 따라서 서비스의 일생 동안 몇 번이든 실행될 수 있다. 물론 서비스가 몇 번이든 실행될 이유는 있어야 한다.

서비스가 캡슐화한 태스크를 실행하기 위해(또는 진행 중인 작업을 시작하기 위해) onStartCommand 이벤트 핸들러를 오버라이드해야 한다. 이 핸들러 안에서 서비스의 재시작 방식을 지정할 수도 있다.

서비스는 모든 컴포넌트처럼 메인 애플리케이션 스레드로 시작된다. 다시 말해, onStartCommand 핸들러의 어떤 프로세싱도 UI 스레드로 진행된다. 서비스를 구현하기 위한 표준 패턴은 onStartCommand로부터 새 스레드나 비동기 태스크를 실행해 프로세싱을 백그라운드에서 수행하고 완료 시 스레드를 중지하는 것이다.

코드 11-41에서는 코드 11-38의 기본 코드를 확장해 onStartCommand 핸들러를 오버라이드 했다. 단, 이 핸들러는 서비스가 완료 전에 런타임에 의해 재시작되면 어떻게 응답할지를 제어 하는 값을 반환한다.

코드 11-41 서비스 재시작 방식 오버라이드하기

```
@Override
public int onStartCommand(Intent intent, int flags, int startId) {
  // TODO 작업을 백그라운드 스레드로 시작한다.
  return START_STICKY;
}
```

이 패턴에 따라 onStartCommand는 신속하게 완료되고 다음 Service 상수들 중 하나를 반환 해 재시작 방식을 제어한다.

> ➤ START_STICKY: 표준 작동 방식이며 언제든 서비스가 런타임에 의해 중단돼 재시작될 때 onStartCommand를 호출해야 한다는 뜻이다. 단, 재시작 시 onStartCommand로 전달되는 인텐트 매개변수는 null이 된다.
>
> 일반적으로 이 모드는 상태를 직접 처리하고 필요할 때마다 명시적으로 (startService와 stopService를 통해) 시작되거나 중지되는 서비스에 사용된다.

> ➤ START_NOT_STICKY: 이 모드는 특정 액션이나 명령을 처리할 때 시작되는 서비스에 사용된다. 일반적으로 해당 명령이 완료되면 stopSelf를 사용해 중단한다.
>
> 이 모드로 설정된 서비스는 런타임에 의한 중단에 이어 시작 호출이 있을 때만 재시 작된다. 서비스가 중단된 이후 startService가 호출된 적이 없다면 서비스는 onStart Command가 호출되지 않아도 중지된다.

> ➤ START_REDELIVER_INTENT: 일부 환경에서는 서비스에서 요청한 명령들이 완료됐는 지 확인해야 한다. 타임라인이 중요한 경우가 단적인 예다.
>
> 이 모드는 처음 두 모드를 결합한 결과다. 서비스가 런타임에 의해 중단되면 시작 호 출이 있거나 stopSelf 호출 이전에 프로세스가 종료됐을 때만 재시작된다. 후자의 경우, onStartCommand가 호출되고, 이때 프로세싱이 올바로 완료되지 않았던 처음 인텐트 가 전달된다.

모드마다 프로세싱 완료 시 stopService나 stopSelf가 호출돼 서비스가 명시적으로 중지돼야 한다는 점에 유의해야 한다. 두 메서드는 잠시 후에 세부 내용을 다룬다.

onStartCommand의 반환 값에 지정한 재시작 모드는 후속 호출에 따라 전달된 매개변숫값에 영향을 미친다. 처음에는 인텐트가 startService로 전달된 매개변수가 된다. 시스템 차원의 재시작 이후에는 이 매개변수가 START_STICKY 모드에서는 null이거나 START_REDELIVER_INTENT 모드에서는 원래 인텐트가 된다.

flag 매개변수를 사용하면 서비스의 시작 방식을 알 수 있다. 특히 다음 중 어느 경우가 참인지 결정할 수 있다.

> START_FLAG_REDELIVERY: 인텐트 매개변수가 시스템 런타임이 서비스를 중단해 비롯된 재전달이라는 뜻이다. 정상적으로는 stopSelf을 호출해 명시적으로 서비스를 중지했어야 한다.

> START_FLAG_RETRY: 서비스가 비정상적인 중단 이후 재시작됐다는 뜻이다. 서비스가 이전에 START_STICKY로 설정됐을 때 전달된다.

자체 중단 서비스

프로세싱 완료 시 서비스를 명시적으로 중지하면 시스템은 서비스를 중지하지 않을 때 계속 실행되느라 필요한 리소스를 회수할 수 있다.

서비스가 시작하게 된 액션이나 프로세싱이 완료되면 stopSelf를 호출해 이를 반드시 중단해야 한다. stopSelf는 즉시 중단을 강제하기 위해 매개변수를 생략하고 호출해도 되고, 그때까지 호출된 startService의 인스턴스마다 프로세싱이 완료됐다는 것을 확인할 수 있는 startId 값을 전달해도 된다.

포어그라운드 서비스 만들기

서비스가 사용자와 직접 상호 작용하고 있는 경우에는 그 우선순위를 포어그라운드 액티비티와 동급으로 올리는 것이 적절할 수 있다. 그럴 때는 startForeground 메서드를 호출해 서비스가 포어그라운드에서 실행되도록 설정하면 된다.

포어그라운드 서비스는 (음악을 재생하는 것처럼) 사용자와 직접 상호 작용하는 것으로 예상되기 때문에 startForeground를 호출할 때는 서비스가 포어그라운드에서 실행되고 있는 동안에 표시할 알림을 지정해야 한다.

서비스가 포어그라운드에 있는 동안에는 사용자가 알림을 수동으로 취소할 수 없기 때문에 알림 안에서 사용자가 현재 진행 중인 연산을 취소하거나 중지할 수 있는 액션을 제공하는 것이 좋다. 따라서 콘텐트 인텐트를 통해 사용자가 현재 진행 중인 서비스를 관리하거나 취소할 수 있는 액티비티로 안내하는 것이 최선일 것이다.

서비스가 더 이상 포어그라운드 우선순위를 필요로 하지 않을 때는 다시 백그라운드로 옮겨야 하며, 이때 stopForeground 메서드를 사용해 현재 진행 중인 알림을 직접 제거할 수도 있다. 단, 알림은 서비스가 중지되거나 중단되면 자동으로 취소된다.

12

안드로이드 디자인 철학 구현하기

📑 12장의 주요 내용

> 모든 화면에 최적화되는 사용자 인터페이스 디자인하기

> XML로 크기 비례 이미지 애셋 만들기

> 머티리얼 디자인의 원칙 이해하기

> UI 디자인에 종이와 펜 비유 개념 적용하기

> 색과 키 라인으로 사용자 주목 끌기

> 모션을 통해 연속성 제공하기

> 앱바 맞춤 설정하기

> 카드로 콘텐트 그룹 표시하기

> 플로팅 액션 버튼 사용하기

📥 12장에 사용된 코드의 다운로드용 파일

12장은 다음 2개의 파일로 되어 있다.

⬇ Snippets_ch12.zip

⬇ Earthquake_ch12.zip

12.1 안드로이드의 디자인 철학

5장 '사용자 인터페이스 빌드하기'에서는 UI의 기초를 레이아웃과 뷰의 측면에서 살펴봤다. 이 방식은 모든 앱에서 UI 제작의 바탕이기는 하지만 안드로이드의 디자인 철학을 더욱 깊이 이해하고 UI 제작과 관련한 몇 가지를 고려하면 훨씬 더 미려하고 사용자 친화적인 안드로이드 앱을 만들 수 있다.

12장에서는 다양한 기기에 그리고 그만큼 다양한 사용자의 시선을 끌면서도 미학적으로 즐거운 UI를 만들고 제공할 수 있는 베스트 프랙티스와 테크닉을 일부나마 소개한다.

구체적으로는 해상도나 밀도와 독립적인 UI를 만들기 위한 모범 사례와 드로어블을 사용해 크기 비례(scalable) 이미지 애셋(벡터 드로어블도 포함)을 만드는 방법을 소개할 것이다.

그리고 모든 현대 안드로이드 시각 디자인의 토대가 되는 머티리얼 디자인 철학을 본격적으로 살펴본다. 이에 따라 머티리얼 디자인의 원칙을 앱에 어떻게 적용해야 하는지 다룬다. 구체적으로는 물리적인 종이에 표현한 그대로 화면 요소에 반영하는 방법, 사용자에게 색이나 키 라인을 통해 안내하는 방법, 모션을 통한 연속성을 제공해 사용자의 이해를 돕는 방법 등을 살펴본다.

마지막으로 세 가지 공통 머티리얼 디자인 UI 요소인 앱바, 카드, FAB(Floating Action Button)를 어떻게 사용하는지 다룬다. 앱바와 카드는 콘텐트와 액션을 시각적으로 묶을 수 있으며 이른바 부동형 액션 버튼인 FAB는 UI 안에서 중요한 액션 하나를 돋보이도록 해 주는 고품질 원형 버튼이다.

> **참고**
>
> 머티리얼 디자인의 디자인 철학은 끊임없이 진화하고 있다. 자세한 최신 내용과 이 디자인 철학을 바탕으로 UI를 디자인하고 구현하기 위한 세부적인 지침은 material.io/guidelines의 머티리얼 디자인 가이드라인에서 찾아볼 수 있다.

12.2 모든 화면에 어울리는 디자인

최초의 안드로이드 단말기 네 종류에는 전부 UI 디자인이 비교적 단순한 3.2인치 HVGA 화면이 채택됐다. 이후 웨어러블 기기에서 전화, 태블릿, 텔레비전에 이르기까지 수만 가지의 서로 다른 안드로이드 기기가 선을 보이면서 화면의 크기나 픽셀의 밀도 또한 수천 가지로 세분화됐다. 물론 이 때문에 안드로이드가 믿을 수 없을 정도로 소비자에게 인기를 끌게 됐지만 그와 동시에 디자이너에게는 도전 과제를 안겨 줬다.

안드로이드 기기를 소유한 사용자에게도 멋진 경험을 제공하기 위해서는 애플리케이션이 다양한 해상도와 물리적인 화면 크기에서 실행된다는 사실을 알고 UI를 만들어야 한다. 그렇다고 해서 기기마다 따로 커스텀 UI 레이아웃을 만든다는 것은 실용적이지 못하다. 따라서 실제로는 무한할 정도로 다양한 기기에 사용될 수 있는 애플리케이션 인터페이스를 염두에 두고 빌드하는 것이 좋다.

다시 말해, 비례적으로 크기를 조절할 수 있는 곳에는 그런 이미지 애셋을 제공하고. 그럴 수 없는 곳에는 픽셀 밀도를 세분화해 제공해야 한다. 바꿔 말하면 알고 있는 해상도 범위 안에서 비례적으로 크기를 조절할 수 있는 레이아웃을 만들어야 하고, 다양한 화면 크기와 상호작용 모델에 최적화한 복수의 레이아웃을 정의해야 한다.

이어지는 절에서는 고려해야 할 화면의 범위를 설명하고, 지원 방법을 다룬다. 그리고 해상도 및 밀도에 독립적인 애플리케이션을 만들기 위한 베스트 프랙티스와 서로 다른 화면 크기와 레이아웃에 애플리케이션을 최적화하는 방법을 소개한다.

> **참고** 안드로이드 개발자 사이트에는 여러 화면 종류를 지원할 때 적용할 수 있는 효과적인 팁도 함께 제공된다. 이 문서는 d.android.com/guide/practices/screens_support.html에서 찾아볼 수 있다.

12.2.1 해상도 독립성

디스플레이의 픽셀 밀도는 물리적인 화면 크기와 해상도의 함수로 계산되며, 이는 디스플레이의 물리적 크기를 기준으로 실제 존재하는 물리적 픽셀의 개수를 나타낸다. 주로 인치당 점의 개수(dots per inch)로 측정된다.

밀도 독립적인 픽셀

안드로이드 기기는 화면 크기나 해상도가 제각각이기 때문에 픽셀 개수가 같더라도 화면의 DPI에 따라 기기마다 물리적 크기가 각기 다르다.

따라서 5장 '사용자 인터페이스 빌드하기'에서 설명한 바와 같이 픽셀을 지정하는 방식으로는 일관된 레이아웃을 만들 수 없다. 이 때문에 안드로이드는 밀도 독립적인 픽셀을 적용해 화면 크기를 지정한다. 픽셀 밀도가 달라도 물리적인 크기가 같은 화면에서는 동일하게 보이도록 크기가 비례적으로 맞춰지는 것이다.

실제로 계산해 보면, 밀도 독립적인 픽셀 하나는 160dpi 화면의 점 하나와 같다. 예를 들어 2dp 두께로 그은 선은 240dpi 디스플레이에서 3픽셀로 보인다(픽셀 XL에서는 7픽셀이다).

UI를 지정할 때는 항상 밀도 독립적인 픽셀을 사용해야 하며, 레이아웃 크기나 뷰의 크기, 드로어블 크기 등을 지정할 때 원시(물리적인) 픽셀 값을 사용하지 말아야 한다.

dp 단위에 한 마디 덧붙이자면, 안드로이드는 서체 크기에 크기 비례 픽셀인 sp를 사용한다. 크기 비례 픽셀은 밀도 독립적인 픽셀과 기본 단위는 같지만, 사용자가 지정한 텍스트 크기에 따라 비례적으로 맞춰진다.

픽셀 밀도의 리소스 한정자

4장 '안드로이드 매니페스트, 그래들 빌드 파일 정의하기 및 리소스 외부화하기'에서는 드로어블과 같은 리소스를 앱 안에 포함하도록 병렬 디렉터리 구조를 사용하는 안드로이드 리소스 프레임워크를 소개했다.

res/drawable 디렉터리는 벡터 드로어블 등 크기 비례 그래픽 애셋처럼 모든 픽셀 밀도에서 작동하는 그래픽에 어울린다. 가능한 한 이런 종류의 그래픽을 사용하는 것이 최선이다. 추가 애셋을 제공하지 않아도 모든 픽셀 밀도에 따라 크기가 비례적으로 맞춰지기 때문이다. 이에 따라 앱의 크기도 줄일 수 있으며 상위 호환성도 높일 수 있다.

크기 비례 그래픽을 사용할 수 없어 비트맵 이미지를 앱에 포함해야 하는 환경도 있다. 비트맵 이미지는 크기를 조절하면 세부 정보가 손상되거나(크기를 줄일 때) 이른바 계단 현상이라고 하는 픽셀레이션이 발생한다(크기를 늘릴 때). 선명하고 깔끔한 UI를 만들기 위해서는 각 픽셀 밀도 카테고리에 최적화된 이미지 애셋을 만들어 포함하는 것이 좋다.

- ➤ res/drawable-mdpi: 대략 160pi에 적합한 중밀도 리소스
- ➤ res/drawable-hdpi: 대략 240dpi에 적합한 고밀도 리소스
- ➤ res/drawable-xhdpi: 대략 320dpi에 적합한 초고밀도 리소스
- ➤ res/drawable-xxhdpi: 대략 480dpi에 적합한 초초고밀도 리소스

- ➤ res/drawable-xxxhdpi: 대략 640dpi에 적합한 초초초고밀도 리소스

- ➤ res/drawable-nodpi: 호스트 화면의 밀도에 상관없이 크기가 비례되면 안 되는 리소스에 사용된다.

비트맵을 여러 크기로 구분해 전부 포함하려면 애플리케이션의 크기도 덩달아 커지는 희생도 감수해야 한다. 더욱이 이렇게 픽셀 밀도를 세분화해 몰아넣어도 모든 기기를 지원할 수 있는 것도 아니다. 분명히 지원되지 않는 해상도의 기기가 존재하기 마련이고, 그럴 때 안드로이드는 비트맵을 기기에 맞게 크기를 자동으로 조절하는데 주로 줄이는 방식이 된다.

12.2.2 각기 다른 화면 크기 지원하기와 최적화하기

안드로이드 기기는 모양이나 크기가 제각각이다(물론 지금까지는 주로 사각형이거나 원형이다). 따라서 UI를 디자인할 때는 레이아웃이 각기 다른 화면 크기나 방향, 화면 비율 등을 '지원'해야 할 뿐 아니라 그에 따라 최적화되도록 하는 것이 무엇보다 중요하다.

어떤 가능한 화면 구성에 맞춰 레이아웃을 만드는 것은 실용적이지 못할 뿐 아니라 바람직하지도 않다. 최선은 다음처럼 2단계 접근 방식을 취하는 것이다.

- ➤ 모든 레이아웃에 합리적인 바운드 범위 내에서 크기 비례가 적용되도록 한다.
- ➤ 가능한 모든 화면 구성을 지원하도록 바운드가 겹치는 대체 레이아웃들을 만든다.

이 접근법은 웹사이트나 데스크톱 애플리케이션에도 비슷하게 적용할 수 있다. 1990년대 고정된 너비의 페이지가 대세였던 웹사이트들은 데스크톱 웹 브라우저의 가용 공간에 맞춰 최대한 활용하고 대체 CSS 정의를 제공해 사용 가능 윈도우 크기를 기준으로 최적화된 레이아웃을 선보이고 있다.

이와 같은 방식이 모바일 기기에도 그대로 적용된다. 최초의 네 종류 안드로이드 기기 이후 개발자들은 유연한 레이아웃이라는 동일한 접근법을 사용할 수밖에 없었다. 이제 우리는 각기 다른 화면 크기 범위에 최적화돼 이 범위 내 화면 크기에 적합하도록 크기가 조절되는 레이아웃을 만들 것이다.

크기 비례 레이아웃 만들기

프레임워크에 제공되는 레이아웃은 5장 '사용자 인터페이스 빌드하기'에서 자세하게 알아봤다. 이 레이아웃은 가용 공간에 따라 비례적으로 조절되는 UI 구현을 지원하도록 설계됐다. 어떤 경우든 레이아웃 요소의 위치를 절대적인 수치 등으로 정의해서는 안 된다.

대개 제약 레이아웃(Constraint Layout)은 가장 강력하고 유연한 대안으로서 레이아웃 중첩을 배제할 수 있는 복합 레이아웃을 지원한다.

UI가 단순하다면 화면의 가용 너비나 높이를 채우는 열이나 행을 표현하도록 선형 레이아웃 (Linear Layout)을 사용하지만, 부모 액티비티를 포함해 다른 요소에 상대적으로 각 UI 요소의 위치를 정의할 때는 상대적 레이아웃(Relative Layout)을 사용한다.

크기 비례적 UI 요소(버튼이나 텍스트 뷰)의 너비나 높이를 정의할 때는 구체적인 크기를 표현하지 않는 것이 좋다. 구체적인 크기 대신 wrap_content 속성이나 match_parent 속성을 사용해 뷰의 높이와 너비를 정의한다.

```
<Button
  android:id="@+id/button"
  android:layout_width="match_parent"
  android:layout_height="wrap_content"
  android:text="@string/buttonText"
/>
```

wrap_content 플래그는 뷰에서 가용 공간을 기준으로 그 크기를 정의할 때 필요하며 match_parent 플래그는 가용 공간을 채우기 위해 요소를 확장할 때 필요하다.

화면 크기가 변경될 때 어떤 화면 요소를 확장(또는 축소)해야 하는지 결정하는 일은 다양한 화면 크기에 적합하도록 레이아웃을 최적화할 때 중요한 요인 중 하나다.

각기 다른 화면 종류에 레이아웃 최적화하기

비례적으로 조절되는 레이아웃을 제공하면서도 각기 다른 화면 크기에 최적화된 대체 레이아웃 정의도 제공해야 한다.

3인치 QVGA 스마트폰 디스플레이에서 사용할 수 있는 화면 공간은 4K 10인치 태블릿과 비교하면 천지 차이라 할 수 있다. 이와 마찬가지로 화면 비율이 현저하게 변경되는 기기에서라면 가로 모드에서는 아무런 문제 없이 작동하던 레이아웃도 세로 모드에는 적합하지 않을 수 있다.

비례적으로 조절되는 레이아웃을 만들어 가용 공간을 최대로 활용하는 것이 좋은 시작점이다. 그리고 더 나은 사용자 경험을 만들기 위해 여분의 공간까지 최대한 활용할 수 있는 방법까지 고려한다면 더욱 좋다.

멀티윈도우 지원이 안드로이드 7.0 누가(API 레벨 24)에 도입되면서 앱에서는 전체 안드로이드 기기의 화면 크기 중 일부분만 사용할 수 있게 됐다. 여기에 안드로이드의 스펙트럼이 대형 스마트폰과 소형 태블릿 등으로 넓어지면서 특정 기기 카테고리에 맞춰 디자인하기보다 가용 공간을 기준으로 레이아웃을 최적화하는 것이 최선이 됐다.

안드로이드 리소스 시스템에서는 대체 레이아웃을 빌드하고 대체 크기를 제공할 수 있다. 기본 레이아웃과 기본 크기는 각각 res/layout과 res/values 리소스 디렉터리에 저장된다. 이 둘은 가용 화면 공간이 가장 작을 때 사용된다. 대체 레이아웃이나 크기를 제공하려면 큰 화면용으로 레이아웃 한정자를 추가 사용해야 한다.

일반적으로 앱에서 사용할 수 있는 너비는 레이아웃 디자인에 지대한 영향을 미치는 요인이다. 한 열로 늘어선 요소들이 스마트폰의 세로 모드에서는 깔끔해 보일지 모르지만 너비가 늘어나면, 예를 들어 스마트폰을 가로로 돌리거나 물리적으로 더 큰 태블릿에서는 그 효과가 반감된다.

그 결과 '분기점', 즉 크기 비례가 더 이상 효과가 없어 아예 레이아웃 자체를 근본적으로 변경해야 할 특정 너비가 생기기 마련이다. 이를 지원하기 위해 안드로이드 리소스 시스템은 w라는 리소스 한정자를 제공해 최소 지원 너비를 나타낸다.

res/layout-w600dp에 포함되는 레이아웃은 가용 너비가 600dp 이상일 때 res/layout에 담긴 레이아웃 대신 사용된다.

600dp라는 크기는 동시에 두 레벨의 콘텐트 계층 구조(즉, 항목 리스트와 단일 항목의 세부 정보)를 한 화면에 담을 때 심각하게 고려해야 할 첫 번째 너비이기 때문에 가장 흔한 분기점 중 하나다.

경우에 따라서는 UI에 최소 높이를 지정해야 한다. 가장자리가 없는 이미지를 세로로 스크롤해야 할 때가 그런 경우다. 높이가 충분치 않으면 사용자는 화면에서 전체 이미지를 확인하지 못할 수도 있다. 안드로이드는 이런 목적으로 h 리소스 한정자를 제공한다. res/layout-h480dp가 단적인 예다.

높이 및 너비 한정자를 사용하면 서로 다른 기기를 고려할 수 있고 기기의 세로 모드와 가로 모드 전환도 감안할 수 있다. 이 두 한정자 외에 sw 리소스 한정자도 있다. 이 한정자는 기기의 최소 너비를 처리할 때 사용한다.

최소 너비는 그냥 너비나 높이와 달리 기기가 회전하더라도 변경되지 않는다. 항상 최소 너비와 최소 높이 그대로일 뿐이다. 이 사실은 회전에 민감하지 않은 UI를 빌드할 때 대단히 유용하다. 이 개념에 따라 어느 방향에서나 모든 연산을 사용할 수 있으며 기본적인 사용 패턴 또한 회전과 무관하게 일관적이다.

이는 '가로'나 '세로'가 기기의 방향에 얽매이지 않는 멀티윈도우 모드에서 더더욱 중요해진다. 가용 너비가 높이보다 큰지(가로) 또는 그 반대인지(세로)만 중요해지기 때문이다.

그림 12-1은 앞서 설명한 각 값이 표준 윈도우 모드와 멀티윈도우 모드에서 실제 기기에 어떻게 대응되는지 나타낸다.

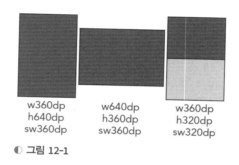

◐ 그림 12-1

회전에 민감하지 않은 UI를 만들면 앱의 크기를 살짝만 조정하다 결국 사용자에게 혼동을 유발할 정도로 큰 폭으로 UI를 변경하는 일이 없어진다. UI를 구조적으로 대폭 변경하려면 가장 작은 너비부터 손을 대고 소폭으로 변경하려면 너비 또는 높이 중단점부터 손을 대는 것이 레이아웃과 크기를 구성할 때 자연스러운 순서다. 이런 한정자들도 다른 리소스 한정자들처럼 결합해 사용할 수 있다. 이를 통해 화면이 특히 가로일 때나 회전 시 최소한 다른 값 이상은 될 수 있을 때 최적화된 레이아웃을 제공할 수 있다.

예를 들어, 다음은 800dp 너비의 디스플레이에 최적화된 리소스 폴더다. 회전 시 화면의 너비가 그림 12-2처럼 최소 600dp 이상이어야 한다.

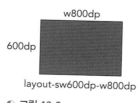

◐ 그림 12-2

이 폴더의 레이아웃들은 (회전에 민감하지 않은 UI를 제공하기 위해) res/layout-sw600dp의 레이아웃과 더 큰 구조의 UI를 공유한다. 하지만 여분의 너비를 최대한 활용하기 위해 더 작은 구조적 변경을 제공한다.

12.2.3 크기 비례 그래픽 애셋 만들기

안드로이드는 XML로만 정의할 수 있는 단순 드로어블 리소스 타입을 상당수 제공하고 있다. ColorDrawable, ShapeDrawable, VectorDrawable 클래스가 대표적이며, 이 리소스들은 res/drawable에 저장된다.

XML로 이 드로어블들을 정의할 때나 밀도 독립적인 픽셀을 사용해 그 속성들을 지정할 때 이 드로어블들은 런타임에 동적으로 스케일링돼(크기가 비례적으로 조절돼) 화면 크기나 해상도, 픽셀 밀도와 무관하게 크기 조절의 부작용 없이 올바르게 표시된다.

14장, '사용자 인터페이스의 고급 구성'에서도 다시 언급하겠지만 이 드로어블들은 변형 가능 드로어블이나 복합 드로어블과 결합될 수 있다. 결합을 통해 리소스를 더 적게 사용하면서도 어떤 화면에서나 깔끔하게 보일 수 있는 동적이고 크기 비례적인 UI 요소를 만들 수 있다.

안드로이드는 나인패치 PNG 이미지도 제공하고 있다. 이 절의 뒷부분에서 언급할 PNG 이미지는 확장이 가능한 비트맵 자리에 사용할 수 있다.

단색 드로어블

XML로 정의된 가장 단순한 드로어블인 ColorDrawable은 한 가지 색의 이미지 애셋으로 지정될 수 있다. 단색 드로어블은 다음처럼 res/drawable 폴더에서 color 태그를 사용해 XML 파일로 정의할 수 있다.

```
<color xmlns:android="http://schemas.android.com/apk/res/android"
    android:color="#FF0000"
/>
```

도형 드로어블

도형 드로어블 리소스로는 단순 도형을 정의할 수 있다. 이때 그 크기와 배경, 스트로크/외곽선을 shape 태그로 정의한다.

도형은 그 종류(shape 속성으로 지정된다)와 크기에 해당하는 속성, 패딩(안쪽 여백)이나 스트로크(외곽선), 배경색 등을 지정할 수 있는 서브노드로 구성된다.

안드로이드는 shape 속성에 지정할 수 있는 값으로, 다음 종류들을 지원한다.

➤ line: 수평선. 부모 뷰의 너비 전체를 차지한다. 이 선의 너비와 스타일은 도형의 스트로크로 기술한다.

➤ oval: 단순 타원형

➤ rectangle: 단순 사각형. 모서리가 둥근 사각형을 만들 수 있는 radius 속성을 사용하는 corners 서브노드도 지원한다.

➤ ring: 안쪽 반지름과 그 두께를 각각 지정할 수 있는 innerRadius와 thickness 속성을 지원한다. innerRadiusRatio와 thicknessRatio를 사용해 안쪽 반지름과 두께를 그 너비의 비율로 지정할 수도 있다(안쪽 반지름이 너비의 4분의 1이면 값이 4가 된다).

stroke 서브노드를 사용하면 width와 color 속성에 따라 도형의 외곽선을 지정할 수 있다.

padding 노드를 추가하면 이 도형 드로어블을 사용하는 뷰의 콘텐트를 자동으로 끼워 넣을 수 있다. 이에 따라 콘텐트와 도형의 외곽선이 겹치는 것을 방지할 수 있다.

서브노드를 포함해 배경색을 지정할 수도 있다. 가장 단순하게는 solid 노드를 사용해 color 속성으로 배경색을 지정할 수 있다.

다음 조각 코드에서는 그림 12-3과 같은 도형 드로어블을 나타낸다. 단색으로 채워지고 모서리가 둥글며 외곽선은 5dp, 안 여백은 10dp인 도형 드로어블이다.

◑ 그림 12-3

```
<?xml version="1.0" encoding="utf-8"?>
<shape xmlns:android="http://schemas.android.com/apk/res/android"
  android:shape="rectangle">
    <solid
      android:color="#f0600000"/>
```

```
    <stroke
      android:width="5dp"
      android:color="#00FF00"/>
    <corners
      android:radius="15dp" />
    <padding
      android:left="10dp"
      android:top="10dp"
      android:right="10dp"
      android:bottom="10dp"
    />
</shape>
```

벡터 드로어블

안드로이드 5.0 롤리팝(API 레벨 21)에서는 VectorDrawable을 도입해 좀 더 복잡한 커스텀 도형을 정의할 수 있게 했다. 벡터 지원 라이브러리도 안드로이드 4.0 아이스크림 샌드위치(API 레벨 14) 이상의 기기를 지원하는 앱 안에서는 벡터 드로어블을 사용할 수 있다.

> **참고**
> 벡터 드로어블을 지원하지 않는 안드로이드 구버전의 경우 벡터 애셋 스튜디오에서 빌드 타임에 벡터 드로어블을 각 화면 밀도에 최적화된 다수의 비트맵으로 변환할 수 있다.

벡터 드로어블은 vector 태그를 사용해 정의한다. 여기에는 네 가지 속성이 필요하다. 우선 높이(height)와 너비(width)를 지정해 드로어블의 기본 크기를 나타낸다. 그리고 viewportWidth와 viewportHeight를 지정해 벡터의 path가 그려질 가상 캔버스의 크기를 정의한다.

일반적으로는 높이/너비와 그 뷰포트 값이 같은 벡터 드로어블을 적어도 하나 만들기 때문에 높이/너비 값을 달리해 벡터 드로어블을 중복 생성하는 것도 유용할 때가 많다.

이는 안드로이드 시스템이 벡터 드로어블마다 하나의 비트맵 캐시를 만들어 다시 그리기 성능에 맞춰 최적화하기 때문이다. 하나의 벡터 드로어블을 각기 다른 크기로 여러 번 재활용한다면 해당 비트맵은 다른 크기가 필요할 때마다 다시 만들어져 그려질 것이다. 따라서 필요한 크기마다 하나씩 여러 개의 벡터 드로어블을 만드는 것이 더욱 효과적이다.

vector 태그 안에 path 요소를 사용해 도형을 정의한다. 도형의 색은 fillColor 속성으로 지정한다. pathData 속성의 사용법은 임의의 도형이나 선을 정의하는 SVG 경로 요소와 같다. 다음 조각 코드는 그림 12-4와 같은 도형을 만든다.

◑ **그림 12-4**

```
<?xml version="1.0" encoding="utf-8"?>
<vector xmlns:android="http://schemas.android.com/apk/res/android"
  android:height="256dp"
  android:width="256dp"
  android:viewportWidth="32"
  android:viewportHeight="32">
  <path
    android:fillColor="#8f00"
    android:pathData="M20.5,9.5
                      c-1.955,0,-3.83,1.268,-4.5,3
                      c-0.67,-1.732,-2.547,-3,-4.5,-3
                      C8.957,9.5,7,11.432,7,14
                      c0,3.53,3.793,6.257,9,11.5
                      c5.207,-5.242,9,-7.97,9,-11.5
                      C25,11.432,23.043,9.5,20.5,9.5z" />
</vector>
```

strokeColor과 strokeWidth 속성은 도형의 외곽선의 색과 너비를 나타낸다. 도형에 칠해진 색이 없을 때는 선의 색과 너비로 그려진다.

안드로이드 스튜디오에는 벡터 애셋 스튜디오라는 도구가 함께 제공된다(그림 12-5). [New ➡ Vector Asset] 메뉴 항목을 통해 접근할 수 있는 벡터 애셋 스튜디오는 SVG(Scalable Vector Graphic)와 PSD(Adobe Photoshop Document) 파일을 벡터 드로어블 형식으로 프로젝트에 가져오는 기능도 지원한다.

◑ 그림 12-5

SVG 경로 요소의 자세한 정보는 www.w3.org/TR/SVG/paths.html#PathData에서 찾아볼 수 있다.

벡터 드로어블의 애니메이션

벡터 드로어블은 그 이름도 직관적인 AnimatedVectorDrawable 클래스를 통해 애니메이션도 지원한다. 애니메이션을 만들 때는 애니메이션이 적용될 path마다 name을 설정해야 한다. 이 name으로 애니메이션을 참조할 수 있기 때문이다. 함께 애니메이션을 적용할 경로가 여럿이라면 group 요소에 이름을 붙이고 그 안에 모든 경로를 넣어야 동시에 크기 조절이든 회전이든 변환이든 적용할 수 있다.

벡터 드로어블에 애니메이션을 적용할 때는 벡터 드로어블을 그 정의 안에 직접 포함해야 한다.

```
<animated-vector xmlns:android="http://schemas.android.com/apk/res/android"
  xmlns:aapt="http://schemas.android.com/aapt">
  <aapt:attr name="android:drawable">
    <vector
        android:height="256dp"
        android:width="256dp"
        android:viewportWidth="32"
        android:viewportHeight="32">
      <path
        android:name="heart"
        [... Vector Drawable 경로 정의 ...]
      />
    </vector>
  </aapt:attr>
  [... Animated Vector Drawable 정의의 나머지 부분 ...]
</animated-vector>
```

기존 벡터 드로어블을 참조하는 방법도 있다. 그럴 때는 drawable 속성을 루트 요소인 animated -vector에 추가한다.

```
<animated-vector xmlns:android="http://schemas.android.com/apk/res/android"
    android:drawable="@drawable/vectordrawable">
    [... Animated Vector Drawable 정의의 나머지 부분 ...]
</animated-vector>
```

이제 일련의 target 요소를 추가해 애니메이션을 추가한다. 여기서 타깃 요소의 name 속성은 애니메이션이 적용되는 벡터 드로어블의 name을 지정한다.

```
<animated-vector xmlns:android="http://schemas.android.com/apk/res/android"
  xmlns:aapt="http://schemas.android.com/aapt">
  <aapt:attr name="android:drawable">
    <vector
        android:height="256dp"
        android:width="256dp"
        android:viewportWidth="32"
        android:viewportHeight="32">
    <path
        android:name="heart"
        [... Vector Drawable path definition ...]
     />
    </vector>
  </aapt:attr>

  <target android:name="heart">
    [... 애니메이션 정의가 오는 곳 ...]
  </target>

</animated-vector>
```

objectAnimator 노드는 단순 애니메이션을 정의할 때 필요하다. 각 애니메이션의 타이밍은 밀리초 단위의 duration으로 결정되며, 이때 역시 밀리초 단위의 startOffset은 옵션이다. path 또는 group 속성은 propertyName 속성으로 설정한다. 초기 및 최종값은 각각 valueFrom과 valueTo 속성으로 설정한다. 코드 12-1은 이를 나타낸 것이며, 그림 12-6은 애니메이션의 최종 상태를 나타낸다.

◑ 그림 12-6

코드 12-1 벡터 드로어블의 단순 애니메이션

```
<?xml version="1.0" encoding="utf-8"?>
<animated-vector xmlns:android="http://schemas.android.com/apk/res/android"
  xmlns:aapt="http://schemas.android.com/aapt">
  <aapt:attr name="android:drawable">
    <vector
    android:height="256dp"
    android:width="256dp"
    android:viewportWidth="32"
    android:viewportHeight="32">
    <path
      android:name="heart"
      android:fillColor="#8f00"
      android:pathData="M20.5,9.5
                    c-1.955,0,-3.83,1.268,-4.5,3
                    c-0.67,-1.732,-2.547,-3,-4.5,-3
                    C8.957,9.5,7,11.432,7,14
```

```
                              c0,3.53,3.793,6.257,9,11.5
                              c5.207,-5.242,9,-7.97,9,-11.5
                              C25,11.432,23.043,9.5,20.5,9.5z" />
    </vector>
  </aapt:attr>

  <target android:name="heart">
    <aapt:attr name="android:animation">
      <objectAnimator
        android:duration="1000"
        android:propertyName="fillColor"
        android:valueFrom="#8f00"
        android:valueTo="#ffc0cb"
        android:interpolator="@android:interpolator/fast_out_slow_in" />
    </aapt:attr>
  </target>
</animated-vector>
```

interpolator 속성은 애니메이션에서 변화율을 제어할 때 필요하다. 같은 타이밍을 공유하는 애니메이션이 여럿일 때 애니메이션 전부를 하나의 set 요소에 담을 수 있다.

애플리케이션 안에서 ContextCompat.getDrawable 메서드를 사용하면 벡터 드로어블 애니메이션의 참조를 조회할 수 있다. 이때 벡터 드로어블의 파일 이름인 리소스 ID를 전달한다.

```
AnimatedVectorDrawable avd =
  (AnimatedVectorDrawable)ContextCompat.getDrawable(context,
                                                R.drawable.avd);
```

또는 안드로이드 지원 라이브러리를 사용해 벡터 드로어블 애니메이션을 지원한다면 create 메서드를 사용해야 한다.

```
AnimatedVectorDrawableCompat avd =
  (AnimatedVectorDrawableCompat)AnimatedVectorDrawableCompat.create(
                                                context,
                                                R.drawable.avd);
```

둘 중 어느 경우든 Drawable 객체를 인자로 받는 메서드에서 해당 벡터 드로어블 애니메이션을 사용하여 start를 호출해 애니메이션을 실행할 수 있다.

```
imageView.setImageDrawable(avd);
avd.start();
```

나인패치 드로어블

나인패치(또는 확장 가능한) 이미지는 확장될 수 있는 이미지 부분에 표시가 되는 PNG 파일이다. res/drawable 폴더에 .9.png 확장명이 붙어 저장된다.

```
res/drawable/stretchable_background.9.png
```

나인패치 생성 과정을 단순화하기 위해 안드로이드 스튜디오는 위지위그 (WYSIWIG) Draw 9-Patch 도구를 제공하고 있다.

나인패치를 만들려면 1픽셀짜리 검은 선을 그린다. 이 선이 그림 12-7처럼 이미지의 왼쪽 및 위쪽 테두리를 따라 확장 가능한 영역을 나타낸다.

◐ 그림 12-7

표시되지 않은 부분은 크기 조절 대상에서 제외된다. 그리고 표시된 부분의 상대적인 크기는 이미지의 크기가 변경된 이후에도 그림 12-8처럼 같은 비율로 유지된다.

◐ 그림 12-8

나인패치 생성 과정을 단순화하기 위해 안드로이드 스튜디오는 위지위그 Draw 9-Patch 도구를 제공하고 있다. 나인패치 이미지를 만들려는 PNG 이미지를 마우스 오른쪽 버튼으로 클릭하고 [Create 9-patch file]을 클릭하면 된다.

12.3 머티리얼 디자인

머티리얼 디자인(Material Disign)은 구글의 디자인 철학이자 모바일 플랫폼 및 웹을 위한 언어다. 머티리얼 디자인은 애플리케이션의 시각적 느낌을 현대적으로 구성하기 위한 일련의 가이드라인 및 사양을 제공한다.

머티리얼 디자인은 안드로이드 5.0 롤리팝(API 레벨 21)에서 안드로이드 시스템과 코어 애플리케이션의 표준 디자인이었지만 관련 API 및 디자인 컴포넌트 상당수는 현재 안드로이드 지원 라이브러리에서도 사용할 수 있다. 그 결과 머티리얼 디자인은 모든 안드로이드 기기에서 그 API 레벨과 무관하게 사실상의 표준이라고 할 수 있다.

지금도 계속 진화하고 있는 디자인 철학인 머티리얼 디자인의 모든 면을 이 한 권의 책에 담아내기란 불가능하다. 하지만 머티리얼 디자인의 핵심 개념을 이해하는 데 필요한 지식과 그 철학이 구체화된 상징적인 컴포넌트 몇 가지를 소개하는 데는 무리가 없을 것이다.

13장 '현대적인 안드로이드 사용자 인터페이스 구현하기'에서는 머티리얼 디자인을 다시 살펴 보고 그 철학을 바탕으로 디자인을 구현한 실제 사례를 알아본다.

> **참고**
>
> 머티리얼 디자인은 끊임없이 진화하는 디자인 언어다. 안드로이드 디자이너든 개발자든 material.io /guidelines에서 머티리얼 디자인의 최신 내용을 천천히 읽어 보는 것이 좋다.

12.3.1 종이와 잉크로 생각하기

머티리얼 디자인의 기본 원칙은 '머티리얼은 은유다'라는 명제다. 머티리얼 디자인의 목표는 화면에 보이는 모든 것은 디지털 창조물이지만 그 디지털 환경과 현실 세계의 머티리얼을 같은 선상에서 보이도록 하는 것이다.

머티리얼 디자인에서 모든 뷰는 물리적인 머티리얼, 즉 종이라는 개념 바탕 위에 놓이는 것으로 상상할 수 있다. 이 가상의 머티리얼 하나하나는 마치 종이 한 장 한 장처럼 두께가 1dp로 얇고 평평하다. 현실 세계의 종이를 차곡차곡 쌓을 수 있는 것처럼 이 가상의 머티리얼도 3D 환경에 적용할 수 있다. 완성된 레이아웃에 높낮이(elevation) 개념을 부여할 때는 elevation 속성을 사용한다.

더 높은 뷰는 낮은 뷰 위에 보이고 아래쪽 뷰에 그림자(shadow)를 드리워야 한다.

이에 따라 높낮이는 UI 레이아웃의 구조적 디자인에서 의미 있는 역할을 한다. 화면 전체에서 이동할 수 있는 요소는 액티비티 전용 콘텐트보다 더 높이 배치되는 것이 단적인 예다. 13장, '현대적인 안드로이드 사용자 인터페이스 구현하기'에서 논의할 각종 이동용 내장 요소들은 그 기본 높낮이 값을 이 원칙에 따라 설정돼 있다.

머티리얼 은유라는 핵심 개념을 바탕으로 머티리얼 디자인은 UI에 그려지는 모든 것을 머티리 얼 표면의 잉크로 규정한다.

이 개념은 터치 피드백을 처리할 때 분명해진다. 사용자가 머티리얼 디자인 버튼을 터치하면 그 지점을 중심으로 표면 물결이 만들어진다. selectableItemBackground로 제공되는 기본 터치 피드백이 이 표면 물결을 만든다. 이 효과를 터치 가능한 화면 요소에 직접 간단하게 적용할 수 있다. 코드 12-2는 이를 나타낸 것이다.

```xml
<?xml version="1.0" encoding="utf-8"?>
<LinearLayout xmlns:android="http://schemas.android.com/apk/res/android"
  android:layout_width="match_parent"
  android:layout_height="match_parent"
  android:orientation="vertical"
  android:clickable="true"
  android:background="?attr/selectableItemBackground">
  <TextView
    android:layout_width="match_parent"
    android:layout_height="wrap_content"
    android:text="Click me!" />
  <TextView
    android:layout_width="match_parent"
    android:layout_height="wrap_content"
    android:text="Clicking anywhere on the layout produces a ripple effect" />
</LinearLayout>
```

이 표면 물결은 잉크처럼 자신을 만든 머티리얼로만 퍼진다. 하지만 레이아웃이 더 큰 연속적인 머티리얼의 일부라면 selectableItemBackgroundBorderless를 사용해 표면 물결이 단일 뷰의 경계 밖으로 퍼지도록 해도 좋을 것이다.

12.3.2 색과 키 라인을 가이드로 사용하기

머티리얼 디자인의 두 번째 원칙은 대담하고 선명하며 의도적이라는 것이다.

디자인의 모든 요소는 좋게 보이기도 해야 하지만 사용자에게 앱 사용을 돕고 안내하기 위해서는 앱의 각 요소의 계층 구조나 중요성이 커지도록 의도적으로 선택해야 한다.

앱에 색 사용하기

가장 대담한 디자인 선택은 색을 사용하는 것이다.

단색 UI는 다소 단조롭다는 위험만 감수하면 될 수도 있다. 하지만 사용자의 입장에서는 눈앞에 보이는 뷰가 주위와 식별하기 곤란하다는 문제를 일으킨다. 색상표의 모든 색을 사용하는 디자인은 현란하게 보일지는 몰라도 조화롭지 못하고 이해하기 어렵다는 점에서는 흑백 UI와 다를 바 없다.

더 나은 접근법은 바로 상호 보완적인 색 팔레트를 구성해 앱에 전반적으로 사용하는 것이다. 이 색 팔레트의 기반은 1차색과 짙은 계열의 색, 강조색이다.

머티리얼 디자인의 핵심 가운데 하나가 '항상 콘텐트 우선'이다. 흡사 토지와도 같은 소중한 화면 위를 브랜딩 요소들이 드러내 놓고 점유하지 않더라도 강한 1차색은 섬세한 브랜딩과도 같아서 유일무이할 정도로 정체성이 뚜렷한 앱을 만드는 데 큰 역할을 한다.

1차색의 짙은 계열은 주로 상태바에 사용돼 애플리케이션의 콘텐트와 시각적으로 분리되도록 한다.

강조색은 눈에 잘 드러나야 하지만 1차색과 상호 보완적이어야 한다. 강조색은 UI 안에서 중요한 뷰로 주의를 집중시킬 때 사용된다. FAB(플로팅 액션 버튼), 텍스트 내 링크, 텍스트 입력 뷰의 하이라이트가 단적인 예다.

색 선택 방법의 예는 material.io/guidelines/style/color.html#color-color-palette의 머티리얼 디자인의 색 팔레트에서 찾아볼 수 있다.

커스텀 테마를 만들어 이 색들을 앱으로 통합할 수 있다. 테마는 Activity 노드의 android:theme 속성을 사용해 액티비티에 적용하거나 애플리케이션 매니페스트 안에 application 요소를 사용해 앱의 액티비티에 적용할 수 있는 속성들의 집합이다.

앞서 언급한 색 팔레트를 통합하는 단순 테마는 colorPrimary, colorPrimaryDark, colorAccent가 담긴 res/values/colors.xml 파일로 구성된다.

이 색들은 res/values/styles.xml 리소스 안에서 테마를 구성하는 데 사용된다.

```xml
<?xml version="1.0" encoding="utf-8"?>
<resources>
  <style name="AppTheme" parent="Theme.AppCompat">
    <item name="colorPrimary">@color/primary</item>
    <item name="colorPrimaryDark">@color/primary_dark</item>
    <item name="colorAccent">@color/accent</item>
  </style>
</resources>
```

이제 매니페스트의 application 요소에 android:theme="@style/AppTheme"을 추가해 테마를 전체 애플리케이션에 적용할 수 있다.

```
<application
  android:theme="@style/AppTheme">

  [... 나머지 application 노드 부분 ...]
</application>
```

앱바와 상태바가 각 액티비티 위에 나란히 배치되며, 각각 colorPrimary와 colorPrimaryDark에 따라 색이 지정된다.

앞의 조각 코드에서는 Theme.AppCompat이라는 부모 테마를 사용했다. 이 테마는 안드로이드 지원 라이브러리에 제공되며 API 레벨과 무관하게 각 요소를 직접 정의할 필요 없이 머티리얼 스타일의 테마를 적용하는 데 사용된다.

테마 사용 방법의 더욱 자세한 내용은 13장 '현대적인 안드로이드 사용자 인터페이스 구현하기'에서 찾아볼 수 있다.

키 라인에 맞춰 정렬하기

레이아웃에서 시각적인 군더더기를 덜어내야 핵심 요소로 사용자의 시선을 집중시킬 수 있다. 이를 위해 머티리얼 디자인은 키 라인에 맞춰 콘텐트를 정렬하는 것이 핵심인 전통적 인쇄물 디자인의 테크닉을 통합했다.

키 라인은 가로나 세로 형태의 가이드라인으로서 요소들, 특히 텍스트를 정렬할 때 사용된다. 모든 것이 키 라인에 따라 정렬되면 사용자는 앱의 레이아웃과 콘텐트를 훑어보고 자신이 원하는 것을 쉽게 찾을 수 있다.

다양한 키 라인과 크기는 머티리얼 디자인 사양에 명시돼 있다. 가장 중요하다고 말할 수 있는 것은 그림 12-9처럼 화면 가장자리에 보이는 가로 마진(바깥 여백)과 콘텐트의 왼쪽 마진이다.

모바일 기기용으로 머티리얼 디자인에 따라 정의된 가로 마진은 16dp다. 반면 태블릿의 경우는 24dp까지 늘어난다. 화면 가장자리의 왼쪽 마진은 모바일에서 72dp, 태블릿에서 80dp다.

기기가 커지면 시각적 공간도 많아지며 마진이 커지면 가용 공간의 활용도 또한 높아진다. 그리고 콘텐트가 화면 가장자리에 너무 가까이 배치되는 것을 막을 수 있다.

◐ **그림 12-9**

단, 콘텐트의 왼쪽 마진은 주로 텍스트에 적용돼, 도구 모음의 제목과 나란히 배치된다. 그리고 아이콘과 둥근 아바타는 **16dp**짜리 가로 마진에 맞춰 정렬된다.

 머티리얼 디자인을 구성하는 키 라인의 세부 정보는 material.io/guidelines/layout/metrics-keylines.html에서 찾아볼 수 있다.

12.3.3 모션을 통한 연속성

머티리얼 디자인의 세 번째이자 마지막 원칙은 '모션이 의미를 제공한다'는 것이다.

모션을 보면 모든 것을 움직이게 하고 싶은 생각이 든다. 다른 이유는 없다. 단지 그럴 수 있기 때문에 뭐든지 움직이게 하고 싶은 것이다. 하지만 그러지 말아야 한다. 불필요한 모션은 그나마 별탈이 없을 때는 사용자의 시선을 분산시키는 정도지만 최악의 경우에는 사용자를 좌절시킨다. 그 누구도 화면에서 터치 대상을 찾아 헤매고 싶지는 않을 것이다. 머티리얼 디자인은 절제된 접근법에 따라 UI 안에서 모션을 사용하도록 요구한다. 각 움직임은 어떤 의도에 따라 사용자의 시선과 주의를 끌 수 있도록 디자인해야 한다.

앞서 설명한 표면 물결 애니메이션은 사용자에게 피드백을 제공하도록 디자인된, 그 자체로 모션의 한 형태다. 사용자의 액션이 모션을 유발하는 것은 머티리얼 디자인에서 일반적인 패턴이다.

이번 장 앞에서 설명한 벡터 드로어블 애니메이션(Animated Vector Drawable)은 액션과 피드백이 어떻게 서로 연결될 수 있는지를 보여 주는 단적인 예다. 오디오 플레이어 앱에서는 플레이 버튼이 일시 멈춤 버튼으로 바뀌도록 애니메이션을 적용할 수 있는데, 이때 벡터 드로어블 애니메이션을 사용해 서로 배타적인, 하지만 밀접한 관계가 있는 상태로 전환할 수 있다.

드러내기 효과를 사용해 뷰 가시성에 애니메이션 적용하기

새 뷰가 나타나게 될 사용자 액션에 시각적 연속성을 제공하기 위해 안드로이드 5.0 롤리팝(API 레벨 21) 이상에서만 실행되는 ViewAnimationUtils.createCircularReveal 메서드가 제공된다. 이에 따라 반지름이 점점 커지는(또는 줄어드는) 원 안을 클릭하면 뷰가 모습을 드러내는(또는 자취를 감추는) 애니메이션이 만들어진다.

드러내기 애니메이션의 중심이 어디인지에 따라 이 애니메이션에는 몇 가지 사소한 수학식이 코드 12-3처럼 사용된다.

코드 12-3 원형 드러내기 애니메이션을 사용해 뷰 나타내기

```
final View view = findViewById(R.id.hidden_view);

// View 중앙에 드러내기를 둔다.
int centerX = view.getWidth() / 2;
int centerY = view.getHeight() / 2;

// View 전체를 덮는 원의 반지름을 결정한다.
float coveringRadius = (float) Math.hypot(centerX, centerY);

// 원형 드러내기를 빌드한다.
Animator anim = ViewAnimationUtils.createCircularReveal(
  view,
  centerX,
  centerY,
  0,                // 초깃값
  coveringRadius    // 최종 반지름
```

```
);

// View를 VISIBLE로 설정하고 애니메이션을 시작한다.
view.setVisibility(View.VISIBLE);
anim.start();
```

뷰를 숨기는 데도 같은 접근법을 적용한다. 코드 12-4는 이를 나타낸 것이다.

코드 12-4 원형 드러내기 애니메이션을 사용해 뷰 숨기기

```
// 원형 숨기기 애니메이션을 빌드한다.
Animator anim = ViewAnimationUtils.createCircularReveal(
  view,
  centerX,
  centerY,
  coveringRadius, // 초깃값
  0               // 최종값
);

anim.addListener(new AnimatorListenerAdapter() {
  @Override
  public void onAnimationEnd(Animator animation) {
    // 애니메이션이 끝날 때만 View를 INVISIBLE로 설정한다.
    view.setVisibility(View.INVISIBLE);
  }
});

anim.start();
```

공유 요소 액티비티 전환 빌드하기

일반적으로 앱에서는 액티비티 간 이동이 가장 큰 전환이라고 할 수 있다. 안드로이드 5.0 롤리팝(API 레벨 21)에서는 두 액티비티에 모두 존재하는 핵심 뷰에 시각적 연속성을 제공하기 위한 공유 요소 액티비티 전환을 도입했다. 한마디로 뷰가 제1 액티비티의 처음 위치에서 제2 액티비티의 최종 위치까지 동적으로 전환되는 기능이다.

공유 요소 액티비티 전환을 활용하려면 뷰를 애니메이션에 연결하기 위해 두 액티비티의 레이아웃 안에서 뷰에 android:transitionName 속성을 추가한다.

```
<?xml version="1.0" encoding="utf-8"?>
<LinearLayout xmlns:android="http://schemas.android.com/apk/res/android"
    android:layout_width="match_parent"
    android:layout_height="wrap_content"
    android:orientation="vertical">
```

```
    <ImageView
      android:id="@+id/avatar_view"
      android:transitionName="avatar_view_transition"
      android:layout_width="match_parent"
      android:layout_height="wrap_content"/>
  <TextView
      android:id="@+id/username_view"
      android:transitionName="username_view_transition"
      android:layout_width="match_parent"
      android:layout_height="wrap_content"/>
</LinearLayout>

<?xml version="1.0" encoding="utf-8"?>
<LinearLayout xmlns:android="http://schemas.android.com/apk/res/android"
      android:layout_width="match_parent"
      android:layout_height="wrap_content"
      android:orientation="horizontal">
  <ImageView
      android:id="@+id/avatar_view"
      android:transitionName="avatar_view_transition"
      android:layout_width="wrap_content"
      android:layout_height="match_parent"/>
  <TextView
      android:id="@+id/username_view"
      android:transitionName="username_view_transition"
      android:layout_width="wrap_content"
      android:layout_height="match_parent"/>
</LinearLayout>
```

두 액티비티 간 전환 애니메이션을 시작하려면 ActivityOptionsCompat 클래스의 makeScene
TransitionAnimation 메서드로부터 만든 Bundle을 전달해야 한다. 이때 현재 액티비티의 레
이아웃에 있는 뷰를 나타내는 Pair 인스턴스와 전환되고 있는 transitionName(각 뷰를 View
Compat.getTransitionName 메서드에 전달하면 만들어짐)을 함께 전달한다. 코드 12-5는 이를 나타
낸 것이다.

코드 12-5 공유 요소 액티비티 전환 시작하기

```
Intent intent = new Intent(context, SecondActivity.class);

Bundle bundle = ActivityOptionsCompat.makeSceneTransitionAnimation(
            this,
            Pair.create((View)avatarView,
                        ViewCompat.getTransitionName(avatarView)),
            Pair.create((View)userNameView,
                        ViewCompat.getTransitionName(userNameView))
        ).toBundle();
```

```
startActivity(intent, bundle);
```

제2 액티비티가 닫히면 finish 대신 ActivityCompat.finishAfterTransition을 호출해 같은 애니메이션을 거꾸로 적용할 수도 있다.

12.4 머티리얼 디자인의 사용자 인터페이스 요소들

머티리얼 디자인은 디자인 원칙뿐 아니라 다양한 새 UI 요소도 제공하고 있다. 이 UI 요소들은 시스템 UI 전반에 걸쳐 그리고 핵심 앱들에 자주 사용된다. 앱에 이 UI 요소들을 통합함으로써 새 사용자들은 더욱 쉽게 앱을 이해할 수 있으며, 머티리얼 디자인 철학에 따라 시스템 및 서드파티 앱들과 더욱 일관된 모습으로 유지될 수도 있다.

12.4.1 앱바

앱바(app bar)는 과거 액션바(Action Bar)라고 불렸으며, 그림 12-10처럼 앱의 맨 위에 배치된다.

◑ 그림 12-10

UI의 맨 위에 자리 잡는다는 것은 사용자에게 가장 먼저 보인다는 뜻이다. 그런 의미에서 앱바는 사용자가 이동하려는 곳이 확실하지 않을 때 눈에 익은 곳으로 단번에 돌아갈 수 있도록 하는 UI의 앵커와도 같다.

앱바의 색은 정의한 앱바의 테마에 따라 자동으로 결정된다. 이때 colorPrimary 속성이 사용되며, 사용자가 어떤 앱을 열었는지에 따라 조금씩 달라진다.

테마를 정의할 때는 colorPrimary와 앱바에 사용된 텍스트 색 사이가 강하게 대비되는 '부모' 테마를 지정해야 한다. 다음 중 한 가지를 선택하면 된다.

➤ **Theme.AppCompat**: UI의 배경이 어둡고 *colorPrimary*도 어두울 때 사용한다. 텍스트 색은 이와 대비되기 위해 밝은 색이 사용된다.

➤ **Theme.AppCompat.Light**: 밝은 배경 및 *colorPrimary*에 사용된다. 어두운 텍스트 색을 제공한다.

➤ **Theme.AppCompat.Light.DarkActionBar**: 밝은 테마에 맞춰진다. 다만, 앱바에만 대비되는 색이 사용된다.

> **참고**
>
> 내장된 앱바를 사용한다면 이들 테마를 사용해야 한다. 13장 '현대적인 안드로이드 사용자 인터페이스 구현하기'에서는 툴바를 앱바로 사용하고 여기서 설명한 기본 앱바를 명시적으로 제거하는 대체 테마를 사용한다.

앱바에서 가장 눈에 띄는 텍스트는 액티비티의 매니페스트 항목에서 가져온 android:title 속성이다. 이 속성은 앱 안에서 현재 위치를 알 수 있는 일종의 이정표로서, 액티비티 간 이동 시 업데이트된다.

코드상에서 이 제목을 변경하려면 AppCompatActivity의 getSupportActionBar 메서드를 호출해 앱바를 가져온 후 setTitle을 호출해 새 값을 지정한다.

```
String title = "New Title";
getSupportActionBar().setTitle(title);
```

앱바에는 이동용 버튼도 포함되며, 대개 앱의 이동 계층 구조에 따라 '위로' 이동할 때 주로 사용된다.

여기서 '위로' 이동은 뒤로 가기 버튼과 목적이 다르다. 뒤로 가기 버튼은 정확하게 이전 위치(이전 액티비티의 상태를 복원하는 것 포함)로 사용자를 옮겨놓지만, '위로'는 일종의 탈출구와도 같다.

다시 말해, '위로'는 사용자를 항상 이전 상태가 아닌 새 상태의 특정 액티비티로 옮긴다. 결국 위로 이동을 반복하면 사용자는 메인 시작 액티비티로 돌아간다.

위로 버튼 이동은 액티비티의 부모를 정의하는 방식으로 구성된다. MainActivity가 CategoryActivity로 향하고, 그다음에는 DetailActivity로 향하는 단순 앱을 생각해 보자.

그림 12-11처럼 MainActivity에는 부모 액티비티가 없다. 반면 CategoryActivity는 Main Activity가 부모이고, DetailActivity는 CategoryActivity가 부모다. 따라서 구체적인 콘텐트 화면(DetailActivity)에서 위로 버튼을 누르면 콘텐트 계층 구조에 따라 MainActivity까지 올라가게 된다.

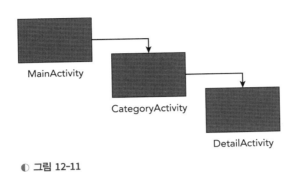

◐ 그림 12-11

애플리케이션 매니페스트 안에서 각 액티비티의 부모는 android:parentActivityName 속성을 사용해 가리킬 수 있다. parentActivityName 속성은 안드로이드 4.1 젤리빈(API 레벨 16)에서 도입됐다. 따라서 이전 플랫폼을 지원하려면 〈meta-data〉 요소도 추가해야 한다.

```
<application ...>
  ...

  <activity
      android:name="com.example.MainActivity" ...>
    ...
  </activity>

  <activity
      android:name="com.example.CategoryActivity"
      android:parentActivityName="com.example.MainActivity"
      ...>
    ...
    <!-- Android 4.0 이하에만 필요하다. -->
    <meta-data
        android:name="android.support.PARENT_ACTIVITY"
        android:value="com.example.MainActivity" />
  </activity>

  <activity
      android:name="com.example.DetailActivity"
      android:parentActivityName="com.example.CategoryActivity"
      ...>
```

```
...
<!-- Android 4.0 이하에만 필요하다. -->
<meta-data
  android:name="android.support.PARENT_ACTIVITY"
  android:value="com.example.CategoryActivity" />
</activity>

</application>
```

앱바에서 위로 버튼을 표시하려면 액티비티의 onCreate 핸들러 안에서 setDisplayHomeAs
UpEnabled(true)를 호출한다.

```
getSupportAconBar().setDisplayHomeAsUpEnabled(true);
```

부모 액티비티의 인스턴스가 여럿일 때는 이동할 액티비티를 특정하기 위해 Intent에 세부 정
보를 추가해야 한다.

이때 getSupportParentActivityIntent를 오버라이드해 적절한 엑스트라를 추가한다. Detail
Activity를 예로 든다면, 그 부모 액티비티인 CategoryActivity에 추가 엑스트라를 전달해 카
테고리를 특정할 수 있다.

```
@Override
public Intent getSupportParentActivityIntent() {
  // parentActivityName으로부터 인텐트를 얻는다.
  Intent intent = super.getSupportParentActivityIntent();
  // CategoryActivity를 새 상태로 만들기 위한
  // 정보를 추가한다.
  intent.putExtra(CategoryActivity.EXTRA_CATEGORY_ID, mCategoryId);
  return intent;
}
```

12.4.2 지진 정보 뷰어 앱에 머티리얼 디자인 적용하기

안드로이드 스튜디오의 기본 프로젝트 템플릿은 앱에 머티리얼 디자인을 포함할 수 있도록 적
절한 발판을 제공하고 있지만, 개별 브랜딩을 위해서는 이 발판 위에 뭔가가 추가돼야 한다.
지금까지 여러 장에 걸쳐 만든 지진 정보 뷰어 앱도 예외는 아니다.

이제 새로운 색을 사용하기 위해 기본 테마를 업데이트한다. 그리고 이미지 애셋 마법사를 사
용해 앱 아이콘을 만들고 액티비티마다 적절한 '위로' 계층 구조를 세울 것이다.

1. 11장까지 작성된 Earthquake 프로젝트를 열고 res/values/colors.xml 파일의 세 가지 색을 변경한다.

```xml
<?xml version="1.0" encoding="utf-8"?>
<resources>
    <color name="colorPrimary">#D32F2F</color>
    <color name="colorPrimaryDark">#9A0007</color>
    <color name="colorAccent">#448AFF</color>
</resources>
```

2. 안드로이드 스튜디오 메뉴에서 [File ➡ New ➡ Image Asset]을 선택하여 Asset Studio 대화상자를 연다. 아이콘 타입이 [Launcher Icon (Adaptive and Legacy)]로 설정됐는지 확인하고 다음 옵션들을 변경한다.

   2.1 Foreground Layer를 클릭한 후 Asset Type을 Clip Art로 선택하고 바로 밑의 Clip Art 버튼을 누른다. 그 다음 대화상자의 왼쪽에서 Notification을 선택하고 오른쪽에서 vibration 아이콘을 선택한 후 [OK] 버튼을 누른다. 그리고 Color 필드를 클릭하여 나타나는 대화상자에서 오른쪽 위의 필드에 FFF(흰색)를 입력하고 [Choose] 버튼을 누른다. 다시 Asset Studio 대화상자에서 제일 밑의 Resize 슬라이드 바를 움직여 아이콘의 크기를 80%로 조정한다(세밀한 조정은 좌우 화살표 키로 하면 된다).

   2.2 Background Layer를 클릭한 후 Asset Type을 Color로 변경하고 2.1과 같은 방법으로 Color 필드를 클릭하여 색을 D32F2F로 변경한다.

   다 되었으면 Next 버튼을 누른 후 그 다음 대화상자에서 [Finish] 버튼을 눌러 새 론처 아이콘을 적용한다(자동 생성된 기존의 론처 아이콘을 변경하게 된다).

3. AndroidManifest.xml을 열고 PreferencesActivity와 EarthquakeSearchResultActivity 모두에 부모 액티비티로 EarthquakeMainActivity를 추가한다.

```xml
<activity
    android:name=".PreferencesActivity"
    android:parentActivityName=".EarthquakeMainActivity">
    <intent-filter>
        <action
            android:name="android.intent.action.MANAGE_NETWORK_USAGE"/>
        <category android:name="android.intent.category.DEFAULT"/>
    </intent-filter>
    <meta-data
```

```
      android:name="android.support.PARENT_ACTIVITY"
      android:value=".EarthquakeMainActivity" />
</activity>

<activity
  android:name=".EarthquakeSearchResultActivity"
  android:launchMode="singleTop"
  android:parentActivityName=".EarthquakeMainActivity">
  <intent-filter>
    <action android:name="android.intent.action.SEARCH" />
  </intent-filter>
  <meta-data
    android:name="android.app.searchable"
    android:resource="@xml/searchable" />
  <meta-data
    android:name="android.support.PARENT_ACTIVITY"
    android:value=".EarthquakeMainActivity" />
</activity>
```

4. PreferenceActivity를 편집기 창에 열고 setDisplayHomeAsUpEnabled(true)를 호출하도록 onCreate 메서드를 변경한다.

```
@Override
public void onCreate(Bundle savedInstanceState) {
  super.onCreate(savedInstanceState);
  setContentView(R.layout.preferences);

  getSupportActionBar().setDisplayHomeAsUpEnabled(true);
}
```

5. EarthquakeSearchResultActivity를 편집기 창에 열고 setDisplayHomeAsUpEnabled(true)를 호출하도록 onCreate 메서드를 변경한다.

```
@Override
public void onCreate(Bundle savedInstanceState) {
  super.onCreate(savedInstanceState);
  setContentView(R.layout.activity_earthquake_search_result);

  getSupportActionBar().setDisplayHomeAsUpEnabled(true);

  [... 기존 onCreate 메서드 코드 ...]
}
```

실제 기기나 에뮬레이터에서 애플리케이션을 시작시키면 종전처럼 지진 데이터가 리사이클러 뷰에 나타날 것이다. 그러나 색이 변경된 것을 볼 수 있을 것이다. 또한 SEARCH를 터치(클릭)

하면 제일 왼쪽에 부모 액티비티로 이동하는 아이콘()이 나타나며, 이 아이콘을 터치하면 곧바로 EarthquakeMainActivity로 이동하므로 지진 데이터를 보여주는 리사이클러 뷰가 나타난다. 이와 동일하게 오른쪽 제일 위의 액티비티 메뉴(⋮)를 터치하고 'Settings' 메뉴 항목을 선택해도 부모 액티비티로 이동하는 아이콘(←)이 나타난다.

12.4.3 카드를 사용해 콘텐츠 표시하기

디자인 철학이 어떻게 되든 콘텐츠는 항상 앱의 포커스를 받아야 한다. 다시 말해, 콘텐츠는 사용자의 시선을 끄는 구조여야 한다.

그림 12-12에 나타낸 대로 카드는 한 가지 주제를 대상으로 관련 정보와 액션을 함께 묶은 머티리얼로, 모서리가 둥글고 전체적으로 조금 위로 솟은 형태를 보인다.

Kangaroo Valley Safari
Located two hours south of Sydney in the Southern Highlands of New South Wales, ...

SHARE   EXPLORE

◑ **그림 12-12**

모든 요소가 비슷비슷하고 간략하게 훑어보는 동작이 중요할 때는 전통적인 리스트나 그리드 형식의 콘텐츠로도 무리가 없다. 카드는 콘텐츠와 관련해 서로 다른 요소나 액션이 많을 때 또는 사용자가 개별 카드를 제거해야 하는 것이 필요할 때 그 역할이 두드러진다.

CardView 클래스는 안드로이드 지원 라이브러리의 일부로 제공되며, 카드 개념이 구현된 결과물이다. 여기에는 둥근 모서리와 높낮이 등의 시각적 요소가 가미됐다. 카드 뷰를 앱에서 사용하려면 카드 뷰의 의존성을 앱 모듈 build.gradle 파일에 추가해야 한다.

```
implementation 'com.android.support:cardview-v7:28.0.0'
```

CardView는 FrameLayout을 확장한다. 따라서 5장 '사용자 인터페이스 빌드하기'에서 소개한 레이아웃 테크닉 전부는 카드 뷰 안에 콘텐트를 배치할 때도 적용된다. 단, 패딩(안쪽 여백)은 제외된다. 카드 뷰 안에서는 padding보다 contentPadding 속성을 사용해야 한다. 그래야만 카드 내 콘텐트만이 안쪽으로 여백이 만들어진다(카드의 테두리서부터가 아니다).

> **참고**
>
> 안드로이드 5.0 롤리팝(API 레벨 21) 이전의 CardView에서는 패딩이 모든 콘텐트를 기준으로 결정됐다. 지금처럼 둥근 모서리에 맞춰 콘텐트를 자르지 않았다. 이 기능을 비활성화하려면 setPreventCornerOverlap(false)를 사용해야 한다. 만일 카드 뷰가 API 레벨과 무관하게 보여야 한다면 setUseCompatPadding(true)를 사용해 API 21+ 기기에서 패딩을 활성화해야 한다.

카드는 모듈식으로 설계됐다. 카드는 공통 콘텐트 블록을 통해 구성되며, 그림 12-13처럼 위에서 아래로 특정 순서에 따라 추가된다. 구체적으로 언급하자면 다음과 같다.

➤ 아바타 이미지가 포함된 헤더(옵션이며 그림에는 없음)와 사람 관련 카드일 경우 부제목

➤ 16:9 또는 1:1 비율의 리치 미디어

➤ 1차 제목과 부제목('사람 헤더'를 사용하지 않을 경우). 카드의 콘텐트를 설명할 때 사용된다.

➤ 여러 행의 지원 텍스트

➤ 액션: 왼쪽으로 정렬되는 텍스트나 오른쪽으로 정렬되는 아이콘

지원 텍스트의 확장은 카드 아래쪽 세부 콘텐트를 표시하는 확장 액션을 추가하면 사용할 수 있다.

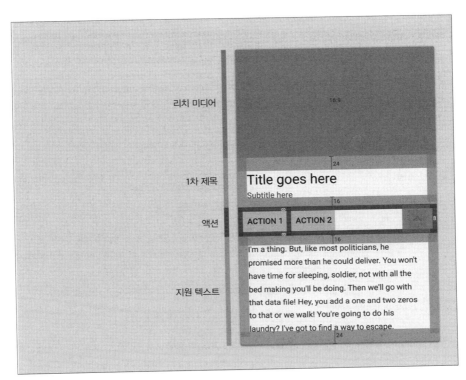

리치 미디어

1차 제목

Title goes here

Subtitle here

액션

ACTION 1 ACTION 2

지원 텍스트

I'm a thing. But, like most politicians, he promised more than he could deliver. You won't have time for sleeping, soldier, not with all the bed making you'll be doing. Then we'll go with that data file! Hey, you add a one and two zeros to that or we walk! You're going to do his laundry? I've got to find a way to escape.

● 그림 12-13

 참고

카드와 카드가 담을 수 있는 콘텐츠의 예는 material.io/guidelines/components/cards.html #cards-content에서 찾아볼 수 있다.

코드 12-6은 16:9 이미지와 1차 제목, 부제목, 두 가지 액션이 담긴 단순 카드를 나타낸다.

코드 12-6 카드 뷰 구현

```xml
<?xml version="1.0" encoding="utf-8"?>
<android.support.v7.widget.CardView
  xmlns:android="http://schemas.android.com/apk/res/android"
  xmlns:app="http://schemas.android.com/apk/res-auto"
  android:layout_width="match_parent"
  android:layout_height="match_parent">
  <android.support.constraint.ConstraintLayout
      android:layout_width="match_parent"
      android:layout_height="match_parent">
    <ImageView
      android:id="@+id/image"
```

```xml
            android:layout_width="0dp"
            app:layout_constraintDimensionRatio="16:9"
            app:layout_constraintLeft_toLeftOf="parent"
            app:layout_constraintRight_toRightOf="parent"
            app:layout_constraintTop_toTopOf="parent" />
        <TextView
            android:id="@+id/title"
            android:layout_width="0dp"
            android:layout_height="wrap_content"
            android:paddingTop="24dp"
            android:paddingLeft="16dp"
            android:paddingRight="16dp"
            app:layout_constraintLeft_toLeftOf="parent"
            app:layout_constraintRight_toRightOf="parent"
            app:layout_constraintTop_toBottomOf="@id/image"
            android:textAppearance="@style/TextAppearance.AppCompat.Headline" />
        <TextView
            android:id="@+id/subtitle"
            android:layout_width="0dp"
            android:layout_height="wrap_content"
            android:padding="16dp"
            app:layout_constraintLeft_toLeftOf="parent"
            app:layout_constraintRight_toRightOf="parent"
            app:layout_constraintTop_toBottomOf="@id/title"
            android:textAppearance="@style/TextAppearance.AppCompat.Body2" />
        <Button
            android:id="@+id/first_action"
            android:layout_width="wrap_content"
            android:layout_height="wrap_content"
            android:layout_marginTop="8dp"
            android:layout_marginLeft="8dp"
            android:layout_marginBottom="8dp"
            app:layout_constraintLeft_toLeftOf="parent"
            app:layout_constraintTop_toBottomOf="@id/subtitle"
            app:layout_constraintBottom_toBottomOf="parent"
            android:text="@string/first_action_text"
            style="?borderlessButtonStyle" />
        <Button
            android:id="@+id/second_action"
            android:layout_width="wrap_content"
            android:layout_height="wrap_content"
            android:layout_margin="8dp"
            app:layout_constraintLeft_toRightOf="@id/first_action"
            app:layout_constraintTop_toBottomOf="@id/subtitle"
            app:layout_constraintBottom_toBottomOf="parent"
            android:text="@string/second_action_text"
            style="?borderlessButtonStyle" />
    </android.support.constraint.ConstraintLayout>
</android.support.v7.widget.CardView>
```

12.4.4 FAB

그림 12-14와 같은 FAB, 이른바 플로팅 액션 버튼(Floating Action Button)은 머티리얼 디자인의
상징적인 패턴이며, 사용자가 액티비티 안에서 취할 수 있는 가장 중요한 단일 액션으로 주의
를 끌도록 설계됐다.

◑ **그림 12-14**

FAB는 다른 UI보다 위에 있는 것처럼 보이도록 위로 살짝 솟은 형태의 원형 아이콘으로 표현
된다. 이때 색은 애플리케이션의 강조색으로 설정된다. FAB는 사용자가 액션을 쉽게 찾아 알
수 있도록 시각적으로 현저하게 두드러져야 한다.

안드로이드 디자인 지원 라이브러리에는 FloatingActionButton 클래스가 제공된다. 이 클래스
는 FAB용 머티리얼 디자인 사양을 구현해 놓은 결과물로, 56dp의 기본 크기와 fabSize 속성
으로 지정하는 40dp의 최소 크기를 지원한다.

거의 모든 경우 기본 크기면 충분하지만, 아바타 이미지(40dp)와 같은 요소가 FAB와 나란히 배치될 때는 예외다. 어느 경우든 아이콘은 24dp의 정사각형이어야 한다.

가시성이 setVisibility로 설정되는 다른 뷰와 달리 FAB 가시성을 제어하기 위해서는 show 메서드와 hide 메서드를 사용하는 것이 좋다. 이 방법대로 FAB는 각각 반지름 0에서부터 늘어나거나 0으로 줄어드는 애니메이션이 만들어진다.

FAB를 어디에 배치하느냐는 결국 디자인적인 선택이다. 그리고 모든 앱이, 또한 모든 액티비티에 FAB가 필요한 것이 아니라는 점도 유의해야 한다. 당장 눈앞에 보여야 하는 액션이 아니라면 FAB를 포함하지 않는 것이 좋다.

13

현대적인 안드로이드 사용자 인터페이스 구현하기

📑 13장의 주요 내용

➢ 테마를 사용자 인터페이스에 만들고 적용하기

➢ 메뉴와 앱바 액션 만들기

➢ 액션 뷰와 액션 프로바이더 사용하기

➢ 툴바를 사용해 앱바 맞춤 설정하기

➢ 고급 스크롤링 테크닉 구현하기

➢ 탭, 하단 내비게이션바(navigation bar), 내비게이션 드로어(navigation drawer) 활용하기

➢ 대화상자, 토스트, 스낵바로 사용자에게 알리기

📥 13장에 사용된 코드의 다운로드용 파일

13장은 다음 3개의 파일로 되어 있다.

📥 Snippets_ch13.zip

📥 Earthquake_ch13_part1.zip

📥 Earthquake_ch13_part2.zip

13.1 현대 안드로이드의 UI

13장에서는 현란하면서도 사용하기 쉬운 UI를 제공하거나 플랫폼 및 다른 애플리케이션과 일관된 사용자 경험을 제공하기 위해 레이아웃과 UI 컴포넌트 그 이상으로 사용자 경험을 확장할 수 있는 테크닉을 선사하고자 한다.

우선 AppCompat API부터 소개한다. 이 API는 안드로이드 지원 라이브러리의 일부분으로 제공되며, 테마를 사용해 안드로이드 API 레벨과는 무관하면서도 일관되고 현대적인 느낌을 앱에 입힐 수 있도록 지원한다.

5장 '사용자 인터페이스 빌드하기'에서 소개한 앱바는 애플리케이션의 중요한 컴포넌트다. 13장에서는 거기에 메뉴와 액션을 추가해 세밀하게 튜닝하는 방법을 설명한다. 그리고 도구 모음, 즉 이른바 툴바를 활용해 레이아웃 안에서 기존 앱바를 대체하고 특화된 스크롤링 테크닉을 비롯해 관련 기능을 사용하는 방법도 다룬다.

단일 화면만 지원하던 앱이 커지면 쉬운 사용자의 상호 작용을 위해 이동(찾아가기) 패턴을 통합할 필요가 커진다. 탭은 사용자가 쉽게 최상위 레벨의 액티비티 사이를 왔다 갔다 할 수 있는 한 가지 패턴이다. 반면 하단 내비게이션바는 3개에서 5개까지의 최상위 레벨 액티비티에 지속적인 접근 방식을 제공한다. 마지막으로 내비게이션 드로어는 사용자가 기존 이동(찾아가기) 방식으로 쉽게 접근하면서도 콘텐츠에만 초점을 맞출 수 있도록 한다.

이동(찾아가기) 기능 외에도 사용자에게 예외적인 상황을 알리는 테크닉도 소개한다. 모달 대화상자는 사용자에게 어떤 이슈를 처리하고 기존 작업을 이어갈 수 있도록 한다. 반면 토스트(Toast)는 전적으로 비상호적 플로팅 메시지(non-interactive floating message)를 위한 메커니즘을 제공한다. 스낵바(Snackbar)는 상호 반응이 가능한 비모달 통지(non-modal alert)를 제공하며, 어떤 액션으로 상호 작용이 어긋나면 이를 간단하게 복구할 수 있도록 한다.

13.2 AppCompat을 사용해 일관된 현대적 사용자 인터페이스 만들기

안드로이드 플랫폼은 끊임없이 진화하고 있으며, 주류 디자인 언어도 그와 함께 진화하고 있다. 안드로이드 릴리스마다 새로운 UI 패턴과 요소들 그리고 기능이 도입되고 있기 때문이다.

AppCompat API는 안드로이드 지원 라이브러리 안에서 사용할 수 있으며, 하나의 하위 호환성 API를 제공한다. 이에 따라 개발자들은 특정 안드로이드 버전과 무관하게 일관된 현대적 UI를 제공할 수 있다.

AppCompat API는 다양한 테마를 제공한다. 이때 각 테마에는 Theme.AppCompat이 접두어처럼 붙는다. 앱에 시각적 하위 호환성을 갖출 수 있는 AppCompat의 기능을 사용하려면 AppCompat 테마를 그 부모로 사용하는 새 테마를 만들고, 앱 안에서 새 액티비티를 만들 때 AppCompatActivity의 서브 클래스로 생성해야 한다.

AppCompat이 제공하는 다양한 속성은 이에 상응하는 프레임워크 속성들과 이름이 같다. 예를 들어 android:colorAccent는 안드로이드 5.0 롤리팝(API 레벨 21) 이상의 기기에서 뷰에 강조색을 정의한다. 이전 버전의 안드로이드에서도 동일한 작동 방식을 만들 때 android:colorAccent를 사용할 수 없다면 그 대신 colorAccent 속성을 테마 안에서 사용할 수 있다.

어떤 속성이 AppCompat과 프레임워크에 둘 다 존재하는 경우에는 항상 AppCompat 버전을 선택해 모든 API 레벨과 호환성을 유지하는 것이 좋다.

> **참고**
>
> 테마 기능을 지원하기 위해 TextView나 CheckBox와 같은 표준 뷰의 서브 클래스를 생성하여 커스텀 작동 방식을 구현하거나 코드에서 뷰를 생성한다면, android.support.v7.widget 패키지의 AppCompatTextView나 AppCompatCheckBox 같은 뷰의 서브 클래스를 생성해야 한다.

13.2.1 AppCompat을 사용해 테마 만들기와 적용하기

12장 '안드로이드 디자인 철학 구현하기'에서는 애플리케이션 테마 안에서 colorPrimary, colorPrimaryDark, colorAccent를 사용해 기본 색 팔레트를 정의할 필요성을 언급했다. 비슷한 테크닉을 사용해 커스텀 뷰를 확장하거나 새로 만들지 않고도 뷰의 시각적 측면을 세밀하게 다듬을 수 있다.

미선택 상태의 EditText나 CheckBox, RadioButton과 같은 컴포넌트의 이른바 '정상' 상태를 제어하기 위해서는 colorControlNormal 속성을 오버라이드해야 한다. 이 속성의 기본값은 ?android:attr/textColorSecondary다.

?attr/colorAccent의 기본색을 오버라이드하려면 확인 표시된 체크 박스와 라디오 버튼의 경우 colorControlActivated를 사용해 별도로 제어해야 한다.

마지막으로 colorControlHighlight 속성은 표면 물결(ripple)의 색을 제어한다. 거의 모든 경우에 이 색은 어두운 테마에 기본 20% 흰색(#33ffffff), 밝은 테마에 12% 검은색(#1f000000)으로 유지된다.

코드 13-1은 커스텀 뷰 색을 지정하는 커스텀 테마를 나타낸다.

코드 13-1 뷰에 커스텀 테마 정의하기

```xml
<resources>
  <style name="AppTheme"
    parent="Theme.AppCompat.Light.DarkActionBar">
    <item name="colorPrimary">@color/colorPrimary</item>
    <item name="colorPrimaryDark">@color/colorPrimaryDark</item>
    <item name="colorAccent">@color/colorAccent</item>
  </style>

  <!-- 여기서 부모 테마는 AppTheme이다. -->
  <style name="AppTheme.Custom">
    <item name="colorControlNormal">@color/colorControlNormal</item>
    <item name="colorControlActivated">@color/colorControlActivated</item>
  </style>
</resources>
```

정의된 테마는 애플리케이션 매니페스트에 추가한다(application 요소의 android:theme 속성을 통해). 거기가 애플리케이션 전체에 적용될 수 있는 곳이기 때문이다. 특정 액티비티에만 적용돼야 한다면 해당 activity 요소에 android:theme 속성을 사용한다.

```xml
<application ... android:theme="@style/AppTheme">
  <activity android:theme="@style/AppTheme.Custom" />
</application>
```

13.2.2 특정 뷰에 테마 오버레이 만들기

레이아웃 정의에서 android:theme 속성을 개별 뷰에 적용하면 특정 뷰에(그리고 그 자식들에) 테마를 적용할 수도 있다.

뷰에 직접 적용된 테마는 애플리케이션이나 액티비티 차원으로 적용된 테마와 달리 Theme Overlay.AppCompat라는 부모 테마를 갖게 된다(Theme.AppCompat이 아니다).

테마 오버레이는 기본 AppCompat 테마 위에 적용되도록 설계됐다. 따라서 특정 요소들에만 영향을 미치며, 액티비티 차원에서만 적용할 수 있는 속성들은 무시된다.

가장 흔히 사용되는 두 가지 테마 오버레이는 ThemeOverlay.AppCompat.Light와 Theme
Overlay.AppCompat.Dark다. 밝은 테마는 배경색과 텍스트 색, 하이라이트 색을 밝은 배경에
맞게 변경한다. 물론 어두운 테마는 어두운 배경에 맞게 변경한다.

이 접근법은 특히 1차색으로 화면의 일정 면적을 채우고 그 위에 읽을 수 있는 텍스트를 겹쳐
배치할 때 유용하다.

```
<!-- 어두운 ThemeOverlay에서도
     어두운 1차색 배경 위에 표현한 텍스트를
     읽을 수 있는지 반드시 확인해야 한다. -->
<FrameLayout
  android:layout_width="match_parent"
  android:layout_height="wrap_content"
  android:background="?attr/colorPrimary"
  android:theme="@style/ThemeOverlay.AppCompat.Dark">
  [... 레이아웃 정의의 나머지 부분 ...]
</FrameLayout>
```

커스텀 테마 오버레이도 여느 테마처럼 정의한다. 우선 parent 속성으로 부모 테마부터 선언하
고, 수정하려는 속성들을 지정하면 된다.

```
<style name="ThemeOverlay.AccentSecondary"
       parent="ThemeOverlay.AppCompat">
  <item name="colorAccent">@color/accent_secondary</item>
</style>
```

13.3 앱바에 메뉴와 액션 추가하기

앱바는 일종의 붙박이 가구로서 표준이며, 여러 기능을 발휘할 수 있는 유용한 작업대와도
같다. 액티비티 전체나 화면 대부분을 차지하는 프래그먼트에 연동되는 액션이 있다면 이 앱
바 위에 메뉴를 정의하고 배치할 수 있다. 이 메뉴는 그림 13-1처럼 아이콘이나 오버플로 메뉴
형태로 표현된다.

◐ 그림 13-1

13.3.1 메뉴 리소스 정의하기

메뉴는 프로젝트의 res/menu 폴더에 저장되는 XML 리소스 형식으로 정의할 수 있다. 이런 식으로 정의하면 대체 하드웨어 구성이나 화면 크기, 언어, 안드로이드 버전에 맞춘 서로 다른 메뉴를 만들 수 있다.

메뉴는 루트 노드에서 menu 태그와 일련의 item 태그로 구성된다. item 태그에 메뉴 항목을 지정하며, android:title이 사용자에게 표시되는 텍스트다. 메뉴 계층 구조마다 반드시 별개의 파일로 만들어야 한다.

항목마다 android:id가 포함되는데, 코드 13-2처럼 앱 안에서 사용자가 어떤 메뉴 항목을 탭 했는지 구분할 때 사용된다.

코드 13-2 XML로 메뉴 정의하기

```
<menu xmlns:android="http://schemas.android.com/apk/res/android">
  <item
    android:id="@+id/action_settings"
    android:title="@string/action_settings" />
  <item
    android:id="@+id/action_about"
    android:title="@string/action_about" />
</menu>
```

메뉴 항목은 기본적으로 오버플로 메뉴 형식으로 표시된다. 메뉴 항목을 앱바 위에 올려놓으려면 app:showAsAction 속성을 추가해야 한다. 이 속성은 메뉴 항목을 세부적으로 제어한다.

➤ always: 항상 앱바 위에 액션으로 표시된다.

➤ ifRoom: 앱바에 충분한 공간이 있을 때 액션으로 표시된다. 액션을 표시할 때 시스템 유연성을 확보하려면 always보다 우선적으로 사용하는 것이 좋다.

➤ never: 기본값. 오버플로 메뉴로만 표시된다.

참고

app:showAsAction은 프레임워크의 android:showAsAction에 해당하는 AppCompat 버전의 한 예다. AppCompat을 사용할 때는 항상 app:showAsAction을 사용해야 한다.

always나 ifRoom을 사용하는 메뉴 항목에는 android:icon 속성도 포함돼야 한다.

메뉴 항목이 오버플로 메뉴 형태로 표현될 때는 텍스트 제목만 표시되고 앱바의 일부분으로 표시될 때는 아이콘 형태로 표시된다(길게 탭하면 제목이 잠깐 표시된다). withText 수정자를 포함하면(|로 구분) 아이콘이나 제목 모두 앱바에 표시된다. 다만, 이 방법은 꼭 필요할 때, 충분한 공간이 있을 때만 적용해야 한다.

```
<menu xmlns:android="http://schemas.android.com/apk/res/android"
  xmlns:app="http://schemas.android.com/apk/res/res-auto">
  <item
    android:id="@+id/action_filter"
    android:icon="@drawable/action_filter"
    android:title="@string/action_filter"
    app:showAsAction="ifRoom|withText"
  />
</menu>
```

메뉴 항목을 앱바에 액션으로 표시하려면 그 메뉴 항목이 매우 빈번하게 사용되는 것이어야 한다. 사용자의 눈에 띄는 것이 중요하거나 비슷한 애플리케이션에서도 그런 식으로 사용할 수 있다는 강한 예상이 근거가 돼야 한다.

포괄적이면서도 자주 사용되지는 않는 메뉴 항목들, 이를 테면 설정이나 도움말, 이 앱 정보(about) 등은 액션 항목으로 제공되지 말아야 한다.

13.3.2 액티비티에 메뉴 추가하기

메뉴와 액티비티를 연동하려면 우선 메뉴 XML 리소스부터 Menu 인스턴스로 인플레이트하도록 액티비티의 onCreateOptionsMenu 핸들러를 오버라이드해야 한다. 이때 true를 반환해 메뉴를 나타내야 한다(false는 메뉴를 완전히 숨긴다). 코드 13-3은 이를 나타낸 것이다.

코드 13-3 액티비티에 메뉴 추가하기

```
@Override
public boolean onCreateOptionsMenu(Menu menu) {
    // 부모 액티비티나 프래그먼트와 메뉴를 연관시켜야 하므로
    // 항상 super.onCreateOptionsMenu()를 호출해야 한다.
    super.onCreateOptionsMenu(menu);

    MenuInflater inflater = getMenuInflater();
    inflater.inflate(R.menu.my_menu, menu);

    return true;
}
```

레이아웃에서처럼 코드상으로 메뉴 항목을 만들어 메뉴 객체에 그 add 메서드를 사용해 추가할 수도 있다. 이런 동적인 메뉴 항목을 만들 때 사용되는 ID는 항상 Menu.FIRST 상수보다 크거나 같아야 한다. 그 이유는 이전에 인플레이트된 메뉴 항목과 충돌하지 않도록 하기 위해서다.

13.3.3 프래그먼트에 메뉴 추가하기

메뉴는 프래그먼트와 연동될 수도 있다. 프래그먼트 메뉴는 호스트 프래그먼트가 보일 때만 앱바에서 보인다. 이에 따라 표시되는 콘텐츠와 일치하도록 액션을 동적으로 변경할 수 있다.

프래그먼트 메뉴는 프래그먼트의 onCreateOptionsMenu 핸들러 안에서 인플레이트돼야 한다. 하지만 액티비티와 달리 프래그먼트의 onCreate 핸들러 안에서 setHasOptionsMenu(true)도 호출해야 한다. 코드 13-4는 이를 나타낸 것이다.

코드 13-4 프래그먼트에 메뉴 추가하기

```
@Override
public void onCreate(Bundle savedInstanceState) {
  super.onCreate(savedInstanceState);
  setHasOptionsMenu(true);
}

@Override
public void onCreateOptionsMenu(Menu menu, MenuInflater inflater) {
  inflater.inflate(R.menu.my_menu, menu);
}
```

13.3.4 동적으로 메뉴 항목 업데이트하기

런타임에서 메뉴가 표시되기 바로 직전에 애플리케이션의 현재 상태를 기준으로 메뉴를 수정할 수 있도록 액티비티나 프래그먼트의 onPrepareOptionsMenu 메서드를 오버라이드할 수 있다. 이렇게 하면 메뉴 항목을 동적으로 (비)활성화할 수 있으며, 가시성을 설정하거나 경우에 따라 텍스트까지 수정할 수 있다.

메뉴 항목을 동적으로 수정하려면 해당 메뉴 항목이 생성될 때 onCreateOptionsMenu 메서드에서 그 참조를 얻거나 또는 onPrepareOptionsMenu 메서드에서 Menu 객체의 findItem 메서드를 사용하면 된다. 코드 13-5는 이를 나타낸 것이다.

```
@Override
public boolean onPrepareOptionsMenu(Menu menu) {
  super.onPrepareOptionsMenu(menu);

  MenuItem menuItem = menu.findItem(R.id.action_filter);

  // 메뉴 항목을 수정한다.
  menuItem.setVisible(false);

  return true;
}
```

13.3.5 메뉴 선택 처리하기

안드로이드는 앱바의 액션이나 오버플로 메뉴를 처리할 때 onOptionsItemSelected 이벤트 핸들러를 단독으로 사용한다. 선택되는 메뉴 항목은 이 메서드의 MenuItem 매개변수로 파싱돼 전달된다.

메뉴 선택에 응답하려면 코드 13-6처럼 item.getItemId 값을 메뉴 XML의 리소스 식별자와(또는 메뉴를 코드상으로 전개할 때 사용한 메뉴 항목 식별자와) 비교하고, 해당 액션을 수행한다.

코드 13-6 메뉴 항목 선택 처리하기

```
public boolean onOptionsItemSelected(MenuItem item) {
  // 선택된 메뉴 항목을 찾는다.
  switch (item.getItemId()) {

    // 알고 있는 메뉴 항목이 있는지 확인한다.
    case (R.id.action_settings):
      [ ... 메뉴 핸들러 액션 수행하기 ... ]
      return true;

    // 처리되지 않은 메뉴 항목을 super.onOptionsItemSelected에 전달한다.
    // 이 과정은 위로 버튼과 프래그먼트 메뉴 항목이
    // 올바로 전달됐는지 확인할 때 필요하다.
    default: return super.onOptionsItemSelected(item);
  }
}
```

메뉴 항목을 프래그먼트로부터 제공한다면 액티비티나 프래그먼트의 onOptionsItemSelected 핸들러 안에서 이를 처리할 수 있다. 단, 액티비티가 이 메뉴 항목을 먼저 받는다는 점과 프래그먼트는 액티비티가 이 메뉴 항목을 처리하고 true를 반환하면 받지 않는다는 점에 유의해야 한다.

13.3.6 액션 뷰와 액션 프로바이더 추가하기

단순 아이콘으로는 충분한 인터페이스가 되지 못하는 경우를 보완하기 위해 메뉴 항목도 임의의 레이아웃을 표시할 수 있다. 이는 CollapsibleActionView와 ActionProvider라는 두 가지 방식으로 진행된다.

아이콘(과/또는 텍스트)의 역할이 단순 안내에 어울리고, 선택된 이후에는 이보다 더 풍부한 인터페이스가 필요할 때는 app:actionLayout 속성이나 app:actionViewClass 속성을 메뉴 항목 정의에 추가하는 것도 고려해야 한다.

app:actionLayout 속성은 메뉴 항목을 레이아웃 리소스 형식으로 정의했을 때 적합하다. 반면 app:actionViewClass는 단일 뷰(또는 뷰 그룹)에 최적화돼 있다.

CollapsibleActionView 값을 app:showAsAction 속성에 추가한다. 이에 따라 메뉴 항목이 축소 가능한 액션 뷰를 사용하는지 확인할 수 있다. 코드 13-7은 이를 나타낸 것이다.

코드 13-7 메뉴 항목에 액션 뷰 추가하기

```
<menu xmlns:android="http://schemas.android.com/apk/res/android"
  xmlns:app="http://schemas.android.com/apk/res-auto">
  <item
    android:id="@+id/action_search"
    android:icon="@drawable/action_search"
    android:title="@string/action_search"
    app:showAsAction="ifRoom|collapseActionView"
    app:actionViewClass="android.support.v7.widget.SearchView" />
</menu>
```

사용자가 탭한 메뉴 항목은 그림 13-2처럼 앱바 전체를 차지할 만큼 확장된다.

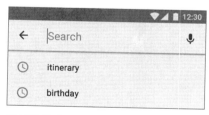

◑ 그림 13-2

이제 축소 가능한 액션 뷰의 사용자 상호 작용에 응답할 수 있도록 핸들러를 구현해야 한다. 이 과정은 대부분 onCreateMenuOptions 핸들러 안에서 진행된다.

```
MenuItem searchItem = menu.findItem(R.id.action_search);
SearchView searchView = (SearchView) searchItem.getActionView();

searchView.setOnSearchClickListener(new OnClickListener() {
  public void onClick(View v) {
    // TODO 버튼 눌림에 응답한다.
  }
});
```

여기서는 축소되거나 확장될 때 콜백을 받도록 구현된 SearchView를 사용했다. 자체 커스텀 레이아웃을 사용한다면 이 접근법대로 구현해야 한다. setOnActionExpandListener 메서드를 통해 OnActionExpandListener를 설정할 수도 있다.

커스텀 레이아웃이 항상 앱바에서 보여야 하는 상황에서는 ActionProvider를 사용한다. 액션 프로바이더는 app:actionProviderClass 속성에 따라 메뉴 항목에 연결되며, 적절한 레이아웃을 표시하고 더 나아가 그 안에서 어떤 사용자 상호 작용이든 처리한다.

코드 13-8에서는 구글 캐스트 통합을 지원하는 데 사용되는 액션 프로바이더인 MediaRoute ActionProvider를 추가한다. 이 액션 프로바이더는 연결 상태와 캐스트 기기의 선택을 처리한다.

코드 13-8 메뉴 항목에 액션 프로바이더 추가하기

```xml
<menu xmlns:android="http://schemas.android.com/apk/res/android"
  xmlns:app="http://schemas.android.com/apk/res-auto">
  <item
    android:id="@+id/action_media_route"
    android:title="@string/action_cast"
    app:showAsAction="always"
    app:actionProviderClass="android.support.v7.app.MediaRouteActionProvider"
  />
</menu>
```

13.4 기본 앱바를 넘어

Theme.AppCompat 테마를 적용하는 액티비티는 모두 AppCompat 스타일의 앱바를 기본으로 표시한다. 물론 이를 맞춤 설정할 수 있다. 액티비티 레이아웃에 직접 추가할 수 있는 툴바에 앱바가 할 일을 넘겨 주면 된다.

이 유연성은 툴바가 '화면 밖으로' 스크롤하도록 하는 등의 스크롤 동작을 사용하기 위한 밑바탕이 된다.

툴바는 '위로' 이동이나 액티비티 제목, 메뉴 항목 액션, 오버플로 메뉴 등 앱바의 모든 기능을 그대로 지원한다.

13.4.1 앱바를 툴바로 교체하기

액티비티에 툴바를 추가하려면 우선 기본 앱바부터 꺼야(비활성화) 한다. Theme.AppCompat.NoActionBar나 Theme.AppCompat.Light.NoActionBar와 같은 NoActionBar 테마를 매니페스트 안에서 액티비티에 적용하면 된다.

```
android:theme="@style/Theme.AppCompat.NoActionBar"
```

액티비티 레이아웃 안에 화면 상단과 앱바 크기에 맞춰 정렬된 툴바 요소를 추가한다.

```
<android.support.v7.widget.Toolbar
  android:id="@+id/toolbar"
  android:layout_width="match_parent"
  android:layout_height="?attr/actionBarSize"
/>
```

액티비티의 onCreate 핸들러 안에서 코드 13-9에서처럼 setSupportActionBar 메서드를 사용해 앱바를 대체하도록 툴바를 레이아웃 안에 지정한다. onCreateOptionsMenu 핸들러 안에 추가된 메뉴 항목은 모두 툴바로 추가되고 표시된다.

코드 13-9 툴바를 앱바로 설정하기
```
@Override
public void onCreate(Bundle savedInstanceState) {
  super.onCreate(savedInstanceState);
  setContentView(R.layout.basic_toolbar_activity);
  Toolbar toolbar = findViewById(R.id.toolbar);
  setSupportActionBar(toolbar);
}
```

툴바는 안드로이드 디자인 지원 라이브러리의 일부다. 툴바를 사용하려면 우선 안드로이드 디자인 지원 라이브러리를 앱 모듈 build.gradle 파일에 추가해야 한다.

```
implementation 'com.android.support:design:28.0.0'
```

코드 13-10에서는 툴바에 표준 앱바의 시각적 느낌을 어떻게 살리는지 나타냈다. 이 과정에서 안드로이드 디자인 지원 라이브러리의 일부인 AppBarLayout으로 툴바를 감싸는(wrap) 방법을 적용했다. 앱바 레이아웃은 colorPrimary 리소스 값으로 배경색을 자동으로 설정하고, 적절한 높낮이를 추가한다. 그리고 앱바 레이아웃은 툴바를 사용해 앱바를 교체할 때 항상 필요하다. 적절한 텍스트와 아이콘 색을 설정하려면 다음에서 테마를 선택해야 한다.

> ➤ ThemeOverlay.AppCompat.ActionBar: 적합한 스타일링을 설정해 Search View를 지원하고, colorControlNormal을 android:textColorPrimary로 설정한다.

> ➤ ThemeOverlay.AppCompat.Dark.ActionBar: 위와 같다. 다만, 텍스트 색을 어두운 배경에서 사용할 수 있도록 밝게 설정한다.

> ➤ ThemeOverlay.AppCompat.Light.ActionBar: 첫 번째와 같다. 다만, 텍스트 색을 밝은 배경에서 사용할 수 있도록 어둡게 설정한다.

코드 13-10 앱바와 어울리도록 툴바 스타일링하기

```
<!-- 텍스트는 어두운 1차색 배경에서 어두운 ThemeOverlay를 사용해
읽을 수 있는 형태여야 한다. -->
<android.support.design.widget.AppBarLayout
    android:layout_width="match_parent"
    android:layout_height="wrap_content"
    android:theme="@style/ThemeOverlay.AppCompat.Dark.ActionBar">

<Toolbar
    android:id="@+id/toolbar"
    android:layout_width="match_parent"
    android:layout_height="?attr/actionBarSize"/>
</android.support.design.widget.AppBarLayout>
```

13.4.2 툴바의 고급 스크롤링 테크닉

앱바와 툴바가 사용자에게 중요한 정보와 우선순위 높은 액션을 제공하기는 하지만 이들도 앱의 '크롬' 가운데 일부다(이목을 끌기는 하지만 딱히 유용하다거나 개선된 성능 없이 화려하기만 한 바로 그 크롬이다). 어떻게 생각하면 콘텐츠 공간을 잡아먹는다고도 말할 수 있다. 항상 우선시돼야 하기 때문이다. 이 두 가지의 균형을 맞추고자 머티리얼 디자인에는 사용자가 앱 콘텐츠를 스크롤할 때 툴바의 작동 방식을 변경하기 위한 테크닉이 함께 제공되고 있다.

스크롤링 테크닉은 대체로 여러 뷰 사이에서 수행되는 상호 작용, 다시 말해 스크롤되는 뷰와 그 스크롤에 응답하는 뷰 또는 뷰들(대개 앱바를 대체하는 툴바)의 상호 작용도 포함한다.

이 상호 작용이 적절하게 조정되려면 영향을 받는 각 뷰가 반드시 CoordinatorLayout의 직계 자식이어야 한다. CoordinatorLayout은 동작(Behavior)을 특정 뷰에 연결할 때 사용된다. 이때 그 레이아웃 요소에 app:layout_behavior 속성이 필요하다. 동작은 영향을 받는 뷰의 터치 이벤트나 윈도우 인셋(inset), 측정 및 레이아웃, 중첩 스크롤링 이벤트를 가로챈다. 이때 해당 부가 기능을 추가하기 위해 뷰를 서브 클래스로 만들지 않아도 된다.

가장 기본적인 스크롤링 테크닉은 '화면 밖' 툴바 스크롤이다. 이는 사용자가 콘텐츠를 스크롤할 때 사라졌다가 반대 방향으로 스크롤할 때 다시 나타나는 테크닉이다.

이 테크닉을 구현하려면 AppBarLayout 안에 툴바를 두고 ScrollingViewBehavior를 스크롤 뷰(대개 리사이클러 뷰 또는 중첩 스크롤 뷰)에 추가한다. 코드 13-11은 이를 나타낸 것이다.

코드 13-11 툴바를 화면 밖으로 스크롤하기

```xml
<android.support.design.widget.CoordinatorLayout
  xmlns:android="http://schemas.android.com/apk/res/android"
  xmlns:app="http://schemas.android.com/apk/res-auto"
  android:layout_width="match_parent"
  android:layout_height="match_parent">

<!-- 스크롤 가능한 뷰 -->
<android.support.v7.widget.RecyclerView
  android:layout_width="match_parent"
  android:layout_height="match_parent"
  app:layout_behavior="@string/appbar_scrolling_view_behavior" />
```

```
<! - 앱바 스타일의 툴바 -->
<android.support.design.widget.AppBarLayout
  android:layout_width="match_parent"
  android:layout_height="wrap_content"
  android:theme="@style/ThemeOverlay.AppCompat.Dark.ActionBar">

  <android.support.v7.widget.Toolbar
    android:layout_width="match_parent"
    android:layout_height="wrap_content"
    app:layout_scrollFlags="scroll|snap|enterAlways" />
  </android.support.design.widget.AppBarLayout>
</android.support.design.widget.CoordinatorLayout>
```

여기서는 리사이클러 뷰가 스크롤되면서 거기에 연결된 ScrollingViewBehavior 속성에 따라 앱바 레이아웃은 각 앱바 레이아웃의 자식 뷰에 app:layout_scrollFlags 속성을 기준으로 응답한다. 이 플래그는 스크롤이 화면 안에서 그리고 밖에서 이뤄질 때 뷰의 동작을 제어한다.

➤ scroll: 화면 밖으로 스크롤되는 뷰에 필요하다. 이 플래그가 지정되지 않은 뷰는 항상 화면 맨 위에 남는다.

➤ snap: 스크롤 이벤트가 끝나면 이 플래그의 뷰는 가장 가까운 가장자리까지 스크롤된다. 이에 따라 뷰는 전체가 보이거나 화면에서 완전히 사라진다.

➤ enterAlways: 뷰는 역방향(아래쪽) 스크롤 이벤트 시 곧바로 화면에 들어간다. 이로써 '신속한 복귀' 패턴이 가능해진다. 이 패턴이 없다면 사용자는 리사이클러 뷰의 맨 위까지 스크롤해야 툴바가 다시 모습을 드러낸다.

➤ enterAlwaysCollapsed: enterAlways에 추가돼 뷰가 '축소된' 높이로만 다시 스크롤된다. 자세한 내용은 이 절의 뒷부분에서 설명한다.

➤ exitUntilCollapsed: 화면 밖으로 스크롤되면, 뷰는 우선 '축소되고, 그 이후에 화면에서 나와 화면 밖으로 스크롤된다.

앱바 레이아웃은 여러 자식 레이아웃을 지원해 이를 수직 선형 레이아웃처럼 배치할 수 있다. scroll 플래그가 포함된 뷰는 이 플래그가 없는 뷰 위에 배치돼야 한다. 그래야만 뷰가 항상 화면 맨 위 밖으로 스크롤된다.

축소용 플래그는 높이가 높았다가(android:layout_height로 설정) 다시 android:minHeight로 설정되는 최소 높이의 뷰에 유용하다. 이 패턴은 코드 13-12에서처럼 CollapsingToolbarLayout과 결합해 사용되기도 한다. 이에 따라 어떤 요소를 축소할지 그리고 어느 것이 Collapsing

ToolbarLayout의 맨 위에 '고정'될지 세밀하게 조정할 수 있다.

코드 13-12 툴바 축소하기

```
<android.support.design.widget.AppBarLayout
  android:layout_width="match_parent"
  android:layout_height="192dp"
  android:theme="@style/ThemeOverlay.AppCompat.Dark.ActionBar">

  <android.support.design.widget.CollapsingToolbarLayout
    android:layout_width="match_parent"
    android:layout_height="match_parent"
    app:layout_scrollFlags="scroll|exitUntilCollapsed">

  <android.support.v7.widget.Toolbar
    android:layout_width="match_parent"
    android:layout_height="?attr/actionBarSize"
    app:layout_collapseMode="pin" />
  </android.support.design.widget.CollapsingToolbarLayout>
</android.support.design.widget.AppBarLayout>
```

AppBarLayout에는 높이가 고정돼 있다는 사실에 유의해야 한다. 이를 확장 높이라 부른다. 툴바의 높이는 ?attr/actionBarSize로 설정돼 있다. 이 값이 앱바의 기본 높이다. Collapsing ToolbarLayout을 사용하면 뷰가 축소될 때 뷰의 하단에서 툴바의 적절한 위치까지 움직이는 애니메이션이 제목 텍스트에 적용된다. app:layout_collapseMode="pin"을 사용해 고정한 이동용 버튼과 액션이 툴바에 표시된다.

CollapsingToolbarLayout은 여러 자식 레이아웃을 지원하므로 이를 프레임 레이아웃처럼 배치할 수 있다. 이는 확장된 앱바 뒤에서 '멋있는 이미지'를 표현하는 ImageView를 추가할 때 유용하다. 콘텐트가 스크롤되는 것과 다른 속도로 이미지를 스크롤하는 이른바 시차 효과를 내려면 app:layout_collapseMode="parallax" 속성을 적용한다.

```
<android.support.design.widget.AppBarLayout
  android:layout_width="match_parent"
  android:layout_height="192dp"
  android:theme="@style/ThemeOverlay.AppCompat.Dark.ActionBar">

<android.support.design.widget.CollapsingToolbarLayout
  android:layout_width="match_parent"
  android:layout_height="match_parent"
  app:layout_scrollFlagts="scroll|exitUntilCollapsed">

<ImageView
```

```
  android:id="@+id/hero_image"
  android:layout_width="match_parent"
  android:layout_height="match_parent"
  app:layout_collapseMode="parallax" />

<android.support.v7.widget.Toolbar
  android:id="@+id/toolbar"
  android:layout_width="match_parent"
  android:layout_height="?attr/actionBarSize"
  app:layout_collapseMode="pin" />
  </android.support.design.widget.CollapsingToolbarLayout>
</android.support.design.widget.AppBarLayout>
```

13.4.3 앱바 없이 메뉴 통합하기

앱바는 사용자가 앱과 연관된 어떤 액션을 찾는 첫 번째 위치다. 하지만 최상위 레벨이라는 컨텍스트 때문에 레이아웃의 일부에만 연관된 액션에는 위치상 부적절하다. 이는 태블릿 등에 최적화된 레이아웃의 공통된 현상일 수 있다.

레이아웃의 특정 부분에 액션을 제공하려면 그 부분에 특화된 툴바를 포함해야 한다. 액션은 이 툴바에 inflateMenu를 사용하거나 코드상으로 추가할 수 있다. 이때 툴바의 getMenu 메서드가 필요하다. 어떤 메뉴 항목이든 선택되면 툴바의 setOnMenuItemClickListener를 사용해 설정한 OnMenuItemClickListener로 콜백이 시작된다.

이동(찾아가기) 아이콘이나 제목이 필요 없다면 ActionMenuView를 대신 사용할 수 있다. 툴바처럼 getMenu 메서드를 사용해 메뉴 항목을 추가할 수도 있다. 이 경우, setOnMenuItemClickListener를 사용해 선택을 처리하기 위한 메뉴 항목 클릭 리스너를 할당한다. 코드 13-13은 이를 나타낸 것이다.

코드 13-13 액션 메뉴 뷰에 메뉴 추가하기

```
ActionMenuView actionMenuView = findViewById(R.id.menu_view);

MenuInflater menuInflater = getMenuInflater();
menuInflater.inflate(actionMenuView.getMenu(), R.menu.action_menu);
actionMenuView.setOnMenuItemClickListener(new OnMenuItemClickListener() {
  public boolean onMenuItemClick(MenuItem item) {
    switch (item.getItemId()) {
      case (R.id.action_menu_item) :
        // TODO 메뉴 클릭을 처리한다.
        return true;
      default: return false;
```

```
      }
    }
  });
```

13.5 지진 정보 뷰어 앱의 앱바 개선하기

이번에는 12장 '안드로이드 디자인 철학 구현하기'에서 머티리얼 디자인으로 변경한 지진 정보 뷰어 앱에 툴바와 스크롤 테크닉을 적용한다.

1. 디자인 지원 라이브러리의 의존성을 앱 모듈(app)의 build.gradle 파일에 추가한다.

```
dependencies {
    [... 기존에 지정된 다른 의존성 노드 ...]

    implementation 'com.android.support:design:28.0.0'
}
```

2. style.xml 리소스에 AppTheme.NoActionBar 테마를 추가한다.

```
<style name="AppTheme.NoActionBar"
    parent="Theme.AppCompat.Light.NoActionBar">
  <item name="colorPrimary">@color/colorPrimary</item>
  <item name="colorPrimaryDark">@color/colorPrimaryDark</item>
  <item name="colorAccent">@color/colorAccent</item>
</style>
```

3. 2번 단계에서 추가된 새 테마를 사용하도록 AndroidManifest.xml의 EarthquakeMain Activity 항목을 변경한다.

```
<activity android:name=".EarthquakeMainActivity"
          android:theme="@style/AppTheme.NoActionBar">
  <intent-filter>
    <action android:name="android.intent.action.MAIN"/>

    <category android:name="android.intent.category.LAUNCHER"/>
  </intent-filter>
  <meta-data
    android:name="android.app.default_searchable"
    android:value=".EarthquakeSearchResultActivity"
  />
</activity>
```

4. CoordinatorLayout과 AppBarLayout, Toolbar를 사용하도록 activity_earthquake_main.xml 레이아웃을 변경한다. 이때 scroll | enterAlways | snap 스크롤 플래그가 필요하다. 그래야만 툴바가 화면 밖으로 스크롤됐다가 사용자가 위로 스크롤하면 즉시 복귀해 일부만 보이는 것을 막을 수 있다. (res/layout에 있는 activity_earthquake_main.xml을 편집기 창에 열고 아래의 Text 탭을 클릭한 후 아래 코드로 모두 교체한다.)

```xml
<?xml version="1.0" encoding="utf-8"?>
<android.support.design.widget.CoordinatorLayout
  xmlns:android="http://schemas.android.com/apk/res/android"
  xmlns:app="http://schemas.android.com/apk/res-auto"
  android:layout_width="match_parent"
  android:layout_height="match_parent">

<android.support.design.widget.AppBarLayout
  android:layout_width="match_parent"
  android:layout_height="wrap_content"
  android:theme="@style/ThemeOverlay.AppCompat.Dark.ActionBar">

  <android.support.v7.widget.Toolbar
    android:id="@+id/toolbar"
    android:layout_width="match_parent"
    android:layout_height="wrap_content"
    app:layout_scrollFlags="scroll|enterAlways|snap"/>
</android.support.design.widget.AppBarLayout>

<FrameLayout
  android:id="@+id/main_activity_frame"
  android:layout_width="match_parent"
  android:layout_height="match_parent"
  app:layout_behavior="@string/appbar_scrolling_view_behavior"/>
</android.support.design.widget.CoordinatorLayout>
```

5. EarthquakeMainActivity를 편집기 창에 열고 툴바를 앱바로 설정하도록 onCreate 메서드를 변경한다.

```java
@Override
protected void onCreate(Bundle savedInstanceState) {
  super.onCreate(savedInstanceState);
  setContentView(R.layout.activity_earthquake_main);

  Toolbar toolbar = findViewById(R.id.toolbar);
  setSupportActionBar(toolbar);

  [... 기존 onCreate 메서드 코드 ...]
}
```

(이 코드를 추가한 후에는 Toolbar 클래스의 이름이 빨간색으로 표시되면서 에러로 나타날 것이다. 이 클래스를 클릭한 후 [Alt]+[Enter](맥에서는 [Command]+[Return]) 키를 눌러 android.support. v7.widget 패키지의 것을 선택한다.)

실제 기기나 에뮬레이터에서 애플리케이션을 시작시키면 종전처럼 지진 데이터가 리사이클러 뷰에 나타난다. 그러나 사용자 인터페이스 측면에서 종전과 다른 것이 있다. 즉, 리사이클러 뷰를 위로 스크롤하면 위쪽의 앱바가 화면에서 사라지면서 화면 공간을 더 많이 사용할 수 있다. 그리고 조금만 아래쪽으로 내리면 그 즉시 다시 앱바가 나타난다. 따라서 맨 앞으로 스크롤하지 않아도 앱바를 사용할 수 있다. (지금까지 완성된 Earthquake 프로젝트는 다운로드받은 파일의 Earthquake_ch13_part1.zip에 있다.)

정적인 이미지야 다르게 보일 일이 없지만 앱바는 지진 리스트가 스크롤될 때 화면 밖으로 밀려난다. 이에 따라 사용자는 콘텐트와 상호 작용할 최대 공간을 확보하게 된다. enterAlways 스크롤 플래그를 사용하면 앱바는 사용자가 원래 자리로 다시 스크롤하는 순간 복귀하고, 오버플로 메뉴와 검색 뷰가 화면에 표시된다.

13.6 앱의 이동 패턴

앱은 크기나 구조가 제각각이다. 따라서 앱의 구석구석을 쉽게 찾아갈 수 있도록 각양각색의 패턴이 제공되고 있다.

세 가지 주요 이동 패턴은 다음과 같다.

- ➤ 탭: 중요도가 동일한 최상위 레벨 화면들 사이를 옆으로 젖히면서 전환할 수 있다.
- ➤ 하단 내비게이션바: 일반적으로 독립적인 최상위 레벨 화면을 3개에서 5개까지 포함된 바가 항상 표시된다.
- ➤ 내비게이션 드로어: 일반적으로 직접 열어 접근하는 드로어. 전체 화면 하나에 여러 독립적인 화면이 딸린 앱에 적합하다.

13.6.1 탭으로 이동하기

탭은 중요도가 동일한 2개의 최상위 레벨 뷰에 적용할 수 있는 효율적인 이동 패턴이다. 사용자는 탭을 통해 뷰 사이를 쉽게 전환할 수 있다. 이때 탭을 살짝 터치(탭)해도 되고, 뷰를 젖혀도(스와이프) 된다.

탭을 표시할 때는 TabLayout을 사용한다. 이때 탭은 그림 13-3처럼 화면 맨 위에 맞춰진다.

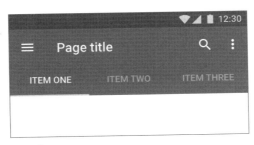

◑ 그림 13-3

탭은 일반적으로 코드 13-14에서처럼 툴바 아래에 앱바 레이아웃의 두 번째 자식 뷰로 포함된다.

단, 젖히기 기능은 ViewPager를 통합해야 사용할 수 있다.

코드 13-14 앱 이동에 탭 사용하기

```xml
<android.support.design.widget.CoordinatorLayout
  xmlns:android="http://schemas.android.com/apk/res/android"
  xmlns:app="http://schemas.android.com/apk/res-auto"
  android:layout_width="match_parent"
  android:layout_height="match_parent">

  <!-- 메인 콘텐트 뷰 -->
  <android.support.v4.view.ViewPager
  android:id="@+id/view_pager"
  android:layout_width="match_parent"
  android:layout_height="match_parent"
  app:layout_behavior="@string/appbar_scrolling_view_behavior" />

<android.support.design.widget.AppBarLayout
  android:layout_width="match_parent"
  android:layout_height="wrap_content"
  android:theme="@style/ThemeOverlay.AppCompat.Dark.ActionBar">

  <android.support.v7.widget.Toolbar
      android:layout_width="match_parent"
      android:layout_height="wrap_content"
      app:layout_scrollFlags="scroll|snap|enterAlways" />

  <android.support.design.widget.TabLayout
      android:id="@+id/tab_layout"
      android:layout_width="match_parent"
      android:layout_height="wrap_content" />
```

```
    </android.support.design.widget.AppBarLayout>
  </android.support.design.widget.CoordinatorLayout>
```

여기서 TabLayout은 app:layout_scrollFlags를 하나도 포함하지 않는다. 따라서 탭은 사용자가 스크롤할 때도 계속 보인다.

뷰 페이저 안에서 표시되는 콘텐트는 PagerAdapter를 통해 배치된다. 기본적으로 페이저 어댑터는 페이지마다 뷰를 하나씩 전개한다. 하지만 탭의 경우에는 FragmentPagerAdapter를 사용한다. 이때 각 페이지를 표현하기 위해 프래그먼트가 필요하다.

이 구조에 따라 프래그먼트에서는 연관된 탭이 선택될 때만 보이는 onCreateOptionsMenu를 사용해 액션을 추가할 수 있다.

프래그먼트 페이지 어댑터를 만들려면 FragmentPagerAdapter의 서브 클래스를 생성하고 getCount를 오버라이드해 페이지 수를 반환해야 한다. 그리고 getItem을 오버라이드해 해당 위치에 적절한 프래그먼트를 반환한다.

탭 이동 방식에 따라 프래그먼트 페이지 어댑터를 사용하려면 getPageTitle도 오버라이드해 해당 위치에 제목을 반환해야 한다. 이에 따라 탭 레이아웃 안에 제목이 나타난다.

요소의 개수가 고정된 메인 이동 패턴에 뷰 페이저와 탭 레이아웃을 사용할 때는 getItem과 getPageTitle이 코드 13-15처럼 각 위치가 해당 고정 데이터로 매핑되는 간단한 switch 구문으로 구현된다.

코드 13-15 탭 레이아웃에 프래그먼트 페이저 어댑터 만들기

```
class FixedTabsPagerAdapter extends FragmentPagerAdapter {
  public FixedTabsPagerAdapter(FragmentManager fm) {
    super(fm);
  }

  @Override
  public int getCount() {
    return 2;
  }

@Override
public Fragment getItem(int position) {
  switch(position) {
    case 0:
      return new HomeFragment();
```

```
    case 1:
      return new ProfileFragment();
    default:
      return null;
    }
  }
  @Override
  public CharSequence getPageTitle(int position) {
    // 국제화를 지원하기 위해 제목들에 문자열 리소스를 사용한다.
    switch(position) {
      case 0:
        return "Home";
      case 1:
        return "Profile";
      default:
        return null;
    }
  }
}
```

setAdapter 메서드를 사용해 PagerAdapter와 ViewPager를 연결한다. 그리고 TabLayout에 setupWithViewPager를 호출해 적절한 탭을 만든다. 이때 탭 선택 이벤트가 해당 페이지를 변경하는지 그리고 페이지를 젖혀 해당 탭이 변경되는지 확인해야 한다. 코드 13-16은 이를 나타낸 것이다.

코드 13-16 탭 레이아웃에 뷰 페이저 연결하기

```
@Override
public void onCreate(Bundle savedInstanceState) {
  super.onCreate(savedInstanceState);
  setContentView(R.layout.app_bar_tabs);
  ViewPager viewPager = findViewById(R.id.view_pager);
  PagerAdapter pagerAdapter =
    new FixedTabsPagerAdapter(getSupportFragmentManager());
  viewPager.setAdapter(pagerAdapter);

  TabLayout tabLayout = findViewById(R.id.tab_layout);
  tabLayout.setupWithViewPager(viewPager);
}
```

탭 이동은 백 스택에 영향을 미치지 않는다. 따라서 뒤로 가기 버튼은 반대 방향의 탭 이동을 지원하지 않는다. 이에 따라 개별 페이지에는 내부 이동이나 백 스택 이력이 전혀 포함되지 않는다. 모든 이동은 대화상자나 새 액티비티를 통해 이뤄진다.

이런 가이드라인에 따라 사용자는 뒤로 가기 버튼을 누를 때 항상 일관된 경험을 얻을 수 있다.

> **참고**
> 지금까지 TabLayout이나 ViewPager를 고차원 이동 패턴으로 살펴봤지만, 이 두 컴포넌트는 앱의 다른 곳에서도 두루 사용된다. 예를 들어 app:tabMode="scrollable" 속성에 따른 스크롤 가능한 탭은 요소들을 카테고리별로 쪼갤 때 유용하다(FragmentStatePagerAdapter의 서브 클래스를 생성하여 프래그먼트를 전부가 아닌 일부만 메모리에 유지하는 것도 생각해 볼 수 있다). 자세한 내용은 developer.android.com/training/implementing-navigation/lateral.html에서 찾아볼 수 있다.

13.6.2 하단 내비게이션바 구현하기

그림 13-4와 같은 하단 내비게이션바는 화면 하단에 맞춰 제시된다. 사용자는 원하는 항목을 탭해서 뷰를 전환할 수 있다.

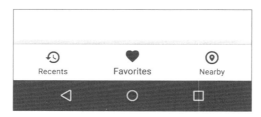

◐ **그림 13-4**

일반적으로 사용자는 위에서 아래로 콘텐트를 훑는다. 따라서 이런 레이아웃에서는 콘텐트를 더 강조하면서도 최상위 레벨 뷰를 계속 사용할 수 있다.

하단 내비게이션바는 앱에 3개에서 5개까지 최상위 레벨의 이동 목적지가 있을 때 이상적이다. 이때 이 목적지들은 중요도가 비슷하지만 서로 독립적인 경우가 많다.

하단 내비게이션바 이동 패턴은 탭과 달리 뷰의 스와이프를 지원해서는 안 된다. 그리고 전환은 '옆으로 미는 것'과 같은 애니메이션 대신, 현재 항목에서 새 항목으로 크로스페이드돼야 한다.

이에 따라 하단 내비게이션바에서 사용할 수 있는 뷰는 스와이프 동작을 지원할 수 있다. 예를 들어 스와이프 동작으로 이메일을 리스트에서 삭제할 수도 있고, 콘텐트를 분류하기 위해 스크롤 가능한 탭을 내장할 수도 있다.

하단 내비게이션바 항목을 선택하면 해당 뷰의 태스크 상태가 이전 중간 상태(스크롤 위치)로 복원되지 않고 리셋된다.

하단 내비게이션바에 표시된 항목들은 코드 13-17처럼 메뉴로 정의된다. 각 항목은 item 요소로 정의하며, 이때 android:id 속성은 어느 항목이 선택됐는지 식별하는 데 사용된다. 그리고 android:icon과 android:title 속성은 하단 내비게이션바 항목에 표시되는 제목과 아이콘을 배치하는 데 사용된다.

코드 13-17　하단 내비게이션바에 메뉴 정의하기

```
<menu xmlns:android="http://schemas.android.com/apk/res/android"
  xmlns:app="http://schemas.android.com/apk/res-auto">
  <item
    android:id="@+id/nav_home"
    android:icon="@drawable/nav_home"
    android:title="@string/nav_home" />
  <item
    android:id="@+id/nav_profile"
    android:icon="@drawable/nav_profile"
    android:title="@string/nav_profile" />
  <item
    android:id="@+id/nav_notifications"
    android:icon="@drawable/nav_notifications"
    android:title="@string/nav_notifications" />
</menu>
```

하단 내비게이션바를 추가하려면 안드로이드 디자인 지원 라이브러리의 일부인 Bottom NavigationView 요소를 레이아웃에 추가해야 한다. app:menu 속성을 사용하면 사용 가능한 선택을 정의하는 메뉴 리소스를 연결할 수 있다. 코드 13-18은 이를 나타낸 것이다.

코드 13-18　레이아웃에 하단 내비게이션바 추가하기

```
<android.support.design.widget.CoordinatorLayout
  xmlns:android="http://schemas.android.com/apk/res/android"
  xmlns:app="http://schemas.android.com/apk/res-auto"
  android:layout_width="match_parent"
  android:layout_height="match_parent">

  <!-- 메인 콘텐트 뷰 -->
  <FrameLayout
    android:id="@+id/main_content"
    android:layout_width="match_parent"
```

```
  android:layout_height="match_parent"
  android:layout_marginBottom="56dp"
  app:layout_behavior="@string/appbar_scrolling_view_behavior" />

<android.support.design.widget.AppBarLayout
  android:layout_width="match_parent"
  android:layout_height="wrap_content"
  android:background="?attr/colorPrimary"
  android:theme="@style/ThemeOverlay.AppCompat.Dark.ActionBar">

<android.support.v7.widget.Toolbar
  android:id="@+id/toolbar"
  android:layout_width="match_parent"
  android:layout_height="wrap_content"
  app:layout_scrollFlags="scroll|snap|enterAlways" />
</android.support.design.widget.AppBarLayout>

<android.support.design.widget.BottomNavigationView
  android:id="@+id/bottom_nav"
  android:layout_width="match_parent"
  android:layout_height="56dp"
  android:layout_gravity="bottom"
  app:menu="@menu/bottom_nav_menu" />
</android.support.design.widget.CoordinatorLayout>
```

선택 변경을 주시하려면 OnNavigationItemSelectedListener를 BottomNavigationView에 설정해야 한다. 이에 따라 FragmentTransaction은 현재 표시된 콘텐트를 새 프래그먼트로 교체한다.

OnNavigationItemReselectedListener는 현재 선택된 항목이 다시 선택될 때 콜백을 받을 수도 있다. 관례에 따라 현재 선택된 항목을 선택하면 콘텐트가 위로 스크롤돼야 한다. 코드 13-19에서는 이 과정을 구현했다. 여기서는 각 프래그먼트가 scrollToTop 메서드 하나를 추가한 ScrollableFragment의 서브 클래스라고 가정한다.

코드 13-19 하단 내비게이션바 항목 선택 이벤트 처리하기

```
private static final String CURRENT_ITEM_KEY = "current_item";

// mCurrentItem의 값은 onSaveInstanceState() 메서드에서
// CURRENT_ITEM_KEY를 사용해 Bundle 객체에 저장되어야 한다.
int mCurrentItem = R.id.nav_home;

@Override
public void onCreate(Bundle savedInstanceState) {
  super.onCreate(savedInstanceState);
```

```
setContentView(R.layout.app_bar_bottom_nav);

// 현재 탭의 ID를 복원한다.
if (savedInstanceState != null) {
  mCurrentItem = savedInstanceState.getInt(CURRENT_ITEM_KEY);
}


BottomNavigationView bottomNav = findViewById(R.id.bottom_nav);
bottomNav.setOnNavigationItemSelectedListener(
  new OnNavigationItemSelectedListener() {
    @Override
    public boolean onNavigationItemSelected(MenuItem item) {
      FragmentManager fm = getSupportFragmentManager();
      // 새로 선택된 항목의 프래그먼트를 만든다.
      Fragment newFragment;
      switch(item.getItemId()) {
        case R.id.nav_home:
            newFragment = new HomeFragment();
            getSupportActionBar().setTitle(R.string.nav_home);
            break;
        case R.id.nav_profile:
            newFragment = new ProfileFragment();
            getSupportActionBar().setTitle(R.string.nav_profile);
            break;
        case R.id.nav_notifications:
            newFragment = new NotificationsFragment();
            getSupportActionBar().setTitle(R.string.nav_notifications);
            break;
         default: break;
      }
      // 현재 프래그먼트를 새로 선택된 항목으로 교체한다.
      fm.beginTransaction()
          .replace(R.id.main_content, newFragment)
          .setTransition(FragmentTransaction.TRANSIT_FRAGMENT_FADE)
          .commit();
    }
    return true;
  }
});


bottomNav.setOnNavigationItemReselectedListener(
  new OnNavigationItemReselectedListener() {
    @Override
    public boolean onNavigationItemReselected(MenuItem item) {
      // 스크롤을 지원하면 현재 탭의 맨 위까지 스크롤한다.
      // 이 과정은 여러 방법으로 진행할 수 있다.
      // 여기서는 우리가 생성한 ScrollableFragment의 서브 클래스로
      // 각 프래그먼트를 구현한다고 가정한다.
      ScrollableFragment fragment =
        (ScrollableFragment) fm.findFragmentById(R.id.main_content);
      fragment.scrollToTop();
```

```
        }
    });
}
```

하단 내비게이션바 이동은 탭에서처럼 백 스택에 추가되지 않으므로, 뒤로 가기 버튼을 눌러도 이전 선택으로 돌아가지 않는다.

13.6.3 내비게이션 드로어 사용하기

그림 13-5와 같은 내비게이션 드로어는 사용자가 앱바의 아이콘을 탭할 때까지 숨어 있는 것이 보통이다. 그리고 왼쪽 위의 아이콘(☰)을 터치하면 메뉴가 나타난다.

◑ **그림 13-5**

이동 옵션들이 기본적으로 숨어 있기 때문에 이런 패턴은 특히 하나의 메인 화면이 다른 화면들보다 중요할 때 적당하다. 내비게이션 드로어는 중요도가 동일한 최상위 레벨 화면이 6개 이상이어야 하는 앱 구조도 지원한다.

NavigationView 클래스(이 역시 안드로이드 디자인 지원 라이브러리의 일부)는 내비게이션 드로어에 UI를 제공한다. 내비게이션 뷰는 하단 내비게이션 뷰처럼 메뉴 리소스로 채워진다. 이때 app:menu 속성을 레이아웃 XML 리소스에 적용하거나 코드상으로 inflateMenu 메서드나 getMenu 메서드를 사용한다.

내비게이션 드로어 메뉴 정의를 만들려면 코드 13-20에서처럼 android:checkableBehavior="single" 속성을 적용해 메뉴 그룹을 사용해야 한다.

코드 13-20 내비게이션 드로어 메뉴 정의하기

```
<menu xmlns:android="http://schemas.android.com/apk/res/android"
  xmlns:app="http://schemas.android.com/apk/res-auto">
  <group android:checkableBehavior="single">
    <item
      android:id="@+id/nav_home"
      android:icon="@drawable/nav_home"
```

```
        android:title="@string/nav_home"
        android:checked="true" />
    <item
        android:id="@+id/nav_account"
        android:icon="@drawable/nav_account"
        android:title="@string/nav_account" />
    <item
        android:id="@+id/nav_settings"
        android:icon="@drawable/nav_settings"
        android:title="@string/nav_settings" />
    <item
        android:id="@+id/nav_about"
        android:icon="@drawable/nav_about"
        android:title="@string/nav_about" />
    </group>
</menu>
```

이 접근법을 사용하면 한 번에 메뉴 항목 하나만을 선택할 수 있으며, 다른 메뉴 항목에 setChecked를 호출하면 이전 선택은 자동으로 취소된다.

내비게이션 뷰는 메뉴 항목 위에 표시될 헤더를 추가할 수 있도록 app:headerLayout 속성(과 해당 addHeaderView 메서드)도 지원한다. 이 헤더는 getHeaderView 메서드를 사용해 코드상에서 조회할 수 있다.

큰 화면 UI에는 내비게이션 뷰를 레이아웃 안에 포함해 측면에서 항상 보이게 할 수도 있다(그림 13-6).

◑ 그림 13-6

하지만 측면 이동(사이드 내비게이션)이 사용되는 경우에는 DrawerLayout 안에서 내비게이션 뷰를 사용하는 것이 대부분이다. 드로어 레이아웃이 사용되면 사용자는 화면 왼쪽 가장자리에서 스와이프해 드로어를 열고 반대 방향으로 스와이프해 드로어를 닫을 수 있다.

또한 사용자가 새 최상위 레벨 화면을 선택하는 동안 앱바 왼쪽의 이동 아이콘(이것을 어포던스 (affordance)라고 함)을 선택하여 임시 사이드 내비게이션을 열고 닫을 수 있다. 이 경우 내비게이션 뷰가 콘텐트 '위에' 나타난다(그림 13-7).

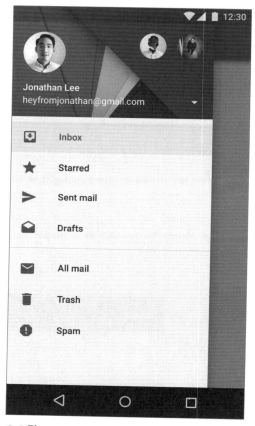

◗ 그림 13-7

드로어 레이아웃의 제1 자식 뷰는 항상 보이는 메인 레이아웃이어야 한다. 그리고 이 레이아웃에는 CoordinatorLayout과 AppBarLayout 그리고 콘텐트가 담길 레이아웃 또는 뷰가 포함된다. 코드 13-21은 이를 나타낸 것이다. android:fitsSystemWindows="true"를 DrawerLayout과 NavigationView 양쪽에서 설정하면 내비게이션 드로어는 머티리얼 디자인 가이드라인대로 상태바의 아래에 나타난다.

코드 13-21 드로어 레이아웃과 내비게이션 뷰를 사용해 레이아웃 만들기

```xml
<android.support.v4.widget.DrawerLayout
  xmlns:android="http://schemas.android.com/apk/res/android"
  xmlns:app="http://schemas.android.com/apk/res-auto"
  android:id="@+id/drawer_layout"
  android:layout_height="match_parent"
  android:layout_width="match_parent"
  android:fitsSystemWindows="true">

  <!-- Your Main Content View -->
  <android.support.design.widget.CoordinatorLayout
    android:layout_width="match_parent"
    android:layout_height="match_parent">

    <FrameLayout
      android:id="@+id/main_content"
      android:layout_width="match_parent"
      android:layout_height="match_parent"
      app:layout_behavior="@string/appbar_scrolling_view_behavior" />

    <android.support.design.widget.AppBarLayout
      android:layout_width="match_parent"
      android:layout_height="wrap_content"
      android:background="?attr/colorPrimary"
      android:theme="@style/ThemeOverlay.AppCompat.Dark.ActionBar">

      <android.support.v7.widget.Toolbar
        android:layout_width="match_parent"
        android:layout_height="wrap_content"
        app:layout_scrollFlags="scroll|snap|enterAlways" />
    </android.support.design.widget.AppBarLayout>
  </android.support.design.widget.CoordinatorLayout>

  <!-- Side navigation view -->
  <android.support.design.widget.NavigationView
    android:id="@+id/nav_view"
    android:layout_height="match_parent"
    android:layout_width="wrap_content"
    android:layout_gravity="start"
    android:fitsSystemWindows="true"
    app:headerLayout="@layout/nav_header"
    app:menu="@menu/side_nav_menu"/>
</android.support.v4.widget.DrawerLayout>
```

앱바의 내비게이션 아이콘을 내비게이션 드로어에 연결하려면 ActionBarDrawerToggle을 사용해야 한다. ActionBarDrawerToggle의 상태가 올바로 변경되는지 확인하기 위해서는 sync

State 메서드 호출을 포함하도록 onPostCreate와 onConfigurationChanged를 오버라이드해야
한다.

코드 13-22처럼 액션바 드로어 토글의 onOptionsItemSelected 메서드를 액티비티의 onOptions
MenuSelected 핸들러에서 호출하면 앱바 내비게이션 어포던스에 따라 내비게이션 드로어를
토글할 수 있다.

코드 13-22 앱바와 내비게이션 드로어 연결하기

```
private ActionBarDrawerToggle mDrawerToggle;

@Override
public void onCreate(Bundle savedInstanceState) {
  super.onCreate(savedInstanceState);
  setContentView(R.layout.app_bar_side_nav);

  // 내비게이션 버튼이 보여야 한다.
  getSupportActionBar().setDisplayHomeAsUpEnabled(true);

  DrawerLayout drawerLayout = findViewById(R.id.drawer_layout);
  mDrawerToggle = new ActionBarDrawerToggle(this,
    drawerLayout,
    R.string.drawer_open_content_description,
    R.string.drawer_closed_content_description);
}

@Override
public void onPostCreate(Bundle savedInstanceState) {
  super.onPostCreate(savedInstanceState);
  mDrawerToggle.syncState();
}

@Override
public void onConfigurationChanged(Configuration newConfig) {
  super.onConfigurationChanged(newConfig);
  mDrawerToggle.syncState();
}

@Override
public boolean onOptionsMenuSelected(MenuItem item) {
  if (mDrawerToggle.onOptionsMenuSelected(item)) {
    return true;
  }

  // 메뉴 항목 선택 로직을 적용한다.
  return super.onOptionsMenuSelected(item);
}
```

내비게이션 뷰 항목이 선택되면 OnNavigationItemSelectedListener 콜백이 호출된다. 이 핸들러 안에서 해당 메뉴 항목이 현재 보이는 화면과 비교되고(드로어는 닫혀야 한다), 새로 선택된 화면으로 전환돼야 한다(현재 표시되는 것과 다르다면).

콘텐트 전환은 드로어가 완전히 닫힌 후에 시작돼야 한다. 그래야만 여러 애니메이션이 함께 실행되는 것을 막아 버벅거림을 줄일 수 있고, 사용자도 무엇이 바뀌는지 쉽게 이해할 수 있다.

코드 13-23에서는 드로어를 열고 닫는 콜백을 제공하는 인터페이스인 DrawerListener를 구현해 액션바 드로어 토글을 어떻게 구성하는지 나타낸다.

단, 메인 콘텐트 전환 그리고 앱바의 제목 업데이트 같은 관련 이벤트는 onDrawerClosed 핸들러에서 실행된다.

코드 13-23 앱바와 내비게이션 드로어 연결하기

```
private int mSelectedItem = 0;
private ActionBarDrawerToggle mDrawerToggle;

@Override
public void onCreate(Bundle savedInstanceState) {
  super.onCreate(savedInstanceState);
  setContentView(R.layout.app_bar_side_nav);

  // 내비게이션 버튼이 보여야 한다.
  getSupportActionBar().setDisplayHomeAsUpEnabled(true);

  final DrawerLayout drawerLayout = findViewById(R.id.drawer_layout);

  mDrawerToggle = new ActionBarDrawerToggle(this,
                         drawerLayout,
                         R.string.drawer_open_content_description,
                         R.string.drawer_closed_content_description) {

    @Override
    public void onDrawerClosed(View view) {
      // 새로 선택된 항목의 프래그먼트를 만든다.
      Fragment newFragment;
      switch(mSelectedItem) {
        case R.id.nav_home:
          newFragment = new HomeFragment();
            getSupportActionBar().setTitle(R.string.nav_home);
          break;
        case R.id.nav_account:
            newFragment = new AccountFragment();
          getSupportActionBar().setTitle(R.string.nav_account);
```

```
        break;
      case R.id.nav_settings:
        newFragment = new SettingsFragment();
        getSupportActionBar().setTitle(R.string.nav_settings);
        break;
      case R.id.nav_about:
        newFragment = new AboutFragment();
        getSupportActionBar().setTitle(R.string.nav_about);
        break;
      default:
        return;
      }
      // 현재 프래그먼트를 새로 선택된 항목으로 교체한다.
      fm.beginTransaction()
        .replace(R.id.main_content, newFragment)
        .setTransition(FragmentTransaction.TRANSIT_FRAGMENT_FADE)
        .commit();
      // 선택된 항목을 리셋한다.
      mSelectedItem = 0;
    }
  };

  final NavigationView navigationView = findViewById(R.id.nav_view);

  navigationView.setNavigationItemSelectedListener(
    new OnNavigationItemSelectedListener() {
      @Override
      public boolean onNavigationItemSelected(MenuItem item) {
        mSelectedItem = item.getItemId();
        item.setChecked(true);
        drawerLayout.closeDrawer(navigationView);
      }

    });
}
```

13.6.4 내비게이션 패턴 결합하기

여러 내비게이션 패턴을 결합해 유용성을 높일 수 있다. 예를 들어 탭을 사용할 때는 2차 뷰 한두 개를 앱바 액션으로 추가하는 경우가 많다(CI 설정 및 이 앱은…). 2차 뷰가 서너 개를 넘을 때는 그림 13-8처럼 내비게이션 드로어를 추가하는 것도 괜찮다.

◗ 그림 13-8

이로써 사용자는 탭에서 주의를 뺏기지 않고도 사용할 수 있는 화면이 더 있다는 시각적인 단서를 (드로어 아이콘 형태로) 얻을 수 있다.

이와 마찬가지로 하단 내비게이션바를 사용할 때도 2차 뷰가 서너 개 넘는다면 그림 13-9처럼 내비게이션 드로어를 사용하는 것이 좋다.

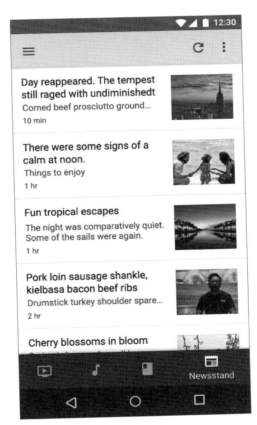

◗ 그림 13-9

앞의 두 예에서는 1차 내비게이션 요소에서 사용할 수 있는 항목들이 내비게이션 드로어에 포함되지 않는다.

13.7 지진 정보 뷰어에 탭 추가하기

지진 정보 뷰어 앱을 개선해 보자. 이번에는 탭 내비게이션을 통합한다. 2개의 탭을 기존 지진 리스트에 적용할 것이다. 그리고 이 중 두 번째 탭은 지진 위치를 지도로 표시하는 데 사용한다.

그리고 몇 가지 내비게이션 요소를 추가할 텐데, 지도 자체는 15장 '위치, 상황 인지, 지도'에서 추가한다.

1. 우선 지도를 보여주는 프래그먼트의 레이아웃부터 만든다. res/layout 폴더에서 새 fragment_earthquake_map.xml 레이아웃을 생성하자. 15장에서 지도를 추가할 때까지는 지도 대신 텍스트 뷰를 임시로 사용한다.

```xml
<?xml version="1.0" encoding="utf-8"?>
<FrameLayout xmlns:android="http://schemas.android.com/apk/res/android"
  android:layout_width="match_parent"
  android:layout_height="match_parent">
  <TextView
    android:layout_width="match_parent"
    android:layout_height="match_parent"
    android:gravity="center"
    android:text="Map Goes Here!"
  />
</FrameLayout>
```

2. Fragment의 서브 클래스로 새 EarthquakeMapFragment 클래스를 생성하고, Create View 핸들러를 오버라이드해 1번 단계에서 만든 fragment_earthquake_map 레이아웃을 인플레이트한다.

```java
public class EarthquakeMapFragment extends Fragment {

  @Override
  public View onCreateView(@NonNull LayoutInflater inflater,
      ViewGroup container, Bundle savedInstanceState) {
    return inflater.inflate(R.layout.fragment_earthquake_map,
      container, false);
  }
}
```

```
}
```

(이 코드를 작성 후 Fragment 클래스의 이름이 빨간색으로 표시되면서 에러로 나타날 것이다. 이 클래스를 클릭한 후 [Alt]+[Enter](맥에서는 [Command]+[Return]) 키를 눌러 android.support. v4.app 패키지의 것을 선택한다.)

3. 태블릿처럼 화면이 큰 경우에는 지진 리스트와 지도를 나란히 표시할 수 있다. 아래에 있는 activity_earthquake_main.xml 레이아웃의 변형 레이아웃을 res/layout-sw720dp 폴더 안에 생성한다. 이 폴더는 화면 너비가 최소 720dp인 디스플레이용으로 최적화된 레이아웃을 포함한다. 지금 생성하는 레이아웃은 지진 리스트 프래그먼트와 지진 지도 프래그먼트를 나란히 보여주되, 리스트 프래그먼트의 너비를 레이아웃의 최소 너비의 절반(360dp)으로 제한한다. 화면 공간을 추가로 사용할 수 있게 되었으므로 확장된 툴바 패턴도 사용할 수 있다. 즉, 태블릿의 보통 툴바 높이(64dp)보다 두 배 큰 높이의 AppBarLayout과 CollapsingToolbarLayout, Toolbar를 구성할 수 있다.

(안드로이드 스튜디오 프로젝트 도구 창의 res 폴더에서 오른쪽 마우스 버튼을 누른 후 New ➡ Android Resource Directory를 선택한다. 대화상자에서 Resource type을 클릭하고 layout을 선택한다. 그리고 Directory name에 layout-sw720dp를 입력하고 [OK] 버튼을 누르면 res 폴더 밑에 layout-sw720dp 폴더가 생성된다. 프로젝트 도구 창의 왼쪽 위에 있는 Android 드롭다운을 클릭하고 Project 모드로 변경한다. 그리고 Earthquake ➡ app ➡ src ➡ main ➡ res를 확장하면 layout-sw720dp 디렉터리가 보일 것이다. 이 디렉터리에서 오른쪽 마우스 버튼을 누른 후 New ➡ Layout resource file을 선택한 후 File name에 activity_earthquake_main.xml을 입력하고 [OK] 버튼을 누르면 이 레이아웃 파일이 생성되고 편집기 창에 열릴 것이다. 아래쪽의 Text 탭을 클릭한 후 아래 XML로 모두 교체하면 된다. 다 되었으면 다시 프로젝트 도구 창의 왼쪽 위에 있는 Project 드롭다운을 클릭하고 Android 모드로 변경해 두자.)

```xml
<?xml version="1.0" encoding="utf-8"?>
<android.support.design.widget.CoordinatorLayout
  xmlns:android="http://schemas.android.com/apk/res/android"
  xmlns:app="http://schemas.android.com/apk/res-auto"
  android:layout_width="match_parent"
  android:layout_height="match_parent">

  <android.support.design.widget.AppBarLayout
    android:layout_width="match_parent"
    android:layout_height="128dp"
    android:theme="@style/ThemeOverlay.AppCompat.Dark.ActionBar">
```

```xml
        <android.support.design.widget.CollapsingToolbarLayout
          android:layout_width="match_parent"
          android:layout_height="match_parent">
          <android.support.v7.widget.Toolbar
            android:id="@+id/toolbar"
            android:layout_width="match_parent"
            android:layout_height="?attr/actionBarSize"/>
        </android.support.design.widget.CollapsingToolbarLayout>
      </android.support.design.widget.AppBarLayout>

      <LinearLayout
        android:layout_width="match_parent"
        android:layout_height="match_parent"
        android:baselineAligned="false"
        android:orientation="horizontal"
        app:layout_behavior="@string/appbar_scrolling_view_behavior">

        <fragment
          android:id="@+id/EarthquakeListFragment"
          android:name=
            "com.professionalandroid.apps.earthquake.EarthquakeListFragment"
          android:layout_width="360dp"
          android:layout_height="match_parent"/>
        <fragment
          android:id="@+id/EarthquakeMapFragment"
          android:name=
            "com.professionalandroid.apps.earthquake.EarthquakeMapFragment"
          android:layout_width="0dp"
          android:layout_height="match_parent"
          android:layout_weight="1"/>
      </LinearLayout>
    </android.support.design.widget.CoordinatorLayout>
```

4. 스마트폰 같은 작은 화면에서는 탭을 사용해 리스트나 지도 중 하나만 전환해서 보여준다. res/values 폴더에 있는 strings.xml에 새 탭의 라벨을 추가한다.

```xml
<string name="tab_list">List</string>
<string name="tab_map">Map</string>
```

5. /res/layout 폴더의 activity_earthquake_main.xml 레이아웃에서 기존의 FrameLayout을 ViewPager로 변경한다. 이 ViewPager에는 리스트와 지도 프래그먼트가 포함될 것이다. 또한 TabLayout을 앱바 레이아웃에 추가한다.

(프로젝트 도구 창이 Android 모드로 되어있는 상태에서 /res/layout 폴더의 activity_earthquake_ main을 보면 두 개의 XML 파일이 있을 것이다. 그 중에서 activity_earthquake_main.xml(sw720dp)는 3번 단계에서 생성한 레이아웃이며, 여기서는 이 레이아웃이 아닌 activity_earthquake_main.xml을 편집기 창에 열고 변경한다.)

```xml
<?xml version="1.0" encoding="utf-8"?>
<android.support.design.widget.CoordinatorLayout
    xmlns:android="http://schemas.android.com/apk/res/android"
    xmlns:app="http://schemas.android.com/apk/res-auto"
    android:layout_width="match_parent"
    android:layout_height="match_parent">

    <android.support.design.widget.AppBarLayout
        android:layout_width="match_parent"
        android:layout_height="wrap_content"
        android:theme="@style/ThemeOverlay.AppCompat.Dark.ActionBar">

        <android.support.v7.widget.Toolbar
            android:id="@+id/toolbar"
            android:layout_width="match_parent"
            android:layout_height="wrap_content"
            app:layout_scrollFlags="scroll|enterAlways|snap"/>

        <android.support.design.widget.TabLayout
            android:id="@+id/tab_layout"
            android:layout_width="match_parent"
            android:layout_height="wrap_content" />
    </android.support.design.widget.AppBarLayout>

    <android.support.v4.view.ViewPager
        android:id="@+id/view_pager"
        android:layout_width="match_parent"
        android:layout_height="match_parent"
        app:layout_behavior="@string/appbar_scrolling_view_behavior"/>
</android.support.design.widget.CoordinatorLayout>
```

6. 다음은 리스트와 지도를 전환하는 내비게이션 지원을 추가한다. EarthquakeMainActivity를 편집기 창에 열고 내부 클래스로 EarthquakeTabsPagerAdapter를 추가한다. 이 클래스는 FragmentPagerAdapter의 서브 클래스이며, 첫 번째 탭으로 지진 리스트를, 두 번째 탭으로 진원지의 지도를 보여준다.

```java
...
public class EarthquakeMainActivity extends AppCompatActivity
            implements EarthquakeListFragment.OnListFragmentInteraction
            Listener {
    ...
```

```
class EarthquakeTabsPagerAdapter extends FragmentPagerAdapter {

  EarthquakeTabsPagerAdapter(FragmentManager fm) {
    super(fm);
  }

  @Override
  public int getCount() {
    return 2;
  }

  @Override
  public Fragment getItem(int position) {
    switch(position) {
      case 0:
        return new EarthquakeListFragment();
      case 1:
        return new EarthquakeMapFragment();
      default:
        return null;
    }
  }

  @Override
  public CharSequence getPageTitle(int position) {
    switch(position) {
      case 0:
        return getString(R.string.tab_list);
      case 1:
        return getString(R.string.tab_map);
      default:
        return null;
    }
  }
 }
}
```

(이 코드를 작성 후 Fragment 클래스의 이름이 빨간색으로 표시되면서 에러로 나타날 것이다. 2번 단계에서 했던 것과 같은 방법으로 android.support.v4.app 패키지의 것을 선택한다.)

7. 계속해서 EarthquakeMainActivity의 onCreate 핸들러를 다음과 같이 변경한다. 프래그먼트 트랜잭션 코드를 제거하고 대신에 뷰 페이저가 발견되면 6번 단계의 페이저 어댑터(EarthquakeTabsPagerAdapter)를 사용하여 탭 내비게이션을 설정하도록 한다.

```
...
public class EarthquakeMainActivity extends AppCompatActivity
```

```
                 implements EarthquakeListFragment.OnListFragmentInteraction
             Listener {
...

@Override
public void onCreate(Bundle savedInstanceState) {
  super.onCreate(savedInstanceState);
  setContentView(R.layout.activity_earthquake_main);
  Toolbar toolbar = findViewById(R.id.toolbar);
  setSupportActionBar(toolbar);

  FragmentManager fm = getSupportFragmentManager();
  if (savedInstanceState == null) {
    FragmentTransaction ft = fm.beginTransaction();

    mEarthquakeListFragment = new EarthquakeListFragment();
    ft.add(R.id.main_activity_frame,
      mEarthquakeListFragment, TAG_LIST_FRAGMENT);

    ft.commitNow();
  } else {
    mEarthquakeListFragment =
      (EarthquakeListFragment) fm.findFragmentByTag(TAG_LIST_FRAGMENT);
  }

  ViewPager viewPager = findViewById(R.id.view_pager);
  if (viewPager != null) {
    PagerAdapter pagerAdapter =
      new EarthquakeTabsPagerAdapter(getSupportFragmentManager());
    viewPager.setAdapter(pagerAdapter);

    TabLayout tabLayout = findViewById(R.id.tab_layout);
    tabLayout.setupWithViewPager(viewPager);
  }

  earthquakeViewModel = ViewModelProviders.of(this)
                     .get(EarthquakeViewModel.class);

}
...
}
```

그림 13-10은 앱의 실행 모습을 나타낸다. 스마트폰에서는 앱바에 두 개의 탭(LIST와 MAP)이
나타나서 지진 리스트와 진원지 지도를 전환하여 볼 수 있으며, 태블릿에서는 탭이 없고 두 프
래그먼트가 한 화면에 모두 나타나는 것을 볼 수 있다.

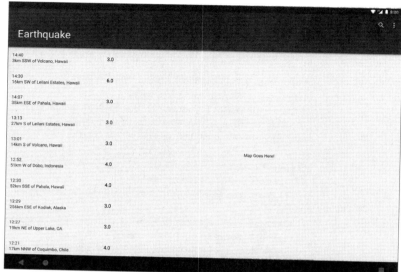

◑ 그림 13-10

13.8 적절한 방해 수준 선택하기

11장 '백그라운드에서 작업하기'에서는 앱이 백그라운드에 있을 때 사용자에게 중요한 정보를 통지하는 수단으로 알림을 소개했다. 한편 안드로이드는 앱이 포어그라운드에 있을 때 사용자에게 통지하고 심지어 끼어들 수 있는 다양한 메커니즘도 제공하고 있다. 대화상자나 토스트 메시지, 스낵바가 대표적인 예다.

가능하다면 앱은 사용자가 정상적으로 진행하던 작업 흐름이 방해받지 않고 계속 진행될 수 있도록 해야 한다. 하지만 중요한 이벤트나 변경 내용을 사용자에게 끼어들어 통지하는 일도 필요하다.

단, 모든 끼어들기나 통지에는 대가가 따른다. 사용자는 변경된 것을 처리해야 하고, 응답해야 하는 액션이 있다면 응답해야 한다.

13.8.1 대화상자 띄우기

안드로이드의 대화상자는 반투명의 플로팅 윈도우로서 자신을 시작한 UI를 일부 가리게 된다 (그림 13-11).

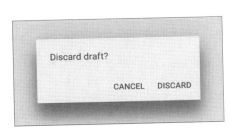

◐ 그림 13-11

대화상자는 데스크톱이나 웹, 모바일 애플리케이션에서 흔히 사용되는 UI 메타포다. 모달 대화상자는 정보를 제시받은 사용자가 어떤 응답을 해야만 진행 중이던 일을 계속할 수 있다는 점에서 사용자에게 끼어들 수 있는 가장 도발적인 옵션이다.

안드로이드 UX 디자인 측면에서 대화상자는 전체 시스템 차원의 이벤트를 나타낼 때 사용돼야 한다. 시스템 오류나 계정 선택 요구를 지원하는 경우가 단적인 예다. 따라서 대화상자를 애플리케이션 안에서만 제한하고 설정 한계도 두는 것이 좋다.

대화상자를 만들 때는 AppCompatDialogFragment의 서브 클래스를 생성한다. AppCompat DialogFragment는 AppCompat 스타일링을 포함하고 대화상자의 저장 및 복원을 구성 변경에 맞춰 처리하는 프래그먼트 서브 클래스다.

대화상자는 표준 대화상자 카테고리로 분류된다.

> ➤ '예'나 '아니요'에 해당하는 응답 버튼이 표시되는 확인 메시지
> ➤ 사용자가 선택할 수 있는 단일 항목 리스트
> ➤ 확인란에 표시되는 다중 항목 리스트

이 표준 케이스에는 AlertDialog가 사용된다. 이 표준 통지 대화상자(Alert Dialog) UI를 사용하려면 AppCompatDialogFragment의 onCreateDialog 핸들러 안에서 새 AlertDialog.Builder 객체를 만든 후에 제목이나 메시지, 버튼(옵션), 선택 항목, 텍스트 입력란 등에 값을 지정해야 한다. 코드 13-24는 이를 나타낸 것이다.

두 버튼 중 어느 하나를 클릭하면 연결된 OnClickListener가 실행된 후에 대화상자가 닫힌다.

코드 13-24 AppCompatDialogFragment에서 AlertDialog 구성하기

```
public class PitchBlackDialogFragment extends AppCompatDialogFragment {
    @Override
```

```
public Dialog onCreateDialog(Bundle savedInstanceState) {
    AlertDialog.Builder builder = new AlertDialog.Builder(getActivity());

    builder.setTitle("It is Pitch Black")
        .setMessage("You are likely to be eaten by a Grue.")
        .setPositiveButton(
            "Move Forward",
            new DialogInterface.OnClickListener() {
                @Override
                public void onClick(DialogInterface dialog, int arg1) {
                    eatenByGrue();
                }
            })
        .setNegativeButton(
            "Go Back",
            new DialogInterface.OnClickListener(){
                @Override
                public void onClick(DialogInterface dialog, int arg1) {
                    // 아무것도 하지 않는다.
                }
            });
    // AlertDialog를 생성하고 반환한다.
    return builder.create();
}
}
```

사용자가 선택하지 않고 뒤로 가기 버튼을 눌러 대화상자를 닫을 수 있어야 하는지 결정할 때는 setCancelable을 사용한다. 취소 가능한 대화상자를 만든다면 AppCompatDialogFragment의 onCancel 메서드를 오버라이드해 이 이벤트에 응답한다.

완전히 새로운 커스텀 대화상자를 만들 때는 onCreateView를 오버라이드하고 레이아웃에서 인플레이트하면 된다.

사용하는 대화상자가 완전히 새로운 커스텀 대화상자든, AlertDialog 또는 DatePickerDialog 나 TimePickerDialog 같은 전문화된 대화상자 서브 클래스든, 화면에 보여줄 때는 코드 13-25 처럼 show 메서드를 사용한다.

코드 13-25 대화상자 프래그먼트 표시하기

```
String tag = "warning_dialog";
DialogFragment dialogFragment = new PitchBlackDialogFragment();

dialogFragment.show(getSupportFragmentManager(), tag);
```

13.8.2 토스트

방해 수준의 한쪽 끝에는 토스트 메시지라는 것이 있다. 토스트는 포커스를 빼앗지 않는, 상호 작용이 허용되지 않는 비모달(non-modal) 일시적 알림이다. 토스트는 짧은 메시지를 보여주고 스스로 사라진다.

이런 제한 때문에 토스트는 사용자의 액션이 생긴 즉시 확인하거나 시스템 차원의 메시지를 보여줄 때만 사용되어야 한다. 그리고 화면에 볼 수 있는 활성 액티비티를 앱이 가질 때만 나타나게 된다.

Toast 클래스에는 makeToast라는 static 메서드가 함께 제공된다. 이 메서드는 표준 토스트 디스플레이 창을 만든다. 새 토스트를 구성하려면 현재 Context와 표시할 텍스트, 표시할 시간 길이(LENGTH_SHORT 또는 LENGTH_LONG)를 makeText 메서드에 전달한다. 생성된 토스트는 코드 13-26처럼 show를 호출해 보여줄 수 있다.

코드 13-26 토스트 보여주기

```
Context context = this;
String msg = "To health and happiness!";
int duration = Toast.LENGTH_SHORT;

Toast toast = Toast.makeText(context, msg, duration);

// 항상 show()를 호출해야 한다!
toast.show();
```

그림 13-12는 화면에 나타난 토스트의 모습이다. 토스트는 화면에 대략 2초 동안 나타났다가 사라진다. 토스트가 보이는 동안에도 애플리케이션은 완벽하게 반응하고 상호 작용이 가능한 상태를 유지한다.

◑ **그림 13-12**

토스트 메시지는 항상 UI 스레드로 만들어 표시해야 한다. 백그라운드 작업이 완료되고 토스트를 만든다면 UI가 여전히 보이는 상태인지 그리고 토스트를 UI 스레드, 예를 들어 비동기 태스크의 onPostExecute 핸들러로 보여 주는지 확인해야 한다.

13.8.3 스낵바로 인라인 끼어들기

스낵바는 그림 13-13처럼 화면 아래에서 위로 등장하는 애니메이션에 따라 표시되는 임시 뷰를 사용해 UI에 직접 끼어든다.

◑ 그림 13-13

사용자는 스낵바를 곧장 한쪽으로 젖혀 없앨 수 있고, 시간이 지나 자동으로 사라지게 할 수도 있다. 이 경우에는 토스트와 비슷하다고 할 수 있다.

스낵바 API는 안드로이드 디자인 지원 라이브러리의 일부로 사용할 수 있으며, 뷰와 표시할 텍스트, 표시할 시간 길이를 받는 make 메서드를 함께 제공하고 있다. 스낵바는 토스트와 달리 setAction 메서드를 사용해 액션 한 가지를 추가할 수 있다. 이를 코드 13-27에 나타냈다.

코드 13-27 스낵바 만들기와 보여주기

```java
Snackbar snackbar = Snackbar.make(coordinatorLayout, "Deleted",
                                  Snackbar.LENGTH_LONG);

// 액션을 정의한다.
snackbar.setAction("Undo", new View.OnClickListener() {
  @Override
  public void onClick(View view) {
      // 삭제를 취소한다.
  }
});

// 스낵바 취소에 응답한다.
snackbar.addCallback(new Snackbar.Callback() {
  @Override
  public void onDismissed(Snackbar transientBottomBar, int event) {
```

```
    // 삭제한다.
  }
});

// 스낵바를 보여준다.
snackbar.show();
```

이 과정은 사용자에게 '되돌리기' 기능을 제공할 때 흔히 적용된다. 이를 통해 파괴적인 액션으로부터 복구할 수 있다. 예를 들어 사용자가 객체를 삭제하면 스낵바가 표시 중일 때는 삭제 표시만 되고, addCallback 메서드를 사용해 콜백을 추가한다. '되돌리기' 액션이 선택되면 삭제 표시가 붙은 객체에서 그 표시를 지우고, onDismissed 콜백을 삭제에 적용한다.

스낵바의 위치는 make로 전달하는 뷰에 따라 달라진다. 전달하는 뷰가 코디네이터 레이아웃 (Coordinator Layout)이거나 코디네이터 레이아웃을 (직·간접적인) 부모로 가지면 스낵바의 위치는 코디네이터 레이아웃의 하단이 된다. 코디네이터 레이아웃이 없을 때는 액티비티의 하단이 그 위치가 된다.

> **참고**
>
> 스낵바와 코디네이터 레이아웃이 함께 사용되는 경우 사용자는 스낵바를 옆으로 젖혀 없앨 수 있다. 이때 스낵바 위에 겹칠 수도 있는 FloatingActionButton은 스낵바 옆에서 부드럽게 움직이게 된다.

스낵바 메커니즘은 사용자에게 주기적으로 끼어들지 않아도 부주의한(그리고 복구할 수 없기도 한) 파괴적 액션이 될 수도 있는 실수를 원천적으로 차단함으로써 위험과 걱정을 줄인다.

확실하냐고 묻는 대화상자를 시도 때도 없이 표시하기보다 스낵바를 사용하는 것이 훨씬 더 나은 선택일 것이다. 스낵바에는 복구 가능한 액션이 제공돼 새 사용자든 기존 사용자든 그들의 작업 흐름을 끊임없이 방해하지 않고도 유사 시 적절하게 사용될 수 있다.

CHAPTER **14**

사용자 인터페이스의 고급 구성

14장의 주요 내용

➤ 접근 가능한 애플리케이션 만들기

➤ TTS 및 음성 인식 라이브러리 사용하기

➤ 기기의 진동 제어하기

➤ 전체 화면 처리하기

➤ 프로퍼티 애니메이터 사용하기

➤ 고급 캔버스 그리기

➤ 터치 이벤트 처리하기

➤ 고급 드로어블 리소스

➤ 복사, 붙여넣기, 클립보드

14장에 사용된 코드의 다운로드용 파일

14장은 다음 2개의 파일로 되어 있다.

⊙ Snippets_ch14.zip
⊙ Compass_ch14.zip

14.1 사용자 경험 확장하기

머티리얼 디자인은 안드로이드의 뛰어난 사용자 경험(UX)을 구성하는 구조, UI, 상호 작용 패턴의 토대다. 하지만 말 그대로 토대에 불과하다.

14장에서는 기본 필수품 이상으로 UX를 생각해 복잡한 기능을 제공하더라도 그 단순미를 잃지 않는 애플리케이션을 어떻게 만들 수 있는지 설명한다.

그리고 어떻게 하면 접근성 서비스 사용자들을 비롯해 모든 사용자에게 뛰어난 사용자 경험을 제공할 수 있는지도 생각해 본다.

이어서 음성 합성(Text-To-Speech)과 음성 인식, 진동 API를 소개해 사용자가 누릴 수 있는 상호 작용의 범위를 확장한다.

각각 화면 위와 아래에 표시되는 상태바와 내비게이션바를 비롯해 시스템 UI의 가시성을 제어함으로써 앱의 사용자 몰입도를 높이기 위한 방법을 살펴본다.

그리고 프로퍼티 애니메이션을 사용해 뷰를 변경하는 방법과 5장 '사용자 인터페이스 빌드하기'에서 만든 커스텀 뷰를 개선하는 방법도 다룬다. 이 과정에서 고급 캔버스 그리기 기술과 자체 터치 이벤트 처리 기술을 적용한다.

14.2 접근성 지원하기

매력적인 UI를 만든다는 것에는 모든 사람이 사용할 수 있다는 전제가 필요하다. 여기서 모든 사람이란 기기와 다른 방식으로 상호 작용할 수밖에 없는 장애를 지닌 사람들까지 포함한다.

접근성 API는 시각이나 신체적 또는 연령 관련 장애로 인해 터치스크린을 온전하게 사용하기 어려운 사용자에게 대체 상호 작용 방법을 제공한다.

5장 '사용자 인터페이스 빌드하기'에서는 접근 가능한 커스텀 뷰를 어떻게 만드는지 설명했다. 이 절에서는 접근 가능한 사용자 경험을 만들 수 있는 모범 사례 몇 가지를 정리한다.

14.2.1 터치스크린을 사용하지 않는 내비게이션 지원하기

D 패드나 방향키처럼 물리적인 방향이 제공되는 컨트롤러는 이제 스마트폰에서 쉽게 찾아보기 어렵다. 하지만 접근성 서비스가 활성화되면 물리적인 컨트롤러를 본뜬 에뮬레이션이 여러

사용자에게 1차적인 내비게이션 수단으로 사용된다.

터치스크린을 사용하지 않아도 내비게이션이 가능한 UI를 만들기 위해서는 애플리케이션에서 그에 따른 입력 메커니즘을 지원해야 한다.

우선 입력 뷰 하나하나가 포커스를 받아 클릭될 수 있게 해야 한다. 각 입력 뷰의 중앙이나 [확인] 버튼을 누르면 터치스크린을 터치한 것과 같은 방식으로 포커싱 컨트롤에 영향을 주어야 한다.

컨트롤이 입력 포커스를 가지면 이를 시각적으로 표현해야 한다. 그래야만 사용자가 어떤 컨트롤과 상호 작용할 수 있는지 알 수 있다. 안드로이드 SDK의 모든 뷰는 포커스를 받을 수 있도록 제공된다.

ART(안드로이드 런타임)는 지정된 방향에 가장 인접한 컨트롤을 찾는 알고리즘을 기반으로 레이아웃의 각 컨트롤이 포커스를 받는 순서를 결정한다. 이 순서를 오버라이드하려면 레이아웃 정의 안에서 android:nextFocusDown, android:nextFocusLeft, android:nextFocusRight, android:nextFocusUp 속성을 뷰에 적용한다. 그리고 반대 방향으로 연속적으로 움직이면 원래 위치로 돌아가도록 해야 한다.

14.2.2 뷰의 텍스트 설명 만들기

컨텍스트는 UI를 디자인할 때 대단히 중요하다. 버튼 이미지와 텍스트 레이블, 경우에 따라서는 각 컨트롤의 상대 위치까지 입력 뷰의 목적으로 나타내는 데 사용할 수 있다.

접근 가능한 애플리케이션을 만들려면 시각적인 컨텍스트가 없는 사용자가 어떻게 UI를 사용할 수 있는지 고려해야 한다. 이를 위해 뷰에는 android:contentDescription 속성이 제공된다. 이 속성은 접근성 관련 음성 도구를 활성화한 사용자에게 음성으로 읽어 줄 때 사용된다.

```
<Button
  android:id="@+id/pick_contact_button"
  android:layout_width="match_parent"
  android:layout_height="wrap_content"
  android:text="@string/pick_contact_button"
  android:contentDescription="@string/pick_contact_button_description"
/>
```

포커스를 받는 레이아웃 내 모든 뷰는 콘텐트 설명이 제공돼야 한다. 이에 따라 사용자는 이 뷰에서 상호 작용할 때 필요한 컨텍스트를 받게 된다.

14.3 안드로이드의 음성 합성

흔히 TTS(Text-To-Speech)라는 음성 합성(speech synthesis)은 애플리케이션 안에서 음성을 합성해 사용자에게 '말로 표현하는 기능을 말한다.

일부 안드로이드 기기의 저장 공간 한계 때문에 언어팩은 모두 사전에 설치되지 않는다. 따라서 TTS 엔진을 사용하려면 해당 언어팩이 설치됐는지부터 확인해야 한다.

TTS 라이브러리를 확인하려면 TextToSpeech.Engine 클래스로부터 ACTION_CHECK_TTS_DATA 액션의 결과를 받기 위해 새 액티비티를 시작해야 한다.

```
Intent intent = new Intent(TextToSpeech.Engine.ACTION_CHECK_TTS_DATA);
startActivityForResult(intent, TTS_DATA_CHECK);
```

음성 데이터가 제대로 설치됐다면 onActivityResult 핸들러가 CHECK_VOICE_DATA_PASS를 받는다. 그러지 않은 경우에는 설치를 시작할 TTS 엔진의 ACTION_INSTALL_TTS_DATA 액션을 사용해 새 액티비티를 시작해야 한다.

```
Intent installVoice = new Intent(Engine.ACTION_INSTALL_TTS_DATA);
startActivity(installVoice);
```

음성 데이터를 사용할 수 있는 상태가 되면 새 TextToSpeech 인스턴스를 생성하고 초기화한다. 단, 초기화가 끝나야 이 객체를 사용할 수 있다. 그리고 TTS 엔진이 초기화됐을 때 시작되는 생성자에 OnInitListener를 전달한다.

```
boolean ttsIsInit = false;
TextToSpeech tts = null;
protected void onActivityResult(int requestCode,
                                int resultCode, Intent data) {

if (requestCode == TTS_DATA_CHECK) {
    if (resultCode == Engine.CHECK_VOICE_DATA_PASS) {
        tts = new TextToSpeech(this, new OnInitListener() {
```

```
        public void onInit(int status) {
          if (status == TextToSpeech.SUCCESS) {
            ttsIsInit = true;
            // TODO 말로 하기!
          }
        }
      });
    }
  }
}
```

TextToSpeech를 초기화했으면, speak 메서드를 사용해 음성 데이터를 합성할 수 있다. 이때 기기의 기본 오디오 출력이 사용된다.

```
Bundle parameters = null;
String utteranceId = null; // setOnUtteranceProgressListener와 사용될 수 있다.
tts.speak("Hello, Android", TextToSpeech.QUEUE_ADD, parameters, utteranceId);
```

speak 메서드는 새 음성 출력을 기존 큐에 추가하거나 큐를 비우고 말하기를 즉시 시작한다.

setPitch나 setSpeechRate 메서드를 사용하면 음성 출력을 발음하는 방식을 조정할 수 있다. 이 두 메서드는 float 타입의 매개변수를 받으며, 각각 음성 출력의 피치와 속도를 변경한다.

음성 출력의 발음은 setLanguage 메서드를 사용해 변경할 수 있다. 이 메서드는 Locale 매개변수를 받아 해당 언어와 국가를 지정한다. 이에 따라 말로 표현되는 텍스트에 올바른 언어와 발음 모델을 적용할 수 있다.

말하기가 끝나면 stop을 사용해 음성 출력을 중지하고 shutdown을 사용해 TTS 리소스를 해제한다.

```
tts.stop();
tts.shutdown();
```

코드 14-1에서는 TTS 음성 라이브러리가 설치됐는지 파악하고 새 TTS 엔진을 초기화하며, 이를 사용해 영국식 영어로 말한다.

코드 14-1 음성 합성 사용하기

```
private static int TTS_DATA_CHECK = 1;
```

```java
private TextToSpeech tts = null;
private boolean ttsIsInit = false;

private void initTextToSpeech() {
  Intent intent = new Intent(Engine.ACTION_CHECK_TTS_DATA);
  startActivityForResult(intent, TTS_DATA_CHECK);
}

protected void onActivityResult(int requestCode,
                                int resultCode, Intent data) {
  if (requestCode == TTS_DATA_CHECK) {
    if (resultCode == Engine.CHECK_VOICE_DATA_PASS) {
      tts = new TextToSpeech(this, new OnInitListener() {
        public void onInit(int status) {
          if (status == TextToSpeech.SUCCESS) {
            ttsIsInit = true;
            if (tts.isLanguageAvailable(Locale.UK) >= 0)
              tts.setLanguage(Locale.UK);
            tts.setPitch(0.8f);
            tts.setSpeechRate(1.1f);
            speak();
          }
        }
      });
    } else {
      Intent installVoice = new Intent(Engine.ACTION_INSTALL_TTS_DATA);
      startActivity(installVoice);
    }
  }
}

private void speak() {
  if (tts != null && ttsIsInit) {
    tts.speak("Hello, Android old chap!", TextToSpeech.QUEUE_ADD, null);
  }
}

@Override
public void onDestroy() {
  if (tts != null) {
    tts.stop();
    tts.shutdown();
  }
  super.onDestroy();
}
```

14.4 음성 인식 사용하기

안드로이드는 RecognizerIntent 클래스를 통해 음성 입력 및 음성 인식을 지원한다. 이 API
는 애플리케이션에서 음성 입력을 받는다. 단, 그림 14-1처럼 표준 음성 입력 대화상자가 사
용된다.

◑ 그림 14-1

음성 입력을 앱에 추가하려면 앱이 RECORD_AUDIO 권한을 가져야 한다.

```
<uses-permission android:name="android.permission.RECORD_AUDIO"/>
```

> **참고**
>
> RECORD_AUDIO 권한은 위험 권한에 속한다. 사용자의 사생활을 침해할 수 있기 때문이다. 따라서
> 안드로이드 6.0 마시멜로(API 레벨 23) 이상의 기기에서는 런타임 시에 요청되어 사용자의 허가를
> 받아야 한다.

음성 인식을 초기화하려면 startNewActivityForResult를 호출해야 한다. 이때 Recognizer
Intent.ACTION_RECOGNIZE_SPEECH나 RecognizerIntent.ACTION_WEB_SEARCH 액
션을 지정하는 인텐트를 전달한다. 앞의 액션은 입력 음성을 애플리케이션 안에서 받고, 뒤
의 액션이 네이티브 프로바이더를 사용해 웹 검색이나 음성 액션을 시작한다.

이런 액션에 의해 시작되는 인텐트는 반드시 RecognizerIntent.EXTRA_LANGUAGE_
MODEL 엑스트라를 포함해 입력 음성을 파싱할 언어 모델을 지정해야 한다. 이는 LANGUAGE
_MODEL_FREE_FORM이나 LANGUAGE_MODEL_WEB_SEARCH이어야 하는데, 둘 다
RecognizerIntent 클래스의 정적 상수 형태로 사용할 수 있다.

다양한 옵션 엑스트라를 지정해 언어나 결과 개수, 디스플레이 프롬프트를 제어할 수도 있다. 이때 다음 RecognizerIntent 상수가 사용된다.

➤ EXTRA_LANGUAGE: Locale 클래스의 언어 상수를 지정해 기기의 기본 언어 대신 입력 언어로 사용한다. 현재 기본 언어는 Locale 클래스의 static 메서드인 getDefault를 호출해 찾을 수 있다.

➤ EXTRA_MAXRESULTS: 반환되는 인식 결과의 개수를 제한하기 위해 정수 값을 사용한다.

➤ EXTRA_PROMPT: 음성 입력 대화상자(그림 14-1)에 보여주는 문자열을 지정해 사용자에게 알린다.

> **참고**
>
> 음성 인식을 처리하는 엔진이 Locale 클래스에서 사용할 수 있는 모든 언어의 말하기 입력을 이해하지 못할 수도 있다.
>
> 모든 기기에서 음성 인식을 지원하는 것이 아니다. 음성 인식이 지원되지 않으면 대개는 구글 플레이 스토어에서 해당 음성 인식 라이브러리를 다운로드할 수 있다.

14.4.1 음성 입력에 음성 인식 사용하기

음성 인식을 사용해 사용자 입력을 애플리케이션에 제공할 때는 startNewActivityForResult를 호출한다. 이때 코드 14-2에서처럼 RecognizerIntent.ACTION_RECOGNIZE_SPEECH 액션을 사용한다.

코드 14-2 음성 인식 요청 시작하기

```
// 자유로운 형식의 입력 지정하기
intent.putExtra(RecognizerIntent.EXTRA_LANGUAGE_MODEL,
                RecognizerIntent.LANGUAGE_MODEL_FREE_FORM);
intent.putExtra(RecognizerIntent.EXTRA_PROMPT,
                "or forever hold your peace");
intent.putExtra(RecognizerIntent.EXTRA_MAX_RESULTS, 1);
intent.putExtra(RecognizerIntent.EXTRA_LANGUAGE, Locale.ENGLISH);
startActivityForResult(intent, VOICE_RECOGNITION);
```

사용자가 말하기를 끝내면 음성 인식 엔진이 사용자의 입력 음성을 분석하고 처리한 후 onActivityResult 핸들러를 통해 처리 결과를 EXTRA_RESULTS 엑스트라의 ArrayList 형태로 반환한다. 코드 14-3은 이를 나타낸 것이다.

코드 14-3 음성 인식 요청의 결과 찾기

```
@Override
protected void onActivityResult(int requestCode,
                                int resultCode,
                                Intent data) {
  if (requestCode == VOICE_RECOGNITION && resultCode == RESULT_OK) {
    ArrayList<String> results =
      data.getStringArrayListExtra(RecognizerIntent.EXTRA_RESULTS);

    float[] confidence =
      data.getFloatArrayExtra(
        RecognizerIntent.EXTRA_CONFIDENCE_SCORES);

    // TODO 인식된 음성 문자열로 뭔가를 한다.
}}
```

ArrayList 형태로 반환된 각 문자열은 음성 입력이 변환된 결과를 나타낸다. 음성 인식 엔진의 신뢰도는 각 결과에서 EXTRA_CONFIDENCE_SCORES 엑스트라 형태로 반환된 float 배열을 사용해 찾을 수 있다. 배열의 각 값은 0과 1 사이의 신뢰도 점수(0은 신뢰도 없음, 1은 신뢰도 최고)에 해당한다. 신뢰도 점수는 음성이 올바로 인식됐는지를 수치로 표현한 것이다.

14.4.2 검색에 음성 인식 사용하기

음성 인식을 검색에 활용할 때는 프로그래머의 음성을 입력해 처리하기보다 사용자의 음성을 바탕으로 RecognizerIntent.ACTION_WEB_SEARCH 액션을 사용해 웹 검색 결과를 표시하거나 음성 액션을 새로 시작한다. 코드 14-4는 이를 나타낸 것이다.

코드 14-4 음성 인식 요청의 결과 찾기

```
Intent intent = new Intent(RecognizerIntent.ACTION_WEB_SEARCH);
intent.putExtra(RecognizerIntent.EXTRA_LANGUAGE_MODEL,
                RecognizerIntent.LANGUAGE_MODEL_WEB_SEARCH);
startActivityForResult(intent, 0);
```

14.5 기기의 진동 제어하기

11장 '백그라운드에서 작업하기'에서 이벤트 피드백에 진동을 사용하는 알림을 소개했다. 일부 환경에서는 기기를 알림과 독립적으로 진동하게 할 필요가 있다.

예를 들어, 햅틱 사용자 피드백을 제공해야 할 때가 있다. 특히 게임에서는 피드백 메커니즘으로 진동이 유용하다.

기기의 진동을 제어하려면 VIBRATE 권한을 애플리케이션에 부여해야 한다.

```
<uses-permission android:name="android.permission.VIBRATE"/>
```

기기의 진동은 Vibrator 서비스를 통해 제어한다. 이 서비스는 getSystemService 메서드를 통해 접근할 수 있다.

```
String vibratorService = Context.VIBRATOR_SERVICE;
Vibrator vibrator = (Vibrator)getSystemService(vibratorService);
```

모든 기기에서 Vibrator 서비스를 사용할 수 있는 것이 아니다. 따라서 사용자에게 다른 메커니즘으로 피드백을 제공해야 하는지 파악하려면 hasVibrator 메서드를 사용해야 한다.

```
boolean hasVibrator = vibrator.hasVibrator();
```

vibrate를 호출하면 기기의 진동을 시작할 수 있다. 이때 진동 지속 시간이나 진동 패턴을 옵션인 인덱스 매개변수와 함께 전달한다. 인덱스는 이 값으로 패턴이 시작되는 것을 나타낸다.

```
long[] pattern = {1000, 2000, 4000, 8000, 16000 };
vibrator.vibrate(pattern, 0);    // 진동 패턴을 실행한다.
Vibrator.vibrate(pattern, -1);   // 진동 패턴을 한 번만 실행한다.
vibrator.vibrate(1000);          // 1초 동안 진동한다.
```

진동을 취소할 때는 cancel을 호출한다. 애플리케이션을 종료하면 실행 중이던 진동도 자동으로 취소된다.

```
vibrator.cancel();
```

14.6 전체 화면 활용하기

완전한 몰입을 위해 애플리케이션이 화면 전체를 차지하도록 디자인해야 할 필요가 있다. 이 때 화면 상단을 차지하던 상태바나 화면 어딘가에 표시되던 각종 내비게이션 컨트롤을 비롯해 시스템 UI는 숨기거나 최소한 애플리케이션 뒤로 가려야 한다. 1인칭 레이싱 또는 슈팅 게임이나 학습용 애플리케이션, 비디오 플레이어 등이 대표적인 몰입성 애플리케이션이다.

스마트폰의 내비게이션바나 태블릿의 시스템바의 가시성을 조절할 때는 액티비티 계층 구조 안에서 보이는 어떤 뷰에든 setSystemUiVisibility 메서드를 사용한다. 이때 SYSTEM_UI_FLAG_HIDE_NAVIGATION 플래그를 적용하면 내비게이션바를 숨길 수 있고 SYSTEM_UI_FLAG_FULLSCREEN 플래그를 적용하면 상태바를 숨길 수 있다.

기본적으로는 액티비티와 이뤄지는 어떤 상호 작용에도 내비게이션바가 수반된다. 그리고 화면 상단 가장자리를 아래로 쓸어내리면 상태바가 등장한다. 플래그가 리셋되는 셈이다. 이 방식은 비디오 플레이어처럼 사용자가 최소한의 사용자 상호 작용을 기대할 때 적합하다.

안드로이드 4.4 킷캣(API 레벨 19)에서는 사용자가 액티비티와 상호 작용할 때도 진정한 몰입 경험을 할 수 있도록 관련 기능을 제공했다. 이 기능은 다음 두 가지 추가 플래그로 구체화된다.

➤ SYSTEM_UI_FLAG_IMMERSIVE: 몰입 모드에서 사용자는 액티비티와 상호 작용할 수 있다. 이때 화면 상단 가장자리를 아래로 쓸어내리면 숨겨진 시스템 UI가 드러나고 몰입 모드에서 빠져나갈 수 있다. 이 방식은 전자책 리더나 뉴스 리더에 적합하다. 사용자가 페이지를 스크롤하거나 변경할 때 액티비티를 터치해야 하기 때문이다.

➤ SYSTEM_UI_FLAG_IMMERSIVE_STICKY: 사용자가 액티비티와 온전히 상호 작용할 수 있다는 점에서 몰입 모드와 비슷하다. 하지만 화면 상단 가장자리를 아래로 쓸어내리면 시스템 UI가 잠깐 나타났다가 자동으로 사라진다. 이 방식은 시스템 UI를 별로 사용하지 않는 게임이나 그리기 앱에 적합하다.

이 두 플래그만을 사용할 때는 시스템 UI가 숨겨지거나 나타날 때마다 뷰의 위치가 조정된다. UI를 한 곳에 안정적으로 표시하려면 SYSTEM_UI_FLAG_LAYOUT_FULLSCREEN, SYSTEM_UI_FLAG_LAYOUT_HIDE_NAVIGATION, SYSTEM_UI_FLAG_LAYOUT_STABLE 플래그를 추가로 사용해 시스템 UI가 항상 숨겨진 상태인 것처럼 액티비티가 배치되도록 요청해야 한다.

```java
private void hideSystemUI() {
    // 내비게이션바와 상태바를 숨기고 IMMERSIVE를 사용한다.
    // _LAYOUT 플래그를 사용해 안정적인 레이아웃을 유지한다.
    getWindow().getDecorView().setSystemUiVisibility(
      View.SYSTEM_UI_FLAG_LAYOUT_STABLE
      | View.SYSTEM_UI_FLAG_LAYOUT_HIDE_NAVIGATION
      | View.SYSTEM_UI_FLAG_LAYOUT_FULLSCREEN
      | View.SYSTEM_UI_FLAG_HIDE_NAVIGATION // 내비게이션바를 숨긴다.
      | View.SYSTEM_UI_FLAG_FULLSCREEN        // 상태바를 숨긴다.
      | View.SYSTEM_UI_FLAG_IMMERSIVE);
}

// 시스템 UI를 표시한다.
// 안정적인 레이아웃을 유지하도록 _LAYOUT 플래그를 사용한다.
private void showSystemUI() {
    getWindow().getDecorView().setSystemUiVisibility(
      View.SYSTEM_UI_FLAG_LAYOUT_STABLE
      | View.SYSTEM_UI_FLAG_LAYOUT_HIDE_NAVIGATION
      | View.SYSTEM_UI_FLAG_LAYOUT_FULLSCREEN);
}
```

UI의 다른 변화도 위 방식에 맞춰 동기화하는 것이 좋다. 예를 들어, 전체 화면 모드에 드나드는 것에 맞춰 앱바와 다른 내비게이션 컨트롤을 숨기거나 표시하면 된다.

그러기 위해서는 일반적으로 내비게이션 가시성을 제어하기 위해 사용하는 뷰에 OnSystemUiVisibilityChangeListener를 등록해야 한다. 코드 14-5는 이를 나타낸 것이다.

코드 14-5 시스템 UI의 가시성 변경에 응답하기

```java
myView.setOnSystemUiVisibilityChangeListener(
  new OnSystemUiVisibilityChangeListener() {

    public void onSystemUiVisibilityChange(int visibility) {
      if (visibility == View.SYSTEM_UI_FLAG_VISIBLE) {
        // TODO 액션바와 상태바 표시하기
      }
      else {
        // TODO 액션바와 상태바 숨기기
      }
    }

});
```

시스템 UI 플래그들은 사용자가 앱을 떠날 때마다(그리고 되돌아올 때마다) 리셋된다. 따라서 플래그를 설정하기 위한 호출 시점은 UI가 항상 어떤 상태를 유지하는 데 있어 매우 중요하다.

이에 따라 시스템 UI 플래그를 onRsume과 onWindowFocusChanged 핸들러 안에서 설정하고 리셋하는 것이 좋다.

14.7 프로퍼티 애니메이션으로 작업하기

12장 '안드로이드의 디자인 철학 구현하기'에는 애니메이션과 공유 요소 액티비티 전환을 만들어 앱 안에서 더 큰 전환을 구성하는 방법이 소개됐다. 개별 뷰에 애니메이션을 적용한다면 프로퍼티 애니메이터를 사용한다.

프로퍼티 애니메이터는 프로퍼티를 변경해(시각적으로든 다른 방식으로든) 한 값을 다른 값으로 지정된 시간에 걸쳐 전환한다. 이때 인터폴레이션(interpolation) 알고리즘이 필요한대로 반복 사용된다. 여기서 '값'은 일반적인 정수에서 복잡한 클래스 인스턴스에 이르기까지 어떤 변수나 객체도 될 수 있다.

코드 안에서 어떤 것이든 부드러운 전환을 만들 때는 프로퍼티 애니메이터를 사용한다. 이때 대상 프로퍼티가 어떤 시각적인 것을 나타내야 할 필요는 없다. 프로퍼티 애니메이션은 사실상 백그라운드 타이머를 사용해 특정 시간 구간에서 특정 인터폴레이션 경로에 따라 값을 증가시키거나 감소시키는 이터레이터(iterator)다.

이 방식은 단순 뷰 효과(이동, 크기 비례, 페이드인/아웃 등)에서 런타임 레이아웃 변경 및 곡선형 전환(curved transition) 등 복잡한 애니메이션에 이르기까지 모든 것에 사용할 수 있는 매우 강력한 도구다.

프로퍼티 애니메이션 만들기

프로퍼티 애니메이션을 가장 간단하게 만들려면 ObjectAnimator를 사용해야 한다. Object Animator 클래스에는 static 메서드인 ofFloat, ofInt, ofObject가 제공돼 특정 값들로 대상 객체의 특정 프로퍼티를 전환하는 애니메이션을 쉽게 만들 수 있다.

```
String propertyName = "alpha";
float from = 1f;
float to = 0f;
ObjectAnimator anim = ObjectAnimator.ofFloat(targetObject, propertyName,
                                             from, to);

// 애니메이션을 시작한다.
anim.start();
```

단일 값을 제공해 그 현재 값에서 최종 값까지 프로퍼티 애니메이션을 적용하는 방법도 있다.

```
ObjectAnimator anim = ObjectAnimator.ofFloat(targetObject, propertyName, to);
anim.start();
```

> **참고**
>
> 특정 프로퍼티로 애니메이션을 수행하려면 이 프로퍼티와 연관된 게터/세터가 해당 객체에 있어야
> 한다. 앞의 예에서 targetObject는 각각 float 타입의 값을 반환하고 받는 getAlpha와 setAlpha
> 메서드를 포함해야 한다.

정수나 float가 아닌 타입의 프로퍼티를 대상으로 하려면 ofObject 메서드를 사용한다. 이 메
서드를 사용할 때는 TypeEvaluator 인터페이스를 구현하는 클래스의 인스턴스를 전달해야 한
다. 그리고 이 클래스에서는 evaluate 메서드를 구현하여 객체(시작 객체에서 종료 객체까지 애니메
이션이 진행될 때 사이 값을 나타내는)를 반환해야 한다.

```
TypeEvaluator<MyClass> evaluator = new TypeEvaluator<MyClass>() {
  public MyClass evaluate(float fraction, MyClass startValue, MyClass endValue) {
    MyClass result = new MyClass();
    // TODO 시작과 종료 간의 사이 값을 나타내기 위해
    // 새 객체를 반환한다.
    return result;
  }
};

// 두 인스턴스에 애니메이션을 실행한다.
ValueAnimator oa =
    ObjectAnimator.ofObject(evaluator, myClassFromInstance, myClassToInstance);

oa.setTarget(myClassInstance);
oa.start();
```

기본적으로 각 애니메이션은 300ms 동안 한 번 실행된다. setDuration 메서드를 사용하면 전
환을 마무리할 인터폴레이터의 시간을 변경할 수 있다.

```
anim.setDuration(500);
```

애니메이션을 실행할 횟수를 적용할 때나 애니메이션을 무한 반복할 때는 setRepeatMode와
setRepeatCount 메서드를 사용한다.

```
anim.setRepeatCount(ValueAnimator.INFINITE);
```

애니메이션을 처음부터 재시작하거나 역방향으로 적용할 때는 반복 모드를 설정한다.

```
anim.setRepeatMode(ValueAnimator.REVERSE);
```

XML 리소스와 동일한 객체 애니메이터를 만들려면 새 XML 파일을 res/animator 폴더에 만들어야 한다.

```
<objectAnimator xmlns:android="http://schemas.android.com/apk/res/android"
  android:valueTo="0"
  android:propertyName="alpha"
  android:duration="500"
  android:valueType="floatType"
  android:repeatCount="-1"
  android:repeatMode="reverse"
/>
```

그리고 해당 파일 이름은 리소스 식별자로 사용된다. XML 애니메이터 리소스로 특정 객체에 영향을 주려면 AnimatorInflator.loadAnimator 메서드를 사용해야 한다. 이때 객체 애니메이터의 참조를 얻기 위해 현재 컨텍스트와 애니메이션 리소스 ID를 전달한다. 그 다음에 setTarget 메서드를 사용해 해당 객체 애니메이터를 대상 객체에 적용한다.

```
Animator anim = AnimatorInflater.loadAnimator(context, resID);
anim.setTarget(targetObject);
```

기본적으로 각 애니메이션의 시작과 종료 값의 전환에 사용되는 인터폴레이터는 비선형 (nonlinear) AccelerateDecelerateInterpolator를 사용한다. 이 인터폴레이터는 전환이 시작할 때는 가속 효과, 종료에 가까워질 때는 감속 효과를 낸다.

setInterpolator 메서드를 사용하면 다음 SDK 인터폴레이터 중 하나를 적용할 수 있다.

➤ AccelerateDecelerateInterpolator: 변화율이 느리게 시작하고 종료하지만, 도중에는 가속된다.

➤ AccelerateInterpolator: 변화율이 느리게 시작하지만, 도중에는 가속된다.

➤ AnticipateInterpolator: 변화가 역방향으로 시작돼 진행된다.

- ➤ AnticipateOvershootInterpolator: 변화가 역방향으로 시작돼 진행되며, 대상 값을 넘기다가 마지막에는 최종 값으로 돌아간다.
- ➤ BounceInterpolator: 애니메이션이 끝날 때 통통 튀는 효과를 내도록 변화된다.
- ➤ CycleInterpolator: 변화가 사인 곡선 패턴에 따라 반복된다.
- ➤ DecelerateInterpolator: 변화율이 빠르게 시작하고 감속된다.
- ➤ LinearInterpolator: 변화율이 일정하다.
- ➤ OvershootInterpolator: 변화가 앞으로 진행돼 마지막 값을 넘겼다가 되돌아온다.
- ➤ PathInterpolator: 변화는 (0,0)에서 (1,1)까지 확장되는 Path 객체를 따른다. Path의 x 좌표는 입력 값이고, 출력은 이 점을 지나는 직선의 y 좌표다.

```
anim.setInterpolator(new OvershootInterpolator());
```

TimeInterpolator 클래스를 확장해 인터폴레이터 알고리즘을 세밀하게 조정할 수도 있다.

애니메이션을 실행하려면 start 메서드를 호출해야 한다.

```
anim.start();
```

프로퍼티 애니메이터셋 만들기

안드로이드에는 복잡하고 상호 연관된 애니메이션을 쉽게 만들 수 있는 AnimatorSet 클래스도 제공된다.

```
AnimatorSet bouncer = new AnimatorSet();
```

애니메이터셋에 새 애니메이션을 추가하려면 play 메서드를 사용한다. 이 메서드는 Animator Set.Builder 객체를 반환한다. 새 애니메이션이 기존셋에 따라 언제 재생되는지 이 객체로 지정할 수 있다.

```
AnimatorSet mySet = new AnimatorSet();
mySet.play(firstAnimation).before(concurrentAnim1);
mySet.play(concurrentAnim1).with(concurrentAnim2);
mySet.play(lastAnim).after(concurrentAnim2);
```

애니메이션을 실행할 때는 start 메서드를 사용한다.

```
mySet.start();
```

애니메이션 리스너 사용하기

애니메이션이 시작되고, 종료되거나 반복 또는 취소될 때 시작되는 이벤트 핸들러를 만들 때는 Animator.AnimationListener 클래스가 필요하다.

```
Animator.AnimatorListener animListener = new AnimatorListener() {

  public void onAnimationStart(Animator animation) {
    // TODO 자동으로 생성된 메서드 스텁
  }

  public void onAnimationRepeat(Animator animation) {
    // TODO 자동으로 생성된 메서드 스텁
  }

  public void onAnimationEnd(Animator animation) {
    // TODO 자동으로 생성된 메서드 스텁
  }

  public void onAnimationCancel(Animator animation) {
    // TODO 자동으로 생성된 메서드 스텁
  }
};
```

프로퍼티 애니메이터에 애니메이션 리스너를 적용하려면 addListener 메서드를 사용해야 한다.

```
anim.addListener(animListener);
```

14.8 뷰 개선하기

5장 '사용자 인터페이스 빌드하기'에서 소개한 커스텀 뷰는 수많은 표준 앱 사이에서 시선을 잡아끌 수 있는 중요한 차별 요소다. 단, 과도한 커스텀 뷰와 새 UI는 사용자가 이해하기 벅차 혼란만 초래한다.

커스텀 뷰를 만들 때는 사용자 경험을 획기적으로 개선함으로써 비롯되는 이런 추가 위험을 고려하는 것이 무엇보다 중요하다. 이 위험은 터치 이벤트를 처리하는 등 시각적 효과를 통해

서나 직관적인 상호 작용을 통해 줄어들 수 있다.

14.9 고급 캔버스 드로잉

5장 '사용자 인터페이스 빌드하기'에서는 Canvas 클래스를 소개했다. 이를 통해 기본 뷰 및 UI를 넘어 세밀하게 조정할 수 있는 방법을 다뤘다. 여기서는 캔버스를 더 자세히 살펴본다. 그리고 셰이더나 반투명 등 고급 UI 시각 효과를 다룬다.

캔버스 개념은 그래픽 프로그래밍에서 흔히 사용되는 메타포로, 일반적으로 다음 세 가지 드로잉 컴포넌트로 구성된다.

> ➤ Canvas: 비트맵 위에 기본 도형을 그릴 수 있는 그리기 메서드들을 지원한다.
> ➤ Paint: '브러시'라고도 하며, 기본 도형이 비트맵에 그려지는 방식을 지정한다.
> ➤ Bitmap: 그리기가 실행되는 표면이다.

14장에서 언급한 대부분의 고급 테크닉은 Paint 객체의 변형이나 수정까지 포함한다. 이에 따라 밋밋한 래스터에 깊이나 질감을 추가할 수 있다.

안드로이드 드로잉 API는 반투명, 그레디언트 채우기, 모서리가 둥근 직사각형, 안티에일리어싱 등을 지원한다. 그리고 전통적인 래스터 방식의 페인터 알고리즘도 지원한다. 래스터 방식은 효율을 높이기는 해도 Paint 객체를 변경해 봐야 이미 그려진 도형에는 영향을 미치지 못한다. 새 요소에만 영향을 미칠 뿐이다.

무엇을 그릴 수 있나?

Canvas 클래스는 표면, 즉 서피스로 사용되는 비트맵을 캡슐화한다. 그리고 원하는 디자인을 구현하는 데 사용될 draw 메서드를 노출한다.

여기서는 draw 메서드를 깊게 다루지 않고 기본 도형을 제공하는 다음 항목들만 설명하고자 한다.

> ➤ drawARGB/drawRGB/drawColor: 단일색으로 캔버스를 채운다.
> ➤ drawARC: 두 각 사이에 호를 그린다. 이때 호는 직사각형을 경계로 안쪽에 그려진다.
> ➤ drawBitmap: 캔버스에 비트맵을 그린다. 이때 크기를 지정하거나 변형할 행렬을 사용하면 비트맵의 겉모양을 바꿀 수 있다.

- ➤ **drawBitmapMesh**: 메시를 사용해 비트맵을 그린다. 이때 안쪽의 점을 이동해 겉모습을 조작할 수 있다.

- ➤ **drawCircle**: 지정된 점을 중심으로 지정된 반지름에 따라 원을 그린다.

- ➤ **drawLine[s]**: 두 점을 잇는 선 또는 선들을 그린다.

- ➤ **drawOval**: 지정된 직사각형을 경계로 타원을 그린다.

- ➤ **drawPaint**: 지정된 페인트로 캔버스 전체를 그린다.

- ➤ **drawPath**: 지정된 경로를 그린다. Path 객체는 단일 객체 안에서 기본 도형들을 담는 데 흔히 사용된다.

- ➤ **drawPicture**: 지정된 직사각형 안에 Picture 객체를 그린다.

- ➤ **drawRect**: 직사각형을 그린다.

- ➤ **drawRoundRect**: 모서리가 둥근 직사각형을 그린다.

- ➤ **drawText**: 캔버스에 텍스트 문자열을 그린다. 텍스트의 서체, 크기, 색, 렌더링 프로퍼티는 텍스트를 렌더링하는 Paint 객체에 설정된다.

- ➤ **drawTextOnPath**: 지정된 경로에 따라 텍스트를 그린다(하드웨어 가속 시에는 지원되지 않는다).

- ➤ **drawVertices**: 꼭짓점으로 지정된 일련의 트라이 패치(tri-patch)를 그린다(하드웨어 가속 시에는 지원되지 않는다).

이들 메서드에는 렌더링에 필요한 Paint 객체를 지정할 수 있다. 이어지는 절들에서는 Paint 객체를 만들고 수정하는 방법을 설명한다.

Paint 사용하기

Paint 클래스는 붓과 팔레트를 나타낸다. 앞서 설명한 그리기 메서드들을 사용해 캔버스에 그린 기본 도형을 어떤 방식으로 렌더링할지 이 클래스로 선택할 수 있다. Paint 객체를 수정하면 색이나 스타일, 서체, 특수 효과 등을 제어할 수 있다.

여기서 설명하는 Paint 옵션들은 2D 그리기의 성능 향상을 위한 하드웨어 가속 시에는 일부 사용할 수 없다. 따라서 하드웨어 가속이 2D 그리기에 어떻게 영향을 미치는지 확인하는 것이 좋다.

가장 단순하게, setColor는 Paint의 색을 선택한다. 반면 Paint 객체(setStyle로 제어됨)의 스타일은 그리기 객체의 외곽선(STROKE)만을 그릴지 결정할 수 있다. 채우기만을 할 때는 FILL, 외곽선까지 그릴 때는 STROKE_AND_FILL을 지정한다.

Paint 클래스는 이보다 살짝 복잡해지면 반투명을 지원하고, 다양한 셰이더, 필터 등 각종 효과로 풍부한 팔레트를 제공한다.

이어지는 절들에서는 Paint 클래스의 기능 일부를 소개한다. 그리고 사용할 수 있는 방법들을 지루하게 나열하지 않고 그레이디언트와 에지 엠보싱 등 흔히 사용되는 것들을 위주로 소개한다.

▪▪ 반투명 사용하기

안드로이드의 모든 색은 투명도 컴포넌트(알파 채널)를 함께 제공한다. 색에 알파 값을 정의할 때는 argb 또는 parseColor 메서드를 사용한다.

```
// 빨간색을 만들고 투명도를 50%로 설정한다.
int opacity = 127;
int intColor = Color.argb(opacity, 255, 0, 0);
int parsedColor = Color.parseColor("#7FFF0000");
```

기존 Paint 객체의 불투명도를 설정한다면 setAlpha 메서드를 사용할 수도 있다.

```
// 불투명도 50%의 색을 만든다.
int opacity = 127;
myPaint.setAlpha(opacity);
```

100% 불투명도가 아닌 색으로 기본 도형을 만들면 말 그대로 살짝 투명해진다. 따라서 그 밑에 그려진 것이 무엇이든 부분적으로 보이게 된다.

Paint 색이나 셰이더, 마스크 필터 등 색이 사용되는 클래스나 메서드라면 예외 없이 투명도 효과를 사용할 수 있다.

▪▪ 셰이더

셰이더 클래스를 확장하면 한 가지 이상의 단색으로 객체를 채울 수 있다(칠할 수 있다).

흔히 셰이더는 그레디언트 채우기를 정의할 때 사용된다. 그레디언트는 2D 드로잉에 깊이나 질감을 추가할 수 있는 좋은 방법이다. 안드로이드에는 세 가지 그레디언트 셰이더와 비트맵 셰이더, 복합 셰이더가 제공된다.

장황한 설명보다는 직접 눈으로 확인하는 것이 낫다. 그림 14-2는 각 셰이더를 나타낸다. 왼쪽에서 오른쪽으로 각각 LinearGradient, RadialGradient, SweepGradient에 해당한다.

그림 14-2에 포함되지 않은 것은 복합 셰이더(ComposeShader)와 비트맵 셰이더(BitmapShader)다. 복합 셰이더는 여러 셰이더를 합친 것이고, 비트맵 셰이더는 비트맵 이미지를 바탕으로 브러시가 만들어진다.

◗ 그림 14-2

그레디언트 셰이더 만들기

그레디언트 셰이더는 인터폴레이션에 따른 색 범위로 그리기를 채운다. 그레디언트는 두 가지 방법으로 정의할 수 있다. 우선 한 색에서 다른 색으로 간단하게 전환하는 방법이다.

```
int colorFrom = Color.BLACK;
int colorTo = Color.WHITE;

LinearGradient myLinearGradient =
    new LinearGradient(x1, y1, x2, y2, colorFrom, colorTo, TileMode.CLAMP);
```

그다음은 다소 복잡한 일련의 색을 일정 비율에 따라 균등하게 지정하는 방법이다.

```
int[] gradientColors = new int[3];
gradientColors[0] = Color.GREEN;
gradientColors[1] = Color.YELLOW;
gradientColors[2] = Color.RED;
```

```
float[] gradientPositions = new float[3];
gradientPositions[0] = 0.0f;
gradientPositions[1] = 0.5f;
gradientPositions[2] = 1.0f;

RadialGradient radialGradientShader =
  new RadialGradient(centerX, centerY,
                       radius,
                       gradientColors,
                       gradientPositions,
                       TileMode.CLAMP);
```

각 그레디언트 셰이더(선형, 래디컬, 스위프)는 지금 이 방법들 중 하나로 그레디언트 채우기를 정의한다.

▦ 그리기에 셰이더 적용하기

그릴 때 셰이더를 사용하려면 setShader 메서드를 사용해 Paint에 셰이더를 적용한다.

```
shaderPaint.setShader(myLinearGradient);
```

이 Paint로 그리는 모든 것이 입력 색 대신 지정된 셰이더로 채워진다.

▦ 셰이더 타일 모드 사용하기

그레디언트 셰이더의 브러시 크기는 경계에 해당하는 직사각형을 직접 사용하거나 중심점, 반지름 등으로 정의한다. 비트맵 셰이더는 브러시의 크기를 그 비트맵 크기를 통해 나타낸다.

셰이더 브러시로 정의한 면적이 채워야 할 면적보다 작다면 TileMode가 남은 부분을 어떻게 처리할지 결정한다. 어떤 타일 모드를 사용할지는 다음 정적 상수로 정의할 수 있다.

- ➤ CLAMP: 셰이더의 가장자리 색을 사용해 나머지 공간을 채운다.
- ➤ MIRROR: 셰이더 이미지를 가로와 세로로 뒤집어 원래 이미지와 함께 배치한다.
- ➤ REPEAT: 셰이더 이미지를 가로와 세로로 반복한다. 단, 뒤집지는 않는다.

▦ 마스크 필터 사용하기

MaskFilter 클래스는 Paint에 가장자리 효과를 지정한다. 마스크 필터는 캔버스가 하드웨어 가속될 때 지원되지 않는다.

MaskFilter의 확장 클래스는 Paint의 알파 채널에 그 가장자리를 따라 변환을 적용한다. 안드로이드는 다음 마스크 필터를 제공한다.

➤ BlurMaskFilter: Paint의 가장자리에 깃털 효과를 내기 위해 블러 스타일과 반지름을 지정한다.

➤ EmbossMaskFilter: 엠보싱 효과를 내기 위한 광원의 방향과 주변 빛의 밝기를 지정한다.

마스크 필터를 적용하려면 setMaskFilter 메서드를 사용해야 한다. 이때 MaskFilter 객체를 전달한다.

```
// 광원의 방향을 설정한다.
float[] direction = new float[]{ 1, 1, 1 };
// 주변 빛의 밝기를 설정한다.
float light = 0.4f;
// 적용할 반사도를 선택한다.
float specular = 6f;
// 마스크에 적용할 블러 수준을 적용한다.
float blur = 3.5f;
EmbossMaskFilter emboss =
  new EmbossMaskFilter(direction, light, specular, blur);
// 마스크를 적용한다.
if (!canvas.isHardwareAccelerated())
  myPaint.setMaskFilter(emboss);
```

▚▚ 색 필터 사용하기

마스크 필터는 Paint의 알파 채널 변환인데 반해, 색 필터(ColorFilter)는 각 RGB 채널에 변환을 적용한다. 색 필터에서 파생된 모든 클래스는 변환을 수행할 때 알파 채널을 무시한다.

안드로이드에는 다음 세 가지 색 필터가 제공된다.

➤ ColorMatrixColorFilter: Paint에 적용할 4 × 5 ColorMatrix를 지정한다. ColorMatrix 는 코드상으로 이미지 프로세싱을 처리할 때 흔히 사용된다. 그리고 행렬 곱셈에 따른 연속 변환을 지원하기 때문에 매우 유용하다.

➤ LightingColorFilter: 두 번째 색을 추가하기 전에 첫 번째 색으로 RGB 채널을 곱한다. 각 변환의 결과는 0에서 255 사이로 정해진다.

➤ PorterDuffColorFilter: 디지털 이미지 합성에 사용되는 포터 더프 규칙 18개 중 하나를 사용해 Paint에 특정 색을 적용한다. 포터 더프 규칙은 developer.android.com/

reference/android/graphics/PorterDuff.Mode.html에 정의돼 있다.

setColorFilter 메서드를 사용해 ColorFilters를 적용한다.

```
myPaint.setColorFilter(new LightingColorFilter(Color.BLUE, Color.RED));
```

■■ 경로 효과 사용하기

지금까지 언급한 효과들은 Paint가 드로잉을 채우는 방식에 영향을 미쳤다. 한편 경로 효과는 외곽선(스트로크)이 그려지는 방식을 제어할 때 사용된다.

경로 효과를 사용하면 도형의 모서리를 변경하거나 외곽선을 제어할 수 있다. 경로 효과는 특히 Path 기본 도형에 유용하지만, setPathEffect 메서드를 사용하면 어떤 Paint에도 적용할 수 있다.

```
borderPaint.setPathEffect(new CornerPathEffect(5));
```

안드로이드에는 몇 가지 경로 효과가 제공되는데, 대표적인 예는 다음과 같다.

- ➤ CornerPathEffect: 기본 도형의 각진 모서리를 둥글게 한다. 즉, 둥근 모서리로 교체된다.

- ➤ DashPathEffect: 외곽선을 그릴 때 실선 대신 점선 경로 효과를 사용한다(대시나 점이 사용된다). 실선/빈선 세그먼트 패턴을 반복적으로 지정할 수 있다.

- ➤ DiscretePathEffect: 점선 경로 효과가 비슷하지만, 임의성이 추가됐다. 원래 경로에서 각 세그먼트의 길이와 편차를 조정할 수 있다.

- ➤ PathDashPathEffect: 새 도형(경로)을 정의해 원래 경로대로 외곽선을 그릴 때 스탬프로 사용할 수 있다.

다음 두 가지 효과는 여러 경로 효과를 하나로 결합할 수 있다.

- ➤ SumPathEffect: 두 효과를 하나의 경로에 연속적으로 추가한다. 이때 각 효과가 원래 경로에 적용되고 두 결과가 하나로 결합된다.

- ➤ ComposePathEffect: 한 효과를 먼저 적용하고 다른 효과를 첫 번째 효과의 결과물에 적용한다.

그려지는 객체의 모양을 수정하는 경로 효과는 그 효과가 적용된 도형의 면적을 변경한다. 이에 따라 해당 도형에 적용된 어떤 채우기 효과도 새 경계 안에서 그려진다.

▪▪ 합성 모드 변경하기

Paint의 Xfermode를 변경하면 캔버스에서 기존 색 위에 새 색을 칠하는 방식이 영향을 받는다. 일반적인 상황에서는 기존 드로잉 위에 새 도형이 얹힌다. 따라서 새 Paint가 완전히 불투명하다면 그 밑의 도형을 전부 가리게 된다. 완전히 불투명하지 않다면 그 밑의 색이 비치게 된다.

PorterDuffXfermode는 강력한 합성 모드(transfer mode)로, 이에 따라 18가지 포터 더프 규칙 중 하나에 따라 새 도형이 기존 캔버스 이미지와 상호 작용하는 방식을 제어해 이미지를 합성할 수 있다.

합성 모드를 적용하려면 setXferMode 메서드를 사용한다.

```
PorterDuffXfermode mode = new PorterDuffXfermode(PorterDuff.Mode.DST_OVER);
borderPen.setXfermode(mode);
```

안티에일리어싱으로 페인트 품질 개선하기

새 Paint 객체를 만들 때는 렌더링 방식에 영향을 미치는 몇 가지 플래그를 전달할 수 있다. 이 가운데 가장 흥미로운 것은 ANTI_ALIAS_FLAG 플래그다. ANTI_ALIAS_FLAG 플래그는 이 페인트로 그려진 대각선에 안티에일리어싱을 적용해(성능을 희생해) 부드럽게 보이도록 한다.

안티에일리어싱은 특히 텍스트를 그릴 때 중요하다. 안티에일리어싱이 적용된 텍스트는 읽기가 현저하게 쉬워지기 때문이다. 훨씬 더 부드러운 텍스트 효과를 만들려면 서브픽셀 안티에일리어싱에 해당하는 SUBPIXEL_TEXT_FLAG를 적용한다.

```
Paint paint = new Paint(Paint.ANTI_ALIAS_FLAG | Paint.SUBPIXEL_TEXT_FLAG);
```

이 두 플래그를 수동으로 함께 설정할 수도 있다. 다음처럼 setSubpixelText와 setAntiAlias 메서드를 사용하면 된다.

```
myPaint.setSubpixelText(true);
myPaint.setAntiAlias(true);
```

캔버스 그리기 모범 사례

2D를 직접 그리는 연산은 대개 프로세서 사용 측면에서 효율이 낮다. 이런 비효율적인 그리기 루틴은 GUI 스레드를 막고 애플리케이션의 반응성에 악영향을 미친다. 이는 특히 리소스가 한정된 모바일 기기에서 더 심해진다.

5장 '사용자 인터페이스 빌드하기'에서는 뷰에서 파생된 클래스 안에서 onDraw 메서드를 오버라이드해 자체 뷰를 어떻게 만드는지 살펴봤다. 겉보기에만 그럴 듯하고 정작 아무런 반응을 보이지 않는 이른바 '저질' 애플리케이션이 되지 않으려면 onDraw 메서드의 리소스 급감 현상과 CPU 비용을 인식하고 있어야 한다.

매력적으로 보이면서도 반응성을 잃지 않는 뷰를 만들 수 있도록 여기서는 일반적인 원칙에 초점을 맞추기보다 안드로이드에 국한된 고려 사항 몇 가지를 언급한다.

➤ **크기와 방향을 고려하라**: 뷰와 오버레이를 디자인할 때는 서로 다른 해상도와 픽셀 밀도, 크기에서 어떻게 보이는지 반드시 고려(그리고 테스트!)해야 한다.

➤ **정적 객체는 한 번 생성하라**: 객체 생성과 가비지 수집은 특히 부담이 큰 작업이다. 가능하다면 Paint와 같은 그리기 객체와 경로, 셰이더는 한 번만 생성한다. 뷰가 검증되지 않을 때마다 다시 생성하는 것은 곤란하다.

➤ **onDraw는 부담이 크다는 사실을 기억하라**: onDraw 메서드를 실행하면 안드로이드는 몇 번의 이미지 합성 및 비트맵 구성 작업을 강제로 수행한다. 따라서 다음 요점대로 다시 그리기를 호출하지 않고 캔버스의 겉모습을 변경하는 것이 좋다.

  • **캔버스 변환을 사용하라**: rotate나 translate와 같은 캔버스 변환을 사용하면 요소들의 복잡한 상대 위치를 단순화할 수 있다. 예를 들어 각 텍스트 요소를 시계판 둘레에 배치하고 회전하는 대신, 캔버스를 22.5도 회전하고 같은 곳에 텍스트를 그리면 된다.

  • **애니메이션을 사용하라**: 뷰를 일일이 다시 그리지 않고 애니메이션을 사용해 미리 설정된 변환을 수행한다. 크기 비례나 회전, 이동 애니메이션은 액티비티 안에서 어떤 뷰에도 수행될 수 있으며, 줌, 회전, 흔들기 효과에 리소스 효율적인 방식을 제공한다.

  • **비트맵, 벡터 드로어블, 나인패치, 드로어블 리소스 등을 사용하라**: 미리 렌더링된 비트맵을 캔버스에 추가하는 것이 처음부터 그리는 것보다 컴퓨팅 부담이 적다. 가능하

다면 런타임에 동적으로 그리지 말고 비트맵이나 크기 비례 나인패치, 벡터 드로어블, 정적 XML 드로어블과 같은 드로어블의 사용을 고려해 보라.

➤ 오버드로잉을 피하라: 래스터 페인팅과 다중 레이어 뷰의 결합은 결국 서로의 위에 수많은 레이어가 그려지는 결과를 초래한다. 레이어, 즉 객체를 그리기 전에는 그 위의 레이어 때문에 완전히 가려지는지 확인해야 한다. 프레임당 화면 픽셀 개수의 2.5배 이상으로 그리지 않는 것이 좋다. 투명 픽셀도 중요하며, 불투명한 색보다 그리기가 부담이 크다.

고급 나침반 앞면 예시

5장 '사용자 인터페이스 빌드하기'에서는 단순한 나침반 UI를 만들었다. 이어지는 예시에서는 5장에서 작성한 CompassView의 onDraw 메서드를 대폭 변경해 단순하고 밋밋한 나침반에 그림 14-3처럼 동적인 인공 수평선을 만들어 보여준다. 지면에는 흑백으로 표현되겠지만 실제로는 그 화려한 색을 보기 위해 컨트롤을 만들어야 한다. 5장에서 작성한 Compass 프로젝트를 안드로이드 스튜디오에서 열고 1번부터 23번 단계까지 진행한다.

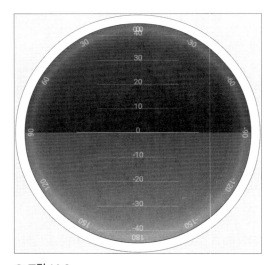

◐ 그림 14-3

1. 우선 피치[1]와 롤[2] 값이 저장될 프로퍼티를 CompassView 클래스에 추가한다.

---

1 옮긴이 스마트폰 등이 위아래 방향으로 기울어지는 각도

2 옮긴이 스마트폰 등이 좌우 방향으로 기울어지는 각도

```
private float mPitch;

public void setPitch(float pitch) {
  mPitch = pitch;
  sendAccessibilityEvent(AccessibilityEvent.TYPE_VIEW_TEXT_CHANGED);
}

public float getPitch() {
  return mPitch;
}

private float mRoll;

public void setRoll(float roll) {
  mRoll = roll;
  sendAccessibilityEvent(AccessibilityEvent.TYPE_VIEW_TEXT_CHANGED);
}

public float getRoll() {
  return mRoll;
}
```

2. 테두리 그레이디언트와 글래스 나침반 셰이드, 하늘, 지면에 적용할 색 값을 res/values/
   colors.xml 리소스 파일에 추가한다. 또한 테두리와 앞면 눈금에 사용될 색을 변경한다.

```
<?xml version="1.0" encoding="utf-8"?>
<resources>
  <color name="colorPrimary">#3F51B5</color>
  <color name="colorPrimaryDark">#303F9F</color>
  <color name="colorAccent">#FF4081</color>
  <color name="background_color">#F555</color>
  <color name="marker_color">#AFFF</color>
  <color name="text_color">#AFFF</color>

  <color name="shadow_color">#7AAA</color>
  <color name="outer_border">#FF444444</color>
  <color name="inner_border_one">#FF323232</color>
  <color name="inner_border_two">#FF414141</color>
  <color name="inner_border">#FFFFFFFF</color>
  <color name="horizon_sky_from">#FFA52A2A</color>
  <color name="horizon_sky_to">#FFFFC125</color>
  <color name="horizon_ground_from">#FF5F9EA0</color>
  <color name="horizon_ground_to">#FF00008B</color>
</resources>
```

3. 인공 수평선의 하늘과 지면에 사용할 Paint와 Shader 객체는 현재 뷰의 크기를 기준으로 생성되기 때문에 5장 '사용자 인터페이스 빌드하기'에서 생성한 Paint 객체처럼 정적인 것이 될 수 없다. 따라서 CompassView 클래스의 생성자를 변경해 그레디언트 배열과 이 배열에 사용되는 색을 구성한다. 기존 코드는 거의 그대로 두고 textPaint, circlePaint, markerPaint 변수들 관련 코드 일부만 변경한다.

```java
int[] borderGradientColors;
float[] borderGradientPositions;
int[] glassGradientColors;
float[] glassGradientPositions;
int skyHorizonColorFrom;
int skyHorizonColorTo;
int groundHorizonColorFrom;
int groundHorizonColorTo;

public CompassView(Context context, AttributeSet attrs,
                   int defStyleAttr) {
  setFocusable(true);
  final TypedArray a = context.obtainStyledAttributes(
    attrs, R.styleable.CompassView, defStyleAttr, 0);
  if (a.hasValue(R.styleable.CompassView_bearing)) {
    setBearing(a.getFloat(R.styleable.CompassView_bearing, 0));
  }

  Context c = this.getContext();
  Resources r = this.getResources();

  circlePaint = new Paint(Paint.ANTI_ALIAS_FLAG);
  circlePaint.setColor(
    ContextCompat.getColor(c, R.color.background_color));
  circlePaint.setStrokeWidth(1);
  circlePaint.setStyle(Paint.Style.STROKE);

  northString = r.getString(R.string.cardinal_north);
  eastString = r.getString(R.string.cardinal_east);
  southString = r.getString(R.string.cardinal_south);
  westString = r.getString(R.string.cardinal_west);

  textPaint = new Paint(Paint.ANTI_ALIAS_FLAG);
  textPaint.setColor(
    ContextCompat.getColor(c, R.color.text_color));
  textPaint.setFakeBoldText(true);
  textPaint.setSubpixelText(true);
  textPaint.setTextAlign(Paint.Align.LEFT);
  textPaint.setTextSize(30);

  textHeight = (int)textPaint.measureText("yY");
```

```
markerPaint = new Paint(Paint.ANTI_ALIAS_FLAG);
markerPaint.setColor(r.getColor(R.color.marker_color));
markerPaint.setAlpha(200);
markerPaint.setStrokeWidth(1);
markerPaint.setStyle(Paint.Style.STROKE);
markerPaint.setShadowLayer(2, 1, 1,
  ContextCompat.getColor(c, R.color.shadow_color));
}
```

3.1 계속해서 CompassView 클래스의 생성자를 변경한다. 외곽 테두리를 그리기 위해 래디얼 셰이더가 사용하는 색 및 위치 배열을 생성한다. 다음의 진한 글씨 코드를 생성자의 제일 뒤에 추가하자.

```
public CompassView(Context context, AttributeSet attrs,
                   int defStyleAttr) {


  [ ... 기존 코드 ... ]

  borderGradientColors = new int[4];
  borderGradientPositions = new float[4];

  borderGradientColors[3] =
  ContextCompat.getColor(c, R.color.outer_border);

  borderGradientColors[2] =
    ContextCompat.getColor(c, R.color.inner_border_one);

  borderGradientColors[1] =
    ContextCompat.getColor(c, R.color.inner_border_two);

  borderGradientColors[0] =
    ContextCompat.getColor(c, R.color.inner_border);

  borderGradientPositions[3] = 0.0f;
  borderGradientPositions[2] = 1-0.03f;
  borderGradientPositions[1] = 1-0.06f;
  borderGradientPositions[0] = 1.0f;
}
```

3.2 이제 반투명 '유리 돔'을 만들 때 사용할 래디얼 그레디언트 색과 위치 배열을 생성한다. 이 글래스 돔은 깊이감을 표현하기 위해 뷰 위에 배치한다. 다음의 진한 글씨 코드를 계속해서 생성자의 제일 뒤에 추가하자.

```
public CompassView(Context context, AttributeSet attrs,
                   int defStyleAttr) {

  [ ... 기존 코드 ... ]

  glassGradientColors = new int[5];
  glassGradientPositions = new float[5];

  int glassColor = 245;
  glassGradientColors[4] =
    Color.argb(65, glassColor, glassColor, glassColor);
  glassGradientColors[3] =
    Color.argb(100, glassColor, glassColor, glassColor);
  glassGradientColors[2] =
    Color.argb(50, glassColor, glassColor, glassColor);
  glassGradientColors[1] =
    Color.argb(0, glassColor, glassColor, glassColor);
  glassGradientColors[0] =
    Color.argb(0, glassColor, glassColor, glassColor);
  glassGradientPositions[4] = 1-0.0f;
  glassGradientPositions[3] = 1-0.06f;
  glassGradientPositions[2] = 1-0.10f;
  glassGradientPositions[1] = 1-0.20f;
  glassGradientPositions[0] = 1-1.0f;
}
```

3.3 마지막으로 하늘과 지면을 인공 수평선으로 표현할 선형 그레이디언트를 생성할 때 사용할 색을 가져온다.

```
public CompassView(Context context, AttributeSet attrs,
                   int defStyleAttr) {

  [ ... 기존 코드 ... ]

  skyHorizonColorFrom =
    ContextCompat.getColor(c, R.color.horizon_sky_from);
  skyHorizonColorTo =
    ContextCompat.getColor(c, R.color.horizon_sky_to);

  groundHorizonColorFrom =
    ContextCompat.getColor(c, R.color.horizon_ground_from);
  groundHorizonColorTo =
    ContextCompat.getColor(c, R.color.horizon_ground_to);
}
```

4. 앞면을 그리기 전에 각 기본 방향을 저장할 enum부터 새로 생성한다. CompassView 클래스 내부의 맨 앞에 다음 enum을 추가하자.

```
...
public class CompassView extends View {

    private enum CompassDirection { N, NNE, NE, ENE,
                                    E, ESE, SE, SSE,
                                    S, SSW, SW, WSW,
                                    W, WNW, NW, NNW }

    ...

}
```

5. 이제 CompassView 클래스의 기존 onDraw 메서드를 완전히 교체해야 한다. 우선 뷰의 중심과 원형 컨트롤의 반지름, 바깥쪽 및 안쪽 앞면 요소들(바깥쪽은 헤딩, 안쪽은 틸트와 롤)을 에워쌀 직사각형 등에 해당하는 크기 값을 파악한다. 기존 onDraw 메서드를 삭제하자. 그리고 지금부터 마지막 23번 단계까지는 onDraw 메서드의 내부 코드를 차례대로 추가한다. 우선 이 메서드의 시그니처는 다음과 같다.

```
@Override
protected void onDraw(Canvas canvas) {
```

6. 헤딩 값을 그릴 때 사용할 서체의 크기에 맞춰 바깥쪽 링의 너비를 산출한다. onDraw 메서드의 내부에 다음 코드를 추가한다.

```
float ringWidth = textHeight + 4;
```

7. 뷰의 높이와 너비를 산출하고, 이 값을 사용해 안쪽 및 바깥쪽 앞면 다이얼의 반지름을 결정한다. 또한 각 앞면의 경계용 박스를 생성한다. 6번 단계에서 추가한 코드 다음에 아래 코드를 추가하자. 이후 단계에서도 마찬가지다.

```
int height = getMeasuredHeight();
int width = getMeasuredWidth();

int px = width/2;
int py = height/2;
Point center = new Point(px, py);

int radius = Math.min(px, py)-2;

RectF boundingBox = new RectF(center.x - radius,
                              center.y - radius,
                              center.x + radius,
```

```
                                                        center.y + radius);

    RectF innerBoundingBox = new RectF(center.x - radius + ringWidth,
                                       center.y - radius + ringWidth,
                                       center.x + radius - ringWidth,
                                       center.y + radius - ringWidth);

    float innerRadius = innerBoundingBox.height()/2;
```

8. 뷰의 크기가 결정되었으므로 이제는 앞면부터 그려야 한다.

   바깥쪽 앞면(헤딩)에서 시작하여 안쪽과 위쪽으로 작업한다. 이때 3.2번 단계에서 정의한 색과 위치를 사용해 새 RadialGradient 셰이더를 생성한다. 그리고 이 셰이더를 새 Paint 객체에 지정한 후 이를 사용해 원을 그린다.

```
    RadialGradient borderGradient = new RadialGradient(px, py, radius,
      borderGradientColors, borderGradientPositions, Shader.TileMode.CLAMP);

    Paint pgb = new Paint();
    pgb.setShader(borderGradient);

    Path outerRingPath = new Path();
    outerRingPath.addOval(boundingBox, Path.Direction.CW);

    canvas.drawPath(outerRingPath, pgb);
```

9. 이제 인공 수평선을 그려야 한다. 원형인 앞면을 두 구역으로 나눠 각각 하늘과 지면을 나타내게 하면 된다. 각 구역의 비율은 현재 피치에 따라 달라질 것이다.

   하늘과 지면을 그리는 데 사용할 Shader와 Paint 객체를 생성한다.

```
    LinearGradient skyShader = new LinearGradient(center.x,
      innerBoundingBox.top, center.x, innerBoundingBox.bottom,
      skyHorizonColorFrom, skyHorizonColorTo, Shader.TileMode.CLAMP);

    Paint skyPaint = new Paint();
    skyPaint.setShader(skyShader);

    LinearGradient groundShader = new LinearGradient(center.x,
      innerBoundingBox.top, center.x, innerBoundingBox.bottom,
      groundHorizonColorFrom, groundHorizonColorTo, Shader.TileMode.CLAMP);

    Paint groundPaint = new Paint();
    groundPaint.setShader(groundShader);
```

10. 피치와 롤 값이 각각 ±90도와 ±180도 범위 안에 들도록 조정한다.

```
float tiltDegree = mPitch;
while (tiltDegree > 90 || tiltDegree < -90) {
  if (tiltDegree > 90) tiltDegree = -90 + (tiltDegree - 90);
  if (tiltDegree < -90) tiltDegree = 90 - (tiltDegree + 90);
}

float rollDegree = mRoll;
while (rollDegree > 180 || rollDegree < -180) {
  if (rollDegree > 180) rollDegree = -180 + (rollDegree - 180);
  if (rollDegree < -180) rollDegree = 180 - (rollDegree + 180);
}
```

11. 원의 각 세그먼트(지면과 하늘)를 채울 Path 객체를 생성한다. 각 세그먼트의 비율은 피치에 연동돼야 한다.

```
Path skyPath = new Path();
skyPath.addArc(innerBoundingBox,
               -tiltDegree, (180 + (2 * tiltDegree)));
```

12. 중심을 기준으로 하여 현재 롤과 반대 방향으로 캔버스를 회전시킨다. 그리고 4번 단계에서 생성한 Paint 객체를 사용해 하늘과 지면 경로를 그린다.

```
canvas.save();
canvas.rotate(-rollDegree, px, py);
canvas.drawOval(innerBoundingBox, groundPaint);
canvas.drawPath(skyPath, skyPaint);
canvas.drawPath(skyPath, markerPaint);
```

13. 그다음 단계는 앞면 눈금이다. 수평선 표시의 시작점 및 종점을 산출한다.

```
int markWidth = radius / 3;
int startX = center.x - markWidth;
int endX = center.x + markWidth;
```

14. 읽기 쉬운 수평선 값을 만들려면 피치 눈금이 항상 현재 값에서 시작해야 한다. 다음은 수평선 면의 지면과 하늘 사이에서 UI 위치를 산출하는 코드다.

```
double h = innerRadius*Math.cos(Math.toRadians(90 - tiltDegree));
double justTiltY = center.y - h;
```

15. 각 틸트의 각도를 나타내는 픽셀 개수를 찾는다.

```
float pxPerDegree = (innerBoundingBox.height() / 2) / 45f;
```

16. 현재 틸트 값을 중심으로 180도에서 반복해 피치 눈금을 제공한다.

```
for (int i = 90; i >= -90; i -= 10) {
  double ypos = justTiltY + i*pxPerDegree;

  // 앞면 안쪽 안에서만 눈금을 표시한다.
  if ((ypos < (innerBoundingBox.top + textHeight)) ||
      (ypos > innerBoundingBox.bottom - textHeight))
    continue;

  // 눈금마다 선과 틸트 각도를 그린다.
  canvas.drawLine(startX, (float)ypos,
                  endX, (float)ypos,
                  markerPaint);
int displayPos = (int)(tiltDegree - i);
String displayString = String.valueOf(displayPos);
float stringSizeWidth = textPaint.measureText(displayString);
canvas.drawText(displayString,
                  (int)(center.x - stringSizeWidth / 2),
                  (int)(ypos) + 1,
                  textPaint);
}
```

17. 지면과 하늘의 경계면에는 더 두꺼운 선을 그릴 것이므로 markerPaint 객체의 테두리 두께를 변경하고, 선을 그린다(그리고 두께를 이전 값으로 돌려놓는다).

```
markerPaint.setStrokeWidth(2);
canvas.drawLine(center.x - radius / 2,
                  (float)justTiltY,
                  center.x + radius / 2,
                  (float)justTiltY,
                  markerPaint);
markerPaint.setStrokeWidth(1);
```

18. 정확한 롤 값을 쉽게 읽을 수 있도록 화살표를 그리고 해당 값을 나타내는 텍스트 문자열을 보여준다.

그리고 새 Path 객체를 만들고, moveTo와 lineTo 메서드를 사용해 위쪽 방향의 화살표를 만든다. 현재 롤을 보여주는 텍스트 문자열과 경로를 그린다.

```
// 화살표를 그린다.
Path rollArrow = new Path();
rollArrow.moveTo(center.x - 3, (int)innerBoundingBox.top + 14);
rollArrow.lineTo(center.x, (int)innerBoundingBox.top + 10);
rollArrow.moveTo(center.x + 3, innerBoundingBox.top + 14);
rollArrow.lineTo(center.x, innerBoundingBox.top + 10);
canvas.drawPath(rollArrow, markerPaint);

// 문자열을 그린다.
String rollText = String.valueOf(rollDegree);
double rollTextWidth = textPaint.measureText(rollText);
canvas.drawText(rollText,
                (float)(center.x - rollTextWidth / 2),
                innerBoundingBox.top + textHeight + 2,
                textPaint);
```

19. 나머지 앞면 눈금을 그릴 수 있게 캔버스를 다시 원래 위치로 회전시킨다.

```
canvas.restore();
```

20. 캔버스를 한 번에 10도씩 회전해 롤 다이얼 눈금을 그린다. 이때 30도마다 값을 그리고 나머지 경우에는 눈금을 그린다. 앞면을 완성하면 캔버스를 다시 원래 위치로 되돌린다.

```
canvas.save();
canvas.rotate(180, center.x, center.y);

for (int i = -180; i < 180; i += 10) {
  // 30도마다 숫자 값을 나타낸다.
  if (i % 30 == 0) {
    String rollString = String.valueOf(i* - 1);
    float rollStringWidth = textPaint.measureText(rollString);
    PointF rollStringCenter =
      new PointF(center.x - rollStringWidth / 2,
                 innerBoundingBox.top +1+ textHeight);
  canvas.drawText(rollString,
                  rollStringCenter.x, rollStringCenter.y,
                  extPaint);
  }

  // 나머지 눈금선을 그린다.
  else {
    canvas.drawLine(center.x, (int)innerBoundingBox.top,
                    center.x, (int)innerBoundingBox.top + 5,
                    markerPaint);
  }
```

```
    canvas.rotate(10, center.x, center.y);
  }
canvas.restore();
```

21. 앞면 만들기의 최종 단계는 가장자리에 맞춰 헤딩을 그리는 일이다.

```
canvas.save();
canvas.rotate(-1 * (mBearing), px, py);

double increment = 22.5;

for (double i = 0; i < 360; i += increment) {
  CompassDirection cd = CompassDirection.values()
                         [(int)(i / 22.5)];
  String headString = cd.toString();

  float headStringWidth = textPaint.measureText(headString);
  PointF headStringCenter =
  new PointF(center.x - headStringWidth / 2,
            boundingBox.top + 1 + textHeight);

  if (i % increment == 0) {
    canvas.drawText(headString,
                    headStringCenter.x, headStringCenter.y,
                    textPaint);
  } else {
    canvas.drawLine(center.x, (int)boundingBox.top,
                    center.x, (int)boundingBox.top + 3,
                    markerPaint);
  canvas.rotate((int)increment, center.x, center.y);
  }
}

canvas.restore();
```

22. 앞면이 완성되었으므로 최종적으로 마무리한다.

앞면 위에 '유리 돔'을 추가해 시계 표면처럼 보이도록 할 것이므로 앞서 만든 래디얼 그
레이디언트 배열을 사용해 새 셰이더와 Paint 객체를 생성한다. 그리고 이 두 객체를
사용해 앞면 안쪽에 원을 그려 유리로 덮은 것처럼 보이게 한다.

```
RadialGradient glassShader =
  new RadialGradient(px, py, (int)innerRadius,
                    glassGradientColors,
                    glassGradientPositions,
                    Shader.TileMode.CLAMP);
```

```
Paint glassPaint = new Paint();
glassPaint.setShader(glassShader);

canvas.drawOval(innerBoundingBox, glassPaint);
```

23. 이제 남은 일은 깔끔한 테두리(바깥쪽과 안쪽)에 해당하는 원을 2개 더 그리는 것뿐이다. 그리고 캔버스를 원래 위치로 되돌리고 onDraw 메서드의 작성을 끝낸다.

```
// 바깥쪽 링을 그린다.
canvas.drawOval(boundingBox, circlePaint);

// 안쪽 링을 그린다.
circlePaint.setStrokeWidth(2);
canvas.drawOval(innerBoundingBox, circlePaint);
}   // onDraw 메서드의 닫는 괄호
```

실제 기기나 에뮬레이터에서 애플리케이션을 시작시키면 그림 14-3과 같이 CompassView가 화면에 나타난다.

14.9.1 상호 반응형 컨트롤 만들기

안드로이드 기기의 1차적인 상호 작용 모델은 터치스크린을 통한 접근 방식이다. 하지만 접근성 절에서 언급한 대로 터치스크린을 당연한 모델로 생각해서는 안 된다. 안드로이드가 텔레비전이나 랩톱에 이르기까지 다양한 폼 팩터로 확장되면서 앱은 D 패드나 키보드, 마우스 등으로 입력하는 사용자들까지 고려해야 한다.

개발자로서 우리의 도전 과제는 어떤 입력 방식도 사용할 수 있는, 직관적이면서도 하드웨어 의존성을 최소로 줄일 수 있는 UI를 만드는 일일 것이다.

이 절에서는 터치스크린 탭과 키 눌림이라는 사용자 입력을 주시하는(그리고 그에 응답하는) 방법을 다룬다. 이에 따라 뷰와 액티비티에서 다음 이벤트 핸들러들을 사용한다.

> ➤ **onTouchEvent**: 터치스크린 이벤트 핸들러. 터치스크린에 손가락을 대거나 떼고, 끄는 동작에서 시작된다.

> ➤ **onKeyDown**: 하드웨어 키가 눌리면 호출된다.

> ➤ **onKeyUp**: 하드웨어 키에서 손가락을 떼면 호출된다.

터치스크린 사용하기

모바일 기기의 물리적인 크기나 크기는 가혹하리만큼 터치스크린의 크기에 매여 있다. 따라서 터치스크린 입력은 전부 손가락을 기준으로 처리된다는 것도 놀라운 일이 아니다. 이는 사용자가 전용 스타일러스가 아니라 손가락으로 화면을 터치하고 UI를 찾아간다고 가정한 디자인 원칙이다.

손가락 기반 터치는 상호 작용의 정확성을 떨어뜨리고 단순 접촉보다 움직임을 더 크게 고려해야 한다. 안드로이드 네이티브 애플리케이션들은 손가락 기반 터치스크린 UI를 광범위하게 사용한다. 끌기 동작으로 리스트를 스크롤하고 스와이프로 화면을 전환하거나 각종 액션을 수행하는 UI가 단적인 예다.

안드로이드는 두 종류의 터치 상호 작용을 제공한다. 손가락이나 스타일러스를 사용하는 전통적인 터치 방식과 이른바 '가짜 터치'를 사용하는 방식이다. '가짜 터치' 방식에서는 트랙패드나 마우스 입력이 입력 이벤트로 해석된다. 기본적으로 모든 안드로이드 앱은 가짜 터치 지원이 의무다. 이는 터치스크린이 없는 텔레비전이나 랩톱과 같은 기기와 호환성을 유지하기 위함이다.

'진짜' 터치스크린을 갖춘 기기에서만 사용할 수 있는 앱을 만들겠다면 다음과 같이 매니페스트에서 required="true"를 android.hardware.touchscreen 기능에 추가해야 한다.

```
<manifest xmlns:android=http://schemas.android.com/apk/res/android
        ... >
  <uses-feature android:name="android.hardware.touchscreen"
                android:required="true" />
</manifest>
```

(가짜 터치를 포함해) 터치스크린 상호 작용을 사용하는 뷰나 액티비티를 만들려면 onTouchEvent 핸들러를 오버라이드해야 한다.

```
@Override
public boolean onTouchEvent(MotionEvent event) {
  return super.onTouchEvent(event);
}
```

화면의 압력을 처리할 때는 true를 반환하고, 그 외의 경우에는 false를 반환해 터치가 제대로 처리될 때까지 이벤트를 뷰 스택 아래로 전달해 둔다.

한 번 또는 여러 번의 터치 이벤트 처리하기

어떤 제스처가 입력될 때마다 onTouchEvent 핸들러가 몇 번이든 가동된다. 사용자가 화면을 터치할 때 시작해서 시스템이 현재 손가락의 위치를 추적하는 동안 여러 번 그리고 접촉이 끝날 때 최종적으로 한 번 더 가동되는 것이다.

안드로이드는 임의의 동시다발적인 터치 이벤트를 처리할 수 있다. 각 터치 이벤트는 별도의 포인터 식별자를 할당받는다. 이 식별자는 onTouchEvent 핸들러의 MotionEvent 매개변수 형태로 참조된다.

getAction을 MotionEvent 매개변수에 호출해 핸들러를 시작시킨 이벤트 타입을 찾는다. 단일 터치 기기든, 멀티터치 기기의 첫 번째 터치 이벤트든 ACTION_UP[DOWN/MOVE/CANCEL/OUTSIDE] 상수를 사용하면 그 이벤트 종류를 찾을 수 있다.

```
@Override
public boolean onTouchEvent(MotionEvent event) {
  int action = event.getAction();
  switch (action) {
    case (MotionEvent.ACTION_DOWN):
      // 터치스크린을 눌렀다.
      return true;
    case (MotionEvent.ACTION_MOVE):
      // 터치가 화면 어딘가로 옮겨갔다.
      return true;
    case (MotionEvent.ACTION_UP):
      // 손가락을 떼었다.
      return true;
    case (MotionEvent.ACTION_CANCEL):
      // 터치 이벤트가 취소됐다.
      return true;
    case (MotionEvent.ACTION_OUTSIDE):
      // 현재 화면 요소의 경계 밖에서
      // 움직임이 포착됐다.
      return true;
    default: return super.onTouchEvent(event);
  }
}
```

포인터가 여럿일 때 터치 이벤트를 추적하려면 MotionEvent.ACTION_MASK와 MotionEvent.ACTION_POINTER_INDEX_MASK 상수를 적용해 각각 터치 이벤트(ACTION_POINTER_DOWN이나 ACTION_POINTER_UP)와 그 이벤트를 시작시킨 포인터 ID를 찾아야 한다. getPointerCount를 호출하면 멀티터치 이벤트 여부를 알 수 있다.

```
@Override
public boolean onTouchEvent(MotionEvent event) {
  int action = event.getAction();

  if (event.getPointerCount() > 1) {
    int actionPointerId = action & MotionEvent.ACTION_POINTER_INDEX_MASK;
    int actionEvent = action & MotionEvent.ACTION_MASK;
    // 포인터 ID와 이벤트로 뭔가를 한다.
  }
  return super.onTouchEvent(event);
}
```

MotionEvent는 현재 화면 접촉의 좌표도 포함한다. 이 좌표에는 getX와 getY 메서드를 사용해 접근할 수 있다. 이 두 메서드는 응답하는 뷰나 액티비티에 상대적인 좌표를 반환한다.

멀티터치 이벤트의 경우에는 MotionEvent마다 각 포인터의 현재 위치를 포함한다. 해당 포인터의 위치를 찾으려면 그 인덱스를 getX와 getY 메서드로 전달한다. 단, 이 인덱스는 포인터 ID와 동일하지 않다. 해당 포인터의 인덱스를 찾으려면 findPointerIndex 메서드를 호출한다. 이때 필요한 인덱스의 포인터 ID를 전달한다.

```
int xPos = -1;
int yPos = -1;

if (event.getPointerCount() > 1) {
  int actionPointerId = action & MotionEvent.ACTION_POINTER_INDEX_MASK;
  int actionEvent = action & MotionEvent.ACTION_MASK;

  int pointerIndex = event.findPointerIndex(actionPointerId);
  xPos = (int)event.getX(pointerIndex);
  yPos = (int)event.getY(pointerIndex);
}
else {
  // 단일 터치 이벤트
  xPos = (int)event.getX();
  yPos = (int)event.getY();
}
```

MotionEvent 매개변수는 화면에 가해지는 압력도 포함한다. 이때 사용되는 getPressure 메서드는 대개 0에서 1 사이의 값을 반환한다. 0은 압력이 없을 때, 1은 정상 압력일 때를 가리킨다.

getToolType 메서드를 사용하면 터치 이벤트의 출처를 손가락, 마우스, 스타일러스, 지우개 등으로 구분할 수 있다. 출처마다 터치 이벤트를 다르게 처리해야 하기 때문이다.

마지막으로 **getSize** 메서드를 사용하면 현재 접촉 면적의 크기를 파악할 수 있다. 이 메서드는 0에서 1 사이의 값을 반환한다. 0은 정확한 측정값, 1은 사용자가 어떤 것도 누를 의도가 없었다는 의미의 '터치'를 나타낸다.

참고

> 하드웨어의 캘리브레이션 상태에 따라 1보다 큰 값이 반환될 수도 있다.

움직임 추적하기

현재 터치 접촉의 위치, 압력, 크기가 변경될 때마다 새 onTouchEvent가 ACTION_MOBE 액션과 함께 시작된다.

MotionEvent 매개변수는 이전 필드뿐 아니라 과거 값들까지도 포함할 수 있다. 이 내역은 이전에 처리됐던 onTouchEvent와 이번 사이에 일어난 움직임 이벤트 전체를 나타낸다. 이에 따라 안드로이드는 빠른 움직임의 변화를 버퍼에 담아 세밀하게 조정되는 움직임 데이터를 확보할 수 있다.

이러한 움직임 이력의 크기를 알려면 **getHistorySize**를 호출해야 한다. 이 메서드는 현재 이벤트에 사용할 수 있는 움직임 위치의 개수를 반환한다. 그리고 일련의 **getHistorical**※ 메서드를 호출하고 위치 인덱스를 전달해 각 과거 이벤트의 횟수와 압력, 크기를 얻을 수도 있다. 단, **getX**와 **getY** 메서드에서처럼 포인터 인덱스 값을 전달해 여러 커서의 과거 터치 이벤트들을 추적할 수 있다.

```
int historySize = event.getHistorySize();

if (event.getPointerCount() > 1) {
  int actionPointerId = action & MotionEvent.ACTION_POINTER_ID_MASK;
  int pointerIndex = event.findPointerIndex(actionPointerId);
  for (int i = 0; i < historySize; i++) {
    float pressure = event.getHistoricalPressure(pointerIndex, i);
    float x = event.getHistoricalX(pointerIndex, i);
    float y = event.getHistoricalY(pointerIndex, i);
    float size = event.getHistoricalSize(pointerIndex, i);
    long time = event.getHistoricalEventTime(i);
    // TODO 각 점으로 뭔가를 한다.
  }
}
else {
  for (int i = 0; i < historySize; i++) {
```

```
      float pressure = event.getHistoricalPressure(i);
      float x = event.getHistoricalX(i);
      float y = event.getHistoricalY(i);
      float size = event.getHistoricalSize(i);
      // TODO 각 점으로 뭔가를 한다.
   }
}
```

움직임 이벤트를 처리하기 위한 정상적인 패턴은 각 과거 이벤트들을 먼저 처리하고, 뒤이어 현재 MotionEvent 값을 처리하는 것이다. 코드 14-6은 이를 나타낸 것이다.

코드 14-6 터치스크린의 움직임 이벤트 처리하기

```
@Override
public boolean onTouchEvent(MotionEvent event) {

  int action = event.getAction();

  switch (action) {
    case (MotionEvent.ACTION_MOVE): {
      int historySize = event.getHistorySize();
      for (int i = 0; i < historySize; i++) {
        float x = event.getHistoricalX(i);
        float y = event.getHistoricalY(i);
        processMovement(x, y);
      }

      float x = event.getX();
      float y = event.getY();
      processMovement(x, y);

      return true;
    }
    default:
  }

  return super.onTouchEvent(event);
}

private void processMovement(float x, float y) {
  // TODO 움직임에 뭔가를 한다.
}
```

:: onTouchListener 사용하기

기존 뷰를 서브 클래스로 만들지 않고 터치 이벤트를 리스닝하려면 onTouchListener를 View 객체에 연결해야 한다. 이때 setOnTouchListener 메서드를 사용한다.

```
myView.setOnTouchListener(new OnTouchListener() {
  public boolean onTouch(View view, MotionEvent event) {
    // TODO 모션 이벤트에 응답한다.
    return false;
  }
});
```

기기의 키, 버튼, D 패드 사용하기

모든 하드웨어 키의 버튼 이벤트와 키 눌림 이벤트는 활성 액티비티나 포커스를 받은 뷰의 onKeyDown과 onKeyUp 핸들러로 처리한다. 키보드의 키, D 패드, 뒤로 가기 버튼이 모두 이에 포함된다. 한 가지 예외가 홈 키다. 홈 키는 사용자가 애플리케이션 안에 갇히지 않도록 다른 이벤트와 반대로 처리된다.

뷰나 액티비티가 버튼 눌림에 응답하려면 onKeyDown과 onKeyUp 이벤트 핸들러를 오버라이드해야 한다.

```
@Override
public boolean onKeyDown(int keyCode, KeyEvent event) {
  // 키 눌림 처리를 수행해 처리되면 true를 반환한다.
  return false;
}

@Override
public boolean onKeyUp(int keyCode, KeyEvent event) {
  // 키 놓임 처리를 수행해 처리되면 true를 반환한다.
  return false;
}
```

keyCode 매개변수에는 눌리는 키의 값이 전달된다. 이를 정적 키 코드 값과 비교한다. 정적 키 코드 값은 키 전용 처리를 수행하는 KeyEvent 클래스에서 사용할 수 있다.

onKeyUp이나 onKeyDown 메서드에서 무조건 true를 리턴해서는 안 된다. 시스템 차원의 키 이벤트가 앱에 올바르지 않게 사용되기 때문이다. 이에 따라 미디어 버튼 이벤트가 해당 음악 앱으로 전달되지 않고 그대로 소비되는 문제가 발생한다. KeyEvent를 처리할 때만 true를 리턴해야 한다.

KeyEvent 매개변수는 isCtrlPressed, isAltPressed, isShiftPressed, isFunctionPressed, isSymPressed 메서드도 포함해 Ctrl, Alt, Shift, 기능 키, 기호 키 등이 함께 눌렸는지 파악한다.

static 메서드인 isModifierKey는 KeyCode를 받은 후 사용자가 직접 키를 눌러 해당 키 이벤트가 시작됐는지 판단할 수 있다.

OnKeyListener 사용하기

액티비티의 기존 뷰 안에서 키 눌림에 응답하려면 OnKeyListener를 구현하고 이를 뷰에 지정한다. 이때 setOnKeyListener 메서드를 사용한다. OnKeyListener는 키 눌림과 키 놓임 이벤트에 메서드를 따로 구현하지 않고 하나의 onKey 이벤트를 사용한다.

```java
myView.setOnKeyListener(new OnKeyListener() {
  public boolean onKey(View v, int keyCode, KeyEvent event) {
    // TODO 키 눌림 이벤트를 처리하고, 처리되면 true를 반환한다.
    return false;
  }
});
```

keyCode 매개변수를 사용하면 눌린 키를 찾을 수 있다. KeyEvent 매개변수는 키가 눌렸는지, 놓였는지를 파악할 때 사용한다. 여기서 ACTION_DOWN은 키 눌림, ACTION_UP은 키 놓임을 나타낸다.

14.10 복합 드로어블 리소스

12장 '안드로이드 디자인 철학 구현하기'에서는 도형, 색, 벡터를 비롯해 다양한 크기 비례 드로어블 리소스를 살펴봤다. 여기서는 다양한 추가 XML 정의 드로어블들을 소개한다.

복합 드로어블은 여러 드로어블 리소스를 결합해 조작할 때 사용된다. 어떤 드로어블 리소스도 비트맵, 도형, 색 등을 비롯해 다음 리소스 정의에 따라 그 안에서 사용할 수 있다. 그리고 이들 새 드로어블을 서로의 안에서 사용해 다른 드로어블 애셋과 같은 방식으로 뷰에 지정할 수 있다.

14.10.1 변환 드로어블

기존 드로어블 리소스에 크기 비례나 회전을 적용할 수 있다. 이때 이름도 제격인 ScaleDrawable과 RotateDrawable 클래스가 사용된다. 이 두 변환 드로어블은 특히 프로그레스바를 만들 때나 뷰에 애니메이션을 적용할 때 유용하다.

➤ ScaleDrawable: scale 태그 안에서 scaleHeight와 scaleWidth 속성을 사용해 원래 드로어블의 경계 박스에 상대적인 대상의 높이와 너비를 정의한다. scaleGravity 속성을 사용하면 크기가 맞춰진 이미지의 앵커 지점을 제어할 수 있다.

```xml
<?xml version="1.0" encoding="utf-8"?>
<scale xmlns:android="http://schemas.android.com/apk/res/android"
  android:drawable="@drawable/icon"
  android:scaleHeight="100%"
  android:scaleWidth="100%"
  android:scaleGravity="center_vertical|center_horizontal"
/>
```

➤ RotateDrawable: rotate 태그 안에서 fromDegrees와 toDegrees를 사용해 피봇 지점을 중심으로 각각 시작 회전 각도와 종료 회전 각도를 정의한다. 피봇은 pivotX와 pivotY 속성을 사용해 정의한다. 이때 각각 드로어블의 너비와 높이 비율을 nn% 표기법에 따라 지정한다.

```xml
<?xml version="1.0" encoding="utf-8"?>
<rotate xmlns:android="http://schemas.android.com/apk/res/android"
  android:drawable="@drawable/icon"
  android:fromDegrees="0"
  android:toDegrees="90"
  android:pivotX="50%"
  android:pivotY="50%"
/>
```

크기 비례와 회전을 런타임에 적용하려면 뷰 객체에 setImageLevel 메서드를 사용해야 한다. 이 뷰의 드로어블은 0에서 10,000까지 매겨져 있는 레벨에서 시작 값과 종료 값 사이를 이동한다. 이에 따라 특정 환경에 부합하도록 수정되는 단일 드로어블을 정의할 수 있다. 여러 방향을 가리키는 화살표가 단일 드로어블의 단적인 예다.

이때 0은 시작 각도(또는 최솟값)를 나타내며, 10,000은 변환의 종료(최종 각도 또는 최곳값)를 나타낸다. 이미지 레벨을 지정하지 않으면 기본값인 0이 사용된다.

```java
ImageView rotatingImage = findViewById(R.id.RotatingImageView);
ImageView scalingImage = findViewById(R.id.ScalingImageView);

// 이미지를 최종 방향의 50% 회전한다.
rotatingImage.setImageLevel(5000);
```

```
// 이미지를 최종 크기의 50%로 조정한다.
scalingImage.setImageLevel(5000);
```

14.10.2 레이어 드로어블

LayerDrawable은 여러 드로어블 리소스를 서로 포개는 방식으로 합성할 수 있다. 일부만 투명한 드로어블 배열을 정의하면 이를 서로 쌓아 정교하게 결합된 동적인 도형 및 변환을 만들수 있다.

그리고 LayerDrawable을 앞 절에서 설명한 변환 드로어 리소스 또는 잠시 후에 살펴볼 상태리스트 및 레벨 리스트 드로어블에 소스로 사용할 수도 있다.

LayerDrawable은 layer-list 노드 태그를 통해 정의한다. 이 태그 안에서 drawable 속성을 사용해 새 item 노드를 만들고 추가될 각 드로어블을 지정한다. 각 드로어블은 배열 내 첫 번째항목이 스택의 바닥에 놓이는 인덱스 순서로 쌓인다.

```xml
<?xml version="1.0" encoding="utf-8"?>
<layer-list xmlns:android="http://schemas.android.com/apk/res/android">
  <item android:drawable="@drawable/bottomimage"/>
  <item android:drawable="@drawable/image2"/>
  <item android:drawable="@drawable/image3"/>
  <item android:drawable="@drawable/topimage"/>
</layer-list>
```

14.10.3 상태 리스트 드로어블

상태 리스트 드로어블은 복합 리소스로서 뷰의 상태에 따라 표시될 여러 드로어블을 지정할수 있다.

버튼에 사용되는 이미지 또는 표준 리스트 뷰 항목에 사용되는 백그라운드를 비롯해 대부분의 네이티브 안드로이드 뷰가 상태 리스트 드로어블을 사용한다.

상태 리스트 드로어블을 정의하려면 루트 selector 태그가 포함된 XML 파일을 만든다. 항목 노드들을 추가한다. 이때 각 항목에는 특정 드로어블을 특정 상태에 지정하기 위해 android:state_ 속성과 android:drawable 속성이 사용된다.

```xml
<selector xmlns:android="http://schemas.android.com/apk/res/android">
<item android:state_pressed="true"
```

```
        android:drawable="@drawable/widget_bg_pressed"/>
  <item android:state_focused="true"
        android:drawable="@drawable/widget_bg_selected"/>
  <item android:state_window_focused="false"
        android:drawable="@drawable/widget_bg_normal"/>
  <item android:drawable="@drawable/widget_bg_normal"/>
</selector>
```

각 상태 속성은 true나 false로 설정될 수 있다. 이에 따라 다음 리스트 뷰 상태의 조합에 맞는 드로어블을 지정할 수 있다.

➤ android:state_pressed: 눌린 상태 또는 눌리지 않은 상태

➤ android:state_focused: 포커스를 받은 상태 또는 받지 않은 상태

➤ android:state_hovered: API 레벨 11에 도입됐다. 커서가 뷰 위에 표시되는(호버링) 상태 또는 그러지 않는 상태

➤ android:state_selected: 선택된 상태 또는 선택되지 않은 상태

➤ android:state_checkable: 확인 표시를 할 수 있는 상태 또는 없는 상태

➤ android:state_checked: 확인 표시가 있는 상태 또는 없는 상태

➤ android:state_enabled: 활성 상태 또는 비활성 상태

➤ android:state_activated: 작동된 상태 또는 작동되지 않은 상태

➤ android:state_window_focused: 부모 윈도우가 포커스를 받은 상태 또는 받지 않은 상태

뷰에 어떤 드로어블을 표시할지 결정할 때 안드로이드는 상태 리스트에서 객체의 현재 상태와 일치하는 첫 번째 항목을 적용한다. 따라서 기본값은 리스트의 마지막 값이 돼야 한다.

14.10.4 레벨 리스트 드로어블

레벨 리스트 드로어블을 사용하면 드로어블 리소스의 배열을 만들어 정수 인덱스 값을 각 레이어에 지정할 수 있다. level-list 노드를 사용해 레벨 리스트 드로어블을 만든다. 이때 각 레이어를 정의할 item 노드가 필요하며, android:drawable과 android:maxLevel 속성으로 각 레이어와 그 인덱스에 따라 드로어블을 정의한다.

```
<level-list xmlns:android="http://schemas.android.com/apk/res/android">
  <item android:maxLevel="0" android:drawable="@drawable/earthquake_0"/>
```

```
    <item android:maxLevel="1" android:drawable="@drawable/earthquake_1"/>
    <item android:maxLevel="2" android:drawable="@drawable/earthquake_2"/>
    <item android:maxLevel="4" android:drawable="@drawable/earthquake_4"/>
    <item android:maxLevel="6" android:drawable="@drawable/earthquake_6"/>
    <item android:maxLevel="8" android:drawable="@drawable/earthquake_8"/>
    <item android:maxLevel="10" android:drawable="@drawable/earthquake_10"/>
</level-list>
```

표시할 이미지를 코드상으로 선택하려면 레벨 리스트 드로어블 리소스를 표시하는 뷰에 setImageLevel을 호출한다. 이때 표시하려는 드로어블의 인덱스를 전달한다.

```
imageView.setImageLevel(5);
```

이제 뷰는 지정된 값과 같거나 큰 인덱스에 따라 이미지를 표시한다.

14.11 복사하기, 붙여넣기, 클립보드

안드로이드는 클립보드 매니저를 사용해 애플리케이션 안에서(애플리케이션 간) 복사 및 붙여넣기 연산을 지원한다.

```
ClipboardManager clipboard =
    (ClipboardManager)getSystemService(CLIPBOARD_SERVICE);
```

클립보드는 텍스트 문자열, URI(대개 콘텐트 프로바이더 항목을 가리킴), 인텐트(애플리케이션 바로가기 복사 용도)를 지원한다. 객체를 클립보드로 복사하려면 ClipDescription이 포함된 새 ClipData 객체를 생성한다. ClipDescription은 복사된 객체와 ClipData.Item 객체들의 메타데이터를 나타낸다. ClipData.Item 객체는 이어지는 절에서 다룬다. 새 클립 데이터 객체를 클립보드에 추가한다. 이때 setPrimaryClip 메서드를 사용한다.

```
clipboard.setPrimaryClip(newClip);
```

클립보드는 언제든 단 하나의 클립 데이터 객체만을 담을 수 있다. 새 객체를 복사하면 이전에 갖고 있던 클립보드 항목이 교체된다. 따라서 현재 애플리케이션은 뭔가를 클립보드로 복사한 마지막 애플리케이션이 아닐뿐 아니라 붙여넣기를 한 유일한 애플리케이션도 아니라는 사실을 가정할 수 있다.

14.11.1 클립보드로 데이터 복사하기

ClipData 클래스에는 전형적인 클립 데이터 객체를 간단하게 생성할 수 있는 다양한 정적 편의성 메서드가 제공된다. newPaintText 메서드는 지정된 문자열을 포함하고 지정된 레이블로 설명을 설정하고 MIME 유형을 MIMETYPE_TEXT_PLAIN으로 설정하는 새 클립 데이터를 만든다.

```
ClipData newClip = ClipData.newPlainText("copied text, "Hello, Android!");
```

콘텐트 프로바이더 기반 항목의 경우, newUri 메서드를 사용해 콘텐트 리졸버와 레이블, 붙여넣기를 할 데이터의 URI를 지정한다.

```
ClipData newClip = ClipData.newUri(getContentResolver(), "URI", myUri);
```

14.11.2 클립보드 데이터 붙여넣기

뛰어난 사용자 경험을 제공하려면 데이터가 클립보드로 복사되는지에 따라 UI에서 붙여넣기 옵션을 켜거나 끌 수 있어야 한다. hasPrimaryClip 메서드를 사용해 클립보드 서비스를 조회하면 된다.

```
if !clipboard.hasPrimaryClip() {
  // TODO UI 옵션을 끈다.
}
```

현재 클립보드에 있는 클립 데이터 객체의 데이터 타입을 조회할 수도 있다. getPrimary ClipDescription 메서드를 사용해 클립보드 데이터의 메타데이터를 추출한다. 애플리케이션에 붙여넣기를 지원하는 MIME 유형을 지정하기 위해서는 MimeType 메서드가 필요하다.

```
if (clipboard.getPrimaryClipDescription().hasMimeType(MIMETYPE_TEXT_PLAIN)) {
    // TODO 클립보드에 지원 가능 타입의 데이터가 담기면
    // 붙여넣기 UI 옵션을 켠다.
} else {
    // TODO 클립보드의 콘텐트가 미지원 타입이면
    // 붙여넣기 UI 옵션을 끈다.
}
```

데이터 자체에 접근하려면 getItemAt 메서드를 사용해야 한다. 이때 해당 항목의 인덱스를 전달한다.

```
ClipData.Item item = clipboard.getPrimaryClip().getItemAt(0);
```

텍스트, UI, 인텐트를 추출할 때는 각각 getText, getUri, getIntent 메서드를 사용한다.

```
CharSequence pasteData = item.getText();
Intent pastIntent = item.getIntent();
Uri pasteUri = item.getUri();
```

애플리케이션이 텍스트만 지원하더라도 클립보드 항목의 콘텐트를 붙여넣을 수 있다. coerce ToText 메서드는 ClipData.Item 객체의 콘텐트를 문자열로 변환한다.

```
CharSequence pasteText = item.coerceToText(this);
```

위치, 상황 인지, 지도

📥 **15장에 사용된 코드의 다운로드용 파일**

15장은 다음 7개의 파일로 되어 있다.

15.1 애플리케이션에 위치, 지도, 상황 인지 추가하기

모바일 기기의 매력적인 특징은 바로 휴대성이다. 따라서 사용자의 물리적인 위치나 환경, 상황 등을 찾아 인지하고 지도에 표시할 수 있는 API들에 관심을 갖는 것도 당연하다. 15장에서는 구글 플레이 서비스를 설치해 이런 강력하고도 효율적인 API들을 어떻게 활용할 수 있는지 살펴본다.

위치 서비스는 기기의 현재 위치를 찾고 위치가 변경되면 업데이트한다. 여기서는 FLP(Fused Location Provider)를 사용해 GPS, 셀룰러, 와이파이 등에 의한 위치 파악 기술을 다룬다. 그리고 전통적인 플랫폼인 LBS(Location-based service)도 살펴보고, 구글 플레이 서비스를 사용할 수 없을 때 LBS를 어떻게 사용할 수 있는지도 함께 살펴본다.

구글 플레이 서비스 라이브러리의 일부로 제공되는 구글 지도 API를 사용하면 구글 지도를 UI 요소로 처리하는 지도 기반 액티비티를 만들 수 있다. 지도에서는 카메라 위치를 제어할 수 있고, 줌 레벨을 변경하거나 마커 또는 도형, 이미지 등을 사용해 지도에 해설(annotation)을 달 수도 있다. 그뿐 아니라 사용자 상호 작용도 처리할 수 있다.

지도와 위치 기반 서비스는 위도와 경도에 근거해 지리적 위치를 파악한다. 하지만 사용자들은 도로 주소로 생각하는 경향이 짙다. 안드로이드에는 위도/경도 값을 현실적인 주소로 상호 변환할 수 있는 지오코더(geocoder)가 제공된다.

마지막으로는 인지(Awareness) API를 소개한다. 인지 API는 사용자의 컨텍스트 변화를 이해하고 이에 적절히 응답할 수 있게 한다. 인지 API는 기기의 상태와 각종 센서의 측정 값, 날씨와 같은 웹 소스 환경 정보를 결합한다. 이런 정보에는 빠르고 배터리 효율적인 방식으로 스냅샷 또는 '펜스'를 통해 접근할 수 있다.

15.2 구글 플레이 서비스

구글 플레이 서비스 SDK(흔히 플레이 서비스 또는 GMS라고도 불린다)는 위치 서비스나 구글 지도, 인지 API 등을 비롯해 20가지 이상의 구글 전용 기능을 프로젝트에 추가할 수 있는 라이브러리 집합이다. 15장에서는 이들 구글 전용 기능을 하나씩 소개한다.

구글 플레이 서비스 API는 2장 '시작하기'에서 소개한 지원 패키지처럼 흔히 프레임워크 API 기능을 교체하거나 확장해 사용자 경험의 일관된 업데이트를 제공한다. 그뿐 아니라 새로운 기능과 버그 픽스, 효율성 등을 활용할 수 있다.

새 버전의 구글 플레이 서비스 클라이언트 라이브러리는 안드로이드 지원 라이브러리와 SDK 플랫폼처럼 안드로이드 SDK 매니저를 통해 사용할 수 있다. 구글 플레이 서비스는 지원 라이브러리처럼 업데이트 주기가 안드로이드 플랫폼 SDK보다 훨씬 짧다.

새 SDK 버전을 다운로드하고 의존성을 업데이트해 최신 릴리스를 참조하면 구글 플레이 서비스가 업데이트되면서 버그 픽스들과 개선 사항들을 앱에 통합할 수 있다. 구글 플레이 서비스 라이브러리는 구글 플레이 스토어를 통해 자동으로 배포되고 업데이트되는 구글 플레이 서비스 애플리케이션과 상호 작용한다.

구글 플레이 서비스는 안드로이드 지원 라이브러리와 달리, 모든 안드로이드 기기에서 사용할 수 있다는 보장이 없다. 구글 플레이 서비스 SDK가 구글 플레이 스토어를 통해 배포되는 구글 플레이 서비스 APK에 의존하기 때문에 둘 다 호스트 기기에 설치돼야 앱에서 SDK를 올바르게 사용할 수 있다.

> **참고**
>
> 구글 플레이 서비스 SDK의 구글 플레이 스토어 의존성으로 인해 만일 다른 배포 채널을 통해 앱을 출시하려면 구글 플레이 서비스에 의존하는 기능을 대체해야 한다. 구글 플레이 스토어를 통해서만 앱을 배포하려면 구글 플레이 서비스를 사용할 수 있다고 전제해야 하지만, 앱에 필요한 버전을 특정할 필요까지는 없다.
>
> 이를 위해 구글 플레이 서비스는 런타임에 구글 플레이 서비스가 비활성됐다거나 아예 없는 경우 또는 이전 버전인 경우에 발생하는 문제를 해결해야 한다.

따라서 호스트 기기의 지원하에 프레임워크 API 라이브러리보다는 구글 플레이 서비스 SDK를 사용하는 것이 좋다.

15.2.1 애플리케이션에 구글 플레이 서비스 추가하기

구글 플레이 서비스를 프로젝트에 통합하려면 우선 구글 플레이 서비스 SDK부터 다운로드해야 한다.

안드로이드 스튜디오에서 SDK 매니저를 연다(그림 15-1).

SDK 매니저는 다음 중 한가지 방법으로 실행할 수 있다.

1. 안드로이드 스튜디오를 실행했을 때 제일 먼저 나타나는 웰컴(Welcome) 대화상자의 밑에 있는 [Configure ➡ SDK Manager]를 선택한다.

2. 프로젝트가 열려 있을 때 안드로이드 스튜디오 메인 창의 위에 있는 툴바 버튼(🔧)을 클릭하거나 또는 메인 창 위의 메뉴에서 [Tools ➡ SDK Manager]를 선택한다. 또는 메뉴에서 [File ➡ Settings...]를 선택한 후 설정 대화상자의 왼쪽 패널에서 Android SDK를 선택해도 된다.

SDK 매니저에서는 [SDK Platforms], [SDK Tools], [SDK Update Sites]라는 세 가지 탭을 제공한다.

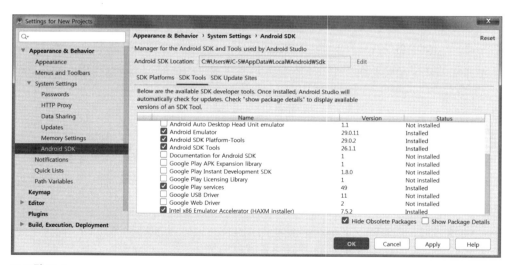

◑ 그림 15-1

[SDK Tools] 탭은 어느 SDK와 플랫폼, 빌드 도구가 다운로드됐는지 그리고 지원 저장소, 에뮬레이터, 구글 플레이 서비스 SDK 등을 보여준다.

만일 구글 플레이 서비스(Google Play services)의 오른쪽 Status가 'Not installed'로 되어 있으면 설치가 안 된 것이므로 왼쪽 체크상자를 선택(체크)하고 [Apply] 또는 [OK] 버튼을 클릭해 SDK를 다운로드하고 설치한다.

구글 플레이 서비스 SDK가 설치되면 앱 모듈(app)의 build.gradle 파일에 의존성을 추가해야 한다. 앞서 얘기했듯이, 구글 플레이 서비스 SDK에는 위치 서비스나 구글 지도, 인지 API 등을 비롯해 20가지 이상의 구글 전용 기능을 지원하는 라이브러리가 포함되어 있다. 따라서 이 중에서 애플리케이션에 사용되는 기능의 라이브러리만 선택하여 의존성으로 추가해야 한다 (모든 라이브러리를 일괄 추가하면 애플리케이션이 불필요하게 커진다). 예를 들어, 지도 서비스의 경우는 다음과 같이 라이브러리 의존성을 추가한다.

```
dependencies {
    [... 기존에 지정된 다른 의존성 노드 ...]

    implementation 'com.google.android.gms:play-services-maps:17.0.0'
}
```

> **참고**
>
> 의존성 노드에 지정한 특정 버전 번호는 다운로드하고 설치한 구글 플레이 서비스 SDK의 버전과 일치해야 한다. 그리고 새 버전의 SDK를 설치하면 그에 따라 의존성 노드도 업데이트해야 한다.

의존성을 앱 모듈(app)의 build.gradle 파일에 직접 추가하는 대신 안드로이드 스튜디오의 Project Structure UI를 사용할 수도 있다. 메뉴에서 [File ➡ Project Structure...]를 클릭한 후 대화상자의 제일 왼쪽에서 [Dependencies]를 선택하고 오른쪽의 [Modules]에서 [app]을 선택한다. 그리고 그 다음 오른쪽의 Dependency 위에 있는 의존성 추가 아이콘(➕)을 클릭한 후 [1 Library Dependency]를 선택하면 그림 15-2의 대화상자가 나타난다. 이 대화상자에서는 원하는 라이브러리를 검색하여 추가할 수 있다. 예를 들어, 그림 15-2와 같이 com.google.android.gms:play-services-location을 입력하고 오른쪽의 [Search] 버튼을 누르면 이 라이브러리의 모든 버전을 보여준다. 제일 위의 것이 최신 버전이며, 원하는 것을 선택한 후 [OK] 버튼을 누르면 앱 모듈(app)의 build.gradle 파일에 의존성이 추가된다.

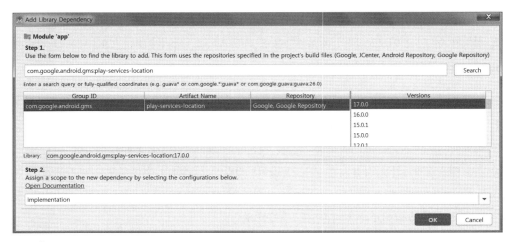

◐ 그림 15-2

다시 말하지만 구글 플레이 서비스 SDK에는 20가지 이상의 라이브러리가 함께 제공되며, 이 라이브러리들은 각각 특정 구글 서비스 관련 API를 제공한다. 따라서 의존성에는 애플리케이션에서 사용할 라이브러리만 포함하는 것이 가장 좋다. 예를 들어, 코드 15-1에서는 인지, 지도, 위치 라이브러리만 추가한다.

코드 15-1 구글 플레이 서비스 라이브러리 중 필요한 것만 의존성에 추가하기

```
dependencies {
...
  implementation 'com.google.android.gms:play-services-awareness:17.0.0'
  implementation 'com.google.android.gms:play-services-maps:17.0.0'
  implementation 'com.google.android.gms:play-services-location:17.0.0'
}
```

사용할 수 있는 구글 플레이 서비스의 전체 라이브러리와 그 build.gradle 설명은 developers. google.com/android/guides/setup에서 찾아볼 수 있다.

구글 플레이 서비스 라이브러리에서 제공하는 API는 구글 플레이 서비스 APK가 기기에 설치되어 있어야 작동 가능하다. 그리고 구글 플레이 서비스 APK의 새 릴리스는 정기적으로 구글 플레이 스토어를 통해 배포된다. 따라서 최신 버전의 구글 플레이 서비스에 맞춰 앱 의존성을 업데이트하는 것이 최선이다. 각종 결함 해결이나 새 기능, 효율성 개선 사항이 적용될 수 있기 때문이다. 앱에 사용되는 구글 플레이 서비스의 버전을 업데이트하려면 새 버전의 SDK를 추가 설치하고 이것에 맞는 라이브러리 버전으로 의존성을 변경해야 한다.

15.2.2 구글 플레이 서비스의 사용성 파악하기

구글 플레이 서비스 APK는 구글 플레이가 작동하는 모든 안드로이드 기기에 배포되고 업데이트된다. 하지만 업데이트가 모든 기기에 배포되는 데는 일정한 시간이 소요된다. 따라서 사용자의 기기가 앱이 의존하는 구글 플레이 서비스 업데이트를 받으려면 앱부터 업데이트돼야 한다.

구글 지도나 위치 서비스를 사용하고 있거나 구글 API를 사용해 다른 구글 서비스에 연결된 상태라면 API는 이 기기의 구글 플레이 서비스 APK가 이전 버전이거나 아예 없고, 비활성화된 상황을 처리하게 된다. 사용자가 런타임에 해결할 수 있는 이슈들의 경우, 대화상자를 통해 해당 오류의 해결 방법이 제시된다.

구글 플레이 생태계 밖에서 앱을 배포하기로 결정했다면 그 앱은 구글 플레이 서비스가 포함되지 않았거나 지원되지 않는 기기에 설치되고 실행될 수도 있다. 그럴 경우에는 없는 라이브러리들을 직접 처리하는 방법도 고려해야 한다.

위치 기반 서비스를 비롯한 몇몇 서비스는 플랫폼 기능에 의존하겠지만 지도와 같은 다른 서비스는 오픈 스트리트 맵(Open Street Map) 등의 대체 라이브러리를 사용하는 것도 고려할 수 있다. 예를 들면 매우 중요한 핵심 기능에 구글 플레이 서비스가 필요하다면 오류를 표시하거나 관련 기능을 비활성화하고 강제로 애플리케이션을 종료하는 것까지 선택할 수 있다. 구글 플레이 서비스의 사용성(또는 그로 인한 결여 등)을 감지할 때는 코드 15-2에서처럼 Google ApiAvailability 클래스에 isGooglePlayServicesAvailable 메서드를 사용해 미해결 오류를 찾으면 된다.

코드 15-2 구글 플레이 서비스를 사용할 수 있는지 확인하기

```
GoogleApiAvailability availability = GoogleApiAvailability.getInstance();
int result = availability.isGooglePlayServicesAvailable(this);
if (result != ConnectionResult.SUCCESS) {
  if (!availability.isUserResolvableError(result))
    // TODO: 구글 플레이 서비스를 사용할 수 없다.
}
```

15.3 구글 위치 서비스를 사용해 기기의 위치 찾기

위치 서비스 라이브러리는 구글 플레이 서비스를 통해 제공되며, 기기의 위치를 찾고 모니터링하는 데 사용되는 다양한 플랫폼 기술로서는 최선의 래퍼라 할 수 있다. 구글 플레이 위치 서비스는 앱의 위치 서비스 사용 방식을 획기적으로 단순화할 뿐 아니라 정확성 및 배터리 효율 측면에서도 현저한 개선을 이뤄냈다.

 참고

안드로이드 프레임워크에는 위치 기반 서비스가 위치 매니저를 통해 제공된다. 이 내용은 10.5.5 '전통적인 플랫폼 위치 기반 서비스'에서 찾아볼 수 있다. 효율성과 정확성이라는 이유에서 전통적인 플랫폼 API보다는 구글 플레이 서비스 위치 API를 사용해야 한다. 이는 반강제에 가깝다.

위치 서비스를 사용하면 다음과 같은 일들을 할 수 있다.

> ➤ 현재 위치 얻기
> ➤ 이동 따라가기
> ➤ 지오펜스를 설정해 특정 지역 안팎으로의 이동 감지하기

위치 서비스는 구글 플레이 서비스 위치 라이브러리를 통해 접근할 수 있다. 이를 위해서는 구글 플레이 서비스를 설치하고 앱 모듈의 build.gradle 파일에 의존성을 추가한 상태여야 한다.

```
dependencies {
  [... 기존 의존성 ...]
  implementation 'com.google.android.gms:play-services-location:17.0.0'
}
```

참고

앞의 조각 코드에서 지정한 버전 번호는 이 책을 쓰는 시점을 기준으로 최신이다. 여러분은 앱 안에 사용 가능한 최신 버전의 라이브러리를 넣는 것이 좋다.

기기의 현재 위치를 얻으려면 uses-permission 태그를 매니페스트에 넣고 다음 두 가지의 위치 정확도 중 하나를 지정해야 한다.

> ➤ fine: 높은 정확도를 나타낸다. 하드웨어가 지원하는 최대 해상도에 맞춰 가장 정확한 위치를 제공한다.
> ➤ coarse: 낮은 정확도를 나타낸다. 대략 도시의 블록 범위 수준에 맞춰 위치 결과의 해상도를 제한한다.

다음 조각 코드에서는 fine과 coarse 권한을 애플리케이션 매니페스트에 요청하는 방법을 나타낸다. 단, fine 권한의 요청/승인은 암시적으로 coarse 권한을 승인한다.

```
<uses-permission android:name="android.permission.ACCESS_FINE_LOCATION"/>
<uses-permission android:name="android.permission.ACCESS_COARSE_LOCATION"/>
```

이 두 위치 권한은 '위험' 권한에 속한다. 사용자의 사생활을 해칠 수 있기 때문이다. 따라서 앱의 설치 시점이 아닌 런타임 시점에 사용자 허락을 받아야(그리고 필요시 요청해야) 한다. 코드 15-3은 이를 나타낸 것이다.

코드 15-3 런타임 시에 fine 위치 권한 요청하기

```
int permission = ActivityCompat.checkSelfPermission(this,
  Manifest.permission.ACCESS_FINE_LOCATION);

if (permission == PERMISSION_GRANTED) {
  // TODO 위치 기반 서비스에 접근한다.
} else {
  // fine 위치 권한을 요청한다.
  if (ActivityCompat.shouldShowRequestPermissionRationale(
    this, Manifest.permission.ACCESS_FINE_LOCATION)) {
    // TODO 요청된 권한의 추가 정보를 표시한다.
  }
  ActivityCompat.requestPermissions(this,
    new String[]{Manifest.permission.ACCESS_FINE_LOCATION},
    LOCATION_PERMISSION_REQUEST);
}
```

requestPermissions 메서드는 비동기로 실행되며, 우리가 변경할 수 없는 표준 안드로이드 대화상자를 보여준다. 그리고 사용자가 런타임 요청을 수락하거나 거부할 때 콜백이 호출된다. 콜백은 다음처럼 onRequestPermissionsResult 핸들러를 오버라이드하여 구현하면 된다.

```
@Override
public void onRequestPermissionsResult(int requestCode,
                                       @NonNull String[] permissions,
                                       @NonNull int[] grantResults) {
  super.onRequestPermissionsResult(requestCode, permissions, grantResults);
  // TODO 수락/거부 권한에 응답한다.
}
```

이 콜백을 리스닝하다가 권한이 승인되면 권한 확인으로 보호받던 기능을 실행한다.

기기의 위치를 찾거나 따라가려면 FLP(Fused Location Provider)를 사용해야 한다. FLP는 소프트웨어와 하드웨어(와이파이, GPS 등 기기에서 사용할 수 있는 센서 전체)를 조합해 정확성과 배터리 효율이 동시에 최적화되는 방식으로 현재의 위치를 파악한다.

FLP에 접근하려면 코드 15-4처럼 LocationServices 클래스의 static 메서드인 getFusedLocation ProviderClient를 호출해 FusedLocationProviderClient의 인스턴스를 요청한다.

코드 15-4 FLP에 접근하기

```
FusedLocationProviderClient fusedLocationClient;
fusedLocationClient = LocationServices.getFusedLocationProviderClient(this);
```

15.3.1 에뮬레이터를 사용해 위치 기반 기능 테스트하기

모든 위치 기반 기능은 호스트 하드웨어의 현재 위치 파악 성능에 의존한다. 에뮬레이터에서 개발 및 테스트 과정을 수행할 때는 하드웨어가 가상화되기 때문에 늘 같은 위치가 사용될 확률이 높다.

이를 보완하기 위해 안드로이드에는 위치 기반 애플리케이션을 테스트할 수 있는 이동을 흉내 낼 수 있는 방법이 제공된다.

에뮬레이터의 가상 위치 업데이트하기

에뮬레이터를 실행했을 때 나타나는 기기 모습의 오른쪽 버튼 중 제일 밑의 확장 컨트롤 버튼(…)을 클릭하면 그림 15-3의 대화상자가 나타나며, [Location]을 선택하면 새 위치를 에뮬레이터에 직접 넣을 수 있다.

여기서는 특정 위치의 위도/경도를 십진수나 육십진수 형태로 고도 값과 함께 지정할 수 있다. 또한 Load GPS/KML 버튼을 클릭해 각각 KLP(Keyhole Markup Language)나 GPX(GPS Exchange Format) 파일의 위치 데이터를 가져올 수도 있다. 그리고 이 파일을 로드한 후에는 특정 위치로 점프하거나 최고 5배 속도까지 일련의 위치를 재생할 수 있다.

> **참고**
>
> GPS 시스템은 대부분 GPX를 사용해 추적 파일을 기록한다. 한편 KML은 지리 정보를 정의할 때 주로 온라인에서 광범위하게 사용된다. KML 파일은 직접 작성할 수도 있고 구글 어스를 사용해 만들 수도 있다. 구글 어스를 사용하면 위치 간 경로가 만들어진다.

에뮬레이터에서 위치 서비스 활성화하기

위치 API에서 반환되는 위치 결과는 최소한 한 애플리케이션(같은 기기의)이 위치 업데이트를 요청해야만 업데이트된다. 마찬가지로 에뮬레이터의 위치를 업데이트하는 기법들(앞 절에서 설명했던)은 최소한 한 애플리케이션이 GPS로부터 위치 업데이트를 요청할 때만 효력을 발휘한다.

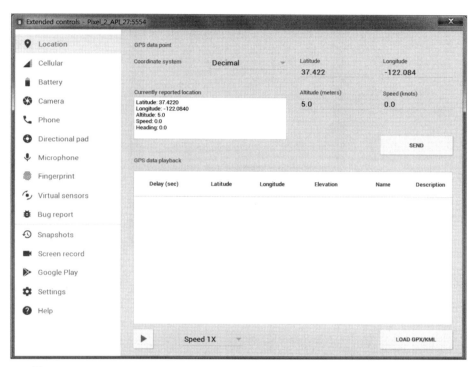

◑ 그림 15-3

따라서 에뮬레이터가 처음 시작될 때 현재 위치에서 반환되는 결과는 null이 될 수 있다.

모든 위치 서비스가 활성화됐는지, 위치 업데이트가 수신되고 있는지 확인하려면 구글 지도 앱을 에뮬레이터 안에서 시작하고 그림 15-4와 같은 위치 관련 안내를 승인해야 한다.

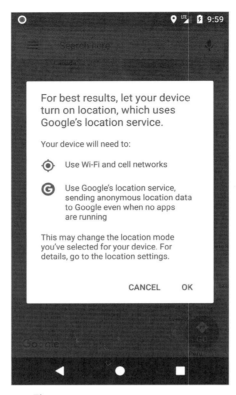

◐ 그림 15-4

15.3.2 마지막 위치 찾기

위치 서비스의 가장 강력한 기능은 기기의 물리적 위치를 찾는 일일 것이다. 반환된 위치의 정확도는 사용 가능한 하드웨어나 애플리케이션에 요청해 승인된 권한, 사용자의 시스템 위치 설정에 따라 달라진다.

FLP를 사용하면 기기의 마지막 위치 지점을 찾을 수 있다. 이때 getLastLocation 메서드를 사용한다.

> **참고**
>
> 안드로이드 프레임워크는 GPS나 와이파이, 셀룰러 네트워크와 같은, 정확하지만 전력 소모가 서로 다른 위치 프로바이더를 제공한다(이 내용은 이번 장 뒤에서 설명한다). 정확성과 효율성의 개선 외에 FLP를 사용해 얻을 수 있는 장점은 어떤 프로바이더를 사용하더라도 마지막 위치 값을 찾아 반환한다는 것이다. 그리고 이때 애플리케이션에 주어진 위치 권한 범위 내에서 최대한의 정확도를 추구한다.

위치 서비스는 비동기 작업을 더 쉽게 구성하는 태스크 API를 사용하며, 앱과 위치 서비스 간의 내부적인 연결 처리(연결 실패 시 해결도 포함)를 수행해 준다.

즉, 위치 값을 얻으려면 FLP로부터 반환 받은 태스크에 OnSuccessListener를 추가해야 한다. 이때 코드 15-5처럼 addOnSuccessListener 메서드를 사용한다. 그리고 새 OnSuccessListener는 제네릭 타입 매개변수로 Location 타입을 사용하고 onSuccess 핸들러를 구현해야 한다.

코드 15-5 기기의 마지막 위치 얻기

```java
FusedLocationProviderClient fusedLocationClient;
fusedLocationClient = LocationServices.getFusedLocationProviderClient(this);
fusedLocationClient.getLastLocation()
  .addOnSuccessListener(this, new OnSuccessListener<Location>() {
    @Override
    public void onSuccess(Location location) {
      // 드물기는 하지만 일부 상황에서는 이 값이 null일 수 있다.
      if (location != null) {
        // TODO 리턴받은 위치로 뭔가를 한다.
      }
    }
  });
```

이와 비슷하게 addOnFailureListener 메서드를 사용해 OnFailureListener를 추가할 수 있다. OnFailureListener의 onFailure 메서드는 위치 서비스가 마지막 위치 값을 제대로 반환할 수 없을 때 시작된다.

```java
fusedLocationClient.getLastLocation()
  .addOnSuccessListener(this, new OnSuccessListener<Location>() {
    @Override
    public void onSuccess(Location location) {
      // 드물기는 하지만 일부 상황에서는 이 값이 null일 수 있다.
      if (location != null) {
        // TODO 리턴받은 위치로 뭔가를 한다.
      }
    }
  })
  .addOnFailureListener(this, new OnFailureListener() {
    @Override
    public void onFailure(@NonNull Exception e) {
      // TODO 반환 받은 위치로 뭔가를 한다.
    }
  });
```

반환된 위치 객체는 프로바이더가 제공한 모든 위치 정보를 포함한다. 여기에는 얻은 시간과 좌표의 정확도, 위도와 경도, 방위, 고도, 속도 등도 포함된다. 모든 프로퍼티는 get 메서드를 위치 객체에 호출해 사용할 수 있다.

15.3.3 'Where Am I' 예시

다음 예는 'Where Am I'로, 구글 플레이 서비스의 위치 서비스 라이브러리에 제공되는 FLP 를 사용해 마지막 위치를 찾는 새 액티비티가 주요 특징이다.

1. 새 프로젝트를 생성한다. 액티비티 템플릿은 Empty Activity로 선택하고, 프로젝트 이름은 WhereAmI로 하며, Minimum API Level은 API 16: Android 4.1 (Jelly Bean) 으로 선택한다. 또한 androidx 라이브러리(2.2.5절 참고)를 사용하도록 'Use androidx.* artifacts'가 선택(체크)된 상태로 두고 [Finish] 버튼을 클릭한다. 프로젝트 생성이 끝나면 프로젝트 도구 창에서 MainActivity의 이름을 WhereAmIActivity로 변경하자. 또한 프로젝트를 생성할 때 자동으로 생성된 activity_main.xml의 이름을 activity_where_am_i.xml로 변경한다. 여기서는 위치 서비스에서 fine 정확도를 사용한다. 따라서 애플리케이션 매니페스트에 ACCESS_FINE_LOCATION의 uses-permission을 추가해야 한다. 또한 ACCESS_COARSE_LOCATION도 추가한다.

```xml
<?xml version="1.0" encoding="utf-8"?>
<manifest xmlns:android="http://schemas.android.com/apk/res/android"
        package="com.professionalandroid.apps.whereami">

    <uses-permission
```

```
      android:name="android.permission.ACCESS_COARSE_LOCATION" />
  <uses-permission
    android:name="android.permission.ACCESS_FINE_LOCATION" />

...

</manifest>
```

2. 앱 모듈(app)의 build.gradle 파일에 위치 서비스의 라이브러리 의존성을 추가한다.

```
[... 기존에 지정된 다른 의존성 노드 ...]

    implementation 'com.google.android.gms:play-services-location:17.0.0'
}
```

3. 편집기 창에 자동으로 열린 activity_where_am_i.xml 레이아웃 리소스의 밑에 있는
Text 탭을 클릭하여 텍스트 모드로 전환한 후 아래의 XML로 모두 교체한다. 달라
진 내용은 다음과 같다. 제약 레이아웃(ConstraintLayout)이 선형 레이아웃(LinearLayout)
으로 바뀌었다. 그리고 액티비티 코드에서 사용할 수 있도록 TextView 컨트롤에
android:id 속성이 추가되었다.

```xml
<?xml version="1.0" encoding="utf-8"?>
<LinearLayout
  xmlns:android="http://schemas.android.com/apk/res/android"
  xmlns:app="http://schemas.android.com/apk/res-auto"
  xmlns:tools="http://schemas.android.com/tools"
  android:layout_width="match_parent"
  android:layout_height="match_parent"
  android:orientation="vertical"
  tools:context=".WhereAmIActivity">

  <TextView
    android:id="@+id/myLocationText"
    android:layout_width="match_parent"
    android:layout_height="wrap_content"
    android:padding="16dp"
    android:text="Hello World!"/>
</LinearLayout>
```

4. WhereAmIActivity의 onCreate 메서드를 다음과 같이 변경한다. 우선 텍스트 뷰의 참
조를 얻는다. 그리고 앱이 실행되는 현재 장치에서 구글 플레이 서비스를 사용할 수 있
는지 확인한다.

```
...
public class WhereAmIActivity extends AppCompatActivity {

  private static final String ERROR_MSG
    = "Google Play services are unavailable.";

  private TextView mTextView;

  @Override
  protected void onCreate(Bundle savedInstanceState) {
    super.onCreate(savedInstanceState);
    setContentView(R.layout.activity_where_am_i);
    mTextView = findViewById(R.id.myLocationText);

    GoogleApiAvailability availability
      = GoogleApiAvailability.getInstance();
    int result = availability.isGooglePlayServicesAvailable(this);
    if (result != ConnectionResult.SUCCESS) {
      if (!availability.isUserResolvableError(result)) {
        Toast.makeText(this, ERROR_MSG, Toast.LENGTH_LONG).show();
      }
    }
  }
}
```

5. 여기서는 WhereAmIActivity가 화면에 보이게 될 때마다 현재 위치를 업데이트할 것이다. 따라서 fine 위치 정확도를 사용할 수 있는 런타임 권한을 확인하도록 onStart 메서드를 오버라이드해야 한다. 그리고 권한이 승인되거나 거부될 때 호출될 getLastLocation이라는 스텁 메서드도 추가한다. 아래 코드를 WhereAmIActivity 클래스에 추가하자.

```
...
import static androidx.core.content.PermissionChecker.PERMISSION_GRANTED;

public class WhereAmIActivity extends AppCompatActivity {

  ...

  private static final int LOCATION_PERMISSION_REQUEST = 1;

  ...

  @Override
  protected void onStart() {
    super.onStart();
    // fine 정확도에 접근할 권한이 있는지 확인한다.
```

```
    int permission = ActivityCompat.checkSelfPermission(this,
      Manifest.permission.ACCESS_FINE_LOCATION);

    // 권한이 승인되면 마지막 위치를 불러온다.
    if (permission == PERMISSION_GRANTED) {
      getLastLocation();
    } else {
      // 권한이 승인된 적이 없다면 요청한다.
      ActivityCompat.requestPermissions(this,
        new String[]{Manifest.permission.ACCESS_FINE_LOCATION},
        LOCATION_PERMISSION_REQUEST);
    }
  }

  @Override
  public void onRequestPermissionsResult(int requestCode,
                                    @NonNull String[] permissions,
                                    @NonNull int[] grantResults) {
    super.onRequestPermissionsResult(requestCode, permissions,
                                  grantResults);
    if (requestCode == LOCATION_PERMISSION_REQUEST) {
      if (grantResults[0] != PERMISSION_GRANTED) {
        Toast.makeText(
          this, "Location Permission Denied", Toast.LENGTH_LONG).show();
      } else {
        getLastLocation();
      }
    }
  }

  private void getLastLocation() {
  }
}
```

(코드 작성이 끝나면 PERMISSION_GRANTED 상수에 빨간색 에러 표시가 나타날 것이다. 이
것을 클릭한 후 [Alt] + [Enter] (맥에서는 [Command] + [Return]) 키를 눌러 PermissionChecker.
PERMISSION_GRANTED(androidx.core.content)를 선택한다.)

6. 5번 단계에서 추가한 getLastLocation 메서드를 변경한다. 즉, FLP 참조를 가져오고
getLastLocation 메서드를 사용해 마지막으로 인지된 위치를 찾는다. 또 다른 메서드
인 updateTextView를 추가한다. 이 메서드는 반환된 위치를 받아 텍스트 뷰를 변경한
다. 그리고 다음을 알아 두자. 위치 서비스는 구글 플레이 서비스 APK의 여러 잠재적
인 문제들을 감지해 해결할 수 있기 때문에 우리 코드에서 연결이나 실패에 관한 처리
를 할 필요가 없다.

```
private void getLastLocation() {
  FusedLocationProviderClient fusedLocationClient;
  fusedLocationClient =
    LocationServices.getFusedLocationProviderClient(this);

  boolean canAccessFineLocation =
    ActivityCompat.checkSelfPermission(this, ACCESS_FINE_LOCATION) ==
    PERMISSION_GRANTED;

  boolean canAccessCoarseLocation =
    ActivityCompat.checkSelfPermission(this, ACCESS_COARSE_LOCATION) ==
    PERMISSION_GRANTED;

  if (canAccessFineLocation || canAccessCoarseLocation) {
    fusedLocationClient.getLastLocation().addOnSuccessListener(this,
      new OnSuccessListener<Location>() {
        @Override
        public void onSuccess(Location location) {
          updateTextView(location);
        }
      }
    );
  }
}

private void updateTextView(Location location) {
}
```

그리고 다음 두 개의 import 문도 추가해야 한다.

```
import static android.Manifest.permission.ACCESS_COARSE_LOCATION;
import static android.Manifest.permission.ACCESS_FINE_LOCATION;
```

7. 마지막으로 6번 단계에서 추가한 updateTextView 메서드를 변경한다. 즉, 각 위치의 위도와 경도를 추출하고 이를 텍스트 뷰에 보여준다.

```
private void updateTextView(Location location) {
  String latLongString = "No location found";

  if (location != null) {
    double lat = location.getLatitude();
    double lng = location.getLongitude();
    latLongString = "Lat:" + lat + "\nLong:" + lng;
  }

  mTextView.setText(latLongString);
}
```

이 액티비티를 실행하면 그림 15-5와 같은 모습을 확인할 수 있다.

◑ 그림 15-5

WhereAmI 프로젝트는 젯팩(Jetpack)이라고 하는 androidx 라이브러리를 사용하도록 생성하였다. 따라서 종전의 지원 라이브러리를 사용하던 이 책의 다른 프로젝트와 달리 AppCompatActivity 클래스의 경우 androidx.appcompat.app.AppCompatActivity를 사용하게 된다.

15.3.4 위치 변화 업데이트 요청하기

마지막 위치를 얻는 것만으로는 사용자의 욕구를 충족하기에 역부족일 때가 많다. 값 자체가 순식간에 과거 정보로 바뀌어 실효성이 없을 뿐 아니라 위치를 활용하는 애플리케이션은 사용자의 이동 양상에 응답해야 하기 때문이다. 따라서 위치 서비스에 조회해 마지막 위치를 파악하려면 업데이트가 필수다.

기기 위치의 정기적인 업데이트를 요청할 때는 requestLocationUpdates 메서드를 사용한다.

이때 LocationCallback이 필요하다. 이 콜백은 기기의 위치 정보가 바뀔 때 이를 알려 준다.

requestLocationUpdates 메서드는 LocationRequest 객체를 받는다. 이 객체는 FLP가 정확도 수준에 따라 결과를 가장 효율적인 방법으로 반환하기 위해 사용하는 정보를 제공한다.

효율을 극대화하고 비용이나 전원 사용량을 최소로 줄이려면 애플리케이션의 필요에 따라 다양한 조건을 지정해야 한다.

➤ setPriority: 배터리 소모를 줄이면서도 정확한 결과를 얻기 위해 다음 상수 중 하나를 사용해 상대적 우선순위를 지정한다.

- PRIORITY_HIGH_ACCURACY: 높은 정확도를 우선으로 한다. 이에 따라 FLP는 배터리 소모량이 늘더라도 가장 정밀한 위치를 얻으려고 한다.

- PRIORITY_BALANCED_POWER_ACCURACY: 정확도와 배터리 소모의 균형을 맞추려고 한다. 이에 따라 정밀도는 도시의 블록 범위, 즉 대략 100미터로 한정된다.

- PRIORITY_LOW_POWER: 낮은 배터리 소모를 우선으로 한다. 이에 따라 coarse 정확도의 위치 업데이트가 대략 10킬로미터에 해당하는 도시 수준의 정밀도로 제공된다.

- PRIORITY_NO_POWER: 앱에서 위치 업데이트가 이뤄지지 않는다. 다만, 다른 앱이 수행한 업데이트는 받는다.

➤ setInterval: 밀리초 단위의 업데이트 간격을 나타낸다. 이 비율에 따라 위치 서비스가 위치를 업데이트하려고 시도한다. 만일 위치를 파악할 수 없다면 업데이트 횟수는 이보다 줄어들 수 있으며, 다른 애플리케이션이 더 자주 업데이트를 받으면 업데이트 횟수도 이에 따라 늘어날 수 있다.

➤ setFastestInterval: 애플리케이션이 지원할 수 있는 가장 빠른 업데이트 주기다. 앱에서 UI 이슈나 데이터 오버플로가 발생하면 이 값까지만 지정한다.

코드 15-6은 높은 정확도로 5초마다 업데이트하는 위치 요청(Location Request)을 정의하는 기본 코드다. 여기서는 Looper 매개변수에 주목해야 한다. 이 매개변수는 특정 스레드에 콜백을 실행한다. 매개변수를 null로 설정하면 스레드를 호출하는 즉시 반환된다.

코드 15-6 위치 요청을 사용해 위치 업데이트 요청하기

```
LocationCallback mLocationCallback = new LocationCallback() {
    @Override
```

```
   public void onLocationResult(LocationResult locationResult) {
     for (Location location : locationResult.getLocations()) {
       // TODO 새로 받은 위치로 뭔가를 한다.
     }
   }
};

private void startTrackingLocation() {
  if (
    ActivityCompat
    .checkSelfPermission(this, ACCESS_FINE_LOCATION) == PERMISSION_GRANTED ||
    ActivityCompat
    .checkSelfPermission(this, ACCESS_COARSE_LOCATION) == PERMISSION_GRANTED) {

    FusedLocationProviderClient locationClient =
       LocationServices.getFusedLocationProviderClient(this);

    LocationRequest request = new LocationRequest()
    .setPriority(LocationRequest.PRIORITY_HIGH_ACCURACY)
    .setInterval(5000); // 5초마다 업데이트

    locationClient.requestLocationUpdates(request, mLocationCallback, null);
  }
}
```

새 위치를 받으면 연결된 콜백이 그 onLocationResult 이벤트를 실행한다.

위치 결과 매개변수에 여러 개의 위치를 받는 것도 가능하다. 최대 대기 시간을 업데이트 간격 보다 두 배 이상으로 설정하면 그렇게 될 수 있다.

```
LocationRequest request = new LocationRequest()
 .setPriority(LocationRequest.PRIORITY_HIGH_ACCURACY)
 .setInterval(5000)              // 5초마다 변화를 확인한다.
 .setMaxWaitTime(25000);         // 앱은 최대 25초를 기다렸다가 업데이트를 받는다.
```

최대 대기 시간은 애플리케이션이 위치 업데이트를 받기까지 기다리는 최대 시간 간격을 가리 킨다. 이 간격 동안 쌓인 새 위치 전체를 묶어 한꺼번에 받게 된다. 이 방법은 앱이 짧은 간격 으로 업데이트를 받아야 하지만 그에 따라 UI까지 업데이트할 필요가 없을 때 유용하다. 하이 킹이나 달리기용 경로를 추적하는 경우가 단적인 예다.

배터리 소모를 최소화하려면 가능할 때마다 애플리케이션에서 업데이트를 꺼둬야 한다. 특히 애플리케이션이 보이지 않는 상태이거나 위치 업데이트가 액티비티의 UI를 업데이트하는 데만

사용될 때는 꺼야 한다. 그리고 최소 업데이트 시간 간격을 최대한 크게 설정하면 성능을 높일 수 있다.

위치 요청을 제거하려면 removeLocationUpdates를 호출해 위치 콜백 인스턴스를 전달해야 한다. 일반적으로 코드 5-17처럼 UI가 더 이상 보이지 않을 때 시작하는 onStop 핸들러 안에서 위치 업데이트를 비활성화하는 것이 좋다.

코드 5-17 위치 업데이트 취소하기

```
@Override
protected void onStop () {
  super.onStop();

  FusedLocationProviderClient fusedLocationClient =
    LocationServices.getFusedLocationProviderClient(this);

  fusedLocationClient.removeLocationUpdates(mLocationCallback);
}
```

액티비티가 중단될 때 위치 요청을 제거하면 구성 변경으로 액티비티가 재시작됐을 때 업데이트도 재시작되도록 업데이트가 언제 활성화됐는지 추적해야 한다. 애플리케이션의 상태를 유지하기 위한 세부 내용은 8장 '파일, 상태 저장, 사용자 환경 설정'에서 찾아볼 수 있다.

펜딩 인텐트로 위치 업데이트받기

드물기는 하지만 애플리케이션이 백그라운드에 있을 때도 위치 업데이트를 계속 받아야 할 때가 있다. FLP는 이를 지원하기 위해 위치 콜백 대신 펜딩 인텐트를 사용해 업데이트를 받을 수 있다.

 참고

애플리케이션이 백그라운드에 있을 때도 업데이트를 받는 가장 흔한 예는 짧은 주기로 높은 정확도의 업데이트를 계속 받는 운전용 실시간 내비게이션과 같은 포어그라운드 서비스를 사용할 때다. 하지만 포어그라운드 서비스를 사용할 때도 앞 절에서 설명한 대로 위치 콜백을 사용하는 것이 권장된다.

백그라운드로 위치 업데이트를 받을 때는 배터리 성능에 미치는 영향을 최소화해야 한다. 따라서 우선순위를 '낮은 배터리'나 '배터리 사용 안 함'으로 설정하는 것이 좋다. 배터리 성능을 더욱 개선하기 위해 안드로이드 8.0 오레오(API 레벨 26) 이상의 기기에서는 시스템 차원에서 백그라운드 위치 업데이트가 엄격하게 제한된다. 이에 따라 애플리케이션은 시간당 몇 차례만 업데이트를 받는다.

위치 콜백을 만들지 않고 펜딩 인텐트를 지정할 수도 있다. 펜딩 인텐트는 위치가 바뀔 때마다 또는 위치 사용성 상태가 바뀔 때마다 시작된다. 받은 인텐트를 hasResult와 extractResult 메서드에 보내면 각각 새 위치 결과가 포함됐는지 파악하고 위치 결과를 추출할 수 있다.

> **주의**
>
> 애플리케이션에서 민감한 위치 정보가 새어 나가지 않게 하려면 코드 15-8처럼 특정 브로드캐스트 리시버를 대상으로 해야 한다.

코드 15-8에서는 브로드캐스트 리시버를 시작해 새 위치 업데이트를 처리하는 펜딩 인텐트를 어떻게 만드는지 보여 준다.

코드 15-8 펜딩 인텐트를 사용해 위치 업데이트 요청하기

```
FusedLocationProviderClient fusedLocationClient
= LocationServices.getFusedLocationProviderClient(this);

LocationRequest request = new LocationRequest()
                            .setInterval(60000*10) // 매 10분마다 업데이트한다.
                            .setPriority(LocationRequest.PRIORITY_NO_POWER);

final int locationUpdateRC = 0;
int flags = PendingIntent.FLAG_UPDATE_CURRENT;
Intent intent = new Intent(this, MyLocationUpdateReceiver.class);
PendingIntent pendingIntent =
  PendingIntent.getBroadcast(this, locationUpdateRC, intent, flags);

fusedLocationClient.requestLocationUpdates(request, pendingIntent);
```

코드 15-9는 코드 15-8에 나타낸 대로 펜딩 인텐트를 사용하는 위치 브로드캐스트의 변화를 브로드캐스트 리시버가 리스닝하는 방법을 보여준다.

코드 15-9 브로드캐스트 리시버를 사용해 위치 업데이트 받기

```
public class MyLocationUpdateReceiver extends BroadcastReceiver {

  @Override
  public void onReceive(Context context, Intent intent) {
    if (LocationResult.hasResult(intent)) {
```

```
        LocationResult locationResult = LocationResult.extractResult(intent);
        for (Location location : locationResult.getLocations()) {
            // TODO 새로 받은 위치에 응답한다.
        }
      }
    }
}
```

단, 브로드캐스트 리시버를 애플리케이션 매니페스트에 추가한 후에 펜딩 인텐트를 받을 수 있다는 데 유의해야 한다.

위치 업데이트를 중단하려면 다음처럼 removeLocationUpdates를 호출해야 한다. 이때 더 이상 브로드캐스트하지 않겠다는 펜딩 인텐트를 전달한다.

```
fusedLocationClient.removeLocationUpdates(pendingIntent);
```

업데이트 만료 조건 정의하기

모든 앱이 지속적인 위치 업데이트를 요구하지는 않는다. 어떤 경우에는 한 번의 위치 수정만 필요하고, 또 어떤 경우에는 제공하는 기능 또는 표시하는 정보에 적절한 컨텍스트를 제공하기 위해 아주 짧은 시간 동안만 업데이트가 필요하다.

위치 요청을 정의할 때는 몇 가지 추가적인 조건을 제시해 위치 업데이트의 수신 횟수를 제한하고 이 제한에 도달하면 위치 요청을 자동으로 제거할 수 있다.

➤ setExpirationDuration: 초 단위의 지정된 기간 이후에 업데이트가 만료된다.

➤ setExpirationTime: 지정된 시간에 기기 시동 이후 경과한 초 단위의 실제 시간이 도달하면 업데이트가 만료된다.

➤ setNumUpdates: 지정된 업데이트 횟수만큼만 받는다.

다음 조각 코드는 만료 기간을 지정하는 위치 요청과 고정된 업데이트 횟수를 나타낸다.

```
LocationRequest request = new LocationRequest()
  .setExpirationDuration(3600000)                               // 1시간 후에 만료된다.
  .setExpirationTime(SystemClock.elapsedRealtime() + 360000))   // 1시간 후에 만료된다.
  .setNumUpdates(10)                                            // 10번의 업데이트를 받는다.
  .setInterval(60000)                                          // 매분 업데이트한다.
  .setPriority(LocationRequest.PRIORITY_NO_POWER);
```

만료 조건이 충족된 이후에도 업데이트를 더 받으려면 위치 업데이트를 재요청해야 한다.

백그라운드 위치 업데이트 제한

안드로이드 8.0 오레오(API 레벨 26)는 위치 업데이트의 배터리 성능 영향력을 줄이기 위해 앱이 백그라운드에 있는 동안 위치 업데이트를 받는 횟수를 엄격하게 제한했다. 구체적으로 말하면, 활성 포어그라운드 액티비티나 서비스가 전혀 없는 앱들은 시간마다 몇 번씩만 업데이트를 받는다. 이 새로운 제한은 안드로이드 8.0 오레오(API 레벨 26) 이상의 기기에서 모든 앱에 적용된다. 단, 앱의 타깃 SDK와는 무관하다.

포어그라운드 앱들은 지정된 비율에 따라 업데이트를 계속 받는다. 이런 앱에는 보이는 액티비티의 앱 또는 실행 중인 포어그라운드 서비스의 앱도 포함된다. 최대 대기 시간을 지정하는 위치 요청은 줄어든 간격에 맞춰 쌓인 업데이트들을 받는다. 이 방식은 앱이 빈번한 업데이트를 실시간으로 요구하지 않을 때 유용하다.

지오펜스 API 또한 백그라운드 작업에 최적화돼 이동 이벤트를 FLP의 위치 업데이트보다 더 자주 받는다. 지오펜스는 몇 분마다 한 번씩 이동 여부를 확인한다.

15.3.5 기기의 위치 설정 변경하기

요청하는 위치의 정확도 권한과 위치 요청의 우선순위를 조합하면 애플리케이션이 요구하는 위치 정확도와 정밀도 수준을 나타낼 수 있다. 이는 일반적으로 와이파이나 GPS 또는 둘 다의 위치 파악에 사용되는 하나 이상의 하드웨어 기기와 상응한다.

프라이버시와 배터리 효율성을 이유로 사용자는 자신의 위치 모드를 그림 15-6처럼 선택할 수 있다.

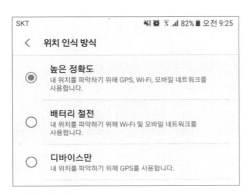

◑ 그림 15-6

이에 따라 앱이 위치 업데이트를 받겠다고 요청할 때 시스템 설정으로 인해 앱에 필요한 위치 데이터의 정확도를 얻지 못하게 될 수 있다. 예를 들어, GPS나 와이파이 스캐닝이 비활성화될 수 있다.

애플리케이션에서 요구한 정확도 대로 위치 결과를 받으려면 구글 플레이 서비스 설정 API를 사용해 시스템 차원의 현재 위치 설정을 확인하고 필요시 사용자의 선택 수정을 안내한다.

우선 getSettingsClient 메서드를 사용해 위치 서비스인 SettingsClient의 인스턴스를 얻는다. 그리고 static 메서드인 LocationSettingsRequest.Builder를 사용해서 애플리케이션이 위치 업데이트를 요청하는 데 사용할 각 위치 요청 객체를 추가한다. 그 다음에 SettingsClient 인스턴스의 checkLocationSettings 메서드를 호출하면(이때 위치 요청 객체로 구성된 위치 설정 요청 객체를 인자로 전달한다), 위치 설정 응답(LocationSettingsResponse) 태스크 객체가 반환된다. 코드 15-10은 이를 나타낸 것이다.

코드 15-10 현재 위치 설정이 요건을 충족하는지 확인하기

```
// 설정 클라이언트를 가져온다.
SettingsClient client = LocationServices.getSettingsClient(this);

// 새 위치 설정 요청 객체를 생성하고 위치 요청을 추가한다.
LocationSettingsRequest.Builder builder =
  new LocationSettingsRequest.Builder().addLocationRequest(request);

// 위치 설정이 요건을 충족하는지 확인한다.
Task<LocationSettingsResponse> task =
  client.checkLocationSettings(builder.build());
```

위치 설정 응답 태스크의 결과는 onSuccess와 onFailure 핸들러를 추가해 찾을 수 있다.

응답이 성공적이면 위치 설정이 애플리케이션의 위치 요청에 충분하기 때문에 위치 업데이트를 시작할 수 있다. 코드 15-11은 이를 나타낸 것이다.

코드 15-11 위치 설정이 요건을 충족했을 때를 위한 핸들러 만들기

```
task.addOnSuccessListener(this,
  new OnSuccessListener<LocationSettingsResponse>() {
    @Override
    public void onSuccess(LocationSettingsResponse locationSettingsResponse) {
      // 위치 설정이 위치 요청의 요건을 충족한다.
      startTrackingLocation();
    }
```

```
    });
```

onFailureListener의 onFailure 핸들러가 시작되면 이는 현재 시스템 위치 설정이 위치 요청에
지정된 요건을 충족하지 못한다는 뜻이다. 따라서 반환받은 예외에서 상태 코드를 추출해 그
다음 단계를 결정하면 된다. RESOLUTION_REQUIRED는 이 문제가 사용자의 액션을 통해
해결될 수 있다는 뜻이고 SETTINGS_CHANGE_UNAVAILABLE은 문제가 해결될 수 없다
는 뜻이다.

```
int statusCode = ((ApiException) e).getStatusCode();

switch (statusCode) {
  case CommonStatusCodes.RESOLUTION_REQUIRED:
    // 사용자가 해결할 수 있다.
    break;
  case LocationSettingsStatusCodes.SETTINGS_CHANGE_UNAVAILABLE:
    // 사용자가 해결할 수 없다.
    break;
  default: break;
}
```

앞의 경우에서 사용자에게 요건을 충족할 수 있도록 위치 설정을 변경하라고 안내할 수도 있
다. 이때 onFailure 핸들러가 받은 ResolvableApiException에 startResolutionForResult를 호출
한다.

```
ResolvableApiException resolvable = (ResolvableApiException) e;
resolvable.startResolutionForResult(MainActivity.this, CHECK_SETTINGS);
```

이에 따라 그림 15-7과 같은 대화상자가 표시된다. 이 대화상자에서는 요구한 대로 위치 설정
을 수정할 수 있는 사용자의 권한을 요청하고 있다.

For best results, let your device
turn on location, which uses
Google's location service. ˅

CANCEL   OK

◑ 그림 15-7

onFailureListener 구현의 전체 기본 코드는 코드 15-12와 같다. 여기서는 위치 설정의 변경을 요구하는 대화상자가 사용자에게 표시된다.

코드 15-12 위치 설정의 사용자 변경 요청하기

```
task.addOnFailureListener(this, new OnFailureListener() {
  @Override
  public void onFailure(@NonNull Exception e) {
    // Exception에서 상태 코드를 추출한다.
    int statusCode = ((ApiException) e).getStatusCode();
    switch (statusCode) {
      case CommonStatusCodes.RESOLUTION_REQUIRED:
        // Location Settings가 Location Request를 충족하지 않지만
        // 대화상자를 통한 사용자의 선택에 따라
        // 해결될 수 있다.
        try {
          // 사용자에게 위치 설정 문제를 해결할 수 있는 대화상자를 표시한다.
          ResolvableApiException resolvable = (ResolvableApiException) e;
          resolvable.startResolutionForResult(MainActivity.this,
            REQUEST_CHECK_SETTINGS);
        } catch (IntentSender.SendIntentException sendEx) {
          Log.e(TAG, "Location Settings resolution failed.", sendEx);
        }
        break;
      case LocationSettingsStatusCodes.SETTINGS_CHANGE_UNAVAILABLE:
        // 위치 설정이 위치 요청의 요건을 충족하지 않는다.
        // 그러나 사용자 대화상자로는 해결될 수 없다.
        // 그래도 위치 업데이트를 모니터링하거나 또는 중단한다.
        break;
    }
  }
});
```

대화상자를 통한 사용자와의 상호 작용 결과는 onActivityResult 핸들러의 인자로 전달된다 (코드 15-13).

결과가 RESULT_OK이면 요청된 설정의 변경이 적용됐다는 뜻이며, 이 경우 얼마든지 위치 업데이트를 요청할 수 있다. 만약 RESULT_CANCELED를 받았다면 요청된 변경을 사용자가 적용하지 않았다는 뜻이다.

코드 15-13 위치 설정의 변경 요청에 대한 사용자의 응답 처리하기

```
@Override
protected void onActivityResult(int requestCode, int resultCode, Intent data){
  final LocationSettingsStates states =
```

```
    LocationSettingsStates.fromIntent(data);

 if (requestCode == REQUEST_CHECK_SETTINGS) {
   switch (resultCode) {
     case Activity.RESULT_OK:
       // TODO 변경이 적용됐다.
       break;
     case Activity.RESULT_CANCELED:
       // TODO 변경이 적용되지 않았다.
       // TODO 위치 업데이트를 요청할 수 있는지 확인하기 위해
       // TODO 상태를 점검한다.
       break;
     default: break;
   }
 }
}
```

요청된 설정 변경을 사용자가 거부하면 어떻게 응답해야 할지 결정해 둬야 한다. 정확도가 예상 이하이어서 위치 결과를 새로 요청할 수도 있고 업데이트를 요구하는 기능을 비활성화할 수도 있으며 극단적인 경우에는 오류를 표시하고 앱을 종료시킬 수도 있다.

onActivityResult 핸들러에 반환된 인텐트로부터 위치 설정 상태를 추출하면 최선의 방법을 결정하는 데 도움이 될 수 있다.

```
final LocationSettingsStates states =
LocationSettingsStates.fromIntent(data);
```

위치 자체, GPS, 셀룰러 네트워크와 와이파이, BLE를 비롯해 위치 관련 지원의 가용성과 사용성을 나타내는 다양한 메서드가 위치 설정 상태(LocationSettingsStates 클래스)에 포함되어 있다.

15.3.6 'Where Am I'에서 위치 업데이트하기

이어지는 예에서는 WhereAmI 프로젝트에서 현재 위치를 업데이트할 수 있도록 개선한다. 여기서는 5초 간격으로 위치 변경을 리스닝하는 방법을 사용한다.

1. WhereAmI 프로젝트에서 WhereAmIActivity를 편집기 창에 연다. 새 위치 요청(Location Request) 객체를 생성하도록 onCreate 메서드를 변경한다. 이 객체는 높은 정확도를 우선으로 하고 5초 간격으로 위치를 업데이트하도록 요청하는 데 사용된다.

```
private LocationRequest mLocationRequest;

@Override
protected void onCreate(Bundle savedInstanceState) {
  super.onCreate(savedInstanceState);
  setContentView(R.layout.activity_where_am_i);
  mTextView = findViewById(R.id.myLocationText);

  GoogleApiAvailability availability
    = GoogleApiAvailability.getInstance();
  int result = availability.isGooglePlayServicesAvailable(this);
  if (result != ConnectionResult.SUCCESS) {
    if (!availability.isUserResolvableError(result)) {
      Toast.makeText(this, ERROR_MSG, Toast.LENGTH_LONG).show();
    }
  }

  mLocationRequest = new LocationRequest()
    .setInterval(5000)
    .setPriority(LocationRequest.PRIORITY_HIGH_ACCURACY);
}
```

2. 새 위치 업데이트를 받을 때마다 updateTextView 메서드를 호출해 텍스트 뷰를 변경하는 새 LocationCallback을 WhereAmIActivity 클래스에 추가한다.

```
...
public class WhereAmIActivity extends AppCompatActivity {

  ...

  LocationCallback mLocationCallback = new LocationCallback() {
    @Override
    public void onLocationResult(LocationResult locationResult) {
      Location location = locationResult.getLastLocation();
      if (location != null) {
        updateTextView(location);
      }
    }
  };

  ...

}
```

3. 1번 단계에서 생성한 위치 요청과 2번 단계의 위치 콜백을 사용해 위치 업데이트를 받는 요청을 시작할 requestLocationUpdates 메서드를 WhereAmIActivity 클래스에 추가한다.

```
private void requestLocationUpdates() {
  if (ActivityCompat
    .checkSelfPermission(this, ACCESS_FINE_LOCATION)
    == PERMISSION_GRANTED ||
    ActivityCompat
    .checkSelfPermission(this, ACCESS_COARSE_LOCATION)
    == PERMISSION_GRANTED) {

    FusedLocationProviderClient fusedLocationClient
      = LocationServices.getFusedLocationProviderClient(this);

    fusedLocationClient.requestLocationUpdates(mLocationRequest,
      mLocationCallback, null);
  }
}
```

4. 시스템 위치 설정과 위치 요청의 요건을 비교하도록 onStart 메서드를 변경한다. 즉, 위치 요청이 가능하도록 시스템 위치 설정이 되어 있다면 3번 단계의 requestLocation Updates 메서드를 호출한다. 그렇지 않고 위치 요청이 충족될 수 없게 시스템 위치 설정이 되어 있지만 사용자 액션을 통해 해결될 수 있다면, 설정을 변경하도록 사용자에게 요구하는 대화상자를 보여준다.

```
public static final String TAG = "WhereAmIActivity";
private static final int REQUEST_CHECK_SETTINGS = 2;

@Override
protected void onStart() {
  super.onStart();

  // fine 정확도에 접근할 권한이 있는지 확인한다.
  int permission = ActivityCompat.checkSelfPermission(this,
    ACCESS_FINE_LOCATION);

  // 권한이 승인되면 마지막 위치를 불러온다.
  if (permission == PERMISSION_GRANTED) {
    getLastLocation();
  } else {
    // 권한이 승인된 적이 없다면 요청한다.
    ActivityCompat.requestPermissions(this,
      new String[]{ACCESS_FINE_LOCATION},
      LOCATION_PERMISSION_REQUEST);
  }

  // 위치 설정이 위치 요청과 호환되는지
  // 확인한다.
  LocationSettingsRequest.Builder builder =
    new LocationSettingsRequest.Builder()
```

```
            .addLocationRequest(mLocationRequest);

    SettingsClient client = LocationServices.getSettingsClient(this);

    Task<LocationSettingsResponse> task =
      client.checkLocationSettings(builder.build());

    task.addOnSuccessListener(this,
      new OnSuccessListener<LocationSettingsResponse>() {
      @Override
      public void onSuccess(LocationSettingsResponse
                              locationSettingsResponse) {
        // 위치 설정이 위치 요청의 요건을
        // 충족한다.
        // 위치 업데이트를 요청한다.
        requestLocationUpdates();
      }
    });

    task.addOnFailureListener(this, new OnFailureListener() {
      @Override
      public void onFailure(@NonNull Exception e) {
        // Exception에서 실패의 상태 코드를
        // 추출한다.
        int statusCode = ((ApiException) e).getStatusCode();
        switch (statusCode) {
         case CommonStatusCodes.RESOLUTION_REQUIRED:
           try {
             // 위치 설정 문제를 해결할 수 있는
             // 대화상자를 사용자에게 보여준다.
             ResolvableApiException resolvable
               = (ResolvableApiException) e;
             resolvable.startResolutionForResult(WhereAmIActivity.this,
                   REQUEST_CHECK_SETTINGS);
               } catch (IntentSender.SendIntentException sendEx) {
                 Log.e(TAG, "Location Settings resolution failed.", sendEx);
               }
               break;
             case LocationSettingsStatusCodes.SETTINGS_CHANGE_UNAVAILABLE:
               // 위치 설정 문제를 사용자가 해결할 수 없다.
               // 위치 업데이트를 요청한다.
               Log.d(TAG, "Location Settings can't be resolved.");
               requestLocationUpdates();
               break;
         }
       }
    });
}
```

5. 4번 단계에서 나타날 수 있는 대화상자로부터 반환된 결과를 처리하기 위해 onActivity Result 핸들러를 오버라이드한다. 만일 요청된 변경을 사용자가 승인한다면 위치 업데이트를 요청한다. 그러나 거부한다면 사용할 수 있는 위치 서비스가 있는지 확인하고 있다면 업데이트를 요청한다. 다음의 onActivityResult 메서드를 WhereAmIActivity 클래스에 추가하자.

```
@Override
protected void onActivityResult(int requestCode,
                                int resultCode,Intent data){
  final LocationSettingsStates states =
    LocationSettingsStates.fromIntent(data);

  if (requestCode == REQUEST_CHECK_SETTINGS) {
    switch (resultCode) {
      case Activity.RESULT_OK:
        // 요청된 변경이 적용됐다. 위치 업데이트를 요청한다.
        requestLocationUpdates();
        break;
      case Activity.RESULT_CANCELED:
        // 요청된 변경이 적용되지 않았다.
        Log.d(TAG, "Requested settings changes declined by user.");
        // 사용할 수 있는 위치 서비스가 있는지 확인하고
        // 있다면 위치 업데이트를 요청한다.
        if (states.isLocationUsable())
          requestLocationUpdates();
        else
          Log.d(TAG, "No location services available.");
        break;
      default: break;
    }
  }
}
```

애플리케이션을 실행하고 기기의 위치를 변경하기 시작하면 텍스트 뷰의 값이 그에 따라 변경될 것이다.

15.3.7 위치를 사용할 때 참고할 모범 사례

사용자 위치를 애플리케이션 안에서 통합하면 강력한 개인화와 컨텍스트 기반 기능을 결합해 사용자 경험을 개선하고 차별화되는 기능을 만들 수 있다. 이런 강력한 기능은 배터리 성능 및 사용자 프라이버시에 미치는 영향력과 균형을 이뤄야 한다.

기기의 배터리에 크게 영향을 미치지 않으면서도 이런 기능을 활용하려면 다음 요인들을 고려해야 한다.

> **배터리 성능 대 정확도:** 위치 업데이트의 정확도를 세심하게 고려하고, 배터리 성능에 미치는 영향력을 최소화하기 위해 런타임에 요건을 수정하는 것도 고려해야 한다.

> **업데이트 횟수 최소화:** 업데이트를 덜 할수록 배터리 급감은 줄어든다. 단, 제때 이뤄지는 업데이트를 희생해야 한다.

> **최단 간격 수정:** 최단 간격을 늘이면 많은 시간이 소요돼 추가적인 위치 업데이트를 방해하는 연산을 애플리케이션이 수행할 때 유용하다. 그리고 위치 서비스는 위치 업데이트를 앱이 처리할 수 있을 때까지 버퍼에 담아 둘 수 있다. 지속 실행 작업이 완료되면 최단 간격을 다시 원래대로 돌려놓는다.

> **적합할 때 위치 업데이트 취소:** 앱에서 위치 업데이트가 필요하지 않을 때는 언제든 취소해야 한다. 위치 업데이트로 UI가 변경되고 액티비티가 더 이상 보이지 않게 된다면 업데이트 취소가 특히 중요하다.

사용자의 현재 위치에 접근하면 심각한 프라이버시 이슈가 발생할 수 있다. 이에 따라 애플리케이션에서는 위치 데이터를 사용자 프라이버시를 존중하는 방식으로 처리해야 한다.

➤ 애플리케이션이 제기능을 하기 위해서는 정말로 필요할 때만 현재 위치를 얻고 위치 업데이트를 요청해야 한다. 가능한 한 위치에 종속적인 기능을 사용자가 거부하고 다른 기능을 사용할 수 있도록 한다.

➤ 위치가 왜 그리고 어떻게 필요한지 사용자에게 통보한다.

➤ 사용자의 위치를 언제 추적하는지 그리고 해당 위치 정보가 사용된다면 어떤 방식으로 사용되고 전송되며 저장되는지 알린다.

➤ 사용자 위치를 저장하거나 전송하지 않는다. 저장이나 전송이 필요하면 다른 애플리케이션이 이 정보에 접근하지 못하도록 모든 수단을 강구해야 한다.

➤ 위치 정보가 브로드캐스트 인텐트나 보안 미적용 데이터베이스를 통해 새어 나가지 않도록 세심한 주의를 기울인다.

➤ 사용자 설정이나 시스템 위치 설정을 존중한다. 사용자가 직접 위치 업데이트를 앱 안에서 비활성화할 수 있도록 한다. 그리고 사용자가 위치 정확도를 제한할 때도 가능한 한 많은 기능을 사용할 수 있도록 한다.

15.4 지오펜스 설정하기와 관리하기

지오펜스는 특정 위도와 경도로 정의하고, 유효 반경과 결합해 사용한다. 이에 따라 특정 위치에 대한 사용자의 근접 위치를 기준으로 시작되는 펜딩 인텐트를 설정할 수 있다. 앱은 기기 사용자당 최대 100개까지 지오펜스를 지정할 수 있다.

> 내부적으로 지오펜스는 FLP를 사용한다. 이때 대상 지역의 외부 경계에 얼마나 가까이 있느냐에 따라 서로 다른 정확도가 우선 사용된다. 그리고 이렇게 함으로써 대상 지역 경계로부터의 거리를 기준으로 위치 통보가 수행된다면 전원 사용량을 최소화할 수 있다.

지오펜스 API는 구글 플레이 서비스 라이브러리의 일부로, 이번 장의 앞부분에서 설명한 대로 구글 플레이 서비스를 설치한 후에는 반드시 앱 모듈(app)의 build.gradle 파일에 의존성으로 추가해야 한다.

```
dependencies {
  ...
  implementation 'com.google.android.gms:play-services-location:17.0.0'
}
```

지오펜스 API를 사용하려면 애플리케이션 매니페스트에 fine 위치 권한이 정의돼야 한다.

```
<uses-permission android:name="android.permission.ACCESS_FINE_LOCATION" />
```

fine 위치 접근은 위험 권한에 속하므로 지오펜스를 설정하기 이전에 런타임 시에 권한을 요청하고 사용자의 승인을 받아야 한다.

```
// 높은 정확도의 fine 위치에 접근할 수 있는 권한이 있는지 확인한다.
int permission = ActivityCompat.checkSelfPermission(this,
  Manifest.permission.ACCESS_FINE_LOCATION);

// 권한이 승인되면 마지막 위치를 불러온다.
if (permission == PERMISSION_GRANTED) {
  setGeofence();
} else {
  // 권한이 승인된 적이 없다면 요청한다.
  ActivityCompat.requestPermissions(this,
    new String[]{Manifest.permission.ACCESS_FINE_LOCATION},
```

```
        LOCATION_PERMISSION_REQUEST);
}
```

지오펜스를 설정하려면 코드 15-14처럼 LocationServices 클래스의 static 메서드인 getGeo
fencingClient를 호출해 GeofencingClient 인스턴스를 얻어야 한다.

코드 15-14 지오펜스 클라이언트 사용하기
```
GeofencingClient geofencingClient =
  LocationServices.getGeofencingClient(this);
```

그 다음에 코드 15-15에서처럼 Geofence.Builder 클래스를 사용해 특정 위치를 중심으로 지
오펜스를 정의할 수 있다. 이때 고유 ID와 중심점(위도 값과 경도 값 사용), 중심점에 위한 반경,
만료 제한 시간, 펜딩 인텐트를 시작할 이동 유형(즉, 진입, 진출, 체류 등)을 지정한다.

코드 15-15 지오펜스 정의하기
```
Geofence newGeofence = new Geofence.Builder()
  .setRequestId(id) // 지오펜스의 고유 이름
  .setCircularRegion(location.getLatitude(),
                     location.getLongitude(),
                     30) // 반경 30미터
  .setExpirationDuration(Geofence.NEVER_EXPIRE) // 또는 초 단위의 만료 제한 시간
  .setLoiteringDelay(10 * 1000)                  // 10초 후 체류
  .setNotificationResponsiveness(10 * 1000)      // 10초 이내에 알린다.
  .setTransitionTypes(Geofence.GEOFENCE_TRANSITION_DWELL)
  .build();
```

'늦장' 지연(Loitering Delay)은 기기의 이동 유형이 진입에서 체류로 바뀔 때까지 기기가 반경
내에 있어야 할 밀리초 단위의 시간을 의미한다. 여기처럼 10초를 설정한 경우, 기기 사용자
가 지오펜스에 진입하고 약 10초 후에 지오펜스 서비스가 체류(GEOFENCE_TRANSITION_
DWELL 상수로 나타냄)를 통보한다. 단, 사용자가 10초 동안 해당 지오펜스에 머무를 경우이
며, 10초 이내에 해당 지오펜스를 벗어나면 체류로 간주되지 않는다. 알림 응답도(Notification
Responsiveness)는 이 동과 인텐트 시작 사이의 레이턴시를 나타낸다.[1]

지오펜스를 추가하려면 GeofencingRequest와 펜딩 인텐트를 전달해 지오펜싱 클라이언트를
시작해야 한다.

---

[1] (옮긴이) 얼마나 자주 알림을 보낼지를 의미한다.

GeofencingRequest.Builder를 사용해 지오펜싱 요청을 만든다. 이때 지오펜스 리스트나 코드 15-16처럼 개별적으로 추가한다. 그리고 초기 트리거를 지정할 수도 있다. 초기 트리거는 지오펜스에 들어가자마자, 지오펜스가 만들어졌을 때, 기기가 이미 근접 반경 내에 있을 때 트리거를 받는다면 유용하다.

코드 15-16 지오펜싱 요청 만들기

```
GeofencingRequest geofencingRequest = new GeofencingRequest.Builder()
  .addGeofence(newGeofence)
  .setInitialTrigger(GeofencingRequest.INITIAL_TRIGGER_DWELL)
  .build();
```

시작할 인텐트를 지정하려면 일종의 메서드 포인터로 인텐트를 래핑하는 클래스인 Pending Intent를 사용한다. 이 내용은 6장 '인텐트와 브로드캐스트 리시버'에서 찾아볼 수 있다.

```
Intent intent = new Intent(this, GeofenceBroadcastReceiver.class);
PendingIntent geofenceIntent = PendingIntent.getBroadcast(this, -1, intent, 0);
```

코그 15-17에서는 지오펜싱 클라이언트로 지오펜싱 요청을 시작하고 지오펜스가 시작될 때(트리거될 때) 지정된 펜딩 인텐트를 브로드캐스트하는 방법을 나타낸다. 지오펜스 추가의 성패 여부를 관찰하기 위해 해당 두 리스너를 사용한다.

코드 15-17 지오펜싱 요청 시작하기

```
geofencingClient.addGeofences(geofencingRequest, geofenceIntent)
  .addOnSuccessListener(this, new OnSuccessListener<Void>() {
   @Override
  public void onSuccess(Void aVoid) {
    // TODO Geofence가 추가됐다.
  }
})
.addOnFailureListener(this, new OnFailureListener() {
  @Override
  public void onFailure(@NonNull Exception e) {
    Log.d(TAG, "Adding Geofence failed", e);
    // TODO Geofence가 추가되지 못했다.
  }
});
```

지오펜스 반경의 경계를 넘어갔다는 것을 위치 서비스가 감지하면 펜딩 인텐트가 시작된다.

이 펜딩 인텐트에 따라 지오펜스가 트리거될 때 시작한 인텐트는 브로드캐스트 리시버를 트리거할 수 있다. 코드 15-18은 이를 나타낸 것이다.

코드 15-18 지오펜스 브로드캐스트 리시버 만들기

```java
public class GeofenceBroadcastReceiver extends BroadcastReceiver {

private static final String TAG = "GeofenceReceiver";

@Override
public void onReceive(Context context, Intent intent) {
    GeofencingEvent geofencingEvent = GeofencingEvent.fromIntent(intent);
    if (geofencingEvent.hasError()) {
      int errorCode = geofencingEvent.getErrorCode();
      String errorMessage =
        GeofenceStatusCodes.getStatusCodeString(errorCode);
      Log.e(TAG, errorMessage);
    } else {
      // 이동 유형을 가져온다.
      int geofenceTransition = geofencingEvent.getGeofenceTransition();

      // 단일 이벤트가 여러 지오펜스를 트리거할 수 있다.
      // 트리거된 지오펜스들을 가져온다.
      List<Geofence> triggeringGeofences =
        geofencingEvent.getTriggeringGeofences();

      // TODO 지오펜스(들) 이동에 응답한다.
    }
  }
}
```

받은 인텐트를 지오펜싱 이벤트의 fromIntent 메서드에 전달하면 GeofencingEvent를 추출할 수 있다. 지오펜싱 이벤트를 사용하면 오류 발생 시 그 종류와 인텐트 브로드캐스트를 트리거한 지오펜스 리스트의 이동 유형을 파악할 수 있다.

지오펜스는 만료되면 자동으로 제거된다. 수동으로 제거하려면 지오펜싱 클라이언트의 remove Geofences 메서드를 사용해 식별자 문자열 리스트 또는 제거하려는 지오펜스에 연결된 펜딩 인텐트를 전달한다.

```java
geofencingClient.removeGeofences(geofenceIntent);
```

이 책을 쓰고 있는 시점을 기준으로 안드로이드 에뮬레이터를 사용해 지오펜스를 테스트할 수는 없다. 지오펜스가 트리거하지 않기 때문이다. 따라서 물리적 기기로 지오펜스를 테스트해야 한다. 실제로 이동하지 않겠다면 기기의 [Developer] 옵션 설정에서 [Allow mock locations]를 켜고, 매니페스트에 ACCESS_MOCK_LOCATION 권한을 추가해야 한다. 그래야만 가짜(mock) 위치를 앱에 보낼 수 있다. 이와 관련 내용은 d.android.com/guide/topics/location/strategies.html #MockData에서 찾아볼 수 있다.

지오펜스는 추가되면 시스템이 앱을 닫거나 종료시키더라도 위치 서비스 프로세스 안에서 활성 상태가 유지된다. 단, 기기의 재시동이나 앱의 삭제, 사용자에 의한 앱 데이터(또는 구글 플레이 서비스 앱 데이터) 삭제 또는 GEOFENCE_NOT_AVAILABLE 오류 수신의 경우에는 예외다.

안드로이드 8.0 오레오(API 레벨 26)에서는 앱이 백그라운드에 있는 동안 위치 업데이트를 받는 횟수를 제한했다. 하지만 지오펜싱 API는 백그라운드 작업에 최적화됐기 때문에 앱이 백그라운드에 있는 동안 FLP의 위치 업데이트보다 더 자주 이동 이벤트들을 받는다. 일반적으로는 몇 분당 한 번꼴로 받게 된다.

그럼에도 불구하고 앱 안에서 위치 업데이트를 받으면 그만큼 배터리 소모에 심각한 영향을 미치고, 여러 지오펜스를 설정하면 그만큼 트리거가 일어난다. 배터리 영향력을 최소화하려면 알림 응답도를 최대한 느린 값으로 설정하고, 지오펜스 반경을 적어도 150미터로 늘린다. 기기의 위치 확인 필요를 줄이기 위해서다.

15.5 전통적인 플랫폼 위치 기반 서비스 사용하기

안드로이드 프레임워크에는 구글 플레이 서비스 위치 서비스뿐 아니라 모든 안드로이드 기기에서 사용할 수 있는 위치 기반 서비스가 함께 제공된다. 구글 플레이 위치 라이브러리는 이 플랫폼 위치 API를 활용해 관련 기능을 구현했다.

FLP(Fused Location provider)는 이 절에서 설명한 다수의 모범 사례를 구현해 향상된 배터리 효율과 위치 정확도를 제공하고, 가능할 때마다 권장 API를 사용할 수 있도록 한다.

'위치 기반 서비스'는 기기의 현재 위치를 찾기 위해 플랫폼에 사용되는 여러 기술을 아우르는 용어다. 위치 기반 서비스, 즉 LBS의 주요 요소는 다음 두 가지다.

➤ 위치 매니저: LBS에 각종 도구를 제공한다.

➤ 위치 프로바이더: 기기의 현재 위치를 파악하기 위한 각종 위치 찾기 기술을 나타낸다.

위치 프로바이더를 사용하면 다음과 같은 일들을 할 수 있다.

➤ 기기의 현재 위치 얻기

➤ 이동 따라가기

➤ 사용 가능한 위치 프로바이더 찾기

➤ GPS 수신기의 상태 모니터링하기

LBS는 위치 매니저를 통해서 사용할 수 있다. 이때 LOCATION_SERVICE 상수를 getSystem
Service 메서드에 전달하여 호출하면 위치 매니저의 참조를 얻을 수 있다.

```
LocationManager locationManager =
  (LocationManager) getSystemService(Context.LOCATION_SERVICE);
```

플랫폼 LBS도 구글 플레이 서비스의 위치 서비스 라이브러리처럼 하나 이상의 uses-
permission 태그를 매니페스트에 추가해야 한다.

```
<uses-permission android:name="android.permission.ACCESS_FINE_LOCATION"/>
<uses-permission android:name="android.permission.ACCESS_COARSE_LOCATION"/>
```

fine이나 coarse 위치 접근은 위험한 권한이기 때문에 사용자가 런타임 권한을 승인해야 앱에
서 LBS를 통해 위치 정보를 조회할 수 있다.

15.5.1 위치 프로바이더 선택하기

기기에 따라 몇 가지 기술을 사용해 현재 위치를 파악할 수 있다. 각 기술은 위치 프로바이더
형태로 사용할 수 있으며, 각기 다른 기능을 제공한다. 배터리 소모나 정확도, 고도와 속도,
헤딩 정보를 파악하는 능력이 단적인 예다.

앞 절에서 설명한 구글 플레이 서비스 위치 라이브러리의 FLP는 사용 가능한 모든 위치 프로바이더를
통합해 배터리 소모를 최소한으로 줄이면서도 가장 정확한 위치 결과를 제공한다.

위치 프로바이더 찾기

LocationManager 클래스에는 세 가지 위치 프로바이더이 이름에 해당하는 정적 문자열 상수들이 제공된다.

- ➤ GPS_PROVIDER
- ➤ NETWORK_PROVIDER
- ➤ PASSIVE_PROVIDER

 참고 GPS 프로바이더와 수동 프로바이더에는 fine 권한이 필요하다. 반면 네트워크(셀룰러 ID/와이파이) 프로바이더에는 coarse만 필요하다.

사용 가능한 모든 프로바이더(기기의 하드웨어 종류와 애플리케이션에 승인된 권한에 따라 다름)의 이름 리스트를 얻으려면 getProviders를 호출해야 한다. 이때 프로바이더 전체를 원하는지, 활성화된 것만 원하는지를 나타내는 불리언 값을 사용한다.

```
boolean enabledOnly = true;
List<String> providers = locationManager.getProviders(enabledOnly);
```

조건을 지정해 위치 프로바이더 찾기

특정 위치 프로바이더를 명시적으로 선택할 상황은 대부분의 경우 일어나지 않는다. 그보다는 요건을 지정해 사용할 최적의 기술을 결정하도록 안드로이드에 맡기는 것이 일반적이다.

Criteria 클래스를 사용하면 정확도나 배터리 소모(낮음, 중간, 높음), 금전적 비용, 고도와 속도, 헤딩 등의 값을 반환하는 능력에 따라 프로바이더의 요건을 규정할 수 있다.

```
Criteria criteria = new Criteria();
criteria.setAccuracy(Criteria.ACCURACY_COARSE);
criteria.setPowerRequirement(Criteria.POWER_LOW);
criteria.setAltitudeRequired(false);
criteria.setBearingRequired(false);
criteria.setSpeedRequired(false);
criteria.setCostAllowed(true);
```

setAccuracy로 전달되는 coarse/fine 값은 주관적인 정확도 수준을 나타낸다. 여기서 fine은 GPS 또는 그 이상을 의미하며, coarse는 그보다 정확도가 현저하게 떨어지는 기술을 의미한다.

추가 조건 프로퍼티를 지정해 필요한 정확도 수준을 더 세부적으로 제어할 수도 있다. horizontal에 해당하는 2차원적 요소(위도와 경도), vertical에 해당하는 3차원적 요소(고도), 속도, 방위 등이 단적인 예다.

```
criteria.setHorizontalAccuracy(Criteria.ACCURACY_HIGH);
criteria.setVerticalAccuracy(Criteria.ACCURACY_MEDIUM);

criteria.setBearingAccuracy(Criteria.ACCURACY_LOW);
criteria.setSpeedAccuracy(Criteria.ACCURACY_LOW);
```

horizontal 및 vertical 정확도 측면에서 높은 정확도는 100미터 이내까지 정확한 결과 요건을 나타낸다. 낮은 정확도의 프로바이더는 500미터 이상까지 정확하며, 중간 정확도의 프로바이더는 100미터에서 500미터 사이의 정확도를 나타낸다.

방위와 속도에 정확도 요건을 지정할 때는 ACCURACY_LOW와 ACCURACY_HIGH 매개변수만 유효하다.

필요한 조건을 정의했으면 getBestProvider를 사용해 최적의 위치 프로바이더를 반환하거나 getProviders를 호출해 모든 경우의 수를 반환한다. 다음 조각 코드에서는 getBestProvider를 사용해 조건에 맞는 최적의 프로바이더를 반환한다. 이때 지정된 불리언 값에 따라 현재 활성화된 프로바이더로만 결과가 제한된다.

```
String bestProvider = locationManager.getBestProvider(criteria, true);
```

일반적으로 하나 이상의 위치 프로바이더가 조건에 맞으면 그 가운데 가장 정확도가 높은 것이 반환된다. 요건에 맞는 위치 프로바이더가 없다면 순서상 그다음 프로바이더가 선택되도록 조건이 낮춰진다.

- ➤ 배터리 소모량
- ➤ 리턴되는 위치의 정확도
- ➤ 방위, 속도, 고도의 정확도

➤ 방위, 속도, 고도의 사용 가능성

금전적 비용에 따른 기기의 조건은 암시적으로도 타협의 대상이 아니다. 따라서 조건에 맞는 프로바이더가 없다면 null이 출력된다.

조건에 맞는 프로바이더 전체 리스트를 얻으려면 getProviders를 사용한다. getProviders는 조건 객체를 받아 이에 부합하는 위치 프로바이더 전체를 문자열 리스트에 담아 반환한다. getBestProvider 호출에서처럼 일치하는 프로바이더가 없다면 이 메서드는 null 또는 빈 리스트를 반환한다.

```
List<String> matchingProviders = locationManager.getProviders(criteria, false);
```

위치 프로바이더의 기능 결정하기

특정 프로바이더의 인스턴스를 얻으려면 getProvider를 호출해 그 이름을 전달한다.

```
String providerName = LocationManager.GPS_PROVIDER;

LocationProvider gpsProvider = locationManager.getProvider(providerName);
```

이는 특정 프로바이더의 기능, 특히 getAccuracy와 getPowerRequirement 메서드를 통해 정확도와 배터리 요건을 얻을 때만 유용하다.

이어지는 절들에서는 위치 매니저의 메서드들이 프로바이더 이름만을 요구하거나 위치 기반 기능을 수행할 조건을 요구한다.

15.5.2 마지막 위치 찾기

getLastKnownLocation 메서드를 사용해 위치 프로바이더의 이름을 전달하면 해당 위치 프로바이더가 제공하는 마지막 위치 지점을 찾을 수 있다. 다음 예에서는 GPS 프로바이더가 제공하는 마지막 위치 지점을 찾는다.

```
String provider = LocationManager.GPS_PROVIDER;
Location location = locationManager.getLastKnownLocation(provider);
```

반환된 위치 객체에는 이를 제공한 프로바이더에서 사용할 수 있는 모든 위치 정보가 제공된다. 여기에는 얻은 시간, 찾은 위치의 정확도, 위도와 경도, 고도, 속도 등이 포함된다. 이 프로퍼티들은 전부 위치 객체에 get 메서드를 사용해 가져올 수 있다.

기기에 여러 위치 프로바이더가 제공되면 각각이 서로 다른 시간에 서로 다른 정확도로 업데이트될 수도 있다. 가장 정확한 마지막 위치를 얻으려면 여러 위치 프로바이더에 조회해 정확도와 시간을 비교해야 한다. 앞서 설명한 FLP가 메서드를 한 번 호출해 이 과정을 대신 수행할 수도 있다.

15.5.3 위치 변경 업데이트 요청하기

위치 매니저의 requestLocationUpdates 메서드는 위치 변경에 따른 정기 업데이트를 요청할 때 사용된다. 이때 LocationListener가 필요하다. 위치 리스너에는 프로바이더의 상태 및 사용 가능성 변경에 따라 트리거하는 핸들러도 포함돼 있다.

requestLocationUpdates 메서드는 특정 위치 프로바이더 이름 또는 사용할 프로바이더를 결정하기 위한 조건 집합을 받는다. 효율을 극대화하고 비용이나 배터리 소모를 최소화하기 위해 위치 변경 업데이트 간 최소 시간과 최소 거리를 지정할 수 있다.

```
String provider = LocationManager.GPS_PROVIDER;

int t = 5000;    // 밀리초
int distance = 5; // 미터

LocationListener myLocationListener = new LocationListener() {

public void onLocationChanged(Location location) {
    // 새 위치에 따라 애플리케이션을 업데이트한다.
}

public void onProviderDisabled(String provider){
    // 프로바이더가 비활성화되면 애플리케이션을 업데이트한다.
}
```

```
public void onProviderEnabled(String provider){
    // 프로바이더가 활성화되면 애플리케이션을 업데이트한다.
}

public void onStatusChanged(String provider, int status, Bundle extras){
    // 프로바이더 하드웨어 상태가 변경되면 애플리케이션을 업데이트한다.
  }
};

locationManager.requestLocationUpdates(provider, t, distance,
                                       myLocationListener);
```

최소 시간 및 최소 거리 값을 초과하면 연결된 위치 리스너가 그 onLocationChanged 이벤트를 실행한다.

 참고

같은 위치 리스너나 다른 위치 리스너를 가리키는 위치 업데이트를 여러 번 요청할 수 있다. 이때 각기 다른 최소 시간 및 최소 거리 또는 위치 프로바이더를 사용한다.

위치가 변경될 때마다 또는 위치 프로바이더 상태나 사용 가능성이 변경될 때마다 브로드캐스트되는 펜딩 인텐트를 위치 리스너 대신 지정할 수도 있다. 새 위치는 KEY_LOCATION_CHANGED 키와 함께 엑스트라 형태로 저장된다.

```
String provider = LocationManager.GPS_PROVIDER;

int t = 5000;    // 밀리초
int distance = 5; // 미터

final int locationUpdateRC = 0;
int flags = PendingIntent.FLAG_UPDATE_CURRENT;

Intent intent = new Intent(this, MyLocationUpdateReceiver.class);
PendingIntent pendingIntent = PendingIntent.getBroadcast(this,
  locationUpdateRC, intent, flags);

locationManager.requestLocationUpdates(provider, t, distance, pendingIntent);
```

주의

애플리케이션에서 민감한 위치 정보가 새어 나가지 않도록 하기 위해 구체적인 브로드캐스트 리시버를 특정하거나 수신될 위치 업데이트 인텐트에 필요한 권한을 요구해야 한다. 브로드캐스트 인텐트에 권한을 적용하는 세부 과정은 20장 '고급 안드로이드 개발'에서 찾아볼 수 있다.

위치 변경에 따른 펜딩 인텐트를 브로드캐스트할 때는 위치 브로드캐스트의 변경을 리스닝하는 브로드캐스트 리시버를 만들어야 한다.

```
public class MyLocationUpdateReceiver extends BroadcastReceiver {

@Override
public void onReceive(Context context, Intent intent) {
  String key = LocationManager.KEY_LOCATION_CHANGED;
  Location location = (Location)intent.getExtras().get(key);
    // TODO 새 위치로 뭔가를 한다.
  }
}
```

위치 업데이트를 중지하려면 다음 조각 코드처럼 removeUpdates를 호출해야 한다. 더 이상 트리거되지 않을 위치 리스너 인스턴스 또는 펜딩 인텐트를 전달한다.

```
locationManager.removeUpdates(myLocationListener);
locationManager.removeUpdates(pendingIntent);
```

배터리 소모를 최소화하려면 애플리케이션에서 가능할 때마다 업데이트를 꺼두는 것이 좋다. 특히 애플리케이션이 보이지 않거나 위치 변경이 액티비티의 UI를 업데이트하는 데만 사용된다면 더더욱 꺼둬야 한다. 업데이트 간 최소 시간과 최소 거리를 가능한 한 크게 지정해 추가적으로 성능을 개선할 수도 있다.

시간이 중요한 요인이 아니라면 다음 조각 코드처럼 수동 위치 프로바이더를 사용하는 것도 괜찮다.

```
String passiveProvider = LocationManager.PASSIVE_PROVIDER;
locationManager.requestLocationUpdates(passiveProvider, 0, 0, myLocationListener);
```

수동 위치 프로바이더는 다른 애플리케이션이 요청할 때만 위치 업데이트를 받는다. 이에 따라 현재 애플리케이션은 위치 프로바이더를 시작하지 않고도 수동적으로 위치 업데이트를 받을 수 있다.

업데이트는 어떤 위치 프로바이더로부터도 받을 수 있기 때문에 현재 애플리케이션은 수동 위치 프로바이더를 사용하기 위해 반드시 ACCESS_FINE_LOCATION 권한을 요청해야 한다.

등록된 위치 리스너가 받은 위치에 getProvider를 호출해 어떤 위치 프로바이더가 업데이트를 만드는지 파악할 수 있다.

15.5.4 전통적인 위치 기반 서비스를 사용할 때 참고할 모범 사례

애플리케이션 안에서 플랫폼 LBS를 사용할 때는 15.3.7 '위치를 사용할 때 참고할 모범 사례'에서 설명한 요인들을 똑같이 고려하는 것이 좋다. 여기에 플랫폼 LBS에서는 FLP가 자동으로 처리하는 다음 요인들도 추가로 고려해야 한다.

➤ **시동 시간**: 모바일 환경에서 초기 위치를 얻기까지 걸리는 시간은 사용자 경험에 현저한 영향을 미친다. 특히 앱에서 위치를 사용해야 한다면 더더욱 미치는 영향이 크다. 예를 들어 GPS의 시동 시간은 오래 걸리기 때문에 이를 완화할 필요가 있다.

➤ **프로바이더 사용 가능성**: 사용자는 위치 프로바이더를 켜거나 끌 수 있다. 따라서 애플리케이션에서는 위치 프로바이더 상태의 변경을 모니터링해 항상 최적의 대안을 준비해 둬야 한다.

조건을 사용해 위치 업데이트를 받기 위한 최적의 프로바이더를 선택했을 때는 위치 프로바이더의 사용 가능성이 어떻게 변경되는지 모니터링하고 있어야 한다. 그래야만 선택한 프로바이더를 계속 사용할 수 있는지, 최고의 대안으로 대체해야 하는지 확인할 수 있다.

다음 조각 코드에서는 선택한 프로바이더의 상태를 모니터링해 사용할 수 없는 상태가 되면 더 나은 대안이 활성화되도록 동적으로 전환한다.

```java
public class DynamicProvidersActivity extends Activity {
  private LocationManager locationManager;
  private final Criteria criteria = new Criteria();
  private static final int minUpdateTime = 30*1000; // 30초
  private static final int minUpdateDistance = 100; // 100미터

  private static final String TAG = "DYNAMIC_LOCATION";
  private static final int LOCATION_PERMISSION_REQUEST = 1;

  @Override
  public void onCreate(Bundle savedInstanceState) {
    super.onCreate(savedInstanceState);
    setContentView(R.layout.activity_dynamic_providers);
    // Location Manager의 레퍼런스를 가져온다.
    locationManager
      = (LocationManager)getSystemService(Context.LOCATION_SERVICE);
```

```java
  // Location Provider criteria를 지정한다.
  criteria.setAccuracy(Criteria.ACCURACY_FINE);
  criteria.setPowerRequirement(Criteria.POWER_LOW);
  criteria.setAltitudeRequired(true);
  criteria.setBearingRequired(true);
  criteria.setSpeedRequired(true);
  criteria.setCostAllowed(true);
  criteria.setHorizontalAccuracy(Criteria.ACCURACY_HIGH);
  criteria.setVerticalAccuracy(Criteria.ACCURACY_MEDIUM);
  criteria.setBearingAccuracy(Criteria.ACCURACY_LOW);
  criteria.setSpeedAccuracy(Criteria.ACCURACY_LOW);
}

@Override
protected void onStop() {
  super.onStop();
  unregisterAllListeners();
}

@Override
protected void onStart() {
  super.onStart();
  registerListener();
}

private void registerListener() {
  unregisterAllListeners();
  String bestProvider =
    locationManager.getBestProvider(criteria, false);
  String bestAvailableProvider =
    locationManager.getBestProvider(criteria, true);

  Log.d(TAG, bestProvider + " / " + bestAvailableProvider);

  // 권한을 확인한다.
  if (ActivityCompat
      .checkSelfPermission(this, ACCESS_FINE_LOCATION) !=
                                      PERMISSION_GRANTED ||
    ActivityCompat
      .checkSelfPermission(this, ACCESS_COARSE_LOCATION) !=
                                      PERMISSION_GRANTED) {
    permissionsRequest();
}

if (bestProvider == null)
  Log.d(TAG, "No Location Providers exist.");
else if (bestProvider.equals(bestAvailableProvider))
  locationManager.requestLocationUpdates(bestAvailableProvider,
    minUpdateTime, minUpdateDistance,
    bestAvailableProviderListener);
else {
```

```java
    locationManager.requestLocationUpdates(bestProvider,
      minUpdateTime, minUpdateDistance, bestProviderListener);

    if (bestAvailableProvider != null)
       locationManager.requestLocationUpdates(bestAvailableProvider,
         minUpdateTime, minUpdateDistance,
         bestAvailableProviderListener);
    else {
      List<String> allProviders = locationManager.getAllProviders();
      for (String provider : allProviders)
        locationManager.requestLocationUpdates(provider, 0, 0,
          bestProviderListener);
        Log.d(TAG, "No Location Providers available.");
      }
    }
}

private void unregisterAllListeners() {
  locationManager.removeUpdates(bestProviderListener);
  locationManager.removeUpdates(bestAvailableProviderListener);
}

private void permissionsRequest() {
  if (ActivityCompat.shouldShowRequestPermissionRationale(
    this, ACCESS_FINE_LOCATION)) {
  // TODO: 요청된 권한에 필요한 추가 정보를 표시한다.
  }
  ActivityCompat.requestPermissions(this,
    new String[]{ACCESS_FINE_LOCATION, ACCESS_COARSE_LOCATION},
    LOCATION_PERMISSION_REQUEST);
}

@Override
public void onRequestPermissionsResult(int requestCode,
                                       @NonNull String[] permissions,
                                       @NonNull int[] grantResults) {
  super.onRequestPermissionsResult(requestCode, permissions, grantResults);

  if (requestCode == LOCATION_PERMISSION_REQUEST) {
    if (grantResults[0] != PERMISSION_GRANTED) {
      Log.d(TAG, "Location Permission Denied.");
      // TODO 거부된 권한에 응답한다.
    } else {
      registerListener();
    }
  }
}

private void reactToLocationChange(Location location) {
  // TODO [ 위치 변경에 응답한다. ]
}
```

```
    private LocationListener bestProviderListener
      = new LocationListener() {

    public void onLocationChanged(Location location) {
      reactToLocationChange(location);
    }

    public void onProviderDisabled(String provider) {
    }

    public void onProviderEnabled(String provider) {
      registerListener();
    }

    public void onStatusChanged(String provider,
                                int status, Bundle extras) {}
  };
  private LocationListener bestAvailableProviderListener =
    new LocationListener() {
      public void onProviderEnabled(String provider) {
      }

      public void onProviderDisabled(String provider) {
        registerListener();
      }

      public void onLocationChanged(Location location) {
        reactToLocationChange(location);
      }

      public void onStatusChanged(String provider,
                                  int status, Bundle extras) {}
    };
}
```

15.6 지오코더 사용하기

지오코딩은 도로 주소와 지도상 위·경도 좌표를 서로 변환한다. 이에 따라 위치 기반 서비스
와 지도 기반 액티비티에 사용되는 위치 및 좌표의 컨텍스트를 인지할 수 있다.

Geocoder 클래스로 다음 두 가지 지오코딩 함수에 접근할 수 있다.

➤ 순방향(Forward) 지오코딩: 어떤 주소의 위·경도를 찾는다.

> ➤ **역방향(Reverse) 지오코딩**: 지정된 위·경도에 해당하는 도로 주소를 찾는다.

이 둘의 결과는 로케일(사용자 평상시 위치와 언어)의 맥락에 맞게 산출된다. 다음 조각 코드는 지오코더를 만들 때 로케일을 설정하는 방법이다.

```
Geocoder geocoder = new Geocoder(this, Locale.getDefault());
```

이 두 지오코딩 함수는 Address 객체 리스트를 반환한다. 리스트마다 몇 가지 가능한 결과가 호출 시 지정된 한도까지 포함한다.

각 주소는 지오코더가 파악할 수 있는 최대 세부 내용까지 표시된다. 대표적으로 위도와 경도, 전화번호, 한국식 주소 표기 방식(맨 앞에 국가를, 맨 뒤에 번지를 표기함)이 포함된다.

> **참고**
>
> 지오코더 검색은 동기화 작업으로 수행되므로 작업이 끝날 때까지 호출 스레드가 기다려야 한다. 따라서 이 검색 작업을 백그라운드 스레드로 이동하는 것이 매우 중요하다. 관련 내용은 11장 '백그라운드에서 작업하기'에서 찾아볼 수 있다.

지오코더는 웹 서비스를 사용해 그 검색을 구현한다. 단, 구현된 검색이 모든 안드로이드 기기에 제공되는 것은 아니다. 지오코더 구현이 특정 기기에 존재하는지 판단할 때는 isPresent 메서드를 사용한다.

```
boolean geocoderExists = Geocoder.isPresent();
```

지오코더 구현이 기기에 존재하지 않는다면 앞서 설명한 순방향 및 역방향 지오코딩 조회로 빈 리스트만 반환된다.

지오코딩 검색이 서버에서 수행되기 때문에 앱에서는 인터넷 권한이 매니페스트에 추가돼 있어야 한다.

```
<uses-permission android:name="android.permission.INTERNET"/>
```

지오코더를 구현할 때 사용되는 웹 서비스는 기기마다 다르다. 하지만 구글 지도 API가 가장 흔히 사용된다. 단, 이런 백엔드 서비스들은 요청의 개수나 횟수가 제한된다. 구글 지도 기반 서비스의 제한은 다음과 같다.

> ➤ 기기당 일일 최대 2,500개의 요청

> ➤ 최대 50QPS(queries per second)

구글 지도의 지오코딩 API 제한은 developers.google.com/maps/documentation/geocoding/geocoding-strategies?csw=1#quota-limits에서 찾아볼 수 있다. 할당량 초과 확률을 최소화하려면 캐싱과 같은 기술을 사용해 지오코딩 요청 회수를 줄이는 것이 최선이다.

15.6.1 역방향 지오코딩

역방향 지오코딩은 위·경도로 지정된 물리적 위치에 해당하는 도로 주소를 반환한다. 한마디로 위치 기반 서비스가 반환하는 위치의 컨텍스트를 인지할 수 있는 유용한 방법이다.

역방향 검색을 수행하려면 대상이 되는 위·경도를 지오코더 객체의 getFromLocation 메서드에 전달한다. 이에 따라 가능성 있는 주소 리스트가 반환된다. 지오코더가 어떤 좌표의 주소를 하나도 찾지 못하면 null이 반환된다.

코드 15-19에서는 지정된 위치를 역방향 지오코딩한다. 이때 가능성 있는 주소의 개수를 10개로 제한한다.

코드 15-19 지정된 위치의 역방향 지오코딩

```
private void reverseGeocode(Location location) {

  double latitude = location.getLatitude();
  double longitude = location.getLongitude();
  List<Address> addresses = null;

  Geocoder gc = new Geocoder(this, Locale.getDefault());
  try {
    addresses = gc.getFromLocation(latitude, longitude, 10);
  } catch (IOException e) {
    Log.e(TAG, "Geocoder I/O Exception", e);
  }
}
```

역방향 검색의 정확도와 단위성(granularity)은 철저하게 지오코딩 데이터베이스에 저장된 데이터의 품질에 의존한다. 따라서 결과의 품질은 국가마다 로케일마다 편차가 크다.

15.6.2 순방향 지오코딩

순방향 지오코딩(단순히 지오코딩)은 지정된 위치에 해당하는 지도상 좌표를 파악한다.

> **참고**
>
> 어떤 위치가 유효하느냐는 검색하는 로케일에 따라 달라진다. 일반적으로는 다양한 단위성 (granularity)에 따른 정상적인 도로 주소(국가에서 도로명이나 번지까지), 우편번호, 기차역, 랜드마크, 병원 등이 여기에 포함된다. 일반적인 가이드를 제시하면, 유효한 검색어는 구글 지도 검색에 입력하는 주소나 위치와 비슷하다.

주소를 지오코딩하려면 지오코더 객체에 getFromLocationName을 호출한다. 좌표를 얻으려는 주소 문자열과 반환할 결과의 최대 개수를 전달한다. 그리고 옵션으로 검색 결과를 제한할 지리적 경계를 제공한다.

```
List<Address> result = geocoder.getFromLocationName(streetAddress, 5);
```

리턴된 주소 리스트에는 가능성 있는 결과들이 포함된다. 각 주소에는 위·경도와 해당 좌표에 사용할 수 있는 추가 주소 정보가 함께 제공된다. 이 정보는 정확한 위치가 검색됐다고 확인할 때 그리고 랜드마크를 검색 시 세부 위치를 제공할 때 유용하다.

> **참고**
>
> 역방향 지오코딩처럼 일치하는 결과가 없으면 null이 반환된다. 지오코딩 결과의 사용 가능성, 정확도, 단위성 등은 검색하는 지역에 어떤 데이터베이스를 사용할 수 있느냐에 전적으로 의존한다.

순방향 검색 시 지오코더의 인스턴스를 만드느라 지정한 로케일이 특히 중요하다. 같은 위치라도 여러 지역에 존재할 수 있다는 사실을 감안해 로케일이 검색 요청을 해석하기 위한 지리적 컨텍스트를 제공하기 때문이다.

가능하다면 지역 로케일을 선택해 장소-이름의 모호성을 피하면서도 가능한 한 많은 주소 세부 정보를 제공하는 것이 좋다. 코드 15-20은 이를 나타낸 것이다.

코드 15-20 주소 지오코딩하기

```
Geocoder geocoder = new Geocoder(this, Locale.US);
String streetAddress = "160 Riverside Drive, New York, New York";
```

```
List<Address> locations = null;
try {
  locations = geocoder.getFromLocationName(streetAddress, 5);
} catch (IOException e) {
  Log.e(TAG, "Geocoder I/O Exception", e);
}
```

훨씬 더 구체적인 결과가 필요하다면 검색을 특정 지리적 범위 안으로 제한한다. 왼쪽 하단 및 오른쪽 상단의 위·경도를 다음처럼 지정하면 된다.

```
List<Address> locations = null;
try {
  locations = geocoder.getFromLocationName(streetAddress, 10,
                                   llLat, llLong, urLat, urLong);
} catch (IOException e) {
  Log.e(TAG, "IO Exception", e);
}
```

이처럼 위도와 경도까지 인자로 전달하는 것은 특히 지도를 사용할 때 유용하다. 지도에 보이는 지역으로 검색을 제한하기 때문이다.

15.6.3 'Where Am I' 지오코딩하기

이번 예에서는 WhereAmI 프로젝트의 기능을 확장해 기기가 이동할 때마다 현재 도로 주소를 포함시키고 변경한다.

1. 우선 인터넷 사용자 권한을 매니페스트에 추가한다.

```
<uses-permission android:name="android.permission.ACCESS_COARSE_LOCATION"/>
<uses-permission android:name="android.permission.ACCESS_FINE_LOCATION"/>
<uses-permission android:name="android.permission.INTERNET"/>
```

2. WhereAmIActivity를 편집기 창에 연다(이미 열려 있으면 WhereAmIActivity.java 탭을 선택한다). 위치를 받아 문자열을 반환하는 geocodeLocation 메서드를 추가한다.

```
private String geocodeLocation(Location location) {
  String returnString = "";
  return returnString;
}
```

3. 2번 단계에서 추가한 geocodeLocation 메서드가 다음 일을 수행하도록 변경한다. 우선 Geocoder 객체가 있는지(지오코더가 사용 가능한지) 확인하고, 없다면 새 Geocoder 객체를 생성한다. 그리고 이 객체의 getFromLocation 메서드에 위치 인자를 전달하여 호출한다. 모든 처리가 끝나면 도로 주소를 반환한다.

```java
private String geocodeLocation(Location location) {
  String returnString = "";

  if (location == null) {
    Log.d(TAG, "No Location to Geocode");
    return returnString;
  }

  if (!Geocoder.isPresent()) {
    Log.e(TAG, "No Geocoder Available");
    return returnString;
  } else {
    Geocoder gc = new Geocoder(this, Locale.getDefault());
    try {
      List<Address> addresses
        = gc.getFromLocation(location.getLatitude(),
                             location.getLongitude(),
                             1); // 결과 하나
      StringBuilder sb = new StringBuilder();
      if (addresses.size() > 0) {
        Address address = addresses.get(0);

        for (int i = 0; i < address.getMaxAddressLineIndex(); i++)
          sb.append(address.getAddressLine(i)).append("\n");

        sb.append(address.getLocality()).append("\n");
        sb.append(address.getPostalCode()).append("\n");
        sb.append(address.getCountryName());
      }
      returnString = sb.toString();
    } catch (IOException e) {
      Log.e(TAG, "I/O Error Geocoding.", e);
    }
    return returnString;
  }
}
```

4. 각 위치를 지오코딩하고 그 결과를 텍스트 뷰에 추가하도록 updateTextView 메서드를 변경한다.

```java
private void updateTextView(Location location) {
  String latLongString = "No location found";
  if (location != null) {
    double lat = location.getLatitude();
    double lng = location.getLongitude();
    latLongString = "Lat:" + lat + "\nLong:" + lng;
  }

  String address = geocodeLocation(location);

  String outputText = "Your Current Position is:\n" + latLongString;
  if (!address.isEmpty()) {
    outputText += "\n\n" + address;
  }

  mTextView.setText(outputText);
}
```

앱을 실행하면 그림 15-8과 같은 화면을 확인할 수 있다.

◐ 그림 15-8

15.7 지도 기반 액티비티 만들기

물리적인 위치나 주소에 가장 직관적으로 컨텍스트를 제공할 수 있는 방법은 바로 지도다. MapFragment 안에서 구글맵을 사용하면 상호 반응형 지도가 포함되는 액티비티를 만들 수 있다.

구글 지도는 애노테이션(annotation)을 지원함으로써 마커나 도형, 이미지 오버레이를 특정 위치에 고정할 수 있다. 구글 지도는 지도 표시를 코드상에서 온전하게 제어할 수 있다. 이에 따라 카메라 각도나 줌, 위치 대상, 디스플레이 모드뿐 아니라 위성 보기나 지형 보기, 지도 스타일 변경 등까지도 코드상에서 제어할 수 있다.

구글 지도 API에 접근하려면 구글 플레이 서비스 지도 라이브러리를 사용해야 한다. 이 라이브 러리는 구글 플레이 서비스 설치 후 앱 모듈(app)의 build.gradle 파일에 의존성으로 추가돼야 한다.

```
dependencies {
  ...
  implementation 'com.google.android.gms:play-services-maps:17.0.0'
}
```

15.7.1 지도 API 키 얻기

구글 지도를 애플리케이션 안에서 사용하려면 구글 API 콘솔에서 우선 API 키부터 가져와야 한다. developers.google.com/maps/documentation/android-api/signup에 방문해 [Get Started]를 클릭하고, 제품 선택에서 지도를 선택한 후 기존 프로젝트 또는 새 프로젝트를 선택한다. 안내에 따라 프로젝트를 등록하고 구글 지도 안드로이드 API를 활성화해 그림 15-9처럼 앱 개발용 포괄적 무한정 키(unrestricted key)를 받는다.

You're all set!

You're ready to start developing with Google Maps Android API

YOUR API KEY

AI?   FwI   🗐

ℹ️ To improve your app's security, restrict this key's usage in the API Console.

DONE

◑ **그림 15-9**

화면에 보이는 API 키 값을 마우스로 선택하여 클립보드로 복사해 둔다. 구글 지도를 사용하려면 프로젝트에 키 값을 추가해야 하기 때문이다.

API 키를 애플리케이션 매니페스트에 추가한다. 닫는 application 태그 바로 앞에 새 메타데이터 노드를 추가하면 된다(코드 15-21). 여기서 [YOUR_API_KEY]를 클립보드에 복사해 둔 키 값으로 교체한다.

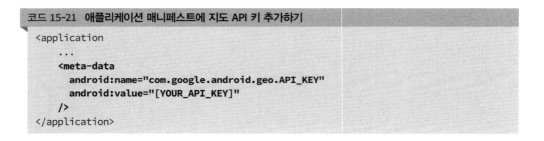

코드 15-21 애플리케이션 매니페스트에 지도 API 키 추가하기

```
<application
    ...
    <meta-data
      android:name="com.google.android.geo.API_KEY"
      android:value="[YOUR_API_KEY]"
    />
</application>
```

15.7.2 지도 기반 액티비티 만들기

애플리케이션에서 지도를 사용하려면 MapFragment 또는 SupportMapFragment를 레이아웃에 포함하는 액티비티를 만들어야 한다(후자는 지원 라이브러리 프래그먼트 매니저를 사용할 때 지도 프래그먼트를 포함할 수 있다. 이 방식이 최선이며 이에 따라 앞으로 모든 예시에 이를 적용한다).

지도 프래그먼트에는 지도 UI와 상호 작용하며 수정할 구글맵이 포함된다.

지도 기반 액티비티를 안드로이드 스튜디오에서 프로젝트에 가장 간단하게 추가하려면 [File ➡ New ➡ Activity ➡ Gallery] 메뉴 옵션을 선택하고 그림 15-10처럼 [Google Maps Activity]를 선택한다.

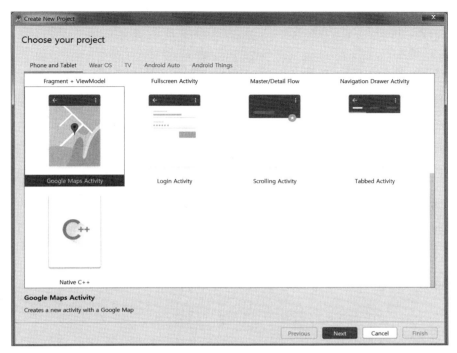

◐ 그림 15-10

>
> 지금 언급한 마법사 방식을 사용해 지도 액티비티를 프로젝트에 추가하면 코드 15-21에서 설명한 API 키를 매니페스트에 직접 추가하는 과정을 건너뛸 수 있다. 마법사에서는 API 키를 복사해 붙여 넣을 google_maps_api.xml 리소스 파일이 만들어진다.

마법사는 지원 라이브러리의 지도 프래그먼트가 포함된 레이아웃을 생성한다. 그리고 프래그먼트를 인플레이트할 때 필요한 많은 코드와 지도의 표시 및 사용을 준비할 때 필요한 많은 코드가 사전 생성된 액티비티를 만든다.

지원 라이브러리의 지도 프래그먼트 요소를 포함하는 레이아웃을 생성하는 방법도 있다(코드 15-22).

코드 15-22   레이아웃에 지원 라이브러리의 지도 프래그먼트 추가하기

```
<fragment
  android:id="@+id/map"
  android:name="com.google.android.gms.maps.SupportMapFragment"
  android:layout_width="match_parent"
```

```
  android:layout_height="match_parent"
/>
```

지원 라이브러리의 지도 프래그먼트가 포함된 레이아웃을 인플레이트하는 액티비티는 FragmentActivity의 서브 클래스가 되어야 하며, OnMapReadyCallback을 구현해야 한다. 그리고 onCreate 핸들러에서 지도 프래그먼트의 참조를 얻고 getMapAsync를 호출해 구글 지도를 사용할 수 있는 비동기 요청을 시작한다. 또한 구글 지도가 사용될 준비가 되면 호출되는 onMapReady 핸들러를 구현한다. 이 내용을 코드 15-23에서 보여준다.

코드 15-23 액티비티에서 구글 지도 사용하기

```
import android.support.v4.app.FragmentActivity;
import android.os.Bundle;
import com.google.android.gms.maps.GoogleMap;
import com.google.android.gms.maps.OnMapReadyCallback;
import com.google.android.gms.maps.SupportMapFragment;

public class MapsActivity extends FragmentActivity
                          implements OnMapReadyCallback {
  private GoogleMap mMap;

  @Override
  protected void onCreate(Bundle savedInstanceState) {
    super.onCreate(savedInstanceState);
    setContentView(R.layout.activity_maps);
    // SupportMapFragment 인스턴스를 얻고 구글 지도 객체를 요청한다.
    SupportMapFragment mapFragment =
      (SupportMapFragment)getSupportFragmentManager()
        .findFragmentById(R.id.map);
    mapFragment.getMapAsync(this);
}

/**
 * 이 콜백은 지도를 사용할 준비가 될 때 호출된다.
 * 구글 플레이 서비스가 기기에 설치되지 않았다면
 * 사용자는 SupportMapFragment에서 설치 안내를 받는다.
 * 사용자가 구글 플레이 서비스를 설치하고 앱으로 돌아오면
 * 이 메서드가 한 번만 호출된다.
 */
@Override
public void onMapReady(GoogleMap googleMap) {
  mMap = googleMap;

    // TODO 지도를 조작한다.
  }
}
```

15.7.3 구글 지도 설정하기

기본적으로 맵 뷰는 그림 15-11처럼 표준 도로 지도를 보여준다.

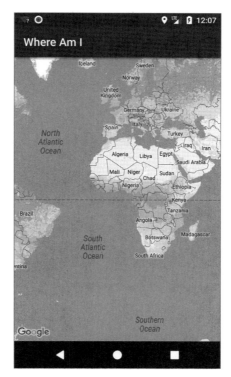

◐ 그림 15-11

선택적으로 위성 보기, 지형 보기, 혼합 보기 중 하나가 표시될 수도 있다. 여기에 3D 건물, 실내 지도, 교통량 오버레이도 다음 조각 코드에 따라 표시될 수 있다.

```
mMap.setMapType(GoogleMap.MAP_TYPE_NORMAL);
// mMap.setMapType(GoogleMap.MAP_TYPE_SATELLITE);
// mMap.setMapType(GoogleMap.MAP_TYPE_TERRAIN);
// mMap.setMapType(GoogleMap.MAP_TYPE_HYBRID);

mMap.setBuildingsEnabled(true);
mMap.setIndoorEnabled(true);
mMap.setTrafficEnabled(true);
```

getUiSettings를 사용해 현재 지도 UI 설정을 가져와 필요한 대로 맞춤 구성할 수도 있다.

```
mMap.getUiSettings().setCompassEnabled(false);
mMap.getUiSettings().setAllGesturesEnabled(false);
mMap.getUiSettings().setIndoorLevelPickerEnabled(false);
mMap.getUiSettings().setMapToolbarEnabled(false);
mMap.getUiSettings().setRotateGesturesEnabled(false);
mMap.getUiSettings().setScrollGesturesEnabled(false);
mMap.getUiSettings().setTiltGesturesEnabled(false);
mMap.getUiSettings().setZoomControlsEnabled(false);
mMap.getUiSettings().setZoomGesturesEnabled(false);
```

15.7.4 카메라 업데이트로 카메라 위치 변경하기

지도를 어떤 시각에서 표현하느냐는 지구 표면을 메르카토르 도법으로 나타내는 카메라 관점으로 설명하는 것이 최선이다. 사용자들은 이런저런 제스처로 카메라를 움직이고 회전하고 기울여 자신이 보고 있는 지도의 구역, 확대 수준, 방향, 각도를 수정한다.

카메라 시각은 CameraUpdateFactory와 CameraPosition.Builder를 사용해 CameraUpdates를 만들면 코드상으로 수정할 수 있다. CameraUpdates는 구글 지도의 moveCamera나 animateCamera 메서드로 전달된다.

카메라의 대상은 표시되는 지도의 중심에 해당하는 위·경도 좌표다. 카메라 업데이트 팩토리의 정적 newLatLng 메서드를 사용해 새 위도/경도 좌표를 가리키는 LatLng 객체를 전달하면 카메라의 대상을 변경하는 카메라 업데이트를 생성할 수 있다.

```
Double lat = 37.422006;
Double lng = -122.084095;
LatLng latLng = new LatLng(lat, lng);
CameraUpdate cameraUpdate = CameraUpdateFactory.newLatLng(latLng);
```

구글 지도에서 얼마나 많은 부분의 세계가 보이는지를 조정할 때는 카메라의 확대 수준(zoom level)을 조정한다. 확대 수준은 1에서 21까지로 구분된다. 1은 가장 넓은 범위, 21은 가장 좁은 범위를 나타낸다.

확대 수준을 나타내는 정수가 1씩 커질 때마다 보이는 세계는 두 배로 넓어진다. 하지만 확대 수준이 정수일 필요는 없다. 특정 위치에서 사용 가능한 최대 확대 수준은 여러 요인에 따라 달라진다. 대표적으로 구글 지도나 보이는 지역의 사용 가능한 이미지의 해상도, 지도 종류, 화면 크기 등을 생각할 수 있다. 최대 확대 값을 알려면 구글 지도의 getMaxZoomLevel 메서드를 호출해야 한다.

다음은 여러 확대 수준에 해당하는 대략적인 범위다.

➤ 1: 세계

➤ 5: 대륙

➤ 10: 도시

➤ 15: 도로

➤ 20: 건물

카메라 확대 수준을 변경하려면 카메라 업데이트 팩토리의 정적 zoomIn이나 zoomOut 메서드를 사용해 확대 수준을 1씩 올리거나 내리고, zoomTo 메서드를 사용해 특정 수준으로 설정한다. newLatLngZoom 메서드를 사용하면 특정 확대 수준으로 새 위치를 대상으로 하는 카메라 업데이트를 만들 수도 있다.

```
Double lat = 37.422006;
Double lng = -122.084095;
LatLng latLng = new LatLng(lat, lng);
CameraUpdate cameraUpdate = CameraUpdateFactory.newLatLngZoom(latLng, 16);
```

일정 범위의 위도/경도에 해당하는 특정 지역을 표시할 때는 카메라 업데이트 팩토리의 newLat LngBounds 메서드를 사용해 필요한 위도/경도 지점들을 지정한다. LatLngBounds. Builder를 사용하면 여러 지점을 추가하고 이를 에워싸는 가장 작은 경계를 만들 수도 있다.

```
mMap.setOnMapLoadedCallback(new GoogleMap.OnMapLoadedCallback() {
  @Override
  public void onMapLoaded() {
    Double firstLat = 20.288193;
    Double firstLng = -155.881057;
    LatLng firstLatLng = new LatLng(firstLat, firstLng);

    Double secondLat = 18.871097;
    Double secondLng = -154.747620;
    LatLng secondLatLng = new LatLng(secondLat, secondLng);

    LatLngBounds llBounds = LatLngBounds.builder()
                        .include(firstLatLng)
                        .include(secondLatLng)
                        .build();

    int padding = 16;
    CameraUpdate bUpdate = CameraUpdateFactory.newLatLngBounds(llBounds,
```

```
                                                        padding);
    }
});
```

정확한 경계와 확대 수준을 결정하기 위해 onMapLoaded 메서드에서는 지도의 크기를 알아야 한다. 따라서 해당 지도를 포함하는 뷰가 렌더링된 후에 이 메서드가 호출될 수 있다.

카메라의 헤딩(회전)이나 기울기(각도)를 수정하려면 카메라 위치 빌더를 사용해 새 카메라 위치를 만들고 이를 카메라 업데이트 팩토리의 static 메서드인 newCameraPosition에 전달해야 한다.

```
CameraPosition cameraPosition = CameraPosition.builder()
  .bearing(0)
  .target(latLng)
  .tilt(10)
  .zoom(15)
  .build();

CameraUpdate posUpdate
  = CameraUpdateFactory.newCameraPosition(cameraPosition);
```

카메라 위치 빌더는 카메라의 대상, 확대, 헤딩, 기울기를 비롯해 그 위치를 지정할 수 있다. 이와 반대로 구글 지도의 getCameraPosition 메서드를 사용하면 현재 카메라 위치를 얻을 수 있고, 위치 요소들을 추출할 수도 있다.

새 카메라 업데이트를 만들면 구글 지도 객체에 코드 15-24처럼 moveCamera나 animateCamera 메서드를 사용해 적용할 수 있다.

코드 15-24 구글 지도 카메라 이동하기

```
mMap.setOnMapLoadedCallback(new GoogleMap.OnMapLoadedCallback() {
  @Override
  public void onMapLoaded() {
    Double firstLat = 20.288193;
    Double firstLng = -155.881057;
    LatLng firstLatLng = new LatLng(firstLat, firstLng);

    Double secondLat = 18.871097;
    Double secondLng = -154.747620;
    LatLng secondLatLng = new LatLng(secondLat, secondLng);

    LatLngBounds llBounds = LatLngBounds.builder()
```

```
                              .include(firstLatLng)
                              .include(secondLatLng)
                              .build();

    CameraUpdate bUpdate = CameraUpdateFactory.newLatLngBounds(llBounds, 0);
    mMap.animateCamera(bUpdate);
  }
});
```

moveCamera 메서드는 카메라가 즉시 새 위치와 방향으로 '점프'한다. 이때 animateCamera 는 현재 카메라 위치에서 새 위치로 부드럽게 전환해 준다. 옵션으로 애니메이션의 지속 시간을 지정할 수 있다.

애니메이션이 적용된 카메라 업데이트는 사용자의 제스처나 stopAnimation 호출에 방해받을 수 있다. 애니메이션이 끝까지 진행되거나 방해가 있다는 것을 알리려면 옵션인 CancelableCallback을 코드 15-25처럼 전달한다.

코드 15-25 구글 지도 카메라 업데이트에 애니메이션 적용하기

```
int duration = 2000; // 2초

mMap.animateCamera(bUpdate, duration, new GoogleMap.CancelableCallback() {
  @Override
  public void onFinish() {
    // TODO 카메라 업데이트 애니메이션은 올바르게 완료됐다.
  }

  @Override
  public void onCancel() {
    // TODO 카메라 업데이트 애니메이션이 취소됐다.
  }
});
```

15.7.5 'Where Am I'에 지도 적용하기

이어지는 예에서는 WhereAmI 프로젝트의 기능을 다시 한번 확장한다. 이번에는 지도 프래그먼트를 추가해 지도 기능을 구현한다. 기기의 위치가 변경되면 새 위치가 자동으로 지도의 중심에 나타난다.

1. 앱 모듈(app) build.gradle 파일에 구글 플레이 서비스의 지도 라이브러리 의존성을 추가한다.

```
dependencies {
    [... 기존에 지정된 다른 의존성 노드 ...]

    implementation 'com.google.android.gms:play-services-maps:17.0.0'
}
```

2. developers.google.com/maps/documentation/android-api/signup에 접속해 새 프로젝트를 만들고 API 키를 얻는다. 애플리케이션 매니페스트를 수정해 새 메타데이터 노드를 추가하고 [YOUR_API_KEY]를 API 키로 교체한다.

```
<application
   ...
   <meta-data
     android:name="com.google.android.geo.API_KEY"
     android:value="[YOUR_API_KEY]"
   />
</application>
```

3. WhereAmIActivity에서 OnMapReadyCallback 인터페이스를 구현하고 onMapReady 핸들러를 추가한다. 전달받은 구글 지도(GoogleMap 객체)를 참조하는 멤버 변수도 지정해야 한다.

```
...
public class WhereAmIActivity extends AppCompatActivity
                              implements OnMapReadyCallback {
  private GoogleMap mMap;

  ...

  @Override
  public void onMapReady(GoogleMap googleMap) {
    mMap = googleMap;
  }

  ...
```

4. activity_where_am_i.xml 레이아웃 리소스에서 기존 텍스트 뷰 아래에 SupportMap Fragment를 추가한다.

```
<?xml version="1.0" encoding="utf-8"?>
<LinearLayout
    xmlns:android="http://schemas.android.com/apk/res/android"
    xmlns:app="http://schemas.android.com/apk/res-auto"
```

```
    xmlns:tools="http://schemas.android.com/tools"
    android:layout_width="match_parent"
    android:layout_height="match_parent"
    android:orientation="vertical"
    tools:context=".WhereAmIActivity">

    <TextView
        android:id="@+id/myLocationText"
        android:layout_width="match_parent"
        android:layout_height="wrap_content"
        android:padding="16dp"
        android:text="Hello World!"/>

    <fragment
        android:id="@+id/map"
        android:name="com.google.android.gms.maps.SupportMapFragment"
        android:layout_width="match_parent"
        android:layout_height="match_parent"/>
</LinearLayout>
```

5. 지도 프래그먼트의 참조를 찾고 구글 지도에 참조를 요청하도록 WhereAmIActivity의 onCreate 핸들러를 변경한다.

```
@Override
protected void onCreate(Bundle savedInstanceState) {
  super.onCreate(savedInstanceState);
  setContentView(R.layout.activity_where_am_i);
  mTextView = findViewById(R.id.myLocationText);

  // SupportMapFragment를 얻고 구글 지도 객체를 요청한다.
  SupportMapFragment mapFragment =
    (SupportMapFragment)getSupportFragmentManager()
    .findFragmentById(R.id.map);
  mapFragment.getMapAsync(this);

  GoogleApiAvailability availability
    = GoogleApiAvailability.getInstance();
  int result = availability.isGooglePlayServicesAvailable(this);
  if (result != ConnectionResult.SUCCESS) {
  if (!availability.isUserResolvableError(result)) {
    Toast.makeText(this, ERROR_MSG, Toast.LENGTH_LONG).show();
  }
}

mLocationRequest = new LocationRequest()
  .setInterval(5000)
  .setPriority(LocationRequest.PRIORITY_HIGH_ACCURACY);
}
```

6. 이제 애플리케이션을 실행하면 그림 15-12처럼 원래 주소 텍스트와 그 밑의 MapView 가 함께 나타난다.

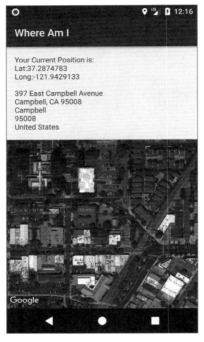

◐ 그림 15-12

7. 지도를 위성 뷰(인공위성에서 보는 형태)로 보여주고 건물 수준으로 확대하도록 onMap Ready 핸들러를 변경한다.

```
@Override
public void onMapReady(GoogleMap googleMap) {
  mMap = googleMap;

  mMap.setMapType(GoogleMap.MAP_TYPE_SATELLITE);
  mMap.animateCamera(CameraUpdateFactory.zoomTo(17));
}
```

8. 끝으로, 현재 위치를 지도의 중심으로 다시 보여주도록 위치 콜백을 변경한다.

```
LocationCallback mLocationCallback = new LocationCallback() {
  @Override
  public void onLocationResult(LocationResult locationResult) {
    Location location = locationResult.getLastLocation();
```

```
      if (location != null) {
        updateTextView(location);
        if (mMap != null) {
          LatLng latLng = new LatLng(location.getLatitude(),
                                     location.getLongitude());
          mMap.animateCamera(CameraUpdateFactory.newLatLng(latLng));
        }
      }
    }
  };
```

애플리케이션을 다시 실행하여 지도가 어떻게 달라졌는지 확인해 보자.

15.7.6 내 위치 레이어로 현재 위치 보여주기

내 위치(My Location) 레이어는 기기의 현재 위치를 구글 지도에 나타내기 위해 설계됐다. 지도 상에는 깜빡이는 파란색 마커로 표현된다. 내 위치 레이어를 추가하면 [내 위치] 버튼이 활성화돼 그림 15-13처럼 지도의 오른쪽 상단에 십자선 형태로 표시된다.

◑ 그림 15-13

내 위치 버튼을 선택하면 카메라의 대상이 기기의 마지막 위치를 중심으로 다시 맞춰진다.

내 위치 레이어는 기기의 위치를 제공하기 위해 FLP에 의존한다. 이에 따라 애플리케이션 매니페스트에서 요청하고 런타임에 사용자의 승인을 받아야 하는 coarse나 fine 위치 권한이 필요하다. 이 두 가지가 만족돼야 내 위치 레이어가 활성화된다.

```
if (ActivityCompat.checkSelfPermission(this,
      Manifest.permission.ACCESS_FINE_LOCATION)
```

```
      == PackageManager.PERMISSION_GRANTED ||
  ActivityCompat.checkSelfPermission(this,
    Manifest.permission.ACCESS_COARSE_LOCATION)
      == PackageManager.PERMISSION_GRANTED) {
  mMap.setMyLocationEnabled(true);
}
```

위치 권한의 세부 내용은 앞의 '구글 위치 서비스를 사용해 위치 찾기'에서 찾을 수 있다.

15.7.7 상호 반응형 지도 마커 표시하기

addMarker 메서드를 사용하면 구글 지도(그림 15-14)에 맞춤 구성할 수 있는 상호 반응형 마커를 추가할 수 있다. 이때 마커가 놓일 위·경도를 지정하는 MarkerOptions 객체를 전달한다.

```
Double lat = -32.0;
Double lng = 115.5;
LatLng position = new LatLng(lat, lng);

Marker newMarker = mMap.addMarker(new MarkerOptions().position(position));
```

마커가 선택되면 지도 툴바가 표시되며, 이에 따라 사용자는 구글 지도 앱에서 마커 위치를 표시하거나 그 위치까지 이동할 수 있는 단축키를 제공받는다. 구글 지도 UI 설정을 툴바로 수정하지 못하도록 하려면 다음 코드를 작성한다.

```
mMap.getUiSettings().setMapToolbarEnabled(false);
```

제목과 조각 텍스트를 코드 15-26처럼 제공하면 상호 반응형 마커를 만들 수 있다.

코드 15-26 구글 지도에 마커 추가하기

```
Marker newMarker = mMap.addMarker(new MarkerOptions()
                        position(latLng)
                        .title("Honeymoon Location")
                        .snippet("This is where I had my honeymoon!"));
```

사용자가 이 마커를 선택하면 정보 윈도우가 제목, 조각 텍스트와 함께 그림 15-15처럼 표시된다.

◑ 그림 15-14

◑ 그림 15-15

구글 지도는 마커의 그리기와 배치, 클릭 처리, 포커스 제어, 레이아웃 최적화를 지원한다. 마커를 삭제하려면 마커가 추가될 때 그 참조를 갖고 있다가 remove 메서드를 호출해야 한다.

```
newMarker.remove();
```

기본적으로 마커는 표준 '구글 지도' 아이콘으로 표현된다. 이때 아이콘의 색을 변경할 수 있으며, 원한다면 아예 다른 이미지로 대체할 수도 있다.

마커 아이콘의 색을 변경하거나 커스텀 아이콘을 사용하려면 마커 옵션의 icon 메서드를 사용한다. 이때 BitmapDescriptorFactory를 사용해 만들 수 있는 BitmapDescriptor가 필요하다.

기본 마커 아이콘의 색을 변경하려면 defaultMarker 메서드를 사용해 0에서 360 사이의 휴 (hue) 값 또는 비트맵 설명자 팩토리의 상수로 미리 정의된 휴 하나를 전달한다.

```
BitmapDescriptor icon
  = BitmapDescriptorFactory.defaultMarker(BitmapDescriptorFactory.HUE_GREEN);

Marker newMarker = mMap.addMarker(new MarkerOptions()
                                  .position(latLng)
                                  .icon(icon));
```

마커의 불투명도를 변경하려면 alpha 메서드를 사용해 0(투명)에서 1(불투명) 사이의 불투명도 값을 전달해야 한다.

```
Marker newMarker = mMap.addMarker(
  new MarkerOptions().position(latLng).alpha(0.6f));
```

만일 마커 아이콘 자체를 교체하겠다면 비트맵 설명자 팩토리의 다양한 from[소스] 메서드를 사용해 비트맵 객체를 선택할 수도 있다(소스가 파일이면 fromFile, 경로는 fromPath, 리소스는 fromResource, 애셋은 fromAsset, 비트맵은 fromBitmap).

```
BitmapDescriptor icon
  = BitmapDescriptorFactory.fromResource(R.mipmap.ic_launcher);

Marker newMarker = mMap.addMarker(
  new MarkerOptions().position(latLng).icon(icon));
```

기본적으로 마커는 화면의 속성과 무관하게 표시된다. 다시 말해, 화면의 회전이나 기울기, 확대로도 마커의 모양을 변경할 수 없다.

flat 메서드를 사용하면 마커의 방향을 지도 위에 납작하게 표시할 수 있다. 납작한 마커는 지도가 회전하거나 기울면 그에 따라 회전하거나 시각이 바뀌게 된다.

```
Marker newMarker = mMap.addMarker(
  new MarkerOptions().position(latLng).flat(true));
```

특정 앵커 지점을 중심으로 마커를 회전할 수도 있다. 이를 위해서는 마커 옵션에서 anchor와 rotation 메서드를 함께 사용한다. 회전은 시계 방향의 각도로 계산되며, 앵커는 가로 및 세로 방향으로 이미지의 크기 비율에 따른 회전 중심을 나타낸다.

```
Marker newMarker = mMap.addMarker(
  new MarkerOptions().position(latLng).anchor(0.5, 0.5).rotation(90));
```

그리고 선택된 마커의 작동 방식이나 표시된 정보 윈도우의 모양을 세부적으로 조정할 수도 있다.

마커 선택 방식을 변경하려면 구글 지도에 OnMarkerClickListener를 추가해야 한다. 이 리스너의 onMarkerClick 핸들러는 선택된 마커의 인스턴스를 받는다. 핸들러가 기본 방식을 교체한다면 true, 정보 윈도우를 계속 표시하려면 false를 반환한다.

```
mMap.setOnMarkerClickListener(new GoogleMap.OnMarkerClickListener() {
  @Override
  public boolean onMarkerClick(Marker marker) {
    if (marker.equals(newMarker)) {
```

```
        // TODO 마커 선택에 응답한다.
    }
    // 정보 윈도우를 표시하려면 false를 반환한다.
    return false;
  }
});
```

정보 윈도우의 모양을 수정하려면 구글 지도의 setInfoWindowAdapter 메서드를 사용한다.
이때 InfoWindowAdapter 인터페이스를 구현한 객체를 전달해 매개변수로 전달받은 마커에
사용될 뷰를 정의한다.

```
mMap.setInfoWindowAdapter(new GoogleMap.InfoWindowAdapter() {
  @Override
  public View getInfoWindow(Marker marker) {
    // TODO 기본 정보 윈도우를 완전히 교체할 뷰를 정의한다.
    return myView;
  }

  @Override
  public View getInfoContents(Marker marker) {
    // TODO 정보 윈도우의 모양을 교체할 뷰를 정의한다.
    return myView;
  }
});
```

getInfoWindow 핸들러에서 뷰를 반환하면 정보 윈도우가 완전히 교체된다. 반면, getInfo
Contents 핸들러에서만 뷰를 반환하면 기본 정보 윈도우와 같은 프레임과 배경이 그대로 유지
돼 콘텐트만 교체된다. 두 핸들러에서 null이 반환되면 기본 정보 윈도우가 표시된다.

15.7.8 구글 지도에 도형 추가하기

구글 지도는 마커와 더불어 직선이나 다각형, 원 등을 지도 표면에 오버레이로 추가할 수 있
다. 이에 따라 각 도형의 가시성이나 z 순서, 채우기 색, 직선의 끝 모양(line cap), 연결 종류, 테
두리(스트로크) 너비, 스타일, 색 등을 설정할 수 있다.

지도 위에 여러 도형을 그리고 옵션으로 이들을 하나 이상 조합한 사용자 터치를 처리할 수도
있다. 세 가지 도형(원, 다각형, 이어진 직선 도형)은 전부 변형이 가능하다(mutable). 다시 말해,
만들어 지도에 추가한 후에 얼마든지 조정(또는 삭제)할 수 있다.

가장 단순하게 사용할 수 있는 도형은 원이다. 원은 대상의 위도/경도와 미터 단위의 반지름으로 표현되며, 지구 표면 위에 지리적으로 정확하게 투영돼 그려진다.

구글 지도에는 메르카토르 도법이 사용됐기 때문에 원의 크기와 위치 그리고 현재 확대 수준에 따라 원이 타원처럼 보일 수도 있다.

지도에 원을 추가하려면 새 CircleOptions 객체를 생성해야 한다. 이때 그 중심과 반지름을 지정하고 채우기 색이나 테두리와 같은 속성이 있다면 추가로 설정한다.

```
CircleOptions circleOptions = new CircleOptions()
                              .center(new LatLng(37.4, -122.1))
                              .radius(1000) // 1,000미터
                              .fillColor(Color.argb(50, 255, 0, 0))
                              .strokeColor(Color.RED);
```

원 옵션을 구글 지도의 addCircle 메서드에 전달한다. 단, 이 메서드는 런타임에 수정할 수 있는 변형 가능한 Circle 객체를 반환한다.

```
Circle circle = mMap.addCircle(circleOptions);
```

PolygonOptions 클래스를 사용해 다각형을 정의하면 불규칙한 폐도형(닫힌 도형)을 만들 수 있다. add 메서드를 사용해 일련의 위도/경도를 정의한다. 이에 따라 도형에 노드가 정의된다. 기본 채우기 색은 투명이다. 따라서 채우기나 테두리, 연결 종류 등을 필요한 대로 지정해 도형의 모양을 수정할 수 있다.

```
PolygonOptions polygonOptions = new PolygonOptions()
                                .add(new LatLng(66.992803, -26.369462),
                                     new LatLng(51.540138, -2.990557),
                                     new LatLng(50.321568, -6.066729),
                                     new LatLng(49.757089, -5.231768),
                                     new LatLng(50.934844, 1.425947),
                                     new LatLng(52.873063, 2.107099),
                                     new LatLng(56.124692, -1.738115),
                                     new LatLng(67.569820, -13.625322))
                                .fillColor(Color.argb(44,00,00,44));
```

단, 다각형은 마지막 점을 처음 점에 자동으로 연결한다. 따라서 직접 닫을 필요가 없다. 그리고 다각형 옵션의 addALL 메서드를 사용해 LatLng 객체의 리스트를 제공할 수도 있다.

addHole 메서드를 사용하면 여러 경로를 구성해 도넛과 같은 복잡한 도형을 만들 수 있다. 바깥쪽 도형을 정의하고 addHole 메서드를 사용해 두 번째 경로를 정의한다. 단, 바깥쪽보다 작아야 하며 닫힌 경로여야 한다.

```
List<LatLng> holePoints = new ArrayList<>();
holePoints.add(new LatLng(53.097936, -2.331377));
holePoints.add(new LatLng(52.015946, -2.067705));
holePoints.add(new LatLng(52.117943, 0.383657));
holePoints.add(new LatLng(53.499125, -1.088511));

mMap.addPolygon(new PolygonOptions()
                .add(new LatLng(66.992803, -26.369462),
                    new LatLng(51.540138, -2.990557),
                    new LatLng(50.321568, -6.066729),
                    new LatLng(49.757089, -5.231768),
                    new LatLng(50.934844, 1.425947),
                    new LatLng(52.873063, 2.107099),
                    new LatLng(56.124692, -1.738115),
                    new LatLng(67.569820, -13.625322))
                .fillColor(Color.argb(44,00,00,44))
                .addHole(holePoints);
```

완성되면 안쪽 도형이 에워싸는 구역이 제거된 것처럼 보인다.

기본적으로 다각형은 구글 지도에 사용된 메르카토르 도법에 따라 직선으로 그려진다. 다각형 옵션 안에서 geodesic 메서드를 사용하면 각 세그먼트가 지구 표면을 따라 최단 경로를 나타내도록 그려진다. 최단(geodesic) 세그먼트는 일반적으로 구글 지도에서 곡선으로 나타난다.

```
PolygonOptions polygonOptions = new PolygonOptions()
                .add(new LatLng(66.992803, -26.369462),
                    new LatLng(51.540138, -2.990557),
                    new LatLng(50.321568, -6.066729),
                    new LatLng(49.757089, -5.231768),
                    new LatLng(50.934844, 1.425947),
                    new LatLng(52.873063, 2.107099),
                    new LatLng(56.124692, -1.738115),
                    new LatLng(67.569820, -13.625322))
                .fillColor(Color.argb(44,00,00,44))
                .geodesic(true);
```

addPolygon 메서드를 사용해 각 다각형을 구글 지도에 추가한다. 이때 다각형 옵션을 전달한다. 이 메서드는 런타임에 수정할 수 있는 변형 가능한 다각형 객체를 반환한다.

```
Polygon polygon = mMap.addPolygon(polygonOptions);
```

마지막으로 어떤 지역을 에워싸지 않으려면(닫힌 도형으로 만들지 않으려면) 닫힌 직선을 만들어야 한다. 닫힌 직선은 일련의 위·경도에 따라 서로 연결된 직선 세그먼트를 그린다.

닫힌 직선은 다각형 방식 그대로 정의된다. 다만, 끝점이 연결되지 않으며 이에 따라 도형도 채워지지 않는다. 새 PolyLineOptions 객체를 생성한다. 이때 다각형 방식대로 add 메서드를 사용해 각 점을 따로 지정하거나 리스트 형태로 지정한다.

```
PolylineOptions polylineOptions = new PolylineOptions()
                .add(new LatLng(66.992803, -26.369462),
                    new LatLng(51.540138, -2.990557),
                    new LatLng(50.321568, -6.066729),
                    new LatLng(49.757089, -5.231768),
                    new LatLng(50.934844, 1.425947),
                    new LatLng(52.873063, 2.107099),
                    new LatLng(56.124692, -1.738115),
                    new LatLng(67.569820, -13.625322))
                .geodesic(true);
```

닫힌 직선 세그먼트는 최단(geodesic) 속성을 보인다. 따라서 색이나 테두리 스타일, 연결 종류, 직선 끝 모양을 정의할 수 있다. 정의한 후에는 addPolyline 메서드를 사용해 다각형 옵션을 구글 지도에 추가한다.

```
Polyline polyline = mMap.addPolyline(polylineOptions);
```

기본적으로 도형은 사용자 터치에 응답하지 않는다. 하지만 도형 클래스마다 클릭을 가능하게 하는 setClickable 메서드가 제공된다.

```
polyline.setClickable(true);
circle.setClickable(true);
polygon.setClickable(true);
```

도형 클릭에 응답하려면 구글 지도의 setOnCircleClickListener, setOnPolygonClickListener, setOnPolylineClickListener를 사용해 원 또는 다각형, 닫힌 직선용 클릭 리스너를 추가한다. 각 리스너의 클릭 핸들러는 클릭된 도형의 인스턴스를 받는다.

```
mMap.setOnCircleClickListener(new OnCircleClickListener() {
  @Override
  public void onCircleClick(Circle circle) {
    // TODO 원 클릭에 응답한다.
  }
});
```

사용자의 터치 지점에 여러 도형이나 마커가 겹쳐 표시됐을 때는 클릭 이벤트가 마커로 먼저 전달되고, 클릭 핸들러가 포함된 마커 또는 도형이 발견될 때까지 각 도형에 순서대로 전달된다(이때 HTML/CSS의 z-index 순서를 따른다). 따라서 최소한 하나의 핸들러가 트리거된다.

15.7.9 구글 지도에 이미지 오버레이 추가하기

마커나 도형뿐 아니라 위도/경도 좌표에 연동되는 이미지를 지도상에 배치할 수 있는 GroundOverlay도 만들 수 있다.

지면 오버레이를 추가하려면 새 GroundOverlayOptions를 만들어야 한다. 이때 Bitmap Descriptor 형태로 겹칠 이미지와 그 위치를 지정한다. 이미지 위치는 남서쪽 지점의 LatLng 앵커와 그 너비(높이는 옵션) 형태로 또는 남서쪽 및 북동쪽 앵커를 포함하는 LatLngBounds 형태로 지정된다.

```
LatLng rottnest = new LatLng(40.714086, -74.228697);
GroundOverlayOptions rottnestOverlay = new GroundOverlayOptions()
  .image(BitmapDescriptorFactory.fromResource(R.drawable.rottnest_wa_1902))
  .position(rottnest, 8600f, 6500f);
```

> **참고**
>
> 지면 오버레이의 길이와 너비는 반드시 2의 제곱 형태여야 한다. 이 요건을 따르지 않는 소스 이미지는 그에 맞게 조정된다.

지면 오버레이를 구글 지도에 적용하려면 addGroundOverlay 메서드를 호출해야 한다. 이때 지면 오버레이 옵션을 전달한다.

```
GroundOverlay groundOverlay = mMap.addGroundOverlay(rottnestOverlay);
```

지면 오버레이를 제거할 때는 언제든 remove 메서드를 호출하면 된다.

```
groundOverlay.remove();
```

15.7.10 'Where Am I'에 마커와 도형 추가하기

이제 WhereAmI 프로젝트를 마지막으로 수정한다. 위치가 변경될 때마다 새 마커를 추가하고, 각 마커를 연결하는 닫힌 직선을 변경한다.

그리고 이번 기회에 내 위치(My Location) 레이어를 활성화해 기기의 현재 위치를 나타낸다.

1. 마커 리스트와 닫힌 직선을 저장할 새 멤버 변수를 WhereAmIActivity에 추가한다.

```
...
public class WhereAmIActivity extends AppCompatActivity implements
OnMapReadyCallback {

  private List<Marker> mMarkers = new ArrayList<>();
  private Polyline mPolyline;

  ...
}
```

2. 내 위치 레이어를 활성화하고 일체의 점이 없는 새 닫힌 직선(Polyline 객체)을 생성하도록 onMapReady 핸들러를 변경한다.

```
@Override
public void onMapReady(GoogleMap googleMap) {
  mMap = googleMap;

  mMap.setMapType(GoogleMap.MAP_TYPE_SATELLITE);
  mMap.animateCamera(CameraUpdateFactory.zoomTo(17));

  if (ActivityCompat.checkSelfPermission(this,
      Manifest.permission.ACCESS_FINE_LOCATION)
      == PackageManager.PERMISSION_GRANTED ||
      ActivityCompat.checkSelfPermission(this,
      Manifest.permission.ACCESS_COARSE_LOCATION)
        == PackageManager.PERMISSION_GRANTED) {
    mMap.setMyLocationEnabled(true);
  }

  PolylineOptions polylineOptions = new PolylineOptions()
                                    .color(Color.CYAN)
                                    .geodesic(true);
```

```
    mPolyline = mMap.addPolyline(polylineOptions);
}
```

3. 새 마커를 위치마다 추가하도록 위치 콜백(LocationCallback)을 변경한다. 이때 정보 원
   도우를 사용해서 마커가 추가되었던 날짜와 시간 및 위치를 순서대로 보여준다.

```
LocationCallback mLocationCallback = new LocationCallback() {
  @Override
  public void onLocationResult(LocationResult locationResult) {
    Location location = locationResult.getLastLocation();
    if (location != null) {
      updateTextView(location);
      if (mMap != null) {
        LatLng latLng = new LatLng(location.getLatitude(),
                                   location.getLongitude());
        mMap.animateCamera(CameraUpdateFactory.newLatLng(latLng));

        Calendar c = Calendar.getInstance();
        String dateTime
          = DateFormat.format("MM/dd/yyyy HH:mm:ss",
                              c.getTime()).toString();

        int markerNumber = mMarkers.size()+1;
        mMarkers.add(mMap.addMarker(new MarkerOptions()
                                    .position(latLng)
                                    .title(dateTime)
                                    .snippet("Marker #" + markerNumber +
                                             " @ " + dateTime)));
      }
    }
  }
};
```

(위치 콜백을 변경하면 Calendar 클래스에 빨간색 에러 표시가 나타날 것이다. 이 클래스를 클릭하
고 [Alt] + [Enter](맥에서는 [Command] + [Return]) 키를 눌러 java.util 패키지의 것을 선택한다.)

4. 닫힌 직선을 수정해 각 마커 위치를 서로 연결하도록 위치 콜백을 최종 변경한다.

```
LocationCallback mLocationCallback = new LocationCallback() {

  ...

  mMarkers.add(mMap.addMarker(new MarkerOptions()
                              .position(latLng)
                              .title(dateTime)
                              .snippet("Marker #" + markerNumber +
```

```
                                                " @ " + dateTime)));
    List<LatLng> points = mPolyline.getPoints();
    points.add(latLng);
    mPolyline.setPoints(points);

    ...
};
```

이제 애플리케이션이 실행되면 기기의 현재 위치가 내 위치 오버레이가 적용된 파란색 점으로 표시된다. 이때 마커가 위치마다 함께 표시되며, 파란색 닫힌 직선으로 연결된다(그림 15-16).

◐ 그림 15-16

15.8 지진 정보 뷰어에 지도 추가하기

지금부터는 지난 13장까지 작성했던 지진 정보 뷰어 프로젝트에 지도를 추가한다. 여기서는 최근에 발생했던 지진을 보여주기 위해 지도를 사용할 것이다.

1. 이미 설명했듯이, 구글 플레이 서비스 SDK가 설치되어 있어야 한다. 혹시 설치되지 않았다면 이번 장 앞을 참조하여 구글 플레이 서비스 SDK를 설치하자. 그리고 앱 모듈 (app) build.gradle 파일에 지도 라이브러리 의존성도 추가해야 한다.

```
dependencies {
    [... 기존에 지정된 다른 의존성 노드 ...]

    implementation 'com.google.android.gms:play-services-maps:17.0.0'
}
```

2. 이미 설명했던 대로 developers.google.com/maps/documentation/android-api/signup 에 방문해 새 프로젝트를 만들고 API 키를 받는다. 화면에 나타난 API 키를 클립보드에 복사한다. 그리고 API 키를 애플리케이션 매니페스트에 추가한다. 닫는 application 태그 바로 앞에 새 메타데이터 노드를 추가하면 된다. 여기서 [YOUR_API_KEY]를 클립보드에 복사해 둔 키 값으로 교체한다.

```
<application
    ...
    <meta-data
      android:name="com.google.android.geo.API_KEY"
      android:value="[YOUR_API_KEY]"
    />
</application>
```

3. EarthquakeMapFragment를 편집기 창에 연다. 그리고 OnMapReadyCallback 인터페이스를 구현하고 onMapReady 핸들러를 추가한다. 전달받은 구글 지도(GoogleMap 객체)를 참조하는 멤버 변수도 지정해야 한다.

```
...
public class EarthquakeMapFragment extends Fragment
                                implements OnMapReadyCallback {
  private GoogleMap mMap;

  ...

  @Override
  public void onMapReady(GoogleMap googleMap) {
    mMap = googleMap;
  }

  ...
```

```
}
```

4. fragment_earthquake_map.xml을 편집기 창에 연다. 그리고 기존 FrameLayout과 TextView를 SupportMapFragment로 교체한다.

```
<fragment
  xmlns:android="http://schemas.android.com/apk/res/android"
  xmlns:map="http://schemas.android.com/apk/res-auto"
  xmlns:tools="http://schemas.android.com/tools"
  android:id="@+id/map"
  android:name="com.google.android.gms.maps.SupportMapFragment"
  android:layout_width="match_parent"
  android:layout_height="match_parent"
/>
```

5. 지도 프래그먼트의 참조를 찾고 구글 지도에 참조를 요청하도록 onViewCreated 핸들러를 오버라이드하여 EarthquakeMapFragment에 추가한다.

```
@Override
public void onViewCreated(@NonNull View view,
                          Bundle savedInstanceState) {
  super.onViewCreated(view, savedInstanceState);
  // SupportMapFragment를 얻고 구글 지도 객체를 요청한다.
  SupportMapFragment mapFragment
    = (SupportMapFragment)getChildFragmentManager()
                          .findFragmentById(R.id.map);
  mapFragment.getMapAsync(this);
}
```

6. 지진 리스트 프래그먼트(EarthquakeListFragment)에 있는 것과 동일한 메서드인 updateFromPreferences를 EarthquakeMapFragment에 추가한다. 이 메서드는 화면에 보여줄 지진의 최소 진도를 현재의 사용자 프레퍼런스에서 찾는다. 또한 찾은 진도를 저장할 변수도 추가한다.

```
private int mMinimumMagnitude = 0;

private void updateFromPreferences() {
  SharedPreferences prefs =
    PreferenceManager.getDefaultSharedPreferences(getContext());
  mMinimumMagnitude = Integer.parseInt(
    prefs.getString(PreferencesActivity.PREF_MIN_MAG, "3"));
}
```

(updateFromPreferences의 추가가 끝나면 PreferenceManager 클래스에 빨간색 에러 표시가 나타날 것이다. 이 클래스를 클릭하고 ⌜Alt⌟ + ⌜Enter⌟(맥에서는 ⌜Command⌟ + ⌜Return⌟) 키를 눌러 android.support.v7.preference 패키지의 것을 선택한다.)

7. 지진 리스트에 저장된 지진 데이터를 반복 처리하면서 각 지진 데이터의 마커를 생성하고 더 이상 보여주지 않을 이전 마커를 삭제하는 setEarthquakeMarkers 메서드를 EarthquakeMapFragment에 추가한다. 또한 마커를 저장하는 Map의 참조 변수와 지진 데이터를 저장하는 List 참조 변수도 추가한다.

```
Map<String, Marker> mMarkers = new HashMap<>();
List<Earthquake> mEarthquakes;

public void setEarthquakeMarkers(List<Earthquake> earthquakes) {
  updateFromPreferences();

  mEarthquakes = earthquakes;
  if (mMap == null || earthquakes == null) return;
  Map<String, Earthquake> newEarthquakes = new HashMap<>();

  // 각 지진에 해당하는 마커를 추가한다.
  for (Earthquake earthquake : earthquakes) {
    if (earthquake.getMagnitude() >= mMinimumMagnitude) {
      newEarthquakes.put(earthquake.getId(), earthquake);

      if (!mMarkers.containsKey(earthquake.getId())) {
        Location location = earthquake.getLocation();
        Marker marker = mMap.addMarker(
          new MarkerOptions()
            .position(new LatLng(location.getLatitude(),
                                 location.getLongitude()))
            .title("M:" + earthquake.getMagnitude()));

        mMarkers.put(earthquake.getId(), marker);
      }
    }
  }

  // 더 이상 보여주지 않을 지진 데이터의 마커를
  // 모두 삭제한다.
  for (Iterator<String> iterator = mMarkers.keySet().iterator();
       iterator.hasNext();) {
    String earthquakeID = iterator.next();
    if (!newEarthquakes.containsKey(earthquakeID)) {
      mMarkers.get(earthquakeID).remove();
      iterator.remove();
    }
```

```
    }
  }
```

8. 지진 데이터베이스의 변경 데이터를 나타내는 지진 뷰 모델의 라이브 데이터를 관찰하도록 EarthquakeMapFragment의 onMapReady 핸들러를 변경한다. 이 핸들러에서는 또한 7번 단계의 setEarthquakeMarkers 메서드를 호출해 지도 마커를 변경한다. EarthquakeViewModel을 참조하는 변수도 추가해야 한다.

```
EarthquakeViewModel earthquakeViewModel;

@Override
public void onMapReady(GoogleMap googleMap) {
  mMap = googleMap;
  // 이 Fragment의 EarthquakeViewModel을 얻는다.
  earthquakeViewModel = ViewModelProviders.of(getActivity())
                                  .get(EarthquakeViewModel.class);

  // EarthquakeViewModel에서 데이터를 가져오고 변경된 것이 있는지 관찰한다.
  earthquakeViewModel.getEarthquakes()
    .observe(this, new Observer<List<Earthquake>>() {

    @Override
    public void onChanged(@Nullable List<Earthquake> earthquakes) {
      // 변경된 데이터베이스 결과로 UI를 업데이트한다.
      if (earthquakes != null)
        setEarthquakeMarkers(earthquakes);
    }
  });
}
```

9. 사용자가 지진의 최소 진도 값을 변경할 때마다 마커를 갱신하는 OnSharedPreference ChangeListener를 생성 및 등록하는 onActivityCreated 핸들러를 EarthquakeMap Fragment에 추가한다.

```
@Override
public void onActivityCreated(Bundle savedInstanceState) {
  super.onActivityCreated(savedInstanceState);

  // OnSharedPreferenceChangeListener를 등록한다.
  SharedPreferences prefs =
    PreferenceManager.getDefaultSharedPreferences(getContext());

  prefs.registerOnSharedPreferenceChangeListener(mPListener);
}
```

```
private SharedPreferences.OnSharedPreferenceChangeListener mPListener
  = new SharedPreferences.OnSharedPreferenceChangeListener() {
    @Override
    public void onSharedPreferenceChanged(SharedPreferences
                                          sharedPreferences,
                                          String key) {
    if (PreferencesActivity.PREF_MIN_MAG.equals(key)) {
      // 마커를 다시 배치한다.
      List<Earthquake> earthquakes
        = earthquakeViewModel.getEarthquakes().getValue();

      if (earthquakes != null)
        setEarthquakeMarkers(earthquakes);
    }
  }
};
```

애플리케이션을 실행하고 [MAP] 탭을 터치(클릭)하면 그림 15-17처럼 각 지진 데이터의 진원지
가 지도에 나타날 것이다.

◑ 그림 15-17

15.9 상황 인지 추가하기

인지 API는 위치나 사용자 상황(컨텍스트), 환경을 비롯한 각종 신호를 결합해 시스템 리소스에
미치는 영향을 최소로 줄이면서 상황 기반 기능을 앱에 추가할 수 있는 메커니즘을 제공한다.

크게 스냅샷과 울타리(펜스)로 제공되는 인지 API는 캐싱과 크로스 앱 최적화를 통해 효율성,
특히 배터리 성능에 초점을 맞췄다.

스냅샷 API는 사용자의 현재 환경을 스냅샷으로 제공한다. 15장의 앞서 설명한 지오펜스와 비슷한 인지 울타리(펜스)는 특정 조건이 충족돼야 하는 상황별 신호들에 따라 콜백을 받는다.

인지 API는 현재 최대 일곱 가지 상황별 신호를 지원한다.

시간: 울타리가 트리거할 수 있는 현지 시간 윈도우. 특정 시간이나 유의미한 설명(즉, '휴일', '화요일') 형태로 정의된다.

위치: 사용자의 물리적 위치. 대상의 구체적인 위도/경도로부터 떨어진 거리 형태로 정의된다.

사용자 행동: 사용자가 어떤 행동을 하고 있는지 나타낸다.

근거리 비콘: 특정 비콘의 물리적인 근거리

장소: 주변의 관심 매장 또는 지점. 구글 장소 API로 정의된다.

기기 상태: 현재는 헤드폰 연결 상태로 제한된다.

환경 조건: 현재는 현지 날씨로 제한된다.

인지 API는 구글 플레이 서비스 인지 라이브러리를 사용해야 한다. 단, 구글 플레이 서비스 SDK를 설치하고 인지 라이브러리를 앱 모듈(app)의 build.gradle 파일에 의존성으로 추가해야 한다.

```
dependencies {
    [... 기존에 지정된 다른 의존성 노드 ...]

    implementation 'com.google.android.gms:play-services-awareness:17.0.0'
}
```

15.9.1 구글 플레이 서비스 API 클라이언트에 연결하기와 API 키 얻기

인지 API는 구글 플레이 서비스 라이브러리를 통해 사용할 수 있는 여느 구글 API처럼 GoogleApiClient의 인스턴스를 만들고 연결해야 한다. 구글 API 클라이언트는 사용자의 기기와 구글 서비스 간 네트워크 연결을 관리한다.

구글 API 클라이언트의 연결 자체는 개발자가 관리해야 하지만, 자동 연결 관리 메커니즘을 사용하는 것도 생각해 볼 수 있다.

자동 관리형 구글 API 클라이언트가 구글 API에 연결을 시도할 때는 사용자가 해결할 수 있는 연결 오류 발생 시 대화상자가 표시된다.

그 외의 문제에 대해서는 OnConnectionFailedListener 인터페이스를 구현한다. 이 인터페이스의 onConnectionFailed 핸들러가 이런 오류들을 사용자에게 알린다.

GoogleApiClient.Builder를 사용해 액티비티의 onCreate 핸들러 안에서 구글 API 클라이언트의 인스턴스를 생성한다. 이때 사용할 구글 API와 함께 자동 관리 기능에 필요한 OnConnectionFailedListener 및 액티비티를 지정한다. 코드 15-27은 이를 나타낸 것이다.

코드 15-27 구글 API 클라이언트에 연결하기

```java
public class MainActivity extends AppCompatActivity
                implements GoogleApiClient.OnConnectionFailedListener {
  private static final String TAG = "CONTEXT_ACTIVITY";
  GoogleApiClient mGoogleApiClient;

  @Override
  protected void onCreate(Bundle savedInstanceState) {
    super.onCreate(savedInstanceState);
    setContentView(R.layout.activity_main);

    mGoogleApiClient = new GoogleApiClient.Builder(this)
                    .addApi(Awareness.API)
                    .enableAutoManage(this, // MainActivity
                                      this) // OnConnectionFailedListener
                    .build();
  }

  @Override
  public void onConnectionFailed(@NonNull ConnectionResult connectionResult){
    Log.e(TAG, "Failed to connect to Google Services: " +
              connectionResult.getErrorMessage() +
          " (" + connectionResult.getErrorCode() + ")");
    // TODO 실패한 연결이 처리된다.
  }
}
```

자동 관리형 구글 API 클라이언트는 onStart에 자동으로 연결되고 onStop에 끊어진다.

인지 API에는 여러 구글 서비스가 접목돼 있다. 따라서 스냅샷을 추출하거나 울타리를 만들어 해당 구글 서비스의 데이터를 사용하려면 API 키를 얻어 애플리케이션 매니페스트에 추가해야 한다.

가장 먼저 해야 할 일은 developers.google.com/awareness/android-api/get-a-key에서 인지 API의 키를 얻는 것이다.

얻은 API 키는 애플리케이션 매니페스트에서 application의 닫는 태그 바로 앞에 추가한다. 이때 다음 조각 코드처럼 meta-data 노드로 둘러싸야 한다. 그리고 [YOUR_API_KEY]를 얻은 API 키 값으로 교체해야 한다.

```
<application
    ...
    <meta-data
      android:name="com.google.android.awareness.API_KEY"
      android:value="[YOUR_API_KEY]"
    />
</application>
```

조금 전에 알려준 URL은 구글 장소 및 주변(Nearby) API에 필요한 API 키도 제공하며, 키를 추가하는 방식은 인지 API 키와 동일하다.

```
<application
    ...
    <meta-data
      android:name="com.google.android.geo.API_KEY"
      android:value="[YOUR_API_KEY]"
    />
    <meta-data
      android:name="com.google.android.messages.API_KEY"
      android:value="[YOUR_API_KEY]"
    />
</application>
```

15.9.2 인지 스냅샷 사용하기

인지 스냅샷은 사용자의 현재 상황에 관한 세부 정보를 여러 서비스에 조회할 수 있는 기능이다. 배터리와 메모리에 미치는 영향을 최소화하면서도 신속한 결과를 반환하도록 최적화됐다.

인지 API는 각 서비스에 연결된 데이터의 캐시 값을 사용한다. 데이터가 없거나, 있어도 쓸모가 없다면 감지와 추론을 통해 최신 값을 반환한다.

스냅샷 상황별 신호 값을 얻으려면 Awareness.SnapshotApi 클래스에 get 메서드 중 하나를 사용하고 구글 API 클라이언트를 전달해야 한다.

그런 다음, ResultCallBack을 연결하고 결과의 종류를 매개변수로 전달한다. 반환받은 값은 onResult 핸들러에 전달된다. getStatus를 호출해 검색의 성공 여부를 파악하고, 성공 시 게터를 사용해 결과를 추출한다. 코드 15-28은 이를 나타낸 것이다.

코드 15-28 스냅샷 상황별 신호의 결과 조회하기

```
Awareness.SnapshotApi.getDetectedActivity(mGoogleApiClient)
  .setResultCallback(new ResultCallback<DetectedActivityResult>() {
    @Override
    public void onResult(@NonNull DetectedActivityResult
                                  detectedActivityResult) {
      if (!detectedActivityResult.getStatus().isSuccess()) {
        Log.e(TAG, "Current activity unknown.");
      } else {
        ActivityRecognitionResult ar =
          detectedActivityResult.getActivityRecognitionResult();
        DetectedActivity probableActivity = ar.getMostProbableActivity();
        // TODO: 감지한 사용자 행동으로 뭔가를 한다.
      }
    }
});
```

스냅샷 API에는 사용할 수 있는 상황별 신호에 해당하는 static get 메서드들이 함께 제공된다. 각 메서드로 반환받은 값은 서비스에 직접 조회해 반환받은 클래스와 값과 일치한다. 단, 이 메서드들 중 일부는 매니페스트 권한과 런타임 권한이 필요하다.

➤ **getBeaconState**: BeaconStateResult를 반환해 NEARBY 혹은 주변 비콘의 상태를 제공한다. getBeaconState를 호출해 비콘 세부 정보를 추출한다. ACCESS_FINE_LOCATION 매니페스트 권한과 런타임 권한이 필요하다.

➤ **getDetectedActivity**: 사용자의 물리적 행동(달리기, 걷기 등)을 감지해 반환한다. 구체적으로는 DetectedActivityResult가 반환된다. 이때 getActivityRecognitionResult를 호출해 행동 인식 결과를 추출한다. ACTIVITY_RECOGNITION 매니페스트 권한이 필요하다.

➤ **getHeadphoneState**: HeadphoneStateResult 객체를 반환해 현재 헤드폰을 사용하고 있는지 나타낸다. 헤드폰 상태가 PLUGGED_IN인지, UNPLUGGED인지 파악하기 위해서는 getState를 호출해야 한다.

➤ **getLocation**: LocationResult를 사용해 사용자의 마지막 위치를 반환한다. 이 위치 값은 getLocation으로 추출한다. ACCESS_FINE_LOCATION 매니페스트 권한과 런타임 권한이 필요하다.

➤ **getPlaces**: 주변의 관심 매장 또는 지점 등 장소들의 리스트를 PlacesResult 안에서 반환한다. getPlaceLikelihoods를 호출하면 상위권에 올라 있는 장소들의 리스트를 받을 수 있다. ACCESS_FINE_LOCATION 매니페스트 권한과 런타임 권한이 필요하다.

➤ **getWeather**: WeatherResult 안에서 현재 위치의 날씨 조건을 반환한다. getWeather를 호출하면 기온과 체감 온도, 습도, 이슬점, 날씨 조건 배열이 포함되는 Weather 객체를 추출할 수 있다. ACCESS_FINE_LOCATION 매니페스트 권한과 런타임 권한이 필요하다.

각 스냅샷 메서드의 자세한 전체 정보는 그 데이터 추출 방법의 예시와 함께 구글 개발자 사이트인 developers.google.com/awareness/android-api/snapshot-get-data에서 찾아볼 수 있다.

15.9.3 인지 울타리 설정하기와 모니터링하기

인지 울타리(Awareness Fence)에서는 충족 시 콜백을 트리거할 일련의 조건을 정의해 사용자의 변경되는 환경에 적응한다. 이때 앱이 백그라운드에 있어도 상관없다.

인지 '울타리'는 15장 앞부분의 '지오펜스 설정하기와 관리하기'에서 설명한 지오펜스의 확장 개념이다. 지오펜스가 특정 위치에 대한 사용자의 근접성에 초점을 맞춘다면, 인지 울타리는 시간이나 주변 비콘, 헤드폰 상태, 사용자의 현재 행동을 비롯한 상황적 조건까지 포함하도록 트리거를 확장한다.

이런 신호들 각각은 논리 연산자를 사용해 결합함으로써 맞춤형 울타리를 정의할 수 있도록 한다. 구체적으로는 다음 조건들을 결합할 수 있다.

➤ 사용자가 주말 오후에 헤드폰을 끼고 달리기 시작한다.
➤ 평일 오후에 특정 위치에서 자동차를 운전하기 시작한다.
➤ 수요일마다 오전 8시에서 9시 사이에 비콘 범위 내에서 자전거를 타고 이동한다.

인지 울타리는 AwarenessFence 클래스의 인스턴스 형태로 저장된다. 다음 클래스로 사용할 수 있는 static 메서드를 통해 가능성 있는 상황 트리거마다 새 인지 울타리를 만들 수 있다.

BeaconFence: found, lost, near 메서드를 사용해 특정 TypeFilter 객체와 일치하는 하나 이상의 비콘이 각각 처음 감지하고, 방금 끊어지고, 근처에 있다는 것을 지정한다. ACCESS_FINE_LOCATION 권한이 필요하다.

DetectedActivityFence: starting, stopping, during 메서드를 사용해 사용자가 특정 행동을 각각 방금 시작했는지, 중지했는지 그리고 현재 하고 있는지 나타낼 수 있다. 감지할 수 있는 행동들에는 IN_VEHICLE, ON_BICYCLE, ON_FOOT, RUNNING, WALKING, STILL 등이 포함된다. ACTIVITY_RECOGNITION 권한이 필요하다.

HeadphoneFence: pluggingIn, unplugging, during 메서드를 사용해 헤드폰이 기기에 연결됐는지, 분리됐는지 또는 사용 중인지 나타낼 수 있다.

LocationFence: 지오펜스처럼 작동한다. entering, exiting, in 메서드를 사용해 위도와 경도, 반지름, 체류 시간을 지정함으로써 사용자가 특정 지역 안으로 들어갔는지 나왔는지, 지정된 체류 시간 동안 있었는지를 나타낸다.

TimeFence: 각종 static 메서드를 제공해 유의미하고 구체적인 시간을 나타낸다.

➤ aroundTimeInstant: 시간 기준점을 지정한다. 일몰과 일출, 이 시간을 중심으로 한 시작 및 중지 오프셋을 지정할 수 있다.

➤ inDailyInterval: 지정된 시간대 안에서 일간 시작 및 중지 시간을 지정한다.

➤ inInterval: 일회성 시작 및 중지 시간을 지정한다.

➤ inIntervalofDay: 지정된 시간대에서 지정된 요일에 반복되는 시작 및 중지 시간을 지정한다.

➤ inTimeInterval: 유의미한 시간 간격, 예를 들어 요일, 오전, 오후 저녁, 밤, 평일, 주말, 휴일 등을 지정한다.

코드 15-29는 각 상황별 신호에 따라 인지 울타리를 나타내는 예다.

코드 15-29 인지 울타리 만들기

```
// 주변에 커스텀 비콘 중 하나가 있다.
BeaconState.TypeFilter typeFilter
  = BeaconState.TypeFilter.with("com.professionalandroid.apps.beacon",
                                "my_type");

AwarenessFence beaconFence = BeaconFence.near(typeFilter);

// 걷는 중
AwarenessFence activityFence
  = DetectedActivityFence.during(DetectedActivityFence.WALKING);

// 헤드폰을 지금 꽂았다.
AwarenessFence headphoneFence = HeadphoneFence.pluggingIn();
```

```
// 구글 본사에서 반경 1km 이내에 1분 이상
double lat = 37.4220233;
double lng = -122.084252;
double radius = 1000; // 미터
long dwell = 60000;   // 밀리초
AwarenessFence locationFence = LocationFence.in(lat, lng, radius, dwell);

// 오전에
AwarenessFence timeFence =
  TimeFence.inTimeInterval(TimeFence.TIME_INTERVAL_MORNING);

// 휴일 동안
AwarenessFence holidayFence =
  TimeFence.inTimeInterval(TimeFence.TIME_INTERVAL_HOLIDAY);
```

여러 인지 울타리를 결합하려면 코드 15-30처럼 AwarenessFence 클래스의 static 메서드인 and, or, not을 사용한다.

코드 15-30 인지 울타리 결합하기

```
// 헤드폰이 꽂혀 있고, 오전에 걷는 중이면 트리거한다.
// 또는 구글 본사에서 반경 1km 이내에 비콘이 있을 때
// 단, 휴일이 아닐 때 트리거한다.
AwarenessFence morningWalk = AwarenessFence
                                .and(activityFence,
                                     headphoneFence,
                                     timeFence,
                                     AwarenessFence.or(locationFence,
                                                       beaconFence),
                                     AwarenessFence.not(holidayFence));
```

지오펜스처럼 인지 울타리도 트리거되면 브로드캐스트 리시버를 시작하는 데 사용될 펜딩 인텐트를 브로드캐스트한다. 인지 울타리가 여럿이라면 고유 펜딩 인텐트를 각기 따로 만들 수 있다. 하지만 울타리를 등록할 때 지정되는 고유키 문자열마다 하나의 펜딩 인텐트를 사용하는 것이 효율성 측면에서 가장 좋다.

```
int flags = PendingIntent.FLAG_UPDATE_CURRENT;
Intent intent = new Intent(this, WalkFenceReceiver.class);
PendingIntent awarenessIntent = PendingIntent.getBroadcast(this, -1,
                                                    intent, flags);
```

인지 울타리를 추가하려면 울타리가 포함될 FenceUpdateRequest 그리고 인지 울타리가 트리거되면 브로드캐스트될 펜딩 인텐트, 고유 식별자를 만들어야 한다.

FenceUpdateRequest.Builder를 사용해 울타리 업데이트 요청을 만들고, 코드 15-31처럼 하나이상의 인지 울타리를 추가한다.

코드 15-31 인지 울타리 업데이트 요청 만들기

```
FenceUpdateRequest fenceUpdateRequest = new FenceUpdateRequest.Builder()
  .addFence(WALK_FENCE_KEY, morningWalk, awarenessIntent)
  .build();
```

코드 15-32는 울타리 업데이트 요청을 인지 울타리 API의 updateFences 메서드에 전달해 앱의 인지 울타리를 업데이트한다. setResultCallback을 사용하면 업데이트 요청의 성패를 나타내는 onResult 콜백을 받을 수 있다.

코드 15-32 새 인지 울타리 추가하기

```
Awareness.FenceApi.updateFences(
  mGoogleApiClient,
  fenceUpdateRequest)
  .setResultCallback(new ResultCallback<Status>() {
    @Override
    public void onResult(@NonNull Status status) {
      if (!status.isSuccess()) {
        Log.d(TAG, "Fence could not be registered: " + status);
      }
    }
  });
```

인지 서비스가 각 조건의 충족 여부를 감지하면 펜딩 인텐트가 시작된다. 펜딩 인텐트는 각 조건의 상태와 무관하게 추가될 때도 그 즉시 시작된다. 이에 따라 초기 상태를 추출할 수 있다.

펜딩 인텐트를 받으면, FenceState.extract 메서드를 사용해 인텐트에서 추출할 수 있는 Fence State 클래스로 울타리의 현재 상태를 조사한다.

```
FenceState fenceState = FenceState.extract(intent);
```

인지 울타리 트리거 알림을 받으려면 브로드캐스트 리시버를 만들고 등록해 코드 15-33처럼 브로드캐스트 인텐트를 리스닝한다.

코드 15-33 인지 울타리 트리거 인텐트 브로드캐스트 리스닝하기

```
public class WalkFenceReceiver extends BroadcastReceiver {

  @Override
  public void onReceive(Context context, Intent intent) {
    FenceState fenceState = FenceState.extract(intent);

    String fenceKey = fenceState.getFenceKey();
    int fenceStatus = fenceState.getCurrentState();

    if (fenceKey.equals(WALK_FENCE_KEY)) {
      if (fenceStatus == FenceState.TRUE) {
        // TODO 트리거된 울타리에 응답한다.
      }
    }
  }
}
```

인지 울타리를 제거하려면 울타리 업데이트 요청에 removeFence 메서드를 사용한다. 이때 울타리와 연관된 고유키 또는 펜딩 인텐트를 지정한다. 그리고 생성된 울타리 업데이트 요청을 인지 울타리 API의 updateFences 메서드에 전달한다(코드 15-34).

코드 15-34 인지 울타리 제거하기

```
FenceUpdateRequest fenceUpdateRequest = new FenceUpdateRequest.Builder()
  .removeFence(WalkFenceKey)
  .build();

Awareness.FenceApi.updateFences(mGoogleApiClient, fenceUpdateRequest).
setResultCallback(
  new...new ResultCallback<Status>() {
    @Override
    public void onResult(@NonNull Status status) {
      if(!status.isSuccess()) {
        Log.d(TAG, "Fence could not be removed: " + status);
      }
    }
  });
```

15.9.4 인지에 참고할 모범 사례

앱에 상황 인지를 추가한다는 것은 사용자에게 이 정보에 대한 신뢰를 제공한다는 뜻이다. 상황을 더 많이 요구할수록 제공해야 할 신뢰도 그만큼 더 많아진다. 사용자 신뢰는 쌓기가 어렵지, 잃기는 한순간임을 명심해야 한다. 앱이 잘못된 일을 하지 않더라도 혼동을 유발하거나 모호하다면 결과는 뻔하다.

신뢰를 유지하기 위해서는 상황별 정보를 책임감 있게 사용자 통제권과 프라이버시를 최대한 보호하는 방식으로 사용해야 한다. 즐거움을 선사하는 앱을 만들려면 사용자를 놓쳐서도 안 되고 놀라게 해서도 안 된다.

사용자 신뢰를 유지하기 위한 최선의 지침을 정리하면 다음과 같다.

- ➤ 무엇을 왜 하고 있는지 사용자에게 알려라. 가능하다면 거부권을 제공하라.
- ➤ 사용자의 상황을 어떻게 사용하고 있는지 그리고 그 데이터로 기기에서 무엇을 하고 있는지 항상 설명하라. 특히 데이터를 저장하거나 전송한다면 더더욱 설명이 필요하다.
- ➤ 위치 정보나 연락처 세부 정보는 사용자에게 명확하게 알리지 않았거나 앱의 핵심 기능이 아니면 전송하거나 저장하지 마라.
- ➤ 상황 데이터를 조금이라도 저장해야겠다면 기기에든, 서버에든 최대한 단순하게 그리고 사용자가 삭제하기 쉽게 저장하라.
- ➤ 사용자가 쉽게 찾을 수 있고 이해할 수 있는 명확한 프라이버시 정책을 제시하라.
- ➤ 앱은 사용자의 친구가 돼야지, 소름 끼치는 스토커가 돼서는 안 된다. 알림의 품질을 개선할 목적으로 인지를 사용하라. 알림이 사용자에게 스팸으로 인식되지 않도록 하라.

16

하드웨어 센서

16장은 다음 4개의 파일로 되어 있다.

- ⬇ Snippets_ch16.zip
- ⬇ Weatherstation.zip
- ⬇ GForceMeter.zip
- ⬇ Compass_ch16.zip

16.1 안드로이드의 센서

안드로이드 기기는 단순한 통신 및 웹 브라우징 플랫폼이 아니다. 그보다는 초감각적인 입력 기기로서 움직임과 환경, 신체 센서를 사용해 사용자의 인지 능력을 확장한다.

물리적 및 환경적 특성을 감지하는 각종 센서는 모바일 애플리케이션의 사용자 경험을 높여 각종 혁신을 이룰 흥미로운 길을 선사하고 있다. 더욱 풍부해지는 일련의 센서 하드웨어를 현대 기기와 통합함으로써 사용자 상호 작용과 애플리케이션 개발의 새로운 가능성이 열렸다. 증강 현실이나 움직임 기반 입력, 맞춤형 환경 구성 등이 대표적인 예일 것이다.

16장에서는 현재 안드로이드에서 사용할 수 있는 센서들을 소개하고 센서 매니저를 통해 관리하는 방법을 소개한다.

이 과정에서 호스트 기기의 원래 방향과 무관하게 기기의 움직임이나 방향의 변화를 파악하는 방법을 자세하게 살펴본다.

그리고 현재 고도를 감지할 수 있는 기압계와 구름의 양을 파악할 수 있는 광센서부터 주변 온도를 측정할 수 있는 온도 센서에 이르기까지 다양한 환경 센서를 살펴본다.

마지막으로 사용자의 신체에 직접 부착해 심장 박동수와 같은 활력 징후(vital sign)를 파악하고, 행동 인식 API를 사용해 가용자의 현재 신체 행동을 모니터링할 수 있는 각종 신체 센서를 다룬다.

16.1.1 센서 매니저 사용하기

센서 매니저는 안드로이드 기기에서 사용할 수 있는 센서 하드웨어를 관리할 때 사용된다. getSystemService를 사용하면 센서 매니저 서비스의 참조를 얻을 수 있다.

```
SensorManager sensorManager
  = (SensorManager)getSystemService(Context.SENSOR_SERVICE);
```

센서 하드웨어와 직접 상호 작용하는 것보다는 각 하드웨어에 해당하는 일련의 Sensor 객체와 작업하는 것이 좋다. Sensor 객체는 종류, 이름, 제조업체, 세부적인 정확성 및 범위 정보 등 해당 하드웨어 센서의 특성을 그대로 나타낸다.

Sensor 클래스에는 특정 Sensor 객체로 표현되는 하드웨어 센서의 상수들이 함께 제공된다. 이 상수들은 Sensor.TYPE_ 다음에 해당 객체의 이름이 붙은 형태로 구분된다. 이어지는 절에서는 지원되는 각종 센서를 설명하고 그 사용법까지 다룬다.

16.1.2 안드로이드의 센서 이해하기

특정 하드웨어를 사용할 수 있느냐는 호스트 기기의 플랫폼 버전과 하드웨어에 따라 달라진다. 16.1.3 '센서 찾기와 식별하기'에서는 어떤 센서를 애플리케이션에 사용할 수 있는지 식별하는 방법을 설명한다.

센서는 일반적으로 두 범주로 나뉜다. 물리적인 하드웨어 센서와 가상 센서다.

광센서나 기압계와 같은 하드웨어 센서들은 직접 처리한 결과를 보고한다. 이와 같은 하드웨어 기반 센서는 대개 서로 독립적으로 작동하며 특정 하드웨어로부터 얻은 결과를 보고한다. 이때 스무딩(smoothing)이나 필터링 등의 데이터를 조작하지 않는다.

가상 센서는 센서 데이터의 단순화, 교정, 합성 등의 과정을 거쳐 애플리케이션 안에서 쉽게 이용될 수 있는 형태로 제공한다. 회전 벡터 센서나 선형 가속 센서 등이 특정 하드웨어 센서 하나의 출력만을 이용하지 않고 가속도계, 자기장 센서, 자이로스코프를 스무딩과 필터링에 따라 결합해 사용하는 가상 센서의 대표적인 예다.

일부 환경에서 안드로이드는 특정 하드웨어 센서에 기반을 둔 가상 센서를 제공한다. 예를 들어 자이로스코프나 방향 센서의 품질과 성능을 높이는 가상 자이로스코프나 방향 센서가 있다. 이런 가상 센서는 원시 출력을 스무딩하거나 교정하고 필터링하기 위해 여러 센서의 출력을 결합한다.

환경 센서

환경 센서는 물리적인 주변 환경을 모니터링한다. 현재 온도, 광도, 대기압 등이 환경 센서의 단적인 측정 대상이다.

➤ Sensor.TYPE_AMBIENT_TEMPERATURE: 안드로이드 4.0(API 레벨 14)에 도입됐으며, 실내 온도를 섭씨 단위로 반환하는 온도계다.

➤ Sensor.TYPE_GRAVITY: 현재 방향과 중력 값을 3축의 m/s^2 단위로 반환하는 3축 중력 센서. 대개 가속도계의 결과에 로우패스(low-pass) 필터를 적용하는 방식에 따라 가상 센서로 구현된다.

➤ Sensor.TYPE_LIGHT: 주변 조도를 럭스 단위의 단일 값으로 반환하는 광센서. 광센서는 대개 화면의 밝기를 동적으로 변경할 때 시스템에서 사용한다.

➤ Sensor.TYPE_MAGNETIC_FIELD: 현재 자기장을 3축의 마이크로테슬라(μT) 단위로 측정하는 자기계

➤ Sensor.TYPE_PRESSURE: 현재 대기압을 밀리바(mbars) 단위의 단일 값으로 반환하는 대기압 센서(기압계). 압력계는 두 위치의 대기압을 비교하기 위해 getAltitude 메서드를 센서 매니저에 사용해 고도를 파악할 때 사용된다. 기압계는 한 위치의 시간에 따른 대기압 변화를 측정하는 방식으로 날씨 예보에도 사용된다.

➤ Sensor.TYPE_PROXIMITY: 기기와 대상 사물 사이의 거리를 센티미터 단위로 나타내는 근접 센서. 대상 사물의 선택 방식이나 거리의 지원 방식은 근접 감지기의 하드웨어 구현에 따라 달라진다.

➤ Sensor.TYPE_RELATIVE_HUMIDITY: 상대 습도를 퍼센트 단위로 반환하는 상대 습도 센서. 안드로이드 4.0(API 레벨 14)에 도입됐다.

기기의 움직임 센서와 방향 센서

기기의 움직임 센서와 방향 센서는 기기의 움직임과 물리적인 방향의 변화를 추적한다. 이 센서들로 3축에 따른 기기의 상대적인 방향, 가속도, 기기의 움직임을 파악할 수 있다.

➤ Sensor.TYPE_ACCELEROMETER: 현재 가속도를 3축의 m/s^2 단위로 반환하는 3축 가속도계. 가속도계는 16장의 뒷부분에서 자세하게 알아본다.

➤ Sensor.TYPE_GYROSCOPE: 기기의 회전 비율을 3축의 rad/s(초당 라디안) 단위로 반환하는 3축 자이로스코프. 기기의 현재 방향을 파악하기 위해 시간에 따른 회전 비율을 통합할 수도 있다. 하지만 다른 센서(주로 가속도계)와 결합해 스무딩과 교정이 적용된 방향 값을 제공하는 것이 더 일반적이다. 16장의 뒷부분에서 세부 내용을 다룬다.

➤ Sensor.TYPE_LINEAR_ACCELERATION: 가속도를 3축의 m/s² 단위로 반환하는 3축 선형 가속도 센서. 중력 센서처럼 선형 가속도계도 가속도계 출력을 사용하는 가상 센서로 구현된다. 이에 따라 선형 가속도를 얻으려면 하이패스(high-pass) 필터를 가속도계 출력에 적용한다.

➤ Sensor.TYPE_ROTATION_VECTOR: 한 축을 중심으로 회전한 각도를 결합해 기기의 방향을 반환한다. 일반적으로는 반환되는 회전 벡터를 회전 행렬로 변환하기 위해 센서 매니저의 getRotationMatrixFromVector 메서드에 입력으로 사용된다. 회전 벡터는 더 부드러운 회전 행렬을 제공하기 위해 대개 가속도계나 자이로스코프 등 여러 센서의 출력을 결합하고 교정하는 가상 센서로 구현된다.

➤ Sensor.TYPE_GEOMAGNETIC_ROTATION_VECTOR: 회전 벡터의 대안으로, 자이로스코프 대신 자기계를 사용하는 가상 센서로 구현된다. 이에 따라 소모 전력은 줄지만 소음이 커져 실외용으로 흔히 사용된다. 안드로이드 4.4(API 레벨 19)에 도입됐다.

➤ Sensor.TYPE_POSE_6DOF: 6자유도의 포즈 센서. 회전 벡터와 비슷하지만 임의의 참조 지점의 추가 델타 변환이 적용된다. 이 센서는 고전력 센서로서 회적 벡터보다 정확하다. 안드로이드 7.0(API 레벨 24)에 도입됐다.

➤ Sensor.TYPE_MOTION_DETECT: 최대 레이턴시가 5초일 때 기기가 최소 5초 동안 움직이고 있는지 파악해 1.0이라는 값을 반환하는 가상 센서. 안드로이드 7.0(API 레벨 24)에 도입됐다.

➤ Sensor.TYPE_STATIONARY_DETECT: 최대 레이턴시가 5초일 때 기기가 최소 5초 동안 가만히 있는지 파악해 1.0이라는 값을 반환하는 가상 센서. 안드로이드 7.0(API 레벨 24)에 도입됐다.

➤ Sensor.TYPE_SIGNIFICANT_MOTION: 기기의 큰 움직임이 감지되면 트리거되고 더 이상의 결과를 받지 않도록 스스로 비활성화되는 일회성 센서. 기기가 잠자기 상태일 때도 계속 변화를 모니터링하다 동작이 감지되면 기기를 깨운다는 의미에서 일명 '깨우기 센서'라고도 한다. 안드로이드 4.3(API 레벨 18)에 도입됐다.

신체 센서와 운동 센서

시계나 피트니스 모니터 등 안드로이드 웨어를 비롯한 기기를 통해 사용할 수 있는 새 하드웨어가 속속들이 선보이면서 새로운 외부 센서 또한 사용되고 있다. 그중에서도 신체 센서는 사용자의 신체에 직접 부착되거나 가까이 배치돼 심장 박동, 심장 박동수, 걸음 수와 같은 신체 및 건강 데이터를 측정할 수 있다.

➤ Sensor.TYPE_HEART_BEAT: 심장 박동을 모니터링해 ECG 신호의 QRS파에서 양성 피크에 해당하는 피크 심장 박동이 감지될 때마다 단일 값을 반환하는 센서. 안드로이드 7.0(API 레벨 24)에 도입됐다.

➤ Sensor.TYPE_HEART_RATE: 사용자의 심장 박동수에 해당하는 단일 값을 bpm(분당 심장 박동수) 단위로 반환하는 심장 박동수 모니터링 센서. 안드로이드 4.4(API 레벨 20)에 도입됐다.

➤ Sensor.TYPE_LOW_LATENCY_OFFBODY_DETECT: 웨어러블 기기가 사용자의 신체에 부착된 상태에서 부착되지 않은 상태로 전환될 때마다 단일 값을 반환한다. 안드로이드 8.0(API 레벨 26)에 도입됐다.

➤ Sensor.TYPE_STEP_COUNTER: 기기의 마지막 재시동 이후 감지한 누적 걸음 수를 반환한다. 이 센서는 오랜 시간 동안 끊임없이 걸음을 추적하기 위해 저전력 하드웨어 센서로 구현된다. 지금까지 설명한 다른 센서와 달리 이 센서는 앱이 백그라운드에 있는 동안에도 계속 걸음 수를 계산해야 한다면 액티비티가 중지될 때 등록을 취소해서는 안 된다. 안드로이드 4.4(API 레벨 19)에 도입됐다.

➤ Sensor.TYPE_STEP_DETECTOR: 걸음이 감지될 때마다 발이 지면에 닿았다는 의미로 1.0이라는 단일 값을 반환한다. 걸음 수를 추적에는 걸음 수 센서가 더 적합하다. 안드로이드 4.4(API 레벨 19)에 도입됐다.

16.1.3 센서 찾기와 식별하기

특정 센서가 호스트 기기에서 사용할 수 있는지를 파악할 때는 센서 매니저의 getDefaultSensor 메서드를 사용해 해당 Sensor.TYPE_ 상수를 전달한다. 해당 종류의 센서를 사용할 수 없을 때는 null이 반환되고, 하나 이상의 센서를 사용할 수 있을 때는 기본 구현이 반환된다.

코드 16-1에서는 대기압 센서를 사용할 수 있는지 파악한다.

코드 16-1 센서를 사용할 수 있는지 파악하기

```
SensorManager sensorManager
  = (SensorManager) getSystemService(Context.SENSOR_SERVICE);

if (sensorManager.getDefaultSensor(Sensor.TYPE_PRESSURE) != null){
  // TODO 기압계를 사용할 수 있다.
```

```
} else {
  // TODO 기압계를 사용할 수 없다.
}
```

참고

애플리케이션이 기능하기 위해 센서가 필요한 경우에는 해당 기능을 애플리케이션 매니페스트에
지정해야 한다. 관련 내용은 4장 '안드로이드 매니페스트, 그래들 빌드 파일 정의하기 및 리소스
외부화하기'에서 설명했다.

그 직관적인 이름처럼 getDefaultSensor 메서드는 지정된 종류의 '기본' 센서를 반환한다. 따라
서 일부 안드로이드 기기에는 지정된 종류의 독립적인 하드웨어 센서 또는 가상 센서가 여럿
탑재됐다는 사실에 유의해야 한다.

호스트 플랫폼에서 사용할 수 있는 모든 센서를 파악하려면 센서 매니저에 getSensorList 메서
드를 사용한다. 이때 센서 리스트를 반환하도록 센서 종류, 즉 Sensor.TYPE_ALL을 전달한다.

```
List<Sensor> allSensors = sensorManager.getSensorList(Sensor.TYPE_ALL);
```

사용할 수 있는 특정 종류의 센서 전부를 파악하려면 파악하려면 센서 상수들을 사용해 해
당 센서의 종류를 가리킨다. 예를 들어 다음은 사용 가능한 모든 자이로스코프를 반환하는
코드다.

```
List<Sensor> gyroscopes = sensorManager.getSensorList(Sensor.TYPE_GYROSCOPE);
```

관례상 어떤 하드웨어 센서 구현도 리스트 맨 위에 반환되고, 그 뒤를 가상 구현이 잇는다(관
례다). 안드로이드 5.0(API 레벨 21) 이후 기본 센서는 이 리스트에서 깨우기 센서가 아닌 첫 번
째 센서가 됐다(정의에 따라 깨우기 센서를 특정했다면 예외다). 깨우기 센서와 '안' 깨우기 센서의
다른 점은 16.1.5 '깨우기 센서와 '안' 깨우기 센서'에서 알아본다.

다음처럼 센서 종류와 구체적으로 깨우기 센서를 요구한다고 나타내는 불리언 값, 이렇게 두
가지를 받는 getDefaultSensor의 오버로드 구현을 사용할 수도 있다.

```
Sensor wakeupProximitySensor =
  sensorManager.getDefaultSensor(Sensor.TYPE_PROXIMITY, TRUE);
```

안드로이드 7.0 누가(API 레벨 24)에서는 주로 안드로이드 사물 플랫폼을 지원할 목적으로 '동적' 센서라는 개념을 도입했다. 동적 센서는 기존 센서와 비슷하게 작동하지만 런타임에 연결/분리될 수 있다는 점이 다르다.

현재 호스트 기기에 동적 센서를 사용할 수 있는지 파악할 때는 센서 매니저의 isDynamicSensorDiscoverySupported 메서드를 사용한다. 특정 센서가 동적인지 파악하려면 isDynamicSensor 메서드를 호출해야 한다.

사용 가능한 동적 센서들의 리스트를 반환하려면 모든 센서를 반환할 때처럼 getDynamicSensorList을 사용한다. 이때 Sensor.TYPE_ALL을 지정해 모든 동적 센서를 반환하거나 특정 센서 종류에 해당하는 상수를 반환한다.

```
if (sensorManager.isDynamicSensorDiscoverySupported()) {
  List<Sensor> allDynamicSensors
    = sensorManager.getDynamicSensorList(Sensor.TYPE_ALL);
    // TODO 동적 센서 리스트로 뭔가를 한다.
}
```

동적 센서는 런타임에 추가되거나 제거될 수 있기 때문에 getDynamicSensor 호출의 결과는 앱이 실행 중일 때도 바뀔 수 있다.

동적 센서의 추가 또는 제거를 추적하려면 DynamicSensorCallback을 구현하고, 이를 다음 조각 코드처럼 센서 매니저에 등록해야 한다.

```
SensorManager.DynamicSensorCallback dynamicSensorCallback =
  new SensorManager.DynamicSensorCallback() {
  @Override
  public void onDynamicSensorConnected(Sensor sensor) {
    super.onDynamicSensorConnected(sensor);
    // TODO 연결된 새 센서에 응답한다.
  }

  @Override
  public void onDynamicSensorDisconnected(Sensor sensor) {
    super.onDynamicSensorDisconnected(sensor);
    // TODO 분리된 센서에 응답한다.
  }
};

sensorManager.registerDynamicSensorCallback(dynamicSensorCallback);
```

16.1.4 센서 성능 파악하기

지정된 센서 종류에 여러 센서 구현이 존재한다면 반환받은 센서 가운데 어느 것을 사용할지 결정하기 위해 반환받은 센서들을 조회하고 그 성능을 서로 비교해야 한다.

센서마다 그 이름과 사용 시 전력량(mA), 최소 지연 레이턴시(두 연속적인 이벤트 간 밀리초 단위의 최소 지연 시간), 최대 범위 및 해상도(반환 값의 단위로), 모듈 버전, 벤더 문자열을 보고한다.

```
String name = sensor.getName();
float power = sensor.getPower();
float maxRange = sensor.getMaximumRange();
float resolution = sensor.getResolution();
float minLatency = sensor.getMinDelay();
int version = sensor.getVersion();
String vendor = sensor.getVendor();

Log.d(TAG, "Sensor " + name + " (" + vendor + ":" + version +
        ") Power:" + power + ", Range: " + maxRange +
        ", Resolution: " + resolution + ", Latency: " + minLatency);
```

목적에 가장 잘 부합하는 구현을 활용하려면 사용 가능한 센서들을 검사하고 실험해 보는 것이 좋다. 많은 경우에 스무딩이나 필터링, 교정 등이 적용된 가상 센서가 기본 하드웨어 센서보다 애플리케이션에 더 나은 결과를 제공한다.

다음은 최대 범위가 가장 높고 전력 요구량은 가장 낮은 광센서를 선택하는 조각 코드다.

```
List<Sensor> lightSensors
  = sensorManager.getSensorList(Sensor.TYPE_LIGHT);

Sensor bestLightSensor
  = sensorManager.getDefaultSensor(Sensor.TYPE_LIGHT);

if (bestLightSensor != null)
  for (Sensor lightSensor : lightSensors) {
    float range = lightSensor.getMaximumRange();
    float power = lightSensor.getPower();

    if (range >= bestLightSensor.getMaximumRange())
      if (power < bestLightSensor.getPower() ||
          range > bestLightSensor.getMaximumRange())
        bestLightSensor = lightSensor;
  }
```

안드로이드 5.0 롤리팝(API 레벨 21)부터는 최대 지연 레이턴시를 찾아 센서가 지원하는 가장 적은 횟수를 반환할 수 있다. 대개 가장 적은 횟수는 배치 FIFO(First-In First-Out) 큐가 꽉 찼을 때에 해당한다. 0이나 음수가 반환되면 무시한다.

```
float maxLatency = sensor.getMaxDelay();
```

API 레벨 21에서는 센서마다 보고 모드라는 개념도 도입했다. 센서의 getReportingMode 메서드를 호출해 그 결과의 보고 방식을 결정할 수 있다. 다음 반환 상수들 중 하나로 표현된다.

➤ REPORTING_MODE_CONTINUOUS: 이벤트는 일정 비율로 반환된다. 이 비율은 리스너를 등록할 때 사용한 비율 매개변수로 정의한다(이어지는 절에서 설명한다).

➤ REPORTING_MODE_ON_CHANGE: 이벤트는 값이 변경될 때만 반환된다. 이때 이 값은 리스너를 등록할 때 사용한 비율 매개변수보다 낮게 제한된다.

➤ REPORTING_MODE_ONE_SHOT: 이벤트는 감지될 때 한 번만 보고된다. 이런 종류의 센서를 모니터링할 때는 이벤트 리스너 대신 트리거 리스너를 요청한다. 이어지는 절에서 설명한다.

➤ REPORTING_MODE_SPECIAL_TRIGGER: 연속적이지 않고 일회적이지 않으며 무엇이 바뀌었다고 트리거되지 않는 센서에 사용된다. 예를 들어 걸음 수 감지기는 걸음이 감지되면 결과를 반환한다.

16.1.5 깨우기 센서와 '안' 깨우기 센서

일반적으로는 애플리케이션이 켜짐 잠금(wake lock) 상태에 있지 않으면 사용자 상호 작용이 없는 동안 시스템의 애플리케이션 프로세서는 저전력 대기 모드로 진입해 배터리를 보존한다 (켜짐 잠금은 프로세서의 활성 상태를 강제할 때 사용된다).

프로세서가 저전력 모드로 진입하면 '안' 깨우기 센서는 전력을 계속 소모하며 이벤트를 만들어 내지만 애플리케이션에서 이벤트들을 받고 처리하도록 프로세서를 깨우지는 '않는다.' 한편 이벤트들은 하드웨어 FIFO 데이터 큐로 들어간다(사용할 수 있는 큐가 있을 때).

큐가 최대 크기에 도달하면(큐가 꽉 차면) 오래된 이벤트들이 제거된다. 다시 말해, 배터리를 희생해 가며 그간 모은 데이터가 사라질 수도 있다. 이에 따라 센서 결과를 액티비티의 onResume과 onPause 메서드 안에서 시작하고 중지하는 것이 좋다. 그래야만 '안' 깨우기 센서는 액티비티가 활성 상태일 때만 전력을 끌어다 쓴다.

이와 반대로 깨우기 센서는 FIFO 버퍼가 꽉 차면 또는 업데이트 요청 시 지정한 최대 레이턴 시에 도달하면 프로세서를 '깨운다.' 프로세서를 깨우면 배터리 사용량이 현저하게 증가한다. 따라서 지정한 레이턴시가 클수록 센서 사용으로 인한 배터리 영향은 낮아진다. 업데이트를 요청하는 프로세스는 이어지는 절에서 설명한다.

특정 센서가 깨우기 센서인지 파악할 때는 isWakeupSensor 메서드를 사용한다.

```
boolean isWakeup = sensor.isWakeUpSensor();
```

한편 maxFifoEventCount 메서드를 사용하면 센서의 최대 FIFO 큐 크기를 알 수 있다.

16.1.6 센서의 결과 모니터링하기

센서가 관찰한 값들을 어떻게 모니터링하느냐는 그 센서의 보고 방식에 따라 달라진다.

센서들은 대개 결과를 끊임없이 보고하거나 어떤 변화 감지 시 또는 특별한 트리거 발생 시 보고한다. 이 센서 이벤트들을 받으려면 SensorEventListener를 구현하고 센서 매니저의 registerListener 메서드를 사용해 등록해야 한다.

onSensorChanged 핸들러를 오버라이드해 새 센서 값을 받고, onAccuracyChanged를 오버라이드해 센서의 정확도 변화에 응답한다. 코드 6-2는 이를 나타낸 것이다.

코드 16-2 센서 이벤트 리스너 기본 코드

```
final SensorEventListener mySensorEventListener = new SensorEventListener() {
  public void onSensorChanged(SensorEvent sensorEvent) {
    // TODO 새 센서 결과에 응답한다.
  }

  public void onAccuracyChanged(Sensor sensor, int accuracy) {
    // TODO 센서 정확도의 변화에 응답한다.
  }
};
```

onSensorChanged 메서드가 받은 SensorEvent 매개변수에는 센서 이벤트에 해당하는 다음 네 가지 프로퍼티가 제공된다.

- ➤ sensor: 이벤트를 트리거한 센서 객체
- ➤ accuracy: 이벤트 발생 시 센서의 정확도(아래 설명 참고)
- ➤ values: 관찰된 새 값의 플로트 배열. 이어지는 절에서 각 센서 종류에 반환된 값들을 설명한다.
- ➤ timestamp: 센서 이벤트가 발생한 나노초 단위의 시간

센서 정확도의 변화는 onAccuracyChanged 메서드를 사용해 센서마다 따로 모니터링할 수 있다.

지금 설명한 두 핸들러에서 accuracy 값은 센서의 정확도를 나타내며, 다음 센서 매니저 상수 중 하나가 사용된다.

- ➤ SENSOR_STATUS_ACCURACY_LOW: 낮은 정확도를 나타내며, 보고 결과를 보정해야 한다(calibration).
- ➤ SENSOR_STATUS_ACCURACY_MEDIUM: 평균적인 정확도를 나타내며, 보고 결과를 보정해 정확도를 높일 수 있다.
- ➤ SENSOR_STATUS_ACCURACY_HIGH: 가장 높은 정확도를 나타낸다.
- ➤ SENSOR_STATUS_UNRELIABLE: 데이터를 신뢰할 수 없다. 보고 결과를 보정해야 하며, 보정되지 않은 측정값을 그대로 사용할 수 없다.
- ➤ SENSOR_STATUS_NO_CONTACT: 센서가 측정 대상에서 분리됐기 때문에(예 심장 박동 수 모니터가 사용자에 연결되지 않음) 센서 데이터를 신뢰할 수 없다.

센서 이벤트를 주시하려면 센서 이벤트 리스너를 센서 매니저에 등록하고, 관찰할 센서와 최소 업데이트 횟수를 마이크로초 단위로 또는 코드 16-3처럼 SensorManager.SENSOR_DELAY_ 상수 중 하나를 사용해 지정한다.

코드 16-3 센서 이벤트 리스너 등록하기

```
Sensor sensor = sensorManager.getDefaultSensor(Sensor.TYPE_PROXIMITY);
sensorManager.registerListener(mySensorEventListener,
                               sensor,
                               SensorManager.SENSOR_DELAY_NORMAL);
```

선택한 비율은 구속력이 없다. 다시 말해, 센서 매니저는 지정한 것보다 더 빠르게 또는 더 느리게 결과를 반환할 수도 있다. 다만, 더 빠르게 반환하는 경향이 짙다. 애플리케이션에서 센

서를 사용하기 위한 리소스 대가를 최소화하려면 가장 느린 비율을 선택하는 것이 최선이다.

애플리케이션이 더 이상 업데이트를 받지 않으면 센서 이벤트 리스너를 등록 해지해야 한다.

```
sensorManager.unregisterListener(mySensorEventListener);
```

안드로이드 4.4 킷캣(API 레벨 19)에서는 코드 16-4처럼 오버로드되는 registerListener 메서드를 도입했다. 이에 따라 최대 보고 레이턴시를 지정해 핸들러로 반환될 때까지 이벤트가 지연 되는 최장 시간을 마이크로초 단위로 나타낼 수 있다.

코드 16-4 최대 레이턴시로 센서 이벤트 리스너 등록하기

```
Sensor sensor = sensorManager.getDefaultSensor(Sensor.TYPE_PROXIMITY);
sensorManager.registerListener(mySensorEventListener,
                               sensor,
                               SensorManager.SENSOR_DELAY_NORMAL,
                               10_000_000);
```

보고 레이턴시를 크게 지정해야 깨우기 센서를 사용할 때 배터리 사용량을 줄일 수 있어 효과적이다.

급격한 모션 센서와 같은 일회성 센서의 경우에는 센서 이벤트 리스너 대신 TriggerEvent Listener를 구현하고 코드 16-5처럼 onTrigger 핸들러를 오버라이드해 업데이트를 모니터링하는 것이 좋다.

코드 16-5 트리거 이벤트 리스너 기본 코드

```
TriggerEventListener triggerEventListener = new TriggerEventListener() {
  @Override
  public void onTrigger(TriggerEvent event) {
    // TODO 트리거 이벤트에 응답한다.
  }
};
```

onTrigger 핸들러가 받은 TriggerEvent 매개변수에는 각 트리거 이벤트에 해당하는 다음 프로퍼티들도 포함된다.

➤ sensor: 이벤트를 트리거한 센서 객체

➤ values: 관찰된 새 값의 플로트 배열. 이어지는 절에서 각 센서 종류에 반환된 값들을 설명한다.

➤ **timestamp**: 센서 이벤트가 발생한 나노초 단위의 시간

센서 이벤트를 주시하려면 트리거 이벤트 리스너를 센서 매니저에 등록하고 코드 16-6처럼 관찰할 센서를 지정해야 한다.

코드 16-6 트리거 이벤트 리스너 등록하기

```
Sensor sensor = sensorManager.getDefaultSensor(Sensor.TYPE_SIGNIFICANT_MOTION);
sensorManager.requestTriggerSensor(triggerEventListener, sensor);
```

변화하는 값에 따라 이벤트들을 쉴 새 없이 전달하는 '계속' 센서나 '변화 시' 센서와 달리 일회성 센서는 이벤트를 한 번만 반환한다. 일회성 센서는 트리거 조건을 감지하면 트리거 이벤트 리스너를 시작하고 곧바로 센서가 요청하는 트리거를 자동으로 취소한다.

같은 센서로부터 트리거 이벤트를 추가로 받으려면 requestTriggerSensor를 다시 호출해야 한다. 한편 트리거 이벤트를 받지 않았고 애플리케이션에서도 더 이상 여기에 응답할 이유가 없다면 트리거 이벤트 리스너를 수동으로 취소하는 것이 좋다.

```
sensorManager.cancelTriggerSensor(triggerEventListener, sensor);
```

안드로이드 7.0 누가(API 레벨 24)부터는 센서가 그 정확도 상태와 값 이상의 정보를 반환하도록 했다. isAdditionalInfoSupported 메서드를 사용하면 센서가 이 추가 정보를 보고할 수 있는지 파악할 수 있다.

센서가 센서 추가 정보를 반환할 수 있으면 새 SensorEventCallback을 사용할 수 있다. 이 콜백은 추가 콜백 핸들러가 함께 제공되는 센서 이벤트 리스너의 확장판이며, 코드 16-7은 그 기본 코드다.

코드 16-7 센서 추가 정보를 받기 위한 센서 이벤트 콜백 등록하기

```
SensorEventCallback sensorEventCallback = new SensorEventCallback() {
    @Override
    public void onSensorChanged(SensorEvent event) {
        super.onSensorChanged(event);
        // TODO 센서의 변화를 모니터링한다.
    }

    @Override
    public void onAccuracyChanged(Sensor sensor, int accuracy) {
    vsuper.onAccuracyChanged(sensor, accuracy);
```

```
    // TODO 센서 정확도의 변화에 응답한다.
  }

  @Override
  public void onFlushCompleted(Sensor sensor) {
    super.onFlushCompleted(sensor);
    // 이 센서의 FIFO를 비웠다.
}

  @Override
  public void onSensorAdditionalInfo(SensorAdditionalInfo info) {
    super.onSensorAdditionalInfo(info);
    // TODO 추가 센서 정보를 모니터링한다.
  }
};

sensorManager.registerListener(sensorEventCallback, sensor,
                        SensorManager.SENSOR_DELAY_NORMAL);
```

센서 이벤트 콜백의 onSensorChanged와 onAccuracyChanged 핸들러의 작동 방식은 앞서 설명한 센서 이벤트 리스너와 동일하다. 여기에 추가로 onFlushCompleted와 onSensor AdditionalInfo 핸들러를 오버라이드할 수 있다.

센서 매니저의 flush 메서드가 호출되고 완료될 때 그 알림을 받으려면 onFlushCompleted 핸들러를 사용해야 한다.

```
sensorManager.flush(sensorEventCallback);
```

이 메서드는 호출되면 센서 이벤트 리스너에 연동되는 센서의 FIFO를 비운다. 따라서 센서의 FIFO 큐에 현재 이벤트가 있으면 지정된 최대 보고 레이턴시가 만료된 것처럼 리스너에게로 반환된다.

onSensorAdditionalInfo 핸들러는 센서의 현재 상태에 관한 추가 정보가 포함되는 Sensor AdditionalInfo 객체를 반환한다. 이때 추가 정보는 다음과 같다.

➤ intValues와 floatValues: 센서의 페이로드(payload) 값이 포함되는 정수 배열과 플로트 배열. 해당 정보의 타입으로 나타낸다.

➤ type: 센서는 여러 타입의 추가 센서 정보를 반환할 수 있다. 이 정보는 데이터 프레임 안에서 서로 비슷한 것끼리 묶인다. 각 프레임은 TYPE_FRAME_BEGIN과 TYPE_ FRAME_END 타입으로 묶이며, 이들 사이에 여러 추가 타입의 데이터가 반환되고,

그 결과는 정수 배열이나 플로트 배열로 사용할 수 있다. 반환받은 현재 데이터는 type 값으로 식별되며, 다음 중 하나에 해당한다.

- **TYPE_FRAME_BEGIN**과 **TYPE_FRAME_END**: 이 프레임의 추가 정보에서 시작과 끝을 표시한다.

- **TYPE_INTERNAL_TEMPERATURE**: 센서 내부 온도. floatValues 배열의 첫 번째 값으로 반환되며, 단위는 섭씨다.

- **TYPE_SAMPLING**: 플로트 배열의 첫 번째 값으로 반환되는 초 단위의 원시 샘플링 주기 그리고 표준편차로 반환되는 샘플 시간 지터(time-jitter)의 추정값(플로트 배열에서 두 번째 값)

- **TYPE_SENSOR_PLACEMENT**: 기기의 기하 센서를 기준으로 한 센서의 물리적인 위치와 각도. 플로트 배열의 처음 12개의 값으로 구성되는 동차 행렬(homogeneous matrix)로 반환된다.

- **TYPE_UNTRACKED_DELAY**: 데이터 처리(필터링 또는 스무딩)에 사용되는 센서 결과의 지연. 센서 이벤트의 타임스탬프로는 고려되지 않는다. 플로트 배열의 첫 번째 값이 지연 추정값이며, 두 번째 값이 지연 추정값의 표준편차 추정값이다.

- **TYPE_VEC3_CALIBRATION**: 벡터 보정(calibration) 매개변수. 이 보정은 3요소 벡터 출력 센서에 적용된다. 플로트 배열의 처음 12개의 값으로 구성되는 동차 행렬을 반환하며, 이를 통해 회전, 축소 및 확대, 전단, 이동 등의 선형 변환을 나타낸다.

➤ **serial**: 프레임 안에서 반환되는 정보 타입마다 일련번호가 매겨진다. 이 번호로 프레임 내 시퀀스 번호를 식별한다.

센서는 새 센서 값마다 여러 타입의 센서 추가 정보 값을 반환할 수도 있다. 이 값들을 프레임이라 부른다. 이에 따라 onSensorAdditionalInfo 핸들러는 onSensorChanged 트리거마다 여러 번 트리거될 수 있다.

16.1.7 센서 값 해석하기

onSensorChanged 핸들러에 반환되는 센서 이벤트 매개변수의 values 배열의 길이나 구성은 모니터링되는 센서의 종류에 따라 다르다. 세부 내용은 표 16-1에서 찾아볼 수 있다. 표의 내용보다 자세한 가속도계, 방향, 자기장, 자이로스코프, 환경 센서와 관련된 설명은 이어지는 절들에서 찾아볼 수 있다.

참고

안드로이드 문서에는 d.android.com/reference/android/hardware/SensorEvent.html에 센서
종류마다 반환하는 값들이 자세하게 설명돼 있다.

◑ 표 16-1 센서의 반환 값

센서 유형	값 개수	값 구성	설명
TYPE_ACCELEROMETER	3	value[0]: X축(lateral) value[1]: Y축 (longitudinal) value[2]: Z축(vertical)	m/s^2 단위의 3축 가속도. 중력으로 인한 가속도를 포함한다.
TYPE_GRAVITY	3	value[0]: X축(lateral) value[1]: Y축 (longitudinal) value[2]: Z축(vertical)	m/s^2 단위의 3축 중력. 센서 매니저에는 SensorManager.GRAVITY_ 형태의 중력 상수도 제공된다.
TYPE_RELATIVE_ HUMIDITY	1	value[0]: 상대 습도	% 단위의 상대 습도
TYPE_LINEAR_ ACCELERATION	3	value[0]: X축(lateral) value[1]: Y축 (longitudinal) value[2]: Z축(vertical)	중력을 배제한 m/s^2 단위의 3축 선형 가속도
TYPE_GYROSCOPE	3	value[0]: X축 value[1]: Y축 value[2]: Z축	rad/s 단위의 3축 회전 비율
TYPE_ROTATION_ VECTOR와 TYPE_GEOMAGNETIC_ ROTATION_VECTOR	4	values[0]: x*sin(θ/2) values[1]: y*sin(θ/2) values[2]: z*sin(θ/2) values[3]: cos(θ/2) values[4]: 예상 헤딩 정확도(단위: 라디안)	축을 중심으로 회전각을 나타내는 기기의 방향(단위: 도) 세 번째 값은 옵션이며, 네 번째 값은 API 18까지 사용할 수 없다. 두 값은 현재 항상 반환된다.
TYPE_MAGNETIC_ FIELD	3	value[0]: X축(lateral) value[1]: Y축 (longitudinal) value[2]: Z축(vertical)	3축 자기장(단위: μT)
TYPE_LIGHT	1	value[0]: 조도	럭스 단위(lx)로 측정되는 주변광. 센서 매니저에는 SensorManager.LIGHT_ 형태의 표준 조도에 해당하는 상수들이 제공된다.

센서 유형	값 개수	값 구성	설명
TYPE_PRESSURE	1	value[0]: 대기압	밀리바/헥토파스칼(hPa) 단위로 측정되는 대기압
TYPE_PROXIMITY	1	value[0]: 거리	센티미터 단위로 측정되는 대상까지 거리. 일부 센서들은 '멀다'와 '가깝다'에 해당하는 이진 값만 반환할 수 있다. '멀다'는 최대 범위로, '가깝다'는 그보다 작은 값으로 표현된다.
TYPE_AMBIENT_TEMPERATURE	1	value[0]: 온도	섭씨 단위로 측정되는 온도
TYPE_POSE_6DOF	15	value[0]: $x*\sin(\theta/2)$ value[1]: $y*\sin(\theta/2)$ value[2]: $z*\sin(\theta/2)$ value[3]: $\cos(\theta/2)$ value[4]: 임의의 원점으로부터의 x축 해석 value[5]: 임의의 원점으로부터의 y축 해석 value[6]: 임의의 원점으로부터의 z축 해석 value[7]: 델타 쿼터니언 회전 $x*\sin(\theta/2)$ value[8]: 델타 쿼터니언 회전 $y*\sin(\theta/2)$ value[9]: 델타 쿼터니언 회전 $z*\sin(\theta/2)$ value[10]: 델타 쿼터니언 회전 $\cos(\theta/2)$ value[11]: x축 델타 해석 value[12]: y축 델타 해석 value[13]: z축 델타 해석 value[14]: 시퀀스 번호	사원수(쿼터니언)로 표현되는 회전과 SI 단위로 표현되는 해석. 이전 포즈 이후 포즈의 변화를 나타내는 회전 및 해석도 포함된다.
TYPE_STATIONARY_DETECT	1	value[0]: 1.0	최소 5초 동안 기기가 정지된 상태임을 나타내는 이벤트
TYPE_MOTION_DETECT	1	value[0]: 1.0	최소 5초 동안 기기가 움직이는 상태임을 나타내는 이벤트
TYPE_HEART_BEAT	1	value[0]: 교정 신뢰도	연동되는 타임스탬프가 심장 박동 수를 나타내는 ECG 신호의 QRS 양성 피크를 올바로 표현하는 신뢰도(0에서 1까지)

센서 유형	값 개수	값 구성	설명
TYPE_LOW_LATENCY_OFFBODY_DETECT	1	value[0]: 신체 미 부착 상태	기기가 신체에 부착됐는지를 나타낸다. 1.0은 부착 상태, 0.0은 미 부착 상태를 나타낸다.
TYPE_SIGNIFICANT_MOTION	1	value[0]: 1.0	기기가 큰 움직임을 등록했는지 나타내는 이벤트
TYPE_HEART_RATE	1	value[0]: 심장 박동 수	bpm(분당 심장 박동 수) 단위의 심장 박동 수
TYPE_STEP_COUNTER		value[0]: 걸음 수	마지막 기기 재시동 이후 감지된 누적 걸음 수
TYPE_STEP_DETECTOR	1	value[0]: 1.0	발이 지면에 닿는 이벤트

16.2 안드로이드 가상 기기와 에뮬레이터에서 센서 테스트하기

어떤 센서를 사용할 수 있느냐는 기기에 제공되는 물리적인 하드웨어에 절대적인 영향을 받는다. 테스트 목적으로는 안드로이드 가상 기기와 에뮬레이터에 일련의 가상 센서 컨트롤이 제공돼 센서 매니저를 통해 값들을 반환하며 물리적인 하드웨어 센서를 흉내낸다.

에뮬레이터의 센서가 반환하는 값들은 그림 16-1과 같은 확장 컨트롤 화면으로 통해 제어할 수 있다.

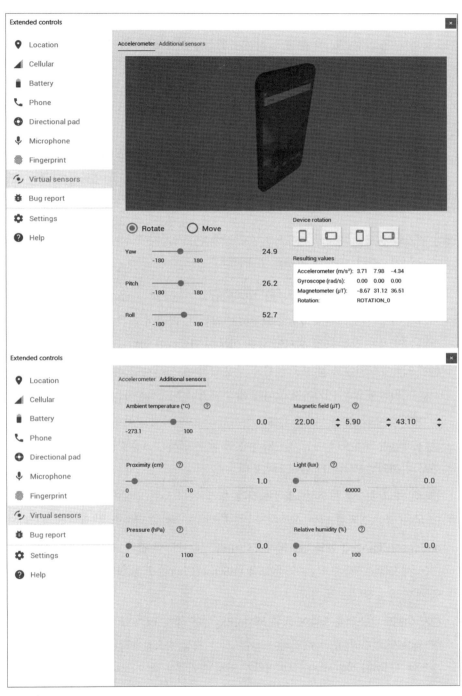

● 그림 16-1

에뮬레이터는 현재 가속도계와 자기계, 회전 벡터 센서 그리고 온도나 근접, 조도, 대기압, 상대 습도 등과 같은 환경 센서를 통해 움직임과 회전을 시뮬레이션할 수 있는 가상 센서를 지원한다.

16.3 센서 다루기의 모범 사례

애플리케이션에서 센서를 사용한다면 믿을 수 없을 정도로 강력한 성능을 발휘할 수 있다. 하지만 모든 것이 그렇듯 강력한 성능에는 그만한 대가가 따른다. 여기서는 주로 배터리 사용량의 증가다.

이번에는 기기의 센서를 최대한 이용하면서도 전반적인 사용자 경험에는 부정적인 영향을 미치지 않을 수 있는 모범 사례 몇 가지를 소개한다.

> **센서를 사용하기 전 작동 여부부터 검증하라**: 안드로이드 프레임워크에서는 안드로이드 기기에 특정 센서를 포함하도록 요구하지 않는다. 따라서 기기마다 폼 팩터나 제조업체마다 개발자가 직접 특정 센서의 사용 여부를 확인해야 한다.
>
> **센서 입력의 대안을 제공하라**: 센서를 사용해 앱에 사용자 입력을 제공할 때는 해당 센서를 지원하지 않는 기기까지 고려해 대안 메커니즘을 제공하는 것이 좋다.
>
> **더 이상 지원되지 않는 센서 종류를 사용하지 마라**: 역사적인 이유든, 하위 호환성 때문이든 프레임워크에는 더 이상 지원되지 않아 더 정확하고 효율적인 대안으로 교체된 센서 종류와 편의성 메서드가 함께 제공된다.
>
> **센서의 보고 횟수를 보수적으로 선택하라**: 항상 가장 느린 업데이트 주기을 선택하라. 앱이 모든 센서 결과를 받아 사용하지 않는다면 그 자체로 리소스 및 배터리 낭비다.
>
> **onSensorChanged 핸들러를 방해하지 마라**: 센서가 새 값을 높은 빈도로 반환한다면 이는 새 결과를 계속 받을 수 있도록 onSensorChanged 핸들러 안에서 진행되는 작업을 제한해야 한다는 뜻이 된다.
>
> **센서 이벤트 리스너를 제때에 등록 해지하라**: 어떤 센서 리스너든 더 이상 데이터를 수집할 필요가 없다면 등록 해지해야 하는 것이 가장 중요한 패턴이다. 센서 데이터가 UI 수정에 사용되는 경우라면 액티비티가 일시 중지됐을 때 리스너를 반드시 등록 해지해야 한다.

16.4 기기의 움직임과 방향 모니터링하기

가속도계나 나침반, 자이로스코프와 같은 센서들은 기기의 방위나 방향, 움직임을 사용한 혁신적인 입력 메커니즘을 가능하게 한다.

특정 센서를 사용할 수 있느냐는 애플리케이션이 실행되는 하드웨어 및 소프트웨어 플랫폼에 따라 달라진다. 70인치 평면 텔레비전을 들고 조작하는 사용자가 있을까? 방향 센서나 움직임 센서가 안드로이드 텔레비전에 탑재되지 않는 이유는 어찌 보면 뻔하다.

움직임 센서나 방향 센서가 앱에 사용된다면 다음과 같은 일을 한다.

- ➤ 기기의 방향 파악하기
- ➤ 방향 변화에 응답하기
- ➤ 움직임이나 가속에 응답하기
- ➤ 기기가 어느 방위를 향하고 있는지 이해하기
- ➤ 움직임, 회전, 가속을 기준으로 제스처 모니터링하기

이와 같은 일들을 통해 애플리케이션에는 새로운 가능성이 열린다. 방향이나 방위, 움직임을 모니터링하면 다음과 같은 일을 할 수 있다.

- ➤ 기기의 방향을 지도나 카메라, 위치 기반 서비스 등과 결합하면 증강 현실 앱을 만들 수 있다.
- ➤ 회전 벡터와 포즈 센서를 사용하면 레이턴시가 낮은 가상현실 애플리케이션을 만들 수 있다.
- ➤ 급격한 가속도를 모니터링해 기기를 떨어뜨리거나 던지고 들어 올리는 경우를 감지한다.
- ➤ 움직임이나 진동을 측정한다.
- ➤ 방향 센서와 선형 가속도 센서를 사용해 물리적인 활동이나 움직임을 모니터링하고 운동량을 추적한다.

16.4.1 기기의 원래 방향 파악하기

기기의 방향을 계산하려면 먼저 원래 방향(초기 방향)을 이해해야 한다. 기기의 원래 방향은 3축의 방향 값이 0인 위치다. 이 방향은 가로 모드 또는 세로 모드지만, 대체로 브랜드 로고의 방향이나 하드웨어 버튼의 위치로 알 수 있다.

일반적인 스마트폰의 원래 방향은 기기 뒷면을 바닥에 대고 윗부분을 정북 쪽으로 맞췄을 때다.

이를 창의적으로 표현하면 제트기 기체 위에 앉아 안드로이드 기기를 기체에 매달고 수평비행을 하는 모습을 생각할 수 있다. 기기의 원래(자연스러운) 방향은 화면이 위쪽 공간을 향하고 기기의 윗부분은 제트기의 앞부분을 가리키며 제트기는 정북 방향을 가리킨다. 이를 그림 16-2로 표현할 수 있다.

◑ 그림 16-2

참고

노파심에서 언급하면 이 예는 표준 프레임을 이해하기 위한 메타포일 뿐이다. 안드로이드 기기에 탑재된 전자 나침반이나 가속도계는 비행 중인 항공기의 방향이나 상하 요동, 좌우 기울기 등을 파악하기에 역부족이다. 더욱이 비행 중인 제트기 동체 위에 앉는다는 것은 상상할 수 없을 정도로 위험하다.

안드로이드는 사용자 편의를 위해 화면 회전을 지원한다. 하지만 표 16-1에서 설명한 센서의 축들은 기기 회전에 따라 함께 변하지 않는다. 따라서 디스플레이 방향과 기기의 방향은 서로 다를 수 있다.

센서 값들은 항상 기기의 원래 방향에 상대적인 값으로 반환된다. 반면 애플리케이션은 디스플레이 방향에 상대적인 현재 방향을 요구한다. 따라서 애플리케이션에서 기기의 방향이나 선형 가속도를 입력으로 사용한다면 센서 입력을 원래 방향과 상대적인 디스플레이 방향에 따라 조정해야 한다. 이는 특히 세로 모드로 출시된 초기 안드로이드 스마트폰에 중요하다. 하지만 안드로이드 기기는 태블릿과 텔레비전까지 그 범위가 확대되면서 가로 모드가 원래 방향인 안드로이드 기기가 많아졌다.

현재 화면의 회전 상태를 파악하려면 코드 16-8처럼 기본 디스플레이 객체에 getRotation 메서드를 사용한다.

코드 16-8 원래 방향에 상대적인 화면 방향 찾기

```
WindowManager wm = (WindowManager)getSystemService(Context.WINDOW_SERVICE);
Display display = wm.getDefaultDisplay();
int rotation = display.getRotation();
switch (rotation) {
  case (Surface.ROTATION_0) : break;    // 원래 방향
  case (Surface.ROTATION_90) : break;   // 왼쪽으로 회전함
  case (Surface.ROTATION_180) : break;  // 위아래가 뒤집힘
  case (Surface.ROTATION_270) : break;  // 오른쪽으로 회전함
  default: break;
}
```

일부 안드로이드는 위아래가 뒤집히는 회전 방식을 지원하지 않는다. 이에 따라 사용자가 스마트폰의 위아래를 뒤집어 들고 있어도 화면이 회전하지 않고 뒤집힌 상태로 표시된다.

16.4.2 가속도계

가속도는 속도의 변화 비율로 정의된다. 다시 말해, 가속도계는 기기의 속도가 특정 방향으로 얼마나 빠르게 변화하는지 측정한다. 가속도계를 사용하면 움직임과 이 움직임의 특정 방향에 대한 속도 변화 비율(선형 가속)을 감지할 수 있다(후자가 더 유용하다).

> **참고**
>
> 가속도계는 중력에 의한 가속도와 움직임을 측정하기 때문에 중력 센서라고도 부른다. 따라서 지구 표면에 수직인 축의 가속도를 감지하는 가속도계의 값은 정지 상태(rest state)에서 $9.8m/s^2$이다(이 값은 SensorManager.STANDARD_GRAVITY 상수로 사용할 수 있다).

일반적으로는 정지 상태나 급격한 움직임(급격한 가속도의 변화로 알 수 있음)을 기준으로 상대적인 가속도 변화가 활용된다. 사용자 입력에 사용되는 제스처가 단적인 예다. 정지 상태에서는 기기를 보정해 초기 가속도를 계산해야 한다. 이는 이후 측정값에 영향을 미친다.

> **참고**
>
> 가속도계로 속도를 측정할 수 없다는 사실에 유의해야 한다. 따라서 가속도계의 값을 읽어 단번에 속도를 측정할 수 있는 방법은 없다. 하지만 가속도를 일정 시간 동안 측정해 통합하면 속도를 계산할 수는 있다. 이 속도를 일정 시간 동안 통합해 계산하면 이동 거리를 측정할 수 있다.

16.4.3 가속도의 변화 감지하기

가속도는 속도의 변화율이다. 여기서 속도는 특정 방향으로 움직이는 속력을 의미한다. 가속도를 통해 사용자가 얼마나 빠르게(또는 느리게) 움직이는지 알 수 있다. 하지만 그 자체로는 현재 속도나 이동 방향에 대한 정보를 제공하지 않는다.

따라서 특정 순간에서 특정 방향의 감속은 그 반대 방향의 가속과 같은 결과를 낸다.

가속도는 다음의 3축으로 측정된다.

> ➤ 왼쪽-오른쪽(lateral)
>
> ➤ 앞-뒤(longitudinal)
>
> ➤ 위-아래(vertical)

센서 매니저는 3축에 따른 가속도계 센서의 변화를 보고한다.

센서 이벤트 리스너의 센서 이벤트 매개변수의 **values** 프로퍼티를 통해 리턴된 센서의 값은 세로, 가로, 세로 방향의 가속도를 이 순서대로 나타낸다.

그림 16-3은 원래 방향으로 부동 상태인 기기의 3방향 가속도 축을 나타낸다. 한 가지 유념할 내용이 있다. 이제부터 기기의 움직임을 그 원래 방향인 가로 모드나 세로 모드에 맞춰 언급한다.

> ➤ **x축**(lateral): 세로 방향(왼쪽-오른쪽)의 가속도. 양의 값은 오른쪽(감속일 때는 왼쪽)을 향한 가속도, 음의 값은 왼쪽(감속일 때는 오른쪽)을 향한 가속도를 나타낸다.
>
> ➤ **y축**(longitudinal): 전방 또는 후방 가속도. 기기의 앞쪽 방향으로 미는 전방 가속도는 양의 값, 후방 가속도는 음의 값으로 나타낸다. 감속은 가속의 반대로 생각하면 된다. 전방 감속은 음의 결과, 후방 감속은 양의 결과로 표현된다.
>
> ➤ **z축**(vertical): 위쪽 또는 아래쪽 가속도. 양의 값은 마치 기기가 양력을 받는 것과 같은 위쪽 가속도를 나타낸다. 기기가 부동 상태일 때 원래 방향인 세로 가속도계는 중력의 결과로 $-9.8m/s^2$을 나타낸다.

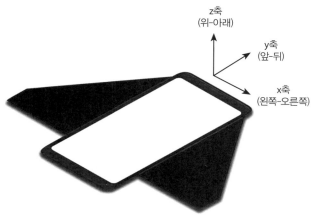

z축
(위-아래)

y축
(앞-뒤)

x축
(왼쪽-오른쪽)

◑ 그림 16-3

앞서 언급한 대로 센서 이벤트 리스너를 사용해 가속도 변화를 모니터링할 수 있다. Sensor EventListener의 구현을 센서 매니저에 등록하고, Sensor.TYPE_ACCELEROMETER 타입의 센서 객체를 사용해 가속도계 업데이트를 요청한다. 코드 16-9에서는 기본 업데이트 주기을 사용해 기본 가속도계를 등록한다.

코드 16-9 가속도계 센서 모니터링하기

```
SensorManager sm = (SensorManager)getSystemService(Context.SENSOR_SERVICE);
int sensorType = Sensor.TYPE_ACCELEROMETER;
sm.registerListener(mySensorEventListener,
                    sm.getDefaultSensor(sensorType),
                    SensorManager.SENSOR_DELAY_NORMAL);
```

센서 리스너에서는 어느 방향이든 가속도가 측정될 때 시작되는 onSensorChanged 메서드를 구현해야 한다.

onSensorChanged 메서드는 3축 가속도의 측정값인 플로트 배열 values 매개변수가 포함되는 SensorEvent를 받는다. 사용자가 기기를 원래 방향으로 들고 있으면 첫 번째 요소는 x축(lateral) 가속도, 두 번째 요소는 y축(앞-뒤, longitudinal) 가속도, 마지막 세 번째 요소는 위-아래(verical) 가속도를 나타낸다. 코드 16-9를 확장한 다음 코드는 이를 나타낸 것이다.

```
final SensorEventListener mySensorEventListener = new SensorEventListener() {
  public void onSensorChanged(SensorEvent sensorEvent) {
    if (sensorEvent.sensor.getType() == Sensor.TYPE_ACCELEROMETER) {
      float xAxis_lateralA = sensorEvent.values[0];
```

```
        float yAxis_longitudinalA = sensorEvent.values[1];
        float zAxis_verticalA = sensorEvent.values[2];
        // TODO apply 가속도의 변화를 애플리케이션에 적용한다.
      }
    }

    public void onAccuracyChanged(Sensor sensor, int accuracy) {}
};
```

16.4.4 중력 측정기 만들기

이어지는 예에서는 가속도계를 사용해 자신에 가해진 현재 힘을 파악함으로써 중력을 측정할
수 있는 간단한 장치를 만든다.

부동 상태의 장치에 가해지는 가속도 힘은 지구 중심을 향하는 $9.8m/s^2$이다. 이번 예에서는
SensorManager.STANDARD_GRAVITY 상수를 사용해 중력을 상쇄한다. 만일 다른 행성에
가서 이 애플리케이션을 사용한다면 적절한 대체 중력 상수를 사용해야 한다.

1. 새 프로젝트를 생성한다. 액티비티 템플릿은 Empty Activity로 선택하고, 프로젝
   트 이름은 GForceMeter로 하며, Minimum API Level은 API 16: Android 4.1 (Jelly
   Bean)으로 선택한다. 또한 기본으로 선택된 'Use androidx.* artifacts'의 체크를 해
   제하자(androidx의 자세한 내용은 '2.2.5 androidx와 지원 라이브러리' 참고). [Finish] 버튼
   을 눌러서 프로젝트 생성이 끝나면 프로젝트 도구 창에서 MainActivity의 이름을
   ForceMeterActivity로 변경하자. 또한 프로젝트를 생성할 때 자동으로 생성된 activity_
   main.xml의 이름을 activity_force_meter.xml로 변경한다. 편집기 창에 열린 activity_
   force_meter.xml을 선택하고 밑에 있는 Text 탭을 클릭하여 텍스트 모드로 변경한다.
   그리고 다음 XML로 모두 교체한다. 여기서는 현재 중력과 최대 측정 중력을 나타내
   는 큰 볼드체 텍스트 두 개를 가운데로 정렬해 보여준다.

```
<?xml version="1.0" encoding="utf-8"?>
<LinearLayout
  xmlns:android="http://schemas.android.com/apk/res/android"
  android:orientation="vertical"
  android:layout_width="match_parent"
  android:layout_height="match_parent">
  <TextView
    android:id="@+id/acceleration"
    android:gravity="center"
    android:layout_width="match_parent"
```

```
        android:layout_height="wrap_content"
        android:textStyle="bold"
        android:textSize="32sp"
        android:text="Current Acceleration"
        android:layout_margin="10dp"/>
    <TextView
        android:id="@+id/maxAcceleration"
        android:gravity="center"
        android:layout_width="match_parent"
        android:layout_height="wrap_content"
        android:textStyle="bold"
        android:textSize="40sp"
        android:text="Maximum Acceleration"
        android:layout_margin="10dp"/>
</LinearLayout>
```

2. ForceMeterActivity에 텍스트 뷰와 센서 매니저의 참조를 저장할 인스턴스 변수를 추가한다. 그리고 감지된 현재 및 최대 가속도 값을 저장할 변수도 추가한다.

```
...
public class ForceMeterActivity extends AppCompatActivity {

    private SensorManager mSensorManager;
    private TextView mAccelerationTextView;
    private TextView mMaxAccelerationTextView;
    private float mCurrentAcceleration = 0;
    private float mMaxAcceleration = 0;

    ...
}
```

3. 중력으로 인한 가속도를 나타낼 보정 상수를 2번 단계의 변수 바로 다음에 추가한다.

```
private final double calibration = SensorManager.STANDARD_GRAVITY;
```

4. 각 축을 따라 감지한 가속도의 총합을 계산하고 중력으로 인한 가속도를 상쇄할 Sensor EventListener 인터페이스를 구현한다. 이 리스너는 감지된 가속도가 변할 때마다 현재 (그리고 최대) 가속도를 변경해야 한다. 다음 코드를 ForceMeterActivity에 추가한다.

```
private final SensorEventListener mSensorEventListener
    = new SensorEventListener() {

    public void onAccuracyChanged(Sensor sensor, int accuracy) { }
```

```
public void onSensorChanged(SensorEvent event) {
    double x = event.values[0];
    double y = event.values[1];
    double z = event.values[2];

    double a = Math.round(Math.sqrt(Math.pow(x, 2) +
                                    Math.pow(y, 2) +
                                    Math.pow(z, 2)));
    mCurrentAcceleration = Math.abs((float)(a - calibration));

    if (mCurrentAcceleration > mMaxAcceleration) {
        mMaxAcceleration = mCurrentAcceleration;
    }
  }
};
```

5. 텍스트 뷰 2개와 센서 매니저의 참조를 얻도록 onCreate 메서드를 변경한다.

```
@Override
protected void onCreate(Bundle savedInstanceState) {
  super.onCreate(savedInstanceState);
  setContentView(R.layout.activity_force_meter);

  mAccelerationTextView = findViewById(R.id.acceleration);
  mMaxAccelerationTextView = findViewById(R.id.maxAcceleration);
  mSensorManager =
    (SensorManager) getSystemService(Context.SENSOR_SERVICE);
}
```

6. 오버라이드된 onResume 핸들러를 ForceMeterActivity에 추가한다. 이 메서드에서는
   SensorManager를 사용해 가속도계 업데이트를 위한 새 리스너를 등록한다.

```
@Override
protected void onResume() {
  super.onResume();

  Sensor accelerometer
    = mSensorManager.getDefaultSensor(Sensor.TYPE_ACCELEROMETER);
  mSensorManager.registerListener(mSensorEventListener,
    accelerometer,
  SensorManager.SENSOR_DELAY_FASTEST);
}
```

7. 그리고 오버라이드된 onPause 메서드도 ForceMeterActivity에 추가한다. 이 메서드에
   서는 액티비티가 더 이상 활성 상태가 아닐 때 센서 이벤트 리스너를 등록 해지한다.

```
@Override
protected void onPause() {
  super.onPause();

  mSensorManager.unregisterListener(mSensorEventListener);
}
```

8. 가속도계는 1초에 수백 번씩 업데이트될 수 있다. 따라서 그때마다 텍스트 뷰를 변경하면 UI 이벤트 큐는 순식간에 넘쳐날 것이다. 이를 방지하기 위해 GUI 스레드와 동기화하면서 텍스트 뷰를 변경할 새 updateGUI 메서드를 추가한다. 이 메서드는 다음 단계에서 추가할 타이머를 사용해 일정한 간격으로 실행된다.

```
private void updateGUI() {
  runOnUiThread(new Runnable() {
    public void run() {
      String currentG = mCurrentAcceleration /
                        SensorManager.STANDARD_GRAVITY
                        + "Gs";
      mAccelerationTextView.setText(currentG);
      mAccelerationTextView.invalidate();
      String maxG = mMaxAcceleration/SensorManager.STANDARD_GRAVITY
                        + "Gs";
      mMaxAccelerationTextView.setText(maxG);
      mMaxAccelerationTextView.invalidate();
    }
  });
}
```

9. 8단계에서 추가한 UI 변경 메서드를 100밀리초마다 실행시킬 타이머를 생성하도록 onCreate 메서드를 변경한다.

```
@Override
protected void onCreate(Bundle savedInstanceState) {
  super.onCreate(savedInstanceState);
  setContentView(R.layout.activity_force_meter);

  mAccelerationTextView = findViewById(R.id.acceleration);
  mMaxAccelerationTextView = findViewById(R.id.maxAcceleration);
  mSensorManager =
    (SensorManager) getSystemService(Context.SENSOR_SERVICE);

  Timer updateTimer = new Timer("gForceUpdate");
  updateTimer.scheduleAtFixedRate(new TimerTask() {
    public void run() {
      updateGUI();
```

```
    }
  }, 0, 100);
}
```

10. 마지막 단계다. 이 애플리케이션은 호스트 기기에 가속도계 센서가 있을 때만 제대로
    실행된다. 따라서 가속도계 하드웨어라는 요건을 지정하는 uses-feature 노드를 포함하
    도록 매니페스트를 변경해야 한다.

```xml
<?xml version="1.0" encoding="utf-8"?>
<manifest xmlns:android="http://schemas.android.com/apk/res/android"
          package="com.professionalandroid.apps.gforcemeter">

    <uses-feature android:name="android.hardware.sensor.accelerometer" />
    ...
</manifest>
```

이제 이 애플리케이션을 테스트해 볼 수 있을 것이다. 이상적으로는 대서양 상공에서 F16 전
투기에 타고 매버릭 공대지 미사일이 하이-G(high-g) 기동 상태로 날아가는 동안 테스트하면
좋겠지만, 그 결과는 굳이 상상하지 않아도 될 것 같다. 차선책은 팔을 뻗고 스마트폰을 쥔 채
원을 그리듯 회전하는 것이다. 이때 주의할 점이 있다. 스마트폰이 떨어지지 않도록 꼭 쥐고
있어야 한다.

이 예에서 수행되는 센서 처리는 선형 가속도계 가상 센서에서 수행되는 전처리와 결과상 동
일하다. 직접 가속도계 출력을 처리하지 말고 선형 가속도계 가상 센서를 사용하도록 각자 이
예제를 변경해 보자.

16.4.5 기기의 방향 파악하기

기기의 방향을 계산할 때는 대개 자기계와 가속도계, 자이로스코프를 함께 사용한다.

이 세 센서의 결과를 기준으로 기기의 방향을 계산하는 데 필요한 기술은 삼각법(rigonometry)
이다. 안드로이드는 고맙게도 삼각법 계산을 우리 대신 맡아 처리한다.

표준 레퍼런스 프레임 이해하기

표준 레퍼런스 프레임을 사용하면 기기의 방향이 차원에 따라 보고된다. 그림 16-4는 이를 나
타낸 것이다.

● 그림 16-4

표준 레퍼런스 프레임은 기기의 원래 방향을 기준으로 나타낸다.

계속해서 제트기 비유를 이어갈까 한다. 수평 비행을 하는 제트기의 기체 위에 앉아 있다. z축은 화면 위쪽 공간으로 향하는 수직축, y축은 기기의 윗부분이 제트기의 앞부분을 향하는 축이다. 마지막으로 x축은 제트기의 우측 날개를 향한다. 이를 다음처럼 피치와 롤, 요라고 부른다.

➤ 피치(pitch): x축을 중심으로 하는 기기의 각도. 수평 비행 동안 피치는 0이다. 앞부분을 위로 들면 피치는 증가한다. 만일 제트기가 곧추선다면 피치는 90이 된다. 이와 반대로 앞부분을 수평 위치 아래로 내리면 피치는 즉사할 수 있는 –90까지 감소한다. 제트기가 뒤집힌다면 피치는 180 또는 –180으로 보고될 것이다.

➤ 롤(roll): y축을 중심으로 하는 회전 각도로, –90에서 90까지다. 수평 비행 동안 롤은 0이다. 우측을 향하면 롤은 증가하고 90이 되면 날개가 지면과 수직이 된다. 여기서 제트기가 뒤집힐 때까지 계속 진행하면 롤은 180이 된다. 왼쪽으로 향할 때는 롤이 감소하는 것만 빼면 오른쪽으로 향할 때와 같다.

➤ 요(yaw): 요(azimuth 또는 heading이라고도 한다)는 z축을 중심으로 하는 각도로, 0도와 360도는 자북 방향을 나타내며 90은 동쪽, 180은 남쪽, 270은 서쪽을 나타낸다. 제트기 앞부분의 변화가 요 값에 반영된다.

회전 벡터 센서를 사용해 방향 파악하기

안드로이드 프레임워크는 가속도계나 자기계, 자이로스코프 등의 각종 하드웨어 센서로부터 얻은 결과를 결합하고 교정해 더 부드럽고 더 정확한 방향 결과를 만들 수 있도록 구현한 여러 가상 방향 센서를 제공한다.

회전 벡터 센서는 축 중심의 각으로 기술하는 벡터 형태로 기기의 방향을 반환한다 이 벡터는 센서 매니저의 getRotationMatrixFromVector 메서드에 전달돼 회전 벡터를 회전 행렬로 전환하는 데 사용된다. 이 행렬에서 getOrientation 메서드를 사용해 축 중심의 방향을 추출할 수 있다.

서로 살짝 다른 회전 벡터 센서의 세 가지 종류는 다음과 같다.

➤ Sensor.TYPE_ROTATION_VECTOR: 안드로이드 2.3(API 레벨 9)에서 도입된 기본 회전 벡터 센서. 가속도계와 자이로스코프를 사용해 방향의 변화를 감지한다.

➤ Sensor.TYPE_GEOMAGNETIC_ROTATION_VECTOR: 기본 회전 벡터의 대안. 자이로스코프 대신 자기계를 사용해 구현됐다. 전력 소모가 적지만 소음이 더 커 실외용으로 적합하다. 안드로이드 4.4(API 레벨 19)에 도입됐다.

➤ Sensor.TYPE_GAME_ROTATION_VECTOR: y축이 북쪽 대신 다른 기준을 가리킨다는 점만 제외하면 기본 회전 벡터 센서와 동일하다. 이는 자이로스코프가 z축을 중심으로 회전할 때 같은 자릿수로 회전하도록 조정된 것이다. 안드로이드 4.3(API 레벨 18)에서 도입됐다.

코드 16-10에서는 getRotationMatrixFromVector와 getOrientation 메서드를 사용해 회전 벡터 센서의 결과에서 기기의 현재 방향을 추출한다.

코드 16-10 회전 벡터를 사용해 기기의 방향 계산하기

```
public void onSensorChanged(SensorEvent sensorEvent) {
  float[] rotationMatrix = new float[9];
  float[] orientation = new float[3];

  // 결과 벡터를 회전 행렬로 변환한다.
  SensorManager.getRotationMatrixFromVector(rotationMatrix, sensorEvent.values);
  // 회전 행렬에서 방향을 추출한다.
  SensorManager.getOrientation(rotationMatrix, orientation);
  Log.d(TAG, "Yaw: " + orientation[0]);   // 요
  Log.d(TAG, "Pitch: " + orientation[1]); // 피치
  Log.d(TAG, "Roll: " + orientation[2]);  // 롤
}
```

여기서 getOrientation은 그 결과를 도(degree)가 아닌 라디안(radian)으로 반환한다. 이때 양의 값은 축을 중심으로 하는 반시계 방향 회전을 나타낸다.

➤ values[0]: 요, 즉 z축을 중심으로 하는 회전. 기기가 자북을 가리킬 때 0이다.

➤ values[1]: 피치, 즉 x축을 중심으로 하는 회전

➤ values[2]: 롤, 즉 y축을 중심으로 하는 회전

가속도계, 자기계, 자이로스코프를 사용해 방향 계산하기

기기의 현재 방향은 필터링되지 않은 결과를 사용해도 파악할 수 있다. 주로 가속도계와 자기계, 자이로스코프를 사용해 직접 결과를 받아 파악한다.

단, 센서를 여럿 사용하기 때문에 센서 이벤트 리스너도 그에 맞게 만들고 등록해야 한다. 센서 이벤트 리스너마다 그 onSensorChanged 메서드 안에서 코드 16-11처럼 별개의 빌드 변수로 받은 values 배열 프로퍼티를 기록한다.

코드 16-11 가속도계와 자기계 모니터링하기

```
private float[] mAccelerometerValues;
private float[] mMagneticFieldValues;

final SensorEventListener mCombinedSensorListener = new SensorEventListener() {
  public void onSensorChanged(SensorEvent sensorEvent) {
    if (sensorEvent.sensor.getType() == Sensor.TYPE_ACCELEROMETER)
      mAccelerometerValues = sensorEvent.values;
    if (sensorEvent.sensor.getType() == Sensor.TYPE_MAGNETIC_FIELD)
      mMagneticFieldValues = sensorEvent.values;
  }

  public void onAccuracyChanged(Sensor sensor, int accuracy) {}
};
```

각 센서를 코드 16-11의 확장 버전인 다음 코드처럼 센서 매니저에 등록한다. 다음 조각 코드에서는 두 센서에 기본 하드웨어 UI 업데이트 주기를 적용했다.

```
SensorManager sm = (SensorManager)getSystemService(Context.SENSOR_SERVICE);
Sensor aSensor = sm.getDefaultSensor(Sensor.TYPE_ACCELEROMETER);
Sensor mfSensor = sm.getDefaultSensor(Sensor.TYPE_MAGNETIC_FIELD);

sm.registerListener(mCombinedSensorListener,
                    aSensor,
```

```
                        SensorManager.SENSOR_DELAY_UI);

sm.registerListener(mCombinedSensorListener,
                    mfSensor,
                    SensorManager.SENSOR_DELAY_UI);
```

센서 값으로 현재 방향을 계산하려면 센서 매니저의 getRotationMatrix와 getOrientation 메서드를 코드 16-12처럼 사용한다.

코드 16-12 가속도계와 자기계를 사용해 현재 방향 찾기

```
float[] values = new float[3];
float[] R = new float[9];
SensorManager.getRotationMatrix(R, null,
                               mAccelerometerValues,
                               mMagneticFieldValues);
SensorManager.getOrientation(R, values);

// 라디안을 도로 변환한다.
values[0] = (float) Math.toDegrees(values[0]); // 요우
values[1] = (float) Math.toDegrees(values[1]); // 피치
values[2] = (float) Math.toDegrees(values[2]); // 롤
```

앞 절에서처럼 getOrientation 메서드는 그 결과를 라디안으로 반환한다. 이때 양의 값은 요, 피 치, 롤의 순서에 따른 축인 각각 z축, x축, y축을 중심으로 하는 반시계방향 회전을 나타낸다.

안드로이드 기기에는 가속도계와 자기계뿐 아니라 자이로스코프도 함께 탑재된 경우가 많다. 자이로스코프는 특정 축을 중심으로 하는 각속도를 초당 라디안의 단위로 측정한다. 이때 적용되는 좌표계는 가속도계 센서에 적용되는 좌표와 같다.

안드로이드의 자이로스코프는 3축 회전율을 반환한다. 이때 자이로스코프의 민감도나 높은 업데이트 주기 덕분에 매우 부드럽고 정확한 업데이트가 가능하다. 이에 따라 방향의 변화(절대 방향의 반대 개념이다)를 입력 메커니즘으로 사용하는 애플리케이션에 특히 유용하다.

자이로스코프는 방향보다는 속도를 측정하기 때문에 현재 방향을 파악하기 위해서는 코드 16-13처럼 그 결과를 시간에 따라 통합해야 한다. 계산된 결과는 특정 축을 중심으로 하는 방향의 변화를 나타낸다. 따라서 처음 방향을 파악하려면 보정하거나 센서를 더 사용해야 한다.

```
final float nanosecondsPerSecond = 1.0f / 100000000.0f;
private long lastTime = 0;
final float[] angle = new float[3];

SensorEventListener myGyroListener = new SensorEventListener() {
  public void onSensorChanged(SensorEvent sensorEvent) {
    if (lastTime != 0) {
      final float dT = (sensorEvent.timestamp - lastTime) *
                        nanosecondsPerSecond;
      angle[0] += sensorEvent.values[0] * dT;
      angle[1] += sensorEvent.values[1] * dT;
      angle[2] += sensorEvent.values[2] * dT;
    }
    lastTime = sensorEvent.timestamp;
  }

  public void onAccuracyChanged(Sensor sensor, int accuracy) {}
};

SensorManager sm
  = (SensorManager)getSystemService(Context.SENSOR_SERVICE);
int sensorType = Sensor.TYPE_GYROSCOPE;
sm.registerListener(myGyroListener,
                    sm.getDefaultSensor(sensorType),
                    SensorManager.SENSOR_DELAY_NORMAL);
```

자이로스코프 하나만으로 얻은 방향 값은 보정 오류나 노이즈 때문에 상당히 부정확해질 수 있다. 이를 해결하려면 다른 센서, 특히 가속도계와 조합해 더 부드럽고 정확한 방향 결과를 산출하는 것이 좋다.

방향 레퍼런스 프레임 다시 매핑하기

레퍼런스 프레임을 사용해 원래 방향 대신 기기의 현재 방향을 측정하려면 센서 매니저의 remapCoordinateSystem 메서드를 사용해야 한다. 이 메서드는 원래 방향이 세로 모드인 기기뿐 아니라 가로 모드인 기기에도 사용될 수 있는 애플리케이션을 만들 때 필요한 각종 계산을 단순화할 때 필요하다.

remapCoordinateSystem 메서드는 다음 네 가지 매개변수를 받는다.

➤ 처음 회전 행렬(앞서 설명한 대로 getRotationMatrix를 사용해 찾는다)
➤ 출력(변화된) 회전 행렬을 저장할 때 사용되는 변수

➤ 리매핑된 x축

➤ 리매핑된 y축

센서 매니저는 레퍼런스 프레임을 기준으로 리매핑된 x축과 x축을 지정할 수 있는 일련의 상수를 제공한다. 구체적으로는 AXIS_X, AXIS_Y, AXIS_Z, AXIS_MINUS_X, AXIS_MINUS_Y, AXIS_MINUS_Z가 제공된다.

코드 16-14에서는 '디스플레이'의 현재 방향(세로 모드 또는 가로 모드)을 레퍼런스 프레임으로 사용해 '기기'의 현재 방향을 계산하기 위해 레퍼런스 프레임을 리매핑한다. 이 과정은 가로 모드나 세로 모드로 고정해 두는 게임이나 애플리케이션에 유용한다. 기기가 원래 방향을 기준으로 0도나 90도를 보고하기 때문이다. 레퍼런스 프레임을 수정하면 사용하고 있는 방향 값에 그 원래 방향을 기준으로 한 디스플레이의 방향이 반영되도록 할 수 있다.

코드 16-14 기기의 원래 방향을 기준으로 방향 레퍼런스 프레임 리매핑하기

```
// 원래 방향을 기준으로 현재 방향을 파악한다.
WindowManager wm = (WindowManager) getSystemService(Context.WINDOW_SERVICE);
Display display = wm.getDefaultDisplay();
int rotation = display.getRotation();

int x_axis = SensorManager.AXIS_X;
int y_axis = SensorManager.AXIS_Y;

switch (rotation) {
  case (Surface.ROTATION_0): break;
  case (Surface.ROTATION_90):
    x_axis = SensorManager.AXIS_Y;
    y_axis = SensorManager.AXIS_MINUS_X;
    break;
  case (Surface.ROTATION_180):
    y_axis = SensorManager.AXIS_MINUS_Y;
    break;
  case (Surface.ROTATION_270):
    x_axis = SensorManager.AXIS_MINUS_Y;
    y_axis = SensorManager.AXIS_X;
    break;
  default: break;
}

SensorManager.remapCoordinateSystem(inR, x_axis, y_axis, outR);

// 리매핑된 새 방향 값을 얻는다.
SensorManager.getOrientation(outR, values);
```

16.4.6 나침반과 인공 수평선 만들기

14장 '사용자 인터페이스 고급 구성'의 Compass 프로젝트에서는 CompassView를 개선해 피치와 롤, 헤딩을 화면에 보여주었다. 이번에는 CompassView를 하드웨어 센서에 연결해 기기의 방향을 보여준다.

1. 14장 '사용자 인터페이스의 고급 구성'에서 마지막으로 변경한 Compass(나침반) 프로젝트를 안드로이드 스튜디오에서 연다. 그리고 CompassActivity를 편집기 창에 열자. 여기서는 회전 벡터 센서를 사용해 방향 변경을 리스닝하기 위해 센서 매니저를 사용할 것이다. 우선 CompassView, SensorManager, 화면 회전 값, 최근 센서 결과를 저장할 지역 변수를 CompassActivity에 추가한다.

```
...
public class CompassActivity extends AppCompatActivity {

  private CompassView mCompassView;
  private SensorManager mSensorManager;
  private int mScreenRotation;
  private float[] mNewestValues;

  ...
}
```

2. 새 헤딩, 피치, 롤 값을 사용해 CompassView를 변경하는 updateOrientation 메서드를 CompassActivity에 추가한다.

```
private void updateOrientation(float[] values) {
  if (mCompassView!= null) {
    mCompassView.setBearing(values[0]);
    mCompassView.setPitch(values[1]);
    mCompassView.setRoll(-values[2]);
    mCompassView.invalidate();
  }
}
```

3. CompassActivity의 onCreate 메서드를 변경한다 즉, CompassView와 SensorManager의 참조를 얻고, 기기의 원래 방향을 기준으로 현재 화면의 방향을 결정하고 헤딩, 피치, 롤을 초기화한다.

```
@Override
public void onCreate(Bundle savedInstanceState) {
```

```
    super.onCreate(savedInstanceState);
    setContentView(R.layout.main);

    mCompassView = findViewById(R.id.compassView);

    mSensorManager
      = (SensorManager) getSystemService(Context.SENSOR_SERVICE);
    WindowManager wm
      = (WindowManager) getSystemService(Context.WINDOW_SERVICE);

    Display display = wm.getDefaultDisplay();
    mScreenRotation = display.getRotation();

    mNewestValues = new float[] {0, 0, 0};
}
```

4. 마지막으로 받은 회전 벡터 값을 사용해 기기의 방향을 산출하는 새 calculateOrienta
  tion 메서드를 CompassActivity에 추가한다. 이때 필요하다면 레퍼런스 프레임을 리매
  핑해 기기의 원래 방향을 확인해야 한다.

```
private float[] calculateOrientation(float[] values) {
    float[] rotationMatrix = new float[9];
    float[] remappedMatrix = new float[9];
    float[] orientation = new float[3];

    // 회전 행렬을 계산한다.
    SensorManager.getRotationMatrixFromVector(rotationMatrix, values);

    // 기기의 원래 방향을 기준으로 좌표를 리매핑한다.
    int x_axis = SensorManager.AXIS_X;
    int y_axis = SensorManager.AXIS_Y;

    switch (mScreenRotation) {
      case (Surface.ROTATION_90):
        x_axis = SensorManager.AXIS_Y;
        y_axis = SensorManager.AXIS_MINUS_X;
        break;
      case (Surface.ROTATION_180):
        y_axis = SensorManager.AXIS_MINUS_Y;
        break;
      case (Surface.ROTATION_270):
        x_axis = SensorManager.AXIS_MINUS_Y;
        y_axis = SensorManager.AXIS_X;
        break;
      default: break;
    }

    SensorManager.remapCoordinateSystem(rotationMatrix,
```

```
                              x_axis, y_axis,
                              remappedMatrix);

  // 교정된 현재 방향을 얻는다.
  SensorManager.getOrientation(remappedMatrix, orientation);

  // 라디안을 도로 변환한다.
  values[0] = (float) Math.toDegrees(orientation[0]);
  values[1] = (float) Math.toDegrees(orientation[1]);
  values[2] = (float) Math.toDegrees(orientation[2]);

  return values;
}
```

5. GUI 스레드와 동기화하고 updateOrientation을 호출해 CompassView를 변경하는 새 updateGUI 메서드를 CompassActivity에 추가한다. 이 메서드는 다음 단계에서 추가할 타이머를 사용해 규칙적으로 실행된다.

```
private void updateGUI() {
  runOnUiThread(new Runnable() {
    public void run() {
      updateOrientation(mNewestValues);
    }
  });
}
```

6. 5번 단계에서 추가한 UI 변경 메서드(updateGUI)를 1초에 60번 실행시키는 타이머를 생성하도록 onCreate 메서드를 변경한다.

```
@Override
public void onCreate(Bundle savedInstanceState) {
  super.onCreate(savedInstanceState);
  setContentView(R.layout.main);
  mCompassView = findViewById(R.id.compassView);

  mSensorManager
    = (SensorManager) getSystemService(Context.SENSOR_SERVICE);
  WindowManager wm
    = (WindowManager) getSystemService(Context.WINDOW_SERVICE);

  Display display = wm.getDefaultDisplay();
  mScreenRotation = display.getRotation();

  mNewestValues = new float[] {0, 0, 0};

  Timer updateTimer = new Timer("compassUpdate");
```

```
  updateTimer.scheduleAtFixedRate(new TimerTask() {
    public void run() {
      updateGUI();
    }
  }, 0, 1000/60);
}
```

7. SensorEventListener를 필드 변수로 구현한다. 이 리스너에서 구현하는 onSensor Changed 메서드에서는 4번 단계에서 추가한 calculateOrientation 메서드의 반환 값으로 mNewestValues 배열(센서의 최신 결과 값을 저장하는 배열)을 변경해야 한다. 다음 코드를 CompassActivity에 추가한다.

```
private final SensorEventListener mSensorEventListener
  = new SensorEventListener() {

  public void onSensorChanged(SensorEvent sensorEvent) {
    mNewestValues = calculateOrientation(sensorEvent.values);
  }

  public void onAccuracyChanged(Sensor sensor, int accuracy) {}
};
```

8. 액티비티가 활성 또는 비활성 상태가 될 때 SensorEventListener를 등록 또는 등록 해지하도록 오버라이드된 onResume과 onPause를 CompassActivity에 추가한다.

```
@Override
protected void onResume() {
  super.onResume();

  Sensor rotationVector
    = mSensorManager.getDefaultSensor(Sensor.TYPE_ROTATION_VECTOR);

  mSensorManager.registerListener(mSensorEventListener,
                                  rotationVector,
                                  SensorManager.SENSOR_DELAY_FASTEST);
}

@Override
protected void onPause() {
  super.onPause();
  mSensorManager.unregisterListener(mSensorEventListener);
}
```

실제 기기에서 애플리케이션을 실행해 보자. 기기 윗부분이 북쪽을 가리키며 테이블에 평평하게 놓여 있을 때 CompassView가 좌표 0,0,0을 '중심으로' 나타난다. 그리고 기기를 움직이면 위/아래와 좌/우 방향 변화에 따라 CompassView가 동적으로 변경된다. 또한 기기를 90도 회전하여 세로 모드가 되면 그에 따라 CompassView도 다시 방향을 가리키게 된다.

16.5 환경 센서 사용하기

방향 센서처럼 특정 환경 센서의 사용 여부도 호스트 하드웨어에 따라 달라진다. 환경 센서를 사용할 수 있을 때는 애플리케이션에서 다음과 같은 일들을 할 수 있다.

- ➤ 위치 감지 성능을 향상하고 고도에 따른 움직임을 추적한다.
- ➤ 화면의 밝기나 기능을 주변 밝기에 맞춰 조정한다.
- ➤ 날씨를 관찰한다.
- ➤ 기기의 현재 위치를 파악한다.

16.5.1 기압 센서 사용하기

기압계는 대기압을 측정한다. 기압계가 탑재된 안드로이드 기기들은 현재 고도를 파악할 수 있고 더 나아가 날씨 변화도 예측할 수 있다.

대기압의 변화를 모니터링하려면 SensorEventListener를 구현한 클래스 인스턴스를 센서 매니저에 등록해야 한다. 이때 Sensor.TYPE_PRESSURE 타입의 센서 객체를 사용한다. 현재 대기압은 반환되는 값 배열에서 첫 번째(유일한) 값으로서 단위는 밀리바(mbar)와 같은 측정값을 나타내는 헥토파스칼(hPa)이다.

현재 고도를 미터 단위로 계산하려면 코드 16-15처럼 센서 매니저의 정적 getAltitude 메서드를 사용한다. 코드 16-15에서는 현재 압력과 해발 압력을 계산한다.

 참고

> 결과가 정확하려면 센서 매니저가 PRESSURE_STANDARD_ATMOSPHERE 상수를 통해 유용한 근사값 형태로 표준 기압 값을 제공하더라도 해발 압력 값을 사용해야 한다.

코드 16-15 기압 센서를 사용해 현재 고도 찾기

```java
final SensorEventListener myPressureListener = new SensorEventListener() {
  public void onSensorChanged(SensorEvent sensorEvent) {
    if (sensorEvent.sensor.getType() == Sensor.TYPE_PRESSURE) {
    float currentPressure = sensorEvent.values[0];

    // 고도를 계산한다.
    float altitude = SensorManager.getAltitude(
        SensorManager.PRESSURE_STANDARD_ATMOSPHERE,
        currentPressure);
    }
  }

  public void onAccuracyChanged(Sensor sensor, int accuracy) {}
};

SensorManager sm = (SensorManager)getSystemService(Context.SENSOR_SERVICE);
int sensorType = Sensor.TYPE_PRESSURE;
sm.registerListener(myPressureListener,
                    sm.getDefaultSensor(sensorType),
                    SensorManager.SENSOR_DELAY_NORMAL);
```

단, getAltitude는 해발 대기압 값에 상대적인 현재 대기압을 사용해 고도를 계산한다. 임의의 두 대기압 값을 사용하는 것이 아니다. 이에 따라 두 관찰 압력 값으로 표현되는 고도차를 계산하려면 다음 조각 코드처럼 각 압력에 해당하는 고도를 파악해 두 결과 간 차이를 찾아야 한다.

```java
float altitudeChange =
  SensorManager.getAltitude(SensorManager.PRESSURE_STANDARD_ATMOSPHERE,
                            newPressure) -
  SensorManager.getAltitude(SensorManager.PRESSURE_STANDARD_ATMOSPHERE,
                            initialPressure);
```

16.5.2 기상 관측소 만들기

안드로이드 기기에서 사용할 수 있는 환경 센서를 온전히 경험해 보기 위해 이번 프로젝트에서는 대기압, 기온, 상대 습도, 조도를 모니터링하는 기상 관측소를 간단하게 구현한다.

1. 새 프로젝트를 생성한다. 액티비티 템플릿은 Empty Activity로 선택하고, 프로젝트 이름은 WeatherStation으로 하며, Minimum API Level은 API 16: Android 4.1 (Jelly Bean)으로 선택한다. 또한 기본으로 선택된 'Use androidx.* artifacts'의 체크를 해제하자(androidx의 자세한 내용은 '2.2.5 androidx와 지원 라이브러리' 참고). [Finish] 버

튼을 눌러서 프로젝트 생성이 끝나면 프로젝트 도구 창에서 MainActivity의 이름을 WeatherStationActivity로 변경하자. 또한 프로젝트를 생성할 때 자동으로 생성된 activity_main.xml의 이름을 activity_weather_station.xml로 변경한다. 편집기 창에 열린 activity_weather_station.xml을 선택하고 밑에 있는 Text 탭을 클릭하여 텍스트 모드로 변경한다. 그리고 다음 XML로 모두 교체한다. 여기서는 가운데로 정렬된 볼드체의 큰 텍스트를 4개 보여준다. 이 텍스트의 값은 현재 온도와 대기압, 습도, 조도를 나타낸다.

```xml
<?xml version="1.0" encoding="utf-8"?>
<LinearLayout
  xmlns:android="http://schemas.android.com/apk/res/android"
  android:orientation="vertical"
  android:layout_width="match_parent"
  android:layout_height="match_parent">
  <TextView
    android:id="@+id/temperature"
    android:gravity="center"
    android:layout_width="match_parent"
    android:layout_height="wrap_content"
    android:textStyle="bold"
    android:textSize="28sp"
    android:text="Temperature"
    android:layout_margin="10dp"/>
  <TextView
    android:id="@+id/pressure"
    android:gravity="center"
    android:layout_width="match_parent"
    android:layout_height="wrap_content"
    android:textStyle="bold"
    android:textSize="28sp"
    android:text="Pressure"
    android:layout_margin="10dp"/>
  <TextView
    android:id="@+id/humidity"
    android:gravity="center"
    android:layout_width="match_parent"
    android:layout_height="wrap_content"
    android:textStyle="bold"
    android:textSize="28sp"
    android:text="Humidity"
    android:layout_margin="10dp"/>
  <TextView
    android:id="@+id/light"
    android:gravity="center"
    android:layout_width="match_parent"
    android:layout_height="wrap_content"
```

```
    android:textStyle="bold"
    android:textSize="28sp"
    android:text="Light"
    android:layout_margin="10dp"/>
</LinearLayout>
```

2. 각 텍스트 뷰와 센서 매니저의 참조를 저장할 인스턴스 변수를 WeatherStationActivity
에 추가한다. 또한 각 센서로부터 마지막으로 얻은 값을 저장할 변수들도 추가한다.

```
...
public class WeatherStationActivity extends AppCompatActivity {

  private SensorManager mSensorManager;
  private TextView mTemperatureTextView;
  private TextView mPressureTextView;
  private TextView mHumidityTextView;
  private TextView mLightTextView;

  private float mLastTemperature = Float.NaN;
  private float mLastPressure = Float.NaN;
  private float mLastLight = Float.NaN;
  private float mLastHumidity = Float.NaN;
  ...
}
```

3. 텍스트 뷰와 센서 매니저의 참조를 얻도록 onCreate 메서드를 변경한다.

```
@Override
public void onCreate(Bundle savedInstanceState) {
  super.onCreate(savedInstanceState);
  setContentView(R.layout.activity_weather_station);

  mTemperatureTextView = findViewById(R.id.temperature);
  mPressureTextView = findViewById(R.id.pressure);
  mLightTextView = findViewById(R.id.light);
  mHumidityTextView = findViewById(R.id.humidity);
  mSensorManager
    = (SensorManager) getSystemService(Context.SENSOR_SERVICE);
}
```

4. 각 센서(온도, 대기압, 습도, 조도)의 결과를 기록하는 새 SensorEventListener 구현 객체
를 생성한다. 모두 각 센서가 마지막으로 관측한 값이어야 한다.

```
...
public class WeatherStationActivity extends AppCompatActivity {
```

```
...

private final SensorEventListener mSensorEventListener
  = new SensorEventListener() {
  public void onAccuracyChanged(Sensor sensor, int accuracy) { }

  public void onSensorChanged(SensorEvent event) {
    switch (event.sensor.getType()) {
      case (Sensor.TYPE_AMBIENT_TEMPERATURE):
        mLastTemperature = event.values[0];
        break;
      case (Sensor.TYPE_RELATIVE_HUMIDITY):
        mLastHumidity = event.values[0];
        break;
      case (Sensor.TYPE_PRESSURE):
        mLastPressure = event.values[0];
        break;
      case (Sensor.TYPE_LIGHT):
        mLastLight = event.values[0];
        break;
      default: break;
    }
  }
};
}
```

5. 오버라이드된 onResume 핸들러를 WeatherStationActivity에 추가한다. 이 메서드에서는 SensorManager를 사용한 센서 관측 결과를 업데이트하기 위해 4번 단계의 리스너를 등록한다. 대기압 및 환경 조건은 시간에 따라 서서히 변하기 때문에 상대적으로 느린 업데이트 주기를 선택하는 것이 좋다. 그리고 각 조건의 기본 센서가 존재하는지도 확인해야 하며, 필요한 센서 중 어느 하나라도 존재하지 않을 때는 이를 사용자에게 알려야 한다.

```
@Override
protected void onResume() {
  super.onResume();

  Sensor lightSensor = mSensorManager.getDefaultSensor(Sensor.TYPE_LIGHT);
  if (lightSensor != null)
    mSensorManager.registerListener(mSensorEventListener,
      lightSensor,
      SensorManager.SENSOR_DELAY_NORMAL);
  else
    mLightTextView.setText("Light Sensor Unavailable");
  Sensor pressureSensor =
```

```
    mSensorManager.getDefaultSensor(Sensor.TYPE_PRESSURE);
  if (pressureSensor != null)
    mSensorManager.registerListener(mSensorEventListener,
      pressureSensor,
      SensorManager.SENSOR_DELAY_NORMAL);
  else
    mPressureTextView.setText("Barometer Unavailable");

  Sensor temperatureSensor =
    mSensorManager.getDefaultSensor(Sensor.TYPE_AMBIENT_TEMPERATURE);
  if (temperatureSensor != null)
    mSensorManager.registerListener(mSensorEventListener,
      temperatureSensor,
      SensorManager.SENSOR_DELAY_NORMAL);
  else
    mTemperatureTextView.setText("Thermometer Unavailable");

  Sensor humiditySensor =
    mSensorManager.getDefaultSensor(Sensor.TYPE_RELATIVE_HUMIDITY);
  if (humiditySensor != null)
    mSensorManager.registerListener(mSensorEventListener,
      humiditySensor,
      SensorManager.SENSOR_DELAY_NORMAL);
  else
    mHumidityTextView.setText("Humidity Sensor Unavailable");
}
```

6. 오버라이드된 onPause 핸들러를 WeatherStationActivity에 추가한다. 이 메서드에서는
   액티비티가 더 이상 활성 상태가 아닐 때 4번 단계의 센서 이벤트 리스너를 등록 해지
   한다.

```
@Override
protected void onPause() {
  super.onPause();
  mSensorManager.unregisterListener(mSensorEventListener);
}
```

7. 새 updateGUI 메서드를 WeatherStationActivity에 추가한다. 이 메서드에서는 GUI 스
   레드와 동기화하면서 텍스트 뷰를 변경한다. 이 메서드는 다음 단계에서 추가할 타이
   머를 사용해 주기적으로 실행된다.

```
private void updateGUI() {
  runOnUiThread(new Runnable() {
    public void run() {
      if (!Float.isNaN(mLastPressure)) {
```

```
      mPressureTextView.setText(mLastPressure + "hPa");
      mPressureTextView.invalidate();
    }
    if (!Float.isNaN(mLastLight)) {
      String lightStr = "Sunny";
      if (mLastLight <= SensorManager.LIGHT_CLOUDY)
        lightStr = "Night";
      else if (mLastLight <= SensorManager.LIGHT_OVERCAST)
        lightStr = "Cloudy";
      else if (mLastLight <= SensorManager.LIGHT_SUNLIGHT)
        lightStr = "Overcast";
      mLightTextView.setText(lightStr);
      mLightTextView.invalidate();
    }
    if (!Float.isNaN(mLastTemperature)) {
      mTemperatureTextView.setText(mLastTemperature + "C");
      mTemperatureTextView.invalidate();
    }
    if (!Float.isNaN(mLastHumidity)) {
      mHumidityTextView.setText(mLastHumidity + "% Rel. Humidity");
      mHumidityTextView.invalidate();
    }
    }
  }
});
}
```

8. 7번 단계에서 추가한 UI 업데이트 메서드(updateGUI)를 1초마다 실행시킬 타이머를 생성하도록 onCreate 메서드를 변경한다.

```
@Override
public void onCreate(Bundle savedInstanceState) {
  super.onCreate(savedInstanceState);
  setContentView(R.layout.activity_weather_station);

  mTemperatureTextView = findViewById(R.id.temperature);
  mPressureTextView = findViewById(R.id.pressure);
  mLightTextView = findViewById(R.id.light);
  mHumidityTextView = findViewById(R.id.humidity);
  mSensorManager =
    (SensorManager) getSystemService(Context.SENSOR_SERVICE);

  Timer updateTimer = new Timer("weatherUpdate");
  updateTimer.scheduleAtFixedRate(new TimerTask() {
    public void run() {
      updateGUI();
    }
  }, 0, 1000);
}
```

실제 기기에서 애플리케이션을 실행시키면 그림 16-5와 같이 각 센서(온도, 대기압, 습도, 조도)의 관측 결과를 1초마다 보여줄 것이다. 여기서 사용한 기기에서는 온도와 습도 센서가 없어서 사용 불가(Unavailable)로 나타나고 대기압과 조도는 1초마다 변경 값을 보여준다.

● 그림 16-5

16.6 신체 센서 사용하기

안드로이드 웨어의 출시에 발맞춰 주요 안드로이드 기기에 물리적으로 통합되지 않는 안드로이드 센서의 개념이 소개됐다. 이런 센서들은 대개 안드로이드 웨어 기기로서 주변 기기를 통해 사용되거나 블루투스 LE를 통해 원격으로 연결된다.

그 결과 심장 박동수 모니터와 같은 '신체 센서'를 안드로이드 프레임워크에 통합할 수 있게 됐다. 신체 센서는 사용자와 물리적인 접촉이 있어야만 작동한다. 신체 센서는 사용자의 민감한 개인 정보를 모니터링하고 보고하기 때문에 getDefaultSensor나 getSensorsList로 그 결과를 반환하려면 그보다 먼저 BODY_SENSORS 권한이 추가돼야 한다.

```
<uses-permission android:name="android.permission.BODY_SENSORS" />
```

이 권한은 매니페스트에 추가돼야 하는 것뿐 아니라 위험 권한(사용자의 사생활을 침해할 수 있는)에 속하므로 처음 사용될 때 런타임 권한 요청으로 사용자에게 승인을 받아야 한다.

신체 센서를 찾으려면 우선 접근 승인을 받았는지 확인하기 위해 ActivityCompat.checkSelfPermission 메서드를 사용해 Manifest.permission.BODY_SENSORS 상수를 전달한다. 승인을 받은 경우에는 PERMISSION_GRANTED가 반환된다.

```
int permission = ActivityCompat.checkSelfPermission(this,
                Manifest.permission.BODY_SENSORS);

if (permission==PERMISSION_GRANTED) {
  // 신체 센서에 접근한다.
} else {
  if (ActivityCompat.shouldShowRequestPermissionRationale(
      this, Manifest.permission.BODY_SENSORS)) {
    // TODO: 요청한 권한의 추가 정보를 표시한다.
  }
  // 권한을 요청하거나 왜 이 기능을 사용할 수 없는지
  // 그 이유를 설명하는 대화상자를 표시한다.
}
```

권한 요청 대화상자를 표시하려면 ActivityCompat.requestPermission 메서드를 호출하고 필요한 권한을 지정한다.

```
ActivityCompat.requestPermissions(this,
  new String[]{Manifest.permission.BODY_SENSORS},
  BODY_SENSOR_PERMISSION_REQUEST);
```

이 함수는 비동기로 실행되며, 우리가 변경할 수 없는 표준 안드로이드 대화상자를 보여준다. 사용자가 런타임 요청을 승인하거나 거부하면 그에 따른 콜백이 시작된다. 이 콜백은 onRequest PermissionsResult 핸들러가 받는다.

```
@Override
public void onRequestPermissionsResult(int requestCode,
                              @NonNull String[] permissions,
                              @NonNull int[] grantResults) {
  super.onRequestPermissionsResult(requestCode, permissions, grantResults);
  // TODO granted / denied 권한에 응답한다.
}
```

신체 센서는 그 활력 징후(vital sign)가 모니터링되는 신체에 물리적으로 접촉됐을 때만 정확하고 유용하다. 따라서 신체 센서의 정확도를 항상 모니터링하고 있어야 한다. 센서가 신체와 접촉된 상태가 아니라면 SENSOR_STATUS_NO_CONTACT가 반환된다.

```
if (sensorEvent.accuracy == SensorManager.SENSOR_STATUS_NO_CONTACT ||
    sensorEvent.accuracy == SensorManager.SENSOR_STATUS_UNRELIABLE) {
  // TODO 센서 결과를 무시한다.
```

코드 16-16은 사용자의 심장 박동수를 bpm(분당 박동수)라는 단일 값으로 반환하는 심장 박동수 센서에 센서 이벤트 리스너를 연결하는 기본 코드다. 단, 이 코드에 덧붙여 애플리케이션 매니페스트에 신체 센서 권한을 추가해야 한다.

코드 16-16 심장 박동수 모니터에 센서 이벤트 리스너 연결하기

```java
private static final String TAG = "HEART_RATE";
private static final int BODY_SENSOR_PERMISSION_REQUEST = 1;

private void connectHeartRateSensor() {
  int permission = ActivityCompat.checkSelfPermission(this,
    Manifest.permission.BODY_SENSORS);

  if (permission == PERMISSION_GRANTED) {
    // 권한이 승인되면 이벤트 리스너에 연결한다.
    doConnectHeartRateSensor();
  } else {
    if (ActivityCompat.shouldShowRequestPermissionRationale(
      this, Manifest.permission.BODY_SENSORS)) {
      // TODO: 요청한 권한의 추가 정보를 표시한다.
    }
    // 권한을 요청한다.
    ActivityCompat.requestPermissions(this,
      new String[]{Manifest.permission.BODY_SENSORS},
      BODY_SENSOR_PERMISSION_REQUEST);
  }
}

@Override
public void onRequestPermissionsResult(int requestCode,
                                       @NonNull String[] permissions,
                                       @NonNull int[] grantResults) {
  super.onRequestPermissionsResult(requestCode, permissions, grantResults);

  if (requestCode == BODY_SENSOR_PERMISSION_REQUEST &&
      grantResults.length > 0 &&
      grantResults[0] == PERMISSION_GRANTED) {
    // 권한이 승인되면 심장 박동 수 센서에 연결한다.
    doConnectHeartRateSensor();
  } else {
    Log.d(TAG, "Body Sensor access permission denied.");
  }
}

private void doConnectHeartRateSensor() {
  SensorManager sm = (SensorManager)getSystemService(Context.SENSOR_SERVICE);
  Sensor heartRateSensor = sm.getDefaultSensor(Sensor.TYPE_HEART_RATE);
```

```
    if (heartRateSensor == null)
      Log.d(TAG, "No Heart Rate Sensor Detected.");
    else {
      sm.registerListener(mHeartRateListener, heartRateSensor,
                          SensorManager.SENSOR_DELAY_NORMAL);
    }
}
final SensorEventListener mHeartRateListener = new SensorEventListener() {
  public void onSensorChanged(SensorEvent sensorEvent) {
    if (sensorEvent.sensor.getType() == Sensor.TYPE_HEART_RATE) {

      if (sensorEvent.accuracy == SensorManager.SENSOR_STATUS_NO_CONTACT ||
          sensorEvent.accuracy == SensorManager.SENSOR_STATUS_UNRELIABLE) {
        Log.d(TAG, "Heart Rate Monitor not in contact or unreliable");
      } else {
        float currentHeartRate = sensorEvent.values[0];
        Log.d(TAG, "Heart Rate: " + currentHeartRate);
      }
    }
  }

  public void onAccuracyChanged(Sensor sensor, int accuracy) {}
};
```

16.7 사용자 행동 인지

구글의 행동 인지(Activity Recognition) API를 사용하면 사용자가 실제로 어떤 행동을 하고 있는지 이해할 수 있다. 행동 인지는 기기의 센서로부터 받은 일련의 순간적인 데이터를 주기적으로 분석함으로써 사용자가 현재 걷고 있는지, 운전하고 있는지, 자전거를 타고 있는지, 달리고 있는지 등을 비롯해 어떤 행동을 하고 있는지 감지한다.

행동 인지 API를 사용하려면 구글 플레이 서비스 위치 라이브러리가 필요하다. 이 라이브러리는 앱 모듈(app)의 build.gradle 파일에 의존성으로 추가돼야 한다(15장 '위치, 상황 인지, 지도'에 설명한 대로 구글 플레이 서비스 SDK를 먼저 설치해야 한다).

```
dependencies {
  ...
  implementation 'com.google.android.gms:play-services-awareness:17.0.0'
}
```

그리고 ACTIVITY_RECOGNITION 권한을 매니페스트에 추가해야 한다.

```
<uses-permission
  android:name="com.google.android.gms.permission.ACTIVITY_RECOGNITION"
/>
```

사용자의 현재 행동의 업데이트를 받으려면 우선 static 메서드인 ActivityRecognition.getClient를 사용해 ActivityRecognitionClient의 인스턴스를 얻고 컨텍스트를 전달한다.

```
ActivityRecognitionClient activityRecognitionClient
  = ActivityRecognition.getClient(this);
```

업데이트를 요청하려면 requestActivityUpdates 메서드를 사용해 밀리초 단위의 감지 주기 그리고 사용자 행동의 변화가 감지될 때 시작되는 펜딩 인텐트를 전달한다. 일반적으로 펜딩 인텐트는 사용자 행동의 변화에 응답할 인텐트 서비스를 시작할 때 사용한다.

```
long updateFreq = 1000 * 60;

Intent startServiceIntent = new Intent(this, MyARService.class);
PendingIntent pendingIntent
  = PendingIntent.getService(this, ACTIVITY_RECOGNITION_REQUEST_CODE,
                             startServiceIntent, 0);
Task task
  = activityRecognitionClient.requestActivityUpdates(updateFreq,
                                                     pendingIntent);
```

반환되는 태스크는 호출의 성공 여부를 확인하는 데 사용할 수 있다. 이때 addSuccessListener와 addOnFailureListener 메서드를 사용해 해당 리스너를 추가한다.

이후 요청에서 같은 펜딩 인텐트를 사용한다면 이전 요청이 제거되고 교체된다.

지정된 업데이트 주기는 사용자 행동의 변화가 반환되는 비율이다. 값이 클수록 업데이트가 뜸해져 기기를 깨워 센서를 켜는 일이 줄어들기 때문에 배터리 수명이 개선된다. 모든 센서가 다 그렇듯 될 수 있으면 업데이트를 뜸하게 하는 것이 최선이다.

요청된 업데이트 주기는 행동 인지 API에 가이드로 사용된다. 일부 환경에서는 업데이트를 자주 받을 수도 있다(예를 들어, 다른 앱이 더 잦은 업데이트를 이미 요청한 경우). 하지만 대부분은 업데이트를 간헐적으로 받는다. 행동 인지 API는 기기가 일정 기간 움직이지 않거나 화면이 꺼지고 기기가 저전력 모드에 있을 때 배터리를 보존할 목적으로 업데이트를 일시 중지할 수도 있다.

새 사용자 행동이 감지돼 시작된 인텐트에서 행동 인지를 추출하려면 extractResult 메서드를 사용한다.

```
ActivityRecognitionResult activityResult = extractResult(intent);
```

반환된 행동 인지 결과(ActivityRecognitionResult 객체)는 getMostProbableActivity 메서드를 포함한다. 이 메서드는 최고의 신뢰도를 갖는 행동 타입을 나타내는 DetectedActivity를 반환한다.

```
DetectedActivity detectedActivity = activityResult.getMostProbableActivity();
```

또는 getProbableActivities 메서드를 사용해 가능한 모든 행동이 저장된 List를 반환할 수도 있다.

감지된 행동에 getType과 getConfidence 메서드를 사용하면 각각 그 종류와 신뢰도 비율을 알 수 있다.

```
@Override
protected void onHandleIntent(@Nullable Intent intent) {
  ActivityRecognitionResult activityResult = extractResult(intent);

  DetectedActivity detectedActivity = activityResult.getMostProbableActivity();
  int activityType = detectedActivity.getType();
  int activityConfidence = detectedActivity.getConfidence(); /* Pecent */

  switch (activityType) {
    case (DetectedActivity.IN_VEHICLE): /* TODO 운전하는 중 */ break;
    case (DetectedActivity.ON_BICYCLE): /* TODO 서 있는 중 */ break;
    case (DetectedActivity.ON_FOOT):    /* TODO 발이 지면에 닿았다. */ break;
    case (DetectedActivity.STILL):      /* TODO 정지 상태 */ break;
    case (DetectedActivity.WALKING):    /* TODO 걷는 중 */ break;
    case (DetectedActivity.RUNNING):    /* TODO 달리는 중 */ break;
    case (DetectedActivity.UNKNOWN):    /* TODO 알 수 없음 */ break;
    case (DetectedActivity.TILTING):    {
      // 기기의 각도가 현저하게 변경되었다.
      break;
    }
    default : break;
  }
}
```

행동 변화 업데이트를 더 이상 받을 필요가 없다면 removeActivityUpdates를 호출하고, 업데이트 결과 요청에 사용하던 펜딩 인텐트를 전달한다.

```
activityRecognitionClient.removeActivityUpdates(pendingIntent);
```

업데이트 요청이 유효하면 구글 플레이 서비스 연결도 유효하게 유지된다. 따라서 더 이상 업데이트가 필요 없을 때는 그 요청을 명시적으로 제거해야 한다. 그래야만 배터리 소모량도 줄이고 구글 플레이 서비스의 자동 연결 관리의 장점도 계속 얻을 수 있다.

오디오, 비디오 그리고 카메라 사용하기

17장은 다음 1개의 파일로 되어 있다.

📥 Snippets_ch17.zip

17.1 오디오와 비디오 재생하기 그리고 카메라 사용하기

스마트폰과 태블릿의 인기가 날로 높아지면서 많은 사람에게 유일하고 진정한 '휴대용' 전자 기기로 자리매김했다. 카메라나 음악 플레이어, 오디오 리코더 등 그동안 따로따로 휴대하던 각종 전자 기기가 스마트폰 하나로 대체된 것이다. 이에 따라 안드로이드의 미디어 API는 풍부한 오디오, 비디오, 카메라 경험을 제공하는 앱의 제작 토대로서 그 강력함과 중요성이 날로 커지고 있다.

17장에서는 오디오 및 비디오의 리코딩과 재생을 제어하고, 기기의 오디오 포커스를 제어하며, 애플리케이션이 포커스를 받거나 출력 채널이 변경될 때(예를 들어, 헤드폰을 기기에서 뽑았을 때) 적절하게 응답하기 위한 안드로이드 API를 소개한다.

그리고 미디어 세션 API를 사용해 미디어 재생 정보를 시스템이나 다른 앱과 공유하고, 웨어 운영 체제나 안드로이드 오토(Auto) 등 연결되는 기기나 알림, 헤드셋에서 비롯되는 재생, 정지 등 미디어 이벤트를 받는 방법도 다룬다.

이 과정에서 오디오 재생 서비스를 만드는 방법과 UI를 현재 오디오 상태와 동기화하는 방법을 설명한다. 그리고 오디오 재생의 수명 주기와 포어그라운드 상태를 강조해 설명하고, 미디어 스타일의 알림을 어떻게 만드는지도 소개한다.

가장 좋은 카메라는 자신이 들고 다니는 카메라이며, 그런 의미에서 스마트폰 카메라가 가장 좋다고 할 수 있다. 안드로이드 카메라 API를 사용해 사진을 찍고 비디오를 리코딩하고 라이브 카메라 피드를 표시하는 방법이 펼쳐질 것이다.

17.2 오디오와 비디오 재생하기

안드로이드 8.1 오레오(API 레벨 27)는 다음과 재생용 멀티미디어 형식을 프레임워크의 일부분으로 지원한다. 일부 기기는 이외의 다른 형식도 추가로 지원하고 있다.

- 오디오
  - AAC LC
  - HE-AACv1(AAC+)
  - HE-AACv2(Enhanced AAC+)
  - AAC ELD(Enhanced Low Delay AAC)
  - AMR-NB
  - AMR-WB
  - FLAC
  - MP3
  - MIDI
  - Ogg Vorbis
  - PCM/WAVE
  - Opus
- 이미지
  - JPEG
  - PNG
  - WEBP
  - GIF
  - BMP
- 비디오
  - H.263
  - H.264 AVC
  - H.265 HEVC
  - MPEG-4 SP
  - VP8
  - VP9

다음 네트워크 프로토콜은 미디어 스트리밍에 지원된다.

> ➤ RTSP(RTP, SDP)
>
> ➤ HTTP/HTTPS 프로그레시브 스트리밍
>
> ➤ HTTP/HTTPS 라이브 스트리밍(안드로이드 3.0 이상의 기기에서)

비디오 인코딩 및 오디오 스트리밍에 지원되는 형식 및 권장 사항의 세부적인 내용은 안드로이드 개발자 문서의 '지원되는 미디어 형식(Supported Media Formats)' 페이지에서 찾아볼 수 있다. 전체 주소는 developer.android.com/guide/topics/media/media-formats.html이다.

17.2.1 미디어 플레이어

미디어 플레이어를 사용하면 애플리케이션 리소스나 로컬 파일, 콘텐트 프로바이더에 저장돼 있거나 네트워크 URL로부터 스트리밍되는 오디오와 비디오를 재생할 수 있다. MediaPlayer 클래스는 오디오 및 비디오 재생을 지원하는 모든 기기에서 안드로이드 프레임워크의 일부분으로 사용할 수 있다.

안드로이드 4.1(API 레벨 16) 이상을 지원하는 애플리케이션에서는 ExoPlayer 라이브러리를 미디어 플레이어 API 대용으로 사용할 수 있다. ExoPlayer의 세부 내용은 17장의 뒷부분에서 설명한다.

오디오/비디오 파일과 스트림의 미디어 플레이어 관리 방식은 한마디로 상태 기계(state machine)다. 상태 기계를 최대한 단순하게 설명하면 상태 기계 간 전이를 다음처럼 생각할 수 있다.

1. 미디어 플레이어를 재생할 미디어로 초기화한다.
2. 미디어 플레이어의 재생을 준비한다.
3. 재생을 시작한다.
4. 재생 완료 전에 재생을 일지 정지하거나 정지한다.
5. 재생을 완료한다.

미디어 플레이어의 상태 기계에 관한 더욱 자세한 철저한 설명은 안드로이드 개발자 페이지인 developer.android.com/reference/android/media/MediaPlayer.html#StateDiagram에서 찾아볼 수 있다.

미디어 리소스를 재생하려면 새 MediaPlayer 인스턴스를 만들고 이를 미디어 소스로 초기화 한 후 재생용으로 준비해야 한다. MediaPlayer에는 이 세 단계를 결합한 static 메서드인 create가 여러 개 제공된다.

기존 미디어 플레이어에는 코드 17-1처럼 setDataSource 메서드를 사용할 수도 있다. 이 메서드는 파일 경로, 콘텐트 프로바이더 URI, 스트리밍 미디어 URL 경로, 파일 디스크립터를 받는다.

데이터 소스를 준비하는 일은 네트워크로 가져온 데이터 스트림을 디코딩하는 것만큼이나 잠재적으로 부담이 큰 작업이기 때문에 UI 스레드에 prepare 메서드를 호출해서는 안 된다. 그보다는 MediaPlayer.OnPreparedListener를 설정하고 prepareAsync를 사용해 미디어 재생을 준비하는 동안 UI의 반응성을 유지해야 한다.

코드 17-1 미디어 플레이어를 사용해 재생하기

```
MediaPlayer mediaPlayer = new MediaPlayer();
mediaPlayer.setDataSource("http://site.com/audio/mydopetunes.mp3");
mediaPlayer.setOnPreparedListener(myOnPreparedListener);
mediaPlayer.prepareAsync();
```

미디어 플레이어를 사용해 인터넷 미디어를 스트리밍하려면 애플리케이션 매니페스트에 INTERNET 권한을 포함해야 한다.

```
<uses-permission android:name="android.permission.INTERNET"/>
```

안드로이드는 동시에 사용할 수 있는 미디어 플레이어 객체의 수를 제한한다. 따라서 시스템 리소스가 부족할 때 미디어 플레이어 객체를 해제하지 않으면 런타임 예외가 발생한다. 재생이 끝나면 해당 미디어 플레이어 객체에 release를 호출해 연결된 리소스를 해제해야 한다.

```
mediaPlayer.release();
```

미디어 플레이어의 준비 작업이 끝나면 연결된 OnPreparedListener 핸들러가 트리거되고, 이에 따라 start를 호출해 연결된 미디어를 재생할 수 있다.

```java
private MediaPlayer.OnPreparedListener myOnPreparedListener =
  new MediaPlayer.OnPreparedListener() {

  @Override
  public void onPrepared(MediaPlayer mp) {
    mp.start();
  }
};
```

재생이 시작되면 미디어 플레이어의 stop과 pause 메서드를 사용해 각각 재생을 정지하거나 일지 정지할 수 있다.

미디어 플레이어는 또한 재생되는 미디어의 길이를 알 수 있는 getDuration 메서드와 재생 위치를 알 수 있는 getCurrentPosition 메서드를 제공한다. 미디어의 특정 위치로 직행할 때는 seekTo 메서드를 사용한다.

> 미디어 플레이어는 만들고 유지하는 데 비교적 부담이 큰 객체다. 따라서 인스턴스를 여러 개 만들지 않는 것이 좋다. 배경 음악과 여러 사운드 효과가 특징인 게임처럼 여러 오디오 스트림을 낮은 레이턴시로 재생해야 한다면 SoundPool 클래스를 사용하는 것도 고려해 볼 만하다.

17.2.2 미디어 플레이어를 사용해 비디오 재생하기

재생 소스를 초기화하고 설정해 재생을 준비하는 단계는 오디오와 비디오에 모두 적용된다. 단, 비디오 재생에는 그 무대 역할을 하는 Surface도 필요하다.

Surface를 처리할 때는 일반적으로 SurfaceView 객체가 사용된다. 서피스 뷰는 서피스 홀더(Surface Holder)의 래퍼이며, 서피스 홀더는 다시 서피스의 래퍼다. 백그라운드 스레드의 시각적 업데이트를 지원하는 것이 바로 서피스다.

> 안드로이드 7.0(API 레벨 24) 이전에는 SurfaceView마다 자체 윈도우에서 나머지 UI와 렌더링됐다. 따라서 뷰 파생 클래스와 달리 이동이나 변형, 애니메이션이 불가능했다. 이전 플랫폼 버전용 대안으로 TextureView 클래스가 해당 작업을 지원한다. 다만, 배터리 효율성은 떨어진다.

서피스 홀더를 UI 레이아웃에 포함하려면 SurfaceView 클래스를 사용해야 한다.

```xml
<?xml version="1.0" encoding="utf-8"?>
<LinearLayout
  xmlns:android="http://schemas.android.com/apk/res/android"
  android:layout_width="match_parent"
  android:layout_height="match_parent"
  android:orientation="vertical" >
  <SurfaceView
      android:id="@+id/surfaceView"
      android:layout_width="match_parent"
      android:layout_height="match_parent"
      android:layout_weight="30"
  />
  <LinearLayout
      android:id="@+id/linearLayout1"
      android:layout_width="match_parent"
      android:layout_height="wrap_content"
      android:layout_weight="1">
    <Button
      android:id="@+id/buttonPlay"
      android:layout_width="wrap_content"
      android:layout_height="wrap_content"
      android:text="Play"
    />
    <Button
      android:id="@+id/buttonPause"
      android:layout_width="wrap_content"
      android:layout_height="wrap_content"
      android:text="Pause"
    />
    <Button
      android:id="@+id/buttonSkip"
      android:layout_width="wrap_content"
      android:layout_height="wrap_content"
      android:text="Skip"
    />
  </LinearLayout>
</LinearLayout>
```

비디오 콘텐트를 표시할 SurfaceHolder 객체를 지정할 때는 미디어 플레이어의 setDisplay 메서드를 사용한다.

코드 17-2는 액티비티 안에서 서피스 뷰를 초기화하고 이를 미디어 플레이어의 대상으로 표시하는 기본 코드다.

```java
public class SurfaceViewVideoViewActivity extends Activity
  implements SurfaceHolder.Callback {

  static final String TAG = "VideoViewActivity";

  private MediaPlayer mediaPlayer;

  public void surfaceCreated(SurfaceHolder holder) {
    try {
      // 서피스가 만들어지면
      // 이를 디스플레이 서피스로 지정하고
      // 데이터 소스를 준비한다.
      mediaPlayer.setDisplay(holder);
      // 재생할 비디오 리소스의
      // 경로, URL, Content Provider URI를 지정한다.
      File file = new File(Environment.getExternalStorageDirectory(),
                            "sickbeatsvideo.mp4");
      mediaPlayer.setDataSource(file.getPath());

      mediaPlayer.prepare();
    } catch (IllegalArgumentException e) {
      Log.e(TAG, "Illegal Argument Exception", e);
    } catch (IllegalStateException e) {
      Log.e(TAG, "Illegal State Exception", e);
    } catch (SecurityException e) {
      Log.e(TAG, "Security Exception", e);
    } catch (IOException e) {
      Log.e(TAG, "IO Exception", e);
    }
  }

  public void surfaceDestroyed(SurfaceHolder holder) {
    mediaPlayer.release();
  }

  public void surfaceChanged(SurfaceHolder holder,
                              int format, int width, int height) { }

  @Override
  public void onCreate(Bundle savedInstanceState) {
    super.onCreate(savedInstanceState);

    setContentView(R.layout.surfaceviewvideoviewer);

    // 새 MediaPlayer를 생성한다.
    mediaPlayer = new MediaPlayer();

    // SurfaceView의 참조를 얻는다.
    final SurfaceView surfaceView =
```

```
    findViewById(R.id.surfaceView);

    // SurfaceView를 구성한다.
    surfaceView.setKeepScreenOn(true);

    // SurfaceHolder를 구성하고 콜백을 등록한다.
    SurfaceHolder holder = surfaceView.getHolder();
    holder.addCallback(this);
    holder.setFixedSize(400, 300);

    // 재생 버튼을 연결한다.
    Button playButton = findViewById(R.id.buttonPlay);
    playButton.setOnClickListener(new OnClickListener() {
      public void onClick(View v) {
        mediaPlayer.start();
      }
    });
    // 일지 정지 버튼을 연결한다.
    Button pauseButton = findViewById(R.id.buttonPause);
    pauseButton.setOnClickListener(new OnClickListener() {
      public void onClick(View v) {
        mediaPlayer.pause();
      }
    });

    // 건너뛰기 버튼을 추가한다.
    Button skipButton = findViewById(R.id.buttonSkip);
    skipButton.setOnClickListener(new OnClickListener() {
      public void onClick(View v) {
        mediaPlayer.seekTo(mediaPlayer.getDuration()/2);
      }
    });
  }
}
```

서피스 홀더는 비동기로 만들어진다. 따라서 surfaceCreated 핸들러가 시작될 때까지 기다렸다 반환받은 서피스 홀더 객체를 미디어 플레이어에 지정해야 한다. 이때 SurfaceHolder.Callback 인터페이스를 구현한다.

코드 17-2에서처럼 setDataSource는 재생할 비디오 리소스의 경로나 URL, 콘텐트 프로바이더 URI 중 하나를 지정할 때 사용된다.

미디어 소스를 선택한 후에는 prepare를 호출해 미디어 플레이어를 초기화하고 재생을 준비한다.

17.2.3 엑소플레이어를 사용해 비디오 재생하기

안드로이드 4.1(API 레벨 16) 이후를 지원하는 애플리케이션에서는 미디어 플레이어 API 대신 엑소플레이어(ExoPlayer) 라이브러리를 사용할 수 있다. 엑소플레이어는 구글이 제작했으며, 안드로이드 4.1(API 레벨 16) 이상의 모든 기기에서 미디어 재생의 일관된 경험과 더 나은 확장성, 지원 형식의 확대를 제공한다.

엑소플레이어를 앱에 통합할 때는 exoplayer-core 라이브러리만 의존성으로 추가하면 된다. 다만, 엑소플레이어는 추가 기능을 제공하는 다양한 서브컴포넌트도 함께 지원한다. 예를 들어 exoplayer-ui 라이브러리는 재생 컨트롤을 비롯해 공통 작업을 혁신적으로 단순화하도록 미리 빌드된 UI 컴포넌트들을 제공한다.

엑소플레이어를 사용해 비디오를 재생하려면 엑소플레이어 코어와 UI 라이브러리를 앱 모듈의 build.gradle 파일에 의존성으로 추가해야 한다.

```
implementation "com.google.android.exoplayer:exoplayer-core:2.8.2"
implementation "com.google.android.exoplayer:exoplayer-ui:2.8.2"
```

엑소플레이어 UI 라이브러리는 재생, 정지, 앞으로 이동, 뒤로 이동, 비디오 재생 위치 이동용 탐색바 등의 재생 컨트롤과 재생 서피스를 캡슐화하는 PlayerView 클래스를 제공한다. 이들은 액티비티 또는 프래그먼트 레이아웃에 추가된다.

```xml
<?xml version="1.0" encoding="utf-8"?>
<FrameLayout
  xmlns:android="http://schemas.android.com/apk/res/android"
  android:layout_width="match_parent"
  android:layout_height="match_parent">
  <com.google.android.exoplayer2.ui.PlayerView
    android:id="@+id/player_view"
    android:layout_width="match_parent"
    android:layout_height="match_parent"
  />
</FrameLayout>
```

코드 17-3은 액티비티 안에서 플레이어 뷰를 초기화하고 비디오 재생을 시작하는 기본 코드다.

코드 17-3 플레이어 뷰를 사용해 비디오 재생하기

```java
public class SurfaceViewVideoViewActivity extends Activity {
```

```java
private PlayerView playerView;
private SimpleExoPlayer player;

@Override
public void onCreate(Bundle savedInstanceState) {
  super.onCreate(savedInstanceState);
  setContentView(R.layout.playerview);

  playerView = findViewById(R.id.player_view);
}

@Override
protected void onStart() {
  // 새 ExoPlayer를 생성한다.
  player = ExoPlayerFractory.newSimpleInstance(this,
    new DefaultTrackSelector());

  // ExoPlayer를 PlayerView에 연결한다.
  playerView.setPlayer(player);

  // http와 로컬 콘텐트를 로드할 수 있는
  // DataSource.Factory를 만든다.
  DataSource.Factory dataSourceFactory = new DefaultDataSourceFactory(
    this,
    Util.getUserAgent(this, getString(R.string.app_name)));

  // 재생할 URI를 지정한다.
  File file = new File(Environment.getExternalStorageDirectory(),
                       "test2.mp4");
  ExtractorMediaSource mediaSource =
    new ExtractorMediaSource.Factory(dataSourceFactory)
    .createMediaSource(Uri.fromFile(file));

  // 미디어 소스의 로드를 시작한다.
  player.prepare(mediaSource);

  // 준비가 되면 재생을 자동으로 시작한다.
  player.setPlayWhenReady(true);
}

@Override
protected void onStop() {
  playerView.setPlayer(null);
  player.release();
  player = null;
  super.onStop();
}
}
```

엑소플레이어의 세부 내용은 github.com/google/ExoPlayer에서 찾아볼 수 있다.

17.2.4 오디오 포커스 요청하기와 관리하기

오디오 포커스는 하나의 앱만이 사용자가 특정 시간에 들을 수 있는 포커스를 가진다는 개념이다. 현재 통화 중, 비디오 재생 중, 알림이나 내비게이션 방향과 같은 일시적인 소리 안내 중 등이 오디오 포커스의 단적인 예다.

소리 출력은 본질적으로 공유 채널에 해당한다. 마치 방에서 동시다발적으로 들려오는 대화들처럼 여러 앱이 오디오를 동시에 재생하면 곧 이해할 수 없는 지경에 이른다. 선량한 사회 구성원이 되기 위한 필수 덕목은 오디오를 재생할 때 오디오 포커스를 공유하고 존중하는 것이다.

이는 오디오를 재생하기 전에 반드시 오디오 포커스를 요청해야 한다는 뜻이다. 오디오 재생이 끝날 때까지만 오디오를 쥐고 있다가 다른 앱이 오디오 포커스를 요청하면 기꺼이 포기해야 한다.

오디오 포커스 요청하기

오디오를 재생하기 전에 그 포커스부터 요청해야 하며, 이때 오디오 매니저의 requestAudioFocus 메서드를 사용한다. 오디오 포커스를 요청할 때는 음악 재생처럼 지속적이든 내비게이션 안내처럼 일시적이든 필요한 스트림(대개 STREAM_MUSIC)과 그 기간을 지정한다. 단, 일시적으로 필요한 경우에는 이 일시적인 방해가 종료될 때까지 현재 포커스를 갖고 있는 애플리케이션이 볼륨을 줄이는 이른바 더킹(ducking)으로 처리할 수 있는지를 함께 지정한다.

오디오 포커스의 기본적인 속성들을 지정할 때는 다른 애플리케이션들이 오디오 포커스를 잃는 것에 더 나은 응답을 할 수 있도록 해야 한다. 이 과정은 이 절의 뒷부분에서 다룬다.

코드 17-4는 음악 스트리밍에 필요한 지속적 오디오 포커스를 요청하는 액티비티의 기본 코드다. 코드에서는 오디오 포커스를 잃는지 리스닝하다가 잃으면 그에 따라 응답하는 OnAudioFocusChangeListener 객체(이 절의 뒷부분 참고)를 지정해야 한다.

코드 17-4 오디오 포커스 요청하기

```
AudioManager am = (AudioManager)getSystemService(Context.AUDIO_SERVICE);

// 재생용 오디오 포커스를 요청한다.
int result = am.requestAudioFocus(focusChangeListener,
                // 음악 스트림을 사용한다.
```

```
                AudioManager.STREAM_MUSIC,
                // 지속적 포커스를 요청한다.
                AudioManager.AUDIOFOCUS_GAIN);

if (result == AudioManager.AUDIOFOCUS_REQUEST_GRANTED) {
  mediaPlayer.start();
}
```

오디오 포커스 요청이 실패하는 경우는 몇 가지 있다. 사용자가 통화 중인 경우가 단적인 예다. 따라서 오디오 포커스를 요청하고 AUDIOFOCUS_REQUEST_GRANTED를 받는다면 재생만 시작하는 것이 좋다.

> **참고**
>
> 알림 소리는 특별한 경우다. 안드로이드는 setSound를 통해 또는 setDefaults의 DEFAULT_SOUND나 DEFAULT_ALL 플래그를 사용해 추가한 알림 소리용으로 임시 오디오 포커스를 자동으로 요청한다. 오디오와 알림을 연결하는 이 두 방법을 활용해 사용자의 방해 금지 설정을 존중하는 것이 매우 중요하다.

오디오 포커스의 변화에 응답하기

오디오 포커스는 요청하는 애플리케이션마다 지정된다. 다시 말해, 다른 애플리케이션에서 오디오 포커스를 요청하면 현재 오디오 포커스를 갖고 있는 애플리케이션은 이를 뺏길 수밖에 없다.

오디오 포커스의 상실은 오디오 포커스를 요청할 때 등록한 OnAudioFocusChangeListener의 onAudioFocusChange 핸들러를 통해 통보된다. 코드 17-5는 이를 나타낸 것이다.

focusChange 매개변수는 지속적이든, 일시적이든 포커스의 상실과 더킹의 허용 여부를 나타낸다.

오디오 포커스를 잃을 때마다 미디어 재생을 일시 정지하거나 만일 더킹이 허용되면서 일시적으로 포커스를 잃은 경우라면 오디오 출력 볼륨을 줄이는 것이 최선이다.

코드 17-5 오디오 포커스의 상실에 응답하기

```
private OnAudioFocusChangeListener focusChangeListener =
  new OnAudioFocusChangeListener() {
public void onAudioFocusChange(int focusChange) {
  AudioManager am =
```

```
        (AudioManager)getSystemService(Context.AUDIO_SERVICE);

    switch (focusChange) {
      case (AudioManager.AUDIOFOCUS_LOSS_TRANSIENT_CAN_DUCK) :
        // 더킹이 가능하다면 볼륨을 줄인다.
        mediaPlayer.setVolume(0.2f, 0.2f);
        break;

      case (AudioManager.AUDIOFOCUS_LOSS_TRANSIENT) :
        mediaPlayer.pause();
        break;

      case (AudioManager.AUDIOFOCUS_LOSS) :
        mediaPlayer.stop();
        am.abandonAudioFocus(this);
        break;

      case (AudioManager.AUDIOFOCUS_GAIN) :
        // 볼륨을 정상으로 되돌리고 일지 정지 상태이면 재개한다.
        mediaPlayer.setVolume(1f, 1f);
        mediaPlayer.start();
          break;

        default: break;
      }
    }
};
```

일시적 포커스 상실의 경우, AudioManager.AUDIOFOCUS_GAIN 이벤트에 따라 포커스를 다시 받으면 통보된다. 이때 이전 볼륨으로 오디오를 재생하면 된다.

포커스를 아예 뺏긴 경우에는 재생을 정지하고 (UI 안에서 재생 버튼을 누르는 것과 같은) 사용자 상호 작용을 통해 재시작하는 수밖에 없다. 오디오 포커스를 아예 뺏기면 OnAudioFocus ChangeListener의 콜백은 더 이상 받지 않게 된다.

현재 앱에서 일시적인 오디오 포커스를 요청하는 경우에는 미디어 플레이어의 OnCompletion Listener를 사용해 오디오 포커스를 적당한 때에 포기할 수 있도록 오디오가 언제 종료되는지 파악하는 것도 고려해 볼 만하다.

17.2.5 출력이 변경될 때 재생 일시 정지하기

현재 출력 스트림이 헤드셋일 때 그 단자를 기기에서 뽑으면 시스템은 자동으로 기기에 내장된 스피커로 출력을 전환한다. 이때 오디오 출력을 일시 정지하거나 볼륨을 줄이는 것이 더 좋을 수 있다.

그렇게 하려면 AudioManager.ACTION_AUDIO_BECOMING_NOISY 브로드캐스트를 주시하다가 필요시 재생을 일시 정지하는 브로드캐스트 리시버를 만든다.

```java
private class NoisyAudioStreamReceiver extends BroadcastReceiver {
  @Override
  public void onReceive(Context context, Intent intent) {
    if (AudioManager.ACTION_AUDIO_BECOMING_NOISY.equals
      (intent.getAction())) {
      pauseAudioPlayback();
    }
  }
}
```

이 브로드캐스트는 앱이 오디오·비디오를 재생하고 있을 때만 필요하기 때문에 리시버를 매니페스트에 등록하는 것은 적절하지 않다. 그 대신 BroadcastReceiver의 인스턴스를 만들고 재생을 시작할 때 이를 코드상에서 등록하고 재생을 일시 정지할 때 등록 해지해야 한다.

```java
// Receiver를 만든다.
NoisyAudioStreamReceiver mNoisyAudioStreamReceiver =
  new NoisyAudioStreamReceiver();

// 재생 중
public void registerNoisyReceiver() {
  IntentFilter filter = new
    IntentFilter(AudioManager.ACTION_AUDIO_BECOMING_NOISY);
  registerReceiver(mNoisyAudioStreamReceiver, filter);
}

// 일시 정지 상태
public void unregisterNoisyReceiver() {
  unregisterReceiver(mNoisyAudioStreamReceiver);
}
```

17.2.6 볼륨 제어에 응답하기

일관된 사용자 경험을 보장하기 위해서는 애플리케이션에서 사용자의 볼륨 키 조작을 적절하게 처리해야 한다.

기본적으로는 기기에서든, 연결된 헤드셋에서든 볼륨 키를 조작하면 그에 따라 현재 재생 중인 오디오 스트림의 볼륨이 변경된다.

(대개 액티비티의 onCreate 메서드 안에서) setVolumeControlStream 메서드를 사용하면 액티비티가 활성 상태인 동안 볼륨 키로 조작하는 오디오 스트림을 지정할 수 있다.

```
@Override
public void onCreate(Bundle savedInstanceState) {
  super.onCreate(savedInstanceState);
  setContentView(R.layout.audioplayer);

  setVolumeControlStream(AudioManager.STREAM_MUSIC);
}
```

사용할 수 있다면 어느 오디오 스트림이든 지정할 수 있지만, 미디어 플레이어에서는 STREAM_MUSIC 스트림을 지정해야 볼륨 키의 포커스를 가질 수 있다.

> **주의**
>
> 볼륨 키의 눌림을 직접 리스닝하는 방법도 있지만 일반적으로는 부실한 방법으로 여겨진다. 사용자가 오디오 볼륨을 조절하는 방법에는 몇 가지가 있다. 하드웨어 버튼을 사용할 수도 있고, 소프트웨어 컨트롤을 사용할 수도 있다. 하드웨어 버튼에만 의존해 수동으로 볼륨을 변경하면 애플리케이션의 응답이 예상치 못한 방향으로 흘러가 사용자를 당혹케 할 수도 있다. 이는 설치 제거라는 최악의 사태로 이어질 수 있다.

17.2.7 미디어 세션으로 작업하기

미디어 세션 API는 시스템에서 사용할 수 있는 미디어 재생 메커니즘을 통해 앱에서 미디어를 재생할 때 그 메타데이터 및 재생 컨트롤을 활용하기 위한 일관된 인터페이스를 제공한다.

미디어 세션을 만들고 그 사용자 명령에 응답하는 방식으로 앱에서는 블루투스 지원 자동차나 헤드셋, 웨어 운영 체제, 안드로이드 오토 등의 연결된 기기로부터 재생과 제어를 지원한다. 이런 기기들에서는 앱을 여는 등 모바일 기기와 직접 상호 작용하지 않아도 미디어의 메타데이터를 검색하고 재생을 제어할 수 있다.

> **참고**
>
> 미디어 메타데이터를 표시하고 미디어 재생 컨트롤을 배치하는 클라이언트 중에서 가장 유용하면서도 일반적인 예가 바로 '알림'이다. 이런 목적으로 알림을 '튜닝'하는 방법은 잠시 후 '미디어 스타일 알림 만들기'에서 깊이 있게 다룬다.

미디어 세션으로 재생 제어하기

미디어 세션 API는 안드로이드 지원 라이브러리의 일부분으로 제공된다. 미디어 세션을 생성하고 초기화하려면 액티비티의 onCreate 메서드 안에서 MediaSessionCompat 클래스의 새 인스턴스를 생성하며 이때 오류 메시지 로깅에 사용할 Context와 String을 전달한다.

```
MediaSessionCompat mMediaSession = new MediaSessionCompat(context, LOG_TAG);
```

블루투스 헤드셋, 웨어 운영 체제, 안드로이드 오토와 같은 기기로부터 미디어 컨트롤을 받으려면 setFlags를 호출해야 한다. 이에 따라 미디어 세션으로 미디어 버튼이 처리되고 제어가 전송된다.

```
mMediaSession.setFlags(
  MediaSessionCompat.FLAG_HANDLES_MEDIA_BUTTONS |
  MediaSessionCompat.FLAG_HANDLES_TRANSPORT_CONTROLS);
```

마지막으로 MediaSessionCompat.Callback 클래스의 인스턴스를 생성하고 초기화한다. 이 클래스 안에서 구현하는 콜백 메서드들이 미디어 버튼 요청을 받고 그에 따라 적절하게 응답한다.

```
mMediaSession.setCallback(new MediaSessionCompat.Callback() {
  @Override
  public void onPlay() {
    mediaPlayer.start();
  }

  @Override
  public void onPause() {
    mediaPlayer.pause();
  }

  @Override
  public void onSeekTo(long pos) {
    mediaPlayer.seekTo((int) pos);
  }
});
```

콜백을 받으려면 우선 미디어 세션이 어떤 액션을 지원하는지부터 나타내야 한다. PlaybackStateCompat을 생성하고 setPlaybackState 메서드를 사용해 이를 전달하면 된다.

```
public void updatePlaybackState() {
  PlaybackStateCompat.Builder playbackStateBuilder =
    new PlaybackStateCompat.Builder();

  playbackStateBuilder
    // 사용 가능한 액션들
    .setActions(
      PlaybackStateCompat.ACTION_PLAY_PAUSE |
      PlaybackStateCompat.ACTION_PLAY |
      PlaybackStateCompat.ACTION_PAUSE |
      PlaybackStateCompat.ACTION_STOP |
      PlaybackStateCompat.ACTION_SEEK_TO)
    // 현재 재생 상태
    .setState(
      PlaybackStateCompat.STATE_PLAYING,
      0,      // ms 단위의 추적 위치
      1.0f); // 재생 속도
  mMediaSession.setPlaybackState(playbackStateBuilder.build());
}
```

> **참고**
>
> 재생 상태는 지원하는 액션과 현재 상태, 이렇게 두 가지 요소로 구성된다. 이 둘은 일반적으로 동시에 변경되기 때문에 서로 연동된다(예를 들어, STATE_BUFFERING일 때 ACTION_FAST_FORWARD 를 끈다).

미디어 플레이어의 상태가 바뀌면 미디어 세션의 재생 상태도 업데이트해야 한다. 그래야만 동기화가 유지된다. PlaybackStateCompat.Builder 객체는 매번 처음부터 다시 만들지 말고 증분 백업처럼 증분 업데이트만을 수행하도록 관리하는 것이 최선이다.

최종적으로 오디오 포커스를 받고 setActive(true)를 호출해 미디어 세션을 시작해야 한다.

```
mMediaSession.setActive(true);
```

한편, 재생을 정지하고 오디오 포커스를 포기한 후에는 setActive(false)를 호출한다. 재생이 끝나면 미디어 세션에 release를 호출해 연결된 리소스를 해지해야 한다.

```
mMediaSession.release();
```

미디어 세션을 사용해 메타데이터 공유하기

미디어 세션 API는 재생을 제어할 수 있을 뿐 아니라 애플리케이션이 재생하고 있는 미디어의 메타데이터를 설정할 수도 있다. 앨범 재킷, 트랙 이름, 재생 길이 등이 메타데이터의 단적인 예며, 이때 사용되는 메서드가 setMetadata다.

미디어의 메타데이터가 포함되는 MediaMetadataCompat 객체를 생성할 때는 MediaMetadata Compat.Builder를 사용한다.

이 빌더 객체를 사용하면 연결되는 비트맵을 지정할 수 있는 putBitmap 메서드를 사용할 수 있다. 이때 적용할 키는 MediaMetadataCompat.METADATA_KEY_ART나 MediaMetadata Compat.METADATA_KEY_ALBUM_ART다.

```
builder.putBitmap(MediaMetadataCompat.METADATA_KEY_ART, artworkthumbnail);
builder.putString(MediaMetadataCompat.METADATA_KEY_ART_URI,
                fullSizeArtworkUri);
```

> **주의**
>
> 프로세스에서 프로세스로 비트맵을 전달할 때는 상당한 대가가 따른다. 따라서 풀 사이즈 이미지를 직접 포함하지 않고 그 이미지를 가리키는 URI를 추가하는 것이 비교할 수 없을 정도로 효율적이다. 이때 METADATA_KEY_ART_URI와 METADATA_KEY_ALBUM_ART_URI 키가 사용된다. 경험상 최선의 방법은 최대 640 × 640 픽셀의 비트맵 하나까지만 포함하는 것이다.

```
public void updateMetadata() {
  MediaMetadataCompat.Builder builder = new MediaMetadataCompat.Builder();

  builder.putString(MediaMetadataCompat.METADATA_KEY_ART_URI,
                fullSizeArtworkUri);

  mMediaSession.setMetadata(builder.build());
```

그리고 putLong 메서드와 해당 MediaMetadataCompat.METADATA_KEY_ 상수를 사용해 트랙 번호, CD 번호, 리코딩 연도, 재생 길이 등을 가리킬 수도 있다.

```
builder.putLong(MediaMetadataCompat.METADATA_KEY_DURATION, duration);
```

이와 비슷한 방식으로 putString 메서드를 사용하면 앨범 이름, 앨범 아티스트, 트랙 제목, 아티스트, 편집 앨범, 작곡가, 출시 날짜, 장르, 현재 미디어의 작성자 등을 지정할 수 있다.

```
builder.putString(MediaMetadataCompat.METADATA_KEY_ALBUM, album);
builder.putString(MediaMetadataCompat.METADATA_KEY_ARTIST, artist);
builder.putString(MediaMetadataCompat.METADATA_KEY_TITLE, title);
```

 참고

안드로이드 5.0(API 레벨 21) 이후부터 프레임워크에는 MediaSession 클래스가 제공된다. 하지만 안드로이드 지원 라이브러리의 MediaSessionCompat을 사용해 플랫폼 릴리스와 무관하게 일관된 경험을 보장하고 새 기능과 버그 픽스를 지원받는 것이 최선이다.

미디어 컨트롤러 미디어 세션에 애플리케이션의 미디어 컨트롤 연결하기

미디어 세션의 콜백들을 사용해 미디어 버튼 요청을 받으면 모든 미디어 컨트롤 코드를 중앙 집중화할 수 있어 여러모로 도움이 되고, 더 나아가 시스템에서 (알림, 웨어 운영 체제, 안드로이드 오토 등) 인터페이스의 영향을 덜 받고도 일관된 미디어 컨트롤을 표시할 수도 있다.

이에 따라 미디어 재생 컨트롤을 자체 UI 안에 두고 미디어 세션의 콜백 메커니즘을 시스템의 다른 부분으로 사용하는 것, 다시 말해 미디어 플레이어를 직접 제어하기보다 미디어 세션에 명령을 보내는 방식으로 사용하는 것이 최선이라 하겠다.

이를 위해 필요한 클래스가 MediaControllerCompat이다. 구성한 미디어 세션을 사용해 새 미디어 컨트롤러를 생성한다.

```
// Media Session을 만든 이후
final MediaControllerCompat mediaController =
  new MediaControllerCompat(context, mMediaSession);
```

UI에서 미디어 컨트롤 버튼을 연결한다. 이제 버튼을 클릭하면 미디어 컨트롤러를 통해 미디어 세션으로 명령이 전달된다. 미디어 재생을 직접 수정하는 것이 아니다.

```
// 재생 버튼을 연결한다.
Button playButton = findViewById(R.id.buttonPlay);
playButton.setOnClickListener(new OnClickListener() {
  public void onClick(View v) {
    mediaController.getTransportControls().play();
```

```
  }
});

// 일시 정지 버튼을 연결한다.
Button pauseButton = findViewById(R.id.buttonPause);
pauseButton.setOnClickListener(new OnClickListener() {
  public void onClick(View v) {
    mediaController.getTransportControls().pause();
  }
});
```

17.3 미디어 라우터와 캐스트 애플리케이션 프레임워크 사용하기

미디어 라우터 API는 비디오 표시나 오디오 재생을 무선으로 원격 기기에 인계하는(redirect) 데 사용하는 일관된 메커니즘을 제공한다. 이는 흔히 구글 플레이 서비스 API인 구글 캐스트로 구현된다. 구글 플레이 서비스 API를 사용하면 비디오나 오디오를 구글 캐스트나 구글 텔레비전, 구글 홈(Home) 기기에 '넘겨 줄' 수 있다.

앱에서 구글 캐스트를 지원하도록 하려면 우선 appcompat와 미디어 라우터 및 구글 플레이 서비스 캐스트 프레임워크의 의존성을 앱 모듈 build.gradle 파일에 추가해야 한다.

```
dependencies {
  compile 'com.android.support:appcompat-v7:25.1.0'
  compile 'com.android.support:mediarouter-v7:25.1.0'
  compile 'com.google.android.gms:play-services-cast-framework:10.0.1'
}
```

캐스트의 기능을 액티비티에 추가하려면 구글 캐스트 옵션들을 정의하는 새 OptionsProvider 구현 클래스를 생성한다. 그리고 getCastOptions 핸들러에서 CastOptions 객체를 통해 옵션들을 반환한다.

```
public class CastOptionsProvider implements OptionsProvider {
  @Override
  public CastOptions getCastOptions(Context context) {
    CastOptions castOptions = new CastOptions.Builder()
      .setReceiverApplicationId(CastMediaControlIntent
                          .DEFAULT_MEDIA_RECEIVER_APPLICATION_ID)
      .build();
```

```
      return castOptions;
  }

@Override
public List<SessionProvider> getAdditionalSessionProviders(Context context) {
    return null;
  }
}
```

여기서는 사용 가능한 목적지 리스트를 필터링하기 위해 그리고 캐스트 세션이 시작될 때 리시버 애플리케이션을 해당 대상 기기에서 시작하기 위해 사용할 것이므로 리시버 애플리케이션 ID 옵션만 필요하다.

미디어의 라우트 목적지는 리시버 기기에서 실행되는 HTML5/자바스크립트 애플리케이션인 캐스트 리시버 애플리케이션이다. 이 애플리케이션은 콘텐트를 표시하고 미디어 컨트롤 메시지를 처리하는 UI를 제공한다.

캐스트 애플리케이션 프레임워크에는 미리 빌드된 구글의 리시버 애플리케이션이 함께 제공된다. 이 애플리케이션은 애플리케이션 ID로 CastMediaControlIntent.DEFAULT_MEDIA_RECEIVER_APPLICATION_ID를 제공할 때 사용된다.

필요시 자체 커스텀 미디어 리시버를 만들 수도 있다. 다만, 관련 내용은 이 책의 범위를 벗어난다. 커스텀 리시버를 만드는 과정은 developers.google.com/cast/docs/android_sender_setup에서 찾아볼 수 있다.

옵션 프로바이더를 정의했으면 이를 애플리케이션 매니페스트 안에서 meta-data를 사용해 선언한다.

```
<meta-data
  android:name=
    "com.google.android.gms.cast.framework.OPTIONS_PROVIDER_CLASS_NAME"
  android:value="com.professionalandroid.CastOptionsProvider"
/>
```

애플리케이션의 캐스트 애플리케이션 프레임워크 관련 모든 상호 작용은 CastContext 클래스에 getSharedInstance를 호출해 접근하는 CastContext 객체를 통해 조정된다. 이 과정은 일반적으로 미디어를 캐스트할 액티비티의 onCreate 핸들러 안에서 진행된다.

```
CastContext mCastContext;

@Override
public void onCreate() {
  super.onCreate(savedInstanceState);
  setContentView(R.layout.activity_layout);

  mCastContext = CastContext.getSharedInstance(this);
}
```

캐스트 애플리케이션 프레임워크는 캐스트 세션을 시작하고 상호 작용할 때 사용할 수 있는 몇 가지 UI 요소를 제공한다. 캐스트 버튼과 미니 컨트롤러 및 확장 컨트롤러가 단적인 예다.

캐스트 버튼은 앱에서 캐스트할 수 있는 사용 가능한 리시버를 캐스트가 발견하면 표시된다. 사용자의 입장에서 캐스트 버튼을 클릭하면 캐스트할 수 있는 사용 가능한 모든 원격 기기 또는 현재 캐스트된 콘텐츠에 연결되는 메타데이터를 나타내는 대화상자가 표시된다.

캐스트 버튼은 액티비티의 앱바에 미디어 라우트 액션 프로바이더의 형태로 추가될 수 있다.

```
<menu xmlns:app="http://schemas.android.com/apk/res-auto"
      xmlns:android="http://schemas.android.com/apk/res/android">
  <item
    android:id="@+id/media_route_menu_item"
    android:title="@string/media_route_menu_title"
    app:actionProviderClass="android.support.v7.app.MediaRouteActionProvider"
    app:showAsAction="always" />
</menu>
```

이제 캐스트하려는 프래그먼트 또는 액티비티 안에서 onCreateOptionsMenu 핸들러를 오버라이드해 미디어 라우트 버튼을 설정한다.

```
@Override public boolean onCreateOptionsMenu(Menu menu) {
  super.onCreateOptionsMenu(menu);
  getMenuInflater().inflate(R.menu.main, menu);
  CastButtonFactory.setUpMediaRouteButton(getApplicationContext(),
                                          menu,
                                          R.id.media_route_menu_item);
  return true;
}
```

미디어 라우트 버튼을 액티비티 레이아웃에 추가하는 방법도 있다.

```
<android.support.v7.app.MediaRouteButton
  android:id="@+id/media_route_button"
  android:layout_width="wrap_content"
  android:layout_height="wrap_content"
  android:layout_weight="1"
  android:mediaRouteTypes="user"
  android:visibility="gone"
/>
```

미디어 라우트 버튼을 액티비티의 onCreate 핸들러 안에서 캐스트 애플리케이션 프레임워크에 연결한다.

```
CastContext mCastContext;
MediaRouteButton mMediaRouteButton;

@Override
protected void onCreate(Bundle savedInstanceState) {
  super.onCreate(savedInstanceState);
  setContentView(R.layout.activity_layout);

  mCastContext = CastContext.getSharedInstance(this);

  mMediaRouteButton = findViewById(R.id.media_route_button);
  CastButtonFactory.setUpMediaRouteButton(getApplicationContext(),
                                          mMediaRouteButton);
}
```

캐스트 버튼을 앱에 추가했으면 캐스트 세션을 사용해 앱에서 캐스트할 미디어(와 연결되는 메타데이터)를 지정한다.

태스트 세션은 사용자가 캐스트 목적지 선택 대화상자에서 원격 리시버를 선택할 때 시작되고, 캐스트를 정지하겠다고 선택할 때(또는 같은 기기에 다른 캐스트가 진행될 때) 종료된다.

세션은 SessionManager가 관리한다. 현재 CastSession에 접근할 때는 일반적으로 액티비티의 onResume 핸들러 안에서 CastContext에 getCurrentCastSession 메서드를 사용한다.

```
CastContext mCastContext;
MediaRouteButton mMediaRouteButton;

CastSession mCastSession;
SessionManager mSessionManager;

@Override
```

```
protected void onCreate(Bundle savedInstanceState) {
  super.onCreate(savedInstanceState);
  setContentView(R.layout.activity_layout);

  mCastContext = CastContext.getSharedInstance(this);

mMediaRouteButton = findViewById(R.id.media_route_button);
CastButtonFactory.setUpMediaRouteButton(getApplicationContext(),
                                        mMediaRouteButton);

  mSessionManager = mCastContext.getSessionManager();
}

@Override
protected void onResume() {
  super.onResume();
  mCastSession = mSessionManager.getCurrentCastSession();
}

@Override
protected void onPause() {
  super.onPause();
  mCastSession = null;
}
```

새 캐스트 세션의 생성, 정지, 재개, 중단 등을 리스닝하기 위해 세션 매니저 인스턴스에 Session
ManagerListener를 연결할 수도 있다.

사용자가 캐스트 세션을 만들면 RemoteMediaClient의 새 인스턴스가 생성된다. 이 인스턴스
는 현재 캐스트 세션에 getRemoteMediaClient를 호출해 사용할 수 있다.

원격 미디어 클라이언트를 사용하면 원격 기기에 스트리밍하도록 콘텐트를 설정할 수 있다.
그리고 MediaMetadata 클래스를 사용하면 콘텐트 관련 메타데이터를 설정할 수도 있다.

```
MediaMetadata movieMetadata =
  new MediaMetadata(MediaMetadata.MEDIA_TYPE_MOVIE);

movieMetadata.putString(MediaMetadata.KEY_TITLE, mCurrentMovie.getTitle());
movieMetadata.addImage(new WebImage(Uri.parse(mCurrentMovie.getImage(0))));
```

원격 기기에서 재생할 미디어를 정의할 때는 MediaInfo.Builder를 사용한다. 이때 선택된 콘
텐트의 URL과 스트림의 세부 형식 및 종류, 위에서 정의한 미디어 메타데이터를 지정한다.

```
private void castMovie() {
  MediaInfo mediaInfo = new MediaInfo.Builder(mCurrentMovie.getUrl())
                              .setStreamType(MediaInfo.STREAM_TYPE_BUFFERED)
                              .setContentType("videos/mp4")
                              .setMetadata(movieMetadata)
                              .setStreamDuration(mCurrentMovie.getDuration()
                                                          * 1000)
                              .build();

  RemoteMediaClient remoteMediaClient = mCastSession.getRemoteMediaClient();
  remoteMediaClient.load(mediaInfo, autoPlay, currentPosition);
}
```

이제 원격 기기에서 원격 미디어 클라이언트를 사용해 미디어 재생을 제어할 수 있다.

캐스트 설계 체크리스트에는 콘텐트를 인계하는 앱에서 미니 컨트롤러와 확장 컨트롤러를 제공해야 한다는 항목도 있다. 미니 컨트롤러는 사용자가 기본 콘텐트 페이지에서 벗어나 조작할 때 표시되며, 확장 컨트롤러는 사용자가 미디어 알림이나 미니 컨트롤러를 클릭했을 때 전체 화면 UI로 표시된다.

미니 컨트롤러는 액티비티의 하단에 추가되는 프래그먼트 형태로 사용할 수 있다.

```
<fragment
  android:id="@+id/castMiniController"
  android:layout_width="fill_parent"
  android:layout_height="wrap_content"
  android:layout_alignParentBottom="true"
  android:visibility="gone"
  class=
    "com.google.android.gms.cast.framework.media.widget.MiniControllerFragment"
/>
```

확장 컨트롤러는 추상 pandedControllerActivity 클래스로 제공된다. 다시 말해, 캐스트 버튼을 추가하려면 서브 클래스로 만들어야 한다. 이 내용은 developers.google.com/cast/docs/android_sender_integrate#add_expanded_controller에서 찾아볼 수 있다.

컨트롤러를 정밀 '튜닝'하고 알림을 통해 캐스트 컨트롤과 통합하기 위한 세부 지침은 구글 캐스트 SDK 참조 문서인 developers.google.com/cast/docs/android_sender_setup에서 찾아볼 수 있다.

17.4 백그라운드 오디오 재생

비디오를 재생할 때는 사용자가 액티비티를 포어그라운드에서 볼 가능성이 매우 높다. 한편 오디오 재생의 경우에는 앱이 백그라운드에 있을 가능성이 훨씬 더 높다.

이를 지원하기 위해서는 미디어 플레이어와 미디어 세션이 액티비티가 보이지 않을 때도(또는 실행 중일 때도) 계속 실행되는 서비스의 일부여야 한다.

안드로이드는 재생 액티비티를 비롯해 연결된 클라이언트로부터 오디오 재생 서비스를 간단하게 분리할 수 있도록 MediaBrowserServiceCompat과 MediaBrowserCompat API를 제공한다.

> **참고**
>
> 안드로이드 5.0(API 레벨 21)에서는 MediaSession 클래스와 함께 MediaBrowserService와 MediaBrowser 클래스도 도입했다. 하지만 안드로이드 지원 라이브러리의 MediaBrowser ServiceCompat과 MediaBrowserCompat을 적극적으로 사용할 것을 권장하고, 17장의 끝까지 이 호환성 라이브러리 클래스들을 사용한다.

17.4.1 오디오 재생 서비스 만들기

코드 17-6에서는 최소한으로 구현한 새 미디어 웹 브라우저 서비스를 보여준다.

미디어 세션이 만들어지면 setSessionToken을 사용해 그 세션 토큰을 미디어 웹 브라우저 서비스에 전달하고 onGetRoot와 onLoadChildren이라는 추상 메서드를 구현한다.

onGetRoot와 onLoadChildren 메서드는 안드로이드 오토와 웨어 운영 체제를 지원할 때 사용된다. 이 두 메서드는 사용자가 오토 및 웨어 UI에서 특정 앨범이나 아티스트의 음악을 선택할 수 있도록 미디어 항목 리스트를 제공한다. 최소한으로 구현한 코드 17-6에서는 onGetRoot의 null이 아닌 결과를 반환한다. null은 연결되지 않았다는 뜻이다.

코드 17-6 미디어 웹 브라우저 서비스의 기본 구현

```
public class MediaPlaybackService extends MediaBrowserServiceCompat {
  private static final String LOG_TAG = "MediaPlaybackService";

  private MediaSessionCompat mMediaSession;

  @Override
  public void onCreate() {
```

```
      super.onCreate();
      mMediaSession = new MediaSessionCompat(this, LOG_TAG);

      // setFlags, setCallback 등의 다른 초기화

      setSessionToken(mMediaSession.getSessionToken());
    }

    @Override
    public BrowserRoot onGetRoot(@NonNull String clientPackageName,
                                int clientUid, Bundle rootHints) {
      // 아무도 연결할 수 없어 null을 반환한다.
      return new BrowserRoot(
        getString(R.string.app_name), // 안드로이드 오토에서 보이는 이름
        null);                        // 옵션인 엑스트라 번들
    }

    @Override
    public void onLoadChildren(String parentId,
      Result<List<MediaBrowserCompat.MediaItem>> result) {

      // 안드로이드 오토나 웨어 운영 체제에서 앱이 반환하는 미디어를 찾아볼 수 있게 하려면
      // 여기서 그 결과를 반환한다.
      result.sendResult(new ArrayList<MediaBrowserServiceCompat.MediaItem>());
    }
  }
```

재생 액티비티가 아닌 해당 서비스의 onCreate 메서드 안에서 미디어 세션이 초기화됐다. 미디어 재생 컨트롤을 이 서비스로 옮길 때는 앞서 설명한 미디어 재생 메커니즘에 이 방식을 적용해야 한다.

> **참고**
>
> 안드로이드 오토를 지원할 때 필요한 API와 관련된 세부 내용은 developer.android.com/training/auto/audio에서 찾아볼 수 있다.

미디어 웹 브라우저 서비스를 구성했으면 액티비티 또는 다른 미디어 재생 클라이언트들이 이 서비스에 연결할 수 있도록 코드 17-7에서처럼 해당 인텐트 필터인 android.media.browse.MediaBrowserService를 매니페스트에 추가해야 한다.

코드 17-7 미디어 웹 브라우저 서비스의 매니페스트 항목

```
<service android:name=".MediaPlaybackService"
         android:exported="true">
```

```
  <intent-filter>
    <action android:name="android.media.browse.MediaBrowserService" />
  </intent-filter>
</service>
```

17.4.2 미디어 웹 브라우저를 사용해 액티비티를 미디어 웹 브라우저 서비스에 연결하기

미디어 세션을 미디어 웹 브라우저 서비스로 옮겼으면 액티비티의 미디어 재생과 컨트롤 UI이 동기화되도록 해야 한다.

액티비티가 미디어 플레이어에 더 이상 직접적으로 접근하지 않을 때 미디어 웹 브라우저 서비스에 연결해 새 미디어 컨트롤러를 만든다. 이때 코드 17-8에서처럼 MediaBrowserCompat API를 사용한다.

코드 17-8 액티비티에서 미디어 웹 브라우저 서비스에 연결하기

```
private MediaBrowserCompat mMediaBrowser;
private MediaControllerCompat mMediaController;

@Override
protected void onCreate(Bundle savedInstanceState) {
  super.onCreate(savedInstanceState);
  setContentView(R.layout.main_activity);

  // MediaBrowserCompat을 생성한다.
  mMediaBrowser = new MediaBrowserCompat(
    this,
    new ComponentName(this, MediaPlaybackService.class),
    new MediaBrowserCompat.ConnectionCallback() {
      @Override
      public void onConnected() {
        try {
          // 세션의 토큰으로부터 미디어 컨트롤러를 만들 수 있다.
          MediaSessionCompat.Token token = mMediaBrowser.getSessionToken();
          mMediaController = new MediaControllerCompat(
          MainActivity.this, token);
        } catch (RemoteException e) {
          Log.e(TAG, "Error creating controller", e);
        }
      }

      @Override
      public void onConnectionSuspended() {
        // 연결됐었다. 하지만 이제는 아니다.
```

```
      }

      @Override
       public void onConnectionFailed() {
           // 연결 시도가 완전히 실패했다.
           // ComponentName을 확인한다!
       }
     },
     null);
   mMediaBrowser.connect();
}

@Override
protected void onDestroy() {
  super.onDestroy();
  mMediaBrowser.disconnect();
}
```

이제 액티비티 안에서 미디어 컨트롤러를 사용해 재생이나 일시 정지와 같은 미디어 명령들을 앞 절에서 설명한 대로 미디어 세션에 보낼 수 있다. 미디어 세션은 이를 받아 다시 해당 미디어 웹 브라우저 서비스에 보낸다.

미디어 컨트롤러는 또한 미디어 세션에서 getMetadata and getPlaybackState 메서드를 사용해 각각 미디어 메타데이터와 재생 상태를 조회할 수 있는 API를 제공한다.

UI와 서비스를 동기화하려면 코드 17-9에서처럼 미디어 컨트롤러에 registerCallback 메서드를 사용해 MediaControllerCompat.Callback을 등록한다. 이렇게 하면 메타데이터나 재생 상태가 변경될 때마다 콜백을 받아 UI를 항상 최신 상태로 유지할 수 있다.

코드 17-9 재생 상태와 메타데이터가 변경되더라도 UI와 동기화 유지하기

```
@Override
public void onConnected() {
  try {
    // 세션의 토큰으로부터 미디어 컨트롤러를 만들 수 있다.
    MediaSessionCompat.Token token = mMediaBrowser.getSessionToken();
    mMediaController = new MediaControllerCompat(
      MainActivity.this, token);
    mMediaController.registerCallback(new MediaControllerCompat.Callback() {
      @Override
      public void onPlaybackStateChanged(PlaybackStateCompat state) {
      // 재생 상태 변경에 맞춰 UI를 업데이트한다.
      }

      @Override
```

```
        public void onMetadataChanged(MediaMetadataCompat metadata) {
            // 미디어 메타데이터 변경에 맞춰 UI를 업데이트한다.
        }
    });

    } catch (RemoteException e) {
        Log.e(TAG, "Error creating controller", e);
    }
}
```

17.4.3 미디어 웹 브라우저 서비스의 수명 주기

미디어 웹 브라우저는 미디어 웹 브라우저 서비스에 연결되는 순간 바인딩된다. 이때 필요하다면 미디어 웹 브라우저 서비스가 만들어지기도 한다. 이에 따라 미디어 재생을 준비할 수 있고, 재생할 미디어를 사용자가 선택해 이를 들을 때까지 레이턴시를 최소화할 수 있다. 하지만 바인딩되는 서비스는 시작돼야 실행된다는 점을 잊지 말아야 한다.

우리는 앞서 미디어 재생을 처리하는 서비스로부터 액티비티의 재생 컨트롤을 분리했기 때문에 이 서비스는 액티비티 UI가 미디어 컨트롤러를 통해 재생 명령들을 보낼 때 트리거되는 미디어 세션으로부터 콜백을 받아 직접 시작과 정지를 처리하게 된다.

코드 17-10에서는 미디어 웹 브라우저 서비스가 재생 명령을 받아 시작해 오디오 포커스를 오류 없이 받고 미디어 재생을 시작한다.

시작되면 서비스는 재생 액티비티가 닫혀도 재생을 멈추지 않는다. 서비스가 어떤 소스로부터든 재생 정지 명령을 받으면 StopSelf를 사용해 정지한다.

코드 17-10 미디어 웹 브라우저 서비스에 재생 시작하기

```
mMediaSession.setCallback(new MediaSessionCompat.Callback() {
    @Override
    public void onPlay() {
        AudioManager am = (AudioManager)getSystemService(Context.AUDIO_SERVICE);

        // 재생용 오디오 포커스를 요청한다.
        int result = am.requestAudioFocus(focusChangeListener,
                                          AudioManager.STREAM_MUSIC,
                                          AudioManager.AUDIOFOCUS_GAIN);

        if (result == AudioManager.AUDIOFOCUS_REQUEST_GRANTED) {
            registerNoisyReceiver();
            mMediaSession.setActive(true);
```

```
        updateMetadata();
        updatePlaybackState();
        mediaPlayer.start();

        // startService를 호출해 서비스의 활성화를 유지한다.
        startService(new Intent(MediaPlaybackService.this,
                            MediaPlaybackService.class));
    }
}

@Override
public void onStop() {
    AudioManager am = (AudioManager) getSystemService(Context.AUDIO_SERVICE);
    am.abandonAudioFocus();

    updatePlaybackState();
    mMediaSession.setActive(false);
    mediaPlayer.stop();

    // 재생이 정지됐으므로
    // stopSelf를 호출해 서비스를 소멸시킨다.
    stopSelf();
    }
});
```

미디어 재생이 시작하기 전에 사용자가 재생 액티비티를 닫으면 서비스는 소멸한다. 재생되는 미디어가 없는데도 앱이 백그라운드에서 불필요하게 리소스를 차지하고 있는 것을 막기 위해서다.

17.4.4 포어그라운드 서비스로 오디오 재생하기

11장 '백그라운드에서 작업하기'에서 설명한 바와 같이 서비스는 기본적으로 백그라운드에서 실행되고, 필요한 만큼 리소스를 확보하기 희생될 수 있다. 오디오 재생이 방해받으면 사용자는 이를 금방 알아챈다. 따라서 미디어 재생을 시작할 때 방해받을 가능성을 최소화하기 위해 서비스에 포어그라운드 우선순위를 부여하는 것이 최선이라 하겠다.

> **참고**
>
> 포어그라운드 서비스에는 연동되는 알림이 실행 중 보여야 하는 요건이 따른다. 이어지는 '미디어 스타일 알림 만들기'에서는 미디어 플레이백 서비스에 특화된 알림을 어떻게 만드는지 자세하게 알아본다.

서비스는 오디오를 재생하고 있을 때 다음 프로세스에 따라 포어그라운드 우선순위가 유지된다.

1. 미디어 재생을 시작할 때 startForeground를 호출한다(미디어 스타일 알림을 전달한다).
2. 재생이 일시 정지돼 포어그라운드 상태가 제거되지만 알림을 유지할 때 stopForeground(false)를 호출한다.
3. 재생이 정지되고 포어그라운드 상태도, 알림도 제거될 때 stopForeground(true)를 호출한다.

이 흐름은 코드 17-11에서 확인할 수 있다. 이 코드는 코드 17-10을 업데이트해 시작되는 서비스를 포어그라운드 서비스로 설정한다.

코드 17-11 미디어 재생에 포어그라운드 서비스 사용하기

```
mMediaSession.setCallback(new MediaSessionCompat.Callback() {
  @Override
  public void onPlay() {
    AudioManager am = (AudioManager)getSystemService(Context.AUDIO_SERVICE);

    // 재생용 오디오 포커스를 요청한다.
    int result = am.requestAudioFocus(focusChangeListener,
                AudioManager.STREAM_MUSIC,
                AudioManager.AUDIOFOCUS_GAIN);

    if (result == AudioManager.AUDIOFOCUS_REQUEST_GRANTED) {
      registerNoisyReceiver();
      mMediaSession.setActive(true);

      updateMetadata();
      updatePlaybackState();
      mediaPlayer.start();

      // 미디어 스타일 알림을 구성하고 포어그라운드 서비스를 시작한다.
      startForeground(NOTIFICATION_ID, buildMediaNotification());
    }
  }

  @Override
  public void onPause() {
    unregisterNoisyReceiver();
    updatePlaybackState();
    mediaPlayer.pause();

    // 서비스의 포어그라운드 상태를 정지한다. 하지만 알림을 제거하지는 않는다.
    stopForeground(false);
```

```
  }

  @Override
  public void onStop() {
    AudioManager am = (AudioManager) getSystemService(Context.AUDIO_SERVICE);
    am.abandonAudioFocus();

    updatePlaybackState();
    mMediaSession.setActive(false);
    mediaPlayer.stop();

    // 서비스의 포어그라운드 상태를 정지하고 알림을 제거한다.
    stopForeground(true);

    // 재생이 정지됐으므로
    // stopSelf를 호출해 서비스를 소멸시킨다.
    stopSelf();
  }
}
```

17.4.5 미디어 스타일 알림 만들기

알림은 사용자가 미디어 재생을 가장 편리하게 제어할 수 있는(그래서 흔히 사용되는) 메커니즘
이라 할 수 있다.

11장 '백그라운드에서 작업하기'에서 설명한 바와 같이 안드로이드는 다양한 알림 템플릿, 즉
'스타일'을 제공한다. 그 가운데 MediaStyle은 미디어 재생을 전문적으로 제어할 목적으로 설
계된 템플릿이다.

미디어 스타일 알림은 그림 17-1처럼 미디어 재생 컨트롤을 알림 안에 직접 내장해 알림의 축
소 모드 및 확장 모드 양쪽에서 사용자에게 미디어 재생을 제어할 수 있는 선택권을 제시한다.

◑ 그림 17-1

알림을 구성할 때는 NotificationCompat.Builder를 사용한다. 알림을 구성하기 위한 1차적

인 소스는 미디어 세션으로부터 사용할 수 있는 미디어 메타데이터다. 이에 따라 미디어 정보를 (웨어 운영 체제와 안드로이드 오토를 비롯해) 모든 플랫폼에서 일관된 디스플레이를 보장할 수 있다.

미디어 메타데이터에서 제목과 설명, 아이콘 등을 추출하고 각각을 알림 빌더의 해당 set 메서드에 전달할 때는 getDescription 메서드를 사용한다.

어떤 재생 컨트롤을 축소 모드에 표시할지 지정할 때(표시할 컨트롤이 있을 때)는 setShowActionsInCompactView를 사용한다.

이때 미디어 세션에 연결되는 토큰을 setMediaSession에 전달해야 한다. 전달하지 않으면 웨어 운영 체제에서 이뤄진 액션들이 앱에 수신되지 못한다.

코드 17-12에서는 전형적인 미디어 스타일 알림을 만든다.

코드 17-12 미디어 스타일 알림 만들기

```
public Notification buildMediaNotification() {
  MediaControllerCompat controller = mMediaSession.getController();
  MediaMetadataCompat mediaMetadata = controller.getMetadata();
  MediaDescriptionCompat description = mediaMetadata.getDescription();

  NotificationCompat.Builder builder = new
                                 NotificationCompat.Builder(context);

  // 미디어 세션의 설명 메타데이터를 추가한다.
  builder
    .setContentTitle(description.getTitle())
    .setContentText(description.getSubtitle())
    .setSubText(description.getDescription())
    .setLargeIcon(description.getIconBitmap())
    .setContentIntent(controller.getSessionActivity())
    .setDeleteIntent(MediaButtonReceiver.buildMediaButtonPendingIntent(
    this, // 컨텍스트
    PlaybackStateCompat.ACTION_STOP))
    .setVisibility(NotificationCompat.VISIBILITY_PUBLIC);

  // 앱의 브랜드를 추가한다.
  builder
    .setSmallIcon(R.drawable.notification_icon)
    .setColor(ContextCompat.getColor(this, R.color.primary));

  // 액션을 추가한다.
  builder
    .addAction(new NotificationCompat.Action(
```

```
        R.drawable.pause, getString(R.string.pause),
        MediaButtonReceiver.buildMediaButtonPendingIntent(
          this, PlaybackStateCompat.ACTION_PLAY_PAUSE)))
      .addAction(new NotificationCompat.Action(
        R.drawable.skip_to_next, getString(R.string.skip_to_next),
        MediaButtonReceiver.buildMediaButtonPendingIntent(
          this, PlaybackStateCompat.ACTION_SKIP_TO_NEXT)));

  // MediaStyle을 추가한다.
  builder
      .setStyle(new NotificationCompat.MediaStyle()
      .setShowActionsInCompactView(0)
      .setMediaSession(mMediaSession.getSessionToken())

      // 이 두 행은 minSdkVersion이 < API 21일 때만 필요하다.
      .setShowCancelButton(true)
      .setCancelButtonIntent(MediaButtonReceiver.buildMediaButtonPendingIntent(
        this, PlaybackStateCompat.ACTION_STOP)));

  return builder.build();
}
```

> **참고**
>
> 안드로이드 버전이 7.0(API 레벨 24) 이전이라면 setColor로 설정한 색이 알림 전체의 배경색을
> 사용된다. 이럴 경우 텍스트를 올바로 읽을 수 있는지와 색이 너무 밝지 않은지를 확인해야 한다.
> 대개 어두운 색이 좋은 선택일 때가 많다.

알림 또는 그에 연동되는 컨트롤이 사용자의 선택을 받을 때 애플리케이션에서 처리해야 하는 펜딩 인텐트가 시작된다. 안드로이드 지원 라이브러리의 MediaButtonReceiver와 그 buildMediaButtonPendingIntent 메서드를 사용하면 이를 수행할 수 있다.

MediaButtonReceiver를 매니페스트에 추가한다.

```
<receiver android:name="android.support.v4.media.session.MediaButtonReceiver" >
  <intent-filter>
    <action android:name="android.intent.action.MEDIA_BUTTON" />
  </intent-filter>
</receiver>
```

미디어 웹 브라우저 서비스의 구현 안에서 MediaButtonReceiver의 handleIntent 메서드를 onStartCommand에서 호출한다.

```
@Override
public int onStartCommand(Intent intent, int flags, int startId) {
  MediaButtonReceiver.handleIntent(mMediaSession, intent);
  return super.onStartCommand(intent, flags, startId);
}
```

이 테크닉에 따라 알림 명령을 미디어 세션과 미디어 컨트롤러에 전달해 액티비티 안에서 재생 컨트롤처럼 처리할 수 있다.

17.5 미디어 리코더를 사용해 오디오 리코딩하기

대부분의 안드로이드 기기에는 마이크가 장착돼 있다. 그리고 거의 모든 경우에 마이크는 하나가 아닌 여럿이 장착돼 깨끗한 오디오 입력('전화 통신'과 같은 전통적인 쓰임새에는 중요한 특성)을 담보한다. 마이크는 RECORD_AUDIO 권한이 부여된 안드로이드 앱에서도 사용할 수 있다.

```
<uses-permission android:name="android.permission.RECORD_AUDIO"/>
```

 개인 정보 보호 차원에서 보면 RECORD_AUDIO는 위험한 권한이다. 안드로이드 6.0(API 레벨 23) 이상의 기기에서 런타임에 요청해야 한다.

애플리케이션에서 사용되거나 미디어 스토어에 추가될 수 있는 오디오 파일을 리코딩할 때는 MediaRecorder 클래스를 사용한다.

미디어 리코더는 오디오 소스와 출력 파일 형식, 파일 리코딩 시 사용할 오디오 인코더를 지정할 수 있다.

미디어 플레이어처럼 미디어 리코더도 리코딩을 상태 기계로 관리한다. 다시 말해, 미디어 리코더를 구성하고 관리하는 순서가 중요하다. 상태 기계의 각 전이를 가장 단순하게 설명하면 다음과 같다.

1. 새 미디어 리코더를 생성한다.
2. 리코딩의 입력 소스를 지정한다.

3. 출력 형식과 오디오 인코더를 지정한다.

4. 출력 파일을 선택한다.

5. 미디어 리코더에서 리코딩을 준비한다.

6. 리코딩한다.

7. 리코딩을 종료한다.

> **참고**
>
> 미디어 리코더 상태 기계의 자세하면서도 종합적인 설명은 안드로이드 개발자 사이트의 해당 페이지인 developer.android.com/reference/android/media/MediaRecorder.html에서 찾아볼 수 있다.

미디어 리코딩을 끝낼 때는 release를 미디어 리코더 객체에 호출해 연결된 리소스를 해지한다.

```
mediaRecorder.release();
```

오디오로 리코더 구성하기

앞 절에서 설명한 대로 리코딩을 위해서는 입력 소스부터 지정해야 하고 출력 형식과 오디오 인코더를 선택하고 출력 파일을 지정해야 한다. 물론 지금 이 순서대로 진행해야 한다.

setAudioSource 메서드에는 오디오 소스를 정의하는 MediaRecorder.AudioSource. 정적 상수를 지정할 수 있다. 오디오를 리코딩할 때는 거의 언제나 MediaRecorder.AudioSource.MIC 상수를 지정한다.

입력 소스를 선택한 후에는 setOutputFormat 메서드에 MediaRecorder.OutputFormat 상수를 사용해 출력 형식을 선택하고, setAudioEncoder 메서드에 MediaRecorder.AudioEncoder 클래스의 오디오 인코더 상수를 사용한다.

최종적으로 setOutputFile 메서드를 사용해 미디어가 저장될 파일을 지정하고 prepare를 호출한다.

코드 17-13에서는 미디어 리코더를 구성해 마이크로 입력되는 오디오를 리코딩하고, 이를 애플리케이션의 외부 미디어 폴더에 파일 형태로 저장한다(그래야만 다른 앱에서 사용할 수 있다).

```
// 이력 소스를 구성한다.
mediaRecorder.setAudioSource(MediaRecorder.AudioSource.MIC);

// 출력 형식과 인코더를 설정한다.
mediaRecorder.setOutputFormat(MediaRecorder.OutputFormat.THREE_GPP);
mediaRecorder.setAudioEncoder(MediaRecorder.AudioEncoder.AMR_NB);

// 출력 파일을 지정한다.
File mediaDir = getExternalMediaDirs()[0];
File outputFile = new File(getExternalMediaDirs()[0], "myaudiorecording.3gp");
mediaRecorder.setOutputFile(outputFile.getPath());

// 리코딩을 준비한다.
mediaRecorder.prepare();
```

주의

> setOutputFile 메서드는 prepare 전에 그리고 setOutputFormat 이후에 호출돼야 한다. 그렇지 않으면 IllegalStateException이 발생한다.

리코딩 제어하기

미디어 리코더를 구성하고 준비했으면 언제든 start 메서드를 호출해 리코딩을 시작할 수 있다.

```
mediaRecorder.start();
```

리코딩이 끝나면 stop을 호출해 재생을 종료한다. 뒤이어 reset과 release를 호출해 미디어 리코더 리소스를 코드 17-14처럼 해지한다.

코드 17-14   오디오 리코딩 정지하기

```
mediaRecorder.stop();

// 미디어 리코더를 리셋하고 해지한다.
mediaRecorder.reset();
mediaRecorder.release();
```

만들어진 파일은 앞서 설명한 바와 같이 미디어 플레이어로 재생된다.

17.6 카메라를 사용해 사진 찍기

안드로이드 기기에서 사용할 수 있는 카메라의 품질이나 성능이 획기적으로 개선돼 카메라 하드웨어를 적절하게 활용하는 것도 앱의 중요한 차별 요소가 됐다.

이어지는 절들에서는 카메라를 구성하고 제어하는 방법과 애플리케이션 안에서 코드상으로 사진을 찍는 방법을 설명한다.

17.6.1 인텐트를 사용해 사진 찍기

애플리케이션 안에서 사진을 가장 쉽게 찍을 수 있는 방법은 바로 MediaStore.ACTION_IMAGE_CAPTURE 액션을 사용해 인텐트를 시작하는 것이다.

```
startActivityForResult(
  new Intent(MediaStore.ACTION_IMAGE_CAPTURE), TAKE_PICTURE);
```

이렇게 실행된 카메라 애플리케이션 사진을 찍는다. 카메라 애플리케이션을 직접 다시 작성하지 않아도 사용자에게 카메라의 성능을 온전하게 제공할 수 있는 것이다.

> **참고**
>
> 이 인텐트는 사용자가 앱에서 CAMERA 권한을 거부했을 때 대비책으로 사용되지 않는다. 카메라 권한을 거부하는 사용자들은 앱에서 카메라 기능을 사용하지 않겠다고 의사를 분명히 밝힌 것이므로 당연히 이를 존중해야 한다.

사용자가 만족해하는 결과 이미지는 onActivityResult 핸들러에 수신된 인텐트 안에서 애플리케이션으로 반환된다.

촬영된 이미지는 기본적으로 섬네일 형태로 반환되며, 리턴된 인텐트의 **data** 엑스트라 안에서 원시 비트맵 형태로 사용할 수 있다.

풀 이미지를 얻으려면 이를 저장할 대상 URI를 지정해야 한다. 이때 코드 17-15처럼 시작 인텐트에서 MediaStore.EXTRA_OUTPUT 인텐트를 사용한다.

코드 17-15 인텐트를 사용해 풀 사이즈 이미지 요청하기
```
// 출력 파일을 만든다.
File outputFile = new File(
```

```
          context.getExternalFilesDir(Environment.DIRECTORY_PICTURES),
                              "test.jpg");
Uri outputUri = FileProvider.getUriForFile(context,
  BuildConfig.APPLICATION_ID + ".files", outputFile);

// 인텐트를 생성한다.
Intent intent = new Intent(MediaStore.ACTION_IMAGE_CAPTURE);
intent.putExtra(MediaStore.EXTRA_OUTPUT, outputUri);

// 카메라 앱을 실행한다.
startActivityForResult(intent, TAKE_PICTURE);
```

카메라가 찍은 풀 사이즈 이미지는 지정 위치에 저장된다. 이때 액티비티 결과 콜백으로 섬네일이 반환되지 않는다. 따라서 받은 인텐트의 데이터는 null이다.

코드 17-16에서는 섬네일이 리턴된 곳에서 그 섬네일을 추출하고 저장된 풀 사이즈 이미지 파일을 디코딩하기 위해 getParcelableExtra를 사용한다.

코드 17-16 인텐트에서 이미지 받기

```
@Override
protected void onActivityResult(int requestCode,
                                int resultCode, Intent data) {
  if (requestCode == TAKE_PICTURE) {
    // 결과에 섬네일 비트맵이 포함됐는지 확인한다.
    if (data != null) {
      if (data.hasExtra("data")) {
        Bitmap thumbnail = data.getParcelableExtra("data");
        imageView.setImageBitmap(thumbnail);
      }
    } else {
      // 섬네일 이미지 데이터가 없으면
      // 이미지는 대상 출력 URI에 저장된다.

      // 풀 이미지의 크기를 조정해 이미지 뷰에 맞춘다.
      int width = imageView.getWidth();
      int height = imageView.getHeight();

      BitmapFactory.Options factoryOptions = new
        BitmapFactory.Options();

      factoryOptions.inJustDecodeBounds = true;
      BitmapFactory.decodeFile(outputFile.getPath(),
                               factoryOptions);

      int imageWidth = factoryOptions.outWidth;
      int imageHeight = factoryOptions.outHeight;
```

```
    // 이미지를 얼마나 줄여야 하는지 파악한다.
    int scaleFactor = Math.min(imageWidth/width,
                                imageHeight/height);

    // 이미지 파일을 뷰 크기에 맞춘 비트맵으로 디코딩한다.
    factoryOptions.inJustDecodeBounds = false;
    factoryOptions.inSampleSize = scaleFactor;

    Bitmap bitmap =
      BitmapFactory.decodeFile(outputFile.getPath(),
                                factoryOptions);

    imageView.setImageBitmap(bitmap);
  }
 }
}
```

찍은 사진을 다른 애플리케이션에서 사용할 수 있도록 하려면 미디어 스토어에 추가해야 한다. 이 내용은 17.8 '미디어 스토어에 미디어 추가하기'에서 찾아볼 수 있다.

17.6.2 직접 카메라 제어하기

카메라 하드웨어에 직접 접근하려면 우선 CAMERA 권한을 애플리케이션 매니페스트에 추가해야 한다.

```
<uses-permission android:name="android.permission.CAMERA"/>
```

참고
개인 정보 보호 차원에서 보면 CAMERA는 위험한 권한이다. 안드로이드 6.0(API 레벨 23) 이상의 기기에서 런타임에 요청해야 한다.

CameraManager는 연결된 모든 카메라를 나열하고 그 특징을 조회한 후 하나 이상의 카메라 장치를 연다.

```
CameraManager cameraManager =
 (CameraManager) getSystemService(Context.CAMERA_SERVICE);
```

현재 연결된 카메라 장치에 식별자 리스트를 검색할 때는 getCameraIdList를 사용한다.

```
String[] cameraIds = cameraManager.getCameraIdList();
```

안드로이드 5.0(API 레벨 21)에서는 현재 지원이 중단된 카메라 API의 후속 버전인 카메라2 API를 도입했다. 이제부터는 카메라2 API로 제공되는 기능들에 초점을 맞출 것이다. 바꿔 말하면 지원하는 API 레벨이 21 이상이어야 한다.

카메라의 특성

카메라 장치마다 변경할 수 없는 프로퍼티들이 제공되며, 이를 가리켜 장치의 특성 (characteristics)이라고 부른다. 이 특성은 CameraCharacteristics 클래스를 사용해 저장하며, CameraManager의 get CameraCharacteristics를 호출하여 사용할 수 있다. 이때 해당 카메라의 식별자를 인자로 전달한다.

```
CameraCharacteristics characteristics =
cameraManager.getCameraCharacteristics(cameraId);
```

CameraCharacteristics에는 카메라 장치의 각종 기능이 제공된다. 렌즈의 방향, 자동 노출 모드, 자동 초점 모드, 초점 거리, 노이즈 감소 모드, ISO 민감도 범위 등이 대표적인 카메라의 기능이다.

카메라가 향하는 쪽이 후면, 전면, 외부 중 어디인지 파악할 때는 코드 17-17처럼 LENS_FACING 특성을 사용한다.

코드 17-17 카메라 장치의 방향 파악하기
```
int facing = characteristics.get(CameraCharacteristics.LENS_FACING);
if (facing == CameraCharacteristics.LENS_FACING_BACK) {
  // 후면 카메라
} else if (facing == CameraCharacteristics.LENS_FACING_FRONT) {
  // 전면 카메라
} else {
  // 외부 cameraCameraCharacteristics.LENS_FACING_EXTERNAL
}
```

이 정보는 적당한 카메라를 선택하고 사진을 필요한 대로 회전할 때(예를 들어, 전면 카메라는 거울처럼 표시된다) 매우 유용하다.

CameraCharacteristics에는 다음도 제공된다.

➤ SCALER_STREAM_CONFIGURATION_MAP: 현재 카메라가 지원하는 출력 형식과 크기를 저장하는 StreamConfigurationMap을 반환한다. 이를 사용해 적당한 미리 보기 크기와 이미지 캡처 크기를 설정할 수 있다.

➤ CONTROL_AF_AVAILABLE_MODES: 자동 초점 모드를 반환한다. 여기서 CONTROL_AF_MODE_OFF는 사용할 수 없다. CONTROL_AF_MODE_CONTINUOUS_PICTURE와 CONTROL_AF_MODE_CONTINUOUS_VIDEO는 각각 사진과 비디오 캡처에 적당하다.

➤ SENSOR_ORIENTATION: 출력 이미지가 기기 화면에 원래 방향대로 표시되도록 센서의 방향을 반환한다.

카메라 특성의 전체 리스트는 안드로이드 개발자 문서인 developer.android.com/reference/android/hardware/camera2/CameraCharacteristics.html에서 찾아볼 수 있다.

카메라 장치에 연결 열기

사진을 찍으려면 사용하려는 카메라 장치에 연결을 열어야 한다. 사용할 카메라를 식별했으면 코드 17-18처럼 CameraManager의 openCamera 메서드로 연결을 연다.

카메라 열기는 비동기 작업이다. 따라서 openCamera는 열려는 카메라의 cameraId와 Camera Device.StateCallback을 받는다.

onOpened 콜백은 연결이 열리면 반환된다. 그리고 사용할 준비가 된 CameraDevice에 접근된다. onError와 onDisconnected를 오버라이드해 오류들을 적절하게 처리한다.

코드 17-18 카메라 장치 열기

```
CameraDevice.StateCallback cameraDeviceCallback =
  new CameraDevice.StateCallback() {

  @Override
  public void onOpened(@NonNull CameraDevice camera) {
    mCamera = camera;
  }

  @Override
  public void onDisconnected(@NonNull CameraDevice camera) {
    camera.close();
```

```
    mCamera = null;
  }

  @Override
  public void onError(@NonNull CameraDevice camera, int error) {
    // 뭔가 잘못됐다. 사용자에게 알린다.
    camera.close();
    mCamera = null;
    Log.e(TAG, "Camera Error: " + error);
  }
};

try {
  cameraManager.openCamera(cameraId, cameraDeviceCallback, null);
} catch (Exception e) {
  Log.e(TAG, "Unable to open the camera", e);
}
```

카메라 캡처 요청과 카메라 미리 보기

CameraDevice에 연결을 열었으면 CameraCaptureSession을 만들어 이미지 데이터를 요청할 수 있다.

안드로이드 카메라2 API는 다양한 세션 타입과 구성 정보를 제공한다. 고속(120fps) 비디오 리코딩이 대표적인 예다. 하지만 createCaptureSession 메서드를 사용해 가장 일반적인 세션 타입을 만들 수 있다.

세션을 만드는 것은 부담이 큰 작업이다. 카메라 하드웨어가 켜지고 카메라 출력을 받게 될 Surface 객체의 List를 처리하도록 구성되는 데까지 수백 밀리초가 걸릴 때도 많다. 세션을 만들기 전에 서피스마다 적당한 크기로 설정(SCALER_STREAM_CONFIGURATION_MAP 특성의 값을 사용)해야 하는 이유도 바로 이 때문이다.

카메라 캡처의 미리 보기를 표시해 사용자에게 사진을 구성할 기회를 제공하는 것이 좋다. 카메라 미리 보기는 일반적으로 UI 계층 구조 안에서 SurfaceView에 표시된다.

> **참고**
>
> 안드로이드 7.0(API 레벨 24) 이전에는 SurfaceView마다 별개로 자체 윈도우에서 나머지 UI와 렌더링됐다. 따라서 뷰 파생 클래스와 달리 이동이나 변형, 애니메이션이 불가능했다. 이전 플랫폼 버전용 대안으로 TextureView 클래스가 해당 작업을 지원한다. 다만, 배터리 효율성은 떨어진다.

미리 보기를 표시하려면 유효한 서피스의 생성을 리스닝하는 SurfaceHolder.Callback을 구현해야(그리고 이상적으로는 setFixedSize로 그 크기를 설정해야) 한다.

```
SurfaceHolder.Callback surfaceHolderCallback = new SurfaceHolder.Callback() {
  @Override
  public void surfaceCreated(SurfaceHolder holder) {
    startCameraCaptureSession();
  }

  @Override
  public void surfaceDestroyed(SurfaceHolder holder) {}

  @Override
  public void surfaceChanged(SurfaceHolder holder, int format,
                             int width, int height) {}
};

mHolder.addCallback(surfaceHolderCallback);
mHolder.setFixedSize(400, 300);

try {
  cameraManager.openCamera(cameraId, cameraDeviceCallback, null);
} catch (Exception e) {
  Log.e(TAG, "Unable to open the camera", e);
}
```

세션이 구성되고 onConfigured의 콜백을 받으면 CaptureRequest를 setRepeatingRequest에 전달해 데이터를 표시할 수 있다. 이 과정으로 새 프레임을 반복해 캡처할 수 있다.

CameraDevice의 createCaptureRequest 메서드는 미리 정의된 다양한 템플릿에 따라 CaptureRequest.Builder를 조회할 수 있다. 디스플레이를 미리 보기 위해서는 CameraDevice.TEMPLATE_PREVIEW를 사용하고, 세션을 만드는 데 사용했던 그 Surface로 addTarget을 사용한다.

```
CameraCaptureSession mCaptureSession;
CaptureRequest mPreviewCaptureRequest;

private void startCameraCaptureSession() {
  // 준비할 카메라와 서피스 둘 다 필요하다.
  if (mCamera == null || mHolder.isCreating()) {
    return;
  }

  Surface previewSurface = mHolder.getSurface();
```

```
// 미리 보기 CaptureRequest.Builder를 만든다.
mPreviewCaptureRequest = mCamera.createCaptureRequest(
  CameraDevice.TEMPLATE_PREVIEW);
mPreviewCaptureRequest.setTarget(previewSurface);

CameraCaptureSession.StateCallback captureSessionCallback
  = new CameraCaptureSession.StateCallback() {

  @Override
  public void onConfigured(@NonNull CameraCaptureSession session) {
    mCaptureSession = session;
    try {
      mCaptureSession.setRepeatingRequest(
          mPreviewCaptureRequest.build(),
          null,  // 옵션 CaptureCallback
          null); // 옵션 핸들러
    } catch (CameraAccessException | IllegalStateException e) {
      Log.e(TAG, "Capture Session Exception", e);
      // 실패를 처리한다.
    }
  }
};

try {
  mCamera.createCaptureSession(Arrays.asList(previewSurface),
    captureSessionCallback,
    null); // 옵션 핸들러
} catch (CameraAccessException e) {
    Log.e(TAG, "Camera Access Exception", e);
}
}
```

CaptureRequest.Builder 템플릿은 흔히 사용되는 일련의 기본값을 제공한다. 자동 초점 모드
(CaptureRequest.CONTROL_AF_MODE)나 플래시 모드(CaptureRequest.CONTROL_AE_MODE_
ON과 CaptureRequest.FLASH_MODE)도 예외는 아니어서 카메라 특성이 반환하는 값들만을 사
용해 원하는 대로 설정할 수 있다.

사진 찍기

카메라 미리 보기는 어떤 카메라 앱이든 빠지지 않고 제공하는 기능이다. 하지만 이것만으로
는 부족하다. 단계를 더 진행해 사진까지 찍을 수 있도록 하려면 캡처 세션을 만들 때 서피스
를 추가로 전달해야 한다.

이 서피스는 Surface와 capture 메서드를 제공하는 ImageReader의 도움으로 만들 수 있다.

Surface 메서드는 CameraDevice.TEMPLATE_STILL_CAPTURE 캡처 요청과 함께 사용되며, capture 메서드는 캡처된 원시 바이트들을 반환한다.

코드 17-19는 사진을 찍고 이를 외부 저장소에 JPEG 이미지 형태로 저장하는 기본 코드다.

코드 17-19 사진 찍기

```
private ImageReader mImageReader;
private ImageReader.onImageAvailableListener mOnImageAvailableListener;

@Override
public void onCreate(Bundle savedInstanceState) {
  super.onCreate(savedInstanceState);

  SurfaceHolder.Callback surfaceHolderCallback = new SurfaceHolder.Callback() {
    @Override
    public void surfaceCreated(SurfaceHolder holder) {
      startCameraCaptureSession();
    }

    @Override
    public void surfaceDestroyed(SurfaceHolder holder) {}

    @Override
    public void surfaceChanged(SurfaceHolder holder, int format,
                              int width, int height) {}
  };

  mHolder.addCallback(surfaceHolderCallback);
  mHolder.setFixedSize(400, 300);

  int largestWidth = 400;   // 특성으로부터 읽는다.
  int largestHeight = 300; // 특성으로부터 읽는다.

  mOnImageAvailableListener
      = new ImageReader.OnImageAvailableListener() {
    @Override
    public void onImageAvailable(ImageReader reader) {
      try (Image image = reader.acquireNextImage()) {
        Image.Plane[] planes = image.getPlanes();
        if (planes.length > 0) {
          ByteBuffer buffer = planes[0].getBuffer();
          byte[] data = new byte[buffer.remaining()];
          buffer.get(data);
          saveImage(data);
        }
      }
    }
  };
```

```
mImageReader = ImageReader.newInstance(largestWidth, largestHeight,
  ImageFormat.JPEG,
  2); // 반환할 이미지의 최대 개수
mImageReader.setOnImageAvailableListener(mOnImageAvailableListener,
  null); // 옵션 핸들러

  try {
    cameraManager.openCamera(cameraId, cameraDeviceCallback, null);
  } catch (Exception e) {
    Log.e(TAG, "Unable to open the camera", e);
  }
}

private void takePicture() {
  try {
    CaptureRequest.Builder takePictureBuilder = mCamera.createCaptureRequest(
      CameraDevice.TEMPLATE_STILL_CAPTURE);
    takePictureBuilder.addTarget(mImageReader.getSurface());
    mCaptureSession.capture(takePictureBuilder.build(),
      null, // CaptureCallback
      null); // 옵션 핸들러
  } catch (CameraAccessException e) {
    Log.e(TAG, "Error capturing the photo", e);
  }
}

private void saveImage(byte[] data) {
  // 이미지 JPEG 데이터를 외부 저장소에 저장한다.
  FileOutputStream outStream = null;
  try {
    File outputFile = new File(
      getExternalFilesDir(Environment.DIRECTORY_PICTURES), "test.jpg");
    outStream = new FileOutputStream(outputFile);
    outStream.write(data);
    outStream.close();
  } catch (FileNotFoundException e) {
    Log.e(TAG, "File Not Found", e);
  } catch (IOException e) {
    Log.e(TAG, "IO Exception", e);
  }
}
```

17.6.3 JPEG EXIF 이미지 세부 정보 읽기와 쓰기

ExifInterface 클래스는 JPEG 파일 안에 저장된 EXIF(Exchangeable Image File Format) 메타데이터를 읽고 수정할 수 있다. 새 ExifInterface 인스턴스를 생성할 때는 생성자에 대상 JPEG의 전체 파일 이름을 전달한다.

```
ExifInterface exif = new ExifInterface(jpegfilename);
```

EXIF 데이터는 사진의 각종 메타데이터를 저장할 때 사용된다. 날짜와 시간, 카메라 설정(제품명이나 모델명), 이미지 설정(조리개 및 셔터 속도), 이미지 설명 및 위치 등이 메타데이터의 예다.

EXIF 속성을 읽으려면 ExifInterface 객체에 getAttribute를 호출한다. 이때 읽을 속성의 이름을 전달한다. ExifInterface 클래스에는 자주 사용되는 EXIF 메타데이터에 접근할 때 사용하는 다양한 정적 TAG_ 상수들이 제공된다. EXIF 속성을 수정하려면 setAttribute를 사용해 읽을 속성의 이름과 설정할 값을 전달한다.

코드 17-20에서는 외부 저장소에 저장된 파일에서 카메라 모델을 읽고 카메라 제조업체를 수정한다.

코드 17-20 EXIF 데이터 읽기와 수정하기

```
File file = new File(getExternalFilesDir(Environment.DIRECTORY_PICTURES),
    "test.jpg");

try {
  ExifInterface exif = new ExifInterface(file.getCanonicalPath());
  // 카메라 모델을 읽는다.
  String model = exif.getAttribute(ExifInterface.TAG_MODEL);
  Log.d(TAG, "Model: " + model);
  // 카메라 제조업체를 설정한다.
  exif.setAttribute(ExifInterface.TAG_MAKE, "My Phone");
  // 마지막으로 saveAttributes를 호출해 업데이트된 태그 데이터를 저장한다.
  exif.saveAttributes();
} catch (IOException e) {
  Log.e(TAG, "IO Exception", e);
}
```

17.7 비디오 리코딩하기

안드로이드에서는 두 가지 방법으로 애플리케이션에서 비디오를 리코딩할 수 있다.

이 중에서 인텐트를 사용해 비디오 카메라 애플리케이션을 시작하는 방법이 더 간단하다. 이를 위해서는 출력 위치와 비디오 리코딩 품질을 지정하고, 또 다른 비디오 리코딩 애플리케이션으로 사용자 경험과 오류 처리를 담당한다. 비디오 리코더를 직접 만들지 않는다면 이 방법이 대부분의 상황에서 최선이라 할 수 있다.

기본 비디오 카메라 애플리케이션을 대체하겠다거나 비디오 캡처 UI나 리코딩 설정에 대한 더 세부적인 제어권을 갖겠다면 MediaRecorder 클래스를 사용해야 한다.

17.7.1 인텐트를 사용해 비디오 리코딩하기

비디오 리코딩을 가장 쉽게 시작할 수 있는 최선의 방법은 MediaStore.ACTION_VIDEO_CAPTURE 액션 인텐트를 사용하는 것이다.

이 인텐트로 새 액티비티를 시작하면 비디오 리코더 앱이 시작되고, 사용자는 이 앱을 통해 비디오를 시작하거나 정지하고 다시 찍을 수 있다. 만족스러운 비디오가 만들어지면 리코딩된 비디오의 URI가 반환된 인텐트의 데이터 매개변수로 액티비티에 전달된다.

비디오 캡처 액션 인텐트는 다음 세 가지 옵션 엑스트라를 포함할 수 있다.

➤ MediaStore.EXTRA_OUTPUT: 기본적으로 이 비디오 캡처 액션으로 리코딩된 비디오는 기본 미디어 스토어에 저장된다. 다른 곳에 리코딩하려면 이 엑스트라를 사용해 대체 URI를 지정한다.

➤ MediaStore.EXTRA_VIDEO_QUALITY: 정숫값을 사용해 이미지 품질을 지정할 수 있다. 현재 가능한 값은 두 가지다. 0은 저해상도, 1은 고해상도를 가리킨다. 기본적으로는 고해상도 모드가 사용된다.

➤ MediaStore.EXTRA_DURATION_LIMIT: 리코딩되는 비디오의 최대 길이(단위: 초)

코드 17-21에서는 비디오 캡처 액션을 사용해 새 비디오를 리코딩한다.

코드 17-21 인텐트를 사용해 비디오 리코딩하기

```java
private static final int RECORD_VIDEO = 0;

private void startRecording() {
  // 인텐트를 만든다.
  Intent intent = new Intent(MediaStore.ACTION_VIDEO_CAPTURE);

  // 카메라 앱을 시작한다.
  startActivityForResult(intent, RECORD_VIDEO);
}

@Override
protected void onActivityResult(int requestCode,
                                int resultCode, Intent data) {
  if (requestCode == RECORD_VIDEO) {
```

```
    VideoView videoView = findViewById(R.id.videoView);
    videoView.setVideoURI(data.getData());
    videoView.start();
  }
}
```

17.7.2 미디어 리코더를 사용해 비디오 리코딩하기

앱에서 비디오를 리코딩할 때는 카메라 미리 보기를 표시하고 사진을 찍을 때 사용하는 기본 프레임워크가 필요하다. 단, 이미지를 읽을 때는 ImageReader를 사용했지만 오디오와 함께 비디오 파일들을 리코딩하고 이를 애플리케이션에서 사용하거나 미디어 스토어에 추가할 때는 MediaRecorder 클래스를 사용한다.

카메라에 접근할 때는 CAMERA 권한이 필요하며, 애플리케이션 매니페스트에는 RECORD_AUDIO나 RECORD_VIDEO 권한 또는 둘다를 포함해야 한다.

```
<uses-permission android:name="android.permission.RECORD_AUDIO"/>
<uses-permission android:name="android.permission.RECORD_VIDEO"/>
<uses-permission android:name="android.permission.CAMERA"/>
```

> **참고**
>
> 개인 정보 보호 차원에서 보면 CAMERA, RECORD_AUDIO와 RECORD_VIDEO는 위험한 권한이다. 안드로이드 6.0(API 레벨 23) 이상의 기기에서 런타임에 요청해야 한다.

17.5 '미디어 리코더를 사용해 오디오 리코딩하기'에서 설명한 미디어 리코더 상태 기계는 비디오 리코딩에도 적용된다. 비디오 리코딩을 추가하려면 setVideoSource로 비디오 소스를 설정하고 setVideoEncoder로 비디오 인코더를 설정한다. 그리고 출력 파일도 설정한다. 코드 17-22는 이를 나타낸 것이다.

코드 17-22 미디어 리코더를 사용해 비디오 리코딩 준비하기
```
public void prepareMediaRecorder() {
    // 입력 소스를 구성한다.
    mediaRecorder.setAudioSource(MediaRecorder.AudioSource.MIC);
    mediaRecorder.setVideoSource(MediaRecorder.VideoSource.SURFACE);

    // 출력 형식과 인코더를 설정한다.
    mediaRecorder.setOutputFormat(MediaRecorder.OutputFormat.MPEG_4);
```

```
mediaRecorder.setAudioEncoder(MediaRecorder.AudioEncoder.AAC);
mediaRecorder.setVideoEncoder(MediaRecorder.VideoEncoder.H264);

    // 출력 파일을 지정한다.
    File mediaDir = getExternalMediaDirs()[0];
    File outputFile = new File(mediaDir, "myvideorecording.mp4");
    mediaRecorder.setOutputFile(outputFile.getPath());

    // 리코딩을 준비한다.
    mediaRecorder.prepare();
}
```

비디오 리코딩은 연속적인 작업이기 때문에 카메라 미리 보기를 설정하는 과정과 매우 유사하게 작동하지만 한 가지 다른 점이 있다. 카메라 디스플레이를 나타내는 단일 서피스로만 출력하는 CameraCaptureSession과 CaptureRequest를 만들지 않고 getSurface를 통해 검색될 수 있는 MediaRecorder의 Surface에도 출력한다.

CaptureRequest를 생성할 때는 CameraDevice.TEMPLATE_RECORD 템플릿을 사용하는 것이 최선이다. setRepeatingRequest로 CaptureRequest가 시작되면 코드 17-23처럼 MediaRecorder에 start를 호출해 비디오를 리코딩할 수 있다.

코드 17-23 비디오 리코딩하기

```
MediaRecorder mMediaRecorder = new MediaRecorder();
CaptureRequest.Builder mVideoRecordCaptureRequest;

void startVideoRecording() {
  // 미리 보기 서피스와 카메라가 필요하다.
  if (mCamera == null || mHolder.isCreating()) {
    return;
  }

  Surface previewSurface = mHolder.getSurface();

  prepareMediaRecorder();

  Surface videoRecordSurface = mediaRecorder.getSurface();

  // CaptureRequest.Builder를 생성한다.
  mVideoRecordCaptureRequest = mCamera.createCaptureRequest(
      CameraDevice.TEMPLATE_RECORD);
  // 비디오 리코딩 Surface와 미리 보기 Surface를 만든다.
  mVideoRecordCaptureRequest.addTarget(videoRecordSurface);
  mVideoRecordCaptureRequest.addTarget(previewSurface);
```

```
CameraCaptureSession.StateCallback captureSessionCallback
  = new CameraCaptureSession.StateCallback() {
@Override
public void onConfigured(@NonNull CameraCaptureSession session) {
  mCaptureSession = session;
  try {
    mCaptureSession.setRepeatingRequest(
      mVideoRecordCaptureRequest.build(),
      null,  // 옵션 CaptureCallback
      null); // 옵션 Handler

    mediaRecorder.start();
  } catch (CameraAccessException | IllegalStateException e) {
    // 실패를 처리한다.
  }
}

@Override
public void onConfigureFailed(@NonNull CameraCaptureSession session) {
  // 실패를 처리한다.
}
};
try {
  mCamera.createCaptureSession(
    Arrays.asList(previewSurface, videoRecordSurface),
    captureSessionCallback,
    null); // 옵티컬 핸들러
} catch (CameraAccessException e) {
  Log.e(TAG, "Camera Access Exception", e);
}
}
```

리코딩이 정지되면 MediaRecorder에 stop과 reset을 호출해야 한다. 그리고 새 Camera
CaptureSession을 시작해 새 비디오 리코딩이 시작될 때까지 미리 보기를 계속 표시하고 있어
야 한다. 이에 따라 카메라 출력은 미디어 리코더의 서피스에 더 이상 전달되지 않고, 새 출력
파일을 설정할 수 있게 된다.

모든 비디오의 리코딩 또는 미리 보기가 (대개 onStop으로) 끝나면 MediaRecorder에 release를
호출해 연결된 리소스를 해지한다.

```
mediaRecorder.release();
```

17.8 미디어 스토어에 미디어 추가하기

기본적으로 애플리케이션에서 만든 미디어 파일을 애플리케이션 전용 폴더에 저장하면 다른 애플리케이션에서 사용할 수 없다. 단, getExternalMediaDirs 디렉터리에 추가된 파일들은 예외다.

다른 폴더에서도 파일이 보이게 하려면 파일을 미디어 스토어에 둬야 한다. 안드로이드는 이를 위한 두 가지 방법을 제공한다. 둘 중 선호하는 방법은 미디어 스캐너를 사용해 파일을 해석하고 자동으로 삽입하는 것이다. 다른 방법은 적당한 콘텐트 프로바이더에 새 레코드를 수동으로 삽입하는 것이다.

17.8.1 미디어 스캐너를 사용해 미디어 삽입하기

어떤 종류든 새 미디어를 리코딩하면 MediaScannerConnection 클래스는 미디어 스토어 콘텐트 프로바이더에 필요한 레코드를 구성하지 않아도 리코딩된 미디어를 미디어 스토어에 추가할 수 있는 간단한 방법으로서 scanFile 메서드를 제공한다.

scanFile 메서드를 사용해 파일에 콘텐트 스캔을 시작하려면 connect를 호출하고 미디어 스캐너의 연결이 마무리될 때까지 기다린다. 이 호출은 비동기이므로 연결이 언제 이뤄졌는지 알리기 위해 MediaScannerConnectionClient를 구현해야 한다. 이 시점에 미디어 스캐너 연결은 분리할 수 있다.

코드 17-24는 MediaScannerConnection을 정의하는 새 MediaScannerConnectionClient를 만드는 기본 코드다. MediaScannerConnection은 미디어 스토어에 새 파일을 저장할 때 사용된다.

코드 17-24 미디어 스캐너를 사용해 미디어 스토어에 파일 추가하기

```
private void mediaScan(final String filePath) {

  MediaScannerConnectionClient mediaScannerClient = new
    MediaScannerConnectionClient() {

    private MediaScannerConnection msc = null;

    {
    msc = new MediaScannerConnection(
      VideoCameraActivity.this, this);
    msc.connect();
```

```
    }

    public void onMediaScannerConnected() {
        // 옵션으로 MIME 유형을 지정하거나
        // Media Scanner에서 파일의 이름을 기준으로
        // 한 가지 유형을 인식한다.
        String mimeType = null;
        msc.scanFile(filePath, mimeType);
    }

    public void onScanCompleted(String path, Uri uri) {
        msc.disconnect();
        Log.d(TAG, "File Added at: " + uri.toString());
    }
  };
}
```

17.8.2 수동으로 미디어 삽입하기

미디어 스캐너에 의존하지 않고 새 미디어를 미디어 스토어에 직접 추가할 수도 있다. 새 ContentValues 객체를 생성해 이를 적당한 미디어 스토어 콘텐트 프로바이더에 삽입하면 된다.

여기서 지정하는 메타데이터에는 새 미디어 파일의 제목, 타임스탬프, 지오코딩 정보가 포함된다.

```
ContentValues content = new ContentValues(3);
content.put(Audio.AudioColumns.TITLE, "TheSoundandtheFury");
content.put(Audio.AudioColumns.DATE_ADDED,
            System.currentTimeMillis() / 1000);
content.put(Audio.Media.MIME_TYPE, "audio/amr");
```

추가될 미디어 파일의 절대 경로도 지정해야 한다.

```
content.put(MediaStore.Audio.Media.DATA, "/sdcard/myoutputfile.mp4");
```

애플리케이션의 ContentResolver 참조를 얻고 이를 사용해 새 행을 미디어 스토어에 추가한다.

```
ContentResolver resolver = getContentResolver();
Uri uri = resolver.insert(MediaStore.Video.Media.EXTERNAL_CONTENT_URI,
                          content);
```

미디어 파일을 미디어 스토어에 추가했으면 다음과 같이 브로드캐스트 리시버를 사용해 접근할 수 있다는 것을 알린다.

```
sendBroadcast(new Intent(Intent.ACTION_MEDIA_SCANNER_SCAN_FILE, uri));
```

18

블루투스, NFC, 와이파이 P2P 통신하기

📑 18장의 주요 내용

➤ 로컬 블루투스 어댑터 관리하기

➤ 블루투스 클라이언트 장치 찾기

➤ 블루투스와 블루투스 LE를 사용해 데이터 전송하기

➤ 와이파이 다이렉트 P2P 장치 찾기

➤ 와이파이 P2P를 사용해 데이터 전송하기

➤ NFC 태그 스캔하기

➤ 안드로이드 빔을 사용해 데이터 전송하기

📥 18장에 사용된 코드의 다운로드용 파일

18장은 다음 1개의 파일로 되어 있다.

⬇ Snippets_ch18.zip

18.1 네트워킹과 P2P 통신

18장에서는 블루투스와 와이파이 P2P, NFC(Near Field Communication), 안드로이드 빔(Beam) API 등을 살펴보고 안드로이드의 하드웨어 통신 기능을 알아본다.

안드로이드 SDK에는 풀 블루투스 스택이 제공된다. 이에 따라 블루투스 설정을 관리하고 모니터링할 수 있으며, 검색성(discoverability)을 제어할 수 있고 근처 블루투스 장치들을 발견할 수 있다. 그리고 블루투스를 애플리케이션에 근거리 P2P 전송 레이어로도 사용할 수 있다.

더 빠르고 더 높은 대역폭의 데이터 전송이 필요한 상황에서는 와이파이 P2P(또는 와이파이 다이렉트)가 중간 액세스 지점이 없어도 와이파이를 통해 둘 이상의 장치에서 P2P 통신의 솔루션을 제공한다.

안드로이드는 또한 스마트 태그 읽기를 비롯해 NFC 지원도 지원한다. 그리고 안드로이드 빔을 사용해 NFC 장착 안드로이드 기기와 직접 통신할 수 있다.

18.2 블루투스를 사용해 데이터 전송하기

블루투스는 근거리, 저 대역폭의 P2P 통신용으로 설계된 프로토콜이다.

블루투스 API를 사용하면 범위 내 다른 블루투스 장치를 찾고 연결할 수 있다. 블루투스 소켓을 사용해 통신 링크를 개시하면 애플리케이션 안에서 기기 간 데이터 스트림을 주고받을 수 있다.

> 책을 쓰는 시점을 기준으로 기기 간 암호화 통신만이 지원된다. 다시 말해, 페어링된 기기 사이에서만 연결을 형성할 수 있다.

18.2.1 로컬 블루투스 장치 어댑터 관리하기

로컬 블루투스 어댑터는 애플리케이션이 실행되는 호스트 안드로이드 기기를 나타내는 BluetoothAdapter 클래스를 통해 제어된다.

기본 블루투스 어댑터에 접근하려면 코드 18-1처럼 BluetoothAdapter를 호출해야 한다. 일부 안드로이드 기기는 여러 블루투스 어댑터를 지원하지만 현재로서는 기본 장치에만 접근할 수 있다.

코드 18-1 기본 블루투스 어댑터에 접근하기

```
BluetoothAdapter bluetooth = BluetoothAdapter.getDefaultAdapter();
```

블루투스 어댑터는 로컬 블루투스 하드웨어의 프로퍼티들을 읽고 설정할 수 있는 다수의 메서드를 제공한다.

로컬 블루투스 어댑터 프로퍼티를 읽으려면 검색을 개시하거나 연결된 장치를 찾고 애플리케이션 매니페스트에 BLUETOOTH 권한을 포함해야 한다.

```
<uses-permission android:name="android.permission.BLUETOOTH"/>
```

블루투스 스캔은 사용자의 현재 위치 정보를 수집할 때 사용될 수 있다. 따라서 블루투스를 사용하려면 ACCESS_COARSE_LOCATION이나 ACCESS_FINE_LOCATION 권한을 매니페스트에 선언해야 한다.

```
<uses-permission android:name="android.permission.ACCESS_COARSE_LOCATION"/>
```

그리고 15장 '위치, 상황 인지, 지도'에서 설명한 대로 적어도 한 번 위치 권한을 런타임에 요청해야 한다.

로컬 장치 프로퍼티를 수정하려면 BLUETOOTH_ADMIN 권한도 필요하다.

```
<uses-permission android:name="android.permission.BLUETOOTH_ADMIN"/>
```

블루투스 어댑터 프로퍼티는 켜져 있을 때만, 다시 말해 장치가 활성 상태여야만 읽고 변경할 수 있다.

isEnabled 메서드를 사용하면 장치가 활성 상태인지 확인할 수 있다. 활성 상태이면 쉽게 알아볼 수 있는 블루투스 어댑터의 검색용 이름(특정 장치를 식별하도록 사용자가 설정한 임의의 문자열)과 하드웨어 주소에 접근할 수 있다. 이때 각각 getName과 getAddress 메서드를 사용한다.

```
if (bluetooth.isEnabled()) {
  String address = bluetooth.getAddress();
  String name = bluetooth.getName();
}
```

장치가 꺼져 있으면 이 두 메서드는 null을 반환한다.

BLUETOOTH_ADMIN 권한이 유효하면 setName 메서드를 사용해 블루투스 어댑터의 검색용 이름을 변경할 수도 있다.

```
bluetooth.setName("Blackfang");
```

현재 블루투스 어댑터 상태의 세부 설명을 확인하려면 getState 메서드를 사용해야 한다. 이 메서드는 다음 BluetoothAdapter 상수 중 하나를 반환한다.

> STATE_TURNING_ON

> STATE_ON

> STATE_TURNING_OFF

> STATE_OFF

블루투스가 꺼져 있으면 사용자에게 켜 달라고 요청할 수 있다. BluetoothAdapter.ACTION_REQUEST_ENABLE 정적 상수를 startActivityForResult 액션으로 사용하면 된다.

```
startActivityForResult(
new Intent(BluetoothAdapter.ACTION_REQUEST_ENABLE), ENABLE_BLUETOOTH);
```

그림 18-1은 이 결과로 나타나는 시스템 대화상자다.

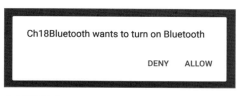

◑ 그림 18-1

액티비티의 onActivityResult 핸들러로 반환되는 결과 코드 매개변수를 사용하면 코드 18-2처럼 요청의 성공 여부를 파악할 수 있다.

```
코드 18-2  블루투스 켜기

private BluetoothAdapter mBluetooth;
private static final int ENABLE_BLUETOOTH = 1;


private void initBluetooth() {
  if (!mBluetooth.isEnabled()) {
    // 블루투스가 꺼져 있다. 사용자에게 켤 것을 알린다.
    Intent intent = new Intent(BluetoothAdapter.ACTION_REQUEST_ENABLE);
    startActivityForResult(intent, ENABLE_BLUETOOTH);
  } else {
    // 블루투스가 켜져 있다. UI를 초기화한다.
    initBluetoothUI();
  }
}

protected void onActivityResult(int requestCode,
                                int resultCode, Intent data) {
  if (requestCode == ENABLE_BLUETOOTH)
    if (resultCode == RESULT_OK) {
      // 블루투스가 켜져 있다. UI를 초기화한다.
      initBluetoothUI();
    }
}
```

18.2.2 검색성과 원격 장치 검색

두 장치가 연결되기 위해 서로를 찾는 과정이 바로 검색(discovery)이다. 블루투스 소켓을 통신용으로 수립하려면 그보다 먼저 로컬 블루투스 어댑터가 원격 장치에 페어링(본딩)돼야 한다. 두 장치가 서로 페어링돼 연결되려면 그보다 먼저 검색을 통해 발견돼야 한다.

> **참고**
>
> 블루투스 프로토콜이 데이터 통신용으로 애드혹(ad-hoc) 연결을 지원하더라도 이 메커니즘은 현재 안드로이드에서 사용할 수 없다. 안드로이드 블루투스 통신은 현재 페어링된 장치들 사이에서만 지원된다.

장치를 검색 가능한 상태로 만들기

검색 스캔 동안 다른 안드로이드 기기에서 로컬 블루투스 어댑터를 찾도록 하려면 해당 어댑터가 검색 가능한 상태여야 한다. 검색성(discoverability)은 스캔 모드로 나타내며, Bluetooth Adapter 객체에 getScanMode 메서드를 사용하면 알 수 있다.

이 메서드는 다음 BluetoothAdapter 상수들 중 하나를 반환한다.

➤ SCAN_MODE_CONNECTABLE_DISCOVERABLE: 조회 스캔과 페이지 스캔이 활성화된다. 이에 따라 검색 스캔을 수행하는 블루투스 장치에서 찾을 수 있다.

➤ SCAN_MODE_CONNECTABLE: 페이지 스캔만 활성화된다. 이에 따라 로컬 장치의 블루투스 어댑터에 연결되고 페어링됐던 적이 있는 장치에서 찾을 수 있다. 새 장치에서는 찾지 못한다.

➤ SCAN_MODE_NONE: 검색성이 꺼져 있다. 원격 장치에서 로컬 블루투스 어댑터를 찾을 수 없다.

개인 정보 보호 차원에서 안드로이드는 검색성을 끈 상태를 기본으로 한다. 검색성을 켜려면 사용자로부터 명시적인 권한을 얻어야 한다. 코드 18-3처럼 ACTION_REQUEST_DISCOVERABLE 액션을 사용해 새 액티비티를 시작하면 된다.

코드 18-3 검색성 켜기

```
private static final int DISCOVERY_REQUEST = 2;

private void enable_discovery() {
  startActivityForResult(
    new Intent(BluetoothAdapter.ACTION_REQUEST_DISCOVERABLE),
    DISCOVERY_REQUEST);
}
```

기본적으로 검색성은 2분 동안 활성 상태가 유지된다. 이 설정은 EXTRA_DISCOVERABLE_DURATION 엑스트라를 시작 인텐트에 추가하면 수정할 수 있다. 이때 지속 시간을 초 단위로 지정한다.

사용자는 그림 18-2처럼 시스템 대화상자 형태로 지정 시간 동안 검색성을 켜겠느냐는 안내를 받는다.

> Ch18Bluetooth wants to make your phone visible to other Bluetooth devices for 120 seconds.
>
> DENY   ALLOW

◑ 그림 18-2

사용자가 이 검색성 요청을 허용했는지, 거부했는지 알려면 코드 18-4처럼 onActivityResult 핸들러를 오버라이드해야 한다. 반환된 resultCode 매개변수는 검색성 지속 시간을 나타내며 사용자가 요청을 거절하면 resultCode의 값으로 RESULT_CANCELED 상수가 반환된다.

코드 18-4 검색성 요청 승인 모니터링하기

```
@Override
protected void onActivityResult(int requestCode,
                                int resultCode, Intent data) {
  if (requestCode == DISCOVERY_REQUEST) {
    if (resultCode == RESULT_CANCELED) {
      Log.d(TAG, "Discovery canceled by user.");
    }
  }
}
```

원격 장치 찾기

장치가 검색 가능 상태가 되면 다른 장치에서 찾을 수 있다. 새 장치를 찾으려면 로컬 블루투스 어댑터의 검색 스캔을 개시한다.

> **참고**
>
> 검색은 시간이 많이 소요되는 프로세스다(최대 12초까지). 이 시간 동안 블루투스 어댑터의 통신 성능은 심각하게 낮아진다. 이 절에서 소개한 테크닉을 사용해 블루투스 어댑터의 검색 상태를 확인하고 모니터링해야 한다. 그리고 검색이 진행 중인 동안 새 원격 블루투스 장치에 연결하는 등 대역폭이 높은 블루투스 작업을 피해야 한다.

어느 블루투스 장치가 근처에 있는지 알면 이에 따라 사용자의 현재 위치를 파악할 수 있다. 이런 이유에서 ACCESS_COARSE_LOCATION 권한을 애플리케이션 매니페스트에 포함하고 장치 검색 전에 런타임 권한으로 요청해야 한다.

로컬 블루투스 어댑터가 이미 검색 스캔을 수행하고 있는지 확인할 때는 isDiscovering 메서드를 사용한다.

검색 프로세스를 개시하려면 startDiscovery를 블루투스 어댑터에 호출한다.

```
if (mBluetooth.isEnabled() && !mBluetooth.isDiscovering())
  mBluetooth.startDiscovery();
```

검색 프로세스는 비동기로 수행된다. 안드로이드는 검색의 시작과 종료를 알리고 이와 더불어 스캔 동안 찾아 낸 원격 장치를 알리기 위해 인텐트를 브로드캐스트한다.

검색 프로세스에 어떤 변화가 있는지 모니터링할 때는 브로드캐스트 리시버를 만들어 ACTION_DISCOVERY_STARTED와 ACTION_DISCOVERY_FINISHED 브로드캐스트 인텐트를 리스닝하면 된다.

```
private void monitorDiscovery() {
  registerReceiver(discoveryMonitor,
    new IntentFilter(BluetoothAdapter.ACTION_DISCOVERY_STARTED));
  registerReceiver(discoveryMonitor,
    new IntentFilter(BluetoothAdapter.ACTION_DISCOVERY_FINISHED));
}

BroadcastReceiver discoveryMonitor = new BroadcastReceiver() {
  @Override
  public void onReceive(Context context, Intent intent) {
    if (BluetoothAdapter.ACTION_DISCOVERY_STARTED
      .equals(intent.getAction())) {
      // 검색이 시작됐다.
      Log.d(TAG, "Discovery Started...");
    }
    else if (BluetoothAdapter.ACTION_DISCOVERY_FINISHED
          .equals(intent.getAction())) {
      // 검색이 종료됐다.
      Log.d(TAG, "Discovery Complete.");
    }
  }
};
```

찾은 블루투스 장치들은 브로드캐스트 인텐트를 통해 반환된다. 이때 ACTION_FOUND 브로드캐스트 액션이 사용된다.

코드 18-5에서처럼 브로드캐스트 인텐트에는 원격 장치의 이름이 BluetoothDevice.EXTRA_NAME으로 인덱스 처리된 엑스트라 형태로 포함된다. 그리고 원격 블루투스 장치가 BluetoothDevice.EXTRA_DEVICE 엑스트라 아래에 저장된 BluetoothDevice라는 변형 불가능한 Parcelable 객체로 표현돼 포함된다.

코드 18-5 원격 블루투스 장치 검색하기

```
private BluetoothAdapter mBluetooth;
private List<BluetoothDevice> deviceList = new ArrayList<>();
```

```
private void startDiscovery() {
  if (ContextCompat.checkSelfPermission(this,
    Manifest.permission.ACCESS_COARSE_LOCATION)
    == PackageManager.PERMISSION_GRANTED) {

    mBluetooth = BluetoothAdapter.getDefaultAdapter();

    registerReceiver(discoveryResult,
                     new IntentFilter(BluetoothDevice.ACTION_FOUND));

    if (mBluetooth.isEnabled() && !mBluetooth.isDiscovering()) {
      deviceList.clear();
      mBluetooth.startDiscovery();
    }
  }
  else
    ActivityCompat.requestPermissions(this,
      new String[]{Manifest.permission.ACCESS_COARSE_LOCATION},
      REQUEST_ACCESS_COARSE_LOCATION);
}

BroadcastReceiver discoveryResult = new BroadcastReceiver() {
  @Override
  public void onReceive(Context context, Intent intent) {
    String remoteDeviceName =
      intent.getStringExtra(BluetoothDevice.EXTRA_NAME);

    BluetoothDevice remoteDevice =
      intent.getParcelableExtra(BluetoothDevice.EXTRA_DEVICE);

    deviceList.add(remoteDevice);

    Log.d(TAG, "Discovered " + remoteDeviceName);
  }
};
```

검색 브로드캐스트를 통해 반환된 BluetoothDevice 객체 각각은 찾아 낸 원격 블루투스 장치를 나타낸다.

검색 프로세스는 상당한 리소스를 소비한다. 따라서 찾아 낸 장치에 연결하려면 이보다 먼저 cancelDiscovery 메서드를 사용해 진행 중인 검색을 취소해야 한다.

18.2.3 블루투스 통신

안드로이드 블루투스 통신 API는 블루투스 라디오 주파수 통신 프로토콜인 RFCOMM의 래퍼다. RFCOMM은 L2CAP(Logical Link Control and Adaptation Protocol) 레이어에 대한 RS232 직렬 통신을 지원한다.

사실 이런 뜻도 모를 머리글자들은 페어링된 두 블루투스 장치에서 통신 소켓을 열 수 있는 메커니즘을 제공한다.

> **참고**
>
> 애플리케이션에서 장치 간 통신을 수행하려면 장치의 페어링이 우선돼야 한다. 아직 페어링되지 않은 두 장치를 연결하려고 하면 사용자는 연결이 수립되기 전에 페어링부터 하라는 안내를 받게 된다.

다음 클래스들을 사용해 RFCOMM 통신 채널을 양방향 통신용으로 확정할 수 있다.

➤ BluetoothServerSocket: 장치 간 링크를 개시할 리스닝 소켓을 수립하는 데 사용된다. 핸드셰이크를 수립하기 위해 한 장치는 서버로 작동하며 들어오는 연결 요청을 리스닝하고 승인한다.

➤ BluetoothSocket: 새 클라이언트를 만들어 리스닝 블루투스 서버 소켓에 연결하는 데 사용된다. 그리고 연결이 수립되면 블루투스 서버 소켓에 의해 반환된다. 연결이 수립되면 블루투스 소켓은 서버와 클라이언트 둘 다에 사용돼 데이터 스트림을 전송하게 된다.

블루투스를 장치 간 P2P 전송 레이어로 사용하는 애플리케이션을 만들 때는 블루투스 서버 소켓과 블루투스 소켓을 함께 구현해야 한다. 블루투스 서버 소켓은 연결을 리스닝하고 블루투 스 소켓은 새 채널을 개시하고 통신을 처리한다.

블루투스 서버 소켓은 연결되면 데이터를 주고받을 수 있는 BluetoothSocket을 반환한다. 이 서버 쪽 블루투스 소켓은 클라이언트 소켓과 사용되는 방식이 똑같다. 서버와 클라이언트의 목적지가 연결의 수립 방식에 따라서만 결정될 뿐, 연결이 이뤄진 이후의 데이터 흐름에는 아무런 영향을 미치지 않기 때문이다.

블루투스 서버 소켓 리스너 열기

블루투스 서버 소켓은 원격 블루투스 장치로부터 들어오는 블루투스 소켓 연결 요청을 리스닝할 때 사용된다. 두 블루투스 장치가 연결되기 위해서는 반드시 한쪽이 서버, 다른 쪽이 클라이언트로 작동해야 한다. 서버는 들어오는 요청을 리스닝하다가 이를 승인하고, 클라이언트는 서버에 연결하겠다는 요청을 개시한다. 두 장치가 연결되면 서버와 호스트 장치 간 통신이 BluetoothSocket 메서드를 통해 처리된다.

블루투스 어댑터가 서버로 작동하도록 하려면 그 listenUsingRfcommWithServiceRecord 메서드를 호출해 들어오는 연결 요청을 리스닝해야 한다. 이때 이 서버를 식별할 수 있는 이름을 UUID(Universally Unique ID)와 함께 전달한다.

```
String name = "mybluetoothserver";
UUID uuid = UUID.randomUUID();
final BluetoothServerSocket btserver =
  bluetooth.listenUsingRfcommWithServiceRecord(name, uuid);
```

이 메서드는 BluetoothServerSocket 객체를 반환한다. 단, 이 서버에 연결될 클라이언트 블루투스 소켓이 실제로 연결되기 위해서는 서버의 UUID를 알아야 한다.

accept를 서버 소켓에 호출하고, 옵션으로 타임아웃 기간을 전달해 연결을 리스닝한다. 이에 따라 서버 소켓은 해당 UUID와 일치하는 원격 블루투스 소켓 클라이언트가 연결을 시도할 때까지 차단된다.

```
// 클라이언트 연결이 수립될 때까지 차단된다.
BluetoothSocket serverSocket = btserver.accept();
```

연결 요청이 아직 블루투스 어댑터와 페어링되지 않은 원격 장치에서 이뤄지면 각 장치의 사용자는 accept 메서드의 실행이 끝나고 복귀되기 전에 페어링 요청을 승인하라는 안내를 받는다. 이 안내는 그림 18-3처럼 알림으로 통해 이뤄진다.

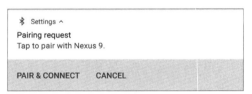

◗ 그림 18-3

들어오는 연결 요청이 성공하면 accept는 클라이언트 장치에 연결된 블루투스 소켓을 반환한다. 이 소켓을 사용해 데이터를 전송할 수 있다. 구체적인 방법은 이 절의 뒷부분에서 소개한다.

 accept는 블로킹 작업이다. 따라서 연결이 이뤄질 때까지 UI 스레드를 차단하지 말고 들어오는 연결 요청을 백그라운드 스레드로 주시해야 한다.

그리고 연결하려는 블루투스 장치에서 블루투스 어댑터를 검색할 수 있어야 한다. 코드 18-6
은 ACTION_REQUEST_DISCOVERABLE 브로드캐스트를 사용해 장치의 검색 가능 상태
를 요청하는 기본 코드다. 장치가 검색 가능한 상태가 돼야 반환된 검색성 기간에 들어오는
연결 요청을 리스닝할 수 있다.

코드 18-6 블루투스 소켓 연결 요청 리스닝하기

```java
private BluetoothAdapter mBluetooth;
private BluetoothSocket mBluetoothSocket;

private UUID startServerSocket() {
  UUID uuid = UUID.randomUUID();
  String name = "bluetoothserver";

  mBluetooth = BluetoothAdapter.getDefaultAdapter();
  try {
    final BluetoothServerSocket btserver =
      mBluetooth.listenUsingRfcommWithServiceRecord(name, uuid);

    Thread acceptThread = new Thread(new Runnable() {
      public void run() {
        try {

          // 클라이언트 연결이 수립될 때까지 차단된다.
          mBluetoothSocket = btserver.accept();
          // 메시지 리스닝을 시작한다.
          listenForMessages();
        } catch (IOException e) {
          Log.e(TAG, "Server connection IO Exception", e);
        }
      }
    });
    acceptThread.start();
  } catch (IOException e) {
    Log.e(TAG, "Socket listener IO Exception", e);
  }
  return uuid;
}

private void listenForMessages() {
  // TODO 소켓 간 메시지를 리스닝한다.
}
```

통신용 원격 블루투스 장치 선택하기

클라이언트 쪽 블루투스 소켓을 만들려면 대상 원격 서버를 나타내는 BluetoothDevice 객체
를 활용해야 한다.

원격 블루투스 장치의 참조는 여러 방법으로 얻을 수 있다. 다만, 통신 링크를 만들 수 있는 장치에 대해 중요한 경고를 염두에 둬야 한다.

블루투스 소켓에서 원격 블루투스 장치에 연결을 수립하려면 다음 조건이 참이어야 한다.

- ➤ 원격 장치가 검색 가능 상태여야 한다.
- ➤ 원격 장치가 블루투스 서버 소켓을 통한 연결을 승인해야 한다.
- ➤ 로컬 및 원격 장치는 페어링돼야 한다. 장치들이 페어링되지 않으면 각 장치의 사용자는 연결 요청이 개시될 때 페어링하라는 안내를 받게 된다.

블루투스 장치 객체는 원격 장치를 나타내는 프록시다. 이 프록시가 나타내는 원격 장치의 프로퍼티를 조회하고 블루투스 소켓 연결을 개시할 수 있다.

BluetoothDevices를 코드상에서 얻을 수 있는 방법이 몇 가지 있다. 어느 방법이든 연결하려는 장치가 검색 가능 상태이고 (옵션으로) 페어링 가능 여부를 파악해야 한다. 원격 장치를 찾지 못하면 사용자에게 검색 가능 상태로 두라고(장치의 블루투스 상태를 켜라고) 안내해야 한다.

이 절의 앞서 블루투스 장치를 검색 가능 상태로 두는 한 가지 방법을 소개했다. start Discovery 메서드를 사용해 ACTION_FOUND 브로드캐스트를 모니터링하면 찾은 블루투스 장치가 담긴 BluetoothDevice.EXTRA_DEVICE 엑스트라가 포함된 브로드캐스트 인텐트를 받을 수 있다.

getRemoteDevice 메서드를 로컬 블루투스 어댑터에 사용하는 방법도 있다. 이때 연결하려는 원격 블루투스 장치의 하드웨어 주소를 지정한다.

```
BluetoothDevice device = mBluetooth.getRemoteDevice("01:23:97:35:2F:AA");
```

이는 특히 안드로이드 빔(Beam) 등의 기술을 사용해 장지 간 하드웨어 주소 정보를 공유하는 등 대상 장치의 하드웨어 주소를 알고 있을 때 유용하다.

현재 페어링된 장치 집합을 찾으려면 getBondedDevices를 로컬 블루투스 어댑터에 호출한다. 이에 따라 반환된 Set을 조회해 대상 블루투스 장치가 로컬 블루투스 어댑터와 이미 페어링됐는지 알 수 있다.

```
Set<BluetoothDevice> bondedDevices = mBluetooth.getBondedDevices();
```

```
if (bondedDevices.contains(knownDevice)) {
  // TODO 대상 장치가 로컬 장치와 페어링됐다.
}
```

클라이언트 블루투스 소켓 연결 열기

원격 장치와 통신 채널을 개시하려면 대상 원격 장치를 나타내는 블루투스 장치 객체에 create
RfcommSocketToServiceRecord를 호출해 블루투스 소켓을 만든다. 이때 열린 블루투스 소켓
리스너의 UUID를 전달한다.

이후 반환된 블루투스 소켓은 코드 18-7처럼 connect 호출로 연결을 개시하는 데 사용된다.

> connect는 블로킹 작업이다. 따라서 연결 요청은 연결이 이뤄질 때까지 UI 스레드를 차단하지 말고
> 백그라운드 스레드로 개시돼야 한다.

코드 18-7 클라이언트 블루투스 소켓 만들기

```
private BluetoothSocket mBluetoothSocket;

private void connectToServerSocket(BluetoothDevice device, UUID uuid) {
  try{
    BluetoothSocket clientSocket
      = device.createRfcommSocketToServiceRecord(uuid);

    // 서버 연결이 승인될 때까지 차단한다.
    clientSocket.connect();

    // 메시지를 보낼 때 사용되는 소켓에 참조를 추가한다.
    mBluetoothSocket = clientSocket;

    // // 메시지를 리스닝한다.
    listenForMessages();
  } catch (IOException e) {
    Log.e(TAG, "Bluetooth client I/O Exception.", e);
  }
}
```

아직 호스트 장치와 페어링되지 않은 블루투스 장치에 연결하려고 하면 사용자는 connect(와
accept) 메서드의 실행이 끝나고 복귀되기 전에 서버와 클라이언트 장치 둘 다에서 페어링 요청
을 승인하라는 안내를 받게 된다.

블루투스 소켓을 사용해 데이터 전송하기

연결이 수립되면 클라이언트와 서버 장치 양쪽에서 열린 블루투스 소켓이 준비된다. 이제부터는 서버와 클라이언트 양쪽의 다른 점은 없으며, 어느 쪽에서든 블루투스 소켓을 사용해 데이터를 주고받을 수 있다.

블루투스 소켓에 의한 데이터 전송은 InputStream과 OutputStream 객체를 통해 처리된다. 이 두 객체는 각각 이름도 직관적인 getInputStream과 getOutputStream 메서드를 사용해 블루투스 소켓으로부터 얻을 수 있다.

코드 18-8에서는 두 기본 코드를 나타냈다. 첫 번째는 출력 스트림을 사용해 원격 장치에 문자열을 보낼 때 사용하는 코드이고, 두 번째는 입력 스트림을 사용해 들어오는 문자열을 리스닝하는 코드다. 스트림이 가능한 데이터를 전송할 때 적용할 수 있는 기술은 같다.

코드 18-8 블루투스 소켓을 사용해 문자열 주고받기

```
private void sendMessage(BluetoothSocket socket, String message) {
  OutputStream outputStream;

  try {
    outputStream = socket.getOutputStream();

    // 정지 문자를 추가한다.
    byte[] byteArray = (message + " ").getBytes();
    byteArray[byteArray.length-1] = 0;

    outputStream.write(byteArray);
  } catch (IOException e) {
    Log.e(TAG, "Failed to send message: " + message, e);
  }
}

private boolean mListening = false;

private String listenForMessages(BluetoothSocket socket,
                                 StringBuilder incoming) {
  String result = "";
  mListening = true;

  int bufferSize = 1024;
  byte[] buffer = new byte[bufferSize];

  try {
    InputStream instream = socket.getInputStream();
    int bytesRead = -1;
```

```
    while (mListening) {
      bytesRead = instream.read(buffer);
    if (bytesRead != -1) {
      while ((bytesRead == bufferSize) &&
              (buffer[bufferSize-1] != 0)) {
        result = result + new String(buffer, 0, bytesRead - 1);
        bytesRead = instream.read(buffer);
      }
      result = result + new String(buffer, 0, bytesRead - 1);
      incoming.append(result);
    }
    }
  } catch (IOException e) {
    Log.e(TAG, "Message receive failed.", e);
  }
  return result;
}
```

18.2.4 블루투스 프로파일

앞 절에서는 블루투스 API에 포괄적으로 접근했다. 여기서는 좀 더 세부적으로 프로파일을 설명한다. 프로파일은 구체적인 종류와 목적으로 장치 간 통신을 수행하기 위한 전문 인터페이스를 제공한다. 안드로이드 블루투스 API은 다음 프로파일을 지원한다.

➤ 헤드셋: BluetoothHeadset 클래스를 통해 호스트 장치와 블루투스 헤드셋 간 통신을 원활히 한다.

➤ A2DP: Advanced Audio Distribution Profile의 머리글자. BluetoothA2dp 클래스를 통해 장치 간 고품질 오디오의 스트리밍을 원활히 한다.

➤ 건강용 장치: HDP(Bluetooth Health Device Profile)는 심장 박동수 모니터 같은 건강용 장치와 통신한다.

앱 안에서 프로파일을 활용하려면 블루투스 어댑터에 getProfileProxy를 호출해야 한다. 이때 BluetoothProfile.ServiceListener 구현을 전달한다. 해당 원격 장치가 연결되면 서비스 리스너의 onServiceConnected 핸들러가 트리거되고 이에 따라 원격 장치와 상호 작용할 때 사용되는 프록시 객체를 제공한다.

```
private BluetoothAdapter mBluetooth;
private BluetoothHeadset mBluetoothHeadset;

private BluetoothProfile.ServiceListener mProfileListener =
```

```
new BluetoothProfile.ServiceListener() {

public void onServiceConnected(int profile, BluetoothProfile proxy) {
  if (profile == BluetoothProfile.HEADSET) {
    mBluetoothHeadset = (BluetoothHeadset) proxy;
  // TODO 프록시를 활용해 원격 헤드셋과 상호 작용한다.
  }
}

public void onServiceDisconnected(int profile) {
  if (profile == BluetoothProfile.HEADSET) {
    // TODO 원격 헤드셋과 상호 작용하기 위한 프록시 사용을 멈춘다.
    mBluetoothHeadset = null;
    }
  }
};
private void connectHeadsetProfile () {
  // 기본 어댑터를 가져온다.
  mBluetooth = BluetoothAdapter.getDefaultAdapter();

  // 프록시에 연결을 수립한다.
  mBluetooth.getProfileProxy(this, mProfileListener,
                             BluetoothProfile.HEADSET);
}

private void closeHeadsetProxy() {
  // 사용 후 프록시 연결을 닫는다.
  mBluetooth.closeProfileProxy(BluetoothProfile.HEADSET, mBluetoothHeadset);
}
```

연결되면 벤더 전용 AT 명령을 활용해 원격 장치를 제어할 수 있다. 그리고 그에 따라 장치가
보낸 벤더 전용 AT 명령의 시스템 브로드캐스트를 받도록 등록할 수 있다.

각 프로파일과 서로 다른 하드웨어 구현을 어떻게 활용하는지에 대한 세부 내용은 이 책의 범
위를 넘어선다.

18.2.5 블루투스 저에너지

BLE(Bluetooth Low Energy)로 표현되는 이른바 블루투스 저에너지 기술은 블루투스와 비슷하
지만 전력 소비가 극히 낮다는 점에서 차별화된다. BLE는 적은 양의 데이터를 가까이 있는 장
치들 사이에서 주고받는 데 최적화돼 안드로이드 기기와 저전력 장치(예 근접 센서, 심장 박동수
모니터, 피트니스 장치 등) 간 상호 작용에 이상적이다.

BLE 연결은 장치마다 피어로 간주되는 전통적인 블루투스와 달리 주변 장치를 찾는 중앙 장

치와 그 존재를 광고하는 주변 장치를 중심으로 이뤄진다.

그 결과 주변 장치는 중앙 장치가 있어야 그와 통신이 가능해지며 서로 직접적으로는 통신이 불가능하다.

BLE API는 기기를 BLE 주변 장치에 연결하기 위해 전통적인 블루투스 통신용으로 앞 절에서 설명한 그 블루투스 어댑터를 사용한다. 주변 장치를 검색하려면 getBluetoothLeScanner를 사용해 BluetoothLeScanner 객체를 찾고 BLE 장치를 스캔하기 시작한다. 이때 startScan을 호출해 ScamCallback 구현을 전달한다.

```
private void leScan() {
  mBluetooth.getBluetoothLeScanner().startScan(scanCallback);
}

// 장치 스캔 콜백
private ScanCallback scanCallback =
  new ScanCallback() {

  @Override
  public void onScanResult(int callbackType, ScanResult result) {
    BluetoothDevice device = result.getDevice();
  }
};
```

onScanResult 핸들러는 블루투스 장치 객체에서 조회할 수 있는 ScanResult 객체를 받는다. 블루투스 장치 객체는 찾은 원격 BLE 주변 장치와 상호 작용할 때 사용한다.

주변 장치를 찾으면 연결과 통신은 GATT(Generic Attribute Profiles)를 통해 조정된다. 블루투스 SIG는 저에너지 장치용 프로파일을 정의하며, 여기서 각 프로파일은 프로파일의 요건을 이행하기 위한 각 장치의 작동 방식을 지정한다.

이에 따라 각 GATT 프로파일은 BLE 장치 간 속성을 주고받기 위한 사양을 정의한다. 속성마다 크기에 최적화돼 있고 특성 및 서비스 형식으로 지정돼 있다.

각 특성은 옵션으로 특성 값에 해당하는 전용 설명자(접 설명, 승인 범위, 측정 단위)가 포함된 단일 값이다.

서비스는 주변 장치가 제공하는 기능을 설명하는 하나 이상의 특성이다. 예를 들어 '심장 박동수 모니터' 서비스는 '심장 박동수'라는 특성을 포함된다.

현재 GATT 기반 프로파일과 서비스는 www.bluetooth.com/specifications/gatt/services에서 찾아볼 수 있다.

찾은 주변 장치에 연결하려면 connectGatt를 호출해 BluetoothGattCallback 구현 객체를 전달한다.

```
BluetoothGatt mBluetoothGatt;

private void connectToGattServer(BluetoothDevice device) {
  mBluetoothGatt = device.connectGatt(this, false, mGattCallback);
}

private final BluetoothGattCallback mGattCallback =
  new BluetoothGattCallback() {
};
```

반환된 BluetoothGatt 인스턴스는 주변 장치에 GATT 작업을 실행할 때 사용된다. 한편, onConnectionStateChanged 핸들러를 오버라이드해 연결이 언제 이뤄지는지 추적할 수도 있다. 연결 시점에 discoverServices 메서드를 사용해 장치에서 사용 가능한 GATT 서비스를 조회할 수 있다.

```
@Override
public void onConnectionStateChange(BluetoothGatt gatt,
                                    int status, int newState) {
  super.onConnectionStateChange(gatt, status, newState);
  if (newState == BluetoothProfile.STATE_CONNECTED) {
    mBluetoothGatt.discoverServices();
  } else if (newState == BluetoothProfile.STATE_DISCONNECTED) {
    Log.d(TAG, "Disconnected from GATT server.");
  }
}
```

GATT 서비스가 발견되면 onServicesDiscovered 핸들러가 호출되면서 결과가 반환된다.

```
@Override
public void onServicesDiscovered(BluetoothGatt gatt, int status) {
  super.onServicesDiscovered(gatt, status);
  for (BluetoothGattService service: gatt.getServices()) {
    Log.d(TAG, "Service: " + service.getUuid());
      for (BluetoothGattCharacteristic characteristic :
             service.getCharacteristics()) {
        Log.d(TAG, "Value: " + characteristic.getValue());
```

```
      for (BluetoothGattDescriptor descriptor :
            characteristic.getDescriptors()) {
        Log.d(TAG, descriptor.getValue().toString());
      }
    }
  }
  // TODO 새 서비스가 검색됐다.
}
```

이 조각 코드에서는 BLE 주변 장치에서 사용할 수 있는 서비스의 각 특징을 반복 처리한다. 대부분 특성 값은 시간에 따라 변경된다. 따라서 값마다 폴링(polling)하는 것보다 특정 특성이 변경되면 setCharacteristicNotification 메서드를 블루투스 Gatt 프록시 객체에 사용해 알림을 요청하는 것이 좋다.

```
mBluetoothGatt.setCharacteristicNotification(characteristic, enabled);
```

수정된 값의 알림은 블루투스 Gatt 콜백 내부의 onCharacteristicChanged 콜백에 전달된다.

```
@Override
public void onCharacteristicChanged(BluetoothGatt gatt,
            BluetoothGattCharacteristic characteristic) {
  super.onCharacteristicChanged(gatt, characteristic);
  // TODO 업데이트된 값이 특성에 수신됐다.
}
```

앱이 BLE 장치와 상호 작용을 끝내면 그 블루투스 Gatt 프록시 객체에 close를 호출해 시스템이 그 리소스를 해지할 수 있도록 한다.

```
mBluetoothGatt.close();
```

18.3 와이파이 P2P를 사용해 데이터 전송하기

와이파이 다이렉트 통신 프로토콜과 호환하는 와이파이 P2P(Wi-Fi P2P)는 중간 액세스 지점 없이 와이파이를 통한 중거리의 고대역폭 P2P 통신용으로 설계됐다. 블루투스에 비교해 보면 와이파이 P2P가 더 빠르고 더 신뢰할 만하며 더 먼 거리에서 작동한다.

와이파이 P2P API를 사용하면 범위 안에 있는 다른 와이파이 P2P 장치를 검색해 연결할 수 있다. 이후 소켓을 사용해 통신 링크를 개시하면 지원 장치들(프린터, 스캐너, 카메라, 텔레비전 등)에서 그리고 같은 네트워크에 연결할 필요 없이 서로 다른 기기에서 실행 중인 애플리케이션의 인스턴스 사이에서 데이터 스트림을 주고받을 수 있다.

블루투스의 고대역폭 대안으로서 와이파이 P2P는 특히 미디어 공유와 라이브 미디어 스트리밍 같은 작업에 적합하다.

18.3.1 와이파이 P2P 프레임워크 초기화하기

와이파이 P2P를 사용하려면 애플리케이션에 다음 매니페스트 권한이 필요하다.

```
<uses-permission android:name="android.permission.CHANGE_NETWORK_STATE" />
<uses-permission android:name="android.permission.ACCESS_NETWORK_STATE" />
<uses-permission android:name="android.permission.ACCESS_WIFI_STATE"/>
<uses-permission android:name="android.permission.CHANGE_WIFI_STATE"/>
<uses-permission android:name="android.permission.INTERNET"/>
```

와이파이 다이렉트 연결은 WifiP2pManager 시스템 서비스를 사용해 개시하고 관리한다.

```
wifiP2pManager =
  (WifiP2pManager)getSystemService(Context.WIFI_P2P_SERVICE);
```

와이파이 P2P 매니저를 사용하려면 그보다 먼저 와이파이 P2P 매니저의 initialize 메서드를 사용해 와이파이 다이렉트 프레임워크에 대한 채널을 만들어야 한다. 그리고 코드 18-9처럼 현재 컨텍스트 그리고 와이파이 다이렉트 이벤트를 받을 루퍼(Looper), 채널 연결의 분리 여부를 리스닝할 ChannelListener를 전달한다.

코드 18-9 와이파이 다이렉트 초기화하기

```
private WifiP2pManager mWifiP2pManager;
private WifiP2pManager.Channel mWifiDirectChannel;

private void initializeWiFiDirect() {
  mWifiP2pManager
    = (WifiP2pManager)getSystemService(Context.WIFI_P2P_SERVICE);

  mWifiDirectChannel = mWifiP2pManager.initialize(this, getMainLooper(),
    new WifiP2pManager.ChannelListener() {
      public void onChannelDisconnected() {
        Log.d(TAG, "Wi-Fi P2P channel disconnected.");
      }
```

```
    }
  );
}
```

반환된 와이파이 P2P 채널을 와이파이 P2P 프레임워크와 상호 작용할 때마다 사용하게 된다. 따라서 와이파이 P2P 매니저 초기화는 액티비티의 onCreate 핸들러 안에서 이뤄진다.

와이파이 P2P 매니저를 사용해 수행되는 대부분의 액션(피어 검색이나 연결 시도 등)은 코드 18-10처럼 ActionListener를 사용해 그 성공 여부를 나타낸다. 성공일 때는 해당 액션과 연결된 반환 값이 받는 쪽 브로드캐스트 인텐트에게 전달된다. 이와 관련된 세부 내용은 이어지는 절에서 다룬다.

코드 18-10 와이파이 P2P 매니저 액션 리스너

```java
private ActionListener actionListener = new ActionListener() {
  public void onFailure(int reason) {
    String errorMessage = "WiFi Direct Failed: ";
    switch (reason) {
      case WifiP2pManager.BUSY :
        errorMessage += "Framework busy."; break;
      case WifiP2pManager.ERROR :
        errorMessage += "Internal error."; break;
      case WifiP2pManager.P2P_UNSUPPORTED :
        errorMessage += "Unsupported."; break;
        default:
          errorMessage += "Unknown error."; break;
    }
    Log.e(TAG, errorMessage);
  }

  public void onSuccess() {
    // 성공!
    // 반환 값이 브로드캐스트 인텐트를 사용해 반환된다.
  }
};
```

WifiP2pManager.WIFI_P2P_STATE_CHANGED_ACTION 액션을 받는 브로드캐스트 리시버를 등록하면 와이파이 P2P 상태를 모니터링할 수 있다.

```java
IntentFilter p2pEnabledFilter = new
  IntentFilter(WifiP2pManager.WIFI_P2P_STATE_CHANGED_ACTION);

registerReceiver(p2pStatusReceiver, p2pEnabledFilter);
```

연결된 브로드캐스트 리시버가 받은 인텐트에는 코드 18-11처럼 WIFI_P2P_STATE_ENABLED나 WIFI_P2P_STATE_DISABLED로 설정될 WifiP2pManager.EXTRA_WIFI_STATE 엑스트라가 포함된다.

코드 18-11 와이파이 다이렉트 상태 변경 여부 받기

```
BroadcastReceiver p2pStatusReceiver = new BroadcastReceiver() {
  @Override
  public void onReceive(Context context, Intent intent) {
    int state = intent.getIntExtra(
      WifiP2pManager.EXTRA_WIFI_STATE,
      WifiP2pManager.WIFI_P2P_STATE_DISABLED);

    switch (state) {
    case (WifiP2pManager.WIFI_P2P_STATE_ENABLED):
      // TODO UI에서 검색 옵션을 켠다.
      buttonDiscover.setEnabled(true);
      break;
    default:
      // TODO UI에서 검색 옵션을 끈다.
      buttonDiscover.setEnabled(false);
    }
  }
};
```

onReceive 핸들러 안에서 상태 변화에 따라 UI를 수정할 수 있다.

와이파이 P2P 프레임워크에 대한 채널을 만들고 와이파이 P2P를 호스트 및 그 피어 장치(들)에서 켠 후에는 검색 및 피어 연결 프로세스를 시작할 수 있다.

18.3.2 피어 검색하기

피어 스캔을 개시하려면 와이파이 P2P 매니저의 discoverPeers 메서드를 사용해 활성 채널과 액션 리스너를 전달한다. 피어 리스트가 변경되면 WifiP2pManager.WIFI_P2P_PEERS_CHANGED_ACTION 액션을 사용하는 인텐트 형태로 브로드캐스트된다. 피어 검색은 연결이 수립되거나 피어 검색이 취소될 때까지 활성 상태가 유지된다.

피어 리스트의 변경을 알리는 인텐트를 받으면 찾은 피어들의 현재 리스트를 요청할 수 있다. 이때 코드 18-12처럼 WifiP2pManager.requestPeers 메서드를 사용한다.

```
private void discoverPeers() {
  IntentFilter intentFilter
    = new IntentFilter(WifiP2pManager.WIFI_P2P_PEERS_CHANGED_ACTION);
    registerReceiver(peerDiscoveryReceiver, intentFilter);
    mWifiP2pManager.discoverPeers(mWifiDirectChannel, actionListener);
}

BroadcastReceiver peerDiscoveryReceiver = new BroadcastReceiver() {
  @Override
  public void onReceive(Context context, Intent intent) {
    mWifiP2pManager.requestPeers(mWifiDirectChannel,
      new WifiP2pManager.PeerListListener() {
        public void onPeersAvailable(WifiP2pDeviceList peers) {
          // TODO UI를 새 피어 리스트로 업데이트한다.
        }
      });
  }
};
```

requestPeers 메서드는 피어 리스트가 검색됐을 때 onPeersAvailable 핸들러가 실행될 PeerList Listener를 받는다. 피어 리스트는 WifiP2pDeviceList 형태로 사용 가능하다. 이에 따라 피어 장치의 이름과 주소를 조회해 찾을 수 있다.

18.3.3 피어 연결하기

피어 장치와 와이파이 P2P로 연결하려면 와이파이 P2P 매니저의 connect 메서드를 사용해 활성 채널과 액션 리스너, WifiP2pConfig 객체를 전달한다. 이 객체는 코드 18-13에서처럼 연결할 와이파이 P2P 장치 리스트에 있는 피어의 주소를 지정한다.

코드 18-13 와이파이 다이렉트 피어에 대한 연결 요청하기

```
private void connectTo(WifiP2pDevice peerDevice) {
  WifiP2pConfig config = new WifiP2pConfig();
  config.deviceAddress = peerDevice.deviceAddress;

  mWifiP2pManager.connect(mWifiDirectChannel, config, actionListener);
}
```

연결을 수립하려고 시도하면 원격 장치는 승인을 위한 안내를 받는다. 안드로이드 기기에서는 사용자가 수동으로 연결 요청을 승인해야 한다. 이때 그림 18-4와 같은 대화상자가 사용된다.

Invitation to connect

From:
Android_bd69

DECLINE   ACCEPT

◐ 그림 18-4

기기가 연결 요청을 승인하면 성공한 연결이 장치 양쪽으로 브로드캐스트된다. 이때 WifiP2p
Manager.WIFI_P2P_CONNECTION_CHANGED_ACTION 인텐트 액션이 사용된다.

브로드캐스트 인텐트에는 WifiP2pManager.EXTRA_NETWORK_INFO 엑스트라 안에 제
공되는 NetworkInfo 객체가 포함된다. 연결 상태의 변경이 새 연결이나 분리를 나타내는지 확
인하기 위해 네트워크 정보를 조회할 수 있다.

```
NetworkInfo networkInfo
  = (NetworkInfo)intent.getParcelableExtra(WifiP2pManager.EXTRA_NETWORK_INFO);
boolean connected = networkInfo.isConnected();
```

앞의 경우에서는 WifiP2pManager.requestConnectionInfo 메서드를 사용해 연결 세부 정보를
요청할 수도 있다. 이때 활성 채널과 ConnectionInfoListener를 전달한다.

코드 18-14 와이파이 다이렉트 피어에 연결하기

```
BroadcastReceiver connectionChangedReceiver = new BroadcastReceiver() {
  @Override
  public void onReceive(Context context, Intent intent) {
    // NetworkInfo를 추출한다.
    String extraKey = WifiP2pManager.EXTRA_NETWORK_INFO;
    NetworkInfo networkInfo =
      (NetworkInfo)intent.getParcelableExtra(extraKey);

    // 연결 여부를 확인한다.
    if (networkInfo.isConnected()) {
    mWifiP2pManager.requestConnectionInfo(mWifiDirectChannel,
      new WifiP2pManager.ConnectionInfoListener() {
        public void onConnectionInfoAvailable(WifiP2pInfo info) {
          // 연결이 수립된 경우
          if (info.groupFormed) {
            // 서버인 경우
            if (info.isGroupOwner) {
              // TODO 서버 소켓을 개시한다.
            }
```

```
          // 클라이언트인 경우
          else if (info.groupFormed) {
             // TODO 클라이언트 소켓을 개시한다.
          }
        }
      }
    });
  } else {
    Log.d(TAG, "Wi-Fi Direct Disconnected.");
  }
  }
};
```

ConnectionInfoListener는 연결 세부 정보를 사용할 수 있을 때 그 onConnectionInfoAvailable 핸들러를 시작한다. 이때 세부 정보가 포함된 WifiP2pInfo 객체를 전달한다.

연결이 수립되면 연결된 피어 그룹이 형성된다. 연결을 개시한 쪽이 그룹 소유자로서 반환되고, (꼭 그런 것은 아니지만) 일반적으로 이후 진행되는 통신에서 서버 역할을 담당하게 된다.

 P2P 연결마다 그룹 하나로 간주된다. 연결이 두 피어 사이에서 독점적으로 이뤄질 때도 마찬가지다.

연결이 수립된 이후에는 표준 TCP/IP 소켓을 사용해 장치 사이에서 데이터를 전송할 수 있다.

18.3.4 피어 사이에서 데이터 전송하기

특정 데이터 전송을 구현하기 위한 세부 내용은 이 책의 범위를 벗어난다. 다만 이 절에서는 연결된 장치 사이에서 소켓을 사용해 데이터를 전송하는 기본적인 프로세스를 설명한다.

소켓 연결을 수립하려면 한쪽 장치에서 연결 요청을 주시하는 서버 소켓을 만들고, 다른 쪽 장치에서 연결 요청을 하는 클라이언트 소켓을 만들어야 한다. 이런 구별은 연결 수립이라는 측면에만 상관된다. 연결이 수립된 이후에는 데이터가 어느 방향으로든 흐를 수 있다.

ServerSocket 클래스를 사용해 새 서버 쪽 소켓을 만들고, 요청을 주시하는 포트를 지정한다. 그리고 코드 18-15에서처럼 그 accept 메서드를 비동기로 호출해 들어오는 요청을 리스닝한다.

```
Socket mServerClient;
int port = 8666;

private void startWifiDirectServer() {
  try {
    ServerSocket serverSocket = new ServerSocket(port);
    mServerClient = serverSocket.accept();
  v// TODO 연결되면 mServerClient를 사용해 메시지를 보낸다.
  } catch (IOException e) {
    Log.e(TAG, e.getMessage(), e);
  }
}
```

클라이언트 장치에서 연결을 요청하려면 새 소켓을 만들고 그 connect 메서드를 비동기로 사용해 대상 장치의 호스트 주소 그리고 연결할 포트, 연결 요청의 타임아웃을 코드 18-16처럼 지정한다.

```
int timeout = 10000;
int port = 8666;

private void startWifiDirectClient(String hostAddress) {
  Socket socket = new Socket();

  InetSocketAddress socketAddress
    = new InetSocketAddress(hostAddress, port);

  try {
    socket.bind(null);
    socket.connect(socketAddress, timeout);
    listenForWiFiMessages(socket);
  } catch (IOException e) {
    Log.e(TAG, "IO Exception.", e);
  }
}
```

서버의 accept 호출처럼 connect 호출도 블로킹 방식이어서 소켓 연결이 수립된 이후에 제어가 복귀된다. 따라서 둘 다 항상 백그라운드 스레드에서 호출돼야 한다.

소켓이 수립된되면 입력 스트림과 출력 스트림을 서버 쪽 또는 클라이언트 쪽 소켓에 만들어 양방향으로 데이터를 주고받을 수 있다.

18.4 NFC 사용하기

NFC(Near Field Communication)는 비접촉 기술로서 매우 가까운 거리(대개 4센티미터 이하)에서
적은 양의 데이터를 주고받을 때 사용된다.

NFC 전송은 NFC가 활성화된 장치들 사이에서 또는 기기와 NFC '태그' 사이에서 이뤄진다.
태그는 스캔될 때 URL을 전송하는 수동 태그부터 구글 플레이와 같은 NFC 결제 솔루션에
사용되는 복잡한 시스템에 이르기까지 다양하다.

안드로이드의 NFC 메시지는 NDEF(NFC Data Exchange Format)에 따라 처리된다.

NFC 메시지를 읽거나 쓰고 브로드캐스트하려면 애플리케이션에 NFC 매니페스트 권한이 필
요하다.

```
<uses-permission android:name="android.permission.NFC" />
```

18.4.1 NFC 태그 읽기

안드로이드 기기에서 NFC 태그를 스캔하면 자체 태그 디스패치 시스템을 사용해 해당 페이
로드를 디코딩해 태그를 분석하고 분류하며 데이터를 받은 애플리케이션을 시작한다. 이때 인
텐트가 사용된다.

애플리케이션에서 NFC 데이터를 받으려면 다음 인텐트 액션을 주시하는 액티비티 인텐트 필
터를 추가한다.

➤ NfcAdapter.ACTION_NDEF_DISCOVERED: 가장 명확하면서 가장 우선순위가 높은
NFC 메시지. 이 액션을 사용하는 인텐트는 MIME 유형이나 URI 데이터(또는 이 둘 다)
를 포함한다. 가능할 때마다 이 브로드캐스트를 리스닝하는 것이 최선이다. 어느 태그
가 응답할지 정의할 때 더 명확한 엑스트라 데이터가 가능하기 때문이다.

> ► NfcAdapter.ACTION_TECH_DISCOVERED: NFC 기술을 알고 있지만 태그에 데이터가 없거나 MIME 유형 또는 URI로 매핑될 수 없는 데이터가 담겼을 때 이 액션이 브로드 캐스트된다.

> ► NfcAdapter.ACTION_TAG_DISCOVERED: 알 수 없는 기술로부터 태그를 받았다면 이 액션이 브로드캐스트된다.

코드 18-17에서는 내 블로그의 URI에 해당하는 NFC 태그에만 응답하는 액티비티를 등록한다.

코드 18-17 NFC 태그 리스닝하기

```
<activity android:name=".BlogViewer">
  <intent-filter>
    <action android:name="android.nfc.action.NDEF_DISCOVERED"/>
    <category android:name="android.intent.category.DEFAULT"/>
    <data android:scheme="http"
          android:host="blog.radioactiveyak.com"/>
  </intent-filter>
</activity>
```

지정된 NFC 태그에 응답할 수 있는 애플리케이션의 수를 최소화하고 가장 빠른 최상의 사용자 경험을 제공하기 위해 NFC 인텐트 필터를 가능한 한 명확하게 하는 것이 좋다.

대개 인텐트 데이터/URI와 MIME 유형 정도면 애플리케이션에서 그에 따라 응답하기에 충분하다. 하지만 필요하다면 NFC 메시지로부터 전달되는 페이로드는 액티비티를 시작한 인텐트 안에서 엑스트라를 통해 사용할 수 있다.

NfcAdapter.EXTRA_TAG 엑스트라에는 스캔된 태그를 나타내는 원시 태그 객체가 포함된다. NfcAdapter.EXTRA_TNDEF_MESSAGES 엑스트라에는 코드 18-18에서처럼 NDEF 메시지 배열이 포함된다.

코드 18-18 NFC 태그 페이로드 추출하기

```
String action = getIntent().getAction();

if (NfcAdapter.ACTION_NDEF_DISCOVERED.equals(action)) {
  Parcelable[] messages
    = getIntent().getParcelableArrayExtra(NfcAdapter.EXTRA_NDEF_MESSAGES);

  if (messages != null) {
    for (Parcelable eachMessage : messages) {
```

```
        NdefMessage message = (NdefMessage) eachMessage;
        NdefRecord[] records = message.getRecords();

        if (records != null) {
          for (NdefRecord record : records) {
            String payload = new String(record.getPayload());
            Log.d(TAG, payload);
          }
        }
      }
    }
}
```

18.4.2 포어그라운드 디스패치 시스템 사용하기

기본적으로 태그 디스패치 시스템은 인텐트 레졸루션(resolution)의 표준 프로세스에 따라 어느 애플리케이션이 특정 태그를 받아야 하는지 파악한다. 그 프로세스에서는 포어그라운드 액티비티가 다른 애플리케이션에 대한 우선권을 갖고 있지 않다. 따라서 여러 애플리케이션이 모두 스캔된 태그를 받겠다고 한다면 사용자는 어느 것을 사용할지 선택하라는 안내를 받게 된다. 이때 어느 애플리케이션이 포어그라운드에 있느냐는 상관이 없다.

포어그라운드 디스패치 시스템을 사용하면 특정 액티비티에 우선권을 줄 수 있다. 이에 따라 우선권을 받은 액티비티가 포어그라운드에 있을 때 기본 리시버가 된다. 포어그라운드 디스패치는 NFC 어댑터에 enable/disableForegroundDispatch 메서드를 사용해 토글할 수 있다.

포어그라운드 디스패치는 액티비티가 포어그라운드에 있을 때만 사용될 수 있다. 따라서 on Resume 및 onPause 핸들러 안에서 각각 활성화 또는 비활성화돼야 한다. 코드 18-19는 이를 나타낸 것이다. enableForegroundDispatch의 매개변수는 이 코드 예를 통해 설명한다.

코드 18-19 포어그라운드 디스패치 시스템 활성화하기와 비활성화하기

```
NfcAdapter mNFCAdapter;

@Override
protected void onNewIntent(Intent intent) {
  super.onNewIntent(intent);

  setIntent(intent);
  processIntent(intent);
}

@Override
```

```
public void onPause() {
  super.onPause();
  mNFCAdapter.disableForegroundDispatch(this);
}

@Override
public void onResume() {
  super.onResume();
  mNFCAdapter.enableForegroundDispatch(
    this,
    // Tag Intent를 패키징하는 데 사용될 인텐트
    nfcPendingIntent,
    // 가로채려는 인텐트를 선언할 때 사용할
    // 인텐트 필터 배열
    intentFiltersArray,
    // 처리하려는 태그 기술 배열
    techListsArray);
}
```

인텐트 필터 배열은 가로채려는 URI나 MIME 유형을 선언해야 한다. 이 요건에 부합하지 않고 받은 태그는 모두 표준 태그 디스패치 시스템으로 처리된다. 뛰어난 사용자 경험을 담보하기 위해서는 애플리케이션이 처리하는 태그 콘텐트만을 지정하는 것이 좋다.

받은 태그는 처리하려는 기술을 명시적으로 나타내 세부적으로 다듬을 수 있다. 이 경우 대개 NfcF 클래스를 추가해 나타낸다.

받은 태그를 직접 애플리케이션에 전송하기 위해 펜딩 인텐트는 NFC 어댑터가 첨부한다.

코드 18-20에서는 코드 18-19의 포어그라운드 디스패치 시스템을 활성화할 때 사용하는 펜딩 인텐트와 MIME 유형 배열, 기술 배열을 나타낸다.

코드 18-20 포어그라운드 디스패치 시스템 구성하기

```
private NfcAdapter mNFCAdapter;

private int NFC_REQUEST_CODE = 0;

private PendingIntent mNFCPendingIntent;
private IntentFilter[] mIntentFiltersArray;
private String[][] mTechListsArray;

@Override
protected void onCreate(Bundle savedInstanceState) {
  super.onCreate(savedInstanceState);
  setContentView(R.layout.activity_main);
```

```
    // NFC 어댑터를 가져온다.
    NfcManager nfcManager = (NfcManager)getSystemService(Context.NFC_SERVICE);
    mNFCAdapter = nfcManager.getDefaultAdapter();

    // 펜딩 인텐트를 생성한다 .
    int flags = 0;
    Intent nfcIntent = new Intent(this, getClass());
    nfcIntent.addFlags(Intent.FLAG_ACTIVITY_SINGLE_TOP);

    mNFCPendingIntent =
      PendingIntent.getActivity(this, NFC_REQUEST_CODE, nfcIntent, flags);

    // TAG 스캔을 가로채기 위해 URI나 MIME 유형으로
    // 제한된 인텐트 필터를 생성한다.
    IntentFilter tagIntentFilter =
      new IntentFilter(NfcAdapter.ACTION_NDEF_DISCOVERED);
    tagIntentFilter.addDataScheme("http");
    tagIntentFilter.addDataAuthority("blog.radioactiveyak.com", null);
    mIntentFiltersArray = new IntentFilter[] { tagIntentFilter };

    // 처리할 기술 배열을 생성한다.
    mTechListsArray = new String[][] {
      new String[] {
        NfcF.class.getName()
      }
    };

    // 액티비티를 시작할 때 사용되는 인텐트를 처리한다.
    String action = getIntent().getAction();
    if (NfcAdapter.ACTION_NDEF_DISCOVERED.equals(action))
      processIntent(getIntent());
}
```

18.5 안드로이드 빔 사용하기

안드로이드 빔(Android Beam)은 애플리케이션에서 NFC를 사용해 두 안드로이드 기기를 서로
맞대어 데이터를 전송할 수 있는 단순 API를 제공한다. 예를 들어 기기의 연락처나 웹 브라우
저, 유튜브 애플리케이션에서 안드로이드 빔을 사용해 현재 보고 있는 연락처 항목이나 웹 페
이지, 비디오 등을 공유할 수 있다.

> **참고**
>
> 메시지를 날리려면(beam) 애플리케이션이 포어그라운드에 있거나 데이터를 받는 기기가 잠긴 상태가 아니어야 한다.
>
> 안드로이드 빔은 두 대의 NFC 장착 안드로이드 기기를 탭해 개시된다. 사용자는 '터치해 공유하기' UI로 안내를 받는다. 이때 '공유하기'를 선택하면 포어그라운드 애플리케이션을 다른 기기로 '날릴 수 있다.'

애플리케이션 안에서 안드로이드 빔을 활성화하면 공유되는 메시지의 페이로드를 정의할 수 있다. 메시지를 맞춤 설정하지 않으면 애플리케이션의 기본 액션은 대상 기기에서 시작하는 것이 된다. 이때 애플리케이션이 대상 기기에 설치되지 않았다면 구글 플레이 스토어가 시작돼 애플리케이션의 세부 페이지가 표시된다.

공유할 메시지를 애플리케이션에서 정의하려면 NFC 권한을 매니페스트에 요청해야 한다.

```
<uses-permission android:name="android.permission.NFC"/>
```

자체 커스텀 페이로드를 정의하는 프로세스는 다음과 같다.

1. NdefRecord를 포함하는 NdefMessage 객체를 만든다. NdefRecord에는 메시지 페이로드가 담긴다.
2. Ndef 메시지를 NFC 어댑터에 안드로이드 빔 페이로드로 지정한다.
3. 들어오는 안드로이드 빔 메시지를 주시할 수 있도록 애플리케이션을 구성한다.

18.5.1 안드로이드 빔 메시지 만들기

새 Ndef 메시지를 생성하려면 대상 기기의 애플리케이션으로 공유할 페이로드가 담긴 NdefRecord 레코드를 적어도 하나 포함하는 새 NdefMessage 객체를 생성해야 한다.

새 Ndef 레코드를 생성할 때는 레코드의 타입과 MIME 유형, ID, 페이로드를 지정해야 한다. Ndef 레코드의 몇몇 공통 타입을 사용해 안드로이드 빔에 따라 데이터를 전송할 수 있다. 단, 이 데이터는 공유되는 각 메시지에 추가된 첫 번째 레코드여야 한다.

```
NdefRecord.TNF_MIME_MEDIA // 사용하면 절대 URI를 전송할 수 있다.
```

```
NdefRecord uriRecord = new NdefRecord(
  NdefRecord.TNF_ABSOLUTE_URI,
  "http://blog.radioactiveyak.com".getBytes(Charset.forName("US-ASCII")),
  new byte[0], new byte[0]);
```

이 형태가 안드로이드 빔을 사용해 전송된 가장 흔한 Ndef 레코드다. 받은 인텐트가 액티비티를 시작할 때 사용된 인텐트와 같은 형태이기 때문이다. 특정 액티비티가 어떤 NFC 메시지를 받는지 결정할 때 사용된 인텐트 필터는 scheme, host, pathPrefix 속성을 사용할 수 있다.

URI로 쉽게 해석되지 못하는 정보가 담긴 메시지를 전송해야 한다면 NdefRecord.TNF_MIME_MEDIA 타입이 애플리케이션 전용 MIME 유형을 만들고 해당 페이로드 데이터를 포함할 수 있도록 지원해야 한다.

```
String mimeType = "application/com.professionalandroid.apps.nfcbeam";
String payload = "Not a URI";
byte[] tagId = new byte[0];
NdefRecord mimeRecord
  = new NdefRecord(NdefRecord.TNF_MIME_MEDIA,
                   mimeType.getBytes(Charset.forName("US-ASCII")),
                   tagId,
                   payload.getBytes(Charset.forName("US-ASCII")));
```

사용 가능한 Ndef 레코드 타입들의 다양한 조합이나 그 사용법은 안드로이드 개발자 가이드의 페이지인 d.android.com/guide/topics/nfc/nfc.html#creatingrecords에서 찾아볼 수 있다.

Ndef 메시지를 구성할 때는 페이로드 레코드와 함께 Ndef 레코드를 AAR(Android Application Record)의 형태로 포함하는 것이 좋다. 이에 따라 애플리케이션이 대상 기기에서 시작되며, 만일 애플리케이션이 설치되지 않았다면 구글 플레이 스토어가 시작돼 설치 안내가 표시된다.

AAR Ndef 레코드를 만들려면 Ndef 레코드 클래스의 createApplicationRecord 메서드를 사용해 애플리케이션의 패키지 이름을 지정한다.

```
NdefRecord.createApplicationRecord("com.professionalandroid.apps.nfcbeam")
```

Ndef 레코드가 만들어지면 새 Ndef 메시지를 만들어 Ndef 레코드 배열을 코드 18-21에서처럼 전달한다.

코드 18-21 안드로이드 빔 Ndef 메시지 만들기

```
String payload = "Two to beam across";
String mimeType = "application/com.professionalandroid.apps.nfcbeam";
byte[] tagId = new byte[0];

NdefMessage nfcMessage = new NdefMessage(new NdefRecord[] {
  // NFC 페이로드를 생성한다.
  new NdefRecord(NdefRecord.TNF_MIME_MEDIA,
                 mimeType.getBytes(Charset.forName("US-ASCII")),
                 tagId,
                 payload.getBytes(Charset.forName("US-ASCII"))),

  // AAR을 추가한다.
  NdefRecord.createApplicationRecord("com.professionalandroid.apps.nfcbeam")
});
```

18.5.2 안드로이드 빔 페이로드 지정하기

안드로이드 빔 페이로드를 지정할 때는 NFC 어댑터를 사용한다. 이때 static 메서드인 getDefaultAdapter를 NfcAdapter 클래스에 사용해 기본 NFC 어댑터에 접근할 수 있다.

```
NfcAdapter nfcAdapter = NfcAdapter.getDefaultAdapter(this);
```

코드 18-21에서 만든 Ndef 메시지를 애플리케이션의 안드로이드 빔 페이로드로 지정할 때는 두 가지 방법을 적용할 수 있다. 둘 중 더 간단한 쪽은 setNdefPushMessage 메서드를 사용하는 방법이다. 안드로이드 빔이 개시되면 항상 현재 액티비티에서만 보낸 메시지를 지정할 때 이 메서드를 사용한다. 대개 액티비티의 onResume 메서드 안에서 한 번만 이 과정을 진행한다.

```
nfcAdapter.setNdefPushMessage(nfcMessage, this);
```

덜 간단해도 바람직한 방법은 setNdefPushMessageCallback 메서드를 사용하는 것이다. 이 핸들러는 메시지가 공유되면 그 즉시 시작돼 애플리케이션의 현재 컨텍스트에 따라, 예를 들어 어떤 비디오가 재생되고 있는지 또는 어떤 웹 페이지가 표시되고 있는지, 지도의 어느 좌표가 중심인지에 따라 이 페이로드 콘텐트를 동적으로 설정한다. 코드 18-22는 이를 나타낸 것이다.

코드 18-22 동적으로 안드로이드 빔 메시지 설정하기

```
private void setBeamMessage() {
  NfcAdapter nfcAdapter = NfcAdapter.getDefaultAdapter(this);
```

```
  nfcAdapter.setNdefPushMessageCallback(
    new NfcAdapter.CreateNdefMessageCallback() {

      public NdefMessage createNdefMessage(NfcEvent event) {
        String payload = "Beam me up, Android!\n\n" +
                          "Beam Time: " + System.currentTimeMillis();
        NdefMessage message = createMessage(payload);

        return message;
      }
    }, this);
}

private NdefMessage createMessage(String payload) {
  String mimeType = "application/com.professionalandroid.apps.nfcbeam";
  byte[] tagId = new byte[0];

  NdefMessage nfcMessage = new NdefMessage(new NdefRecord[] {
    // NFC 페이로드를 생성한다.
    new NdefRecord(NdefRecord.TNF_MIME_MEDIA,
                   mimeType.getBytes(Charset.forName("US-ASCII")),
                   tagId,
                   payload.getBytes(Charset.forName("US-ASCII"))),

    // AAR을 추가한다.
    NdefRecord.createApplicationRecord("com.professionalandroid.apps.nfcbeam")
  });

  return nfcMessage;
}
```

콜백 핸들러를 사용해 정적 메시지와 동적 메시지를 둘 다 설정하면 후자, 즉 동적 메시지만
이 전송된다.

18.5.3 안드로이드 빔 메시지 받기

안드로이드 빔 메시지를 받는 방식은 18장의 앞서 설명한 NFC 태그와 무척 닮았다. 코드
18-21과 코드 18-22에서 패키징했던 페이로드를 받으려면 우선 코드 18-23에서처럼 새 인텐트
필터를 액티비티에 추가한다.

코드 18-23 안드로이드 빔 인텐트 필터

```
<intent-filter>
  <action android:name="android.nfc.action.NDEF_DISCOVERED"/>
  <category android:name="android.intent.category.DEFAULT"/>
  <data android:mimeType="application/com.professionalandroid.apps.nfcbeam"/>
```

```
</intent-filter>
```

안드로이드 빔이 개시되면 해당 액티비티가 수신자 기기에서 시작된다. 애플리케이션이 설치되지 않았다면 구글 플레이 스토어가 시작돼 사용자에게 설치하도록 안내할 수도 있다.

빔 데이터는 NfcAdapter.ACTION_NDEF_DISCOVERED 액션 그리고 NfcAdapter.EXTRA_NDEF_MESSAGES 엑스트라를 기준으로 저장된 NdfMessages 배열로서 사용할 수 있는 페이로드와 함께 인텐트를 사용해 액티비티에 전달된다. 코드 18-24는 이를 나타낸 것이다.

코드 18-24 안드로이드 빔 페이로드 추출하기

```
Parcelable[] messages
  = getIntent().getParcelableArrayExtra(NfcAdapter.EXTRA_NDEF_MESSAGES);

if (messages != null) {
  NdefMessage message = (NdefMessage) messages[0];
  if (message != null) {
    NdefRecord record = message.getRecords()[0];

    String payload = new String(record.getPayload());
    Log.d(TAG, "Payload: " + payload);
  }
}
```

대개 페이로드 문자열은 URI 형태로 취급된다. 이에 따라 비디오나 웹 페이지, 지도 좌표 등을 표시하기 위해 인텐트 안에 캡슐화한 데이터처럼 추출하고 처리할 수 있다.

19

홈 화면 공략하기

🔽 19장에 사용된 코드의 다운로드용 파일

19장은 다음 3개의 파일로 되어 있다.

⊙ Snippets_ch19.zip

⊙ Earthquake_ch19_part1.zip

⊙ Earthquake_ch19_part2.zip

19.1 홈 화면 커스터마이즈하기

위젯, 라이브 배경화면, 앱 단축키 등은 애플리케이션의 어느 한 부분을 기기의 홈 화면에 직접 추가해 준다. 이들을 애플리케이션과 통합함으로써 다음과 같은 일들이 가능해졌다.

- ➤ 사용자가 우선권이 높은 기능에 즉각적으로 접근한다.
- ➤ 사용자가 애플리케이션을 열지 않고도 중요한 정보를 본다.
- ➤ 홈 화면에서 애플리케이션으로 직접 들어갈 수 있는 진입점이 마련된다.

유용한 홈 화면 위젯, 라이브 배경화면, 앱 단축키 등은 사용자 참여도(user engagement)를 높여 애플리케이션의 설치 제거 가능성을 낮추고 꾸준히 사용될 가능성을 높인다.

19.2 화면 위젯

홈 화면 위젯, 좀 더 적절한 표현인 AppWidgets은 한마디로 다른 애플리케이션에 추가될 수 있는 시각적 애플리케이션 컴포넌트다. 앱 위젯의 가장 큰 특징은 사용자가 애플리케이션의 상호 작용 중 일부를 홈 화면 안에 직접 탑재할 수 있다는 것이다. 잘 만든 앱 위젯들은 배터리를 적게 소모하면서도 유용하고 간결한 정보를 적재적소에 제공한다.

위젯은 독립형 애플리케이션이다. 다만, 더 큰 애플리케이션에서 흔히 사용되는 일부 기능을 나타낸다. 캘린더나 지메일 앱 위젯이 단적인 예라 할 수 있다.

그림 19-1은 구글의 애플리케이션 중 일부에서 홈 화면으로 추가된 앱 위젯의 예다.

◑ 그림 19-1

참고

앱 위젯의 추가, 이동, 크기 조절, 제거 등을 진행하는 구체적인 프로세스는 기기에 설치된 홈 화면의 종류와 버전에 따라 다르다. 앱 위젯을 픽셀과 넥서스 론처에 추가하려면 빈 공간을 길게 누르고 위젯을 선택해야 한다. 사용 가능한 위젯 리스트가 제시되면 원하는 것을 홈 화면에 추가한다.

위젯을 추가한 이후에는 이를 다시 길게 누르고 화면의 다른 곳으로 끌어다 놓을 수 있다. 위젯의 크기를 조절하려면 위젯을 길게 눌렀다 뗀다. 위젯의 가장자리를 따라 나타나는 작은 인디케이터를 끌어 원하는 크기로 조절한다.

위젯을 제거할 때는 위젯을 끌어다 휴지통 아이콘이나 '제거' 레이블에 놓으면 된다.

앱 위젯은 브로드캐스트 리시버 형태로 구현된다. 위젯 UI를 수정할 때는 RemoteViews를 사용한다. RemoteViews는 뷰 계층 구조 안에서 정의하며 다른 애플리케이션 프로세스 안에서 호스팅된다.

새 앱 위젯에는 다음 세 가지 컴포넌트가 필요하다.

➤ UI를 정의할 XML 레이아웃 리소스

➤ 앱 위젯 메타데이터를 기술하는 XML 파일

➤ 위젯을 구현할 BroadcastReceiver

애플리케이션 하나에 원하는 만큼 여러 위젯을 만들 수도 있고, 위젯 하나로만 구성되는 애플리케이션도 있다. 경우에 따라서는 위젯이 없는 애플리케이션도 있다. 위젯 없는 애플리케이션은 특히 단순한 패턴으로서 독자 여러분에게 일종의 과제로 남겨둔다.

위젯이 홈 화면과 같은 다른 애플리케이션 안에서 호스팅되면 그 부모 애플리케이션의 프로세스 안에서 실행된다. 위젯은 그 업데이트 주기에 맞춰 기기를 저전력 잠자기 모드에서 깨운다. 이에 따라 위젯이 최신으로 유지된다. 다만, 배터리 소모량에 많은 영향을 미치므로 개발자의 입장에서는 위젯을 만들 때 그 업데이트 주기를 가능한 한 길게 설정하도록 특별히 주의를 기울여야 한다. 물론 업데이트 메서드 안에서 실행되는 코드는 가벼워야 하고 효율적이어야 한다.

19.2.1 위젯 레이아웃 정의하기

위젯을 만드는 첫 번째 단계는 UI 레이아웃의 디자인과 구현이다.

UI 디자인 가이드라인은 위젯의 레이아웃 크기와 그 시각적 스타일 둘 다를 제어할 목적으로 마련됐다. 단, 전자에는 엄격하게 적용해야 하지만, 후자에는 단순 가이드에 지나지 않는다. 시각적으로 위젯은 다른 네이티브 및 서드파티 위젯과 함께 표시되는 경우가 많다. 따라서 디자인 표준을 준수하며 위젯을 만드는 것이 좋다. 이는 특히 위젯이 홈 화면에서 자주 사용되기 때문에 더욱 유의해야 한다. 안드로이드 개발자 위젯 디자인 가이드라인 사이트인 developer.android.com/guide/practices/ui_guidelines/widget_design.html과 머티리얼 디자인 위젯 가이드라인 페이지인 material.io/design/platform-guidance/android-widget.html#behavior에서 세부 내용을 찾아볼 수 있다.

앱 위젯은 투명 배경과 나인패치, 반투명 드로어블 리소스를 완벽하게 지원한다. 구글이 권장하는 위젯 스타일과 관련된 세부 내용은 이 책의 범위를 벗어나지만, 위에서 제시한 위젯 UI 가이드라인에서 설명을 찾아볼 수 있다.

위젯 UI는 5장 '사용자 인터페이스 빌드하기'에서 설명한 대로 안드로이드의 다른 시각적 컴포넌트처럼 구성한다. XML을 외부 레이아웃 리소스로 사용해 위젯 레이아웃을 정의하는 것이 최선이라 할 수 있지만, 브로드캐스트 리시버의 onCreate 메서드 안에서 코드상으로 UI를 배치하는 것도 가능하다.

보안 및 성능상 이유로 앱 위젯 레이아웃은 레이아웃과 뷰를 부분적으로 지원하는 Remote Views로 호스트 액티비티에서 인플레이트된다.

지원되는 레이아웃은 다음으로 제한된다.

- ➤ FrameLayout
- ➤ LinearLayout
- ➤ RelativeLayout
- ➤ GridLayout

레이아웃이 포함하는 뷰는 다음으로 제한된다.

- ➤ Button
- ➤ Chronometer
- ➤ ImageButton
- ➤ ImageView
- ➤ ProgressBar
- ➤ TextView
- ➤ ViewFlipper

19.4 '컬렉션 뷰 위젯'에서는 다음 컬렉션 기반 뷰를 위젯 레이아웃 안에서 어떻게 사용하는지 소개한다.

- ➤ AdapterViewFlipper
- ➤ GridView
- ➤ ListView
- ➤ StackView

코드 19-1에서는 앱 위젯의 UI를 정의할 때 사용되는 XML 레이아웃 리소스를 나타낸다. 여기서 패딩(안여백)이 위젯 레이아웃에 자동으로 추가된다. 따라서 패딩을 따로 추가하지 말아야 한다. 그리고 레이아웃의 너비와 높이를 match_parent에 맞춰 설정했다. 위젯의 최대 크기를 정의하는 방법은 이어지는 절에서 소개한다.

코드 19-1 앱 위젯 XML 레이아웃 리소스

```xml
<?xml version="1.0" encoding="utf-8"?>
<LinearLayout
  xmlns:android="http://schemas.android.com/apk/res/android"
  android:orientation="horizontal"
  android:layout_width="match_parent"
  android:layout_height="match_parent">
  <ImageView
    android:id="@+id/widget_image"
    android:layout_width="wrap_content"
    android:layout_height="wrap_content"
    android:src="@drawable/icon"
  />
  <TextView
    android:id="@+id/widget_text"
    android:layout_width="fill_parent"
    android:layout_height="fill_parent"
    android:text="@string/widget_text"
  />
</LinearLayout>
```

19.2.2 위젯의 크기를 비롯해 각종 메타데이터 정의하기

안드로이드 홈 화면은 셀이라는 격자 형태로 구분되며, 이 셀의 크기와 개수는 기기에 따라 달라진다. 따라서 위젯의 최소 높이와 너비를 기본 상태에서 매끄럽게 보이도록 지정하는 것이 최선이라 하겠다.

지정한 최소 수치가 홈 화면의 정확한 수치와 일치하지 않는 위젯의 크기는 비례에 따라 셀에 맞춰진다.

위젯이 셀에 맞춰질 때 필요한 대략적인 최소 높이와 너비를 결정할 때는 다음 공식을 따른다.

$$\text{최소 높이 또는 너비} = 70\text{dp} \times (\text{셀의 개수}) - 30\text{dp}$$

프로젝트의 **res/xml** 폴더에 저장된 위젯 정의 XML 리소스에 최소 위젯 크기를 지정하고 레이아웃을 배치하고 업데이트 주기를 지정하고 기타 위젯 설정과 메타데이터를 정의한다.

appwidget-provider 태그를 사용하면 위젯의 메타데이터를 나타낼 수 있다. 이때 다음 속성들이 적용된다.

- ➤ initialLayout: 위젯의 UI 레이아웃을 정의할 때 사용하는 레이아웃 리소스
- ➤ minWidth와 minHeight: 위젯의 최소 너비와 최소 높이
- ➤ resizeMode: 위젯의 크기가 조절되는 방향으로서 horizontal과 vertical의 조합에 따라 지정된다. none으로 지정해 크기 조절 속성을 꺼 둘 수도 있다. 모든 크기 조절 모드를 지원하는 것이 좋다.
- ➤ label: 앱 위젯 선택기에서 위젯에 사용되는 제목
- ➤ updatePeriodMillis: 밀리초 단위의 위젯 업데이트 주기. 안드로이드는 기기를 깨워 이 주기에 따라 위젯을 업데이트한다. 따라서 최소한 1시간으로 지정한다. 앱 위젯 매니저가 30분 간격 이하로는 업데이트를 제공하지 않기 때문이다. 이를 비롯한 세부 업데이트 기술은 19장의 뒷부분에서 소개한다.
- ➤ configure: 위젯이 홈 화면에 추가될 때 관련 액티비티가 시작되도록 지정할 수 있다(옵션). 이 액티비티는 위젯 설정과 사용자 설정을 지정할 때 사용된다. 구성 액티비티를 사용하는 과정은 19.2.6 '위젯 설정 액티비티 만들기와 사용하기'에서 소개한다.
- ➤ icon: 기본적으로 안드로이드는 앱 위젯 선택기 안에서 위젯을 표시할 때 해당 애플리케이션의 아이콘을 사용한다. 다른 아이콘을 사용하겠다면 드로어블 리소스를 지정해야 한다.
- ➤ previewImage: 위젯이 홈 화면에 추가될 때 어떤 모양으로 보일지 정확하게 기술하는 드로어블 리소스. 앱 위젯 선택기가 미리 보기 형태로 표시한다.

코드 19-2에서는 최소 2 × 2 셀 그리드를 차지하며 매시간 업데이트되는 위젯의 정의 리소스 파일을 나타낸다. 여기에는 이전 절에서 정의한 레이아웃 리소스가 사용됐다.

코드 19-2 앱 위젯 프로바이더 정의

```
<appwidget-provider
  xmlns:android="http://schemas.android.com/apk/res/android"
  android:initialLayout="@layout/my_widget_layout"
  android:minWidth="110dp"
  android:minHeight="110dp"
  android:label="@string/widget_label"
```

```
  android:updatePeriodMillis="360000"
  android:resizeMode="horizontal|vertical"
  android:previewImage="@drawable/widget_preview"
/>
```

19.2.3 위젯 구현하기

위젯은 브로드캐스트 리시버 형태로 구현된다. 브로드캐스트 리시버는 브로드캐스트 인텐트 액션인 AppWidget.ACTION_APPWIDGET_[UPDATE, DELETED, ENABLED, DISABLED]를 주시하는 인텐트 필터를 지정하고 그에 따라 적절한 액션을 수행한다.

AppWidgetProvider 클래스는 인텐트 프로세싱을 캡슐화하고 각 인텐트 액션에 이벤트 핸들러를 제공한다. 코드 19-3은 이를 나타낸 것이다.

코드 19-3 앱 위젯 구현

```java
public class SkeletonAppWidget extends AppWidgetProvider {

  static void updateAppWidget(Context context,
                              AppWidgetManager appWidgetManager,
                              int appWidgetId) {

    // TODO 앱 위젯 UI를 업데이트한다.
  }


  @Override
  public void onUpdate(Context context,
                       AppWidgetManager appWidgetManager,
                       int[] appWidgetIds) {
    // 각 위젯을 반복 처리해 RemoteViews 객체를 생성하고
    // 수정된 RemoteViews를 각 위젯에 적용한다.
    for (int appWidgetId : appWidgetIds)
      updateAppWidget(context, appWidgetManager, appWidgetId);
  }


  @Override
  public void onDeleted(Context context, int[] appWidgetIds) {
    // TODO 위젯의 삭제를 처리한다.
    super.onDeleted(context, appWidgetIds);
  }


  @Override
  public void onDisabled(Context context) {
    // TODO 위젯 기능을 껐다.
    super.onDisabled(context);
  }
```

```
  @Override
  public void onEnabled(Context context) {
    // TODO 위젯 기능을 켰다.
    super.onEnabled(context);
  }
}
```

위젯은 다른 모든 애플리케이션 컴포넌트처럼 애플리케이션 매니페스트에 추가돼야 한다. 위젯은 브로드캐스트 리시버로 구현되기 때문에 receiver 태그를 사용해 다음 두 요소를 코드 19-4처럼 추가한다.

➤ android.appwidget.action.APPWIDGET_UPDATE 액션의 인텐트 필터

➤ android.appwidget.provider 이름을 위젯 설정 설명에 해당하는 appwidgetprovider XML 리소스 파일에 연결하는 메타데이터 노드

코드 19-4 앱 위젯 매니페스트 노드

```
<receiver android:name=".SkeletonAppWidget">
  <intent-filter>
    <action android:name="android.appwidget.action.APPWIDGET_UPDATE" />
  </intent-filter>
  <meta-data
    android:name="android.appwidget.provider"
    android:resource="@xml/widget_settings"
  />
</receiver>
```

19.2.4 앱 위젯 매니저와 원격 뷰를 사용해 위젯 UI 업데이트하기

RemoteViews 클래스는 다른 애플리케이션의 프로세스 안에서 호스팅되는 뷰 계층 구조의 프록시로 사용된다. 이에 따라 뷰가 다른 애플리케이션 안에서 직접적인 상호 작용이 없이 실행 중일 때 프로퍼티를 변경하거나 메서드를 실행함으로써 보안 계층이 추가된다.

위젯 안에서 런타임에 뷰의 모양을 업데이트하려면 해당 원격 뷰를 만들고 수정해야 한다. 그리고 AppWidgetManager를 사용해 이를 적용한다. 뷰의 가시성이나 텍스트, 이미지 값을 변경하고 클릭 리스너를 추가하는 수정 과정이 지원된다.

원격 뷰 만들기와 조작하기

새 원격 뷰 객체를 만들려면 애플리케이션의 패키지 이름과 조작하려는 리소스 리소스를 원격 뷰 생성자에 코드 19-5처럼 전달해야 한다.

코드 19-5 원격 뷰 만들기

```
RemoteViews views = new RemoteViews(context.getPackageName(),
                                    R.layout.widget_layout);
```

원격 뷰에는 이 뷰에서 사용할 수 있는 프로퍼티와 메서드들에 접근할 수 있는 일련의 메서드가 함께 제공된다.

이 중 가장 쓰임새가 많은 것은 set 메서드들이다. 이 메서드들은 원격으로 호스팅된 뷰에서 실행될 대상 메서드 이름을 지정한다. 그리고 불리언, 정수, 바이트, char, 플로트, 문자열, 비트맵, 번들, URI 매개변수 등 각 원시 타입에 해당하는 단일 값 매개변수를 전달한다.

```
// ImageView의 이미지 레벨을 설정한다.
views.setInt(R.id.widget_image_view, "setImageLevel", 2);
// TextView의 커서를 나타낸다.
views.setBoolean(R.id.widget_text_view, "setCursorVisible", true);
// 비트맵을 ImageButton에 지정한다.
views.setBitmap(R.id.widget_image_button, "setImageBitmap", myBitmap);
```

여기에 적용한 수정은 위젯에도 적용하지 않는 한 실행 중인 위젯 인스턴스에 영향을 미치지 않는다. 관련 내용은 이어지는 절에서 소개한다.

텍스트 뷰, 이미지 뷰, 프로그레스 바를 수정할 수 있는 메서드들을 비롯해 특정 뷰 클래스의 전담 메서드들도 사용할 수 있다.

```
// Text View를 업데이트한다.
views.setTextViewText(R.id.widget_text, "Updated Text");
views.setTextColor(R.id.widget_text, Color.BLUE);
// Image View를 업데이트한다.
views.setImageViewResource(R.id.widget_image, R.drawable.icon);
// Progress Bar를 업데이트한다.
views.setProgressBar(R.id.widget_progressbar, 100, 50, false);
```

원격 뷰 레이아웃 안에서 호스팅되는 뷰의 계층 구조를 설정하려면 setViewVisibility를 호출한다.

```
views.setViewVisibility(R.id.widget_text, View.INVISIBLE);
```

지금까지 앱 위젯 안에서 뷰 계층 구조를 나타내는 원격 뷰 객체를 수정했다. 변경 내용이 효과를 발휘하려면 앱 위젯 매니저를 사용해 업데이트를 적용해야 한다. 이에 관해서는 다음 절에서 소개한다.

앱 위젯에 원격 뷰 적용하기

원격 뷰의 수정 사항을 런타임에 위젯에 적용하려면 앱 위젯 매니저의 **updateAppWidget** 메서드를 사용해야 한다. 이때 업데이트할 하나 이상의 위젯과 적용할 원격 뷰의 식별자를 전달한다.

```
appWidgetManager.updateAppWidget(appWidgetIds, remoteViews);
```

앱 위젯 프로바이더의 **onEnabled** 핸들러를 오버라이드해 위젯이 처음 인스턴스로 만들어져 사용자의 홈 화면에 배치되면 그 UI에 변경 사항을 적용한다.

예정된 업데이트를 위젯에 적용하려면 **onUpdate** 핸들러를 오버라이드한다. 이 핸들러는 앱 위젯 매니저와 업데이트 예정인 앱 위젯 인스턴스 ID의 배열을 매개변수로 받는다. 위젯 ID 배열을 반복 처리하며 각 위젯에 그 식별자 및 연결된 구성 설정에 따라 서로 다른 UI 값을 적용하는 것이 최선이다. 코드 19-6은 이 패턴을 나타낸 것이다.

코드 19-6 앱 위젯 프로바이더의 업데이트 핸들러 안에서 원격 뷰 적용하기

```
static void updateAppWidget(Context context,
                            AppWidgetManager appWidgetManager,
                            int appWidgetId) {

    // 원격 뷰를 생성한다.
    RemoteViews views = new RemoteViews(context.getPackageName(),
                                        R.layout.widget_layout);

    // TODO UI를 업데이트한다.

    // 수정된 원격 뷰를 사용해 위젯을 업데이트하라고
    // 앱 위젯 매니저(App Widget Manager)에 알린다.
    appWidgetManager.updateAppWidget(appWidgetId, views);
}

@Override
public void onUpdate(Context context,
```

```
                          AppWidgetManager appWidgetManager,
                          int[] appWidgetIds) {
  // 각 위젯을 반복 처리하며 RemoteViews 객체를 만들고
  // 수정된 RemoteViews를 각 위젯에 적용한다.
  for (int appWidgetId : appWidgetIds)
    updateAppWidget(context, appWidgetManager, appWidgetId);
}

@Override
public void onEnabled(Context context) {
  AppWidgetManager appWidgetManager =
    AppWidgetManager.getInstance(context);
  ComponentName skeletonAppWidget =
    new ComponentName(context, SkeletonAppWidget.class);
  int[] appWidgetIds =
    appWidgetManager.getAppWidgetIds(skeletonAppWidget);

  updateAppWidgets(context, appWidgetManager, appWidgetIds, pendingResult);
}
```

위젯의 업데이트는 직접 서비스나 액티비티, 브로드캐스트 리시버로부터도 할 수 있다. 이를 위해서는 앱 위젯 매니저의 참조를 가져와야 한다. getInstance 메서드를 호출해 현재 컨텍스트를 전달하면 된다.

```
// 앱 위젯 매니저의 참조를 가져온다.
AppWidgetManager appWidgetManager
  = AppWidgetManager.getInstance(this);
```

이제 앱 위젯 매니저 인스턴스에 getAppWidgetIds 메서드를 사용해 특정 앱 위젯의 현재 실행 중인 인스턴스를 나타내는 식별자를 찾을 수 있다.

```
// 현재 선택된 위젯의 인스턴스에서 식별자를 조회한다.
ComponentName thisWidget = new ComponentName(this, SkeletonAppWidget.class);
int[] appWidgetIds = appWidgetManager.getAppWidgetIds(thisWidget);
```

실행 중인 위젯을 업데이트하려면 코드 19-6에 나타낸 패턴을 그대로 따른다.

```
// 각 위젯을 반복 처리하며 RemoteViews 객체를 생성하고
// 수정된 RemoteViews를 각 위젯에 적용한다.
for (int appWidgetId : appWidgetIds)
  SkeletonAppWidget.updateAppWidget(this, appWidgetManager, appWidgetId);
```

위젯 UI를 수정할 때 사용된 코드는 위젯 구현의 **updateAppWidget** 메서드 안에 유지된다. 수동으로 변경해 적용한 내용이 위젯이 업데이트될 때 이전 상태로 되돌아가면 안 되기 때문이다.

어떤 경우든 Room 데이터베이스나 공유 환경 설정처럼 데이터 변경에 따라 위젯이 직접 UI 업데이트를 수행하도록 하는 것이 최선이다.

위젯에 상호 반응성 추가하기

앱 위젯은 자신이 실행되는 프로세스의 권한을 상속한다. 그리고 홈 화면 앱들은 대부분 전체 권한으로 실행돼 잠재적인 보안 위험이 상당하다. 이 때문에 위젯의 상호 반응성은 면밀하게 제어해야 한다.

위젯의 상호 작용은 일반적으로 다음으로 제한된다.

➤ 하나 이상의 뷰에 클릭 리스너를 추가한다.

➤ 선택의 변경에 따라 UI를 변경한다.

➤ 뷰 위젯 컬렉션 안에서 뷰를 전환한다.

> **참고**
>
> 앱 위젯에 텍스트를 직접 입력할 수 있는 기술은 아직 지원되지 않는다. 위젯에서 텍스트를 입력해야 한다면 입력이 허용되는 액티비티를 시작하는 위젯에 클릭 리스너를 추가하는 것이 최선이다.

위젯에 상호 반응성을 추가할 수 있는 가장 간단하면서도 강력한 방법은 클릭 리스너를 그 뷰에 추가하는 것이다. 이때 해당 원격 뷰 객체에 **setOnClickPendingIntent** 메서드를 사용한다. 업데이트된 원격 뷰를 위젯에 적용할 때는 앱 위젯 매니저의 **updateAppWidget** 메서드를 사용한다.

특정 뷰를 사용자가 클릭하면 시작될 펜딩 인텐트를 이 메서드를 사용해 코드 19-7에서처럼 지정한다.

코드 19-7 앱 위젯에 클릭 리스너 추가하기

```
// 액티비티를 시작할 인텐트를 만든다.
Intent intent = new Intent(context, MainActivity.class);

// 다른 애플리케이션에서 시작할 수 있도록
```

```
  // 펜딩 인텐트로 래핑한다.
PendingIntent pendingIntent =
  PendingIntent.getActivity(context, 0, intent, 0);
  // 지정된 뷰가 클릭되면
  // 펜딩 인텐트가 트리거되도록 지정한다.
  views.setOnClickPendingIntent(R.id.widget_text, pendingIntent);

  appWidgetManager.updateAppWidget(appWidgetId, views);
```

펜딩 인텐트(6장 '인텐트와 브로드캐스트 리시버'에서 자세하게 알아봤다)는 다른 애플리케이션에서
현재 애플리케이션 대신 인텐트를 시작할 수 있도록 한다. 이 경우, 호스트 애플리케이션이 액
티비티나 서비스를 시작하거나 마치 인텐트가 애플리케이션에서 직접 시작된 것처럼 브로드캐
스트할 수 있다.

이 테크닉을 사용하면 위젯 안에서 사용된 하나 이상의 뷰에 클릭 리스너를 추가할 수 있다.
이에 따라 여러 액션에 대한 지원이 가능해진다.

19.2.5 위젯 데이터와 UI의 업데이트 강제하기

위젯은 흔히 홈 화면에 표시된다. 따라서 항상 최신 상태가 유지돼야 한다. 그리고 이 최신 상
태 유지와 시스템 리소스, 특히 배터리 수명에 미치는 영향의 균형을 적절히 맞춰야 한다. 몇
가지 테크닉을 사용하면 위젯의 업데이트 주기를 관리할 수 있다.

일단 위젯의 최소 업데이트 주기를 위젯의 XML에서 appwidget-provider 정의에 포함된
updatePeriodMillis 속성을 사용하는 방법이 가장 간단하다. 코드 19-8은 이를 나타낸 것이
며, 코드에서는 위젯이 매시간 한 번씩 업데이트된다.

코드 19-8 앱 위젯의 최소 업데이트 주기 설정하기

```xml
<?xml version="1.0" encoding="utf-8"?>
<appwidget-provider
  xmlns:android="http://schemas.android.com/apk/res/android"
  android:initialLayout="@layout/widget_layout"
  android:minWidth="110dp"
  android:minHeight="110dp"
  android:label="@string/widget_label"
  android:resizeMode="horizontal|vertical"
  android:previewImage="@drawable/widget_preview"
  android:updatePeriodMillis="3600000"
/>
```

지정된 주기에 따라 위젯의 onUpdate 핸들러를 트리거할 브로드캐스트 인텐트의 반복 일정을 설정한다.

> **참고**
>
> 호스트 기기는 업데이트가 마무리될 때까지 깨어 있게 된다. 다시 말해, 기기가 저전력 대기 모드 상태일 때도 업데이트는 끝까지 진행된다. 이는 심각한 리소스 고갈로 이어질 수 있기 때문에 업데이트 주기를 가볍게 여겨서는 안 된다. 시스템에서는 위젯의 업데이트를 30분보다 더 자주 하지 못하도록 제한한다. 따라서 updatePeriodMillis 속성의 값을 30분보다 작게 주더라도 30분으로 처리된다.

이 테크닉은 위젯이 그 유용성을 보장하기 위해 업데이트돼야 하는 절대적인 최소 주기를 정의할 때 사용해야 한다. 일반적으로는 서버 푸시를 사용하는 것이 최선이라 할 수 있다. 서버 푸시는 11장 '백그라운드에서 작업하기'에서 설명한 대로 파이어베이스 클라우드 메시징을 통해 개시되는 것이 일반적이다. 클라이언트 쪽의 변경 사항이나 시간에 의한 트리거 때문에 업데이트가 불가피한 경우에는 업데이트 주기를 최소 한 시간으로 설정해 두는 것이 좋다. 단, 이상적으로는 하루에 한두 번을 넘지 말아야 한다.

앱 위젯은 브로드캐스트 리시버 형태로 구현된다. 따라서 업데이트나 UI 리프레시를 트리거하려면 명시적인 브로드캐스트 인텐트로 애플리케이션 안에서 이들을 분명하게 가리켜야 한다. 위젯을 자주 업데이트해야 한다면 이벤트·인텐트 구동 모델을 구현해 필요한 대로 업데이트해야 한다. 최소 폴링 빈도를 늘리는 것은 바람직하지 않다.

코드 19-9에서는 앞서 정의한 위젯을 분명하게 가리키는 새 브로드캐스트 인텐트를 만든다. 한편, 액션을 포함해 응답 방법을 알 수 있도록 했다.

코드 19-9 앱 위젯에 브로드캐스트 인텐트 보내기

```
Intent forceWidgetUpdate = new Intent(this, SkeletonAppWidget.class);
forceWidgetUpdate.setAction(SkeletonAppWidget.FORCE_WIDGET_UPDATE);
sendBroadcast(forceWidgetUpdate);
```

코드 19-10에서처럼 위젯의 onReceive 메서드를 업데이트하면 새 브로드캐스트 인텐트를 리스닝하고 이를 사용해 위젯을 업데이트할 수 있다.

코드 19-10 브로드캐스트 인텐트를 기준으로 앱 위젯 업데이트하기

```
public static String FORCE_WIDGET_UPDATE =
  "com.paad.mywidget.FORCE_WIDGET_UPDATE";

@Override
public void onReceive(Context context, Intent intent) {
  super.onReceive(context, intent);

  if (FORCE_WIDGET_UPDATE.equals(intent.getAction())) {
    // TODO 위젯을 업데이트한다.
  }
}
```

이 접근법은 특히 애플리케이션 안에서 데이터 업데이트에 응답할 때 또는 위젯 자체의 버튼을 클릭하는 등 사용자 액션에 응답할 때 유용하다.

위젯에 표시되는 데이터를 업데이트하기 위해 데이터를 비동기로 로드해야 할 수도 있다. 데이터가 SQL 데이터베이스나 Room 데이터베이스에 저장된 경우가 단적인 예다. 앱 위젯은 브로드캐스트 리시버 형태로 구현되기 때문에 리시버 태스크를 비동기로 실행할 때 구사한 그 테크닉으로 위젯도 업데이트할 수 있다.

구체적으로 살펴보면 코드 19-11에서처럼 goAsync를 호출해 비동기 작업을 수행하고 그 펜딩 결과를 static 업데이트 메서드에 전달하면 된다.

코드 19-11 비동기로 로드된 데이터로 앱 위젯 업데이트하기

```
@Override
public void onReceive(final Context context, final Intent intent) {
  super.onReceive(context, intent);

  // 비동기 작업이 수행된다는 것을 나타낸다.
  final PendingResult pendingResult = goAsync();

  if (FORCE_WIDGET_UPDATE.equals(intent.getAction())) {
    AppWidgetManager appWidgetManager =
      AppWidgetManager.getInstance(context);
    ComponentName skeletonAppWidget =
      new ComponentName(context, SkeletonAppWidget.class);
    int[] appWidgetIds =
      appWidgetManager.getAppWidgetIds(skeletonAppWidget);

    updateAppWidgets(context, appWidgetManager, appWidgetIds, pendingResult);
  }
}
```

```java
static void updateAppWidgets(final Context context,
                             final AppWidgetManager appWidgetManager,
                             final int[] appWidgetIds,
                             final PendingResult pendingResult) {
  // 위젯에 표시할 데이터를 비동기로 로드하는 스레드를 만든다.
  Thread thread = new Thread() {
    public void run() {

      // TODO 데이터베이스에서 데이터를 로드한다.
      // TODO UI를 업데이트한다.

      // 추가된 모든 위젯을 업데이트한다.
      for (int appWidgetId : appWidgetIds)
        appWidgetManager.updateAppWidget(appWidgetId, views);

      if (pendingResult != null)
        pendingResult.finish();
    }
  };
  thread.start();
}

@Override
public void onUpdate(Context context,
                     AppWidgetManager appWidgetManager,
                     int[] appWidgetIds) {
  PendingResult pendingResult = goAsync();
  updateAppWidgets(context, appWidgetManager, appWidgetIds, pendingResult);
}

@Override
public void onEnabled(Context context) {
  final PendingResult pendingResult = goAsync();

  AppWidgetManager appWidgetManager =
    AppWidgetManager.getInstance(context);
  ComponentName skeletonAppWidget =
    new ComponentName(context, SkeletonAppWidget.class);
  int[] appWidgetIds =
    appWidgetManager.getAppWidgetIds(skeletonAppWidget);

  updateAppWidgets(context, appWidgetManager, appWidgetIds, pendingResult);
}
```

19.2.6 위젯 설정 액티비티 만들기와 사용하기

사용자가 위젯을 홈 화면에 추가하기 전에 직접 위젯을 설정할 수 있으면 유용할 때가 많다.
한편, 같은 위젯으로부터 그 목적만 살짝 다른 인스턴스를 여럿 만들어 추가할 수도 있다. 서로 다른 지역의 날씨 또는 서로 다른 이메일 수신함이 단적인 예다.

앱 위젯 설정 액티비티는 위젯이 홈 화면에 추가되는 즉시 시작된다. 이 액티비티는 APPWID
GET_CONFIGURE 액션의 인텐트 필터만 갖고 있다면 애플리케이션 내 어떤 액티비티도 될
수 있다. 코드 19-12는 이를 나타낸 것이다.

코드 19-12 앱 위젯 설정 액티비티 매니페스트 항목

```
<activity
  android:name=".MyWidgetConfigurationActivity"
  android:label="@string/title_activity_my_widget_configuration">
  <intent-filter>
    <action android:name="android.appwidget.action.APPWIDGET_CONFIGURE"/>
  </intent-filter>
</activity>
```

설정 액티비티를 위젯에 지정하려면 이를 위젯의 앱 위젯 프로바이더 설정 파일에 추가해야
한다. 이때 configure 태그를 사용한다. 이 액티비티에는 다음에 나타낸 것처럼 전체 패키지
경로가 지정되어야 한다.

```
<?xml version="1.0" encoding="utf-8"?>
<appwidget-provider
  xmlns:android="http://schemas.android.com/apk/res/android"
  android:initialLayout="@layout/widget_layout"
  android:minWidth="110dp"
  android:minHeight="110dp"
  android:label="@string/widget_label"
  android:updatePeriodMillis="360000"
  android:resizeMode="horizontal|vertical"
  android:previewImage="@mipmap/ic_launcher"
  android:configure=
    "com.professionalandroid.apps.widgetsnippets.MyWidgetConfigurationActivity"
/>
```

설정 액티비티를 시작하는 인텐트에는 설정되는 앱 위젯의 ID를 제공하는 EXTRA_
APPWIDGET_ID 엑스트라가 포함된다.

액티비티 안에서 UI를 제공해 사용자가 설정을 완료하고 확인할 수 있도록 한다. 이 단계
에서 액티비티는 RESULT_OK라는 결과를 설정하고 인텐트를 반환해야 한다. 리턴된 인텐
트에는 반드시 설정되는 위젯의 ID를 나타내는 엑스트라가 포함돼야 한다. 이때 EXTRA_
APPWIDGET_ID 상수가 사용된다. 코드 19-13에 이 기본 코드를 나타냈다.

```
private int appWidgetId = AppWidgetManager.INVALID_APPWIDGET_ID;

@Override
public void onCreate(Bundle savedInstanceState) {
  super.onCreate(savedInstanceState);
  setContentView(R.layout.activity_my_widget_configuration);

  Intent intent = getIntent();
  Bundle extras = intent.getExtras();
  if (extras != null) {
    appWidgetId = extras.getInt(
      AppWidgetManager.EXTRA_APPWIDGET_ID,
      AppWidgetManager.INVALID_APPWIDGET_ID);
  }

  // 사용자가 설정 변경을 승인하지 않고 액티비티를 종료하는 경우,
  // 결과를 canceled로 설정한다.
  // 위젯은 배치되지 않는다.
  setResult(RESULT_CANCELED, null);
}

private void completedConfiguration() {
  // 위젯 ID의 설정 내용을 저장한다.

  // 위젯 매니저에 설정이 완료됐다고 알린다.
  Intent result = new Intent();
  result.putExtra(AppWidgetManager.EXTRA_APPWIDGET_ID, appWidgetId);
  setResult(RESULT_OK, result);
  finish();
}
```

사용자가 선택한 설정 옵션을 저장하고 위젯 업데이트 시 위젯 ID를 기준으로 옵션들을 적용하는 일은 우리의 몫이다.

19.3 지진 앱에 위젯 만들기

이제 지진 앱의 기능을 확장해 최근 지진의 세부 정보를 표시하는 새 홈 화면 위젯을 생성한다. 이 위젯의 UI는 단순하다. 다만, 위젯 스타일 가이드라인을 준수하도록 업데이트하는 일은 독 자들에게 연습 과제로 남긴다.

완성돼 홈 화면에 추가된 위젯의 모습은 그림 19-2와 같다.

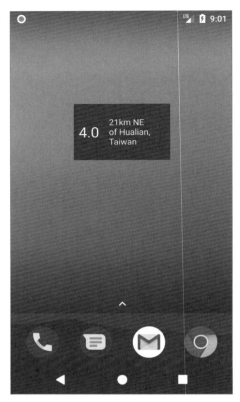

● 그림 19-2

앞서 설명한 업데이트 테크닉들을 종합적으로 사용할 텐데, 우선 이 위젯은 업데이트가 수행됐다고 알리는 브로드캐스트 인텐트를 리스닝하고 최소 업데이트 주기를 하루 한 번으로 설정한다. 우선 15장까지 완료된 Earthquake 프로젝트를 안드로이드 스튜디오에서 열자.

1. 화면에 보여줄 지진 데이터가 없을 경우에 사용할 새 문자열 리소스부터 만든다. res/values/strings.xml에 다음의 문자열 리소스를 추가한다.

```
<resources>
  ...
  <string name="widget_blank_magnitude">---</string>
  <string name="widget_blank_details">No Earthquakes</string>
</resources>
```

2. 위젯 UI의 레이아웃을 XML 리소스로 res/layout 폴더에 생성한다. 이 레이아웃 파일 이름은 quake_widget.xml이다. 여기서는 LinearLayout을 사용해 지진 진도와 진앙지

를 보여주는 텍스트 뷰를 구성한다.

(res/layout 폴더에서 오른쪽 마우스 버튼을 누른 후 New ➡ Layout resource file을 선택한다. 그리고 대화상자에서 File name에 quake_widget을 입력하고 [OK] 버튼을 누르면 이 레이아웃 파일이 생성되고 편집기 창에 열릴 것이다. 아래쪽의 Text 탭을 클릭한 후 다음 XML로 모두 교체하면 된다.)

```xml
<?xml version="1.0" encoding="utf-8"?>
<LinearLayout
  xmlns:android="http://schemas.android.com/apk/res/android"
  android:orientation="horizontal"
  android:layout_width="match_parent"
  android:layout_height="match_parent"
  android:background="@color/colorPrimaryDark">
  <TextView
    android:id="@+id/widget_magnitude"
    android:text="@string/widget_blank_magnitude"
    android:textColor="#FFFFFFFF"
    android:layout_width="wrap_content"
    android:layout_height="match_parent"
    android:textSize="24sp"
    android:padding="8dp"
    android:gravity="center_vertical"
    />
<TextView
    android:id="@+id/widget_details"
    android:layout_width="match_parent"
    android:layout_height="match_parent"
    android:gravity="center_vertical"
    android:padding="8dp"
    android:text="@string/widget_blank_details"
    android:textColor="#FFFFFFFF"
    android:textSize="14sp"
    />
</LinearLayout>
```

3. **AppWidgetProvider**의 서브 클래스로 새 EarthquakeWidget 클래스를 생성한다. 여기서는 골격만 만들고 나중에 최근 지진 세부 정보로 위젯을 변경하는 기능을 추가할 것이다(안드로이드 스튜디오 프로젝트 도구 창의 app/java 밑의 패키지, 여기서는 com.professionalandroid.apps.earthquake에서 오른쪽 마우스 버튼을 누르고 File ➡ New ➡ Java Class를 선택한 후 파일 이름에 EarthquakeWidget를 입력).

```java
public class EarthquakeWidget extends AppWidgetProvider {
}
```

4. res/xml 폴더에 새 위젯 정의 파일인 quake_widget_info.xml을 생성한다. 여기서는 위젯의 최소 업데이트 주기를 하루에 한 번으로 설정하고 위젯 크기를 너비는 2개 셀, 높이는 1개 셀(110dp × 40dp)로 설정한다. 그리고 2번 단계에서 생성한 위젯 레이아웃을 초기 레이아웃으로 사용한다.

(res/xml 폴더에서 오른쪽 마우스 버튼을 누르고 New ➡ XML resource file을 선택한 후 파일 이름에 quake_widget_info를 입력하고 [OK] 버튼을 누르면 XML 파일이 생성되고 편집기 창에 열릴 것이다. 아래쪽의 Text 탭을 클릭한 후 다음 XML로 모두 교체하면 된다.)

```xml
<?xml version="1.0" encoding="utf-8"?>
<appwidget-provider
  xmlns:android="http://schemas.android.com/apk/res/android"
  android:initialLayout="@layout/quake_widget"
  android:minHeight="40dp"
  android:minWidth="110dp"
  android:resizeMode="horizontal|vertical"
  android:updatePeriodMillis="86400000">
</appwidget-provider>
```

5. 위젯을 애플리케이션 매니페스트에 추가한다. 이때 4번 단계에서 생성한 위젯 정의 리소스의 참조를 포함시키고 앱 위젯 업데이트 액션의 인텐트 필터를 등록한다.

```xml
<?xml version="1.0" encoding="utf-8"?>
<manifest xmlns:android="http://schemas.android.com/apk/res/android"
          package="com.professionalandroid.apps.earthquake">

  ...

  <application

    ...

    <receiver android:name=".EarthquakeWidget">
      <intent-filter>
        <action android:name="android.appwidget.action.APPWIDGET_UPDATE" />
      </intent-filter>
      <meta-data
        android:name="android.appwidget.provider"
        android:resource="@xml/quake_widget_info"
      />
    </receiver>
  </application>
</manifest>
```

6. 지진 데이터베이스로부터 가장 최근 지진을 쿼리하는 새 메서드를 EarthquakeDAO 인 터페이스에 추가한다.

```
...

@Dao
public interface EarthquakeDAO {

  ...

  @Query("SELECT * FROM earthquake ORDER BY mDate DESC LIMIT 1")
  Earthquake getLatestEarthquake();
}
```

7. 2번 단계의 EarthquakeWidget 클래스에 static 메서드인 updateAppWidgets를 추가한 다. 이 메서드는 6번 단계의 쿼리 결과를 사용해 위젯을 업데이트할 백그라운드 스레 드를 생성한다. 이 메서드의 PendingResult 매개변수에 finish를 호출해 비동기 작업이 완료됐다고 리시버에 알린다는 것에 주목하자.

```
static void updateAppWidgets(final Context context,
                            final AppWidgetManager appWidgetManager,
                            final int[] appWidgetIds,
                            final PendingResult pendingResult) {
  Thread thread = new Thread() {
    public void run() {

      Earthquake lastEarthquake
      = EarthquakeDatabaseAccessor.getInstance(context)
          .earthquakeDAO().getLatestEarthquake();

      pendingResult.finish();
    }
  };
  thread.start();
}
```

8. 7번 단계에서 추가한 updateAppWidget 메서드를 변경한다 즉, 새 RemoteViews 객체 를 생성해 위젯의 텍스트 뷰 요소들이 보여주는 텍스트를 설정한다. 이 텍스트는 가장 최근 지진의 진도와 진원지를 나타낸다. 또한 해당 위젯을 터치(클릭)할 때 Earthquake MainActivity를 열기 위해 setOnClickPendingIntent 메서드를 사용한다.

```
static void updateAppWidgets(final Context context,
                            final AppWidgetManager appWidgetManager,
```

```
                             final int[] appWidgetIds,
                             final PendingResult pendingResult) {
  Thread thread = new Thread() {
  public void run() {

    Earthquake lastEarthquake
      = EarthquakeDatabaseAccessor.getInstance(context)
          .earthquakeDAO().getLatestEarthquake();

    boolean lastEarthquakeExists = lastEarthquake != null;

    String lastMag = lastEarthquakeExists ?
      String.valueOf(lastEarthquake.getMagnitude()) :
      context.getString(R.string.widget_blank_magnitude);

    String details = lastEarthquakeExists ?
      lastEarthquake.getDetails() :
      context.getString(R.string.widget_blank_details);
    RemoteViews views = new RemoteViews(context.getPackageName(),
                                        R.layout.quake_widget);

    views.setTextViewText(R.id.widget_magnitude, lastMag);
    views.setTextViewText(R.id.widget_details, details);

    // 메인 액티비티를 열 펜딩 인텐트를 만든다.
    Intent intent = new Intent(context, EarthquakeMainActivity.class);
    PendingIntent pendingIntent =
      PendingIntent.getActivity(context, 0, intent, 0);

      views.setOnClickPendingIntent(R.id.widget_magnitude,
                                    pendingIntent);
      views.setOnClickPendingIntent(R.id.widget_details,
                                    pendingIntent);

      // 추가된 모든 위젯을 업데이트한다.
      for (int appWidgetId : appWidgetIds)
        appWidgetManager.updateAppWidget(appWidgetId, views);

      pendingResult.finish();
    }
  };
  thread.start();
}
```

9. 오버라이드한 onUpdate 핸들러를 EarthquakeWidget 클래스에 추가한다. 이 메서드에
   서는 goAsync 메서드를 사용해 위젯 업데이트가 비동기로 처리됨을 나타낸다. 그리고
   updateAppWidgets를 호출해 업데이트가 필요한 각 위젯을 변경한다.

```
@Override
public void onUpdate(Context context,
                     AppWidgetManager appWidgetManager,
                     int[] appWidgetIds) {
  PendingResult pendingResult = goAsync();
  updateAppWidgets(context, appWidgetManager,
                   appWidgetIds, pendingResult);
}
```

10. 그리고 오버라이드한 onEnabled 핸들러를 EarthquakeWidget 클래스에 추가한다. 첫 위젯이 추가될 때 그리고 이후 사용 가능한 모든 위젯이 비활성 상태에서 활성 상태가 될 때 onEnabled가 호출되어 실행된다. onEnabled에서는 goAsync를 호출하고 그 다음에 updateAppWidgets를 호출한다. 이때 현재 배치된 모든 위젯 인스턴스를 인자로 전달한다.

```
@Override
public void onEnabled(Context context) {
  final PendingResult pendingResult = goAsync();

  AppWidgetManager appWidgetManager =
    AppWidgetManager.getInstance(context);
  ComponentName earthquakeWidget =
    new ComponentName(context, EarthquakeWidget.class);
  int[] appWidgetIds =
    appWidgetManager.getAppWidgetIds(earthquakeWidget);

  updateAppWidgets(context, appWidgetManager,
                   appWidgetIds, pendingResult);
}
```

이제 위젯 사용 준비가 끝났다. 위젯이 홈 화면에 추가될 때 그리고 이후 24시간마다 한 번씩 새 지진 세부 정보로 위젯이 업데이트된다.

11. 이번에는 지진 데이터베이스가 변경될 때마다 위젯도 함께 업데이트되도록 개선한다. 우선 새 지진이 데이터베이스에 추가됐다는 것을 나타내기 위해 인텐트에서 사용될 새 액션 문자열을 EarthquakeWidget 클래스에 추가한다. 그리고 오버라이드한 onReceive 메서드도 추가한다. 이 메서드에서는 새 인텐트를 받을 때 방금 추가한 액션을 확인한 다. 그리고 updateAppWidgets를 사용해 각 위젯을 업데이트한다.

```
public static final String NEW_QUAKE_BROADCAST =
  "com.paad.earthquake.NEW_QUAKE_BROADCAST";
```

```
@Override
public void onReceive(Context context, Intent intent){
  super.onReceive(context, intent);

  if (NEW_QUAKE_BROADCAST.equals(intent.getAction())) {
    PendingResult pendingResult = goAsync();

    AppWidgetManager appWidgetManager =
      AppWidgetManager.getInstance(context);
    ComponentName earthquakeWidget =
      new ComponentName(context, EarthquakeWidget.class);
    int[] appWidgetIds =
      appWidgetManager.getAppWidgetIds(earthquakeWidget);

    updateAppWidgets(context, appWidgetManager,
                     appWidgetIds, pendingResult);
  }
}
```

12. EarthquakeUpdateJobService를 편집기 창에 열고 onRunJob 메서드를 변경한다. 즉,
    11번 단계에서 정의한 액션 문자열을 갖는 인텐트를 위젯(EarthquakeWidget)에 브로드
    캐스트한다. API 26 이후부터는 브로드캐스트 리시버가 암시적 인텐트를 리스닝하도
    록 매니페스트에 등록할 수 없다. 따라서 인텐트가 명시적으로 EarthquakeWidget 클
    래스를 대상으로 하도록 해야 하며, 액션 문자열도 설정해야 한다.

```
@Override
public int onRunJob(final JobParameters job) {

  ...

  EarthquakeDatabaseAccessor
    .getInstance(getApplication())
    .earthquakeDAO()
    .insertEarthquakes(earthquakes);

  // EarthquakeWidget을 업데이트한다.
  Intent newEarthquake = new Intent(this, EarthquakeWidget.class);
  newEarthquake.setAction(EarthquakeWidget.NEW_QUAKE_BROADCAST);
  sendBroadcast(newEarthquake);

  scheduleNextUpdate(this, job);

  ...

}
```

19.4 컬렉션 뷰 위젯

컬렉션 뷰 위젯은 데이터 컬렉션을 보여줄 때 사용된다. 하지만 데이터베이스에서 데이터를 가져다 보여주는 동적 위젯을 만들 때 특히 유용하다.

➤ **ListView**: 전통적인 스크롤 방식 리스트. 각 항목은 수직 리스트에서 행 형태로 표시된다.

➤ **GridView**: 2차원 스크롤 방식 그리드. 각 항목이 셀 안에서 표시된다. 열이 개수와 그 너비, 여백을 제어할 수 있다.

➤ **StackView**: 플립카드 방식의 뷰로서 그 자식 뷰를 스택 형태로 표시한다. 스택은 컬렉션을 자동으로 회전하면서 최상위 항목을 뒤로 옮겨 바로 밑에 있는 항목이 보이게 한다. 사용자는 위아래로 넘기는 방식으로 항목 사이를 수동 전환해 이전 또는 다음 항목을 나타낼 수 있다.

그림 19-3은 홈 화면에 추가된 위젯의 모습이다.

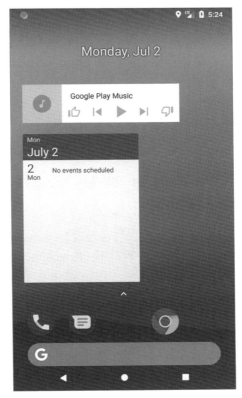

◑ **그림 19-3**

각 뷰는 어댑터 뷰 클래스를 확장한다. 따라서 컬렉션의 항목을 표시하기 위한 UI는 해당 레이아웃으로 정의된다. 하지만 앱 위젯이 지원하는 동일한 뷰와 레이아웃으로 제한한다.

- ➤ FrameLayout
- ➤ LinearLayout
- ➤ RelativeLayout
- ➤ Button
- ➤ ImageButton
- ➤ ImageView
- ➤ ProgressBar
- ➤ TextView
- ➤ ViewFlipper

컬렉션 뷰 위젯은 데이터 컬렉션을 표시할 때 사용된다. 하지만 데이터베이스에서 데이터를 가져다 표시하는 동적 위젯을 만들 때 특히 유용하다.

컬렉션 뷰 위젯은 보통의 앱 위젯과 같은 방식으로 구현된다. 다시 말해, 위젯을 설정할 앱 위젯 프로바이더 정보 파일 그리고 그 작동을 정의할 BroadcastReceiver와 런타임에 위젯을 수정할 RemoteViews가 사용된다.

그리고 컬렉션 기반 앱 위젯에는 다음 컴포넌트도 필요하다.

- ➤ 컬렉션 안에서 표시되는 각 항목의 레이아웃을 정의하는 추가 레이아웃 리소스
- ➤ 항목 뷰를 배치해 위젯에 어댑터처럼 작용하는 RemoteViewsFactory. 이 컴포넌트는 항목 레이아웃 정의를 사용해 원격 뷰를 만들고, 표시하려는 데이터를 사용해 그 요소들을 배치한다.
- ➤ 원격 뷰 팩토리의 인스턴스를 만들고 관리하는 RemoteViewsService

이들을 사용해 원격 뷰 팩토리를 재료로 삼아 컬렉션의 항목들을 표현할 뷰를 만들고 업데이트한다. 이 과정은 19.4.4 '원격 뷰 서비스를 사용해 컬렉션 뷰 위젯 배치하기'에서 소개한다.

19.4.1 컬렉션 뷰 위젯의 레이아웃 만들기

컬렉션 뷰 위젯에는 2개의 레이아웃 정의가 필요하다. 하나는 스택이나 리스트, 그리드 뷰 중 하나를 포함하고, 다른 하나는 스택이나 리스트, 그리드 안에서 항목에 사용될 레이아웃을 나타낸다.

보통의 앱 위젯에서처럼 레이아웃을 외부 XML 레이아웃 리소스로 정의하는 것이 최선이다. 코드 19-14는 이를 나타낸 것이다.

코드 19-14 스택 위젯으로 위젯 레이아웃 정의하기

```xml
<?xml version="1.0" encoding="utf-8"?>
<FrameLayout
  xmlns:android="http://schemas.android.com/apk/res/android"
  android:layout_width="match_parent"
  android:layout_height="match_parent">
  <StackView
    android:id="@+id/widget_stack_view"
    android:layout_width="match_parent"
    android:layout_height="match_parent"
  />
</FrameLayout>
```

코드 19-15에서는 스택 뷰 위젯이 표시하는 각 카드의 UI를 기술할 때 사용하는 레이아웃 리소스를 나타낸다.

코드 19-15 스택 뷰 위젯 안에서 표시되는 각 항목의 레이아웃 정의하기

```xml
<?xml version="1.0" encoding="utf-8"?>
<RelativeLayout
  xmlns:android="http://schemas.android.com/apk/res/android"
  android:layout_width="match_parent"
  android:layout_height="match_parent"
  android:background="#FF555555">
  <TextView
    android:id="@+id/widget_text"
    android:layout_width="fill_parent"
    android:layout_height="wrap_content"
    android:layout_alignParentBottom="true"
    android:gravity="center_horizontal"
    android:text="Place holder text"
  />
  <TextView
    android:id="@+id/widget_title_text"
    android:layout_width="match_parent"
```

```
        android:layout_height="match_parent"
        android:layout_above="@id/widget_text"
        android:textSize="30sp"
        android:gravity="center"
    android:text="---"
    />
</RelativeLayout>
```

위젯 레이아웃은 여느 앱 위젯처럼 앱 위젯 프로바이더 정보 리소스 안에서 사용된다. 항목
레이아웃은 원격 뷰 팩토리에 사용돼 컬렉션의 각 항목을 나타내는 데 사용되는 뷰를 만든다.

19.4.2 원격 뷰 팩토리로 컬렉션 뷰 업데이트하기

RemoteViewsFactory는 컬렉션 뷰 위젯에 보여줄 뷰들을 생성하고 채운다. 이때 뷰들을 효과
적으로 데이터 컬렉션과 바인딩한다.

원격 뷰 팩토리를 구현하려면 RemoteViewsFactory 인터페이스를 구현해야 한다.

그리고 이 인터페이스를 구현하는 클래스에서는 스택이나 리스트, 그리드 뷰를 컬렉션 뷰 위
젯에 채우는 커스텀 어댑터를 반영해야 한다. 코드 19-16에서는 ArrayList를 사용해 위젯의
뷰를 채우는 원격 뷰 팩토리의 간단한 구현 클래스를 보여준다. 여기서 ArrayList의 각 항목
을 보여주기 위해 어떤 종류의 컬렉션 뷰 위젯이 사용되는지 원격 뷰 팩토리는 알 필요 없다.

코드 19-16 원격 뷰 팩토리 만들기

```
class MyRemoteViewsFactory implements RemoteViewsService.RemoteViewsFactory {

    private ArrayList<String> myWidgetText = new ArrayList<String>();
    private Context context;
    private Intent intent;
    private int widgetId;

    public MyRemoteViewsFactory(Context context, Intent intent) {
        // 옵션인 생성자 구현
        // 호출 위젯의 컨텍스트 참조를
        // 가져올 때 유용하다.
        this.context = context;
        this.intent = intent;

        widgetId = intent.getIntExtra(AppWidgetManager.EXTRA_APPWIDGET_ID,
            AppWidgetManager.INVALID_APPWIDGET_ID);
    }

    // 데이터 소스의 연결 / 커서를 설정한다.
```

```
// 데이터 다운로드처럼 부담이 커
// onDataSetChanged() 또는 getViewAt()으로 연기된다.
// 이 호출은 20초 이상 걸려
// ANR이 일어난다.
public void onCreate() {
  myWidgetText.add("The");
  myWidgetText.add("quick");
  myWidgetText.add("brown");
  myWidgetText.add("fox");
  myWidgetText.add("jumps");
  myWidgetText.add("over");
  myWidgetText.add("the");
  myWidgetText.add("lazy");
  myWidgetText.add("droid");
}


    // 표시되는 데이터 컬렉션이 수정되면 호출된다.
    // AppWidgetManager의 notifyAppWidgetViewDataChanged 메서드를 사용해
    // 이 핸들러를 트리거한다.
    public void onDataSetChanged() {
      // TODO 데이터가 변경되면 처리된다.
}

// 표시되는 컬렉션의 항목 개수를 반환한다.
public int getCount() {
  return myWidgetText.size();
}

// 각 항목이 제공하는 고유 ID가 안정적이면, 즉 런타임에 변경되지 않으면
// true를 반환한다.
public boolean hasStableIds() {
  return false;
}

// 지정 인덱스의 항목에 연결된 고유 ID를 반환한다.
public long getItemId(int index) {
  return index;
}

// 뷰 정의의 개수. 대개 1이다.
public int getViewTypeCount() {
  return 1;
}

// 옵션으로, onDataSetChanged가 호출되고 반환되기 전에
// '로딩 중' 뷰를 지정한다. 기본값을 사용할 때는 null을 반환한다.
public RemoteViews getLoadingView() {
  return null;
}
```

```
    // 지정된 인덱스로 표시할 뷰를 만들고 배치한다.
    public RemoteViews getViewAt(int index) {
      // 요청된 인덱스로 표시할 뷰를 만든다.
      RemoteViews rv = new RemoteViews(context.getPackageName(),
                                       R.layout.widget_collection_item_layout);

      // 데이터로부터 뷰를 배치한다.
      rv.setTextViewText(R.id.widget_title_text,
                         myWidgetText.get(index));
      rv.setTextViewText(R.id.widget_text, "View Number: " +
                                           String.valueOf(index));

      // 앱 위젯 프로바이더에서 만든 펜딩 인텐트 템플릿을 배치할
      // '넣기용(fill-in)' 인텐트를 만든다.
      Intent fillInIntent = new Intent();
      fillInIntent.putExtra(Intent.EXTRA_TEXT, myWidgetText.get(index));
      rv.setOnClickFillInIntent(R.id.widget_title_text, fillInIntent);

      return rv;
    }

    // onCreate로 만든 지속 상태나 연결, 커서를 닫는다.
    public void onDestroy() {
      myWidgetText.clear();
    }
  }
}
```

19.4.3 원격 뷰 서비스로 컬렉션 뷰 항목 업데이트하기

원격 뷰 서비스는 원격 뷰 팩토리의 인스턴스를 만들고 관리하는 래퍼로 사용된다. 그리고 앞절에서 설명한 대로 컬렉션 뷰 위젯 안에서 표시되는 각 뷰를 제공하는 데 사용된다.

원격 뷰 서비스를 만들려면 RemoteViewsService의 서브 클래스를 생성하고 onGetView Factory 핸들러를 오버라이드해 원격 뷰 팩토리의 새 인스턴스를 반환한다. 코드 19-17은 이를 나타낸 것이다.

코드 19-17 원격 뷰 서비스 만들기

```
public class MyRemoteViewsService extends RemoteViewsService {

  @Override
  public RemoteViewsFactory onGetViewFactory(Intent intent) {
    return new MyRemoteViewsFactory(getApplicationContext(), intent);
  }
}
```

여느 서비스처럼 원격 뷰 서비스도 service 태그를 사용해 애플리케이션 매니페스트에 추가해야 한다. 다른 애플리케이션에서 위젯에 접근하지 못하도록 하려면 코드 19-18에서처럼 android.permission.BIND_REMOTEVIEWS 권한을 지정해야 한다.

코드 19-18 매니페스트에 원격 뷰 서비스 추가하기

```
<service
  android:name=".MyRemoteViewsService"
  android:permission="android.permission.BIND_REMOTEVIEWS">
</service>
```

19.4.4 원격 뷰 서비스를 사용해 컬렉션 뷰 위젯 배치하기

원격 뷰 팩토리와 원격 뷰 서비스가 완성되면 이제 리스트나 그리드 또는 스택 뷰를 앱 위젯 레이아웃 안에서 원격 뷰 서비스에 바인딩하는 일만 남았다. 원격 뷰를 static 메서드인 update에서 사용하면 바인딩할 수 있다. 이때 update 메서드는 앱 위젯 구현의 onUpdate 및 onEnabled 핸들러 안에서 호출된다.

표준 앱 위젯의 UI를 업데이트할 때처럼 새 원격 뷰 인스턴스를 생성한다. setRemoteAdapter 메서드를 사용해 원격 뷰 서비스를 위젯 레이아웃 안에서 특정 리스트나 그리드 또는 스택 뷰에 바인딩한다.

원격 뷰 서비스는 인텐트를 사용해 지정한다. 이 인텐트에는 위젯의 ID를 정의하는 엑스트라 값이 포함돼 있다.

```
Intent intent = new Intent(context, MyRemoteViewsService.class);
intent.putExtra(AppWidgetManager.EXTRA_APPWIDGET_ID, appWidgetId);

views.setRemoteAdapter(R.id.widget_stack_view, intent);
```

이 인텐트는 원격 뷰 서비스 안에서 onGetViewFactory 핸들러가 받는다. 이에 따라 추가 매개변수를 서비스와 팩토리에 전달할 수 있다.

setEmptyView 메서드는 데이터 컬렉션이 비어 있을 경우에만 컬렉션 뷰 대신 뷰를 표시하도록 지정한다.

```
views.setEmptyView(R.id.widget_stack_view, R.id.widget_empty_text);
```

바인딩 프로세스가 끝나면 앱 위젯 매니저의 updateAppWidget 메서드를 사용해 바인딩을 해당 위젯에 적용한다. 코드 19-19는 위젯을 원격 뷰 서비스에 바인딩하는 표준 패턴이다.

코드 19-19 위젯에 원격 뷰 서비스 바인딩하기

```
static void updateAppWidget(Context context,
                            AppWidgetManager appWidgetManager,
                            int appWidgetId) {
    // 원격 뷰를 생성한다.
    RemoteViews views = new RemoteViews(context.getPackageName(),
                                        R.layout.widget_collection_layout);

    // 이 위젯을 원격 뷰 서비스에 바인딩한다.
    Intent intent = new Intent(context, MyRemoteViewsService.class);
    intent.putExtra(AppWidgetManager.EXTRA_APPWIDGET_ID, appWidgetId);
    views.setRemoteAdapter(R.id.widget_stack_view, intent);

    // 바인딩된 컬렉션이 비어 있을 때
    // 뷰를 위젯 레이아웃 계층 구조 안에서 지정한다.
    views.setEmptyView(R.id.widget_stack_view, R.id.widget_empty_text);

    // TODO 이 위젯 UI를 환경 설정에 따라
    // 커스터마이즈한다.

    // 앱 위젯 매니저에 위젯을 업데이트하라고 알린다.
    // 이때 수정된 원격 뷰를 사용한다.
    appWidgetManager.updateAppWidget(appWidgetId, views);
}
```

19.4.5 컬렉션 뷰 위젯의 항목에 상호 반응성 추가하기

효율성의 이유로 컬렉션 뷰 위젯의 일부로 표시되는 항목에 고유 onClickPendingIntent를 지정할 수 없다. 그 대신 setPendingIntentTemplate을 사용해 코드 19-20에서처럼 원격 뷰를 업데이트할 때 위젯에 템플릿 인텐트를 지정할 수 있다.

코드 19-20 펜딩 인텐트를 사용해 컬렉션 뷰 위젯의 개별 항목에 클릭 리스너 추가하기

```
Intent templateIntent = new Intent(context, MainActivity.class);

templateIntent.putExtra(AppWidgetManager.EXTRA_APPWIDGET_ID, appWidgetId);

PendingIntent templatePendingIntent = PendingIntent.getActivity(
  context, 0, templateIntent, PendingIntent.FLAG_UPDATE_CURRENT);

views.setPendingIntentTemplate(R.id.widget_stack_view,
                               templatePendingIntent);
```

```
appWidgetManager.updateAppWidget(appWidgetId, views);
```

이제 펜딩 인텐트를 원격 뷰 서비스 구현의 getViewAt 핸들러 안에서 '넣기용(fill-in)'으로 만들 수 있다. 이때 코드 19-21에서처럼 원격 뷰 객체의 setOnClickFillInIntent 메서드가 사용된다.

코드 19-21 컬렉션 뷰 위젯에 표시되는 각 항목의 펜딩 인텐트 템플릿에 넣기

```
// 앱 위젯 프로바이더에서 만든 펜딩 인텐트 템플릿을 배치할
// '넣기용(fill-in)' 인텐트를 만든다.
Intent fillInIntent = new Intent();
fillInIntent.putExtra(Intent.EXTRA_TEXT, myWidgetText.get(index));
rv.setOnClickFillInIntent(R.id.widget_title_text, fillInIntent);
```

'넣기용(fill-in)' 인텐트는 Intent.fillIn 메서드를 사용해 템플릿 인텐트에 적용된다. 이 메서드는 넣기용 인텐트의 콘텐트를 템플릿 인텐트에 복사하고 정의되지 않은 필드가 있다면 이를 넣기용 인텐트로 정의한 필드로 교체한다. 기존 데이터가 있는 필드는 오버라이드되지 않는다.

결과로 만들어진 펜딩 인텐트는 사용자가 컬렉션 위젯 안에서 특정 항목을 클릭하면 브로드 캐스트된다.

19.4.6 컬렉션 뷰 위젯 업데이트하기

앱 위젯 매니저에는 notifyAppWidgetViewDataChanged 메서드가 제공된다. 이 메서드로 업데이트할 위젯 ID(또는 ID 배열) 그리고 그 데이터가 소스가 변경된 위젯에 있는 컬렉션 뷰의 리소스 식별자를 지정할 수 있다.

```
appWidgetManager.notifyAppWidgetViewDataChanged(appWidgetIds,
  R.id.widget_stack_view);
```

이렇게 하면 연결된 원격 뷰 팩토리의 onDataSetChanged 핸들러가 실행되며, 뒤이어 get Count를 포함해 메타데이터가 호출되고, 마지막으로 각 뷰가 다시 만들어진다.

19.4.7 지진 앱에 컬렉션 뷰 위젯 만들기

이번에는 지진 앱에 두 번째 위젯을 추가한다. 추가할 위젯은 리스트뷰 기반 컬렉션 뷰 위젯으로, 최근 지진들의 리스트를 보여준다.

1. 우선 컬렉션 뷰 위젯 UI의 레이아웃을 XML 리소스로 res/layout 폴더에 생성한다(생성 방법은 앞에서 했던 것을 참고한다). 이 레이아웃 파일 이름은 quake_collection_widget. xml이다. 여기서는 지진 데이터를 보여주는 리스트 뷰와 컬렉션이 비었을 때 보여줄 텍스트 뷰를 포함하는 FrameLayout을 사용한다. 레이아웃이 생성되어 편집기 창에 열리면 아래쪽의 Text 탭을 클릭한 후 다음 XML로 모두 교체하면 된다.

```xml
<?xml version="1.0" encoding="utf-8"?>
<FrameLayout
  xmlns:android="http://schemas.android.com/apk/res/android"
  android:layout_width="match_parent"
  android:layout_height="match_parent">
  <ListView
    android:id="@+id/widget_list_view"
    android:layout_width="match_parent"
    android:layout_height="match_parent"
  />
  <TextView
    android:id="@+id/widget_empty_text"
    android:layout_width="match_parent"
    android:layout_height="match_parent"
    android:gravity="center"
    android:text="@string/widget_blank_details"
  />
</FrameLayout>
```

2. AppWidgetProvider의 서브 클래스로 EarthquakeListWidget을 생성한다. 이 클래스는 위젯의 활성화 및 업데이트에 표준 패턴을 구현한다. 위젯을 원격 뷰 서비스에 바인딩하기 위해 나중에 다시 이 클래스를 변경할 것이다. 원격 뷰 서비스는 각 지진 데이터를 보여주는 뷰를 제공한다.

```java
public class EarthquakeListWidget extends AppWidgetProvider {

  @Override
  public void onUpdate(Context context,
                       AppWidgetManager appWidgetManager,
                       int[] appWidgetIds) {
  PendingResult pendingResult = goAsync();
  updateAppWidgets(context, appWidgetManager,
                  appWidgetIds, pendingResult);
}

  @Override
  public void onEnabled(Context context) {
    final PendingResult pendingResult = goAsync();
```

```
AppWidgetManager appWidgetManager =
  AppWidgetManager.getInstance(context);
ComponentName earthquakeListWidget =
  new ComponentName(context, EarthquakeListWidget.class);
int[] appWidgetIds =
  appWidgetManager.getAppWidgetIds(earthquakeListWidget);

updateAppWidgets(context, appWidgetManager,
                 appWidgetIds, pendingResult);
}

static void updateAppWidgets(final Context context,
                             final AppWidgetManager appWidgetManager,
                             final int[] appWidgetIds,
                             final PendingResult pendingResult) {
  Thread thread = new Thread() {
    public void run() {

        // TODO 위젯 원격 뷰를 설정한다.
      if (pendingResult != null)
        pendingResult.finish();
    }
  };
  thread.start();
  }
}
```

3. res/xml 폴더에 새 위젯 정의 파일인 quake_list_widget_info.xml을 생성한다. 여기서
는 위젯의 최소 업데이트 주기를 하루에 한 번으로 설정하고 위젯 크기를 너비는 2개
셀, 높이는 1개 셀(110dp × 40dp)로 설정한다. 또한 크기 조절도 가능하게 한다. 그리고
1번 단계에서 생성한 위젯 레이아웃을 초기 레이아웃으로 사용한다.

(res/xml 폴더에서 오른쪽 마우스 버튼을 누르고 New ➡ XML resource file을 선택한 후 파일 이
름에 quake_list_widget_info를 입력하고 [OK] 버튼을 누르면 XML 파일이 생성되고 편집기 창에
열릴 것이다. 아래쪽의 Text 탭을 클릭한 후 다음 XML로 모두 교체하면 된다.)

```
<?xml version="1.0" encoding="utf-8"?>
<appwidget-provider
  xmlns:android="http://schemas.android.com/apk/res/android"
  android:initialLayout="@layout/quake_collection_widget"
  android:minWidth="110dp"
  android:minHeight="40dp"
  android:updatePeriodMillis="8640000"
  android:resizeMode="vertical|horizontal"
/>
```

4. 위젯을 애플리케이션 매니페스트에 추가한다. 이때 3단계에서 생성한 위젯 정의 리소스의 참조를 포함시킨다. 그리고 앱 위젯 업데이트 액션의 인텐트 필터도 포함시킨다.

```xml
<?xml version="1.0" encoding="utf-8"?>
<manifest xmlns:android="http://schemas.android.com/apk/res/android"
          package="com.professionalandroid.apps.earthquake">

  ...

  <application

    ...

    <receiver
      android:name=".EarthquakeListWidget"
      android:label="Earthquake List">
      <intent-filter>
        <action android:name="android.appwidget.action.APPWIDGET_UPDATE" />
      </intent-filter>
      <meta-data
        android:name="android.appwidget.provider"
        android:resource="@xml/quake_list_widget_info"
      />
    </receiver>
  </application>
</manifest>
```

5. RemoteViewsService의 서브 클래스로 EarthquakeRemoteViewsService 클래스를 생성한다. 이 클래스에는 RemoteViewsFactory를 구현하는 내부 클래스인 Earthquake RemoteViewsFactory 클래스가 포함돼야 한다. EarthquakeRemoteViewsFactory 인스턴스는 Earthquake 원격 뷰 서비스의 onGetViewFactory 핸들러로부터 반환된다.

```java
public class EarthquakeRemoteViewsService extends RemoteViewsService {

  @Override
  public RemoteViewsFactory onGetViewFactory(Intent intent) {
    return new EarthquakeRemoteViewsFactory(this);
  }

  class EarthquakeRemoteViewsFactory implements RemoteViewsFactory {

    private Context mContext;
    public EarthquakeRemoteViewsFactory(Context context) {
      mContext = context;
    }
```

```
    public void onCreate() {
    }

    public void onDataSetChanged() {
    }

    public int getCount() {
      return 0;
    }

    public long getItemId(int index) {
      return index;
    }

    public RemoteViews getViewAt(int index) {
      return null;
    }

    public int getViewTypeCount() {
      return 1;
    }

    public boolean hasStableIds() {
      return true;
    }

    public RemoteViews getLoadingView() {
      return null;
    }

    public void onDestroy() {
    }
  }
}
```

6. 5번 단계에서 생성한 EarthquakeRemoteViewsFactory 내부 클래스의 onDataSet
Changed 핸들러에서 데이터베이스를 쿼리하도록 변경한다. 또한 쿼리에서 반환된 지
진 데이터를 저장하는 List도 추가한다.

```
public class EarthquakeRemoteViewsService extends RemoteViewsService {
  ...
  class EarthquakeRemoteViewsFactory implements RemoteViewsFactory {
    private Context mContext;

    private List<Earthquake> mEarthquakes;

    ...
    public void onDataSetChanged() {
```

```
      mEarthquakes = EarthquakeDatabaseAccessor.getInstance(mContext)
                       .earthquakeDAO().loadAllEarthquakesBlocking();
    }

    ...

  }
}
```

7. EarthquakeRemoteViewsFactory는 위젯 리스트 뷰의 각 지진 데이터를 나타내는 뷰를
   제공한다. 각 메서드에서 지진 리스트의 데이터를 사용해 리스트의 각 항목을 나타내
   는 뷰를 채우도록 변경한다.

   7.1 우선 리스트의 지진 데이터 개수와 각 지진 데이터의 고유 식별자(숫자)를 반환하
       도록 EarthquakeRemoteViewsFactory 클래스의 getCount와 getItemId 메서드를
       변경한다.

```
public int getCount() {
  if (mEarthquakes == null) return 0;
  return mEarthquakes.size();
}

public long getItemId(int index) {
  if (mEarthquakes == null) return index;
  return mEarthquakes.get(index).getDate().getTime();
}
```

   7.2 EarthquakeRemoteViewsFactory 클래스의 getViewAt 메서드를 변경한다. 리스트
       뷰의 각 지진 데이터를 나타내는 데 사용되는 뷰들이 getViewAt 메서드에서 생성
       되고 채워진다. 또한 이전에 생성했던 지진 앱 위젯의 레이아웃 정의를 사용해 새
       원격 뷰(RemoteViews) 객체를 생성하고 지정된 지진의 데이터로 이 객체를 채운다.

```
public RemoteViews getViewAt(int index) {
  return null;

  if (mEarthquakes != null) {
    // 요청된 지진을 추출한다.
    Earthquake earthquake = mEarthquakes.get(index);

    // 보여줄 값을 추출한다.
    String id = earthquake.getId();
    String magnitude = String.valueOf(earthquake.getMagnitude());
    String details = earthquake.getDetails();
```

```
// 새 원격 뷰 객체를 만들고
// 이를 사용해 리스트 내 각 지진을 나타내기 위한 레이아웃을 배치한다.
RemoteViews rv = new RemoteViews(mContext.getPackageName(),
                                 R.layout.quake_widget);

rv.setTextViewText(R.id.widget_magnitude, magnitude);
rv.setTextViewText(R.id.widget_details, details);

// 메인 액티비티를 열 펜딩 인텐트를 생성한다.
Intent intent = new Intent(mContext, EarthquakeMainActivity.class);
PendingIntent pendingIntent =
  PendingIntent.getActivity(mContext, 0, intent, 0);

rv.setOnClickPendingIntent(R.id.widget_magnitude, pendingIntent);
rv.setOnClickPendingIntent(R.id.widget_details, pendingIntent);

    return rv;
  } else {
    return null;
  }
}
```

8. 지진 원격 뷰 서비스(EarthquakeRemoteViewsService)를 애플리케이션 매니페스트에 추가한다. 이때 BIND_REMOTE VIEWS 권한을 포함시킨다.

```xml
<?xml version="1.0" encoding="utf-8"?>
<manifest xmlns:android="http://schemas.android.com/apk/res/android"
        package="com.professionalandroid.apps.earthquake">

  ...

  <application

    ...

    <service
      android:name=".EarthquakeRemoteViewsService"
      android:permission="android.permission.BIND_REMOTEVIEWS">
    </service>
  </application>
</manifest>
```

9. 지진 원격 뷰 서비스를 각 위젯에 연결하도록 지진 리스트 위젯 클래스(Earthquake ListWidget)의 updateAppWidgets 메서드를 변경한다.

```
static void updateAppWidgets(final Context context,
                            final AppWidgetManager appWidgetManager,
                            final int[] appWidgetIds,
                            final PendingResult pendingResult) {
  Thread thread = new Thread() {
    public void run() {
      for (int appWidgetId: appWidgetIds) {
        // 리스트 뷰에 보이는 뷰들을 제공하는
        // 지진 원격 뷰 서비스를 시작하는 인텐트를 생성한다.
        Intent intent =
          new Intent(context, EarthquakeRemoteViewsService.class);

        // 앱 위젯 ID를 인텐트 엑스트라에 추가한다.
        intent.putExtra(AppWidgetManager.EXTRA_APPWIDGET_ID,
                        appWidgetId);

        // 앱 위젯 레이아웃의 RemoteViews 인스턴스를 생성한다.
        RemoteViews views
          = new RemoteViews(context.getPackageName(),
                            R.layout.quake_collection_widget);

        // RemoteViews 어댑터를 사용하도록 RemoteViews 객체를 설정한다.
        views.setRemoteAdapter(R.id.widget_list_view, intent);

        // 컬렉션에 항목이 없을 때 빈 뷰가 표시된다.
        views.setEmptyView(R.id.widget_list_view,
                           R.id.widget_empty_text);

        // 변경된 원격 뷰를 사용해
        // 위젯을 업데이트하라고 앱 위젯 매니저에 알린다.
        appWidgetManager.updateAppWidget(appWidgetId, views);
      }
      if (pendingResult != null)
        pendingResult.finish();
    }
  };
  thread.start();
}
```

10. 최종 단계다. 새 지진이 데이터베이스에 추가될 때마다 업데이트되도록 위젯을 개선한다. 새 위젯(EarthquakeListWidget)에 인텐트를 브로드캐스트하도록 EarthquakeUpdateJobService의 onRunJob 메서드를 변경한다.

```
@Override
public int onRunJob(final JobParameters job) {

  ...
```

```
EarthquakeDatabaseAccessor
    .getInstance(getApplication())
    .earthquakeDAO()
    .insertEarthquakes(earthquakes);

// EarthquakeWidget을 업데이트한다.
Intent newEarthquake = new Intent(this, EarthquakeWidget.class);
newEarthquake.setAction(EarthquakeWidget.NEW_QUAKE_BROADCAST);
sendBroadcast(newEarthquake);

// EarthquakeListWidget을 업데이트한다.
Intent newListEarthquake = new Intent(this,
                                      EarthquakeListWidget.class);
newListEarthquake.setAction(EarthquakeWidget.NEW_QUAKE_BROADCAST);
sendBroadcast(newListEarthquake);

scheduleNextUpdate(this, job);

return RESULT_SUCCESS;

...
}
```

11. 오버라이드된 OnReceive 핸들러를 EarthquakeListWidget 클래스에 추가한다. 이 메
서드에서는 업데이트 요청 인텐트를 리스닝한다. 그리고 앱 위젯 매니저의 notifyApp
WigetViewDataChanged 메서드를 사용해 리스트 뷰의 업데이트를 트리거한다.

```
@Override
public void onReceive(final Context context, final Intent intent) {
  super.onReceive(context, intent);

  if (EarthquakeWidget.NEW_QUAKE_BROADCAST.equals(intent.getAction())) {
    AppWidgetManager appWidgetManager =
      AppWidgetManager.getInstance(context);
    ComponentName earthquakeListWidget =
      new ComponentName(context, EarthquakeListWidget.class);
    int[] appWidgetIds =
      appWidgetManager.getAppWidgetIds(earthquakeListWidget);

    // EarthquakeListWidget에 업데이트돼야 한다는 것을 알린다.
    final PendingResult pendingResult = goAsync();
    appWidgetManager.notifyAppWidgetViewDataChanged(appWidgetIds,
     R.id.widget_list_view);
  }
}
```

그림 19-4는 홈 화면에 추가된 지진 앱의 컬렉션 뷰 위젯의 모습이다.

◑ 그림 19-4

19.5 라이브 배경화면 만들기

라이브 배경화면은 동적인 상호 반응형 홈 화면 배경을 가능하게 한다. 라이브 배경화면에서는 서피스 뷰를 사용해 동적으로 바뀌고 실시간으로 상호 작용하는 디스플레이를 만들 수 있다. 그리고 화면 터치 이벤트를 주시하고 그에 응답함으로써 사용자에게 자신의 홈 화면 배경과 직접적인 상호 작용 기회를 제공한다.

새 라이브 배경화면을 만들려면 다음 세 가지 컴포넌트가 필요하다.

> ➤ 라이브 배경화면에 연결되는 메타데이터에 해당하는 XML 리소스다. 특히 라이브 배경화면 선택기에 표시되는 저작자, 설명, 섬네일 등을 가리킨다.

- ▶ 배경화면 서비스 엔진을 래핑하고 그 인스턴스를 만들고 관리하는 배경화면 서비스 구현
- ▶ 라이브 배경화면의 UI와 상호 반응을 정의하는 배경화면 서비스 엔진을 구현한다(배경화면 서비스를 통해 반환된다). 배경화면 서비스 엔진은 라이브 배경화면이 구현되는 곳이다.

19.5.1 라이브 배경화면 정의 리소스 만들기

라이브 배경화면 리소스 정의는 res/xml 폴더에 저장된 XML 파일이다. 그리고 XML 확장명이 빠진 파일 이름이 리소스 식별자로 사용된다. wallpaper 태그의 속성을 사용해 저작자 이름, 설명, 섬네일을 라이브 배경화면 갤러리 형태로 표시한다.

코드 19-22는 라이브 배경화면 레이아웃 정의다.

코드 19-22 라이브 배경화면 리소스 정의

```
<wallpaper xmlns:android="http://schemas.android.com/apk/res/android"
  android:author="@string/author"
  android:description="@string/description"
  android:thumbnail="@drawable/wallpapericon"
/>
```

단, author와 description 속성 값에는 문자열 리소스의 참조를 사용해야 한다.

settingsActivity 태그를 사용해 라이브 배경화면의 설정을 구성할 액티비티를 지정할 수도 있다. 이는 앱 위젯이 설정을 구성할 때와 무척 비슷하다.

```
<wallpaper xmlns:android="http://schemas.android.com/apk/res/android"
  android:author="@string/author"
  android:description="@string/description"
  android:thumbnail="@drawable/wallpapericon"
  android:settingsActivity="com.paad.mylivewallpaper.WallpaperSettings"
/>
```

이 액티비티는 라이브 배경화면이 홈 화면에 추가되고 곧바로 시작된다. 이에 따라 사용자는 배경화면 설정을 구성할 수 있다.

19.5.2 배경화면 서비스 엔진 만들기

WallpaperService.Engine 클래스는 라이브 배경화면의 동작을 정의하는 곳이다. 배경화면 서

비스 엔진에는 라이브 배경화면을 그릴 서피스 뷰 그리고 터치 이벤트와 홈 화면의 오프셋 변화를 알릴 핸들러가 포함된다.

서피스 뷰는 그리기용으로 특화된 캔버스로, 백그라운드 스레드에서 업데이트를 지원하기 때문에 부드럽고 동적인 상호 반응형 그래픽을 만드는 데 이상적이라 할 수 있다.

배경화면 서비스 엔진을 직접 구현하려면 코드 19-23에서처럼 WallpaperService.Engine 클래스를 확장한다. 단, WallpaperService 클래스의 영역 안에서 구현돼야 한다. 배경화면 서비스의 세부 내용은 이어지는 절에서 설명한다.

코드 19-23 배경화면 서비스 엔진의 기본 코드

```java
public class MyWallpaperService extends WallpaperService {

  @Override
  public Engine onCreateEngine() {
    return new MyWallpaperServiceEngine();
  }

  public class MyWallpaperServiceEngine extends WallpaperService.Engine {

    private static final int FPS = 30;
    private final Handler handler = new Handler();

    @Override
    public void onCreate(SurfaceHolder surfaceHolder) {
      super.onCreate(surfaceHolder);
      // TODO 초기화를 처리한다.
    }

    @Override
    public void onOffsetsChanged(float xOffset, float yOffset,
                                 float xOffsetStep, float yOffsetStep,
                                 int xPixelOffset, int yPixelOffset) {
      super.onOffsetsChanged(xOffset, yOffset, xOffsetStep, yOffsetStep,
                             xPixelOffset, yPixelOffset);
      // 사용자가 여러 홈 화면 패널 사이를
      // 스와이프할 때마다 트리거된다.
    }

    @Override
    public void onTouchEvent(MotionEvent event) {
      super.onTouchEvent(event);
      // 라이브 배경화면이 터치 이벤트를 받을 때마다 트리거된다.
    }
```

```
    @Override
    public void onSurfaceCreated(SurfaceHolder holder) {
      super.onSurfaceCreated(holder);
      // TODO 서피스가 만들어졌다.
      // 라이브 배경화면을 업데이트할 루프를 시작한다.
      drawFrame();
    }

    @Override
    public void onSurfaceDestroyed(SurfaceHolder holder) {
      handler.removeCallbacks(drawSurface);
      super.onSurfaceDestroyed(holder);
    }
    private synchronized void drawFrame() {
      final SurfaceHolder holder = getSurfaceHolder();

      if (holder != null && holder.getSurface().isValid()) {
        Canvas canvas = null;
        try {
          canvas = holder.lockCanvas();
          if (canvas != null) {
            // 캔버스를 그린다.
          }
        } finally {
          if (canvas != null && holder != null)
            holder.unlockCanvasAndPost(canvas);
        }

        // 순서상 그다음 프레임을 정한다.
        handler.removeCallbacks(drawSurface);
      }
      handler.postDelayed(drawSurface, 1000 / FPS);
    }

    // 프레임 그리기를 정할 때 사용되는 러너블
    private final Runnable drawSurface = new Runnable() {
      public void run() {
        drawFrame();
      }
    };
  }
}
```

서피스에 뭔가 그리려면 서피스가 초기화를 마칠 때까지 기다려야 한다. 이를 나타내는 것이 onSurfaceCreated 핸들러의 호출이다.

서피스가 만들어지면 그리그 루프를 시작해 라이브 배경화면의 UI를 업데이트한다. 코드 19-23이 이를 담당한다. 코드에서는 이전 프레임의 그리기가 끝날 때 새 프레임을 예정한다.

이 예에서 다시 그리기의 주기는 프레임 비율을 지정해 결정한다.

onTouchEvent와 onOffsetsChanged 핸들러를 오버라이드해 라이브 배경화면에 상호 반응성을 추가할 수도 있다.

19.5.3 배경화면 서비스 만들기

라이브 배경화면의 모든 그리기 및 상호 작용은 배경화면 서비스 엔진에서 처리된다. 한편, WallpaperService 클래스는 이 엔진의 인스턴스 생성, 호스팅, 관리를 담당한다.

WallpaperService 클래스의 서브 클래스를 생성하고 onCreateEngine 핸들러를 오버라이드해 커스텀 배경화면 서비스 엔진의 새 인스턴스를 반환한다. 코드 19-24는 이를 나타낸 것이다.

코드 19-24 배경화면 서비스 만들기

```java
public class MyWallpaperService extends WallpaperService {

  @Override
  public Engine onCreateEngine() {
    return new MyWallpaperServiceEngine();
  }

  [... 배경화면 엔진 구현 ...]

}
```

배경화면 서비스를 만들면 이를 애플리케이션 매니페스트에 service 태그로 추가한다.

배경화면 서비스에는 android.service.wallpaper.WallpaperService 액션을 주시하는 인텐트 필터 그리고 android.service.wallpaper를 name 속성으로 지정하고 앞 절에서 resource 속성을 사용해 기술한 리소스 파일에 연결하는 meta-data 노드가 반드시 포함돼야 한다.

배경화면 서비스에는 android.permission.BIND_WALLPAPER 권한도 포함돼야 한다. 코드 19-25에서는 코드 19-24의 배경화면 서비스를 매니페스트에 추가한다.

코드 19-25 매니페스트에 배경화면 서비스 추가하기

```xml
<service
  android:name=".MyWallpaperService"
  android:permission="android.permission.BIND_WALLPAPER">
  <intent-filter>
    <action android:name=
```

```
      "android.service.wallpaper.WallpaperService" />
  </intent-filter>
  <meta-data
    android:name="android.service.wallpaper"
    android:resource="@xml/mylivewallpaper"
  />
</service>
```

19.6 앱 단축키 만들기

안드로이드 7.1 누가(API 레벨 25)에 도입된 앱 단축키는 홈 화면이나 앱 론처에서 애플리케이션의 기능에 직접 연결하는 지름길을 만든다.

특정 앱에서 지원하고 사용 가능할 때 앱 단축키는 론처나 홈 화면에서 앱 아이콘을 길게 탭하면 그림 19-5처럼 표시된다.

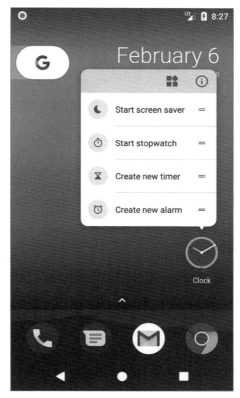

◑ 그림 19-5

보이게 되면 사용자는 앱 단축키를 홈 화면에 '눌러' 고정할 수 있다. 특정 단축키를 길게 누르고 끌어다 놓으면 된다.

앱 단축키를 선택하면 관련 인텐트가 시작돼 애플리케이션의 특정 태스크나 액션, 기능을 가리키는 단축키가 된다. 애플리케이션마다 최대 5개까지 단축키를 지원한다. 다만, 디자인 가이드라인에서는 4개까지를 권장하고 있다.

어떤 중요한 앱 기능을 쉽게 찾을 수 있도록 일종의 지름길을 제공하는 앱 단축키는 사용자 참여도를 높일 수 있는 강력한 테크닉이다. 단축키를 만들면 앱의 핵심 기능, 특히 복잡하고 여러 단계를 거쳐야 하거나 시간이 많이 소요되는 액션들을 단번에 사용자에게 노출할 수 있다.

예를 들어 구글은 자사의 앱에 앱 단축키를 제공해 새 텍스트 메시지를 보내거나 회사/집으로 길을 안내하며, 셀카를 찍고 전화를 걸 수 있도록 하고 있다.

앱 단축키는 론처와 홈 화면 안에 시스템 및 서드파티 앱의 아이콘, 앱 단축키와 함께 표시된다. 따라서 어떤 단축키에 사용되는 아이콘이 다른 앱의 단축키와 시각적으로 일관되도록 하기 위해 디자인 가이드라인을 따르는 것이 무척 중요하다. 구글의 앱 단축키 디자인 가이드라인은 commondatastorage.googleapis.com/androiddevelopers/shareables/design/app-shortcuts-design-guidelines.pdf에서 찾아볼 수 있다.

안드로이드에서는 정적과 동적에 해당하는 두 가지 방법으로 앱 단축키를 정의한다. 이어지는 절들에서 자세히 살펴본다.

19.6.1 정적 단축키

정적 단축키는 언제든 접근할 수 있는 포괄적인 핵심 기능의 링크를 제공한다. 새 메시지를 작성하거나 원격으로 알람을 설정하는 경우가 단적인 예다. 정적 단축키는 그 이름에서 연상되는 것처럼 런타임에 앱에서 수정될 수 없다. 앱 단축키는 그 수가 제한돼 있으므로 정적 단축키는 항상 쓸모가 있고 접근 가능한 기능일 때만 사용해야 한다. 그렇지 않은 경우에는 동적 단축키가 그 목적에 어울릴 것이다.

정적 앱 단축키는 XML 파일로 저장되는 리소스 형태로 정의된다. 전통적으로 이 리소스의 이름은 shortcuts.xml이다. 앱 단축키는 API 레벨 25에서 도입됐으므로 res/xml-v25 폴더에 저장하는 것이 좋다.

shortcuts 태그를 루트 노드로 사용해 앱 단축키를 만든다. 이때 하나 이상의 shortcut 태그로 각 정적 앱 단축키를 지정한다.

코드 19-26에 나타낸 대로 여기에는 고유 단축키 식별자, 아이콘, 레이블, 비활성 메시지, 단축키 선택 시 시작될 인텐트가 포함된다. 단, 카테고리도 지정해야 한다. 이 책을 쓰는 현재 시점을 기준으로 카테고리는 하나다.

코드 19-26 정적 앱 단축키 정의하기

```xml
<?xml version="1.0" encoding="utf-8"?>
<shortcuts xmlns:android="http://schemas.android.com/apk/res/android">
  <shortcut
    android:shortcutId="orbitnuke"
    android:enabled="true"
    android:icon="@drawable/nuke_icon"
    android:shortcutShortLabel="@string/orbitnuke_shortcut_short_label"
    android:shortcutLongLabel="@string/orbitnuke_shortcut_long_label"
    android:shortcutDisabledMessage="@string/orbitnuke_shortcut_disabled">
    <intent
      android:action="android.intent.action.VIEW"
      android:targetPackage="com.professionalandroid.apps.aliens"
      android:targetClass="com.professionalandroid.apps.aliens.NukeActivity"/>
      <categories android:name="android.shortcut.conversation" />
  </shortcut>
</shortcuts>
```

아이콘과 레이블은 그림 19-5에서처럼 사용 가능한 단축키를 나타낼 수 있도록 론처가 표시한다. 짧은 제목은 대략 10 문자 정도여야 하며, 긴 제목은 최대 25문자까지 가능하다. 긴 제목은 공간이 충분할 때 표시된다.

정적 단축키가 고정됐다 나중에 앱 자체가 업데이트되면서 제거되면 정적 단축키의 고정된 인스턴스는 모두 홈 화면에 남지만 자동으로 비활성화된다. 이때 비활성 메시지가 표시된다.

앱 단축키 리소스를 정의했으면 이를 애플리케이션에 추가해야 한다. 앱 단축키 리소스를 시작 액티비티에 android.app.shortcuts 이름의 meta-data 태그로 연결한다. 코드 19-27은 이를 나타낸 것이다.

코드 19-27 애플리케이션 매니페스트에 단축키 리소스 추가하기

```xml
<activity
  android:name=".MainActivity">
  <intent-filter>
```

```
   <action android:name="android.intent.action.MAIN"/>
   <category android:name="android.intent.category.LAUNCHER"/>
  </intent-filter>
  <meta-data
     android:name="android.app.shortcuts"
     android:resource="@xml/shortcuts"
  />
</activity>
```

19.6.2 동적 단축키

동적 단축키는 ShortcutManager 시스템 서비스를 사용해 런타임에 만들고 수정하고 제거한다.

```
ShortcutManager shortcutManager = getSystemService(ShortcutManager.class);
```

동적 단축키는 현재 컨텍스트를 감안해 가장 쓸모가 많은 기능을 나타내도록 해야 한다. 전화를 건다든가 특정 위치까지 길을 안내하는 것이 단적인 예다.

사용 가능한 동적 앱 단축키 리스트를 런타임에 변경하려면 다음 단축키 매니저의 메서드를 사용한다.

> ➤ setDynamicShortcuts: 기존 동적 앱 단축키 리스트를 새 단축키 리스트로 교체한다.

> ➤ addDynamicShortcuts: 하나 이상의 새 동적 단축키를 기존 리스트에 추가한다.

> ➤ updateShortcuts: 리스트로 전달받은 식별자를 기준으로 기존 리스트의 동적 단축키를 업데이트한다.

> ➤ removeDynamicShortcuts: 기존 리스트의 동적 단축키를 전달받은 식별자 리스트에 따라 제거한다.

> ➤ removeAllDynamicShortcuts: 현재 설정된 모든 앱 단축키를 제거한다.

새 단축키를 만들거나 추가하고 업데이트하려면 코드 19-28에서처럼 ShortcutInfo.Builder를 사용해 아이콘과 레이블, 시작 인텐트를 지정한다. 이 시작 인텐트에는 액션이 반드시 포함돼야 한다. 다만, 구체적인 액티비티를 특정하지 않고 인텐트 레졸루션을 사용할 수도 있다.

코드 19-28 동적 앱 단축키 만들기와 추가하기

```
ShortcutManager shortcutManager
  = (ShortcutManager) getSystemService(Context.SHORTCUT_SERVICE);
Intent navIntent = new Intent(this, MainActivity.class);
navIntent.setAction(Intent.ACTION_VIEW);

navIntent.putExtra(DESTINATION_EXTRA, destination);

String id = "dynamicDest" + destination;

ShortcutInfo shortcut =
  new ShortcutInfo.Builder(this, id)
    .setShortLabel(destination)
    .setLongLabel("Navigate to " + destination)
    .setDisabledMessage("Navigation Shortcut Disabled")
    .setIcon(Icon.createWithResource(this, R.mipmap.ic_launcher))
    .setIntent(navIntent)
    .build();

shortcutManager.setDynamicShortcuts(Arrays.asList(shortcut));
```

단축키를 이미 활성 리스트에 존재하는 동적 단축키의 set 또는 add 메서드에 전달하면 해당 메서드가 그에 따라 업데이트된다.

동적 단축키를 업데이트할 때는 단축키의 시맨틱 의미가 유지되도록 하는 것이 중요하다. 예를 들어 단축키가 특정 사람에게 메시지를 보내면 이 사람의 업데이트된 프로파일 이미지를 반영해 다른 사람에게 메시지를 보내지 않도록 업데이트될 수 있다. 시맨틱 의미가 바뀌면 이전 단축키를 제거하고 새 고유 식별자의 새 단축키를 추가해야 한다.

이 과정은 사용자가 언제든 선택할 수 있는 단축키가 5개인 반면, 단축키를 그림 19-6처럼 홈 화면에 고정할 수 있기 때문에 매우 중요하다.

◑ 그림 19-6

사용자는 원하는 대로 단축키를 홈 화면에 고정할 수 있다. 그리고 이를 코드상으로 제거할 수는 없다. 단축키는 고정되면 런타임에 동적 리스트에서 제거하더라도 처음 정의했던 것처럼 표시되고 동작한다. 하지만 updateShortcuts를 호출하면 동작 리스트에서 사용할 수 없더라도 고정된 단축키를 수정할 수 있다.

고정된 단축키를 코드상으로 제거할 수는 없더라도 이전에 고정한 단축키가 더 이상 유효하지 않으면, 예를 들어 단축키의 대상 기능이나 연결된 콘텐트가 앱에서 제거되면 disableShortcuts 메서드를 사용해 이를 비활성화할 수 있다. 이때 비활성화할 식별자 리스트와 비활성 메시지(옵션)를 전달한다.

```
shortcutManager.disableShortcuts(Arrays.asList("Id1", "Id2"),
                                 "Functionality Removed");
```

19.6.3 앱 단축키 사용 추적하기

앱 단축키의 순서 또는 일부의 경우지만, 사용 여부는 어느 단축키가 특정 시간에 가장 많이 사용되는지 그 론처나 홈 화면의 예측에 따라 달라질 수 있다.

이 예측은 각 단축키의 사용 이력이나 단축키에 부여한 기능을 기준으로 이뤄진다.

단축키 매니저의 reportShortcutUsed 메서드를 사용해 해당 단축키 ID를 전달하면 사용자는 단축키가 표현하는 액션을 수동으로 시작할 수 있다.

```
shortcutManager.reportShortcutUsed("Id1");
```

액션이 어떤 방식으로 시작되더라도 이 메서드를 호출해 예측 엔진이 사용 패턴을 온전히 기록하도록 해야 한다. 이에 따라 가장 적절한 단축키를 적절한 시간에 표시할 수 있다.

CHAPTER 20

고급 안드로이드 개발

20장에 사용된 코드의 다운로드용 파일

20장은 다음 2개의 파일로 되어 있다.

⊙ Snippets_ch20.zip

⊙ Emergency_Responder.zip

20.1 고급 안드로이드

20장에서는 앞선 장들에서 다뤘던 몇 가지 주제로 돌아와 안드로이드 개발자들을 위해 더 깊이 있게 파헤칠 것이다.

우선 보안이라는 주제를 더 자세히 살펴본다. 특히 권한이 어떻게 작동하는지 그리고 권한을 어떻게 정의하고 사용해 애플리케이션과 애플리케이션의 데이터를 보안하는지 자세하게 알아본다.

그리고 다양한 하드웨어 및 소프트웨어 플랫폼에 대한 하위 및 상위 호환성이 지원되는 애플리케이션을 만드는 방법과 애플리케이션 내 비효율성을 파악하기 위한 엄격 모드(Strict Mode)의 사용 방법을 살펴본다.

이와 더불어 안드로이드의 전화 통신(텔리포니) API를 소개하고 이를 사용해 전화를 길거나 전화 상태를 모니터링하고 수신 전화용 브로드캐스트 인텐트를 받는 방법을 살펴본다. 마지막으로 안드로이드의 SMS 기능을 분석해 애플리케이션 안에서 SMS 메시지를 어떻게 주고받는지 살펴본다. 안드로이드 API를 사용해 자체 SMS 클라이언트 애플리케이션을 만들어 소프트웨어 스택의 일부로 사용할 수 있는 네이티브 클라이언트를 대체할 수 있을 것이다. 아예 메시징 기능을 애플리케이션 안에 통합하는 방법도 생각해 볼 수 있다.

20.2 편집증적인 안드로이드

안드로이드 보안의 대부분은 리눅스 커널이 담당한다. 애플리케이션 파일과 리소스들은 그 소유자에게만 사용이 허락되는 이른바 샌드박스로 보호돼 다른 애플리케이션에서는 접근조차 불가능하다. 안드로이드는 인텐트와 서비스, 콘텐트 프로바이더를 사용해 이와 같은 엄격한 프로세스 경계를 낮춰 권한을 바탕으로 애플리케이션 차원의 보안을 유지하고 있다.

이어지는 절들에서는 리눅스 보안 모델과 안드로이드 권한 체계를 좀 더 자세히 살펴본다. 안드로이드 문서에는 보안 주제를 깊이 있고 종합적으로 설명하는 뛰어난 리소스가 제공되며, d.android.com/training/articles/security-tips.html에서 찾아볼 수 있다.

20.2.1 리눅스 커널의 보안

안드로이드 패키지마다 설치 과정에서 고유 리눅스 사용자 ID가 지정된다. 이에 따라 프로세스와 그 리소스에는 다른 애플리케이션에 영향을 미치거나 받지 않도록 샌드박스가 적용된다.

이 커널 차원의 보안 덕택에 애플리케이션과 통신을 하거나 파일이나 리소스에 접근할 때는 몇 가지 단계가 추가로 필요하다. 콘텐트 프로바이더, 인텐트, 서비스, AIDL 인터페이스는 모두 애플리케이션 사이에서 정보가 드나들기 위한 터널을 열어 두는 목적으로 설계된 것들이다. 이들은 의도된 수신처 이외로는 정보가 '새어 나가지' 않도록 안드로이드의 권한이라는 것을 사용해 일종의 국경수비대처럼 양쪽에서 통과하는 트래픽을 제어할 수 있다.

20.2.2 권한 다시 살펴보기

권한은 애플리케이션 차원의 보안 메커니즘으로서 애플리케이션 컴포넌트에 제한적으로 접근한다. 권한은 악성 애플리케이션으로 데이터가 손상되거나 민감한 정보에 접근하지 않도록 또는 하드웨어 리소스나 외부 통신 채널을 과도하게(또는 인증받지 않고) 사용하지 않도록 한다.

앞서 설명한 바와 같이 안드로이드의 각종 네이티브 컴포넌트는 권한 요건을 갖추고 있다. 네이티브 안드로이드 액티비티 및 서비스가 사용하는 권한 문자열들은 android.Manifest.permission 클래스의 정적 상수 형태로 찾아볼 수 있다.

권한 보호 방식의 컴포넌트를 사용하려면 uses-permission 태그를 애플리케이션 매니페스트에 추가해 애플리케이션에 필요한 권한을 지정해야 한다.

패키지가 설치되면 그 매니페스트에 요청된 권한이 신뢰할 만한 기관과 사용자의 피드백에 따라 분석 및 승인(또는 거부)된다.

안드로이드 6.0 마시멜로(API 레벨 23)에서는 '위험'이라는 권한 요건이 추가됐다. 여기에는 PII(개인 식별 정보, personally identifiable information)나 위치 정보 같은 민감한 정보에 대한 접근도 포함된다.

위험한 권한에는 앱에 처음으로 접근하는 사용자로부터 런타임 권한 요청에 대한 명시적인 승인이 필수다.

위험한 권한으로 보호받는 정보에 접근하려고 할 때마다 ActivityCompat.checkSelfPermission 메서드를 사용해 적절한 권한 상수를 전달하고 접근이 승인됐는지 판단한다. 이때 사용자 권한이 승인되면 PERMISSION_GRANTED, 거부되거나 아직 승인되기 전이라면 PERMISSION_DENIED가 반환된다.

```
int permission = ActivityCompat.checkSelfPermission(this,
                Manifest.permission.READ_CONTACTS);
```

```
if (permission==PERMISSION_GRANTED) {
  // 콘텐트 프로바이더에 접근한다.
} else {
  // 권한을 요청하거나
  // 해당 기능을 사용할 수 없다는 대화상자를 표시한다.
}
```

시스템의 런타임 권한 요청 대화상자를 표시하려면 ActivityCompat.requestPermission 메서드를 호출해 요청 권한을 지정해야 한다.

```
ActivityCompat.requestPermissions(this,
  new String[]{Manifest.permission.READ_CONTACTS},
  CONTACTS_PERMISSION_REQUEST);
```

이 메서드는 우리가 변경할 수 없는 표준 안드로이드 대화상자를 표시한다. 사용자가 런타임 요청을 승인하거나 거부하면 해당 콜백을 받게 되며, 이때 onRequestPermissionsResult 핸들러로 돌아가게 된다.

```
@Override
public void onRequestPermissionsResult(int requestCode,
                                       @NonNull String[] permissions,
                                       @NonNull int[] grantResults) {
  super.onRequestPermissionsResult(requestCode, permissions, grantResults);
  // TODO 승인 / 거부 권한에 응답한다.
}
```

권한 선언하기와 강제하기

자체 권한을 정의해 이를 애플리케이션 보호에 적용하는 것도 가능하다.

새 권한을 애플리케이션 컴포넌트에 지정할 수 있으려면 그보다 먼저 코드 20-1에서처럼 permission 태그를 사용해 매니페스트 안에서 이를 정의해야 한다.

코드 20-1 새 권한 선언하기

```
<permission
  android:name="com.professionalandroid.DETONATE_DEVICE"
  android:protectionLevel="dangerous"
  android:label="Self Destruct"
  android:description="@string/detonate_description">
</permission>
```

permission 태그 안에 허용할 접근 수준을 지정할 수 있다.

normal: 애플리케이션 매니페스트 안에서 uses-permission 노드에 포함되면 설치될 때 승인할 수 있다.

dangerous: 애플리케이션 안에서 처음 사용될 때 사용자가 명시적으로 승인해야 한다.

signature: 동일한 인증서로만 서명된 애플리케이션에만 승인할 수 있다.

여기에 권한을 승인하면 초래될 수 있는 위험에 대한 설명이 포함된 외부 리소스와 레이블을 제공할 수도 있다.

애플리케이션 안에서 컴포넌트에 커스텀 권한을 정의하려면 permission 속성을 매니페스트 노드에 추가해야 한다. 권한 제한은 애플리케이션을 통해 강제될 수 있으며 대개 다음과 같은 애플리케이션 인터페이스 경계에서 유용하다.

➤ 액티비티: 다른 애플리케이션에서 특정 액티비티를 제한적으로 시작하기 위한 권한을 추가한다.

➤ 브로드캐스트 리시버: 어떤 애플리케이션에서 인텐트를 현재 리시버로 보낼 수 있는지 제어할 권한을 추가한다.

➤ 인텐트: 어떤 브로드캐스트 리시버가 특정 인텐트를 받을 수 있는지 제어할 권한을 추가한다.

➤ 콘텐트 프로바이더: 읽기 접근이나 쓰기 연산 또는 이 둘 다를 콘텐트 프로바이더에 제한할 권한을 추가한다.

➤ 서비스: 다른 애플리케이션에서 서비스를 제한적으로 시작하거나 바인딩할 권한을 추가한다.

어느 경우든 permission 속성을 매니페스트의 애플리케이션 컴포넌트에 추가해 각 컴포넌트에 접근하기 위한 권한 문자열을 지정할 수 있다. 코드 20-2는 액티비티나 서비스, 브로드캐스트 리시버를 시작하기 위해 코드 20-1에서 정의한 권한을 요청하는 매니페스트의 일부분이다.

코드 20-2 **권한 요건 강제하기**

```
<activity
  android:name=".MyActivity"
  android:label="@string/app_name"
  android:permission="com.professionalandroid.DETONATE_DEVICE">
```

```
</activity>

<service
  android:name=".MyService"
  android:permission="com.professionalandroid.DETONATE_DEVICE">
</service>

<receiver
  android:name=".MyReceiver"
  android:permission="com.professionalandroid.DETONATE_DEVICE">
</receiver>
```

콘텐트 프로바이더를 통해 readPermission과 writePermission 속성을 설정하면 읽기/쓰기 권한을 더욱 섬세하게 제어할 수 있다.

```
<provider
  android:name=".HitListProvider"
  android:authorities="com.professionalandroid.hitlistprovider"
  android:writePermission="com.professionalandroid.ASSIGN_KILLER"
  android:readPermission="com.professionalandroid.LICENSED_TO_KILL"
/>
```

인텐트를 브로드캐스트할 때 권한 강제하기

브로드캐스트 리시버가 인텐트를 받을 때는 필요한 권한을 요청하고 권한 요건을 각 인텐트에 연결해야 한다. 이 과정은 민감한 정보가 담긴 인텐트를 브로드캐스트할 때 유용하다.

이 경우, signature 권한을 요청해 호스트 애플리케이션과 동일한 서명의 애플리케이션만 브로드캐스트를 받을 수 있도록 하는 것이 최선이다.

```
<permission
  android:name="com.professionalandroid.SECRET_DATA"
  android:protectionLevel="signature"
  android:label="Secret Data Transfer"
  android:description="@string/secret_data_description">
</permission>
```

sendBroadcast를 호출할 때는 인텐트를 받는 브로드캐스트 리시버에 필요한 권한 문자열을 제공할 수 있다.

```
sendBroadcast(myIntent, "com.professionalandroid.SECRET_DATA");
```

20.2.3 안드로이드 키스토어에 키 저장하기

안드로이드 키스토어 시스템은 애플리케이션에서 민감한 암호 키를 안전하게 저장해 이를 비인가 접근 및 사용으로부터 보호할 수 있는 컨테이너를 제공한다. 이 키스토어는 애플리케이션 프로세스나 안드로이드 기기에서 키를 추출하지 못하도록 하기 위해 설계됐다.

키의 비인가 사용 가능성을 원천적으로 차단하기 위한 수단으로서 앱은 키스토어에 저장된 키가 사용될 때 인증을 요구한다. 여기에는 암호화나 키 인증 시 소요되는 시간의 제한, 사용자의 과정 인증 이력 요청 등이 포함된다.

안드로이드 키스토어에 접근하려면 키체인 API와 안드로이드 키스토어 프로바이더 등 두 가지 API가 필요하다. 키체인 API는 시스템 차원의 인증서의 저장 및 접근을 지원하기 위해 설계됐다. 이에 따라 여러 애플리케이션에서 동일한 인증서를 사용자의 동의에 따라 사용할 수 있다.

안드로이드 키스토어 프로바이더는 애플리케이션에서 직접 인증서를 저장해 키를 저장하는 애플리케이션에 제한적으로 접근할 수 있도록 설계됐다. 키스토어 프로바이더를 사용하는 앱은 키체인 API와 달리 자신이 저장한 인증서를 조회하기 위한 사용자 상호 작용을 요구하지 않는다.

키를 만들고 저장하거나 안드로이드 키스토어에 저장된 키를 조회하기 위한 세부 사항은 이 책의 범위를 벗어난다. 관련 주제 및 안드로이드 키스토어 시스템의 세부 내용은 d.android.com/training/articles/keystore.html에서 찾아볼 수 있다.

20.2.4 지문 센서 사용하기

안드로이드 6.0 마시멜로(API 레벨 23)에서는 기기에 탑재된 지문 스캐너를 사용한 사용자 인증을 지원하기 위한 새 API를 도입했다.

지문 인증을 앱 안에 포함하려면 우선 USE_FINGERPRINT 권한을 매니페스트에 추가해야 한다.

```
<uses-permission android:name="android.permission.USE_FINGERPRINT"/>
```

앱 안에서 getSystemService 메서드를 사용해 FingerprintManager 클래스의 인스턴스를 얻는다. 이때 FingerPrintManager.class를 전달한다.

FingerprintManagerCompat 클래스를 사용해 하위 호환성 지원을 제공할 수도 있다. 이때 그 from 메서드를 사용해 컨텍스트에 따라 인스턴스를 조회할 수 있다.

```
mFingerprintManager = FingerprintManagerCompat.from(this);
```

지문 매니저를 사용해 authenticate 메서드로 사용자를 인증한다. 이때 옵션인 Crypto Object 와 Cancellation Signal 객체를 인증 콜백 구현과 함께 전달한다.

```
mFingerprintManager.authenticate(
  null, /* or mCryptoObject*/
  0, /* flags */
  null, /* or mCancellationSignal */
  mAuthenticationCallback,
  null);
```

Cancellation Signal은 진행 중인 인증의 취소를 지원한다. Crypto Object는 지문 인증을 사용해 관련 키스토어 키를 '인증받음'으로 표시할 때 전달해야 한다. Crypto Object 매개변수가 제공될 때는 인증 콜백의 인증 결과 안에서 인증되고 반환된다.

인증 결과들은 FingerprintManagerCompat.AuthenticationCallback을 구현한 클래스에 반환된다. 이때 onAuthenticationError, onAuthenticationHelp, onAuthenticationFailed, onAuthenticationSucceeded 핸들러가 사용된다.

```
FingerprintManagerCompat.AuthenticationCallback mAuthenticationCallback
  = new FingerprintManagerCompat.AuthenticationCallback() {

  @Override
  public void onAuthenticationError(int errMsgId, CharSequence errString) {
    // TODO 인증 오류를 처리한다.
    Log.e(TAG, "Fingerprint authentication error: " + errString);
  }

  @Override
  public void onAuthenticationHelp(int helpMsgId, CharSequence helpString) {
    // TODO 인증 도움말을 처리한다.
    Log.d(TAG, "Fingerprint authentication help required: " + helpString);
  }

  @Override
  public void onAuthenticationFailed() {
    // TODO 인증 실패를 처리한다.
```

```
    Log.d(TAG, "Fingerprint authentication failed.");
  }

  @Override
  public void onAuthenticationSucceeded(
             FingerprintManagerCompat.AuthenticationResult result) {
    super.onAuthenticationSucceeded(result);
    // TODO 인증 성공을 처리한다.
    Log.d(TAG, "Fingerprint authentication succeeded.");
  }
};
```

앱에서는 표준 안드로이드 지문 아이콘을 사용해 지문 인증의 UI를 구현해야 한다.

지문 API를 사용해 구매 흐름을 인증하는 온전한 예시는 안드로이드 지문 아이콘(ic_fp_40px. png)을 포함해 github.com/googlesamples/android-FingerprintDialog/의 지문 대화상자 샘플로 참고할 수 있다.

20.3 각기 다른 하드웨어 및 소프트웨어 사용 가능성 처리하기

스마트폰과 태블릿에서 웨어러블, 텔레비전에 이르기까지 안드로이드는 날로 늘어가는 다양한 하드웨어에서 사용되고 있다. 그리고 새로운 기기가 등장할 때마다 하드웨어 구성이나 소프트웨어 플랫폼은 다양해지고 있다. 이와 같은 유연성은 안드로이드의 성공이라는 측면에서 의미심장한 요소이지만 앱이 설치되고 실행되는 기기의 하드웨어와 소프트웨어에 대해서도 같은 가정을 할 수 없다는 우려 또한 제기된다.

이런 우려를 완화하기 위해 안드로이드 플랫폼은 상위 호환성을 유지하고 있다. 다시 말해, 특정 하드웨어나 소프트웨어 혁신이 사용 가능해지기 전에 설계된 앱들도 후속 변경 없이 이를 사용할 수 있다는 것이다.

안드로이드 플랫폼 릴리스는 하위 호환성도 지원한다. 즉, 앱이 새로운 하드웨어 및 소프트웨어 릴리스에서도 계속 작동한다. 물론 매번 앱을 업그레이드해야 하는 것은 아니다.

상위 호환성과 하위 호환성이 어우러져 안드로이드 앱은 플랫폼이 진화하더라도 새 하드웨어와 소프트웨어에서도 계속 작동하며 이를 사용할 수도 있다.

다시 말해, 플랫폼 릴리스마다 새 API와 플랫폼의 기능이 포함된다. 이와 마찬가지로 새 하드웨어도 사용할 수 있고 이에 따라 앱의 기능과 사용자 경험이 개선된다.

이전 플랫폼을 실행하는 하드웨어를 계속 지원하면서도 새 기능을 사용할 수 있으려면 앱에 하위 호환성을 보장해야 한다.

한편, 안드로이드 기기의 다양한 하드웨어 플랫폼은 어떤 하드웨어를 사용할 수 있는지 가정하기 어렵게 할 수도 있다.

이어지는 절들에서는 특정 하드웨어가 필요하다는 것을 어떻게 지정하고 런타임에 하드웨어를 확인하거나 하위 호환성이 지원되는 앱을 만드는 방법을 설명한다.

20.3.1 필요한 하드웨어 지정하기

애플리케이션의 하드웨어 요건은 일반적으로 두 가지 카테고리로 분류된다. 하나는 애플리케이션이 실용성을 갖기 위한 하드웨어이고, 다른 하나는 사용할 수 있지만 반드시 필요한 것은 아닌 하드웨어다. 앞엣것은 특정 하드웨어를 중심으로 만든 애플리케이션의 경우다. 예를 들어 카메라 대체 앱은 카메라가 없는 기기에서 무용지물이다.

특정 하드웨어를 앱 설치 요건으로 지정하려면 그 매니페스트에 uses-feature 노드를 추가한다.

```
<uses-feature android:name="android.hardware.sensor.compass"/>
<uses-feature android:name="android.hardware.camera"/>
```

이는 특정 하드웨어가 반드시 필요하지 않지만 특정 하드웨어 구성을 지원하도록 설계되지 않은 앱에도 유용하다. 틸트 센서나 터치스크린으로 제어해야 하는 게임이 단적인 예다.

 참고
애플리케이션에 하드웨어 제한 요건을 더 많이 둘수록 대상 사용자의 폭은 더 좁아진다. 따라서 하드웨어 제한을 핵심 기능으로만 한정하는 것이 좋다.

20.3.2 하드웨어 사용 가능성 확인하기

유용하지만 반드시 필요한 것은 아닌 하드웨어의 경우, 어떤 하드웨어를 사용할 수 있는지 파악하기 위해 런타임에 호스트 하드웨어 플랫폼을 조회할 수 있다. 패키지 매니저에는

PackageManager.FEATURE_ 정적 상수를 받는 hasSystemFeature 메서드가 제공된다.

```
PackageManager pm = getPackageManager();
pm.hasSystemFeature(PackageManager.FEATURE_SENSOR_COMPASS);
```

패키지 매니저에는 모든 사용 가능한 하드웨어 옵션이 상수 형태로 제공된다. 이에 따라 UI와 기능을 맞춤 설정할 수 있다.

20.3.3 하위 호환성 애플리케이션 만들기

새로운 안드로이드 SDK 릴리스에는 새로운 하드웨어 지원, API, 버그 픽스, 성능 개선이 함께한다. 기존 앱은 가능하다면 빨리 업데이트돼야 새로운 기능을 사용할 수 있고, 새 안드로이드 기기 사용자에게 최상의 사용자 경험을 보장할 수 있다.

이와 동시에 앱에 하위 호환성을 부여하면 이전 버전의 안드로이드 플랫폼으로 작동하는 기기의 사용자도 앱을 계속 사용할 수 있는 기회를 받게 된다. 이에 따라 최신 기기보다 더 큰 시장 점유율을 차지하는 데도 도움이 된다.

안드로이드 API 상당수는, 특히 편의성 클래스나 UI 클래스는 별도의 안드로이드 지원과 안드로이드 아키텍처 컴포넌트 라이브러리 또는 경우에 따라 구글 플레이 서비스 API를 통해 배포된다. 독자적인 라이브러리의 일부로 사용할 수 없는 기능이 있다면 여기서 설명하는 테크닉을 사용해 새 기능을 통합해야 동일한 패키지 안에서 여러 플랫폼 버전을 지원할 수 있다.

설명하는 테크닉마다 플랫폼에 연결되는 해당 API 레벨을 알아야 한다.

현재 플랫폼에서 사용할 수 없는 클래스를 가져오거나 메서드를 호출하면 상위 클래스의 인스턴스가 만들어질 때나 메서드가 호출될 때 런타임 예외가 발생한다.

이를 런타임에 찾으려면 android.os.Build.VERSION.SDK_INT 상수를 사용한다.

```
private static boolean nfc_beam_supported =
    android.os.Build.VERSION.SDK_INT > 14;
```

지정 클래스 또는 메서드에 어느 API가 필요한지 파악하려면 프로젝트의 빌드 대상을 하나씩 낮추면서 어느 클래스에서 빌드가 중단되는지 적어 두는 것이 가장 쉽다.

병렬 액티비티

효율성은 최악이지만 가장 간단하게 하위 호환성을 보장하기 위한 방법은 지원할 최소 안드로이드 플랫폼 버전과 호환하는 기본 클래스를 기준으로 병렬 액티비티와 서비스, 브로드캐스트 리시버들을 만드는 것이다.

명시적인 인텐트를 사용해 서비스나 액티비티를 시작하면 런타임에 올바른 컴포넌트셋을 선택할 수 있다. 플랫폼 버전을 확인하고 그에 따라 적절한 서비스 및 액티비티를 특정하면 된다.

```
private static boolean nfc_beam_supported =
  android.os.Build.VERSION.SDK_INT > 14;

Intent startActivityIntent = null;

if (nfc_beam_supported)
  startActivityIntent = new Intent(this, NFCBeamActivity.class);
else
  startActivityIntent = new Intent(this, NonNFCBeamActivity.class);

startActivity(startActivityIntent);
```

암시적인 인텐트와 브로드캐스트 리시버의 경우에는 불리언 리소스를 가리키는 매니페스트 항목에 android:enabled 태그를 추가하면 된다.

```
<receiver
  android:name=".MediaControlReceiver"
  android:enabled="@bool/supports_remote_media_controller">
  <intent-filter>
    <action android:name="android.intent.action.MEDIA_BUTTON"/>
  </intent-filter>
</receiver>
```

이제 API 레벨을 기준으로 대체 리소스 항목을 만들 수 있다.

```
res/values/bool.xml
  <bool name="supports_remote_media_controller">false</bool>

res/values-v14/bool.xml
  <bool name="supports_remote_media_controller">true</bool>
```

인터페이스와 프래그먼트

인터페이스는 동일한 기능을 여러 구현으로 지원하는 전통적인 방식이다. 어떤 기능을 새로 사용할 수 있게 된 API에 따라 다르게 구현하려면 수행될 액션을 정의하는 인터페이스를 만들고 특정 API 레벨에 맞춰 구현해야 한다.

런타임에 현재 플랫폼 버전을 확인하고 적절한 클래스의 인스턴스를 만들어 그 메서드를 사용한다.

```
IP2PDataXfer dataTransfer;

if (android.os.Build.VERSION.SDK_INT > 14)
  dataTransfer = new NFCBeamP2PDataXfer();
else
  dataTransfer = new NonNFCBeamP2PDataXfer();
dataTransfer.initiateP2PDataXfer();
```

프래그먼트는 병렬 컴포넌트에 캡슐화를 좀 더 강화한 대안이다. 액티비티를 복제하지 않고 프래그먼트를 (리소스 계층구조와 함께) 사용하면 각기 다른 플랫폼 릴리스와 하드웨어 구성에 최적화된 일관적인 UI를 만들 수 있다.

액티비티의 UI 로직 대부분은 액티비티 자체가 아닌 개별 프래그먼트 안에 포함돼야 한다. 따라서 각기 다른 기능을 노출하고 사용할 대체 프래그먼트만 만들어 res/layout-v[API level] 폴더마다 따로 저장된 동일한 레이아웃을 서로 다른 버전으로 인플레이트해야 한다.

프래그먼트 간 그리고 프래그먼트 내 상호 작용은 일반적으로 각 프래그먼트 안에서 유지된다. 따라서 미지원 API 관련 코드만 액티비티 안에서 변경하면 된다. 만일 프래그먼트의 각 종류가 동일한 인터페이스 정의와 ID를 구현하면 액티비티를 반복해 만들어 여러 레이아웃과 프래그먼트의 정의를 지원하지 않아도 된다.

20.4 엄격 모드로 사용자 인터페이스 성능 최적화하기

리소스 제약이 큰 모바일 기기의 특성상 시간이 많이 소요되는 작업이 메인 애플리케이션 스레드로 수행되면 그 영향이 배가된다. 네트워크 리소스에 접근하거나 파일을 읽고 쓰고 UI 스레드가 차단된 동안 데이터베이스에 접근하면 사용자 경험에 심각한 영향을 미쳐 경우에 따라서는 애플리케이션의 반응성을 떨어뜨리고 더 나아가 아예 반응하지 않는 결과를 초래할 수 있다.

이런 시간 소모적인 연산을 백그라운드 스레드로 옮기는 방법은 11장 '백그라운드에서 작업하기'에서 살펴봤다. 엄격 모드(Strict Mode)는 놓쳤을 수도 있는 상황을 파악할 수 있는 도구다.

엄격 모드 API를 사용하면 애플리케이션 안에서 액션들을 모니터링하는 일련의 정책을 지정할 수 있고, 어떤 방식으로 알림을 제공할지 정의할 수 있다. 정책을 정의할 때는 현재 애플리케이션 스레드나 애플리케이션의 VM 프로세스에 따른다. 현재 애플리케이션 스레드를 따르는 것이 UI 스레드에 수행되는 느린 작업을 감지하기에 완벽하다. 반면 애플리케이션의 VM 프로세스를 따르면 메모리와 컨텍스트 누수를 감지하는 데 도움이 된다.

엄격 모드를 사용하려면 새 ThreadPolicy 클래스와 새 VmPolicy 클래스를 생성한다. 이때 그 정적 빌더 클래스를 detect 메서드와 함께 사용해 모니터링할 액션을 정의한다. penalty 메서드는 이 액션을 감지했을 때 시스템이 응답하는 방식을 제어한다.

ThreadPolicy는 디스크 읽기/쓰기 및 네트워크 접근을 감지할 때 사용된다. 반면, VmPolicy는 애플리케이션에서 액티비티, SQLite, 차단 가능한 객체 누수를 모니터링할 수 있다.

두 정책에 사용할 수 있는 페널티에는 로깅 또는 애플리케이션 종료 등이 있다. 한편, ThreadPolicy는 온스크린 대화상자 또는 화면 테두리의 깜빡임을 표시할 수도 있다.

두 빌더 클래스에는 호스트 플랫폼이 지원하는 가능한 모든 모니터링 옵션이 포함된 detectAll 메서드도 제공된다. StrictMode.enableDefaults 메서드를 사용해 기본 모니터링 및 페널티 옵션을 적용할 수도 있다.

애플리케이션 전체에서 엄격 모드를 활성화하려면 코드 20-3에서처럼 Application 클래스의 서브 클래스를 생성해야 한다.

코드 20-3 애플리케이션에 엄격 모드 활성화하기

```java
public class MyApplication extends Application {

  public static final boolean DEVELOPER_MODE = true;

  @Override
  public final void onCreate() {
    super.onCreate();

    if (DEVELOPER_MODE) {
      StrictMode.enableDefaults();
    }
  }
}
```

특정 액티비티나 서비스 또는 다른 애플리케이션 컴포넌트에 엄격 모드를 활성화하려면(또는 그 설정을 세부적으로 조정하려면) 단순히 해당 컴포넌트의 onCreate 메서드 안에서 동일한 패턴만 사용해야 한다.

20.5 전화 통신과 SMS

안드로이드에는 전화 통신 API가 함께 제공돼, 전화 상태나 통화를 모니터링할 수 있을 뿐 아니라 전화를 걸고 수신 전화의 세부 정보를 살펴볼 수도 있다.

안드로이드는 또한 SMS 기능을 빠짐없이 지원해 애플리케이션 안에서 SMS 메시지를 주고받을 수 있다. 안드로이드 API를 사용하면 자체 SMS 클라이언트 애플리케이션을 만들어 소프트웨어 스택의 일부로 사용할 수 있는 네이티브 클라이언트를 대체할 수 있다. 일부 SMS 메시징 기능을 애플리케이션 안에 통합할 수도 있다.

와이파이 전용 안드로이드 기기의 등장으로 전화 통신 하드웨어를 애플리케이션이 사용할 수 있는 모든 기기에서 사용할 수 있다는 가정은 더 이상 효력이 없다.

일부 애플리케이션은 전화 통신을 지원하지 않는 기기에서 의미가 없다. 따라서 발신자 번호를 추적하는 애플리케이션이나 대체 SMS 클라이언트는 와이파이 전용 기기에서 작동하지 않는다.

애플리케이션에 전화 통신 지원을 지정하려면 uses-permission 노드를 애플리케이션 매니페스트에 추가해야 한다.

```
<uses-feature android:name="android.hardware.telephony"
              android:required="true"/>
```

> **참고**
>
> 앞 절에서 설명한 바와 같이 전화 통신을 필수 기능으로 지정하면 전화 통신 하드웨어가 없는 기기를 사용해서는 구글 플레이에서 애플리케이션을 찾을 수 없다. 그리고 그런 기기에는 구글 플레이 웹사이트에서 애플리케이션을 설치할 수도 없다.

전화 통신 API를 사용하더라도 애플리케이션에 반드시 필요한 경우가 아니라면 전화 통신 하드웨어의 존재를 확인하고 관련 API를 사용할 수 있다.

패키지 매니저의 hasSystemFeature 메서드를 사용해 PackageManager.FEATURE_TELE PHONY 문자열을 지정한다. 패키지 매니저에는 또한 CDMA 및 GSM 전용 하드웨어의 존재를 조회할 수 있는 상수도 제공된다.

```
PackageManager pm = getPackageManager();

boolean telephonySupported =
  pm.hasSystemFeature(PackageManager.FEATURE_TELEPHONY);
boolean gsmSupported =
  pm.hasSystemFeature(PackageManager.FEATURE_TELEPHONY_CDMA);
boolean cdmaSupported =
  pm.hasSystemFeature(PackageManager.FEATURE_TELEPHONY_GSM);
```

20.5.1 전화 통신

안드로이드 전화 통신 API는 애플리케이션에서 전화 하드웨어 스택에 접근할 수 있도록 한다. 이에 따라 자체 통화 앱을 만들 수 있으며 통화 처리와 전화 상태 모니터링을 애플리케이션에 통합할 수도 있다.

보안 문제 때문에 현재 안드로이드 SDK에서는 수신 전화나 발신 전화가 시작될 때 표시되는 화면인 자체 인콜(in-call) 액티비티를 만들 수 없다.

인텐트를 사용해 전화 통신 시작하기

전화 통신을 시작하는 최선의 방법은 Intent.ACTION_DIAL 인텐트를 사용하는 것이다. 이때 tel: 스키마를 사용해 인텐트 데이터를 설정하는 방식으로 전화번호를 지정한다.

```
Intent whoyougonnacall = new Intent(Intent.ACTION_DIAL,
                                    Uri.parse("tel:555-2368"));
startActivity(whoyougonnacall);
```

이렇게 하면 인텐트 데이터로 지정한 전화번호가 미리 입력된 다이얼러 액티비티가 시작된다. 기본 다이얼러 액티비티는 전화를 시작하기 전에 사용자가 전화번호를 변경할 수 있다. 따라서 ACTION_DIAL 인텐트 액션을 사용하면 특별한 권한이 필요 없다.

인텐트를 사용해 전화를 걸겠다는 의도를 밝히면 전화를 시작하는 데 사용되는 다이얼러 구현과 애플리케이션은 서로 분리된다. 예를 들어 사용자가 IP 기반 전화 통신을 지원하는 새 다이얼러를 설치했으면 애플리케이션에서 인텐트를 사용해 전화를 걸 때 사용자는 이 새 다이얼러로 전화를 할 수 있다.

새 다이얼러 만들기

네이티브 전화 통신 앱을 대체할 수도 있는 새 다이얼러 애플리케이션을 만들 때는 다음 두 단계를 반드시 포함해야 한다.

1. 애플리케이션에서 네이티브 다이얼러로 서비스되는 인텐트를 가로챈다.
2. 발신 전화를 시작하고 관리해야 한다.

네이티브 다이얼러 애플리케이션은 사용자가 하드웨어 통화 버튼을 누르는 인텐트 액션에 응답한다. 이때 앞 절에서 설명한 대로 tel: 스키마를 사용해 데이터를 확인하도록 요청하거나 ACTION_DIAL 요청을 하게 된다.

이 요청을 가로채려면 다음 액션을 주시하는 대체 다이얼러 액티비티의 매니페스트 항목에 intent-filter 태그를 포함한다.

➤ Intent.ACTION_CALL_BUTTON: 이 액션은 기기의 하드웨어 통화 버튼이 눌리면 브로드캐스트된다. 이 액션을 기본 액션으로 주시하는 인텐트 필터를 만든다.

➤ Intent.ACTION_DIAL: 이 인텐트 액션은 앞 절에서 설명한 바와 같이 전화 통신을 시작하려는 애플리케이션에 사용된다. 이 액션을 가로채는 데 사용되는 인텐트 필터는 기본값이어야 하고, 이와 동시에 검색 가능해야 한다(웹 브라우저에서 이뤄지는 전화 요청을 지원하기 위해). 그리고 tel: 스키마를 지정해 기존 다이얼러 기능을 교체해야 한다(추가 스키마를 지원할 수 있더라도).

➤ Intent.ACTION_VIEW: 이 뷰 액션은 데이터를 확인하려는 애플리케이션에 사용된다. 새 액티비티에서 전화번호를 확인할 수 있도록 tel: 스키마를 인텐트 필터에서 지정해야 한다.

코드 20-4의 매니페스트 조각 코드는 각 액션을 가로채는 인텐트 필터의 액티비티를 나타낸다.

```
<activity
  android:name=".MyDialerActivity"
  android:label="@string/app_name">
  <intent-filter>
    <action android:name="android.intent.action.CALL_BUTTON" />
    <category android:name="android.intent.category.DEFAULT" />
  </intent-filter>
  <intent-filter>
    <action android:name="android.intent.action.VIEW" />
    <action android:name="android.intent.action.DIAL" />
    <category android:name="android.intent.category.DEFAULT" />
    <category android:name="android.intent.category.BROWSABLE" />
    <data android:scheme="tel" />
  </intent-filter>
</activity>
```

시작된 액티비티는 사용자에게 전화번호를 입력하거나 수정해 전화를 걸 수 있도록 하는 UI 를 제공한다. 이때 기존 전화 통신 스택이나 자체 다이얼러를 사용해 전화를 시작한다.

가장 단순한 방법은 기존 전화 통신 스택을 사용하는 것으로, Intent.ACTION_CALL 액션이 필요하다. 이 액션은 시스템의 인콜(in-call) 액티비티를 사용해 전화를 시작하며 다이얼 조작 이나 연결, 음성 처리 등 모든 것을 시스템에서 관리한다.

이 액션을 사용하려면 애플리케이션에서 CALL_PHONE 권한을 요청해야 한다.

```
<uses-permission android:name="android.permission.CALL_PHONE"/>
```

이 권한은 위험하기 때문에 코드 20-5에서처럼 런타임에 권한을 요청하고 승인을 확인해야 한다.

```
int permission = ActivityCompat.checkSelfPermission(this,
                    android.Manifest.permission.CALL_PHONE);

if (permission == PackageManager.PERMISSION_GRANTED) {

  Intent whoyougonnacall = new Intent(Intent.ACTION_CALL,
                                      Uri.parse("tel:555-2368"));
  startActivity(whoyougonnacall);

// 권한이 승인되지 않았다면 이를 요청한다.
```

```
} else {
  if (ActivityCompat.shouldShowRequestPermissionRationale(
        this, android.Manifest.permission.CALL_PHONE)) {
    // TODO 요청한 권한의 추가 정보를 표시한다.
  }
  ActivityCompat.requestPermissions(this,
    new String[]{android.Manifest.permission.CALL_PHONE},
    CALL_PHONE_PERMISSION_REQUEST);
}
```

자체 다이얼링 및 음성 처리 프레임워크를 구현해 발신 전화 통신 스택을 완전히 교체할 수도 있다. 이는 VOIP(Voice over IP) 애플리케이션을 구현한다면 완벽한 대안이라 할 수 있다.

전화 통신 프로퍼티와 전화 상태에 접근하기

전화 통신 API에 대한 접근 관리는 전화 통신 매니저가 담당한다. 이때 getSystemService 메서드를 사용해 접근한다.

```
String srvcName = Context.TELEPHONY_SERVICE;
TelephonyManager telephonyManager =
  (TelephonyManager)getSystemService(srvcName);
```

전화 통신 매니저는 다양한 전화 프로퍼티에 대한 직접적인 접근을 제공한다. 여기에는 기기, 네트워크, SIM(Subscriber Identity Module), 데이터 상태 세부 정보 등이 포함된다. 그리고 일부 연결 상태 정보에도 접근할 수 있다. 다만, 이 과정은 18장 '블루투스, NFC, 와이파이 P2P 통신하기'에서 설명한 대로 대개 연결 매니저를 사용해 진행된다.

전화 통신 매니저의 거의 모든 메서드는 애플리케이션 매니페스트에 READ_PHONE_STATE 권한이 포함돼야 사용될 수 있다.

```
<uses-permission android:name="android.permission.READ_PHONE_STATE"/>
```

READ_PHONE_STATE 권한 또한 위험하기 때문에 런타임 사용자 권한을 확인하고 요청한 이후에 전화 상태의 세부 결과를 받을 수 있다. 코드 20-6은 이를 나타낸 것이다.

안드로이드 롤리팝(API 레벨 22)에서는 다양한 전화 통신 가입 모델을 추가로 지원했다(예 여러 SIM 카드를 지원하는 듀얼 SIM 기기). 활성 가입 리스트에 접근하려면 가입 매니저의 getActive SubscriptionInfoList 메서드를 사용해야 한다. 단, 전화 통신 매니저처럼 가입 매니저의 모든 메서드에도 READ_PHONE_STATE 권한이 필요하다.

```
SubscriptionManager subscriptionManager = (SubscriptionManager)
  getSystemService(Context.TELEPHONY_SUBSCRIPTION_SERVICE);

List<SubscriptionInfo> subscriptionInfos
  = subscriptionManager.getActiveSubscriptionInfoList();
```

기본적으로 전화 통신 매니저의 메서드들은 기본 가입자 관현 프로퍼티를 반환한다. 안드로이드 누가(API 레벨 24)에서는 전화 통신 매니저에 createForSubscriptionId 메서드를 도입했다. 이 메서드는 지정된 가입자 ID에 해당하는 새 전화 통신 매니저를 반환한다.

```
for (SubscriptionInfo subscriptionInfo : subscriptionInfos) {
  int id = subscriptionInfo.getSubscriptionId();
  TelephonyManager manager = telephonyManager.createForSubscriptionId(subId);
  [ ... 쿼리 프로퍼티 ...]
}
```

코드 20-6에서처럼 전화 통신 매니저에서 전화 유형(GSM, CDMA, SIP)과 고유 ID(IMEI 또는 MEID), 전화번호를 얻을 수 있다.

코드 20-6 전화 유형과 기기의 전화번호에 접근하기

```
String phoneTypeStr = "unknown";

int phoneType = telephonyManager.getPhoneType();
switch (phoneType) {
  case (TelephonyManager.PHONE_TYPE_CDMA):
    phoneTypeStr = "CDMA";
    break;
  case (TelephonyManager.PHONE_TYPE_GSM) :
    phoneTypeStr = "GSM";
    break;
  case (TelephonyManager.PHONE_TYPE_SIP):
    phoneTypeStr = "SIP";
    break;
  case (TelephonyManager.PHONE_TYPE_NONE):
    phoneTypeStr = "None";
    break;
  default: break;
}

Log.d(TAG, phoneTypeStr);
```

```
// -- 여기에는 READ_PHONE_STATE uses-permission이 필요하다. --
int permission = ActivityCompat.checkSelfPermission(this,
                    android.Manifest.permission.READ_PHONE_STATE);

if (permission == PackageManager.PERMISSION_GRANTED) {
  // GSM용 IMEI 또는 CDMA용 MEID를 읽는다.
  String deviceId = telephonyManager.getDeviceId();
  // 전화의 소프트웨어 버전을 읽는다(주의: SDK 버전이 아니다).
  String softwareVersion = telephonyManager.getDeviceSoftwareVersion();
  // 전화의 전화번호를 얻는다(가능한 경우).
  String phoneNumber = telephonyManager.getLine1Number();
// 권한이 승인되지 않았다면 요청한다.
} else {
  if (ActivityCompat.shouldShowRequestPermissionRationale(
       this, android.Manifest.permission.READ_PHONE_STATE)) {
    // TODO 요청된 권한의 추가 정보를 표시한다.
  }

  ActivityCompat.requestPermissions(this,
    new String[]{android.Manifest.permission.READ_PHONE_STATE},
    PHONE_STATE_PERMISSION_REQUEST);
}
```

기기가 네트워크에 연결되면 전화 통신 매니저를 사용해 모바일 국가 코드 및 모바일 네트워크 코드(MCC+MNC), 국가 ISO 코드, 네트워크 사업자 이름, 연결한 네트워크의 종류 등을 읽을 수 있다. 이때 getNetworkOperator, getNetworkCountryIso, getNetworkOperatorName, getNetworkType 메서드가 사용된다.

이들 명령은 모바일 네트워크에 연결될 때만 유효하다. 그리고 CDMA 네트워크에서는 불안정할 수 있다. getPhoneType 메서드를 사용하면 어느 전화 유형이 현재 사용 중인지 파악할 수 있다.

전화 상태 리스너를 사용해 전화 상태의 변화 모니터링하기

안드로이드 전화 통신 API는 전화 상태의 변화 및 관련 세부 정보(예 수신 전화번호)를 모니터링할 수 있도록 한다. 전화 상태의 변화는 PhoneStateListener 클래스를 통해 모니터링하며 이때 일부 상태 변화는 인텐트 형태로 브로드캐스트된다.

전화 상태를 모니터링하는 등과 같이 관리하려면 애플리케이션에서 READ_PHONE_STATE 권한을 지정해야 한다. 여기에는 앞 절에서 설명한 바와 같이 런타임 권한 확인이 포함된다.

추상 PhoneStateListener 클래스를 확장하는 새 클래스를 만들어 통화 상태(벨소리, 통화 종료 등), 셀 위치의 변화, 음성 사서함 및 착신 상태, 전화 서비스의 변화, 모바일 신호 강도의 변화 등을 비롯한 전화 상태의 변화 이벤트를 모니터링하고 응답한다.

 참고

PhoneStateListener는 애플리케이션이 실행 중일 때만 전화 상태 변화 알림을 받는다.

PhoneStateListener 인터페이스를 구현한 클래스에서 응답하려는 이벤트의 이벤트 핸들러를 오버라이드한다. 각 핸들러는 새 전화 상태를 가리키는 매개변수, 예를 들어 현재 셀의 위치, 통화 상태, 신호 강도 등을 받는다.

```
PhoneStateListener phoneStateListener = new PhoneStateListener() {
  public void onCallForwardingIndicatorChanged(boolean cfi){}
  public void onCallStateChanged(int state, String incomingNumber){}
  public void onCellInfoChanged(List<CellInfo> cellInfo){}
  public void onCellLocationChanged(CellLocation location){}
  public void onDataActivity(int direction){}
  public void onDataConnectionStateChanged(int state, int networkType){}
  public void onMessageWaitingIndicatorChanged(boolean mwi){}
  public void onServiceStateChanged(ServiceState serviceState){}
  public void onSignalStrengthsChanged(SignalStrength signalStrength) {}
};
```

PhoneStateListener 객체를 생성했으면 이를 전화 통신 매니저에 등록한다. 이때 리스닝하려는 이벤트를 가리키는 비트마스크를 사용한다.

```
telephonyManager.listen(phoneStateListener,
                        PhoneStateListener.LISTEN_CALL_FORWARDING_INDICATOR|
                        PhoneStateListener.LISTEN_CALL_STATE |
                        PhoneStateListener.LISTEN_CELL_LOCATION |
                        PhoneStateListener.LISTEN_DATA_ACTIVITY |
                        PhoneStateListener.LISTEN_DATA_CONNECTION_STATE |
                        PhoneStateListener.LISTEN_MESSAGE_WAITING_INDICATOR |
                        PhoneStateListener.LISTEN_SERVICE_STATE |
                        PhoneStateListener.LISTEN_SIGNAL_STRENGTHS);
```

리스너를 등록 해지하려면 listen을 호출하고 PhoneStateListener.LISTEN_NONE을 비트마스크 매개변수 형태로 전달해야 한다.

```
telephonyManager.listen(phoneStateListener,
                        PhoneStateListener.LISTEN_NONE);
```

예를 들어, 애플리케이션에서 수신 전화에 응답하려면 PhoneStateListener를 구현한 클래스에서 PhoneStateListener 메서드를 오버라이드하고 통화 상태가 바뀌면 알림을 받기 위해 이를 등록해야 한다.

```
PhoneStateListener callStateListener = new PhoneStateListener() {
  public void onCallStateChanged(int state, String incomingNumber) {
    String callStateStr = "Unknown";

  switch (state) {
    case TelephonyManager.CALL_STATE_IDLE :
      callStateStr = "Idle"; break;
    case TelephonyManager.CALL_STATE_OFFHOOK :
      callStateStr = "Offhook (In Call)"; break;
    case TelephonyManager.CALL_STATE_RINGING :
      callStateStr = "Ringing. Incoming number is: "
      + incomingNumber;
      break;
    default : break;
  }

  Toast.makeText(MyActivity.this,
    callStateStr, Toast.LENGTH_LONG).show();
  }
};

telephonyManager.listen(callStateListener,
                        PhoneStateListener.LISTEN_CALL_STATE);
```

onCallStateChanged 핸들러는 수신 전화와 연결된 전화번호를 받고 state 매개변수는 다음 세 가지 값 중 하나로 현재 통화 상태를 나타낸다.

> ➤ TelephonyManager.CALL_STATE_IDLE: 걸려온 전화가 없거나 통화 중도 아닐 때

> ➤ TelephonyManager.CALL_STATE_RINGING: 전화가 걸려올 때

> ➤ TelephonyManager.CALL_STATE_OFFHOOK: 현재 통화 중일 때

단, 상태가 CALL_STATE_RINGING으로 바뀌자마자 시스템은 수신 전화 화면 또는 알림을 표시하고 사용자에게 전화를 받을지 묻는다.

인텐트 리시버를 사용해 수신 전화 모니터링하기

앞 절의 PhoneStateListener는 액티비티가 실행 중일 때만 작동한다. 모든 수신 전화를 모니터링하려면 인텐트 리시버를 사용해야 한다.

전화가 걸려오거나 통화 중이고 또는 전화를 끊은 결과로 전화 상태가 바뀌면 전화 통신 매니저가 ACTION_PHONE_STATE_CHANGED 인텐트를 브로드캐스트한다.

다음 조각 코드에서처럼 브로드캐스트 인텐트를 리스닝하는 매니페스트 인텐트 리시버를 등록하면 애플리케이션이 실행 중이지 않더라도 수신 전화 통신을 리스닝할 수 있다. 단, 애플리케이션의 매니페스트에 READ_PHONE_STATE 권한을 추가하고 런타임에도 이 권한을 요청해야 전화 상태 브로드캐스트 인텐트를 받을 수 있다.

```
<receiver android:name="PhoneStateChangedReceiver">
  <intent-filter>
    <action android:name="android.intent.action.PHONE_STATE"/>
  </intent-filter>
</receiver>
```

PhoneStateChangedReceiver 인텐트는 최대 2개까지 엑스트라를 포함할 수 있다. 그런 모든 브로드캐스트는 EXTRA_STATE 엑스트라를 포함한다. 이 엑스트라의 값은 새 전화 상태를 가리키기 위해 앞서 설명한 TelephonyManager.CALL_STATE_ 액션들 중 하나가 된다. 전화가 걸려오면 브로드캐스트 인텐트는 EXTRA_INCOMING_NUMBER 엑스트라도 포하하게 된다. 이 엑스트라의 값은 걸려오는 전화의 번호를 가리킨다.

다음 기본 코드는 현재 전화 상태와 걸려오는 전화번호를 추출하는 데 사용될 수 있다.

```
public class PhoneStateChangedReceiver extends BroadcastReceiver {
  @Override
  public void onReceive(Context context, Intent intent) {
    String phoneState = intent.getStringExtra(TelephonyManager.EXTRA_STATE);
    if (phoneState.equals(TelephonyManager.EXTRA_STATE_RINGING)) {
      String phoneNumber =
        intent.getStringExtra(TelephonyManager.EXTRA_INCOMING_NUMBER);
      Toast.makeText(context,
            "Incoming Call From: " + phoneNumber,
            Toast.LENGTH_LONG).show();
    }
  }
}
```

20.5.2 SMS 메시지 주고받기

SMS 기술은 이동통신사 망을 통해 휴대전화에서 단문의 텍스트 메시지를 주고받을 목적으
로 설계됐다. 현재 사람이 읽을 수 있는 텍스트 메시지뿐 아니라 애플리케이션이 소비하는 데
이터 메시지도 보낼 수 있도록 지원하고 있다. MMS(Multimedia Message Service) 메시지는 사
용자에게 사진이나 비디오, 오디오와 같은 멀티미디어 요소를 포함할 수 있도록 한다.

안드로이드에서는 SMS 메시징을 온전히 지원하는 API가 안드로이드 4.4 킷캣(API 레벨 19)에
도입됐다.

SMS와 MMS는 기술적으로 성숙하다. 따라서 SMS와 MMS를 어떻게 구성하고 전송하는지에
관한 기술적 세부 내용을 쉽게 찾아볼 수 있다. 여기서는 그 내용을 반복하지 않을 것이다. 이
어지는 절들에서는 안드로이드 애플리케이션에서 텍스트 메시지를 주고받는 실용성에만 초점
을 맞출 것이다.

안드로이드에서는 기기에 설치된 메시징 애플리케이션과 SEND 및 SEND_TO 브로드캐스트
인텐트를 사용해 SMS/MMS 메시지를 보낼 수 있다.

그리고 SmsManager 클래스를 통해 애플리케이션 안에 SMS 기능을 온전히 통합할 수도 있
다. SMS 매니저를 사용하면 네이티브 SMS 애플리케이션 대신 텍스트 메시지를 보내거나 들
어오는 텍스트에 응답할 수 있다.

안드로이드 5.0 롤리팝(API 레벨 21)에서는 복수의 전화 통신 가입자(예 듀얼 SIM 기기)를 지원
하기 시작했다. 그 결과 SMS 메시지를 보낼 때 어느 사업자를 사용할지 선택할 수 있다. 사용
가능한 가입자를 파악하는 데 필요한 세부 내용은 앞 절인 '전화 통신 프로퍼티와 전화 상태
에 접근하기'에서 찾아볼 수 있다.

인텐트를 사용해 SMS 메시지 보내기

인텐트를 사용해 SMS/MMS 메시지를 보낼 때는 온전한 SMS 클라이언트를 직접 구현하기보
다 다른 애플리케이션, 대개 네이티브 SMS 애플리케이션을 활용하는 것이 최선이다.

우선 Intent.ACTION_SENDTO 액션 인텐트로 startActivity를 호출한다. 이때 sms: 스키마 표기법을 인텐트 데이터로 지정한다. 보내려는 메시지를 인텐트 페이로드 안에 sms_body 엑스트라를 사용해 포함한다.

```
Intent smsIntent = new Intent(Intent.ACTION_SENDTO,
                              Uri.parse("sms:55512345"));
smsIntent.putExtra("sms_body", "Press send to send me");
startActivity(smsIntent);
```

선택된 기본 SMS 앱이 이 인텐트를 받아 메시지를 연락처에 보내도록 미리 배치한 액티비티를 표시한다.

SMS 메시지를 주고받는 새 기본 SMS 앱 만들기

안드로이드 기기에서는 언제든 단 하나의 앱만이 기본 SMS 앱이 될 수 있다. 사용자는 그림 20-1처럼 기본 SMS 앱을 시스템 환경설정에서 수정할 수 있다.

◑ 그림 20-1

오직 현재 기본 SMS 앱만이 SMS 메시지가 도착하면 SMS_DELIVER_ACTION 인텐트를 받고, MMS 메시지가 도착하면 WAP_PUSH_DELIVER_ACTION 인텐트를 받는다. 그리고 SMS 콘텐트 프로바이더에 새 SMS 메시지를 쓸 수 있다.

자체 앱에서 SMS 메시지를 주고받고, 기본 SMS 앱으로 선택되지 않아도 SMS 콘텐트 프로바이더는 읽을 수 있다(잠시 후에 설명한다). 단, 이 경우 기본 SMS 앱(그리고 브로드캐스트를 주시하는 다른 앱)도 메시지를 계속 받을 수 있다.

새 기본 SMS 앱을 만들려면 번들된 SMS 앱과 동일한 기능을 제공해야 한다. 구체적으로 언급하면 다음 매니페스트 항목들 및 컴포넌트들을 포함해야 한다.

➤ android.provider.Telephony.SMS_DELIVER 액션용 인텐트 필터의 브로드캐스트 리시버. 여기에는 BROADCAST_SMS 권한이 필요하다. 이 리시버는 새 SMS 메시지를 받으면 트리거된다.

```
<receiver android:name=".MySmsReceiver"
          android:permission="android.permission.BROADCAST_SMS">
  <intent-filter>
    <action android:name="android.provider.Telephony.SMS_DELIVER"/>
  </intent-filter>
</receiver>
```

➤ android.provider.Telephony.WAP_PUSH_DELIVER 액션용 인텐트 필터의 브로드캐스트 리시버. 단, MIME 유형이 application/vnd.wap.mms-message다. 그리고 BROADCAST_WAP_PUSH 권한이 필요하다. 이 리시버는 새 MMS 메시지를 받을 때마다 트리거된다.

```
<receiver android:name=".MyMmsReceiver"
          android:permission="android.permission.BROADCAST_WAP_PUSH">
  <intent-filter>
    <action android:name="android.provider.Telephony.WAP_PUSH_DELIVER" />
    <data android:mimeType="application/vnd.wap.mms-message" />
  </intent-filter>
</receiver>
```

➤ 사용자에게 SMS/MMS 메시지를 보낼 수 있도록 하는 액티비티. android.intent.action.SEND와 android.intent.action.SENDTO 액션용 인텐트 필터를 포함한다. 그리고 sms:, smsto:, mms:, mmsto: 스키마를 지원한다. 액티비티는 이 형태의 인텐트를

리스닝하다가 앞 절의 '인텐트를 사용해 SMS 메시지 보내기'에서 설명한 형태를 사용하는 다른 앱의 요청이 있으면 수행한다.

```xml
<activity android:name=".MySendSmsActivity" >
  <intent-filter>
    <action android:name="android.intent.action.SEND" />
    <action android:name="android.intent.action.SENDTO" />
    <category android:name="android.intent.category.DEFAULT" />
    <category android:name="android.intent.category.BROWSABLE" />
    <data android:scheme="sms" />
    <data android:scheme="smsto" />
    <data android:scheme="mms" />
    <data android:scheme="mmsto" />
  </intent-filter>
</activity>
```

➤ android.intent.action.RESPOND_VIA_MESSAGE 액션용 인텐트 필터를 포함하는 서비스. sms:, smsto:, mms:, mmsto: 스키마를 지원한다. 그리고 SEND_RESPOND_VIA_MESSAGE 권한이 필요하다. 이 서비스 구현은 사용자에게 걸려오는 전화의 응답으로 SMS 메시지를 보낼 수 있도록 한다. 받은 인텐트 데이터에는 전송 유형을 기술하는 스키마와 수신자의 전화번호로 구성된 URI가 포함된다(⚫ smsto: 3055551234). 메시지 텍스트는 EXTRA_TEXT 엑스트라, 메시지 제목은 EXTRA_SUBJECT에 저장된다.

```xml
<service android:name=".MySmsResponseService"
         android:permission=
           "android.permission.SEND_RESPOND_VIA_MESSAGE"
         android:exported="true" >
  <intent-filter>
    <action android:name="android.intent.action.RESPOND_VIA_MESSAGE" />
    <category android:name="android.intent.category.DEFAULT" />
    <data android:scheme="sms" />
    <data android:scheme="smsto" />
    <data android:scheme="mms" />
    <data android:scheme="mmsto" />
  </intent-filter>
</service>
```

자체 앱이 아직 기본 SMS 앱으로 설정되지 않았다면 그 기능을 온전히 발휘할 수 없다. 자체 앱이 기본 SMS 앱인지 확인할 때는 Telephony.Sms.getDefaultSmsPackage 메서드를 사용한다. 이 메서드는 현재 기본 SMS 앱의 이름을 반환한다.

```
String myPackageName = getPackageName();
boolean isDefault =
  Telephony.Sms.getDefaultSmsPackage(this).equals(myPackageName);
```

시스템 대화상자를 표시해 사용자에게 자체 앱을 기본 SMS 앱으로 선택하라고 안내할 수 있다. 이때 Telephony.Sms.Intents.ACTION_CHANGE_DEFAULT 인텐트를 사용하고 Sms.Intents.EXTRA_PACKAGE_NAME 키와 패키지 이름을 문자열 값으로 나타내는 엑스트라를 포함한다.

```
Intent intent = new Intent(Telephony.Sms.Intents.ACTION_CHANGE_DEFAULT);
intent.putExtra(Telephony.Sms.Intents.EXTRA_PACKAGE_NAME, myPackageName);
startActivity(intent);
```

이어지는 절들에서는 SMS 메시지를 주고받는 방식을 설명한다. 단, 이 기능들 중 상당 부분은 SMS 앱과 달리 전체 기능을 제공하지 않는 다른 앱에서도 사용할 수 있다.

SMS 메시지 보내기

안드로이드의 SMS 메시징은 SmsManager 클래스가 담당한다. SMS 매니저의 참조를 얻으려면 static 메서드인 SmsManager.getDefault를 사용한다.

```
SmsManager smsManager = SmsManager.getDefault();
```

SMS 메시지를 보내려면 자체 앱에서 반드시 SEND_SMS와 READ_PHONE_STATE 권한을 매니페스트에 지정해야 한다.

```
<uses-permission android:name="android.permission.SEND_SMS"/>
<uses-permission android:name="android.permission.READ_PHONE_STATE"/>
```

단, SEND_SMS는 위험한 권한이다. 따라서 SMS 메시지를 보내기 전에 런타임 권한 확인 과정을 수행해야 한다.

텍스트 메시지를 보내려면 SMS 매니저의 sendTextMessage를 사용해 수신자의 주소(전화번호)와 보내려는 텍스트 메시지를 전달한다.

```
// 런타임 권한을 확인한다.
int send_sms_permission = ActivityCompat.checkSelfPermission(this,
```

```
  Manifest.permission.SEND_SMS);
int phone_state_permission = ActivityCompat.checkSelfPermission(this,
  Manifest.permission.READ_PHONE_STATE);

if (send_sms_permission == PackageManager.PERMISSION_GRANTED &&
    phone_state_permission == PackageManager.PERMISSION_GRANTED) {

  // SMS 메시지를 보낸다.
  SmsManager smsManager = SmsManager.getDefault();
  String sendTo = "5551234";
  String myMessage = "Android supports programmatic SMS messaging!";

  smsManager.sendTextMessage(sendTo, null, myMessage, null, null);

} else {
  if (ActivityCompat.shouldShowRequestPermissionRationale(
    this, Manifest.permission.SEND_SMS)) {
    // TODO 요청한 권한의 추가 정보를 표시한다.
  }

  ActivityCompat.requestPermissions(this,
    new String[]{Manifest.permission.SEND_SMS,
                 Manifest.permission.READ_PHONE_STATE},
    SMS_RECEIVE_PERMISSION_REQUEST);
}
```

자체 앱이 기본 SMS 앱으로 설정되면 보낸 메시지 전부를 SMS 콘텐트 프로바이더에 써야
한다.

```
Content Provider:

ContentValues values = new ContentValues();

values.put(Telephony.Sms.ADDRESS, sendTo);
values.put(Telephony.Sms.BODY, myMessage);
values.put(Telephony.Sms.READ, 1);
values.put(Telephony.Sms.DATE, sentTime);
values.put(Telephony.Sms.TYPE, Telephony.Sms.MESSAGE_TYPE_SENT);

getContentResolver().insert(Telephony.Sms.Sent.CONTENT_URI, values);
```

단, 여기에는 WRITE_SMS와 READ_SMS의 매니페스트 및 런타임 권한이 필요하다.

```
<uses-permission android:name="android.permission.WRITE_SMS"/>
<uses-permission android:name="android.permission.READ_SMS"/>
```

자체 앱이 기본 SMS 앱으로 현재 선택된 상태가 아니라면 안드로이드는 SMS 매니저를 사용해 SMS 프로바이더에 자동으로 메시지를 쓴다.

sendTextMessage를 사용해 SMS를 보낼 때는 두 번째 매개변수를 사용해 SMS 서비스 센터를 지정할 수 있다. 'null'을 입력하면 기기의 이동 통신사에 지정된 기본 서비스 센터가 사용된다.

> **참고** 안드로이드 디버깅 브리지는 복수의 에뮬레이터 인스턴스에서 SMS 메시지를 보낼 수 있도록 지원한다. 한 에뮬레이터에서 다른 에뮬레이터로 SMS를 보내려면 대상 에뮬레이터의 포트 번호를 'to' 주소 형태로 지정한다. 안드로이드는 이 메시지를 대상 에뮬레이터 인스턴스로 향하게 하고 그곳에서 정상적인 SMS를 받게 된다.

마지막 두 매개변수는 인텐트를 지정해 메시지의 전송과 배달을 추적한다. 이때 해당 펜딩 인텐트를 만들 때 지정하는 액션을 주시하도록 브로드캐스트 리시버를 구현하고 등록한다.

메시지가 제대로 전송되거나 오류로 전송되지 않으면 첫 펜딩 인텐트가 시작된다. 이 인텐트를 받는 브로드캐스트 리시버의 결과 코드는 다음 중 하나가 된다.

➤ Activity.RESULT_OK: 제대로 전송됐다.

➤ SmsManager.RESULT_ERROR_GENERIC_FAILURE: 구체적이지 않은 오류를 나타낸다.

➤ SmsManager.RESULT_ERROR_RADIO_OFF: 전화 통신이 꺼져 있다.

➤ SmsManager.RESULT_ERROR_NULL_PDU: PDU(protocol description unit) 오류를 나타낸다.

➤ SmsManager.RESULT_ERROR_NO_SERVICE: 현재 통신 서비스를 사용할 수 없다.

두 번째 펜딩 인텐트 매개변수는 수신자가 SMS 메시지를 받았을 때만 시작된다.

다음 조각 코드는 SMS를 보내고 전송 및 배달의 성공 여부를 모니터링하는 전형적인 패턴을 나타낸다. 단, 자체 앱이 기본 SMS 앱일 경우, 메시지를 처음 만들 때 그리고 그 항목을 수정할 때 SMS 프로바이더에도 이 메시지를 추가해야 전송의 성공 여부를 반영할 수 있다.

```
String SENT_SMS_ACTION = "com.professionalandroid.SENT_SMS_ACTION";
String DELIVERED_SMS_ACTION = " com.professionalandroid.DELIVERED_SMS_ACTION";

// sentIntent 매개변수를 만든다.
```

```java
Intent sentIntent = new Intent(SENT_SMS_ACTION);
PendingIntent sentPI = PendingIntent.getBroadcast(getApplicationContext(),
                                                  0,
                                                  sentIntent,

PendingIntent.FLAG_UPDATE_CURRENT);
// deliveryIntent 매개변수를 만든다.
Intent deliveryIntent = new Intent(DELIVERED_SMS_ACTION);
PendingIntent deliverPI =
  PendingIntent.getBroadcast(getApplicationContext(),
                             0,
                             deliveryIntent,
                             PendingIntent.FLAG_UPDATE_CURRENT);

// 브로드캐스트 리시버를 등록한다.
registerReceiver(new BroadcastReceiver() {
                @Override
                public void onReceive(Context _context, Intent _intent)
                {
                    String resultText = "UNKNOWN";

                    switch (getResultCode()) {
                      case Activity.RESULT_OK:
                        resultText = "Transmission successful"; break;
                      case SmsManager.RESULT_ERROR_GENERIC_FAILURE:
                        resultText = "Transmission failed"; break;
                      case SmsManager.RESULT_ERROR_RADIO_OFF:
                        resultText = "Transmission failed: Radio is off";
                        break;
                      case SmsManager.RESULT_ERROR_NULL_PDU:
                        resultText = "Transmission Failed: No PDU specified";
                        break;
                      case SmsManager.RESULT_ERROR_NO_SERVICE:
                        resultText = "Transmission Failed: No service";
                        break;
                    }
                    Toast.makeText(_context, resultText,
                                Toast.LENGTH_LONG).show();
                }
            },
            new IntentFilter(SENT_SMS_ACTION));

registerReceiver(new BroadcastReceiver() {
                @Override
                public void onReceive(Context _context, Intent _intent)
                {
                    Toast.makeText(_context, "SMS Delivered",
                                Toast.LENGTH_LONG).show();
                }
            },
            new IntentFilter(DELIVERED_SMS_ACTION));
```

```
// 메시지를 보낸다.
SmsManager smsManager = SmsManager.getDefault();
String sendTo = "5551234";
String myMessage = "Android supports programmatic SMS messaging!";

smsManager.sendTextMessage(sendTo, null, myMessage, sentPI, deliverPI);
```

SMS 텍스트 메시지의 최대 길이는 이동 통신 사업자마다 다르다. 하지만 최대 160문자까지 지원되는 것이 일반적이다. 따라서 이보다 더 긴 메시지는 짧게 나눠야 한다. SMS 매니저에는 문자열을 입력으로 받아 이를 메시지 배열 리스트로 나눠 최대 허용 크기 이하로 만드는 divideMessage 메서드가 제공된다.

나뉜 메시지에 해당하는 메시지 배열을 보낼 때는 SMS 매니저에 sendMultipartTextMessage 메서드를 사용한다.

```
ArrayList<String> messageArray = smsManager.divideMessage(myMessage);
ArrayList<PendingIntent> sentIntents = new ArrayList<PendingIntent>();
for (int i = 0; i < messageArray.size(); i++)
  sentIntents.add(sentPI);

smsManager.sendMultipartTextMessage(sendTo,
                                    null,
                                    messageArray,
                                    sentIntents, null);
```

sendMultipartTextMessage 메서드의 sentIntent와 deliveryIntent 매개변수는 서로 다른 펜딩 인텐트를 지정해 각 메시지 부분을 시작하는 데 사용되는 배열 리스트다.

멀티미디어 MMS 메시지를 보내려면 SMS 매니저의 sendMultimediaMessage 메서드를 사용한다. 이때 전송할 멀티미디어를 전달한다. 멀티미디어 MMS 메시지를 보내는 온전한 예시는 이 책의 범위를 벗어나지만, 안드로이드 API 데모인 android.googlesource.com/platform/development/+/69291d6/samples/ApiDemos/src/com/example/android/apis/os/MmsMessagingDemo.java에서 찾아볼 수 있다.

들어오는 SMS 메시지 처리하기

애플리케이션에서 SMS 브로드캐스트 인텐트를 리스닝하려면 RECEIVE_SMS 매니페스트 및 런타임 권한을 지정해야 한다.

```
<uses-permission
  android:name="android.permission.RECEIVE_SMS"
/>
```

RECEIVE_SMS 권한은 위험하다. 따라서 애플리케이션에서 이 권한을 런타임에 요청해야 한다. 그러지 않으면 SMS 브로드캐스트 인텐트는 수신되지 못한다.

```
ActivityCompat.requestPermissions(this,
  new String[]{Manifest.permission.RECEIVE_SMS},
  SMS_RECEIVE_PERMISSION_REQUEST);
```

기기가 새 SMS 메시지를 받으면 기본 SMS 앱이 android.provider.Telephony.SMS_DELIVER 액션의 새 브로드캐스트 인텐트를 받는다. 기본 앱이 아닌 자체 앱에서 계속 SMS 메시지를 받아야 한다면, 예를 들어, 확인용 SMS 메시지를 리스닝하고 있다면 android.provider.Telephony.SMS_RECEIVED_ACTION 인텐트를 리스닝할 수 있다.

두 브로드캐스트 인텐트에는 들어오는 SMS의 세부 정보가 포함된다. SMS 인텐트 번들 안에 패키징된 SmsMessage 객체의 배열을 추출하려면 getMessagesFromIntent 메서드를 사용해야 한다.

```
Bundle bundle = intent.getExtras();
if (bundle != null)
  SmsMessage[] messages = getMessagesFromIntent(intent);
```

각 SmsMessage에는 SMS 메시지 세부 정보가 포함된다. 구체적으로는 원주소(전화번호), 타임스탬프, 메시지 본문 포함된다. 이 정보들은 각각 getOriginatingAddress, getTimestampMillis, getMessageBody 메서드를 사용해 추출한다.

```
SmsMessage[] messages = getMessagesFromIntent(intent);

for (SmsMessage message : messages) {
  String msg = message.getMessageBody();
  long when = message.getTimestampMillis();
  String from = message.getOriginatingAddress();
}
```

나가는 메시지의 경우처럼 자체 앱이 기본 SMS 앱인 동안에 받는 메시지는 전부 SMS 프로바이더에 써야 한다.

```
ContentValues values = new ContentValues();

values.put(Telephony.Sms.ADDRESS, message.getOriginatingAddress());
values.put(Telephony.Sms.BODY, message.getMessageBody());
values.put(Telephony.SMS.DATE, message.getTimestampMillis);
values.put(Telephony.Sms.READ, 0);
values.put(Telephony.Sms.TYPE, Telephony.Sms.MESSAGE_TYPE_INBOX);

context.getApplicationContext().getContentResolver()
  .insert(Telephony.Sms.Sent.CONTENT_URI, values);
```

단, 적당한 인텐트 필터를, 다시 말해 자체 앱이 기본 SMS 앱일 경우에는 SMS_DELIVER, 아닐 경우에는 SMS_RECEIVED를 사용해 SMS 브로드캐스트 리시버를 등록해야 한다.

```
<receiver android:name=".MySMSReceiver">
  <intent-filter>
    <action android:name="android.provider.Telephony.SMS_RECEIVED"/>
  </intent-filter>
</receiver>
```

비상 응답 SMS 예

이번 예에서는 안드로이드폰을 비상 응답 비콘으로 탈바꿈시킬 SMS 애플리케이션을 만든다. 신뢰성 높은 SMS 네트워크 인프라 덕분에 SMS는 지금 만들 애플리케이션에 뛰어난 선택이라 할 수 있다.

1. 우선 새 프로젝트를 생성한다. 액티비티 템플릿은 Empty Activity로 선택하고, 프로젝트 이름은 Emergency_Responder로 하며, Minimum API Level은 API 19(SMS API를 온전히 지원하는 최초의 안드로이드 릴리스)로 선택한다. 또한 기본으로 선택된 'Use androidx.* artifacts'의 체크를 해제하자(androidx의 자세한 내용은 '2.2.5 androidx와 지원 라이브러리' 참고). [Finish] 버튼을 눌러서 프로젝트 생성이 끝나면 프로젝트 도구 창에서 MainActivity의 이름을 EmergencyResponderMainActivity로 변경하자. 또한 프로젝트를 생성할 때 자동으로 생성된 activity_main.xml의 이름을 activity_emergency_responder_main.xml로 변경한다.

2. SMS 메시지를 주고받기 위한 권한과 전화 통신을 할 수 있는 권한을 매니페스트에 추가한다.

```
<?xml version="1.0" encoding="utf-8"?>
<manifest xmlns:android="http://schemas.android.com/apk/res/android"
```

```
                package="com.professionalandroid.apps.gforcemeter">

    <uses-permission android:name="android.permission.RECEIVE_SMS"/>
    <uses-permission android:name="android.permission.SEND_SMS"/>
    <uses-permission android:name="android.permission.READ_PHONE_STATE"/>
    ...
</manifest>
```

3. 'all clear'와 'request help' 버튼에 표시할 텍스트 그리고 이 버튼들과 관련된 기본 응답 메시지를 res/values/strings.xml 리소스에 추가한다. 상태 응답의 요청을 감지하기 위해 애플리케이션에서 사용할 수신 메시지 텍스트도 추가한다.

```
<resources>
  <string name="app_name">Emergency_Responder</string>
  <string name="allClearButtonText">Signal All Clear</string>
  <string name="maydayButtonText">Request Help</string>
  <string name="allClearText">I am safe and well. Worry not!</string>
  <string name="maydayText">Tell my mother I love her.</string>
  <string name="querystring">are you OK?</string>
  <string name="querylistprompt">People who want to know if you\'re ok</string>
</resources>
```

4. 리사이클러 뷰 라이브러리의 의존성을 앱 모듈(app) build.gradle 파일에 추가한다.

```
dependencies {
    ...
    implementation 'com.android.support:recyclerview-v7:28.0.0'
}
```

5. activity_emergency_responder_main.xml에 기본으로 생성된 레이아웃 리소스를 아래의 레이아웃으로 모두 교체한다. 이 레이아웃에서는 RecyclerView를 포함시켜 상태 변경을 요청하는 사람들의 리스트를 보여준다. 그리고 사용자가 응답 SMS 메시지를 보낼 수 있도록 해주는 버튼들도 포함시킨다. 지정된 ID를 사용해 각 버튼과 리사이클러 뷰를 포함할 수 있다면 어떤 종류의 레이아웃을 사용해도 된다. 여기서는 기본으로 생성된 제약 레이아웃(ConstraintLayout)을 사용한다.

```
<?xml version="1.0" encoding="utf-8"?>
<android.support.constraint.ConstraintLayout
    xmlns:android="http://schemas.android.com/apk/res/android"
    xmlns:app="http://schemas.android.com/apk/res-auto"
    xmlns:tools="http://schemas.android.com/tools"
    android:layout_width="match_parent"
```

```
        android:layout_height="match_parent">
    <TextView
        android:id="@+id/textView"
        android:layout_width="wrap_content"
        android:layout_height="18dp"
        android:layout_marginEnd="8dp"
        android:layout_marginStart="8dp"
        android:layout_marginTop="16dp"
        android:text="@string/querylistprompt"
        app:layout_constraintEnd_toEndOf="parent"
        app:layout_constraintHorizontal_bias="0.063"
        app:layout_constraintLeft_toLeftOf="parent"
        app:layout_constraintStart_toStartOf="parent"
        app:layout_constraintTop_toTopOf="parent"/>
    <Button
        android:id="@+id/okButton"
        android:layout_width="0dp"
        android:layout_height="wrap_content"
        android:layout_marginBottom="8dp"
        android:layout_marginEnd="8dp"
        android:layout_marginStart="8dp"
        android:text="@string/allClearButtonText"
        app:layout_constraintBottom_toTopOf="@+id/notOkButton"
        app:layout_constraintEnd_toEndOf="parent"
        app:layout_constraintHorizontal_bias="0.6"
        app:layout_constraintStart_toStartOf="parent"/>
    <Button
        android:id="@+id/notOkButton"
        android:layout_width="0dp"
        android:layout_height="wrap_content"
        android:layout_marginBottom="8dp"
        android:layout_marginEnd="8dp"
        android:layout_marginStart="8dp"
        android:text="@string/maydayButtonText"
        app:layout_constraintBottom_toBottomOf="parent"
        app:layout_constraintEnd_toEndOf="parent"
        app:layout_constraintHorizontal_bias="0.53"
        app:layout_constraintStart_toStartOf="parent"/>
    <android.support.v7.widget.RecyclerView
        android:id="@+id/requesterRecyclerListView"
        android:layout_width="0dp"
        android:layout_height="0dp"
        android:layout_marginBottom="8dp"
        android:layout_marginEnd="8dp"
        android:layout_marginStart="8dp"
        android:layout_marginTop="8dp"
        app:layout_constraintBottom_toTopOf="@+id/okButton"
        app:layout_constraintEnd_toEndOf="parent"
        app:layout_constraintStart_toStartOf="parent"
        app:layout_constraintTop_toBottomOf="@+id/textView"/>
</android.support.constraint.ConstraintLayout>
```

이제 GUI는 마무리됐다. 애플리케이션을 시작하면 그림 20-2의 화면이 나타날 것이다.

◑ 그림 20-2

6. EmergencyResponderMainActivity를 변경한다. 우선 수신 요청의 전화번호를 저장할 ArrayList를 추가한다. 그리고 이 ArrayList를 스레드에 안전하게 처리해 주는 ReentrantLock 객체를 생성한다. 또한 각 버튼의 클릭 리스너를 생성한다. 클릭 리스너의 onClick 메서드에서는 respond 메서드를 호출해야 한다.

```
...
public class EmergencyResponderMainActivity extends AppCompatActivity {

    ReentrantLock lock;
    ArrayList<String> requesters = new ArrayList<String>();

    @Override
    protected void onCreate(Bundle savedInstanceState) {
        super.onCreate(savedInstanceState);
        setContentView(R.layout.activity_emergency_responder_main);
```

```
        lock = new ReentrantLock();
        wireUpButtons();
    }

    private void wireUpButtons() {
        Button okButton = findViewById(R.id.okButton);
        okButton.setOnClickListener(new View.OnClickListener() {
            public void onClick(View view) {
                respond(true);
            }
        });
        Button notOkButton = findViewById(R.id.notOkButton);
        notOkButton.setOnClickListener(new View.OnClickListener() {
            public void onClick(View view) {
                respond(false);
            }
        });
    }
    public void respond(boolean ok) {}
}
```

7. 새 list_item_requester.xml 레이아웃 리소스를 res/layout 폴더에 생성하고 아래의 XML로 모두 교체한다. 이 레이아웃은 기기 사용자의 건강 상태를 요청하는 사람을 리사이클러 뷰에 보여주는 데 사용된다. 이처럼 간단한 데이터는 안드로이드 프레임워크의 텍스트 형태 리스트 항목으로 나타나는 TextView를 사용하면 된다.

```
<?xml version="1.0" encoding="utf-8"?>
<FrameLayout
  xmlns:android="http://schemas.android.com/apk/res/android"
  android:layout_width="match_parent"
  android:layout_height="wrap_content">
  <TextView
    android:id="@+id/list_item_requester"
    android:layout_width="match_parent"
    android:layout_height="wrap_content"
    android:textAppearance="?attr/textAppearanceListItem"/>
</FrameLayout>
```

8. RecyclerView.Adapter의 서브 클래스로 RequesterRecyclerViewAdapter 클래스를 생성한다. 그리고 RecyclerView.ViewHolder의 서브 클래스인 새 ViewHolder 클래스를 RequesterRecyclerViewAdapter 클래스의 내부 클래스로 추가한다. RequesterRecycler ViewAdapter는 기기 사용자의 건강 상태를 요청하는 전화번호 리스트를 저장하며, ViewHolder는 이 전화번호들을 7번 단계의 리사이클러 뷰 리스트 항목 레이아웃에 바인딩한다.

```
public class RequesterRecyclerViewAdapter extends
  RecyclerView.Adapter<RequesterRecyclerViewAdapter.ViewHolder> {

  private List<String> mNumbers;

  public RequesterRecyclerViewAdapter(List<String> numbers ) {
    mNumbers = numbers;
}

@Override
public ViewHolder onCreateViewHolder(ViewGroup parent, int viewType) {
  View view = LayoutInflater.from(parent.getContext())
              .inflate(R.layout.list_item_requester,
                      parent, false);
  return new ViewHolder(view);
}

@Override
public void onBindViewHolder(final ViewHolder holder, int position) {
  holder.number = mNumbers.get(position);
  holder.numberView.setText(mNumbers.get(position));
}

@Override
public int getItemCount() {
  if (mNumbers != null)
    return mNumbers.size();
  return 0;
}

  public class ViewHolder extends RecyclerView.ViewHolder {
    public final TextView numberView;
    public String number;

    public ViewHolder(View view) {
      super(view);
      numberView = view.findViewById(R.id.list_item_requester);
    }

    @Override
    public String toString() {
      return number;
    }
  }
}
```

9. EmergencyResponderMainActivity의 onCreate 메서드를 변경한다. 즉, 리사이클러 뷰
   의 참조를 얻고 8번 단계의 어댑터를 리사이클러 뷰에 지정한다. 또한 SMS 메시지를

주고받을 수 있는 런타임 권한을 요청한다.

```java
private static final int SMS_RECEIVE_PERMISSION_REQUEST = 1;

private RequesterRecyclerViewAdapter mRequesterAdapter =
  new RequesterRecyclerViewAdapter(requesters);

@Override
protected void onCreate(Bundle savedInstanceState) {
  super.onCreate(savedInstanceState);
  setContentView(R.layout.activity_emergency_responder_main);

  lock = new ReentrantLock();
  wireUpButtons();

ActivityCompat.requestPermissions(this,
  new String[]{Manifest.permission.RECEIVE_SMS,
          Manifest.permission.SEND_SMS,
          Manifest.permission.READ_PHONE_STATE},
  SMS_RECEIVE_PERMISSION_REQUEST);

  RecyclerView recyclerView =
    findViewById(R.id.requesterRecyclerListView);

  // 리사이클러 뷰 어댑터를 설정한다.
  recyclerView.setLayoutManager(new LinearLayoutManager(this));
  recyclerView.setAdapter(mRequesterAdapter);
}
```

10. 수신 SMS 메시지를 리스닝할 새 브로드캐스트 리시버를 EmergencyResponderMain
Activity에 추가한다. 이 리시버는 수신 SMS 메시지를 리스닝해야 한다. 그리고 3번 단
계에서 추가한 수신 요청 문자열이 포함된 SMS 메시지가 있을 때 requestReceived 메
서드를 호출해야 한다.

```java
BroadcastReceiver emergencyResponseRequestReceiver =
  new BroadcastReceiver() {
    @Override
    public void onReceive(Context context, Intent intent) {
      if (intent.getAction()
          .equals(Telephony.Sms.Intents.SMS_RECEIVED_ACTION )) {
        String queryString = getString(R.string.querystring)
                      .toLowerCase();

        Bundle bundle = intent.getExtras();
        if (bundle != null) {
          SmsMessage[] messages = getMessagesFromIntent(intent);
```

```
        for (SmsMessage message : messages) {
            if (message.getMessageBody()
                    .toLowerCase().contains(queryString))
                requestReceived(message.getOriginatingAddress());
        }
      }
    }
  }
};

public void requestReceived(String from) {}
```

(10번 단계의 코드를 작성하면 SmsMessage 클래스와 static 메서드인 getMessagesFromIntent에 빨간색 에러 표시가 나타날 것이다. 각각을 클릭하고 ⎡Alt⎤+⎡Enter⎤(맥에서는 ⎡Command⎤+⎡Return⎤) 키를 누른 후 SmsMessage는 android.telephony 패키지의 것을 선택하며, getMessagesFromIntent 는 추가 선택을 하지 않아도 android.provider.Telephony.Sms.Intents 클래스가 import 문으로 추가된다.)

11. 오버라이드된 onResume과 onPause 메서드를 EmergencyResponderMainActivity에 추가한다. 이 두 메서드는 액티비티가 재개되거나 일시 정지될 때 호출되며, 이때 10번 단계의 브로드캐스트 리시버를 등록 또는 등록 해지한다.

```
@Override
public void onResume() {
  super.onResume();
  IntentFilter filter =
    new IntentFilter(Telephony.Sms.Intents.SMS_RECEIVED_ACTION);
  registerReceiver(emergencyResponseRequestReceiver, filter);
}

@Override
public void onPause() {
  super.onPause();
  unregisterReceiver(emergencyResponseRequestReceiver);
}
```

12. 각 건강 상태 요청의 SMS 번호를 ArrayList에 추가하도록 EmergencyResponderMain Activity의 requestReceived 메서드를 변경한다.

```
public void requestReceived(String from) {
  if (!requesters.contains(from)) {
    lock.lock();
    requesters.add(from);
```

```
    mRequesterAdapter.notifyDataSetChanged();
    lock.unlock();
  }
}
```

13. 비상 응답 액티비티는 이제 건강 상태 요청 SMS 메시지를 리스닝하다가 메시지가 도착하면 리스트 뷰에 추가한다. 앱을 실행해 보자. 그리고 앱이 실행 중인 기기나 에뮬레이터에 SMS 메시지를 보낸다. 메시지가 도착하면 그림 20-3처럼 나타날 것이다. 이 경우 기본 SMS 앱에서도 이 메시지를 받아 알림을 표시할 것이다.

◑ 그림 20-3

14. 사용자가 건강 상태 요청에 응답할 수 있게 액티비티를 변경한다. 우선 6번 단계에서 추가한 respond 메서드를 마무리한다. 이 메서드에서는 건강 상태 요청자가 저장된 ArrayList를 반복 처리하여 각 요청자에게 SMS 메시지를 전송해야 한다. 그리고 SMS 메시지는 3번 단계에서 추가한 응답 문자열을 사용하며, 다음 단계에서 완성할 sendResponse 메서드를 사용해 전송한다. EmergencyResponderMainActivity의

respond 메서드를 변경하고 sendResponse 메서드를 추가하자.

```java
public void respond(boolean ok) {
  String okString = getString(R.string.allClearText);
  String notOkString = getString(R.string.maydayText);
  String outString = ok ? okString : notOkString;

  ArrayList<String> requestersCopy =
    (ArrayList<String>)requesters.clone();

  for (String to : requestersCopy)
    sendResponse(to, outString);
}

private void sendResponse(String to, String response) {}
```

15. 각 응답 SMS의 전송을 처리하도록 sendResponse 메서드를 완성한다. 이 메서드에서는 각 잠재적 수신자(메시지를 받을 모든 사람)를 '요청자' ArrayList에서 삭제하면서 SMS 메시지를 보낸다. 메시지를 보낸 수신자는 더 이상 ArrayList에 보존할 필요가 없기 때문이다.

(이 코드를 작성하면 SmsManager 클래스에 빨간색 에러 표시가 나타날 것이다. 이 클래스를 클릭하고 ⎡Alt⎤+⎡Enter⎤(맥에서는 ⎡Command⎤+⎡Return⎤) 키를 누른 후 android.telephony 패키지의 것을 선택한다.)

```java
private void sendResponse(String to, String response) {
  // 런타임 권한을 확인한다.
  int send_sms_permission = ActivityCompat.checkSelfPermission(this,
    Manifest.permission.SEND_SMS);
  int phone_state_permission = ActivityCompat.checkSelfPermission(this,
    Manifest.permission.READ_PHONE_STATE);

  if (send_sms_permission == PackageManager.PERMISSION_GRANTED &&
    phone_state_permission == PackageManager.PERMISSION_GRANTED) {

    // 메시지를 보내는 사람은
    // ArrayList에서 삭제한다.
    lock.lock();
    requesters.remove(to);
    mRequesterAdapter.notifyDataSetChanged();
    lock.unlock();

    // 메시지를 보낸다.
    SmsManager sms = SmsManager.getDefault();
    sms.sendTextMessage(to, null, response, null, null);
```

```
    } else {
      if (ActivityCompat.shouldShowRequestPermissionRationale(
        this, Manifest.permission.SEND_SMS)) {
        // TODO 요청된 권한의 추가 정보를 표시한다.
      }

      ActivityCompat.requestPermissions(this,
        new String[]{Manifest.permission.SEND_SMS,
          Manifest.permission.READ_PHONE_STATE},
        SMS_RECEIVE_PERMISSION_REQUEST);
    }
  }
```

16. 비상 상황에서는 메시지가 확실하게 전송되는 것이 중요하다. 따라서 자동 재전송 시도 기능을 포함해 애플리케이션의 신뢰도를 높여야 한다. 메시지가 성공적으로 전송되지 않았다면 다시 보낼 수 있도록 SMS 메시지 전송의 성공 여부를 모니터링한다.

16.1 우선 SMS 메시지가 전송되었음을 나타내기 위해 브로드캐스트 인텐트에 사용될 문자열을 EmergencyResponderMainActivity에 추가한다.

```
public static final String SENT_SMS =
  "com.professionalandroid.emergencyresponder.SMS_SENT";
```

16.2 SMS 전송이 완료되면 조금 전에 추가한 액션을 브로드캐스트하는 새 Pending Intent를 포함하도록 sendResponse 메서드를 변경한다. 이 PendingIntent에는 수신자의 번호가 엑스트라로 포함돼야 한다.

```
private void sendResponse(String to, String response) {

  ...

  // 메시지를 보내는 사람은
  // ArrayList에서 삭제한다.
  lock.lock();
  requesters.remove(to);
  mRequesterAdapter.notifyDataSetChanged();
  lock.unlock();

  Intent intent = new Intent(SENT_SMS);
  intent.putExtra("recipient", to);
  PendingIntent sentPI =
    PendingIntent.getBroadcast(getApplicationContext(),
                               0, intent, 0);

  // 메시지를 보낸다.
```

```
    SmsManager sms = SmsManager.getDefault();

    ...
}
```

16.3 새 브로드캐스트 리시버를 구현해 브로드캐스트 인텐트를 리스닝한다. 이 브로드캐스트 리시버에서는 onReceive 핸들러를 오버라이드해 SMS 메시지가 성공적으로 전달됐는지 확인한다. 만일 제대로 전달되지 않았다면 해당 수신자를 다시 요청자 ArrayList에 넣는다. 다음의 브로드캐스트 리시버를 Emergency ResponderMainActivity에 추가한다.

```
private BroadcastReceiver attemptedSendReceiver
  = new BroadcastReceiver() {

  @Override
  public void onReceive(Context context, Intent intent) {
    if (intent.getAction().equals(SENT_SMS)) {
      if (getResultCode() != Activity.RESULT_OK) {
        String recipient = intent.getStringExtra("recipient");
        requestReceived(recipient);
      }
    }
  }
};
```

16.4 이제 마지막 단계다. 액티비티의 onResume과 onPause 핸들러를 변경해 방금 전에 추가한 브로드캐스트 리시버를 등록 또는 등록 해지한다.

```
@Override
public void onResume() {
  super.onResume();
  IntentFilter filter =
    new IntentFilter(Telephony.Sms.Intents.SMS_RECEIVED_ACTION);
  registerReceiver(emergencyResponseRequestReceiver, filter);

  IntentFilter attemptedDeliveryFilter = new IntentFilter(SENT_SMS);
  registerReceiver(attemptedSendReceiver, attemptedDeliveryFilter);
}

@Override
public void onPause() {
  super.onPause();
  unregisterReceiver(emergencyResponseRequestReceiver);
  unregisterReceiver(attemptedSendReceiver);
}
```

이번 예의 목적은 SMS 메시지를 리스닝하고 전송하는 방법을 보여주는 데 있다. 눈썰미가 좋은 독자라면 여러 군데에 개선될 여지가 있다는 것을 알았을 것이다.

➤ 응답을 요청하는 사람들의 리스트는 데이터베이스에 저장돼야 한다.

➤ 브로드캐스트 리시버는 애플리케이션이 실행 중이지 않아도 들어오는 SMS 메시지에 응답할 수 있도록 매니페스트에 등록되는 것이 더 나을 수 있다.

➤ 들어오는 SMS 메시지의 파싱은 작업 스케줄러 또는 작업 매니저로 이동돼 백그라운드에서 실행돼야 한다. 응답 SMS 메시지를 보내는 경우도 마찬가지다.

➤ 위치 기반 서비스 API를 사용해 현재 위치를 보낼 수 있는 기능을 추가하면 비상시 애플리케이션의 유용성이 배가될 수 있다.

이들 개선 사항의 구현은 독자의 몫으로 남겨 둔다.

21

앱의 릴리스, 배포, 모니터링

매력적인 새 안드로이드 앱을 만들었다. 이제 무엇을 해야 할까? 아마도 그다음 단계는 이 앱을 세상과 공유하는 것일 것이다. 드디어 선보이는 21장에서는 앱의 릴리스를 준비하는 방법과 서명 인증서를 만들고 사용해 앱을 배포하기에 앞서 서명하는 방법을 살펴본다.

구글 플레이 스토어를 깊이 있게 소개하고, 개발자 프로파일과 앱 등록 정보를 어떻게 만드는지 살펴본다. 그리고 알파 및 베타 릴리스 채널을 사용해 앱을 테스트하고, 치명적인 버그가 포함된 업데이트의 배포로 인해 초래되는 위험을 최소화하기 위해 어떻게 단계적 출시를 사용해 업데이트를 발표하는지 설명한다.

구글 플레이 스토어에는 앱 제품을 모니터링할 수 있는 다양한 도구가 함께 제공된다. 통계나 바이탈, 사용자 유입(user acquisition), 사용자 피드백 페이지를 사용해 앱이 실제 기기에서 실제 사용자에게 어떤 성능을 발휘하는지, 그 이해를 어떻게 깊게 할 수 있는지 살펴본다.

그리고 마케팅, 수익 창출, 프로모션 개념을 소개해 어떻게 해야 성공적인 앱으로 출시할 수 있는지도 살펴본다.

마지막으로 파이어베이스, 특히 파이어베이스 애널리틱스와 파이어베이스 성능 모니터링을 소개함으로써 사용자 분포 현황 및 앱의 현실적 성능에 대한 깊은 통찰력을 기를 수 있도록 한다.

21.1 릴리스 준비하기

앱의 릴리스를 빌드하고 게시하려면 그 전에 몇 단계에 걸쳐 앱 배포를 준비해야 한다.

이 준비 단계는 모든 앱에 적용되며 앱의 배포 방식과 무관하며, 일반적으로 크게 두 단계로 구분할 수 있다. 하나는 앱 게시와 관련한 지원 재료를 준비하는 과정이고, 다른 하나는 릴리스 빌드용 코드를 준비하는 과정이다.

21.1.1 릴리스 지원 재료 준비하기

우선 앱의 론처 아이콘을 검토해 아이콘을 권장 가이드라인에 따라 만들었는지 확인한다. 이 가이드라인은 material.io/guidelines/style/icons.html에서 찾아볼 수 있다.

아이콘은 브랜드 홍보 효과를 높일 수 있어야 하고 사용자들이 그 앱을 구글 플레이의 앱 등록 정보에서든 안드로이드 기기의 앱 론처에서든 발견하는 데 도움이 돼야 한다.

앱의 잠재 사용자들은 앱 아이콘에서 그 첫인상을 받는다. 따라서 아이콘의 품질은 앱의 품질과 동일시되기도 한다. 뛰어난 앱 아이콘은 단순하고 독특하며 기억하기 쉽다. 그런 아이콘에는 브랜드와 일관된 색 배합이 사용되며, 아이콘 자체에 텍스트, 특히 앱의 이름이 포함되지 않는다.

앱이 설치되면 그 론처 아이콘이 여러 상황에 사용된다. 따라서 다양한 배경화면에 어울려야 하고, 분간하기 쉽도록 실루엣이 독특해야 한다.

프로젝트 안에는 일반화된 모든 화면 밀도용으로 특정 밀도 전용 아이콘들을 저밀도에서 xxx-고밀도까지 따로 포함해야 어떤 기기에서도 멋지게 보일 수 있다.

> **참고**
>
> 론처 아이콘은 res/drawable 폴더가 아닌 res/mipmap 폴더에 두는 것이 최선이다. 그래야만 시스템이 기기의 현재 밀도보다 더 높은 해상도에 접근할 수 있다. 각기 다른 화면 밀도에 맞춰 리소스를 만드는 세부 내용은 4장 '안드로이드 매니페스트, 그래들 빌드 파일 정의하기 및 리소스 외부화하기'에서 찾아볼 수 있다.

구글 플레이는 앱 리소스 외에 앱 등록 정보에 사용할 고해상도(512×512 픽셀) 론처 아이콘도 필요로 한다.

한편 EULA(소프트웨어 사용권 동의)를 준비해 여러분 자신과 여러분의 조직 및 지적 재산권이 보호받을 수 있도록 해야 하며, 개인 정보 보호 정책을 마련해 사용자의 개인 정보를 보호하고 사용자에게 안전한 환경을 제공해야 한다. 개인 정보 보호나 보안에 관한 세부 내용은 play.google.com/about/privacy-security-deception에서 찾아볼 수 있다.

마지막으로 각종 프로모션이나 마케팅 재료를 준비해 앱을 홍보한다. 여기에는 최소한 앱의 이름이나 간략한 설명이 포함돼야 한다. 이 내용은 구글 플레이 스토어를 비롯한 각종 배포 플랫폼에서 앱을 소개하는 데 사용된다.

앱 소개 내용을 작성할 때는 맞춤법이나 문법적 오류를 걸러낸 고품질의 인상적인 제목과 설명을 제공해야 사용자가 앱을 찾아 관련 정보를 파악하기 쉬워지고 앱이 선택될 가능성을 높일 수 있다. 소개 내용의 품질은 앱 아이콘처럼 앱의 품질을 판단하는 잣대로 될 수 있다.

지원하는 기기 종류마다, 예를 들어 전화나 태블릿, 텔레비전용으로 화면 스크린샷을 따로 준비하면 좋다. 그리고 앱을 소개하고 홍보할 동영상도 제공하는 것이 좋다. 구글 플레이가 요구하는 특별한 홍보용 재료의 세부 내용은 21장의 뒷부분에서 다룬다.

21.1.2 릴리스 빌드용 코드 준비하기

다음 권장 내용은 옵션이다. 하지만 앱 배포에 앞서 고품질의 릴리스 빌드를 보장하기 위한 좋은 코딩 관행이라 할 수 있다.

➤ **좋은 패키지 이름을 선택하라:** 배포된 후에는 앱의 이름을 변경할 수 없다. 따라서 앱에 어울리는 패키지 이름을 신중하게 골라야 한다. 다른 회사의 이름이나 상표를 사용하지 말아야 하며 앱의 고품질과 전문성이 묻어나는 언어를 사용해야 한다.

➤ **로깅을 정지하라:** 효율성을 제고하기 위해 모든 Log 호출을 제거하고, startMethod Tracing이나 stopMethodTracing과 같은 추적용 호출을 디버깅해야 한다.

➤ **디버깅을 비활성화하라:** 앱 매니페스트에서 android:debuggable 속성을 제거하거나 false 로 설정해야 한다. 앱에 웹뷰를 사용해 유료 콘텐트를 표시하거나 자바스크립트 인터페이스를 사용한다면 웹뷰의 setWebContentsDebuggingEnabled 메서드를 사용해 디버깅을 비활성화해야 한다. 이 과정은 디버깅이 활성화되면 사용자가 스크립트를 주입하거나 크롬의 DevTools를 사용해 콘텐트를 추출할 수 있기 때문에 매우 중요하다.

➤ **프로젝트 코드 폴더의 콘텐트를 검토하라:** jni/와 src/ 디렉터리를 점검해 앱 관련 소스 파일만 포함됐는지 확인한다. lib/ 디렉터리에는 서드파티 또는 개인 라이브러리 파일만 포함됐는지 확인해야 한다. src/ 디렉터리에는 .jar 파일이 포함되지 말아야 한다.

➤ **프로젝트 리소스 폴더의 콘텐트를 검토하라:** 배포에 필요하지 않은 개인 데이터 또는 전용 데이터 파일이 있는지 이중으로 확인하고 모든 리소스 폴더를 검토해 더 이상 사용하지 않는 파일들을 찾는다. 그리고 릴리스 전에 업데이트해야 할 애셋 파일이나 정적 파일이 있는지도 점검하라.

➤ **매니페스트 파일을 검토하라:** 앱 매니페스트 파일과 그래들 빌드 파일이 올바른 앱 버전과 설치 요건, 권한을 정의하는지 검증해야 한다. 이와 관련한 내용은 다음 절에서 살펴본다.

21.2 앱 매니페스트의 앱 메타데이터 업데이트하기

앱을 게시하기에 앞서 앱 매니페스트와 그래들 빌드 파일 안에 정의된 앱의 메타데이터를 검토해야 한다.

이 절에서는 프로덕션 빌드와 앱 배포에 고유한 노드 일부를 검토한다.

21.2.1 앱 설치 제한 검토하기

앱 매니페스트 안의 uses-permission 노드부터 검토한다. 앱이 올바로 작동하는 데 필요한 권한만이 포함돼야 하고, 그 종류는 설치 시에 사용자에게 표시돼야 한다. 따라서 불필요한 권한 요건을 포함하면 사용자에게 앱 설치 자체를 포기하게 만들 수 있다.

앱 매니페스트 안의 uses-feature 노드도 검토 대상이다. 4장 '안드로이드 매니페스트, 그래들 빌드 파일 정의하기 및 리소스 외부화하기'에서 설명한 대로 이 노드는 앱이 작동하는 데 반드시 필요한 하드웨어나 소프트웨어 또는 이 둘 다 지정할 때 사용된다.

uses-feature 노드를 포함하면 앱은 특정 구성이 지원되지 않는 기기에 설치되지 않는다. 예를 들어 다음 조각 코드가 포함된 앱은 NFC가 지원되지 않는 안드로이드 기기(예 안드로이드 TV)에 설치될 수 없다.

```
<uses-feature android:name="android.hardware.nfc" />
```

이 노드는 어떤 구성이 지원되지 않는 기기에 앱이 설치되지 못하도록 할 때만 사용해야 한다. 앱에서 특정 하드웨어를 사용하기는 하지만 그 하드웨어가 필수 요건이 아니라면 uses-feature 노드를 포함하기보다 런타임에 지원 여부를 확인하는 것이 좋다.

그래들 앱 모듈 안에서 최소 및 대상 SDK 버전을 정의할 수 있다.

```
defaultConfig {
  applicationId "com.professionalandroid.apps.earthquake"
  minSdkVersion 16
  targetSdkVersion 27
  versionCode 1
  versionName "1.0"
  testInstrumentationRunner "android.support.test.runner.AndroidJUnitRunner"
}
```

최소 및 대상 SDK 버전을 여러 값으로 정의할 수도 있다. 그래들 빌드 안에서 여러 버전을 지정하면 된다.

```
defaultConfig {
  applicationId "com.professionalandroid.apps.earthquake"
  minSdkVersion 16
  targetSdkVersion 27
```

```
    versionCode 1
    versionName "1.0"
    testInstrumentationRunner "android.support.test.runner.AndroidJUnitRunner"
}
    flavorDimensions "apilevel"

productFlavors {
  legacy {
    applicationId "com.professionalandroid.apps.earthquake.legacy"
    minSdkVersion 14
    targetSdkVersion 15
    versionName "1.0 - Legacy"
  }
}
```

이에 따라 여러 SDK와 여러 요건을 적용할 수 있다. 자세한 내용은 4장 '안드로이드 매니페스트, 그래들 빌드 파일 정의하기 및 리소스 외부화하기'에서 찾아볼 수 있다.

최소 SDK 값은 앱이 설치될 안드로이드 프레임워크의 최소 버전을 정의한다. 안드로이드 운영 체제는 시스템 버전 호환성을 강제한다. 다시 말해, 최소 SDK가 현재 운영 체제보다 높은 앱의 설치는 거부된다.

대상 SDK 값은 개발하고 테스트한 안드로이드 플랫폼 버전을 가리키며 어느 상위 호환성이나 하위 호환성을 적용해 앱을 지원할지 파악하기 위해 시스템에 사용된다. 항상 최신 플랫폼에서 앱을 테스트하고 이를 지정하는 것이 좋다.

그래들 빌드 파일에서 dependencies 노드에 필요한 의존성만 있는지 검토한다.

```
dependencies {
  implementation 'com.android.support:recyclerview-v7:27.1.1'
  implementation fileTree(dir: 'libs', include: ['*.jar'])
  implementation 'com.android.support:appcompat-v7:27.1.1'
  implementation 'com.android.support:support-v4:27.1.1'
  implementation 'com.android.support.constraint:constraint-layout:1.1.2'
  testImplementation 'junit:junit:4.12'
  androidTestImplementation 'com.android.support.test:runner:1.0.2'
  androidTestImplementation 'com.android.support.test.espresso:espresso-core:3.0.2'
}
```

21.2.2 앱 버저닝

버저닝(versioning)은 앱을 배포할 때 고려해야 할 중요한 요소로서 일목요연한 앱 업그레이드 및 유지보수 전략의 핵심이라고 할 수 있다.

일목요연한 버저닝 시스템에 따라 사용자는 앱 버전 정보를 찾아 구글 플레이의 같은 게시 서비스가 호환성을 파악하고 업그레이드·다운그레이드 관계를 수립하도록 할 수 있다. 기기에서 안드로이드 시스템은 앱의 버전 정보를 사용해 다운그레이드 방지 보호를 강화한다.

앱 버전은 그래들 빌드 파일 안에서 다음 두 값으로 정의된다.

> versionCode: 현재 버전 번호를 정의하는 정수. 새로 릴리스된 버전마다 증가한다. 이 정수는 앱 버전의 최신 여부를 파악하기 위해 구글 플레이와 안드로이드 운영 체제에 사용된다. 일반적으로 첫 릴리스에는 1이 지정되고, 이후 릴리스마다 버전 코드는 단순 증가한다. 단, 허용된 최고 버전 코드의 값은 2,100,000,000이다.
>
> versionName: 사용자에게 표시되는 문자열 형식의 버전 번호. 〈major〉.〈minor〉.〈point〉 문자열 형태로 표시되거나 절대 또는 상대 버전 식별자 형태로 표시된다. 버전 이름은 사용자에게 표시된다는 것 외에는 다른 용도가 없다.

defaultconfig에서 버전 코드와 버전 이름을 정의할 수 있으며, productFlavors 블록 안에서 해당 값을 오버라이드하면 된다.

```
defaultConfig {
  applicationId "com.professionalandroid.apps.earthquake"
  minSdkVersion 16
  targetSdkVersion 27
  versionCode 1
  versionName "1.0"
  testInstrumentationRunner "android.support.test.runner.AndroidJUnitRunner"
}

flavorDimensions "apilevel"

productFlavors {
  bleedingedge {
  }
  legacy {
    applicationId "com.professionalandroid.apps.earthquake.legacy"
    versionName "1.0 - Legacy"
  }
}
```

21.3 앱의 프로덕션 빌드에 서명하기

안드로이드 앱은 안드로이드 패키지 파일(.APK) 형태로 배포된다. 안드로이드 패키지를 기기나 에뮬레이터에 설치하려면 그보다 먼저 서명부터 해야 한다.

배포 동안에는 안드로이드 스튜디오에서 자동으로 만들어진 디버그 키를 사용해 앱에 서명한다. 테스트 환경을 거친 앱이 배포 전이라면 릴리스 빌드로 컴파일하고 개인 릴리스 키를 사용해 서명해야 한다. 이때 대개 자체 서명 인증서가 사용된다.

설치된 앱에 적용할 업그레이드는 동일한 키로 서명해야 한다. 따라서 항상 동일한 릴리스 키를 사용해 앱에 서명해야 한다.

서명 인증서의 보안 유지는 매우 중요하다. 안드로이드는 이 인증서를 앱 업데이트의 진위를 식별하고 설치된 앱들에 프로세스 간 보안 경계를 적용하는 수단으로 사용하고 있다.

제3자가 도난당한 키를 사용하면 멀쩡한 앱 가면을 쓴 악성 앱에 서명하고 배포할 수도 있다.

이와 마찬가지로 키는 앱을 업그레이드할 유일한 수단이다. 인증서를 잃어버리면 기기 또는 구글 플레이에서 매끄러운 업데이트를 수행할 수 없다. 더욱이 구글 플레이에서는 새 등록 정보를 만들어야 하기 때문에 그간 쌓인 모든 리뷰와 평점 등이 사라질 뿐 아니라 기존 사용자에게 업데이트를 제공할 수 없다.

> **참고**
>
> 앱을 구글 플레이에만 독점으로 배포한다면 구글 플레이 앱 서명(21장의 뒷부분에서 설명할 옵션 프로그램)을 활용해 서명 키 관리에 도움을 받을 수 있다.
>
> 구글 플레이 앱 서명(Google Play App Signing)을 사용하면 구글 플레이에서 앱의 개인 릴리스 키를 만들고 저장하고 적용할 수 있다. 물론 변함없이 이 절에서 설명한 개인 키를 만들고 이를 사용해 앱에 서명할 수 있지만 이 키는 업로드 키, 즉 업로더를 식별하는 데만 사용되는 키이기 때문에 앱이 최종 사용자에게 배포되기 전에 구글 플레이에서 제거되고 관리되는 개인 키로 교체된다.
>
> 구글을 사용해 릴리스 키를 관리하면 이와 같은 보안 장점을 얻을 수 있을 뿐 아니라 키를 리셋함으로써 로컬 서명 키의 분실로 초래되는 위험을 최소화할 수도 있다.

안드로이드 가이드라인에 따라 모든 앱에 동일한 키를 사용해 서명해야 한다. 앱들을 동일한 인증서로 서명하면 동일한 프로세스에서 실행되도록 구성할 수 있고, 서명 기반의 권한은 한 앱의 기능이 다른 앱에 노출되도록 하는 데 사용될 수 있기 때문이다. 이때 앱들에는 동일한 인증서로 서명해 인증해야 한다.

JDK에는 Keytool과 Jarsigner라는 명령행 도구가 제공된다. 이들은 각각 새 키스토어·서명 인증서를 만들거나 APK에 서명할 때 필요하다. 한편, 안드로이드 스튜디오 안에서 대화상자를 사용할 수도 있으며 이와 관련된 내용은 다음 절에서 설명한다.

21.3.1 키스토어 만들기와 키 서명하기

새 키스토어를 만들고 앱의 서명 키를 릴리스하거나 업로드하려면 안드로이드 스튜디오에서 [Build ➡ Generate Signed Bundle / APK] 메뉴 항목으로 찾아간다. 그리고 Next 버튼을 누르면 그림 21-1처럼 나타나는 대화상자에서 새 키스토어를 만들거나 기존 키스토어를 선택하라고 안내한다.

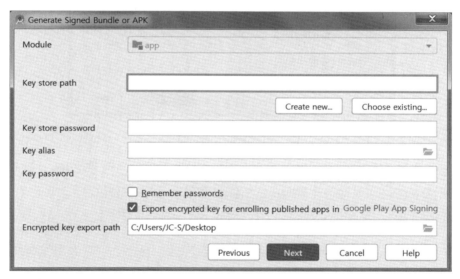

◑ 그림 21-1

[Create New] 버튼을 클릭하면 그림 21-2의 대화상자가 나타난다. 여기서 키스토어의 파일 이름과 위치, 보안용 암호 및 그 외 필요한 내용을 입력하면 된다.

● 그림 21-2

구글 플레이에 게시되는 앱에는 유효 기간이 2033년 10월 22일 이후에 종료되는 인증서가 필요하다. 좀 더 일반화해 말하면, 인증서는 앱의 전체 일생 동안 사용되며, 업그레이드할 때도 필요하다. 따라서 서명 인증서의 유효 기간은 앱보다 더 길게 지정해야 한다.

키스토어의 보안은 대단히 중요하다. 따라서 강력한 암호를 사용해 보호해야 하며, 백업에도 보안을 유지해야 한다.

21.3.2 개인 릴리스 키에 따른 API 키 얻기

미인증 사용이나 할당량 절취를 예방하기 위해 구글 플레이 서비스를 비롯해 많은 서드파티 라이브러리가 앱 서명 릴리스 키에 따른 API 키를 요구하고 있다.

이 API 키는 일반적으로 앱의 고유 패키지 이름과 SHA-1 서명 인증서 지문을 릴리스 키로부터 요구한다.

자체 릴리스 키를 사용하면 다음 명령행 명령에 따라 SHA-1 지문을 얻을 수 있다. 여기서 mystore.keystore는 앞 절에서 정의한 키스토어의 전체 경로를 나타낸다.

```
keytool -list -v -keystore mystore.keystore
```

구글 플레이 앱 서명을 사용해 키를 관리한다면(21장의 뒷부분에서 설명한다) 앱의 최종 서명 인 증서에 로컬로 접근하지 않는다. 하지만 그림 21-3처럼 앱을 선택하고 앱 서명 탭으로 찾아가 면 play.google.com/apps/publish/의 구글 플레이 콘솔에서 SHA-1, SHA-256, MD5 등의 지 문을 얻을 수 있다.

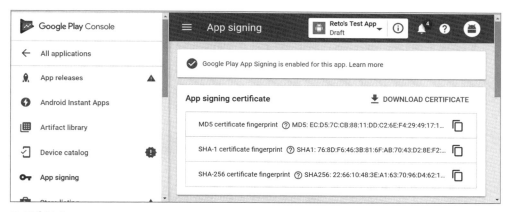

◐ 그림 21-3

구글 플레이 콘솔과 구글 플레이 앱 서명은 21.4 '구글 플레이에서 앱 배포하기'에서 자세하게 알아본다.

21.3.3 프로덕션 릴리스 빌드하기와 서명하기

릴리스 빌드에는 디버그 빌드와 동일한 컴포넌트가 포함되지만 집얼라인(zipalign)을 사용해 최 적화되고 릴리스 인증서로 서명되는 점이 특징이다. 릴리스 APK를 빌드하면 간단한 안드로이 드 스튜디오 마법사를 사용할 수 있다. [Build ➡ Generate Bundle / APK] 메뉴 항목을 선택하 면 된다.

그리고 Next 버튼을 누르면 나타나는 대화상자에서 그림 21-4처럼 키스토어와 그 암호를 지정 하고 서명 키와 해당 암호를 입력한다

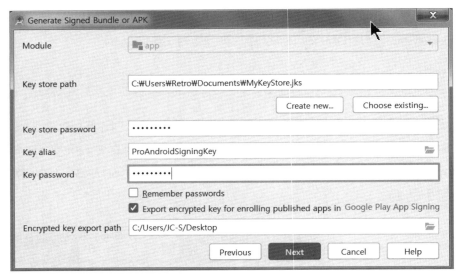

● 그림 21-4

[Next]를 클릭하면 그림 21-5와 같은 마법사의 최종 대화상자가 등장한다.

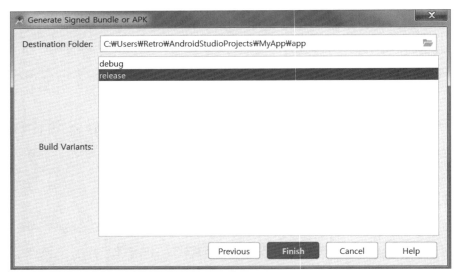

● 그림 21-5

최종 서명된 APK의 출력 위치를 선택하고 빌드 유형에서 'release'를 선택한다. 다른 제품 버전
(Build Variants)을 정의했다면 빌드할 버전을 선택한다.

단, 두 가지 APK 서명 방식 중 하나를 선택해 적용할 수 있다. 전통적으로 모든 안드로이드 APK는 v1(JAR 서명)으로 서명되지만 안드로이드 7.0에서는 미인증 수정을 방지하기 위해 한층 강화된 보호 장치와 더 빨라진 앱 설치 시간을 제공하는 v2(풀 APK 서명)를 도입했다. 구글 플레이는 적어도 v1 서명 방식을 요구하지만 앱 빌드 시 별다른 문제를 일으키지 않는다면 v2 서명 방식도 일반적으로 권장하고 있다.

[Finish]를 클릭하면 앱이 빌드되고 집얼라인되고 서명된다. 그림 21-6에 보이는 안내처럼 종료 알림이 표시되고 생성된 APK의 위치를 가리키는 단축키가 제공된다.

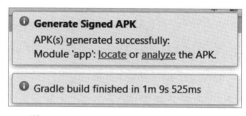

◑ 그림 21-6

그래들 빌드 파일로도 명령행에서 마법사를 호출해 작업을 처리하는 것처럼 구성할 수 있다. 이와 관련한 세부 내용은 d.android.com/studio/build/build-variants.html#signing에서 찾아볼 수 있다.

21.4 구글 플레이 스토어에서 앱 배포하기

안드로이드의 개방적 생태계에서 얻을 수 있는 여러 장점 중 하나는 어디에든 원하는 대로 앱을 게시하고 배포할 수 있다는 자유다. 가장 인기가 많은 배포 채널은 구글 플레이 스토어이지만, 다른 마켓에도, 자체 웹사이트나 이메일, 소셜 미디어 등과 같은 어떤 배포 채널을 통해서도 앱을 자유롭게 배포할 수 있는 것이다.

앱을 배포할 때는 앱 패키지 이름이 그 고유 식별자로 사용된다는 사실에 유의해야 한다. 따라서 따로 배포하려는 다른 버전을 비롯해 앱에는 고유한 패키지 이름이 있어야 한다. 단, APK의 파일 이름은 그럴 필요가 없다. 설치 과정에서 쓸모가 없어지기 때문이다(패키지 이름만 사용된다).

21.4.1 구글 플레이 스토어

구글 플레이 스토어는 가장 인기가 많고 가장 큰 안드로이드 앱 배포 플랫폼이다. 이 책을 쓰고 있는 지금을 기준으로 270만 개 이상의 앱이 사용자들의 선택을 기다리고 있고, 145개 이상의 국가에서 총 800억 번 이상 앱 다운로드가 이뤄졌다.

구글 플레이 스토어는 한마디로 '시장'이다. 따라서 구글 플레이가 여러분을 대신해 앱을 재판매하는 것이 아니다. 구글 플레이는 여러분이 직접 앱을 팔고 배포할 수 있는 메커니즘처럼 작동한다. 따라서 구글 플레이는 여러분이 무엇을 배포하든 그리고 어떤 방식으로 홍보를 하고 수익을 창출하고 배포하든 일일이 개입하지 않고 최소한의 제한만 둘 뿐이다. 이 제한 내용은 구글 플레이 개발자 배포 계약(DDA, Google Play Developer Distribution Agreement)과 구글 플레이 개발자 프로그램 정책(DPP, Google Play Developer Program Policies)에서 찾아볼 수 있다. DDA와 DPP의 주소는 각각 play.google.com/about/developer-distribution-agreement.html과 play.google.com/about/developer-content-policy/다.

DDA나 DPP를 위반할 소지가 있는 앱은 구글 플레이의 검토 대상이 되고, 만일 실제로 위반한 내용이 발견되면 배포가 중단되고 해당 개발자에게 통보된다. 악성 프로그램처럼 극단적인 경우에는 구글 플레이 스토어는 원격으로 해당 기기에서 이 악성 앱을 제거할 수 있다.

> **주의**
>
> 앱을 게시하려면 그보다 먼저 DDA와 DPP를 세심하게 검토해 이들을 위반하는 내용이 없도록 해야 한다. 이 두 정책을 위반한 앱은 배포가 중단되며. 위반 사실이 반복되면 개발자 계정이 정지되거나 아예 퇴출된다.
>
> 앱이 구글 플레이를 통해 배포되기에 적합하지 않다면 다른 배포 플랫폼이나 메커니즘을 사용해 배포할 수도 있다.

구글 플레이는 앱 배포, 업데이트, 판매(국내 및 국외), 프로모션 등을 처리할 때 필요한 각종 도구와 메커니즘을 제공하고 있다. 앱이 구글 플레이에 올라가면 검색 결과나 카테고리 리스트 그리고 프로모션 관련 카테고리에 노출된다.

이 책은 구글 플레이 스토어의 전체 기능을 다루기에 역부족이다. 다만, 앱을 게시하는 데 필요한 핵심 기능만큼은 앞으로 자세하게 알아본다.

21.4.2 구글 플레이 스토어 시작하기

구글 플레이 스토어에서 앱을 게시하려면 그림 21-7처럼 play.google.com/apps/publish/signup 에서 개발자 계정을 만들어야 한다. (국내 사용자의 경우는 그림 21-7부터 이후의 모든 그림이 한글 화된 페이지로 나타난다.)

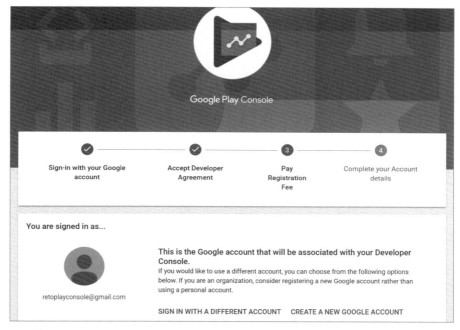

◑ 그림 21-7

> **참고**
>
> 안드로이드 개발자 프로파일은 현재 로그인한 구글 계정과 연동되며, 여러 사람이 하나의 계정을 사용하는 경우도 흔하다. 특히 어떤 한 사람이 회사를 대표해 앱을 배포하는 경우가 단적인 예다.
>
> 따라서 개인용 구글 계정을 사용하지 말고 안드로이드 개발자 프로파일용으로 새 구글 계정을 만드는 것이 좋다.

개발자 계정에 연동될 구글 계정으로 로그인했는지 확인하고, 개발자 배포 계약을 검토하고 동의한다. 그리고 등록 비용인 25달러를 결제해 등록 과정을 마무리한다.

이제 개발자 프로파일을 작성할 기회가 부여된다. 앱의 개발자를 식별하기 위해 구글 플레이 안에서 사용될 '개발자 이름'을 입력한다. 대개 회사명에 해당한다. 단, 여기서 사용되는 개발자 이름이 회사를 대표해야 한다거나 실제로 코드를 작성한 개개인을 가리켜야 하는 것은 아니다. 이 항목은 단순히 앱을 배포하는 회사나 개인을 식별하는 데 사용된다.

그리고 세부 연락처 정보를 이메일 주소, 웹사이트, 전화번호의 형태로 입력한다. 단, 이메일 주소 등을 제공할 때는 구글에 의한 앱 관련 정보의 공개 여부에 동의해야 한다. 노파심에서 한 번 더 언급하면 이메일 주소는 앱의 피드백을 받아야 하므로 개인 이메일 계정을 공유하지 않는 것이 좋다.

21.4.3 구글 플레이 스토어에서 앱 만들기

안드로이드 개발자 프로파일을 만들었으면 이제부터 새 앱을 만들고, APK를 앱 버전(App Release) 형태로 업데이트하고 스토어 등록 정보를 완성할 수 있다.

새 앱을 업로드하고 배포하기에 앞서 적어도 하나의 대상 핸드셋 기기와 하나의 대상 태블릿 기기에서 릴리스 버전을 철저하게 테스트해야 한다.

배포할 준비가 되면 우선 구글 플레이에서 새 앱을 만든다. 그림 21-8에서처럼 [모든 앱] 탭에서 [앱 만들기] 버튼을 클릭한다.

이후 등장하는 그림 21-9와 같은 대화상자에서 기본 언어를 선택하고 앱의 제목을 제공한 후 [만들기]를 클릭한다.

앱이 만들어지면 스토어 등록 정보를 완성하고 앱 버전으로 사용될 APK를 업로드한다. 이와 관련한 내용은 이어지는 절에서 살펴본다.

업데이트된 APK를 배포할 때마다 새 앱 버전을 만들게 된다. 한편, 앱 등록 정보에는 구글 플레이에서 앱을 홍보하는 데 필요한 세부 정보가 모두 포함된다. 따라서 이 정보들이 옵션으로 지정됐더라도 가능한 한 모든 콘텐트와 애셋을 제공해야 한다. 각 애셋은 구글 플레이를 통해 사용되며 웹사이트나 구글 플레이 스토어 클라이언트, 프로모션 캠페인이 대표적인 예다. 일부 애셋을 포함하지 않으면 앱의 새로운 기능이나 프로모션이 표출되지 않을 수 있다.

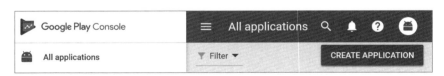

◐ 그림 21-8

Create application

Default language *

English (United States) – en-US ▼

Title *

Earthquake!

11/50

CANCEL   **CREATE**

◑ 그림 21-9

새 앱 버전 APK 업로드하기

APK를 업로드하려면 그림 21-10에서처럼 사이드바의 앱 버전(App Release) 옵션을 선택해 앱
버전 보기를 표시한다. 앱을 알파, 베타, 프로덕션 형태로 게시할 수 있다.

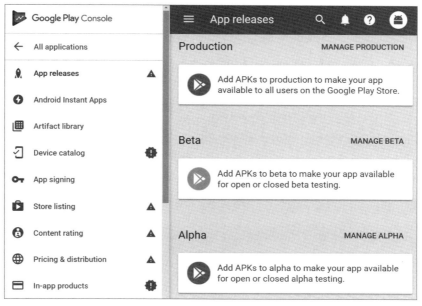

◑ 그림 21-10

알파 및 베타 채널은 21.4.4 '앱 게시하기'에서 자세하게 알아본 대로 모든 사용자에게 일반적으로 사용할 수 있도록 하기보다 소규모 그룹 테스터들에게 사용할 수 있도록 한다.

게시하려는 각 버전 채널의 [채널 버전 관리하기] 버튼을 클릭한다. 그리고 [새 버전 출시하기] 버튼을 클릭한다.

이제 구글 플레이 앱 서명에 등록하고 APK를 업로드한 후 '출시명'과 '이번 버전의 새로운 기능'에 적당한 내용을 제공한다. 관련 내용은 이어지는 '구글 플레이 앱 서명을 사용해 개인 릴리스 키 관리하기'에서 살펴본다.

이어질 절에서는 그림 21-11처럼 서명한 릴리스 패키지를 선택해 업로드한다.

◗ 그림 21-11

> **참고**
>
> 패키지 이름(파일 이름이 아니라)은 유일무이해야 한다. 구글 플레이에서는 앱 패키지 이름을 고유 식별자로 사용하므로 같은 이름의 패키지를 업로드할 수 없다.

그림 21-12에서처럼 출시 이름과 이번 버전의 새로운 기능을 입력한다.

Release name

Name to identify release in the Play Console only, such as an internal code name or build version.

Enter a release name

0/50

Suggested name is based on version name of first APK added to this release.

What's new in this release?

🔤 Release notes translated in 0 languages

Enter the release notes for each language within the relevant tags or copy the template for offline editing. Release notes for each language should be within the 500 character limit.

```
<en-US>
Enter or paste your release notes for en-US here
</en-US>
```

◐ 그림 21-12

이번 버전의 새로운 기능에 입력한 내용은 구글 플레이에 앱과 함께 표시된다. 이때 출시 이름은 구글 플레이 관리 콘솔 안에서 개발자에게만 표시되는 내부 코드명이다.

아직 APK를 게시할 수 없다. 이어지는 절에서 설명하는 것과 같이 스토어 등록 정보와 콘텐츠 등급, 가격 및 배포 세부 정보를 완성해야 한다.

구글 플레이 앱 서명을 사용해 개인 릴리스 키 관리하기

구글 플레이 앱 서명은 구글이 자사의 키를 저장할 때 사용하는 보안 인프라를 앱에도 그대로 사용하기 위한 옵션 프로그램이다.

옵트인(opt-in) 방식의 구글 플레이어 앱 서명에서는 개발자의 키로 직접 앱마다 서명하지 않고 업로드 키로 개발자가 앱에 서명한다. 따라서 개발자는 업로드 키를 잃어버리면 구글에 복사본을 요청할 수 있다. 키 분실 위험을 줄이는 것이다.

업로드 키로 서명한 새 앱을 플레이 콘솔에 업로드하면 구글은 이 키를 검증하고 문제가 없다면 이를 제거하고 원래 앱 서명 키로 앱에 다시 서명한다.

> **주의**
> 앱을 구글 플레이 앱 서명에 등록한 이후에는 이를 철회할 수 없다. 앱 서명 키의 보안을 유지하기 위해 우리 같은 개발자들은 보안 서버에서 키를 제거할 수 없다. 하지만 옵트인 방식은 개별 앱 방식이라 이후 게시할 앱에는 옵트인을 선택하지 않을 수 있다.

새 앱 버전을 만들 때 구글 플레이 앱 서명을 선택할 수 있다. 그림 21-13처럼 계속 버튼을 클릭하면 된다.

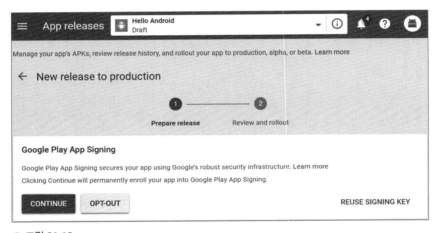

◗ **그림 21-13**

다른 앱과 동일한 구글 플레이 관리형 키를 재사용할 수도 있다. 그림 21-14에서처럼 [Reuse Signing Key]를 클릭하면 된다. 안드로이드 가이드라인에서는 모든 앱에 동일한 인증서를 사용해 서명하는 것으로 권장하고 있다.

구글 플레이에서 배포되고 있는 기존 앱의 경우에는 기존 서명 인증서를 업로드해 구글 플레이 앱 서명을 선택할 수 있다.

새 앱 등록 정보 만들기

서명된 APK가 업로드되면 구글 플레이 스토어 등록 정보를 준비해야 한다. 사이드바에서 스토어 등록 정보를 클릭하면 해당 옵션들이 표시된다. 이 중 첫 번째는 그림 21-15와 같다.

우선 수준 높은 직관적인 제목과 설명을 제공해야 사용자들이 앱을 쉽게 찾을 수 있고 자신의 목적에 맞는 앱인지 제대로 된 정보를 제공받을 수 있다. 제목이나 설명 자리에는 키워드만 넣거나 다른 SEO 스팸을 입력하지 말아야 한다. 앱의 배포 정지로 이어질 수도 있다. 구글 플레이의 메타데이터 정책에 관한 세부 내용은 play.google.com/about/storelisting-promotional/metadata/에서 찾아볼 수 있다.

앱 등록 정보에는 비디오 및 그래픽 애셋을 제공할 수도 있다. 여기에는 홍보용 유튜브 동영상의 링크와 스마트폰과 태블릿(7인치와 10인치 둘 다), 웨어 기기, 텔레비전 등의 대표적인 스크린샷 몇 개가 포함된다. 이와 함께 구글 플레이 안에서 사용되는 전문 그래픽, 예를 들어 고해상도 앱 아이콘이나 기능 홍보 그래픽, 텔레비전 배너, 데이드림용 360도 입체 배너 등도 포함된다. 그래픽 애셋의 세부 설명 전체는 구글 플레이의 support.google.com/googleplay/android-developer/answer/1078870에서 찾아볼 수 있다.

Google Play App Signing

Google Play App Signing secures your app using Google's robust security infrastructure. Learn more
Clicking Continue will permanently enroll your app into Google Play App Signing.

Reuse signing key

Reusing signing keys can pose a security risk.

○ Create new app signing key
◉ Reuse the signing key from one of your other apps. You must use the same upload key as that app.

com.professionalandroid.apps.earthquake ▾

CONTINUE   OPT-OUT   HIDE

◖ 그림 21-14

앱 종류는 등록할 앱이 '앱'인지 '게임'인지 구별한다. 반면, 카테고리는 앱이 구글 플레이 안에서 어떤 카테고리로 표시되는지를 나타낸다.

앱은 예외 없이 콘텐츠 등급을 받아야 한다. 콘텐츠 등급은 소비자에게 앱에 적합한 연령대를 알리고, 법 규정에 따라 특정 지역이나 특정 사용자에게는 콘텐트를 차단하거나 필터링하는 데 사용된다. 그리고 특별 개발자 프로그램에 적합한지 평가하는 데도 사용된다.

앱의 콘텐츠 등급을 결정하려면 [스토어 등록 정보]나 사이드바에서 [콘텐츠 등급]을 클릭해야 한다. 이에 따라 그림 21-16과 같은 콘텐츠 등급 설문지가 표시된다.

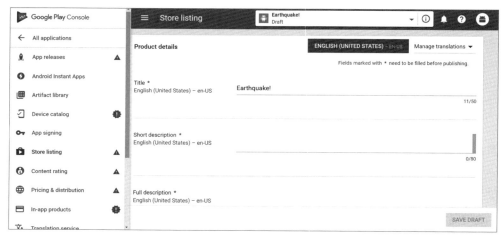

● 그림 21-15

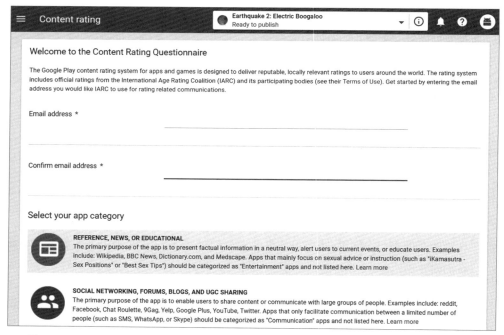

● 그림 21-16

앱마다 설문지를 작성해야 한다. 그리고 앱의 콘텐트나 기능을 변경하는 업데이트를 배포할 때도 설문지의 응답에 영향을 미친다면 설문지를 새로 작성해야 한다.

주의

콘텐츠 등급 설문지에 정확하게 응답하지 않으면 앱 콘텐트에 대한 오해의 소지가 생길 수도 있으며 이에 따라 앱이 구글 플레이에서 제거되거나 배포가 정지된다.

마지막으로 앱마다 연락처 세부 정보를 그림 21-17처럼 제공해야 한다.

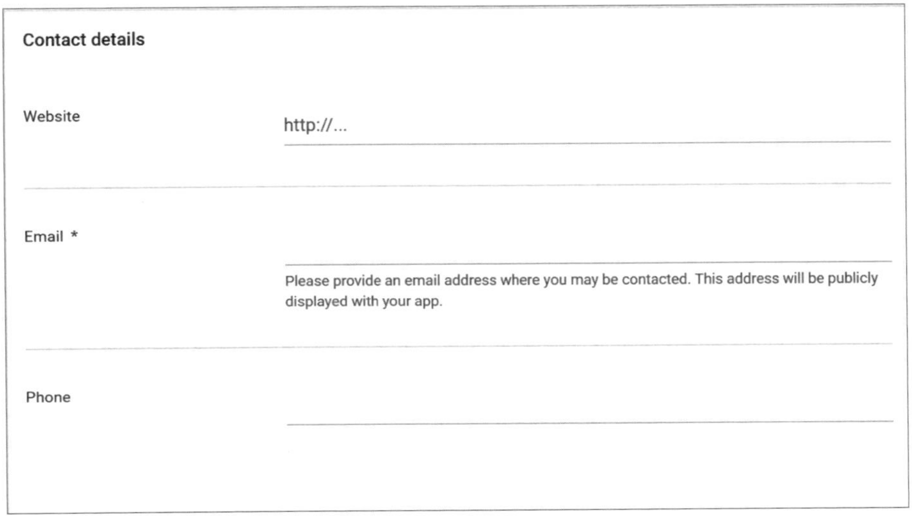
Contact details
Website
http://...
Email *
Please provide an email address where you may be contacted. This address will be publicly displayed with your app.
Phone

◐ 그림 21-17

이 세부 정보는 앱의 등록 정보와 함께 구글 플레이에 게시된다. 따라서 이메일과 전화번호에는 개인용을 입력하지 말아야 한다.

가격 및 배포 지정하기

이제 앱의 배포 대상 국가와 기기를 선택하고 앱을 사용하려는 고객에게 비용(있다면)을 받기 위해 왼쪽 사이드바에서 [가격 및 배포]를 클릭한다.

우선 앱이 무료인지, 유료인지부터 결정한다. 유료일 경우 판매자 계정을 만들어야 한다. 유료 앱으로 배포하는 과정은 이 책의 범위를 벗어난다. 이와 관련된 세부 내용은 support.google.com/googleplay/android-developer/#topic=3452890에서 찾아볼 수 있다.

이제 앱을 이용할 수 있는 국가를 선택할 수 있다. 경우에 따라서는 선택한 국가 안에서 그림 21-18에서처럼 이동통신사업자도 선택한다.

구글 플레이 스토어에서는 특정 그룹을 대상으로 앱을 배포하도록 고안된 다양한 특별 프로그램을 선택할 수 있다. 예를 들어 아이들 및 가족용으로 특별히 설계된 앱이나 게임을 위한 프로그램인 'Designed for Families'나 'Google for Education'이 있다. '가격 및 배포' 페이지에서 등록 가능한 프로그램과 그 요건을 자세하게 안내하고 있다.

이와 비슷하게 안드로이드 웨어와 안드로이드 텔레비전, 안드로이드 오토, 데이드림 등 특별한 기기 카테고리를 포함해 검토를 받을 수 있도록 앱을 제출할 수도 있다. 이와 같은 기기 유형에서는 앱들이 구체적인 앱 품질 및 배포 가이드라인(스토어 등록 정보 페이지로 링크가 제공됨)을 준수해야 해당 기기에서 다운로드될 수 있다.

◑ 그림 21-18

마지막으로 앱이 안드로이드 콘텐트 가이드라인을 준수하겠다고 확인해야 하고 미국 수출 법규를 따르겠다고 동의해야 한다.

'가격 및 배포' 섹션을 완성하면 [임시 저장] 버튼을 반드시 클릭해야 한다.

21.4.4 앱 게시하기

스토어 등록 정보를 모두 작성하고 가격 및 배포를 정의했으면 그리고 APK를 업로드했으면 이제 앱을 프로덕션 버전으로 출시해 고객에게 선보일 준비가 끝난 것이다. 이 과정을 흔히 '버전 관리(release management)'라고 부른다.

구글 플레이 콘솔의 왼쪽 사이드바에서 모든 회색 체크 표시가 그림 21-19처럼 초록색으로 바뀌면 앱은 게시 준비가 된 것이다.

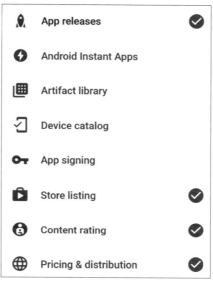

● 그림 21-19

앱이 일반 사용자에게 공개되려면 프로덕션 채널을 사용한다. 알파 및 베타 채널은 이어지는 절에서 자세하게 알아본다.

'검토' 버튼을 클릭해 버전 세부 정보가 올바른지 확인하고, [새 버전 출시하기] 버튼을 클릭해 사용자가 사용할 수 있는 앱으로 만든다.

나중에 이와 같은 과정에 따라 앱의 업데이트도 배포할 수 있다. 하지만 업데이트의 경우에는 이 업데이트를 받아야 할 기존 사용자의 비율을 지정할 수 있다. 이 과정을 '단계적 출시(staged rollout)'라고 부른다. 이와 관련된 세부 내용은 이어지는 절들에서 다룬다.

알파 및 베타 채널 사용하기

앱을 프로덕션 버전으로 게시하면 배포하겠다고 선택한 국가에서 지원 기기의 모든 사용자가 다운로드할 수 있게 된다.

앱을 출시하기 전 아무리 철저하게 테스트하더라도 실제 사용자가 앱을 다운로드하고 사용해 보는 테스트 방식을 대체할 수는 없다. 잠재 사용자가 수십 억명인 현실상, 알파 및 베타 버전 채널을 통해 소규모 특정 그룹에서 앱을 사용할 수 있도록 하면 초기 피드백을 얻고 잠재적인 이슈를 감지한 이후에 모든 사용자에게 앱을 공개할 수 있다.

이는 앱의 초반 사용자들이 제공한 평가나 리뷰가 앱의 전체적인 성공과 인기에 지대한 영향을 미칠 수 있기 때문에 특히 중요하다. 알파나 베타 버전의 사용자는 공개 리뷰를 제출할 수 없으며, '출시 전' 앱의 잠재적 이슈를 인지하고 있다. 따라서 이로부터 앱의 일반 공개 전에 완성도를 높이기 위한 건설적인 피드백을 제공받을 수 있다.

그림 21-20에서처럼 구글 플레이는 알파와 베타라는 두 가지 출시 전 채널을 제공한다. 둘 사이에는 이렇다 할 만한 뚜렷한 기능적 차이가 없다. 하지만 관례상 알파가 먼저 사용되고 베타보다 더 소규모 그룹에 노출된다.

◗ 그림 21-20

각 채널에서는 공개 또는 비공개 출시 전 버전을 선택할 수 있다. 공개 베타(또는 알파)는 구글 플레이 스토어에 노출되며, 참여를 원하는 누구에게나 다운로드나 업데이트가 가능하다. 단, 참여할 수 있는 사용자의 수를 제한될 수 있다.

비공개 베타(또는 알파)는 직접 지정한 사용자들로 구성된 제한 그룹을 제외하면 구글 플레이 스토어에 노출되지 않는다. 이 그룹을 정의할 때는 이메일 주소를 사용할 수도 있고, 구글 그룹이나 구글 플러스 커뮤니티 옵션을 사용해 해당 URL을 제공하는 방식으로 알파·베타 테스트를 선택할 수도 있다. 후자의 경우, 구글 그룹이나 구글 플러스 커뮤니티의 구성원들이 비공개 베타(또는 알파)에 접근할 수 있다. 이 옵션은 공개형과 비공개형의 혼합형으로, 앱 등록 정보가 구글 플레이에서 모든 사용자에게 노출되지는 않지만 사람들이 그룹이나 커뮤니티에 참여할 수 있도록 구성할 수 있다.

어느 경우든 고객이 알파/베타 테스트 기간 동안 건설적인 피드백을 제공할 수 있는 피드백 채널을 지정해야 한다.

피드백 채널을 가동하고 게시하면 테스터들과 공유할 수 있는 선택 링크를 제공해 그들에게 테스트 프로그램에 참여하도록 할 수 있다. 그림 21-21은 비공개 베타의 테스터 관리 대화상자를 나타낸다.

Manage testers

Choose how to run your testing program. Learn more

DISABLE BETA TESTING

Choose a testing method   Closed Beta Testing ▼

Users   CREATE LIST

After you create a list, you can reuse the list for Closed Testing with any of your published apps.

Active   List name   Number of users

Feedback Channel ⑦   Email address or URL

Opt-in URL   An opt-in link will be available here when you publish your app.

Share this opt-in link with your testers.

SAVED

◗ 그림 21-21

프로덕션 출시에 앞서 알고 있는 테스터들 그룹과 비공개 알파를 운영하고 뒤이어 공개 베타를 통해 피드백을 수집하는 것이 좋다. 단, 공개 알파를 운영하면 그와 동시에 베타 테스트를 진행할 수는 없다.

알파 또는 베타 사용자들이 선택 링크를 클릭하면 테스터가 할 일과 선택 링크에 관한 설명을 받게 된다.

피드백용으로 제공한 링크나 이메일 주소 이외에도 알파 또는 베타 테스트에서는 테스터들에게 구글 플레이 스토어를 통해 개인적인 피드백을 제공하도록 할 수도 있다.

새 APK가 알파에서 베타로 그리고 프로덕션으로 진행되는 것이 일반적인 테스트 프로세스다. 이에 따라 알파 테스트 APK가 가장 높은 버전 코드를 나타낸다.

잠재 사용자가 알파 또는 베타 테스트 채널에 참여하려면 구글 또는 G 스위트(Suite) 계정이 필요하다. 구글 서버를 통해 알파나 베타 앱의 링크를 전파하고 테스터들이 사용할 수 있도록 하기까지에는 몇 시간이 걸릴 수 있다. 새 APK가 알파 또는 베타 채널을 통해 배포되는 것도 이와 같다.

단계적 출시

알파 및 베타 테스트에서는 프로덕션 출시에 앞서 실제 사용자들로부터 피드백을 받을 수 있다. 프로덕션 버전으로 출시할 준비를 마치면 단계적 출시를 고려하는 것도 좋다. 단계적 출시는 일정 비율의 기존 사용자와 새 사용자에게 업데이트를 사용할 수 있도록 해 심각한 버그나 크래시 등을 최소화할 수 있는 방법이다.

앱의 프로덕션 버전은 모든 잠재 사용자에게 동시에 공개되는 반면, 업데이트는 단계별로 일정 비율의 기존 및 새로 추가된 사용자들에게만 적용할 수 있다.

새 APK를 받을 사용자 비율은 '프로덕션 버전 관리' 형태로 지정할 수 있다.

단, 대상 비율은 새 사용자와 기존 사용자들이 임의로 선택돼 정해진다. 다시 말해, 사용자나 기기, 국가, 운영 체제 버전 등을 특정할 수 없다.

잠재 이슈를 발견하면 출시를 중지할 수 있다. 이전 버전으로 되돌리는 것은 불가능하지만 새 업데이트 APK에 단계적 출시를 수행하면 이 업데이트가 이전 업데이트를 받았던 사용자들에게 먼저 제공된다.

처음 지정된 비율의 사용자들에게 만족할 만한 결과를 받았다면 이후 '프로덕션 버전 관리' 페이지에서 단계적 출시 비율을 늘릴 수 있다. 위험을 최소화하기 위해서는 사용자 비율을 1~2%에서 시작해 점차 늘리는 것이 좋다. 물론 이 과정에서 피드백이나 분석 통계, 크래시 보고 등을 면밀히 모니터링해야 한다.

앱 업데이트의 스토어 등록 정보가 바뀐다면 100%의 사용자에게 출시할 때만 스토어 등록 정보를 업데이트하는 것이 좋다.

21.4.5 프로덕션 앱 모니터링하기

앱이 게시되면 '모든 애플리케이션' 페이지에 그림 21-22에서처럼 사용 중 기기에 설치된 횟수와 총 설치 수, 평균 평점과 전체 평가 수, 최종 업데이트 날짜, 각 앱의 상태가 표시된다.

▲ App name	Active / Total installs ⑦	Avg. rating / Total #	Last update	Status
Earthquake! com.radioactiveyak.earthq...	543 / 801,946	★ 4.03 / 6,439	Jan 6, 2018	Published
New Horizons Gyro Compass com.paad.compass	314 / 91,737	★ 3.71 / 590	Jun 12, 2012	Published

◑ 그림 21-22

왼쪽 사이드바에서 다음 페이지를 선택해 프로덕션 버전의 앱이 어떻게 사용되는지 파악할 수 있다.

➤ 통계: 앱의 설치 통계에 관한 세부 정보에 접근할 수 있다. 앱의 설치나 평점, 크래시의 타임라인을 그래프로 제공한다.

➤ 안드로이드 바이탈(Android vitals): 기술적 성능 세부 정보 그리고 자동으로 사용량 및 분석 데이터 공유에 동의한 사용자로부터 받은 익명의 오류 보고서와 스택 추적을 제공한다.

➤ 사용자 획득(User acquisition): 구글 플레이에서 앱을 설치한 고객에 사용된 획득 채널의 세부 정보를 제공한다.

➤ 사용자 의견(User feedback): 평점 추이와 사용자 리뷰에 대한 동적인 분석을 제공한다.

구글 플레이 통계에 의한 앱 수치

구글 플레이 통계 페이지에서는 앱 설치 통계의 세부 정보를 보고서 형태로 제공한다. 여기에는 설치 및 제거와 업그레이드, 평균 평점 및 누적 평점, 크래시 및 무반응 횟수 등이 포함된다.

이 지표들은 사용자들에 대한 통계적 통찰력을 제공하기 위해 각종 기준으로 측정된다.

➤ 앱 버전

➤ 안드로이드 플랫폼 버전

➤ 하드웨어 기기

➤ 국가 및 언어

➤ 이동통신사

이 보고서는 그림 21-23처럼 타임라인 그래프로 표시돼 다운로드할 수도 있다.

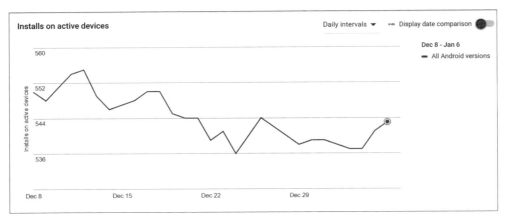

◐ 그림 21-23

이 정보는 리소스를 어느 곳에 할당하고 어떤 안드로이드 플랫폼 버전을 지원하고 부진한 결과를 보이는 국가가 어디인지 파악할 때 매우 유용하다.

안드로이드 바이탈로 앱 모니터링하기

안드로이드 바이탈 페이지에서는 앱의 기술적 성능에 대한 통찰력을 안정성, 배터리, 렌더 시간, 익명 오류 로깅 및 스택 추적이라는 항목으로 제공한다. 이들 정보는 사용량 및 진단 데이터를 자동으로 공유하겠다고 동의한 사용자의 기기에서 수집된다.

개요 페이지에서는 크래시, ANR, 느린 렌더링, 무반응 프레임, 장기간 웨이크 록, 불필요한 깨우기 등의 일간 비율을 시간 그래프로 확인할 수 있다. 이 지표들은 앱 버전, 기기, 안드로이드 운영 체제 버전에 따라 측정된다.

'ANR & 크래시' 페이지에서는 그림 21-24처럼 ANR(Application Not Responding)과 크래시 요약 정보를 확인할 수 있다.

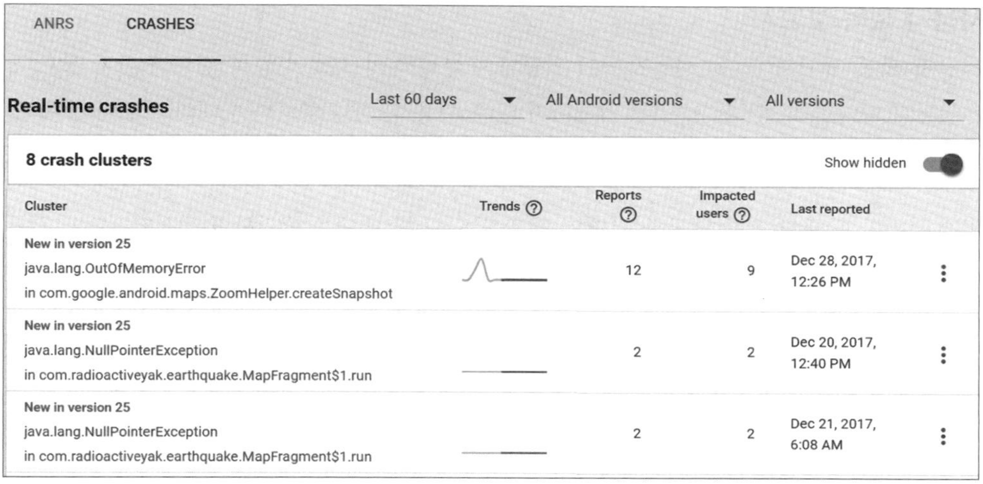

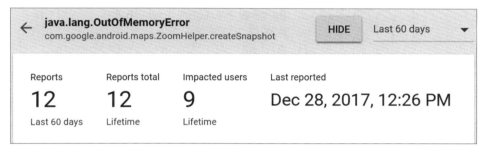

그림 21-24

각 오류를 클릭하면 그 세부 정보를 그림 21-25처럼 확인할 수 있다. 이 오류 정보는 예외와 그 예외를 일으킨 클래스, 예외 보고 횟수 등으로 표시된다.

그림 21-25

같은 페이지가 선 그래프 형태로도 표시된다. 이때 지정된 날짜 범위에 따라 오류 보고 횟수, 기기, 풀 스택 추적 등이 표시된다.

이 오류 보고서는 앱을 디버깅할 때 지극히 유용하다. 안드로이드 기기가 수백 가지 형태로 수십여 나라와 언어로 사용되는 현실을 감안하면 모든 버전을 일일이 테스트하기란 불가능에 가깝다. 이 오류 보고서를 잘 활용하면 혹시 놓쳤을지도 모를 문제들을 찾아 가능한 한 빨리 해결할 수 있을 것이다.

사용자 획득 보고서

'사용자 획득' 페이지에서는 사용자들이 어떻게 구글 플레이 스토어 등록 정보를 찾아 상호 작용했는지 파악할 수 있다. '설치 후 제거하지 않은 사용자' 탭을 클릭하면 앱의 스토어 등록 정보를 방문한 후 앱을 설치하고 적어도 30일 동안 제거하지 않고 유지한 순사용자가 표시된다.

인앱 구매나 구독 기능을 제공하는 앱의 경우에는 [구매자] 탭을 클릭하면 생성되는 보고서를 통해 획득 채널에서 사용자의 구매자 및 반복 구매자 전환율을 국가별로 확인할 수 있다.

획득 채널 또는 국가 간 구매자 데이터를 비교해 어떤 채널 또는 국가가 가장 가치가 높은 사용자를 유치했는지 비교할 수도 있다.

사용자 의견 분석하기

그림 21-26처럼 '사용자 의견' 페이지에서는 앱의 리뷰를 포함한 평점과 별로 표시되는 사용자 평점의 히스토그램을 확인할 수 있다.

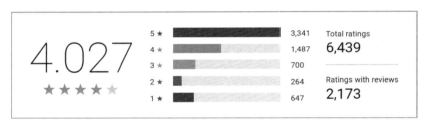

◑ **그림 21-26**

시간 그래프로는 앱의 트렌드를 일간, 주간, 월간 기준으로 기간당 또는 누적 형태에 맞춰 확인할 수 있다. 다음 기준에 따라 숫자를 필터링해 출력할 수도 있다.

- ➤ 앱 버전
- ➤ 안드로이드 플랫폼 버전
- ➤ 하드웨어 기기
- ➤ 국가 및 언어
- ➤ 이동통신사

'리뷰' 페이지에서는 사용자가 제공한 모든 리뷰에 직접 접근해 공개 답변을 작성할 수 있다. 각 리뷰에는 다음을 비롯해 기기와 사용자의 관련 정보가 포함된다.

- ➤ 앱 버전 코드
- ➤ 앱 버전 이름
- ➤ 하드웨어 기기
- ➤ 하드웨어 기기 제조업체
- ➤ 기기 종류(스마트폰, 태블릿 등)
- ➤ 언어
- ➤ CPU 제조사 및 모델
- ➤ 네이티브 플랫폼
- ➤ 기기 RAM
- ➤ 기기의 화면 크기기와 밀도
- ➤ OpenGL ES 버전
- ➤ 안드로이드 운영 체제 버전

이들 기준에 따라 특정 텍스트를 찾을 수 있고, 리뷰를 필터링할 수 있다.

'리뷰 분석' 페이지에서는 사용자 리뷰에 대한 통찰력을 제공한다. '업데이트된 평점' 섹션에서는 변경된 평점과 리뷰를 추적할 수 있으며 이에 따라 답변과 앱 업데이트의 영향력을 확인할 수 있다.

'벤치마크' 섹션에서는 구글 플레이 스토어의 동일한 카테고리에 있는 앱들의 등급을 미리 정의된 항목을 기준으로 나타낸다. 이에 따라 같은 카테고리의 비슷한 앱들과 비교할 수 있다.

마지막으로 '주제' 섹션에서는 앱 리뷰에서 언급된 단어들의 동적 리스트를 분석할 수 있다.

사용자의 직접적인 피드백은 대단히 소중하면서도 모순되거나 신뢰하지 못하는 경우도 많다. 앱 분석을 통해 사용자 댓글 내용과 통계 분석 결과를 함께 고려해야 한다.

21.5 앱의 수익 창출

안드로이드는 공개 생태계로서 원하는 방식을 사용해 앱으로부터 수익을 창출할 수 있도록 한다. 구글 플레이를 통해 앱을 배포하고 수익을 창출하겠다고 선택했다면 다음 네 가지 옵션을 사용할 수 있다.

- ➤ **유료 앱**: 사용자는 비용을 선불로 결제하고 앱을 다운로드해 설치할 수 있다.
- ➤ **무료 앱(인앱 결제)**: 앱의 다운로드와 설치는 무료이지만 앱 안에서 가상 상품이나 업그레이드 등 부가 가치에 대해 비용을 부과한다.
- ➤ **무료 앱(구독)**: 앱의 다운로드와 설치는 무료이지만 앱 안에서 가상 상품이나 콘텐츠 등 부가 가치에 대해 비용을 부과한다.
- ➤ **광고 지원 앱**: 앱의 다운로드와 설치는 무료이며 광고를 표시해 수익을 창출한다.

인앱 결제(IAB)나 구독을 통해 구글 플레이에서 앱에 비용을 부과하겠다고 선택한다면 수익을 구글 플레이와 수수료 형태로 나눠야 한다. 이 책을 쓰고 있는 시점을 기준으로 수익의 70%가 개발자 몫이다.

어느 방식으로 비용을 부과하더라도 우선 구글 판매자 계정부터 만들어야 한다. 그리고 앱 등록 정보에 앱의 가격을 정하거나 IAB를 사용해 판매되는 항목을 설정해야 한다.

앱 판매자가 되면 앱 판매와 관련된 법규와 세금 의무를 지켜야 한다. 이 조항은 DDA에 설명돼 있다.

인앱 광고 형태로 수익을 창출할 수도 있다. 앱 안에 어떤 프로세스를 거쳐 광고를 설정하는지는 광고 제공자마다 다르다.

특정 광고 API의 설정 프로세스는 이 책의 범위를 벗어난다. 하지만 일반적인 프로세스를 살펴보면 다음과 같다.

1. 게시자 계정을 만든다.
2. 관련 광고 SDK를 다운로드하고 설치한다.
3. 프래그먼트 또는 액티비티 레이아웃을 업데이트해 광고 배너를 포함한다.

앱에 포함되는 광고는 불필요하게 관심을 끌지 말아야 하고, 앱의 사용자 경험에 심각하게 영향을 미쳐서도 안 된다. 그리고 실수로 광고 배너를 클릭하게 하는 앱의 사용자 상호 작용 모델도 곤란하다.

대개 개발자는 광고 배너를 앱에서 제거할 수 있는 다른 유료 방식(선불이나 인앱 결제)을 사용자에게 제공한다.

21.6 앱 마케팅, 프로모션, 배포 전략

앱의 효과적인 마케팅 및 프로모션 첫 단계는 구글 플레이 스토어 등록 정보에 고품질 애셋을 제공하는 것이다.

구글 플레이에 몇 가지 프로모션 관련 기회들이 제공되지만 270만 개가 넘는 다른 앱들이 있는 상황에서 단순히 앱을 게시하고 행운을 비는 것보다 수익을 낼 수 있는 다른 마케팅 및 프로모션 채널을 고려하는 것이 더 낫다.

마케팅 및 프로모션 전략은 개발자마다 그 목적이나 예산에 따라 달라지지만 가장 효과적인 방법을 정리하면 다음과 같다.

> ➤ 오프라인 상호 프로모션: 오프라인 매장 등이 있다면 또는 신문이나 잡지, 텔레비전 등 미디어에 출연하고 있다면 이들을 활용해 앱을 효과적으로 홍보하고 인지도를 높일 수 있다. 텔레비전이나 신문 광고 같은 전통적인 광고도 앱의 인지도를 높이는 데 매우 효과적이다.

> ➤ 온라인 상호 프로모션: 운영하고 있는 웹사이트가 있다면 구글 플레이 링크를 통해 앱을 직접 홍보할 수 있다. 모바일 웹사이트보다 앱이 더 나은 사용자 경험을 제공한다면 안드로이드 기기로부터 유입되는 웹 브라우저 방문자들에게 구글 플레이로 연결해 다운로드를 유도할 수 있다.

> ➤ 서드파티 프로모션: 유튜브나 소셜 네트워크, 블로그, 언론 홍보, 온라인 리뷰 사이트에 홍보용 비디오를 배포하면 긍정적인 입소문을 낼 수 있다.

> ➤ 온라인 광고: 인앱 광고 네트워크(AdMob 등)나 전통적인 검색 기반 광고(구글 AdWords 등)를 사용하면 좋은 인상을 줄 수 있고 다운로드를 유도할 수 있다.

21.6.1 앱 출시 전략

평점 및 리뷰는 앱의 순위나 검색 결과 노출에 지대한 영향을 미친다. 따라서 빈약했던 출시를 만회하기 힘들 수도 있다. 성공적인 출시를 위해 사용할 수 있는 몇 가지 전략을 정리하면 다음과 같다.

> ➤ 비공개 알파, 공개 베타, 단계적 출시를 사용하라: 소규모 특정 그룹에서 앱을 사용할 수 있도록 하면 초기 피드백을 얻고 잠재적인 이슈를 감지한 이후에 모든 사용자에게 앱을 공개할 수 있다. 알파나 베타 버전의 사용자는 공개 리뷰를 제출할 수 없으며 '출시

전' 앱의 잠재적 이슈를 인지하고 있다. 따라서 이로부터 앱의 일반 공개 전에 완성도를 높이기 위한 건설적인 피드백을 제공받을 수 있다.

- ➤ **품질이 아닌 기능에 재투자하라**: '형편없이 구현됐지만 기능이 풍부한 앱'은 '아무것도 하지 않지만 잘 다듬어진 앱'보다 더 나쁜 리뷰를 받는다. 앱을 조기에 그리고 자주 출시한다면 품질을 유지하되 매번 새로운 기능을 추가해야 한다. 그리고 이전 버전보다 더 다듬고 안정성을 높여야 한다.

- ➤ **고품질 구글 플레이 애셋을 만들라**: 앱의 첫인상은 구글 플레이에 보이는 모습으로 만들어진다. 앱의 품질을 나타낼 수 있는 애셋을 만들어 설치로 이어질 가능성을 극대화하라.

- ➤ **앱의 내용을 솔직하고 적극적으로 표출하라**: 앱이 설명과 같지 않다고 실망한 사용자들은 앱을 기기에서 삭제하고 낮은 평점을 주고 부정적인 리뷰를 남길 가능성이 농후하다.

21.6.2 국제화

이 책을 쓰고 있는 시점을 기준으로 구글 플레이는 190개 이상의 국가에서 사용할 수 있다. 정확한 내용은 카테고리마다 다르겠지만 대개 앱 설치의 50% 이상이 미국 외 국가에서 영어가 아닌 언어로 작동하는 기기에서 이뤄지고 있다.

미국 외에 한국과 일본은 앱의 최대 소비국이다. 1인당 비율로 따지면 한국, 대만, 홍콩의 순으로 안드로이드 앱을 소비하고 있다.

앱의 모든 문자열(그리고 이미지까지)을 4장 '안드로이드 매니페스트, 그래들 빌드 파일 정의하기 및 리소스 외부화하기'에서 설명한 대로 외부화하면 다른 대체 언어를 제공함으로써 앱을 쉽게 지역화할 수 있다.

앱 자체 외에도 구글 플레이는 그림 21-27처럼 앱의 현지 언어로 된 제목과 설명을 추가할 수 있도록 지원하고 있다.

◑ 그림 21-27

한편 비원어민도 앱을 사용할 수 있으므로 자신의 모국어로 구글 플레이를 검색하는 경우도 상당히 많을 것이다. 앱의 검색성을 극대화하려면 적어도 제목과 설명만큼은 번역해 제공하는 것이 좋다.

> 앱 전체를 현지 언어에 맞게 번역하는 프로세스는 비용이나 시간이 상당히 소요된다. 따라서 안드로이드 개발자 콘솔 통계를 사용해 번역의 우선순위를 정하는 것이 좋다.
>
> 일설에 의하면 지역화를 아예 제공하지 않는 것보다 형편없이 제공하는 것이 더 나쁜 사례라고 많은 개발자들이 입을 모은다.

21.7 파이어베이스를 사용해 앱 모니터링하기

구글의 파이어베이스 SDK에는 최상의 사용자 경험을 제공하기 위해 앱의 출시 후 모니터링을 지원하는 다양한 도구가 포함돼 있다.

- ➤ 파이어베이스 애널리틱스: 앱을 사용하는 사람이 누구이고, 어떻게 사용하고 있는지에 대한 이해도를 높이기 위해 사용자 및 사용자 행동을 분석한다.
- ➤ 파이어베이스 퍼포먼스 모니터링: 앱 성능을 모니터링하고 성능 이슈를 진단할 수 있는 도구를 제공한다.
- ➤ 파이어베이스 크래시 리포팅: 앱 크래시의 자세 보고서를 제공한다. 그리고 파이어베이스 크래시 대시보드를 사용해 앱의 전반적인 상태를 모니터링한다.

▶ 파이어베이스 테스트 랩: 실제 사용 환경을 시뮬레이션하기 위해 물리적 기기 및 가상 기기를 제공한다.

파이어베이스 SDK는 구글 플레이 서비스 애플리케이션과 상호 작용하므로 구글 플레이 서비스 SDK가 설치돼야 한다. 구글 플레이 서비스의 세부 정보와 SDK 설치 방법은 15장 '위치, 상황 인지, 지도'에서 찾을 수 있다.

> **참고**
>
> 파이어베이스의 구글 플레이 서비스 의존성 때문에 다른 배포 채널을 통해 앱을 출시한다면 구글 플레이 서비스에 의존하던 기능도 직접 구현해야 한다. 그러나 현실적으로 이렇게 하기는 어렵다.

21.7.1 앱에 파이어베이스 추가하기

앞서 설명한 파이어베이스 모니터링 도구를 추가하려면 그보다 먼저 안드로이드 4.0 아이스크림 샌드위치(API 레벨 14) 이상과 구글 플레이 서비스 버전 10.2.6 이상을 요구하는 파이어베이스 SDK부터 설치해야 한다.

안드로이드 스튜디오에는 파이어베이스 컴포넌트를 앱에 간단하게 추가해 주는 파이어베이스 어시스턴스가 함께 제공된다. [Tools ➡ Firebase]를 선택하면 어시스턴트 윈도우가 등장한다.

애널리틱스와 같은 파이어베이스 도구를 앱에 추가하겠다고 선택하면 파이어베이스에 연결할 수 있는 마법사 윈도우가 등장한다.

안드로이드 스튜디오에서 파이어베이스 컴포넌트를 앱에 처음 추가한다면 연결할 구글 계정을 선택하라는 안내와 일련의 권한들이 표시된다.

파이어베이스에 로그인하고 안드로이드 스튜디오로 돌아오면 새 파이어베이스 프로젝트를 만들거나 기존 프로젝트를 선택할 수 있는 대화상자가 나타난다.

앱이 연결되면 마법사로 돌아온다. 원하는 파이어베이스 도구를 프로젝트에 추가한다. 파이어베이스 그래들 빌드 스크립트 의존성을 프로젝트 수준의 build.gradle 파일에 추가하고 그래들용 파이어베이스 플러그인과 파이어베이스 도구용 의존성을 build.gradle 파일에 추가하면 된다.

21.7.2 파이어베이스 애널리틱스 사용하기

파이어베이스 애널리틱스와 같은 모바일 애플리케이션 분석 패키지는 누가 앱을 사용하고 어떻게 사용하는지 그 이해도를 높이는 데 매우 효과적인 도구다. 앱 사용자와 그 사용 양상에 대한 높은 이해는 개발 리소스를 어느 곳에 집중할지 객관적으로 결정하는 데 도움이 된다.

구글 플레이 콘솔이 제공하는 통계는 사용자의 언어, 국가, 핸드셋 등에 대한 수치적 통찰력을 제공하는 한편, 파이어베이스 애널리틱스는 그보다 훨씬 더 풍부한 정보 소스를 제공한다. 이를 통해 버그를 발견할 수도 있고 기능 리스트의 우선순위를 정할 수 있으며 개발 리소스를 어느 곳에 집중할지 결정할 수도 있다.

 참고

안드로이드 앱 안에서 어느 애널리틱스 패키지를 사용하든 아무런 제약이 없다. 이 절에서는 파이어베이스 애널리틱스를 구체적으로 구성하고 사용하는 과정을 설명하고 있지만 다른 대체 분석 도구에도 동일한 프로세스를 적용할 수 있다.

안드로이드 스튜디오에서 파이어베이스 마법사를 사용한다면 앞 절에서 설명한 단계들을 따라 파이어베이스를 앱에 추가하고 필요한 변경을 앱 모듈 그래들 빌드 파일에 적용한다. 단, 파이어베이스 애널리틱스는 의존성으로 파이어베이스 코어 라이브러리만 요구한다.

```
compile 'com.google.firebase:firebase-core:10.0.1'
```

추적 앱 분석을 시작하려면 론치 액티비티를 시작하고 com.google.firebase.analytics.Firebase Analytics 객체를 멤버 변수로 선언한다. 그리고 이를 onCreate 핸들러 안에서 초기화한다.

```
private FirebaseAnalytics mFirebaseAnalytics;

@Override
protected void onCreate(Bundle savedInstanceState) {
  super.onCreate(savedInstanceState);

  // FirebaseAnalytics 인스턴스를 얻는다.
  mFirebaseAnalytics = FirebaseAnalytics.getInstance(this);
}
```

파이어베이스 SDK를 추가하고 초기화하면 사용자 속성과 이벤트를 자동으로 받게 된다.

사용할 수 있는 사용자 속성에는 사용자의 나이, 성별, 국가, 언어, 관심사 등이 포함된다. 그리고 기기 카테고리, 브랜드, 모델, 운영 체제 버전과 앱이 설치된 스토어, 현재 앱 버전도 제공된다. 한편 사용자가 새 사용자인지 기존 사용자인지 그리고 사용자가 언제 앱을 처음 열었는지도 함께 제공된다.

자동으로 기록된 이벤트에는 앱이 설치된 이후 처음 시작된 시간, 인앱 구매 완료 여부, 사용자 참여, 세션 시작, 앱 업데이트, 앱 제거, 운영 체제 업데이트, 예외, 앱 데이터 리셋 등이 포함된다.

자동으로 수집되는 사용자 속성과 이벤트 정보는 support.google.com/firebase/answer/6317485에서 찾아볼 수 있다.

FirebaseAnalytics 인스턴스를 사용하면 미리 정의된 이벤트 또는 커스텀 이벤트를 로그할 수 있다. 이때 logEvent 메서드가 사용된다. FirebaseAnalytics.Event 클래스의 정적 상수를 사용해 이벤트 종류와 커스텀 이벤트 그리고 FirebaseAnalytics.Param 상수를 사용해 그 종류에 해당하는 매개변수를 제공하는 번들을 전달한다.

```
Bundle bundle = new Bundle();
bundle.putString(FirebaseAnalytics.Param.SEARCH_TERM, searchTermString);

mFirebaseAnalytics.logEvent(FirebaseAnalytics.Event.SEARCH, bundle);
```

표준 이벤트 종류에는 그룹 참여, 로그인, 각종 제시, 검색, 콘텐트 선택, 공유, 등록, 가상 화폐 소비, 튜토리얼 시작 및 종료 등이 포함된다.

미리 정의된 이벤트 전체와 앱의 이벤트 종류, 즉 소매·전자 상거래, 취업 정보, 교육, 지역 거래, 부동산, 여행, 게임 카테고리에 대한 링크는 support.google.com/firebase/answer/6317498?ref_topic=6317484에서 사용할 수 있다.

미리 정의된 매개변수는 firebase.google.com/docs/reference/android/com/google/firebase/analytics/FirebaseAnalytics.Param에서 찾아볼 수 있다.

커스텀 매개변수로 커스텀 이벤트를 만들 수도 있다.

```
Bundle bundle = new Bundle();
bundle.putString(MISSILE_NAME, name);
bundle.putInt(MISSILE_RANGE, range);

mFirebaseAnalytics.logEvent(LAUNCHED_MISSILE, bundle);
```

애널리틱스를 앱에 통합하면 앱이 사용되는 방식을 더 잘 이해할 수 있으며, 웹사이트에서 적용하던 방식 그대로 작업 흐름을 최적화할 수 있다. 사용자를 한 액티비티에서 다른 액티비티로 옮기는 이벤트를 로그하는 것은 여러모로 유용하다.

한 걸음 더 들어가 어떤 액션도 기록할 수 있다. 어떤 옵션을 변경했는지, 어떤 메뉴 항목이나 액션바 액션을 선택했는지, 어떤 팝업 메뉴가 표시됐는지, 위젯이 추가됐는지, 어느 버튼이 눌렸는지를 전부 기록할 수 있다. 이 정보를 사용하면 앱이 어떻게 사용되는지 정확하게 파악할 수 있다. 이에 따라 설계 시 가정과 실제 사용 양상이 얼마나 일치하는지 더욱 잘 이해할 수 있다.

게임을 만들 때 이 프로세스를 그대로 사용해 플레이어의 진행 상황을 살펴볼 수 있다. 사용자가 얼마나 진행하다 그만두는지 추적할 수 있고, 예상보다 더 어렵거나 쉬운 레벨을 식별할 수 있으며, 그에 따라 게임을 수정할 수 있다.

아마도 가장 유용한 것은 앱에 상품 구매나 호텔 예약과 같은 상업적 요소가 포함돼 있다면 성공적인 구매나 예약의 경로를 추적할 수 있다.

앱에 기록된 애널리틱스를 확인하고 분석하려면 파이어베이스 콘솔에서 console.firebase.google.com으로 이동한다. 앱을 선택하고 왼쪽 메뉴에서 그림 21-28과 같은 애널리틱스 대시보드로 표시되는 애널리틱스 옵션을 선택한다.

파이어베이스 계정을 유료 'Blaze' 플랜으로 업그레이드하면 파이어베이스 애널리틱스를 페타바이트 스케일의 서버리스 데이터 웨어 하우징 및 분석 엔진인 구글 BigQuery로 연동할 수 있다. BigQuery를 사용하면 SQL로 샘플링되지 않은 원시 데이터를 모든 매개변수와 사용자 속성과 함께 사용할 수 있다.

파이어베이스 앱이 BigQuery 프로젝트에 연동되면 이벤트 데이터는 모두 선택된 BigQuery 데이터셋으로 매일 전송된다. 이 데이터셋을 외부 소스의 데이터와 결합해 원하는 대로 맞춤형 분석을 수행할 수 있다.

파이어베이스 애널리틱스를 BigQuery에 연동하려면 파이어베이스 콘솔의 왼쪽 사이드바에서 설정 아이콘을 클릭하고 프로젝트 설정을 클릭한다. [계정 연동] 탭을 클릭하고 BigQuery 카드에서 프로젝트와 링크 업그레이드를 선택한다. 이후 안내를 따르면 BigQuery 데이터셋이 만들어진다.

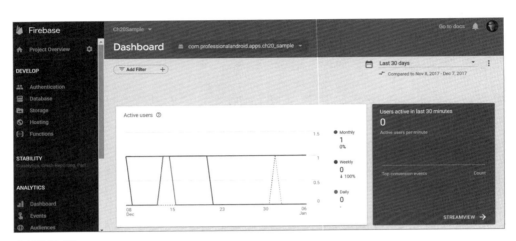

◑ 그림 21-28

BigQuery는 매월 10GB의 무료 저장 공간과 1TB의 무료 질의가 제공된다. 그리고 내부 데이터화(ingest)에는 요금이 부과되지 않는다. BigQuery와 그 세부 가격 정책 모델은 cloud.google.com/bigquery/pricing에서 찾아볼 수 있다.

21.7.3 파이어베이스 퍼포먼스 모니터링

파이어베이스 퍼포먼스 모니터링(FPM)에서는 앱의 성능 지표를 깊이 있게 살펴볼 수 있다. 성능 이슈는 사용자 경험에서 중대한 요소이지만, 이를 해결하기 위해서는 그 이슈가 실제 사용 환경의 실제 사용자에게 언제 어디서 발생했는지 이해하는 것이 필수다.

FPM은 두 시점 사이에 기록한 성능 데이터를 추적, 보고하는 방식으로 작동한다. 여기에는 앱 시작 시간, 백그라운드 시간, 포어그라운드 시간 등 자동 추적과 직접 정의한 추적 등이 포함된다.

이 책을 쓰는 시점을 기준으로 FPM은 베타 버전이다. 그리고 안드로이드 스튜디오 파이어베이스 어시스턴트 안에서 사용할 수 없다. 앞 절에서 설명한 테크닉을 사용해 앱을 파이어베이스에 연결하고 다음 단계에 따라 퍼포먼스 모니터링을 앱에 추가한다.

프로젝트 수준의 그래들 빌드 파일 안에서 buildscript 저장소에 jcenter()가 포함돼야 한다. 그리고 com.google.firebase:firebase-plugins 클래스 경로를 buildscript 의존성에 추가한다.

```
buildscript {
  repositories {
    google()
    jcenter()
  }
  dependencies {
    classpath 'com.android.tools.build:gradle:2.3.3'
    classpath 'com.google.gms:google-services:3.0.0'
    classpath ('com.google.firebase:firebase-plugins:1.1.5') {
      exclude group: 'com.google.guava', module: 'guava-jdk5'
    }
  }
}
```

앱 수준의 그래들 빌드 파일을 열고 com.google.firebase.firebase-perf 플러그인을 적용한다.

```
apply plugin: 'com.android.application'
apply plugin: 'com.google.firebase.firebase-perf'
```

마지막으로 com.google.firebase:firebase-perf 의존성을 추가한다.

```
dependencies {
    implementation 'com.google.firebase:firebase-core:11.8.0'
    implementation 'com.google.firebase:firebase-perf:11.8.0'
}
```

FPM이 설치되면 자동으로 추적 데이터를 수집한다.

> 애플리케이션 시작: 사용자가 앱을 열고 앱이 응답하기까지 걸린 시간
>
> 포어그라운드 시간: 처음 포어그라운드 액티비티가 onResume을 호출하고 마지막 포어그라운드 액티비티가 onStop을 호출하기까지 걸린 시간
>
> 백그라운드 시간: 마지막 포어그라운드 액티비티가 onStop을 호출하고 그다음 액티비티가 onResume을 호출하기까지 걸린 시간

FPM은 모든 HTTP/S 네트워크 요청에 대한 보고서도 제공한다. 여기에는 응답 시간, 페이로드의 크기, 각 요청의 성공률이 포함된다.

추적 및 모니터링의 자동화 외에 자체 맞춤형 추적도 만들 수 있다. 이에 따라 성능 지표를 앱의 특정 부문으로 한정해 측정할 수 있다.

가장 간단하게 특정 메서드의 성능을 추적하는 방법은 @AddTrace 해설(annotation)을 사용해 추적을 식별할 수 있는 문자열을 제공하는 것이다.

```
@AddTrace(name = "onReticulateSplinesTrace", enabled = true)
protected void reticulateSplines() {
  // TODO 메서드 구현
}
```

이에 따라 메서드가 호출되면 시작하고 메서드가 종료하면 정지하는 추적이 만들어진다.

그리고 카운터가 포함되거나 여러 메서드로 확장되는 맞춤형 추적을 만들 수도 있다. 앱에 맞춤형 추적을 여럿 추가해 이들을 동시에 실행되도록 할 수도 있다.

맞춤형 추적을 만들려면 새 Trace 객체를 만들어야 한다. static 메서드인 getInstance를 Firebase Performance 클래스에 호출해 FirebasePerformance 인스턴스를 반환하면 된다. 그리고 newTrace를 호출해(이때 문자열 식별자를 지정한다) 새 Trace 객체를 생성한다.

```
Trace splineTrace =
  FirebasePerformance.getInstance().newTrace("spline_trace");
```

추적을 시작하려면 start를 Trace 객체에 호출해야 한다.

```
splineTrace.start();
```

추적이 실행 중인 동안 성능 관련 이벤트에 incrementCounter 메서드를 사용해 카운터를 추가할 수 있다. 이때 문자열 식별자를 지정한다.

```
if (cacheExpired) {
  splineTrace.incrementCounter("item_cache_expired");
} else {
  splineTrace.incrementCounter("item_cache_hit");
}
```

추적하는 프로세스가 종료되면 stop 메서드를 호출해 추적을 정지한다.

```
splineTrace.stop();
```

FPM의 결과를 확인하려면 파이어베이스 개발자 콘솔 안에서 앱으로 이동한 후 왼쪽 사이드 바에서 Stability 섹션의 Performance 옵션을 클릭해야 한다. 성능 페이지에서는 추적된 각 성능 지표를 확인할 수 있다. 모든 정보는 앱 버전, 국가, 기기, 운영 체제 버전을 비롯해 다양한 수치로 표시된다.

찾아보기